儒家经典导读

RU JIA JING DIAN DAO DU

◎ 刘泰东 著

山东城市出版传媒集团·济南出版社

图书在版编目(CIP)数据

儒家经典导读 / 刘泰东著. -- 济南：济南出版社，2023.9
ISBN 978-7-5488-5902-4

Ⅰ.①儒… Ⅱ.①刘… Ⅲ.①儒家—通俗读物 Ⅳ.①B222-49

中国国家版本馆CIP数据核字（2023）第176223号

儒家经典导读
RUJIA JINGDIAN DAODU

出 版 人	田俊林
责任编辑	张伟卿　梁　浩　于丽霞
封面设计	谭　正
出版发行	济南出版社
地　　址	山东省济南市二环南路1号（250002）
总 编 室	（0531）86131715
印　　刷	济南新先锋彩印有限公司
版　　次	2023年9月第1版
印　　次	2023年9月第1次印刷
成品尺寸	170mm×240mm　16开
印　　张	73.5
字　　数	900千
定　　价	296.00元

济南版图书，如有印装错误，请与出版社联系调换。电话：0531-86131716

目 录

总　序 …………………………………………………… 1
　　自序一 ………………………………………………… 3
　　自序二 ………………………………………………… 6
里仁为美——《论语》学思录
　　前　言 ………………………………………………… 2
　　学而篇第一 …………………………………………… 10
　　为政篇第二 …………………………………………… 21
　　八佾篇第三 …………………………………………… 36
　　里仁篇第四 …………………………………………… 54
　　公冶长篇第五 ………………………………………… 68
　　雍也篇第六 …………………………………………… 89
　　述而篇第七 …………………………………………… 107
　　泰伯篇第八 …………………………………………… 129
　　子罕篇第九 …………………………………………… 141
　　乡党篇第十 …………………………………………… 158
　　先进篇第十一 ………………………………………… 169
　　颜渊篇第十二 ………………………………………… 186
　　子路篇第十三 ………………………………………… 202
　　宪问篇第十四 ………………………………………… 219
　　卫灵公篇第十五 ……………………………………… 243

季氏篇第十六 ………………………… 261
　　阳货篇第十七 ………………………… 270
　　微子篇第十八 ………………………… 285
　　子张篇第十九 ………………………… 294
　　尧曰篇第二十 ………………………… 307
　　《易经》中的子曰 …………………… 312

止于至善——《大学》学思录
　　前　言 ………………………………… 328
　　正　文 ………………………………… 332

抱诚守真——《中庸》学思录
　　前　言 ………………………………… 368
　　正　文 ………………………………… 373

舍我其谁——《孟子》学思录
　　前　言 ………………………………… 428
　　梁惠王章句上 ………………………… 431
　　梁惠王章句下 ………………………… 453
　　公孙丑章句上 ………………………… 484
　　公孙丑章句下 ………………………… 511
　　滕文公章句上 ………………………… 536
　　滕文公章句下 ………………………… 556
　　离娄章句上 …………………………… 579
　　离娄章句下 …………………………… 607
　　万章章句上 …………………………… 636
　　万章章句下 …………………………… 658
　　告子章句上 …………………………… 679

告子章句下 ……………………	703
尽心章句上 ……………………	727
尽心章句下 ……………………	761

修身齐家——《家语》学思录

前　言 ……………………	794
相鲁第一 ……………………	796
始诛第二 ……………………	805
王言解第三 ……………………	811
大婚解第四 ……………………	821
儒行解第五 ……………………	828
问礼第六 ……………………	841
五仪解第七 ……………………	845
致思第八 ……………………	857
三恕第九 ……………………	867
好生第十 ……………………	873
观周第十一 ……………………	878
弟子行第十二 ……………………	884
贤君第十三 ……………………	902
辩政第十四 ……………………	913
六本第十五 ……………………	923
辩物第十六 ……………………	941
哀公问政第十七 ……………………	951
颜回第十八 ……………………	961
子路初见第十九 ……………………	972
在厄第二十 ……………………	982

入官第二十一 ………………………………… 989
困誓第二十二 ………………………………… 997
五帝德第二十三 ……………………………… 1008
五帝第二十四 ………………………………… 1016
执辔第二十五 ………………………………… 1021
本命解第二十六 ……………………………… 1031
论礼第二十七 ………………………………… 1037
观乡射第二十八 ……………………………… 1048
郊问第二十九 ………………………………… 1053
五刑解第三十 ………………………………… 1057
刑政第三十一 ………………………………… 1065
礼运第三十二 ………………………………… 1070
冠颂第三十三 ………………………………… 1084
庙制第三十四 ………………………………… 1088
辩乐解第三十五 ……………………………… 1091
问玉第三十六 ………………………………… 1099
屈节解第三十七 ……………………………… 1104
七十二弟子解第三十八 ……………………… 1116
本姓解第三十九 ……………………………… 1127
终记解第四十 ………………………………… 1132
正论解第四十一 ……………………………… 1136
曲礼子贡问第四十二 ………………………… 1144
曲礼子夏问第四十三 ………………………… 1149
曲礼公西赤问第四十四 ……………………… 1153

后　记 …………………………………………… 1157

总　序

《论语》《大学》《中庸》和《孟子》是儒学早期经典，被称为"四书"。人们之所以称之为"四书"，是因为其在儒家哲学思想发展脉络上是一脉相承的系统整体。《孔子家语》是"四书"之外的另一部重要的儒学著作，有"孔子研究第一书"之称。该书历史上曾被认为是伪书，但随着近代简帛文献的出土，其真实性与文献价值越来越为学术界所重视。通读通修"四书"和《孔子家语》，是准确理解和把握儒家思想的必由之路。

但现实情况是，除了有关的专家和学者外，能够通解研修儒学经典的人并不多，这对传承和弘扬传统文化、发挥儒学当代价值很不利。这其中一个重要的原因是古文难懂，而孔子又是祖述尧舜、宪章文武，述而不作，上古文献更是佶屈聱牙，往往叫人高山仰止，望而却步。

古人的集注，今人的校注和注解，对大众来说也同样存在难以理解的问题。当下关于解读"儒家经典"的著述并不多，且良莠不齐，远远满足不了传承和弘扬优秀传统文化的需要。

本书作者注重在前后关联、通解"儒家经典"的基础上，深入浅出地阐发先哲的思想，同时博采众家之长，又仔细辨识纠正世人的误解，力求做到对每一章句的解读都忠于原著，且不限于依文解意，能够以意逆志，实属难得。

更为难能可贵的是，作者以其独特的视角，带着"人之所以为人，其为人也"的思考来学习体悟经典，以"人知羞耻而后真诚向善"为逻辑起点，以"道德君子"为国标人设，以"止于至善"为价值追求，通解儒家的修身之道、齐家之道、处世之道和成人之道，也就是君子之道，这是一个有益的尝试。

刘德军

2023年5月

自序一

儒学是中国传统文化的主体。作为儒家经典的"四书"和《孔子家语》(以下简称"经典"),不仅是儒学先哲思想和智慧的结晶,也是孔子儒家思想的核心载体。学习研读经典,传承弘扬经典,是时代赋予我们教育工作者的历史使命,也是深刻领会习近平新时代中国特色社会主义思想、增强文化自信的必然要求。读原著,学原文,悟原理,知原义是传承弘扬优秀传统文化的基础和关键所在。但现实情况是,原原本本读过经典的大学生并不多。问卷调查发现,某高校理工科大学生完整地读过《论语》《大学》《中庸》和《孟子》的竟然是极少数,哪怕认真研读过其中一本的也不多。究其原因,"高山仰止,望而却步"的大有人在。细究下来,一方面,大部分学生的古文底子不够深,历史知识了解得少,《尚书》《礼记》和《周易》更是难窥一斑,《诗经》也只不过是熟悉其中的几首风雅颂罢了。所以,未读先畏,也是自然而然的事。另一方面,儒家经典流传至今已有2000多年,历史上对儒家思想的理解和对经典章句的解读,有失偏颇的也不少。时至今日,以讹传讹误解的言辞更是比比皆是,将"四书"以及《孔子家语》束之高阁而妄谈孔孟之道的也是大有人在,甚至有的解读严重脱离了其核心要义。这既是对经典的亵渎,也不利于传承和弘扬优秀传统文化。

朱熹的《四书章句集注》,是专家学者研究经典绕不开的一部经典儒家理学著作,但对古文底子不厚实的学子来说,看这部著作还是有一定困难的。研习钱穆先生的《论语新解》也存在同样的问题。杨伯峻先生的《论语译注》，章句译作虽然通俗易懂，但是缺少了前后通解的内容。南怀瑾老先生慈悲为怀，其通达儒释道的《论语别裁》等著述，不得要义的大有人在。李泽厚先生的《论语今读》等读书心得，值得学习。其他类似的著作或著述在此就不赘述了。总体来看，当前通解经典的著述，还是太少。社会上迫切需要能够把握经典核心思想、正本清源、忠于原著而又深入浅出的著述，推广普及儒家优秀传统文化。笔者愿做积极的尝试，将研学经典的学思体悟整理出来，这或许对我们弘扬传统文化和增强文化自信有所帮助。

儒家渴望圣人治世，倡导选贤任能，推行道义经济，追求大同理想，将仁义道德发挥到极致，这是学界的共识。笔者试图从破解"人之所以为人，其为人也"的视角来解读先秦儒家经典。"止于至善"的君子之道，需要一个逻辑起点。笔者将这一逻辑起点，也就是孔孟之道的伦理道德哲学第一命题，设定为"人知羞耻而后真诚向善"，在此基础上进一步体悟君子之道，感觉颇有收获。《论语》中，有子曰："君子务本，本立而道生。孝弟也者，其为仁之本与！"《孟子》的"人皆有不忍人之心"似乎还不足以为立论的逻辑根本。人之所以为人也，人知羞耻；其为人也，真诚向善，止于至善。这才是君子的修身之道、处世之道、立命之道和成人之道。《论语》为我们制定了人设的国标，那就是道德君子，指出了其为人也的修为，那就是君子之道。《大学》是讲如何修身成为君子的，《中庸》是讲君子如何为人处世的，这都是对《论语》思想的阐发。《中庸》发展了孔子思想，孔子罕言性与天道，《中庸》论述了性与天道，还将"信"的内涵拓展到"诚"。孟子怀着强烈的文化自信，中道而立，舌战诸子，维护儒家道统，虽不是私淑弟子反而真正传承了孔子的衣钵，并发扬光大之，创新发展之，成就立命之学。

在学思的过程中,笔者注重以《易经》《书经》和《诗经》等求证之,以秦汉以降儒家学说作为参考,力求较为准确地理解章句的内在意涵以及厘清先哲的思想源流,进而做到"以意逆志,是为得之"。

不妥之处,敬请方家斧正。

自序二

一、人文日新

人类文明的进步如同人类自身的进化一样,是渐次提高的。在漫长的历史长河中,总有某个事件或某个人发挥了关键的推动作用,这也是历史的必然。因此,我们没有必要纠结伏羲氏是否是神话中的人物,也没有必要纠结他在现实中到底存不存在。他就是一个符号、一个象征,代表了一个时代的文明。再者说,神话里也有逻辑。

人类从愚昧走向文明,经历了一个漫长的过程。有研究表明,恐惧,人们对自然现象的恐惧、对死亡的恐惧,激发了人类试图了解自然、破解自然之谜的欲望和潜能,于是原始的巫术、宗教便产生了。人们梦里会出现死去的亲人,那是亲人永生的灵魂吧,于是河流山川的灵魂——河神山神便出现了。人类的世界里有酋长,那神灵的世界里也有酋长吧,于是天神地神便出现了。酋长有时候会发怒,那神灵也会发怒吧,于是山崩海啸、电闪雷鸣也便可以解释了。酋长接受进贡时心情会变好,那神灵也如是吧,于是沟通神灵的巫术——祭拜仪式便出现了。

从原始巫术、图腾和宗教一路走下来,上古宗教体系和自然哲学思想便基本形成了,在古老的东方,伏羲氏出现了。但是,东西方的文化走向了两种不同的发展道路。西方文化演化为人神同质异构,神也有世俗里的七情六欲、爱恨情仇,但人是人,神是神。东方文化演化为人神同构异质，人可以变成神，神也可以变成人。西方的自然哲学思想逐渐与理性相结合，走向了理性自然科学。东方的自然哲学思想逐渐与感性相结合，走向了人伦道德哲学。

伏羲氏一画开天，凿源开流，演绎先天八卦，从此人文日新，至周文王终成蔚为大观。相传"古者包牺氏之王天下也，仰则观象于天，俯则观法于地，观鸟兽之文与地之宜，近取诸身，远取诸物，于是始作八卦，以通神明之德，以类万物之情"。三皇五帝各显神通，又有仓颉造字，化育人文。《说文解字》考释曰："及神农氏结绳为治，而统其事，庶业其繁，饰伪萌生。黄帝之史仓颉，见鸟兽蹄迒之迹，知分理之可相别异也，初造书契。""仓颉之初作书，盖依类象形，故谓之文。其后形声相益，即谓之字。文者，物象之本；字者，言孳乳而浸多也。"从此以后，人类文明改写了口传图说之历史，走向文载书写之未来。

周文王被拘羑里，推演六十四卦，天地万物尽在其中矣。《周易》被誉为群经之首、大道之源、哲学之宗，是中华文明的源头活水，奠定了中华文化的价值取向。而后有《诗经》《书经》开中国文学、史学之先河。老子提倡道法自然，孔子主张仁者爱人，诸子各有主张，百舸争流，终成百家争鸣之气象，成就中华文化之道统。

二、人之所以为人

历史是人的历史，文化是人的文化，根本在人。人之所以为人者，何也？

原始宗教产生之前，人类茹毛饮血。随着钻燧取火和原始宗教的产生，原始人开始变了，开始有了善的观念。敬献祖先和神灵的东西一定要用最好的，以求祖先和神灵保佑，不要降下灾难，这便是求神赐福最早的由来。有了善的观念，必然也就有了不善的观念，于是羞耻之心就产生了。《说文解字》注：羞，进献也。从羊。羊，所进也。从丑者，谓手持以进也。耻，辱也。从心，耳声。依此引申为以进献的东西不够好为羞，以听到别人说不好为耻。人知羞耻，必出自真诚，否则就不以为耻了。

马克·吐温说，人类是这个世界上唯一会脸红也该脸红的动物。会脸红是因为人文化育知羞耻而引起的心理和生理反应，该脸红是因为做了禽兽不如的羞耻之事。人之所以为人，其为人也，必是知羞耻而后真诚向善、改过迁善、止于至善也矣。由是，人的本性是由先天的禀性与后天的习性合和而成的统一体。

三、人道遵循天道

先天的禀性是自然属性。天命之谓性，天性要服从于自然的规律，自然的规律便是天道，也称之为大道。老子云："有物混成，先天地生。寂兮寥兮，独立而不改，周行而不殆，可以为天地母。吾不知其名，字之曰道，强为之名曰大。"德为道用，道是德内在的法则，德是道外显的特征，自然万象都是道德的呈现。老子的这一认识，源自《周易》。易有"三易"之谓，变易，简易，不易。"变易"是指世间万物时时刻刻都处在变化之中。"简易"是指一阴一阳囊括了世间万物的内在机理。"不易"是指隐藏在事物背后的法则是不变的。周文王推演《周易》，上达天命下接人伦，皆人道遵循天道之理数也。

后天的习性是文化属性，或社会属性。人知羞耻而后真诚向善，改过迁善，止于至善。人是万物之灵，人与自然的关系，自当会从依赖自然、征服自然向与自然和谐共生转变。不遵天命，必遭天谴。只有敬畏自然，才会尊重自然、顺应自然、保护自然。孔子曰"畏天命，畏大人，畏圣人之言"，就是讲的这个道理。率性之谓道，修道之谓教。庶民需要通过人文教化，才能把先天之性与后天之性统一起来。圣人有所例外，儒家认为圣人则天。

圣人则天。圣人，必定是本性醇厚、至诚至善的上智，似婴若孩的赤子，比如尧舜、商汤、周文武王。子曰："大哉尧之为君也！巍巍乎！唯天为大，唯尧则之。荡荡乎！民无能名焉。巍巍乎其有成功也，焕乎其有文章！"商汤王网开三面，欲左，左；欲右，右。仲尼钓而不纲，弋不射宿。皆善也。《中庸》载："诚者，非自成己而已也，所以成物也。成己仁也。成物知也，性之德也，合外内之道也。"至诚之人，才能尽心知命成己成物，止于至善。《孟子》载："孔子曰：'为此诗者，其知道乎！故有物必有则，民之秉彝也，故好是懿德。'"意思是说，这首诗的作者，他是明白道理的！自有形体必有法则，子民掌握了这些法则，从而遵循它、敬畏它就是美德。

四、其为人也

中华文化自伏羲氏到周文王、周武王，从凿源开流到郁郁乎文哉，人类文明的进步，没有一天不是在改过迁善中进行的，没有一天不是在与不善斗争中进行的。商纣王荒淫无道，妄蔑天意，沦为独夫贼子。周武王替天行道，诛之。在周公旦的辅佐下，周武王秉承上天好生之德，践行文王取中之道，赋予祭祀人文精神，倡导"民之所欲，天必从之"思想，推行"敬天保民"仁政，制礼作乐，开创西周人文盛世。

历史进入春秋战国时代，礼崩乐坏，战乱不断，民不聊生。至诚至善的人文精神遭到空前破坏，君不君，臣不臣，父不父，子不子。不知敬畏，丧尽人伦的事情时有发生。圣人没，奸佞兴。大道不行，孔子是知道的，他曾无奈地喊道："如有用我者，吾其为东周乎！"但人文精神衰微，道德沦丧，孔子是不能容忍的。孔子高举仁义礼智信五色大旗，中道而立，逆风而行，知其不可而为之，何也？人之所以为人者，其为人也，不能就这样没了礼义廉耻，丢掉了孝悌忠信啊。文王既没，文不在兹乎？洋洋乎我中华，文化道统不能丢啊。

晚年的孔子，终于感到心有余而力不足，回归故里教书育人，以《诗》《书》《礼》《易》《乐》培育君子。"归与！归与！吾党之小子狂简，斐然成章，不知所以裁之。"在孔子看来，君子之于庶民，入则孝，出则悌，谨而信，泛爱众，而亲仁；然后之于士人，行有余力，则以学文，学而优则仕；然后之于臣子，仕而优则学，在其位谋其政，居之无倦，行之以忠；然后之于君主，为政以德，爱民如子，近者悦，远者来；然后之于圣贤，大美大德，化育万民。《礼记》云："其为人也，温柔敦厚，《诗》教也。疏通知远，《书》教也。广博易良，《乐》教也。絜静精微，《易》教也。恭俭庄敬，《礼》教也。属辞比事，《春秋》教也。故《诗》之失，愚；《书》之失，诬；《乐》之失，奢；《易》之失，贼；《礼》之失，烦；《春秋》之失，乱。其为人也，温柔敦厚而不愚，则深于《诗》者也。疏通知远而不诬，则深于《书》者也。广博易良而不奢，则深于《乐》者也。絜静精微而不贼，则深于《易》者也。恭俭庄敬而不烦，则深于《礼》者也。属辞比事而不乱，则深于《春秋》者也。"

五、人知羞耻而后真诚向善

孔子祖述尧舜，宪章文武，述而不作，笃信好学，守死善道。他洋洋洒洒的思想，构建了以"仁"为核心的人伦道德体系和哲学思想系统。但就其哲学思想系统来看，似乎缺了第一命题。笛卡尔哲学的第一命题是"我思故我在",马克思哲学的第一命题是"物质决定意识",均不证自明。孔子儒家哲学思想的第一命题是什么?《论语》载,有子曰:"君子务本,本立而道生。孝弟也者,其为仁之本与!"孝悌是为仁之本,仁者爱人。把"孝顺父母,恭敬兄长"作为第一命题,感觉还是不够基础。

孟子是有心确立儒家哲学思想第一命题的,他说:"所以谓人皆有不忍人之心者,今人乍见孺子将入于井,皆有怵惕恻隐之心。"其将人皆有不忍人之心(怵惕恻隐之心)作为第一命题,并把恻隐之心与羞恶之心、辞让之心和是非之心并列,作为仁义礼智之端,并说人无"四心"非人也。不忍之心似乎是很多高级动物也有。如果一定要为孔子哲学思想找一个第一命题的话,从文化人的本质属性看,"人知羞耻而后真诚向善"似乎更能立得住。

六、守正与发展

《论语》中虽然有很多涉及修身的语录,但孔子均是点到为止,并没有破题,也不够系统。曾子等人发现了这个问题,并认为君子之道就是修身之道,需要正心诚意。不修身无以齐家治国平天下,齐家治国平天下必然是修身的目标,有且只有修身才可以担当弘扬大的道德学问之重任,彰显光明正大的美德,革新民俗,去追求最完美的善。"自天子以至于庶人,壹是皆以修身为本。其本乱而末治者,否矣。"这是《大学》对孔子思想最重要的阐发。《大学》还提出了"格物致知"是修身的第一步,这是《论语》所没有涉及的。

《大学》是讲修身为君子的,《中庸》是讲君子立世为人的。发乎情,止乎礼,合乎时宜,皆中节才能致中和。此谓中庸之道者也。《论语》中点题中庸的只有两则:一是"中庸之为德也,其至矣乎！民鲜久矣"，二是"不得中行而与之，必也狂狷乎！"《中庸》阐述并论证了孔子的中庸思想，发展了孔子思想。孔子是罕言性与天道的，《中庸》对性与天道都有明确的论述。更难能可贵的是，《中庸》把孔子"信"的思想又推向了"诚"。有信不一定诚，诚而有信，就是笃信诚实了。《中庸》认为，"诚者，天之道也。诚之者，人之道也"。真诚，是上天的原则；追求真诚，是做人的原则。"诚之者，择善而固执之者也。""自明诚，谓之教。"由明白道理而做到内心真诚，叫作教化。教化的目的是通过让人明白道理，然后做到内心真诚。抱诚守真，才能行中庸之道、君子之道。

孟子私淑诸子却是真正继承了孔子的衣钵，不仅阐述了孔子的思想，还发展了孔子的思想。如将"始作俑者"阐发为"率兽食人"，将"仁者爱人"阐发为"仁者无敌"，"老吾老，以及人之老；幼吾幼，以及人之幼"源自亲亲尊尊"泛爱众"，等等，比比皆是。孟子最重要的贡献无疑是对孔子思想的进一步发展。他将仁学与民生相结合，高扬民本主义的大旗，确立士人的独立人格，首倡心性之学。如"得其民有道，得其心，斯得民矣。得其心有道，所欲与之聚之，所恶勿施，尔也""民为贵，社稷次之，君为轻"，等等。

孟子具有强烈的文化自信，他以高明的辩术，舌战诸子，维护儒家道统。孟子具有大无畏的英雄气概，善养浩然之气，"说大人，则藐之，勿视其巍巍然"。读孟子文，令人感到气势磅礴，感情激越，锐不可当。"如欲平治天下，当今之世，舍我其谁也！"充满着豪情壮志。

成人之道，修身之道，处世之道，立命之道，共同构筑了儒家经世学说完整的思想体系，造就了中华传统文化之道统。

里仁为美——
《论语》学思录

前　言

一、为什么要写《论语》学思录

有一次，我和同学们聊传统文化，谈到了孔子和《论语》。

有同学问，孔子为什么认为唯女子与小人难养呢？某某说"女子"应该读"汝子"，我觉得挺有道理的。

我说，《论语》中的"子曰"，大多数是交流谈话时孔子说的一句话，放在《论语》里已经掐头去尾了，如果再截取一段单独理解，往往意思就不对了。这句话的全文是"子曰：'唯女子与小人难养也，近之则不逊，远之则怨'"。你看，孔子还给出了理由。

愿闻其详。

凡为子曰，皆有前章。孔子是在什么情况下说这句话的，我们找不到出处，那就不妨通读《论语》。了解了《论语》的中心思想及其发展脉络后，再来体悟孔子说的话，你的理解大概就接近孔子的本意了。这叫以《论语》解《论语》。孔子是"吾道一以贯之"，但又是无可无不可，"圣之时者也"。不同弟子问同一个问题，在不同的时间场合他会给出不同的回答。我们需要揣摩孔子当时说话的语境和用意。

我们读《论语》，可以适当推演一下场景。比如说，孔子去见南子回来，看到子路这些小子们怨气未消，就发誓说："假若我做了什么不对的事，就让上天厌弃我吧！"南子是《论语》里唯一出现过名字的女人，卫灵公的夫人，她与美男子宋朝私通，孔子不可能不讨厌她。

但南子得宠把持朝政，孔子来卫国又是为了施展抱负的，得罪不起也绕不开她。再说南子三番五次请孔子，若不见于礼不合，孔子只好硬着头皮去见她。见面时，南子穿着盛装，配饰叮当乱响，隔着帘子给孔子行见面礼，弄得孔子很不自在。回来后又受到弟子们的数落，还被子路逼得发誓，你说孔子情何以堪？情绪缓和点了，孔子无可奈何地说，唯女子与小人难养也，离她们近了吧，她们不尊重你，远了吧，又怨恨你。如果是放在这种语境里，这句话的意思是不是就通了？

同学们释然。

有道是"依文解意，三世佛冤；离经一字，允为魔说"。只照着字面意思解读经典，三世佛都要喊冤枉了；离开原文解读经典，那就是魔说，不是佛说。读《论语》时咱们也应该有这样的觉悟。

接下来，又给同学们讲了些我学习《论语》的心得体会，主要有以下几点。

引用《论语》不能断章取义。如"季文子三思而后行。子闻之，曰：'再，斯可矣'"，孔子的意思是思考两次就行了，没必要考虑那么多。如果说我们做事要三思而后行，没毛病；可如果说孔子教导我们三思而后行，那就冤枉孔子了。

后人对《论语》的解读，只能作为领悟孔子语录的参考，不能作为解读《论语》的依据。朱熹集注的《论语》是朱熹的《论语》，他为了阐述自己的理念也有解释错的地方。有人把"学而时习之，不亦说乎？"解读为经常复习学过的知识不是很开心的事吗？经常复习能开心吗，好像谁没读过高三似的，能够学以致用才是令人开心高兴的事。《孟子》是我们理解孔子思想比较好的参考。《孟子》较为完整地继承并发扬了孔子的思想，要想更为深刻地理解孔子和《论语》，《书经》《诗经》《易经》里的传文等，是应该研读的，《史记》《大学》《中庸》也应该好好研读。

不要孤立地学习《论语》里的一则。《论语》看似杂乱无章，其实不然，整部《论语》也是一以贯之的。这个"一"看不见摸不着，却把孔子的道德思想和人生智慧如星辰般阵列苍穹，疏密有间，熠熠生辉。

看今人解读《论语》的文章更要注意，其中人云亦云的居多。有些人把一部好好的旷世经典解读成了"心灵鸡汤"或者是"经商宝典"，都有点侮辱圣人，这或许是子贡被誉为儒商鼻祖的缘故吧。孔子的伦理道德思想是"人之所以为人，其为人也"的大道大德学问。

我又和同学们聊到孔子其人。我说："大家知道孔子是一位文化巨匠，天之木铎，给人的印象是威严庄敬难以靠近。其实，孔子是个善良的人，他富有同情心，乐于助人，有情有义，为人真诚厚道，还经常被弟子们诘难，被世人欺负。但他里仁为美，俯仰天地，择善固执，好学不厌，诲人不倦，嬉笑怒骂皆是学问。静下心来好好研读《论语》，读原文悟原理，应该是同学们的必修课。"

同学们倒是感兴趣，但能真正认认真真把一本《论语》读完的没几个人。读原文吧，说是不好懂；读白话文翻译吧，又觉得没滋味；读别人的著述吧，有的咬文嚼字，有的又不知所云……我说，不好学就不好学呗，哪来这么多理由？

"要不老师写一本解读的书，我们读一读？"

"老师就写本言简意赅的，短时间能看完，还能看懂的。"

我说，我不上你们的当，我还没弄明白呢，怎么能够写书？不以为然。

2020年春节前后，忽然暴发疫情，三四个月无法外出。奶奶依然种地，还是只管耕耘不问收获的样子。妈妈执着心事，唠唠叨叨不达目的决不罢休的样子。儿子忽然说要减肥，每天坚持走两万步，一副信心满满的样子。我被他们的精神所感动。我干什么呢？我想，要不就整理以前的学习心得,再学习一遍《论语》吧。于是,就有了这本书的草稿。

二、关于对孔子伦理道德哲学第一命题的思考

再学习《论语》,我首先思考的问题是孔子伦理道德哲学的第一命题是什么,中心思想是什么,文化传承是什么。带着这些思考再去研读,可能更能理解孔子语录的微言大义。子贡曰:"夫子之文章,可得而闻也;夫子之言性与天道,不可得而闻也。"孔子没有传授关于人性与天道的理论,因此需要我们自己去思考。我的认识和思考只是一种逻辑推演,并不是严肃的学术研究,所以书中就省去了许多考证的索引和标注。

中国古代哲学思想,无不围绕着一个天命核心。它就像个黑洞,你愈是想逃离,它抓得你越紧。

孔子之前的中国古代哲学思想,主要体现在《易经》和《道德经》等著作中。

《易经》认为易有三易。"变易"是指世间万物时时刻刻都处在变化之中。"简易"是指一阴一阳囊括了世间万物的内在机理。"不易"是指隐藏在事物背后的法则是不变的,如四季轮换、日夜交替、物极必反等。天地人三才,人居其一焉。

《道德经》把隐藏在事物背后不变的法则称之为道。"有物混成,先天地生,寂兮寥兮,独立而不改,周行而不殆,可以为天地母。吾不知其名,字之曰道,强为之名曰大……域中有四大,而人居其一焉。""孔德之容,唯道是从。"

《易经》和《道德经》都认为,世间万物都被一种看不见摸不着的自然而然的法则或规律支配着,天地人尽在其中矣,这便是"不易""道"(或称天道)。《道德经》认为道是德内在的法则、德是

道外显的特征，德为道用，自然万象都是道德的呈现。

人道遵循天道，人道又有其特殊性。在孔子看来，人之道就是仁，人之德就是礼。仁为礼体，礼为仁用，核心是仁。"人而不仁，如礼何？人而不仁，如乐何？"人与人之间的关系尽在其中矣。孔子的伦理道德思想就是仁义礼智的道德学问。

天道不易，顺之者昌，逆之者亡。天道的意志就是天命。天道之于天命，犹若人道之于使命。

商纣王荒淫暴虐，伤天害理，不知敬畏。"呜呼！我生不有命在天乎？是何能为！"周公辅佐武王克商伐纣建立周朝后，吸收商纣王祭神求福却又妄蔑天意的教训，提出"民之所欲，天必从之"的敬天保民思想，敬畏上天好生之德，赋予祭祀人文精神，制礼作乐以教化万民。"周监于二代，郁郁乎文哉！吾从周。"孔子敬鬼神而远之，在礼崩乐坏的时代，上承天命下接人伦，担当起弘扬仁道的历史使命。

换个角度看，如同"我思故我在"是笛卡尔哲学不证自明的第一命题一样，孔子伦理道德哲学不证自明的第一命题是什么？

马克·吐温说，人类是这个世界上唯一会脸红也该脸红的动物。人文化育，人知羞耻。人之所以为人，知羞耻而后明是非。其为人也，必始于真诚而后择善固执。一切源于人类真实的思想情感。"人之生也直"，没有真实就没有了真诚；"罔之生也幸而免"，否则也就成为衣冠禽兽了。西方也有传说，亚当和夏娃在伊甸园偷吃了善恶果，羞耻之心便油然而生了。

天命之谓性，率性之谓道，修道之谓教。人知羞耻才会真诚向善，择善固执才会止于至善。仁者爱人，礼乐成之是为仁道，此乃人文教化之功也。

孟子阐发孔子的思想，提出心有四端之说，即："恻隐之心，仁之端也；羞恶之心，义之端也；辞让之心，礼之端也；是非之心，智之端也。人之有是四端也，犹其有四体也。"他的理论基础是"人皆有不忍人之心"，理由是"今人乍见孺子将入于井，皆有怵惕恻隐之心"。

忽然看到有个孩童快要掉进井里，是人都会产生惊恐恻隐之心。这没有任何的功利交情在里面，纯粹是人们心中自然而然产生的。"由是观之，无恻隐之心，非人也；无羞恶之心，非人也；无辞让之心，非人也；无是非之心，非人也。"

孟子的不忍人之心之于本能，或许某些高级动物也有，但基于脸红的羞耻之心却是人类所独有的。因此，窃以为，孔子伦理道德哲学思想的立论基础是人知羞耻而后真诚向善，更为立得住。子曰"行己有耻"，此谓也。

《孟子·告子上》引言："《诗》曰：'天生烝民，有物有则。民之秉彝，好是懿德。'孔子曰：'为此诗者，其知道乎！故有物必有则，民之秉彝也，故好是懿德。'"意思是：《诗经》上说，上天生育了众多子民，有形体也有法则。子民掌握这些法则，遵循它敬畏它就是美德。孔子说，这首诗的作者，他是明白道理的！自有形体必有法则，子民掌握了这些法则，从而遵循它敬畏它就是美德。

有物必有则，天道也。民之秉彝也，故好是懿德，仁道也。我们在《孟子》里看到了孔子天命观的出处和明确表达，以及由此推演出的人性向善观。

三、为什么起名叫"里仁为美"

本来是总结学习《论语》的心得体会，叫《论语》学思录比较贴切。为什么又叫"里仁为美"呢？这也是我在学思过程中逐渐窥探孔子仁德心境的体悟。夫子笃信好学，守死善道，在此基础上能够心有所安、率性而为，达到了思而不居、里仁为美的境界。这便是我所体悟的孔子。

孔子四十而不惑。不惑的是原则，困惑的是现象。两小儿辩日，孔子是想不明白其中的道理的，不然他不会拜七岁的项橐为师。但没关系，那是天道。孔子遭遇的生死四匝不论，围绕在他身边的烦心事还少吗，不然他也不会恼人骂人了。但没关系，思而不居。

君主不敢用他，隐士嘲笑他，智者点化他，狂人揶揄他，小人侮辱他，弟子不理解他……没关系，人之于我者，谁毁谁誉？人不知而不愠，不亦君子乎？发愤忘食，知其不可而为之。人能弘道，非道弘人。心有所安，是也已矣。

放眼四望，哪里有民风纯朴之地可以安身？"不曰坚乎？磨而不磷。不曰白乎？涅而不缁。"宅心仁厚，自然邪风不侵，哪里都可以安身立命。处在仁的境界是美好的，做出的选择没有处在仁的境界，怎么算智慧呢？社会污浊，心境朗朗。里仁为美，此为崇高。孔子的内心世界是美好的，大同世界是美好的，为仁的道路虽然艰险但也是美好的。心有所安，率性而为，思而不居，里仁为美，才能风乎舞雩，咏而归。

孟子是理解孔子的。《孟子》云："孔子曰：'里仁为美。择不处仁，焉得知？'夫仁，天之尊爵也，人之安宅也……"仁德，是天所赋予的尊贵爵位，是人所拥有的安定心宅。人之性，真也；人之道，善也；人之成，美也。

人之所以为人，需要一个里仁为美的心境。

四、关于《论语》释义的几点说明

《论语》学思的功夫，主要是在《论语》章句的释义上。我在释义的过程中，学习了不少别人的东西，也做了一番字词字义上的考究。

一是参考了朱熹、杨伯峻、南怀瑾以及傅佩荣等先生的译注或解读，也通过网络等方式查看诸多方家的见解，这给了我很大的帮助和启发。

二是有些观点相悖或者理解出入较大的地方，采取了"感觉不妥"的方式点了出来，也是为了读者辨识，我的观点很可能更不妥。没有标注出处的原因，是类似的情况太多，我也不是学术专家，没有那么严谨，请大家谅解。

三是有些章句感觉有点突兀不好解读，做了谨慎小心的推测和自以为恰当的推演，并预设了场景，如《孟子》云"故说诗者，不以文害辞，不以辞害志。以意逆志，是为得之"，以便更好地理解章句的意思。

四是在《论语》话语体系里，有时候仁、义、道、德等含有为仁、仁义、仁道、道德、仁德、义德等意思。礼有时候含有仁礼、礼仪、礼制等意思。我曾经困惑于孔子是特别重视正名的人，为什么也不正名呢。或许，仁者本身就含有为仁的意思吧。我们了解了孔子的思想源流和主旨后，自然也就能明事理。

五是把《易经》（《周易》）中的子曰附在了后面，并做了释义。这样做的目的是更能全面地理解孔子。我们了解古之圣贤，看他说的话和他写的书，能比较直接通达他的心意。孔子删《诗》《书》，定《礼》《乐》，著《春秋》，传《周易》。他留下的文字明确记载的只有《春秋》一部。《春秋》又是微言大义，编年记事，多为断语，从中可窥孔子的历史观，当专门学习研思。《周易》内容包括《经》和《传》两个部分。《经》主要是卦图、六十四卦卦辞和三百八十四爻爻辞，传为伏羲氏和周文王所作。《传》包含解释卦辞和爻辞的七种文辞共十篇，统称《十翼》，相传为孔子所撰。世人考究为孔子和门人所作更可信。若孔子所作，何谓有"子曰"28则？所以，《传》中的"子曰"视为孔子说的话。其他如《礼记》等里面记载的关于孔子的言论，出现了言性与天道的话，可靠性有所损益，不赘。

学而篇第一

子曰："学而时习之，不亦说乎？有朋自远方来，不亦乐乎？人不知而不愠（yùn），不亦君子乎？"

孔子说："学到的知识有机会去实践它，不也是令人愉悦的吗？有志同道合的朋友自远方来，不也是令人高兴的吗？别人不理解我但我不生气，不也是君子吗？"

有学者认为，《论语》二十篇五百多章句，前后排列不够系统，并且总是拿每篇第一章句句首做篇目有点随意。其实不然，章句之间也是有一定设计安排的。《论语》深谙一以贯之的道理。

能够学以致用不是很快乐的事吗？孔子有感而发，很是爽快。关于这句话有几种不同的解释。朱熹在《四书集注》中的解释是，学而又时时之，则所学者熟，而心中喜悦，其进自不能已矣；杨伯峻在《论语译注》中的解释是，学了，然后按一定的时间去实习它，不也高兴吗；还有部分学者的解释是，学到了知识或本领以后按一定的时间去复习，不也是令人愉悦的吗；等等。对《论语》中的很多章句，望文生义的解读不少。这里列出一些前辈的注解，只是为了说明这一问题。以后的章句解读，就不这样罗列了。

《孔子家语》中关于学与习的对话，很好地解释了学与习的内涵。孔箴说："学焉得习，是学不得明也。"意思是：学过的知识没有机会应用，因此学到的知识无法理解透彻。宓子贱说："始诵之，今得而行之，是学亦明也。"意思是：以前记诵学到的知识，现在有机会得以实践，因此所学知识更加明白了。

志同道合的朋友从很远的地方而来，谈经论道，相谈甚欢，当然是很开心的事。也有些人没法跟他谈，道不同不相为谋，但也没必要给人家脸色看。孔子四十而不惑，不惑的是原则，困惑的是现象，而且还很多，所以才有"人不知而不愠"的修养情操。

有子曰："其为人也孝弟，而好犯上者，鲜矣；不好犯上，而好作乱者，未之有也。君子务本，本立而道生。孝弟也者，其为仁之本与！"

有子说："他的为人，孝顺父母，恭敬兄长，却喜欢以下犯上，这种人是很少见的；不喜欢以下犯上却喜欢作乱的人，是没有的。君子行事致力于根本事务，根本树立了，'道'就会产生。孝顺爹娘，恭敬兄长，这就是'仁'的根本吧！"

有子，名若，字子有，孔门七十二贤之一。有子被后世尊为儒学圣贤，又因长得像孔子，在孔子去世后曾一度被孔门弟子推举为师。

有子认为孝悌是君子为仁的根本。孝悌作为孔子学说中的一个伦理道德观念，规定了一个人对父母兄长所应具有的思想态度和言行要求。生活中能够一直保持对父母兄长和颜悦色，克服"色难"是一个不容易迈过的坎。恪守孝悌的人才会忠君不犯上，除非为君者是独夫贼子。

子曰："巧言令色，鲜矣仁！"

孔子说："花言巧语，假装和善的人，'仁德'是不会多的！"

孔子语重心长地说，有些人善于察言观色，总是花言巧语，装出顺从的样子，这种人做人做事缺少真诚，很少是有仁德的。真诚是人性向善的内在体现。如果一个人总是表现得夸夸其谈、巧舌如簧，一点都不真诚，那么不仅是其做人出了问题，教育也一定出了问题。修道之谓教。

曾子曰："吾日三省吾身。为人谋而不忠乎？与朋友交而不信乎？传不习乎？"

曾子说："我每天都会多次反省自己。替别人出谋划策有没有尽心竭力？和朋友交往有没有诚实守信？老师传授的知识有没有认真思考并去实践应用？"

曾子即曾参，字子舆，孔子晚年弟子之一，被后世尊奉为"宗圣"。其父曾点，字皙，孔门七十二贤之一。曾子与其父同师孔子，撰写《大学》阐述君子修身之道，在儒学发展史上占有重要地位。

内省是诚实于心的自我诉求和自我检视。曾子年轻时就对自己要求极高，从忠人事、守信用、传必习做起，逐渐体悟儒学真谛。

为人谋何谓不忠？态度上敷衍了事叫不忠，不仁不劝叫不忠。与朋友交何谓不信？不诚实相待叫不信，不守信用叫不信，关键是不能做不符合道义的事。传何谓不习？纸上谈兵叫不习，学非致用叫不习。曾子不欺暗室，做到了日日叩问自己的内心，反省自己的言行。

子曰："道千乘之国，敬事而信，节用而爱人，使民以时。"

孔子说："治理拥有一千辆兵车的大国，就要严肃认真地处理国家政事且取信于民，还要节约开支并爱护官吏，役使老百姓的时候注意选择恰当的时机。"

敬事节用取信于民，核心是爱人。农忙的时候，不要征用老百姓去服劳役。否则，所谓令出必行者，必也劳民伤财，就成怨声载道了。

孔子和墨子都讲节用爱人。珍贵的麻制帽子换成便宜的丝制帽子无所谓，礼在就成。不过在祭祀礼制上，孔子是遵循周朝旧制的，能不改就不改，那是敬畏。孔子爱人，是从亲亲之爱到泛爱众，墨子的兼爱则是无差别之爱。

子曰："弟子入则孝，出则弟，谨而信，泛爱众，而亲仁。行有余力，则以学文。"

孔子说："弟子们回到家里要孝顺父母，出门在外要尊敬兄长，言行谨慎诚实守信，关爱众生并亲近有仁德的人。做到这些还有余力的话，就可以学习文献知识了。"

在孔子看来，什么时候开始系统学习文献知识是有前提的，即为人处世形成亲仁的自觉和习惯之后，就可以系统学习文化知识了。其实也是在讲，立德树人比学习知识更重要。

习惯的养成不会是天生自觉的，必然是言传身教、耳濡目染的结果。养成了为人处世的基本教养，才有可能通过学习文化去追求止于至善的目的。

我们的教育太专注于知识和技能的传授，对日常亲仁的习惯养成重视不够，说得多做得少。不妨实施日省教育：我对父母孝顺吗？我尊老爱幼吗？我是不是说大话了？我能够真诚待人吗？

子夏曰："贤贤易色。事父母，能竭其力；事君，能致其身；与朋友交，言而有信。虽曰未学，吾必谓之学矣。"

子夏说："以贤者为镜来调整自己事人的态度。侍奉父母，能够竭尽全力；侍奉君主，能够奋不顾身；同朋友交往，说话诚实恪守信用。这样的人尽管他自己说没有学过什么，我肯定他已经学习过了。"

子夏，姓卜名商，字子夏，孔门十哲之一，以文学著称。

这句话上承子曰"行有余力，则以学文"。在子夏看来，自觉向贤者学习的人，尽管他自己说没有学过什么文化知识，但子夏认为他一定已经学习过了。这里就涉及教育的途径和学习的指向等问题。质朴真诚的人，尽管没有机会接受师生名分的指导，也没有机会系统地学习文化知识，但他仍然向善而行，自觉地泛爱众而亲仁。

三人行必有我师焉。换个角度看，每一个人的言行举止，都在潜移默化地影响他人。正所谓人之所以为人，人文教化是也，环境易人。广义地讲，生命的全部都是在生活学习中塑造的。

有人把"贤贤易色"与"事父母"等句并列，并译作"改变好色之心"或译作"具有贤德的人"，"看重妻子的是贤德而不是容貌"，等等，感觉不妥。

子曰："君子不重，则不威，学则不固。主忠信。无友不如己者。过，则勿惮改。"

孔子说："君子不自重就没有威严，学习可以使人不固执己见。君子以忠信为原则，没有朋友不如自己的，自己有了过错就不要怕改正。"

此则继续讲君子为学交友的态度，要自重知敬畏。正人君子就应该有正人君子的样子。敬畏学习，好学就不会见识浅薄，固执己见。敬畏忠信，不要死要面子活受罪，怕在朋友面前丢面子，死不悔改。三人行必有我师焉，朋友都有值得学习的地方，知错能改，善莫大焉。

把"学则不固"译作"学也不坚定",把"无友不如己者"译作"不和与自己志向不同的人交往",感觉均不妥。我们在治学上,特别是在古文断句释义上,可以在理解主旨思想的基础上,自己尝试着进行解读。

曾子曰:"慎终,追远,民德归厚矣。"

曾子说:"慎重地对待父母的去世,虔诚地追念久远的先祖,民之德风就会趋于仁厚了。"

要敬畏祖先,只有清楚我们从哪里来,才会知道我们要到哪里去。数典忘祖禽兽不如,慎终追远人文日新。君子笃于亲,则民兴于仁。父母祖先们辛辛苦苦劳作,养育了一代又一代子孙,没有享过什么福就去世了,子子孙孙不应该怀念他们、牢记他们的恩德吗?有此家风,民德自然归于仁厚。所谓齐家治国平天下,如是。

子禽问于子贡曰:"夫子至于是邦也,必闻其政,求之与?抑与之与?"

子贡曰:"夫子温、良、恭、俭、让以得之。夫子之求之也,其诸异乎人之求之与?"

子禽问子贡说:"夫子每到一个国家,必定要了解这个国家的政事。这是求着人家去说的,还是人家主动告诉他的呢?"

子贡说:"夫子是依靠温和、善良、严肃、节俭、谦逊的美德了解其国政事的。夫子依靠这些美德求教人家,是不是和别人不同呢?"

子禽是不是孔门弟子,没有定论。子贡,复姓端木,却是孔子的得意门生,孔门十哲之一。历史上对他的评价相当高,还是儒商鼻祖。

孔子不仅具有温良恭俭让的美德，他的情商也很高，懂得如何与人打交道、如何得到别人的帮助。问人于他邦，再拜而送之。当然，违背做人原则的事，不符合仁义道德的事，夫子是万万不会做的。

育人以美德，同时也要育人以情商。情商不高的人，美德养成一定不足。

子曰："父在，观其志；父没，观其行；三年无改于父之道，可谓孝矣。"

孔子说："父亲健在的时候，要看他的志向。父亲去世之后，要考察他的行为。能够坚守三年父亲生前为人处世之道的话，就可以说做到孝了。"

君子务本，孝悌是为仁之本。当父亲健在的时候，里里外外的事情由父亲做主，做儿子的是没有多少话语权的。看一个人是不是孝、将来是不是有出息，就看他有没有志向，是不是在朝着他的志向努力。父亲去世之后，他能够坚守三年父亲生前为人处世之道，维护好父亲在世时乡邻乡亲的关系，不改家国天下的情怀，就是尽孝了。这与三年之丧是一脉相承的思想。宰我曾经就此诘难过孔子，认为三年之丧久矣，甚至认为三年无改于父道也太长了。孔子说，宰我不仁啊！孩子三年后才能脱离父母的怀抱，难道宰我没有从他父母那里得到过三年怀抱之爱吗？

孝与不孝关键在真情实感，在于对父母真诚的感恩和缅怀。生前不孝，死后做得再好也是作伪。三年丧期是古制，认为服丧三年（据考证是三个年头，大抵二十五个月）的时间，才能够体现出为人子的虔诚挚爱。

三年之后呢？孔子的潜台词是，可以按照自己的想法行事了。

有子曰:"礼之用,和为贵。先王之道,斯为美。小大由之,有所不行;知和而和,不以礼节之,亦不可行也。"

有子说:"礼的应用,以和谐为贵。先王的治国方略,最高明的地方就在这里。不论大事小事只讲和谐,有时候就行不通;只是为和谐而求和谐,不以礼节来节制,也是不可行的。"

此则有几个关键字——礼、和、美。它们又涉及乐、善、仁。礼乐是一种制度文化,它以礼为社会秩序的基础和核心,明贵贱,辨等级,正名分,一切人和事都要遵循礼的规范和准则。乐的作用是陶冶人的情操、调节人的身心,配合礼的场景和人的行动,达到和合统一的效果。行什么样的礼配什么样的乐,礼乐和合让人产生心灵上的共鸣和情感上的认同,从而形成和谐的社会氛围。如果能够执礼知乐,人间充满和谐,世人便会行善事求善果。心灵有所安顿,一切都会井井有条,相得益彰,至善至美。如此,是为仁。

在《论语》体系里,一个概念名词往往含有内容的指向,类似动名词。"礼"含有执礼的意思,"和"含有和合的意思,"美"含有至美的意思,等等。这需要慢慢体悟。

有子曰:"信近于义,言可复也。恭近于礼,远耻辱也。因不失其亲,亦可宗也。"

有子说:"合乎道义的诚信之言,是可以兑现的。合乎礼法的谦恭态度,是可以远离耻辱的。没有忘掉自己的亲人去施恩别人,其恩是有源头的。"

没有人会说自己不讲诚信,也没有人愿意自取其辱。但总会有人不顾义礼,为了所谓的大义或小利出卖亲人朋友,投其所好去献媚,这就不好了。恩不失其亲，亦可宗也。

关于耻辱之事，《论语》里有自取其辱的章句。真正的儒家是非常了解社会现实的，在小事上懂得自我保护和守恒变通，在信仰追求上择善固执、守死善道，绝不忍辱求全。不显则隐。只有在大义面前，才可以杀身成仁。

不要盲目相信别人的话，也不要唯书唯上。不要自取其辱，采用适当的方式和人家说两遍，人家不听就不要再说了。不要被道德绑架，提倡舍己利人但要量力而行，特别是你的亲人还需要帮助的时候，不要忘了先帮助你的亲人。

子曰："君子食无求饱，居无求安，敏于事而慎于言，就有道而正焉，可谓好学也已。"

孔子说："君子吃饭不要求饱足，居住不要求安乐，做事勤奋敏捷，说话谨慎小心，主动向有道德有学问的人求教以修正偏差，可以说就是好学了。"

前面孔子说："弟子入则孝，出则弟，谨而信，泛爱众，而亲仁。行有余力，则以学文。"子夏说："贤贤易色。事父母，能竭其力；事君，能致其身；与朋友交，言而有信。虽曰未学，吾必谓之学矣。"加上这一则，都没有强调学习文献典籍的事，却强调了注重在日常生活中修行就是好学，认真做人做事就是为学。

首先，通过洒扫应对进退，学习养成待人处世的良好习惯，成为一个知道仁义廉耻的人。其次，通过研习文化典籍，增长德行、言语、政事、文学等才能，成为一个有真才实学的有知识、有文化的人。然后是德才兼备，成为有理想、有道德，不断进德修业，有使命担当，追求至善境界的君子。

本章句的重点是，诚心寡欲、向善好学是正道。

子贡曰："贫而无谄，富而无骄，何如？"
子曰："可也。未若贫而乐道，富而好礼者也。"
子贡曰："《诗》云，'如切如磋，如琢如磨'，其斯之谓与？"
子曰："赐也，始可与言《诗》已矣，告诸往而知来者。"

子贡说："贫穷时不谄媚，富有时不骄傲，怎么样？"
孔子说："还可以。但还是不如那些处在贫困中却乐于仁道的人，虽然富裕却又非常喜爱礼节的人。"
子贡说："《诗经》上说，'要像打磨骨角象牙玉石一样，切磋它、琢磨它'那就是您所讲的意思吧？"
孔子说："赐呀，我现在可以和你言《诗》了，告诉你过去的事，你能从中领悟出将来的事。"

《论语》中多人对话组成一章句的情况比较少，但一旦出现，就精彩无比。

子贡是孔门弟子中了不起的人物，他是一位经历了由贫穷到富有的人，因经商有道被后人尊为儒商之祖。可能是有感而发吧，子贡能够做到贫而无谄、富而无骄，感觉接近孔子的仁道了，就去问孔子，或许还想得到几句表扬。谁知孔子却面无表情地说，还行吧，但还有些差距。贫穷的时候不忘仁义道德，富有的时候崇尚礼仪廉耻，才是高级的境界。子贡非常聪明，马上正色琢磨起孔子的话来。子贡顿悟道，您的意思是说，就像《诗经》上讲的，修养道德就像打磨象牙、玉石一样，需要不断切磋琢磨，是吧？孔子欣然说，赐呀，告诉你过去的事，你可以从中领悟出将来的事，我现在可以和你言《诗》了。

这种教学场景，真是令人羡慕。孔子的理想信念是固执的，吾道一以贯之，无论是贫穷富贵，还是顺境逆境，为仁而已。孔子为人处世的生活态度是随和变通的，处处展现温良恭俭让的美德，教学方法更是因材施教、因时因境而易，并且循循善诱。

《诗经》是上古人民生活情感的自然流露，一片真情实意。所以，孔子说："《诗》三百，一言以蔽之，曰'思无邪'。"诗可以兴，可以观，可以群，可以怨。《诗经》是礼乐教化的依归。

子曰："不患人之不己知，患不知人也。"

孔子说："不担心别人不了解自己，只担心自己不了解别人。"

类似的话，不同场合孔子说过好几次，如"不患人不己知，患其不能也""智者知人""人不知而不愠"等。在孔子看来，不了解别人就不可能因材施教，更不可能知人善任。从《论语》中可以看出，孔子还是很了解他的学生的，但也有看走眼的时候。

孔子教导宰我时，曾感言："始吾于人也，听其言而信其行；今吾于人也，听其言而观其行。于予与改是。"起初我看人，是听其言而信其行。现在我看人，是听其言而观其行。我改变了看人的态度。后来，孔子又说："视其所以，观其所由，察其所安。人焉廋哉？人焉廋哉？"审视他言行的动机，观察他做事的过程，考察他心之所安，这个人怎么能隐藏得了呢？孔子也是在不断总结经验中提高识人的能力和水平的。

为政篇第二

子曰:"为政以德,譬如北辰,居其所而众星共之。"

孔子说:"以道德教化来治理国家,就像北极星,安处在自己的位置上,群星都会环绕在它周围。"

如果君王是位大德君子,以德治国,不令则行,像虞舜那样恭己正南面而已矣;如果是位道貌岸然的伪君子,即使满嘴的仁义道德,像鲁哀公那样,身边的人也会离他而去。

在儒家的思想体系里,为政的内容不仅包括治国平天下,也包括《大学》所论其他八条目的内容。正所谓"物格而后知至,知至而后意诚,意诚而后心正,心正而后身修,身修而后家齐,家齐而后国治,国治而后天下平","自天子以至于庶人,壹是皆以修身为本"。为政之要,在修身。修身需要人文化育,由是为政以德必定包含教化的内容,即教育和感化,同时也包括孝悌的内容。

面对礼崩乐坏、民不聊生的社会局面,孔子忧心忡忡。他多想诸侯君王们能够听得进去他的话,能够像尧舜禹那样修身,成为仁德君子,以美德教化万民,以上率下,天下就复归太平了。

子曰:"《诗》三百,一言以蔽之,曰'思无邪'。"

孔子说:"《诗经》三百篇,可以用一句话来概括它,就是

'思想纯正'。"

学而篇第十五章句，子贡用"如切如磋，如琢如磨"来形容自己对君子之道的理解，孔子说"告诸往而知来者"，可以和你谈《诗》了。《诗》可以兴，可以观，可以群，可以怨，无不发乎真情实感，是礼乐教化的依归。

孔子推崇《诗经》。弟子的道德修为达不到一定的境界，他不与言《诗》，说明了什么呢？"思无邪"是孔子的思想源泉。如果一个人感触不到"思无邪"的深意，他的修为就很难精进了。人生修为过程中会遭遇诸多的魔障，心魔诸多；只有达到"思无邪"的境界，怀有一颗赤子之心，似婴若孩，也就是真诚，才能一心向善、择善固执、止于至善。

真情实感的自然流露，便是为人之诚。人若没有真情实感，怎能会择善固执？正心诚意，讲的就是这个道理。出于真诚，善意不伪；源于善意，美德不孤。思无邪。

子曰："道之以政，齐之以刑，民免而无耻；道之以德，齐之以礼，有耻且格。"

孔子说："用政令去约束，用刑罚去惩治，老百姓只想免于罪责惩罚，就会失去羞耻之心；用德行教化来引导，用礼制宗法来规范，老百姓不但会有羞耻之心，而且也会遵守公序良俗。"

儒家崇尚的是德政礼制。为政以德，齐之以礼，老百姓言行有过就会反求诸己，知耻而后改过迁善，就用不着刑罚了。如果以政令和刑罚来治理，导致老百姓丢掉了羞耻之心，那他们就会无视道德礼制了。但从《孔子家语》中看，孔子是既重视德政又重视法治的，正所谓执其两端，用其中于民。孔子在这里强调的是要施行仁政。

子曰："吾十有五而志于学；三十而立；四十而不惑；五十而知天命；六十而耳顺；七十而从心所欲，不逾矩。"

孔子说："我十五岁时立志于学习；三十岁时能够自立处世；四十岁时确立了道德原则而不被外事所迷惑；五十岁时知道哪些是不能为人力支配的事情而乐知天命；六十岁时人家说什么我都能够听得进去；七十岁时能够随心所欲，但不会超出规矩。"

很欣赏一位学者，把孔子的六句话，每一句的后面又加上一句话，来概括孔子的一生。吾十有五而志于学，学而时习之不亦说乎？三十而立，有朋自远方来不亦乐乎？四十而不惑，人不知而不愠，不亦君子乎？五十而知天命，发愤忘食。六十而耳顺，乐而忘忧。七十而从心所欲，不逾矩，不知老之将至。孔子的一生，每一个阶段都有各自的使命和进阶，值得我们学习和深思。

下面开启孝道四连问。孝悌是为仁之本，为政之始。因人因时因事，孔子给出了不同回答。

孟懿（yì）子问孝。
子曰："无违。"
樊迟御，子告之曰："孟孙问孝于我，我对曰'无违'。"
樊迟曰："何谓也？"
子曰："生，事之以礼；死，葬之以礼，祭之以礼。"

孟懿子问什么是孝道。
孔子说："孝就是不要违背礼节。"
樊迟给孔子驾车时，孔子告诉他说："孟孙问我什么是孝道，我回答他说不要违背礼节。"
樊迟说："不要违背礼节是什么意思呢？"

孔子说:"父母活着的时候,要按规定的礼节侍奉他们;父母去世后,要按规定的礼节安葬他们,祭祀他们。"

孟懿子是鲁国司空孟僖子的儿子。孟僖子临终之前,让孟懿子去师侍孔子。孟懿子是孟子的六世祖。樊迟,名须,字子迟,兴趣广泛,除学习道德文章外,还曾向孔子问学稼和为圃之事,受到孔子的斥责。

孔子有时候会主动告诉身边的学生别人问他什么。目的何在?樊迟比孔子小46岁,在孔子眼里,樊迟算是个孩子。在樊迟问"何谓也"之后,孔子又详细地给他解释什么是孝,这就是孔子的教育方法,因材施教,循循善诱,不经意间传授了道德礼制。

如果没有孔子与樊迟后面的对话,孔子说孝是无违,容易使人仅仅理解成不要违背父母的意愿。我们通过学习《论语》体悟孔子的思想,需要将前后文、上下文联系起来,才能真正理解孔子话语里的实质内涵。后面,孔子还有事父母几谏、色难的教诲。

礼的本质是仁。按礼的要求去侍奉双亲,就是为仁。为仁就是为政。每年春节祭拜天地君亲师,恭恭敬敬像父母生前一样伺候父母吃顿饭,念叨念叨生活的酸甜苦辣,这不是迷信,这是缅怀追忆不忘本,这是仁礼,这是孝道。

问孝本身含有什么是孝、孝是什么、怎么做才是孝、孝应该怎么做等意思。别人问孝,孔子往往择一方面回答之,如同别人问仁一样,从来没有正面回答孝是什么。

孟武伯问孝。
子曰:"父母唯其疾之忧。"

孟武伯问孝。
孔子说:"能够做到除了生病让父母担忧外,其他事情都让父母放心就是孝。"

孟武伯是鲁国的大夫，曾向孔子询问仲由、冉求和公西赤的仁行。

为人子者，除了生病的时候让父母担心外，其他的事情不让父母担心，这才是孝。

或许孟武伯有点娇生惯养，懒散，不知上进。上文有子曰"父在，观其志"之论，他父亲孟懿子有点担心孟武伯，就和孔子说了，孔子才有针对性地点拨他。

子游问孝。

子曰："今之孝者，是谓能养。至于犬马，皆能有养；不敬，何以别乎？"

子游问孝。

孔子说："如今所谓的孝，只是能赡养父母罢了。其实狗和马，也都有人饲养。如果对自己父母不恭敬，那么赡养父母与饲养犬马又有什么区别呢？"

言偃，字子游，是孔门七十二贤中唯一的南方弟子，擅长文学，阐扬孔子学说，用礼乐教化民众，为孔子所称赞。

孝的本质是仁，核心是敬，敬而后能顺。一个不敬重父母的人，他还能敬重谁呢？常言道，看一个人可交不可交，看他是否孝敬父母就足够了。

子夏问孝。

子曰："色难。有事，弟子服其劳；有酒食，先生馔，曾是以为孝乎？"

子夏问孝。

孔子说:"侍奉父母时,最不容易的就是对父母和颜悦色。有事情,儿女替父母去做;有酒食,儿女让父母先吃,难道认为这样就可以算是孝了吗?"

子夏,才思敏捷,后来成为具有创新精神、颇有经世才能、与时俱进的思想家。

侍奉父母,能够一直做到和颜悦色,实在是太难了,能够做到无可奈何地苦笑,就已经很不容易了。孔子的反问是在讲,不能克服色难,还是算不得敬,算不得孝顺呀。

问孝的四人中,孟懿子小孔子20岁,樊迟小孔子46岁,孟武伯小孔子40岁,子游小孔子45岁,子夏小孔子44岁。四人的年龄不同,境遇不同,学识不同,根据不同的情况,孔子因材施教,给出了无违、忧疾、不敬、色难等四个不同的回答。

下面接着谈识人。

子曰:"吾与回言终日,不违,如愚。退而省其私,亦足以发,回也不愚。"

孔子说:"我整天给颜回讲学,他对我的话深信不疑,像个愚笨的人。等他回去之后,我观察他私下的言行,发现他对我所讲授的内容有所发挥,可见颜回其实并不愚笨。"

颜回,字子渊,尊称"复圣""颜子",孔门七十二贤之首。颜回13岁拜孔子为师,终生师事之,是孔子最得意的门生。孔子对颜回称赞最多,赞其好学仁人。

面对面教学的时候,孔子讲什么,颜回听什么。颜回对孔子的言论绝对信服,没有丝毫的怀疑。他似乎什么都听进去了,也似乎什么都没听懂的样子,孔子感觉颜回有点愚笨。孔子"不患人之不己知,患不知人也"。孔子没有根据表面现象给颜回下结论,过后听其言观其行,发现颜回不但听懂了,而且还能够举一反三,语之不惰,这才感觉颜回一点也不愚笨。

孔子差一点因言取人相信了宰我,还曾以貌取人失去了子羽。能够做到因材施教、知人善任、用当其时才是孔子所追求的。

在颜回看来,却没有什么可说的,他对孔子的话深信不疑。仁义礼智信就像刻进了骨子里,他要做的就是学思践悟,把孔子的思想发扬光大。在颜回心目中,孔子就是那位仁者智者,是真善美的化身,"仰之弥高,钻之弥坚,瞻之在前,忽焉在后""虽欲从之,末由也已"。

除了"听其言,观其行"外,如何更加深入地了解一个人呢?

子曰:"视其所以,观其所由,察其所安。人焉廋哉?人焉廋哉?"

孔子说:"了解一个人,应看他言行的动机,观察他为人处世的过程,考察他心之所安的是什么。这样,这个人怎么能隐藏得了呢?这个人怎么能隐藏得了呢?"

孔子患不知人,差一点看错了颜回,通过省其私才没有犯错。在这里,孔子系统总结了知人的三要素,就是看动机、观过程和察目的。能够看清楚这三点实属不易,着实需要点智慧。

换个角度看,要想得到别人的理解,让别人能够懂你,就得做个光明磊落、真诚的人。做人真诚,一心向善,择善固执,有什么好隐藏的呢?哪怕就是有点不妥,也会有人来指正,避免犯更大的错误。

考察下属工作业绩,不看动机,不管过程,只看结果,只要把任务完成了就好,就算不择手段也不过问。被人发现了,那也是你自己的事。这样的上级真的是可悲。人焉廋哉?人焉廋哉!

子曰:"温故而知新,可以为师矣。"

孔子说:"熟读历史经典,从而明了新事物,提出新观点,这样就可以当老师了。"

正所谓"前事不忘,后事之师","以史为鉴,可以知兴替"。一切过去,皆为序章。从承接上文看,温故而知新,又何尝不是知人识人的功夫呢?

有人把"温故"译作"复习学过的知识",有点肤浅了。

子曰:"君子不器。"

孔子说:"君子不能像器具那样限制住自己。"

造就君子是用来经世致用的,君子不能只有一技之长。儒学虽然分德行、言语、政事和文学四科,但要求门下弟子精通一门学问的同时,兼修其他。子路主修的是政事,善舞剑,但也要学抚琴。

子贡问君子。
子曰:"先行其言而后从之。"

子贡问君子。
孔子说:"君子先践行了自己的言论,然后才说出来。"

子贡能言善辩,位列言语科第二,但有个缺点,经常议论别人的是非短长。孔子不屑于子贡的这种行为,也毫不客气地批评他,你端木赐就什么都好吗?我就没功夫去议论别人,君子欲讷于言而敏于行。子贡问君子,孔子向他提出了更高的要求。

子曰:"君子周而不比,小人比而不周。"

孔子说:"君子合群包容他人,小人结党而不团结。"

小人比较典型的做法就是拉帮结派、蝇营狗苟,腹诽对立者和贤者,以获取一己之私。但人性向善,仁者君子会设法发现他善的一面,以自己的德行循循善诱去感化他,真诚地去教导他,使其心有所安,继而择善从之、群而不党。君子包容他人的缺点,欣赏他人的优点,推己及人,向善而行。教育的目的就是不使人变坏。

最难办的小人是掌权的伪君子,他们是一群装睡叫不醒的人。

子曰:"学而不思则罔,思而不学则殆。"

孔子说:"只知道学习而不去思考问题,就会罔然迷失收获不大;只知道不切实际的空想而不去学习,就会陷入迷惑而无所得。"

学习知识的过程是继承的过程。继承的知识都是真实的、科学的、在今天看来还是正确的吗?这是怀疑的过程。有了怀疑就会去求证真伪,这是批判的过程。批判不是否定,是扬弃。创新就是在批判的基础上提出新的观点。

有道是思困不如学也。想不明白的时候,不如去学习,然后再去思辨。这是为学,即学思并重。

学而不思是书呆子,思而不学容易得妄想症。年轻人容易犯不思的毛病,成年人容易犯不学的毛病。回头看看,这几年安心读了几本书?如果感觉惭愧、汗颜,那就抓紧时间开始认认真真读几本书吧。

子曰:"攻乎异端,斯害也已。"

孔子说:"攻击所谓的异端学说,有害无益。"

一则孔子是执其二端、取中为民，奉行的是中行之道，提倡的是学思并重，学而优则仕，仕而优则学。二则孔子不攻击别人的学说，提倡的是道不同不相为谋，敬鬼神而远之。

各家学说有各自立论的基础和逻辑。如果逻辑没问题，争论过来争论过去，最后都会回到立论的原点——第一命题上去。我的第一命题是"人之初，性本善"，你的第一命题是"人之初，性本恶"，我们都各自认定这是不证自明的，也无法去证明真伪，所以还是提倡百家争鸣为好。当然，有些异端不是学说，是邪说，就需要批判它了。

总体上看，尽管历史上有焚书坑儒、灭佛运动等事件发生，但古代中国文化总体上还是呈现儒释道三家并存的态势。春秋战国时期更是百家争鸣，呈现三教九流十派共存的局面。他们都或大或小影响着中华文明的历史进程，共同创造了光辉灿烂的传统文化。

子曰："由！诲女知之乎？知之为知之，不知为不知，是知也！"

孔子说："仲由！我告诉你如何求知好吗？知道就是知道，不知道就是不知道，这才是求知的正确态度啊！"

子路，即仲由，又字季路，是孔子门徒中个性特别鲜明的一位，《论语》里最出彩的人物之一。他优点突出，忠勇英武。缺点是不太好读书，有时候刚直武断，不求甚解，甚至经常顶撞孔子。子路在《论语》里出现了41次。可能是子路又开始不求甚解、武断了事了，孔子有点生气却又无可奈何，就说了上面的话。

孔子十分了解他的学生，善于因势利导教诲学生，同时对他们又处处充满了关爱和真诚。如果换作另一位脾气不太好的老师，甚至是子路当老师，或许会说："不知道别瞎说！给我滚一边去！"这样，两者产生的教育效果,就大相径庭了。

"是知也"之"知",含有"知"和"智"的双层意思,故译作"求知的正确态度"。

子张学干禄。

子曰:"多闻阙疑,慎言其余,则寡尤;多见阙殆,慎行其余,则寡悔。言寡尤,行寡悔,禄在其中矣。"

子张请教为官之道。

孔子说:"要多听少说,拿不准的先放到一边,有把握的也要谨言,这样说话就会少犯过错;要多看少做,感觉不妥的先放到一边,有把握的也要慎行,这样就会减少事后懊悔。说话很少犯错,做事很少后悔,官职俸禄就不成问题了。"

子张,复姓颛(zhuān)孙,名师,字子张,年纪小,志向高,有时候还有点嚣张。子张想当官,就来请教孔子当官的注意事项。孔子微微一笑,针对子张的性格特点,因材施教,说了上述的话。概括起来就是多闻多见、谨言慎行,此乃中行之道。

可能是受儒家思想潜移默化的影响,为官者起初还知道多闻多见、谨言慎行的道理。慢慢地为官久了,特别是官当大了以后,还有几位能记得为官之道呢?有些官员不仅说大话,还妄做"大事情",甚至是炒概念,没把握的事情也要大干。而等一哄而上有了所谓的政绩,他们就拍拍屁股走人,剩下一堆烂摊子。好像他的心思别人看不出来似的,实在是可悲。人焉廋哉?人焉廋哉!

接下来讲为政以德,如何使民服从。

哀公问曰:"何为则民服?"

孔子对曰:"举直错诸枉,则民服;举枉错诸直,则民不服。"

鲁哀公问:"怎样做才能使老百姓服从呢?"

孔子回答说:"提拔重用正直无私的人,把狂妄不正的人放一边,老百姓就会服从;提拔重用狂妄不正的人,把正直无私的人放一边,老百姓就不会服从。"

被三股势力左右、没有实权的鲁哀公问孔子,怎样才能使老百姓服从。孔子庄重严肃地回答他,心想:你听不听是你的事,我是一定要说的。

"举直错诸枉"应该成为当权者的座右铭。当权者的气场是"近者悦,远者来"。身边围着的是小人还是君子,那要看当权者是真君子还是伪君子了。伪君子加上真小人,就是"举枉错诸直",谁能服从呢?孟子说尊贤使能、俊杰在位……是同样的道理。

小人的可恶之处在于巧言令色,看似唯命是从,实则不以为然,狐假虎威玩弄百姓于股掌之间,只求自己升官发财。他们自己心里跟明镜似的,换一个领导马上再扑上去,仍然是巧言令色侍奉主子,面上惶惶然,心底里偷着笑。

季康子问:"使民敬忠以劝,如之何?"

子曰:"临之以庄,则敬;孝慈,则忠;举善而教不能,则劝。"

季康子问:"要让老百姓既有敬忠之心又能勤勉努力,该怎样去做呢?"

孔子说:"你以庄重的态度对待老百姓,他们就会尊敬;孝顺父母,慈爱幼小,他们就会尽忠;选用提拔善良的人,教导能力不足的人,老百姓就会互相勉励、加倍努力了。"

季康子位高权重,曾经驱赶过孔子,而后又想利用孔子。他问孔子,怎样才能够让老百姓心甘情愿地努力干活、真心实意地尽忠敬上。孔子仍然不动声色地说，当政者要庄重不虚，对老百姓要有孝慈仁爱之心，提拔善良的人，教导能力不足的人，这样才行呀。季康子能举善就不错了，"举直错诸枉"就别想了。

或谓孔子曰："子奚不为政？"

子曰："《书》云：'孝乎惟孝，友于兄弟，施于有政。'是亦为政，奚其为为政？"

有人对孔子说："夫子为什么不去从政呢？"

孔子回答说："《书经》上说：'孝呀！孝顺父母，友爱兄弟，躬行孝悌就是为政。'家政也是为政呀，为什么一定要当官才算为政呢？"

所谓齐家治国平天下。在儒家看来，家齐而后国治，国治而后天下平。齐家就是为政。而要齐家，前面的功夫是格物致知、诚意正心，然后修身齐家。《大学》的八条目就阐发于此。以此逻辑，明事理，正心意，加强自我修养，都是为政的功夫。不能说当官才是走上了政途，能够好学向善，注重品德修养，能够遵从孝道，使家庭和睦，就已经是走上了为政的正途了。

子曰："人而无信，不知其可也。大车无輗（ní），小车无軏（yuè），其何以行之哉？"

孔子说："一个人如果不讲信用，不知道他还能做什么。就像大车没有輗、小车没有軏一样，它靠什么行走呢？"

人无信不立，业无信不兴，国无信则衰。不能取信于人，就可能会有意作害于人。

不要和不讲信用的人交朋友，一不小心他会把你卖了。不要和不孝的人交朋友，对自己父母都不好的人也不会对别人好。如果上级不知道谨言慎行，朝令夕改，就是不讲信用，大家会无所适从。

说到讲信用，约会迟到5分钟，叫不讲信用吗？不能这么说，有充分理由晚到几分钟，解释清楚就可以了，不是不讲信用。有钱赖着不还，叫不讲信用。明知有错不改，叫不讲信用。

子张问："十世可知也？"

子曰："殷因于夏礼，所损益，可知也；周因于殷礼，所损益，可知也。其或继周者，虽百世，可知也。"

子张问孔子："今后十世的礼仪制度可以预知吗？"

孔子回答说："商朝继承了夏朝的礼制，所减少和所增加的内容是可以知道的；周朝又继承了商朝的礼制，所减少和所增加的内容也是可以知道的。将来有继承周朝的朝代，尽管有所损益，就算一百世以后的情况，也是可以知道的。"

鉴往知来，温故而知新。

历史文化传统会随着时代的变迁而有所损益，但大道是不会随着时代变迁而改变的。至于一些形式内容，有所损益未尝不可。完全固守旧制，也不是好事情。择善固执，才是最重要的德行。

子曰："非其鬼而祭之，谄也。见义不为，无勇也。"

孔子说："不是应该祭的鬼神却去祭奠它，这就是谄媚。见到应该挺身而出去做的事情却袖手旁观，就是怯懦。"

不当为而为之，当为而不为，为政者之戒也，君子不为也。

自周公以降，中国传统文化里祭祀的主要对象是天地君亲师和民族英雄，西方诸神与我们何干呢？有些年轻人有点崇洋媚外，把西方的复活节、圣诞节过得热火朝天，而对中国的传统节日，却没什么热衷喜欢的内容了。春节的传统意味似乎也淡了不少。我们的教育是不是应该反思，问题出在哪里呢？

通过传统节日弘扬优秀的传统文化，得有当代人喜欢的仪式感。对传统节日的内容、形式有所损益，只要精神还在，就是传承。与时俱进赋予当代特色，就是创新。

见义勇为自古就是优秀传统文化精神的重要组成部分。孔子说君子之道有三，其一便是勇者不惧，只要符合道义，杀身成仁亦在所不惜。

八佾篇第三

孔子谓季氏,"八佾(yì)舞于庭,是可忍也,孰不可忍也!"

孔子谈到季氏,说:"在自家庭院里用八佾奏乐舞蹈,这样的事他都敢做,还有什么事情他做不出来呢!"

鲁昭公时,三大权门把持朝政,季氏是一门。季氏怎么敢用君主专享的八佾礼乐呢?悍然无视尊尊,置君主于何地?这无疑是破坏礼乐等级的僭越行为。"是可忍也,孰不可忍也!"天下无道,礼崩乐坏,孔子很是痛恨,却又无可奈何。

遵从宗法礼制,人人当其位,执其礼,行其事,社会才会安宁。不然,社会就乱套了。

从这一章句开始,开启了说礼模式。

三家者以《雍》彻。
子曰:"'相维辟公,天子穆穆',奚取于三家之堂?"

孟孙氏、叔孙氏和季孙氏三家,在祭祖完毕撤去祭品时,也唱《雍》这首诗。

孔子说:"'诸侯助祭,天子肃穆',怎么能用在三家大夫的庙堂上呢?"

《雍》是天子专享礼乐,只有在天子祭祀撤下祭品时才可以唱《雍》

这首诗。

上则说季氏舞佾在庭，冒犯君主；这则说三家歌《雍》在堂，忤逆天子。眼里既没有君主也没有天子，明目张胆，毫不忌讳，可见当时礼崩乐坏到什么地步。

礼是用来维系社会尊尊秩序的，乐是用来抚慰社会和合情感的。礼乐之用，为的是建立和谐安宁的社会生态。礼崩乐坏，必然会带来社会动荡、民不聊生的局面。孔子忧心忡忡。

子曰："人而不仁，如礼何？人而不仁，如乐何？"

孔子说："一个人如果没有仁爱之心，礼对他有什么用？一个人如果没有仁爱之心，乐对他有什么用？"

孔子没有点名指责三家权门，只是发出悲愤无奈的感慨。如果让舍我其谁的孟子碰上了，孟子会指着权贵的鼻子直接教训的。"说大人，则藐之，勿视其巍巍然！"仁者无敌，这是孟子的做派。

仁是礼乐的核心。礼乐丢掉了核心，也就丢掉了灵魂，这样的礼乐还有什么实质意义呢？礼乐可以帮助有仁爱之心的人修身养性，没有仁爱之心的人则会玩弄礼乐。仁道为本，礼德为用，雅乐和合为辅，这才是周公制礼作乐的原则主张。

以上三则，举了两个例子，发出三个疑问，道出一句感慨，由是更加坚定了孔子匡扶仁道的信念和使命担当。

林放问礼之本。

子曰："大哉问！礼，与其奢也，宁俭；丧，与其易也，宁戚。"

林放问礼仪制度的根本。

孔子回答说："这个问题意义重大！礼呢，与其奢侈，不如节俭些。丧礼呢，与其周备，不如内心真正悲伤。"

林放，春秋时期鲁国人，以知礼著称，被后世尊为先贤。在礼崩乐坏的年代，能够和孔子深入探讨礼的本质的，也许只有林放了。有朋自远方来，不亦乐乎！孔子没有直接回答林放，三言两语也不好回答，于是就大道至简地举例说明。

只要心存敬意，举办礼仪没必要铺张浪费，一切从简就好。只要悲从心来，举办丧礼没必要苛求细节，悲伤就好。孔子强调的是真诚实意的恭敬而不是繁文缛节。这对老百姓很实用，所谓礼不下庶民，即不要对百姓苛求完备的礼节，合乎礼的本质就可以了。

至此，我们可以体会到，孔子是提倡发乎情、止乎礼，皆中节就好，体现着仁者爱人的人文情怀。一说墨家反对儒家久丧厚葬、铺张浪费而反出孔门，看来是没有真正理解孔子。

子曰："夷狄之有君，不如诸夏之亡也。"

孔子说："夷狄虽然有君主，还不如中原诸国没有君主呢。"

夷狄，在我国古代泛指除华夏族以外的各族，包括东夷、西戎、南蛮、北狄。他们虽然也有酋长君主，虽然也知羞耻，也知敬畏，但文化系统还没有形成，缺少仁义道德的内核，这样的文化存续不会长久。还不如华夏诸国呢，即使没有君主，只要文化精神存在，民族就可以永续发展。这里有一个背景，春秋时期周朝曾经5年没有天子，鲁国曾经9年没有国君。

人在本质上是文化人，国在本质上是文化国。孔子执念的是包括礼乐在内的文化传承和人文教化，知其不可而为之的是挽救礼崩乐坏的文化道统。孔子说这句话的时候，内心是怎样的感触呢？仔细琢磨，耐人寻味。

季氏旅于泰山。

子谓冉有曰:"女弗能救与?"

对曰:"不能。"

子曰:"呜呼！曾谓泰山不如林放乎?"

季孙氏要去祭祀泰山。

孔子对冉有说:"你真的不能劝阻他吗?"

冉有说:"不能。"

孔子说:"唉！难道说泰山还不如林放知礼吗?"

当时的礼制是天子祭祀天地，诸侯祭祀山川。前面讲"八佾舞于庭""三家者以《雍》彻"已经是僭越了，把持朝政的大夫季孙氏要去祭祀泰山，更是违背礼制的狂妄行为，无异于造反，时为季孙氏家臣的冉有真的是阻止不了。孔子感到自己有些力不从心了，就拿林放说事。孔子感叹道，泰山难道不如林放知礼吗？林放这里你都说不过去，泰山那里你能说得过去吗？不够资格来祭拜，那是亵渎，那是侮辱啊！

周礼被践踏，文化被无视，真是人之不仁，与之何？天欲令其亡，必先令其狂。

子曰:"君子无所争，必也射乎！揖让而升，下而饮。其争也君子。"

孔子说:"君子没有什么与别人相争的，如果非说有的话，那就一定是射箭！比赛开始时，相互作揖谦让然后上场，再相互作揖退下来然后喝酒。这就是君子之争。"

君子做事从来不会想着和别人争高下，小人做事总是想着不让别人超过自己。如果说非要有个高下之分的话，那就在竞技场上见胜负吧，比如说射箭比赛什么的。这里描述的是君子之争，其实讲的仍是礼仪。礼仪第一，比赛第二，争也要有君子风度。古时候的社交活动，都是以礼为上的，体现的是礼乐文化、人文精神。不按照礼仪规范行事，就是心存不敬，非君子所为。

子夏问曰："'巧笑倩兮，美目盼兮，素以为绚兮。'何谓也？"

子曰："绘事后素。"曰："礼后乎？"

子曰："起予者商也！始可与言《诗》已矣。"

子夏问道："'巧笑倩兮，美目盼兮，素以为绚兮。'是什么意思呢？"

孔子说："绘画完成后素白的重要性就显示出来了。"子夏又问："礼的背后是不是有更重要的东西呢？"

孔子说："卜商啊，你真是能启发我的人，现在可以开始与你言《诗》了。"

"巧笑倩兮，美目盼兮"是白话文翻译的千古难题，怎么翻译也翻译不出楚楚动人的美感和韵味来。这里的重点是"素以为绚"对"绘事后素"。女孩子巧笑倩兮，美目盼兮，素白成就了少女的绚丽多彩、婀娜多姿。孔子真是智慧，直接就来了个"绘事后素"。子夏也真是聪明，马上就问，是不是说礼仪的背后有更重要的人文情怀呢？孔子不愧为万世师表，知道赞赏肯定是最好的教育，马上感谢子夏，说自己受到了他的启发。

亲亲尊尊，礼既是形式也是内容。形式反映的是规规矩矩、一丝不苟的等级礼制，内容体现的是庄敬虔诚的人文情怀和仁爱精神。形式礼制固然重要，其所承载的文化传统更重要，不然孔子不会把礼的本质指向"与其奢也，宁俭。与其易也，宁戚"。

在子贡悟到了"如切如磋，如琢如磨"这句话意思的时候，在子夏悟到礼后的精神意涵如"绘事后素"的时候，孔子才说始可与言《诗》已矣。孔子轻易不言《诗》。在孔子看来，或许《诗经》承载着人们朴素的真情实感和美好的生活向往，是礼乐之后孔子最为看重的精神家园吧。

子曰："夏礼，吾能言之，杞不足征也。殷礼，吾能言之，宋不足征也。文献不足故也。足，则吾能征之矣。"

孔子说："夏朝的礼制文化我能够讲一讲，但是它的后代杞国不能够证明我讲的对不对。殷朝的礼制文化我能够讲一讲，但是它的后代宋国不能够证明我讲的对不对。这都是文献不足的缘故。如果文献充足，我就能够证明我讲的是不是符合历史事实了。"

杞国王族是夏朝的后裔，宋国王族是殷朝的后裔。由于历史文献资料不足，无论是杞国还是宋国的礼制和资料，都无法证实孔子所了解的其祖上的礼制文化是否符合历史事实。孔子是"周监于二代，郁郁乎文哉，吾从周"。本章句看似是讲文献资料的重要性，实则是在讲文化传承的重要性。无论哪个先族的后代，如果不重视其历史文化的传承和文献资料的收藏，特别是在外来文化的长期浸淫下，慢慢就会失去其文化道统。

尽管有所损益，但传承脉络清晰，资料丰富，所以殷礼和夏礼是可知的。

我们求证历史的真实性，一方面需要依靠人们撰写的但不一定是真实的文献资料，一方面需要依靠真实留存的但一定是不全面的考古发现，除此之外，还需要再通过历史逻辑推演，去伪存真，才有可能逐渐接近真实的历史。

下面开始讲祭祀之礼。

子曰:"禘自既灌而往者,吾不欲观之矣。"

孔子说:"禘祭自献酒之后,下面的环节我就不想看了。"

禘是古代的大祭,有祭天、祭地、祭祖先之分。孔子为什么说献酒之后,下面的环节他就不想看了呢?季氏舞佾在庭,冒犯君主;三家歌《雍》在堂,忤逆天子;更有旅于泰山,亵渎神灵。由此可见当时礼崩乐坏已经到了什么地步。

举行大祭,应该是一件庄严肃穆的事情。大家应该心怀虔诚,心怀敬畏,一丝不苟,全身心投入到各个环节中去。没有了虔诚之心,再宏大的场面也是作伪。看那些大夫们,一个个装模作样、神色飘忽,没有一点敬畏的样子,还看什么呢?故孔子发出感慨——"人而不仁,如礼何?人而不仁,如乐何?"传统礼乐文化日渐凋零式微,眼看消亡殆尽,孔子不忧那是假的。文化消亡意味着什么?孔子心里清楚。

大祭是一种敬畏。敬畏之于仁道,人们在日常生活中大可不必天天挂在嘴上,记在心里努力做就好了;但举办仪式的时候必须庄重严肃认真,庄重肃穆的仪式可以涤荡心灵的尘埃,只有如此,需要自我牺牲的时候,才会毫不犹豫地舍身赴义。

或问禘之说。

子曰:"不知也。知其说者之于天下也,其如示诸斯乎!"指其掌。

有人向孔子请教关于禘祭的道理。

孔子说:"我不知道。知道的人对于天下治理,应该会了如指掌吧!"孔子指了指手掌。

在孔子看来,禘祭对于治理天下的重要性是不言自明的。贤明的君主治理天下,一定虔诚于禘祭,一定知道天下安定祥和需要通过禘祭所体现出来的人文精神去教化民众。对天地祖宗没有敬畏之心的人,是治理不好天下的,因为民众也不会敬畏他。孔子对请教者的潜台词或许是这样的——指其掌,这不是明摆着的吗,道理自己悟。

世上总会有一些装睡不醒的人。他不是不知道,却装着谦虚的样子去讨教别人,其实他就是不想干。

祭如在,祭神如神在。
子曰:"吾不与祭,如不祭。"

祭祀祖先好像祖先真的就在面前,祭祀神明好像神明真的就在面前。

孔子说:"我没有亲自参加的祭祀,对我来说就像没有祭祀过一样。"

祭祀祖先好像祖先真的就在面前,祭祀神明好像神明真的就在面前,素斋庄敬,这才是虔诚敬畏的态度。假如没有时间亲自参加,象征性地派别人代表自己,或者献上祭品了事,等于没有祭祀过,一点意义也没有。

无论对生对死,都要一以贯之、表里如一、正心诚意,这才是其为人也的道理。重大的纪念日,没有特殊情况,都必须亲自参加。生活需要仪式感,但天天都需要仪式感就是做作了,那是另一回事。

这里注意,本则上句是断语,不是孔子说的。孔子祭拜的是天地君亲师。

王孙贾问曰："'与其媚于奥，宁媚于灶'，何谓也？"
子曰："不然。获罪于天，无所祷也。"

王孙贾问道："俗话说'与其祈祷较为尊贵的奥神的保佑，不如祈祷有实权的灶神的赐福'，这话是什么意思？"

孔子说："不是这样的。如果得罪了上天，连祷告的地方都没有了。"

王孙贾是卫国大夫，来者不善。百姓都懂的俗话，你王孙贾还不知道？这明明是话里有话，另有所指。既然王孙贾借神灵来问，孔子就代老天作答。两人一问一答，不动声色地兜了个圈子，其实他俩心中都跟明镜似的。

或许王孙贾在暗示孔子，与其讨好卫灵公或者南子，还不如讨好他王孙贾。孔子谁也不想讨好，事之以礼罢了。吾道一以贯之，天命使然。得罪了上天，求谁也没用，否则下场会很惨，连祷告的地方都没有。这无疑是给王孙贾当头一棒。

"县官不如现管""官大一级压死人"，听着好像都有道理。有些人，就喜欢讨好上司，无论是灶神还是奥神，能讨好谁算谁，攀附不上大的就攀附小的，讨好完了上任接着讨好下任，一任接着一任讨好，并赋予高大上的口号叫"忠诚"。这样的人大多会得到上级的喜欢，能够获得一定的好处或职位升迁。至于做没做亏心事，这些人就顾不得了。

孔子温良恭俭让，虽然择善固执，但还是给王孙贾留了足够的面子和回旋的余地，兜个圈子表明态度，顺便阐明了自己的观点。至于王孙贾怎么想，孔子不去计较。这就是孔子教化的高明之处，你说甲，我说乙，一个"不然"过渡，就把问题从甲引向了乙。看似没有回答问题，其实什么都回答清楚了。"人而不仁，如礼何？"

子曰:"周监于二代,郁郁乎文哉!吾从周。"

孔子说:"周朝的礼乐制度借鉴于夏、商二代,形成了多么灿烂辉煌的文化啊!我遵从周朝的文化和制度。"

周朝的礼乐文化和制度,是敬天保民、永言配命、自求多福。奥灶诸神也只是民俗罢了,周朝礼制尊崇的是天地君亲师。

这里的文化主要指礼乐文化、仁义道德,背后是人文化成的思想。周文化是有所损益后的夏商文化的集大成,儒家传承了周朝的文化思想。孔子述而不作,只传承弘扬,不做损益,所以"子入太庙,每事问"。

数千年来,中国传统文化在演变的过程中有所损益,但基本的文化道统还是儒家所弘扬的周文化。周文化倡导"民之所欲,天必从之"的敬天保民思想,敬畏上天好生之德,赋予祭祀人文精神,制礼作乐以教化万民,经由孔子逐渐形成了儒家人伦道德思想体系。

子入太庙,每事问。
或曰:"孰谓鄹(zōu)人之子知礼乎?入太庙,每事问。"
子闻之,曰:"是礼也。"

孔子入太庙,每件事都要问。
有人说:"谁说鄹人之子懂礼呀,他到了太庙,什么事都要问别人。"
孔子听到此话后说:"这就是礼呀!"

鄹,春秋时鲁国地名,在今山东曲阜东南,孔子的出生地。孔子当时以知礼名闻于世,到了太庙还不耻下问,问这问那,很多人不理解。孔子认为问清楚每个细节,礼祭的时候才不会出现纰漏,诚敬谨慎本身就是礼的应有之义。

有人不太注意细节，甚至认为不拘小节才显得大气，其实不然。待人接物要了解基本的礼仪规范，注意细节才不会讨人嫌，特别是祭祀这样的大事，更是马虎不得。当然有些无关紧要的事，随意点也没啥。

子曰："射不主皮，为力不同科，古之道也。"

孔子说："射箭的目的不在于穿透了靶子，因为人的力气有大有小，自古以来就是这个道理。"

这也是在呼应和阐发"君子无所争，必也射乎"的君子之道。

子贡欲去告朔之饩（xì）羊。
子曰："赐也！尔爱其羊，我爱其礼。"

子贡想在行告朔之礼时不再供奉饩羊。
孔子说："赐！你爱惜那只羊，我却爱惜那种礼。"

你是爱惜那只羊，担心浪费了；我是爱惜那种礼，担心被人遗忘了。你这次告朔不用饩羊，下次告朔就会省去其他的东西。这样一来，早晚连告朔之礼都会省去的。

礼祭，需要一些象征性的东西才能维系得住，才能体现出祭者的敬畏和虔诚之心。如果象征性的东西没有了，这种礼祭所承载的精神寄托和人文情怀就淡化了。如果各种祭祀用的象征性的东西都没有了，人们心中的情感指向也就模糊了，稳定的社会等级关系就模糊了，这才是孔子真正担心的。

重要的仪式需要象征性的东西来体现，从心理学的角度看是必须的。平时生活里也是这样，过生日吃长寿面，端午节吃粽子，中秋节吃月饼，元宵节看花灯，每一个象征都寄托着一种人文情怀。现在清明节不提倡烧纸了，春节限制放鞭炮了，总感觉少了点什么。历史传统在社会发展中有所损益也是必然规律,时代不同了,环境不同了,我们需要学会慢慢适应,但也需要培育新的象征。

宰我因不满三年之丧,认为时间太长与孔子辩论过。这里,子贡也因朔祭想废除饩羊,招致孔子指责。连弟子都反对,孔子实在太难了。当然,孔子自有他的取舍,有些能减,有些不能减。比如,为了节俭,不戴麻冕戴丝冕也是可以的。

子曰:"事君尽礼,人以为谄也。"

孔子说:"完全按照礼制的规定去侍奉君主,别人却以为这是谄媚。"

稳定社会关系需要礼制,否则就会乱了秩序。礼制随着社会变迁和发展,必然会有所损益,这是孔子所认同的。关键是如果新的礼制没有形成,这时连旧的礼制也抛弃了,这个社会就没有秩序了。孔子固守的是礼制精神,孔子淡淡地将其说出来,也是尽显无奈,因为"天下有道,则礼乐征伐自天子出;天下无道,则礼乐征伐自诸侯出",这让孔子说啥好呢?

当代社会社交礼仪,也分上行礼、下行礼和平行礼,也分国际礼仪和国内礼仪。礼仪因民族不同、地域不同也不尽相同。如果在重要场合不注意礼仪,可能会坏了大事。

定公问:"君使臣,臣事君,如之何?"
孔子对曰:"君使臣以礼,臣事君以忠。"

鲁定公问孔子:"君主差使臣子,臣子侍奉君主,各自应该怎么做?"

孔子回答说:"君主应该按照礼的要求去差使臣子,臣子应该以忠诚之心来侍奉君主。"

鲁定公被三家权门所左右，弄得君不君、臣不臣的，很是尴尬。或许他是想问孔子："我怎样做臣子们才能服从我的命令呢？臣子们怎样做才是侍奉君主的样子呢？"孔子没有针对鲁定公面临的问题回答他，而是按照礼制的要求对他说，君主应该按照礼的要求去差使臣子，包括仁慈和关爱，臣子应该以忠诚恭敬之心来侍奉君主。否则，你不仁，不要怪别人不义。

鲁哀公问"何为则民服？"季康子问"使民敬忠以劝，如之何？"包括本则，孔子的回答不尽相同，但都围绕着"仁礼"二字。

子曰："《关雎》，乐而不淫，哀而不伤。"

孔子说："《关雎》这篇乐诗，快乐但不过度，哀怨却不悲伤。"

至此，有关《诗经》的章句共出现了四次。第一次和第三次分别是子贡、子夏引用《诗经》的句子，来表达自己的顿悟，孔子说始可与言《诗》已矣。第二次是孔子直接评价："《诗》三百，一言以蔽之，曰'思无邪'。"

《关雎》是《诗经》的第一篇，描写了青年男女委婉动人的爱情故事。"关关雎鸠，在河之洲。窈窕淑女，君子好逑。"在孔子看来，《关雎》符合礼乐精神，发乎情、止于礼，致中和。男女和合，礼乐和合，恰到好处。《诗经》是礼乐的底色和依归。

"乐而不淫，哀而不伤"也是《中庸》阐发孔子思想的一个出处。

哀公问社于宰我。

宰我对曰："夏后氏以松，殷人以柏，周人以栗，曰使民战栗。"

子闻之，曰："成事不说，遂事不谏，既往不咎。"

鲁哀公问宰我有关社稷坛的事。

宰我回答说："夏朝栽松树，商朝栽柏树，周朝栽栗子树，说是栽栗子树会使民众战栗害怕。"

孔子听到后说："已经做过的事不要提起了，已经完成的事不用劝阻了，已经过去的事也不必追究了。"

宰我，名予，字子我，孔门十哲之一，富有改革精神。"朽木不可雕也"，孔子骂的就是他。

鲁哀公是鲁国第二十六任君主，死后谥号"哀"。

有人把这句话解释得乱七八糟，这里就不赘言了。我们可以不懂，但不能乱解。

孔子对周朝的礼制文化是十分尊崇的。"周监于二代，郁郁乎文哉！吾从周。"孔子非常了解宰我，宰我有时候喜欢炫耀自己的能耐。孔子听到宰我的言论后，似乎有点不满。问什么说什么就好了，何必加一句，多此一举呢？周朝在社稷坛上栽栗子树，孔子似乎也觉得不妥，主要是栽栗子树的目的是使民战栗。不过，过去的事就过去吧，历史不可能推倒重来，还提它干什么？于是，孔子说了后面的话。

过去的事不要纠结是非，也不要求全责备，总结经验教训，以史为鉴，把当下的事情做好就行了。即使遵循敬天保民思想、以民为本的周朝，也未免做了不妥当的事，更何况后世的这些所谓的君主诸侯大夫们呢。不要陷入过去的是是非非不能自拔，有错即改，改过迁善，善莫大焉。至于死不悔改的人，其实没必要和他计较，恶有恶报。

在民间，什么地方栽什么树也是有讲究的，我们不能等闲视之，这涉及民俗文化和人们长期形成的潜意识，也就是所谓的心理暗示。比如说"前不栽桑，后不插柳""院中不栽鬼拍手"等，我们没必要说这是迷信而非要反着干。

子曰:"管仲之器小哉!"

或曰:"管仲俭乎?"曰:"管氏有三归,官事不摄,焉得俭?""然则管仲知礼乎?"

曰:"邦君树塞门,管氏亦树塞门。邦君为两君之好,有反坫,管氏亦有反坫。管氏而知礼,孰不知礼?"

孔子说:"管仲的器量格局不高呀!"

有人问:"管仲节俭吗?"孔子说:"他有三处豪华的公馆,他家里的管事也是一人一职而不兼任,怎么谈得上节俭呢?"那人又问:"那么管仲知礼吗?"

孔子说:"国君大门口设立照壁,管仲也在大门口设立照壁。为了两国国君会见以示友好,国君在堂上设有酒台,管仲家堂上也设有酒台。如果说管仲知礼,那么还有谁不知礼呢?"

管仲得到鲍叔牙推荐,担任国相。任职期间,管仲对内大兴改革,富国强兵;对外尊王攘夷,九合诸侯,一匡天下。管仲辅佐齐桓公成为春秋五霸之首,被齐桓公尊称为"仲父"。

孔子对管仲为相之功德评价极高,甚至于推崇备至,行仁道排第六;但对他的俭德和礼德提出严厉批评,直接评价他器量太小、格局不高。孟子对管仲的评价更是严苛,甚至看不起他,九合诸侯就不该是他干的事。

这是一个很严肃的历史评价。器量小的人可以完成惊天霸业,可以行大仁,但不能掩盖他在其他方面的不足。他可以使民富之,但不一定适合教之。温良恭俭让,管仲至少缺了一个俭字。仁义礼智信,管仲至少缺了一个礼字。做人做事不懂节俭守礼,即使霸业可成,也掩盖不了他器量狭小，正所谓人无完人吧。

管仲有大义，也有小器，这与他人生遭际是分不开的。

上文，针对"周人以栗，曰使民战栗"，孔子"既往不咎"，展示了孔子的恕道。这则立马接上"管仲之器小哉"，细说管仲在俭和礼上的不足。像管仲这样具有大德功业的宰相，也有违礼奢侈的毛病，可见礼崩乐坏、积习深矣。

子语鲁大师乐，曰："乐其可知也，始作，翕如也；从之，纯如也，皦如也，绎如也，以成。"

孔子告诉鲁国乐官有关乐理的事，说："乐理是可以掌握的，刚开始演奏的时候，各种器乐互相应和；渐渐演绎下去，众音悠扬悦耳，高潮迭起，连绵不绝，直至乐成。"

礼制乐成，谈礼必谈乐。

孔子在音乐上的造诣，犹如高山流水，也是令人叹为观止的。他曾学乐于师襄。师襄教授他弹奏一首曲子，从能够完整地弹奏，到掌握弹奏的技巧，到了解曲中之意，再到得见其人，孔子完成了一次又一次的蜕变和升华。他向师襄说："这首曲子描写的人，长得瘦而高，皮肤黝黑，眼睛看着远处，好像在牧羊。"师襄听后大吃一惊，说："你说的就是周文王呀，该曲就是《文王操》！"师襄离开老师的座位，向孔子鞠躬行礼。

孔子技艺高超，精通乐理，关键是视人生如音乐，视音乐如人生。他认为礼乐和合，方成社会和谐之风。有道是"语言的尽头是诗，诗的尽头是音乐"，有些情愫，用诗的语言也表达不出来，但我们可以从乐音里听出来，而后感动得泪流满面、不能自已。即使你不懂乐理，这样的场景大概也经历过吧。子在齐闻《韶》，三月不知肉味，便是其中之意吧。

孔子对乐理的描述，不也是对人一生的描述吗？每一个人都是生活乐章里的一个音符。或悠扬舒缓，或激扬跌宕；或寂然无声，或破空而出；或近若玉佩，或远若星辰……直到礼成乐终，安然入梦。

仪封人请见，曰："君子之至于斯也，吾未尝不得见也。"从者见之。

出曰："二三子何患于丧乎？天下之无道也久矣，天将以夫子为木铎。"

仪城的封吏求见孔子，说："凡是到这里来的君子，我从未有见不到的。"孔子的随从弟子只好引他去见孔子。

封吏出来后说："你们几位何必为世间丧乱而忧心忡忡呢？天下无道已经很久了，上天将以孔夫子为圣人来教化天下。"

孔子周游列国，尽管有时候如丧家之犬，但因名声太大，并不是谁想见就能见到的。仪封人拿话堵住孔门弟子的嘴，顺利地见到了孔子。他们俩见面说的啥，不知道。但这个人出来后说的话，让人看到了希望和未来。

天下无道，君子忧心，弟子揪心，官员闹心。但见孔子如闻木铎，如见朝阳，看到了希望。仪封人不简单。或许仪封人见到的孔子，如颜回描写的一样——"仰之弥高，钻之弥坚；瞻之在前，忽焉在后"吧，如子贡描写的那样——"仲尼，日月也"之谓吧。

子谓《韶》："尽美矣，又尽善也。"谓《武》："尽美矣，未尽善也。"

孔子评价《韶》乐，说："尽善尽美。"评价《武》乐，说："尽美未尽善。"

《韶》乐，歌咏的是舜的德治教化；《武》乐，歌咏的是周武王的文治武功。在孔子看来，两首乐曲在音乐造诣上都极高，很好地反映了主题，但《武》乐在内容上比不上《韶》乐，没有尽善。看似评价的是乐曲，实则评价的是人物。在孔子眼里，周武王还没有做到至善，毕竟他动用了战争，如果能像大舜那样，为政以德，天下归服就好了。

关于真善美，其实孔子都有论述。仁爱之道，无不散发着真善美的光辉。我把《四书》和《孔子家语》学思录，分别起名为《里仁为美》《止于至善》《抱诚守真》《舍我其谁》和《修身齐家》，也有弘扬儒家真善美的意思。

子曰："居上不宽，为礼不敬，临丧不哀，吾何以观之哉？"

孔子说："居于统治地位的人不能够宽厚待人，举办礼事不能够庄重严肃，参加丧礼时不能够悲痛哀伤，怎么能让我看得下去呢？"

当官的要怀有一颗仁爱之心，宽以待人。举办礼事的时候要有一颗敬畏之心，庄重严肃。参加丧礼的时候要思念亡者之恩，悲痛哀伤。

如若孔子是君王，多好。但历史注定孔子不会成为君王。畏天命，畏大人，畏圣人之言，孔子的天命使命必然是成就至圣先师、万世师表的。

里仁篇第四

子曰:"里仁为美。择不处仁,焉得知?"

孔子说:"处在仁的境界是美好的。选择不处在仁的境界,如何得到智慧呢?"

大家对这一则的理解,分歧比较大。有译作"住在民风淳朴(仁慈)的地方是美好的,选择不在民风淳朴(仁慈)的地方居住,怎么得到智慧(知识)?"有译作"和仁者相处是最理想的选择。选择不和仁者相处,怎么能得到仁知呢?"等等。我如是解,自以为比较符合孔子的心境。

社会污浊,心境朗朗。里仁为美,此为崇高。孔子的内心世界是美好的,大同世界是美好的,为仁道路虽艰险但也是美好的。夫子心有所安,率性而为,达到了思而不居、里仁为美的境界。

从"里仁为美"到"朝闻道,夕死可矣",连续八则讲仁。

子曰:"不仁者不可以久处约,不可以长处乐。仁者安仁,知者利仁。"

孔子说:"没有仁德的人不可能长久地生活在贫困中,也不可能长久地生活在安乐中。有仁德的人是安于仁道的,有智慧的人是利于仁道的。"

在孔子看来，贫而乐道、富而好礼是仁者的为仁之道。无论是贫穷还是富有，无论是得意还是失意，仁者都会乐天知命，穷则独善其身，达则兼济天下，安之若素，择善固执。

仁者一以贯之，择善固执知敬畏，不撞南墙不回头，撞了南墙也不回头，回过头来还是撞南墙。智者不像仁者那样，看着快撞南墙了，他一定要回头，选择有利的方法去做，比如搬个梯子或者绕过去，最不济转头就走，不和你玩了，比如归隐山林或者做荷蓧丈人。

仁者和智者不管采取什么方式，都是以仁为目的。不仁者就不同了，没有仁的执着，穷则不择手段，富则为富不仁。穷也罢富也罢，苦也罢乐也罢，都长处不了。因为不知止，所以没定性。

子曰："唯仁者能好人，能恶人。"

孔子说："只有仁者能做到正确地喜爱别人，也能做到正确地厌恶别人。"

仁者对人好恶的唯一标准就是仁，没有私心杂念，所以要以德报德、以直报怨，喜欢和讨厌泾渭分明，但会掌握分寸。对其所恶，多数情况下是内心分得清楚，还得给人留面子，毕竟改过迁善、善莫大焉，比如对"或问禘之说"中的"或"，孔子就是这样对他的。孔子对弟子的批评却是不留情面的，批评子路无所取材，痛骂宰我朽木不可雕也，"柴也愚，参也鲁，师也辟，由也喭"。孔子表达对弟子的喜爱也是溢于言表的，称赞颜回贤哉，吾弗如也。对历史上有争议的人物，比如管仲，孔子也是该表扬的表扬，该批评的批评，既肯定他仁德，又批评他小器。

子曰："苟志于仁矣，无恶也。"

孔子说:"如果立志为仁了,就不让人厌恶了。"

唯仁者能好人,能恶人。让仁者厌恶的人,如果立志为仁了,就不让人(仁者)讨厌了。有人将此句译作"如果立志为仁了,就没有讨厌的人了",感觉不妥,孔子讨厌的人多了去了。

仁者有慈悲之心,仁者爱人。去恶从善,迁善改过,止于至善,都是一个为仁的过程。这与佛家"放下屠刀,立地成佛"不同。

子曰:"富与贵,是人之所欲也,不以其道得之,不处也;贫与贱,是人之所恶也,不以其道得之,不去也。君子去仁,恶乎成名。君子无终食之间违仁,造次必于是,颠沛必于是。"

孔子说:"财富与地位,是每个人都想要的,不是用仁道得来的,不能要;贫困与下贱,是每个人都厌恶的,不是用仁道摆脱的,就不要摆脱。君子离开了仁,就会成为伪君子。君子连一顿饭的功夫都不会背离仁道,即使在仓促紧迫的时候一定也是这样,即使在颠沛流离的时候一定也是这样。"

固守仁道是不容易的。面对富与贵的诱惑、贫与贱的困顿,危难时候的抉择、颠沛流离时候的磨难,能够从不动摇自己的信念,连一顿饭的功夫都没动摇过,才是真君子。君子离开了仁道,就会成为伪君子。君子疾没世而名不称焉。

孔子认为,颜回其心三月不违仁,是最了不起的品质。有人较真说,三个月之后呢?现代研究认为,人坚持48天就能养成一个习惯,能够坚持三个月,当然就更不成问题了。

孔子从来没有排斥过富与贵,富而好礼就是为仁之道。孔子也从未嫌弃贫与贱,安贫乐道就是为仁之道。不管什么时候、什么情况,为仁之心永远是安详的。退而求之,不违仁,有向善之心就好。求仁得仁，慢慢来。

雷锋出差一千里，好事做了一火车，因为他坚持向善，内心快乐就去做，不是为了其他目的，所以雷锋是伟大的。关于动机、过程和结果的统一性问题，孔子认为："视其所以，观其所由，察其所安，人焉廋哉？人焉廋哉？"

孔子内心是安详的，心有所安，即使他在如丧家之犬的时候，也能一以贯之，所以孔子才会成为圣人。

子曰："我未见好仁者恶不仁者。好仁者，无以尚之。恶不仁者，其为仁矣，不使不仁者加乎其身。有能一日用其力于仁矣乎？我未见力不足者。盖有之矣，我未之见也。"

孔子说："我没有见过喜欢仁德的人厌恶不仁德的人。喜欢仁德的人，没有比他更高尚的了。讨厌不仁德的人，他为仁的方式是不让厌恶仁德的人沾惹到自己身上来。有能一整天对仁尽心尽力的人吗？我没有见过能力不够的人。大概有这样的人吧，只是我不曾见过。"

这段话，孔子转了好几个弯。人非圣贤，孰能无过？教育就是让不仁者变成好仁者，真诚向善，所以好仁者不会厌恶不仁者。"唯仁者能好人，能恶人"，好仁者不是仁者。再说了，苟志于仁矣，就不叫仁者厌恶了。喜欢仁道，有向善之心，那是再好不过的了。厌恶不仁的人，至于好仁者与仁者相比，尽管还有差距，但他能洁身自好，已经是踏上了为仁的正途，也是值得肯定和表扬的。为仁，不是不能也，是不为也。尽心尽力为仁一天，有什么难的呢？谁都能做到，就是不做罢了。

孔子宅心仁厚，谆谆教诲，用心良苦。从不好仁者到好仁者，从好仁者到仁者，真是"路漫漫其修远兮，吾将上下而求索"。

子曰:"人之过也,各于其党。观过,斯知仁矣。"

孔子说:"人的过错,与他所处朋党脱不了关系。考察这些过错,就知道什么是仁了。"

物以类聚,人以群分,环境易人。朋党之间的利益关系往往是紧紧地纠合在一起的,一个人脏透了,其他人大抵也干净不到哪里去。有人洁身自好,不愿意同流合污,早晚得被人踢出去,这算侥幸。如果不明就理还在群里,有可能沦为背黑锅的对象,这就惨了。2500年前,孔子就把这点人事看透了。

做坏事的朋党毕竟是少数。分析这些人的过错,反省自己,引以为戒,自己就不会犯同样的错误。这叫"见不贤而内自省也"。少犯错等于多向善,继而提高自己的道德修养,这便是向善之德行了。

子曰:"朝闻道,夕死可矣。"

孔子说:"早晨明白了道的真谛,当天晚上为它而死也心甘。"

这个道,就是崇高的仁道,止于至善的仁道。

仁是儒家思想的核心,也是最高的道德准则。孔子一生都在追寻、实践、捍卫它。"笃信好学,守死善道"。"志士仁人,无求生以害仁,有杀身以成仁"。为了捍卫仁道,关键时候不惜牺牲自己的生命,这就是孔子的人生价值观。

追求真理,领悟道的真谛,是毕生的追求。至圣先师以求仁弘道为己任,教化万民,至死不渝。从这句话里,我们可以体悟孔子的心境,他也是在苦苦追求至高无上的仁道啊。

里仁篇至此,跌宕起伏过后,开始娓娓道来。

子曰:"士志于道,而耻恶衣恶食者,未足与议也。"

孔子说:"士立志于仁道,但又以穿得不好吃得不好为耻,这就没有什么和他好谈的了。"

真正有志于践行仁道的人,内心丰盈,所以心安。君子谋道不谋食,是不太在乎物质生活条件优劣的。"穷则独善其身,达则兼济天下",尽心知命而已。一旦起了贪慕之心,也就离开仁道了。对那些吃粗粮、穿破衣感到耻辱的所谓立志于道的士人,还有什么好说的呢。这就是仁者能恶人。

子曰:"君子之于天下也,无适也,无莫也,义之与比。"

孔子说:"君子立身处世于天下,没有规定一定要怎样做,也没有规定一定不要怎样做,只是按照道义去做罢了。"

行走于江湖,道义在心间。法无定法,为仁则已。《中庸》阐发之为"发而皆中节,谓之和""和也者,天下之达道也"。《孟子》阐发之为"可仕则仕,可止则止,可久则久,可速则速"。这个"义之与比"也含有"当仁不让"的意思,该取就取,该舍就舍。

与道义同行,无所顾忌贪慕。遇事不要问有没有利害,而要问该不该做。人生在世,面对不同的境遇,不同的事情,不同的人,同样是按道义去做,方法不同,效果也不同。不会游泳的人,是下河救人还是呼叫救人,都是道义在心间。碰到老人摔倒在马路上,是拨打120还是背他上医院,也都是按道义去做的。采取合乎时宜的做法就可以称之为"智"了。

子曰:"君子怀德,小人怀土;君子怀刑,小人怀惠。"

孔子说:"君子心中想的是仁德,小人心中想的是土财。君子心中想的是法制,小人心中想的是利益。"

君子怀德，里仁为美；小人怀土，爱财如命。君子怀刑，安分守己；小人怀惠，唯利是图。君子有高尚的道德，胸怀天下苍生，考虑的是齐家治国平天下。小人追逐小恩小惠，考虑的是个人生计。君子喻于义，小人喻于利。

君子之于君主，为政以德。小人至于臣子，祸国殃民。《大学》云："是故君子先慎乎德。有德此有人，有人此有土，有土此有财，有财此有用。"

子曰："放于利而行，多怨。"

孔子说："根据个人利益去做事，就会招致很多怨恨。"

这是在告诫小人。每个人与亲朋好友和身边的人，往往都有或大或小的利益关系。为了自身的利益，不管不顾，甚至不择手段，难免会伤及他人的利益和感情，大家能不烦他、怨他、恨他吗？而一旦触犯法律，又必然殃及亲朋好友和身边的人。君子"义之与比"，想办法去规劝，别忘了"人之过也，各于其党"之说。

子曰："能以礼让为国乎？何有？不能以礼让为国，如礼何？"

孔子说："能以礼让精神来治理国家吗？难道这有什么困难吗？不能以礼让精神治理国家，又怎么能实行礼制呢？"

上古之风，尧舜礼让为国，功成名遂身退，是天之道也。伯夷、叔齐让国，不食周粟，饿死首阳山，乃圣之清者。在礼崩乐坏的时代，礼让的文化精神得不到传承，更不用说弘扬了。

孔子的"如礼何"之问，恰恰是春秋战国争权夺利妄蔑礼制的时代反映。仁为礼畜，礼为仁用。礼的本质是仁者爱人之于社会亲亲尊尊、长幼有序的体现，是恭敬。心存恭敬之心，为人处世就会体现出礼让精神，这与孟子所说的"辞让之心，礼之端也"是一个意思。在崇尚武力的时代，仁道不行，霸道猖獗，为政以德的礼让精神受到了空前的摧残。

子曰："不患无位，患所以立。不患莫己知，求为可知也。"

孔子说："不担心没有职位，担心自己是否有担当这个职位的德行和能力。不怕没有人知道自己，应该去追求足以使别人知道自己的德行和能力。"

入则孝，出则悌，谨而信，泛爱众，而亲仁，这便是立德。行有余力，则以学文，这便是养才。只要有真才实学，不怕没地位。如果没有真本事，德不配位，已经取得的地位也容易失去。"仕而优则学，学而优则仕。"要追求成为德才兼备的人。机会从来不给没有准备的人，与其整日忧患自己不被人了解、不被人重用，不如不断充实自己、修行自我。自我强大，才是一个人立于天地之间的根本。德才兼备，即使无人问津也无所谓。要明白"有道则见、无道则隐"的教诲。贫而乐道，富而好礼，尽心知命。思而不居，里仁为美。

子曰："参乎，吾道一以贯之。"
曾子曰："唯。"
子出，门人问曰："何谓也？"
曾子曰："夫子之道，忠恕而已矣。"

孔子说："曾子呀，我的学说可以用一个根本的原则贯通起来。"
曾子说："是。"
孔子出去之后，同门问曾子："这是什么意思？"

曾子说:"老师的道,就是忠恕罢了。"

孔子语重心长地说道:"参呀,吾道一以贯之。"前面谈了什么不知道,结果曾参只应了一个字——是。孔子看了看曾参,没再说什么就出去了。同门问曾参,夫子这是什么意思?曾参漫不经心地回答说,夫子之道就是忠恕而已。曾参是故意应付同门,还是不得孔子之意,也只有他们师徒二人心里明白。

这是一堂生动的教学课,迷雾重重,犹如拈花一笑之后,又似断指悟道之前。后续情节又该如何发展?这给大家留下了足够的想象空间。

曾子资质比较鲁钝。孔子去世时,曾子才27岁。子贡曾问孔子:"有一言而可以终身行之者乎?"孔子说:"其恕乎!己所不欲,勿施于人。"想必曾子之前听说过孔子这句话。曾子后来说:"士不可以不弘毅,任重而道远。仁以为己任,不亦重乎?死而后已,不亦远乎?"深得孔子真传。再后来,曾子参与编写了《论语》,撰写了《大学》《孝经》和《曾子十篇》等。

儒家和道家同源,在体悟道之真谛方面,儒家和佛家也有相似之处。拈花一笑的故事,是说"世尊在灵山会上,拈花示众,是时众皆默然,唯迦叶尊者破颜微笑"。佛教禅宗,不着文字,以心传心。佛陀"拈花一笑"时,唯有摩诃迦叶心心相印,真正领会了他的真意,放下执念,大彻大悟。有道是"达摩西来一字无,全凭心意用功夫;若要纸上寻佛法,笔尖蘸干洞庭湖",可谓道出了佛陀"拈花一笑"的真谛。

断指悟道的故事,是说俱胝(zhī)禅师在悟道以后,逢人问佛法,他便竖起一指以示众。每当俱胝不在时,俱胝的一个沙弥也竖起一指,代替师傅示众。俱胝禅师知道此事后,便拿刀把沙弥之示指剁了,喝声问道:"如何是佛?"沙弥举手不见指头,豁然开悟。

子曰:"君子喻于义,小人喻于利。"

孔子说:"君子明白大义,小人只知道小利。"

做一件事情,没有规定一定要怎样做,也没有规定一定不要怎样做,君子看重的是道义,考虑怎样做符合道义就行了。君子义以为质,义之与比。小人看重的是利益,唯利是图,"放于利而行,多怨"。

子曰:"见贤思齐焉,见不贤而内自省也。"

孔子说:"见到德才兼备的人,就想着如何向他学习、看齐;见到不贤的人,就应该自我反省有没有与他类似的地方。"

贤者、不贤者加上自己,三人行必有我师焉。从用词的角度看,见贤和见不贤,似乎也包含善的行为和不善的行为。比如,看到保护环境的行为要思齐,看到破坏环境的行为而内自省。这是自我教育、反求诸己、自我完善的过程。

在《论语》的语系里,经常用"某"与"不某"来对比说事,如贤与不贤、仁者与不仁者,等等。但"不某"并不是"某"的反义词,不善不等于恶。

子曰:"事父母几谏。见志不从,又敬不违,劳而不怨。"

孔子说:"侍奉父母时要委婉地劝说他们。如果父母执意不听,还是要尊敬他们,替他们操劳而不怨恨。"

没有不犯过错的父母,为人子女要找机会多劝劝他们。如果是些小过失,比如邻里关系处理得不好,劝了不听也没什么,大不了悄悄地弥补,能化解的化解,也没什么怨恨。如果自己看上人家姑娘了,两情相悦,父母执意不同意这门婚事,怎么办?也不要有什么怨恨,多想想办法，慢慢来，相信父母总是心疼儿女的。

如果父母犯了大错，比如说违法犯罪了，怎么办？劝谏不听，是包庇隐瞒还是大义灭亲？包庇隐瞒有可能掩盖过去了，也有可能一同坐牢。孔子推行仁爱思想的基础是亲亲之爱，硬生生地大义灭亲这种做法，孔子是不太认同的。父亲偷羊，儿子不应该去告发，而是要隐瞒。关于隐瞒后怎么做，孔子没说，也许仍是"几谏"吧。我们要注意，孔子经常因时因事因人对同一问题给出不同的答案，但不违仁。孟子过犹不及，认为大舜的父亲瞽瞍如果杀了人，他支持皋陶抓捕的同时，更支持大舜置天下于不顾，偷偷地背起父亲逃跑，跑到海边继续沿着海边跑，找个偏僻的地方藏起来，侍奉父亲安度晚年。孝悌是为仁之本。君子务本，丢掉了本，其他的都立不住。

子曰："父母在，不远游，游必有方。"

孔子说："父母在世时，不要远离家乡；如果一定要远游，必须提前有所安排。"

除了生病，其他的事不要让父母担心，就是最大的孝。古时候出远门，走一趟有可能是两三个月，也有可能是一年半载。你不告诉父母去哪里，不做好你不在家时父母的生活安排，怎么放得下心呢？

现在交通方便、通讯方便，远近不再是父母担心的问题了，父母担心的是你去的地方安全不安全。你只要说服父母相信那个地方安全就好了。除此之外，还要告诉父母什么时候回来，提前安排妥当父母的起居生活，告诉父母有事找谁帮忙，等等。

世人常谈孔夫子的"父母在，不远游"，却不知道后面还有一句"游必有方"。

子曰："三年无改于父之道，可谓孝矣。"

孔子说:"父亲去世后三年内,能够坚守父亲生前为人处世之道的话,就可以说做到孝了。"

父亲去世后三年内,遵循父亲生前做人处事的原则、维系好父亲生前的社会关系就是孝。

本则在学而篇出现过。《论语》根据每篇主题的需要,有些"子曰"是重复用的。君子务本,孝悌是为仁之本,此篇主要是讲仁,所以要提孝道。

子曰:"父母之年,不可不知也。一则以喜,一则以惧。"

孔子说:"父母的年纪,不可不记得。一方面为老人的长寿而高兴,一方面又为老人的衰老而担心。"

孔子三岁丧父,从此孤儿寡母,寄人篱下,相依为命。更不幸的是,孔子十七岁时,母亲又去世了。父母的养育之恩没来得及报答,他们就都走了,孔子深以为痛。他告诫世人,一定要记得自己父母的年纪和生辰,一则贺岁祝寿,二则关注父母的身体健康状况。父母在的时候要多孝顺,等到子欲养而亲不待的时候,后悔就晚了。

眼看着父母日渐衰老,多孝顺一天是一天。等父母百年之后,没有留下未尽孝的遗憾,虽然悲痛哀伤但也心有所安。

子曰:"古者言之不出,耻躬之不逮也。"

孔子说:"古人从不轻易发表言论,因为他们觉得话说出口却做不到是可耻的。"

古人民风敦厚、真诚朴实,没有人喜欢说大话、讲空话,以及随便讲话。做了可以不说,说了必须做到。古语云"重然诺"就是这个意思。"讷于言而敏于行"也是这个道理。

有些人，没有他不敢说的话，没有他不认识的人，也没有他办不成的事，俗称"拉皮条"的。他有一百个说辞能把事办成，只须一个理由就可以把事推得一干二净，把祖宗的脸都丢尽了。不为自己说出的话负责的人，不可交。仁者，诚也，信也。

子曰："以约失之者，鲜矣。"

孔子说："因为约束而犯过失，这样的情况比较少。"

人难免会犯错误，即使自我约束力比较强的人、原则性强的人，也难免会犯错误，但他至少不会是因为放纵自己而犯错误。如果一个人能收敛自己的心欲、约束自己的思想，每件事从念头开始严守规矩，就不会出现差失。如果一个人内心充满贪痴嗔、放纵自己的欲望，必然会抓狂犯错。君子慎独，不欺暗室。无所癖好，无所贪欲，择善固执。

子曰："君子欲讷于言而敏于行。"

孔子说："君子要努力做到寡言敏行。"

这句话是对"古者言之不出，耻躬之不逮也"的阐发。君子要努力做到少说敏行，行胜于言。再说，言多必失，祸从口出，机会又稍纵即逝，哪有那么多的废话。

当然，这是普遍意义上对君子提出的要求。作为新闻发言人，这样要求恐怕不行。新闻发言人要才思敏捷、能言善辩、逻辑严谨、不讲废话。该说的话一定要说，而且要说得滴水不漏，不该说的话一句也不能说。这也是讷于言的更高境界吧。

"讷于言而敏于行"与"谨言慎行"是不是有点矛盾？这是两种语境下的言行态度。谨言慎行舒缓一些，时时刻刻注意就够了。在关键场合关键事情的处理上,有时候有些话还得必须忍住不说才好,有些事还得必须快做才好。这就更加考验一个人修为的功夫了。

子曰:"德不孤,必有邻。"

孔子说:"仁德高尚的人是不会孤单的,一定会有志同道合的人与他相处。"

周文王仁德纯厚,敬老慈少,礼贤下士。太颠、闳夭、散宜生、鬻(yù)子、辛甲大夫等人皆先后投奔。与"德不孤,必有邻"相对,丧失德行之人,也必将众叛亲离。商纣王荒淫无道,微子曾多次劝谏不听,微子、太师、少师便逃离了殷国。

说这句话的时候,孔子或许是孤独的。真正的道德君子能够做到人不知而不愠,坚信有着共同志向的朋友早晚会聚集到一起的,即使距离相隔遥远,在思想上也会产生共鸣。

子游曰:"事君数,斯辱矣。朋友数,斯疏矣。"

子游说:"侍奉君主过于烦琐,就会招来侮辱。对待朋友过于烦琐,就会被疏远了。"

待人接物保持中正平和,因时、因事、因地制宜,凡事掌握分寸,适可而止,刚刚好最好。事无巨细地去替人操持,却让人有被左右甚至绑架的感觉,人家自然觉得不爽。感觉"好心当成驴肝肺"的时候,可能就是做过头的时候。对父母可以劳而无怨,对君主对朋友却成了劳而人怨。这与"不可则止"是同样的道理。

这个数,包含礼数的意思。凡事要"发乎情,止乎礼,皆中节",合乎时宜,才能致中和。这便是中庸之道了。

公冶长篇第五

子谓公冶长:"可妻也。虽在缧绁(léi xiè)之中,非其罪也!"以其子妻之。

孔子评价公冶长,说:"可以把女儿嫁给他。他虽然被关过大牢,但这并不是他的过错!"孔子把自己的女儿嫁给了他。

公冶长,名长,字子芝,孔门七十二贤之一,自幼家贫,勤俭节约,聪颖好学,博通书礼,德才兼备,终生治学不仕禄。

关于公冶长的资料不多,难以考证他为什么会有牢狱之灾的。据说公冶长懂鸟语,因他失信于鸟,被鸟陷害入狱,这显然不足为信。我们相信孔子,公冶长肯定是被冤枉而入狱的。孔子也一定了解公冶长的为人——有仁德、多善行,否则不会把女儿嫁给他。

子谓南容:"邦有道,不废;邦无道,免于刑戮。"以其兄之子妻之。

孔子评价南容,说:"国家政治清明的时候,他入仕为官不会被罢免;国家政治昏暗的时候,他也可以免受刑戮。"孔子把自己兄长的女儿嫁给了他。

南容,字子容,亦称南宫适,南宫括。

孔子为什么把哥哥的女儿嫁给南容?除了本则外,《论语》还给出了另外两个具体的理由。

南容反复吟唱《诗经》里的《白圭》，感动了孔子。"白圭之玷，尚可磨也；斯言之玷，不可为也！"孔子觉得南容体悟到这首诗的真谛了。他说话谨慎，懂得讷言，不会得罪或冒犯别人，可以长保平安。

南容尚德不尚武，不会困于战争，不会死于非命。南容问孔子："羿善于射箭，奡善于水战，最后都不得好死。禹和稷都亲自种植庄稼，却得到了天下。"孔子没有回答。南容出去后，孔子说："这个人真是个君子！这个人崇尚仁德！"

两则故事，讲明了孔子的择婿标准：必也君子，谨言慎行，尚德不尚武。两个人的诗乐修养应该不会低，都是文质彬彬，温润如玉的君子。

子谓子贱："君子哉若人！鲁无君子者，斯焉取斯？"

孔子评论子贱，说："像子贱这样的人就是君子！说鲁国没有君子的人，他是从哪里得来的结论？"

宓子贱，名不齐，字子贱，孔门七十二贤之一。

在孔子看来，鲁国的公冶长、南容都有君子之风，不然的话，孔子不会把女儿、侄女分别嫁给他们俩。从"鲁无君子者"这句话看，或许有人发出了此类的感慨，于是孔子就举了子贱这个例子。子贱治理单父县时知人善任，德治教化造就一时之盛，怎么说鲁国没有君子呢？

"斯焉取斯"有点"从何说起"或"此话怎讲"的意思。这句话被翻译得光怪陆离，感觉委实不妥。

子贡问曰："赐也何如？"

子曰："女，器也。"曰："何器也？"曰："瑚琏也。"

子贡问孔子:"您看我这个人怎么样呢?"

孔子说:"你呀,好比一件器具。"子贡又问:"是什么器具呢?"孔子说:"瑚琏。"

听到孔子表扬师兄弟们的话,子贡想知道,在孔子眼里,自己能不能也算个君子呢。没想到孔子说他像一件器具。孔子说过君子不器,"汝器也",这不像是表扬的话。子贡真不简单,沉得住气,面不改色再问。孔子就说他像瑚琏。瑚琏是宗庙里盛黍稷的祭器,可登庙堂之高,这是个相当高的评价了。接下来,子贡是什么反应呢?言尽而意不尽,只能由大家自己去想。后世对子贡的评价相当高,大概是德行不亚于颜回,功业可比肩孔子,并被尊称为"儒商祖师"。

孔子是相当了解自己学生的,又每每因材施教,看似不经意间充分肯定学生德行的同时,又指出学生需要努力的方向。器至于瑚琏,瑚琏至于"不器",点到而不说破,之间的差距需要自己琢磨。孔子的教育艺术实在高超,随手拈来,因势利导,不着痕迹,化育无形。

或曰:"雍也,仁而不佞。"

子曰:"焉用佞?御人以口给,屡憎于人。不知其仁,焉用佞?"

有人说:"冉雍这个人有仁德但不善辩。"

孔子说:"能言善辩有什么用?伶牙俐齿地同别人争辩,常常招人厌恶。不知道他是否可称得上仁,但为什么要能言善辩呢?"

冉雍,字仲弓,孔门十哲之一,孔子评价他是可以面南而坐的人。

孔子的确不喜欢佞人。巧言谄媚的佞人,孔子不喜欢;能言善辩的佞人,孔子也不喜欢。"古者言之不出,耻躬之不逮也。"君子欲讷于言而敏于行。如果不怀仁德，能言善辩有什么用？只会招致君子厌恶罢了。如果胸怀仁德，还用得着能言善辩吗？能把意思表达清楚就好。孔子没有想到，他去世百年后横空出世、胸怀仁德的孟子，正是依靠犀利的辩术和舍我其谁的英雄气概，舌战诸子百家，维护儒家道统。

上面直接点评弟子，下面换种方式继续。

子使漆雕开仕，对曰："吾斯之未能信。"子说。

孔子让漆雕开去做官，漆雕开回答说："我对做官还没有信心。"孔子听了很高兴。

漆雕开，字子开，又字子若，又说作子修。

《史记》记载，漆雕开向孔子学习《书经》，不乐仕。漆雕开无罪受刑而致身残，为人谦和而又自尊，博览群书，在孔门中以德行著称。他主持正义，刚正不阿，主张色不屈于人、目不避其敌，具有勇者不惧的美德。

漆雕开是否不愿意做官，姑且不论，至少这是极其谦虚的态度。漆雕开能够"患所以立"，孔子听了后很高兴。

子曰："道不行，乘桴浮于海，从我者，其由与？"子路闻之喜。
子曰："由也好勇过我，无所取材。"

孔子说："如果我的主张行不通，我就乘上木筏到海上漂流，跟我去的恐怕只有仲由吧？"子路听了这话很高兴。

孔子说："仲由啊，你真比我勇敢，就是不会裁夺事理。"

天命不可违，形势比人强。孔子知其不可而为之，是不可能逃避现实的。他不可能真的去乘桴浮于海，去居九夷，只是感慨一下罢了。

子路听到孔子说"从我者其由与"感到这是对自己莫大的信任和肯定。勇猛有余、思虑不足的子路喜形于色,听不出孔子是在调侃他,开始做跃跃欲试状。孔子无奈地说道:"仲由啊,你真比我勇敢!你也不想想,我们真去呀?你就不担心乘桴浮于海,我们会死无葬身之地吗?真是拿你没办法!再说,你到哪里去找永不沉没的木材呀。"

孔子一语三关:真去呀小子(不懂我)!真拿你没办法(勇猛有余)!到哪里找木材(思虑不足)!孔子话里有话,真话当作反话说。

孔子曾训诫"行行如也"的子路不得其死然,把"无所取材"译作"除了勇猛之外你还能干啥呢",来敲打思虑不足的子路,也很符合孔子的意思。子路之死:鲁哀公十五年,卫国内乱,子路临危不惧,冒死冲进卫国国都救援孔悝,混战中被蒯聩击杀,结缨遇难(临死也要端正衣冠)。

孟武伯问:"子路仁乎?"

子曰:"不知也。"又问。

子曰:"由也,千乘之国,可使治其赋也,不知其仁也。""求也何如?"

子曰:"求也,千室之邑、百乘之家,可使为之宰也,不知其仁也。""赤也何如?"

子曰:"赤也,束带立于朝,可使与宾客言也,不知其仁也。"

孟武伯问:"子路算得上有仁德吗?"

孔子说:"我不知道。"孟武伯又问。

孔子说:"仲由呢,一个具备千辆兵车的大国,可以让他去负责军事,但我不知道他是不是有仁德。"又问:"冉求呢?"

孔子说:"冉求呢,一个千户规模的大邑,一个具有兵车百辆的大夫封地,可以让他当总管,但我不知道他是不是有仁德。"

又问:"公西赤呢?"

孔子说:"公西赤呢,穿上礼服立在朝堂上,可以让他当外交官,但我也不知道他是不是做到了仁。"

前面提到过孟武伯是孟子的五世祖。孟武伯的父亲去世前,告诉孟武伯兄弟俩去师从孔子。

孟武伯问孔子:"子路仁乎?"他不可能无缘无故地问这一句,肯定有来头。或许是向孔子问仁受阻吧,转而求其次,结果又碰了个软钉子。孟武伯脸皮也够厚的,很执着。你不回答我还问,不停地问。孔子温良恭俭让,不好意思不回答他了。一问一答,孔子向孟武伯介绍了三位弟子的本事,就是不回答他们是不是仁。

在孔子看来,孟武伯问仁,如同问天,没法回答他。仁和为仁本是二位一体的,既是目的也是过程。不是其中人,不解其中味,需要知行践悟。行仁是一辈子的事,弟子们还年轻,怎么好下结论呢?但孔子夸起自己弟子的本事来却是头头是道,不乏举荐之能事。"不患人之不己知,患不知人也。"孔子是了解自己学生的。

下面,再换种方式点评弟子。

子谓子贡曰:"女与回也孰愈?"
对曰:"赐也何敢望回?回也闻一以知十,赐也闻一以知二。"
子曰:"弗如也,吾与女弗如也!"

孔子对子贡说:"你和颜回相比谁更优秀呢?"

子贡回答说:"我怎么敢和颜回相比呢?颜回闻一知十,我闻一知二就不错了。"

孔子说:"你是不如他呀,我和你都不如他!"

子贡心里说,您看您问的,不是明知故问吗?我只是像瑚琏,怎么能和颜回相比呢。大家都知道，您在弟子面前从不避讳，颜回是您最得意的门生。

子贡是聪明的，既由衷地佩服颜回闻一知十，又顺便表扬了一下自己能够闻一知二。

孔子也不点破，沉浸在自己的情绪之中不能自拔。颜回不幸短命早亡，孔子曾发出"天丧予"的千古悲叹。于是，孔子感慨道，是呀，我们都不如他。孔子直言不讳，评价自己不如学生，这是多么伟大的导师。孔子的思想一以贯之，诚心实意，有感而发，思无邪！

宰予昼寝。

子曰："朽木不可雕也，粪土之墙不可杇（wū）也，于予与何诛？"

子曰："始吾于人也，听其言而信其行；今吾于人也，听其言而观其行。于予与改是。"

宰予白天睡大觉。

孔子说："腐烂的木头不堪雕刻，烂草泥巴墙无法粉刷。我说他什么好呢？"

孔子说："起初我看人，是听他说什么就信他做什么。现在我看人，是听了他的话还要看他怎么做。因为这小子，我改变了看人的态度。"

宰予即宰我，思想活跃，好学深思，善于思辨，是孔门弟子中少有的敢于正面对孔子提出异议的人。宰我认为三年之丧的制度不可取，君子三年不为礼，礼必坏；三年不为乐，乐必崩。因此，他认为可改为一年之丧，被孔子批评为不仁。他曾向孔子提了一个两难的问题：有人告诉仁者"井有仁焉"，其从之也？下去救可能会被淹死，不智；

不下去就是见死不救，不仁。

宰我善于独立思考，即使老师说的话也不会盲从，具有继承怀疑、批判创新的科学精神，孔子真是拿他没办法。在宰我看来，孔子固执有余而变通不足，明知传统礼仪会有所损益，却不去适应，不合时宜。在孔子看来，当时礼崩乐坏，已经没有了道德伦理底线，再不固守住人文道统，江河日下，文化亡矣！

这次宰我白天睡觉，放浪形骸，被孔子形容为朽木和粪土之墙。孔子也是恨铁不成钢，责备人的话说得很重。唯仁者能好人，能恶人。这小子怎么就不懂知其不可而为之的苦衷呢？这小子怎么就不知道珍惜时光呢？这小子怎么就喜欢给我挖坑呢？

颜回之于孔子，是弟子不必不如师。孔子之于宰我，是吾爱吾师，吾更爱真理。墨子之于孔子，是反出孔门自立门户。老子之于孔子，是天道赋我以为仁。孔子之于老子，是明知不可而为之。

孔子说自己"以言取人，失之宰予"，批评他人的同时，也进行了自我批评。

有人试图给宰我找说辞，也给孔子找台阶，认为"朽木不可雕也，粪土之墙不可杇也"，是说宰我天生素质不好、体质弱，成天病病殃殃的，就像朽木和粪土之墙，没办法像对茂盛大树和坚石之墙那样要求他。这种解释，感觉不妥。

子曰："吾未见刚者。"
或对曰："申枨（chéng）。"
子曰："枨也欲，焉得刚？"

孔子说："我还没有见过刚毅不屈的人。"
有人回答说："申枨就是。"
孔子说："申枨欲望太多，怎么能做到刚毅不屈呢？"

这里的"欲"指的是贪欲，或者欲望太多，非"情之应也"的人之常情之欲。

说到欲望，就想到世人对朱熹"存天理，灭人欲"的误解。《朱子语类》云："饮食，天理也；山珍海味，人欲也。夫妻，天理也；三妻四妾，人欲也。"朱熹把"情之应也"之欲称为天理，把贪欲称为人欲，《礼记·乐记》云："人化物也者，灭天理而穷人欲者也。于是有悖逆诈伪之心，有淫泆作乱之事。"所谓"灭天理而穷人欲者"，是指泯灭天理而为所欲为者，即指贪欲。孔子认为："饮食男女，人之大欲存焉。"人之大欲，即为朱熹所说的"情之应也"的天理之欲，是要存的；灭人欲，灭的是人之贪欲。

孔子不反对人之大欲，但如果想成为有崇高理想的道德君子，那就要舍弃各种奢望和贪欲，无欲则刚，潜心向道。

刚毅不屈不是脾气大，而是为人方正、刚直不阿，无所癖好、无所贪欲。有所癖好有所贪欲的人就是瘾者，丢掉了羞耻之心，若投其所好，他是很难抵挡得住诱惑的。

关于申枨到底是谁，学界没有形成共识，但应该是孔子的弟子，不然孔子不会直言不讳地评价他。

子贡曰："我不欲人之加诸我也，吾亦欲无加诸人。"
子曰："赐也，非尔所及也。"

子贡说："我不愿意别人把事情强加在我身上，我也不想把事情强加在别人身上。"

孔子说："赐呀，这就不是你所能够做到的了。"

子贡向孔子汇报学习心得，有点自我辩解的味道。子贡口才很好，名列言语科第二，但有点话多，平时喜欢臧否人物，较其短长，让别人觉得不舒服，就有人怼他。子贡吃味，便向孔子说了上面的话。孔子太了解自己的弟子了，曾告诫子贡说，你自己就那么贤良吗？要是我呀，可没那么多闲工夫去说别人！

子贡问孔子，可以终身践行的一个字是什么。孔子说："其恕乎！己所不欲，勿施于人。"这句话是在这次子贡向孔子汇报学习心得之前说的，还是之后说的，不得而知。如果子贡知道在前，还自我辩解，那就是没有听懂孔子说的话，至少没有深刻理解其中的道理。

己所不欲，勿施于人，是对"恕"的解释而已。忽略了主题词，只论释言，显然是没有抓住重点。

恕者，入心也，仁之方也。为仁不外乎恕。仁者，必恕而后行也。由是，恕乃为仁也，即包含"己所不欲，勿施于人"的意思，也包含"己欲立而立人，己欲达而达人"的意思。前者在守，后者在进。一守一进，一阴一阳之谓道。恕道就是仁道。

子贡曰："夫子之文章，可得而闻也；夫子之言性与天道，不可得而闻也。"

子贡说："夫子关于德行事功和礼乐法度方面的道德学问，我们可以看得见听得到；夫子关于人性与天道方面的学问，我们没有机会知晓。"

"天道远，人道迩。"人性与天道属于深微难懂的范畴，一般人理解不了，孔子不讲这些，采取存而不述的态度，仅仅示之以端，让学生自己悟。弟子们的功力和悟性达不到一定程度，孔子还不与言《诗》。孔子心心念念传授的是人道，尧舜之道，中行之道。

子路有闻，未之能行，唯恐有闻。

子路听到一条为人处世的道理，还没有践行尝试前，唯恐又听到新的道理。

颜回闻一知十，子贡闻一知二，子路闻一知一，知行合一。子路勇猛有余，思虑不足，但品行特别好，能通过学而行之来体悟，是真性情，知道为仁之道在履践，也不枉孔子的谆谆教诲。在路遇荷蓧丈人一则里，子路的道德认知，终于得到了升华。

《论语》多"子曰"，孔子怎么说，别人怎么说，很少有陈述句。陈述句多为定性语言，是断语，这是其中的一则。

上面是孔子变着法点弟子，下面是孔子开始评价他人，但评价的是历史人物。

子贡问曰："孔文子何以谓之'文'也？"
子曰："敏而好学，不耻下问，是以谓之'文'也。"

子贡问道："孔文子为什么能得到一个'文'的谥（shì）号呢？"

孔子说："他天资聪明而又好学，不以向地位比自己低、学识比自己差的人请教为耻，所以给他'文'的谥号。"

孔文子，名圉（yǔ），是卫国的大夫。

所谓谥号，是后人给前人盖棺定论的评价。历代给孔子的谥号特别多，到了清末，孔子被尊为"大成至圣文宣先师"或"至圣先师"。比较悲催的是鲁哀公和汉献帝，一个谥号"哀"，一个谥号"献"。古人特别重视身后名，所谓雁过留声人过留名，是很好的人文精神的体现。

孔文子为人臣时曾以下乱上，还随意地将女儿嫁来嫁去，这都是不符合礼的行为，所以子贡对他死后被给予"文"的谥号大为不解，于是就去问孔子。孔子就告诉他,虽然如此,但孔文子这个人聪明好学,又非常谦虚,关键是能不耻下问,这很了不起,是以谓之"文"也。

子谓子产:"有君子之道四焉:其行己也恭,其事上也敬,其养民也惠,其使民也义。"

孔子评价子产:"他有四种行为合乎君子之道:他自己言行谦恭,他侍奉君主庄重恭敬,他爱民施以恩惠,他用民不忘道义。"

子产,春秋时期著名政治家、思想家。姬姓,公孙氏,名侨,字子产,又字子美,谥号"成"。在内政方面,子产不禁乡校,人畅其言,以民为师,由是民心凝。封沟洫,铸刑书,为民求生,为国立秩。在外交方面,子产审时度势,周旋应对,不失尊严又不开罪强国,有胆、有节、有理、有利,不卑不亢。在世界观方面,子产提出"天道远,人道迩,非所及也"的观点。在个人思想品质上,子产信德不信邪,拒绝向神鬼祈禳,主张修德免灾。子产廉洁终生,最后病危时亦交代薄葬。

子产是历史上有名的好宰相,颇有君子之风。作为一个政治家,能做到严于律己、庄敬事人、普惠百姓、心怀道义,确实不简单。

子曰:"晏平仲善与人交,久而敬之。"

孔子说:"晏平仲擅长和人交朋友,相识时间久了,别人就会更加尊敬他。"

所谓日久见人心,有的人处着处着就远了,有的人爱着爱着就恨了,但有的人处着处着就近了,有的人恨着恨着就爱了。

晏婴字仲,谥"平",史称晏子,春秋时期齐国著名政治家、思想家、外交家,历齐灵公、庄公、景公三朝,辅政长达50余年。他以有政治远见、外交才能和作风朴素闻名诸侯。

晏婴其貌不扬，个子矮小，但他为人淳厚谦卑，清正廉洁，光明磊落，善于直谏，虽官拜宰相，仍朴实无华，礼贤下士。晏婴做人做事，对自己有原则，对别人有分寸，始终怀有一颗坦诚恭敬之心。所谓"人敬我一尺，我敬人一丈"，就是这个道理。

孔子旅居齐国，齐景公有意任用他，晏婴以儒教未必适用齐国为由，婉言劝谏齐景公放弃了想法。孔子没有埋怨他，仍然敬重他。

子曰："臧文仲居蔡，山节藻棁（zǎo zhuō），何如其知也？"

孔子说："臧文仲养了一只大龟，养龟的房子采用了山节藻棁，他这个人怎么能算是有智慧呢？"

古时候乌龟被认为是灵性之物。臧文仲是鲁国的大夫，家里供养了一只灵龟。供养灵龟的房子中有雕刻成山形的斗拱和画着藻草的梁柱，用的是古代天子庙宇的装饰风格，极其豪华奢侈。孔子认为他越等僭礼，铺张浪费，聪明人不会这么干。当时的士大夫不把古礼当回事，也就意味着不把天地君亲师当回事，礼崩乐坏，世风日下。

历史对臧文仲的评价不低。臧文仲历事鲁庄公、闵公、僖公、文公四君，曾废除关卡，以利经商，于国于民，尽职尽责。其博学广知而不拘常礼，思想较为开明进步，对鲁国的发展起过积极的作用。臧文仲登上鲁国政治舞台的时候，正值齐桓公始霸诸侯，齐、鲁力量对比悬殊，他受命于危乱之际，负斡旋之重任，充分显示出军事及外交方面的卓越才能。

晏婴因儒教未必适用齐国为由，婉言劝谏齐景公放弃了任用孔子的想法。在晏婴看来，孔子固守礼乐旧制，已经不适合齐国社会发展了。鲁国的臧文仲积极革新除弊，励精图治。当时的社会已经到了必须"打破一个旧世界,建立一个新世界"的时候了。孔子说吾从周,从的是礼乐旧制,而没有从其命维新。《诗》云:"周虽旧邦,其命维新。"从社会变革发展的角度看,人文教化大道不行,是时代的悲哀,也是孔子的悲哀。

子张问曰:"令尹子文三仕为令尹,无喜色;三已之,无愠色。旧令尹之政,必以告新令尹。何如?"

子曰:"忠矣。"曰:"仁矣乎?"曰:"未知,焉得仁?""崔子弑齐君。陈文子有马十乘,弃而违之。至于他邦,则曰:'犹吾大夫崔子也。'违之。之一邦,则又曰:'犹吾大夫崔子也。'违之,何如?"

子曰:"清矣。"曰:"仁矣乎?"曰:"未知,焉得仁?"

子张问道:"子文几次做楚国宰相,没有显出高兴的样子,几次被免职也没有显出不悦的样了。去职时,一定把过去的政务告诉接任的宰相。您看他这个人怎么样?"

孔子说:"尽忠职守。"问:"算得上仁吗?"孔子说:"未达到智,怎么能算仁呢?"子张又问:"崔杼杀了他的君主齐庄公。陈文子有四十匹马,都舍弃不要了,离开了齐国。到了另一个国家不久,他说'这里的执政者和我们齐国的大夫崔杼差不多',就离开了。到了另一个国家,不久他又说'这里的执政者也和我们齐国的大夫崔杼差不多',又离开了。这个人你看怎么样?"

孔子说:"洁身自爱。"子张说:"可算是仁了吗?"孔子说:"未达到智,怎么能算是仁呢?"

子张不明就里,就事论事,想采用归纳法从孔子那里得出仁的答案,结果还是没问出个所以然来。或许在子张看来,令尹子文尽忠职守、陈文子洁身自好都应该算是仁。孔子从来不这样认为。在孔子看来,现象反映本质,但永远代表不了本质。就像人一样,一辈子做几件好事容易,但一辈子都做好事太难。择善固执,是考验人一辈子的事。子张自以为抓住了要害,岂不知孔子诸事归仁衡量之,不为所动。

令尹子文尽忠职守,有能力为仁,但为什么三上三下呢?陈文子洁身自爱,有能力为仁,但为什么找不到安身之处呢?择不处仁,焉得知?

季文子三思而后行。子闻之,曰:"再,斯可矣。"

季文子每次做事都要考虑再三后才实施。孔子听后说:"考虑两次也就行了。"

谨言慎行固然重要,如果把时间浪费在权衡利弊得失上,反而会错失行动的良机。还有一个说法叫"细节决定命运"。这固然也不错,但什么细节都考虑到,担心有一个细节没考虑到就会影响结果,那样什么也别干了。比如盖房子,四梁八柱的细节考虑清楚就行了,砖头供应商信得过就行了,至于每一块砖头的事,就不用决策者考虑了。

我们读《论语》,一定要先了解《论语》的思维逻辑和说话时的对象语境。一般跟什么人说什么话,并且话说七分,给自己留有余地,也给听者留出思考的空间。《论语》各章句有字面直译的意思,也有意犹未尽的需要意译的意思,有直接说出来的意思,也有故意没说出来的意思,常常是知不道,而不是不知道。话里有话,需要仔细体味。

季文子是春秋时期鲁国的正卿,在鲁国执国政33年,辅佐鲁宣公、鲁成公、鲁襄公三代君主。虽然谨慎过度,但他心系社稷,忠贞守节,克勤于邦,克俭于家。《史记·鲁世家》记载,季文子当政时,"家无衣帛之妾，厩无食粟之马，府无金玉"。季文子曾说："我也愿意穿绸衣、骑良马，可是，我看到国内老百姓吃粗粮穿破衣的还很多，我不能让全国父老乡亲吃粗饭穿破衣，而我的妻子儿女却锦衣玉食。我只听说人们具有高尚品德才是国家最大的荣誉，没听说过炫耀自己的美妾良马会给国家争光。"在季文子的倡导下，鲁国朝野出现了俭朴的风气，并为后世所传颂。

子曰："宁武子，邦有道，则知；邦无道，则愚。其知可及也，其愚不可及也。"

孔子说："宁武子这个人，国家政治清明时他就显得聪明，国家政治昏暗时他就显得愚笨。他的那种聪明别人可以做得到，他的那种装傻别人真的做不到。"

"愚不可及"这个成语就出自此处。这是个褒义词还是个贬义词？

天命不可违，形势比人强。大势所趋的时候，人的力量是有限的，如滚滚长江东逝水，势不可当。宁武子懂得进退，知道什么时候可为，什么时候不可为。邦有道的时候，就发挥自己的聪明才智，大显身手；邦无道的时候，就韬光养晦，明哲保身。一般的聪明人有他的才智，却没有他大智若愚的智慧。日常生活中没必要大智若愚，难得糊涂就好了。面对礼崩乐坏的局面，孔子也不是没想过乘桴浮于海，居九夷。

子在陈，曰："归与！归与！吾党之小子狂简，斐然成章，不知所以裁之。"

孔子在陈国，说："回去吧！回去吧！我的那帮弟子们豪气冲天又容易冲动，他们文采飞扬，却不知道怎样来节制自己。"

孔子周游列国到了陈国，仍然极不顺利，恰巧又遭遇到了战争。

眼看匡扶天下文治教化的理想和抱负难以实现，不禁感慨万千。天命不可违，还是回去教书育人吧，他们需要我指点，我也需要他们继承衣钵。

这是孔子的千古长叹。世风日下，孔子更加念念不忘自己的弟子。尽管他们都有一身本事，但要成为人之翘楚，还有很多不足要纠正，于是就更加放心不下他们。归与！归与！从此孔子致力于传道授业解惑，删《诗》《书》，定《礼》《乐》，作《春秋》，传《周易》，乐而忘忧，不知老之将至云尔。

孟子的浩然有归志，与孔子的遭遇何其相似！看开了、看破了，死了心、绝了意，从此告老还乡，里仁为美，得天下英才而教育之，何其快哉！

接下来继续评论，他人、弟子、自己，交互评论。

子曰："伯夷、叔齐不念旧恶，怨是用希。"

孔子说："伯夷、叔齐两个人不记往日仇怨，因此，别人对他们的怨恨也很少。"

伯夷和叔齐是孤竹君的两个儿子。伯夷为长子，叔齐是老三。孤竹君年老了，欲立三子叔齐继承王位。孤竹君去世后，叔齐让位于伯夷，伯夷不受，叔齐亦不肯立，两人均逃到了周文王的领地。这样，只好由次子继承了王位。周武王灭商时，兄弟俩曾叩马而谏。商亡后两人不愿食周粟，采薇而食，饿死于首阳山。

伯夷和叔齐两人有不念旧恶的美德，并且因兄弟让国、叩马谏伐、耻食周粟、饿死首阳山而树立了诚信礼让、忠于祖国、抱节守志、清正廉明的典范。孔子对他们的这种行为非常赞赏，求仁而得仁，又何怨，并评价伯夷和叔齐不降其志、不辱其身。孟子评价伯夷和叔齐为圣之清者。

子曰："孰谓微生高直？或乞醯（xī）焉，乞诸其邻而与之。"

孔子说："谁说微生高这个人直率？有人向他讨点醋，他到邻居家里借了点给人家。"

微生高，孔子弟子，亦叫尾生高，以信义正直著称，但孔子不这么认为。有人借醋，微生高不直接说自家没有，却暗地里向邻居讨来给人家。这样的行为并不是说不好，但不能说这个人直率。孔子特别重视做人要真诚正直，思无邪，这是他人性向善思想学说的基础。

以直报怨也是来自于直率的性格。你对我不好，我还要对你好，以德报怨的事孔子不赞成。孔子实现了从信其言到观其行的转变，也实现了从能恶人到无恶也的转变。我可以不恨你，不理你总可以了吧。

人家求我，我不好意思不给人家面子，就是自己为难也要去满足人家，这是舍己为人的品格，但不够直爽。还是有就是有、没有就是没有，能就是能、不能就是不能来得坦诚爽快。双方都清清爽爽没有负担，多好。人情债有时候是很难还的。

孔子就事论事，绝不以点概全，评价微生高是这样，评价管仲也是这样。

子曰："巧言、令色、足恭，左丘明耻之，丘亦耻之。匿怨而友其人，左丘明耻之，丘亦耻之。"

孔子说："花言巧语，表面伪善，用过分恭敬的态度接近别人，左丘明认为这种行为可耻，我也认为可耻。把怨恨藏在心里，表面上却装出友好的样子，左丘明认为这种行为可耻，我也认为可耻。"

这句话承接上句，还是在说做人要表里如一，人与人真诚相待才好。如果假心假意、虚与委蛇，做足了面子功夫维系所谓的和和气气的社会关系，私下里却是钩心斗角、尔虞我诈，这样的社会好不到哪里去。只有真诚、真心实意才能够激发内心源源不断的动力，向善而行，止于至善。

左丘明是中国传统史学的创始人，被誉为"文宗史圣""经臣史祖"。孔子认为左丘明有君子之风。

颜渊、季路侍。
子曰："盍各言尔志？"
子路曰："愿车马衣轻裘与朋友共，敝之而无憾。"
颜渊曰："愿无伐善，无施劳。"
子路曰："愿闻子之志。"
子曰："老者安之，朋友信之，少者怀之。"

颜渊、子路两人陪侍在孔子身边。
孔子说："你们何不说说各自的志向呢？"
子路说："我愿车马衣裘与朋友共享，用坏了也不可惜。"
颜渊说："我愿为人不矜不伐，也不把劳苦的事情施加在别人身上。"
子路说："想听听您的志向。"
孔子说："老者安之，朋友信之，少者怀之。"

师徒三人闲来无事，在一起聊天。孔子和蔼的问，你们都有什么志向呀，何不说来听听？性急仗义的子路马上说，我愿车马衣裘，与朋友共享，随便用随便穿，用坏了也不可惜。内敛的颜回谦恭地说，我愿自己能够做到谦虚谨慎、不矜不伐，也不去麻烦别人。子路想听听孔子的志向。慈祥的孔子很坦率，把自己的志向和盘托出。师徒三人亲密无间，情感自然流露，整个场面温馨感人。

把"愿无伐善，无施劳"译作"我愿意不夸耀自己的长处，不宣扬自己的功劳"，总感觉别扭，意思好像是在说，我颜渊有很大的长处，有很大的功劳似的。如果没有，何来夸耀？内敛谦恭的颜回不大可能说这样的话。《尚书·大禹谟》有言："汝惟不矜，天下莫与汝争能。汝惟不伐，天下莫与汝争功。"成语"不矜不伐"出处于此，意思是不自以为了不起，不为自己吹嘘，形容谦逊。如此译作，还是感觉不满意。

再看原文，孔子问的是志，译作意愿似乎更确切。子路仗义学问浅，如是回答也可理解。颜回回答说，我的意愿是这个社会能够抑恶扬善，不再让老百姓终日奔波劳碌。孔子的意愿是老年人能够安度晚年、朋友之间能够相互信任、年幼的人能够得到照顾。如此译作，感觉比较通达三人的心意。

子曰："已矣乎！吾未见能见其过而内自讼者也。"

孔子说："算了吧！我没有见过看到自己的错误能够从内心自我批判的人。"

孔子感叹，理智战胜情感是很难的事。见贤思齐容易，见不贤而自省难，见其过而内自讼，难上加难。内心的自我审判、自我斗争最是考验一个人修养操守。我们经常会在心里恨自己，为什么犯这么低级的错误呢？恨自己却迁怒他人，往往怨天尤人，抱怨客观条件不利，不从主观上找原因，很难做到自我审判、反求诸己。一阴一阳两个我的思想斗争或许是一个人最大的隐私活动吧。

"行己有耻"，"知耻而后勇"，真正的大勇是"见其过而内自讼"。

子曰："十室之邑，必有忠信如丘者焉，不如丘之好学也。"

孔子说："只有十户人家的小村子，也一定有像我这样讲忠信的人，只是不如我好学罢了。"

这句话表面上让人感到，孔子前半句很谦虚，后半句就有点自负了，其实不然。为什么孔子评价自己好学？因为孔子觉得自己知道得不够多，这本身就是谦虚。

关于好学，包含好学之于书本、之于实践、之于他人，等等。孔子曾说："吾尝终日不食、终夜不寝，以思，无益，不如学也。"思困不如学，学而解惑，是为好学。

认认真真读一本书，特别是人文经典，可以让我们沉浸在文脉书香之中，引发诸多的思考。哲学、美学、历史学、逻辑学、文学、教育学，等等，都要认认真真读几本才好。有人说"没读过百本经典，不足以谈独立思考"，是有一定道理的。

人在本质上是文化人、社会人。国人没有认真学习过《论语》，怎么好意思说自己是中华优秀传统文化的传承者呢？何况 2500 年前，孔子就把人世间的那点事看透了，至今也不过是重复着过去的故事罢了。

子曰："好学近乎智，力行近乎仁，知耻而后勇。"

雍也篇第六

子曰:"雍也,可使南面。"

孔子说:"冉雍这个人,可以让他去做官。"

孔子认为冉雍的德行和能力,可以出仕为官了,这是对冉雍的肯定。有人认为,"可使南面"是说冉雍可以君临天下,那就有点扯远了,固守周礼的孔子怎会有僭越之想呢。

仲弓问子桑伯子。

子曰:"可也,简。"

仲弓曰:"居敬而行简,以临其民,不亦可乎?居简而行简,无乃大简乎?"

子曰:"雍之言然。"

仲弓问子桑伯子这个人怎么样。

孔子说:"还行吧,他凡事求简。"

仲弓说:"居心恭敬严肃而行事简要,像这样来治理百姓,不是也挺好的吗?如果自己马马虎虎,又以求简的心思行事,这岂不是太简单了吗?"

孔子说:"雍的话是对的。"

子桑伯子,隐士,一说和曾参(子舆)是朋友。

冉雍认为不能简单地以凡事求简来认可和评价一个人。居敬而行简，心里装着老百姓，做事简明扼要，这当然是很好的父母官。如果自己对什么事都满不在乎，吊儿郎当，做事情简单处理，这也太不负责任了吧。冉雍是有南面才具之人，他觉得老师的回答不用心，就说了上面的话。

孔子听了冉雍的话，马上就说你说得对，我说得不准确。凡事都有个从简单到复杂、从复杂再到简单的认识过程。孔子没有顾忌什么师道尊严，或许他是故意设题引导冉雍思考也未可知，但有错误马上就承认，既肯定鼓励了学生的反诘，又体现了对学问的诚敬。作为教育家的孔子，因势利导，知错就改，言传身教，教育艺术运用得淋漓尽致。

哀公问："弟子孰为好学？"

孔子对曰："有颜回者好学，不迁怒，不贰过，不幸短命死矣。今也则亡，未闻好学者也。"

鲁哀公问："你的弟子中谁是最好学的呢？"

孔子回答说："颜回称得上好学，他从不迁怒于别人，也从不犯同样的过错，不幸早早去世了。现在已经没有他那样的人了，再也没有听说谁是好学的了。"

颜回 13 岁拜孔子为师，终生师事之，是孔子最得意的门生，位列孔门七十二贤之首。孔子对颜回称赞最多，赞其好学仁人。上面两句对话，发生在孔子 71 岁之后。或许孔子是想表达对颜回的欣赏和惋惜之情吧，才说出现在没有像颜回那样好学的人了。

不迁怒，不贰过，说明做人做事达到自控超然的境界。不迁怒，凡事自求其过，内省自讼也，这样才能不贰过。最常见的迁怒表现是怨天尤人，最常见的贰过表现是好了伤疤忘了疼，被同一块石头绊倒了三次也不知道自省。

好学是为了学好。不要掩饰自己的错误，真诚地正视自己存在的问题，弥补自己的不足，就是好学。涵养心性，正固操守，改过迁善，就是学好。好学近乎智。

子华使于齐，冉子为其母请粟。

子曰："与之釜（fǔ）。"请益，曰："与之庾（yǔ）。"冉子与之粟五秉。

子曰："赤之适齐也，乘肥马，衣轻裘。吾闻之也，君子周急不继富。"

子华出使齐国，冉求为其母向孔子请求补助一些谷米。

孔子说："给他一釜。"冉求请求再增加一些。孔子说："再给一庾。"冉求却给了他八十斛。

孔子说："公西赤到齐国去，肥马驾车，轻裘加身。我听说过，君子周济别人之急难，而不是增加别人之财富。"

子华和冉子都是孔门七十二贤之一。公西赤，姓公西，名赤，字子华，亦称公西华，东周时期鲁国学者，以长于祭祀之礼、宾客之礼著称，且善于交际。冉求，字子有，又称冉子，不太重视仕德和礼乐修养，他认为自己没有能力坚持学习仁德，礼乐教化之事让贤人君子去做好了。冉求对孔子不是绝对服从，具有一定的改革精神，对后世影响很大。

此时，孔子官拜司寇，冉求担任总管。子华出使齐国，作为同门师兄弟的冉求利用职务之便，给了子华家远远超出规定的补助。尽管没有受到责罚，孔子却是不满，开始教育起冉求来。加点私心，于情于理多给点也就罢了，但你不能假公济私，给得太多了。关键是君子周急不继富的道理,你怎么不懂呢?

孔子站在教育的立场上就事说理,告诉冉求,君子之道提倡雪中送炭,不可锦上添花。锦上添花有献媚之嫌,招人怨,孔子不欲也。雪中送炭是仁义之举,向善而为,孔子欲也。

原思为之宰,与之粟九百,辞。
子曰:"毋,以与尔邻里乡党乎!"

原思做孔子家的总管,孔子给他的酬劳是九百斗小米,原思推辞不要。

孔子说:"不要推辞,用不了你可以周济乡亲们呀!"

原思即原宪,字子思,孔门七十二贤之一。

子华家里富,公家的补助没必要多给。原思家贫,又是自家的俸米,可以多给些,"君子周急不继富"。孔子对原思也是关爱有加,知道原思不好意思领这么多的俸米,就给了他一个无法拒绝的理由和择善为仁的方法。

原思个性狷介,一生安贫乐道,不肯与世俗合流。孔子死后,原思隐居卫国草泽中,茅屋瓦牖,粗茶淡饭,生活极为清苦。

子谓仲弓曰:"犁牛之子骍且角,虽欲勿用,山川其舍诸?"

孔子对仲弓说:"耕牛产下的牛犊长得赤毛发亮、头角峥嵘,人们虽想不用它,难道高山大川会舍弃它吗?"

仲弓即冉雍,上面介绍过他有南面之道德学问。孔子认为他犹如犁牛之后,虽出身卑微但像一头俊美的赤色小牛。英雄不问出处,当为国家服务,可是人家不想给他担当大任的机会。孔子告诉冉雍,你不要气馁,只要好好用功,还用担心被山川舍弃吗?

此话有肯定、激励的意思，教育就是给人以信心。话虽这么说，其实孔子心里也是为冉雍鸣不平，或许还感叹：这是个什么世道！像冉雍这样的人才都得不到重用。这句话借物喻人，意在辞外。

冉雍曾做过季氏私邑的长官。他为政居敬行简，主张以德化民。"仕三月，是待以礼貌，而谏不能尽行，言不能尽听，遂辞去，复从孔子。居则以处，行则以游，师文终身。"孔子说这句话的时候，很可能是冉雍辞官回来的时候。

子曰："回也，其心三月不违仁，其余则日月至焉而已矣。"

孔子说："颜回这个人，其心可以保持三个月不违仁，其余的弟子只不过短时间能做到这点罢了。"

心怀仁德，能够长时间保持不变，是很能考验一个人的意志力的，也是很能检验一个人对仁德的敬畏程度的。世间各种诱惑，各种是是非非，无时无刻不在冲击人的内心世界，如狼似虎般试图吞噬人的良知。孔子到了70岁才修炼到随心所欲不逾矩，何况我们这些凡夫俗子。至此，我们应该理解孔子，为什么总是不回答仁是什么。仁者，包含为仁，既是实践的过程又是追求的目标，怎能一言以蔽之？能说出来的，也只是一个方面、一条线，甚至一个点而已。

把"其余则日月至焉而已矣"，译作"其余的时间每天都有收获"，语义不对。

季康子问："仲由可使从政也与？"

子曰："由也果，于从政乎何有？"曰："赐也可使从政也与？"曰："赐也达，于从政乎何有？"曰："求也可使从政也与？"曰："求也艺，于从政乎何有？"

季康子问:"仲由可以让他参与国家政事吗?"

孔子说:"仲由做事果断,参与国家政事有何不可呢?"季康子又问:"端木赐可以让他参与国家政事吗?"孔子说:"端木赐通达事理,参与国家政事有何不可呢?"又问:"冉求可以让他参与国家政事吗?"孔子说:"冉求多才多艺,参与国家政事有何不可呢?"

结合时代背景,从字面意思和孔子说话的语气上看,孔子的意思或许是说,这几个弟子的道德学问都可以从政,但要用其之长,他们适合管理哪一类的国家政事就让他出任什么官,别用错了地方。有人译作"他们完全可以从政",有人译作"他们完全不能从政"。这两种截然不同的理解,不敢苟同。

孔子是了解他的学生的,知道他们的优缺点在哪里,适合做什么和不适合做什么。学而优则仕是儒家的抱负,因此孔子不仅同意他们从政,有时候还不遗余力地推荐他们。

季康子曾迎接孔子回鲁国,政事也颇有成就,对孔子晚年致力于教书育人和删《诗》《书》、定《礼》《乐》、传《周易》、作《春秋》是有贡献的。

季氏使闵子骞为费宰。

闵子骞曰:"善为我辞焉。如有复我者,则吾必在汶上矣。"

季氏派人请闵子骞去做费邑的长官。

闵子骞说:"请好好替我辞掉吧。如果再来召我,那我一定跑到汶水那边去了。"

闵子骞,名损,字子骞,孔门十哲之一,以孝闻名,以德行与颜回并称,被尊为"笃圣"。

此时，三桓把持朝政。闵子骞或许是对权臣季氏不满，不愿与其同流合污，故坚决推辞。闵子骞人品德行非常好，不仅孝而且智，道不行宁愿归隐也不做官。

汶水，今大汶河，发源于山东旋崮山北麓沂源县境内，自东向西汇注东平湖，出陈山口后入黄河。

伯牛有疾，子问之，自牖（yǒu）执其手，曰："亡之，命矣夫！斯人也而有斯疾也！斯人也而有斯疾也！"

伯牛生病了，孔子前去探望他，从窗户外面握着他的手说："你要走了，这就是命吧！这样的人怎么会得这样的病啊！这样的人怎么会得这样的病啊！"

冉耕，名耕，字伯牛，孔门十哲之一，以德行与颜渊、闵子骞并称。《论语》里载弟子去世，孔子最伤心的是颜回，其次就是冉伯牛了，可惜看不到冉伯牛的只言片语。

伯牛得了不治之症，或许是很厉害的传染病吧，所以孔子从窗户外握着他的手，发出悲叹并与之诀别。伯牛得了不治之症，还是厉害的传染病，就像岌岌可危的东周王朝一样，已经无力回天了。

2500年前人们就知道，得了传染病瘟疫之类的，要保持社交距离。

子曰："贤哉回也！一箪（dān）食，一瓢饮，在陋巷，人不堪其忧，回也不改其乐。贤哉，回也！"

孔子说："颜回的品行是多么高尚啊！一竹篮饭，一瓢水，住在简陋的巷子里，别人都忍受不了这种穷困清苦，颜回却没有改变他好学的乐趣。颜回的品行是多么高尚啊！"

这句话耳熟能详，其实都不用翻译。在这种艰苦的环境里生活，心里的忧愁、烦恼一般人是吃不消的。颜回为什么就能接受呢？以前读到这一句，觉得颜回比要饭的强不了多少，他自甘清贫，自得其乐，没心没肺就是穷乐呵。后来明白了一个道理，大人物有大人物的烦恼，小人物有小人物的快乐。再后来觉得，无论贫穷还是富有，一个人的欲望大小和理想追求决定了一个人幸福指数的高低。现在觉得，求仁得仁、心有所安、里仁为美才是快乐的源泉，不论贫富，不论阶级。

物质层面的追求是没有尽头的，精神层面的追求是可以自足的。我们既生活在一个物质的世界里，更生活在一个精神的世界里。物质世界里的生活我们左右不了多少，精神世界里的生活完全可以自己营造。

求仁得仁，心有所安，里仁为美。颜回找到了快乐的源泉，孔子开凿了快乐的源泉，而且还乐此不疲，"自找苦吃"。

冉求曰："非不说子之道，力不足也。"

子曰："力不足者，中道而废，今女画。"

冉求说："我不是不喜欢老师您讲的仁道，可是我的能力不足呀。"

孔子说："能力不足的人走到半路才停下来，现在你却是画地为牢，不肯前进。"

冉求多才多艺，尤其擅长理财，曾担任季氏宰臣。公元前484年，冉求率左师抵抗入侵齐军，身先士卒，以步兵执长矛的突击战术取得胜利，又趁机说服季康子迎回了在外周游列国14年的孔子，曾因帮助季氏进行田赋改革、聚敛财富，受到孔子的严厉批评。孔子要和他断绝师生关系，并发动弟子们去攻击他，说冉求非吾徒也，小子鸣鼓而攻之，可也。

冉求不太重视仁德的修养，从来没发表过关于仁义礼智信等儒家道德观念方面的看法，也没向孔子请教过这方面的问题。他认为自己学习践行仁的能力不够。孔子批评他根本就是不想学，故步自封，画地为牢。他也不太重视礼乐修养，认为礼乐教化之事，让贤人君子去做就好了，不关他的事。

子谓子夏曰："女为君子儒，无为小人儒。"

孔子对子夏说："你要做君子儒，不要做小人儒。"

这里上下句呼应。孔子或是生冉求的气，借着鼓励子夏，间接批评冉求志趣偏狭，不像君子一样志存高远。子夏思想上也有点保守，所以孔子激励他积极进取，做君子儒。这是"儒"在《论语》里第一次出现。

子游为武城宰。

子曰："女得人焉尔乎？"曰："有澹（tán）台灭明者，行不由径，非公事未尝至于偃之室也。"

子游做了武城宰。

孔子说："你发现人才了没有？"子游说："有一个叫澹台灭明的人，不走邪路，没有公事从不到我屋子里来。"

为政第一要务，就是发现人才并为我所用。知人善任，用当其时，很是考验一个人的功夫。孔子患不知人就是这个道理，担心子游不能知人善任，所以才问他。

如何发现人才呢？听其言观其行，察其所安，这些都是必不可少的。人才的标准是什么呢？仁义礼智信，温良恭俭让。用现在的话说就是德才兼备，以德为先。因为上任不久还无法了解一个人的才具，那就请德高望重的前辈推荐，择人长处用之，或如子路勇敢果断，或如子贡识见通达，或如冉有多才多艺。用人之长可以抑人之短，千万别用反了。

澹台灭明，字子羽，相貌丑陋，曾拜师孔子，但当时没能拜入门下。《史记·仲尼弟子列传》上载，孔子曰："吾以言取人，失之宰予；以貌取人，失之子羽。"子羽说的就是他。他为人正直，行不由径，公私分明，重义轻财，南游至吴讲学，从弟子三百人。

子曰："孟之反不伐。奔而殿，将入门，策其马曰：'非敢后也，马不进也。'"

孔子说："孟之反不喜欢夸耀自己。撤退的时候，他负责殿后，快进城门的时候，他鞭打着坐骑说：'不是我敢于殿后，是马跑得不快。'"

有诗云："弃甲争先去，收兵殿后回。但云马不进，应自圣门来。"说的就是孟之反。

一般来说，一个人能够做到不争功就不错了，很少还有把自己的功劳推到一边去的。事实上，越是内心空虚、没有能力的人越喜欢夸大自己的功劳。真正有实力、内心丰盈的人根本无需这样。夸大自己的功劳就等于贬低别人，必然会让人感到不舒服，甚至以你为敌。孟之反有这样高深的修养，连圣人都对他大加赞赏。

境界达到一定程度，什么功名利禄，都如过眼烟云。心有安顿处，自是桃花源。为人处世，使命使然而已。

子曰："不有祝鲍（tuó）之佞（nìng），而有宋朝之美，难乎免于今之世矣。"

孔子说："没有祝鲍那样的口才，只有宋国公子朝那样的美貌，很难免于今世之乱。"

祝鮀，字子鱼，春秋时期卫国大夫，以能言善辩受到卫灵公重用，管理国家的祭祀。宋国公子朝是当时有名的美男子，与卫灵公的夫人南子私通。孔子看似说人，实际上是在以人说国。卫灵公虽昏庸但有能臣辅政。卫灵公死后卫国内乱不断，为孔子不幸言中。

子曰："谁能出不由户？何莫由斯道也？"

孔子说："谁能够出门不经过门户呢？为什么不走正道呢？"

看惯了宋朝南子之流，孔子无可奈何，感慨万千。世风日下，不愿意走正道、偏偏喜欢走歪门邪道的人为什么这么多？还有喜欢跳墙的，钻狗洞的，吃软饭的，虽然能够侥幸得意一时，却难乎免于今之世矣。

立身处世，不要投机取巧。好学修德敬业长本事，才是安身立命的正道。

子曰："质胜文则野，文胜质则史。文质彬彬，然后君子。"

孔子说："质朴超过文采，就显得粗野。文采超过质朴，就流于浮夸。只有质朴和文采相得益彰，才能成为君子。"

人在本质上是文化人、社会人，但这个文化人是在先天资质的基础上，经后天的人文教化养成的。品行过于质朴不加修饰毫无文采，就会显得粗俗；过分追求文采失去质朴的品性，就会显得虚伪浮夸。两者相互乘承，才能成就君子。

子曰："人之生也直，罔之生也幸而免。"

孔子说："人生来本就是真诚正直的，不正直的人也能活下去，那只是因为他侥幸躲过了灾难罢了。"

人生在世不能活得不明不白、迷迷糊糊，是非不分、善恶不辨。真诚直率地过一生才符合人的本性，思无邪才能做到内外一致，光明磊落，向善而行。难得糊涂不是真糊涂，而是不愿同流合污罢了。

"人之生也直"，不走歪门斜道，可谓孔子人伦道德思想的立论基石。行己有耻，人知羞耻而后真诚向善，改过迁善，止于至善，此乃仁道。

子曰："知之者不如好之者，好之者不如乐之者。"

孔子说："知道一个道理不如喜欢这个道理，喜欢这个道理不如乐在其中。"

这是为学为仁的三种境界。孔子弟子三千，贤者七十二人，关于仁道，能够乐在其中的，不过颜回几个人吧。其他七十二贤者，可以称之为好之者；其他三千弟子者，可以称之为知之者。

生活就是这样，一个人开始时兴趣很多，比如打球、弹琴、写字、绘画、钓鱼、跑步，等等，都想尝试，到后来能够坚持下来发展成爱好的，也不过一两样而已。能够从事一辈子并乐在其中的，有一样就不错了。大凡在某一领域有成就的人，至少是好之者。一辈子能够从事乐在其中的事，才是幸福，即使其中充满艰难险阻，也会以攻坚克难为乐。这就叫心有所安、乐在其中、里仁为美。

子曰："中人以上，可以语上也。中人以下，不可以语上也。"

孔子说："具有中等以上资质的人，可以给他讲授高深的学问。中等以下资质的人，不可以给他讲高深的学问。"

人的先天资质不一样，靠后天的努力有些资质可以得到提升，但提升的程度有限并且因人而异。因为资质不一样、领悟力不一样、关注点不一样，如果他没有那个心，给他讲什么都是对牛弹琴，给他做什么都是隔山打牛。

由此展开，既然人分上下，也就不能一个标准要求所有人，也不要不服气的硬扛——别人能够做到的，我也一定能够做得到。

樊迟问知。

子曰："务民之义，敬鬼神而远之，可谓知矣。"问仁。

曰："仁者先难而后获，可谓仁矣。"

樊迟问智。

孔子说："致力于有利于民众的事，敬鬼神而远之，就可以说是智了。"樊迟又问仁。

孔子说："仁者先努力耕耘，然后得到收获，这可以说是仁了。"

樊迟多次问仁，孔子因时因事回答的都不一样。有智者知道选择什么该做什么不该做。为仁者只管耕耘，不问收获，但耕耘过后必定会有所收获。就算是知其不可而为之，就算是滚石上山也不会退缩。即使到了山顶，石头又滚下山，但他已经站在山顶了，也是有收获的，收获的是滚石上山的磨砺和山风激荡的快乐。

子曰："知者乐水，仁者乐山。知者动，仁者静。知者乐，仁者寿。"

孔子说："智者乐水，仁者乐山。智者动，仁者静。智者乐，仁者寿。"

智者善于变通，灵动如水；仁者执着坚守，稳固如山。无论是欣赏山还是欣赏水，心情都是愉悦的。智者不难为自己，自求所安，所以快乐；仁者心无旁骛，心有所安，所以长寿。和而不同，美美与共，乐山乐水，动静相宜，既乐且寿是最高的人生境界。

以上二则，孔子对智和仁、智者和仁者的特性进行了集中描述。

子曰："齐一变至于鲁；鲁一变至于道。"

孔子说："齐国改变一下，可以达到鲁国的道德水平；鲁国改变一下，就可以接近于仁道了。"

周初，姜太公封于齐国，周公封于鲁国。鲁国因循周礼，推行重农抑商的政策，社会风气保守，重伦理，不思变通。齐国善于变革，社会风尚带有明显的工商业色彩，崇功利，轻伦理，注重实用。总体上，鲁文化守仁知礼经世，齐文化通权达变致用。

到了春秋时期，社会动荡，礼崩乐坏，鲁国和齐国也未幸免，但孔子匡扶、振兴传统文化的信心并没有变。在他看来，如果齐文化再改善一下，就可以达到鲁国的道德水平了；鲁文化再改善一下，就可以接近于仁道了。

就传统而言，春秋战国时期的主流文化还是鲁文化和齐文化，也正是这两种文化的交流碰撞融合，形成了渊源流长的齐鲁文化。

子曰："觚（gū）不觚，觚哉！觚哉！"

孔子说："觚不像个觚了，这还是那个觚吗！这也算是个觚吗！"

觚是盛行于商代和西周的一种酒器，用青铜制成，口作喇叭形，细腰，高足，腹部和足部各有四条棱角。到了春秋时期，据说觚的棱角变成了圆角。孔子感慨于文治礼教的名存实亡，拿觚不觚说事，主张正名。他说："名不正则言不顺，言不顺则事不成，事不成则礼乐不兴，礼乐不兴则刑罚不中，刑罚不中则民无所措手足。"尤其是君不君，臣不臣，父不父，子不子的这种状况，是最不能让人容忍的。

宰我问曰："仁者，虽告之曰'井有仁焉'，其从之也？"

子曰："何为其然也？君子可逝也，不可陷也；可欺也，不可罔也。"

宰我问道："一位仁者，别人告诉他说'井里掉下去一位仁人'，他会去救吗？"

孔子说："为什么要这样做呢？君子可以杀身成仁，却不可被人陷害；君子可以被人欺骗，但不可被人愚弄。"

孔子有两位很有意思的学生，一位是子路，经常顶撞孔子；一位是宰我，经常挖坑让孔子跳。这次宰我又开始挖坑了，给孔子出了个看似两难的选择题。

对一位仁者来说，井里掉下去一位仁人，你下不下去救？下去可能会被淹死，不智；不下去就是见死不救，不仁；下去了发现井里没有仁人，就是傻。

这是一个假设命题，如同有人问"女朋友和老妈同时掉进水里，你先救谁"一样。既然是假设命题，聪明的回答是"老妈是游泳教练，女朋友是游泳冠军，我是旱鸭子"。

仁者智勇双全，孔子不屑于回答这一问题。孔子抑亦先觉，别人陷害不了他，也迷惑不了他。这道题本身就是一道不仁不义的题，故曰："何为其然也？"

不过问题还是要思辨的，"如之何，如之何"。同时还得看与谁辩，辩什么问题。七岁的项橐设题,孔子回答不上来,就甘拜项橐为师,因为孔子看到的是赤子之心。虽告之曰"井里有仁",但孔子看到的是不仁不义之心。又是道听途说,德之弃也。宰我没被骂,是因为孔子都懒得骂他了。

君子做事义之与比,应当考虑怎样做才算义行,合适恰当就行了。或许先过去看一看,根据情况再做下一步打算,这就是另一回事了。

井里有仁?设题者虽然很吊诡,但仁者不上当。

《孟子》里讲了一则校人欺子产的故事,阐述孔子"可欺也,不可罔也"为"故君子可欺以其方,难罔以非其道"。对正人君子可以用合乎情理的方法来欺骗他,但很难用不合情理的事情来欺骗他。

子曰:"君子博学于文,约之以礼,亦可以弗畔矣夫。"

孔子说:"君子广泛地学习文化知识,以礼来约束自己的言行,也就可以避免离经叛道了。"

孔子的教育目的是培养正人君子。知识渊博的人,如果社会道德和法治意识淡薄,他的聪明才智就很可能用错地方,成为离经叛道为害社会的人了。

子见南子,子路不说。
夫子矢之曰:"予所否者,天厌之!天厌之!"

孔子去见南子,子路不高兴了。
孔子发誓说:"如果我做的事不正当,就让上天谴责我吧!就让上天谴责我吧!"

孔子去见南子,子路不高兴了,就给老师脸色看。这句话省略了子路对孔子的质问:南子与宋国公子朝私通,您怎么会去见她这样的人呢？您忘了平时是如何教导我们礼义廉耻的吗？

孔子哭笑不得，这就是他教出来的学生，怎么就不懂事呢。孔子曾多次婉拒南子的邀请，这次南子发出了正式邀请函，孔子再不去就不合适了。一则与礼不合，南子是卫灵公的夫人，还是位政治家。二则孔子是来卫国谋事做的，怎么好得罪她。三则也是最关键的，孔子仁道而行，以教化万方为己任，见见南子又何妨？子路认识不到这些，所以不高兴，弄得孔子没办法，只好装着有点恼的样子，说我发誓好吧，我做的事如果不符合仁义，上天会惩罚我的！

南子见孔子时，中间挂着一幅帘子。南子身穿礼服，给孔子跪拜还礼，非常尊敬孔子。后来，孔子发现卫灵公不像爱好美色那样爱好德行，于是离开了卫国。

子曰："中庸之为德也，其至矣乎！民鲜久矣。"

孔子说："中庸作为德的体现，应该是最完美的了！而人们缺少这种美德已经很久了。"

关于"中庸"的一般解释是：儒家的道德标准，中庸，中用，"庸"古同"用"。待人接物保持中正平和，不偏不倚，无过无不及。这是《论语》中唯一出现"中庸"一词的"子曰"。与之相近的，出现过"中行"一词，但《论语》中含有中庸思想的句子很多。后来，子思作《中庸》就是对孔子中庸思想的阐发。

我在《中庸》学思录里，做了个人的解读。中庸之道，就是君子的处世之道。君子抱诚守真，发乎情，止乎礼，合乎时宜，皆中节而致中和，这便是儒家的中庸之道、处世之道。

关于中庸思想的渊源，来自周文王的《保训》。但周文王没有交待是谁口传给他的。孔子应该是了解《保训》内容的，为什么他没有阐发这一思想呢？或许答案就在句子本身吧，中庸之为德也，其至矣乎！民鲜久矣。

孔子取法中庸，最后还是见了南子。她虽然名声不好，但也是位政治家，看人要看到好的一面和不好的一面。执其两端，用其中于民也矣。

子贡曰："如有博施于民而能济众，何如？可谓仁乎？"

子曰："何事于仁，必也圣乎！尧、舜其犹病诸！夫仁者，己欲立而立人，己欲达而达人。能近取譬，可谓仁之方也已。"

子贡说："假若有人能够博爱百姓又能够救济大众，怎么样？可以算是有仁德了吗？"

孔子说："岂止是有仁德，简直是圣人了！就连尧、舜也难以做到！至于仁者，就是自己想立得住的，也帮助别人立得住；自己想通达的也帮助别人去通达。凡事能够做到就近以自己作比，继而推己及人，可以说就是找到为仁的方法了。"

其恕乎！己所不欲，勿施于人。夫仁者，己欲立而立人，己欲达而达人。一个是不欲，一个是欲；一个消极，一个积极。两者合起来就是中庸之道，为仁之道，成人之道，也就是君子之道。

述而篇第七

子曰:"述而不作,信而好古,窃比于我老彭。"

孔子说:"阐述而不创作,坚信且喜爱古代文化,我私下里把自己比作老彭。"

孔子阐述而不创作,坚信并喜好古代文化,删《诗》《书》,定《礼》《乐》,传《易经》,著《春秋》。朱熹评价孔子"其事虽述,而功则倍于作矣"。

中华传统文化源远流长,先哲们给后人留下了宝贵的精神财富。"周监于二代,郁郁乎文哉!吾从周。"或许在孔子看来,周公又赋予周文化"敬天保民"的民本思想和"民之所欲,天必从之"的人文精神,使周礼在扬弃的基础上发展得更为完善,可以为天下治。孔子正是认识到了这一点,才"述而不作,信而好古"。

老彭谁哉?有人认为是老子和彭祖的合称,有人认为只是指老彭祖。一说道家鼻祖是老子而始祖是老彭祖。老子本是彭祖后裔,崇尚道法自然,无为而治,述而不作,但西出函谷被阻后,临时写了《道德经》这部流传千古的哲学著作。

本篇一开始连续若干则,记录了孔子的自我评述及其生活状态。

子曰:"默而识之,学而不厌,诲人不倦,何有于我哉?"

孔子说:"默默领悟在心,学而不厌,诲人不倦,这对我来说有什么呢？"

孔子以传承弘扬周文化为使命，笃信好学，守死善道。"述而不作"是为学的态度，"信而好古"是为学的内容，"默而识之"是为学的方法，"学而不厌"是为学的心境，"诲人不倦"则是为人师的执念了。孔子的道德学问就是这样炼成的。

子曰："德之不修，学之不讲，闻义不能徙，不善不能改，是吾忧也。"

孔子说："不去修养品德，不去讲习学问，明知大义不能够去践行，有了不善的念头和言行不能够去改正，这些都是我所忧虑的事情。"

孔子之忧是千古之忧，更是时代之忧。2500年前就存在的毛病，到现在还是没有改掉，真是够传统的。世人普遍浮躁，心无所安，忘记了"人知羞耻而后真诚向善，改过迁善，止于至善"才是成人之道，其悲也欤！

修德、讲学、徙义、改过是至圣先师给我们留下的四门功课，马虎不得。

孔子说过仁者不忧，但孔子从来没有说自己是仁者。孔子不忧的是身边的琐事，忧的是家国天下，文化道统，忧的是人心不古，但他心有所安，忧而不困，思而不居，直道而行。至于六十而耳顺，乐而忘忧，那也是忘了，不是不忧。

子之燕居，申申如也，夭夭如也。

孔子闲居在家里的时候，神态舒畅，悠闲自在。

这是一个陈述句，描述的是孔子平日里闲暇在家时的状态。身居乱世，忧虑苦多，但孔子坦荡荡，明知不可而为之，故能恬淡平和、神情自若。谁说孔子不会生活？谁说孔子没有生活情趣？

一张一弛之谓道。我们都要学会生活。只要心怀仁道，不管自己多么辛苦疲惫，有多少忙不完的工作，都要抽时间陪陪家人；或者溯流而上，走近大山，走进大自然，那里天朗气清，惠风和畅，可以仰观宇宙之大，俯察品类之盛，游目骋怀，足以极视听之娱，畅叙幽情。

子曰："甚矣吾衰也！久矣吾不复梦见周公。"

孔子说："我已经衰老得很厉害了，好久没有梦见周公了。"

每当我读到这句话的时候，都会悲从心来，有一种想哭的冲动，为夫子感叹。上下五千年，夫子中流砥柱，肩挑两头，担起了中国文化继往开来的重任。时代使然吧，真不知道人是越活越聪明，还是越活越糊涂。心无所安，就没了定性。

孔子老了，文化也会老吗？不会的。我们仿佛看到孔子振臂一呼，他那三千弟子，摇着仁义礼智信、温良恭俭让的大旗，穿越时空，呼啸而来，奔向东西南北，奔向世界各地。

郁郁乎文哉！吾从周。

子曰："志于道，据于德，依于仁，游于艺。"

孔子说："以道为志向，以德为依据，以仁为凭藉，以艺为涵养。"

独立而不改，周行而不殆，不易之道是宇宙生命的终极法则，包括天道和人道。强烈的求知欲和好奇心，诱导着人类不断地去追问去探究隐藏在自然背后的法则，追求真理揭示规律，这便是万物之灵的天命使命吧。生命不止，追问不止，探索不止。

道为德畜，德为道用。道，看不见摸不着，但支配着万物万象的发展变化。万物万象的发展变化便是道呈现出来的德容德貌。求道必然以德容德貌为研究对象和解剖对象。天道之于人道便是仁，天德之于人德便是礼。仁者爱人就是义行在侧，止于至善。人在做，天在看。人而不仁，吾不知其可也。熟练地掌握艺术和技术，从中体悟生命的真相，寻求内心的丰盈，获得自由和快乐。

子曰："自行束脩以上，吾未尝无诲焉。"

孔子说："自愿拿着十条干肉作为拜师礼来见我，我从来没有不教的。"

孔子打破学在官府的旧制，开创私学之先河，从此老百姓也有了接受教育的机会。虽然有教无类，但孔子也不是无条件什么人都教的。自行束脩以上，体现的是真诚向学，有好好学习的内在动因；尊师重道，有敬畏学习和恭敬老师的外在表现。孔子的话也是他打的招生广告，所谓没有规矩不成方圆。当然，像颜回这样资质高但家庭贫困的人，没有束脩之礼，孔子也是愿意教的。

欧阳中石先生讲过自己早年学书法的故事。他从外地到济南拜师，每次老师只教一个字，收费五块大洋，相当于现在五百元人民币。下次来先交五块大洋的学费，再看作业。如果没有进步，老师一字不教，不退学费，直接打发回家接着练。所以，他每次提笔练字的时候，心里想着那五块大洋，手就开始哆嗦。有压力才有动力，埋头苦练有了心得，慢慢就变得灵活自如了。

有人把"自行束脩以上"译作"过了十五岁束发的年龄"，感觉不妥。

子曰："不愤不启，不悱不发，举一隅不以三隅反，则不复也。"

孔子说:"不愤不启,不悱不发,不能举一反三,就不再重复教他了。"

这一句话包含三个成语。"不到他冥思苦想仍领会不了的时候,我不去开导他;不到他想表达又找不到合适的言辞表达的时候,我不去启发他;做不到举一反三的学生,我就不想再说什么了。"

我们在学习过程中都有体会,有些知识自学也没问题,多看几遍就会了,就怕遇到打破头也想不明白的、说破嘴也表达不清楚的,这时候特别需要有人来点拨。此种情况不仅体现在知识学习方面,也包括生活中遇到的各种难题,特别是在关系人生重大选择的时候。此时,高人点拨,茅塞顿开,学生终身受益。传道以成其人,授业以成其才,解惑以成其事,此之谓也。

子食于有丧者之侧,未尝饱也。子于是日哭,则不歌。

孔子在服丧者旁边吃饭,从来没有吃饱过。孔子就会一整天的悲戚,不会再唱歌。

这句话又是一个陈述句,描述孔子的处丧行为。孔子年轻的时候经常为人家操办丧事。从《论语》里看,孔子还做过仓库保管员、牲畜接生员、县长、司寇、代理宰相等,主业是民办高校全科教师、校长。

孔子处事真诚,度己度人,感同身受,人悲日伤,没有笑脸。当下的某些农村流行大张旗鼓地办丧事,似乎恢复旧礼,但请草台班子唱戏,助丧的人也是该吃吃该喝喝,该笑笑该哭哭,一点也不庄敬,就像一场闹剧。"丧,与其易也,宁戚。"

从这句话透露出的信息来看,如果不是在为人助丧的时候,平日里的孔子也是会经常吟诗唱歌的。

子谓颜渊曰:"用之则行,舍之则藏,惟我与尔有是夫!"

子路曰:"子行三军,则谁与?"

子曰:"暴虎冯(píng)河,死而无悔者,吾不与也。必也临事而惧,好谋而成者也。"

孔子对颜渊说:"任用呢就去做事,不任用呢就隐藏起来,只有我和你才能做到这样吧!"

子路说:"如果让您统帅三军,会带谁去?"

孔子说:"空手打虎,徒步过河,死了都不会后悔的人,我是不会带他去的。我要带的一定是遇事谨慎小心、善于谋划而且能完成任务的人。"

师徒三人在一起,不知什么原因引起孔子的感慨。但从对话内容看,很可能是孔子想敲打敲打子路了。用舍行藏,进退自如,有道则见,无道则隐,只有孔子与颜回能够做到。子路站在旁边听了,很是吃味,觉得自己的才能被无视了,就问孔子并想得到肯定答复——带兵打仗我总比颜回强吧?没成想孔子直言不讳,对其当头一棒,你这个有勇无谋、死不悔改的家伙,我才不带你呢!记住八个字,临事而惧,好谋而成。平时是怎么教你的?

孔子说过"知者不惑,仁者不忧,勇者不惧",为什么这里又说临事而惧呢?读《论语》一定要把握孔子用词的含义。孔子用词经常是名词里含有动名词的意思,阴中含有阳的意思。前面提到过仁者有行仁的意思在里面、不惑有惑的意思在里面,等等,同样,不惧有惧的意思在里面。勇者不惧是精神,临事而惧是谋略。为惧而细思所面对的敌人和形势,做到知己知彼、考虑周全,才能勇往而无不胜。仁智勇拿出任何一个,也都包含另外两个的意思在里面,做到三位一体才能成就君子之大才大德。

子曰:"富而可求也,虽执鞭之士,吾亦为之。如不可求,从吾所好。"

孔子说:"如果富贵合乎于道就可以去追求,就算是执鞭驾车当马夫,我也愿意去做。如果富贵不合于道就不必去追求,不如去干我喜欢的事好了。"

无可无不可,在于毋必毋固;可与不可在于符合不符合道义。求富贵是人之常情,富贵本身没有是非。人富而且贵,更利于"博施于民而能济众"。如果是不符合道义的富贵,于我如浮云。穷一点没关系,还是致力于自己坚信而所好的仁义道德吧。

子之所慎:齐,战,疾。

夫子所谨慎对待的是:斋戒,战争,疾病。

斋戒是祭祀前必不可少的程序,清心洁身以示对天地君亲师的虔诚庄敬,不可不慎。战争关系国家的更替荣辱、百姓的生死存亡、文化的兴衰流变,不可不慎。疾病危害民众的身心健康、生活质量和生命价值,不可不慎。

三件事看似独立,其实是连在一起的。关爱生命,保护环境是人与自然和谐共生的永恒主题。

夫子天之木铎,具有仁爱之心,慈悲为怀,知敬畏,不愿战,祈无疾。

在人均寿命只有三四十岁的时代,孔子能73岁高寿的原因,在于他心有所安、思而不居、敬畏天命、危邦不入、乱邦不居、注重养生等,不能只归于孔子有长寿基因。

子在齐闻《韶》,三月不知肉味,曰:"不图为乐之至于斯也。"

孔子在齐国听到了《韶》乐后，三月不知肉味，他说："想不到舜乐竟达到这样崇高绝妙的化境。"

《韶》是三代以上以明帝德的舜乐。上古时候的音乐恢宏大气、庄敬优雅，犹如春风涤荡人的心灵，天地共攘，琴瑟和鸣，引人入胜于崇高忘我大德化成之境界。好的乐曲使人产生心灵上的共鸣，能够营造和谐的社会风尚。礼乐和合，正所谓恭俭庄敬，礼教也；广博易良，乐教也。

孔子闻《韶》乐，沉浸其中不能自拔，吃饭睡觉都觉得乐曲在耳畔萦绕。

冉有曰："夫子为卫君乎？"

子贡曰："诺，吾将问之。"入，曰："伯夷、叔齐何人也？"曰："古之贤人也。"曰："怨乎？"曰："求仁而得仁，又何怨？"出，曰："夫子不为也。"

冉有问子贡说："夫子会帮助卫国国君吗？"

子贡说："噢，我去问问他。"进入房间，问道："伯夷、叔齐是什么样的人呢？"孔子说："古代的贤人。"子贡又问："他们有怨恨吗？"孔子说："他们求仁得仁，又怨恨什么呢？"子贡出来，对冉有说："夫子不会帮助卫国国君的。"

这段话很有意思。孔子带着子路等人周游列国，一路走来不受待见。到了卫国却受到卫君、南子和蘧伯玉等大臣的礼遇。但卫君对孔子仍是敬而不用。前面提到孔子见南子的事，子路不高兴，还逼得孔子发誓说没做违背仁义的事。这一次冉有拿不准孔子会不会为卫君做事，自己又不敢当面问，可能是被孔子骂怕了，就故意问子贡。子贡好像也正怀疑着，于是就说他去问问吧。子贡不愧言语科第二，他没有直接问，而是绕了个圈子问孔子。这就带出伯夷叔齐兄弟让国，不食周粟、求仁得仁、饿死在首阳山的历史典故。

听了孔子对伯夷、叔齐两个人的评价，子贡得出结论：夫子不会为了做官而违仁，他是不会帮助卫君的。子贡为什么忽然问起伯夷、叔齐来了？以孔子的智慧和对弟子的了解，稍一琢磨，他就会明白子贡的用意，只是不点破罢了。

求仁而得仁，虽饿死在首阳山，又何怨？更是直指人心。为人处世当求心安理得，世俗名利何足挂齿。就是在这不经意间，教育又一次得到升华。

下则可以作为本则的注解。

子曰："饭疏食饮水，曲肱而枕之，乐亦在其中矣。不义而富且贵，于我如浮云。"

孔子说："吃粗粮喝白水，弯着胳膊当枕睡，乐在其中有滋味。用不道义的手段弄来的富贵，对我来说就像浮云一样。"

有谁喜欢穷困潦倒呢？快乐的源泉一定来自其他地方。这个地方就是内心所处的仁的境界吧。

孔子提倡安贫乐道，认为有理想有志向的君子，不会为了自己的衣食住行而奔波。西方的耶稣，印度的佛陀，中国的孔子，他们三位大抵生活在同一个轴心时代，都经历了类似的贫困交加。尽管信仰上有本质的不同，但他们都痴心不改，追随信仰，无愧于心，苦中作乐，终成千古大业。

子曰："加我数年，五十以学《易》，可以无大过矣。"

孔子说:"再给我几年时间,让我到五十岁的时候再系统研习《易经》,我便可以无大过了。"

《易经》可以使人安详沉静,《易经》推测精微,所以需要拿出时间来仔细研修。将近不惑之年的时候,孔子感到岁月不饶人,可是还有很多事情没有做,《易经》还没有好好研究,经验教训还没有来得及好好总结反思,这怎么能行呢?后来,孔子总结自己一生时说,五十而知天命,发愤忘食。

"加我数年,五十以学《易》,可以无大过矣",这既是孔子追悔过去之言,又是自己对未来的期待。上天满足了孔子的心愿,孔子"七十而从心所欲不逾矩""不知老之将至云尔",说明孔子确已证悟了《易经》的性与天道。早前罕言,是不为也。

有人把"可以无大过矣",译作"我就可以不犯大的过错了",就欠缺了些。大过是《易经》六十四卦中第二十八卦。上泽下木,水漫过树,洪水之象,象征阳气过剩而失调。

子所雅言,《诗》《书》、执礼,皆雅言也。

孔子有用雅言的时候,吟诵《诗》《书》以及执行礼事时,用的都是雅言。

中国古人十分重视各地方言的统一,于是出现了雅言。雅言就是中国最早的通用语,相当于现在的普通话,但不是白话。孔子平时说曲阜方言,在读书学习和正式场合,说雅言。春秋时期除了齐鲁秦楚魏燕赵宋陈等国,其他地方都是尚未开化的蛮夷,相较于现今世界,雅言在当时就是世界语。《孟子》有载,楚国人想让儿子学齐语,就是学外语。

叶公问孔子于子路,子路不对。

子曰:"女奚不曰:其为人也,发愤忘食,乐以忘忧,不知老之将至云尔。"

叶公向子路打听孔子是个什么样的人,子路不答。

孔子对子路说:"你为什么不这样说:他这个人吧,发愤用功到连吃饭都忘了,快乐得把忧虑都忘了,甚至连自己快老了都忘了。"

叶公,即春秋时期楚国军事家、政治家沈诸梁,字子高,封于叶,"叶公好龙"的故事讲的好像是他。叶公不仅好龙也好贤者,向子路打听孔子是什么样的人。子路不知道怎么回答他,可能也不想回答他,后来就把这件事告诉了孔子。

孔子对自己的一生进行过总结:吾十有五而志于学;三十而立;四十而不惑;五十而知天命;六十而耳顺;七十而从心所欲,不逾矩。这是讲孔子一生所经历的六个阶段。这六个阶段分别对应的内容是:学而时习之不亦说乎;有朋自远方来不亦乐乎;人不知而不愠不亦君子乎;发愤忘食;乐以忘忧;不知老之将至云尔。

叶公好贤,如其好龙,因为不是真的好之,所以他不太敢见孔子。他喜欢打听。

子曰:"我非生而知之者,好古,敏以求之者也。"

孔子说:"我不是生来就知道的,只是爱好古代文化,勤勉学习去求得罢了。"

孔子说过,知之者不如好之者,好之者不如乐之者。孔子所讲的"好古而敏求""信而好古"中的所好,应该是周朝的礼乐文化等。

孔子所说的乐之者坚信和敏求的，是周公之道、尧舜之道。

子不语怪、力、乱、神。

孔子不谈论有关怪异、暴力、变乱、鬼神的事情。

怪、力、乱、神都是反常的事情，既纠缠不清又说不明白，是所谓聪明人用来耍弄愚蠢人的，不符合仁义道德。孔子不仅是仁者也是智者，"务民之义，敬鬼神而远之"。忽然联想到《聊斋志异》这样的文学作品，虽然有借鬼怪讽现实、借鬼说人的寓意，却也滋长了民间迷信怪力乱神之风。从这个角度看，不知道该怎么评价《聊斋志异》。

周虽旧邦，其命维新。周公革故鼎新，制礼作乐，赋予祭祀"民之所欲，天必从之"的人文精神，倡导敬天保民的民本思想。孔子是"郁郁乎文哉，吾从周"。孔子"述而不作，信而好古"，发扬光大周公思想，祭祀的也是天地君亲师。怪力乱神不在孔子考虑的范围之内。

子曰："三人行，必有我师焉。择其善者而从之，其不善者而改之。"

孔子说："三人一起行走，必定有可以当我老师的。我选择他好的方面向他学习，看到他不好的方面就内省改正自己的缺点。"

人生皆学问，处处有老师。日常生活中人们往往看到的是别人的缺点和毛病，却看不见自己的不足和问题，往往是"三人行，必有我所弃之焉"。近朱者不一定赤，近墨者黑倒是常有，所以孔子说："择不处仁，焉得知？"看似自己聪明，其实笨得很。能够做到择其善者而从之，其不善者而改之的，才是真正的有智慧的聪明人。

这句话还有一层意思在里面，不以人废言，也不以言废人。

子曰:"天生德于予,桓魋(tuí)其如予何?"

孔子说:"上天赋予了我仁德,桓魋能把我怎么样!"

孔子周游列国时曾到过宋国。宋景公想把他们师徒留在宋国做事,以抵御大国的欺凌。宋国军事统帅桓魋担心孔子师徒留下来后会取代他,力劝宋景公弃用孔子不成后,便带领人马去杀孔子。孔子带领弟子火速逃走。孔子在逃跑的路上说了这句话。孔子早将生死置之度外,上天赋予他推行仁德的使命,尚未完成,小儿奈之他何?仁者智勇双全,进退有度,跑归跑,但精神永在。孟子仁者无敌的大无畏英雄气概,阐发于此。孔子被困匡地的时候,也发出过"天之未丧斯文也,匡人其如予何?"的呐喊。悲壮至于斯者,亦可以弗畔矣夫!

"天生德于予",这里的天是天道天命的意思,不能解释为迷信的神灵。夫子不语怪、力、乱、神。

子曰:"二三子以我为隐乎?吾无隐乎尔!吾无行而不与二三子者,是丘也。"

孔子说:"你们这些小子,以为我对你们有所隐瞒吗?我对你们没有丝毫隐瞒!我的一切作为都呈现在你们面前,这就是我孔丘啊。"

由于弟子们年龄相差比较大,资质不同,经历和阅历又不同,孔子同样说的一句话、做的一件事,弟子们理解、看法和领悟不尽相同,难免会有弟子认为孔子偏心,对他们有厚薄之分,这是其一。其二,同样是问仁问孝问君子,孔子给出的说辞也是千差万别。其三,弟子们怀疑孔子可能对他们有所隐瞒,有的东西没有教给他们,比如"夫子之言性与天道,不可得而闻也""子不语怪、力、乱、神",中庸之道也从来没有破题，如何修身也从来没说清楚，等等。

　　孔子有点生气了。对你们的教育我是尽心尽力，因材施教，因势利导，谆谆教诲，视如己出。虽然有时候知有所不言，言有所不尽，那也是因为你们不愤不悱，我才不启不发的。举一不能反三，你们的领悟力呢？再说了，我不是"生而知之者"，不是圣人，有些事我也不懂，能相互理解吗？两小儿辩日到现在我也没弄明白，仁义道德也不好下定义，所以只好说仁者怎么样，怎么样是为仁，能相互理解吗？《论语》中有"仁"字的章句共59句，没有一句说仁是什么。

　　子以四教：文，行，忠，信。

　　孔子教学有四项内容：文献、德行、忠诚、守信。

　　古文中，一个字最难解析。一般意义上，这四项内容分别包括文献知识、仁义言行、忠于职守、言而有信等内容。

　　孔子用来教育弟子的文献内容，主要指的是《诗》《书》《礼》《易》《乐》五经。在进行人文化育的同时，孔子让弟子规范自己的言行。言行一致，久而久之，就会养成美德。孔子曾说"居之无倦，行之以忠"，就是在告诫弟子，一定要勤勉尽责，忠于职守，千万不能松懈倦怠。忠敬是一种为人处世的态度。孔子也曾说"人而无信，不知其可也"，诚信是一个人立足于社会的根本，一个人若是失去了诚信，道德修养也就无从谈起，更不要说君子之德了。《中庸》更是认为："诚者，天之道也；诚之者，人之道也。"

　　子曰："圣人，吾不得而见之矣；得见君子者，斯可矣。"

　　子曰："善人，吾不得而见之矣，得见有恒者，斯可矣。亡而为有，虚而为盈，约而为泰，难乎有恒矣。"

孔子说:"圣人,我是见不到了;能见到君子,这就不错了。"

孔子又说:"善人,我是见不到了,能够见到始终如一的人,这就不错了。没有装作富有,空虚装作充实,穷困装作富足,这样的人是难以保持住善德的。"

通过这则我们可以看到,成为君子是进阶圣人的一个必由阶段。世上有君子但也不多,能够践行君子之道就很不错了。持之以恒做善事的人才有可能成为善人。不以恶小而为之,不以善小而不为。不践迹,亦不入于室,善人是富。但生活中虚伪不真诚的人太多,人为的都成了"伪"了。伪君子、伪善人比比皆是。孔子感慨世道不古,而又无可奈何,只好一个人持之以恒、择善固执。

子钓而不纲,弋不射宿。

孔子用鱼竿钓鱼而不用渔网捕鱼,从来不射已经归巢栖息的鸟。

孔子告诉我们,上天有好生之德,取物于自然当适可而止,取之有道,不要贪得无厌、赶尽杀绝。钓鱼可以,当然最好不要钓小鱼。不提倡用网捕鱼,如果用网捕鱼,网眼不能太小。可以射飞鸟,但不要射宿鸟,不要逮春鸟。宿鸟难分成幼,春鸟繁衍生息。这些都反映了儒家思想里的仁爱精神和人文情怀。仁者爱人,由己推人及物,泛爱众。谁说孔子唯亲亲之爱?上有成汤王"网开三面",下有孟子"斧斤以时入山林"等,儒家泛爱众而亲仁的思想是一以贯之、一脉相承的。

此句有译作"孔子只用有一个鱼钩的钓竿钓鱼,而不用有许多鱼钩的大绳钓鱼"的,感觉不妥。

子曰:"盖有不知而作之者,我无是也。多闻,择其善者而从之。多见而识之,知之次也。"

孔子说:"大概有不懂装懂的人会凭空造作,我不会这样做。多听,选择其中好的来学习应用。多看然后全部记在心里,这样的知就次一等了。"

多见记下了能够辨识,不如多闻择善而从之。换句话说,仅仅记住知识不如学而时习之、学以致用。更有甚者不懂装懂,恣意妄为瞎造作。这种人连知之者都算不上,却自誉为好之者、乐之者。实为德之弃也。

互乡难与言,童子见,门人惑。

子曰:"与其进也,不与其退也,唯何甚?人洁己以进,与其洁也,不保其往也。"

互乡那个地方的人很难沟通,互乡的一个童子却受到了孔子的接见,弟子们感到迷惑不解。

孔子说:"我是鼓励他上进,不希望他退步。何必做得太过分呢?小孩子家穿着整洁来见我,我就应该称赞他整洁的一面,何必总是抓住过去不放呢。"

互乡难与言,不是不能言。那个地方民风不够淳朴,怪谁呢?何必抓住不放。爱就一个字,恕也,何况是面对一个孩子。只要一心向善,就是好孩子。这孩子穿着整洁来见我,有羞耻之心,知道尊敬我,孺子可教也,我又何必计较他的过往呢。再说了,他出生在什么地方,生活在什么环境,怨他吗?命也。他来见我,是想得到指点,运也。正是以恕道待人,抱着成人之美的愿望,孔子才能做到诲人不倦,有教无类的。

对人是这样，对事也是这样。成事不说，遂事不谏，既往不咎。

子曰："仁远乎哉？我欲仁，斯仁至矣。"

孔子说："仁离我们很远吗？我想为仁，那么仁就自然而然地到了。"

孔子曾批评冉求关于求仁力有不逮的言论，说他是故步自封、画地为牢。求仁是一个过程，为仁本身就是仁的一部分。所以说，"我欲仁，斯仁至矣"，求仁而得仁。连想都不去想，那就没希望了。这里强调的是人的主观能动性。

人有一个通病，事情想想挺美好，自己也想要，但一想到做事情有困难就放弃了，觉得自己不是那块料，还美其名曰"不要自寻烦恼"。想做有可能达不到，但不想做永远达不到。在孔子看来，想做本身就是仁的应有之义，仁在其中矣，仁是动态的过程，不是静止的结果。人各有命，富贵在天，是说人的命谁也改变不了，比如互乡的童子出生在"难与言"的地方，他无法选择，但他的运或命运是可以改变的。天行健，君子以自强不息；地势坤，君子以厚德载物。永言配命，自求多福。我欲仁，斯仁至矣。

陈司败问："昭公知礼乎？"
孔子曰："知礼。"
孔子退，揖巫马期而进之，曰："吾闻君子不党，君子亦党乎？君取于吴，为同姓，谓之吴孟子。君而知礼，孰不知礼？"
巫马期以告。
子曰："丘也幸。苟有过，人必知之。"

陈司败问:"鲁昭公懂礼吗?"

孔子说:"他懂礼。"

孔子出去后,陈司败向巫马期作了个揖,靠近他,说:"我听说,君子不因关系亲近而偏袒,难道君子也会偏袒自己人吗?鲁君从吴国娶了一位夫人,与鲁君是同姓,称她为吴孟子。鲁君要是知礼,还有谁不知礼呢?"

巫马期把这句话告诉了孔子。

孔子说:"我真是幸运。如果有错,人家一定会指出来让我知道。"

以上可能是孔子周游列国,到了陈国后发生的事。鲁昭公娶同姓为妻,违反了同姓不婚的周公定制,必然引起强烈社会反响。孔子不可能不知道,也不可能赞同。孔子在礼法上不会冒犯鲁君,说他知礼和不知礼都有问题。这时候,陈国的司法长官明知故问,想为难孔子。没想到孔子装作不知,直接回答说知礼。陈司败不敢当面反诘孔子,等孔子离开后,就想从孔子弟子那里把面子找回来,于是神色讪讪地给巫马期讲了一番大道理。估计巫马期不会搭理他。孔子抑亦先觉陈司败来者不善,没回答他说何为其言也(你怎么能这样问呢),就已经给陈司败留面子了。

孔子听了巫马期的汇报后,神龙摆尾,云中抽丝,反求诸己,承认错误,流露出一股坦荡荡的君子之风。事实上,他通过这种方式已经承认了鲁昭公失礼,但孔子的做法没有失礼。

巫马施,字子期,亦称巫马期,孔子弟子,以勤奋著称。他为单父宰时,"以星出,以星入,日夜不处,以身亲之,而使单父治"。

子与人歌而善,必使反之,而后和之。

孔子与别人一起唱歌，如果那人唱得好，一定要请他再唱一遍，然后会和之一曲。

谁说夫子古板无趣不会生活？如果穿越时空来到现代社会，夫子保不齐会拉着几位好友或弟子去唱卡拉OK，或者组个乐队放松一下。其实这不算什么，在孔子面前，音乐唱作人都是小儿科。孔子学习一曲《文王操》的体悟，就能让老师离座下来给他鞠躬。听了一曲《韶》乐，沉浸其中三月不知肉味。以夫子闻乐知人，一曲反为师的艺术造诣，很有可能写出旷世乐章，成为乐界泰斗。

孔子文学与艺术修养都非常高。"而后和之"的意思应该是现场填词和之也，一起唱一遍有什么了不起。孔子会生活，有追求，还能够苦中作乐、乐而忘忧、自得其乐，达到了至真至善至美的自由境界，实乃千古一人也。

子曰："文，莫吾犹人也。躬行君子，则吾未之有得。"

孔子说："文学修养方面，我和别人差不多。躬行君子之道方面，我还没有多少收获。"

上面说乐，这里说文和行。上面陈述是别人描述的，这里是自谓。

乐曲能够陶冶人的心灵，表达人的气节，调节人的情绪，营造和乐融融的社会关系。子与人歌，主要反映的是后者，对一位音乐大师来说，偶尔放松一下罢了。说到文学修养方面，孔子很谦虚。那些达官贵人家的子弟学在官府，《诗》《书》《礼》《易》《乐》，某些方面肯定有比他强的。说到躬行君子，本身就是一个知行合一的过程，止于至善，没有穷尽，常常还会明知不可而为之。孔子谦虚得实在，越是"大家"越是谦卑。

子曰:"若圣与仁,则吾岂敢!抑为之不厌,诲人不倦,则可谓云尔已矣。"

公西华曰:"正唯弟子不能学也。"

孔子说:"说是达到圣与仁的境界,我怎么敢当!如果说以此为目标努力实践而不厌烦,教诲别人从不倦怠,倒是可以这样说的。"

公西华说:"这正是我们学不到的。"

上面讲躬行君子之道,孔子说自己未之有得。有人可能在恭维孔子,说您不止是君子,可以说成仁成圣了。孔子马上说岂敢!我心向往之,只是能够持之以恒的行道致远罢了。按照《论语》的行文风格,"为之不厌,诲人不倦"本身就是行仁道圣道了。

子疾病,子路请祷。

子曰:"有诸?"

子路对曰:"有之。《诔》(lěi)曰:'祷尔于上下神祇。'"

子曰:"丘之祷久矣。"

孔子病重,子路要向鬼神祈祷。

孔子说:"有这回事吗?"

子路说:"有的。《诔》文上说:'为您向天地神灵祈祷。'"

孔子说:"我已经祈祷很久了。"

子路做事有些莽撞,看到老师病情严重,病急乱投医,就要祈神求福,忘记了孔子平时敬鬼神而远之的教诲。孔子听到后就故意问子路,真有这回事吗?能行吗?子路说有的,《诔》文上说"祷尔于上下神祇"。孔子心里哭笑不得,碍于子路的孝心,嘴上又不好明说:你个子路呀,不知道《诔》是啥意思呀。

诔文，悼词，亦简称诔，是叙述死者生前事迹，表示哀悼，悼念死者的文章。重病中的夫子，念念不忘的是考较弟子的学问。

在周公之前，殷礼祭祀名目繁多，据说累积下来平均一年有365.5次，因此一年也称之为"祀年"。周公倡导敬天保民的思想，赋予祭祀人文精神后，把很多鬼怪神灵踢出祭祀的行列，只保留以天地君亲师为主的祭祀活动。孔子说"郁郁乎文哉，吾从周"。孔子不语怪力乱神，敬鬼神而远之，但对祭祀十分虔诚，对斋戒慎重以待，齐必变食，居必迁坐，入太庙，每事问，祭如在，祭神如神在。作为周礼的传承人，孔子敬畏天命，敬重祖先，并说"获罪于天，无所祷也"。

子曰："奢则不孙，俭则固。与其不孙也，宁固。"

孔子说："奢侈就会不谦逊，节俭就会固穷。与其不谦逊，宁可固穷。"

挥霍浪费钱财，过分追求享受，说话夸大其词，做事爱出风头，都是奢的行为表现。生活节省俭约，做事谨慎小心，都是俭的行为表现。奢侈的人不知道谦逊，固穷的人安于贫穷。贫贱穷困也没什么，有俭的品行就好了，俭以养德。一旦骄傲自大，奢侈无度，丢失了立身之本，日后定会招致祸端。

子曰："君子坦荡荡，小人长戚戚。"

孔子说："君子心胸宽广，小人患得患失。"

君子人格高尚，才德出众，真诚坦率，光风霁月，俯仰天地，无愧于心。《论语》中有86个章句谈到君子的言行。小人人格卑下，德智不修，不耻不仁，不畏不义，不见利不劝，经常心怀忧伤，怨天尤人，劣迹斑斑。

亲君子，远小人，是平时生活中要时刻注意的事。君子一般不会锦上添花，但一定会雪中送炭。哪怕只是一句话，也会给人带来信心和力量。小人则不然，没有利用价值不会接近你，而且还会过河拆桥。君子喻于义，小人喻于利。

子温而厉，威而不猛，恭而安。

孔子温和而又严厉，威严而不刚猛，谦恭而又安详。

这是对孔子气质与风度的形象描述。气质与风度是人内心世界精气神的外在体现。孔子塑像的神态刻画大多依据于此。

一位德高望重的仁者，自然而然由内而外散发出不怒自威的德容德貌，谦恭而自信，安详又从容。世人注视他，是发自内心的尊崇和敬仰。

述而篇三十七则，力图刻画一个从内到外气质风度超然、"述而不作，信而好古"又食人间烟火的道德君子形象，有孔子的自我介绍、心语、执念、感悟、为人处世的态度、言传身教的作为，等等。此篇仅陈述句就有十条之多。这些陈述句从前到后连起来是说，孔子闲居在家里的时候，神态舒畅，悠闲自在。在服丧者旁边吃饭的时候，孔子不曾吃饱过，并一整天的悲戚，不会再吟唱。孔子所谨慎对待的是斋戒、战争和疾病。孔子在齐国听到了《韶》乐，三月不知肉味。孔子有时候会用雅言，吟诵《诗》《书》以及执礼时用的都是雅言。孔子不谈论有关怪、力、乱、神的事情。教学内容是文化、德行、忠诚和守信。孔子只钓鱼而不网鱼，只射飞鸟不射宿鸟。孔子与别人一起唱歌，如果这个人唱得好，一定要请他再唱一遍，然后会和之一曲。孔子温和而又严厉，威严而不刚猛，谦恭而又安详。

泰伯篇第八

子曰:"泰伯,其可谓至德也已矣。三以天下让,民无得而称焉。"

孔子说:"泰伯,可以说是品德最高尚的人了,多次把王位让给季历,老百姓都不知道拿什么赞美他才好。"

至德之人,乃圣人也。泰伯就是孔子经常标榜的圣人。

古公亶父有三个儿子,分别是泰伯、虞仲和季历。古公亶父非常喜欢孙子姬昌,希望将来姬昌能够继承王位。但是周人的传统是长子为裔,而姬昌是他三子季历的儿子。泰伯、虞仲明白古公亶父的心思,两个人便逃到了荆蛮,身刺花纹,剪短头发,隐姓埋名。古公亶父去世后,季历继位,季历又传位给姬昌,即周文王。

泰伯识时务顾大体,没有让父王为难,也没有让三弟陷入不仁不义之地,一走了之。老百姓都不知道拿什么赞美他才好,孔子称他为至德之人。

所谓至德,就是德行达到了完美境界。功名利禄放一边,道德大义挑两肩,虽居蛮夷之地,但心有所安,里仁为美也矣!泰伯这一逃,逃出了个家国安宁、后世昌盛,逃出了个公德与私德的完美统一,逃出了个郁郁乎文哉大周盛世。

前有泰伯、虞仲,后有伯夷、叔齐,都是孔子所敬重的人。

子曰:"恭而无礼则劳;慎而无礼则葸(xǐ);勇而无礼则

乱；直而无礼则绞。君子笃于亲，则民兴于仁；故旧不遗，则民不偷。"

孔子说："一味谦恭却不知礼就会疲劳；一味谨慎却不知礼就会害怕；一味勇敢却不知礼就会添乱；一味直率却不知礼就会心急。君子善待亲人，民风就会仁厚；君子不忘老朋友，百姓就不会冷漠无情。"

行为需要礼制加持。一味的谦卑恭敬、谨小慎微，或一味的勇往直前、爽快直率，不知道按礼制适可而止，"恭慎勇直"的作为就变味了。正所谓过犹不及。有礼有节、恰如其分才好。孔子精通《易经》，所以能够辩证地看问题。《中庸》发而皆中节，谓之和，一意也。

"君子务本，本立而道生。孝弟也者，其为仁之本与！"对自己亲人好，才会对老百姓好；对老百姓好，老百姓才会心甘情愿地行忠义之道。"君子之德风，小人之德草，草上之风必偃。"结交新朋友，不忘老朋友。有情有义的君主，才能教化出冷暖相助的子民。

曾子有疾，召门弟子曰："启予足，启予手。《诗》云：'战战兢兢，如临深渊，如履薄冰。'而今而后，吾知免夫，小子！"

曾子生病了，把弟子们召集到身边来，说道："看看我的脚，看看我的手。《诗》云：'战战兢兢，如临深渊，如履薄冰。'从今以后，我知道我自己可以免于祸端了，小子们！"

这一章句中，孔子的徒孙们出现了，他们是曾子的门徒。看来，曾子病得不轻，手脚失去知觉，不能动弹了，所以才把弟子们叫到身边说，看看我的脚，看看我的手，虽然不能动了但都还在。曾子又引用《诗经》上的话，意思是说我一辈子谨言慎行，跟随孔子学习仁道。

吾日三省吾身，为人谋而不忠乎？与朋友交而不信乎？传不习乎？我不敢有一丁点的怠慢和松懈，每天都好像站在深渊旁边，又好像踩在薄冰上面，好歹没犯什么大错，没有犯法受刑，也没有伤于战乱，落得个手脚齐全。小子们，你们得小心呀！有点传达遗训的意思。在礼崩乐坏征伐不断的时代，能够践行仁道而又毫发无损，实在是不容易。

孔子去世前，将孙子子思托付于曾子，当时曾子27岁。

曾子有疾，孟敬子问之。

曾子言曰："鸟之将死，其鸣也哀；人之将死，其言也善。君子所贵乎道者三：动容貌，斯远暴慢矣；正颜色，斯近信矣；出辞气，斯远鄙倍矣。笾豆之事，则有司存。"

曾子病了，孟敬子去探望他。

曾子对他说："鸟快要死的时候，鸣叫的声音是悲哀的；人快要死的时候，说出来的话也是善良的。君子可贵之处有三个方面：容貌要端庄，这样就可以远离粗暴与傲慢；神色要庄敬，这样就可以接近真实与诚信；言语要庄重，这样就可以避免浅陋和背理。祭祀礼仪之事，自有主管的官吏去负责。"

曾子生病的时候，孟敬子去探望他。问候寒暄之后，他们或许谈起了祭祀礼仪的事。曾子感叹并语重心长地对孟敬子说了上面的话。在曾子看来，"动容貌、正颜色、出辞气"反映一个人的内在德行和修养，关乎于仁道，不可不慎。曾子以鸟之将死引言，用心良苦，善意地提醒孟敬子，相较于祭祀，君主的德行修为更为重要。

孟敬子，即孟敬伯，名捷，世称"仲孙捷"，鲁国孟孙氏第11代宗主，谥号敬，是孟武伯的儿子。据说他是孟子的曾祖父。

意犹未尽，下面继续。

曾子曰："以能问于不能，以多问于寡；有若无，实若虚，犯而不校。昔者吾友尝从事于斯矣。"

曾子说："有才能却向没有才能的人请教，知识多却向知识少的人请教；有学问却像没有学问一样，充实却好像很空虚，即使被人冒犯也不计较。从前我的一位朋友就做到了这些。"

曾子一辈子谨言慎行，刻意修为，不犯大错。又说君子应该特别注重涵养自己的言行举止，动容貌，正颜色，出辞气，正气凛然就可以达到不令则行的效果。或许有人问曾子，生活中事事严格要求自己，一刻也不放松，这也太难了。曾子就列举了他一位朋友的做法，人家连这些都能做到，我们只是要求言行小心些，就做不到吗？

曾子的这位朋友，大家相信是颜回。颜回虚怀若谷，不耻下问，能够做到不骄不躁不怨，何其大哉！曾子教育弟子们，夫子超凡入圣不可追及，颜回就是我们学习的榜样啊。

曾子曰："可以托六尺之孤，可以寄百里之命，临大节而不可夺也。君子人与？君子人也。"

曾子说："可以把年幼的孤儿托付给他，可以把国家的命运托付给他，面临生死存亡他也不会改变气节。这样的人是君子吗？是君子啊！"

什么样的人是君子？能够做到以上三点就是君子了。前两点是德行修养让人信得过，后一点是择善固执、正气浩然自己立得住。眼看一家人活不成了，把唯一的孤儿托付给谁？必定是信得过的有情有义的亲朋。内忧外患之际，把国家的前途命运托付给谁？必定是信得过的大德大能之贤才。信仰坚定、一以贯之、择善固执的人，才有可能临危不惧、杀身成仁。

正因为曾子是信得过、有情有义视同己出的弟子，孔子晚年才托孤于他。

曾子曰："士不可以不弘毅，任重而道远。仁以为己任，不亦重乎？死而后已，不亦远乎？"

曾子说："作为一个士人，不可以不胸怀宽广、意志坚定，因为他任重而道远。把推行仁道作为己任，这个担子不够重吗？直到死才停下脚步，这个路程还不够远吗？"

在儒家思想里，士人君子把推行仁道作为己任，是一种遵从天命的责任担当，没有坚定的意志品质和使命意识，是坚持不下来的。因为任重而道远，所以士不可以不弘毅。

在《孔子家语》五仪解中，孔子认为人有五仪，即庸人、士人、君子、贤人和圣人，并分别给与正名。

子曰："兴于诗，立于礼，成于乐。"

孔子说："用诗激发情感，用礼安身立命，用乐成己达人。"

人文教化诗礼乐。绘事后素，诗是礼乐的依归。"《诗》三百，一言以蔽之，曰'思无邪'。""诗，可以兴，可以观，可以群，可以怨。迩之事父，远之事君，多识于鸟兽草木之名。"《诗》是古人的情感合集，百科全书。

"不知礼，无以立也。"礼是尊卑有序的社会等级规范。礼既是形式也是内容。形式反映的是规规矩矩、一丝不苟的等级礼制，内容体现的是真诚实意、庄敬虔诚的人文情怀。乐则陶冶人的情操，抚慰人的心灵，调节人际关系，达到远近和合，社会和谐的目的。子曰："入其国，可知其教也。其为人也，温柔敦厚，诗教也。广博易良，乐教也。恭俭庄敬，礼教也。"百姓温柔敦厚，广博易良，恭俭庄敬，均为人文教化之功。

子曰："民可，使由之。不可，使知之。"

孔子说："民风淳朴尚可的话，让他们按习俗去做好了。如果民风恶劣，就要加强道德教化，让他们移风易俗作新民。"

古文没有标点符号，"民可使由之不可使知之"的断句，歧义较大。多数断句为"民可使由之，不可使知之"，译作"可以使民众按着我们的道路去做，不可以让他们知道为什么要这样做"。这种愚民思想的译作，不符合孔子仁者爱人的思想。孔子是讲推己及人、泛爱众、有教无类的。对老百姓，孔子提倡富之教之。子适卫，冉有仆。子曰："庶矣哉！"冉有曰："既庶矣，又何加焉？"曰："富之。"曰："既富矣，又何加焉？"曰："教之。"因此，断句为"民可，使由之。不可，使知之"比较符合孔子富之教之的思想。《尚书·康诰》曰"作亲民"，即作新民，也是周公的思想。《大学》开篇第一句话是："大学之道，在明明德，在亲民，在止于至善。"儒家思想上下传承，怎会"不可使知之"呢。

子曰："好勇疾贫，乱也。人而不仁，疾之已甚，乱也。"

孔子说："好勇逞强而又憎恨贫困，就会出乱子。做人不走仁道，越陷越深不能自拔，就会出乱子。"

有嫉恶如仇的人，也有嫉贫如仇的人。那些生性好斗、崇尚用武力解决问题的人，他们按捺不住自己的火爆脾气，生事作乱，也就不足为怪了。做人不走仁道，越陷越深不能自拔，甚至会杀人放火，无恶不作。这是两种丑恶的社会现象。联系孔子"庶矣富之教之"的治民理念，让百姓先富起来，然后实施人文教化，才会制止社会乱象，维护天下太平。

"富之教之"一并进行，可以减少为富不仁现象的发生，在经济发展的基础上不断提升社会文明程度，这是常道。

有人把"人而不仁，疾之已甚，乱也"，译作"做人不走仁道，大家非常痛恨他，越是痛恨他，他越是变本加厉，就会出更大的乱子"，虽有点绕，看似也有道理。

子曰："如有周公之才之美，使骄且吝，其余不足观也已。"

孔子说："即使有周公那样卓越的才华，如果骄傲自大又吝啬小气，其他方面也就不值一提了。"

有周公那样卓越的才能，却没有周公那样谦虚敦厚的美德，有才无德，做人做事自大小气，其他的所作所为也就不值得一提了。现在讲德才兼备，以德为先，就是这个道理。

子曰："三年学，不至于谷，不易得也。"

孔子说："学了三年，还不去想求取功名利禄，这样的人才难得。"

古人学而优则仕，绝大多数人学习的目的是求取功名、实现抱负，这无可厚非，但学习的目的仅仅是为了做官吗？这太小看儒家的精神追求和价值取向了。

子曰："笃信好学，守死善道。危邦不入，乱邦不居。天下有道则见，无道则隐。邦有道，贫且贱焉，耻也。邦无道，富且贵焉，耻也。"

孔子说："信念坚定努力好学，至死不改向善之道。处在危险境地的国家不要去，动乱的国家不要停留。天下有道就出来做事，天下无道就隐居起来。天下有道，要以贫穷和卑微为耻。天下无道，要以富有和显贵为耻。"

求取功名不是最重要的，最重要的是笃信好学、守死善道，也就是择善固执、追求真理。大势所趋如滔滔洪水，如漫山大火，靠一个人的学识挡是挡不住的，形势比人强。明知有危险的国家不要去，赶紧从战乱不断的国家搬出来。天下有道则见，无道则隐。政通人和国泰民安，还活得像要饭的一样，是可耻的；战火纷争民不聊生，却活得有模有样，也是可耻的。

隐者不富，见者不穷，都是择善道而从之的结果。时也势也命也，只要择善固执，知进退，明是非，善取富贵，乃仁者智也。

子曰："不在其位，不谋其政。"

孔子说："不在那个职位上，不要思谋那个职位上的政事。"

天下有道出来做事，也要守本分，不要过问职责之外的事情。君子以思不出其位，这是礼仪等级的要求，也是做人做事的原则。再说，不在其位，就无法全面掌握情况，更难以了解事情的真相，谋其政就是瞎指挥。

子曰："师挚之始，《关雎》之乱，洋洋乎盈耳哉！"

孔子说："从太师挚演奏序曲开始，到演奏《关雎》结束，洋洋美妙的音乐一直在我耳边回荡。"

古代乐曲的最后一章，或者辞赋末尾总括全篇要旨的部分，称之为"乱"。"乱"也有治理的意思，比如乱臣之谓。古时礼乐和合，诗乐一体，《关雎》既为诗篇也为乐曲。

孔子闻《韶》，三月不知肉味；听《关雎》，洋洋乎盈耳哉；奏《文王操》，习其志得其人。孔子多次谈论自己对乐曲的体悟，这也是孔子实施礼乐教化的手段。看似乐在其中，实则乐在其中义矣。孔子内心渴望的是礼乐和合，如乐曲般琴瑟和鸣，秩序井然、层次分明的和谐社会。

子曰："狂而不直，侗而不愿，悾悾而不信，吾不知之矣。"

孔子说："狂放而不直率，貌似忠厚却心怀鬼胎，表面上看起来诚恳却不守信用，我不知道这是什么样的人。"

在孔子的伦理道德观念里，人之所以为人，真诚是第一位的。然而世道变了，狂放不羁的人学会了绕圈子，忠厚老实的人长出了花花肠子，谦虚诚恳的人开始不讲信用了。这是一个什么样的世道呀，人怎么会变成这个样子！

礼崩乐坏，人心不古，上行下效。世道沦丧，叫人心寒。不畏天命，不守仁道，也不过是权贵大夫们转圜几个念头的事。

孔子明知国体世道大势已去，人文精神多有伐伤，但他痴心不改，知其不可而为之。因为他清楚，人文教化不可停滞，文化精神不可中断。精神没了，传统丢了，民族也就消亡了。

子曰："学如不及，犹恐失之。"

孔子说："学习知识好像追赶什么似的，唯恐追不上，还会担心丢掉它。"

好学的人就是这样，如饥似渴，永远不会满足。学得越多越感到自己欠缺，越感到欠缺，越担心原来的学问修养会消退，这就是好之者的学习状态和精神焦虑。"加我数年，五十以学易"就体现了孔子"学如不及，犹恐失之"的心境。

好学的人如果凑到一起，比学赶帮超表现得就更强烈。学如逆水行舟，不进则退，也是这个道理。

下面连续说尧舜禹。

子曰："巍巍乎！舜、禹之有天下也，而不与焉。"

孔子说："多么伟大啊！舜和禹拥有天下，不是为了自己享受而是为了黎民百姓。"

孔子经常感叹尧舜禹的丰功伟绩，这是直接表达对公天下至圣美德的向往，也是间接表达对私天下社会现实的不满。舜和禹那样的圣人，并没有把做天子看得太重，只是全身心地付出不求回报，真正做到了为天下苍生服务，鞠躬尽瘁，死而后已。

子曰："大哉！尧之为君也！巍巍乎，唯天为大，唯尧则之。荡荡乎，民无能名焉。巍巍乎其有成功也，焕乎其有文章！"

孔子说："真伟大啊！尧这样的君主！多么崇高啊，只有尧能够效法最伟大的天。多么浩瀚啊，他的恩德浩荡百姓们没法形容。他的丰功伟绩令人敬仰，他的典章制度灿烂辉煌！"

孔子说："周监于二代，郁郁乎文哉！吾从周。"孔子的孙子子思认为，孔子是祖述尧舜，宪章文武。而周文化的源头又发端于尧舜，这些文治武功大多载于"五经"之中。所以，要想理解孔子的思想，必须研读《诗经》《书经》《礼经》《易经》《乐经》。可惜《乐经》

失传，《礼记》也非《礼经》焉。

舜有臣五人而天下治。武王曰："予有乱臣十人。"

孔子曰："才难，不其然乎？唐虞之际，于斯为盛。有妇人焉，九人而已。三分天下有其二，以服事殷。周之德，其可谓至德也已矣。"

舜有五位贤臣得以治理天下。周武王说："我有能臣十人。"

孔子说："人才难得，难道不是这样吗？从唐尧虞舜以来，到周朝人才是最多的了。但武王的十位能臣当中有一位是妇女，所以实际上只有九人而已。周文王拥有三分之二的天下，仍然事奉殷朝。周朝的政治道德，可以说是最高的了。"

舜有能臣五人，分别是禹、稷、契、皋陶和伯益。武王有能臣十人，分别是周公旦，召公奭（shì），太公望、毕公、荣公、太颠、闳夭、散宜生和南宫括，还有一人是邑姜，为武王之妻，负责内务之事。

孔子感叹人才难得，又称赞周朝的政治道德，实际上也是在间接推崇大舜，称赞武王。

人民是历史的创造者，而伟人是历史的缔造者，人才是历史的造就者。大德大才为政天下，旷世人才执政天下，大批专才从政天下，则天下大治矣。

有人把"唐虞之际，于斯为盛"译作"唐尧和虞舜之间及周武王这个时期，人才是最多了"，可以参考。武王伐纣，是不得已的事情。商纣王昏庸无道，丧尽天良，自绝于天下，武王是替天行道。

子曰："禹，吾无间然矣。菲饮食而致孝乎鬼神，恶衣服而致美乎黻（fú）冕，卑宫室而尽力乎沟洫。禹，吾无间然矣。"

孔子说:"对于禹,我没有什么可挑剔的了。他饮食简单而祭品却办得很丰盛;他平时穿着粗糙而祭祀时却尽量穿得华美;他住得简陋却致力于修治水利。对于禹,我没有什么可挑剔的了。"

至圣之人也就是尧舜禹了。他们表里如一,一心为民,大公无私,清正廉洁,知人善任,亲历躬行,功成而弗居,大哉!

子罕篇第九

子罕言利，与命与仁。

夫子很少谈利，遵从天命，遵从仁道。

孔子是最具有科学人文精神的人，敬鬼神而远之，不语怪力乱神。

没听说过夫子谈论性与天道，但他认为人性向善，择其善者而从之，其不善者而改之，笃信好学，守死善道。五十而知天命，认为不知命，无以为君子，天何言哉？四时行焉，百物生焉，天命也。天生烝民，有物必有则，天自道也。天之未丧斯文也，匡人其如予何？

天道之于天命，犹人道之于使命。人民掌握这些法则，遵循它敬畏它就是美德。人道，仁也。孔子说仁远乎哉？我欲仁，斯仁至矣。里仁为美，择不处仁，焉得知？人而不仁，如礼何？人而不仁，如乐何？仁本礼用者，道本德用之谓也。朝闻道，夕死可矣。

放于利而行，多怨，故子罕言利。见利思义，不义而富且贵，于我如浮云，君子喻于义，小人喻于利。君子安贫乐道。

中人以上，可以语上也；中人以下，不可以语上也。唯仁者能好人，能恶人，君子之于天下也，按道义去做就好了。

"子罕言利与命与仁"，有译作"夫子很少谈论利、命和仁"的，有译作"夫子很少谈论功利，却相信天命、赞许仁德"的。加此一解，供辨识。

以下几则，似乎是想透过孔子的言行，一窥孔子的心路历程。

达巷党人曰:"大哉孔子!博学而无所成名。"

子闻之,谓门弟子曰:"吾何执?执御乎,执射乎?吾执御矣。"

达巷这个地方有人说:"孔子真伟大啊!他学问渊博,但不知道他赖以成名的专长是什么。"

孔子听说后,对他的弟子说:"我专长于哪个方面呢?是驾车呢,还是射箭呢?我还是驾车吧。"

孔子学问渊博,五经六艺样样精通,要说他哪一方面更厉害呢,还真不好说,好像样样都挺厉害的。人越是充满智慧,对自己的评价就越是谦虚。面对达巷人这种不知道是称赞还是讥讽的话,孔子的回答很有趣,有点调侃的味道。

真正懂得孔子的世人并不多。或许在孔子看来,学问渊博算什么,他最厉害的是晨门人说的,知其不可而为之。孔子致力于扭转礼崩乐坏的社会局面、振兴文化道统,这和驾车不是有点类似吗?

子曰:"麻冕,礼也。今也纯,俭,吾从众。拜下,礼也。今拜乎上,泰也。虽违众,吾从下。"

孔子说:"用麻线来做礼帽,这是合乎礼的。现在用丝来制作礼帽,节省了人力物力,我也赞成大家的做法。跪拜,符合礼制。现在作揖,这是骄纵的表现。虽然违背大家的意愿,我还是主张跪拜。"

戴麻冕这是旧礼,为了节俭,改成戴丝冕,这是可以的。林放问礼之本的时候,孔子说"礼,与其奢也,宁俭"。但是需要行跪拜礼的时候,改成作揖,舒服倒是舒服了,但不符合古制,不庄敬,不赞同。孔子不是什么都固执己见、死守陈规的。吾从周,也从众,得分什么事,看重要程度如何。

墨子反对孔门礼道太多，显得铺张浪费，多少有点误解孔子了。除了祭祀的时候，为了节俭并非一定要"墨守成规"。接着说孔子"四毋"，其中一个就是毋固执成见。

子绝四：毋意、毋必、毋固、毋我。

孔子做到了四不：不会主观臆断，不会武断绝对，不会固执成见，不会自以为是。

毋意，不要凭空揣测，无中生有，空穴来风。毋必，凡事不要太绝对，不要绝对肯定也不要绝对否定。毋固，讲究原则性和灵活性的统一，有时候需要无可无不可。毋我，放下自我，千万不要狂妄自大，刚愎自用，觉得老子天下第一。"意、必、固、我"是走极端，不符合中行之道。

子畏于匡，曰："文王既没，文不在兹乎？天之将丧斯文也，后死者不得与于斯文也。天之未丧斯文也，匡人其如予何？"

孔子被困于匡地，说："周文王死了以后，文化道统不都是体现在我身上吗？上天如果想要废弃这种文化，后人就看不到这种文化了。上天如果不想废弃这种文化，那么匡地的人又能把我怎么样呢？"

孔子周游列国的时候，不止一次遭遇艰难困厄。这次危险却是因为一个误会。《史记·孔子世家》记载，阳虎长得很像孔子，他曾经残暴地对待匡人。匡人误以为孔子就是阳虎，把他围困起来。随从的弟子们很害怕，孔子说了上面的话。后来，靠别人帮忙，孔子他们才得以脱困。

一个人的执念是不会轻易说出口的，如果随意说出来，反而让人觉得他不虔诚。天天把理想信念挂在嘴边的人，其实心里并没有拿它当回事。矢志不渝的执念是发自内心的为之奋斗一生的誓言，平时默默地做就好了，只有到了生死攸关的时刻才会脱口而出。

难道文化道统真要就此中断了吗？孔子不信。巨大的文化自信和强烈的使命感让孔子临危不惧、正气凛然。至圣先师的威严形成强大的气场，给弟子们带来巨大的信心。担惊受怕的学生受到鼓舞，这才真正明白夫子之志。学而不厌，诲人不倦，奔走呼号，知其不可而为之，这一切都是为了挽救文化道统，不至于亡我中华啊。

还是百年之后的孟子懂得孔子，仁者无敌，舍我其谁！故天将降大任于斯人也，必先苦其心志，劳其筋骨，饿其体肤，空乏其身，行拂乱其所为，所以动心忍性，曾益其所不能。

大宰问于子贡曰："夫子圣者与，何其多能也？"

子贡曰："固天纵之将圣，又多能也。"

子闻之，曰："太宰知我乎？吾少也贱，故多能鄙事。君子多乎哉？不多也。"

大宰问子贡说："孔子是圣人吧，为什么如此多才多艺呢？"

子贡说："上天本来就想让他成为圣人，所以就让他多才多艺的。"

孔子听到后，说："大宰怎么会了解我呢？我年少时贫困卑微，所以学会了做许多的杂事。君子技艺多吗？不会多的。"

子畏于匡，临危不惧。上承天命于乱世，危难之际彰显圣人的赫赫光辉。这里大宰以圣人称孔子，子贡没有否认，孔子似乎也没有否认，只是不以为然说起多能鄙事来，又引出君子技多不压身的话。君子之于圣人,都是承天命做大事的。或许太宰真正的意思是圣人应该务大而忽小,艺多压身,伤及其要,所以他才向子贡提出疑问的。

有人把"君子多乎哉?不多也"译作"君子会有这么多的技艺吗?不会多的",不妥。

牢曰:"子云:'吾不试,故艺。'"

子牢说:"孔子说过:'我没有尝试去谋求一官半职,所以学会了不少技艺。'"

子牢说出了孔子的心里话。这句话的言外之意是,如果孔子年轻的时候尝试从政做官,就不会学这么多技艺来谋生了,比如仓库保管员、牲畜保育员、丧事操办人,等等。为什么没有尝试去谋求一官半职呢?天命使然吧,天命不可违。身份低下,生活清贫,为了谋生才掌握了这么多的技艺,然后笃信好学,敏而好求,择善固执,方成就天之木铎。

子牢是谁?应该是孔子的门徒,但未见记载。

子曰:"吾有知乎哉?无知也。有鄙夫问于我,空空如也。我叩其两端而竭焉。"

孔子说:"我有知识吗?我没有知识啊。有乡下人问我,我能知道啥呢。只是从问题的正反两方面去叩问,穷其答案罢了。"

何为知?比如说,我们知道天上有个太阳,叫知吗?地球围绕太阳转,叫知吗?在万有引力的作用下地球围绕太阳转,叫知吗?在引力场的作用下时空弯曲,叫知吗?其实,多数时候,我们是只知其然不知其所以然罢了。另一方面,术业有专攻,既使多才多艺,也不可能面面俱到什么都懂。孔子是理性的。

"知之为知之,不知为不知,是知也",这是态度知然。孔子知天命不可违，做就是了，这是信念知然。毋意、毋必、毋固、毋我，不事先设定一个东西存在，从正反两方面分析它，叩其两端，然后推理穷其答案，这是方法知然。抑亦先觉者是贤者先知，与此知不是一回事。

苏格拉底的产婆术，耶稣的不着一言，释迦牟尼的拈花一笑和孔子的叩其两端，都达到了只可意会不可言传的至高妙境。

子曰："凤鸟不至，河不出图，吾已矣夫！"

孔子说："凤鸟不来了，黄河也不出现河图了，我这一生也就完了吧！"

"凤鸟不至，河不出图"是句隐语。传说，伏羲氏王天下，龙马背负河图洛书出来；舜帝在位时，凤凰来仪；周文王治政，凤鸣岐山。孔子借用这些典故，言下之意是当世没有虞舜、文王这样的圣君明主。孔子以此感叹礼崩乐坏的社会难以改变。君主昏庸无道，文脉无以为继，自己年事已高，恐怕等不到"凤鸟至、河出图"的那一天了。后世，孟子也曾发出同样的感慨，他说五百年出一位圣贤君王，必有贤者辅佐，从周文王到我这里已经六百多年了，夫子等不到，难道我也等不到吗？

满怀信心奔着希望而去，却从未看到希望。知其不可而为之，却从未丧失信心。这是一个怎样的孔子啊！

子见齐衰者、冕衣裳者与瞽者，见之，虽少，必作，过之必趋。

孔子看见穿丧服的人、穿礼服戴礼帽的人和盲人时，若是他们来拜见的时候，即使他们很年轻，也一定要站起来。若是从他们身边经过，一定要加快脚步。

行为细节是情感细腻的外在反应。对失去亲人者要有同理之心，穿礼服戴礼帽的人要向他们致敬,对盲人等残疾人要怀有怜悯之心,这是大慈大悲者真情实感的自然流露。

颜渊喟然叹曰:"仰之弥高,钻之弥坚。瞻之在前,忽焉在后。夫子循循然善诱人,博我以文,约我以礼,欲罢不能。既竭吾才,如有所立卓尔,虽欲从之,末由也已。"

颜渊喟然感叹道:"对于夫子的道德学问,愈仰望愈觉得其崇高,越钻研越觉得其艰深。看着好像在前面,忽然又到了后面。夫子循循善诱,教我渊博学问,又用礼制规范我,让我欲罢不能。我竭尽全力,感觉好像有所建树了,想沿着夫子的道路走,又忽然发现毫无头绪、无路可循。"

借用老子的话,在颜渊看来,孔子的道德学问和修养境界就是大方无隅、大象无形。夫子学问深厚,仁德崇高,令人捉摸不透。教人循循善诱,让人欲罢不能。竭尽全力自以为学有所成,可静下心来想想,没有夫子的指导,还是不知道怎么走。

子疾病,子路使门人为臣。

病间,曰:"久矣哉,由之行诈也!无臣而为有臣,吾谁欺?欺天乎?且予与其死于臣之手也,无宁死于二三子之手乎!且予纵不得大葬,予死于道路乎?"

孔子患了重病,子路派了门徒去充当孔子的家臣。

孔子的病好了一些,说:"仲由很久以来就干这种弄虚作假的事情!我明明没有家臣,却偏偏要装作有家臣,骗谁呢?骗上天吗?况且,与其在家臣的侍候下死去,我宁愿在你们这些弟子的侍候下死去,这样不是更好吗!就算得不到隆重的葬礼,我难道会死在路上没人埋吗？"

爱之深，责之切，圣人也会说狠话。夫子温而厉。

以孔子的道德学问和社会影响，孔子不亚于当时任何一位大夫甚至君主。孔子一辈子殚精竭虑、广收门徒，奔走呼号，承天命以续文脉，挽大厦于既倒，从不把权贵利禄放在眼里。眼看老师病重，忠孝两全敢作敢为的子路，自作主张，招呼门人作家臣状，以事君之礼料理夫子后事，想给老师一个体面而有尊严的丧礼。孔子知道后很生气。

后来的儒家称孔子为"素王"，就是没有土地、没有臣民的无冕文王。

子贡曰："有美玉于斯，韫椟（yùn dú）而藏诸，求善贾而沽诸？"

子曰："沽之哉，沽之哉！我待贾者也。"

子贡说："这里有一块美玉，是把它放到柜子里藏起来呢，还是找一位识货的商人卖掉呢？"

孔子说："卖掉吧，卖掉吧！我正等着识货的人来呢。"

子贡借物言志，以美玉比喻君子，谦谦君子，温润如玉，待价而沽，求得明君赏识以匡扶天下，说到孔子的心坎上了。师徒二人一问一答，相得益彰。

儒家讲究学而优则仕，有强烈的入世进取精神，但不能违背仁道，基本态度是用之则行，舍之则藏。

子欲居九夷。

或曰："陋，如之何？"

子曰："君子居之，何陋之有！"

孔子想到九夷去居住。

有人说:"那里非常僻陋,怎么能住呢?"

孔子说:"有君子住在那个地方,怎么会僻陋呢!"

不是没有人赏识孔子,而是没有人敢用孔子。大舜能臣有五,武王乱臣有十即可安天下。人称三千弟子、贤者七十二人的孔子,一旦掌握实权,弄个君主当当并非难事。诸侯君主们以小人之心度君子之腹,没人敢用孔子,尽管孔子绝不此为。

鲁定公十一年,孔子出任鲁国大司寇,摄相事,七日而诛少正卯,曝尸三日,鲁国大治。孔子为削弱三桓专政采取了堕三都的措施,但遭到阻挠,半途而废,孔子与三桓的矛盾随之暴露。眼看君臣迷恋歌舞、不理朝政,孔子非常失望,在不得已的情况下离开鲁国,开始了周游列国的旅程,但又是四处碰壁,郁郁不得志。

邦无道则隐。孔子忽然有了归隐的念头。再说九夷之地,民智尚未开化,假以时日尚可人文教化出一片郁郁葱葱的风貌来。孔子不过是说说而已,仁义在肩,必须发扬知其不可而为之的锲而不舍的精神,这是历史赋予孔子的责任和使命。

孔子的志向是当一名君子。从此话看,孔子已经认为自己是君子了。他也没有否认自己是仁者。

子曰:"吾自卫反鲁,然后乐正,《雅》《颂》各得其所。"

孔子说:"我从卫国返回鲁国,然后订正乐经,《雅》乐和《颂》乐都有了适当的位置。"

鲁哀公十一年,68岁的孔子在其弟子冉求的努力下,季康子派人迎孔子归鲁国。

孔子说自己五十而知天命,发愤忘食,六十而耳顺,乐以忘忧。周游列国的种种遭遇,让孔子彻底放下了为国推行仁政的抱负,转而潜心治学，教书育人。孔子删《诗》《书》，定《礼》《乐》，传《易经》，著《春秋》，晚年生活十分丰富充实。七十而从心所欲不逾矩，不知老之将至。

古时候诗乐舞一体，《诗经》的《风》《雅》《颂》各有乐曲配之。

子曰："出则事公卿，入则事父兄，丧事不敢不勉，不为酒困，何有于我哉？"

孔子说："在外侍奉公卿，在家侍奉父兄，有丧事不敢不尽心去办，不被酒所困，这些事我做到了哪些呢？"

尽职责，守本分，做事尽心尽力，喜欢喝酒但没有酒瘾，除了这些，我什么也没有，一无长处，一无是处，一点学问也没有。

看透世态炎凉，阅尽人生百态，努力过、奋斗过，哭过、笑过。曾经沧海难为水，除却巫山不是云。只要心有安顿处，处处都是鹤家乡。人生不过如此，思而不居，里仁为美。

子在川上曰："逝者如斯夫！不舍昼夜。"

孔子站在河边说："逝者就像这滔滔河水一样，不分昼夜向前奔流而去。"

时光一去不再回，往事让人回味。孔子面对奔涌不息的大河，发出了时不我待的感慨。流水一去不复返，无论昼夜永不停息。尽管过去的已经过去，但应该时时刻刻保持自强不息、永不懈怠的精神。

关于孔子到底是站在哪条河边说的，有黄河说，有泗水说，等。林放故里山东放城一带有条河叫洙水。洙水和泗水汇合于雷泽湖。洙水下游小三峡以西为春秋古道，现存"子在川上曰，逝者如斯夫"行迹处。此为古华渚之地，"东望龟蒙，西瞻阙里，南峙尼山，北拱泰岱"，传说人类始祖伏羲氏、舜、鲧等在这里繁衍生息，尚存伏羲洞遗迹。《列子·黄帝》载："黄帝昼寝，而梦游于华胥氏之国……黄帝既寤，怡然自得。"此地位于鲁国中心地带，是孔子活动的主要区域。鲁国国都曲阜距离泗水洙水和放城都很近。

朱熹曾作诗描绘过泗水春景："胜日寻芳泗水滨，无边光景一时新。等闲识得东风面，万紫千红总是春。"

子曰："吾未见好德如好色者也。"

孔子说："我没有见过像好色那样好德的人。"

饮食男女，人之大欲存焉。从上面这句话的意思来看，孔子对好色并没有表现出明显的反感，只是感叹好德之人怎么不如好色之人执着呢。卫灵公倾心于南子的美色，竟然为讨她欢心，不介意南子与宋国公子朝勾搭在一起，甚至为他们幽会提供方便。南子也是好色，男女都一样。卫灵公和南子虽然对孔子礼遇有加，非常敬重他，但就是不用他。所以，孔子说："吾未见好德如好色者也。"

子曰："譬如为山，未成一篑，止，吾止也。譬如平地，虽覆一篑，进，吾往也。"

孔子说："比如用土堆山，只差一筐土就完成了，这时停下来，那是我自己要停下来的。比如用土平地，虽然只倒下一筐，决定继续倒下去，也是我自己要继续下去的。"

"归与！归与！吾党之小子狂简，斐然成章，不知所以裁之。"孔子在陈国的时候，就浩然有归志了。不论是放下为国推行仁政的抱负，还是潜心治学、教书育人，都是自己的选择，只是有所取舍罢了，但孔子从未放下过仁义道德，一生笃信好学，守死善道。再说了，修身即为政，齐家即为政，立德树人也是为政。

做一件事情，有成功和失败两种可能。成功与否，会受诸多因素的影响，主观的客观的都有。但这件事做与不做，都是自己的选择，不要找其他理由。我选择我负责，这才是一个成熟的人的态度，也是一个人是否具有独立人格和价值尊严的体现。

子曰："语之而不惰者，其回也与！"

孔子说："告诉他的道理能够毫不懈怠地学思践悟，只有颜回一个人吧！"

孔子曾这样评价颜回："吾与回言终日，不违，如愚。退而省其私，亦足以发，回也不愚。"听其言观其行，孔子是经过考察后才得出结论的。

孔子本则称赞的是颜回为学的态度。当然，颜回从没有怀疑过孔子的话，从心里认为孔子的话都是对的，这是颜回能够毫不懈怠地照着去做的原因。下面接着说颜回。

子谓颜渊，曰："惜乎！吾见其进也，未见其止也。"

孔子谈到颜渊，说："可惜了呀！我只看到他在不断进步，没有看到他停下来过。"

颜回执着于追求孔子之道，谦虚好学，勤奋刻苦，持之以恒。在生活方面没有要求，心思全部用在学问增长和道德修养上，一直都在进步、从没有见他停下脚步，不像冉求画地为牢。颜回是我要进步、从不懈怠的典范，是传承孔子衣钵的最佳人选，无奈天命不与，可惜了呀！英年早逝，否则会成为大德之才。

子曰："苗而不秀者，有矣夫！秀而不实者，有矣夫！"

孔子说:"只长苗不开花,有这样的情形啊!只开花不结实,有这样的情形啊!"

天命允许有这样的情况存在:苗而不秀,秀而不实。说什么好呢?认了吧!孔子从庄稼的生长、开花到结果来比喻一个人成长的过程。有的人资质优秀,但不能始终坚持,半途而废是令人惋惜的。成了名却腹中空洞无物、华而不实,这种人是可悲的。真诚向善,仁义行之,实至名归,表里如一,这才是真君子。

子曰:"后生可畏。焉知来者之不如今也?四十、五十而无闻焉,斯亦不足畏也已。"

孔子说:"后生可畏。怎么就知道以后的人不如现在的人呢?到了四十岁或者五十岁的时候还默默无闻的人,就没有什么可敬畏的了。"

可能有人对孔子说,这代年轻人不行,世风日下,都把他们带坏了,"狂而不直,侗而不愿,悾悾而不信",说了一大堆缺点。

孔子说后生可畏!尽管年轻人有很多缺点和不足,但只要肯努力,改过迁善就好。庄稼苗而不秀、秀而不实确实没办法,但是树是可以修剪成材的,人是可以教育向善的。长江后浪推前浪,一代更比一代强,这也是历史规律。倒是有些人,少壮不努力,到了四五十岁,过了不惑和知天命的年纪,仍然碌碌无为,那就没有什么指望了,只能是老大徒伤悲了。孔子不带情绪也不为时代所困,把希望寄托在年轻人身上,他是很理性的。

子曰:"法语之言,能无从乎?改之为贵。巽与之言,能无说乎?绎之为贵。说而不绎,从而不改,吾末如之何也已矣。"

孔子说:"符合礼法的正言规劝,能不听从吗?改正自己的错误才是可贵的。恭维顺耳的话,听了能不高兴吗?推敲一下真伪才是可贵的。仅是高兴而不去分析,仅是听从而不去改正,我不知说他什么才好。"

有道是"良药苦口利于病,忠言逆耳利于行",有人义正词严地批评你,指出你的错误和缺点,说明他还在乎你。尽管面子上不好接受,也要静下心来好好想想他的善意,心存感激地认真去改正,才不辜负别人的一片好心。犯了错误没有人理,这个人就完了。恭维的话谁都爱听,但高帽子会压死人,要学会分辨是真心还是假意,是曲意逢迎还是真心赞赏,别让他蒙蔽了。有时候,好话害死人。

子曰:"主忠信。毋友不如己者,过则勿惮改。"

孔子说:"做人做事要以忠信为原则。没有不如自己的朋友,有了过错不要害怕改正。"

三人行,必有我师焉,何况是身边的朋友。不要死要面子活受罪,担心朋友嘲笑自己,煮熟的鸭子嘴硬,死不认错。错了就是错了,改过来就好了。忠于内心的真情实感,相信朋友善良友爱,真诚以待,反而更受人尊敬。君子也会犯错,"如日月之食焉",他不藏着掖着,知错就改,"人皆仰之"。

有译作"你能不友爱身边不如你的人吗?即使他们有了过错,也不要害怕改正",意思就不对了。

子曰:"三军可夺帅也,匹夫不可夺志也。"

孔子说:"三军的统帅可以被换掉,匹夫的志向谁也改变不了。"

孔子有原则也很懂得人情世故，不固执成见，处事灵活。麻冕换成丝冕没关系，只要敬畏之心没变就成。君子爱财也没错，只要取之有道就成。有时候却又固执己见，痴心不改，至死不渝。该磕头的时候就不能作揖，这是大节。仁义礼智信不能丢，吾道一以贯之。小人物也有自己的大原则，孝悌为本，子告父偷羊的事不能做。这就是孔子的执念和性情。

子曰："衣敝缊（yùn）袍，与衣狐貉（hé）者立，而不耻者，其由也与！'不忮不求，何用不臧？'"子路终身诵之。

子曰："是道也，何足以臧？"

孔子说："穿着破衣旧袍，与穿着狐貉皮裘的人站在一起，不觉得自卑的，大概只有仲由吧！'不忮不求，何用不臧？'"仲由听后一直念叨这句诗。

孔子说："只做到这样，怎么能说够好了呢？"

子路忠孝两全，但勇武有余，智谋不足，说话直率，常被孔子责怪。然则子路还有一个特点，就是执念。"子路有闻，未之能行，唯恐有闻"，所以才有了这一出。子路听到孔子拿《诗经》里的话称赞他"不嫉妒，不贪求，有什么不好呢"，心里自然是高兴得不得了，却忘了孔子"绎之为贵、改之为贵"的教导，有点得意忘形，表现出子路单纯可爱、真性情的一面。孔子知道后无可奈何，却又揶揄他，夸你两句就不知道姓什么了？只知道沾沾自喜，说你什么好呢？

子路能够做到衣敝缊袍与衣狐貉者立而不耻，是有原因的。子路的志向是"愿车马衣轻裘与朋友共，敝之而无憾"。他的气质风度由内而发，自然流露出强大的自尊与自信。

透过字里行间，我们能够体会到孔子师徒的真性情，这是最难得的。

子曰："岁寒，然后知松柏之后凋也。"

孔子说："到了寒冷的季节，才知道松柏是最后凋谢的。"

日常生活中，看不出一个人的气节如何。天天喊口号表决心的人，大多是"墙头草"或是献媚者。当领导的一定要小心这种人，绎之为贵。这类人关键的时候指望不上，倒不如默默无闻的实干者。只有到了生死攸关的时候，才能看出一个人的气节如何。"不忮不求，何用不臧？"子路终身诵之。在孔子看来这是自我欣赏，阻碍进步了。后来，子路战死前说："君子死，而冠不免。"在子路系好帽缨的过程中，被人砍成肉泥，这才是气节。

子曰："知者不惑，仁者不忧，勇者不惧。"

孔子说："智者不惑，仁者不忧，勇者不惧。"

智者能够清楚地判断形势，分辨是非、懂得进退，不会知其不可而为之。仁者以天下为己任，内省不疚，乐知天命坦荡荡，将生死置之度外，不会患得患失。勇者气有浩然，肝胆相照，一往无前。

智者不惑的是原则，仁者不忧的是时事，勇者不惧的是困难，这主要是从精神层面说的。二小儿辩日的现象，智者可能也迷惑，仁者忧国忧民忧天下，先天下之忧而忧，勇者也要临事而惧，思谋周全，才无往而不胜。

子曰："可与共学，未可与适道。可与适道，未可与立。可与立，未可与权。"

孔子说："可以一起学习的人，未必可以一起谋事。可以一起谋事的人，未必可以一起立业。可以一起立业的人，未必可以一起谋权。"

这是孔子的经验总结，实在是了不起。自孔子以降，似乎好多道理还是那个道理，好多事情还是那些事情，好像从未发生变化。

道不同不相为谋，把道义放在前面的人错不了。本来是好同学，一旦和权益挂上钩就要小心了，就要考察三观是否相配了。真碰上大事，三观的价值就真正体现出来了。其实，平时生活中琐碎的小事，也能体现出人的三观来，可以判断出人的品行。

"唐棣之华，偏其反而。岂不尔思？室是远尔。"

子曰："未之思也，夫何远之有！"

"唐棣树的花，翩翩地摇摆。不是我不想你呀？可是我离家太远。"

孔子说："他还是没有真的想念，如果真的想念，多远也没有关系！"

或许有人在孔子面前吟唱这首思念恋人的诗歌，抒发浪漫情怀。孔子听到后喷他，还是思之不深，矫情！

思念是属于个人意识情感中的东西，和离家远不远没有关系。对仁的追求也是这样，并不是力有不逮、不能做或做不到的问题，而是想做不想做的问题。若想做就一定能做到。"仁远乎哉？我欲仁，斯仁至矣。"

乡党篇第十

孔子于乡党，恂（xún）恂如也，似不能言者。其在宗庙朝廷，便（pián）便言，唯谨尔。

孔子回到乡里，很是温和恭敬的样子，像是不太会说话。在宗庙朝廷上，他却很善于表达，只是很谨慎罢了。

《乡党》一篇，记录的是孔子的生活言行，看他平时是如何践行仁义礼智信、温良恭俭让的。

为什么会把孔子的生活状态记录下来呢？礼崩乐坏的年代，社会道德礼仪被弄得乱七八糟，看看孔子是怎么做的吧。学高为师，身正为范。

生活中每个人都有不同的角色。不同的角色都有不同的言行规范。作为游子的孔子回到家乡，当官的孔子在朝廷宗庙，不同的角色不同的场合，说话做事的方式不一样。这叫合乎时宜，皆中节。

朝，与下大夫言，侃侃如也；与上大夫言，訚（yín）訚如也。君在，踧踖（cù jí）如也，与与如也。

朝堂上，国君还没有到来时，孔子与下大夫说话，从容不迫的样子；与上大夫说话，坦诚和悦的样子。国君临朝时，恭敬不安的样子，谨慎稳重的样子。

孔子与下级官员讲话从容不迫，与上级官员说话坦诚和悦。见到国君时，神情庄敬而又谨慎，体现出对国君的敬畏。畏天命，畏大人，畏圣人之言，言行一致。

君召使摈，色勃如也，足躩（jué）如也。揖所与立，左右手，衣前后，襜（chān）如也。趋进，翼如也。宾退，必复命曰："宾不顾矣。"

国君召令孔子去接待宾客，他的脸色立即庄重起来，脚步也快了起来。他先向站在左手的人作揖，再向站在右手的人作揖，衣服前后摆动，整齐不乱。快步走的时候，衣袂飘飘像鸟儿展翅一样。宾客走后，孔子必定向君主回报说："客人已经不回头了。"

接待宾客，礼仪为先。礼仪不周到，宾客就会觉得受到了怠慢，很多事情就不好谈了。现在也是如此。孔子的表现是彬彬有礼、真诚大方、潇洒自如、不卑不亢，彰显大家风采。关键是宾客走后，孔子必定向君主回报说，客人已经走远了。礼毕，有始有终。

入公门，鞠躬如也，如不容。立不中门，行不履阈。过位，色勃如也，足躩（jué）如也，其言似不足者。摄齐（zī）升堂，鞠躬如也，屏气似不息者。出，降一等，逞颜色，怡怡如也。没阶，趋进，翼如也。复其位，踧踖（cù jí）如也。

孔子走进朝堂的大门，低头弯腰屈从的样子，好像没有容身之处。他不站在门的中间，不踩到门坎上。经过国君的座位时，脸色变得矜持，脚步随之加快，说话好像有气无力的样子。提起衣摆走向朝堂，低头弯腰屈从的样子，屏住呼吸恐怕出声。

退出，走下一级台阶，脸色才放松下来，轻松愉快的样子。下了台阶，快走，衣袂飘飘像鸟儿展翅一样。回到自己的位置，恭敬而不安的样子。

从以上看，礼之旧制确实应该简化。或许别人不像孔子那样心怀庄敬、表里如一，只是做个样子也就不会那么累了。孔子能把自己的内心、神态、气息、动作控制到这种一丝不苟的程度，实在是相当不容易。如果看到现在的学生，穿着背心、大裤衩推门就进，还不把孔子气死？当然，孔子已经不会真生气了。

执圭，鞠躬如也，如不胜。上如揖，下如授。勃如战色，足蹜蹜（sù sù）如有循。享礼，有容色。私觌（dí），愉愉如也。

手捧着圭，低头弯腰屈从，好像是拿不动的样子。向上举圭时好像在作揖，向下放圭时好像在交给别人。色如战栗，脚步紧凑而拘谨。献礼时，显得和颜悦色。私下会见的时候，一副轻松愉快的样子。

举行典礼，按部就班，一举一动，有板有眼，丝毫马虎不得。

君子不以绀（gàn）緅（zōu）饰，红紫不以为亵（xiè）服。当暑袗絺绤（chī xì），必表而出之。缁衣羔裘，素衣麑（ní）裘，黄衣狐裘。亵裘长，短右袂。必有寝衣，长一身有半。狐貉（hé）之厚以居。去丧，无所不佩。非帷裳，必杀之。羔裘玄冠不以吊。吉月，必朝服而朝。

君子不用黑里透红的布做衣服的镶边，不用红色或紫色的布做居家穿的便服。夏天，穿粗的或细的葛布单衣，出门必须加上一件外衣。黑衣配羔羊皮袍，白衣配小鹿皮袍，黄衣配狐皮袍。

居家穿的皮袄做得长一些，右边的袖子短一些。一定要盖一身半长的被子睡觉。用狐貉的厚毛皮做坐垫。服丧期满后，没有什么不可以佩戴的。非朝祭时穿的衣服，必须经过裁剪缝制。不穿着羊羔皮袍和戴着黑色的帽子去吊丧。每月初一，一定要穿着礼服去朝拜。

穿衣着装要符合礼制，什么样的场合穿什么样的衣服。好看不好看靠搭配，黑衣配羊皮袍，白衣配小鹿皮袍，黄衣配狐皮袍。就是在今天看来，这样的生活也够奢侈的。不过，在孔子时代，这对做官的人来说或许不算什么，对品质的要求却是依然很高。

齐，必有明衣，布。齐必变食，居必迁坐。

斋戒前，沐浴的时候一定要有浴衣，要用布做的。斋戒的时候，一定要改变平常的饮食，居处也一定要换个地方。

古代斋戒的规矩很多，衣食住行都有讲究，清心寡欲，以示敬畏。

食不厌精，脍不厌细。食饐（yì）而餲（ài），鱼馁（něi）而肉败，不食。色恶，不食。臭恶，不食。失饪（rèn），不食。不时，不食。割不正，不食。不得其酱，不食。肉虽多，不使胜食气。唯酒无量，不及乱。沽酒市脯，不食。不撤姜食，不多食。

食不厌精，脍不厌细。粮食陈旧变味了，鱼和肉腐烂了，都不吃。变色难看的，不吃。味道难闻的，不吃。烹调不当的，不吃。过了时令的，不吃。切不合适的，不吃。佐料放错的，不吃。桌上的肉虽多，但吃的量不宜超过米面的量。只有酒没有限制，但以不喝醉为宜。从市场上买来的肉干和酒，不吃。每餐必须有姜，但也不多吃。

　　孔子很懂得养生。有些东西，比如土豆，切成两半炒着吃，不行。土豆炒不熟有毒，还是切成丝爆炒比较好，比如酸辣土豆丝。炒辣椒放芥末，肯定也不行。从集市上买来的肉干和酒，不知道怎么做的、放了多长时间，是否干净，所以能不吃就不吃。姜养生，但不宜多吃。这些在孔子生活的那个时代就知道了。如果放到现在，假如孔子居住在城市里，没几个乡下穷亲戚，这不吃那不吃的，可能会被饿死。

　　继续看孔子的养生之道。

　　祭于公，不宿肉。祭肉不出三日，出三日不食之矣。

　　参加国家祭祀典礼带回来的肉，不能留到第二天。祭祀用过的肉留存不超过三天，超过三天就不吃了。

　　吃了祭祀用的贡品，就可以得到先祖的保佑。即使这样，公祭用过的祭肉隔夜就不能吃了。自家祭祀用的祭肉，自己要知道存放了多长时间，但超过三天也不能食用了。人的健康和生命毕竟是首要的。未知生，焉知死？慎终追远，也是为了更好地活着。

　　食不语，寝不言。

　　吃饭时不交谈，睡觉时不说话。

　　吃饭时交谈不卫生，也不利于消化。睡觉时说话导致大脑兴奋，不利于尽快入睡，影响睡眠质量。

　　虽疏食菜羹，必祭，必齐如也。

　　即便是粗饭菜汤，吃饭前也一定要祭拜，一定要像斋戒时那样虔诚恭敬。

我们要怀有一颗感恩的心，人不能忘本，要记着我们从哪里来，是谁养育了我们。念念不忘，必有回响。这一虔诚祭拜，无论吃饭前发生了什么事，心也会立即安顿下来。慎终追远，天塌不下来，没有什么大不了的事。加以食不语，再冷静冷静，就不会冒失犯错了。

席不正，不坐。

铺在地面上的席子放得不端正，不坐。

席子是用草或苇子编成的成片的东西，古人用以坐、卧，现在通常用来垫座、铺床等。垫子放歪了，坐着不舒服，同时也显得人邋遢；所以，大多数人还是喜欢先整理好、摆正了垫子再坐下。有人借此批评孔子古板教条，真是冤枉好人。

乡人饮酒，杖者出，斯出矣。

与乡里人一起参加宴席，等年长的离开后，自己才可以离席。

这是酒桌礼仪。懂得礼仪文化的人，不管在外面有多大的出息，回到家乡也要这样做，年长者为上。古代人到了六十岁才可以挂杖，除非腿脚不便，否则不到六十岁挂杖是违礼的。不知道从什么时候，中国人开始用文明棍，学西方人做绅士，不做君子了。

乡人傩（nuó），朝服而立于阼（zuò）阶。

乡里人举行驱鬼仪式时，孔子穿着朝服站在东边的台阶上。

"傩"是古代腊月驱逐疫鬼的仪式。有的地方会跳傩舞唱傩戏，表演请神驱邪、祈福及简单的战斗故事等，也算是民间非常隆重的仪式了。孔子穿朝服是敬重民风民俗；站在东边的台阶上，表示自己也是以主人的身份参加的，不是来看热闹的。尽管孔子对鬼神敬而远之，但是对民风民俗还是尊重的。

自古以来，人类受疫情祸害，不知死了多少人。古人每年腊月举办驱逐疫鬼的仪式，也是告诫世人都长着点记性，要知道瘟疫的厉害，不能好了伤疤忘了疼。至今，民间还有端午节采艾蒿放门前的习俗，也有此意。农历五月初五，春去夏来，阳气上升，阴气下沉，阴阳交替，容易生病。

问人于他邦，再拜而送之。

孔子在他国向人打听事，问前问后分别作揖行礼，然后再恭敬地把人家送走。

出门在外要讲礼貌，礼多人不怪，陌生人不是朋友。特别是到了国外，首先要了解当地的风俗民情，免得无意间冒犯了人家忌讳，招人怨恨。此句有人译作"孔子托人向国外的朋友问候送礼"，似乎也可。但还是觉得这一译法好些，理由是子禽曾问于子贡曰："夫子至于是邦也，必闻其政，求之与？抑与之与？"子贡曰："夫子温、良、恭、俭、让以得之。夫子之求之也，其诸异乎人之求之与？"

康子馈药，拜而受之。曰："丘未达，不敢尝。"

季康子派人给孔子送药来，孔子拜谢后接受了。然后说："我对这药药性不了解，不敢服用。"

这是孔子谨慎小心的一面。人要有谨慎之心，特别是生死攸关的事，不要贸然尝试。孔子曾对子路说遇事要小心谨慎、善于谋划，不能赤手空拳和老虎搏斗，不能不知深浅徒步渡河。

总体看来，季康子对孔子还不错。季康子作为鲁国权臣，凌驾于公室之上，专权而失三桓之心。但他能观吴之国运，用冉有之才，归夫子孔丘，应时用田赋等，不可谓不智。

厩（jiù）焚。子退朝，曰："伤人乎？"不问马。

马厩失火了。孔子退朝回来，问："伤到人了吗？"不问马的情况怎么样。

仁者爱人。在率兽食人的社会，野有饿殍，人不如马。孔子把人的生命放在第一位，无视财物，彰显孔子的仁爱精神和人文关怀。孟子"民为贵，社稷次之，君为轻"的思想，与孔子的思想发自一脉，都源于周公"民之所欲，天必从之"的敬天保民思想。

君赐食，必正席先尝之。君赐腥，必熟而荐之。君赐生，必畜之。侍食于君，君祭，先饭。

君主赐给熟食，孔子一定摆正座席先尝一尝。国君赐给生肉，他一定煮熟了先给祖先上供。国君赐给活物，他一定会先饲养起来。侍奉国君就餐，当国君进行饭前祭祀时，他先替国君尝食。

孔子严于律己，言行一致，自我要求极高。为人臣子者，在其位谋其政，侍食于君，则先饭。

疾，君视之，东首，加朝服，拖绅。

孔子病了，君主来探视，他便头朝东躺着，身上盖上朝服，拖着大带子。

虽然孔子身患重病不能起床，但事君之礼一点也不少：头朝东躺着,以正面迎接国君;上朝的礼服虽不能穿在身上,也得盖在身上,连带子都不能少。庄敬严肃,一丝不苟。

君命召,不俟驾行矣。

国君召见孔子,他不等车马准备好就先步行走去了。

召即行,孔子毫不迟疑,这是对国君敬重的态度。如果领导找,却拖拖拉拉不立行,首先在礼貌上就失掉了不少分,这是不敬的表现。

入太庙,每事问。

孔子到了太庙,每件事都要问。

国事没小事,丝毫马虎不得。一则事无巨细严格按要求去做,以示虔诚敬重之心;二则如果出现纰漏,哪怕一点点,革职事小,还有可能掉脑袋。平时做事马虎,关键的时候就容易掉链子、出乱子,不得不引以为戒。

朋友死,无所归,曰:"于我殡。"

朋友去世了,没有亲属负责敛埋,孔子说:"我来负责办理后事吧。"

孔子自始至终对朋友有情有义,是真君子。孔子曾说君子周急不继富,只会雪中送炭,不屑锦上添花。曾子曰:"可以托六尺之孤……君子人也。"

朋友之馈,虽车马,非祭肉,不拜。

朋友的馈赠,即便是车和马,只要不是祭祀用的肉,孔子在接受时，也不作揖拜谢。

志同道合的朋友送给车马，收之即可，没必要特别感谢，如子路曰："愿车马衣轻裘与朋友共之，敝之而无憾。"朋友送我祭祀用的肉，就带来了朋友祖先的恩泽，这种朋友情谊必须拜谢，也是对朋友祖先的敬重。

真正的朋友惺惺相惜，他往往在你最需要的时候出现，往往和你分享他最珍贵的东西。

寝不尸，居不客。

孔子睡觉时不僵卧，平日居家也不像待客那样正襟危坐。

该认真严肃的时候一丝不苟，该放松愉快的时候自由自在。孔子闲居在家的时候，也是申申如也，夭夭如也。人不能整天绷着，但良好的生活习惯还是要坚持，食不语，寝不言，坏东西不吃。

见齐衰者，虽狎（xiá），必变。见冕者与瞽者，虽亵，必以貌。凶服者式之，式负版者。有盛馔，必变色而作。迅雷风烈，必变。

碰到穿丧服的人，即便是平时关系亲密的，也一定要严肃起来。看见当官的和盲人，即便是平日熟识的，也一定要礼相待。乘车的路上遇见穿丧服的人，既便是贩夫走卒，也要一手扶轼，向前倾身，以表同理之心。出席接待盛宴时，一定要心怀感激，站起来致谢。遇到迅雷狂风，要心生敬畏，快速躲避。

同理之心，感同身受，慈悲为怀。敬畏之心，时刻牢记。

升车，必正立，执绥。车中不内顾，不疾言，不亲指。

上车时，一定先端正站好，再拉着车上的绳索上车。在车上，不回头观望，不急速说话，不指指点点。

这是乘车的基本礼仪，也是为了乘车安全。

色斯举矣，翔而后集。曰："山梁雌雉，时哉时哉！"子路共之，三嗅而作。

神色一惊马上腾空而起，滑翔一段距离后又聚在一起。孔子说："这些山梁上的雌野鸡啊，适时而动，合乎时宜！合乎时宜！"子路向它们拱了拱手，作嗅鼻状。

孔子和子路一道去打猎。他们进了山谷，山坡上受到惊吓的野鸡马上腾空咯咯咯地叫着飞走了。孔子感叹道，野鸡很有警惕性，察觉到危险，立即飞走，合乎时宜！哪像有些人，有勇无谋，暴虎冯河，到时候连怎么死的都不知道！

子路或许没有听懂，或许不以为然，就向它们拱拱手算作回应。又故作饥馋状，嗅着鼻子心里想，野鸡的味道就是香呀，可惜让它们飞走了。

士子们能够缁衣羔裘、素衣麑裘、黄衣狐裘，又习得射艺，平时打猎是常有的事。

本则章句被翻译得五花八门，不赘。

先进篇第十一

子曰："先进于礼乐，野人也。后进于礼乐，君子也。如用之，则吾从先进。"

孔子说："先辈在礼乐方面，像淳朴的农夫。后辈在礼乐方面，像文饰的君子。如果二者选其一的话，我还是愿意习从先辈淳朴的礼乐。"

礼是尊卑有序的道德规范，乐是远近和合的感情依归。周公制礼作乐有别有和，亲亲尊尊，和谐有序，就像农夫一般，发乎情，止乎礼，比较诚恳朴实。春秋以来礼崩乐坏，礼乐变得浮躁不安，看似华丽优美，却像文饰过的君子，实则金玉其外罢了。这一则求证得比较辛苦。"先进"作"先辈"解。

此句还有个译法是："先学习了礼乐而后做官的，是原来没有爵禄的平民。先做了官而后学习礼乐的，是卿大夫的子弟。如果让我来选用人才，那么我赞成选用先学习礼乐的人。"似乎也很有道理，但从语法语义上看，"吾从先进"的翻译就有点牵强了。

子曰："从我于陈、蔡者，皆不及门也。"

孔子说："曾跟随我从陈国到蔡地去的弟子，现在都不在我身边了。"

鲁哀公六年，孔子与弟子在陈国蔡地之间被困绝粮，许多弟子因困饿而病，后被楚国人相救才得以存活。这应该是孔子晚年感伤旧情之说。此时，这些弟子们都不在身边，孔子追思往昔之艰难，情不自禁，由是唏嘘感慨。人老了，容易怀旧。

德行：颜渊，闵子骞，冉伯牛，仲弓。言语：宰我，子贡。政事：冉有，季路。文学：子游，子夏。

德行科代表：颜渊、闵子骞、冉伯牛、仲弓。言语科代表：宰我、子贡。政事科代表：冉有、季路。文学科代表：子游、子夏。

此为孔门四科十大门生，或称孔门十哲。

分科教学不是从孔子才开始的。上古大学自成均以降，逐渐形成了学科教学体系。儒家所设四科是德行、言语、政事、文学。墨家所设四科可归类为文学、理学、工学和军事学。

子曰："回也，非助我者也，于吾言无所不说。"

孔子说："颜回，不是对我有帮助的人，我说的话他没有不心悦诚服的。"

颜回宅心纯厚，聪敏好学，较早地体会到孔子学说的博大精深，从不怀疑而又能发挥孔子所讲的内容，连孔子都觉得不如他。但就教学相长方面看，孔子感觉很是无奈，颜回就像厚厚的海绵，只进不出，对自己学问的精进没有帮助。不像宰我，时不时挖个坑让自己往里跳。或者像子路，时不时来个火花四溅地碰撞。有学生如颜回者，便是幸福的烦恼吧。

子曰:"孝哉,闵子骞!人不间于其父母昆弟之言。"

孔子说:"闵子骞真是孝顺呀!乡里乡亲没有人说他父母昆弟的闲话。"

没有人非议他的父母昆弟,不是因为他的父母昆弟都好,而是因为闵子骞的大孝。无论父母昆弟怎样待他,闵子骞均以诚相待,没有半点怨言,也不说他们一句不好的话,并且以自己的行动感化了后母。文曰:"周闵损,字子骞,早年丧母。父娶后母,生二子,衣以锦絮。妒损,衣以芦花。父令损御车,体寒,手无法握住缰绳。父查知故,欲出后母。损曰:'母在一子寒,母去三子单。'母闻,悔改。"

好一个"母在一子寒,母去三子单"!这是怎样的大爱至孝啊!有诗赞曰:"闵氏有贤郎,何曾怨晚娘?车前留母在,三子免风霜。"

南容三复白圭,孔子以其兄之子妻之。

南容经常吟诵《白圭》诗句,孔子就把自己的侄女嫁给了他。

孔子认为南容为人老成持重,在和平年代是有用之才,在动乱年代也不会有灾难,是位尚德君子,做人非常可靠,值得信任,所以把侄女嫁给他。

《白圭》诗句出自《诗经·大雅·抑》,诗句赞美的是像白璧无瑕一样的美德:"白圭之玷,尚可磨也。斯言之玷,不可为也。"白玉上的污点可以磨掉,言论上有毛病就无法挽回了。这是告诫人们要慎言。

季康子问:"弟子孰为好学?"
孔子对曰:"有颜回者好学,不幸短命死矣。今也则亡。"

季康子问:"你的弟子中谁是好学的?"

孔子回答说:"有一个叫颜回的很好学,不幸短命死了。现在再也看不到像他那样好学的人了。"

鲁哀公也问过孔子同样的问题。孔子回答说,颜回不迁怒,不贰过。接下来连续讲颜渊。

颜渊死,颜路请子之车以为之椁。

子曰:"才不才,亦各言其子也。鲤也死,有棺而无椁,吾不徒行以为之椁。以吾从大夫之后,不可徒行也。"

颜渊死了,他的父亲颜路请求孔子卖掉车子给颜渊买个外椁。

孔子说:"有才没才的,说起来都是自己的儿子。孔鲤死的时候,也是有棺无椁,我也没想过卖掉车子步行来给他置办椁。自从我担任过大夫之后,依礼是不可以步行的。"

说这话的时候,孔子已经70岁,一年前他儿子孔鲤刚刚去世。

颜回的父亲颜路也是孔门弟子,或许在他看来,孔子既然能包办朋友的丧事,他最喜爱的弟子颜回死了,或许也能体面地让他走吧?于是,颜路就提出了自己的想法。可是颜路忘了,孔鲤死的时候,也是有棺无椁的。

"才不才,亦各言其子也。"孔子看似平静的心里却正压抑着巨大的伤痛。此刻,夫子也不过是一位刚失去儿子不久又失去爱徒的老人而已。

有人把"颜路请子之车以为之椁"译作"颜路想用孔子的车子拉棺材",感觉不妥。

颜渊死。

子曰:"噫!天丧予!天丧予!"

颜渊死了。

孔子说:"噫!老天真是要了我的命呀!老天真是要了我的命呀!"

自己老了,儿子死了,最得意的门生也死了……初心不改,但使命难为。一生孜孜追求的理想抱负由谁来接续?夫子不禁仰天长叹!

颜渊死,子哭之恸。

从者曰:"子恸矣!"曰:"有恸乎?非夫人之为恸而谁为?"

颜渊死了,孔子哭得很伤心。

随从说:"您悲痛过度了!"孔子说:"是悲痛过度了吗?我不为这个人悲痛过度,还能为谁呢?"

孔子之恸是千古之恸,是失去传承人的文化巨匠之痛,是那个礼崩乐坏的时代,传统文化难以匡扶的君子之痛,更是悲叹文化道统无以为继的圣人之痛!

颜回的死,对孔子打击太大。孔子忍不住伤心地放声大哭。其他徒弟看到老师哭得伤心,觉得于礼不合,便提醒孔子不要过于伤悲。理解孔子的伤悲,对于真正理解中庸之道,有很大的帮助。中庸,不仅仅是不偏不倚、无过无不及,关键是皆中节、合乎时宜。该大哭的时候还是要大哭的。

颜渊死,门人欲厚葬之。

子曰:"不可。"门人厚葬之。

子曰:"回也视予犹父也,予不得视犹子也。非我也,夫二三子也。"

颜渊死了,孔子的弟子们想要厚葬他。

孔子说："不能这样做。"弟子们还是厚葬了颜渊。

孔子说："颜回把我当父亲一样对待，我却不能把他当亲生儿子一样对待。这不是我的初衷，是那些弟子们要这样办的。"

从孔子的弟子们想要厚葬颜渊来看，他生前赢得了大家的尊重和认可。但家贫不应厚葬，否则有违礼制，这会陷颜回于不义。所谓"素富贵，行乎富贵；素贫贱，行乎贫贱"。孔子清楚这一点，但是孔子的弟子们不听。再者"丧，与其易也，宁戚"。连弟子们都要违背礼制了，你让孔子情何以堪！看来，这个社会是真的没救了。

从平静如水到千古一叹，从千古一叹到伤心痛哭，从伤心痛哭到感慨万千，大起大落的感情激荡，流露出这位古稀老人多少的无奈和悲伤！孩子传承血脉，学生传承思想，眼看血脉和思想后继乏人，让这位至圣老人怎么受得了啊！

有人诟病孔子痛哭感伤与乐而忘忧相矛盾，这真是不得其要。真情实感如果不能得到自然流露，那才是痛苦的。发乎情，止于礼，皆中节，致中和。孔子之所以被尊为圣人，不仅仅是因为他一以贯之的思想和知其不可而为之的执念，更在于他是一位至性至情至真至爱不掺假的父亲、朋友和导师。

季路问事鬼神。

子曰："未能事人，焉能事鬼？"曰："敢问死。"曰："未知生，焉知死？"

季路问事奉鬼神的事。

孔子说："还没事奉好人，怎么能去事奉鬼呢？"季路说："请问死是怎么回事？"孔子说："还不知道活着的意义，怎么能知道死的道理呢？"

这是最为精辟的至理名言。如果人死为鬼，那就是"人鬼情未了"，向死而生，事人就是事鬼。连活着的意义都还没搞明白，就想去搞明白死后的价值，这是典型的本末倒置。如果人鬼两重天，那就敬鬼神而远之，还是先好好地活着为要。活在当下，活得有意义，活得有价值。这个意义和价值，就是其为人也的道义所在。夫子不语怪力乱神。

闵子侍侧，訚訚如也；子路，行行如也；冉有、子贡，侃侃如也。子乐："若由也，不得其死然。"

闵子骞侍奉在孔子身旁，和悦正直的样子；子路是刚强威猛的样子；冉有、子贡是从容不迫的样子。孔子笑了："像仲由这样子，死都不知道是怎么死的。"

颜回早逝，据说是因为先天素质差，又加上营养不良造成的。子路刚猛中正，个性太强不懂得转圜，着实让孔子担心。于是，孔子借着高兴开心，话赶话就来了这么一句善意而又直击内心的提醒。这就是孔子的教学方法，因人因事借着不同的场合和语境，巧妙而又不违和地点一句，恰到好处。刚猛易折，性格决定命运。可惜子路对孔子的提醒没有引起足够的重视。子路惨死时，孔子72岁。

有人把"不得其死然"译作"不得好死吧"，不妥。

鲁人为长府。
闵子骞曰："仍旧贯如之何？何必改作？"
子曰："夫人不言，言必有中。"

鲁国的执政大臣要翻修长府。
闵子骞说："照老样子不好吗？何必扩建呢？"
孔子说："闵子骞这个人平常不说话，但一开口必定说到要害上。"

继母待他不好，闵子骞不想让人知道，以自己的言行感化继母，邻里乡亲也就不说闲话了。礼崩乐坏、民不聊生的时代，鲁国扩建国库意味着什么？国力强，想备战？这样会引发社会问题和别国的猜疑，不好。如果国库破旧了，修葺一番就是了，何必扩建呢？闵子骞就訚訚如也地提出来。

及时地肯定和表扬是教育的艺术。得到表扬的人会沿着这一导向持续走下去，并不断提升自己。

子曰："由之瑟，奚为于丘之门？"门人不敬子路。

子曰："由也升堂矣，未入于室也。"

孔子说："仲由鼓瑟这水平，怎么好意思说是我的门徒呢？"师兄弟们因此嘲笑子路。

孔子说："仲由嘛，已经达到升堂的水平了，只是还没有入室罢了。"

孔子会时不时地揶揄一下弟子，比如让喜欢舞枪弄棒的子路鼓瑟，这对子路来说，还不如杀了他痛快。但以孔子的教育理念和对礼乐的重视，不学乐是不行的。孔子也知道子路的短处和为人，于是故意地点拨他，他的师兄弟们也就配合着善意地笑话他。此时的子路估计会色变，憋得脸色通红，可是想反驳却又反驳不了，就这水平，没办法。看着火候到了，孔子就说，其实子路已经很不错了，已经升堂就差入室了。以子路的性格，估计这时候会释然道，笑话谁呢，老师都说不错了，要不你们耍个枪我看看？

善意地揶揄，善意地嘲笑，真诚地鼓励，因人因事因境因材施教，这就是孔子的高明之处。

子贡问:"师与商也孰贤?"

子曰:"师也过,商也不及。"曰:"然则师愈与?"子曰:"过犹不及。"

子贡问:"子张和子夏谁更优秀呢?"

孔子说:"子张有点过分,子夏尚显不足。"子贡说:"那么是子张优秀一些吗?"孔子说:"过分和不足是一样的。"

科学的方法是同类同理同标才可比。比如说两个人比身高,看谁超过了一米八。同类两个人,同理比身高,同标一米八,这就好比了。如果两个人比谁长得好看,那就比较难办,主要是这个标准不好定。有道是情人眼里出西施,每个人关于好看的标准不一样,很难统一。有人说,我们不能制定一个好看的标准吗?怎么制定?还真有人综合了有关好看的数据要素,制作了一张人脸的模型,结果不怎么好看。好看需要眼鼻口耳等要素的和谐搭配,不一定每样都精致,相互之间取长补短不违和,才算好看。如果把一个人认为好看的要素组合起来,即便是还不错,缺了眼睛的神彩,也是不行。

孔子所采用的方法是综合判断、定性评价。判断的是一个人说话做事的风格,有人欠一点、有人过一点而已。同类同理同标,让子张和子夏做同一件事,子张会说小菜一碟,超额完成任务;子夏会说我会尽力做好。

季氏富于周公,而求也为之聚敛而附益之。

子曰:"非吾徒也!小子鸣鼓而攻之,可也。"

季氏比周公还富有,而冉求还帮他敛财生财。

孔子说:"他不是我的门徒!你们可以大张旗鼓地去攻击他。"

季氏是权臣，富可敌国。冉求当时做季氏的家臣总务长，对季氏忠心耿耿，过犹不及变成愚忠了。孔子恼他忘了道义，丧失了原则底线。听到弟子们数说冉求的不是，同时孔子对冉求所做之事也有点生气，就同意弟子们去质问冉求，敲着锣打着鼓去找他也行，不过那就不是质问而是批斗了。

孔子评判人的标准，离不开仁义道德。在孔子看来，冉求应该辅佐季氏成为君子大夫，而不是去帮助他敛财生财。富可敌国是大不道，至少有僭越之嫌。

柴也愚，参也鲁，师也辟，由也喭。

高柴愚直，曾参迟钝，颛孙师偏激，仲由鲁莽。

孔子非常了解弟子们的性格特点，因材施教也就有的放矢。

高柴，字子羔，又称季高等，为人憨直忠厚，是孔门弟子中从政时间最长的，后来弃官逃亡到陈地创办高柴书院，广收弟子，影响深远。

子曰："回也，其庶乎，屡空。赐不受命而货殖焉，亿则屡中。"

孔子说："颜回，他的道德修养可以了吧，可是他经常穷得叮当响。子贡不做官而去经商，对行情是屡猜屡中。"

子贡口才极佳，办事通达，曾任鲁国、卫国的相国。他善于经商，诚实守信仁义，被后人称为儒商鼻祖。"君子爱财，取之有道"的端木遗风流传至今。颜回安贫乐道，求仁得仁，道德学问很高。

子贡在道德学问、政绩外交和理财经商等方面的表现都很卓越。《史记》认为，孔子的名声之所以能遍布天下、儒学之所以能成为当时的显学，在很大程度上是子贡推动的缘故。孔子在这里拿颜回和子贡一起说，有些对比的意味，也有些肯定子贡的意思。

孔子去世后，子贡服丧3年，又庐墓3年，凡6年。《论语》中子贡的名字出现57次，颜回的名字出现32次。

子张问善人之道。
子曰："不践迹，亦不入于室。"

子张请教善人之道。
孔子说："善良的人做好事不留名，也不会为了博取登堂入室的名声而做事。"

孔子有时候也挺令人讨厌的，话不明说，打比方让你猜，做他老人家的弟子也够累的。《论语》中这样的"子曰"特别多，因为理解不同，弄得后人经常打嘴官司。或许有前半句吧，可能被编纂《论语》的弟子们给漏掉了，这些弟子该打。

解读《论语》章句，要放在整个《论语》话语体系里，在孔子核心思想的指导下来解读，不能单个拿出来依文解义。有道是"依文解义，三世佛冤"。《孟子》说："不以文害辞，不以辞害志。以意逆志，是为得之。"

假如一位老太太在马路上摔倒了，子路去扶她起来，把她送回家后就悄悄地走了，孔子会说，做好事不留名，这是善行，子路做得不错！后来，老太太的儿子为了感谢子路，送来一面锦旗，子路把锦旗挂起来，还天天沾沾自喜，孔子就会说，被道德绑架了，还就不是善人之道了。

善人之道就是做好事不留名，也不被道德绑架，这就是"不践迹，亦不入于室"。

子曰："论笃是与？君子者乎？色庄者乎？"

孔子说："言之凿凿是吗？真君子说的？伪君子说的？"

我曾和一位教营销学的老师聊天,谈了很多的营销策略。营销的目的是把好的产品卖给需要他的人,这是儒商之道。这是为了把更多的产品卖出去,而不是把劣质的产品卖出去。这就要求营销者首先了解产品的功效、产品的质量,并确认是好的。否则,言之凿凿的都是色庄者伪君子。如果以一款被孩子们玩爆的网络游戏作为成功的策划案例宣讲,这也不好,不是君子所为。君子喻于义,小人喻于利。

孔子教导我们,了解一个人,不仅要"听其言而观其行",还要"视其所以,观其所由,察其所安"。这样经过动机、过程和目的三个方面的系统考察,人焉廋哉,也就没有什么能隐藏和掩饰的了。

子路问:"闻斯行诸?"

子曰:"有父兄在,如之何其闻斯行之?"

冉有问:"闻斯行诸?"

子曰:"闻斯行之。"

公西华曰:"由也问闻斯行诸,子曰'有父兄在'。求也问闻斯行诸,子曰'闻斯行之'。赤也惑,敢问。"

子曰:"求也退,故进之;由也兼人,故退之。"

子路问:"听懂了就去做吗?"

孔子说:"有父兄在,怎么能听懂了就去做呢?"

冉有问:"听懂了就去做吗?"

孔子说:"听懂了就去做。"

公西华说:"仲由问'听懂了就去做吗?'您回答说'有父兄在'。冉求问'听懂了就去做吗?'您回答'听懂了就去做'。我被弄糊涂了,敢问个明白。"

孔子说:"冉求做事总是退缩,所以我鼓励他。仲由做事总是鲁莽,所以我约束他。"

这又是一则体现因材施教的精彩对话。了解学生的性格特点，还要了解学生的家庭状况，这样才能够真正做到有的放矢，更好地因材施教。做人做事的学问，更多地体现在成人之道上。法尔如是，教育如是。

子畏于匡，颜渊后。
子曰："吾以女为死矣！"曰："子在，回何敢死！"

孔子在匡地被围困，颜渊最后才逃出来。
孔子说："我以为你死了呢！"颜渊说："您还在，我怎么敢死呢？"

这是师徒情深、眼含泪水的一次对话。孔子视颜回为己出，颜回视孔子为父尊。其他人都逃了出来，唯独不见身体羸弱的颜回，可把孔子急坏了。一看到颜回赶来，孔子说："你快急死我了，我以为你死了呢！"颜回红着眼圈说："老师在，我不敢死。"在古代，只要父母健在，做儿子的一般不会冒着生命危险做事，除非到了不得不需要杀身成仁的时候。

季子然问："仲由、冉求可谓大臣与？"
子曰："吾以子为异之问，曾由与求之问。所谓大臣者，以道事君，不可则止。今由与求也，可谓具臣矣。"
曰："然则从之者与？"
子曰："弑父与君，亦不从也。"

季子然问："仲由和冉求可以算是大臣吗？"
孔子说："我以为你问别人，原来是问仲由和冉求呀。所谓大臣，以正道事奉君主，行不通宁可不干。现在仲由和冉求这两个人，只能算是称职的臣子。"

季子然说："那么他们会唯命是从吗？"

孔子说："杀父弑君的事，他们是不会干的。"

这则对话的重点是"所谓大臣者，以道事君，不可则止"。孔子认为仲由和冉求还不具备做大臣的道德修养和认知见识，不能算是大臣。仲由勇猛刚健，可以统领三军。冉求多才多艺，可以主管政事经济。他们都会尽忠职守，却不知道怎样不可则止，这就是问题了。但弑父与君的事，他们是绝对不会干的。仲由刚猛，有时候会头脑发热。冉求却是有点愚忠，帮助权臣季氏聚敛财富，孔子曾说他"非吾徒也，小子鸣鼓而攻之，可也"。

子路使子羔为费宰。
子曰："贼夫人之子。"
子路曰："有民人焉，有社稷焉，何必读书，然后为学？"
子曰："是故恶夫佞者。"

子路让子羔去做费地的长官。
孔子说："这简直是误人子弟。"
子路说："通过管理百姓和治理社稷的历练也能学到东西，何必先读书再求学问呢？"
孔子说："这就是我讨厌巧言佞口的缘故。"

孔子提倡"行有余力，则以学文"，先立德后成才，但也反对不经过读书求学就去当官，这样本末倒置害人害己。你子路本来就是一介武夫，直来直去不挺好的吗，装什么巧嘴鹦鹉，还给我弄出一堆歪理来，真叫人讨厌！

这就是子路，这就是孔子。子路好不容易有点权力，没请教孔子就派年轻的师弟去做官，觉得子羔在做中学就够了，何必之乎者也啰里啰唆，太耽误时间。子路心想：您不是批评我不善言辞吗，我就拽两句给您听听。他还觉得自己挺有道理。没想到挨了骂不算，自己又变成佞者了，真是冤枉委屈到家了。遇到违背原则的事，孔子对弟子从不客气。

子路、曾晳、冉有、公西华侍坐。

子曰："以吾一日长乎尔，毋吾以也。居则曰：'不吾知也！'如或知尔，则何以哉？"

子路率尔而对曰："千乘之国，摄乎大国之间，加之以师旅，因之以饥馑，由也为之，比及三年，可使有勇，且知方也。"夫子哂（shěn）之。

"求，尔何如？"对曰："方六七十，如五六十，求也为之，比及三年，可使足民。如其礼乐，以俟君子。"

"赤，尔何如？"对曰："非曰能之，愿学焉。宗庙之事，如会同，端章甫，愿为小相焉。"

"点，尔何如？"鼓瑟希，铿尔，舍瑟而作，对曰："异乎三子者之撰。"

子曰："何伤乎？亦各言其志也。"曰："暮春者，春服既成，冠者五六人，童子六七人，浴乎沂，风乎舞雩，咏而归。"

夫子喟然叹曰："吾与点也！"

三子者出，曾晳后。曾晳曰："夫三子者之言何如？"

子曰："亦各言其志也已矣。"曰："夫子何哂由也？"曰："为国以礼，其言不让，是故哂之。""唯求则非邦也与？""安见方六七十、如五六十而非邦也者？""唯赤则非邦也与？""宗庙会同，非诸侯而何？赤也为之小，孰能为之大？"

子路、曾皙、冉有、公西华陪孔子聊天。

孔子说:"我比你们虚长几岁,不要因此觉得拘谨。你们平时总说:'没有人了解我呀!'如果有人想了解你们,那你们有什么想法呢?"

子路立刻回答说:"一个拥有千辆兵车的国家,夹在大国中间,常常受到别国侵犯,因此又闹饥荒,让我去治理,只要三年,就可以使人勇敢善战,而且懂礼守法。"孔子听了,微微一笑。

"求,你有什么想法?"冉求答道:"六七十里或五六十里见方的地方,我去治理的话,只要三年,可以使百姓得以温饱。至于礼乐教化,就要等君子来施行了。"

"赤,你有什么想法?"公西赤答道:"我不敢说能做到,但是愿意学。宗庙祭祀或者会盟活动,我愿穿礼服戴礼帽,做一个小小的司仪。"

"点,你有什么想法?"瑟声渐稀,接着铿的一声,曾皙离开瑟站起来,回答说:"我和他们三位的想法不一样。"

孔子说:"那有什么关系呢?各言其志罢了。"曾皙说:"暮春三月,已经穿上了春天的衣服,我和五六位大人,六七个小孩,去沂河里洗洗澡,在舞雩台上吹吹风,然后唱着歌回家。"

孔子长叹一声说:"我和曾皙的想法一样啊!"

其他三位出去了,曾皙留在后面。曾皙说:"他们三人的话怎么样?"

孔子说:"也就是各言其志罢了。"曾皙说:"老师您为什么要笑仲由呢?"

孔子说:"治理国家要讲礼让,可他说话一点也不谦虚,所以我笑他。""难道冉求讲的不是治理国家吗?""怎么见得六七十里或五六十里见方的地方不是国家呢?""难道公西赤讲的不是治理国家吗？""宗庙祭祀和会盟活动，这不是诸侯的事又是什么？像公西赤这样的人只能做一个小相，那谁又能做大相呢？"

　　这类似一节研讨课，研讨的是弟子们的志向。又像是一幕小话剧，个个角色性格鲜明，场面异彩纷呈，有问有答，有惑有解，有大志有感慨。

　　子路豪情万丈，表现出大无畏的英雄气概。冉求理性冷静，明白仓廪实而知礼节，衣食足而知荣辱的道理。公西华知己所长，有志于宗庙祭祀和外交事务。曾皙恬淡宁静，高雅清华，憧憬完美的社会人生。

　　弟子们大多胸怀家国天下和黎民百姓，孔子可谓欣慰。然则人生的理想、治国安邦的目的究竟是什么？难道仅仅是人民勇敢、温饱无忧、知礼守法吗？似乎还少了些什么。为政以德，社会和合、生活富足、其乐融融的大同世界，才是最终的理想追求。弟子们离开了，孔子目光深邃而坚定地注视着远方，陷入沉思。

颜渊篇第十二

颜渊问仁。

子曰:"克己复礼为仁。一日克己复礼,天下归仁焉。为仁由己,而由人乎哉?"

颜渊曰:"请问其目?"

子曰:"非礼勿视,非礼勿听,非礼勿言,非礼勿动。"

颜渊曰:"回虽不敏,请事斯语矣。"

颜渊问仁。

孔子说:"约束自己,一切都照着礼的要求去做,这就是仁。如果有一天人们做到了这一点,天下的人心就会归于仁德了。践行仁德要靠自己,难道是靠别人吗?"

颜渊说:"请问有哪些做法?"

孔子说:"看要合乎礼,听要合乎礼,说要合乎礼,动要合乎礼。"

颜渊说:"我虽然不聪明,也要照您的这些话去做。"

孔子还是不给仁下定义。为仁由己,而由人乎?求仁而得仁,我欲仁,斯仁至矣。人能弘道,非道弘人。从逻辑学的角度看,概念的形成有五个步骤,即陈述、对比、抽象、概括和命名,孔子似乎总是在陈述、对比。从形而上学关于概念的体、用和现象之分看,孔子似乎总是在说仁的用和现象。《论语》里的概念,包括智、礼、善等都是如此处理。如同道与德的关系，仁为礼之体，礼为仁之用，所以克己复礼为仁。听说见闻，一言一行，都要按照礼的要求去做。

在孔子的语境里，仁本身含有为仁的意思，礼本身也含有为礼的意思。下面开启连续问答模式。

仲弓问仁。

子曰："出门如见大宾，使民如承大祭。己所不欲，勿施于人。在邦无怨，在家无怨。"

仲弓曰："雍虽不敏，请事斯语矣。"

仲弓问仁。

孔子说："出门如同去接待贵宾，对待百姓如同去承办大祭。自己不喜欢的不要强加给别人。在邦国做事没有抱怨，在卿大夫的封地做事也无抱怨。"

仲弓说："我虽然不聪明，也要照您的这些话去做。"

出门在外，什么样的人都有可能遇见。为仁者要怀有一颗执礼庄敬的心，端正态度，礼貌待人。民心即天意，使民要慎重，要有责任感。自己不想做的不要强加给别人去做，要学会换位思考。为国家做事不要有怨言，也不要招别人怨恨。在家里也一样。要担责作为，不是免责作为，否则就是不仁不义。

仲弓就是冉雍，孔子认为他是可南面之人，所以借问仁之际告诫他如何待人使民。

司马牛问仁。

子曰："仁者，其言也讱。"曰："其言也讱，斯谓之仁已乎？"

子曰："为之难，言之得无讱乎？"

司马牛问仁。

孔子说:"仁者,说话缓慢谨慎。"司马牛说:"说话缓慢谨慎,这就叫仁吗?"

孔子说:"做起来很困难,说起来能不慎重吗?"

司马耕,字子牛,孔门七十二贤之一。

司马牛有多言而躁的毛病。针对司马牛的问题,孔子要求他先做到说话谨慎。颜回问仁,孔子告诉他什么是仁并做了解释。仲弓问仁,孔子就说了段高大上的话。接着,司马牛问仁,孔子告诉他仁者怎么做。司马牛问君子,孔子又改变了说话的方式,以君子怎么样回答之。

司马牛问君子。

子曰:"君子不忧不惧。"曰:"不忧不惧,斯谓之君子已乎?"

子曰:"内省不疚,夫何忧何惧?"

司马牛问君子。

孔子说:"君子不忧烦不惧怕。"司马牛说:"不忧烦不惧怕,这就叫君子吗?"

孔子说:"自己问心无愧,还有什么忧烦和惧怕的呢?"

司马牛真是多言而躁,不忧烦不惧怕容易做到吗?司马牛不明就理,孔子马上补充一句,做人做事最关键的是问心无愧。君子内省不疚,故不忧不惧。

做到内省不疚、问心无愧,其实很难。扪心自问,自己做过愧疚的事吗?关键是自己是否已经改过迁善或着弥补过了。如果改过了就既往不咎,不要总搁在心里,这叫思而不居。

司马牛忧曰:"人皆有兄弟,我独亡。"

子夏曰："商闻之矣：'死生有命，富贵在天。'君子敬而无失，与人恭而有礼，四海之内皆兄弟也。君子何患乎无兄弟也？"

司马牛忧愤地说："别人都有兄弟，唯独我没有。"

子夏说："我听说过：'死生有命，富贵在天。'君子只要态度庄重没有过失，对人谦恭而守礼节，那么四海之内都是兄弟。君子何愁没有兄弟呢？"

"人皆有兄弟，我独亡"，一说司马牛兄长在宋国作乱，司马牛劝阻未果才说出这样忧愤的话。

关于命、命运、天命等在前面做过解读，有些事确实不是以人的意志为转移的。换个角度看，死生有命，富贵在天，就是不怨天不尤人，改不了命何必怨，运或者说命运，是可以改变的。人们经常把兄弟朋友连起来说，好朋友犹似好兄弟。君子做人做事庄敬有礼、不卑不亢，又讲仁义道德，是少不了好朋友好兄弟的。真正的朋友不用太多，平日里勿相忘，雪中送炭的人中一定有他。

子张问明。

子曰："浸润之谮（zèn），肤受之愬（sù），不行焉，可谓明也已矣。浸润之谮、肤受之愬不行焉，可谓远也已矣。"

子张问明。

孔子说："像细水慢渗那样暗中挑拨的谗言，像切肤之痛那样直接的诽谤，在你那里都行不通，那你就可以算是明智的了。暗中挑拨的谗言和直接的诽谤，在你那里都行不通，那你可以算是有远见的了。"

子张为人勇武，清流不媚俗，好广交朋友，但性情偏激，容易相信别人的话。子张问明,孔子根据他的特点,告诉他要注意身边喜欢背后说人坏话的人,以及诽谤别人的人。如果能够做到自己不去说不去做,别人无论怎么挑拨,在你这里也行不通,你就是个明智有远见的人了。君子坦荡荡,仁义行之而已矣。

子贡问政。
子曰:"足食,足兵,民信之矣。"
子贡曰:"必不得已而去,于斯三者何先?"
曰:"去兵。"
子贡曰:"必不得已而去,于斯二者何先?"
曰:"去食。自古皆有死,民无信不立。"

子贡问政。
孔子说:"粮食充足,兵力充足,老百姓信任,做到这三者就行了。"
子贡说:"如果不得已去掉一项,三项中先去掉哪一项呢?"
孔子说:"去兵。"
子贡说:"如果不得已再去掉一项,两项中去掉哪一项呢?"
孔子说:"去食。自古以来人皆有死,但民无信不立。"

如果不能取信于民,谁还会为你卖命呢?和平年代欺瞒民众,民众也会欺瞒你。动乱年代欺瞒民众,无异于自取灭亡,自古如是。孔子提出了取信于民的主张,这是儒家思想中很重要的一个方面。

孔子很重视国防建设,一是为了保家卫国,二是为了讨伐不仁。孔子晚年曾劝说鲁君出兵讨伐犯上作乱的齐国,结果被鲁君及其大臣们敷衍了过去。

棘(jí)子成曰:"君子质而已矣,何以文为?"

子贡曰:"惜乎,夫子之说君子也! 驷不及舌。文犹质也,质犹文也。虎豹之鞟(kuò)犹犬羊之鞟。"

棘子成说:"君子只要保持质朴就好了,何必要文采呢?"
子贡说:"真遗憾,夫子您这样谈论君子! 一言既出,驷马难追。文采犹如质朴,质朴犹如文采。去毛的虎豹之皮就如同去毛的犬羊之皮。"

棘子成是卫国的大夫,当权派,他认为君子保持质朴就好了,有没有文采没关系。子贡听了感到很遗憾,于是就讲了三个观点,强调文采的重要性。一是犀利优美的言辞的传播速度比驷马跑得还快,影响力也大。二是质朴和文采是二位一体的,犹如道与德、仁义与礼乐的关系,正所谓"文质彬彬,然后君子"。三是缺少了文采,难以区分他是君子还是小人,就如同去毛的兽皮,分不清它是虎豹之皮还是犬羊之皮一样。

哀公问于有若曰:"年饥,用不足,如之何?"
有若对曰:"盍彻乎?"曰:"二,吾犹不足,如之何其彻也?"
对曰:"百姓足,君孰与不足? 百姓不足,君孰与足?"

鲁哀公问有若说:"遭了饥荒,国家用度困难,怎么办?"
有若回答说:"为什么不调整彻法减少田税呢?"哀公说:"现在十中抽二,我还不够用,怎么能再减少田税呢?"
有若说:"百姓够用,您怎么会不够用呢? 百姓不够用,您怎么又会够用呢?"

周公制礼作乐,赋予周文化人文精神和民本思想。民之所欲,天必从之。民为邦本,本固邦宁。孔子倡导庶之富之教之,有若认为百姓足则君足，孟子所谓"民为贵，社稷次之，君为轻"，都是一脉相承的。

子张问崇德辨惑。

子曰："主忠信，徙义，崇德也。爱之欲其生，恶之欲其死。既欲其生又欲其死，是惑也。'诚不以富，亦只以异。'"

子张问如何崇德和辨惑。

孔子说："以忠信为原则，言行合乎道义，这就是崇尚仁德了。爱一个人就希望他生活得好，厌恶起来就恨不得他立刻死去。既要他活得好又要他死得快，这就是困惑。'即使不是嫌贫爱富，也是喜新厌旧。'"

"崇德"和"辨惑"都是动名词。"崇德"的意思是崇尚仁德，"辨惑"的意思是辨除困惑。诚心尽力为忠，诚实讲信用为信。义即公正合宜的道德、行为。爱之深，恨之切，又爱又恨的情绪难免会有，有了就会使自己陷入不能自拔的矛盾之中。原因是心变了，不确定了，犹豫不决了，就像嫌贫爱富、喜新厌旧一样。"诚不以富，亦只以异"出自《诗经·小雅》，写的是丈夫有了新欢后妻子的哀怨："不是她家比我家富，是你变心的缘故。"

只要心里充满了仁爱，以忠信为原则，就能够做到崇德、辨惑。对立情绪掉进仁爱的熔炉，很快就会熔化掉。

齐景公问政于孔子。

孔子对曰："君君，臣臣，父父，子子。"

公曰："善哉！信如君不君、臣不臣、父不父、子不子，虽有粟，吾得而食诸？"

齐景公问孔子如何治理国家。

孔子回答说:"做君主的要有君主的样子,做臣子的要有臣子的样子,做父亲的要有父亲的样子,做儿子的要有儿子的样子。"

齐景公说:"讲得好呀!如果君不像君、臣不像臣、父不像父、子不像子,虽然有粮食,我能吃得上吗?"

君君臣臣父父子子,涉及古代哲学名与实的关系问题。"名"指"实"的概念,"实"指"名"的内涵,君主要有君主的样子,为政以德,爱民如子。臣子要有臣子的样子,"敬其事而后其食"。父亲要有父亲的样子,严慈相济,亲其亲。儿子要有儿子的样子,孝为先。《大学》:"为人君,止于仁。为人臣,止于敬。为人子,止于孝。为人父,止于慈。与国人交,止于信。"仁者人也,此之谓也。

孔子主张正名,强调以礼为规范,做到名实相符,天下才能大治,否则名不正则言不顺,会导致事不成、礼乐不兴、刑罚不中、民无所措手足等一系列问题,天下就乱套了。齐景公半点也不怀疑自己不像君,觉得如果臣不臣、父不父、子不子的,他就没粮食吃了。孔子"四毋",他似乎全占了。

子曰:"片言可以折狱者,其由也与!"
子路无宿诺。

孔子说:"听了只言片语的供词就可以判决案件的,只有仲由才会这么干吧!"
子路说到做到,从不食言。

子路性情刚直,好勇尚武,对习文不以为然,感叹"何必读书,然后为学?"他常遭孔子痛责,孔子说他好勇过我、不得其死,等等。

他敢于对孔子提出批评,勇于改正错误,事亲至孝,信守承诺,忠于职守,雷厉风行,虽然毛病不少但深得孔子器重。

处理诉讼案件,一般情况下都要在详细听取原告和被告的申诉后,才能分析判断出是非。但是子路不一样,他听了双方的只言片语就断案,过于鲁莽了。有人认为这句话是说子路忠信果决,具有大智大勇之能和侠义精神,可以片言折狱,这就把意思理解反了。看似肯定的语气,实际上孔子是在间接地批评子路做事草率。

子路能够做得出来片言折狱,那么,做事雷厉风行无宿诺,对他来说就不是事了。子路觉得符合道义的事就干,管那么多干什么,出了事他自己负责!这样做会不会带来不良后果?那不是此作为本身考虑的事,因噎废食就不吃饭了吗?这叫担当作为。

片言折狱不对,但做事也不能总是思前想后考虑利害关系,犹豫不决。如之何?如之何?两思而行就可以了,不用三思而后行。

子曰:"听讼,吾犹人也。必也使无讼乎!"

孔子说:"审理诉讼案件,我同别人也是一样的。根本上是让诉讼案件不再发生!"

片言折狱是鲁莽,秉公办案也不是最终目的,听讼最重要的是通过案件审理,教育人们不要再犯类似的案子。用刑法来制约老百姓,老百姓只求能免于惩罚,就丢掉了廉耻之心。反之是"道之以德,齐之以礼,有耻且格"。核心是为政以德,人文教化真诚向善,则天下无讼矣!

为政以德和以德治国是有区别的。在孔子的思想体系里,为政以德的重点是君主,君主如果是美德的化身,则"譬如北辰,居其所而众星共之",可以无为而治,比如虞舜。以德治国的重点是方略,实施人文教化，即道之以德。

子张问政。
子曰："居之无倦，行之以忠。"

子张问政。
孔子说："居于官位从不倦怠，履行职责诚心尽力。"

孔子评价子张的性格，用了"过"和"辟"两个字，说他性格偏激，做事有点过分。所以子张问政，孔子告诉他尽忠职守就好。

"居之无倦，行之以忠"，用现在的话说就是"尽忠职守，干一行爱一行"，这是基本的职业操守。问题是人生十有八九不如意，我干非我愿，十有八九干一行怨一行，怎么办？或者辞职不干，找喜欢的工作去；或者以忠信为原则，干就努力干好。

子曰："博学于文，约之以礼，亦可以弗畔矣夫。"

孔子说："广泛地学习文献知识，用礼来约束自己的言行，也就可以不至于离经叛道了。"

这句话仍然在讲人的本质问题，文化人的问题。人的先天资质很难变，改善人的必然是后天的人文教化、德治礼教。孔子的教育目的是培养正人君子。人无论掌握的知识多么渊博，都要严格遵从社会道德规范，否则聪明才智就可能用错地方，成为离经叛道为害社会的人了。本则在雍也篇出现过。

子曰："君子成人之美，不成人之恶。小人反是。"

孔子说："君子成全他人的好事，而不促成他人的坏事。小人则与此相反。"

男女双方都有意思，只是碍于情面没说开，作为朋友给他们创造单独约会的机会，这叫成人之美。那小子想偷人家的苹果，你给他搬梯子，那叫成人之恶，非君子所为。这是对善行与否的一般理解。在整部《论语》里，涉及"美"字的共有十二则，除去这一句和作为形容词的以及形容美貌的五句外，其他分别是："礼之用，和为贵。先王之道，斯为美。""尽美矣，又尽善也。""里仁为美，择不处仁，焉得知？""如有周公之才之美，使骄且吝，其余不足观也已。""尊五美，屏四恶，斯可以从政矣。"分别指的是礼和、韶乐、里仁、美德、品德，都是指的大美，真善美之大美。由是观之，孔子的成人之美，应该主要指的是帮助别人实现美好的愿望、成就别人的美德或指导别人达到致美境界。与人创造约会条件只是善行罢了，如果帮别人干坏事那叫助纣为虐。

季康子问政于孔子。

孔子对曰："政者，正也。子帅以正，孰敢不正？"

季康子向孔子问政。

孔子回答说："政就是正的意思。您带头走正道，谁还敢不走正道呢？"

季康子是一位位高权重的人。以上率下，不令则行。这句话是在鞭打季康子——你是上梁不正下梁歪，下一句就是骂了。

季康子患盗，问于孔子。

孔子对曰："苟子之不欲，虽赏之，不窃。"

季康子担忧强盗横行，问孔子怎么办。

孔子回答说："如果您不贪求太多的财物，即使奖励他们去偷，他们也不会干。"

季康子你视财如命，窃取不义之财，带头不走正道，别人学你，所以才行盗窃之事。上有所好下必甚焉。如果你视财物如粪土，丢在路上也不管，就是你奖赏别人去拿，别人也不拿。强盗横行，带头的就是你！

季康子看来确实不聪明，脸皮也厚，继续问。

季康子问政于孔子曰："如杀无道以就有道，何如？"

孔子对曰："子为政，焉用杀？子欲善而民善矣。君子之德风，小人之德草。草上之风必偃。"

季康子问政于孔子说："如果杀掉无道的人来成全有道的人，怎么样？"

孔子回答说："您治理国家，何必用杀人的手段呢？您想行善，老百姓也会跟着行善。君子德行如风，小人德行如草。风一吹，草就倒下了。"

为政者要以德为先。走正道，行仁德，率先垂范，百姓就会跟着学，社会就会太平。社会太平，百姓安宁，这才是君子成人之美。如果"道之以政，齐之以刑"，为了免于处罚，老百姓会做出无耻的事情来，那就是成人之恶了。法律是道德的底线。

《论语》里君子和小人并举，小人一般指的是无德之人。有时小人指的是老百姓。"德风德草"之谓，若"君子好比领头羊，老百姓好比群羊"之谓也。领头羊行，群羊跟着走；领头羊止，群羊跟着停；领头羊失足坠悬崖，群羊跟着跳悬崖。

风自圣人来。

子张问："士何如斯可谓之达矣？"

子曰："何哉尔所谓达者？"

子张对曰："在邦必闻，在家必闻。"

子曰："是闻也，非达也。夫达也者，质直而好义，察言而观色，虑以下人，在邦必达，在家必达。夫闻也者，色取仁而行违，居之不疑，在邦必闻，在家必闻。"

子张问："士怎样做才可以称之为通达呢？"

孔子说："你说的通达是什么意思？"

子张答道："闻名诸侯国，闻名大夫家。"

孔子说："这是名声，不是通达。所谓通达，就是为人朴实正直，慷慨好义，善于察言观色，经常为别人考虑，这样的人一定可以畅通于诸侯之国和大夫之家。所谓名声，只是外表上装出仁的样子，而行动上却是违背了仁的内容，自己还以仁者自居，这样的人一定也可以在诸侯之国和大夫之家留下名声。"

通达是指通情达理。通达的人有学问，讲仁义道德，善为人处世，又称达人，由内而外，成己达人。名声指的是名气声望。只要名声的人，打着为仁的旗号，往往只做表面功夫，态度也不错，但其行为的本质是为了博取名声。时间久了，连自己都会相信自己是仁者达人了。通达的人名望也高，是众望所归。有名声的人徒有其表，名不副实。

樊迟从游于舞雩之下，曰："敢问崇德、修慝（tè）、辨惑。"

子曰："善哉问！先事后得，非崇德与？攻其恶，无攻人之恶，非修慝与？一朝之忿，忘其身，以及其亲，非惑与？"

樊迟陪着孔子在舞雩台下散步，说："请问怎样提高修养、改正邪念、辨别困惑？"

孔子说:"问得好!通过努力做事然后有所收获,不就是提高品德修养了吗?反省自己的缺点,却不攻击别人的缺点,不就是剔除心中的邪念了吗?由于一时的气愤,就忘记了自己和亲人的安危,这不就是困惑吗?"

樊迟出身卑微,从小贫穷,读书刻苦,懂种田,有谋略,具有勇武精神,后继承孔子兴办私学。其重农重稼思想在历史上具有进步意义。樊迟也是经常被孔子批评的弟子。

子张问崇德辨惑,孔子是一种回答,樊迟问崇德修慝辨惑,孔子又是另一种回答。

"先事后得"含有只管耕耘不问收获的意思,说起来容易做起来难。有些人做事前,先问有什么好处,没有好处的不做。当然这个好处是指看得见摸得着的现实好处,至于内在的德性与修为,这些人却是不太关心的。修慝就是剔除心中的恶念,孔子给出的良方是刀刃向内多批评自己,不要去攻击别人的缺点,也就是内省自讼之谓也。一般人的恶念并非是想着去作恶,而是压制不住愤怒的情感想着报复或者发泄出去。这又和困惑联系起来了。为了解一朝之忿致自己和亲人的安危于不顾,既是想不开又是邪念作祟。理智不能战胜情感,就是惑。

樊迟问仁。

子曰:"爱人。"问知,子曰:"知人。"樊迟未达。

子曰:"举直错诸枉,能使枉者直。"

樊迟退,见子夏,曰:"乡也吾见于夫子而问知,子曰:'举直错诸枉,能使枉者直。'何谓也?"

子夏曰:"富哉言乎!舜有天下,选于众,举皋陶(gāo yáo),不仁者远矣。汤有天下,选于众,举伊尹,不仁者远矣。"

樊迟问仁。

孔子说:"爱人。"问智,孔子说:"了解人。"樊迟还不明白。

孔子说:"选拔正直的人,罢黜邪恶的人,这样就能使邪者归正。"

樊迟退出来,见到子夏,说:"刚才我见到夫子,问他什么是智,他说:'选拔正直的人,罢黜邪恶的人,这样就能使邪者归正。'这是什么意思?"

子夏说:"这话内涵丰富呀!舜有天下,在众人中选拔人才,把皋陶选拔出来,不仁的人就远离了。商汤有了天下,在众人中选拔人才,把伊尹选拔出来,不仁的人就远离了。"

仁者爱人,樊迟明白。智者知人,樊迟不太明白,就去问子夏。

子夏给樊迟解释了"举直错诸枉",治理政事要选用德才兼备的人,这样就可以使不仁者远离了,却没有解释"能使枉者直"。为政以德,人文教化的目的,根本的指向就是使人改过迁善、真诚向善。孔子并没有舍弃不仁者。

子贡问友。

子曰:"忠告而善道之,不可则止,毋自辱焉。"

子贡问友。

孔子说:"诚恳地劝告,委婉地引导,如果他不听也就罢了,以免自取其辱。"

这句话说得太有学问了。有人就是太耿直,有好心没好报,不知好歹。劝善规过没错,人家都讨厌你了,你还去叨叨,不就是自取其辱吗?说话点到为止,还是朋友。为朋友两肋插刀,说的是自己,插的也是自己,不是朋友。改错不易,做朋友也不易。孔子很懂得人情世故和人心之慝。"朋友数，斯疏矣"，是同样的道理。

接下来，借曾子之口，继续说怎样做朋友。

曾子曰："君子以文会友，以友辅仁。"

曾子说："君子以文会友，依靠朋友帮助自己培养仁德。"

志趣相投，所以能谈得来。朋友之间相处，贵在相互之间交流探讨。文以载道，坐而论道，最终目的是相互启发勉励，真诚向善，止于至善。

子路篇第十三

子路问政。
子曰:"先之劳之。"请益,曰:"无倦。"

子路问政。
孔子说:"以上率下,身体力行。"子路请求多讲一些,孔子说:"不要倦怠。"

执政者以身作则,老百姓就会任劳任怨。子路还是不明白,孔子的话越说越少,就是"别倦怠"。能够像周公那样"一沐三握发,一饭三吐哺",何愁百姓不勤劳?百姓勤劳则能致富,民富则国强,其政可矣。

子路忠诚勇武,临事不惧,孔子批评他是暴虎冯河,提醒他遇事要慎思,善于提前谋划才能成事。在孔子看来,子路有勇无谋,因此告诉他为政要提前思谋,以上率下,不要懈怠。

仲弓为季氏宰,问政。
子曰:"先有司,赦小过,举贤才。"曰:"焉知贤才而举之?"曰:"举尔所知。尔所不知,人其舍诸?"

仲弓做了季氏的家宰,向孔子问政。
孔子说:"先责成手下人各负其责,赦免他们的小过错,提拔贤才来任职。"仲弓又问:"怎样才能够做到选贤任能呢?"

孔子说:"提拔你所了解的。至于你不了解的贤才,别人难道还会埋没他们吗?"

履职新单位,用人第一位。孔子给出了用人三则。首先是强调权责分明,各尽其职。其次是原谅小的过错,给人改正的机会。有小错关起门来批评两句就行了,给人留点面子留条路,这叫宽厚待人。再次是提拔有才能的人,举直错诸枉。对仲弓来说,前两条还好处理,第三条有点难。孔子告诉他,先从你所了解的人中选用,慢慢来,你不了解的贤才也不会被埋没的,自会有人提拔或举荐。

世人常感叹千里马常有而伯乐不常有,这也是实情。反之,如果没有人欣赏,怪别人也没用,自己能够做到崇德修慝辨惑就好。读懂了《论语》,就明白了做人的价值和意义。

子路曰:"卫君待子而为政,子将奚先?"

子曰:"必也正名乎!"

子路曰:"有是哉,子之迂也!奚其正?"

子曰:"野哉由也!君子于其所不知,盖阙如也。名不正,则言不顺;言不顺,则事不成;事不成,则礼乐不兴;礼乐不兴,则刑罚不中;刑罚不中,则民无所措手足。故君子名之必可言也,言之必可行也。君子于其言,无所苟而已矣。"

子路说:"卫国国君要是请您去治理国家,您打算先从哪些事情做起呢?"

孔子说:"必须先正名分!"

子路说:"有这个必要吗?您真是太迂腐了!这名分怎么正呢?"

孔子说:"仲由,你真是粗野啊!君子对于他所不知道的事情，总会采取存疑的态度。名不正则言不顺，言不顺则事不成，事不成则礼乐不兴，礼乐不兴则刑罚不中，刑罚不中则民无所措手足。所以君子定下一个名分，必定能够说得明白，说出来一定能够行得通。君子对于自己的言行，是从不马虎的。"

这一段就有意思了。卫国国君对孔子礼遇有加，子路觉得有可能会请孔子做宰相，就问孔子："如果您做了宰相，首先想干啥？"孔子说是先正名。子路觉得好笑，就直接怼上了："哪有您这么干的？怪不得人家说夫子迂腐，还真是迂腐到家了，您正得了吗？宋国公子朝是南子的相好，要不您给他正个名看看？"

这也就子路干得出来，孔子也见怪不怪了，师徒两个人就辩论上了。你这个浑小子，真是野蛮胡扯！我是白教你了，知之为知之，不知为不知，你忘了？于是，孔子就来了一大段说辞。这是孔子很有名的一段话，环环相扣，层层递进，一开始做错了，就会差之毫厘，谬以千里。本来是说事，结果变成思想路线斗争了。逻辑推演到礼乐不兴，意味着礼崩乐坏，社会风气就败坏了。推演到刑罚不中，意味着制度失效，社会就动荡不安了。老百姓手足无措、无所适从，社会就会大乱，国将不国了。你说正名重要不重要？正名是德治教化的开始。孔子念兹在兹的，还是文化道统。

樊迟请学稼。
子曰："吾不如老农。"请学为圃。曰："吾不如老圃。"樊迟出。
子曰："小人哉！樊须也！上好礼，则民莫敢不敬。上好义，则民莫敢不服。上好信，则民莫敢不用情。夫如是，则四方之民襁负其子而至矣，焉用稼？"

樊迟向孔子请教如何种庄稼。

孔子说:"我不如有经验的老农。"又请教如何种菜。孔子说:"我不如有经验的老圃。"樊迟退出。

孔子说:"樊迟这个没出息的小子！居于上位的人爱好礼仪,老百姓就没有敢不恭敬的。居于上位的人爱好道义,老百姓就没有敢不服从的；在上位的人只要喜好诚信,老百姓就不敢不用真心实情来对待。如果做到这一点,四面八方的老百姓就会背着孩子来投奔,哪里用得着自己去种庄稼呢?"

依据本则等,有人认为孔子看不起农稼,非也。从《孔子家语》所载看,孔子非常重视稼穑,他认为"治政有理矣,而农为本"。造成误会的原因在于孔子的教育目的是学而优则仕,成就道德君子、仁人志士。樊迟执念于稼圃之事,不受冷落才怪。孔子骂樊迟是没出息的小子,又借此时机给弟子们讲了一番好礼、好义、好信的道理。过了150年左右,孟子和农家论战,更是痛快淋漓,异彩纷呈。

子曰:"诵《诗》三百,授之以政,不达；使于四方,不能专对。虽多,亦奚以为？"

孔子说:"熟读《诗经》三百篇,让他处理政务,不能顺利完成；让他当外交使节,不能独当一面。这样读书再多,又有什么用呢?"

学以致用才是硬道理。孔子看重推崇《诗经》,对《诗经》的赞美无以复加,但同时他认为,如果读《诗经》不求甚解,或者生活中没有体悟,不能与道知德行相结合,这样就无法通达了解《诗经》的内涵,也就不能为修行仁义道德提供营养。由此教导弟子们,读书能够学以致用,才是最重要的。不能读书读成了书呆子,把人读"愚"了。在这里,我们看到孔子不轻易言《诗》的原因了。

子曰:"其身正,不令而行;其身不正,虽令不从。"

孔子说:"自身端正,不用命令人们就会遵行;自身不端正,虽发命令也没有人听从。"

当政者为政以德,本身中正,那么百姓就会敬仰而从之,四方之民襁负其子而至矣。大舜德行身正,无为而治,恭己正南面而已矣。反之,就是季康子患盗了。

子曰:"鲁卫之政,兄弟也。"

孔子说:"鲁国和卫国的政事,就像兄弟一样。"

周武王封周公姬旦于鲁国,封卫康叔姬封于卫国。姬旦和姬封是兄弟。周文王有十八子,周武王老二,姬旦老四,姬封老九。孔子一生除了在鲁国,就数在卫国时间长,对两国的历史政事都比较了解。孔子说这句话多是对历史和现实的感慨吧。两国都上乘周文王之风,而今人文教化江河日下,奈何之哉!孔子在卫国前前后后达14年之久。

子谓卫公子荆:"善!居室始有,曰:'苟合矣。'少有,曰:'苟完矣。'富有,曰:'苟美矣。'"

孔子谈到卫国的公子荆时说:"这个人太好了!家里开始有点起色,就说:'差不多就够了。'稍微好一点时,就说:'已经很好了。'积累了点财富时,就说:'已经够完美了。'"

卫国公子荆是孔子上一代的人物,身处乱世能够洁身自好,知足常乐,不贪财,孔子很是赞赏。孔子又感叹当世的奢靡之风,鲁国卫国都是一个样,很是无奈。

人的幸福离不开物质,但最主要的是精神的愉悦和心灵的满足,这不是财富能够买到的。攀比容易让人陷入嫉妒，又慝又惑，思困久伤，哪来的幸福？再说由奢入俭难，一旦形成奢靡的生活习惯，就很难自拔了。公子荆物质上容易知足，在社会动荡的年代多半不会陷入争斗，乐得个自由快乐，善始善终。

子适卫，冉有仆。

子曰："庶矣哉！"

冉有曰："既庶矣，又何加焉？"曰："富之。"曰："既富矣，又何加焉？"曰："教之。"

孔子到卫国去，冉有给他驾车。

孔子说："这里的人口真多呀！"

冉有说："人口已经够多了，还要再做什么呢？"孔子说："使他们富起来。"冉有说："富了以后，再做些什么呢？"孔子说："教化他们。"

人丁兴旺，民富国强，人文教化是理想政治三部曲。人口众多可能是上朝的功绩，但在礼崩乐坏的时代，如何富之？必也教之。为政以德，人文教化方能国泰民安。《大学》云："君子先慎乎德。有德此有人，有人此有土，有土此有财，有财此有用。"孔子谈的是治国方略。

子曰："苟有用我者，期月而已可也，三年有成。"

孔子说："如果有人用我治理国家，一年便可以见成效，三年定会大变样。"

史载，鲁定公十一年，孔子升为鲁国大司寇，摄相事，七日而诛少正卯，曝尸三日，鲁国大治。鲁定公十二年，孔子为削弱三桓，采取了堕三都的措施。后来堕三都的行动半途而废，孔子与三桓的矛盾也随之暴露。鲁定公十三年，孔子55岁，齐国送给鲁国80名美女。季桓子接受了女乐，君臣迷恋歌舞，多日不理朝政，孔子非常失望。不久，鲁国举行郊祭，按惯例祭祀后送祭肉给大夫们，却没有送给孔子，这表明季氏不想再用他了。孔子执政差不多三个年头，不得已离开鲁国，开始了周游列国的旅程。

子曰："善人为邦百年，亦可以胜残去杀矣。诚哉是言也！"

孔子说："善人治理国家，经过一百年也就可以消除残暴、废除刑罚杀戮了。这话说得真对啊！"

这是孔子的感慨。三年也是小成，庶而富之，富而教之，国家要长治久安，人文日盛，看来得百八十年的时间，急不得。孔子还是着急了，百八十年哪够啊，任重而道远，慢慢来，百年一个进阶，行稳致远。

子曰："如有王者，必世而后仁。"

孔子说："如果有王者兴起，也一定要三十年之后才能推行仁政。"

推行仁政，时间短了不行，就算内圣外王的人也需要一世三十年的时间。古时候人的平均寿命偏短，就算君王生活好，五六十年的寿命也算是高寿。公天下的时候，选贤任能，从寻找对象，到考察培养，再到委以大任，时间都不短，多亏唐尧虞舜都长寿。仁者寿。

三十年河东三十年河西，含有一定的历史规律。历史总有波折，社会不断进步，功成不必在我。孔子在告诫为君者，自己要为政以德，还要磨砺太子的仁德，才能造就千秋功业。从子路问政开始，本篇一直在说政。主线一以贯之。

子曰：" 苟正其身矣，于从政乎何有？不能正其身，如正人何？"

孔子说："如果端正了自己，治理国家还有什么困难呢？如果不能端正自己，怎能使别人端正呢？"

正事先正人，正人先正己。其身正，不令而行。其身不正，虽令不从。"政"者"正"也，都是同一个道理。

冉子退朝。
子曰："何晏也？"
对曰："有政。"
子曰："其事也。如有政，虽不吾以，吾其与闻之。"

冉求退朝回来。
孔子说："为什么回来得这么晚？"
冉求说："有政务。"
孔子说："只是一般的事务吧。如果有政务，虽然我没有参加，我也会知道的。"

此"朝"为大夫家朝，并非诸侯朝廷。孔子在为政务和事务正名，也间接地表达自己的不满。和国家大事相比，大夫家的事怎么能称为政务呢？世道乱了，个人的事比家族的事重要，家族的事比朝廷的事重要，名不正则言不顺，事怎么会成呢？

定公问："一言而可以兴邦，有诸？"
孔子对曰："言不可以若是，其几也。人之言曰：'为君难，为臣不易。'如知为君之难也，不几乎一言而兴邦乎？"曰："一言而丧邦，有诸？"
孔子对曰："言不可以若是，其几也。人之言曰：'予无乐乎为君，唯其言而莫予违也。'如其善而莫之违也，不亦善乎！如不善而莫之违也，不几乎一言而丧邦乎？"

鲁定公问："一句话就可以兴邦，有这回事吗？"

孔子回答说："话不能这么说，但有类似的话。有人说：'做国君难，做臣子也不容易。'如果知道了做君主的难处，这不相当于一句话就可以使国家兴盛吗？"鲁定公又问："一句话就可以亡国，有这回事吗？"

孔子回答说："话不能这么说，但有类似的话。有人说：'我做国君没有感到什么快乐，唯一使我快乐的是我说的话没有人敢违抗而已。'如果说的话正确而没有人违抗，这不是很好吗？如果说的话不正确也没有人敢违抗，这不就近乎于一句话就可以亡国吗？"

回答国君的话，孔子还是很注意分寸的。国家兴亡更替很复杂，导致的因素很多，但或许一句话会起到关键的作用，成为压死骆驼的最后一棵稻草。狼没来却喊狼来了，孩子被狼吃掉是早晚的事。周幽王是怎么死的？孔子抓住机会点拨鲁定公，要懂得为君难为臣也不易的道理，多听谏言推行正确的主张，切忌刚愎自用，自以为是。英明的主政者身边都有一位敢说真话的谏臣，帮他减少过错从而政令畅通、中道而行，这样才有可能长治久安。

叶公问政。
子曰："近者悦，远者来。"

叶公问政。
孔子说："让近处的人快乐满意，使远处的人欢喜奔来。"

"近者悦,远者来"是一种气象,需要君主长期的涵养才能够形成。"叶公好龙"是历史上著名的典故,叶公也因此成了伪君子的典型。龙来了,他吓跑了。叶公还好贤,喜欢打听贤者的事。这样的小君主,近者不会悦,远者也不会来。孔子在为叶公描述了一种美好的景象,说到但不能点破,希望叶公能有所领悟,继而反思自己的言行。

"近者悦,远者来"的根本原因是施行仁政:国家政通人和,人民安居乐业。

子夏为莒父宰,问政。

子曰:"无欲速,无见小利。欲速则不达,见小利则大事不成。"

子夏做了莒父地方的长官,问怎样治理政事。

孔子说:"不要急于求成,不要贪图小利。欲速则不达,贪求小利就做不成大事。"

新官上任三把火,往往容易犯求政绩、求显绩、求速绩的毛病,大搞面子工程、形象工程、速成工程。一个地方一个国家要达到长治久安,需要一任接着一任干,少则一世三十年,多则上百年,就是圣人也需要三年才见些成效。问题是谁愿意默默为后来者打基础呢?有多少为政者能够做到功成不必在我呢?

孔子曾告诫子夏说"女为君子儒,无为小人儒"。虽然子夏在遵循仁礼的方面有所不及,但子夏的确是栋梁之才,主张做官取信于民,然后才能使民效劳,可成大气候。所以,孔子告诫他欲速则不达,风物长宜放眼量,慢慢来。

叶公语孔子曰:"吾党有直躬者,其父攘羊,而子证之。"

孔子曰:"吾党之直者异于是。父为子隐,子为父隐,直在其中矣。"

叶公告诉孔子说:"我家乡有个正直的人,他的父亲偷了人家的羊,他告发了父亲。"

孔子说:"我家乡正直的人和你讲的正直的人不一样。父亲为儿子隐瞒,儿子为父亲隐瞒,正直就在其中了。"

大义灭亲者古今有之。好龙的叶公向孔子讲这件事,本想得到孔子的肯定,肯定他治理有方,没想到被孔子直接怼了回去。

法外不过人情。违背常情的行为是虚伪的、伪善的。叶公讲的这个家庭的伦理道德肯定出了问题,老子去偷羊,儿子就去告发爹。亲人之间如果没有了做人底线和感情维系,这个社会也就离分崩离析不远了。做了错事,父子会为之相互隐瞒,然后真诚劝导唤起羞耻之心,继而改过迁善把羊还给人家,赔礼道歉去自首,这才是常道。如果因此犯了包庇罪,父子一同受惩罚就是了。虽然受了惩罚,儿子也会心安理得。

出于真情实感的正直才是真正的正直,无情无义的所谓正直就是奸邪。

樊迟问仁。

子曰:"居处恭,执事敬,与人忠。虽之夷狄,不可弃也。"

樊迟问仁。

孔子说:"生活起居要端庄恭敬,主管其事要恭敬严肃,对待他人要诚实忠信。即使到了夷狄之地,也不能丢掉这些原则的。"

这是樊迟第三次问仁。孔子第一次告诉樊迟"仁者先难而后获,可谓仁矣",这是为仁的过程。第二次告诉樊迟"仁者爱人",这是仁的实质。这次告诉他"恭、敬、忠"三字箴言,这是为仁的具体做法。

为仁者,真诚是也。人知羞耻是真诚,改过迁善是真诚,仁者爱人是真诚,恭、敬、忠也是真诚。正心诚意修身,方可齐家治国平天下。

子贡问曰:"何如斯可谓之士矣?"

子曰:"行己有耻,使于四方,不辱君命,可谓士矣。"曰:"敢问其次?"

曰:"宗族称孝焉,乡党称弟焉。"曰:"敢问其次?"

曰:"言必信,行必果,硁硁然小人哉!抑亦可以为次矣。"

曰:"今之从政者何如?"

子曰:"噫!斗筲之人,何足算也!"

子贡问道:"怎样才可以称为士呢?"

孔子说:"为人处世要有羞耻之心,出使各国能够不辱君命,可以称为士。"子贡又问:"请问次一等的呢?"

孔子说:"族人称赞他孝敬父母,乡党称赞他尊敬兄长。"子贡又问:"请问再次一等的呢?"

孔子说:"言必信,行必果,那是自以为是浅陋固执的小人!但也可以说是再次一等的士了。"子贡又问:"现在的从政者,您看怎么样呢?"

孔子说:"唉!这些器量狭小的人,哪里能算得上呢!"

行己有耻大有学问。自从人类有了自觉意识,就有了羞耻心。人有了羞耻之心,才会脸红。行己有耻是东方的归因。人知羞耻而后真诚向善,止于至善。人生就是向善的过程。

行己有罪是西方的归因。人类始祖亚当、夏娃受到蛇的诱惑,违背了上帝的禁令,偷吃了伊甸园里的智慧果,因而犯了罪。这一罪过便传给亚当、夏娃的后代,成为人类一切罪恶和灾难的根源,故称原罪。

因此，引伸出人生而有罪，人性本恶，人生就是赎罪的过程。

看看孔子的原话，我们对"言必信，行必果"要有个全面的了解。君子所为符合仁义道德，则"言必信，行必果"。如果知道他借刀子是去杀人，即使早先答应了他也不能借给他。

那些为了几斗米而行为无耻的人就不必谈了。

士分三等。一等士为国家不辱使命，二等士为家族孝悌廉耻，三等士为朋友"言必信，行必果"。

子贡便是一等士了。子贡一出，存鲁，乱齐，破吴，强晋而霸越，不辱使命。

子曰："不得中行而与之，必也狂狷乎！狂者进取，狷者有所不为也。"

孔子说："找不到奉行中行之道的人和他交往，就一定找积极进取和洁身自好的人交往！积极进取的人志向高远，洁身自好的人不会去做坏事。"

中行即中庸。待人接物不偏不倚，又能够控制好自己的情绪皆中节，这种人太少了，不容易找到，那就退而求其次。狂狷之人虽然有点过犹不及的意味，但都是走正道的人。

《中庸》阐发了中行之道。

子曰："南人有言曰：'人而无恒，不可以作巫医。'善夫！'不恒其德，或承之羞。'"

子曰："不占而已矣。"

孔子说："南方人有句话说：'人如果没有恒心，就不能当巫医。'这句话说得真好啊！'不能保持恒久的德性，就要承受由此带来的羞耻。'"

孔子说:"这种人用不着去占卜了。"

"不恒其德,或承之羞"是《易经》恒卦九三爻辞:"不恒其德,或承之羞。贞吝。""贞吝"的意思是坚持下去很难。不能坚持自己的信条,违背了自己的良心,会自取其辱。

说到《易经》占卜,多说两句。《易经》有朴素的辩证思想,借自然万物讲变化之道,推演出特定情境下(六十四卦)事物发展变化的可能性,有好有不好,如吉、悔、吝、凶、无咎等。每卦六爻,六爻一动,即阴阳位置发生变化,所处情境就会发生变化,发展趋向随之发生变化。调整状态和方向,可以趋利避害,动则变、变则通而已,不要把它太神秘化。

德性不变,信条不变,目标不变,我们可以根据形势调整状态和方略。如果这些都变了,没了定数就没有调整的必要了。有人把"不占而已矣"译作"不占卜罢了",与文意不符。

子曰:"君子和而不同,小人同而不和。"

孔子说:"君子追求和谐但不同流合污,小人只求一致而不能与人和谐。"

在人际交往中,君子能够与他人保持一种和谐友善的关系,但在原则问题的看法上却不必苟同于对方。小人习惯于在问题的看法上迎合别人的心理、附和别人的言论,但在内心深处却并不抱有一种和谐友善的态度。《孟子》论交际,讲得比较多。

这让我想起关于完美和缺憾的问题。有人做事追求完美,其实世界上只有缺憾美,没有完美。止于至善,止于至美,是我们的崇高理想和追求,能够把缺憾降到最小程度就很不错,不用说十全十美了,两全其美也很难达到，往往是各美其美、美美与共罢了。各美其美、美美与共就是和而不同，就是求同存异，这是君子所为。强求一致，小人行径罢了。接下来继续阐发。

子贡问曰："乡人皆好之，何如？"
子曰："未可也。""乡人皆恶之，何如？"
子曰："未可也。不如乡人之善者好之，其不善者恶之。"

子贡问道："乡里人都喜欢他，这个人怎么样？"
孔子说："不好说。""乡人都厌恶他，这个人怎么样？"
孔子说："也不好说。不如全乡的善人都喜欢他，全乡不善的人都厌恶他。"

道理是这样，但判断乡里人哪些是善人哪些是不善的人也很难。不过，物以类聚，人以群分，用心的话大抵能分辨出来。好人孬人都说他好，或者他是圣人，或者他是没原则的老好人。好人孬人都说他坏，或者他是引起公愤的穷凶极恶，或者他做了超出常人思维而无法理解的下作事，所以孔子认为不好说。善者（好人）好之，不善者（孬人）恶之当是君子气象了。是非分明。

为人处世符合道义，问心无愧，心有所安就好，不必太介意别人的评价。世人所好大多有所企图，基本是与自己的利益密切关联的事情，很难超脱得开。

子曰："君子易事而难说也，说之不以道，不说也；及其使人也，器之。小人难事而易说也，说之虽不以道，说也；及其使人也，求备焉。"

孔子说："君子好侍奉但难取悦，不按正道去讨好他，他是不会喜欢的，但等他用人的时候总是量才而用。小人难侍奉但好取悦，不按正道去讨好他，他也是喜欢的，等到他用人的时候却是求全责备。"

君子有大原则，没有小心思，小人反之。君子量才而用人，用人之长可以抑人之短，天下人皆可用。小人求全责备，眼里尽是别人的缺点，天下无可用之人。

子曰："君子泰而不骄，小人骄而不泰。"

孔子说："君子坦然而不傲慢，小人傲慢而不坦然。"

君子心有所安，秉持公道，卑以自牧，故能安详坦然而不骄矜凌人。小人心怀鬼胎，日入愿作，心无所安，故骄矜凌人而不安详坦然。

子曰："刚、毅、木、讷，近仁。"

孔子说："刚强、坚毅、朴实、慎言，具有这四种品德的人便接近仁德了。"

刚毅木讷，合起来就是意志刚强、坚毅质朴、不善辞令。刚强就不会为欲望所动摇，无欲则刚。坚毅就不会为利益所困惑，忠信取义。朴实就不会为浮华所蒙蔽，敦厚严谨。慎言就不会为多语所羁绊，敬事笃行。这是仁者所具备的四种美德。

子路问曰："何如斯可谓之士矣？"
子曰："切切偲偲，怡怡如也，可谓士矣。朋友切切偲偲，兄弟怡怡。"

子路问道："怎么样才可以称为士呢？"

孔子说:"互相切磋勉励,和和气气的样子,可以称为士了。朋友之间互相切磋勉励,兄弟之间互相和和气气。"

子贡问士的时候是层层递进地请教,孔子也是层层递进地解惑。子路问士一句话,孔子回答一句话,但多给了一句解释。子路性情刚直,也是个暴脾气,一句话不和就瞪眼睛。孔子告诉子路,兄弟朋友之间,互相切磋勉励,和和气气就是士了。孔子有的放矢,对症下药,因材施教的功夫算是到家了。

子曰:"善人教民七年,亦可以即戎矣。"

孔子说:"善人教化百姓七年的时间,就可以叫他们去当兵打仗了。"

善人为邦,需要前赴后继,励精图治百年,才能打下长治久安的基业;但只需要经营7年的时间,实施人文教化,就可以基本达到富民强国的成效。百姓爱国才会为国而战。同时,7年的时间里要完成军事训练。否则,以不教民战,是谓弃之。

子曰:"以不教民战,是谓弃之。"

孔子说:"让没有经过训练的百姓去作战,等于抛弃他们。"

孔子不好战,但重视国防建设。不得不战的时候,也不能让没经过训练的人去白白送死,这是不仁不义。

宪问篇第十四

宪问耻。

子曰："邦有道，谷；邦无道，谷，耻也。""克、伐、怨、欲不行焉，可以为仁矣？"

子曰："可以为难矣，仁则吾不知也。"

原宪问耻。

孔子说："国家政治清明，做官拿俸禄也就罢了；国家政治昏暗，做官拿俸禄是可耻的。""好胜、自夸、怨恨、贪欲，这些毛病都克服掉的人，可以算是仁了吧？"

孔子说："可以说是很难得了，至于是不是仁，那我就不知道了。"

原宪出身贫寒，个性狷介，一生安贫乐道，不肯与世俗合流。

子贡问士的时候，孔子说行己有耻。为人处世要有羞耻之心，出使各国能够不辱君命，可以称为士。原宪问耻，孔子说国家无道，做官拿俸禄是可耻的。针对子贡和原宪的性格特点，即对他们不同的职业规划，孔子给出了关于修为士君子的不同回答。关于耻，孔子还说"邦有道，贫且贱焉，耻也。邦无道，富且贵焉，耻也"，意思与本则是相通的。

好胜、自夸、怨恨和贪欲的反义词分别是礼让、谦虚、宽恕和奉献。它们之间的中性词分别是安分、朴实、寡情和知足。孔子曾说，找不到奉行中行之道的人和他交往，就一定找狂者或狷者和他交往。狂者志向高远奋发上进，狷者洁身自好有所不为。个性狷介的原宪认为，克服掉"克伐怨欲"的毛病就可以算是为仁了，显然是还没有理解孔子中行之道的主旨是什么。孔子不想解释，因材施教，需要原宪自己悟。

子曰："士而怀居，不足以为士矣。"

孔子说："士人如果留恋安逸的生活，就不足以做士人了。"

留恋安逸生活，怎么配做士呢？士不可以不弘毅，任重而道远。仁以为己任，不亦重乎？死而后已，不亦远乎？

子曰："邦有道，危言危行；邦无道，危行言孙。"

孔子说："国家政治清明，要正言正行；国家政治昏暗，要正行但说话需谦逊。"

孔子把家国天下、人情世故、为人处世的那些事都看透了。2500年来，还是那点事。谦逊不是说假话。假话全不说，真话不全说。动乱年代，小心为好，祸从口出，容易招来无妄之灾。时也势也，人要学会保护自己，但不符合道义的事不做。

子曰："有德者必有言，有言者不必有德。仁者必有勇，勇者不必有仁。"

孔子说："有德之人必定能说出有价值的话，说出有价值话的人不一定是有德之人。仁者一定勇敢，勇敢的人不一定有仁德。"

有德之人也有可能说出没价值的话，所以不能因言废人。说出有价值话的人不一定是有德之人，所以不能因人废言。勇敢是仁者所具有的品质之一，勇敢的人很多都是莽夫，不一定有仁德。所以，要辩证地看问题，系统地看问题。了解一个人要全面地了解，不要以点带面、以面盖全，也不要一俊遮百丑、一错否人生。

南宫适问于孔子曰："羿善射，奡（ào）荡舟，俱不得其死然。禹、稷躬稼而有天下。"夫子不答，南宫适出。

子曰："君子哉若人！尚德哉若人！"

南宫适问孔子道："羿擅长射箭，奡善于水战，最后都不得善终。禹和稷亲自种庄稼，都得到了天下。"孔子没有回答，南宫适走了。

孔子说："此人是位君子呀！此人是尚德之人！"

南宫适就是那位喜欢吟诵《白圭》的弟子，谨慎而又聪明，孔子把侄女嫁给他。这里南宫适有点自问自答的意思，好像是在向孔子汇报自己的学习心得，求孔子指正。孔子听出来南宫适好像明白其中的道理了，所以笑眯眯地看着他，故意不答。等他出去了，孔子背后夸赞他是位尚德不尚武的君子。

夫子不答，既是肯定又是鞭策。老师什么也没说，学生本来还有点忐忑，接下来又听说老师表扬他了，这是多大的鼓励！

禹、稷躬稼，知百姓劳苦。《书经》顺帝曰："克勤于帮，克俭于家，不自满假，惟汝贤！"固有天下也。有载，羿是被他的徒弟杀死的。

子曰："君子而不仁者有矣夫，未有小人而仁者也。"

孔子说："君子中有缺少仁德的人，小人中没有怀仁德的人。"

人非圣贤，孰能无过？君子的仁德修为是一个止于至善的过程，择善固执并不是一件容易的事。比如谦虚的冉求跟孔子说："我不是不喜欢夫子的仁道，实在是我力有不逮啊！"孔子说："能力不够总要做到一半才停止，而你现在却是画地为牢，停在那里不前进呀！"这说明君子为仁有可能中道而废。但小人之中却不会有仁者，儒家不相信放下屠刀可以立地成佛。

子曰："爱之，能勿劳乎？忠焉，能勿诲乎？"

孔子说："爱一个人，能不让他劳作吗？忠诚于人，就不劝导他了吗？"

真正爱一个人，不能宠爱更不能溺爱，否则一定会毁了他，要根据不同的年龄段让他体验劳作的辛苦和快乐。劳心劳力都是劳。忠人之事包括好言相劝，但最多劝两遍，不听那就算了，否则就是自取其辱。

有人把"能勿劳乎"理解为"能不为他操劳吗"，不妥。把"忠焉"理解为"忠实于我"，似乎有道理。这里说爱人忠人之事，不能溺爱孩子也要适当劝告他人。

子曰："为命，裨谌（bì chén）草创之，世叔讨论之，行人子羽修饰之，东里子产润色之。"

孔子说："郑国发布的公文，由裨谌先起草，世叔提出修改意见，外交官子羽加以修饰，最后由子产修改润色而成。"

公文千古事。《书经》就是我国最早的一部历史文献资料汇编，绝大部分是公务文书。公文出台必须慎重，至少需要四个人合作完成。一是懂业务的执行者起草；二是懂政策的主管提出修改意见；三是掌握大局的外事官员修饰；四是当权者修改润色。

或问子产，子曰："惠人也。"

问子西，曰："彼哉，彼哉。"

问管仲，曰："人也！夺伯氏骈（pián）邑三百，饭疏食，没齿无怨言。"

有人问子产这个人怎么样，孔子说："施恩惠于人的人。"

又问子西是怎样的人，孔子说："他呀，他就那样。"

又问管仲是怎样的人，孔子说："人才呀！他剥夺了伯氏骈邑三百户的封地，让伯氏只能吃粗茶淡饭，但伯氏至死也没有怨言。"

子产主导郑国进行了自上而下的改革，给老百姓带来了实实在在的好处，所以孔子说子产是君子惠人。楚国公子子西是位有野心的政治贼人，善于挑拨离间，无所不用其极，孔子根本就不想理睬他。管仲是位大政治家，九合诸侯，一匡天下。孔子称赞管仲是了不起的人。伯氏的财产被管仲没收后，伯氏心服口服，虽然只能靠粗茶淡饭度日，但是至死对管仲没有一句怨言。管仲是怎么做到的？管仲实在是太厉害了。孔子认为管仲有大仁德，同时就事论事又说他器量不大。

子曰："贫而无怨难，富而无骄易。"

孔子说："贫穷却没怨恨是很难做到的。富贵而不骄傲是容易做到的。"

这个贫与富，狭义上是指财物上的贫穷与富有，广义上应该包括知识、阅历、经历和才能等的贫乏与富有。"人穷志短，怨天尤人"，或者"富而心慈，悲天悯人"都是有的。能够做到"贫而乐道，富而好礼"是孔子所期望的。

子曰："孟公绰为赵、魏老则优，不可以为滕、薛大夫。"

孔子说："孟公绰担任赵国和魏国的家臣是绰绰有余的，但是做不了滕和薛这样小国的大夫。"

孟公绰是鲁国大夫，孔子所尊敬的人之一。他清廉寡欲，但短于才智，只适合做家臣。无论多么强盛的国家的家臣他都能做好，但小国的大夫他却做不了。坐而论道是行家，从事实际工作就不行了。

用人之长，才能抑人之短。锤炼一个人的才识能力难，提升一个人的格局境界更难。这时候子路开始问了，怎样才能成就一个完美的人？

子路问成人。

子曰："若臧武仲之知，公绰之不欲，卞庄子之勇，冉求之艺，文之以礼乐，亦可以为成人矣。"曰："今之成人者何必然？见利思义，见危授命，久要不忘平生之言，亦可以为成人矣。"

子路问成人。

孔子说："如果有臧武仲的智慧、孟公绰的寡欲、卞庄子的勇敢、冉求的才艺，再用礼乐加以规范，也可以算个完人了。"孔子又说："现在的完人何必一定要这样呢？见到利想到义，面临危难时能不惜牺牲个人生命，不管过了多久也不会忘记平日的诺言，这样也就可以算是一位完人了。"

吾道一以贯之，包含人之性、人之道、人之成三个层面。成人一般是指人格圆满，道德、学识和行为没有缺点的人，也就是完美的人。一个人有智慧且清心寡欲，勇敢且多才多艺，懂礼知乐就可以算是一位完人了。但对当下的人来说，这样的要求太高了，能够做到见利思义、见危授命、践行诺言就可以算是完人了。这是在间接地肯定子路。

子问公叔文子于公明贾曰："信乎，夫子不言，不笑，不取乎？"

公明贾对曰："以告者过也。夫子时然后言，人不厌其言；乐然后笑，人不厌其笑；义然后取，人不厌其取。"

子曰："其然？岂其然乎？"

孔子向公明贾询问公叔文子的事，说："是真的吗？他老先生寡言少语，不笑，不取财？"

公明贾回答说："告诉你的人太夸张了。老先生该说时就说，因此别人不讨厌他说话；高兴时才笑，因此别人不讨厌他笑；合乎道义的钱财他才取，因此别人不讨厌他取财。"

孔子说："原来是这样，真的是这样吗？"

公叔文子是卫国的大夫，名气和影响力都不小。他平时不苟言笑倒也罢了，关键是不爱财，基本符合孔子对当世成人定的标准。孔子觉得如果能做到这些，这个人真不简单，就向卫国的使臣公明贾打听。公明贾做了解释，孔子还是不太相信，连续问"是吗，是真的吗"？存疑可以去求证，先听其言观其行，再"视其所以，观其所由，察其所安"，这个人就隐藏不了了。后来，孔子充分肯定了公叔文子，说他可以为"文"矣。

子曰："臧武仲以防求为后于鲁，虽曰不要君，吾不信也。"

孔子说："臧武仲凭借防邑请求鲁君在鲁国替臧氏立后代，虽然有人说他不是要挟国君，我是不相信的。"

子路问成人的时候，孔子提到过臧武仲之智。臧武仲矮小多智，号称"圣人"。臧武仲因得罪孟孙氏逃离鲁国，后来回到封地防邑，以立臧氏之后为卿大夫作为自己离开防邑的条件。孔子认为他以封地为据点，要挟国君，犯下了不忠的大罪，所以才说了上面这段话。

子曰："晋文公谲（jué）而不正，齐桓公正而不谲。"

孔子说："晋文公诡诈不正派，齐桓公正派不诡诈。"

晋文公，姬姓，名重耳，是春秋时期晋国的第二十二任君主。晋文公文治武功卓著，春秋五霸中排第二位，与齐桓公并称"齐桓晋文"。齐桓公，即吕小白，姜姓吕氏，春秋时齐国第十六位君主，春秋五霸之首。晋文公因家庭遭遇变故流亡，在国外十九年，险阻艰难备尝之，民之情伪尽知之。晋文公吃尽流亡苦头，深刻了解江湖险恶，学会了如何运用权术。齐桓公任内励精图治，启用曾险些射杀自己的管仲为相，使齐国逐渐强盛起来，打出"尊王攘夷"的旗号，九合诸侯，成为第一个中原霸主。

子路曰："桓公杀公子纠，召忽死之，管仲不死，曰未仁乎？"
子曰："桓公九合诸侯不以兵车，管仲之力也。如其仁，如其仁！"

子路说："齐桓公杀了公子纠，召忽自杀以殉，但管仲却没有自杀。管仲不能算是仁吧？"
孔子说："齐桓公多次召集诸侯国盟会不用武力，都是管仲促成的。这就是他的仁德，这就是他的仁德！"

公子白和鲍叔牙是一伙。公子纠与召忽、管仲是一伙。齐桓公杀了公子纠，召忽自杀尽忠，管仲没有自杀活了下来。子路就是诟病管仲这一点，认为管仲没有跟随公子纠去死是不忠，不能算是仁。

管仲和鲍叔牙是好朋友，曾经合伙做生意。管仲因家贫每次都多拿些红利，鲍叔牙装作看不见，史称"管鲍之交"。后来，鲍叔牙自己不做宰相却推荐管仲做宰相，并对齐桓公说，你要成就霸业就不要记私仇（射你那箭也是各为其主罢了）。管仲任齐国宰相，帮助齐桓公九合诸侯，成就霸业，百姓得以免于征伐杀戮。

管仲晚年说："生我者父母，知我者鲍叔。"管仲去世前不同意鲍叔牙继任宰相，理由是鲍叔牙嫉恶如仇，让他做宰相就是害了他。

与避免征伐杀戮、百姓生灵涂炭相比，管仲没有自杀算得了什么？与大仁大义相比这些不过是小节罢了。评价一个人，要看他的气象格局，看他为国家民族做了什么，千万不要盯住一点瑕疵不放。

子路粗狂，不明其理也就罢了，子贡又来了。

子贡曰："管仲非仁者与？桓公杀公子纠，不能死，又相之。"

子曰："管仲相桓公，霸诸侯，一匡天下，民到于今受其赐。微管仲，吾其被发左衽矣。岂若匹夫匹妇之为谅也，自经于沟渎而莫之知也。"

子贡问："管仲不能算是仁者吧？齐桓公杀了公子纠，他不能以死相殉，反而做了齐桓公的宰相。"

孔子说："管仲辅佐齐桓公称霸诸侯，一匡天下，老百姓到今天还能享受到他的恩惠。如果没有管仲，恐怕连我们都要披头散发左开襟了。怎能像普通老百姓那样，只知道恪守着小节小信，为了小节在山沟里上吊，死了都没人知道。"

"被发左衽"是野蛮民族落后的象征。管仲对社会历史的贡献是巨大的，如果没有管仲，各路诸侯征伐杀戮，就会导致生灵涂炭、人文凋敝。凡做大事者，不拘小节。整部《论语》中，被孔子称为仁人的只有微子、比干、箕子、伯夷、叔齐和管仲六位。

公叔文子之臣大夫僎（zhuàn）与文子同升诸公。

子闻之，曰："可以为'文'矣。"

公叔文子的家臣大夫僎和公叔文子一起擢升为卫国的朝廷大臣。

孔子听到这件事后，说："可以给他'文'的谥号。"

听别人介绍公叔文子不苟言笑、不爱钱财，孔子还有疑问，等到公叔文子推荐家臣和自己一同在朝为官，还是同级别官员时，孔子这才相信了公叔文子，认为他死后可以被追认"文"的谥号。

中国古代谥法称"文"的有经天纬地、道德博闻、勤学好问、慈惠爱民、愍（mǐn）民惠礼、赐民爵位等六种。

子言卫灵公之无道也，康子曰："夫如是，奚而不丧？"

孔子曰："仲叔圉（yǔ）治宾客，祝鮀（tuó）治宗庙，王孙贾治军旅，夫如是，奚其丧？"

孔子讲到卫灵公无道的时候，季康子说："既然如此，为什么他没有败亡呢？"

孔子说："因为他有仲叔圉负责外交，祝鮀管理宗庙祭祀，王孙贾统率军队。用人如此，怎么会败亡呢？"

卫灵公脾气暴躁善猜疑，治家无方，太子被迫离家出走，纵容南子与宋朝私通，对孔子礼遇有加却不启用，等等，被人诟病的事太多。但他有一个优点是其他诸侯君主无法比拟的，就是启用了一批能臣治世。在外交、内政和军事等方面都有能臣治理，所以国家得以存续。

子曰："其言之不怍，则为之也难。"

孔子说:"说话大言不惭,做起来就很困难。"

孔子提醒大家注意,说话大言不惭、吹牛不脸红的人,他的话不可信,一般实现不了。好的品德体现在行动上,君子讷于言而敏于行,行己有耻。

陈成子弑简公。

孔子沐浴而朝,告于哀公曰:"陈恒弑其君,请讨之。"公曰:"告夫三子。"

孔子曰:"以吾从大夫之后,不敢不告也,君曰'告夫三子'者!"

之三子告,不可。

孔子曰:"以吾从大夫之后,不敢不告也。"

陈成子杀了齐简公。

孔子斋戒沐浴后上朝,报告鲁哀公说:"陈恒把他的君主杀了,请你出兵讨伐他。"鲁哀公说:"你去报告给三位大夫吧。"

孔子说:"因为我曾经做过大夫,不敢不来报告。可君主却对我说'去向那三人报告'。"

孔子去向那三位大夫报告,但三位大夫不愿派兵讨伐。

孔子说:"因为我曾经做过大夫,不敢不报告。"

这是在孔子晚年发生的事。鲁哀公十四年,孔子71岁。前两年,孔子的儿子孔鲤和弟子颜回相继去世。春秋是周朝的天下,一个诸侯国如果发生篡逆之事,其他诸侯国可出兵讨伐。这是国家大事,别人不重视,孔子认为不可不重视。此时的孔子已是一位古稀老人,因为曾经做过大夫,不敢不上告,就斋戒沐浴后上朝请鲁哀公出兵讨伐,结果被"踢了皮球"。自古以来,中国文化里就有"兴灭国,继绝世"

的传统。本来都是一个宗主国，出兵帮忙消灭叛乱，然后把政权再交还给该国，这是正义。

孔子知其不可而为之，文化道统不能丢啊！一位古稀老人反复念叨一句话——"以吾从大夫之后，不敢不告也"，何等悲愤凄凉，谁能懂他？

孔子七十而从心所欲，不逾矩，不知人之将死云尔。

子路问事君。
子曰："勿欺也，而犯之。"

子路问怎样服侍君主。
孔子说："不要欺骗他，但是可以犯颜直谏。"

历史上忠心耿耿、敢于犯颜直谏的大臣很多，没遭横死的，是因为遇上了明君，比如赵普与宋太祖、魏征与唐太宗等。还有上书时自知触忤当死者，如市一棺的海瑞、犯颜直谏惨遭身亡的伍子胥，等等，都是继承了"勿欺也，而犯之"的传统文化精神。孟子"说大人，则藐之，勿视其巍巍然！"这种舍我其谁的大无畏的英雄气概，也是发扬了这一精神。

子曰："君子上达，小人下达。"

孔子说："君子向上通达仁义，小人向下通达财利。"

君子追求的是至真至善至美，积极修为仁义道德完善自身的同时，努力推动社会进步。小人只考虑个人的利益，而且为了满足个人欲望，不惜损害他人和社会利益。孔子倡导积极向上做君子，不要甘居下流做小人。"不怨天，不尤人，下学而上达。""知我者其天乎！"孔子自己的上达，却是直达天命了。

子曰:"古之学者为己,今之学者为人。"

孔子说:"古代为学的人是为了充实提高自己,今天为学的人是为了影响别人。"

看了很多对这句话的解读,感觉不是太好。后半句有译作"为了炫耀给别人看的""为了治人治社会的""为了人文教化的",等等,似乎都有一定的道理。孔子曾说:"夫仁者,己欲立而立人,己欲达而达人。"自己想立得住从而也要帮助别人立得住,自己想通达从而也要帮助别人通达。以此解本则,或许比较好。

尧舜禹时代,圣贤朴实真诚一心为公,社会风尚诚敬而不伪。提升自己的道德水平,就是提升整个社会的道德水平。孔子所处的时代,礼崩乐坏,奸佞横行,社会道德风尚日渐衰微。孔门弟子们跟随夫子的步伐,奔走呼号,身体力行,践行仁道,君子之德风一度成就当世显学,影响世人。

蘧(qú)伯玉使人于孔子。孔子与之坐而问焉,曰:"夫子何为?"对曰:"夫子欲寡其过而未能也。"使者出。

子曰:"使乎!使乎!"

蘧伯玉派使者去拜访孔子。孔子让使者坐下,然后问道:"先生最近在忙什么?"使者回答说:"先生想减少自己的错误,但未能做到。"使者走了。

孔子说:"好一位使者!好一位使者!"

蘧瑗,字伯玉,谥成子,春秋时期卫国大夫。他自幼聪明过人,饱读经书,外宽内直,生性忠恕,虔诚坦荡,富有自省精神。蘧伯玉是孔子的朋友。一说孔子到卫国时就住在他家,前后达9年之久。

孔子赞赏蘧伯玉的使者，能够站在主人的立场谦虚恭顺而又说话得体，体现出良好的道德修养。使者能表现得这么好，可见主人识人用人的功夫了得。为人做事，恪尽职守都有一个立场的问题。

做人要做蘧伯玉，其然也。

子曰："不在其位，不谋其政。"

曾子曰："君子思不出其位。"

孔子说："不在那个职位上，就不去谋划那个职位上的政事。"

曾子说："君子只考虑他职责范围内的事。"

"不在其位，不谋其政"是为政做官的基本素养，也是为人处世的基本原则。不在其位则不能洞悉内情，掌握的资料也不够全面，指手画脚无异于隔山打牛，说对说错都讨人嫌，还是不说为好。此时，孔子可能已经疏闲在家了。曾子还年轻，不过二十多岁的样子，能够马上领悟到孔子的意思，还引用《易经》上的话表达自己的观点，孔子听了一定很高兴。

天下大事，是是非非，听到了看到了心里有个思量，这是另外一回事。这叫思而不居。

子曰："君子耻其言而过其行。"

孔子说："君子把说得多做得少视为可耻。"

说得多做得少，承诺的话做不到，都是言过其实可耻的行为。君子讷于言而敏于行，行己有耻。

子曰："君子道者三，我无能焉：仁者不忧，知者不惑，勇者不惧。"

子贡曰："夫子自道也。"

孔子说："君子之道的三个方面，我都未能做到：仁者不忧愁，智者不迷惑，勇者不惧怕。"

子贡说："这正是老师的自我描述啊！"

仁者不忧烦，知其不可而为之，坦然处之，乐知天命，乐而忘忧。智者不迷惑，再难的事也能够自解。勇者不畏惧，只要符合道义，杀身成仁也在所不惜。

孔子不一定是谦虚，成为君子是他一生的追求。子贡不愧是言语科第二，理解孔子也会说话，但没有真正懂得孔子的意思。下面就来了。

子贡方人。

子曰："赐也贤乎哉？夫我则不暇。"

子贡议论别人。

孔子说："你端木赐就什么都好吗？我可没有闲工夫去议论别人。"

方人就是议论指责别人的是非长短，孔子不屑于子贡的这种行为，就毫不客气地批评他。静坐常思己过，闲谈莫论人非。性格直爽没毛病，指责别人就是问题了。人非圣贤，孰能无过？

子曰："不患人之不己知，患其不能也。"

孔子说："不担心别人不了解自己，只担心自己没有本事。"

人不知而不愠，不亦君子乎？经常抱怨伯乐少有的人，容易走向郁愤。与其抱怨，不如自求。一个人最重要的是加强自身修养，增强真才实学，尽心知命，自求多福，而不是怨天尤人。

子曰："不逆诈，不亿不信，抑亦先觉者，是贤乎！"

孔子说"不预先怀疑别人会欺骗自己，也不臆测别人会不诚信，但是当别人想骗你的时候，却又能马上察觉出来，这样的人才是贤者啊！"

有人把"不逆诈，不亿不信"译作"不揭穿别人欺诈，不去猜测怀疑"，不妥。孔子人伦道德思想的基础是真诚，人不诚则不立。待人接物只管按照自己的原则，一片真心对待对方就好了，不要担心对方是不是真诚、是不是有坏心思。至于别人一动骗人的心思，就能立刻察觉出来，这种能力不是一般的人所具有的。真正至诚的人，谁也骗不了，因为他知道真诚是怎么回事，心里跟明镜似的，稍有不诚，他马上就能察觉出来。君子可逝也，不可陷也；可欺也，不可罔也。

微生亩谓孔子曰："丘何为是栖栖者与？无乃为佞乎？"
孔子曰："非敢为佞也，疾固也。"

微生亩对孔子说："孔丘你为什么这样忙忙碌碌呢？不是为了显摆你的口才吧？"
孔子说："我不敢显摆口才，我只是讨厌那种顽固不化的人。"

微生亩，姓微生，名亩，春秋时鲁国隐士。他能直呼孔子的名字，应该是位德高望重的长者。孔子知其不可而为之，微生亩实在是看不下去了，就讥笑他显摆口才。面对一位年长的智者隐者，孔子不能没有礼貌，也不想当面向他阐述自己的理想抱负，就推脱说自己是讨厌那种顽固不化的人。有人把"栖栖者"译作"修饰威仪"，不妥。把"为佞"译作"讨好别人"，有点侮辱孔子。

孔子碰到智者隐士经常吃瘪，这也不是头一回。接下来，孔子似乎有点为自己辩解的意味。

曰："骥不称其力，称其德也。"

孔子说："千里马值得称赞的不是它的气力，而是它的德性。"

骥就是千里马，好马中的优等马。这种马不仅能够日行千里、夜行八百，关键是通人性。主人和它关系处好了，它能明白主人的意思。主人坠鞍不踏，马鞍不紧不走，特别是在战场上它能够和主人共生死。劣马不行，打滚耍赖溜墙根，怎么训练也训练不出来。千里马知道自己该干什么，所谓"路遥知马力，日久见人心"。一个为人类社会担当道义的人，一个为文化道统殚精竭虑的人，一个喊出"天之将丧斯文也"千古之问的人，所有的痛苦、屈辱、不理解都自己扛，心有所安，择善固执，是不会在意别人怎么看的。

或曰："以德报怨，何如？"
子曰："何以报德？以直报怨，以德报德。"

有人说："用恩德来回报怨恨，怎么样？"
孔子说："用什么来回报恩德呢？应该是用正直来回报怨恨，用恩德来回报恩德。"

有人认为"以德报怨"出自《道德经》第六十三章"大小多少，报怨以德"，不妥。老子的"报怨以德"和"以德报怨"不是一个意思。

大家对老子很多话也多有误解。比如对老子无为思想的理解，向来就有偏颇。《道德经》八十一章，最后一句是"圣人之道，为而不争"，怎么能把无为理解成不作为呢？老子的本意是按自然规律去做，该做什么做什么,不要妄为,不要和大自然争抢,更不能贪得无厌。道和德各有各的含义,道为德体,德为道用。道是规律,是隐藏在自然背后的法则。德是万物遵循道所呈现出来的千姿百态。之于人德,便是人类遵循客观规律和仁道所呈现出来的行为规范,也就是礼。怨是怨恨,德是礼制。"大小多少,报怨以德"的意思是,大其小,多其少,以大德消除小怨。

这样理解的话,本章句与老子没多大关系。这里的德便是恩德。尽管孔子仁德深厚、里仁为美,心心念念教化民众改过迁善,但善恶是非要分清楚,不能一概而论,不能以同样的态度来对待。所谓"你对我不仁,就别怪我不义""滴水之恩,当涌泉相报"之谓也。

子曰:"莫我知也夫!"
子贡曰:"何为其莫知子也?"
子曰:"不怨天,不尤人,下学而上达。知我者其天乎!"

孔子说:"没有人理解我啊!"
子贡说:"怎么能说没有人理解您呢?"
孔子说:"我不埋怨天,不责备人,下学礼乐而上达天命。理解我的只有上天吧!"

刚说了不患人之不己知,孔子就开始仰天长叹了。当然,这只是感叹一下罢了,思而不居。

微生亩不懂孔子,谓之无乃为佞乎?弟子不懂孔子,子路顶撞他,宰我质问他。君主不懂他,礼而不用。大夫敷衍他,隐者嘲弄他,石门人讥笑他,阳货责难他。周游列国惶惶乎如丧家之犬……圣人必遭常人无法想象之磨难,苏格拉底如是,耶稣如是,佛陀如是,孔子如是。

面对礼崩乐坏的社会局面,孔子感叹道:"泰山其颓乎?梁木其坏乎？哲人其萎乎？"他挽狂澜于既倒，扶大厦之将倾，继往圣开来学，传承尧舜天下为公之精神，弘扬周文武王郁郁乎文哉之道统，建构了完整的仁礼道德思想体系，提出了为政以德的治国方略，倡导见利思义的义利观与富民思想，践行有教无类的教育主张，删《诗》《书》，定《礼》《乐》，传《周易》，著《春秋》，以振兴文化道统，构建和谐社会为己任，以仁道一以贯之，痴心不改，老了老了发出千古感慨："莫我知也夫！知我者，其天乎！"接下来以天命论之。

公伯寮愬（sù）子路于季孙。

子服景伯以告，曰："夫子固有惑志于公伯寮，吾力犹能肆诸市朝。"

子曰："道之将行也与，命也；道之将废也与，命也。公伯寮其如命何？"

公伯寮在季孙氏面前诋毁子路。

子服景伯把这件事告诉了孔子，说："季孙氏已经被公伯寮迷惑了，我还有能力把公伯寮杀了，陈尸于市。"

孔子说："正道行得通，是天命决定的。正道行不通，也是天命决定的。公伯寮能把天命怎么样呢？"

命就是天道的意志，延伸含义就是天道主宰众生。按天道行则生，逆天道行则亡，这便是天命。时也命也运也，天道使然，谁也改变不了。孔子不是不明白大势所趋的。

公伯寮当时与子路同为季氏的家臣，子服景伯是鲁国的大夫，与孔门关系密切。

子曰："贤者辟世，其次辟地，其次辟色，其次辟言。"

子曰："作者七人矣。"

孔子说："贤者一是逃避社会，二是逃避居地，三是逃避别人难看的脸色，四是逃避别人难听的话。"

孔子又说："这样做的已经有七个人了。"

贤者是聪慧有志向却不愿同流合污的人。孔子理解为什么贤者会"四辟"，也告诫世人邦无道则隐，或者危行言孙。四辟贤者孔子说有七位，分别是伯夷、叔齐、虞仲、夷逸、朱张、柳下惠和鲁少连。另外，孔子认为有六位仁者，分别是微子、比干、箕子、伯夷、叔齐和管仲。

上面说的是贤者，下面说隐士。

子路宿于石门。

晨门曰："奚自？"

子路曰："自孔氏。"曰："是知其不可而为之者与？"

子路在石门住宿了一夜。

早晨看门的人问："从哪里来的？"

子路说："自孔门来。"看门的人说："是那位知其不可而为之的人家吗？"

子路唯恐别人不知道自己是孔门弟子，不说从某地来而说从孔门来，本想炫耀一下，没想到碰到位隐士。看门的人会心一笑，略带宽慰而又轻蔑地反问了一句。子路一定又是脸红脖子粗了。看门的人了不得，一语道破圣人千古事。孔子的"莫我知也夫"喊早了。

贤者与隐士有交叉也有不同。《论语》中有记载的隐士还有楚狂人、长沮、桀溺、荷蓧丈人、荷蒉者等。所谓"大隐隐于朝，中隐隐于市，小隐隐于野"，这位看门的人应该算是位中隐。白居易有《中隐》诗一首，录于此，一笑。

大隐住朝市，小隐入丘樊。丘樊太冷落，朝市太嚣喧。
不如作中隐，隐在留司官。似出复似处，非忙亦非闲。
不劳心与力，又免饥与寒。终岁无公事，随月有俸钱。
君若好登临，城南有秋山。君若爱游荡，城东有春园。
君若欲一醉，时出赴宾筵。洛中多君子，可以恣欢言。
君若欲高卧，但自深掩关。亦无车马客，造次到门前。
人生处一世，其道难两全。贱即苦冻馁，贵则多忧患。
唯此中隐士，致身吉且安。穷通与丰约，正在四者间。

接下来，又是一位隐士，还是位闻声知音的大文人。

子击磬于卫。

有荷蒉而过孔氏之门者，曰："有心哉，击磬乎！"既而曰："鄙哉，硁硁乎！莫己知也，斯已而已矣。'深则厉，浅则揭。'"

子曰："果哉！末之难矣。"

孔子在卫国击磬。

有位挑着草筐的人从孔子门前路过，说："这个磬击打得有深意啊！"过了一会儿又说："固执啊，声音硁硁的！自己又不是不知道，这个时代已经这个样子了。'深则厉，浅则揭。'"

孔子说："说得真果断啊！可是事了难呀。"

声音硁硁，含有浅陋固执而又理直气壮的样子。"深则厉，浅则揭"出自《诗经》，意思是水深的时候直接走过去，水浅的时候撩起衣服蹚过去。

孔子击磬，把自己救世济民的抱负和郁郁不得志的情怀都抒发了出来，引起荷蒉者的喟叹，这真是位不识时务、固执己见的人啊，怎么就不知道大势不可违、随势而动呢？都说他执着认死理，知其不可而为之，还真是位冥顽不化的人！荷蒉者应该是故意的，他不可能不知道里面住的是孔子。

有人把"莫己知也，斯已而已矣"译作"没有人了解自己，就只为自己就是了"，把"果哉！末之难矣"译作"有这种坚决弃世的决心，就没有什么困难了"，或者"没有什么可以责问他了"，觉得不妥。

这位荷蒉者应该是一位小隐士、大贤者。

子张曰："《书》云：'高宗谅阴，三年不言。'何谓也？"

子曰："何必高宗，古之人皆然。君薨（hōng），百官总己以听于冢（zhǒng）宰三年。"

子张说："《书》上说：'殷高宗守丧，三年不谈政事。'这是什么意思？"

孔子说："不仅是高宗，古人都是这样。国君死了，朝廷百官都各司其职，听命于冢宰长达三年。"

高宗即武丁，是殷商时期非常贤明的君王。三年之丧至少从殷商时期就开始兴起了（有的说是服丧25个月，有的说是服丧27个月），三年无改于父道。守丧期满，就可以重新开局了。

冢宰即太宰，殷商置，位次三公，为六卿之首。"百官总己，以听于冢宰"，含有三年不改先王之道的意思。

子曰："上好礼，则民易使也。"

孔子说："居上位的人遇事依礼而行，那么百姓就容易听话。"

以上率下，民好从焉。其身正，不令而行。民风是政风的延续。君子之德风，小人之德草，草上之风必偃。

子路问君子。

子曰:"修己以敬。"曰:"如斯而已乎?"

曰:"修己以安人。"曰:"如斯而已乎?"

曰:"修己以安百姓。修己以安百姓,尧舜其犹病诸!"

子路问君子。

孔子说:"修养自己以严肃恭敬的态度对待一切。"子路说:"这样就够了吗?"

孔子说:"修养自己使周围的人能够安乐。"子路说:"这样就够了吗?"

孔子说:"修养自己使百姓都能够安乐。修养自己使百姓都能够安乐,尧舜也难以做到。"

子路有点开窍了,问问题不再浅尝辄止,学会连续追问了。孔子则递进回答君子修己的三个层次,为己、为人、为天下百姓,也就是修身齐家治国平天下之谓也。不过,孔子像是解释又像是自言自语地说:"修己以安百姓很难,连尧舜都难以做到。"或许,孔子觉得,仅仅依靠个人的努力去实现国泰民安、天下大同的理想和抱负,是远远不够的。

原壤夷俟。

子曰:"幼而不孙弟,长而无述焉,老而不死,是为贼!"以杖叩其胫。

原壤两腿叉开,随意地坐在那儿,形如簸箕。

孔子说:"年幼的时候你不尊重兄长,长大了又一无是处,老了老了还不死,真是个祸害。"说着,孔子用手杖敲他的小腿。

原壤是孔子的故交，有可能是发小。在孔子看来，原壤不重礼仪，一辈子碌碌无为，于是逮住机会就骂他是老不死的祸害。以杖叩其胫，说明这时候孔子已经六十多岁了，古代六十岁以上的老者才可以挂杖。孔子是真性情，真诚、宽厚、善良、友爱，对这个故人他也真是没办法，放浪形骸不守礼法，不遵礼节，油盐不进。《礼记》有载，孔子的老相识有叫原壤的，他的母亲去世了，孔子帮他清洗棺木。原壤噔噔地敲击着棺木道："我很久未唱歌抒怀了。"唱道："斑白的狸猫之首，牵着你柔软的手。"孔子装作没听见，径直走开。随从的人问："先生叫他别唱了行吗？"孔子道："我听说，未失去的亲人才是亲人，未失去的老相识才是老相识。"孔子似乎已经忽略原壤的存在了。孔子对发小有情有义，哀莫大于心死，不可挽回了。

发小也好，同学也好，人生一辈子总会遇上一个半个不着调的人。上面是位老不死的祸害，下面这位就是年少轻狂的小贼了。

阙（quē）党童子将命。

或问之曰："益者与？"

子曰："吾见其居于位也，见其与先生并行也。非求益者也，欲速成者也。"

阙里有个童子来向孔子传话。

有人问孔子："这是个上进的孩子吗？"

孔子说："我看他坐在成年人的位子上，又见他和长辈并肩而行。他不是求上进的人，只是个急于求成的人。"

历史经验证明，未经历练不懂知书达礼的年轻人，上位太早不是好事。有原壤这样的老贼为老不尊在前，有阙党童子这样的小贼年少张狂在后，你让孔子说什么好呢？

卫灵公篇第十五

卫灵公问陈于孔子。
孔子对曰:"俎豆之事,则尝闻之矣;军旅之事,未之学也。"
明日遂行。

卫灵公问孔子如何排兵布阵。
孔子回答说:"祭祀礼仪方面的事情,我还听说过;用兵打仗的事,我从来没有学过。"
第二天孔子便离开了卫国。

君主见了大儒不求教道德学问,而询问排兵布阵,不是故意就是想妄为。孔子抑亦先觉,这里已经不适合推行自己的仁政主张了,赶紧一走了之。

周游列国,困难重重。

在陈绝粮,从者病,莫能兴。
子路愠见曰:"君子亦有穷乎?"
子曰:"君子固穷,小人穷斯滥矣。"

孔子一行在陈国断粮了,随从的人病倒了,躺着起不来。
子路很不高兴地来见孔子说:"君子也有困窘到毫无办法的时候吗?"
孔子说:"君子穷困潦倒也能坚守原则,小人遇到穷困就无所不为。"

受不了困窘算不得君子。当一个人到了穷困潦倒的时候，才更能彰显他的气节。子路却开始怀疑人生了："秉持德行和操守的人陷入困境眼看要饿死，作恶多端的人反而过着锦衣玉食的优越生活，我们到底为了什么？"

这时候，勇武的子路或许开始动心思想解困的方法了。孔子抑亦先觉，用威严制止了他。后来，子贡到楚国请来救兵，他们才得以脱困。

子曰："赐也，女以予为多学而识之者与？"
对曰："然，非与？"
曰："非也，予一以贯之。"

孔子对子贡说："赐啊，你以为我是学得多记得牢的人吗？"
子贡答道："是啊，难道不是这样吗？"
孔子说："不是的，我是一以贯之。"

子贡善辞令，列言语科第二，是孔子思想最重要的继承者和传播者。或许是听到了子贡在外面吹捧自己，孔子就找来说他，你不要这样想，根本上我是体悟到天命之后，以仁道一以贯之，才一通百通的。

吾道一以贯之，择善固执。

子曰："由，知德者鲜矣。"

孔子说："由啊，懂得仁德的人太少了。"

孔子酒酣微醺，说子路呀，你总是不高兴，动不动给我脸色看，还怼我，就像长疯了的刺槐、炸了毛的刺猬，德容德貌非常不好看啊。知道为什么吗？其为人也，道为德畜，德为道用，说了你也不懂。孔子是一个善良的人，待人真诚宽厚，对学生因材施教、有的放矢、循循善诱。

圣人也有无可奈何的时候，特别是对至爱至亲的人。

子曰："无为而治者其舜也与！夫何为哉？恭己正南面而已矣。"

孔子说："能够无为而治天下的难道不是舜么！他做了什么呢？他只是端正庄敬地坐在王位上罢了。"

老子讲无为而治，孔子也讲无为而治，相同之处在于，他们的立论基础都阐发自周公敬天保民的思想，哲学上可以上溯到《易经》，《易》有三易。区别在于，老子主要是从认识论上讲人与自然的关系，为而不争，无为而无不为；孔子主要是从方法论上讲人与人之间的关系，"道之以德，齐之以礼，有耻且格"。君主要像大舜一样，"为政以德，譬如北辰，居其所而众星共之"。

子张问行。

子曰："言忠信，行笃敬，虽蛮貊（mán mò）之邦行矣。言不忠信，行不笃敬，虽州里行乎哉？立则见其参于前也，在舆则见其倚于衡也，夫然后行。"

子张书诸绅。

子张问行。

孔子说："说话要忠实诚信，行事要笃厚恭敬，即使到了蛮貊地区，也可以行得通。说话不讲忠实诚信，行事不讲笃厚恭敬，就是在本乡本土能行得通吗？站着仿佛看到这几个字显现在面前，坐车好像看到这几个字刻在车前横木上，这样才能牢记于心而笃行之。"

子张把这句话写在衣服大带上。

"言忠信，行笃敬"可以作为世人的座右铭。古时候以华夏为中国，周围被称为蛮貊之邦，即东夷、西戎、南蛮、北狄，指的是荒蛮未开化的落后地区，也有九夷、八狄、七戎、六蛮，谓之四海之说。

子张就是颛孙师，为人勇武，因清流不媚俗而被孔子评为性情偏激，所以孔子就用"言忠信，行笃敬"点拨他。

子曰："直哉史鱼！邦有道如矢，邦无道如矢。君子哉蘧（qú）伯玉！邦有道则仕，邦无道则可卷而怀之。"

孔子说："正直啊，史鱼！国家政治清明时，他的言行像箭一样直。国家政治昏暗时，他的言行也像箭一样直。君子啊，蘧伯玉！国家政治清明就出来做官，国家政治昏暗时就把自己的才能收藏起来。"

关于君子蘧伯玉，我们前面介绍过。史鱼，春秋时卫国大夫，名佗，字子鱼，也称史鰌。他多次向卫灵公推荐蘧伯玉。他临死前叮嘱家人不要治丧正室，以劝戒卫灵公进贤（蘧伯玉）去佞（弥子瑕），史称"尸谏"。

如果说蘧伯玉是君子中的贤者大隐，史鱼就是君子中的勇者义士。这种人现在也不少，喜欢一条道走到黑，不撞南墙不回头，回过头来继续撞，撞不破决不罢休，往往撞得头破血流，一辈子遭遇种种磨难。这种人遇到明君，是可以当谏官的。从前面的章句看，孔子欣赏蘧伯玉收放自如的处世之道，也赞赏史鱼直道而行勇者不惧的为人品格。

子曰："可与言而不与之言，失人；不可与言而与之言，失言。

知者不失人亦不失言。"

孔子说："可以同他谈的话却没有同他谈，这是失人。不可以同他谈的话却同他谈，这是失言。智者不失人，也不失言。"

历史上不仅有"色难"之谓，也有"辟言"之谓。见什么人该说什么话、不该说什么话，大有学问。该说的没说，就是不仁，失人；不该说的说了，缺德，失言。还是谨言慎行为好，如果薄言往愬，逢彼之怒，非倒霉不可。正直的史鱼还没有达到智者的境界。

子曰："志士仁人无求生以害仁，有杀身以成仁。"

孔子说："志士仁人决不为了自己活命而做出损害仁义的事情，却能牺牲自己的性命来成全仁德。"

志士仁人不会为了自己的生命安全而背信弃义于自己的理想信念，也就是仁道。历史上这样的志士仁人实在是太多了，他们是民族的脊梁。孟子"舍我其谁""仁者无敌"之谓也。

子贡问为仁。

子曰："工欲善其事，必先利其器。居是邦也，事其大夫之贤者，友其士之仁者。"

子贡问怎样培养践行仁德。

孔子说："工欲善其事，必先利其器。住在这个国家，就要侍奉大夫中的那些贤者，与士人中的仁者交朋友。"

孔子的意思是，实践自己为仁的理想抱负，先去找一位大夫中的贤者为他做事，并尽可能的与士人中的仁者交朋友。大夫中的贤者了解这个国家的国情、政情和为官之道，去好好跟他学习，有利于自己将来的发展。士人中的仁者了解这个国家的历史文化和民风民俗，从他们那里可以得到很多教益和帮助。工欲善其事，必先利其器。别着急，先磨砺自己，增长干事创业的本领和才干吧。大概如此。

子贡问的是怎样为仁道，而颜渊问的是怎样治理国家。

颜渊问为邦。

子曰："行夏之时，乘殷之辂（lù），服周之冕，乐则《韶》《舞》；放郑声，远佞人。郑声淫，佞人殆。"

颜渊问怎样治理国家。

孔子说："实行夏朝的历法，乘坐殷朝的车子，戴周朝的礼帽，乐曲就用《韶》和《舞》；禁绝郑国的靡靡之音，疏远巧言令色的佞人。郑国的音乐淫惑不正派，谄媚的人太危险。"

夏历合乎四季变换的自然规律，殷车简朴耐用经济实惠，周帽彰显郁郁乎文哉文治教化，《韶》《舞》之乐气势恢宏端庄大气安人心智。孔子让颜回采用上古三代最好的成果去治理国家，同时告诉颜回靡靡之音容易丧人心智，巧言令色的谄媚之人可以使人误入歧途，不得不防。

为仁为邦都是理想抱负，明确了目标才能知道当下该做什么。

子曰："人无远虑，必有近忧。"

孔子说："没有长远的考虑，一定会有眼前的忧患。"

谋虑长远，就会办事周详，及时预防流弊，也就能让忧患之事不得接近。反之，走一步看一步，脚踩西瓜皮，滑到哪里算哪里，天天担心摔跟头，怎能会行稳致远？不一定人人都有子贡和颜渊为仁为邦的抱负，但要有像他们一样的信念和追求，只有这样才能立足当下、思谋未来，从而目光坚定，直道而行。

子曰："已矣乎！吾未见好德如好色者也。"

孔子说："罢了罢了！我从未见过像好色那样好德的人。"

前文出现过这句话。《论语》中，前面出现过的章句，后面又出现的有好几条。有人说是《论语》编纂者没商量好，也没有统修，就流传开来了。其实不然，每篇都有主题，都有主线，一以贯之"穿珍珠"，需要的时候，这粒"珍珠"谁都可以用。人无远虑，好德之虑；必有近忧，好色之忧。好色不好德，这就完了！

发乎情，止乎礼，皆中节就好，孔子不反对色，他说"食色，人之大欲存焉"，但不能成癖。现代医学研究认为，人体能够分泌两种令人兴奋的物质，一种是能带来短时兴奋的多巴胺，分泌多了会让人产生依赖，成为"瘾君子"；另一种是能带来长久愉悦的内啡呔，分泌多了会给人带来更好的愉悦感，但不会让人产生依赖。

子曰："臧文仲其窃位者与！知柳下惠之贤而不与立也。"

孔子说："臧文仲是一个窃居官位的人吧！他明知柳下惠贤能，却不举荐他做官。"

前面说臧文仲在家里养乌龟，山节藻棁，把藏龟的大屋子装饰成天子宗庙的式样，这在孔子看来就是僭越之举了，孔子指责他不仁不智。这一次又因不举荐柳下惠做官，说他是窃位者。史书上对臧文仲的评价却是世袭司寇，执礼维护公室，博闻强识，不拘常理，服事鲁庄公、闵公、僖公、文公四位国君，废除关卡便于经商，利国利民。孔子也不过就事论事罢了。

柳下惠，鲁国贤者，字禽，又名展季，才德俱佳。柳下惠因直道而事人，三次遭到罢黜，也曾批评臧文仲祭祀海鸟。孔子仁的思想里就包括直，真诚而正直、直道而行等。柳下惠做到了，所以孔子推崇他。

子曰："躬自厚而薄责于人，则远怨矣。"

孔子说："严厉地责备自己而宽容地对待别人，那就可以远离别人的怨恨了。"

严于律己，宽以待人。对自己要求严格，凡事反求诸己，有过失多内省自讼，少责备别人，这样为人处世，怨恨就少了。也有人喜欢推卸责任，功劳是自己的，问题是别人的。更有甚者，工作还没开始干，就开始盘算着出了问题如何推卸责任了，免责作为，结果必将是一事无成。

子曰："不曰'如之何，如之何？'者，吾末如之何也已矣。"

孔子说："不说'怎么办，怎么办？'的人，我对他也不知道该怎么办了。"

遇到事情先问自己这事怎么办才好，这是一个分析问题、研究问题，寻求最佳解决方案的过程，也是一个克服近忧、达成远谋的过程。凭着经验和臆测行事，效果一般不会好，也不能像"片言折狱"、"不宿诺"的子路那样武断。

这一则与孔子主张的"再，斯可矣"，不用三思而后行相互承乘。

子曰："群居终日，言不及义，好行小慧，难矣哉！"

孔子说："整天聚在一块，说话的内容丝毫不涉及道义，专好卖弄小聪明，这种人很难教导！"

这群人没有信仰，没有追求，三观不正，整天无所事事聚在一起，说三道四，耍些小聪明，占点小便宜。如果社会风气成了这样，邪风尽吹，挽救起来就更难了。

以上三则涉及免责作为、不会作为和碌碌无为。如何改变？虽然难矣哉，也得想办法。

子曰："君子义以为质，礼以行之，孙以出之，信以成之。君子哉！"

孔子说："君子把道义作为根本，依照礼的规范来实行，用谦逊的言语来表述，用真诚的态度来完成。这就是君子了！"

重构社会礼乐秩序，健康人文道德价值，还是需要君子来担当大任。君子践行仁义礼智信，任重而道远。

子曰："君子病无能焉，不病人之不己知也。"

孔子说："君子只担心自己没有才能，不担心别人不知道自己。"

无能如何担当大任？君子最担心的是自己没有真才实学，本领不够高强，承担不起大任。所以，不患人不己知，患己不能。

我们回过头来想一想，捋一捋。《论语》把"子曰学而时习之"放在开篇首则，用意是极深的。从社会层面来看，这个礼崩乐坏的时代需要君子来匡扶。但只靠一个君子，就算他是圣贤君子也不行，需要造就一个君子群体来推行仁道才有可能，所以"有朋自远方来，不亦乐乎"。无能如何担当大任？所以"学而时习之，不亦说乎"，需要学习增长经世致用的才干，包括德行、言语、政事和文学。世人群居终日，言不及义，所以"人不知而不愠，不亦君子乎"。从个人层面来看，其为人也，君子之道，就是修身立世之道，就是中庸处世之道，就是齐家治国平天下。

子曰："君子疾没（mò）世而名不称（chèn）焉。"

孔子说："君子担心一辈子名不副实，浪得虚名。"

君子任重而道远，仁以为己任。君子修为，担心的是做得不够好。有人将此句译作"君子担心死后他的名字不为人们所称颂"或"没有好名声让人称述"，均不妥。君子生前都不怕别人不知道自己，死而后已，还怕身后？"称"取"相称"的意思。君子病无能焉，不病人之不己知也。当然，人死后能留下好名声更好。

子曰："君子求诸己，小人求诸人。"

孔子说："君子严格要求自己，小人总是苛求别人。"

君子凡事都从自身找原因，小人总是苛求别人。君子凡事求诸己，内省自讼，这比"躬自厚而薄责于人"的自我要求更高了。

子曰："君子矜而不争，群而不党。"

孔子说："君子矜持庄重而不与人争执，合群而不结党营私。"

君子矜而不争，群而不党，周而不比，和而不同，泰而不骄，不忧不惧。君子中道而行，一以贯之。

子曰："君子不以言举人，不以人废言。"

孔子说："君子不会因为一个人话说得好就举荐他，也不会因为一个人操守不好就不采纳他的良言。"

孔子也说过"有言者不必有德",所以不能以人废言;"有德者不必有言",所以不能以言废人。有德之人也骂过别人,老而不死是为贼。

子贡问曰:"有一言而可以终身行之者乎?"
子曰:"其恕乎!己所不欲,勿施于人。"

子贡问道:"有没有一个字可以终身奉行的呢?"
孔子回答说:"那就是恕吧!自己不愿意的,不要强加给别人。"

己所不欲,勿施于人,自己不愿意的不要强加给别人,是给"恕"所作的注解。在仲弓问仁的时候,孔子也说过"己所不欲,勿施于人",后面还有一句是"在邦无怨,在家无怨"。无怨是自己不抱怨,没有怨恨。"恕"是推己及人之道,仁之施也,恕而后行也,也就是仁道。人一辈子能够做到这一个字,还真是不容易。据说联合国总部的墙上就有这句话——己所不欲,勿施于人。如果只一个"恕"字作为联合国的座右铭,估计很难有人懂了。

子贡是孔门弟子中道德学问很高的弟子之一,综合考量不低于颜回,甚至当时有人将其比肩孔子。但子贡也不是没有缺点,比如喜欢批评或议论别人。孔子担心子贡改不了这个毛病,就给子贡讲了这句话,情真意切,意味深远。

子贡说过,"我不欲人之加诸我也,吾亦欲无加诸人",看着好像是在行恕道了,其实他说这句话的时候,是有情绪的。孔子太了解自己的学生了。

子曰:"吾之于人也,谁毁谁誉?如有所誉者,其有所试矣。斯民也,三代之所以直道而行也。"

孔子说:"我对别人,诋毁过谁赞誉过谁?如有所赞誉的,也是对他有所考察的。这些人呀,夏商周三代之所以直道而行,就是不去妄议别人的呀。"

或许是看到社会上议论成风、妄议盛行,孔子有所感慨才说了这句话。我议论过别人吗?我如果有所赞誉有所诋毁,都是听其言观其行,"视其所以,观其所由,察其所安",经过验证后才说的。"众恶之,必察焉;众好之,必察焉",从不妄议别人。这些人呀,为什么这么喜欢议论别人呢?夏商周三代之所以直道而行,率性而为,就是不去妄议是非,也不在乎什么毁誉的啊。

对这句话的译作五花八门,有的大相径庭,有点乱。关于"我对别人"还是"别人对我",就是相反的论调。

子曰:"吾犹及史之阙文也,有马者借人乘之,今亡矣夫!"

孔子说:"我还能够看到史书中存疑空阙的地方,有马的人把马借给别人骑走了,现在找不到了!"

这句话翻译起来很费劲,不好加省略句。方家也是各有各的看法。没有让人信服的就依文解意、以意逆志了,感觉孔子是在打比方,意思是阙文如马被人骑走了,找不到了。

关于史之阙文,一说史官记载有疑则阙;一说史者掌书之吏,遇字不知,阙之待问,不妄以己意别写一字代之。做学问要有存疑精神,这是孔子所赞赏的。

子曰:"巧言乱德。小不忍,则乱大谋。"

孔子说:"花言巧语会败坏道德。小不忍,则乱大谋。"

巧言令色,鲜矣仁。动听讨好的话有毒,一般人爱听但品不出毒性来,除非是至诚至真的贤者抑亦先觉。有志之士要提高警惕,不要让花言巧语扰乱了德性,不要在小事情上纠缠不清,不要动不动就上火发脾气,做出不理智的事情来,小不忍则乱大谋。忍一时风平浪静,退一步海阔天空。谋定而后动,知止而有得。

子曰:"众恶之,必察焉;众好之,必察焉。"

孔子说:"大家都讨厌他,一定要去考察一下;大家都喜欢他,也一定要去考察一下。"

子贡曾问孔子:"乡人皆好之,何如?"孔子说:"未可也。"问:"乡人皆恶之,何如?"孔子说:"未可也。不如乡人之善者好之,其不善者恶之。"本则像是子贡与孔子对话的下则。听其言观其行,"视其所以,观其所由,察其所安",必须亲自求证才能得出可靠的结论来,并坚持群众路线,这是孔子的原则。

子曰:"人能弘道,非道弘人。"

孔子说:"人能够弘扬光大仁道,不是仁道弘扬光大人。"

天命仁道就在那里,独立而不改,周行而不殆,需要人去体悟并发扬光大。追求仁道推己及人,感受生命的力量和意义,才是人生正道。

子曰:"过而不改,是谓过矣。"

孔子说:"有了过错而不去改正,这就是真正的过错了。"

改过迁善,日进于善。有过不改,无异于积沙成丘,最终小错酿成大错，悔之晚矣。

子曰："吾尝终日不食，终夜不寝，以思，无益，不如学也。"

孔子说："我曾经整天不吃饭，彻夜不睡觉，左思右想，结果没有什么益处，还不如去学习。"

学而不思则罔，思而不学则殆。思考是以学习和实践作为基础的，没有学习和实践的积累就去思考，终究是沙上建塔、空中楼阁，精神疲倦，徒劳无益。思困不如学也。

子曰："君子谋道不谋食。耕也馁在其中矣，学也禄在其中矣。君子忧道不忧贫。"

孔子说："君子谋道不谋食。种田也会经常饿肚子，学习也可以得到俸禄。君子忧道不忧贫。"

君子谋道不谋食，君子忧道不忧贫。道德学问高，不怕没前途。人之所以为人是在谋道。其为人也，谋食仅仅是基础性的生存需要，谋道才是生活的意义和生命的价值，否则人就成衣冠禽兽了。《孟子》中对这一观点有较为详细的阐述。

子曰："知及之，仁不能守之，虽得之，必失之。知及之，仁能守之，不庄以莅之，则民不敬。知及之，仁能守之，庄以莅之，动之不以礼，未善也。"

孔子说："依靠聪明才智得到的，如果仁德不能守住它，即使得到了，也一定会失去它。依靠聪明才智得到的，仁德可以守住它，不能够谨严持重的去治理，那么百姓就会不敬服。依靠聪明才智得到的，仁德可以守住它，能够谨严持重的去治理，如果不按照礼的要求规范，那也是不完善的。"

通过聪明才智当上君王者，如何才能治理好国家呢？一是推行仁政，道之以德。二是恭敬治理，谨严持重。三是齐之以礼，亲亲尊尊。三方面都要做到，才算是善政。只有从内心深处真正为国家百姓着想，老百姓才会敬服。君子谋道不谋食，治理国家靠的是仁道。靠聪明才智可以得到一个国家，如果做不到以上三个方面，是治理不好一个国家的。

子曰："君子不可小知而可大受也。小人不可大受而可小知也。"

孔子说："君子不可让他做小事，应该让他承担重大的使命。小人不能让他承担重大的使命，但可以让他做小事。"

"小知"可译作"用小智商就可以完成的事"，即小事。

大材小用和小材大用都得不偿失，甚至适得其反。明珠弹雀，得不偿失。以杙（yì）为楹，因小失大。知人善任，用当其时才是英明之举。

子曰："民之于仁也，甚于水火。水火，吾见蹈而死者矣，未见蹈仁而死者也。"

孔子说："民众对于仁德的需求，超过对水和火的需求。水和火，我见过跳进去淹死的和烧死的，却没见过践行仁德而死的。"

取水生火做饭，民众的物质生活离不开水火，孟子也说民非水火不生活。但民众的精神生活更离不开仁德。水火是外物，而仁德是内心。没有水火，饥渴困苦。没有仁德，衣冠禽兽。水火养人也能杀人，仁德养性能够成人。国家施行仁政，德治礼教比水滋润、比火温暖，民众能够尽情享受仁德的恩惠，而不会被仁德淹没烧死。至于赴汤蹈火、杀身成仁，并非是仁德杀人，而是仁德精神的崇高体现。

有人将此句译作"百姓们对于仁的苛求，超过对水火的害怕"或者"为了得到水与火，我见过有人牺牲了生命"等，这些翻译都没有理解孔子的意思。依文解意，三世佛冤。

下面接着来了六句"子曰"，都是短句，乃为人处世的金玉良言。

子曰："当仁不让于师。"

孔子说："遇到可以践行仁道的机会，对老师也不必谦让。"

这里的"当"字有"面对"和"承担"两个意思可用。一是面对仁德不让于老师，类似"我爱我师，我更爱真理"的意思。二是承担仁行不让于老师，要与老师共同承担弘扬仁德的社会责任。另外还有一个模糊的意思是，当仁不让，该上就上，就是老师也一样。大家可以参详。

有人认为孔子这是鼓励学生向老师造反，就有点不知所云了。

子曰："君子贞而不谅。"

孔子说："君子端方正直而不固执成见。"

君子端方正直，忠贞不渝，走正道赴仁德，虽当仁不让于师，但不固执成见。这又像是给"当仁不让于师"作注解。

有人将此句译作"君子不拘泥于小信"，感觉也有道理。

子曰："事君，敬其事而后其食。"

孔子说："侍奉君主，要把严肃认真做事放在前面，把领取俸禄的事放到后面。"

事君，敬其事的目的是推行仁道，不是为了待遇的多少，这是一种境界。尸位素餐，只为财帛权力而不管时政国家，耻也。"邦无道，谷，耻也。"

子曰："有教无类。"

孔子说："人人都可以接受教育，不分族类。"

自行束脩以上，吾未尝无诲焉。基本的尊师重教的见面礼还是要有的，其他不分阶级，不分地域，不分老少，只要愿意学，一律谆谆教诲。在全面实施六艺素质教育的基础上，设德行、政事、言语、文学等四科，因材施教。承诺提供周游列国的机会，学而优则仕，推荐优质就业（主要面向地市级正处级以上公务员、家宰等，不乏大夫等省部级官员），等等。

子曰："道不同，不相为谋。"

孔子说："志向主张不同，不在一起谋划共事。"

虽然有教无类，但必须以追求仁道为志向，以修行君子为目标，笃信好学，守死善道。否则轻者训诫，较重者群起而攻之，重者一律开除。虽然孔门以团结紧张、严肃活泼为校风，主要采取谈话聊天的教学方式，但弟子们在公开场合必须尊师重教，严格执弟子之礼。课余活动时间，师徒在一起怎么样那个另说。个人诚敬慎独不欺暗室。倘若学习不是为了追求仁道，一律免谈！

子曰："辞达而已矣。"

孔子说："言辞只要把意思表达清楚了就行。"

说话写文章，崇尚朴实无华，杜绝花言巧语，辞能达意即可。起草公文，另说。

师冕见，及阶，子曰："阶也。"及席，子曰："席也。"皆坐，子告之曰："某在斯，某在斯。"

师冕出。子张问曰："与师言之道与？"

子曰："然，固相师之道也。"

乐师冕来见孔子，走到台阶边，孔子说："这是台阶。"走到坐席旁，孔子说："这是坐席。"等大家都坐下来，孔子告诉他："某某在这里，某某在这里。"

师冕走了以后，子张问孔子："这就是与乐师相处的礼节吗？"

孔子说："这就是待师之道。"

乐师冕是个盲人。古时候很多音乐大家都是盲人，比如乐圣师旷等。孔子对盲人本就怀有悲悯之心，对乐师冕更是礼遇有加。仁道之于盲人乐师，不就体现在这些细节之中吗？

季氏篇第十六

季氏将伐颛臾（zhuān yú）。

冉有、季路见于孔子，曰："季氏将有事于颛臾。"

孔子曰："求，无乃尔是过与？夫颛臾，昔者先王以为东蒙主，且在邦域之中矣，是社稷之臣也。何以伐为？"

冉有曰："夫子欲之，吾二臣者皆不欲也。"

孔子曰："求，周任有言曰：'陈力就列，不能者止。'危而不持，颠而不扶，则将焉用彼相矣？且尔言过矣，虎兕（sì）出于柙，龟玉毁于椟中，是谁之过与？"

冉有曰："今夫颛臾固而近于费，今不取，后世必为子孙忧。"

孔子曰："求，君子疾夫舍曰欲之而必为之辞。丘也闻有国有家者，不患寡而患不均，不患贫而患不安。盖均无贫，和无寡，安无倾。夫如是，故远人不服，则修文德以来之。既来之，则安之。今由与求也相夫子，远人不服而不能来也，邦分崩离析而不能守也，而谋动干戈于邦内。吾恐季孙之忧不在颛臾，而在萧墙之内也。"

季氏将要讨伐颛臾。

冉有、子路去拜见孔子，说："季氏准备攻打颛臾了。"

孔子说："冉求，难道不是你的过错吗？颛臾，从前是周天子让它主持东蒙祭祀的，而且领地在鲁国的疆域之内，是国家的臣属，为什么要讨伐它呢？"

冉有说："季孙大夫想去攻打，我们两人都不同意。"

孔子说："冉求，周任有句话说：'尽力去担当你的职责，实在做不了就辞职。'有了危险不去扶持，跌倒了不去搀扶，那还用辅助的人干什么呢？而且你话说错了。老虎、犀牛从笼子里跑出来，龟甲、玉器在匣子里毁坏了，这是谁的过错呢？"

冉有说："现在颛臾城墙坚固而且离费邑很近，现在不把它夺过来，将来一定会成为子孙的隐患。"

孔子说："冉求，君子痛恨那种不肯说自己想那样做，而又一定找借口的人。我听说，对于诸侯和大夫，不担心贫穷，而担心分配的不公平。不担心人口少而担心生活不安定。若是财富均衡，就没有贫穷。境内和平团结便不会觉得人少。境内平安国家便不会倾危。做到这样，远方的人还不归服，就再修礼乐教化招徕他们。来归之后，就得安顿他们。现在，仲由和冉求你们辅佐季氏，远方的人不归服不能招徕他们，国家弄得分崩离析你们又不能保全守住，反而策划在邦内使用武力。我只怕季孙的忧患不在颛臾，而在自家内部吧。"

这一大段师生论战，起于季氏想要讨伐颛臾国。冉有、子路当时做季氏家臣，不敢不向孔子汇报。孔子认为，第一，攻打藩属国是不对的。上古的文化精神是"兴灭国，继绝世"。如果一个诸侯国被灭亡了，其他诸侯国会找回他的后代并帮他复国，因为这些诸侯国都是宗主国封的，同宗同源。第二，主人不行仁道，劝不住就辞职别干了，这才是君子所为，正所谓"陈力就列，不能者止"，或者"以道事君不可则止"。第三，君子最恨表里不一、不得要领的人，祸起萧墙你们是脱不了干系的。

孔子曰："天下有道，则礼乐征伐自天子出；天下无道，则礼乐征伐自诸侯出。自诸侯出，盖十世希不失矣；自大夫出，五世希不失矣；陪臣执国命，三世希不失矣。天下有道，则政不在大夫。天下有道，则庶人不议。"

孔子说："天下政治清明，制礼作乐以及出兵打仗的命令都由天子下达；天下政治昏乱，制作礼乐以及出兵打仗的命令由诸侯下达。政令由诸侯下达，大概经过十代很少有不垮台的；由大夫决定，经过五代很少有不垮台的；大夫的家臣把持朝政的话，经过三代很少有不垮台的。天下政治清明，国家政权就不会落到大夫手中。天下政治清明，老百姓也就不会议论朝政了。"

正所谓"名不正则言不顺，言不顺则事不成，事不成则礼乐不兴，礼乐不兴则刑罚不中，刑罚不中则民无所措手足"。中国历史四大害，藩镇之祸，宦官当政，外戚揽权，女祸为害，都是有深刻的历史教训的。另外，孟子有句话叫"君子之泽，五世而斩"，民间有句话叫"富不过三代"，等等，都是历史经验的总结。

孔子曰："禄之去公室五世矣，政逮于大夫四世矣，故夫三桓之子孙微矣。"

孔子说："鲁君失去国家政权已经五代了，政权落在大夫之手已经四代了，所以鲁桓公的三家子孙都衰微了。"

上面这三部分其实是一个整体，是孔子口述的一篇小论文，论文的题目叫"论历史朝代演变规律及其由此引发的旷世预言"。下面，孔子开启另一轮"三三模式"。

孔子曰:"益者三友,损者三友。友直、友谅、友多闻,益矣。友便辟、友善柔、友便佞,损矣。"

孔子说:"有益的朋友有三种,有害的朋友有三种。同正直的人交朋友,同诚信的人交朋友,同见多识广的人交朋友,这是有益的。同偏邪不正的人交友,同善于装腔作势的人交友,同惯于花言巧语的人交友,这是有害的。"

"谅"在《论语》中出现了好几次,本有宽恕、信实、推想、固执四种意思,这里取"信实"或"宽恕"解都可。亲君子,远小人。贤者四避。实在抹不开的就防着点,心里有数就好。

孔子曰:"益者三乐,损者三乐。乐节礼乐、乐道人之善、乐多贤友,益矣。乐骄乐、乐佚游、乐宴乐,损矣。"

孔子说:"有益的乐趣有三种,有害的乐趣有三种。以礼乐调节自己的情操为乐,以称赞别人的优点为乐,以有许多贤德的朋友为乐,这是有益的。喜欢骄傲自满,喜欢纵情游荡,喜欢吃喝玩乐,这是有害的。"

没有离开品行的快乐,品行是快乐的依归。如果一个人喜欢吃喝玩乐,或骄傲自满或纵情游荡,却说这个人品行很好,那是骗人的。平时彬彬有礼,喜欢音乐雅曲,眼里满是别人的优点,不说别人的坏话,交的朋友都是贤良的人,这样的人品行一般错不了。

孔子曰:"侍于君子有三愆(qiān):言未及之而言谓之躁,言及之而不言谓之隐,未见颜色而言谓之瞽。"

孔子说:"侍奉君子要防止三种过失。还没有问到你的时候就说话，这叫急躁；已经问到你的时候你却不说，这叫隐瞒；不看君子的脸色而贸然说话，这叫眼瞎。"

"君子"有时候特指道义品行高的人，有时候也泛指君主、上级和领导，等等。孔子深谙人情世故，告诫世人侍奉君子要懂得察言观色，不该说话的时候别说，该说话的时候就说，说什么话要看君子的脸色。

孔子曰："君子有三戒：少之时，血气未定，戒之在色；及其壮也，血气方刚，戒之在斗；及其老也，血气既衰，戒之在得。"

孔子说："君子有三件事应该警惕戒备：年少的时候，血气还不稳定，要戒备色的诱惑；到了壮年，血气方刚，要戒惕争强好斗；等到了老年，血气已经衰弱了，要戒除贪得无厌。"

孔子不仅讲仁义道德、使命抱负，也讲人生经验、处世道理。人年少的时候，身体发育不够成熟，三观还没有确立，情绪不容易控制，对男女情爱出于强烈的好奇，容易做出一些出格的事，所以孔子告诫年少的朋友要戒色，不要一时冲动贻害终身。壮年的时候，在事业上打拼，爱拼才会赢是好的，但不要逞一时之强，一言不合就拔刀相向，也不要钩心斗角打击报复。真正的强大是由内而外散发出来的镇定和正气。有道是"松下无人一局残，空山松子落棋盘，神仙更有神仙着，毕竟输赢下不完"。有些老年人，年轻的时候仗义疏财，老了老了却爱财如命，甚至想不劳而获发大财。本来血气就不足，结果被人骗了气得吐血。

孔子曰："君子有三畏：畏天命，畏大人，畏圣人之言。小人不知天命而不畏也，狎大人，侮圣人之言。"

孔子说："君子有三种敬畏：敬畏天命，敬畏地位高贵的人，敬畏圣人的话。小人不知天命不可违抗，所以不敬畏它，戏弄轻视地位高贵的人，轻慢侮辱圣人的言论。"

人要知敬畏。不知敬畏枉为人，天不怕地不怕那是傻小子。

天命就是天道的意志，顺之者生，逆之者亡。大人是左右社会秩序的权杖。圣人之言是对生命过往历史经验的总结和体悟。无知者无畏，无畏者无知。转圜石于千仞之山：一块石头在一两万尺的高空旋转，"你看，你看，多好玩的石头！"这肯定是傻小子。

孔子曰："生而知之者上也，学而知之者次也，困而学之又其次也。困而不学，民斯为下矣。"

孔子说："生来就知道的人是上等人，经过学习以后才知道的是次一等的人，遇到困难再去学习的是又次一等的人。遇到困难还不学习的人，这种人就是下等的人了。"

《孔子家语》中，孔子认为人有五仪：有庸人，有士人，有君子，有贤人，有圣人。从孔子给这五种人的正名看，与这里人分四等显然不是一种分类方法。孔子还说唯上智与下愚不移。综合来看，"生而知之者"就是思想的创立者，是圣人，是上智，比如创设先天八卦的伏羲。"困而不学者"就是下愚了，是不是庸人，值得怀疑。

孔子曰："君子有九思：视思明，听思聪，色思温，貌思恭，言思忠，事思敬，疑思问，忿思难，见得思义。"

孔子说："君子有九种思考：看的时候要思考是否看明白了，听的时候要思考是否听清楚了，脸上的表情要思考是否温和，容貌态度要思考是否谦恭，言谈的时候要思考是否忠诚，办事的时候要思考是否谨慎严肃，遇到疑问时要思考是否应该向别人讨教,气愤发怒时要思考是否会有后患,看见可得的要思考是否合乎道义。"

知行合一,思行并重,时时自省,处处用心,就会少犯错误。

孔子曰:"见善如不及,见不善如探汤。吾见其人矣,吾闻其语矣。隐居以求其志,行义以达其道,吾闻其语矣,未见其人也。"

孔子说:"看到善的行为就担心做不到,看到不善的行为就好像伸手碰到滚烫的水。我见过这样的人,也听过他说的话。隐居避世来保全自己的志节,行侠仗义来贯彻自己的主张,我听过这样的话,但未曾见过这样的人。"

有人翻译时把"其"的语义省略掉了,意思就不太通畅。前者如颜回就做到了。但隐居避世不同流合污,保全气节,同时又行侠仗义,践行自己的主张,这种既避世又入世的行为方式,现实中很难做到。武侠小说里倒是有,他们能飞檐走壁、不吃不喝,现实中不行。

齐景公有马千驷,死之日,民无德而称焉。伯夷、叔齐饿于首阳之下,民到于今称之。其斯之谓与?

齐景公有四千匹马,他死的时候,老百姓觉得他没有什么德行值得称颂。伯夷、叔齐饿死在首阳山,老百姓到如今还在称颂他们。这说明什么呢?

齐景公虽然富贵,但没有给老百姓做什么好事,所以人们觉得他没有什么德行值得称颂。伯夷、叔齐就不一样了,兄弟让国归隐首阳山,恪守礼制,扣马谏伐,不吃周粟饿死,忠贞爱国,宁死不屈。他们有情有义,有礼有节,所以老百姓们到现在还在称颂他们。

如果结合上则理解，或许是说伯夷、叔齐求仁得仁，饿死在首阳山，保全了自己的气节，很是值得称颂。由此，将"其斯之谓与"译作"说的就是这个意思吧"，也有道理。

陈亢问于伯鱼曰："子亦有异闻乎？"

对曰："未也。尝独立，鲤趋而过庭，曰：'学《诗》乎？'对曰：'未也。''不学《诗》，无以言。'鲤退而学《诗》。他日，又独立，鲤趋而过庭，曰：'学《礼》乎？'对曰：'未也。''不学《礼》，无以立。'鲤退而学《礼》。闻斯二者。"

陈亢退而喜曰："问一得三，闻《诗》，闻《礼》，又闻君子之远其子也。"

陈亢向伯鱼问道："你在老师那里得到过与众不同的教诲吗？"

伯鱼回答说："没有。有一次父亲独自站在那里，我快步走过大厅，父亲说：'学《诗》了吗？'我回答说：'没有。'父亲说：'不学《诗》，就不会应对说话。'我回去就开始学《诗》。又有一天，父亲又独自站在那里，我快步走过大厅，父亲说：'学《礼》了吗？'我回答说：'没有。'父亲说：'不学《礼》就没法立足于社会。'我回去就开始学《礼》。我就听到过这两句话。"

陈亢回去高兴地说："我提了一个问题，却得到三个收获。听了关于《诗》的道理，听了关于《礼》的道理，又懂得了君子不偏爱自己儿子的道理。"

陈亢就是子禽，喜欢打听夫子的事，先是在《学而》里向子贡打听，现在又向孔子的儿子伯鱼打听。伯鱼是个老实人，尽管老爹没有给他什么特别的教诲，但还是想起两件事，就和子禽说了。子禽也是好学善思的人，问一得二知三。孔子的伟大之处也体现在视弟子如己出，从不偏爱自己的儿子。另外，这也说明孔子对《诗》《礼》非常重视。

《诗》，可以兴，引发人们真诚的向往；可以观，提高人的气节；可以群，沟通大家的情感；可以怨，疏解人的情绪。迩之事父，远之事君，多识于鸟兽草木之名。

《论语》里什么样的人都有。有人说现实中上至国家大事，下至人情世故，大多都可以在《论语》里找到相应的评述，以至于赵普认为半部《论语》治天下，看来此言不虚。下则更甚。

邦君之妻，君称之曰"夫人"，夫人自称曰"小童"；邦人称之曰"君夫人"，称诸异邦曰"寡小君"；异邦人称之亦曰"君夫人"。

国君的妻子，国君称她为"夫人"，夫人自称为"小童"；国人称她为"君夫人"，在其他国家的人面前则称为"寡小君"，他国人也称她为"君夫人"。

这是讲古人称呼人的礼仪，什么人什么时候该称呼什么，一点都不能马虎，名不正则言不顺。称男老师的夫人叫"师母"，称女老师的丈夫叫什么好呢？

阳货篇第十七

阳货欲见孔子，孔子不见，归孔子豚。

孔子时其亡也而往拜之，遇诸涂。谓孔子曰："来，予与尔言。"曰："怀其宝而迷其邦，可谓仁乎？"曰："不可。""好从事而亟失时，可谓知乎？"曰："不可。""日月逝矣，岁不我与！"

孔子曰："诺，吾将仕矣。"

阳货想要孔子去拜见他，孔子不去拜见，他便赠送给孔子一只烤乳猪。

孔子打听到阳货不在家时，前往阳货家去拜谢，却在半路上遇见了阳货。阳货对孔子说："来，我有话要跟你说。"阳货说："身怀良策却任凭国家混乱，能叫仁吗？"孔子回答说："不可以。""想做大事却总是不去把握机遇，能叫智吗？"孔子回答说："不可以。""时间都一天天过去了，时不我待啊！"

孔子说："好吧，我将去做官。"

阳货，名虎，字货，春秋时鲁国人，鲁国大夫季平子的家臣。季氏曾几代把持鲁国朝政，此时的阳货掌握着季氏的家政。季平子死后，阳货专权管理鲁国政事。后来，他与公山弗扰共谋杀害季桓子，失败后逃往晋国。《列子》把孔子一生所遭受的磨难概括为四厄：穷于商周；围于陈蔡；受屈于季氏；见辱于阳虎。其中两次厄难与阳货有着直接的关联，另外两次也或多或少与阳货有一定的关系。阳货以季孙家臣之身，毫无家底与政治背景，却能跻身鲁国卿大夫行列，指挥三桓，开鲁国家臣执国政之先河。

鲁昭公七年，孔子 17 岁，季氏宴请士人，孔子亦欣然前往。时为季氏家臣的阳货却不让他进门，并对孔子说："季氏飨士，非敢飨子也。"阳货的所言所行，无疑给年少的孔子带来极大的侵害。宋国有一个城邑叫作匡，这里的人曾经被阳货侵害过，所以匡城人都非常憎恨阳货。阳货和孔子长得很像。孔子周游列国时路过匡城，匡城人误以为是阳货来了，就将孔子围了起来困了他 5 天。

从这段的起因和对白看，孔子不愿见阳货，一是道不同不相为谋，二是本来他对阳货的看法就不好。但阳货不愧为政治家，乃治国之奇才，三言两语就让孔子又一次吃瘪，还陷入不仁不智的大坑。其实，孔子也是借坡下驴罢了，既然如此，孔子认为出仕的时机到了。不久，孔子升为鲁国大司寇，摄相事，七日而诛少正卯，暴尸三日，鲁国大治。

子曰："性相近也，习相远也。"

孔子说："性相近也，习相远也。"

孔子认为人的先天禀性其实差不多，所谓的天才和蠢才也没几个，但后天的人文教化与个人选择不同，导致了人们的思想认识和行为习惯等出现了较大的差异，比如自己和阳货。考察《孟子》原文会发现，孟子也只是说人的先天秉性中有向善的种子，并没说有没有恶和向恶的种子，他说他的意思是"可以为善矣"，与孔子不矛盾。本质上，教育是造就人的关键因素。

子曰："唯上知与下愚不移。"

孔子说："只有上智与下愚是改变不了的。"

所谓的天才和蠢才没几个，所谓的上智和下愚也没几个。上智已得真知乃圣，教化众生，比如尧舜禹等。下愚冥顽不化，叩其两端不见回响，教育已经很难改变他了，比如揠苗助长的，掩耳盗铃的，买椟还珠的，郑人买履的，刻舟求剑的，等等。但上智和下愚都不是玩弄聪明的人，他们也有共同点。

子之武城，闻弦歌之声。
夫子莞尔而笑，曰："割鸡焉用牛刀？"
子游对曰："昔者偃也闻诸夫子曰：'君子学道则爱人，小人学道则易使也。'"
子曰："二三子，偃之言是也！前言戏之耳。"

孔子到了武城，听到弹琴唱歌的声音。
孔子莞尔一笑说："杀鸡焉用宰牛刀？"
子游回答道："以前我听您说过：'君子学了道就会爱护别人，小人学了道就会服从指挥。'"
孔子说："弟子们，子游说得对，我刚才说的话只是跟他开玩笑罢了。"

孔子也会耍赖。倘若子路在身边，一定会笑话孔子，错了就是错了，说什么开玩笑，真是开玩笑！或许孔子是借题发挥，故意考校身边的弟子，也未可知。

此时子游担任武城宰，正大力推行礼乐教化。孔子前来视察工作，可能是心情放松的缘故吧，言语未免诙谐了一点，没想到被子游用自己以前说过的话怼了回去。

公山弗扰以费畔，召，子欲往。

子路不说，曰："末之也已，何必公山氏之之也？"

子曰："夫召我者而岂徒哉？如有用我者，吾其为东周乎！"

公山弗扰依仗费邑反叛，来召孔子，孔子准备前去。

子路不高兴了，说："没有地方去就算了，为什么一定要去公山弗扰那里呢？"

孔子说："那召我去的人，岂会让我白去一趟吗？如果有人用我推行仁政，我就会使周朝的政德在东方复兴！"

理解这段对话，得看事件缘由。春秋时鲁桓公的儿子、宰相季友受封于费地，费地成为季友的私邑，史称费邑。一说公山弗扰以家臣的身份反叛季氏权臣是为了支持鲁君。孔子准备前去，似乎也有道理，但孔子真会去吗？这值得怀疑，不管怎样，这不是正道取权。

另外，前面说到孔子因阳货挤兑出仕，出仕后即诛少正卯，后为削弱三桓权势，采取了隳三都的措施，欲拆毁三桓所建城堡，这激化了孔子与三桓的矛盾，最后不了了之。不久，鲁国举行郊祭，祭祀后按惯例送祭肉给大夫们时，并没有送给孔子，这表明季氏不想再任用他了。孔子在不得已的情况下离开鲁国，开始了周游列国的旅程。联系孔子出仕后的这些遭遇，《论语》将此章句放在这里，也许是在暗示孔子确实有借费邑安天下的想法。下文又欲应佛肸之召，似乎也是这个意思。

"如有用我者，吾其为东周乎！"我们似乎明白了为什么孔子知其不可而为之了，我们似乎也明白了孔子真正在兹念兹的为什么是文化道统了。

子张问仁于孔子。

孔子曰："能行五者于天下为仁矣。"请问之。

曰："恭、宽、信、敏、惠。恭则不侮，宽则得众，信则人任焉，敏则有功，惠则足以使人。"

子张向孔子问仁。

孔子说："能够在天下推行五种德行就是仁了。"子张问是哪五种。

孔子说："庄重、宽厚、诚实、勤敏、慈惠。庄重就不会受侮辱，宽厚就会得到众人的拥护，诚实就会得到别人的重用，勤敏就会获得成功，慈惠就能够使唤人。"

子张为人勇武，性情偏激，但重视自己的德行修养。针对子张的特点，孔子从为官的角度希望子张推行恭、宽、信、敏、惠五种德行，为政以德，勤政为民。

佛肸（bì xī）召，子欲往。

子路曰："昔者由也闻诸夫子曰：'亲于其身为不善者，君子不入也。'佛肸以中牟畔，子之往也，如之何？"

子曰："然，有是言也。不曰坚乎，磨而不磷；不曰白乎，涅而不缁。吾岂匏（páo）瓜也哉？焉能系而不食？"

佛肸召孔子去，孔子打算前去。

子路说："以前我也听您说过：'亲自动手行恶的人那里，君子是不去的。'现在佛肸占据中牟发动叛乱，你却要去，怎么解释？"

孔子说："对，我说过。真正坚硬的东西，磨也磨不坏；真正洁白的东西，染也染不黑。我难道是个苦味的葫芦吗？只挂在那里让人看而不让人吃吗？"

唯上智与下愚不移。什么样的恶劣环境也改变不了我。固守仁道，匡扶天下，矢志不渝。鲁国不用我，阳货那老贼挤兑我，我难道是只苦味的葫芦，真无用武之地了吗？唉！好吧，子路，你赢了！咱们周游列国吧。如果还是找不到用武之地的话，咱们就当游学了。

子曰："由也，女闻六言六蔽矣乎？"对曰："未也。"

"居！吾语女。好仁不好学，其蔽也愚；好知不好学，其蔽也荡；好信不好学，其蔽也贼；好直不好学，其蔽也绞；好勇不好学，其蔽也乱；好刚不好学，其蔽也狂。"

孔子说："仲由啊，你听说过六种品德和六种弊病吗？"子路回答说："没有。"

"坐下，我告诉你。爱好仁不爱好学，弊病是愚蠢；爱好智慧不爱好学习，弊病是放荡不羁；爱好诚信不爱好学习，弊病是容易被人利用伤害；爱好直率不爱好学习，弊病是说话刻薄；爱好勇敢不爱好学习，弊病是添乱；爱好刚强不爱好学习，弊病是狂妄。"

没听说过呀，好来，小子，你给我坐好了，我说给你听听！阳货那老贼挤兑我，你也拿话挤兑我，说我没人要，还拿我说的话反驳我，听好了啊，你就是因为不好学，落下了一堆毛病：愚蠢、放纵、害人、刻薄、添乱、狂妄。关键是刻薄、狂妄！

子曰："小子何莫学夫《诗》？《诗》可以兴，可以观，可以群，可以怨。迩之事父，远之事君。多识于鸟兽草木之名。"

孔子说："小子们，为什么不学《诗》呢？《诗》可以激发情感，可以提高观察力，可以使人懂得集体意识的重要性，可以使人懂得怎样去讽谏上级。近可以用来侍奉父母，远可以用来侍奉君王。还可以多知道一些鸟兽草木的名字。"

可能是觉得教训子路有点过了，孔子想，我本是一位善良的人，待人真诚、宽厚，怎么说话也刻薄起来了呢？那好吧，孔子随即说道，小子们过来，你们为什么不学《诗》？《诗》三百，一言以蔽之，曰："思无邪"，都是发自肺腑的真情实感啊，小子们！

子谓伯鱼曰："女为《周南》《召南》矣乎？人而不为《周南》《召南》，其犹正墙面而立也与！"

孔子对伯鱼说："你读过《周南》《召南》了吗？一个人不学习《周南》《召南》，那就像面对墙壁站着一样啥也看不到！"

或许还有些意犹未尽的意思，孔子就把儿子伯鱼叫过来，继续发泄情绪。弟子们面面相觑，不知道夫子今天是怎么了。孔子呵呵一笑说，振振君子，归哉归哉！吟唱着《召南·摽有梅》，孔子飘然而去。

梅子落地纷纷，树上还留七成。

想要娶我的儿郎，请不要耽误良辰。

梅子落地纷纷，枝头只剩三成。

想要娶我的儿郎，到今儿切莫再等。

梅子纷纷落地，收拾要用簸箕。

想要娶我的儿郎，快开口莫再迟疑。

此时的孔子，谁能真正理解他心中的悲苦呢？时不我待啊。不过没关系，思而不居罢了。

对以上连续四则，联系起来做了故事性的演绎和解读，试图引领大家走进孔子的心里，理解他大志不得展的苦楚。

子曰:"礼云礼云,玉帛云乎哉?乐云乐云,钟鼓云乎哉?"

孔子说:"礼呀礼呀,只是说玉帛之类的礼器吗?乐呀乐呀,只是说钟鼓之类的乐器吗?"

《诗经》分风、雅、颂三部分。风按地区分为十五国风,其中《周南》《召南》居十五国风之首,抒发了现实生活中人们的真情实感和对美好生活的向往。真情实感是一切行为情感的基础,没有这个基础则是伪。就算用最好的天然美玉、最好的人工锦帛、最华美的乐器钟鼓,没有真情实感也缺少了意义,所谓的礼乐也不过是形式内容,徒有其表罢了。优秀的文学作品为什么能够流传千古,就是因为寄托了人们的千古幽思。

下面几则,连续说伪君子和真小人。

子曰:"色厉而内荏,譬诸小人,其犹穿窬(yú)之盗也与?"

孔子说:"外表严厉而内心空虚,譬如小人,就像是穿墙越壁盗窃的小偷吧?"

色厉内荏是指表面上看起来威风严厉,内心却空虚没底,喜欢摆臭架子,还喜欢偷偷摸摸做事的人。这种人其实就是一个小人,和小偷差不多。装模作样,虚情假意,心无所安罢了。

子曰:"乡愿,德之贼也。"

孔子说:"没有是非的好好先生,就是破坏道德的伪君子。"

"乡愿",也称"滑头""老好人",外貌看起来忠厚老实,媚俗趋势讨人喜欢,实际上却是不明是非、与世俗同流合污的伪君子。有云:孔子何以恶乡愿,只为他似忠似廉,无非假面孔;孔子何以弃鄙夫,只因他患得患失,尽是俗人心肠。

子曰:"道听而涂说,德之弃也。"

孔子说:"道听途说,这是道德所唾弃的。"

道听途说,散播未经核实的消息,往往混淆视听,扰乱人的思想,非君子所为。《孟子》亦有言:"此非君子之言,齐东野人之语也。"这些话是齐东的人捕风捉影,没有根据乱说的,听信不得,君子不会说这样的话。三人成虎,穿井得人,道听途说、以讹传讹是不符合道义的行为,德之弃也。

子曰:"鄙夫可与事君也与哉?其未得之也,患得之。既得之,患失之。苟患失之,无所不至矣。"

孔子说:"鄙陋、庸俗、道德品质恶劣的人可以和他一起侍奉君主吗?他们在没有得到官位时,总担心得不到。已经得到了职位,又怕失去它。如果担心失掉官职,什么事他都能干得出来。"

当官的有几个不怕失去官职的呢?患得患失不过是一介鄙夫而已,该骂。官德出现了问题,价值观出现了问题,就不是小问题了,他会作恶多端,无所不用其极。被孔子骂了2500多年了,毛病还是不改。

君子坦荡荡,小人长戚戚。君子拿得起放得下,小人患得患失。

子曰:"古者民有三疾,今也或是之亡也。古之狂也肆,今之狂也荡;古之矜也廉,今之矜也忿戾;古之愚也直,今之愚也诈而已矣。"

孔子说:"古人有三种担忧,现在恐怕连这三种担忧也没有了。古代的狂者不过是轻率肆意,而现在的狂者却是放荡不羁;

古代矜持的人不过是难以接近，现在矜持的人却是凶恶蛮横；古代愚笨的人不过是直率一些，现在愚笨的人却学会欺诈了。"

人之所以为人，真性情，知羞耻，择善行。可是，现在的人呢？人心不古，性情大变，变本加厉了，孔子十分感慨。有人把"今也或是之亡也"译作"今人或许没有"。不是没有而是变得更甚了，礼崩乐坏与三疾愈甚相互叠加，世风日下。

子曰："巧言令色，鲜矣仁。"

孔子说："花言巧语满脸堆笑的人，很少有仁爱之心。"

色厉内荏者、道听途说者、患得患失者、狂荡者、傲戾者、愚诈者、乡愿老好人，加上巧言令色者，都不是什么好人。有人总结了八种小人：做人没原则，工作靠整人，暗中结死党，做事耍手段，爱好说闲话，貌厚心存奸，生活不场面，目中总无人，等等。这些都是不仁不义的小人。

子曰："恶紫之夺朱也，恶郑声之乱雅乐也，恶利口之覆邦家者。"

孔子说："厌恶用紫色取代红色，厌恶用郑国的乐曲扰乱雅乐，厌恶用妖言颠覆国家的人。"

狂也肆叫人担忧，狂也荡却是过了。用紫色取代红色正统，用靡靡之音代替高雅艺术就过了。能言善辩是好事，但是忘了修辞立诚就过了。夸大其词，上纲上线，攻其一端，不计其余，甚至可以把一个国家灭掉，就是大奸佞了。

子曰："予欲无言。"

子贡曰："子如不言，则小子何述焉？"

子曰:"天何言哉?四时行焉,百物生焉,天何言哉?"

孔子说:"我不想说话了。"

子贡说:"您如果不说话,那弟子们说什么呢?"

孔子说:"天说过什么?天不说话,四季照样运行,百物照样生长,天说过什么话了?"

从阳货怼他开始,孔子执政不顺,周游列国被困;抱负不得施展,孔子以弟子从政自慰;其他地方为官不成,以坚白忠贞自喻;拿子路解气不过瘾,又连续举例批小人。突然,孔子说,够了,我不想说话了。

天道自然而然从来也没说什么,四时行,百物生,我又何须多言呢!孔子忽然从人道上升到天道,似乎一下子把为仁的使命和抱负卸了下来,要归于无为之境了。

接下来一则,为孔子"予欲无言"做了注解。

孺悲欲见孔子,孔子辞以疾。将命者出户,取瑟而歌,使之闻之。

孺悲想拜见孔子,孔子推说有病不见。传话的人刚出门,孔子就取瑟弹唱起来,故意让他听见。

孔子也说假话。此假话也是真话,予欲无言罢了,行不言之教。取瑟而歌就是想传声给孺悲,我故意不见你,至于为什么,自己反省去吧。至于孺悲需要反省什么,他自己知道,孔子知道,我们查不到资料,不得而知。

到此打住,下面换场继续。

宰我问:"三年之丧,期已久矣。君子三年不为礼,礼必坏;三年不为乐,乐必崩。旧谷既没,新谷既升,钻燧改火,期可已矣。"

子曰:"食夫稻,衣夫锦,于汝安乎?"曰:"安。""女安,则为之!夫君子之居丧,食旨不甘,闻乐不乐,居处不安,故不为也。今女安,则为之!"宰我出。

子曰:"予之不仁也!子生三年,然后免于父母之怀。夫三年之丧,天下之通丧也。予也有三年之爱于其父母乎?"

宰我问:"三年丧期,时间太长了。君子三年不习礼,礼一定会败坏。三年不演奏音乐,音乐一定会荒废。陈谷吃完,新谷又长,钻木取火的老方法也该改一改了,守孝一年就够了。"

孔子说:"吃稻米,穿锦衣,你心安吗?"宰我说:"心安。""你心安你就做吧。君子守孝,吃鱼肉不觉得香,听音乐不感到乐,住豪宅不安,所以不那么做。现在你心安,那么你就做吧。"宰我走了。

孔子说:"宰我真不仁道,婴儿三岁后,才离开父母的怀抱。三年的丧期,是天下通行的礼数。难道他没得到过父母三年的怀抱之爱吗?"

宰我喜欢思考问题,经常给孔子挖坑让孔子难堪,但每次都有他的道理。

宰我的推理是根据自然规律,一年一轮回,一岁一枯荣。时代变了,不能固守旧制一成不变。有心就行了,三年丧期太长,生活还得继续。宰我认为礼崩乐坏与固守三年之丧有很大的关系,他的推论是要兼顾礼乐谷燧,改革旧制。

孔子的立论基础是"你能否心安",推理是"父母抱了你三年,你不守丧三年能心安吗"。古制三年之丧就是为报答慈恩,这是最起码的仁道吧,孔子的推论是恪守古礼旧制。

宰我毫不犹豫地说"我心安",你说气人不?

其实，本质上宰我和孔子并不矛盾。孔子认为，三年的诚心敬意感恩守丧才会心安，宰我认为守丧一年就会心安。现代社会倒是不必纠结这个问题，关键是父母在世时，你尽到了孝心没有？是否永怀感恩之心？心安与否，不在守丧三年还是一年，而在于生前是否尽了足够的孝道。

想想父母生前，特别是父母日渐衰老的时候，自己尽孝有没有遗憾？有遗憾，三年也不会心安；没有遗憾，心安或许用不了一年。

孔子去世后，不少弟子为孔子守墓三年，子贡为孔子守墓六年。弟子及鲁国人从墓而居者上百家，此地得名"孔里"。

下面说君子所恶。

子曰："饱食终日，无所用心，难矣哉！不有博弈者乎？为之，犹贤乎已。"

孔子说："天天吃饱了饭，对什么事也不关心，这种人难办了！不是有下棋的吗？下下棋，总比什么都不做要好。"

饱食终日，无所用心，与豢养的禽兽差不多，这种人也确实太难改造了！其为人乎？连孔子都无可奈何的人，行尸走肉罢了。还有种人群居终日，言不及义，胡吹海捧度时光也挺招人恨的。有种人不得闲暇，不知为啥，也是可怜人。人的一生，其为人也总得有个目标、有个奔头才有价值和意义，至少别让父母担心。

有人把"难矣哉"译作"这样很难走上人生正途啊"，也有道理，但与后文联系，感觉不妥。

子路曰："君子尚勇乎？"

子曰："君子义以为上。君子有勇而无义为乱，小人有勇而无义为盗。"

子路问:"君子崇尚勇敢吗?"

孔子说:"君子以道义为上。君子尚勇而不讲道义就会作乱,小人尚勇而不讲道义就会盗窃。"

跟着《论语》一路走下来,感觉子路一直是位不得其要的人,或者总是扮演提问问题的角色,但一直抓不住问题的要点,自己勇武就固执地认为尚勇是君子最优秀的品格。也许子贡也感觉到子路问题的症结所在,就故意问孔子:"君子亦有恶乎?"

子贡曰:"君子亦有恶乎?"

子曰:"有恶:恶称人之恶者,恶居下流而讪上者,恶勇而无礼者,恶果敢而窒者。"曰:"赐也亦有恶乎?""恶徼以为知者,恶不孙以为勇者,恶讦以为直者。"

子贡说:"君子也有厌恶的人吗?"

孔子说:"有。厌恶宣扬别人缺点的人,厌恶以下谤上的人,厌恶勇敢而无礼的人,厌恶固执而不通情理的人。"又说:"赐,你也有厌恶的人吗?"子贡说:"我厌恶把剽窃当作聪明的人,厌恶把不谦逊当作勇敢的人,厌恶把告密当作直率的人。"

孔子也许没有多想,回答了子贡君子"四恶"后,这才转过味来问子贡,就有点调侃子路的意思了。子贡更是配合得天衣无缝,把自己认为子路存在的问题带了进来。"七恶"当中子路占了三个:勇而无礼,固执而不通情理,把不谦逊当勇敢。

前面孔子给子路讲"六言六蔽",是在提醒子路不好学会带来哪些弊端,以上两则前后编排有同样的指向。

子曰:"唯女子与小人为难养也。近之则不孙,远之则怨。"

孔子说:"只有女子和小人是难以相处的。亲近了,她们就会无礼,疏远了,她们就会怨恨。"

有人认为这里的女为汝,不是指的女人。在《论语》里出现过名字的女人倒是有一位,就是卫灵公的夫人,她和宋朝通奸,卫灵公还提供了方便。她的名字叫南子。这句话的出现肯定是有特殊场景的,比如说,子见南子以后,子路指责孔子见南子,孔子随口说了这么一句,捎带着连子路等一起骂了,理由是她们近之则不逊、远之则怨,却被弟子们单独记下来了。以孔子知礼,不可能把天下的女子都骂了。再说,《诗经》里的那些女子呢?周武王的夫人呢?但在某些时候,某些人确实让人感到讨厌。

子曰:"年四十而见恶焉,其终也已。"

孔子说:"四十岁还让人厌恶的人,他这一辈子也就算完了。"

孔子谈自己的一生,谓四十而不惑。四十岁还让人厌恶的人,大概还处在困惑之中,善恶不分,是非不明。以古时候的人均寿命论,这个人不是一辈子快完了吗?从教育者的角度看,再想改变他已经不太可能,他扭曲的三观已经固化了。那时候四十岁的人至少相当于现在五十多岁的人吧。而今如果人过五十还困惑,不知天命,不知道自己该干什么不该干什么,自以为是讨人嫌,也就快完了。

孔子47岁出仕做了小司空,已经开始着手修订诗书礼乐了;53岁,升为大司寇,摄相事,诛少正卯;54岁,因隳三都与三桓矛盾加深;55岁,见君臣迷恋歌舞而随后辞官,开始周游列国。

微子篇第十八

微子去之，箕子为之奴，比干谏而死。孔子曰："殷有三仁焉。"

微子离开了商纣王，箕子沦为商纣王的奴隶，比干因直谏被商纣王杀死。孔子说："殷朝有三位仁者。"

在孔子看来，能称为仁者的人可谓凤毛麟角，《论语》里明确的只有六位仁者，这里占了三位。孔子的十五世祖微子是纣王的弟弟，箕子和比干是纣王的叔父。箕子后来带着殷商文化去了高丽，就是现在的朝鲜半岛。

商纣王嗜酒好色，荒淫无度，倒行逆施。其因比干劝谏而大怒，把比干的心挖了出来，看看是否真的有七窍。商纣王对周武王可能发动的征讨不以为意，说"我生不有命在天乎！"意思是我做天子是上天的旨意，谁又奈我何？但他不知道天命靡常。商纣王最终溃败逃到鹿台，一个说法是他自己跳进火里点了天灯，另一个说法是其被周武王杀死。

周公辅佐周武王革故鼎新，制礼作乐，淡化事神至福的观念，提出"民之所欲，天必从之"的敬天保民思想，赋予礼乐人文精神。孔子说，周朝的礼乐制度借鉴于夏商二代，"郁郁乎文哉！吾从周"。微子、箕子和比干被称为仁者，周公旦被后世儒家尊为"元圣"。

柳下惠为士师，三黜。

人曰:"子未可以去乎?"曰:"直道而事人,焉往而不三黜?枉道而事人,何必去父母之邦?"

柳下惠担任典狱官,三次被罢免。

有人说:"你何不离开鲁国呢?"柳下惠说:"按正直之道来侍奉人,到哪里去不会被多次罢免呢?如果不按正直之道来侍奉人,何必要离开故国家园呢?"

直道而事人是柳下惠做人做事的原则,也是他崇高品格所在。坚持直道而事人,到哪里也难免遭遇被罢免的宿命。如果放弃这一原则,在鲁国也可以得到高官厚禄,那又何必离开生我养我的故土呢?至于坐怀不乱,对直道而事人的人来说,小事一桩,不值一提。在两难抉择中,柳下惠选择随遇而安,故为大隐。柳下惠是孟子最推崇的人之一。

齐景公待孔子曰:"若季氏,则吾不能,以季、孟之间待之。"曰:"吾老矣,不能用也。"孔子行。

齐景公谈到如何对待孔子时说:"像鲁国国君对待季氏那样对待孔子,我做不到,我用介于季氏和孟氏间的礼节对待他。"不久又说:"我老了,不能用他了。"孔子于是离开了齐国。

34岁的时候,因鲁国内乱,孔子到了齐国,受到齐景公的赏识和厚待,但没有被重用。齐景公问政于孔子,孔子告知君君臣臣父父子子之谓。孔子在齐闻《韶》乐,如醉如痴,三月不知肉味。到齐国的第三年,孔子闻听齐景公说"我老了,不能用他了",孔子立马离开齐国。此间到底发生了什么,众说纷纭。

孔子抑亦先觉,感受到潜在的危险马上要来了,乱邦不居,匆忙动身。孟子说孔子是接淅而行,捞起淘湿的米就走,迅速离开了齐国。

孟子推崇孔子为圣之时者也。孟子评价四位圣人：圣之清者伯夷；圣之和者柳下惠；圣之任者伊尹；圣之时者孔子。

接下来一则又是说孔子之行。这一次离开的是母邦鲁国。

齐人归女乐，季桓子受之，三日不朝。孔子行。

齐国人送了一批歌女给鲁国，季桓子接受了，三天不上朝。孔子于是离开了鲁国。

鲁定公十三年，孔子55岁，时任大司寇，摄相事。在孔子治下的3年时间里，诛少正卯，隳三都，鲁国政令畅通，路不拾遗，男女分途，呈现强兴气象。齐国担心鲁国攻打齐国，送了80名美女到鲁国。季桓子接受了女乐，君臣迷恋歌舞，多日不理朝政，孔子非常失望。不久，鲁国举行郊祭，按惯例祭祀后送祭肉给大夫们，却没有送给孔子。孔子知道自己不受待见了，不得已的情况下离开鲁国，开始周游列国。这次离开，孔子恋恋不舍。

楚狂接舆歌而过孔子曰："凤兮凤兮，何德之衰？往者不可谏，来者犹可追。已而已而，今之从政者殆而！"

孔子下，欲与之言，趋而辟之，不得与之言。

楚国的狂人接舆唱着歌从孔子的车旁走过，他唱道："凤凰啊，凤凰啊，为什么道德如此衰微？过去的已经无可挽回，未来的还来得及改正。算了吧，算了吧，现今做官的那些人是危险的！"

孔子下车，想同他谈谈，他却赶快避开，孔子没能和他谈成。

楚狂人接舆是位智者、隐士，洞明世事，知道这个时代已经不可挽回了。天命不可违，形势比人强，就故意借机开导孔子。孔子不是不明就里，"如有用我者，吾其为东周乎"，但他更明白道德礼乐的文化精神不能丢。即使山河将倾，只要中流砥柱屹立不倒，民族就还有希望，文化就还有希望。孔子想和他讨论讨论，可是人家根本就不屑于见他。这就是圣之时者与智者隐士的区别。

孔子碰了个软钉子。

长沮（cháng jǔ）、桀溺（jié nì）耦而耕。

孔子过之，使子路问津焉。

长沮曰："夫执舆者为谁？"

子路曰："为孔丘。"曰："是鲁孔丘与？"曰："是也。"曰："是知津矣。"

问于桀溺。桀溺曰："子为谁？"曰："为仲由。"曰："是鲁孔丘之徒与？"对曰："然。"曰："滔滔者天下皆是也，而谁以易之？且而与其从辟人之士也，岂若从辟世之士？"耰（yōu）而不辍。

子路行以告。夫子怃然曰："鸟兽不可与同群，吾非斯人之徒与而谁与？天下有道，丘不与易也。"

长沮和桀溺在一起耕作。

孔子路过，让子路去问问渡口在哪里。

长沮说："那位执缰驾车的人是谁？"

子路说："是孔丘。"长沮说："是鲁国的孔丘吗？"子路说："是的。"长沮说："他应该知道渡口在哪里。"

子路去问桀溺。桀溺说："你是谁？"子路说："我是仲由。"桀溺说："是鲁国孔丘的门徒吗？"子路回答说："是的。"桀溺说："天下到处都是滔滔浊浪，谁又能改变的了呢？况且与其跟着逃避官场的人，何不跟着躲避社会的人呢？"边说边平整田地。

子路回来把情况报告给孔子。孔子怅然若失地说:"人是不能与飞禽走兽合群共处的,我不同世人打交道还与谁打交道呢?如果天下太平,我就不会和你们一起来改变这个世道了。"

孔子又碰了个软钉子。

《论语》开启了孔子"碰钉子"模式。上面碰到一位楚狂人,现在碰到俩隐士,下面还会碰到奇怪的一家子。

长沮故意埋汰子路,子路率真听不出来。长沮是懂孔子的,只是不赞成孔子的做法罢了。子路是长沮虐完了桀溺虐,桀溺虐完了还想诱拐他。这个乱世到处浊浪滔滔,到哪里去找一方不被虐的土地呢?即使找到渡口也是渡无可渡。跟着那老头流浪,还不如跟着我们种田呢,至少不再被虐啊。桀溺说话时,手头的农活也没有停下来。

子路晕头转向地回来,向孔子报告情况。孔子神情落寞,怅然若失,我不是不知道,我是不能啊。

有人把"鸟兽不可与同群"译作"我不与他们鸟兽一样的人为伍",不妥。非斯人之徒即非隐士,那么就是世人了。《中庸》里有句子曰:"道不远人。人之为道而远人,不可以为道。"道不会远离人。如果有人践行仁道却远离了人,这不可以说是行仁道。

子路从而后,遇丈人,以杖荷蓧。

子路问曰:"子见夫子乎?"

丈人曰:"四体不勤,五谷不分,孰为夫子?"植其杖而芸。

子路拱而立。

止子路宿,杀鸡为黍而食之,见其二子焉。

明日,子路行以告。

子曰:"隐者也。"使子路反见之。至,则行矣。

子路曰:"不仕无义。长幼之节不可废也,君臣之义如之何其废之？欲洁其身而乱大伦。君子之仕也，行其义也。道之不行已知之矣。"

子路跟随孔子出行落在了后面，遇到一位老丈，用拐杖挑着除草的工具。

子路问道："您看到我的老师了吗？"

老丈说："四体不勤，五谷不分，谁是你的老师呢？"说完，便插下拐杖去除草。

子路拱着手恭敬地站在一旁。

老丈留子路到他家住宿，杀了鸡，做了小米饭给他吃，又给子路引见了他的两个儿子。

第二天，子路赶上孔子并把情况做了汇报。

孔子说："这是个隐士啊。"让子路再回去见他。子路到了那里，老丈已经走了。

子路说："不做官是不符合道义的。长幼之间的礼节是不可废弃的，君臣之间的关系怎么能说废就废了呢？想要洁身自好却破坏了根本的君臣关系。君子做官，只是为了践行君臣道义。至于大政主张行不通，早就知道了。"

子路被弄得晕头转向，落在了后面，抬头看不到老师的踪影了，见人就问："你看到我的老师了吗？"

你是谁呀，你老师是谁呀，你以为你是谁呀？估计是子路忘了行礼，被丈人腹诽耍白眼。其实，丈人或许看到孔子一行走过去了，又或许没有看到，但作为隐者，教训子路也挺解气的——我还想问你呢，你老师是谁？

子路说，我老师就是孔丘呀，刚才过去的那位，难道您没听说过？

丈人默然，插下拐杖开始除草。

这回子路学乖了，端正态度拱着手老老实实站在一旁。

老丈心里是敬重孔子的，他不可能不知道孔子是谁。见子路恭顺，老丈就留他住了一晚，还给他做了好吃的，让两个儿子出来拜见。两个人说了些啥？就不知道了。

老丈是位隐者，后世称之为"荷蓧丈人"。荷蓧丈人也是贤者，猜测孔子会回来找他，不愿和他交谈，就早早地躲开了。

这时候，莽撞了大半部《论语》的子路，终于醒悟了，开始明白夫子为什么知其不可而为之了。

子路懵里懵懂顶撞了荷蓧丈人，荷蓧丈人理解孔子，孔子懂得荷蓧丈人，子路从荷蓧丈人那里理解了孔子。从此，这位恶勇而无礼、恶不逊以为勇者的子路，真正走上了人生大道，关键是顿悟了"君子之仕也，行其义也，道之不行已知之矣"。

逸民：伯夷、叔齐、虞仲、夷逸、朱张、柳下惠、少连。

子曰："不降其志，不辱其身，伯夷、叔齐与！"谓："柳下惠、少连降志辱身矣，言中伦，行中虑，其斯而已矣。"谓："虞仲、夷逸隐居放言，身中清，废中权。我则异于是，无可无不可。"

逸民有：伯夷、叔齐、虞仲、夷逸、朱张、柳下惠、少连。

孔子说："不降低自己的气节，不屈辱自己的身份，这是伯夷、叔齐吧！"又说："柳下惠、少连降低了自己的志向，辱没了自己的身份，但说话合乎伦理，行动事先谋虑，也就是如此罢了。"又说："虞仲、夷逸过着隐居的生活放言高论，洁身自爱，弃官合乎权宜。我却同这些人不同，没有什么可以，也没有什么不可以。"

"逸民"是指那些节行超逸的不仕之人。连续碰了几个软钉子之后，孔子借着点评逸民的机会，道出了自己的心境，就是"君子不器，用之则行，不用则藏，无可无不可"。孔子的思想也有一个渐进的过程。

太师挚适齐，亚饭干适楚，三饭缭适蔡，四饭缺适秦，鼓方叔入于河，播鼗（táo）武入于汉，少师阳、击磬襄入于海。

太师挚到齐国去了，亚饭乐师干到楚国去了，三饭乐师缭到蔡国去了，四饭乐师缺到秦国去了，打鼓的乐师方叔到了黄河边上，敲小鼓的乐师武到了汉水一带，少师阳和击磬的襄到了海滨。

古时，君主用餐是要奏乐的。歌舞升平，反映一个国家的繁荣昌盛。可现在，鲁国的乐师们都跑了，有去北边齐国的，南边楚国、蔡国的，西边秦国的，东边海滨的，也有去黄河边、汉水边的。鲁哀公何其哀哉，大家散伙了，吃饭也没人奏乐了。礼崩乐坏，鲁国衰矣。

周公谓鲁公曰："君子不施其亲，不使大臣怨乎不以，故旧无大故则不弃也，无求备于一人。"

周公对鲁公说："君子不会疏远他的亲属，不会使大臣们抱怨没有被任用，长期追随的老臣部下没有大的过失不要抛弃他们，不要对一个人求全责备。"

追求完美是境界，求全责备是小人。想当年周公制礼作乐，追求至善至美，但告诫鲁公对人不要求全责备的话，后世君主们都忘了。大臣们辛苦一生，功过是非暂且不论，老了老了说抛弃就抛弃，让老臣伤心，又让当任的大臣怎么想？

周有八士：伯达、伯适、仲突、仲忽、叔夜、叔夏、季随、驰涡季骟（guā）。

周朝有八个有名的士人：伯达、伯适、伯突、仲忽、叔夜、叔夏、季随、季骟。

本篇最后点出周朝的八位士人和幕僚，其生平均不可考。

孔子至本篇末开始不言，直到《论语》最后，随"尧曰"而出，寥寥数语，道尽君子天命。

子张篇第十九

子张曰:"士见危致命,见得思义,祭思敬,丧思哀,其可已矣。"

子张说:"士人遇见危难时会献出自己的生命,看到有利可得时会想到是否符合道义,祭祀时想的是肃穆恭敬,居丧时想的是悲痛哀伤,这样就可以了。"

本篇记录的是孔子几位弟子的言论,有子张、子夏、子游、曾子和子贡等。

在孔子的心目中,成为一个士人的条件是行己有耻、孝悌信果。士人能够接受较低的物质生活条件,不留恋安居的生活,把仁道作为人生的志向。曾子勉励士人要仁以为己任、死而后已。子张认为士人应该见危致命,重义轻利、孝悌忠信、恭敬虔诚。

子张曰:"执德不弘,信道不笃,焉能为有?焉能为亡?"

子张说:"执仁德却不去弘扬,信仁道却不去笃行,这样的人怎么能说他有?又怎么能说他没有呢?"

执德不弘、信道不笃的人与叶公好龙差不多,根本不懂仁义道德的要义是什么,也不明白道知德行才是执德信道的根本。不去弘扬践行仁德,就无所谓有无了。这种华而不实的人很可能临危而惧、见利忘义,祭不思敬、丧不思哀。

子夏之门人问交于子张。

子张曰:"子夏云何?"对曰:"子夏曰:'可者与之,其不可者拒之。'"

子张曰:"异乎吾所闻。君子尊贤而容众,嘉善而矜不能。我之大贤与,于人何所不容?我之不贤与,人将拒我,如之何其拒人也?"

子夏的弟子向子张请教应该怎样结交朋友。

子张说:"子夏是怎么说的?"答道:"子夏说:'觉得可以交往的就和他交往,觉得不可以交往的就拒绝他。'"

子张说:"这和我所听到的不一样。君子既尊重贤人又能包容众人,既赞美善人又能同情弱者。如果我是十分贤良的人,那我对别人有什么不能包容的呢?如果我不贤良,人家就会拒绝我,我怎么能去拒绝人家呢?"

这则有意思了。子夏的回答看似确实有点敷衍人的意思。弟子觉得老师没有用心回答自己的问题,就跑去问师叔子张。子张给子夏留了面子,没有直接说子夏不对,但讲出一番道理,看似完全碾压子夏。问题是子张回答的是君子或者大贤的做法,对尚未出仕的年轻的读书人来说,还未达到那个境界。倒是子夏实在,先随着性子来吧,相处得来就相处,相处不来就拉倒。下面开启子夏论学模式。

子夏曰:"虽小道必有可观者焉,致远恐泥,是以君子不为也。"

子夏说:"即使是小技艺,也一定有可取之处,但靠这些小技艺来达到远大目标就行不通了,所以君子不从事这些小技艺。"

儒家的志向是推行仁道，成就君子。樊迟请学稼、农圃之事，在儒家看来就是小道了，君子不为也。君子怀抱天下，志在苍生，这是关系到整个社会、国家的大事，所以不能为小道所拘泥。至于饱食终日、无所用心者，下下棋都是好的，此乃小人行径，这另说。为学第一原则：笃信好学，守死善道。

子夏曰："日知其所亡，月无忘其所能，可谓好学也已矣。"

子夏说："每天都能学到一些过去所不知的，每月都能牢记一些已经学会的，这就可以说是好学了。"

子曰"学而时习之不亦说乎？"又曰"知之者不如好之者，好之者不如乐之者"，讲的是学习的心境；子夏谈的却是习惯的养成，即如何养成好学的习惯。据说48天坚持下来就能形成习惯，不妨试试。为学第二原则：日知其所亡，月无忘其所能。

子夏曰："博学而笃志，切问而近思，仁在其中矣。"

子夏说："广泛地学习并且坚定自己的志向，恳切求教并且多思考当前的事，仁就在其中了。"

为学第三原则：博学笃志，切问近思。

子夏曰："百工居肆以成其事，君子学以致其道。"

子夏说："各行各业的工匠在作坊里完成自己的工作，君子通过学习来接近仁道。"

百工成事与君子致道，都是通过自身的努力学习实现的。为学第四原则：持之以恒，学而不厌。

子夏曰:"小人之过也必文。"

子夏说:"小人犯了过错一定会加以掩饰。"

过而不改,是谓过矣。小人的一大特点就是文过饰非,不想改正自己的过错,面对别人的指责,必会以不实的言语来掩饰,好像自己毫无过失一样。为学第五原则:真诚向善,知错就改。下则子夏开始讲君子。

子夏曰:"君子有三变:望之俨然,即之也温,听其言也厉。"

子夏说:"君子会使人感到有三种变化:远远望去庄严可畏,接近他时却温和可亲,听他说话则严厉不苟。"

子夏认为,一位德高望重的君子,比如说孔子,言谈举止会给人以三种不同的感受:仪态庄重,待人温和,说话严厉。君子有三变,其实万变不离其宗,都是内在修养的外在体现,又称之为气质或风度。君子还有"三戒""三畏""九思"等。

子夏曰:"君子信而后劳其民,未信,则以为厉己也;信而后谏,未信,则以为谤己也。"

子夏说:"君子在得到民众的信任后,再去让百姓劳作,否则,百姓就会以为是在虐待他们;君子先取得君主的信任后,再去进谏,否则,君主会以为你在诽谤他。"

取得信任是干好工作的前提,不管是对下级还是对上级,还是在同事之间。人无信则不立,业无信则不兴,国无信则衰。

子夏曰:"大德不逾闲,小德出入可也。"

子夏说:"在大的道德节操上不能超越界限,小节上有些出入是可以的。"

人非圣贤孰能无过。大是大非上坚持原则,小事小节上不必计较。儒家重视个人修养,但并不苛求,这体现了儒家思想的人性化,也体现了其原则性与灵活性相结合的特点。一味地要求自己或者苛求别人达到完美,不仅不现实,也没有什么意义。孟子也有相关的阐述,男女授受不亲是礼法的规定,嫂子掉进河里救还是不救?救有肌肤接触违礼,见死不救违仁,那就不拘小节成就大德。

子游曰:"子夏之门人小子,当洒扫应对进退则可矣。抑末也,本之则无,如之何?"

子夏闻之,曰:"噫,言游过矣!君子之道,孰先传焉?孰后倦焉?譬诸草木,区以别矣。君子之道焉可诬也?有始有卒者,其惟圣人乎!"

子游说:"子夏的弟子们,做些洒水扫地、接待客人、趋进走退一类的事,是可以的。但这些不过是末节小事,根本的东西却没有学到,这怎么行呢?"

子夏听了,说:"噫,子游错了!君子的学问,先传授哪一条?后传授哪一条?就像野草和树木一样,都是分类区别的。君子的学问,怎么可以随意歪曲呢?能按次序有始有终地教授弟子的,恐怕只有圣人吧!"

子张怼子夏,子夏怼子游。子夏也是,教弟子吧,总是看着不用心,弟子交朋友,他说可者与之,其不可者拒之。什么叫可,什么叫不可?平时似乎也不教什么学问,当洒扫应对进退则可矣,经常被师兄弟们诟病。

然则，"洒扫应对进退"却成了中国传统小学教育的必修课，这是与孔子的教学主张一脉相承的。弟子入则孝，出则悌，谨而信，泛爱众，而亲仁，行有余力，则以学文。每天打扫卫生，学习应答问话，明了进退礼仪，从日常的生活习惯养成做起，慢慢树立起做人做事的原则规矩，循序渐进，然后学而优则仕，这才是成人之道。

子夏曰："仕而优则学，学而优则仕。"

子夏说："仕途顺利还要不断学习，学问深了就要出来做官。"

此句有译作"做官还有余力的人，就可以去学习；学习有余力的人，就可以去做官"，真要这样，麻烦可就大了，也无官做也无学了。做官和做学问一样，要想做好都得尽心尽力才行。官越当越大，就会遇到更大的新问题，不学习怎能处理好？

今人记住了学而优则仕，却忽略了仕而优则学。仕途顺利就不怎么愿意学习了，这就是为什么当官的一开始都不错，官越大越容易变坏的原因。

子游曰："丧致乎哀而止。"

子游说："居丧充分表达出哀思就可以了。"

春秋时的丧事，今天看来确实办得过于烦琐，事死如事生，以至于墨子扛着节丧的大旗反出孔门。子游也认识到了这个问题，认为丧致乎哀就行了，节哀顺变。这和宰我的观点有相似之处。

子游曰："吾友张也为难能也，然而未仁。"

子游说："我的朋友子张可以说是难能可贵了，然而还没有达到仁的境界。"

孔子去世后，大家在一起谈论谁达到了孔子仁的境界。子游先说，接着曾子说。

曾子曰："堂堂乎张也，难与并为仁矣。"

曾子说："子张堂堂正正，为仁方面别人很难与他比肩。"

子张主张见危致命，见得思义，祭思敬，丧思哀。为人勇武，清流不媚俗，非常重视自己的德行修养，但从子游和曾子的评价看，子张为仁已经达到别人难以比肩的程度，但尚未达到仁的境界。孔子曾评价子张说，师也过，师也辟，可见子张做事经常把握不住分寸，容易偏激，这无疑是一大缺点，影响了他的进阶。

曾子曰："吾闻诸夫子，人未有自致者也，必也亲丧乎！"

曾子说："我听夫子说过，人不可能自动充分地表达感情，如果有，一定是在父母去世的时候。"

人不可能自动充分地表达情感，这其实是对内因和外因相互作用关系的描述。但当父母去世的时候，内因的作用几乎发挥到极致，外因发挥的是诱导作用罢了。真情实感的表达是最珍贵的。多数人都有一个感情的自我保护和掩饰，内心一个真实的我，外面一个修饰的我。只有伤痛至深，内心的自我才暴露出来，情不自禁。

曾子曰："吾闻诸夫子，孟庄子之孝也，其他可能也，其不改父之臣与父之政，是难能也。"

曾子说："我听夫子说过，孟庄子的孝，其他方面他人也能做到，但他不撤换父亲的旧臣，不改变父亲的政策，这是别人难以做到的。"

孟庄子，即鲁大夫仲孙速，其父孟献子，名蔑，有贤德，主张节用和发展生产，时称贤大夫，是孟孙氏家族振兴的重要贡献者。

孔子曾说"三年无改于父之道，可谓孝矣"。意思是说，三年之后，可以有所损益。而孟庄子能够做到不撤换父亲的旧臣、不改变父亲的政策，或许是因为其父有贤德，所以也有贤臣、贤政吧，没必要改。

孟氏使阳肤为士师，问于曾子。
曾子曰："上失其道，民散久矣。如得其情，则哀矜而勿喜！"

孟氏任命阳肤做典狱官，阳肤向曾子请教。
曾子说："在上位的人已经丧失了正道，民心早就散了。你如果能察明案情，就应当怜悯他们而不要沾沾自喜！"

曾子是在教育他的学生阳肤，上失其道，民散久矣，法外不过人情。依法办案，违法必究没有什么错，坏人受到严惩后，是不是应该反思：他为什么犯错？有没有穷凶极恶之外的原因呢？是不是不得已而为之呢？体恤犯错的老百姓吧，崇德慎刑，明德慎罚。

子贡曰："纣之不善，不如是之甚也。是以君子恶居下流，天下之恶皆归焉。"

子贡说："纣王无道，不像现在传说的那样厉害。这就是君子厌恶处在下流，一旦居于下流，就把天下的坏名声都归到他身上了。"

本则还有一解，说是"纣王无道，当下犹过之而无不及"，感觉也通。

子贡曰："君子之过也，如日月之食焉。过也，人皆见之；更也，人皆仰之。"

子贡说："君子的过错，好比日食和月食。有过错时，人们都能看得见。他改正过错，人们都敬仰他。"

孔子曾说，小子们，我没有什么好与你们隐瞒的。我的所作所为，你们都看得清清楚楚。子贡传承了夫子的真性情，光明磊落。他说君子德行如日月，阴晴圆缺，好坏对错，没有什么好隐瞒的。君子知错即改，心胸开阔，坦坦荡荡，所以人们都敬仰他。

卫公孙朝问于子贡曰："仲尼焉学？"

子贡曰："文武之道未坠于地，在人。贤者识其大者，不贤者识其小者，莫不有文武之道焉，夫子焉不学？而亦何常师之有？"

卫国的公孙朝问子贡说："仲尼的学问是从哪里学来的？"

子贡说："周文王和周武王之道并没有失传，关键在人。贤能的人可以懂得其中的重要部分，不贤的人只记住了细枝末节。周文王和周武王之道是无处不在的，夫子何处不学，又何必要有固定的老师呢？"

周文化虽然日渐衰微，但并没有失传，不是还有夫子扛着周文化的大旗吗？夫子弘扬仁义礼智信道德文化，孩子们学习洒扫应对进退言行礼仪，年轻人学习礼、乐、射、御、书、数六艺，百工居肆以成其事，君子学以致其道，都是周文化。夫子何处不学，他是"学如不及，犹恐失之"。三人行，必有我师焉。温故而知新。夫子眼里处处是学问。

孔子的老师，历史上只有三个半。

一是老子。孔子曰："鸟，我知它能飞。鱼，吾知它能游。兽，我知它能走。走者可用网缚之，游者可用钩钓之，飞者可用箭取之，至于龙，吾不知其何以？龙乘风云而上九天也！吾所见老子也，其犹龙乎？学识渊深而莫测，志趣高邈而难知。如蛇之随时屈伸，如龙之应时变化。老聃，真吾师也！"

一是师襄。《孔子家语》记载，孔子学琴于师襄子。襄子曰："吾虽以击磬为官，然能于琴。今子于琴已习，可以益矣。"孔子曰："丘未得其数也。"有间，曰："已习其数，可以益矣。"孔子曰："丘未得其志也。"有间，曰："已习其志，可以益矣。"孔子曰："丘未得其为人也。"有间，孔子有所缪然思焉，有所睪然高望而远眺，曰："丘迨得其为人矣。黮而黑，颀然长，旷如望羊，奄有四方，非文王其孰能为此？"师襄子避席叶拱而对曰："君子圣人也，其传曰《文王操》。"

一是苌弘。苌弘博学多才，《淮南子》是这样描述他的："天地之气，日月之行，风雨之变，律历之数，无所不通。"孔子曾特意拜访苌弘，求教韶乐与武乐的知识。苌弘忠于职守，死得非常悲壮，他的血三年化为碧玉，后人所传"碧血丹心""苌弘化碧"和"碧血化珠"，等等，都是由此而来。

半个是项橐（tuó）。历史上有孔子相师的故事。《三字经》记述："昔仲尼，师项橐，古圣贤，尚勤学。"后世尊项橐为圣公。《史记》记载，一日孔子乘着一辆马车周游列国行驶到一个地方，见一孩子用土围成了一座城，自己坐在里面。孔子就问："你看见马车为什么不躲开呀？"那孩子回答："听人家说您孔老夫子上晓天文、下知地理、中通人情，可是今天我看您却并不怎么样。自古到今，只听说有车子躲避城的，哪有城躲避车子的道理呢？"孔子愣了一下，问："你叫什么名字？"孩子答道："我叫项橐。"孔子为了挽回面子，就想出了一连串问题来考校项橐，但是都被项橐巧妙地化解了。孔子觉得这孩子了不得，连自己也辩不过他，只得长叹一声，俯下身子和蔼地对项橐说："后生可畏，我当拜你为师。"孔子回去后对弟子们讲："三人行必有我师，要不耻下问。"那年项橐七岁。

古希腊有一位叫芝诺的数学家、思想家和哲学家，经常被人问得像孔子一样说，吾不知也。有一天，他的学生问他："您怎么还有这么多不知道的呢？"芝诺画了两个同心圆，对他的学生说："小圆里面是你们知道的，大圆里面是我知道的。大圆和小圆之间是你们不知道的，而大圆外面是我所不知道的。"

叔孙武叔语大夫于朝曰："子贡贤于仲尼。"子服景伯以告子贡。

子贡曰："譬之宫墙，赐之墙也及肩，窥见室家之好。夫子之墙数仞，不得其门而入，不见宗庙之美、百官之富。得其门者或寡矣。夫子之云不亦宜乎？"

叔孙武叔在朝廷上对大夫们说："子贡比仲尼更贤明。"子服景伯把这一番话告诉了子贡。

子贡说："就拿围墙来作比喻吧，我家的围墙只有齐肩高，从墙外可以看到里面房屋的美好。夫子家的围墙却有几仞高，如果找不到门进去，就看不见里面像宗庙般富丽堂皇，像百官房屋内的摆设绚丽多彩。能够找到大门而进去的人并不多。所以叔孙武叔那么讲，不也是很自然的吗？"

子服景伯是子贡的门生。

叔孙武叔，姬姓，名州仇，谥武，叔孙氏第八代宗主，是东周时期鲁国司马，三桓之一，又被称为叔孙州仇。他是叔孙不敢的儿子，叔孙辄的哥哥。

夫子之云不亦宜乎？前后有省略句。子贡的意思是说我的学问浅陋，别人一眼就可以看穿。夫子的学问高深，不是一般人所能窥见的，能找到门就不错了，何况登堂入室！了解我容易，了解夫子太难了。怪不得叔孙武叔那么说，我是被他一眼看透了！子贡不愧言语科第二，说话艺术高超，绕个圈就把自己解脱出来了，既称颂了夫子，又打击了叔孙武叔的不善言辞，甚至含有讽刺叔孙武叔认知浅陋、不得其门的意味。

这不，叔孙武叔开始诋毁孔子了。

叔孙武叔毁仲尼。

子贡曰："无以为也！仲尼不可毁也。他人之贤者，丘陵也，犹可逾也；仲尼，日月也，无得而逾焉。人虽欲自绝，其何伤于日月乎？多见其不知量也。"

叔孙武叔诋毁仲尼。

子贡说："没有用的！仲尼是诋毁不了的。别人的贤德好比丘陵，还可翻越过去。仲尼的贤德好比日月，是无法超越的。有人虽然要自绝于日月，对日月又有什么损伤呢？只是表明他不自量力罢了。"

子贡的见识口才确实了得。司马迁作为远见卓识的史学家，他在《史记》中甚至认为："夫使孔子名布扬于天下者，子贡先后之也。"

孔子去世后，不仅叔孙武叔诋毁孔子，也有其他人开始怀疑孔子了。

陈子禽谓子贡曰："子为恭也，仲尼岂贤于子乎？"

子贡曰："君子一言以为知，一言以为不知，言不可不慎也。夫子之不可及也，犹天之不可阶而升也。夫子之得邦家者，所谓立之斯立，道之斯行，绥之斯来，动之斯和。其生也荣，其死也哀，如之何其可及也？"

陈子禽对子贡说:"你太谦和了,仲尼怎么能比你更贤明呢?"

子贡说:"君子一句话可以流露出他的智慧,一句话也可以流露出他的无知,所以说话不可以不慎重。夫子的高不可及,就像天是不可以顺着梯子爬上去一样。夫子如果执政诸侯之国或大夫之家,就会像人们说的那样他要立于礼,百姓就立于礼,要引导百姓,百姓就跟着实行,要安抚百姓,百姓就会来归服,要动员百姓,百姓就会齐心协力。夫子活着是大家的光荣,死了是大家的悲哀。别人怎么可能赶得上他呢?"

子贡又开始不着一个脏字骂人了,骂陈子禽是个无知的小人,怎么能够这样说夫子呢!陈子禽或许不是怀疑孔子,而是想巴结子贡。真是世道不古,人心不古。以上几则对话应该是孔子去世后发生的。此则说明陈子禽不是孔子的弟子,为什么还有人阙疑呢?

子贡不仅善于雄辩,而且有经世之才,办事通达,曾任鲁国和卫国的宰相,还善于经商,是孔门弟子中的首富。孔子晚年生活大多得子贡照顾。

据《史记·仲尼弟子列传》记载,田常欲攻鲁国并作乱于齐,子贡请之去乱,孔子许之。于是,子贡先后去齐、吴、越、晋等国说辞利害。结果,"子贡一出,存鲁,乱齐,破吴,强晋而霸越。子贡一使,使势相破,十年之中,五国各有变"。苏秦、张仪合纵连横,在子贡面前也不过是小儿科。

尧曰篇第二十

尧曰："咨！尔舜，天之历数在尔躬，允执其中。四海困穷，天禄永终。"舜亦以命禹。

曰："予小子履，敢用玄牡，敢昭告于皇皇后帝：有罪不敢赦。帝臣不蔽，简在帝心。朕躬有罪，无以万方；万方有罪，罪在朕躬。"

尧说："啧啧！你这位舜啊，天命历数已经落在你身上，真诚地执守中正之道吧！如果天下的百姓贫困穷苦，上天赐给你的福禄就会终止。"舜也这样告诫禹。

商汤说："我履谨用黑色的公牛来祭祀，明白地禀告光明伟大的天帝：有罪的人我不敢擅自赦免。您的臣仆的罪过我也不敢掩盖隐瞒，您心里都非常明白。假如我本人有罪，和天下老百姓没关系。天下老百姓有罪，都是我一人造成的。"

《书经》编纂了上古时期尧舜一直到春秋秦穆公时期的重要文献和资料，曾经孔子删订。据考原本已经失传，现存版本为后世所传合编本。孔子的孙子子思评述孔子祖述尧舜，宪章文武。孔子的思想特别是礼乐教化的人文精神，敬天保民、为政以德、光明磊落等都是从尧舜到周公一脉相承的。《论语》至此终篇，编入看似出自《书经》的语句，应是别有深意。与本则相关的《书经》内容录如下。

《书经·大禹谟》篇，（舜）帝曰："来，禹！降水儆予，成允成功,惟汝贤……予懋乃德,嘉乃丕绩,天之历数在汝躬,汝终陟元后。人心惟危,道心惟微,惟精惟一,允执厥中……钦哉!慎乃有位,敬修其可愿,四海困穷,天禄永终。惟口出好兴戎,朕言不再。"

《书经·汤诰》篇,成汤王:"尔有善,朕弗敢蔽。罪当朕躬,弗敢自赦,惟简在上帝之心。其尔万方有罪,在予一人。予一人有罪,无以尔万方。呜呼!尚克时忱,乃亦有终。"

读《书经》可以发现,老子的思想其实也是有《书经》精神传承的。诸如"汝惟不矜,天下莫与汝争能""汝惟不伐,天下莫与汝争功""满招损,谦受益",等等。

这一则和下面的两则,多见是连在一起的,感觉还是分开解读为好。

周有大赉(lài),善人是富。"虽有周亲,不如仁人。百姓有过,在予一人。"

周朝实行大封赏,使善人都富贵起来。周武王说:"我虽然有不少亲人,不如有仁德之人。百姓有过错,都在我一人身上。"

"周有大赉,善人是富"有译作"周朝大封诸侯,善人都得到了财富",也有译作"周有《大赉》文献,倡导善人是富思想"的。"虽有周亲,不如仁人"有译作"纣王虽有至亲的臣子,比不上我周家的仁人"的,等等。联系《书经》中的文句看,这三句是集句。不联系出处,很容易理解错。

《书经·泰誓》篇,周武王:"受有亿兆夷人,离心离德。予有乱臣十人,同心同德。虽有周亲,不如仁人。天视自我民视,天听自我民听。百姓有过,在予一人。"

《书经·武成》篇,周武王:"散鹿台之财,发钜桥之粟,大赉于四海,而万姓悦服。"

由此，我们理解"周有大赉，善人是富"的意思是：周朝重赏，广招天下仁人志士，人才是国家最重要的财富。

谨权量，审法度，修废官，四方之政行焉。兴灭国，继绝世，举逸民，天下之民归心焉。所重：民、食、丧、祭。宽则得众，信则民任焉，敏则有功，公则说。

谨慎地检查度量衡器，周密地制定法律制度，整顿被废除的官职等级，诸侯政令就畅通了。帮助灭亡了的国家复国，承续已经断绝了的宗族，提拔被遗落的人才，天下百姓就会真心归服了。重视四件事：百姓、粮食、丧礼、祭祀。宽厚就能得到众人的拥护，诚信就能得到百姓的信任，勤敏就能取得功绩，公正就会使百姓高兴。

周武王取得天下后，分封诸侯达两三百家，包括重建已经灭掉的国家。如果这些国家找不到直系后人，就把他的远支宗亲找回来立国。孔子的很多礼乐思想，厚德、诚信、勤勉的做人处事原则，都能在《书经》找到源头。

子张问于孔子曰："何如斯可以从政矣？"

子曰："尊五美，屏四恶，斯可以从政矣。"

子张曰："何谓五美？"

子曰："君子惠而不费，劳而不怨，欲而不贪，泰而不骄，威而不猛。"

子张曰："何谓惠而不费？"

子曰："因民之所利而利之，斯不亦惠而不费乎？择可劳而劳之，又谁怨？欲仁而得仁，又焉贪？君子无众寡，无小大，无敢慢，斯不亦泰而不骄乎？君子正其衣冠，尊其瞻视，俨然人望而畏之，斯不亦威而不猛乎？"

子张曰:"何谓四恶?"

子曰:"不教而杀谓之虐;不戒视成谓之暴;慢令致期谓之贼;犹之与人也,出纳之吝,谓之有司。"

子张问孔子说:"怎样才可以治理政事呢?"

孔子说:"尊崇五种美德,摒除四种恶政,这样就可以治理政事了。"

子张问:"五种美德是什么?"

孔子说:"君子要给百姓以恩惠而自己却无所耗费,使百姓辛勤劳作却不心生怨恨,有正当的欲望却不贪求,庄重却不傲慢,威严却不凶猛。"

子张说:"怎样叫给百姓以恩惠而自己却无所耗费呢?"

孔子说:"让百姓们做对自己有利的事,这不就是给百姓以恩惠而自己却无所耗费吗?选择老百姓可以接受的事情让百姓去做,谁会有怨恨呢?追求仁德便得到了仁德,还有什么可贪的呢?无论人多人少,势力或大或小,君子都不怠慢他们,这不就是庄重却不傲慢吗?君子衣冠整齐,目不斜视,让人望而生畏,这不就是威严却不凶猛吗?"

子张说:"四种恶习是什么?"

孔子说:"不经教化便加以杀戮叫作虐;不加告诫只要成效叫作暴;起先懈怠而又忽然限期完成叫作贼;好比给人财物,出手吝啬小家子气,就像主管某事的小官吏。"

天命不可违。道之以德,齐之以礼,君子当尊五美,屏四恶。

孔子曰:"不知命,无以为君子也;不知礼,无以立也;不知言,无以知人也。"

孔子说:"不懂得天命,就不知道怎么做君子;不懂得宗法礼制,就无法立身处世；不懂得言语意涵，就不知道怎么了解别人。"

笃信好学，守死善道。知言知礼知天命，心有所安，率性而为，思而不居，里仁为美。

《论语》最后一篇《尧曰》，前三则源自《书经》，最后以孔子数语结尾，如重锤落地，铿然有声。

《易经》中的子曰

初九曰："潜龙勿用"，何谓也？

子曰："龙德而隐者也。不易乎世，不成乎名，遁世无闷，不见是而无闷，乐则行之，忧则违之，确乎其不可拔，潜龙也。"

孔子说："龙比喻有大德而隐遁的君子。他操行坚定不会为世风而改变自己，不会为了名声而做什么，隐居避世而没有苦闷，不被社会承认也没有烦恼，乐意接受的事就去做，有所忧虑的事就避开，操行坚定而不可动摇，这就是潜龙啊。"

本则至上九子曰，凡六则出自《文言传》，是对乾卦卦辞经文的解说。为便于理解，将子曰的前因经文一并置上，但不翻译，下同。

孔子以自己确立的人伦道德哲学解读《易经》，我们也因此窥见孔子的哲学思想。但需要注意的是，如果把握不住孔子的中心思想，对《易经》没有较为深刻的认识，研读理解孔子对《易经》的解释可能会出现偏颇，甚至背离了孔子的初衷。本学思很可能也不对，仅供大家参考。在孔子看来，像具有潜龙品德的人，心有所安，固执操守，静待时机，堪当大任。

九二曰："见龙在田，利见大人。"何谓也？

子曰："龙德而正中者也。庸言之信，庸行之谨，闲邪存其诚，善世而不伐，德博而化，《易》曰：'见龙在田，利见大人。'君德也。"

孔子说:"龙是比喻有德行而处世中正的君子。他日常言行诚信而谨慎,能够防范邪恶侵蚀,保持内心真诚,引导世人向善而不夸耀,德行广博而能感化众人。《易经》上说:'龙出现在大地上,适宜见到德行完备的人。'这就是君子德行啊。"

大人是指德行完备的人,比如尧之于舜,舜之于禹。舜耕历山,教化一方蛮民。大禹治水,三过家门而不入。他们被禅让天子前,都体现出见龙的德行德貌。

九三曰:"君子终日乾乾,夕惕若,厉,无咎。"何谓也?

子曰:"君子进德修业。忠信,所以进德也。修辞立其诚,所以居业也。知至至之,可与言几也。知终终之,可与存义也。是故居上位而不骄,在下位而不忧,故乾乾因其时而惕,虽危无咎矣。"

孔子说:"这是讲君子致力于培育品德,增进学业。做到忠诚信实,由此增进德行。修辞达意树立诚信,由此累计功业。知道时势将要来到,就坦然让它来到,这样才可以分析时势发展的苗头。知道时势将要终止,就坦然让它终止,这样才可以坚守道德正义。因此处于尊贵的地位而不骄傲,处于卑微的地位而不忧愁。所以君子能够勤奋努力,按所处的时势来警惕自己,这样虽然处境危险也没有灾害。"

孔子说到君子,这里面包含致力于成为君子的人,还有可能指的是君主。"知至至之"与"知终终之"指的是要善于分析把握时势的发展趋势,该行则行,当止则止。孔子乃圣之时者也。

九四曰:"或跃在渊,无咎。"何谓也?

子曰:"上下无常,非为邪也。进退无恒,非离群也。君子进德修业，欲及时也，故无咎。"

孔子说："有时处在上位，有时处在下位，变动无常，不是什么行为邪恶的缘故。有时奋进，有时隐退，应时而动，不是什么喜爱离群索居的缘故。君子致力于培养品德增进学业，要把握时机，所以没有灾难。"

道有三易，天命靡常，惟德是辅。上下进退，因时而动，关键是要把握机会，进德修业，提升自己。

九五曰："飞龙在天，利见大人。"何谓也？

子曰："同声相应，同气相求。水流湿，火就燥。云从龙，风从虎，圣人作而万物睹。本乎天者亲上，本乎地者亲下，则各从其类也。"

孔子说："声调相同就互相呼应，气味相投就互相吸引。水会流向低湿的地方，火会烧向干燥的地方。云萦绕着龙，风追随着虎，圣人兴起万物景仰。以天为本的事物会亲近在上的天，根基在地的事物会亲近在下的地，万物都归属于各自的群类。"

万物归类，秩序井然。犹若舜归于尧、禹归于舜。有物必有则，天之道也。

上九曰："亢龙有悔。"何谓也？

子曰："贵而无位，高而无民，贤人在下位而无辅，是以动而有悔也。"

孔子说："身份尊贵而没有地位，高高在上而失去百姓，贤人身居下位无法前来辅佐，因此一有行动就会有所后悔。"

高处不胜寒,物极必反。

以上是《文言传》中,孔子解说乾卦和卦辞经文的内容。《文言传》只解说乾坤和两卦的经文,而子曰只出现在解读乾卦的经文中。

子曰:"《易》,其至矣乎!"

孔子说:"《易经》,达到了最终极的道理了吧!"

从本则开始,是《系辞传》中子曰的内容。《系辞传》认为天地设位,而《易》行乎其中矣。意思是说,天地设定位置时,《易》的道理就在其中运行了。《易》是天道或天命的解说词。《易经》认为易有三易。"变易"是指万事万物时时刻刻都处在变化之中。"简易"是指一阴一阳之谓道,囊括了世间万物之理。"不易"是指隐藏在事物背后的法则是不变的,如四季轮换、日夜交替、物极必反,等等。天地人三才,人居其中矣。

鸣鹤在阴,其子和之。我有好爵,吾与尔靡之。
子曰:"君子居其室,出其言善,则千里之外应之,况其迩者乎?居其室,出其言不善,则千里之外违之,况其迩者乎?言出乎身,加乎民。行发乎迩,见乎远。言行,君子之枢机。枢机之发,荣辱之主也。言行,君子之所以动天地也,可不慎乎?"

孔子说:"君子住在家里,发出的言论是善的,则千里之外的人也会响应他,何况是身边的人呢?住在家里,如果发出不善的言论,则千里之外的人也会反对他,何况是他身边的人呢?言出其口,能影响百姓。从近处行动,远处也会看到。言行,是君子处世的枢纽机关。枢纽机关的发动,是荣辱的主宰。言行,是君子感动天地的关键,能不谨慎吗?"

君子当谨言慎行，择善固执。鹤鸣于树荫丛中，其子即能和声响应，这是自然而然的感应。我有美酒一爵，和你一起分享，这是人之于人的美好情感。携手向善，善言善行，感悟美好，才合乎天命自然，真诚道义。

《同人》，先号啕而后笑。

子曰："君子之道，或出或处，或默或语。二人同心，其利断金。同心之言，其臭如兰。"

孔子说："君子之道，该出仕就出仕，该隐退就隐退，该沉默就沉默，该说话就说话。二人同心，其利断金。心意一致说出的话，气味相投就像兰花一样芳香。"

天下有道则显，无道则隐。君子用之则行，舍之则藏。无可无不可。关键是遇到志趣相投的挚友、真诚相待的知己，方可先号啕而后笑，情不自禁也矣。

初六，藉用白茅，无咎。

子曰："苟错诸地而可矣。藉之用茅，何咎之有？慎之至也。夫茅之为物薄，而用可重也。慎斯术也以往，其无所失矣。"

孔子说："就是把祭品放在地上也可以。现在又垫上一层茅草，又有什么咎害呢？是谨慎到极点了呀。茅草是很纤薄不值钱的东西，用做承垫祭品价值就大了。按照这样谨慎的方法做事，就不会有什么过失了。"

邦有道，危言危行。邦无道，危行言孙。大道行，恭敬处世，谨言慎行，就不会有大过失。

劳谦，君子有终，吉。

子曰："劳而不伐，有功而不德，厚之至也。语以其功下人者也。德言盛，礼言恭，谦也者，致恭以存其位者也。"

孔子说："有功劳而不夸耀，有功绩而不自以为德，是敦厚到极点了。这是说虽有功绩却把功劳归于下人的人。仁德讲求美盛，仪礼讲求恭敬，谦卑的人，就是对人恭敬以保存他的职位的人。"

谦谦君子，温润如玉。有功劳而谦卑的君子，善始善终，大吉大利。

亢龙有悔。

子曰："贵而无位，高而无民，贤人在下位而无辅，是以动而有悔也。"

孔子说："地位尊贵而没有职位，高高在上而失去百姓，有才德的人都处在低下的地位因而无法前来辅佐，所以一有行动就会招致祸殃。"

高处不胜寒，物极必反。

不出户庭，无咎。

子曰："乱之所生也，则言语以为阶。君不密则失臣，臣不密则失身，几事不密则害成。是以君子慎密而不出也。"

孔子说："祸乱的产生，是言语的不当逐步积累造成的。君主不能守住秘密就会失去臣子，臣子不能守住秘密就会失去性命，机密的事不能守住就会导致失败。因此君子对于秘密事宜，要谨慎小心不能泄漏。"

祸从口出，人言为信。该说的话不全说，不该说的话一句也不说。谨言慎行。人不出庭，话不出口，就不会招来祸患。

子曰："作《易》者，其知盗乎？《易》曰：'负且乘，致寇至。'负也者，小人之事也。乘也者，君子之器也。小人而乘君子之器，盗思夺之矣。上慢下暴，盗思伐之矣。慢藏诲盗，冶容诲淫。《易》曰：'负且乘，致寇至。'盗之招也。"

孔子说："《易》的作者，知道强盗产生的关键因素是什么吧？《易》说：'背着东西坐在车上，势必招来盗寇。'背东西，本是小人干的事。乘的车子，本是君子从政代步的工具。小人坐在君子的车上，强盗就想抢夺了。居上傲慢居下暴敛，强盗就想攻击他了。不藏好财物就是教唆别人来偷盗，打扮得过于妖冶就是教唆别人来调戏。《易》说：'负且乘，致寇至。'就是说招致寇盗之意呀。"

孔子认为，《易经》的作者十分了解人的心理。很多时候的祸端，都是自己疏忽大意、自以为是招来的。慢藏诲盗，冶容诲淫，世人当慎思之。

子曰："知变化之道者，其知神之所为乎？《易》有圣人之道四焉。以言者尚其辞，以动者尚其变，以制器者尚其象，以卜筮者尚其占。"

孔子说："懂得变化之道的人，他了解神妙力量的所作所为吗？《易》在四个方面展现了圣人之道。用在言语方面的人崇尚它的言辞，用在行动方面的人崇尚它的变化，用在器物制造方面的人崇尚它的图像，用在卜筮方面的人崇尚它的占验。"

多数文本仅引"知变化之道者,其知神之所为乎?"后两句未被引入子曰。鉴于后有子曰"《易》有圣人之道四焉",感觉引入为好。孔子敬鬼神而远之,这里从孔子口中出现了"神"字,但考究不是鬼神之神。《说卦传》云,神也者,妙万物而为言者也。所谓神应万物之奥妙之说的一个概念,权且译作"神妙的力量"或者"神妙变化的力量"了。待商榷,无咎。

子曰:"夫《易》何为者也?夫《易》开物成务,冒天下之道,如斯而已者也。"

孔子说:"《易》是作什么用的呀?《易》可以开创万物成就事业,涵盖天下一切道理,如此而已的一门学问呀。"

圣人以《易经》贯通天地人三才,聚合天下人心志,奠定天下人事业,裁断天下人疑问。"天生烝民,有物有则"是外征,"开物成务,冒天下之道"是内理吧。

《易》曰:"自天佑之,吉无不利。"

子曰:"佑者,助也。天之所助者,顺也。人之所助者,信也。履信思乎顺,又以尚贤也。是以'自天佑之,吉无不利'也。"

孔子说:"佑是扶助的意思,天所扶助的,是顺从。人所扶助的,是诚信。履守诚信而且存心顺从,还会因而崇尚贤能。所以'自天佑之,吉无不利。'"

顺从天道,遵自然规律思谋,又真诚向善,按仁义道德处世,则无往而不利。

天命之谓者,天道之意志也。顺我者昌,逆我者亡。

子曰:"书不尽言,言不尽意。"然则圣人之意,其不可见乎?

子曰:"圣人立象以尽意,设卦以尽情伪,系辞焉以尽其言。变而通之以尽利,鼓之舞之以尽神。"

孔子说:"书写的文字并不能将要表达的意思完全表达清楚,说出的话语也不能完全表达说话者的意思。"那么,圣人的意思就不能完全了解了吗?

孔子说:"圣人设立了象,用以全面表现难以表达的意思,设立了卦,全面表现难以说清的真实与虚伪,附上卦辞爻辞全面表达自己要说的话。通过卦爻的变化进而寻求通达之法,鼓励它激扬它全面展现出神妙变化的力量。"

本则子曰后有言:形而上者谓之道,形而下者谓之器。

《易经》是哲学,化而裁之谓之变,推而行之谓之通。这是指导人类社会实践活动的法则。又云:《易》穷则变,变则通,通则久。垂衣裳而天下治,尧舜盖取诸乾坤也。

《易》曰:"憧憧往来,朋从尔思。"

子曰:"天下何思何虑?天下同归而殊途,一致而百虑。天下何思何虑?日往则月来,月往则日来,日月相推而明生焉。寒往则暑来,暑往则寒来,寒暑相推而岁成焉。往者屈也,来者信也,屈信相感而利生焉。尺蠖(huò)之屈,以求信也;龙蛇之蛰,以存身也。精义入神,以致用也;利用安身,以崇德也。过此以往,未之或知也;穷神知化,德之盛也。"

孔子说:"天下的事物,有何足以困扰忧虑的呢?天下万物同归于一个目标,所走的途径不同,同归于一个向往,却又出自千百种考虑。天下的事物,有何足以困扰忧虑的呢?日往则月来,月往则日来,日月相推而昌明万物生长发育。寒往则暑来，暑往则寒来，寒暑相推而岁月轮回。已往的事情，已经屈缩，将来的事情，即将伸展，屈缩与伸展相互感应，无往而不利的情境就会出现。尺行虫的屈缩，是为了伸展。龙蛇的蛰伏，是为了生存。探究精微义理到了神妙的地步，是为了应用。合宜的情境用来安身立命，是为了崇尚美德。超过这些再推求，就没有办法知道了。能够穷尽神妙的道理并懂得它的变化，就呈现出美盛的德容德貌了。"

日月相推，寒来暑往，能屈能伸，因时而动，安然自处。直道而行然也者，《易》之精义，人生奥妙，概莫如斯。过此以往，未之或知也。自然哲学由自然知其然，其所以然就不知道了。

《易》曰："困于石，据于蒺藜，入于其宫，不见其妻，凶。"

子曰："非所困而困焉，名必辱。非所据而据焉，身必危。既辱且危，死期将至，妻其可得见耶！"

孔子说："不该受困却受了困，声名一定会受到羞辱。不该依靠却去依靠，人身一定会陷入危险。既受辱且危险，死期将至，怎么可能见到妻子！"

自作孽，不可活。

《易》曰："公用射隼于高墉之上，获之，无不利。"

子曰："隼者，禽也；弓矢者，器也；射之者，人也。君子藏器于身，待时而动，何不利之有？动而不括，是以出而有获，语成器而动者也。"

孔子说："隼是飞禽。弓矢是武器。能执弓而射中飞禽的是人。君子身上蕴藏着弘大的才器，等待时机采取行动，还有什么不利的呢？行动时从容不迫，因此一出手就有收获，这就是平常已经蕴蓄结成了弘大的才器，然后才可采取行动。"

君子不鸣则已，一鸣惊人。日积月累，蕴蓄了弘大的才器，然后再有所行动，当出而有获，无所不成。

子曰："小人不耻不仁，不畏不义，不见利不劝，不威不惩。小惩而大诫，此小人之福也。《易》曰：'履校灭趾，无咎。'此之谓也。"

"善不积不足以成名，恶不积不足以灭身。小人以小善为无益而弗为也，以小恶为无伤而弗去也，故恶积而不可掩，罪大而不可解。《易》曰：'何校灭耳，凶。'"

孔子说："小人不知道羞耻不知道敬畏，不仁不义，不见到利益不会努力，不受到威胁不知惩戒。受到小的惩戒而避开大的惩戒，这是小人的福气啊。《易经》上说：'戴脚枷遮脚趾，没有灾难。'说的就是这个道理。"

"善不积不足以成名，恶不积不足以灭身。小人认为小善没有什么好处而不去做，以为小错无伤大体而不改过，因此恶行累积到无法掩盖的地步，罪过也就大到不可开脱的地步。《易经》上说：'戴着枷锁遮住耳朵，凶祸。'"

小惩大诫。不以善小而不为，不以恶小而为之。

子曰："危者，安其位者也；亡者，保其存者也；乱者，有其治者也。是故君子安而不忘危，存而不忘亡，治而不忘乱，是以身安而国家可保也。《易》曰：'其亡其亡，系于苞桑。'"

孔子说："凡是遇到危险的人，都是因为他先前安逸在他的职位上的原因；灭亡的家国，都是因为先前自以为国家可以长存的原因；扰乱的国家，是因为先前自以为已经治好而忽略荒殆的原因。因此君子安居时不忘危险，存续时不忘毁灭，太平时不忘动乱，如此才能安身且国家长治。《易经》上说：'它将危亡吧，将危亡吧？天下国家的治安，就好像维系于丛生的苞桑一样，是要常常戒慎警惕的呀。'"

居安思危，向死而生，向乱而治，才能国泰民安，长治久安。世人要有忧患意识。

子曰："德薄而位尊，知小而谋大，力少而任重，鲜不及矣。《易》曰：'鼎折足，覆公餗，其形渥，凶。'言不胜其任也。"

孔子说："德性浅薄而身居尊位，才智小而图谋大业，力量小却担当重任，很少有能达到目的的。《易经》上说：'鼎足折断，打翻了公爵的美食，自己形象狼狈，有凶祸。'这就是说的难以胜任也。"

德不配位，必有灾殃。君子进德修业。

子曰："知几其神乎？君子上交不谄，下交不渎，其知几乎？几者，动之微，吉之先见者也。君子见几而作，不俟终日。《易》曰：'介于石，不终日，贞吉。'介如石焉，宁用终日？断可识矣。君子知微知彰，知柔知刚，万夫之望。"

孔子说："知晓几微事理神奇的力量吗？君子与上位者交往不谄媚，与下位者交往不傲慢，他算知晓几微事理了吗？几微，就是变动的先兆，吉祥的预兆。君子看到征兆马上行动，不用等一天。《易经》上说：'被坚硬的石头所阻隔，不必等良久才离开，要想到当下脱离此境，坚守正道可获得吉祥。'耿介就像坚石，怎会等良久？立断可识。君子知晓事理的微妙与彰显，也知晓柔顺和刚强，万众敬仰。"

世事洞明皆学问，人情练达即文章。洞若观火，明察秋毫。待时而动，见机而作，是谓君子。

子曰："颜氏之子，其殆庶几乎？有不善未尝不知，知之未尝复行也。《易》曰：'不远复，无祗悔，元吉。'"

孔子说："颜氏之子，他算是知类通达的君子了吧？有了过失，没有自己不知道的，知道了就不再犯了。《易经》上说：'走到不远的地方就返回，没有到懊悔的程度，最为吉祥。'"

警醒警觉，有错即改。不迁怒，不贰过。颜回也。

子曰："君子安其身而后动，易其心而后语，定其交而后求。君子修此三者，故全也。危以动，则民不与也；惧以语，则民不应也；无交而求，则民不与也。莫之与，则伤之者至矣。《易》曰：'莫益之，或击之，立心勿恒，凶。'"

孔子说："君子先安顿好自己然后才行动，心平气和然后才说话，建立了交情才求人。君子修养了这三项，才算周全。自身冒险的举动，百姓不会来参与。用言语去威惧人民，百姓不会去响应。诚信和恩惠尚未施于百姓，百姓不会来帮助他。没有人支持他，伤害他的人就会来了。《易经》上说：'没有得人的助益，有时却遭人攻击，立下的心志不长久，有凶祸。'"

为人处世三则：安身，静心，交友。

子曰："乾坤，其《易》之门耶？"

孔子说："乾卦和坤卦，是进入《易经》的门户吧？"

一阴一阳之谓道，天乾地坤。天行健，君子以自强不息；地势坤，君子以厚德载物。乾坤是《易经》之门。

《易》，其至矣乎！

止于至善——

《大学》学思录

前　言

一、为什么写《大学》学思录

由于缺少对历史传统和思想源流的系统了解，加之有些古文诘屈聱牙，拜读先秦经典很容易叫人望而生畏。半途而废者有之，依文解义者有之，以至于以讹传讹，把很多经典的意思理解错了。我们以《大学》第一句"大学之道，在明明德，在亲民，在止于至善"为例。有人把"大学之道"，理解为大学的办学宗旨，这就有些牵强附会了。孔门之学是私学，学在民间，《大学》是孔子弟子曾子及其门徒阐述孔子思想之作，他们会写大学的办学宗旨？这种可能性不大。整篇《大学》也看不出所谓学在官府的证据，一句也没有。有人把"亲民"译作"亲爱民众"，看似也有道理。但孔子是祖述尧舜，宪章文武，"郁郁乎文哉，吾从周"的。如果了解"亲民"一词出自《书经》，通达《尚书》的思想，就不会理解错了。《书经·周书·康诰》："已！汝惟小子，乃服惟弘王应保殷民，亦惟助王宅天命，作新民。"意思是，年轻的封，你的使命就是服从并弘扬先王的功德，接受和保护好殷朝的遗民，协助成王完成敬天保民的使命，使殷朝的遗民革除旧习而成为新的民众。由是看，"亲民"应作"新民"，比较符合古意。还有人把"止于至善"的"止于"译作"处在"，也不合适。"至善"是动名词，只有无限接近，"止"是停下下来的。除了圣人谁也无法处在至善的境界。

儒学大家不予理会这些误解，但不明就里的年轻人却容易被误导。

我把我的学思写出来，也是一个从误解到辨识的过程。

大学的追求，在于彰显光明正大的美德，在于革新民俗，在于追求完美的善。此"大学"，解释为"崇高的道德学问"或"大学问"比较好。

我的理解很可能也不对，仅供参考。

二、《大学》的主旨是什么

《大学》的主旨是讲修身的。为何修身，如何修身，修身的目的是什么，古人是怎么做的，针对的对象是谁，这是《大学》所要阐述的内容。

"自天子以至于庶人，壹是皆以修身为本。其本乱而末治者，否矣。"

《大学》认为，修身之道，就是君子之道，需要格物致知，正心诚意。不修身无以齐家治国平天下，不修身不足以担当弘扬道德学问之重任。修身就是为了彰显光明正大的美德，革新民俗，去追求最完美的善。知止而后有定，是说要知道追求至善是没有尽头的，修身是一辈子的事，不要贪欲，更不要停下，求仁得仁。能够知其所止，然后心志才会有定力，择善固执。心志有了定力，然后心才能静下来。孔子四十而不惑，孟子四十不动心，能做到忠于信条心不妄动，然后才能安于处境。能够随遇而安，然后才能处事精当，思虑周详。能够思虑周详，才能每天进步，日有所获。

虽然"自天子以至于庶人，壹是皆以修身为本"，但在《大学》的字里行间，似乎重点都是在说给君主们听的。我们研读《书经》会发现，尧舜禹的时候，君臣经常在一起讨论问题，决策重大事宜。从《虞书·皋陶谟》开始，就有贤者皋陶告诫君王的文字了。皋陶曰："都！慎厥身，修思永。惇叙九族，庶明励翼，迩可远，在兹。"意思是，你要谨慎其身，坚持不懈地努力提升自身的修养。使近亲宽厚顺从，使贤人勉力辅佐，由近及远，关键在于从当下做起。到了周公，圣贤告诫君王成了惯例。《大学》的作者此意味明显。在礼崩乐坏的春秋时代，不能当面说，说了也不一定听，可能还会被羞辱，只好还是文章千古事吧。到了战国时代，孟子舍我其谁，仁者无敌，他是"说大人，则藐之，勿视其巍巍然！"

同时，《大学》强调修身是治人的前提，修身的目的是治国平天下。《大学》阐明了治国平天下和个人道德修养的一致性。

三、《大学》对孔子思想的阐发

《大学》系统明确地提出了修身的"三纲领"和"八条目"。《论语》涉及修身的内容不少，但不系统，很多时候也不是从修身的角度讲的。涉及修身方法的，如"吾日三省吾身""学而不思则罔，思而不学则殆""默而识之"，以及"择其善者而从之，其不善者而改之"等。涉及修身态度的，如"三人行，必有我师焉""知之为知之，不知为不知""见贤思齐焉，见不贤而内自省也""敏而好学，不耻下问"等。涉及修身处世的，如"饭疏食，饮水，曲肱而枕之，乐亦在其中矣""不义而富且贵，于我如浮云""不患人之不己知，患不知人也""己所不欲，勿施于人"，等等。

"自天子以至于庶人，壹是皆以修身为本。其本乱而末治者，否矣。"这是《大学》对孔子思想最重要的阐发。《大学》还提出了"格物致知"是修身的第一步，这是《论语》里所没有的，但也未展开论述。并且，这里的"格物致知"，是对事物深入推究后明白其中的道理，这个道理不是现今自然科学意义上的细致精微的原理，而是天道之理、人道之理、事物里蕴含的大道理，也就是"天地位焉，四时行焉，万物育焉"的天道人道之内理。《大学》认为，"物有本末，事有终始，知所先后，则近道矣"。天地万物皆有本有末，凡事都有开始和终了，能够明白本末终始的先后次序,就能接近修身立世的道理了。

《大学》继承了孔子述而不作的传统,大量地引用《诗经》里的诗句和《书经》里的内容来佐证自己的观点,同时概括总结了先秦儒家道德修养理论,以及关于道德修养的基本原则和方法。关于《大学》的作者,有朱熹的"孔子之言,而曾子述之"之说,有荀子一派的儒者所作之说,等等,各有各的理由。不管怎样,《大学》当为儒家系统阐述修身之道之作,对为人处世和为政以德等有深刻的启迪性,这是没有疑问的。

正　文

大学之道，在明明德，在亲民，在止于至善。

大学的追求，在于彰显光明正大的美德，在于革新民俗，在于追求最完美的善。

从史书记载看，五帝时期就设立了"大学"，那时候叫"成均"。孙诒让在《周礼正义》上写道，《周礼》记载周朝时的"大学"只有"成均"一个称谓，但《礼记》却有辟雍、成均、上庠、东序（又称东胶）和瞽宗五种叫法。此外还有小学。西周时代，贵族子弟8岁入小学，15岁入"大学"。自秦已降大学的流变，就不提了。

"大学"是官学。孔子创办了私学，有教无类，打破了学在官府的垄断，开创了学在民间的先河。如果说大学之道仅仅说的是举办"大学"的目的，就有点窄了，难道孔子的道德学问就不算了？这里的"大学"，解释为"崇高的道德学问"或"大学问"，比较好。孔子道德学问的原则，或者说儒家的大学之道，是君子之道。通过《诗》《书》《礼》《易》《乐》等的学习和实践，成为遵天命、担使命的道德君子。

对崇高的道德学问的追求，学在官府的大学和学在民间的私学，都是一样的，没有贵贱之分。我们把大学之道的"道"理解为"追求"，取的是"道"的"方向、志向"的意思。而相对于在明明德之"德"的"道"，指的是宇宙的本体及其规律。

"道"和"德"，在先秦著作中是两个词。道，首先指的是天道，就是《易经》思想所体现出来的易有三易的意思。用现在的话说，天道，就是自然规律，就是自然法则。道是德内在的法则，而德是道外显的特征，道为德畜，德为道用，自然万象都是道德的呈现。其次是人道。人道遵循天道，人道又有其特殊性。在孔子看来，人之道就是仁，人之德就是礼。仁为礼体，礼为仁用。"孔德之容，惟道是从。"但仁与礼涵盖不了天之道和德，而人必须唯天命是从，于是就用"道德"通称了仁礼之谓。我们讲人之道与德，就包含了天人合一的规律和现象。

"人"和"民"，也是两个词，有贵贱之别，也就有贵人和贱民之分。后来"民"就演变成老百姓的统称。

大学问的追求，在于发扬择善固执、礼乐和合、欣欣向荣的明德，在于移风易俗，泛爱众，而亲仁，仁者爱人，止于至善。

"至善"是动名词，追求永无止境，只有无限接近达到，却永远登不上崇高的顶点。《中庸》里说，孔子认为君子有道四——孝悌忠信，自己一样也没有完全做到。由是，既要永不停止地追求，也要知止，不能苛求自己。这是一解。

"止于至善"，是一个了不起的教育观念，这让每一个人都有了择善固执的可能，而不必拘泥于主客观的条件和所谓力有不逮的理由。当然，下愚不行。但真正的下愚和上智一样，也没几个。子谓颜渊，曰："惜乎！吾见其进也，未见其止也。"颜渊就是不断进步、从未停下追求的典范。

这个"止"字，表面意思是停止，其实内涵的意思一直在动。至善在动，停是停不下来的。

知止而后有定，定而后能静，静而后能安，安而后能虑，虑而后能得。

知其所止，然后心志才会有定力。心志有了定力，然后才能心静。能做到心静，然后才会心安。能够做到心安，然后才能思虑周详。能够思虑周详，然后才会有所收获。

知其所止，止于至善。作者开篇便把人一生的修养作为、道德学问导向了最崇高的善，而不是其他。作者如此笃定的理由是什么？那便是人之所以为人的道理了，人知羞耻而后真诚向善。只有人会脸红，所以人不知羞耻就算不得人。其为人也，必当真诚向善，否则就不是人干的事。孔子的仁道也好，道德学问也罢，往大处说是人文教化，修为君子安天下；往小处说就是好好做人，做个文化人，不做衣冠禽兽。所以，孔子"笃信好学，守死善道"。"笃信好学"是修行的功夫，"守死善道"便是知止，不走歪门邪道。同时，"危邦不入，乱邦不居"也是止，不入祸端。"天下有道则见，无道则隐"也是止，不同流合污。"邦有道，贫且贱焉，耻也。邦无道，富且贵焉，耻也"也是止，知耻而后勇。

知其所止，然后心志才会有定力，真诚向善。心志有了定力，然后才能做到不受外界烦忧干扰，心不妄动，静若处子。"一箪食，一瓢饮，在陋巷，人不堪其忧，回也不改其乐。""饭疏食，饮水，曲肱而枕之，乐亦在其中矣。"首先要做到心静，然后才会心安。孔子四十而不惑，孟子四十不动心，都是心有所安，安于自己崇高的信条。心有安放处，然后才能思虑周详，中道而行。孔子故能率性而为，思而不惧，"知其不可而为之"。孟子故能尽心知性，继往圣，开来学，舍我其谁，"说大人，则藐之，勿视其巍巍然！"

修身不能不涉及人性。关于人性的问题，这里多说几句。西方有原罪之说，类似于性恶论。人类祖先亚当和夏娃偷吃禁果后，羞耻之心便油然而生。但因为犯了原罪，上帝就让他们的后代带着原罪降生，并且一辈子都是在克制邪念努力赎罪的过程中度过的。如果做了坏事，就要向神父忏悔，犹如佛家"放下屠刀，立地成佛"的意思。古代中国的性恶论来自荀子，他说："人之生也固小人。"人之生也固小人就叫性恶。至于仁义，则是由后天所学、所行、所为而获得的。性善论是孟子提出的，他认为人性本善，因为"人皆有不忍人之心"。人之为善，是他的本性的表现。"仁义礼智，非由外铄我也，我固有之也。"其实，孟子的性善论，指的是人"可以为善"。他说："乃若其情，则可以为善矣，乃所谓善也。"

子思等人认为"天命之谓性，率性之谓道，修道之谓教"。天命乃自然规律，也就是天道的意志，人性法则是自然而然的，率性而为就是人之道。走阳光大道还是羊肠小道，走向哪里去，需要人文教化，人方可向善而行。子思的思想接近孔子。子贡说："夫子之文章，可得而闻也。夫子之言性与天道，不可得而闻也。"在孔子的思想里，没有性本善和性本恶之说，他主张人性向善。本质上，人是社会人、文化人。潜移默化中，人有了是非观念、好恶之心，不好意思了就会脸红，才会改过迁善，真诚向善。心里有了方向，就有了定数，才会摒除杂念，静下心来，心有所安，反求诸己，里仁为美，走向正途。

物有本末，事有终始。知所先后，则近道矣。

天地万物皆有本有末，凡事都有开始和终了。能够明白本末终始的先后次序，就接近修身之道了。

这也是格物之一解吧，不能本末倒置了。立德修身是根本，相对立德修身，其他是末节。立德修身，止于至善是一个过程。入则孝，出则悌，谨而信，泛爱众，而亲仁。行有余力，则以学文。也不能有畏难情绪，像冉求那样还没走几步就想停下来，还挨了孔子骂，你小子是画地为牢呀。

君子之道，立德修身，成人也矣，并不是要人人都去做圣贤，关键是一直走在践行真善美的路上，永远不要停止追求的脚步。心里有了定性和执念，行远必自迩，登高必自卑，不会好高骛远，也不会恨己不能，更不会怨天尤人。懂得知止而后有定、虑而后能得的道理，学思并重，当会豁然开朗，顿悟而近道。

古之欲明明德于天下者，先治其国；欲治其国者，先齐其家；欲齐其家者，先修其身；欲修其身者，先正其心；欲正其心者，先诚其意；欲诚其意者，先致其知。致知在格物。

古时候，想要在天下发扬光明正大美德的人，先要治理好自己的国家；要想治理好自己的国家，先要管理好自己的家庭；要想管理好自己的家庭，先要修养好自身的德性；要想修养好自身的德性，先要端正自己的心思；要想端正自己的心思，先要使自己的意念真诚；要想使自己的意念真诚，先要使自己获得真知；获得真知的途径在于认识研究万事万物。

儒家思想推崇圣人治世。想成为统领天下内圣外王的天子吗？先治理好自己的国家吧，比如像商汤王和周武王，就是治国有道，为政以德，从而得民心以得天下的。"民之所欲，天必从之。"商汤王和周武王替天行道，推翻独夫贼子夏桀和商纣，先后统一了天下。要想治理好自己的国家，先要依次为降，齐家，修身，正心，诚意，致知格物。明德看虞舜。《史记·五帝本纪》载："天下明德皆自虞帝始。"

据《书经·尧典》记载，尧帝想禅让帝位给四岳之长。四岳之长辞。尧让众人举荐贤明的人，即使出身卑微也可以。众人告诉尧，民间有一位鳏夫，叫虞舜，听说很贤明。四岳之长说："瞽子。父顽，母嚣，象傲，克谐以孝。烝烝乂，不格奸。"虞舜是盲人的儿子，他父亲冥顽不化，母亲嚣张跋扈，弟弟叫象桀骜不驯，但他凭着淳厚孝德能够与他们和谐相处。虞舜才德出众，以善自治，不至于奸恶；齐家有方，堪当大任。据《史记》记载，舜的生母死后，瞽叟续娶了一个妻子，生下了象。瞽叟喜欢后妻的儿子，舜有点小错也会遭到重罚。虽然如此，舜仍然很恭顺地侍奉父亲、后母，照顾弟象，真诚谨慎，没有一点懈怠。尧听其贤德后，将自己的两个女儿娥皇和女英嫁给他，以考察他的品行和能力。舜不但使二女与全家和睦相处，而且在各方面都表现出杰出的才干，展现出高尚的人格魅力。尧得知这些情况后很高兴，赐予舜细葛布衣、琴和牛羊，还为他修筑了仓房。瞽叟和象又想杀掉舜，霸占这些财物。瞽叟让舜修补仓房的屋顶，却在下面纵火烧仓房。舜靠两只斗笠作翼，从房上跳下，幸免于难。后来瞽叟又让舜掘井，井挖得很深了，瞽叟和象却在上面填土，欲将舜活埋在里面。幸亏舜事先有所警觉，在井筒旁边挖了一条通道，从通道逃了出来。瞽叟和象以为阴谋得逞。象说这主意是他想出来的，分东西时要琴，还要尧的两个女儿给他做妻子，把牛羊和仓房分给父母。象走进了舜的房子，弹奏舜的琴。舜去见他，象大吃一惊，嘴里却说："我思舜正郁陶！"舜也不放在心上，一如既往，孝顺父母，友于兄弟，而且比以前更加诚恳谨慎。至真至诚的人，纯真无瑕，很容易觉察坏人的心思。孔子说："不逆诈，不亿不信，抑亦先觉者，是贤乎！"不预先怀疑别人欺诈，不凭空臆想别人不诚信，却能先行察觉，这样的人才是贤者啊！

　　物格而后知至，知至而后意诚，意诚而后心正，心正而后身修，身修而后家齐，家齐而后国治，国治而后天下平。

　　通过对万事万物的研究后得到真知，获得真知后意念才能真诚，意念真诚后心思才能端正，心思端正后才能修养身心，修养身心后才能管理好家庭，管理好家庭后才能治理好国家，治理好国家后天下才能太平。

  上面说的是成就圣人先要经过的修为历练，接下来说怎样修为历练才能成就圣贤美德。物有本末，事有终始。知所先后，则近道矣。对事物深入推究后明白其中的道理，这是第一步。这个道理不是现今自然科学意义上的细致精微的原理，而是天道之理、人道之理、事物里蕴含的大道理，即"天地位焉，四时行焉，百物育焉"的天道仁德。

  在先秦儒家的眼里，夏朝的历书《夏小正》，应该算是格物大道理吧，其中记载了古人由观察天象和物候决定季节时令的知识，后来收入《大戴礼记》，再后来单独成册流传。而像《甘石星经》《周髀算经》《黄帝内经》《考工记》，等等，都算是小学六艺之"数"吧。传统儒家文化里，是不太重视现今意义上的自然科学的。古时候技术反而很发达。"古人立一法必有一理，详于法而不著其理，理具法中。"好学深思者自己琢磨去吧，没人去揭示其背后隐藏的自然法则，那是天道自然而已，更不用说去构建严密的逻辑符号系统了。《墨子》里的《墨经》有很多关于自然哲学的思考，给出了科学的概念和命题，至今仍散发着熠熠光辉。比如力学方面的"动，域徙也"。运动是物体位置的迁移。"力，形之所以奋也。"力是使物体发生运动和变化的原因，等等。这些都属于自然哲学思想，不是儒家格物致知之谓。古希腊泰勒斯、毕达哥拉斯等人也都形成了丰富的自然哲学思想。只不过古代中国将之与感性相结合，走向了伦理道德哲学。古希腊将之与理性相结合，走向了通达至今的自然哲学科学。

  有学者纠结于"格物致知"到底是不是关于科学的说辞，这大可不必。儒家根本就没有这个心思，他的指向和目的是止于至善，是治国平天下，讲的是天道人道之物格，充其量把天文历法、阴阳变易这些"数"算进去罢了，《孔子家语》里有不少论述。小学养习的科目是礼乐射御书数，成人修身的科目是《诗》《书》《礼》《易》《乐》《春秋》。

天道的意志，天命是不可改变的。人道的意志，使命是不可改变的。顺之者昌，逆之者亡。了解了这些大道后，其为人也才能够意念真诚，意念真诚才会心思端正，心思端正才会真诚向善。有子曰："君子务本，本立而道生。孝悌也者，其为仁之本与！"要从孝悌开始修为，孝悌忠信，礼义廉耻，进而修为仁义礼智信、温良恭俭让，等等，这是儒家的为人之道。

家是最小国，国是千万家。自己的品行修为好了，才能够管理好家庭，管理好家庭后才能治理好国家，治理好国家后天下才能太平。看看虞舜吧，他生活在一个什么样的家庭，却能凭着自己的淳厚仁德，感化顽父嚚母傲弟，成为千古圣人。闵子骞也是至孝大德之人，孔子说："孝哉，闵子骞！人不间于其父母昆弟之言。"没有人非议他的父母昆弟，是因为闵子骞的大孝。无论父母昆弟怎样待他，闵子骞均以诚相待，没有半句怨言，也不说他们一句不好的话，并且以自己的行动感化了后母。文曰："周闵损，字子骞，早年丧母。父娶后母，生二子，衣以锦絮。妒损，衣以芦花。父令损御车，体寒，手无法握住缰绳。父查知故，欲出后母。损曰：'母在一子寒，母去三子单。'母闻，悔改。"

看一个人能否堪当大用，首先看他孝不孝、家庭和睦不和睦。一般情况下，对自己父母都不孝的人，对别人不会好，自己的家庭都搞不定，更不用说一个国家了。

自天子以至于庶人，壹是皆以修身为本。其本乱而末治者，否矣。其所厚者薄，而其所薄者厚，未之有也。

上自天子下至平民，都要把修身作为根本。如果把根本的修身都搞乱了却要家齐、国治、天下平，那是不可能的。本来应该厚待的却轻视它，本来应该疏远的却重视它，这样的事情是没有的。

人人皆以修身为本。如果修身这个根本被扰乱了，家庭、家族、国家乃至天下要治理好是不可能的。本末倒置更是荒谬。物有本末，事有终始。知所先后，则近道矣。

这是《大学》的核心句子。人之所以为人也，人知羞耻，而后其为人也，真诚向善。这是成人的过程，也就是修身的过程。或者说，修身的过程就是成人的过程，就是明明德、亲民、止于至善的过程。如果说修身是内化，那么处世就是外铄了。《中庸》是讲处世学问的。中庸之道的思想基础是真诚。只有做到真诚，才能"发乎情，止乎礼，合乎时宜，皆中节"。修身处世之道，就是君子之道。下面论述明德。

《康诰》曰："克明德。"《太甲》曰："顾諟（shì）天之明命。"《帝典》曰："克明峻德。"皆自明也。

《康诰》上说："能够弘扬光明的道德。"《太甲》上说："敬奉正大光明的天命。"《帝典》上说："能够弘扬崇高的道德。"这些都是说自己要弘扬光明正大的美德。

《康诰》《太甲》和《帝典》都是《书经》中的篇目。"诰"的意思是帝王对臣子训诫勉励的文告或任命封赠的文字。周成王平定管叔、蔡叔之后，把原先商国的地盘和民众封给康叔管理，拟了《康诰》由周公宣布。"克明德"出自"惟乃丕显考文王，克明德慎罚……惟时叙，乃寡兄勖，肆汝小子封在兹东土"。"你那显赫英明的先父文王，能够发扬彰显美德，慎用刑罚……现在你不负众望的哥哥成王正在奋勉，让你治理东土，希望你也像他一样，秉承文王的意志，发扬彰显美德，不负众望"，大抵如此。

《书经》载，太甲继承帝位以后不明事理，伊尹把他放逐到桐宫。太甲居住在桐宫三年，悔过返善，伊尹才把太甲迎回到都城西亳，让他重新主持国政。伊尹作《太甲》三篇训诫太甲。"顾諟天之明命"出自"先王顾諟天之明命，以承上下神祇。"意思是，先王成汤敬奉光明正大的天命，以禀顺天地神祇。

《尧典》载："曰若稽古，帝尧曰放勋，钦、明、文、思、安安，允恭克让，光被四表，格于上下。克明俊德，以亲九族。九族既睦，平章百姓。百姓昭明，协和万邦。黎民于变时雍。"稽考万古帝尧，他叫作放勋，他敬谨、明达、文雅、慎思、温和宽容，忠实不懈，又能让贤，光辉普照四方，考究至于天地。他发扬光明正大的美德，使家族和睦融洽。家族和睦融洽以后，商议处理老百姓的事务。百姓的事条理清楚了，再去协调和顺万邦诸侯，天下民众因此也就慢慢友好和睦起来。即，修身齐家治国平天下。

无论是《康诰》《太甲》还是《帝典》，所阐发的彰显光明正大的美德、敬奉的光明正大的天命，都讲的是帝王要自觉地修身，去发扬美德。这与孔子说的"人能弘道，非道弘人"是一个道理。这一句阐述了"明明德"既是先圣的做法，也是先圣内在的自我要求。接下来阐述新民。

汤之盘铭曰："苟日新，日日新，又日新。"《康诰》曰："作新民。"《诗》曰："周虽旧邦，其命维新。"是故君子无所不用其极。

商汤王刻在洗澡盆上的箴言是："如果能够做到一天新，就应保持天天新,新了还要新。"《康诰》上说:"激励人弃旧图新。"《诗经》上说:"周朝虽然是旧的国家,但却禀受了新的天命。"所以,君子无处不追求完善。

　　成汤面对夏桀暴政,发布《汤誓》,大战夏桀于鸣条,最终灭夏建商。商汤王吸取夏朝灭亡的教训,又发布《汤诰》,要求臣属"有功于民,勤力乃事",否则"大罚殛(jí,诛戮)汝"。商汤王以宽治民,阶级矛盾缓和,政权较为稳定,国力日益强盛。《诗·商颂》称:"昔有成汤,自彼氐羌,莫敢不来享,莫敢不来王。"

　　成汤灭夏之前,经历了禅让制和世袭制。禅让制是"公天下",原本的首领选出有才干的与自己无直接血缘关系的人来统治天下,比如尧之于舜、舜之于禹。世袭制是"家天下",指君王在自己家族内部一代一代传承,维持专制统治。商汤以武力灭夏,打破国王上定的做法,史称"商汤革命",从此中国历代王朝皆武力更迭。

　　商汤王的治国理念就是革新,他把"苟日新,日日新,又日新"刻在洗澡用的盘器上,提醒自己。这句话通俗的意思是,如果每天都需要沐浴更新的话,就天天沐浴更新,每天都不要间断。如果能够把今天所习染的污垢洗净而自新,就应该天天振作,求自新求进步,更要继续不断涤除污染,一天比一天进步。或者说,成汤认为修身在于革新。

　　成汤有许多新思想新作为。伊尹出身奴隶,长大后当了厨子,因有才德,商汤王任命他为丞相。一次,商汤外出游猎,看见野外有人四面结网捕鸟,就叫那人去掉三面的网,只留下一面网,曰:"欲左,左;欲右,右;不用命,乃入吾网。"意思是想往左飞就往左飞;想往右飞就往右飞;不顾死活的话,就飞进我的网里来吧。诸侯闻之,曰:"汤德至矣,及禽兽。"汤王的盛德惠及禽兽。这是著名的"网开三面"

的故事。又有"桑林祷雨"的故事,说商朝连续五年遭遇大旱,商汤王坐在木柴上,准备自焚以祭天求雨。火将燃,即降大雨。

"作新民"出自《唐诰》:"已!汝惟小子,乃服惟弘王,应保殷民,亦惟助王宅天命,作新民。"这是周公宣告《唐诰》时的一句话。意思是说年轻的封呀,对老百姓的疾苦你要感同身受。民之所欲,天必从之,要知道敬畏天命啊。大的民情是看得见的,要懂得体恤民情。小人的行径是看守不住的。到了那里你要尽心尽力,处处小心谨慎,千万不要贪图安逸享受,这样才能治理好你的民众。我听说过"怨不在大小,都是怨,要惠及不贤惠的人,鼓励不努力的人"。周公传达到这里,脱开稿子,看了看封,说:"年轻人,你的使命就是服从并弘扬先王的功德,接受和保护好殷朝的遗民,也就是协助成王完成敬天保民的使命,使殷朝的遗民革除旧的恶习而成为新的民众。"

"周虽旧邦,其命维新"一语出自《诗经·大雅》,这是一组歌颂周文王的诗篇,开篇云:"文王在上,于昭于天。周虽旧邦,其命维新。"大意是"文王神灵在天,光明显耀。周虽是旧的邦国,但其使命在于维新",也就是革除殷商旧弊流俗,鼎新文王人文精神。

史载文王千秋功业。《史记·周本纪》载,周文王倡导"笃仁,敬老,慈少,礼下贤者"的社会风气,使周国的社会经济得以发展。周文王生活勤俭,和普通人穿一样的衣服,还到田间劳动,兢兢业业治理周国。周文王被囚禁7年,将伏羲的先天八卦首先改造成后天八卦;"八卦小成",觉得不能反映复杂的变化,"引而伸之,触类而长之","因而重之,爻在其中矣",以本气相推,与八卦相叠,遂成八八六十四卦,系以卦爻辞,并提出"刚柔相推,变在其中"辩证法,完成了《周易》这部千古不朽的著作。这便是历史上著名的"文王拘而演周易"的故事。

商纣王荒淫暴虐,伤天害理,不知敬畏。"呜呼!我生不有命在天,是何能为!"周公辅佐武王克商伐纣建立周朝后,吸收商纣王祭神求福却又妄蔑天意的教训,阐发周文王遗训,提出"民之所欲,天必从之"的敬天保民思想,敬畏上天好生之德,赋予祭祀人文精神,制礼作乐以教化万民。

商汤王以"日日新"为座右铭,周公告诫诸侯将"作新民"作为治理方略,周天子则以"其命维新"为治国理念,先王圣贤做出表率,君子当听圣人之言,通过革故鼎新追求崇高理想。接下来论述"止于至善"。

《诗》云:"邦畿(jī)千里,维民所止。"

《诗经》上说:"国土疆域上千里,百姓居处得平安。"

这句诗出自《诗经·商颂·玄鸟》篇。《玄鸟》是殷商后代祭祀其祖先武丁的乐歌。大意是成汤上承天命,安定四方。后王承受天命不怠慢,武丁传承成汤遗业,是最贤明的好君主。龙旗大车有十乘,贡献粮食常载满。国土疆域上千里,百姓居处得平安。殷受天命人称善,百样福禄都占全。《玄鸟》篇含有以民为本的思想。人民是国家的主人,国家靠人民来维系,人民靠贤王来治理,王道的最高境界是止于人民安居乐业,此为"止于至善"之一解也。先王的道德功业都是为了人民,这本身就是君主修身的应有之义。子曰:"君子修己以敬,修己以安人,修己以安百姓。"此谓也。

《诗》云:"缗蛮黄鸟,止于丘隅。"

《诗经》上说:"缗蛮叫着的小黄鸟,栖息在那山角落。"

这句诗出自《诗经·小雅·缗蛮》篇。《缗蛮》是劳苦大众面对世道艰难所发出的悲叹。该诗可意解为:缗蛮叫着的小黄鸟,也能够在那山角落歇息。逃难的人们什么时候走到头啊。看看我的孩子们，给他吃给他喝，又得教又得说，还不如那小黄鸟呢，能够停下来歇一歇。老天啊，能不能让那后面来的车子，拉上孩子走一程呀。主人公感叹自己命运漂浮不定，怀疑自己是否有能力坚持下去，盼望有一只援助的手来拉他一把。而作者引用这句诗是用来说明，连小黄鸟都知道止于什么地方合适，君王更应该知道修身之道通向哪里。通向哪里呢？让天下老百姓能够安居乐业。下面专门讲"止"。

子曰："于止，知其所止，可以人而不如鸟乎？"

孔子说："黄鸟栖息的时候，都知道应该栖息在什么地方，难道人还不如鸟吗？"

鸟都知道飞到山坳里停下来，飞到山角落停下来，飞到山丘旁停下来，人难道不知道自己应该追求什么吗？追求人民安居乐业，止于人民安居乐业。"止"含有"动"——追求的意思在里面。知止不殆，可以长久。接着继续引用诗句，看看先圣是怎么做的。

《诗》云："穆穆文王，于缉熙敬止。"

《诗经》上说："仪表堂堂的周文王，为人光明磊落，做事始终庄重谨慎。"

这句诗出自《诗经·大雅·文王》，仪表堂堂端庄谦恭的周文王，修成光明正大的美德，成就为美德的化身，叫人高山仰止。周文王的仁德止于光明正大的崇高。《论语》载，子曰："为政以德，譬如北辰，居其所而众星共之。"为政以德，就会像北极星那样，安处在自己的位置上，群星都会环绕在它的周围。"无为而治者，其舜也与！夫何为哉？恭己正南面而已矣。"能够无为而治天下的只有舜吧！他做了些什么呢？只是端正庄敬地坐在朝廷上罢了。像虞舜、周文王等都是美德的化身，修养到崇高的境界，他们的美德光芒四射，普照众生，化育万民。圣人如此，止于光明正大的美德，其他人呢？

为人君，止于仁；为人臣，止于敬；为人子，止于孝；为人父，止于慈；与国人交，止于信。

做国君的，追求做到仁爱。做臣子的，追求做到恭敬君主。做子女的，追求做到孝顺父母。做父亲的，追求做到慈爱。与他人交往，追求做到诚实守信。

上面从三个方面阐述了"止"于至善的内在逻辑和实质意涵。鸟儿都知道山坳角落是它所安全落脚的地方，人更应该知道吧。贤王克明峻德，其命维新，追求人民安居乐业，那么为人君臣父子的修养追求什么呢？这便是孔子道德学问的阐发了。君子修己以敬，修己以安人，修己以安百姓。

为人君，止于仁，为政以德，爱民如子。"道千乘之国，敬事而信，节用而爱人，使民以时。"为人臣，止于敬，忠敬侍君，敬其事而后其食。"居处恭，执事敬，与人忠。虽之夷狄，不可弃也。"为人子，止于孝，孝悌为先。"孝弟也者，其为仁之本与！"为人父，止于慈，亲其亲，严慈相济。与国人交，止于信，人无信不立。"人而无信，不知其可也。"仁敬孝慈信，都是至善，是修身为人的道德追求。

上面把"明明德""新民""止于至善"引经据典分别进行了论述。下面阐述修身要下什么样的功夫。

《诗》云："瞻彼淇澳，菉（lù）竹猗猗。有匪君子，如切如磋，如琢如磨。瑟兮僩（xiàn）兮，赫兮喧兮。有匪君子，终不可谖兮！"

《诗经》上说:"看那淇水弯弯的岸边,嫩绿的竹子郁郁葱葱。文质彬彬君子,研究学问如加工骨器,不断切磋;修炼自己如打磨美玉,反复琢磨。他的神态庄重威严,他的地位光明显赫。这样一位文质彬彬的君子,真是令人难忘啊。"

这句诗出自《诗经·国风·淇澳》。本诗应该是赞美卫国良臣名将或谦谦君子的作品。切磋,本义是加工玉石骨器,引申为讨论研究道德学问。琢磨,本义是玉石骨器的精细加工,引申为钻研深究学问德行。君子修身当钻研践行道德学问,如切如磋,如琢如磨。下面给出了解释。

"如切如磋"者,道学也。"如琢如磨"者,自修也。"瑟兮僩兮"者,恂栗也。"赫兮喧兮"者,威仪也。"有匪君子,终不可谖兮"者,道盛德至善,民之不能忘也。

"如切如磋"是比喻研究学问的功夫,"如琢如磨"是比喻磨炼德行的功夫。"瑟兮僩兮"是描述神态庄重的样子,"赫兮喧兮"是描述仪表威严的样子。"有匪君子,终不可谖兮"是赞誉学问深广,德行至善达到完美境界,民众永远敬仰他。

说着说着,说君子又回到君主圣贤身上了。

修身要努力钻研学问,刻苦磨炼德行,神态要庄重,仪表要威严,止于至善,就是圣贤了。《论语》中的有关描述有"文质彬彬,然后君子""君子学道则爱人""义以为上""君子惠而不费,劳而不怨,欲而不贪,泰而不骄,威而不猛""望之俨然,即之也温,听其言也厉""君子修己以敬""修己以安人""修己以安百姓"。君子修身,身心双修,内化于心,外化于形,如春风化雨,普惠众生,若穆穆文王,于缉熙敬止。

《诗》云："于戏！前王不忘。"君子贤其贤而亲其亲，小人乐其乐而利其利，此以没世不忘也。

《诗》上说："吁唏！伟大先王的德行令人念念不忘啊。"君子崇敬圣贤亲近亲族，民众享受安乐获得利益。伟大先王能够精诚其意，君子和平民都能够永远不忘他们的功德。

这句出自《诗经·周颂·烈文》。"念兹戎功，继序其皇之。无竞维人，四方其训之。不显维德，百辟其刑之。於乎，前王不忘！"其大体意思是：感念各路诸侯立大功，你们要继续发扬优良传统。国强莫过有贤才，四方才会来归降。先祖伟大在美德，诸君应当为榜样。啊，先王典范永不忘！儒家念念不忘贤王的大美仁德，至纯性情和道德学问，做到了明明德，亲亲尊贤。

子曰："听讼，吾犹人也。必也使无讼乎！"无情者不得尽其辞。大畏民志，此谓知本。

此谓知本，此谓知之至也。

孔子说："听诉讼审理案子，我也和别人差不多。但根本的目的是使诉讼不再发生啊！"隐瞒真实情况的人不敢花言巧语。使人心畏服，这就叫作抓住了根本。

这就叫抓住了根本，这就叫追求到了极至。

听讼的根本是使诉讼案件不再发生。天下没有了诉讼案件，没有了纷争，大家其乐融融，天下不就和合了吗？

其为人也，壹是皆以修身为本。同样，知道了为人的根本是什么，就是想得通透明白了，就可以尽心知命、真诚向善了。人人都修身至善，追求大美大德，追求安居乐业，天下不就太平了吗？下面开始分别论述修身的前章后续。

所谓诚其意者,毋自欺也。如恶恶臭,如好好色,此之谓自谦。故君子必慎其独也。

所谓诚心实意,就是说不要欺骗自己。如同厌恶恶臭的气味,如同喜好漂亮的容貌,这叫自我满足。所以君子一定要在独处的时候保持谨慎的态度。

修身就要做到诚其意、不自欺。厌恶就是厌恶,喜好就是喜好,不自欺才会不欺人,处世才能心安理得,也就是心有所安。诚其意的关键是慎独。君子慎独,不欺暗室。下面专门论慎独。以小人与君子对比论之。

小人闲居为不善,无所不至。见君子而后厌然,掩其不善,而著其善。人之视己,如见其肺肝然,则何益矣。此谓诚于中,形于外。故君子必慎其独也。

小人私下里小肚鸡肠,无恶不作。一看到君子便躲躲闪闪,掩盖自己的不良行为,还自吹自擂自己多么善良。殊不知别人看他,就像看到自己的五脏六腑一样清楚,掩盖有什么用呢?这就叫作内心的真实一定会表现到外表上来。所以君子在独处的时候,也一定要谨慎自己修为。

诚于中者,必形于外,越是想掩盖越是不自然。有道是"君子坦荡荡,小人长戚戚"。一旦长戚戚就露出狐狸的尾巴了。孟子说:"存乎人者,莫良于眸子。眸子不能掩其恶。胸中正,则眸子瞭焉。胸中不正,则眸子眊焉。听其言也,观其眸子,人焉廋哉?"孔子说:"视其所以,观其所由,察其所安,人焉廋哉?人焉廋哉?"再说贤者还能抑亦先觉呢。因此，独处的时候，最能考验一个人的道德品行和个人修养。若闲居为不善，放松了对自己的要求，做出一些不符合仁义道德的事情来，就不是君子而是小人了。故君子必慎其独也。

曾子曰："十目所视，十手所指，其严乎！"富润屋，德润身，心广体胖，故君子必诚其意。

曾子说："就像有十双眼睛在注视着你，十双手指在指着你，这是多么严峻的考验啊！"有钱人用财富来装饰他的屋子，有德行的人用道德来充实自身。因为内心宽大平和，自然身体舒泰发福，所以，君子一定要使自己的意念真诚。

明明就自己一个人，却感觉如同有十目所视、十手所指一样，这是自我监督。独处最考验一个人的控制力和意志力，君子不欺暗室，在没有人看见的地方，也光明磊落，不做见不得人的事。

人之所以为人也，知羞耻而后真诚向善者矣。其为人也当诚实自己的心意，否则就是衣冠禽兽了。富人炫富，把屋子装饰得富丽堂皇，其实内心不见得道德充盈。有德行的人，虽居陋室，修身养性，内心也能道德丰盈，自然也就心宽体胖、身心舒泰了。当然，如果君子取财有道，又能仁德润身，那是再好不过的了。有道是"心不妄念，身不妄动，口不妄言，君子所以存诚。内不欺己，外不欺人，上不欺天，君子所以慎独"。如果不能诚其意，就不是正人君子。

朱熹说《大学》是"孔子之言，而曾子述之"。这里却出现了子曰、曾子曰，因此朱熹的说辞令人怀疑。《大学》应是一人先述，比如曾子，而后多人传述而成的比较可信。

诚其意需要先正其心。

所谓修身在正其心者，身有所忿懥，则不得其正；有所恐惧，则不得其正；有所好乐，则不得其正；有所忧患，则不得其正。心不在焉，视而不见，听而不闻，食而不知其味。此谓修身在正其心。

所谓修身在于端正自己的心念，是因为有所愤怒的时候，心念就不能够端正；有所恐惧的时候，心念就不能够端正；有所好乐的时候，心念就不能够端正；有所忧患的时候，心念就不能够端正。心思不端正就像心不在自己身上一样，虽然在看，却像没有看见一样；虽然在听，却像没有听见一样；虽然在吃东西，却一点也不知道是什么滋味。所以说修身的品性必须要端正心念。

不能端正自己的心念，就不能诚心实意，容易被情绪所左右，人就像丢了魂一样心不在焉，那就完了。孔子四十而不惑，心有所安，率性而为，思而不居，里仁为美，明知不可而为之，就在夫子端正了心念。孟子四十不动心，尽心知命，仰不愧于天，俯不怍于人，中道而立，也是端正了心念。所以不管怎样艰难困厄、志不得展，孔子还能做到闻《韶》乐，三月不知肉味，味在其中矣。食不厌精，脍不厌细，道在其中矣。只有端正了心念，才能发乎情，止乎礼，合乎时宜，皆中节，为人处世行中庸之道。

论述了修身的前章，下面论述修身，接着论述修身的后续。

所谓齐其家在修其身者，人之其所亲爱而辟焉，之其所贱恶而辟焉，之其所畏敬而辟焉，之其所哀矜而辟焉，之其所敖惰而辟焉。故好而知其恶，恶而知其美者，天下鲜矣。故谚有之曰："人莫知其子之恶，莫知其苗之硕。"此谓身不修，不可以齐其家。

之所以说管理好家庭和家族要先修养自身，是因为人们对自己亲爱的人会有所偏爱，对自己厌恶的人会有所偏颇，对自己敬畏的人会有所偏向，对自己同情的人会有所偏心，对自己轻视的人会有所偏见。因此，很少有人能够做到喜爱某人又能看到那人的缺点，厌恶某人又能看到那人的优点。所以有谚语说："人们大多不知道自己孩子的坏，大多不满足自己庄稼的好。"这就是不修身就不能管理好家庭和家族的原因。

人都有七情六欲，远近亲疏。孩子是自家的好，庄稼是人家的壮，这是人之常情，如果不加以克制审视，就会陷于偏颇。这是心不正、意不诚的缘故，心不正、意不诚就是身不修。心存偏颇，意不诚实，就做不到公正公允。做不到公正公允，就不能使人信服。不能使人信服，就不能让人尊敬，不能树立起威望。不受人尊敬又没有威望，也就是没有仁德。没有仁德，就不能以德服人。不能以德服人，怎么能管理好家人和家族呢？

君子修身，孝悌为本，谨而信，泛爱众，而亲仁，择善固执，中道而行，方可为政以德。"唯仁者能好人，能恶人。"孔子视弟子如己出，心念端正诚心实意，所以才能坦诚自己弟子的优缺点，尽管他说知人难。"柴也愚，参也鲁，师也辟，由也喭。""贤哉回也！一箪食，一瓢饮，在陋巷，人不堪其忧，回也不改其乐。贤哉，回也！"对别人的评价也是功过是非两论。他评价管仲"桓公九合诸侯，不以兵车，管仲之力也。如其仁，如其仁！"又说"管仲之器小哉！"管仲这个人的器量格局不高呀！"管氏有三归，官事不摄，焉得俭？""管氏而知礼，孰不知礼？"修身至善，允执厥中，可以齐家焉。

所谓治国必齐其家者，其家不可教而能教人者，无之。故君子不出家而成教于国。孝者，所以事君也；弟者，所以事长也；慈者，所以使众也。《康诰》曰："如保赤子。"心诚求之，虽不中，不远矣。未有学养子而后嫁者也。

所谓治国必先治理好家庭,是因为不能管教好家人,而能管教好别人的人是没有的。因此道德君子不出家门,也能够把仁德教化推广到全国。能够对父母尽孝的人,才能够侍奉君主;能够对兄长恭顺的人,才能够尊敬长辈;能够对孩子慈爱的人,才能够指挥民众。《康诰》上说:"像保护婴儿一样保护百姓。"正心诚意去追求,虽然不能完全中意,但也不会差得很远。没有先学会了抚养孩子再出嫁的。

《论语》或谓孔子曰:"子奚不为政?"子曰:"《书》云:'孝乎惟孝,友于兄弟。'施于有政,是亦为政,奚其为为政?"《书》上说,最重要的是在家孝顺父母,友爱兄弟,再推广到政治上去,这就是参与政治了。行孝悌就是行仁政。所谓治国必先齐其家,也是孟子对孔子思想的阐发,"老吾老以及人之老,幼吾幼以及人之幼"之谓也。又以"若保赤子"继续阐述之。

"若保赤子"出自《唐诰》,王曰:"呜呼!封,有叙时,乃大明服,惟民其敕懋和。若有疾,惟民其毕弃咎。若保赤子,惟民其康乂。"王告诉封,要按照前面教导的道理去做,赏罚才会严明,民众才会敬服,才会勤勉地创造美好的生活。就像有病需要治病的人厌恶疾病一样,话说明了民众才会抛弃自己错误的认知。能够像抚育婴儿一样对待民众,民众才能快乐安康。敬天保民,敬天慎刑,要懂得"民之所欲,天必从之"的道理啊。

如何对待族人,就会如何对待朝廷官员。"孔子于乡党,恂恂如也,似不能言者。"孔子回到家乡,很是温和恭敬的样子,像是不太会说话,所以"朝,与下大夫言,侃侃如也。与上大夫言,訚訚如也。君在,踧踖如也,与与如也"。国君尚未临朝时,孔子同下大夫说话,从容不迫的样子。同上大夫说话，坦诚和悦的样子。国君临朝时，孔子恭敬不安的样子，稳重忐忑的样子。"乡人饮酒，杖者出，斯出矣。"与乡里人一起参加宴席的时候，等年长的离席后，自己才可以离席。所以"过位，色勃如也，足躩如也，其言似不足者"。经过国君的座位时，脸色变得矜持，脚步随之加快，说话好像有气无力的样子。家是小的国，国是大的家，自古崇尚治国如治家，侍君如侍亲。看看虞舜，家庭情况那么复杂，差一点被父亲和弟弟害死，但不改孝悌之心，正心诚意践行孝道，齐家而后得天下治。下面继续论述治国在齐其家。

一家仁，一国兴仁；一家让，一国兴让；一人贪戾，一国作乱；其机如此。此谓一言偾事，一人定国。尧、舜帅天下以仁，而民从之。桀、纣帅天下以暴，而民从之。其所令反其所好，而民不从。是故君子有诸己而后求诸人，无诸己而后非诸人。所藏乎身不恕，而能喻诸人者，未之有也。故治国在齐其家。

一家人能够践行仁爱，一个国家就会兴起仁爱之风。一家人礼让和顺，一个国家就会兴起礼让之风。一人贪婪暴戾，一国就会犯上作乱。事理的关键就是如此。这就叫作一句话能坏事，一个人能安定国家。尧舜用仁爱统帅天下，老百姓就跟着尧舜行仁爱。桀纣用残暴统治天下，老百姓就跟着桀纣行残暴。统治者的命令与自己的实际做法相反，老百姓是不会服从的。所以君子总是自己先做到，然后才要求别人做到，自己先不做，然后就无法要求别人做得到。不采取这种推己及人的恕道，想让别人按照自己的要求去做，那是从来没有过的事情。所以，治国必须首先管理好自己的家庭。

家是最小国，国是千万家。家和万事兴。特别是对帝王之家来说，家风显得尤为重要。家风正，则国风正；家风不正，国风必邪。《论语》有子曰："其为人也孝弟，而好犯上者，鲜矣。不好犯上，而好作乱者，未之有也。"子曰："能以礼让为国乎？何有！"能以礼让精神来治理国家吗？如果能，还有什么困难呢！"政者，正也。子帅以正，孰敢不正？"有一天，鲁定公问孔子，一句话就可以兴邦，一句话就可以亡国，有这回事吗？孔子说，知为君之难可以兴邦，话讲错了没人敢反抗可以亡国。子贡问曰："有一言而可以终身行之者乎？"子曰："其恕乎！己所不欲，勿施于人。"修身齐家的君子，孝悌为先，推及治国则是"泛爱众，而亲仁"，国家没有治理不好的。《孝经》上说："爱敬尽于事亲，而德教加于百姓，刑于四海。盖天子之孝也。"竭尽爱敬之心去侍奉双亲，将这种德行教化推行到百姓身上，作为天下百姓的典范。这是天子的孝道仁道。接下来引用《诗》句，继续论述治国在齐其家。

《诗》云："桃之夭夭，其叶蓁（zhēn）蓁。之子于归，宜其家人。"宜其家人，而后可以教国人。

《诗经》上说："桃花怒放千万朵，桃叶茂盛绿油油。这位姑娘嫁过门，家庭和睦万事兴。"君主只有让全家人都和睦，然后才能教化国人和谐相处。

这句诗出自《诗经·周南·桃夭》。《桃夭》整篇诗的意思是，姑娘温柔贤淑，如桃花美艳动人，桃花盛开时节，把她娶回家门，夫妻琴瑟合鸣，很快春华秋实，不久儿女满堂，好像秋后桃叶更加茂盛一样，家和万事兴旺。《桃夭》借助桃树开花、结果然后叶盛的特性，来借喻一个家庭人丁兴旺、家庭和睦的景象。如果一个人能够使家庭和睦，特别是帝王之家的人，推而广之，化育万民，自然会使民风淳厚，人民安居乐业，国泰民安。

《诗》云："宜兄宜弟。"宜兄宜弟，而后可以教国人。

《诗经》上说："做兄长的爱护弟弟，做弟弟的恭敬兄长。"兄弟和睦了，然后才能教化国人和谐相处。

这句诗出自《诗经·小雅·蓼萧》。原句是"蓼彼萧斯，零露泥泥。既见君子，孔燕岂弟。宜兄宜弟，令德寿岂。"艾蒿长得高又长，叶上露珠浓又亮。既已见到周天子，快乐无比且舒畅。如同兄弟情意浓，美德无瑕寿且长。这首诗是来赞美周天子的。诸侯们见到周天子，感到恩宠又荣光，如兄弟情深意浓，心情舒畅，祝福周天子美德广被，万寿无疆。周天子能够把悌道施于诸侯，如兄长般关爱诸侯，诸侯们当然就会把悌道施于周天子，如弟弟般恭敬周天子了。再说，如果兄长德欠，不能团结包容兄弟们，怎么会容得下天下黎民百姓呢？

《诗》云："其仪不忒（tè），正是四国。"其为父子兄弟足法，而后民法之也。此谓治国在齐其家。

《诗经》上说："德行威仪庄重无咎，成为匡正四方国家的表率。"无论他是作为父亲、儿子，还是兄长、弟弟，所作所为都能值得令人效法时，老百姓才会去效法他。这就是治国必须先管理好家庭和家族的道理。

这句诗引自《诗经·曹风·鸤鸠（shī jiū）》。原句是："鸤鸠在桑，其子在棘。淑人君子，其仪不忒。其仪不忒，正是四国。"布谷鸟在桑林里筑巢，小鸟在枣树上嬉戏。品性善良的好君子，仪容端庄从不走样。仪容端庄从不走样，各国有了模范形象。本诗借喻布谷鸟仁慈，来述君子德性修养。布谷鸟处处催春耕，裨益人间。喂养众多小鸟，无偏无私。小鸟们得到细心照顾，得以自由嬉戏在枝间树梢，翻飞栖息于草甸之中。君子修身，孝悌为本。为人父止于慈，为人子止于孝，为人兄弟止于悌。做到了这些，就成为老百姓的表率了。治国不外乎是修身而后齐家的推广而已。接下来论述平天下在治其国。

所谓平天下在治其国者，上老老而民兴孝，上长长而民兴弟，上恤孤而民不倍，是以君子有絜（qiè）矩之道也。

所谓要使天下太平在于治理好国家，是说在上位的人尊敬老人，老百姓就会孝敬自己的父母，在上位的人尊重长者，老百姓就会尊重自己的兄长，在上位的人体恤救济孤儿，老百姓也会同样跟着去做。所以君子品德高尚总是以身作则，施行推己及人的"絜矩之道"。

为政以德，以上率下。"子帅以正，孰敢不正？"为政者能够"老吾老以及人之老，幼吾幼以及人之幼"，彰显美德，率先垂范，老百姓没有不仿效的。"君子之德风，小人之德草。草上之风必偃。"举国上下都以孝悌为本，泛爱众，而亲仁，"人不独亲其亲，不独子其子，使老有所终，壮有所用，幼有所长，矜、寡、孤、独、废疾者皆有所养，男有分，女有归"这个社会就会"货恶其弃于地也，不必藏于己；力恶其不出于身也，不必为己。是故谋闭而不兴，盗窃乱贼而不作，故外户而不闭，是谓大同"。大道行，天下就太平了。下面解释何为"絜矩之道"。

所恶于上，毋以使下。所恶于下，毋以事上。所恶于前，毋以先后。所恶于后，毋以从前。所恶于右，毋以交于左。所恶于左，毋以交于右，此之谓絜矩之道。

厌恶上级的所作所为，就不要用同样的做法对待下属。厌恶下属的所作所为，就不要用同样的做法对待上级。厌恶前面的人的所作所为，就不要用同样的做法对待后面的人。厌恶后面的人的所作所为，就不要用同样的做法对待前面的人。厌恶右边人的所作所为，就不要用同样的做法对待左边人。厌恶左边人的所作所为，就不要用同样的做法对待右边人。这就叫作"絜矩之道"。

《论语》子贡问曰："有一言而可以终身行之者乎？"子曰："其恕乎！己所不欲，勿施于人。"孔子的意思是说，不用一言，一个字就够了，无外乎一个"恕"字罢了，这便是恕道，也就是仁道，推己及人。自己不想要的，不要施加给别人。作者不厌其烦地反复说，其实就是在阐述孔子之恕道。"絜矩之道"就是恕道，就是仁道。下面引《诗》论之，并开启告诫君主模式。

《诗》云："乐只君子，民之父母。"民之所好好之，民之所恶恶之，此之谓民之父母。

《诗经》上说："快乐的君主呀，你是全国人民的好父母。"老百姓喜欢的他喜欢，老百姓厌恶的他厌恶，这样的国君就是人民的好父母。

这句诗出自《诗经·小雅·南山有台》。"南山有杞，北山有李。乐只君子，民之父母。乐只君子，德音不已。"南山生枸杞，北山长李树。君主很快乐，人民好父母。君主真快乐，美名必永驻。这首诗共五句，每句均以南山有啥、北山有啥兴起，赞美道德君子，为国立基，为国争光，应是贵族宴饮聚会时颂德祝寿的乐歌。

周公辅佐武王克商伐纣建立周朝后，吸取商纣王祭神求福却又妄蔑天意的教训，提出"民之所欲，天必从之"的敬天保民思想，周公深谙"民之所好好之，民之所恶恶之"的道理。民之父母之谓，是在说，君主推行父母慈恕之道，天下就会太平。

《诗》云："节彼南山，维石岩岩。赫赫师尹，民具尔瞻。"有国者不可以不慎，辟则为天下僇矣。

《诗经》上说："巍峨的南山啊，岩石耸立。显赫的尹太师啊，百姓都敬仰你！"但作为国君不可不谨慎，一旦有失偏颇就会被天下人杀戮。

这句诗出自《诗经·小雅·节南山》。"节彼南山，维石岩岩。赫赫师尹，民具尔瞻。忧心如惔，不敢戏谈。国既卒斩，何用不监！"后半句的意思是："仁人志士为国忧心如焚，不敢有半点开玩笑的心思。国运已经衰落得如此不堪，可你为什么还这样熟视无睹！"《节南山》全诗都是在指斥师尹贵为太史，却对朝政不闻不问，欺哄瞒骗君主，已经失去天下百姓的信任，造成天灾人祸，并指出天灾实为人祸所致。其实也是在讽刺君王修身"有忒""爱而辟焉"，忘了"一人贪戾，一国作乱"，不仅"一言偾事，一人定国"，也能"一言成事，一人亡国"呀。君王用人不当，任由师尹懒政庸政，就会被天下人推翻。诗，可以怨，迩之事父，远之事君，如是也。

《诗》云："殷之未丧师，克配上帝。仪监于殷，峻命不易。"道得众则得国，失众则失国。是故君子先慎乎德。有德此有人，有人此有土，有土此有财，有财此有用。德者本也，财者末也。

《诗经》上说："殷朝没有丧失民心时，还能与上天的旨意相配合。当以殷亡为戒鉴，守住天命并不是一件容易的事。"

治国之道，得到民众的拥护就得到整个国家，失掉民众的拥护就会丢掉整个国家。因此，君子先要谨慎对待自己的德行，有德行才会拥有民众，拥有了民众才会拥有国土，拥有了国土才会拥有财富，拥有了财富才能尽其所用。德行是根本，财富是末节。

这句诗出自《诗经·大雅·文王》第六句。"无念尔祖，聿修厥德。永言配命，自求多福。殷之未丧师，克配上帝。宜鉴于殷，骏命不易！"前半句的意思是："不要只靠先祖恩，修养德行在自身。顺应天命永不忘，自求多福是本分。"这首诗是《大雅》的首篇，歌颂周王朝的奠基者文王姬昌的功业，并告诫后世子孙不要自绝于天，要"聿修厥德"修养自己的德行，"无遏尔躬"保持勤政自勉。《文王》中讲"天命靡常"又讲"骏命不易"，看似矛盾，其实不是的。不变的是规律法则，变化的是现象事件。违背天命不遵守规律，肆意妄为就违背了天意，就会受到惩罚，自绝于天。天道不易，顺之者昌，逆之者亡。周文王可是演绎八卦的祖师爷。

遵天命修仁德，这又回到修身主题上来了。美德君子至真至诚，敬天保民，治理天下，"近者乐，远者来"。比如尧帝。"大哉，尧之为君也！巍巍乎，唯天为大，唯尧则之。荡荡乎，民无能名焉。"尧帝的修为已经通达天地人三才了。这里先讲君王要永言配命，天道的意志就是天命，天命不可违。转而讲人道，也就是仁道，有德才有人，有人才有国，有国才有财，有财才有用。前后为因果关系。接下来进一步解释"德者本也，财者末也"。

外本内末，争民施夺。是故财聚则民散，财散则民聚。是故言悖（bèi）而出者，亦悖而入。货悖而入者，亦悖而出。

假如把根本当成了外在的东西，却把枝末当成了内在的根本，就会与民众争夺利益。所以，君王聚财敛货，民众就会离散；君王散财于民，民众就会集聚。正如你说出不合乎仁德的话，别人也会以不合乎仁德的话回敬你。窃取的不义之财，也会以不义的方式消耗掉。

为政以德。道之以德，齐之以礼，有耻且格。不义而富且贵，于我如浮云。民之有，则君之有，民富国强。君子务本，本立而道生。其本乱而末治者，否矣。

围绕着修身，论述了格物、致知、正心、诚意、修身、齐家、治国、平天下后，接下来开始论善、论仁。

《康诰》曰："惟命不于常。"道善则得之，不善则失之矣。

《唐诰》上说："天命是不会始终如一的。"追求善道的人就会得到天命的护佑，不追求善道的人就会失去天命的护佑。

本句出自《尚书·周书·康诰》。王曰："呜呼！肆汝小子封。惟命不于常，汝念哉！无我殄享，明乃服命，高乃听，用康乂民。"王说，年轻的封呀，天命是不会始终如一的，你要铭记在心啊！我们不是来享福的，彰显弘扬仁德就是服从天命，高明的做法是广开言路，民之所欲，天必从之，以此来安定治理你的子民。人有善念，天必佑之，福禄随之，众神卫之，众邪远之，众人成之。"惟命不于常"是在告诫年轻的封，你现在做君主虽然是天命使然，但你要记住，天命有不变的一面，但还有变的两面，《易》有三易呀。现在天命给予你的，如果你做不到敬天保民，施行仁道，天命也会换掉你。只有施行仁道的君主，天命才会护佑你。

《楚书》曰:"楚国无以为宝,惟善以为宝。"

《楚书》上说:"楚国没有什么可以当作宝贝的,唯一把善当宝贝。"

《楚书》是楚国史官记事的书。一说,从前楚国王孙圉访问晋国,晋大夫赵简子问他,你们楚国有什么宝贝?王孙圉回答说,我们楚国也没有什么宝贝,凡金玉珠石之类,皆不以为贵,只是有德的善人,能利生民,能安社稷,便以他为宝。当时楚国有能臣名观射父,他能作命辞,使得其他诸侯国都敬重楚国。又有能臣名左史倚相,多读古书,练达典故,使得楚国国君能够保住先人打下的基业,因此,楚人皆以他们为宝贝。有评:"夫楚之所宝,不在金玉而在善人,是能不外本而内末者矣。"善为至宝,追求至善,是修身的终极目标。

舅犯曰:"亡人无以为宝,仁亲以为宝。"

舅犯曰:"逃亡在外的人没有什么值得当宝贝的东西,只是把仁爱和亲情当作宝贝。"

本句出自《公子重耳对秦客》。舅犯曰:"孺子其辞焉。丧人无宝,仁亲以为宝。父死之谓何?又因以为利,而天下其孰能说之?孺子其辞焉!"公子重耳由于受到骊姬的陷害,晋献公在世时流亡国外。晋献公去世后,晋国无主。秦穆公派使者到重耳处吊唁,并试探他是否有乘机上位的意思。重耳就向舅舅子犯求教。子犯说:"年轻人,还是推辞了吧。居丧之人没有啥值得炫耀,珍贵的只有仁爱和亲情。父亲死去,这是何等重大的事情啊?还要用这事来谋利。若是如此,就是有一万张嘴,也不能向天下人解释清楚我们有没有罪过啊。年轻人还是推辞了吧。"

君子务本，孝悌乃为仁之本。"生，事之以礼。死，葬之以礼，祭之以礼。"父母去世后，当服三年之丧之大礼，这是最重要的事情。为人子要穿粗麻、拿丧棒、住草棚、吃粗粥、睡草堆、枕泥块，以宣泄内心的悲痛和思念。丢掉了仁爱和亲情，还有什么不能丢的呢？下面说善臣。

《秦誓》曰："若有一个臣，断断兮无他技。其心休休焉，其如有容焉。人之有技，若己有之；人之彦圣，其心好之，不啻若自其口出。实能容之，以能保我子孙黎民，尚亦有利哉！人之有技，媢嫉以恶之，人之彦圣，而违之俾不通。实不能容，以不能保我子孙黎民，亦曰殆哉！"

《秦誓》上说："如果有一个臣子，除了诚实专一外，没有别的专长。但他胸怀宽广，处世有容人之肚量，看到别人有专长，就好像自己有了一样，看到别人善美明达，他心里欢喜的程度，远远超过他口头的赞赏。这样的人确实应该重用他，以保护我的子孙和黎民，或许还会有更多的意想不到的利好呢！别人有能力就妒忌使坏，别人善美明达，就想方设法阻拦，不让君主知道他。实在不能容留这样的人，因为他不能够保护我的子孙和黎民，也可以说留下这样的人是个危险。"

穆公向众大臣训话。他说，尽管有德高望重的老臣值得信任，可是还有勇猛强壮的武士，不能让他完全放心。还有一些花言巧语的佞臣，他没有时间理会。如果有这样一位大臣就好了，他诚恳、忠实、善良、豁达，有容人之量，尽管没有什么值得称道的专长，但能够明明德，可以定国安邦。接下来的一句话是"邦之杌陧，曰由一人；邦之荣怀，亦尚一人之庆"。国家的危险不安,一个人作恶就能导致;国家的繁荣安定,有一位贤能就成!这与前文"一人贪戾,一国作乱""一言偾事,一人定国"是一个意思。《孟子》载,鲁欲使乐正子为政。孟子曰:"吾闻之,喜而不寐。"为什么呢?不是因为他坚强、有智慧、见多识广,是因为"其为人也好善"。

唯仁人放流之,迸诸四夷,不与同中国。此谓唯仁人为能爱人,能恶人。见贤而不能举,举而不能先,命也。见不善而不能退,退而不能远,过也。好人之所恶,恶人之所好,是谓拂人之性,灾必逮夫身。是故君子有大道,必忠信以得之,骄泰以失之。

只有仁人能够流放不仁的人,把他驱逐到边境地区,不准他们和中原的国人在一起。这就是所说的只有仁人能关爱别人,也能厌恶别人。见到贤能的人却不举荐,就算举荐了却不早早任用,这是怠慢。发现不善的人不去辞退,辞退了却不能让他走远些,这是过错。喜欢人们所厌恶的,厌恶人们所喜欢的,这就是违背人的本性,灾难必定会落到他自己身上。所以君子崇道明德,必定依靠忠诚信实来获得民心,骄奢放纵就会失去民心。

"唯仁者能好人,能恶人。"仁者善恶分明,尊天命行仁义,直道而行。嫉贤妒能的人,做不到人知羞耻而后真诚向善,也就违背了仁道,更违背了天命。过而不改,是谓过矣。过而能改,善莫大焉。反其道而行之,德不配位,必有灾殃。天命不可违,顺之者昌,逆之者亡。这是告诫君主要修养美德,推行仁道,追求至善;否则,灾必逮夫身。下面说生财,如何生财有道呢?

生财有大道。生之者众，食之者寡，为之者疾，用之者舒，则财恒足矣。仁者以财发身，不仁者以身发财。未有上好仁而下不好义者也，未有好义其事不终者也，未有府库财非其财者也。

生财也有正确的途径。生产财富的人多，消费财富的人少，生产的人勤快，消费的人节省，这样财富就会充足。仁者仗义疏财以修养自身的德行，不仁者不惜以生命为代价去敛钱取财。没有上位的人喜爱仁德而下位的人却不喜爱忠义的，没有喜爱忠义的人做事不善始善终的，没有不把国库里的财物看作不是他自己的。

未有府库财非其财者也，是说君主没有私财，以国库之财、天下之财为自己的财富。孔子温良恭俭让，倡导"节用而爱人""与其奢也，宁俭""不义而富且贵，于我如浮云""君子食无求饱，居无求安，敏于事而慎于言，就有道而正焉""富与贵，是人之所欲也，不以其道得之，不处也""富而好礼""上之所好，下必从之""笃信好学，守死善道"。作者是在阐述孔子思想，也是在论述生财有道，勤劳致富、节俭持家，仗义疏财、仁义取之。

孟献子曰："畜马乘，不察于鸡豚。伐冰之家，不畜牛羊。百乘之家，不畜聚敛之臣。与其有聚敛之臣，宁有盗臣。"此谓国不以利为利，以义为利也。长国家而务财用者，必自小人矣。彼为善之，小人之使为国家，灾害并至，虽有善者，亦无如之何矣。此谓国不以利为利，以义为利也。

孟献子说："养的起四匹马乘的士大夫之家，就不需再去养鸡养猪。祭祀用冰的卿大夫之家，就没必要再去养牛养羊。拥有一百辆兵车的诸侯之家，就不要去养搜刮民财的家臣了。与其有搜刮民财的家臣，宁肯有偷东西的家臣。"意思是说，一个国家不应该以财货为利益，而应该以仁义为利益。做了国君却还一心想着聚敛钱财的，必然是有小人在作祟。而国君还以为这些小人是好人，让他们去处理国家大事，结果是天灾人祸一齐降临。此时即使有贤能的人，也没有办法挽救了。所以，一个国家不应该以财货为利益，而应该以仁义为利益。

作为孟孙氏第5代宗主，孟献子主张节用和发展生产，时称贤大夫，他是鲁国孟孙氏家族振兴的重要贡献者。

说来说去，人都绕不开一个"财"字，更绕不开一个"义"字。"君子喻于义，小人喻于利。"所谓"人为财死，鸟为食亡"者，是小人的见识，不仁不义。子曰："德之不修，学之不讲，闻义不能徙，不善不能改，是吾忧也。"《大学》论述"自天子以至于庶人，壹是皆以修身为本"，是解孔子之忧也。大学之道，善哉！

抱诚守真——《中庸》学思录

前　言

一、《中庸》讲了些什么

人应该不应该大笑？应该不应该大哭？如果按照"不偏不倚，无过无不及"之说，大笑和大哭都是不可以的，只能嘿嘿一笑、嘤嘤一哭罢了。

《中庸》认为，人是可以大哭大笑的。"喜怒哀乐之未发，谓之中。发而皆中节，谓之和。"也就是说，情感的释放，只要"皆中节"就可以。何谓"节"？"节"的内涵很丰富，有礼度、操守、节骨眼、节令、节拍之谓等。如果挠到了笑穴，谁能忍得住？哈哈大笑才是中"节"。为人处世也好，天地万物也罢，和平虽好，商纣王昏庸无道，周武王还是要发动战争讨伐这位独夫贼子。岁月静好虽好，但也会有天崩地裂、狂风暴雨、山呼海啸的时候。

毕竟大悲大喜的情况是少数。六十四卦中，也只有乾坤两卦是纯阳纯阴卦而已。"中也者，天下之大本也。和也者，天下之达道也。"致中和才是天下之达道，"致中和，天地位焉，万物育焉。""亲戚或余悲，他人亦已歌。死去何所道，托体同山阿。"亲人去世，或大悲或余悲，皆是伤悲，情之所至，性至使然也。终究伤悲之后，自然而然复归平和罢了。

发乎情，止乎礼，合乎时宜，皆中节，致中和，此谓中庸之道者也。

止乎礼，之于仁道就是符合礼度，之于天道就是符合时令。合乎时宜，就是事出必然、情之所至。"故时措之宜也"，适时而动才是合宜的。

中庸之道，就是处世之道。

二、《中庸》对孔子思想的阐发

《论语》里直接提到"中庸"的子曰，有两则。一是"中庸之为德也，其至矣乎！民鲜久矣"。中庸作为一种德行，是最高的境界了吧！民众很少有能长久保持的。二是"不得中行而与之，必也狂狷乎！狂者进取，狷者有所不为也"。找不到中行之道的人和他交往，就一定找狂者和狷者和他交往！狂者志向高远奋发上进，狷者洁身自好有所不为。尽管《论语》里含有中庸思想的章句有很多，但《中庸》里引用的不少孔子关于中庸之道的说辞，大多没有被《论语》编纂者采用，这一定是有原因的。

《中庸》不但阐述而且发展了孔子的思想，以中庸为主但不限于中庸。比如，《论语》里子贡说："夫子之文章，可得而闻也。夫子之言性与天道，不可得而闻也。"孔子是罕言性与天道的。《中庸》里对性与天道都有明确的论述。开篇即提出"天命之谓性，率性之谓道，修道之谓教"，认为人性是上天所赋予的，顺着人性去做叫修道，修养道德叫教化。一句话把君子之道的出发点、行为过程和目的措施都点了出来，并且进一步阐述为"致中和，天地位焉，万物育焉""君子之道，造端乎夫妇。及其至也，察乎天地""故天之生物，必因其材而笃焉""思知人，不可以不知天""可以赞天地之化育，则可以与天地参矣""性之德也，合外内之道也""天地之道，可一言而尽也。其为物不贰，则其生物不测。天地之道，博也、厚也、高也、明也、悠也、久也"，等等，我们在学思中要仔细体悟哪些是对孔子思想的阐发。

《中庸》还把孔子"信"的思想又推向了"诚"。有信不一定诚，诚而有信，就是诚实笃信了。

三、真诚是《中庸》的核心概念

《中庸》认为，"诚者，天之道也。"真诚是上天的原则。天道永恒，不妄不弃不欺，天地位焉，四时行焉，万物育焉。"诚之者，人之道也。"追求真诚，是做人的原则。人道遵从天道，如果做人不追求真诚，就是违背天道天命。天之性无是非，但人之性有善恶。"天命之谓性"，讲的是天性，上天赋予的先天禀性。但人的本性是由先天的禀性和后天的习性组成的。先天的禀性无是非，后天的习性有善恶，否则人就不会脸红知羞耻了。所以，追求真诚，是文化人归依天道的做人的原则。"诚者，不勉而中不思而得，从容中道，圣人也。"不经过人文教化的至诚人性，只有圣人才有。

"诚之者，择善而固执之者也。"追求真诚就是要择善固执。"自诚明，谓之性。自明诚，谓之教。诚则明矣，明则诚矣。"由内心真诚而明白道理，叫作天性。由明白道理而做到内心真诚，叫作教化。真诚就会明白道理，明白道理就会真诚。教化的目的是通过让人明白道理然后做到内心真诚。"唯天下至诚，为能尽其性。能尽其性，则能尽人之性。能尽人之性，则能尽物之性。能尽物之性，则可以赞天地之化育。可以赞天地之化育，则可以与天地参矣。"只有内心真诚，才能参透天地人三界的玄妙之道德。"诚者，物之终始，不诚无物。是故君子诚之为贵。"真诚是事物的发端和归宿，没有真诚就没有了事物。因此君子以真诚为贵。真诚并不仅限于完善自我，还要用来完善认知事物。自我完善是仁，完善事物是智，格物致知。

《中庸》给出了一个逻辑。真诚是天道不欺的原则，也是人道不欺的原则。至诚才能知羞耻而后择善固执，止于至善。人而不诚枉为人。人而不诚，什么仁义礼智信，什么温良恭俭让，都玩完。抱定真诚，恪守不违，才能行中庸之道。

四、关于中庸思想的溯源

《中庸》作者阐发了孔子的中庸思想，孔子的中庸思想又出自哪里呢？

2008年7月，清华大学得到2388枚战国竹简。竹简上记录的"经、史"类书，大多数前所未见，《书经》逸篇《保训》即为其中的篇章。《保训》的大体意思是：周文王在位第五十年的时候，得了重病，他预感到自己将要离开人世，担心没有时间向其继承人口授宝训，就把太子发（即后来的周武王）找来，对太子发说："我的病已经很严重了，担心没有时间对你加以训告。过去人们传承'宝训'，一定要把它背诵下来。现在我病得这么重，你一定要把我说的话记下来。要恭敬做事，不要放纵自己。以前舜出身于民间，亲自参加劳动，舜就去求取'中'，能够自我省察，将事情做好。舜获得了'中'后，更加努力，毫不懈怠。舜的行为得到了尧的赞赏，尧就把自己的君位传给了舜。"原文核心句子是："昔舜久作小人，亲耕于历丘。恐，救中。自诣厥志，不讳于庶万姓之多欲，厥有施于上下远迩，乃易位设稽，测阴阳之物，咸川不逆。舜既得中，言不易实变名，身兹备，惟允，翼翼不懈，用作三降之德。帝尧嘉之，用授厥绪。"

据考证，郑玄本《尚书》里亦有《保训》篇，且有仲尼序，实乃孔子删《书经》百篇之一，与此清华简《保训》篇基本相同。由此看来，中庸思想是由周文王传述下来的。《论语》尧曰篇首则，尧曰："咨！尔舜，天之历数在尔躬，允执其中。四海困穷，天禄永终。"《书经·大禹谟》："人心惟危，道心惟微，惟精惟一，允执厥中。""允执其中"和"允执厥中"均是"不偏不倚，无过无不及"的意思。看来，自尧时就有中庸思想了，至于是如何传给周文王的，不得而知。

五、几点要说明的问题

一是对《中庸》的译作和学思的内容，参考了王启发翻译的《中庸》及他人的校注，以及查看了大量网上方家的解读和译作，没有一一标出的原因——我仅仅是学思传述《中庸》思想而已，不想花费那么大的力气去作注。

二是感觉《中庸》的文体，不是现今分类上的散文或议论文。说它是议论文吧，有时候逻辑不严密；说它是散文吧，其实又在推理。或为立论杂文比较贴切。

三是作者大段引用孔子的话，以及多处引用《诗经》中的诗句来阐述观点，其中引用孔子的有些话，感觉不像《论语》里"子曰"的语言风格。孔子讷于言敏于行，不会那么啰唆、存疑。有些引用的诗句，在《诗经》里的意思和引文语境里的意思，是有出入的。作者把具体事例中反映的道理提升为普遍性来论证主题。

四是力求用《论语》解《中庸》。如果说《大学》是阐述《论语》修身立世的学问，是讲君子修身之道的，那么《中庸》就是阐述《论语》为人处世的学问，是讲君子为人处世之道的。

五是强化了"故时措之宜也"在中庸之道中的作用，即中庸之道不仅是发乎情、止乎礼，也要合乎时宜，才能皆中节致中和。同时突出了真诚在中庸思想中的核心地位。

正　文

天命之谓性，率性之谓道，修道之谓教。

上天赋予的叫人性，按照人性去做叫道，把道加以修明并推广于众就是教化。

中国传统文化里，有天道与人道之说。

所谓天道，就是《易》有三易之谓。"变易"是指世间万物时时刻刻都处在变化之中。"简易"是指一阴一阳囊括了世间万物的内在机理。"不易"是指隐藏在事物背后的法则是不变的，如四季轮换、日夜交替、物极必反，等等。天地人三才，人居其一矣。

《道德经》上说："有物混成，先天地生。寂兮寥兮，独立而不改，周行而不殆，可以为天地母。吾不知其名，字之曰道，强为之名曰大……"这个"可以为天地母"者，名"大"字"道"，也称"大道""天道"。

道为德畜，德为道用。道是德内在的法则，德是道外在的体现。自然万物的千姿百态、生长衰亡，就是德容德貌的体现。孔德之容，唯道是从。

人道遵循天道，人道又有其特殊性。人是这个世界上唯一会脸红也该脸红的动物。会脸红是后天人文教化的结果。该脸红是因为做了违背道德伦理的事情。在孔子看来，人之道就是仁，人之德就是礼。

仁为礼体，礼为仁用，核心是仁。"人而不仁，如礼何？人而不仁，如乐何？"人与人之间的关系尽在其中矣。

天道不易。顺之者昌，逆之者亡。天道的意志就是天命。人道的意志就是使命。

上天赋予万物之灵的人性，包含先天之性和后天之性。先天之性称之为禀性，即一个人与生俱来的难以改变的资质，包括人的体质、性格等。后天之性称之为习性，是后天人文教化的结果，是会变的，比如认知能力、行为方式、对善恶是非的判断等。先天之性和后天之性合起来称之为人性，即人的本性。

《中庸》开篇第一句话，提纲挈领，定义了人性、人道和教化的概念，并给出了三个概念间的逻辑关系。

道也者，不可须臾离也。可离，非道也。是故君子戒慎乎其所不睹，恐惧乎其所不闻。莫见乎隐，莫显乎微。故君子慎其独也。

道呢，是不可以片刻离开的。如果可以离开，那就不是道了。所以君子在没人看见的地方也是谨慎小心的，在没人听见的地方也是有所戒惧的。身处隐蔽之地不能放松自我要求，在细微的小事上要用心尽力。所以，君子在独处的时候更要谨慎自律。

人之所以为人也，就是因为人能够尊天道行人道。人道就是仁。其为人也，上承天命下接人伦，如果可以背离，何其为人？人前人模人样，人后男盗女娼，那就禽兽不如了。君子慎独，不欺暗室。君子在独处的时候，也能够坚守自我，不做违反道德原则的事，不会因为别人看不见、听不到而放松自我要求，也不会因为事情无关紧要而不拘小节。道德原则是一时一刻也不能离开的。谨言慎行，言行一致，内外一致，才能做到天人合一。作者这是对《大学》修身慎独思想的阐发。不管是修身还是处世，都要特别注意独处时候的言行。再说，修身立世和处世修身是分不开的。

卫国的蘧伯玉就是这样的一位君子，他非常在意自己的生活细节，不会在大庭广众之下信誓旦旦，也不会在没有人的地方改变自己的道德操守，他是卫国品行最端正的士大夫。有一天晚上，卫灵公和他夫人南子一同坐在宫里，忽然听见车子路过的声音，可到了宫门口的时候，就听不见车子响了。南子说，车子上坐着的人，一定是蘧伯玉。卫灵公说，你怎么知道是他呢？南子说，只有蘧伯玉才能做到经过君主门口的时候一定要下车。卫灵公差了人去问，果然是蘧伯玉。《论语》里，蘧伯玉的使者告诉孔子，夫子（蘧伯玉）总想减少自己的缺点，可苦于做不到。孔子感叹道："君子哉，蘧伯玉！邦有道，则仕；邦无道，则可卷而怀之。""年五十而知四十九年非"，到了五十岁的时候还在思考之前所犯的过错，也是说的蘧伯玉。

有译作"君子要警戒谨慎于他目不所见的，惶恐畏惧于他耳所不闻的。不要出现在隐蔽之地，不要表现在细微之处。因此君子在独处时要警惕小心"，等等，其实也有道理，但与"故君子慎其独也"结合起来理解，语义就不通顺了。

喜怒哀乐之未发，谓之中。发而皆中节，谓之和。中也者，天下之大本也。和也者，天下之达道也。致中和，天地位焉，万物育焉。

喜怒哀乐没有表现出来的时候，叫作中。表现出来以后合乎法度，叫作和。中，是天下万物的根本。和，是天下万物的诉求。达到中和的境界，天地安居其位，万物也都各遂其生了。

这是《中庸》里最重要的一段话。理解这段话，对于掌握中庸之道至关重要。

有学者认为，人和动物共有的基本情绪有四种，分别是快乐、愤怒、悲哀和恐惧。这四种情绪不学就会，又叫原始情绪。情绪是对一系列主观认知经验的通称，是多种感觉、思想和行为综合产生的心理和生理状态。细分的话，人有九种基本情绪，分别是兴趣、愉快、惊奇、悲伤、厌恶、愤怒、恐惧、轻蔑、羞愧等。这些情绪的等级是逐渐提高的，羞愧是最高级的情绪反应。人类的情绪是在演化过程中被强化并产生出的更加细腻的高级的情绪状态。

当喜怒哀乐没有被激发的时候，这些情绪处于混沌状态，是平衡的。当被激发的时候，表现出来的激烈程度有大有小。动物出于本能和有限的经历认知，多为应激反应而已，情之所至，一触即发。而人不同，人的情绪的表达，还要皆中节，就是要合乎礼仪法度。情绪该大就大，该小就小，不能失控，这便是礼度。再详细点说就是，该哭就哭，该笑就笑，不要憋着。该大哭的时候不能啜泣，该浅笑的时候不能大笑，不能该哭的时候笑、该笑的时候哭。

天道便是如此。《易》有三易便是中。春暖夏热秋凉冬冷便是和。天崩地裂狂风暴雨就是过了。致中和，天地位焉，万物育焉。

发乎情止乎礼，皆中节致中和，也是对《论语》思想的阐发。子曰："天何言哉？四时行焉，百物生焉，天何言哉？"又说："《关雎》，乐而不淫，哀而不伤。"《关雎》这篇乐诗，快乐但不过度，哀怨却不悲伤。又说不论大事小事只讲和谐，有时候就行不通。为和谐而和谐，不以礼来节制和谐，也是不可行的。孔子抨击季氏"八佾舞于庭"，用了天子专用的礼乐，"是可忍也，孰不可忍也！"又说："爱之欲其生，恶之欲其死。既欲其生，又欲其死，是惑也。"孔子评价子张和子夏的言行，子张有点过分，子夏尚显不足，过犹不及。孔子评价其他弟子也是"柴也愚，参也鲁，师也辟，由也喭"。又说："君子之于天下也，无适也，无莫也，义之与比。"君子立身处世于天下，没有规定一定要怎样做，也没有规定一定不要怎样做，只是按照道义去做。该做就做，该隐就隐，只要符合道义，合乎时宜就好。有子曰："礼之用，和为贵。先王之道，斯为美。小大由之，有所不行。知和而和，不以礼节之，亦不可行也。"不能为和谐而和谐，皆中节才好。

仲尼曰："君子中庸，小人反中庸。君子之中庸也，君子而时中。小人之反中庸也，小人而无忌惮也。"

子曰："中庸其至矣乎！民鲜能久矣。"

孔子说："君子的言行都符合中庸的标准，小人的言行违背了中庸的标准。君子的言行符合中庸的标准，是说君子时刻保持合乎时宜。小人之所以处处违背中庸的标准，是因为小人无所顾虑肆无忌惮。"

孔子说："中庸是最高的境界了！民众很少有能长久保持这种品质的。"

如果说《大学》是阐发《论语》君子修身之道的，那么《中庸》就是阐发《论语》君子处世之道的。中庸之道，是说君子修身立世，发乎情，止乎礼，合乎时宜，皆中节，致中和。小人为了自身的利益，无所谓礼义廉耻，耍泼赖皮，无所不用其极。

世人对中庸之道的理解，多是发乎情止乎礼，无过无不及，不偏不倚，却忽视了对合乎时宜的理解。《论语》里有一则感慨，"山梁雌雉，时哉时哉！"孔子和子路一起去打猎。他们进了山峪，山坡上受到惊吓的野雉，马上腾空而起咯咯咯地叫着飞走了。孔子感叹道，野雉很有警惕性，感觉到有危险，立即飞走，合乎时宜！哪像有些人（子路），有勇无谋，暴虎冯河，到时候连怎么死的都不知道！子路或许没有听懂，不以为然。野鸡感觉到有危险，立即激发出惊恐的情绪，逃命为上，此谓"时"也。

子曰："道之不行也，我知之矣，知者过之，愚者不及也。道之不明也，我知之矣，贤者过之，不肖者不及也。人莫不饮食也，鲜能知味也。"

子曰："道其不行矣夫。"

孔子说："中庸之道不能推行的原因，我是知道的，聪明的人做过了头，愚笨的人做不到。中庸之道不能彰显的原因，我是知道的，贤者做过了头，不肖者做不到。就像人没有不吃不喝的，但很少有人能品尝出其中的滋味。"

孔子说："中庸之道恐怕是行不通了。"

智者和贤者做过了头，愚者和不肖者做不到。连吃饭都吃不出滋味来，怎么会体悟到中庸之道的意义呢？

礼崩乐坏的时代，君不君臣不臣的，恣意妄为的事情太多。孔子感到失望透顶了，所以才有"不得中行而与之，必也狂狷乎！狂者进取，狷者有所不为也"的无奈和感慨。

《论语》载"三家者以《雍》彻"，指的是孟孙氏、叔孙氏和季孙氏三家，在祭祖完毕撤去祭品时，也唱《雍》这首诗。根据礼制规定，《雍》是天子专享礼乐，只有在天子祭祀撤下祭品时，才可以唱《雍》这首诗。三家歌《雍》在堂，忤逆天子，明目张胆，毫不忌讳，既没有止于礼，更没有皆中节，明显是大过了。

孔子说君子有三戒：年少的时候，血气还不稳定，要戒备色的诱惑；到了壮年，血气方刚，要警惕争强好斗；等到了老年，血气已经衰弱了，要戒除贪得无厌。君子做到"三戒"，才能致中和。

君子有三畏，畏天命，畏大人，畏圣人之言。知三畏，也就是知敬、知礼、知止。子张认为"士见危致命，见得思义，祭思敬，丧思哀，其可已矣"，这便是皆中节。

为人求生，吃饭求饱，那是生存。为人求道，吃饭品味，那是生活。孔子食不厌精，脍不厌细，笃信好学，守死善道。听《韶》乐三月不知肉味，那是听觉和味觉的滋味浑然一体，美美与共致中和了，这才是真的知味。

子曰："舜其大知也与！舜好问而好察迩言，隐恶而扬善，执其两端，用其中于民。其斯以为舜乎！"

孔子说："舜是有大智慧的人了！舜喜欢请教别人，喜欢体察身边人的话，抑恶扬善，执其两端，取中为民。这就是舜之所以为舜的原因吧！"

这是连续引用的第五句"子曰"，下面接连还有五句。这一句以大舜为例，看圣人是如何行中庸之道的。大舜的做法是虚心请教、广采众言，抑恶扬善，执其两端，取中为民。

《书经》载，帝尧经多方面考察舜，才让位于舜。舜承大位后，虚心听取众人的意见并择其善者而从之。他宅心仁厚，孝顺父母，友于兄弟，而且还能抑亦先觉。

子曰："人皆曰'予知'，驱而纳诸罟（gǔ）擭（huò）陷阱之中，而莫之知辟也。人皆曰'予知'，择乎中庸，而不能期月守也。"

孔子说："人人都说'我是聪明的'，被驱赶到罗网笼子陷阱中了，却不知道躲避。人人都说'我是聪明的'，选择了中庸，却连一年的时间都坚守不住。"

上文说，所谓智者行中庸之道，过犹不及。"中庸其至矣乎！民鲜能久矣。"这里继续引用孔子之言，自以为聪明睿智的人，往往聪明反被聪明误，陷入绝境却不自觉，即使选择了中庸之道，也坚持不了多久。

人皆曰"予知"，本身就是偏倚的表现，真是"愚知"了。这与个人的修养又联系在一起了，不自知。知人者智，自知者明。知人难，知己更难，人贵有自知之明。这又和修身联系在一起了，修身如果不能够真诚向善，是无法体悟中庸之道的。

子曰："回之为人也，择乎中庸。得一善，则拳拳服膺，而弗失之矣。"

孔子说："颜回为人处世，选择了中庸之道。他得到了这一善道，就牢牢地把它放在心上，再也不会让它失去。"

颜回是真君子。颜回潜心修身求仁，为人处世选择了中庸之道，所以才能做到"得一善，则拳拳服膺，而弗失之矣"，不像自以为是的"予知"之人。

《论语》中孔子评价颜回："贤哉，回也！一箪食，一瓢饮，在陋巷，人不堪其忧，回也不改其乐。贤哉，回也！""吾与回言终日，不违，如愚。退而省其私，亦足以发，回也不愚。""有颜回者好学，不迁怒，不贰过，不幸短命死矣，今也则亡，未闻好学者也。""回也，其心三月不违仁，其余则日月至焉而已矣。""惜乎！吾见其进也，未见其止也。"孔子还说连自己都不如颜回。

子曰："天下国家可均也，爵禄可辞也，白刃可蹈也。中庸不可能也。"

孔子说:"天下国家是可以平定治理好的。官爵俸禄是可以放弃的。雪白的刀刃是可以踩过去的。中庸之道却是不能够轻易做到的。"

为政以德,齐之以礼,可以调和国家关系。对君子来说,邦无道则隐,做官拿俸禄,耻也。志士仁人,无求生以害仁,有杀身以成仁,生死不可得兼,舍生而取义者也,上刀山下火海在所不惜。这些有人已经做到了,可中庸呢? 谁又能做得到呢?

大舜往矣,颜回死矣,道之不行也,我知之矣。智者贤者过之,愚者不肖者不及,过犹不及。

世人能够做到发乎情、止乎礼就已经很不容易了,能够做到合乎时宜的少之又少,孔子算一位,他是圣之时者也。能做到致中和的,鲜久矣!

中庸之为德也,其至矣乎!

子路问强。子曰:"南方之强与? 北方之强与? 抑而强与? 宽柔以教,不报无道,南方之强也,君子居之。衽(rèn)金革,死而不厌,北方之强也,而强者居之。故君子和而不流,强哉矫。中立而不倚,强哉矫。国有道,不变塞焉,强哉矫。国无道,至死不变,强哉矫。"

子路问强。孔子说:"你是问南方的强,还是北方的强,还是你自己所认为的强呢? 用宽厚温柔的态度教化万民,不报复对我横蛮无礼的人,这是南方的强,君子就属于这一类。兵器甲盾当枕席,死了也不后悔,这是北方的强,勇武好斗的人属于这一类。所以,君子求同存异而不随波逐流,这才是真强啊! 保持中立不偏不倚,这才是真强啊! 国家有道,坚持推行仁道,这才是真强啊！国家无道，坚持操守，这才是真强啊！"

作者借用子路问强，论述真正的强是合乎中庸的强。

南方人宽柔怀仁，不报无道，以弱示强，此乃君子所为。北方人马革裹尸，死而不厌，以强为强，此乃强者所为。南方之强与北方之强谁更强？没法比。所以，求同存异、不偏不倚才是真正的强，合乎中。国有道时推行仁道，国无道时守死善道，这才是真正的强，合乎时宜。

含有合乎时宜内涵的章句，《论语》里有不少，如"君子和而不同，小人同而不和""邦有道，危言危行（正言正行）。邦无道，危行言孙（行为正直说话谦逊）""宁武子，邦有道则知，邦无道则愚。其知可及也，其愚不可及也""天下有道则见，无道则隐"。子谓南容："邦有道，不废。邦无道，免于刑戮。"这便是君子表现出来的合乎时宜的真正的强。

真正的强者是仁者，依乎中庸。

子曰："素隐行怪，后世有述焉，吾弗为之矣。君子遵道而行，半途而废，吾弗能已矣。君子依乎中庸，遁世不见知而不悔，唯圣者能之。"

孔子说："追求生僻的道理，做些怪诞的事情来欺世盗名，后世也许会有人来记述他，但我是绝不会这样做的。君子遵循中庸之道行事，我是不会中途停止的。君子依从中庸之道行事，一生默默无闻没人知道他也不后悔，这只有圣人才能做得到。"

素隐行怪者，喜欢探究隐晦的东西，做出怪异荒诞的举动来欺世盗名。半途而废者，意志不坚定，不能择善固执。中庸之圣者，依乎中庸，遁世不见知而不悔。前两者孔子不会那样做，后者孔子认为自己做不到。

君子依乎中庸，不走斜路，不半途而废，立乱世而不悔，唯孔子能之。

君子之道，费而隐。

夫妇之愚，可以与知焉，及其至也，虽圣人亦有所不知焉。夫妇之不肖，可以能行焉，及其至也，虽圣人亦有所不能焉。天地之大也，人犹有所憾。故君子语大，天下莫能载焉；语小，天下莫能破焉。

君子之道，广大而又精微。

普通夫妻虽然有点愚昧，但是可以了解一些君子之道的，君子之道的最高境界，即使是圣人也有不知道的地方。夫妻虽然不够贤明，但也是可以行君子之道的，君子之道的最高境界，即使是圣人也有做不到的。天地如此之大，人们仍然有不满足的地方。所以，君子说大，大得连整个天下都载不下；君子说小，小得连一点儿也分不开。

作者连续引用孔子的话，分别论述了中庸之道是君子之道，是修身处世的最高境界。民众很少有人能长期坚持的，因为所谓智者和愚者，常常是过犹不及。除非像大舜那样的圣人，才能做到允执厥中；除非像颜回那样的好学上进的人，才能做到得一善而弗失之。中庸是不可超越的至善之道，君子行之，也不过是止于合乎时宜、守死善道罢了。至此，作者发出感慨，做了小结。

君子之道，广大而又精微。譬若登山，人人皆可登之，但即使是圣人，也不可能登上崇高的山巅。君子之道，广大而又精微，登高必自卑，行远必自迩，危言危行，止于至善就是了。或曰："人心惟危，道心惟微。惟精惟一，允执厥中。"人心中正向善，道心中正入微。真诚地保持"惟精惟一"之道，使人心与道心和合，执中而行。

孔子一生践行君子之道，却说自己未能焉。孔子一生尊崇仁者，却说自己无能焉。但孔子没有否认自己是君子，也没否认自己是仁者。

"郁郁乎文哉！吾从周。"孔子祖述尧舜，宪章文武，述而不作。幸运的是，孔子的修身之道，曾子阐述之。孔子的中庸之道，子思阐述之。夫子罕言性与天道，子思阐发之。孔子的道德学问，孟子传承并弘扬广大之。

人人都可以修行君子之道，都可以求做君子。在《论语》里，孔子从不同的维度阐述君子之道。"君子道者三，我无能焉，仁者不忧，知者不惑，勇者不惧。""不怨天，不尤人。""古之学者为己，今之学者为人。""士而怀居，不足以为士矣。""君子喻于义，小人喻于利。""君子怀德，小人怀土。君子怀刑，小人怀惠。""君子矜而不争，群而不党。""君子坦荡荡，小人长戚戚。""君子周而不比，小人比而不周。""君子和而不同。""君子易事而难说也。说之不以道，不说也。及其使人也，器之。小人难事而易说也。说之虽不以道，说也。及其使人也，求备焉。""君子不器。""巧言令色，鲜矣仁！"君子有三愆、三戒、三畏、九思，等等，孝悌忠信礼义廉耻，涉及修身处世做学问的方方面面。

君子之道，尊天崇德，尚仁好礼，从使命使然到天命使然都是他所追求的。

《诗》云："鸢飞戾天，鱼跃于渊。"言其上下察也。

《诗经》上说："老鹰高飞在天上，鱼儿跳跃在深潭。"讲的是君子上下明察可造之才之意。

接下来，继续论述君子之道、中庸之道，广大而又精微。

本句出自《诗经·大雅·文王之什》旱麓篇。旱麓篇是歌颂周文王自求多福的诗篇。原句："鸢飞戾天，鱼跃于渊。岂弟（恺悌）君子，遐不作人？"老鹰高飞在天上，鱼儿跳跃在深渊。和乐平易好君子，何不培养青少年？周文王是和乐平易的好君子，他从民间到庙堂，上下求索明察，发现好苗子，就去着力栽培，是雄鹰之才的按照雄鹰的模式培养，是游龙之才的按照游龙的模式培养。在这里所引诗句的意向与在原文中的意向有所不同，作者引诗的用意是，君子之道上下求索，得乎其中。

君子之道，造端乎夫妇。及其至也，察乎天地。

君子之道，发端于普通夫妻。至于它最高深的境界，显明昭著于天地之间。

君子之道，始于人伦，达乎天道，得乎其中。

君子之道，发端于夫妻。夫妇之道又如何呢？发乎情，止乎礼，皆中节，致中和。夫妇之道是一阴一阳的和合之道，亦是天道之简易也。

"饮食男女，人之大欲存焉"是自然属性。男为阳，女为阴。夫妇和合，确立阴阳对立统一的关系，是社会属性。因为确立所以忠恕，因为忠恕所以互敬，因为互敬所以互爱，因为互爱所以和谐，因为和谐所以恒久。《周易》云："夫妇之道，不可以不久也，故受之以恒。恒者，久也。"夫妇之道，参配阴阳，通达神明，信天地之弘义，人伦之大节也。

下面仍然是大段的"子曰"。按其意分段，以便解之。

子曰："道不远人。人之为道而远人，不可以为道。《诗》云：'伐柯伐柯，其则不远。'执柯以伐柯，睨（nì）而视之，犹以为远。故君子以人治人，改而止。"

孔子说："中庸之道并不会远离人。如果有人实行中庸之道时远离了人，那就无法实行中庸之道了。《诗经》上说：'砍削斧柄，砍削斧柄，斧柄的式样就在眼前。'手握斧柄来砍制斧柄，斜眼瞄着斧柄，还是觉得差得很远。所以君子根据不同人的情况采取不同的方式治理，只要改正错误就好。"

改过迁善，才能致中和。斧柄的式样是斧柄的标准。君子之道是为人的标准。2500年前，孔子就为我们定下了做人的国标。

孔子说"道不远人"，又说"人能弘道，非道弘人"。君子的主观能动性，是推行仁义道德的关键。"仁远乎哉？我欲仁，斯仁至矣。"如果有人远离社会归隐山林，脱离红尘为道自修，就无法真正地践行仁义道德。《论语》里子贡说，假如有人能够博爱百姓救济大众，可以算是仁了吗？孔子说，岂止是仁，简直是圣了！就连尧、舜也难以做到！至于仁者，就是自己想立得住，从而也要帮助他人立得住。自己想通达，从而也要帮助他人通达。凡事能够就近以自己作比而推己及人，可以说就是找到为仁的方法了。"己欲立而立人，己欲达而达人。能近取譬，可谓仁之方也已。"这叫道不远人。

"伐柯伐柯，其则不远"，出自《诗经·国风·豳风》伐柯篇。这本是一首以做斧柄为喻描写说媒求婚礼仪的诗篇。说男子要找一位心仪的妻子，如斧头找一合适的斧柄一样，要按一定的方法程序才好，也要有媒人、迎亲礼等基本的安排，整篇洋溢着作者喜悦的心情。照着斧柄做斧柄还会觉得差得很远，照着君子的标准严格要求民众的言行，就有点太高了。能够让民众做到知错就改、改过迁善，就已经很不错了，慢慢来。

"忠恕违道不远。施诸己而不愿，亦勿施于人。"

做到忠和恕就离中庸之道不远了。心中不乐意别人施加给自己的东西，也不要施加给别人。

这是对"己所不欲，勿施于人"的阐发。"夫子之道，忠恕而已矣"加以"己欲立而立人，己欲达而达人"，就是孔子忠恕之道的全面解释。前者内敛后者外放，能够做到忠恕，可以说就是为仁道了。收放自如，谓之皆中节、致中和也。

"君子之道四，丘未能一焉。所求乎子以事父，未能也；所求乎臣以事君，未能也；所求乎弟以事兄，未能也；所求乎朋友先施之，未能也。"

"君子之道有四个方面，我孔丘连一个方面也没有做到。做儿子应该追求的是侍奉父亲，我没能做到；做臣子应该追求的是侍奉君主，我没能做到；做弟弟应该追求的是侍奉兄长，我没能做到；做朋友应该追求的是自己先付出，我也没能做到。"

时也势也，命也运也，有些事注定是一辈子的遗憾。《论语》载："子谓南容：'邦有道，不废。邦无道，免于刑戮。'以其兄之子妻之。"孔子替兄嫁女，可见其兄已逝。其兄孟皮是叔梁纥与小妾生的唯一儿子，有足疾，叔梁纥不满意。叔梁纥更不满意的是正室连续生了九个女儿，未得一子。故六十六岁野合颜徵在，生孔子。孔子三岁时，叔梁纥病逝。孔子十七岁时，母亲去世。故言"君子之道，孝悌者，未能也"。

孔子53岁时升为鲁国大司寇，摄相事，七日而诛少正卯，暴尸三日，鲁国大治。采取隳三都的措施欲去其专政，后来隳三都的行动半途而废。孔子在其55岁的春天，不得已的情况下离开鲁国，开始了周游列国的旅程。孔子未能侍奉君主推行仁道以大成，故言"君子之道，忠君者，未能也"。

孔子周游列国十四年，其中两次住在蘧伯玉家，前后达九年之久，可以说蘧伯玉是孔子一生的挚友。除了麻烦蘧伯玉外，他苦苦所追求的，又做了些什么呢？未能也。

"庸德之行，庸言之谨，有所不足，不敢不勉。有余，不敢尽。言顾行，行顾言，君子胡不慥（zào）慥尔。"

平时践行道德，平时言语谨慎，做得不够好的地方，不敢不勉励自己。做得好点的地方，也不敢满足。说话的时候顾及到行动，行动的时候顾及到说话，这样的君子怎么能不笃信诚实呢。"

孔子自我反省，一生慎言慎行，之于仁道做得还是不够好，不管是主观的还是客观的原因。"中庸其至矣乎！"中庸是最高的境界了！我达不到，只是笃厚诚实地遵从中庸之道罢了。作者开始把中庸之道逐渐导向中庸之要——诚之者也。

《论语》中的孔子，从来不掩饰自己的缺憾和追求。"敏而好学，不耻下问。""入太庙，每事问"，"是礼也"。"我于辞命，则不能也。"

君子素其位而行，不愿乎其外。素富贵，行乎富贵；素贫贱，行乎贫贱；素夷狄，行乎夷狄；素患难，行乎患难。君子无入而不自得焉。在上位，不陵下。在下位，不援上。正己而不求于人，则无怨。上不怨天，下不尤人。故君子居易以俟命，小人行险以徼幸。

子曰："射有似乎君子，失诸正鹄（gǔ），反求诸其身。"

君子安于现状去做事，不抱其他的想法。处于富贵，就按富贵行事。处于贫贱，就按贫贱行事。处于夷狄之地，就按夷狄之道行事。处于患难之中，就按患难之法行事。君子无论处在什么境地，都会安然自得。处在上位，不欺凌下位。处在下位，不攀附上位。端正自己而不苛求别人，就没有怨恨。上不埋怨天，下不责怪人。所以君子安居现状等待赐命，小人铤而走险以求侥幸。

孔子说："君子为人处世就像射箭一样，射不中靶心，就回过头来从自己身上找原因。"

忠恕之道，安分守己，直道而行。

安分守己，避免招来僭越之嫌。君子在其位谋其政，以思不出其位，这是为人处世的原则。位卑而言高，罪也。坐井观天却渴望大鹏展翅，痴也。

人的一生，求得个心安理得罢了。《大学》是讲修身为人的，格物致知，正心诚意，在齐家治国平天下的作为中修身，止于至善。知止而后有定，定而后能静，静而后能安，安而后能虑，虑而后能得。《中庸》是讲为人处世的，不在其位，不谋其政，就是知止。在其位谋其政，合乎时宜就是为。富贵之人乐善好施，贫贱之人节俭度日。身处荒蛮之地注意自身安全，面临患难之时努力解脱困境。君子心有所安，率性而为，无论处在什么样的境地，都会思而不居，里仁为美。谦谦君子，温润如玉。形势比人强，天命不可违。修身立命，择时而动。不知命，无以为君子也。

君子之道，辟如行远必自迩，辟如登高必自卑。诗曰："妻子好合，如鼓瑟琴。兄弟既翕，和乐且耽。宜尔室家，乐尔妻帑（nú）。"

子曰："父母其顺矣乎。"

君子之道，就像走远路一样，必定要从近处开始，就像登高山一样，必定要从低处开始。《诗经》上说："夫妻和睦，就像瑟琴和鸣。兄弟关系融洽,和顺又快乐。阖家美满,妻子儿女幸福。"

孔子说:"这样,父母也就顺心了吧。"

君子之道,修身也罢,处世也罢,都有一个学思践悟,循序渐进的过程。绝大多数人既不是上智也不是下愚。行远必自迩,登高必自卑。君子之道,造端乎夫妇,忠恕而已,孝悌而已,先从齐家开始。

诗句出自《诗经·小雅·鹿鸣之什》常棣篇。常棣篇是赞美兄弟手足之情的。本诗句描写的是家庭聚宴欢乐的场景以及发自肺腑的喜悦之情。后面还有一句总结"是究是图,亶其然乎?"仔细想想,确实如此。夫妻和合,兄弟融洽,阖家美满,妻子儿女才会幸福。又引用孔子的话做延伸,如此一来,父母也就顺心了吧。

孝悌是为仁之本,夫妇是中庸之始。夫妇之道,发乎情,止乎礼,参配阴阳之道,皆中节,致中和,而又通达神明,信天地之弘义,人伦之大节也。《史记·五帝本纪》云:父义,母慈,兄友,弟恭,子孝,内平外成。

子曰:"鬼神之为德,其盛矣乎!视之而弗见,听之而弗闻,体物而不可遗。使天下之人,齐明盛服,以承祭祀。洋洋乎,如在其上,如在其左右。诗曰:'神之格思,不可度思,矧可射思。'夫微之显,诚之不可揜(yǎn),如此夫。"

孔子说:"鬼神的德行,可真是大得很啊!看它看不见,听它听不到,但它却是无处不在的样子。使天下的人,斋戒沐浴穿着庄重整齐的服装,来敬奉祭祀它。浩浩荡荡,好像在人们的头顶上,又好像在人们的身旁。《诗经》上说:'神的想法,不可揣测,怎可嘲弄。'细微之处见真章,诚实地看待它,它是掩盖不了的，就这样吧。"

从引《诗》开始，连续八节，作者引证论述中庸之道，上下求索，得乎其中；发端于夫妇，参配阴阳皆中节；生而为人，诸多遗憾，改过迁善，忠恕而已；关键是要笃信诚实，安分守己，中道而行，反求诸己。鬼神之于中庸之道，作者无法绕开，就以孔子之言述之。

孔子谨言慎行，言顾行，行顾言，相互验证，言行一致，是不敢有半点非礼举动的。《论语》里，有一次颜渊问仁，孔子说，一天都能够做到克己复礼，天下就归于仁了。为仁由己，难道还在于别人吗？颜渊又问有哪些做法。孔子说，看要合乎礼，听要合乎礼，说要合乎礼，动要合乎礼。人们对鬼神的态度倒是虔诚，但是你诚实地告诉我，鬼神到底是什么？对鬼神之礼，符合仁义道德吗？"神的想法，不可揣测，怎可嘲弄。"只好敬鬼神而远之，子不语怪力乱神。细微之处见真章，诚实地看待它，它是掩盖不了的，就这样吧。

孔子对鬼神的态度，是"诚之不可揜，如此夫"而已。说不清道不明的东西，只好敬而远之。君子行中庸之道，止于至善。如果被鬼神束缚，是寸步难行的。

孔子是最具有科学精神的人文圣贤，他从不讲迷信。但孔子讲天命，那是因为人之仁礼和天之道德是相通的，四时行焉，百物生焉，天地人三才，人居其一焉。讲易理，阴阳变化是万物之理，变则通，通则久。敬先祖（天地君亲师），那是因为慎终追远才可以人文日新，人非草木，孰能无情，不能忘本。

孔子讲过神明，但神明不是鬼神。《易传》载，子曰："知变化之道者，其知神之所为乎？"懂得变化之道的人，他了解神妙力量的所作所为吗？《说卦传》云："神也者，妙万物而为言者也。"所谓"神应万物之奥妙"之说，是一个概念，"天地神妙的力量"之谓也，也就是自然的力量。

孔子敬鬼神而远之的思想，源自周公祭祀的人文精神。周公辅佐武王克商伐纣后，吸取商纣王求神赐福却又妄蔑天意的教训，提出"民之所欲，天必从之"的敬天保民思想，敬畏上天好生之德，永言配命，自求多福，赋予祭祀人文精神，制礼作乐以教化万民。孔子是"周监于二代，郁郁乎文哉！吾从周"。

祭祀的人文精神体现在去却怪力乱神，尊崇天地君亲师。畏天命，畏大人，畏圣人之言。中庸的前进方向是遵天命求仁道的，那些看不见听不到的，还是不去管它为好，以免混淆视听、乱了主张。这就为中庸之道扫清了障碍。

诗句引自《诗经·大雅·荡之什》抑篇。抑篇是劝诫君王的，全句是："视尔友君子，辑柔尔颜，不遐有愆。相在尔室，尚不愧于屋漏。无曰不显，莫予云觏。神之格思，不可度思，矧可射思！"有译作："看你招待贵族们，和颜悦色笑盈盈，小心过失莫发生。看你独自处室内，做事无愧于神明。休道'室内光线暗，没人能把我看清'。神明来去难预测，不知何时忽降临，怎可厌倦自遭惩。"原意是告诫君王慎独的，引意与原意有所出入。

子曰："舜其大孝也与！德为圣人，尊为天子，富有四海之内。宗庙飨（xiǎng）之，子孙保之。故大德，必得其位，必得其禄，必得其名，必得其寿；故天之生物必因其材而笃焉；故栽者培之，倾者覆之。诗曰：'嘉乐君子，宪宪令德。宜民宜人，受禄于天。保佑命之，自天申之。'故大德者必受命。"

孔子说："舜是最孝顺的人了！德行上是圣人，尊位上是天子，财富上拥有整个天下。宗庙里祭祀他，子孙们护佑他。所以，大德之人，一定会得到应得的地位，一定会得到应得的俸禄，一定会得到应得的名誉，一定会得到应得的寿命；上天生养万物必定根据它们的资质而厚待它们；能成材的得到培育，不能成材的就遭到淘汰。《诗经》上说：'高尚优雅君子，有光明美好的德行。让人民安居乐业，享受上天赐予的福禄。命我佑我千秋，天道有常乃懋。'所以，大德之人必定会承受天命。"

君子当以圣贤为楷模，尽心知命，直道而行，只管耕耘，不论收获。上天自授之。

君子务本，本立而道生。孝悌是为仁之本。舜是最懂得并践行孝悌的人，无论顽父、嚚母、傲弟如何想方设法想害死他，他都能抑亦先觉，巧妙化解，一如既往，孝顺父母，友于兄弟，而且比以前更加诚恳谨慎，这才成就舜之大德。大德之人必得其位，必得其禄，必得其名，必得其寿，这是天命使然。天命也是行中庸之道的，物尽其用，人尽其才，不会大材小用，也不会小才大用。

文中诗句引自《诗·大雅·假乐》。《假乐》是赞美周王的诗篇，引此诗句，佐证大德者必受天命而王天下。

子曰："无忧者，其惟文王乎！以王季为父，以武王为子，父作之，子述之。武王缵（zuǎn）太王、王季、文王之绪，壹戎衣而有天下。身不失天下之显名，尊为天子，富有四海之内，宗庙飨之，子孙保之。武王末受命，周公成文武之德，追王太王、王季，上祀先公以天子之礼。斯礼也，达乎诸侯大夫，及士庶人。父为大夫，子为士，葬以大夫，祭以士。父为士，子为大夫，葬以士，祭以大夫。期之丧，达乎大夫。三年之丧，达乎天子。父母之丧，无贵贱，一也。"

孔子说："自古帝王中无忧无虑的，只有周文王吧！有王季做父亲，有武王做儿子，父亲为他建立基业，儿子继承了他的遗志。武王完成了曾祖太王、祖父王季、父亲文王的未竟事业，灭掉了殷商而拥有天下。他没有失去赫赫名声，被天下人尊为天子，富有四海，后代在宗庙里祭祀他，子孙们护佑他。武王不是被册封的君主，周公成就了文王、武王的功德，追尊太王、王季为先帝，采用天子的礼制祭祀先祖。这种礼制，一直影响到诸侯大夫以及庶人。父亲是大夫，儿子是士，就用大夫的礼制安葬，用士的礼制祭祀。父亲是士，儿子是大夫，就用士的礼制安葬，用大夫的礼制祭祀。为期一年的丧制，实行到大夫。为期三年的丧制，实行到天子。父母的丧制，没有贵贱之分，都是一样的。"

这是在阐述中庸之道，止乎礼。

尊卑有别的礼制，规范了社会秩序，发乎情，止乎礼，皆中节，致中和。

周文王为什么能够无忧无虑呢？智者无忧。据载，周文王姬昌原为商朝的诸侯，封西伯。姬昌遵后稷、公刘之业，效先祖古公、父亲季历之法，倡导"怀保小民"思想，笃仁，敬老，慈少，礼下贤者，大力发展农业生产，不收商人往来关税，不让罪犯的妻子受牵连。岐周在他的治理下，国力日渐强大。姬昌生活勤俭，穿普通人衣服，还到田间劳动，兢兢业业治理周国。商纣暴虐，他知而叹惜，却被囚于羑里而演《周易》。得释后献地请纣废炮烙之刑，评断虞、芮两国争讼，得到诸侯拥护，伐犬戎、密须，灭崇国，建丰邑，并迁都于此，进而伐邘国，灭黎国，诸侯归者日众，《论语·泰伯》称其"三分天下有其二，以服事殷"。

子曰:"武王、周公,其达孝矣乎。夫孝者,善继人之志,善述人之事者也。春秋,修其祖庙,陈其宗器,设其裳衣,荐其时食。宗庙之礼,所以序昭穆也。序爵,所以辨贵贱也。序事,所以辨贤也。旅酬下为上,所以逮贱也。燕毛所以序齿也。践其位,行其礼,奏其乐,敬其所尊,爱其所亲,事死如事生,事亡如事存,孝之至也。郊社之礼,所以事上帝也。宗庙之礼,所以祀乎其先也。明乎郊社之礼,禘(dì)尝之义,治国其如示诸掌乎。"

孔子说:"武王、周公是最守孝道的人了。所谓孝者,就是善于继承先人的遗志,善于继续先人未完成的事业。在春秋两季祭祀时节,整修祖宗庙宇,陈列祭祀器具,摆设先王遗留下来的衣裳,进献鲜美的时令食物。宗庙祭祀的礼制,是用来排列辈分先后的。按官爵排列次序,是用来分辨贵贱的。按职位排列次序,是用来分辨贤与不贤的。敬酒时晚辈先向长辈举杯,这样祖先的恩惠就会延及到晚辈。宴饮时按头发的黑白次序坐,这样就使长幼有序。站在自己的位置上,执行该行的礼节,奏起该奏的音乐,恭敬所应尊重的人,关爱该关爱的人,侍奉死者如同侍奉生者一样,侍奉亡者如同侍奉生者一样,这就是最高的孝了。郊祭与社祭的礼制,是用以侍奉上天的。宗庙的礼制,是用以祭祀祖先的。明白郊、社两种祭祀礼制,以及禘祭与尝祭的道义所在,治理国家就如同展开手掌一样容易了。"

继续以先王为例,借孔子之口论述礼制中庸。

礼制中庸,也是以孝悌为本的君子之道。孝悌为本,武王和周公做出了榜样,善于继承先人的遗志,善于继续先人未完成的事业。中庸之道皆中节,就是符合礼制的法度,事死如事生,尊卑有序,长幼有序,天地人有序。各位其位,是谓中节。各序其序,致中和焉。

哀公问政。子曰："文武之政，布在方策。其人存，则其政举；其人亡，则其政息。人道敏政，地道敏树。夫政也者，蒲卢也。故为政在人。"

取人以身。修身以道，修道以仁。仁者，人也，亲亲为大。义者，宜也，尊贤为大。亲亲之杀，尊贤之等，礼所生也。在下位，不获乎上，民不可得而治矣。故君子不可以不修身。思修身，不可以不事亲。思事亲，不可以不知人。思知人，不可以不知天。

天下之达道五，所以行之者三，曰：君臣也、父子也、夫妇也、昆弟也、朋友之交也。五者，天下之达道也。知、仁、勇三者，天下之达德也。所以行之者一也。或生而知之，或学而知之，或困而知之，及其知之，一也。或安而行之，或利而行之，或勉强而行之，及其成功，一也。

子曰："好学近乎知，力行近乎仁，知耻近乎勇。"知斯三者，则知所以修身。知所以修身，则知所以治人。知所以治人，则知所以治天下国家矣。

鲁哀公问政。孔子说："周文王和周武王的政令，都记录在典籍上。他们在世时，这些政令就能实行。他们去世后，这些政令也就废止了。以人立政，政治就会迅速清明；以土植树，树木就会快速成长。或者说，政治就像蒲卢生长一样变化快，所以为政在当政的人。"

选拔当政的人要看修身。遵道以修身，求仁以修道。仁就是人道，亲爱亲族是最大的仁。义就是事事做得适宜，尊重贤者是最大的义。亲爱亲族要分亲疏，尊重贤者要有等级，这都是从礼制中产生出来的。处在下位的人，如果得不到上位的人的信任，老百姓就不可能得到好的治理。所以君子不可以不修身。

想要修身，就不可以不侍奉亲人。想要侍奉亲人，就不能不了解他人。要了解他人，就不可以不知道天道。

天下的大道有五种，推行大道的德行有三种。君臣、父子、夫妇、兄弟、朋友之交，这五种是天下的大道。智慧、仁爱、英勇，这三种是天下的大德。所推行的方法是一样的。有的人生来就知道它们，有的人通过学习才知道它们，有的人等到遇到困难后才知道它们，但只要他们最终都知道了，也就是一样的了。有的人自觉自愿地去实行它们，有的人为了某种好处才去实行它们，有的人勉勉强强地去实行它们，但只要他们最终都实行起来了，也就是一样的了。

孔子说："喜欢学习就接近智了，尽力去做就接近仁了，知晓羞耻就接近勇了。"知道这三点，就知道怎样去修身。知道怎样去修身，就知道怎样去管理他人。知道怎样去管理他人，就知道怎样治理天下和国家了。

本节以鲁哀公问政开头，引出为政在人的命题。继而论述取人以身的逻辑，在于修身以道、修道以仁。接着回答大道有哪些，具备何种德行才可以推行大道，如何去修身，等等。

为什么以鲁哀公问政开头呢？要知为何，先说说鲁哀公其人。

鲁哀公是春秋时期鲁国公中的最后一位，后人将其谥号定为"哀"，既含有同情，也含有批判。哀其不幸，怒其不争。哀其不幸，是说他处在礼崩乐坏三桓掌权的年代。怒其不争，是说他为君为人不靠谱，没有发奋图强、励精图治的心智。他失仁，无视乱臣三桓专权。失义，任弑君贼子胡作非为。失礼，立妾为夫人。失智，不知哀，不知忧，不知劳，不知惧，不知危。失信，听而信之不用，妄问政。鲁哀公仁义礼智信一样也不具备，为人为君如此，何其哀哉！鲁哀公十四年，鲁哀公西巡，射伤麒麟，带回来麒麟已死。孔子闻之落泪，该年颜回亦去世，相传孔子作《春秋》至此而辍笔，史称"获麟"。

《论语》载鲁哀公问曰："何为则民服？"孔子对曰："举直错诸枉，则民服。举枉错诸直，则民不服。"提拔重用正直无私的君子，把狂妄不正的小人放一边，老百姓就会服从。提拔重用狂妄不正的小人，把正直无私的君子放一边，老百姓就不会服从。所以才有取人以身、选拔当政的人要看修身的下文。

成事在天，谋事在人。文武之政，布在方策，没有道德君子当政，圣王之道也便成了一堆废纸。君子如何修身呢？首先讲修身的步骤。《大学》已经讲得很清楚了，这里是作者在阐发《大学》的修身思想。《论语》最后一则，子曰："不知命，无以为君子也。不知礼，无以立也。不知言，无以知人也。"不懂得天命，就不知道怎么做君子。不懂得宗法礼制，就无法立身处世。不懂得语言文化，就不知道怎么了解别人。知命知礼知言，方可成为君子。《论语》载，有子曰："君子务本，本立而道生。孝弟也者，其为仁之本与！"修身要从"亲亲""尊尊"做起，《论语》子曰"弟子入则孝，出则弟，谨而信，泛爱众，而亲仁"就是讲的这个道理，仁义礼智信缺一不可。不过，将这一段全部引起来，作为孔子说的话，感觉不妥，孔子没有这么啰唆。

接下来讲修身的内容，五大道三大德。关于五大道，《孟子》阐述为"父子有亲，君臣有义，夫妇有别，长幼有叙，朋友有信"。关于三大德，《论语》载，子曰："知者不惑，仁者不忧，勇者不惧。"孔子希望自己的学生能具备这三大德，成为真正的君子。"仁远乎哉？我欲仁，斯仁至矣。"不论天赋如何，只要修为仁义道德，坚持向善的操守，就是好的。

继续讲修身的方法。"好学近乎知，力行近乎仁，知耻近乎勇。"知斯三者，则知所以修身。由此推开来，便可以治国平天下了。《论语》

里没有载这段话，在《中庸》里出现了，这是《中庸》最了不起的贡献。虽然"唯上智和下愚不移"，但上智和下愚毕竟是极少数，多数人还是通过好学而开化智慧的。满口的仁义道德，背后却男盗女娼，就是伪君子真小人了。仁者爱人在于行，行胜于言，甚至知其不可而为之，便是大德仁人了。只有懂得羞耻的人，才能够自省自勉、奋发图强。一个人有了羞耻心，才能够勇敢地面对自己的错误，战胜自我，这是真正的大勇。

人是这个世界上唯一会脸红也该脸红的动物。只有人，知羞耻所以才会脸红。只有人，不知羞耻才会做禽兽不如的事，所以才该脸红。人之所以为人也，人知羞耻。其为人也，改过迁善而后真诚向善。由是，刀刃向内，自省自讼，才是真正的勇者。

凡为天下国家有九经，曰：修身也，尊贤也，亲亲也，敬大臣也，体群臣也，子庶民也，来百工也，柔远人也，怀诸侯也。夫修身则道立，尊贤则不惑，亲亲则诸父昆弟不怨，敬大臣则不眩，体群臣则士之报礼重，子庶民则百姓劝，来百工则财用足，柔远人则四方归之，怀诸侯则天下畏之。

大凡治理天下国家有九条原则，那就是：修身、尊贤、亲爱亲族、敬重大臣、体恤群臣、爱民如子、招纳工匠、善待远客、安抚诸侯。修身就能确立正道，尊重贤者就不会困惑，亲爱亲族就不会惹得叔伯兄弟怨恨，敬重大臣就不会遇事慌张，体恤群臣就会使士人们尽力报答，爱民如子就会使老百姓努力生产，招纳工匠就会使财物充足，优待远客就会使四方来归顺，安抚诸侯就会使天下敬畏。

圣贤的文章，为人也罢，处世也罢，大多是说给君王听的。或者说，圣贤文章是以造就贤德君王为目的的。凡天下九经，修身、尊贤、亲爱亲族三经是基础，是修为君子都要遵循的原则，后者六经就是君王之道了。《大学》讲君子修为，也是如此。格物致知、正心诚意、修身齐家是基础，是修为君子都要遵循的原则，治国平天下就是君王之道了。《论语》里子路问君子，孔子回答了君子修为的三重境界，分别是修己以敬、修己以安人、修己以安天下，一层比一层高，体现了儒家内圣外王的思想。

总体上看，《大学》是讲修身为人之道，《中庸》是讲为人处世之道，其实都是讲君子之道。其方向性和目的性是一致的，真诚向善，止于至善。儒家慢慢发现，诚，在这一过程中越来越重要。

修身，知命知礼知人言，才能确立正道，正道就是仁道。尊贤，可以得到贤者的启示，拨云见日。孝悌亲亲，家和万事兴，君子务本，孝悌是为仁之本。"君使臣以礼，臣事君以忠。"大臣得到敬重，就会更加尽忠敬事，君主有所依托，无过无不及，何必慌张。君主体恤群臣，士为知己者死，他们怎会不尽力报答？爱民如子，关爱百工，优待宾客，安抚诸侯，近者乐，远者来，发乎情，止乎礼，恩威并举，皆中节。内圣外王，国治而天下平，这就是中庸的逻辑。

齐明盛服，非礼不动，所以修身也。去谗远色，贱货而贵德，所以劝贤也。尊其位，重其禄，同其好恶，所以劝亲亲也。官盛任使，所以劝大臣也。忠信重禄，所以劝士也。时使薄敛，所以劝百姓也。日省月试，既禀称事，所以劝百工也。送往迎来，嘉善而矜不能，所以柔远人也。继绝世，举废国，治乱持危，朝聘以时，厚往而薄来，所以怀诸侯也。凡为天下国家有九经，所以行之者一也。

如斋戒般盛装加身庄重虔诚，不符合礼仪的事坚决不做，这是用来劝勉修身的。去却谗言远离诱惑，看轻财物而重视德行，这是用来劝勉贤能的。提高亲族的地位，给他们以丰厚的俸禄，与他们爱憎相一致，这是用来劝勉亲爱亲族的。有众多的官员供他们使用，这是用来劝勉大臣的。真心诚意地任用他们，并给他们丰厚的俸禄，这是用来劝勉群臣的。使用民役不误农时，少收赋税，这是用来劝勉百姓的。每日省察每月考核，按劳付酬，这是用来劝勉工匠的。来时欢迎，去时欢送，嘉奖有才能的人，救济有困难的人，这是用来安抚边远民众的。延续绝后的家族，复兴灭亡的国家，治理祸乱，扶持危难，按时接受朝见，赠送丰厚，纳贡菲薄，这是用来安抚诸侯的。总而言之，治理天下和国家有九条原则，但实行这些原则的道理都是一样的。

上面说九经的作用，接着说如何推行九经，目的是劝勉大家，特别是君主，如何为人处世，也就是怎样行中庸之道。孔子告诉仲弓"出门如见大宾，使民如承大祭。己所不欲，勿施于人。在邦无怨，在家无怨"，平日里的言行举止，也要像对待祭祀一样，知敬畏，按礼的要求去做。《论语》里颜渊问仁，孔子告诉颜渊克己复礼为仁，又解释道："非礼勿视，非礼勿听，非礼勿言，非礼勿动。"看要合乎礼，听要合乎礼，说要合乎礼，动要合乎礼，君子要这样修身。

君子坦荡荡，小人常戚戚。贫而无谄，富而无骄。巧言令色，鲜矣仁！子张问明的时候，孔子告诉子张，像细水慢渗那样暗中挑拨的谗言，像切肤之痛那样直接的诽谤，在你那里都行不通，就可以算是明智的了。暗中挑拨的谗言和直接的诽谤，在你那里都行不通，可以算是有远见的了。

亲爱亲族，就是要做到与家人族人有相同的爱憎价值观，有富贵先惠及亲人，然后再兼济天下。拥有大批拥护自己的官员，是政令畅通的先决条件。《论语》里孔子讲，要轻用民力，并且只在不违农时的时候征发劳役，这才是爱民如子。做到近者乐，远者来，效法文武之道，续灭国，继绝世，治乱持危，怀柔四方，这才是中庸之道，仁义之德。

日省月试，就是每天看他工作量是多少，到一个月的时候，看他一个月的工作总量是多少，以检查工作努力不努力。根据"日省月试"的考核结果，定出这个月该给他多少薪俸，这叫"既廪"。"称事"是指给他这一个月的薪俸正好合乎他所做的事情，那么这样是合理的。按劳取酬叫作"既廪称事"。

凡事豫则立，不豫则废。言前定，则不跲（jiá）。事前定，则不困。行前定，则不疚。道前定，则不穷。

凡事豫则立，不豫则废。话前有准备就不会中断，事前有准备就不会受困，行动有准备就不会后悔，道路预先选定就不会走投无路。

事前没有做好规划设计，就不可能有事后好的预期结果。事中出现的中断、受困、后悔、走投无路等都是因为"不豫"带来的。君子为人处世，谋定而后动，譬如打仗，不打无准备之仗。《论语》载，子曰："暴虎冯河，死而无悔者，吾不与也。必也临事而惧，好谋而成者也。"《易传》载，子曰："隼者，禽也。弓矢者，器也。射之者，人也。君子藏器于身，待时而动，何不利之有？动而不括，是以出而有获，语成器而动者也。"君子身上藏着武器，等待时机采取行动，会有什么不利的呢？行动时从容不迫，因此一出手就有收获，这就是说事前训练有素，然后才可采取行动。孔子尽管不赞成季文子三思而后行，但也强调事前要"再，斯可矣"，问问自己"如之何？如之何？"

否则，对事前不思考的这种人，就真的不知道怎么办了。为什么孔子强调"再，斯可矣"呢？或许正是思谋上下、求乎其中吧。接下来论述《中庸》的核心概念"诚"。

在下位不获乎上，民不可得而治矣。获乎上有道，不信乎朋友，不获乎上矣。信乎朋友有道，不顺乎亲，不信乎朋友矣。顺乎亲有道，反诸身不诚，不顺乎亲矣。诚身有道，不明乎善，不诚乎身矣。

在下位的人如果得不到上位的信任，就不可能治理好民众。有办法能够得到上位的信任，却得不到朋友的信任，就不能真正得到上位的信任。有办法能够得到朋友的信任，却不孝顺父母，就不能真正得到朋友的信任。有办法能够孝顺父母，自己却不真诚，就不是真正孝顺父母。有办法能够使自己真诚，却不明白什么是善，就不能够使自己真正真诚。

这一段，作者推演了能成事的必要条件。前者是后者的必要条件。知善才能够做到真诚，真诚才能够做到实心实意地孝顺父母，实心实意地孝顺父母才能取得朋友的信任，取得朋友的信任才能取得上级的信任，取得上级的信任才能够治理好民众。推演的基础和关键词是"诚"与"善"。

我在《论语》学思录的前言里，谈了自己研学孔子学说的体悟。孔子人伦道德哲学的第一命题是，人知羞耻而后真诚向善，理由是会脸红知羞耻是人所独有的。人而不诚不会脸红，真诚是人之所以为人的本质。

抱诚守真至性，方可发乎情、止乎礼，皆中节、致中和；方可追寻大学之道，在明明德，在亲民，在止于至善；方可行乎君子，"好学近乎知，力行近乎仁，知耻近乎勇"，继而达到"仁者不忧，知者不惑，勇者不惧"的崇高境界，止于至仁至圣、至善至美。

接下来，作者解释什么是诚。

诚者，天之道也。诚之者，人之道也。诚者，不勉而中不思而得，从容中道，圣人也。诚之者，择善而固执之者也。

真诚，是上天的原则。真诚向善，是做人的原则。真诚，不用勉强就能做到，不用思考就能得到，从从容容就符合上天原则的，是圣人。真诚向善，就是择善固执。

天道真诚，不弃不妄不欺。独立而不改，周行而不殆。天地位焉，四时行焉，万物育焉。人道遵从天道。如果做人不真诚，就是违背了天命。天命不可违。

天命无是非，但人性有善恶。先天的禀性无是非，后天的习性有善恶。否则，人就不会脸红心跳知羞耻了。所以，真诚向善，是文化人复归天道的命门。

圣人则天。《论语》载，子曰："大哉！尧之为君也！巍巍乎，唯天为大，唯尧则之。荡荡乎，民无能名焉。巍巍乎，其有成功也，焕乎其有文章！"只有尧，能够从容中道。

真诚，是中庸的基调和品质。择善固执，是中庸的指向和目标。怎样才能做到择善固执呢？

博学之，审问之，慎思之，明辨之，笃行之。

广博地学习，慎重地求教，周密地思考，仔细地辨识，笃定地践行。

要做到择善固执，首先要知道什么是善。善是文化的概念，蕴藏在传统文化之中。怎样才能知道什么是善呢？首先，需要通过广博的学习，继承传统文化。其次，在继承吸收的过程中向贤者求教解惑，再从圣人言里求证之。然后，依归天道人伦法则，仔细辨识去伪存真，择善固执。这便是人文的科学精神吧，继承怀疑批判而后择善固执，笃行之，述而不作，守死善道也矣！

结合上下文意，"博学之"等五个"之"，在这里可以理解为善。择善而后如何固执呢？

有弗学，学之弗能，弗措也。有弗问，问之弗知，弗措也。有弗思，思之弗得，弗措也。有弗辨，辨之弗明，弗措也。有弗行，行之弗笃，弗措也。人一能之，己百之。人十能之，己千之。果能此道矣，虽愚必明，虽柔必强。

要么不学，学了没有学会就绝不罢休。要么不问，问了没弄明白就绝不罢休。要么不想，想了没有想通就绝不罢休。要么不辨，辨了没有辨清楚就绝不罢休。要么不做，做了不能笃定就绝不罢休。别人用一分努力就能做到的，我用一百分的努力去做。别人用十分的努力做到的，我用一千分的努力去做。果真能够做到这样，即使愚笨也一定明智起来，即使柔弱也一定刚强起来。

其他都赞同，"虽愚必明"，够呛。子曰："唯上知与下愚不移。"除了下愚，其他都行。

《论语》里讲了为学四原则。一是要树立坚定的志向，"笃信好学，守死善道"。二是养成好的学习习惯，"日知其所亡，月无忘其所能，可谓好学也已矣"。就是每天学到一些过去所不知的东西，每月都不要忘记已经学会的才能，这就可以叫好学了。三是要掌握为学的方法，

"博学而笃志，切问而近思，仁在其中矣"。四是要明确学习目的，学以致其道，"百工居肆以成其事，君子学以致其道"。《论语》里子张问行，问明，问崇德辨惑，孔子告诉子张"言忠信，行笃敬"——谗言挑拨诽谤在你那里都行不通，就是明。以忠信为原则，言行合乎道义，这就是崇尚仁德了。又爱又恨的矛盾情绪不能自拔，就是惑。孔子评价颜渊："惜乎！吾见其进也，未见其止也。"——我只看到他在不断进步，没有看到他停下来过。子曰："学如不及，犹恐失之。"学习好像追赶什么，总怕赶不上，还会担心丢掉什么。"好学近乎知，力行近乎仁，知耻近乎勇。"除了下愚，下得苦功夫，皆能求得真学问。虽柔必强，也是一样的道理。

以下三段，分别阐述天命之谓性、率性之谓道、修道之谓教，皆自诚也。

自诚明，谓之性。自明诚，谓之教。诚则明矣，明则诚矣。

由内心真诚而明白道理，叫作天性。由明白道理而做到内心真诚，叫作教化。真诚就会明白道理，明白道理就会真诚。

真诚，是上天的原则。圣人从容中道，内心本自真诚，自然参透善道及天地万物之理，这叫自诚明，是天性使然。此乃天命之谓性。圣人毕竟是极少数，多数人需要通过人文教化，学习体悟仁义道德，亲亲尊尊，泛爱众，而亲仁，通过外铄内化，才能涵养出一颗真诚仁厚的赤子之心、向善之心。不明乎善，不诚乎身矣。

《中庸》开宗明义，天命之谓性，率性之谓道，修道之谓教，这里给出了呼应。在作者的立论和逻辑里，真诚有先天禀性带来的，但主要是后天教化养成的。教育的目的就是通过让人明白道理（善）而后做到内心真诚。换个角度说，人文教化之功，在于使人明白道理，而后真诚向善。

唯天下至诚，为能尽其性。能尽其性，则能尽人之性。能尽人之性，则能尽物之性。能尽物之性，则可以赞天地之化育。可以赞天地之化育，则可以与天地参矣。

唯有天下最真诚的人，才能充分发挥他的天性。能充分发挥天性，就能充分发挥人性。能充分发挥人性，就能充分了解万物的本性。能充分了解万物的本性，就可以辅佐天地化育万物。能辅佐天地化育万物，就可以参透天地之理了。

天下至诚，比如圣人，有一颗虔诚的心，什么是善了然于胸，德配天地，故能充分释放其天性本真。此乃率性之谓道。人性服从于天性。人是万物之灵。充分了解万物的本性之后，就可以通达天地人三界，进入自由之化境了。只有圣人能够做到。

子贡曰："夫子之文章，可得而闻也。夫子之言性与天道，不可得而闻也。"孔子罕言性与天道。《中庸》不仅阐述了孔子的中庸之道，更是阐发了孔子不愿提及的性与天道。

孔子不愿提及性与天道，但涉及过性与天道吗？《论语·阳货篇》子曰："性相近也，习相远也。"意思是，人的禀性差不多，但经过后天的教化，人的习性就相差得远了。孔子在《易传》里提到，变化之道就是圣人之道。"知变化之道者，其知神之所为乎？《易》有圣人之道四焉。以言者尚其辞，以动者尚其变，以制器者尚其象，以卜筮者尚其占。"《易》在四个方面展现了圣人之道。又说："夫《易》何为者也？夫《易》开物成务，冒天下之道，如斯而已者也。"《易》可以开创万物成就事业，涵盖天下道理，如是而已。"乾坤，其《易》之门耶？"乾卦和坤卦，是进入《易》的门户吧？由此看来，孔子是了解性与天道的。《论语》里载，子曰："不知命，无以为君子也。不知礼，无以立也。不知言，无以知人也。""大哉！尧之为君也！巍巍乎，唯天为大，唯尧则之。"又说："天何言哉？四时行焉，百物生焉，天何言哉？""知我者，其天乎！""吾谁欺？欺天乎？""道之将行也与，命也。道之将废也与，命也。公伯寮其如命何？""天生德于予，桓魋（tuí）其如予何？""天之未丧斯文也，匡人其如予何？"天道的意志就是天命。

问题是，孔子为何罕言性与天道？人道迩，天道远。人道服从于天道。礼崩乐坏的年代，礼乐不兴，人道沦丧，世风日下，还是先从匡扶礼乐开始吧。还是先从其为人也开始吧，其为人也，《诗》《书》《礼》《易》《乐》《春秋》之教也矣！还是让民众知道人之所以为人吧。

唯天下至诚，可以与天地参。

其次致曲。曲能有诚，诚则形，形则著，著则明，明则动，动则变，变则化。唯天下至诚为能化。

差一点的人能够明白小道理。小道理能使人有所真诚，有所真诚就会有所表现，有所表现就会逐渐显露，逐渐显露就会发扬光大，发扬光大就会有所行动，有所行动就会有所改变，有所改变就会有所化育。只有天下最真诚的人能化育万物。

你我皆凡人，大善不及，什么是小善还是明了的。不以善小而不为，种下一颗真诚善良的种子，好好呵护培育，它会生根发芽成长为参天大树，也会结出善果的。参天大树也只能是参天，只有至诚至善的圣人才能通达三界，化育万物。

小善也是善。做人要从扫洒应对开始，"弟子入则孝，出则弟，谨而信，泛爱众，而亲仁""君子之道，譬如远行，必自迩。譬如登高，必自卑"。做学问也是如此,"告诸往而知来者"始可与言《诗》已矣。《诗》是礼乐人生的底色,最符合人性真诚的品质和向善的诉求,近乎于天性。

普通人善的培育和发扬光大需要教化。自明诚,谓之教。由明白道理而做到内心真诚,叫作教化。教化有一个由浅入深的过程。修道之谓教。既非上智也非下愚者,通过教化修为可以成就道德君子,做到内心真诚、明白道理。曾子讲修身,也是从格物致知开始,有个渐进的过程才达到正心诚意的。

至诚之道可以前知。国家将兴,必有祯祥。国家将亡,必有妖孽。见乎蓍(shī)龟,动乎四体。祸福将至:善,必先知之;不善,必先知之。故至诚如神。

至诚之道可以预知未来。国家将要兴盛,必有吉祥征兆。国家将要衰亡,必有妖孽出现。呈现在蓍草龟甲上,体现在身体四肢运动上。祸福将要来临时,是好事,一定能预先知道;是坏事,也一定能预先知道。所以,至诚就像神明一样微妙玄通。

《论语》子曰:"不逆诈,不亿不信,抑亦先觉者,是贤乎!"不预先怀疑别人欺诈,不凭空臆想别人不诚信,却能先行察觉的,是贤者啊!贤者真诚不疑,如明镜般洞察万物,不会为人所蒙蔽。子张问:"十世可知也?"孔子说,沿着夏商周三代有所损益的规律看,"其或继周者,虽百世,可知也"。《中庸》继续阐发孔子思想,得出"至诚之道,可以前知"的观点。

心诚则灵。至诚之心至性,可以与天地参。礼崩乐坏的时代,孔子曾感概道:"凤鸟不至,河不出图,吾已矣夫!"传说伏羲王天下,龙马背负河图洛书出来。舜帝在位时,凤凰来仪。周文王治政,凤鸣岐山。鲁哀公十四年,西巡射伤麒麟,带回来时麒麟已死,孔子闻之落泪,该年颜回亦去世,孔子作《春秋》至此而辍笔,史称"获麟"。《春秋》如是记载:"十有四年春,西狩获麟……五月庚申朔,日有食之……冬……有星孛。饥。"至诚若圣,至诚如神。

诚者自成也,而道自道也。

真诚是自我的完善,而道是自我的引导。

唯物辩证法认为,内因是变化的依据,外因是变化的条件,外因通过内因而起作用。如果人没有内在的自我需求,教化也不会起作用。人知羞耻而后真诚向善,主动权掌握在自己手里,此乃诚者自成也。而"道自道也"与"人能弘道,非道弘人"是一样的道理。

诚者,物之终始,不诚无物。是故君子诚之为贵。

真诚是事物的发端和归宿,没有真诚就没有事物。因此君子以真诚为贵。

不诚则妄,妄则虚,虚则无。天道至诚恒永,不妄不虚,不欺不弃,天地位焉,四时行焉,万物育焉。君子上承天命,下接人伦,行中庸之道,求至善大德。

诚者,非自成己而已也,所以成物也。成己仁也,成物知也。性之德也,合外内之道也。故时措之宜也。

真诚并不是自我完善就够了,还要用来完善事物。自我完善是仁,完善事物是智。这是出于本性的德行,是融合自身与外物的准则。所以,成己成物要因时制宜。

君子诚之为贵,当胸怀天下万物苍生,以一颗虔诚向善的心,亲亲尊尊，泛爱众，推己及人。同时推己达物，尊重自然、顺应自然、保护自然，追求人与自然的和谐共生。如果每个人都真诚相待，那么世界将成美好的人间。此乃天人合一之谓也。

故至诚无息。不息则久，久则征，征则悠远，悠远则博厚，博厚则高明。博厚所以载物也，高明所以覆物也，悠久所以成物也。博厚配地，高明配天，悠久无疆。如此者，不见而章，不动而变，无为而成。

所以至诚是永不停息的。永不停息就会保持长久，保持长久就会显露出来，显露出来就会悠远，悠远就会广博深厚，广博深厚就会高大光明。广博深厚的作用是承载万物，高大光明的作用是覆盖万物，悠远长久的作用是生成万物。广博深厚可以与地相配，高大光明可以与天相配，悠远长久则是永无止境。达到这样的境界，不显示也会显明，不运动也会改变，无所作为也会有所成就。

至诚是天地人至高无上的品性，是善的源泉，真的光辉，美的依归。它无声无息又永不停息，一旦彰显出来，便是广博深厚，滋养万物，普照乾坤。至诚若天地："其何言哉？天地位焉，四时行焉，百物育焉。"至诚若虞舜："无为而治者其舜也与！夫何为哉？恭己正南面而已矣。"至诚若唐尧："大哉！尧之为君也！巍巍乎，唯天为大，唯尧则之。荡荡乎，民无能名焉。巍巍乎，其有成功也，焕乎其有文章！"君子追求真诚，天行健，君子以自强不息。地势坤，君子以厚德载物。至诚至真者也。

博厚配地，高明配天，四方上下宇之谓也。悠久无疆，往古今来宙之谓也。宇宙至诚无息，广博深厚，高大光明，悠远长久。

天地之道,可一言而尽也。其为物不贰,则其生物不测。天地之道,博也、厚也、高也、明也、悠也、久也。

天地的法则,用一句话就概括了。它抱诚守真如一,所以化育万物不可测度。天地的法则,就是广博、深厚、高大、光明、悠远、长久。

天地宇宙的法则,诚一不贰。独立而不改,周行而不殆。博厚,高明,悠久。四时行焉,万物育焉。孔子"吾道一以贯之""忠恕而已矣""笃信好学,守死善道"都是遵循了天地至诚法则,不妄不虚,不欺不弃,至诚恒永。

今夫天斯昭昭之多,及其无穷也,日月星辰系焉,万物覆焉。今夫地一撮土之多,及其广厚载华岳而不重,振河海而不泄,万物载焉。今夫山一卷石之多,及其广大,草木生之,禽兽居之,宝藏兴焉。今夫水一勺之多,及其不测,鼋(yuán)、鼍(tuó)、蛟、龙、鱼、鳖生焉,货财殖焉。

现在的天这样昭昭明亮,推及它无穷无尽的苍穹,日月星辰都被它维系,万物都被它覆盖。现在的地不过是一撮土堆积起来,推及它广博深厚,承载西岳华山也不重,容纳江河海洋也不泄漏,万物都被它承载。现在的大山也不过是拳头大的石头堆积起来,推及它的广阔高大,草木在山里生长,禽兽在山里居住,宝藏在山里储藏。现在的水也不过是一勺勺的水汇聚起来,推及它深不可测量,鼋鼍、蛟龙、鱼鳖等在里面生息,值钱的东西在里面繁殖。

能够看得见的、显于外的都是有限的成物罢了,包括天、地、山、水。

天地山水的至诚德性，藏于内是看不见的，它们所孕育的生命、宝藏，往复轮回，生生不息，博厚高明而悠久。孔子之仁德修为，参天地之道，至诚至性了吧。颜渊评价孔子，喟然叹曰："仰之弥高，钻之弥坚。瞻之在前，忽焉在后。夫子循循然善诱人，博我以文，约我以礼，欲罢不能。既竭吾才，如有所立卓尔，虽欲从之，末由也已。"意思是："抬头仰望越看越高，深入钻研难以透彻。看着好像在前面，突然又到了后面。夫子循循善诱，教我渊博的学问，又用礼制规范我，让我欲罢不能。我竭尽全力，感觉好像有所建树了，想沿着老师的道路走，却又突然发现毫无头绪，无路可循。"

诗云"维天之命，于穆不已。"盖曰天之所以为天也。"于乎不显，文王之德之纯。"盖曰文王之所以为文也。纯亦不已。

《诗经》上说"想那天道的运行，美好肃穆永不停。"这大概是说天之所以成为天的原因。"多么辉煌光明，文王品德纯正。"这大概是说文王之所以被尊奉为文王的原因。纯正品德永远恩泽后世。

本诗句出自《诗经·周颂·维天之命》，该诗是周成王祭祀周文王之作。全诗四句："维天之命，於穆不已。于乎不显，文王之德之纯。假以溢我，我其收之。骏惠我文王，曾孙笃之。"译为："想那天道的运行，美好肃穆永不停。辉煌光明昭日月，文王品德多纯正。赞美之词说不完，我们永远要继承。文王留下大恩惠，子子孙孙永力行。"

这里把周文王至诚至纯之仁德，与天道至诚至纯之道德相提并论，赞美周文王上承天命、下接人伦，品德纯正，参透天地，是则天至诚之圣人。

大哉，圣人之道！洋洋乎发育万物，峻极于天。优优大哉，礼仪三百威仪三千，待其人而後行。

伟大啊，圣人之道！洋洋洒洒生养万物，与天一样崇高。多么完备宏大啊！礼仪三百条威仪三千条，等待圣贤来实行。

周文王内圣外王。周武王和周公旦秉承文王功业，倡导敬天保民，赋予祭祀人文精神，进一步制礼作乐，裁定尊卑有别的礼制，规范了社会秩序。据载，殷朝的祭祀礼制多而繁杂，几乎每天都有大大小小的祭祀活动，因此一年也称"祀年"。周公旦制礼作乐时，损益夏商旧礼，结合周族原有的习俗，制定出了一套调整宗法人伦的制度和规范。"上事天，下事地，尊先祖而隆君师，是礼之三本也。"经过周公修订的礼乐，主要是用来维护社会等级制度和宣扬道德理想的。这里的礼仪三百威仪三千，应该指的是包括祭祀之礼在内的礼乐制度。礼德者，仁道之外用也。

故曰苟不至德，至道不凝焉。故君子尊德性而道问学，致广大而尽精微，极高明而道中庸。温故而知新，敦厚以崇礼。是故居上不骄，为下不倍。国有道，其言足以兴。国无道，其默足以容。诗曰："既明且哲，以保其身。"其此之谓与？

所以说如果达不到崇高的德行，就不能成就崇高的道。因此，君子尊崇德性又追求学问，力求达到广博的境界而又努力钻研精细之处，洞察一切却奉行中庸之道。温故而知新，敦厚以崇礼。所以身居高位不骄傲，身居下位不背弃。国家有道，他的主张足以使国家兴盛。国家无道，他的沉默足以使自己安身立世。《诗经》上说："明智通达，以保自身。"这大概就是说的这个意思吧？

圣人治世是儒家的政治理想。圣人道德崇高，参透天地人三界，奉行中庸之道，推行仁政而天下太平。儒家特别渴望有圣贤君王的出现，甚至想造就一位。但是，在礼崩乐坏的时代，他们终于明白只能是想想罢了，能够有中行的君子就不错了。孔子甚至发出了"不得中行而与之，必也狂狷乎！"的感慨。孟子讲得更明白，五百年出一圣王，也必伴有贤者仁者出现。由尧舜至于汤，五百有余岁，尧舜有禹、皋陶。由汤至于文王，五百有余岁，商汤有伊尹、莱朱。由文王至于孔子，五百有余岁，文王有太公望、散宜生。可到了孔子，只有贤者仁者出现，周围全是昏君。由孔子至于孟子，百有余岁，圣贤君王还是没有出现。时也势也命也，形势比人强，天命不可违。

《中庸》开篇就提出了天命之谓性，这里又提出了德性，即至诚至真的道德本性。若不能至诚至真，也就不会追求道德学问了。君子尊德性而道问学，上达天地法则，下达格物致知，从广博高远到细致入微都要探究。既要熟读历史又要明了新事物，做到宅心敦厚、遵崇礼制，这便是中庸之道了。

"既明且哲，以保其身"出自《诗经·大雅·烝民》，这是歌颂仲山甫德才政绩的诗篇。原句是："肃肃王命，仲山甫将之。邦国若否，仲山甫明之。既明且哲，以保其身。夙夜匪解，以事一人。"仲山甫严肃认真推行王的命令。国内政事的好与坏，他心里跟明镜似的。他既明事理又聪慧，善于应付保全自身。他夙夜在公，尽心竭力侍奉周王。君子知进退、行中庸，不管是国有道还是国无道，择善固执，知道自己应该干什么。尽心知命，足以安身立世。

子曰："愚而好自用，贱而好自专，生乎今之世，反古之道，如此者灾及其身者也。"非天子不议礼，不制度，不考文。今天下，车同轨，书同文，行同伦。虽有其位，苟无其德，不敢作礼乐焉。虽有其德，苟无其位，亦不敢作礼乐焉。子曰："吾说夏礼，杞不足征也。吾学殷礼，有宋存焉。吾学周礼，今用之。吾从周。"

孔子说："愚昧却喜欢自以为是，卑贱但又好独断专行，生活在当下，反古道而行之，这样做灾祸一定会降临到他的身上。"不是天子就不要议订礼仪，不要制订法度，不要考订文字。现在普天下车轨统一，文字统一，伦理观念统一。虽有天子的地位，如果没有天子的德行，是不敢制礼作乐的。虽然有天子的德行，如果没有天子的地位，也是不敢制礼作乐的。孔子说："我谈论夏朝的礼制，夏的后裔杞国已不足以验证它。我学习殷朝的礼制，仅仅有宋国保留着它。我学习周朝的礼制，现在还实行着它。所以我遵从周礼。"

古代传统只有天子才有权力议订礼仪，制订法度，考订文字。没有德行的天子和没有帝位的贤者，都是不能制礼作乐的。天下无道，诸侯们也敢制作礼乐和做出出兵打仗的决定了。由诸侯作主决定，大概经过十代很少有不垮台的。由大夫决定，经过五代很少有不垮台的。倘若大夫的家臣把持朝政的话，经过三代很少有不垮台的。天下有道，国家政权就不会落到大夫手中。天下有道，老百姓也就不会议论朝政了。

延续下来的周礼尽管有所损益，但都是圣人制定的，能够考证。而今的天子形同虚设，诸侯们德不配位，都不可以制礼作乐，但却又自以为是，独断专行，妄废周礼，导致礼乐不兴。如此一来，灾祸一定会降临到他的身上。

把"生乎今之世，反古之道"译作"生活在当下的时代，却一心想要恢复古代的做法"，看似合句意，却不合文意，更不通孔子思想了。

王天下有三重焉，其寡过矣乎！上焉者虽善无征，无征不信，不信民弗从。下焉者虽善不尊，不尊不信，不信民弗从。故君子之道，本诸身，征诸庶民，考诸三王而不缪，建诸天地而不悖，质诸鬼神而无疑，百世以俟圣人而不惑。

王天下有三件重要的事情，做不到就是大过了。前代帝王虽然做得很好但无法证明，无法证明就不能令人信服，不能令人信服民众就不会听从。后代帝王虽然能做得很好但地位不够尊贵，地位不够尊贵就不能令人信服，不能令人信服民众就不会听从。所以，君子之道，根本上是从各方面完善自身道德，到老百姓那里去求得证明，考查夏商周三代没有背谬，立于天地之间不相悖逆，质证于鬼神没有疑问，就是百世以后有圣人出现也不会怀疑。

王天下者只有天子，非诸侯君主。王天下有三件重要的事情，指的是议订礼仪、制订法度、考订文字。本段阐述孔子思想的目的，仍是在讲君子修养至诚德性的重要性。可信的政令主张，必是具有至诚德性的圣王发布实施的，必是经得住民众、历史、天道和神明检验的仁政。至于鬼神之谓，孔子敬鬼神而远之。在那个时代，子思拿鬼神说事，也是可以理解的。

质诸鬼神而无疑，知天也。百世以俟圣人而不惑，知人也。是故君子动而世为天下道，行而世为天下法，言而世为天下则。远之则有望，近之则不厌。诗曰："在彼无恶，在此无射。庶几夙夜，以永终誉。"君子未有不如此，而蚤有誉于天下者也。

质证于鬼神而没有疑问，就是懂得天道。百世以后有圣人出现也不会怀疑，就是懂得人道。所以，至诚君子的举动能世代成为天下的法则，行为能世代成为天下的法度，言谈能世代成为天下的准则。离得远就会仰望，离得近也不觉得厌烦。《诗》

上说:"在那里没有人憎恶,在这里没有人厌烦,日日夜夜都操劳啊,以保持美名永流传。"至诚君子没有不这样做的,而且能够早早美名满天下。

德性敦厚的至诚君子,能够参透天地人三界之玄妙,一举一动一言一行皆中节、致中和,故能为天下人的示范。孔子在《易传》中说:"君子居其室,出其言善,则千里之外应之,况其迩者乎?……言出乎身,加乎民。行发乎迩,见乎远。言行,君子之枢机。枢机之发,荣辱之主也。言行,君子之所以动天地也,可不慎乎?"在颜渊眼里,孔子也是这样的至诚君子,"仰之弥高,钻之弥坚。瞻之在前,忽焉在后"云尔。

诗句出自《诗经·周颂·振鹭》。据说,这是一首描写殷朝的微子到大周王室助祭之行的乐诗。全诗共四句:"振鹭于飞,于彼西雍。我客戾止,亦有斯容。在彼无恶,在此无斁。庶几夙夜,以永终誉。"意思是:"白鹭冲天起,西泽任飞翔。我有嘉宾来,也穿白衣裳。在彼没人厌,在此受赞扬。勤勉日复夜,美名永辉煌。"《史记·殷本纪》记载,商纣淫乱不止,"微子数谏不听,乃与大师、少师谋,遂去"。孔子曰"殷有三仁焉",其中一人指的就是微子。微子降周,后被周成王封为殷地宋国君主。微子死后,其弟微仲即位。微仲是孔子的十四世祖。

仲尼祖述尧舜,宪章文武。上律天时,下袭水土。辟如天地之无不持载,无不覆帱(dào);辟如四时之错行,如日月之代明。

仲尼以尧舜之道为祖而述之,以文武之制为宪而章之。上遵循天时运行的规律,下因袭水土地理的变化。就像天地那样无所不载,无所不覆;又如同四季的交错运行,如同日月的交替光明。

孔子祖述尧舜，传承的是圣人的道德精神；宪章文武，遵从的是圣贤的礼乐规制。一以贯之的是天道仁道。

至诚君子，美德圣贤，尧舜如是，文王如是，微子如是，仲尼如是。有史评："孔子抱圣人之心，彷徨乎道德之域，逍遥乎无形之乡，倚天理，观人性，明始终，知得失，故兴仁义。""天不生仲尼，万古如长夜。"孔子被尊为"素王"。

万物并育而不相害，道并行而不相悖。小德川流，大德敦化。此天地之所以为大也。

万物一起生长而互不侵害，各种规律同时运行而互不冲突。小的德行如河水一样川流不息，大的德行敦厚至纯化育万物。这就是天地之所以伟大的原因。

天道自然，四时行焉，万物育焉。"天地玄黄，宇宙洪荒。日月盈昃，辰宿列张。寒来暑往，秋收冬藏。闰余成岁，律吕调阳……"一部《千字文》，道尽天地人。《易传》子曰："天下何思何虑？天下同归而殊途，一致而百虑。天下何思何虑？日往则月来，月往则日来，日月相推而明生焉。寒往则暑来，暑往则寒来，寒暑相推而岁成焉。"又说，前往的要屈缩，后来的要伸展，屈缩与伸展相互感应，无往而不利的情境就会出现。尺蠖的屈缩，是为了伸展；龙蛇的蛰伏，是为了生存。探究精微义理之学到了神妙的地步，是为了应用。合宜的情境用来安身立命，是为了崇尚美德。超过这些再推求，就没有办法知道了。能够穷尽神妙的道理并懂得它的变化，就呈现出美盛的德容德貌了。

唯天下至圣，为能聪明睿知，足以有临也。宽裕温柔，足以有容也。发强刚毅，足以有执也。齐庄中正，足以有敬也。文理密察，足以有别也。溥（pǔ）博，渊泉，而时出之。溥博如天，渊泉如渊。见而民莫不敬，言而民莫不信，行而民莫不说。是以声名洋溢乎中国，施及蛮貊。舟车所至，人力所通，天之所覆，地之所载，日月所照，霜露所队，凡有血气者莫不尊亲。故曰"配天"。

只有天下最崇高的圣人，才能做到聪慧贤明、通达睿智，足以君临天下。宽宏大量，温和柔顺，足以包容一切。奋发勇健，刚强坚毅，足以掌控大事。威严庄重，忠诚正直，足以恭敬待人。条理清晰，详辨明察，足以辨别一切。广博深厚如源泉，随时都能喷涌而出。广博如天，深厚如渊。民众见到他没有不尊敬的，说的话民众没有不信服的，做什么民众没有不高兴的。这样声名洋溢在中国，传播到边远地区。凡是车船行驶到的地方，人力所通行的地方，天所覆盖的地方，地所承载的地方，日月所照耀的地方，霜露所降落的地方，凡是有血气的生命没有不加尊敬亲近的。因此上说圣人"配天"。

唯天下至圣，至诚至性，恩泽四海，德配天地，比如唐尧。《论语》子曰："大哉！尧之为君也！巍巍乎，唯天为大，唯尧则之。荡荡乎，民无能名焉。巍巍乎其有成功也，焕乎其有文章！"伟大啊！尧这样的君主！多么崇高啊，只有尧能够效法最伟大的天。多么浩瀚啊，他的恩德百姓们没法形容。他的丰功伟绩令人敬仰，他的典章制度辉煌灿烂！

唯天下至诚，方能经纶天下之大经，立天下之大本，知天地之化育。夫焉有所倚？肫（zhūn）肫其仁，渊渊其渊，浩浩其天。

苟不固聪明圣知达天德者，其孰能知之？

只有天下最崇高的至诚之人，才能治理天下人伦纲常，建立天下根本基业，知晓天地化育之道。那他又依靠什么呢？仁心纯厚，诚恳无比，广博如天。如果不是固有聪慧贤明、神圣睿智，达到天德之境，谁能够懂得天下至诚呢？

这便是至诚至性之圣人吧，或谓上智。"诚者，天之道也。诚之者，人之道也。诚者，不勉而中不思而得，从容中道，圣人也。诚之者，择善而固执之者也。"唐尧虞舜、周文王和孔子能够做到参透天地人伦，达到天人合一的境界，成就至真至善至美之圣人。

下面开启引用《诗经》模式，字里行间隐喻着至诚至圣、抱诚守真的中庸之道。

诗曰"衣锦尚䌹（jiǒng）"，恶其文之著也。故君子之道，暗然而日章。小人之道，的然而日亡。君子之道，淡而不厌，简而文，温而理，知远之近，知风之自，知微之显，可与入德矣。

《诗经》上说"内穿锦缎，外罩麻衣"，这是厌恶文采显露。所以君子之道，深藏不露却日益彰明。小人之道，显露无遗而日益消亡。君子之道，平淡却从不厌倦，简朴而有文采，温和而有条理，知道行远自近始，知道风自何处来，知道细微之处见真章，这样就可以进入大德的境界了。

"衣锦尚䌹"出自《诗经·卫风·硕人》。这是赞美齐庄公的女儿、卫庄公的夫人庄姜的诗。至诚君子仁德纯厚，不张扬自会熠熠发光，愈久愈光辉灿烂。小人担心别人不知道，极尽显摆之能事，往往长不了。至诚君子平平淡淡，温良恭俭让，致中和，韵味悠长，愈久弥坚。

君子知道"行远必自迩，登高必自卑"，知道自然其所以然，知道人之所以为人，知道格物致知、知微见著，逐渐进入大德大美之化境。

诗云："潜虽伏矣，亦孔之昭。"故君子内省不疚，无恶于志。君子之所不可及者，其唯人之所不见乎。

《诗经》上说："潜伏虽然深，亦有见孔明。"所以，君子自我反省没有愧疚，也没有坏想法存于心志之中。君子的德行之所以不能被赶上，就是在这些不被人看见的地方见真章吧。

这句诗出自《诗经·小雅·正月》。"鱼在于沼，亦匪克乐。潜虽伏矣，亦孔之炤。忧心惨惨，念国之为虐！"《正月》是首政治怨刺诗，作于西周将亡之时，怨刺的对象是周幽王。该诗的意思是："鱼儿生活在池沼，并非悠闲乐逍遥。即使深藏不敢动，水清照样看得到。忧思满怀愁不已，想那朝政太残暴。"脱离本句诗，译作"潜伏虽然深，亦有见孔明"，也是讲得通的。至诚君子就是在独处的时候，也是至诚至性的，自我反省从来没有愧疚，心里也从来没有坏想法。至诚君子时时刻刻处在至圣的境界之中，里仁为美，世人看不到他的玄妙神奇之处。《论语》载，子曰："二三子以我为隐乎？吾无隐乎尔！吾无行而不与二三子者，是丘也。"意思是："你们几个以为我对你们有所隐瞒吗？我对你们没有丝毫隐瞒！我的一切作为都呈现在你们面前，这就是我孔丘啊。"

诗云："相在尔室，尚不愧于屋漏。"故君子不动而敬，不言而信。

《诗经》上说："看你独自在室内，也要无愧于神明。"所以，君子不作为也能够自敬，从而令人尊敬；不说话也能够自诚，从而令人信服。

这句诗出自《诗经·小雅·正月》。"视尔友君子，辑柔尔颜，不遐有愆。相在尔室，尚不愧于屋漏。无曰不显，莫予云觏。神之格思，不可度思，矧可射思！"该诗的意思是："看你招待贵族们，和颜悦色笑盈盈，小心过失莫发生。看你独自处室内，也要无愧于神明。休道'室内光线暗，没人能把我看清'。神明来去难预测，不知何时忽降临，怎可厌倦自遭惩。"古代室内西北隅施设小帐，安藏神主，为人所不见的地方称作"屋漏"。此诗作者卫武公是周朝的元老，经历了厉王、宣王、幽王、平王四朝。厉王流放，宣王中兴，幽王覆灭，他都是目击者。平王在位时，他已八九十岁，看到自己扶持的平王品行败坏，政治昏暗，不禁忧愤不已，写下了这首诗。

《论语》载，曾子曰："吾日三省：吾身为人谋而不忠乎？与朋友交而不信乎？传不习乎？"至诚君子不欺暗室，就是独处的时候也不自欺欺人，内省不疚，无恶于志，所以不动而敬、不言而信。

诗曰："奏假无言，时靡有争。"是故君子不赏而民劝，不怒而民威于铁钺（fū yuè）。

《诗经》上说："默默无声地祈祷，现在不再有纷争。"所以君子不加赏赐老百姓也会努力，不用发怒老百姓也会像看到斧钺一样畏惧。

这句引自《诗经·商颂·烈祖》。《烈祖》是殷商后裔宋国祭祀始祖成汤的诗。"众人祷告不出声，没有争执很庄重。赞美伟大的先祖，恩泽后世，赐我平安康宁，赐我五谷丰登。"至诚君子聪明睿智，宽裕温柔，发强刚毅，齐庄中正，文理密察，见而民莫不敬，言而民莫不信，行而民莫不说，不赏而民劝，不怒而民威。

诗曰:"不显惟德,百辟其刑之。"是故君子笃恭而天下平。

《诗经》上说:"先祖英明靠美德,诸侯百官效法他。"所以君子笃实恭敬而后天下太平。

这句诗出自《诗经·周颂·烈文》。这是一篇诸侯助祭时,周成王姬诵或者是周公姬旦安抚与约束诸侯的诗文。武王伐纣助战的诸侯都受到了分封,同时也享有周王室祭祀先王时助祭的政治待遇。诸侯要以圣君天子周文王为榜样,正心诚意涵养大美德性,参天地人之大道行,至诚笃实恭敬为人处世,则可以国治而天下太平。

诗云:"予怀明德,不大声以色。"子曰:"声色之于以化民,末也。"

《诗经》上说:"我怀光明美德,不用厉声厉色。"孔子说:"用厉声厉色教化老百姓,是最笨的方法。"

这句诗出自《诗经·大雅·皇矣》。《皇矣》是歌颂太王、王季和文王,特别是文王丰功伟绩的诗篇。原句是:"帝谓文王:予怀明德,不大声以色,不长夏以革。不识不知,顺帝之则。帝谓文王:询尔仇方,同尔弟兄。以尔钩援,与尔临冲,以伐崇墉。"天帝告知周文王:"你怀美德我欣赏,不要厉言厉色装摸样,莫将刑具兵革来依仗。你要不声又不响,天帝意旨莫相忘。"天帝还对文王讲:"要与盟国来商量,联合同姓兄弟邦。用你那爬城钩援,和你那攻城车辆,攻破崇国的城墙。"诗句用在这里,是说要用光明正大的美德感召百姓、化育四方,不见而章,不动而变,无为而成,行乎中庸才是圣人之道。

诗曰:"德輶(yóu)如毛。"毛犹有伦。"上天之载,无声无臭。"至矣。

《诗经》上说:"德行轻如羽毛。"轻如羽毛还是有物可比拟。"上天承载化育万物,没有声音也没有气味。"这才是最高的境界。

"德辅如毛"出自《诗经·大雅·烝民》:"人亦有言,德辅如毛,民鲜克举之。我仪图之,维仲山甫举之。爱莫助之。衮职有阙,维仲山甫补之。"意思是:"有句老话这样讲,德行如同毛羽轻,很少有人能高举。我细揣摩又核计,唯有仲山甫能之,别人爱他难相助。天子龙袍有破缺,唯有仲山甫能弥补。"

"上天之载,无声无臭"出自《诗经·大雅·文王》:"命之不易,无遏尔躬。宣昭义问,有虞殷自天。上天之载,无声无臭。仪刑文王,万邦作孚。"意思是:"天命不易是常理,切勿自绝于天道。传播显扬好名声,依据天意慎恭虔。上天所载不可量,无声无臭静且常。效法文王好榜样,永服天下信万邦。"

"大方无隅,大器晚成,大音希声,大象无形,道隐无名。夫唯道,善贷且成。"最方正的东西,反而没有棱角;最大的器具,非人能够完成;最大的声响,反而无声无息;最大的形象,反而没有形状。道幽隐而没有名称,无名无声。只有道使万物善始善终,而万物自始至终也离不开道。其实,老子和孔子的思想最终是归一的,至诚至性、至真至善至美也矣!

舍我其谁

《孟子》学思录

前　言

春秋战国乱纷纷，礼崩乐坏，战乱不断。

孔子祖述尧舜，宪章文武，奔走呼号，挽狂澜于既倒，人文教化，集道德以大成，被尊奉为"天之木铎"。后世评价孔子曰："天不生仲尼，万古如长夜。""立言不朽，垂教无疆，昭然令德，伟哉素王。"

公元前479年4月11日，孔子卒。约公元前372年，孟子生。时代从春秋进入战国。各路诸侯合纵连横，致力于攻伐谋略，把能攻善伐视为贤能。"天下之言，不归杨，则归墨。"儒家思想受到强烈的冲击。

"予未得为孔子徒也，予私淑诸人也。"孟子虽然不是孔门嫡传弟子，但从诸人那里习得孔子道德学问，悟得精髓要义，继承孔子道统，中道而立，推行仁政，舌战九流十派。

公都子曾问孟子："外人皆称夫子好辩，敢问何也？"孟子答曰："予岂好辩哉？予不得已也。"眼看朱墨猖狂，农家嚣张，孟子何以坐以待毙？

"杨朱利己，是无君也。墨子兼爱，是无父也。无君无父，是禽兽也。"

贤者与民并耕而食？"劳心者治人，劳力者治于人。""禹八年于外，三过其门而不入，虽欲耕，得乎？""'劳之来之，匡之直之，辅之翼之，使自得之，又从而振德之。'圣人之忧民如此，而暇耕乎？""尧舜之治天下，岂无所用其心哉？亦不用于耕耳。"

孟子因"不得已"而"好辩"。一是源自对孔子仁义道德思想强烈的文化自信。二是辩术精湛，辩论中大量运用讽刺、比喻和排比等修辞手法，迂回进逼归谬，使得对手毫无还手之力。三是具有浩然正气和大无畏的英雄气概，气势磅礴，感情激越，锐不可当。"说大人，则藐之，勿视其巍巍然！"仁者无敌，舍我其谁！

孟子无疑是孔子衣钵的传承者。没有谁比孟子更懂孔子的了。"孔子，圣之时者也。孔子之谓集大成。集大成也者，金声而玉振之也。""圣人之于民，亦类也。出于其类，拔乎其萃，自生民以来，未有盛于孔子也。""夫子著春秋，乱臣贼子惧。"

孟子更是孔子思想的阐发者，包括阐发《大学》和《中庸》的思想。《孟子》中大量引用了孔子语录并阐发之。如将"始作俑者"阐发为"率兽食人"；将"仁者爱人"阐发为"仁者无敌"；"君子远庖厨"源自"俎豆之事，则尝闻之矣。军旅之事，未之学也"；"老吾老以及人之老，幼吾幼以及人之幼"源自亲亲尊尊"泛爱众"；"有如时雨化之者，有成德者，有达财者，有答问者，有私淑艾者"源自因材施教；等等。还有"如欲平治天下，当今之世，舍我其谁也！""行有不得者，皆反求诸己""得天下英才而教育之"，比比皆是。

孟子无疑是孔子思想的发展者。他将仁学与民生相结合，高扬民本主义的大旗，确立士人的独立人格，首倡心性之学等。如："民之为道也，有恒产者有恒心，无恒产者无恒心。""得其民有道，得其心，斯得民矣。得其心有道，所欲与之聚之，所恶勿施，尔也。""民为贵，社稷次之，君为轻。"

孟子的伦理道德哲学，有自己明确的立论基础，或者说第一命题。他说："人皆有不忍人之心。""所以谓人皆有不忍人之心者，今人乍见孺子将入于井，皆有怵惕恻隐之心。非所以内交于孺子之父母也，非所以要誉于乡党朋友也，非恶其声而然也。"人皆有不忍人之心——

怵惕恻隐之心，便是孟子为其伦理道德哲学找到的不证自明的第一命题。由此展开，他将怵惕恻隐之心与其他"三心"并列，曰："由是观之，无恻隐之心，非人也；无羞恶之心，非人也；无辞让之心，非人也；无是非之心，非人也。恻隐之心，仁之端也。羞恶之心，义之端也。辞让之心，礼之端也。是非之心，智之端也。人之有是四端也，犹其有四体也。"我在《论语》学思录和本学思录中谈了自己的见解。凡为母亲皆有不忍之心，凡为高级动物常有护幼之情。虎毒不食子，倒是无毒不丈夫。人皆有羞耻之心，而羞耻之心却是动物所没有的。人知羞耻而后真诚向善，止于至善。人性是由先天禀性和后天习性共同组成的，经人文化育而生成的灵性。人的本质属性是社会人、文化人。

梁惠王章句上

一、梁惠王言利

孟子见梁惠王。王曰:"叟!不远千里而来,亦将有以利吾国乎?"

孟子对曰:"王何必曰利?亦有仁义而已矣。王曰'何以利吾国?'大夫曰'何以利吾家?'士庶人曰'何以利吾身?'上下交征利而国危矣。万乘之国,弑其君者,必千乘之家;千乘之国,弑其君者,必百乘之家。万取千焉,千取百焉,不为不多矣。苟为后义而先利,不夺不餍。未有仁而遗其亲者也,未有义而后其君者也。王亦曰仁义而已矣,何必曰利?"

孟子见梁惠王。梁惠王说:"老叟!你不远千里来见我,一定是有利于我国的高见吧?"

孟子回答说:"大王何必言利呢?只要有仁义就行了。大王说'怎样对我国有利?'大夫说'怎样对我家有利?'一般人士人和老百姓说'怎样对我自己有利?'结果是从上到下争夺利益,国家就危险了。拥有万乘兵车的国家,杀害国君的,一定是拥有千乘兵车的大夫;拥有千乘兵车的国家,杀害国君的,一定是拥有百乘兵车的大夫。在拥有万乘兵车的国家里拥有千乘兵车,在拥有千乘兵车的国家里拥有百乘兵车,这些大夫拥有的兵车够多了。可是如果把义放在后面把利放在前面，他们不夺取国君的地位是永远不会满足的。从来没有仁者抛弃父母，从来没有义者会不顾自己君主的。大王只讲仁义就好了，何必言利呢？"

梁惠王接见了孟子，倒也客气地称孟子为老叟，不过上来就问利，看来是个小人。《论语》载，子曰："君子喻于义，小人喻于利。"但孟子不像孔子那样恭敬君王，他秉持"说大人，则藐之，勿视其巍巍然"的浩然正气，不咸不淡地说道："何必言利呢？说说仁义就行了。"梁惠王不以为然。孟子继续说："从来没有仁者抛弃父母的，从来没有义者会不顾自己君主的。"孟子看梁惠王没反应，只好心下念念——不仁不义，谈利必亡！

梁惠王，又称魏惠王，魏国第三任国君。"东败于齐，西丧秦地七百余里，南辱于楚"后，魏国开始衰落，梁惠王死于公元前319年。

二、与民同乐

孟子见梁惠王。王立于沼上，顾鸿雁麋鹿，曰："贤者亦乐此乎？"

孟子对曰："贤者而后乐此，不贤者虽有此，不乐也。《诗》云：'经始灵台，经之营之，庶民攻之，不日成之。经始勿亟，庶民子来。王在灵囿，麀（yōu）鹿攸伏，麀鹿濯濯，白鸟鹤（hè）鹤。王在灵沼，於牣鱼跃。'文王以民力为台为沼，而民欢乐之，谓其台曰灵台，谓其沼曰灵沼，乐其有麋鹿鱼鳖。古之人与民偕乐，故能乐也。《汤誓》曰：'时日害丧，予及女偕亡。'民欲与之偕亡，虽有台池鸟兽，岂能独乐哉？"

孟子见梁惠王。梁惠王站在池塘边上，观赏着鸿雁麋鹿，问道:"面对此情此景,贤者也会感到快乐吧?"

孟子答道:"贤者经历一些事后,才会感受到其中的快乐,不贤的人纵然拥有这些美景,也不会感受到真正快乐的。《诗经》上说:'文王规划筑灵台,方方面面细安排,百姓踊跃来建造,灵台很快就建好。文王劝说不要急,百姓干活更积极。文王巡游到灵囿,母鹿自在乐悠悠。母鹿肥美光泽好,白鸟熠熠振羽毛。文王巡游到灵沼,鱼儿满池喜跳跃。'文王依靠民力造起了高台深池,而且民众非常高兴,把他的台子叫作灵台,把他的池沼叫作灵沼,为园中麋鹿鱼鳖而高兴。古之贤君与民同乐,所以能享受到真正的快乐。《汤誓》上说:'你这个恶毒的太阳,什么时候灭亡?我们要跟你同归于尽!'老百姓要跟他同归于尽,纵然拥有台池鸟兽,难道他还能独自享乐吗?"

梁惠王表面上尊重孟子,其实心中不以为然,依然高高在上的样子:贤者也好此情此景吗?孟子回答说,好像有仁德的人才能体会到真正的快乐,没有仁德的人即使拥有这一切,也没法体会其中真正的快乐。言下之意:您是有德行的人吗?

周文王笃仁,敬老,慈少,礼下贤者。治岐期间,周文王对内奉行德治,倡导"怀保小民"的治国理念,划分田地,让农民助耕公田,纳九分之一的税;商人往来不收关税;犯罪的妻子不连坐;等等。周文王生活勤俭,能够与民同乐,穿普通人的衣服,还到田间劳动,兢兢业业治理周国,受到老百姓的拥戴。

古代贤德君王为政以德,慈悲为怀,因众乐所以能感受到真正的快乐。相反,商纣王暴虐淫侈,"上诟天侮鬼,下殃傲天下之万民,播弃黎老,贼诛孩子,楚毒无罪,刳剔孕妇,庶旧鳏寡",十恶不赦,自喻为太阳，老百姓要与他同归于尽，他还怎能独乐？

三、五十步笑百步

梁惠王曰："寡人之于国也，尽心焉耳矣。河内凶，则移其民于河东，移其粟于河内。河东凶亦然。察邻国之政，无如寡人之用心者。邻国之民不加少，寡人之民不加多，何也？"

梁惠王说："我对于国家，总算尽了心了。河内遇到饥荒，就把那里的老百姓迁移到河东去，把河东的粮食转移到河内。河东遇到饥荒也是这样做。看看邻国的治理，没有像我这样用心的。邻国的百姓不见减少，我的百姓不见增多，这是怎么回事呢？"

提这样的问题，梁惠王也算是用心了，他知道"庶之"是国家富强的前提，但他想不明白他用心做事了，为什么人口不见增多呢。

孟子对曰："王好战，请以战喻。填然鼓之，兵刃既接，弃甲曳兵而走。或百步而后止，或五十步而后止。以五十步笑百步，则何如？"

曰："不可。直不百步耳，是亦走也。"

孟子回答说："大王喜欢打仗，让我用战争做比喻吧。咚咚地敲响战鼓，两军开始交战，战败的扔掉盔甲拖着武器逃跑。有的人逃了一百步停下来，有的人逃了五十步停下来。跑了五十步的人耻笑跑了一百步的人，那怎么样呢？"

梁惠王说："不行。只不过没有跑上一百步罢了，那也是逃跑啊。"

孟子用梁惠王喜欢的事情举例，形象生动又循循善诱，是想让他明白什么是根本。结果不出孟子所料，梁惠王抓了芝麻丢了西瓜，只认识到五十步和一百步都是逃跑，却没有深入思考为什么逃跑。孟子继续讲道理。

曰："王如知此，则无望民之多于邻国也。不违农时，谷不可胜食也；数罟（gǔ）不入洿池，鱼鳖不可胜食也；斧斤以时入山林，材木不可胜用也。谷与鱼鳖不可胜食，材木不可胜用，是使民养生丧死无憾也。养生丧死无憾，王道之始也。五亩之宅，树之以桑，五十者可以衣帛矣。鸡豚狗彘（zhì）之畜，无失其时，七十者可以食肉矣。百亩之田，勿夺其时，数口之家可以无饥矣。谨庠序之教，申之以孝悌之义，颁白者不负戴于道路矣。七十者衣帛食肉，黎民不饥不寒，然而不王者，未之有也。狗彘食人食而不知检，涂有饿莩而不知发；人死，则曰：'非我也，岁也。'是何异于刺人而杀之，曰：'非我也，兵也。'王无罪岁，斯天下之民至焉。"

孟子说："大王如果是这样认识的，就不要指望自己的百姓比邻国多了。不耽误农时，谷物就会吃不完；密网不下到池塘里，鱼鳖就会吃不完；按季节入山伐木，木材就会用不完。谷物和鱼鳖吃不完，木材用不完，这就使老百姓对养生送死没有什么遗憾了。让老百姓对养生送死没有什么遗憾，这是实行王道的开端。五亩大的宅田上，栽上桑树，五十岁的人就可以穿丝织的衣服了。鸡鸭猪狗等牲畜，按时令繁殖饲养，七十岁的人就可以有肉吃了。百亩大的田地里，不误农时播种耕耘，数口之家就不会闹灾荒了。注重乡校的教育，强调孝敬长辈的道理，须发花白的老人就不会肩挑头顶出现在路上了。七十岁的人穿丝绸吃肉食，老百姓不再饥寒交迫，做到了这些不能称王于天下的，是不会有的。猪狗吃的是人吃的食物不知道设法制止，路上出现饿死的人不知道赈济灾民；人死了，却说：'与我无关，是年岁不好。'这和拿把长矛把人刺杀了，反而说'与我无干，是武器杀的'又有什么不同呢？大王不要再归罪荒年了，按上面说的做，普天下的百姓便会投奔您这儿来。"

绕了一大圈，问题还得回到开头。"遇到凶年，我尽心竭力做了，邻国看着不如我用心，但结果却差不多，那是为什么呢？"孟子告诉他，就是差不多，也是五十步笑百步、乌鸦笑黑猪而已，本质一样。仁政才是根本，不要再归罪荒年了。如果实行仁政，粮食鱼鳖吃不完，锦衣绸缎穿不尽，与外侵之敌作战士兵还会逃跑吗？遇到荒年又怕什么呢？但是问题又来了，为什么不施行仁政呢？孟子还是给梁惠王留了面子。

四、率兽食人

梁惠王曰："寡人愿安承教。"

梁惠王说："我很乐意听听您的指教。"

梁惠王的态度有所改变，尽管有点自以为是，但梁惠王还不至于是固执己见的人。下面，孟子步步诱导，看看会导出什么结论。

孟子对曰："杀人以梃与刃，有以异乎？"
曰："无以异也。"
"以刃与政，有以异乎？"
曰："无以异也。"

孟子回答说:"用木棒打死人和用刀子杀死人,有什么不同吗?"

梁惠王说:"没有什么不同。"

孟子又问:"用刀子杀死人和用政治手腕害死人,有什么不同吗?"

梁惠王说:"没有什么不同。"

用刀子杀死人和用政治手腕害死人没有什么不同。铺垫好了,孟子直指要害。

曰:"庖有肥肉,厩有肥马,民有饥色,野有饿莩,此率兽而食人也。兽相食,且人恶之,为民父母,行政,不免于率兽而食人,恶在其为民父母也?仲尼曰:'始作俑者,其无后乎!'为其象人而用之也。如之何其使斯民饥而死也?"

孟子说:"厨房里有肥肉,马厩里有肥马,可是老百姓面带饥色,野外还有饿死的人,这等于是率领着野兽来吃人啊!野兽自相残杀,人尚且厌恶它,作为老百姓的父母官,治理政事,不能避免率兽食人的事情发生,那他又怎么能够成为老百姓的父母官呢?孔子说过:'最初采用陶俑木偶陪葬的人,恐怕该断子绝孙吧!'这不过是因为陶俑木偶太像活人用来殉葬罢了。照此看来,父母官让他的百姓饿死,这怎么说呢?"

梁惠王听到这儿,会是什么感受呢?如果他还知羞耻的话,应该冒冷汗了。

尽管是私淑诸子,孟子还是得到了孔子的真传。但孟子的做派真的和孔子不一样,孔子是温良恭俭让,他是"说大人,则藐之,勿视其巍巍然",舍我其谁。你是率兽食人,"始作俑者,其无后乎!"

孟子就差直接扇梁惠王的耳光了。

五、仁者无敌

梁惠王曰:"晋国,天下莫强焉,叟之所知也。及寡人之身,东败于齐,长子死焉;西丧地于秦七百里;南辱于楚。寡人耻之,愿比死者壹洒之,如之何则可?"

梁惠王说:"魏国,曾一度在天下称强,这是老先生您所知道的。可是到了我这一代,东边被齐国打败,我的大儿子战死了;西边被秦国夺去七百里土地;南边又受楚国的欺侮。我为这些事感到羞辱,希望替全体死难者报仇雪恨,应该怎么做才好呢?"

晋国,这里指魏国。一说韩、赵、魏三国瓜分晋国,魏国最为强大,所以用晋国指代魏国。梁惠王的意思是先王瓜分晋国时,魏国最强大,到了他这一代,不行了。梁惠王还算坦诚,知耻而后勇。不过他是以打不过人家为耻,而不是以不实行仁政为耻。

孟子对曰:"地方百里而可以王。王如施仁政于民,省刑罚,薄税敛,深耕易耨;壮者以暇日修其孝悌忠信,入以事其父兄,出以事其长上,可使制梃以挞秦楚之坚甲利兵矣。彼夺其民时,使不得耕耨以养其父母。父母冻饿,兄弟妻子离散。彼陷溺其民,王往而征之,夫谁与王敌?故曰:'仁者无敌。'王请勿疑!"

孟子回答说:"只要拥有百里土地就可以王天下。大王如果对老百姓施行仁政,就应减免刑罚,少收赋税,督促人们深耕细作,及时除草。让身强力壮的青壮年在空闲时间修养孝悌忠信,在家侍奉父母兄长,出门尊敬长辈上级,这样即使让他们拿着木棒也足以打败秦楚的坚甲利兵。秦国和楚国剥夺了老百姓的生产时间，使他们不能够深耕细作来养活自己的父母。父母受冻挨饿，兄弟妻子离散。秦国和楚国让老百姓陷入深渊之中，大王去征伐他们，有谁来和大王为敌呢？所以说：'施行仁政无敌于天下。'大王请不要再犹豫了！"

梁惠王肯定没有好好读过《论语》，知耻而后勇是对的，但没有反求诸己、内省自讼，实施仁政。国君好仁，天下就没有敌人了。想当年商汤王施仁政于民，讨伐夏桀，向南征北边的狄族便埋怨他，向东征西边的夷族便埋怨他，说："为什么把我们放在后边呢？"周武王敬天保民，征伐殷商，只出动兵车三百辆，勇士三千人。周武王说："不用害怕，我是来拯救你们的，不是来与百姓为敌的。"百姓叩头声如山崩。所以说，仁者无敌。大王你自己好好想想吧。

孟子知道，给梁惠王讲圣人之言，估计效果不好。子曰："中人以下，不可以语上也。"直接告诉他怎么做好了，不外乎"使民以劝""用民以时""孝悌恭敬"的道理。老百姓生活无忧，亲亲有爱，恭敬知礼的生活谁不珍惜呀，你不让我过好日子，我不跟你拼命才怪，即使拿着木棒也足以打败秦楚这种装备精良的军队了。这里孟子阐发了孔子思想，"壮者以暇日修其孝悌忠信"，阐述自《论语》子曰"弟子入则孝，出则弟，谨而信，泛爱众，而亲仁。行有余力，则以学文"。

六、沛然雨下

孟子见梁襄王。出，语人曰："望之不似人君，就之而不见所畏焉。卒然问曰：'天下恶乎定？'吾对曰：'定于一。''孰能一之？'对曰：'不嗜杀人者能一之。''孰能与之？'对曰：'天下莫不与也。王知夫苗乎？七八月之间旱，则苗槁矣。天油然作云，沛然下雨，则苗浡然兴之矣。其如是，孰能御之？今夫天下之人牧，未有不嗜杀人者也。如有不嗜杀人者，则天下之民皆引领而望之矣。诚如是也，民归之，由水之就下，沛然谁能御之？'"

孟子见梁襄王，出来后对人说："襄王看上去不像国君，到了他跟前也感受不到他的威严。他突然问我：'怎样才能使天下安定？'我回答说：'天下统一才会安定。'他又问：'谁能统一天下呢？'我又答：'不喜欢杀人的国君能统一天下。'他又问：'谁会归顺不喜欢杀人的国君呢？'"我又答：'天下的人没有不愿意跟随他的。大王知道禾苗生长的规律吗？当七八月间天旱的时候，禾苗就要枯萎了。天上突然乌云密布，哗啦啦下起大雨来，禾苗便又会蓬勃生长起来。要是像这样，谁又能阻挡它生长呢？如今各国的国君，没有一个不喜欢杀人的。如果有一个不喜欢杀人的国君，那么天下的老百姓都会伸长脖子，期待着他来解救自己。就是这样的，老百姓归服他，就像水向下奔流一样，哗啦啦谁能阻挡得了？'"

梁襄王，梁惠王的儿子，名嗣，公元前318~公元前296年在位。

孟子见了梁襄王，感到梁襄王不像一位道德君子，有点德不配位。子曰："君子有三变。望之俨然，即之也温，听其言也厉。"梁襄王一变都不沾，竟然会问"谁会归顺不喜欢杀人的国君呢？"孟子继续对人讲道："谁不喜欢呢，傻呀？笨蛋！我只好给他打比方讲故事了，'天油然作云，沛然下雨，则苗浡然兴之矣。'"梁惠王能不能听得懂其中的道义，咱就管不了了。

其实，梁襄王有点装傻的味道。他做了12年国君，在秦国的威逼利诱下尚能保国，已经很不错了。

在这段对话里，孟子提出一个观点：天下统一，才能国泰民安。

七、君子远庖厨

齐宣王问曰:"齐桓、晋文之事,可得闻乎?"

齐宣王问道:"齐桓公和晋文公的事,您可以讲给我听听吗?"

孟子到魏国的第二年,梁惠王就去世了,他的儿子梁襄王嗣位。孟子见到梁襄王,对他的印象很不好,说他不像个国君。此时齐威王已死,齐宣王嗣位。孟子便离开魏国到了齐国。

齐宣王算不上是个明君,但他光大了齐桓公始创的稷下学宫,可以说是成就百家争鸣的最重要的人物之一。不过,"滥竽充数"的故事也发生在他身上。孟子曾住稷下多年,就像当年孔子试图寻找辅佐明君一样,孟子也曾努力过。

春秋五霸之首是齐桓公,第二是晋文公,两人以"齐桓晋文"并称。齐宣王想在孟子那里求证一下齐桓、晋公之事。此时诸侯国正致力于合纵连横的攻伐谋略,把能攻善伐看作贤能,所以齐宣王有此想法也不为过。

当年卫灵公问陈于孔子,孔子对曰:"俎豆之事,则尝闻之矣。军旅之事,未之学也。"明日遂行。孔子反对用战争的方式解决国与国之间的争端,主张以德治国、礼让为国,所以他以没学过为由拒绝回答卫灵公,并于次日离开了卫国。孟子当然也是反对战争的,看孟子怎么说。

孟子对曰:"仲尼之徒无道桓文之事者,是以后世无传焉,臣未之闻也。无以,则王乎?"

孟子回答说:"仲尼的弟子不谈论齐桓公和晋文公的事,所以后世就没有传下来他们的事迹，臣我也就没有听说过。因此无可奉告，我们就说说王道好吧？"

卫灵公问孔子排兵布阵之事，孔子说没学过，拒绝回答他。孟子说孔子的门徒不谈论齐桓晋文，因此以没有听说过为由，拒绝回答齐宣王，却把话题引到了王道上来。

曰："德何如则可以王矣？"
曰："保民而王，莫之能御也。"
曰："若寡人者，可以保民乎哉？"
曰："可。"
曰："何由知吾可也？"

齐宣王说："有怎样的德行就可以称王天下呢？"
孟子说："保民就可以王天下，没有谁能够阻挡得了。"
齐宣王说："像我这样的人能够保民吗？"
孟子说："可以。"
齐宣王说："您凭借什么知道我可以呢？"

这个问题还不错。齐宣王知道，称王天下，需要有相应的德行才可以。看来，齐宣王有时候是装傻。

当年周文王提倡"怀保小民"，周武王提倡"敬天保民"，奉行德治，从而得民心以得天下。儒家是推崇圣人治世的。齐宣王如果能够崇德怀仁，推行仁政，保民治世，那很好。孟子求之不得，并且极力想激发齐宣王的仁慈之心。

曰："臣闻之胡龁（hé）曰，王坐于堂上，有牵牛而过堂下者，王见之，曰：'牛何之？'对曰：'将以衅钟。'王曰：'舍之！吾不忍其觳觫（hú sù），若无罪而就死地。'对曰：'然则废衅钟与？'曰：'何可废也？以羊易之。'不识有诸？"曰："有之。"

孟子说："我听胡龁说，大王坐在大殿上，有人牵着牛从殿下经过。大王看到了，便问：'牵牛干啥去？'牵牛的人回答：'准备杀了取血祭钟。'大王您说：'放了它吧！我不忍心看到它害怕发抖的样子，就像没有罪却被处以死刑一样。'牵牛的人问：'那就不祭钟了吗？'您说：'怎么可以不祭钟呢？用羊来代替牛吧。'不知道有没有这回事？"大王说："是有这回事。"

进入故事情节了，还是发生在自己身上的事，齐宣王自然感兴趣。孟子继承孔子之教，循循善诱。

曰："是心足以王矣。百姓皆以王为爱也，臣固知王之不忍也。"

王曰："然，诚有百姓者。齐国虽褊小，吾何爱一牛？即不忍其觳觫，若无罪而就死地，故以羊易之也。"

曰："王无异于百姓之以王为爱也。以小易大，彼恶知之？王若隐其无罪而就死地，则牛羊何择焉？"

王笑曰："是诚何心哉？我非爱其财而易之以羊也。宜乎百姓之谓我爱也。"

曰："无伤也，是乃仁术也，见牛未见羊也。君子之于禽兽也，见其生，不忍见其死；闻其声，不忍食其肉。是以君子远庖厨也。"

孟子说："有这样的心就足以称王天下了。老百姓都认为大王爱惜牛，我却认为大王是有不忍之心。"

齐宣王说："是的，确实有老百姓这样认为。我们齐国虽然不大，但我怎么会吝啬到舍不得一头牛呢？实在是不忍心看到它害怕发抖的样子，就像无罪却被判处死刑一样，所以用羊来代替它。"

孟子说："大王也不要责怪老百姓认为您吝啬。他们只看到您用小的羊去代替大的牛，哪里知道其中的深意呢？大王如果可怜它毫无罪过却被宰杀，那牛和羊又有什么区别呢？"

齐宣王笑着说："是啊，真不知道这是什么心理在起作用。我的确不是因为吝啬钱财才用羊去代替牛的，老百姓这样认为，的确也有他们的道理啊。"

孟子说："没关系，这正是表现仁爱的一种方法。因为您当时亲眼见到了牛而没有见到羊。君子对于飞禽走兽，看到它们活着，便不忍心见到它们死去；听到它们哀鸣，便不忍心吃它们的肉。所以，君子总是远离厨房的。"

孟子小心翼翼地保护着齐宣王的恻隐不忍之心，试图激发齐宣王施行仁政。"恻隐之心，仁之端也。"君子远庖厨，就是君子远离战争，施行仁政。孟子引导着齐宣王一步步向下走。

下面继续诱导。

八、明察秋毫

王说曰："《诗》云：'他人有心，予忖度之。'夫子之谓也。夫我乃行之，反而求之，不得吾心。夫子言之，于我心有戚戚焉。此心之所以合于王者，何也？"

曰："有复于王者曰：'吾力足以举百钧，而不足以举一羽；明足以察秋毫之末，而不见舆薪。'则王许之乎？"曰："否。"

齐宣王听后高兴地说："《诗经》上说：'别人啥心思，我能揣测出。'这就是说的先生您吧。我自己这样做了，想想为什么这样做，却说不出个所以然来。倒是先生您这么一说，我便豁然开朗了。但您说的'恻隐之心'与'保民而王'相合，又怎么理解呢？"

孟子说："如果有人来向大王报告说：'我能够力举千斤，却拿不起一根羽毛；能够明察秋毫，却看不见一车柴草。'大王您会相信他的话吗？"齐宣王说："当然不会。"

齐宣王比梁惠王强，读过《诗经》。孟子肯定他有"恻隐之心"，齐宣王很是受用，但还是不明白"恻隐之心"与"保民而王"之间的因果关系。孟子用"力举千斤"和"明察秋毫"继续诱导齐宣王。眼看铺垫得差不多了，关键的话该讲出来了。

"今恩足以及禽兽，而功不至于百姓者，独何与？然则一羽之不举，为不用力焉；舆薪之不见，为不用明焉；百姓之不见保，为不用恩焉。故王之不王，不为也，非不能也。"

"如今大王的恩惠能够施及禽兽，却偏偏不能够施及老百姓，这是什么原因呢？这样看来，一根羽毛拿不起，是不愿意用力气；一车柴草看不见，是不愿意看；老百姓无法安居乐业，是大王不愿意施恩与民罢了。所以，大王没有王天下，是您不愿意做，而不是做不到。"

大王恩及禽兽，为什么却功不至百姓呢？"说大人，则藐之，勿视其巍巍然。"孟子是真敢说，这叫当面打脸，够狠的。但孟子留有余地，补充道："您非不能，是不为也！"

曰："不为者与不能者之形何以异？"

曰："挟太山以超北海，语人曰'我不能'，是诚不能也。

为长者折枝，语人曰'我不能'，是不为也，非不能也。故王之不王，非挟太山以超北海之类也；王之不王，是折枝之类也。"

齐宣王说："不愿意做和做不到有什么区别呢？"

孟子说："把泰山夹在胳膊下跳过北海，告诉别人说'我做不到'，这确实是做不到。为老年人折一根树枝，告诉别人说'我做不到'，这是不愿意做，而不是做不到。所以，大王没有王天下，不是属于把泰山夹在胳膊下跳过北海的一类；大王没有王天下，是属于为老年人折树枝的一类。"

谁不知道不愿意做和做不到之间的差别呢，估计齐宣王心里不痛快了，开始明知故问。

孟子从"恻隐之心"与"保民而王"，到"明察秋毫"与"不见车薪"，推及"恩及禽兽"与"功不至民"，又到"挟太山以超北海"与"不为长者折枝"，深入浅出，层层诱导，苦口婆心想说服齐宣王："你有能力仁德王天下，就是不愿意干罢了。"

此时的齐宣王脸色肯定不好看。但话都说到这份上了，孟子不是孔子，又避色又避言的，他是仁者无敌，舍我其谁，继续说。

"老吾老以及人之老，幼吾幼以及人之幼。天下可运于掌。《诗》云：'刑于寡妻，至于兄弟，以御于家邦。'言举斯心加诸彼而已。故推恩足以保四海，不推恩无以保妻子。古之人所以大过人者，无他焉，善推其所为而已矣。今恩足以及禽兽，而功不至于百姓者，独何与？"

"尊敬自家长辈并由此尊敬别人家的长辈，爱护自己的孩子并由此爱护别人的孩子。做到了这一点，治理天下就像在手掌上转动一件小东西那样容易。《诗》上说:'先给妻子做榜样,再推广到兄弟,再推广到家族和国家。'说的就是要把自己的爱心推广到别人身上去。所以,推广恩德足以安定天下,不推广恩德连自己的妻子儿女都保不了。古代的圣贤之所以能远远超过一般人,没有别的什么,善于推广他们的德行罢了。如今大王的恩德能够施及禽兽,却不能够施及老百姓,偏偏这是为什么呢?"

孟子用孔子的思想教育齐宣王。仁者爱人,孝悌为本,由亲亲之爱而泛爱众,推己及人,为政以德就能齐家治国平天下。这些圣人之言,大王不会不知道吧?估计齐宣王有些汗颜了,没接话,孟子就继续说。

"权,然后知轻重;度,然后知长短。物皆然,心为甚。王请度之!抑王兴甲兵,危士臣,构怨于诸侯,然后快于心与?"

王曰:"否。吾何快于是?将以求吾所大欲也。"

"称一称,才知道物体的轻重;量一量,才知道物体的长短。事物都是如此,人心更是这样。大王请考虑考虑吧!难道真要调动全国军队,让您的将士身陷危险,和别的国家结下仇怨,这样您的心里才痛快吗?"

齐宣王说:"不。这样做,我的心里怎么会痛快呢?我只不过是想实现我的志向罢了。"

齐宣王被教训得不得不开口了。这时,齐宣王已经想好了理由,面色也缓和下来,说他有他自己的志向抱负要去实现。孟子可不想半途而废,好不容易逮住机会,打铁要趁热,一定得彻底说服他,让齐宣王心服口服。

曰："王之所大欲可得闻与？"王笑而不言。

孟子说："大王的志向是什么呢？可以讲给我听听吗？"齐宣王笑了笑，没有说话。

齐宣王心说："我不说，看你怎样。"孟子想：你不说是吧，那好吧，我说，我用排比句给你说。

曰："为肥甘不足于口与？轻暖不足于体与？抑为采色不足视于目与？声音不足听于耳与？便嬖（pián bì）不足使令于前与？王之诸臣皆足以供之，而王岂为是哉？"

曰："否。吾不为是也。"

孟子便说道："是因为肥美的食物不够吃吗？是因为轻暖的衣服不够穿吗？还是因为艳丽的色彩不够看呢？是因为美妙的音乐不够听吗？还是因为身边伺候的人不够使唤呢？这些大王的臣子都能够给您提供，大王难道是为了这些吗？"

齐宣王说："不。我不是为了这些。"

孟子用排比句，排除齐宣王的一般想法，只留下关键一节，免得齐宣王到时候"王顾左右而言他"。

九、缘木求鱼

曰："然则王之所大欲可知已，欲辟土地，朝秦楚，莅中国而抚四夷也。以若所为求若所欲，犹缘木而求鱼也。"

孟子说："既然这样，大王的志向便可知了，想要扩张国土，让秦楚这些大国都来朝贡您，君临中国并安抚四方蛮夷吧。以大王现在的做法，来实现大王的志向，就好像爬到树上去捉鱼一样。"

缘木求鱼？这又是啥玩意。估计齐宣王会想一会儿。

王曰："若是其甚与？"

曰："殆有甚焉。缘木求鱼，虽不得鱼，无后灾。以若所为求若所欲，尽心力而为之，后必有灾。"

齐宣王说："有这么严重吗？"

孟子说："恐怕比这还要严重。缘木求鱼，虽然得不到鱼，却也没有什么后患。以大王现在的做法来实现大王的志向，费劲心力去干，却是必定留下后患。"

孟子说得如此斩钉截铁，还说必有后患，齐宣王想仔细听听了。

曰："可得闻与？"

曰："邹人与楚人战，则王以为孰胜？"

曰："楚人胜。"

曰："然则小固不可以敌大，寡固不可以敌众，弱固不可以敌强。海内之地方千里者九，齐集有其一。以一服八，何以异于邹敌楚哉？盖亦反其本矣。"

齐宣王说："可以说来听听吗？"

孟子说："邹国和楚国打仗，大王认为谁会取胜呢？"

齐宣王说："当然是楚国胜。"

孟子说："显然小国本来就无法与大国为敌，寡不敌众，弱不胜强。四海之内拥有千里见方土地的国家一共有九个，齐国只不过是其中的一个罢了。想以一敌八，这跟邹国和楚国打仗有什么区别呢？大王应该回到根本上来了。"

经过孟子这一番说辞,又是"君子远庖厨",又是"缘木求鱼",又是"携泰山跨北海"的,似乎齐宣王快被说蒙了。孟子不管齐宣王是怎么想的,开始进入主旨,阐述自己的政治主张。

"今王发政施仁,使天下仕者皆欲立于王之朝,耕者皆欲耕于王之野,商贾皆欲藏于王之市,行旅皆欲出于王之涂,天下之欲疾其君者皆欲赴愬(shuò)于王。其若是,孰能御之?"

王曰:"吾惛,不能进于是矣。愿夫子辅吾志,明以教我,我虽不敏,请尝试之。"

"现在大王如果能施行仁政,使天下仕人都愿意到大王的朝廷上来做官,天下的农民都想到大王的国家来种地,天下的商人都想到大王的国家来做生意,天下爱旅游的人都想到大王的国家来旅游,天下痛恨本国国君的人都想到大王这儿来控诉。如果能做到这些,还有谁能够与大王为敌呢?"

齐宣王说:"我头脑昏乱,对您的说法一时不能做进一步的领会。希望先生开导我的心志,更加明确地教导我。我虽然不聪明,请让我试一试。"

齐宣王头昏脑胀,似乎被说动心了。

现在好多趋之若鹜、欲罢不能的事情,在春秋战国就已经出现了。比如,旅游达人走四方,孟母三迁学区房,楚人入齐学外语,等等。

曰:"无恒产而有恒心者,惟士为能。若民,则无恒产,因无恒心。苟无恒心,放辟邪侈,无不为已。及陷于罪,然后从而刑之,是罔民也。焉有仁人在位罔民而可为也?是故明君制民之产,必使仰足以事父母,俯足以畜妻子,乐岁终身饱,凶年免于死亡。然后驱而之善,故民之从之也轻。今也制民之产,仰不足以事父母，俯不足以畜妻子，乐岁终身苦，凶年不免于死亡。此惟救死而恐不赡，奚暇治礼义哉？"

孟子说："没有固定的产业收入却有执着道德观念的，只有士人才能做到。至于一般的老百姓，没有固定的产业收入，是因为没有恒定的道德观念。一旦没有恒定的道德观念，为了自己的私欲，什么歪门邪道、胡作非为的事都干得出来。等到他们犯了罪，然后才施加刑罚，等于是陷害人民。哪里有仁慈的人在位执政，却去陷害老百姓的呢？所以，贤明的国君制定产业政策，一定会让老百姓上足以赡养父母，下足以抚养妻子儿女，好年成丰衣足食，坏年成也不至于饿死。然后督促他们走上善道，老百姓也就很容易听从了。现在制定的产业政策，上不足以赡养父母，下不足以养活妻儿，年成好尚且艰难困苦，遇上凶年更免不了要饿死。到了这个地步老百姓连保命都困难，哪里还有时间修养礼仪呢？"

有道是"民以食为天"。安贫乐道的是君子，苟延残喘的是百姓。君子谋道不谋食，百姓温饱知礼仪。孟子"无恒产者无恒心"的观点，阐发自孔子"富之，教之"的思想，继而丰富了孟子的民本思想。或许是觉得齐宣王在认真听，孟子给出了具体的施政方略。

"王欲行之，则盍反其本矣？五亩之宅，树之以桑，五十者可以衣帛矣。鸡豚狗彘之畜，无失其时，七十者可以食肉矣。百亩之田，勿夺其时，八口之家可以无饥矣。谨庠序之教，申之以孝悌之义，颁白者不负戴于道路矣。老者衣帛食肉，黎民不饥不寒，然而不王者，未之有也。"

"大王如果想施行仁政，为什么不从根本上着手呢？五亩的宅田，种上桑树，五十岁的老人就可以穿上丝织的衣服了。饲养鸡鸭猪狗等牲畜，不要错过繁殖的季节，七十岁的老人就可以有肉吃了。百亩的田地，不剥夺耕作时令，八口人的家庭就可以不挨饿了。严谨认真地兴办教育，用孝悌道义教导学生，白发老人就不会在路上负重蹒跚了。老年人穿丝绵袄衣有肉吃，老百姓不挨饿受冻，做到了这些还未能王天下的，还从来没有过。"

齐宣王又是如何回应的呢？不得而知。

如何"富之，教之"，孟子已经讲得够详细了。亚圣仁至义尽，但齐宣王心不在焉，也就不好再说什么了，道不同不相为谋。这一章宏篇大论，充分展示了孟子推行仁政的执念，也让人见识了孟子文采和口才的了得。

比较而言，孔子比较内敛，孟子相对外放。

梁惠王章句下

一、独乐乐不如众乐乐

庄暴见孟子，曰："暴见于王，王语暴以好乐，暴未有以对也。"曰："好乐何如？"

孟子曰："王之好乐甚，则齐国其庶几乎！"

庄暴见孟子，说："我朝见大王的时候，大王给我说他好乐，我不知道如何应对他。"庄暴接着问孟子："好乐怎么样啊？"

孟子说："大王如果真的好乐，那么齐国一定是治理得不错了！"

庄暴是大王的近臣。他如是问，看来是没有好好读过《论语》，更不用说《礼经》《乐经》《书经》什么的了。庄暴可能是位武将。

礼乐制度，属于上层建筑范畴。礼制是维护统治者等级秩序的政治准则、道德规范和各项典章制度的总称。乐制则是配合贵族进行礼仪活动的舞乐。什么级别享受什么舞乐都是有规定的。礼制强调的是"别"，即所谓"尊尊"。乐制强调的是"和"，即所谓"亲亲"。尊尊亲亲是巩固内部团结的两个方面。又有官方雅乐和民间俗乐之分。《论语》里提到的《八佾》是诸侯专享的乐舞，《雍》是天子祭祀后专享的乐诗，《韶》乐是歌颂大舜圣贤的音乐史诗。郑国的靡靡之音，即为民间俗乐，被孔子痛斥。子曰："恶紫之夺朱也，恶郑声之乱雅乐也，恶利口之覆邦家者。""放郑声，远佞人。"

《论语》子曰："兴于诗，立于礼，成于乐。"如果大王喜好的是雅乐，那便是礼乐和合、尊尊亲亲了，齐国一定是大治了，果真如此吗？

他日，见于王曰："王尝语庄子以好乐，有诸？"

王变乎色，曰："寡人非能好先王之乐也，直好世俗之乐耳。"

他日，孟子拜见大王时问道："大王曾经告诉庄暴您好乐，有这回事吗？"

大王听后脸色一变，说："我喜欢的不是先代帝王留下来的雅乐，我只不过是喜好当下流行的俗乐罢了。"

孟子听说齐宣王"弑牛易羊"，向齐宣王求证，结果引出一篇宏论来，着实让齐宣王有点尴尬。这回孟子又来求证庄暴说的"王之好乐"，王于是变乎色，有点怵头了，只好先承认"直好世俗之乐耳"。

大王还算实诚，这是一个不错的品质。从话里看，大王知羞耻，会脸红，看来他是研习过先王雅乐、知道礼乐规制的。只不过他喜欢的不是雅乐而是俗乐。这也不能完全怪齐宣王，"因俗简礼"是齐国的基本国策，已经施行很多年了。

且看孟子如何说。

曰："王之好乐甚，则齐其庶几乎！今之乐犹古之乐也。"

孟子说："大王真的好乐，那齐国就会治理得很好了！现在流行的俗乐与古代的雅乐差不多。"

大王听了一愣，不是说流行音乐类似于郑乐，是靡靡之音，会乱人心智的吗？为什么先生这样说呢？

曰:"可得闻与?"

曰:"独乐乐,与人乐乐,孰乐?"

曰:"不若与人。"

曰:"与少乐乐,与众乐乐,孰乐?"

曰:"不若与众。"

大王说:"可以把道理说给我听吗?"

孟子说:"独自一个人欣赏乐曲,和与他人一起欣赏乐曲,哪一种更快乐些?"

大王说:"不如与他人一起欣赏更快乐。"

孟子说:"和少数人一起欣赏乐曲,与和众人一起欣赏乐曲,哪个更快乐?"

大王说:"不如和众人一起欣赏更快乐。"

孟子又开始循循善诱了。孟子传承了孔子的仁义思想,也传承了孔子的教育方法。孟子有点偷换概念了,他的目的是什么?

"臣请为王言乐。今王鼓乐于此,百姓闻王钟鼓之声,管籥(yuè)之音,举疾首蹙頞(cù è)而相告曰:'吾王之好鼓乐,夫何使我至于此极也?父子不相见,兄弟妻子离散。'今王田猎于此,百姓闻王车马之音,见羽旄之美,举疾首蹙頞而相告曰:'吾王之好田猎,夫何使我至于此极也?父子不相见,兄弟妻子离散。'此无他,不与民同乐也。今王鼓乐于此,百姓闻王钟鼓之声,管籥之音,举欣欣然有喜色而相告曰:'吾王庶几无疾病与,何以能鼓乐也?'今王田猎于此,百姓闻王车马之音,见羽旄之美,举欣欣然有喜色而相告曰:'吾王庶几无疾病与,何以能田猎也?'此无他,与民同乐也。今王与百姓同乐,则王矣。"

孟子说:"那就让我来为大王讲讲乐吧。假如大王正在此奏乐,百姓们听到大王鸣钟击鼓,吹箫奏笛,愁眉苦脸地相互诉苦说:'我们大王如此喜欢奏乐,为什么让我们沦落到这种地步呢?父亲和儿子不能相见,兄弟各奔东西妻离子散。'假如大王正在此围猎,百姓听到大王车马的喧嚣,看到旗帜的华丽,愁眉苦脸地相互诉苦说:'我们的大王如此喜好围猎,为什么让我们沦落到这种地步呢?父亲和儿子不能相见,兄弟各奔东西妻离子散。'百姓如是说没有别的原因,是不与民同乐的缘故。假如大王正在此奏乐,百姓们听到大王鸣钟击鼓,吹箫奏笛,都眉开眼笑地相互转告说:'我们大王肯定没有什么大病吧,要不怎么能奏乐呢?'假如大王正在此围猎,百姓们听到大王车马的喧嚣,看到旗帜的华丽,都眉开眼笑地相互转告说:'我们大王肯定没有什么大病吧,要不怎么能打猎呢?'百姓如是说没有别的原因,与民众同乐的缘故。如果大王能和百姓同乐,就能称王天下了。"

孟子另辟蹊径,根本不理大王心中想的是雅乐还是俗乐,心心念念的都是仁政。只有君民同心,乐其乐,苦其苦,君爱民如子,民敬君如父,这个社会才会和合昌盛,自然就王天下了。至于治国方略,前面说了,大王还记得吗?这是孟子的良苦用心,又间接批评大王没有实行仁政,不知民间疾苦。同时借百姓之口,反话正说,骂"大王你是不是病了",还是连续骂了两次。

大王会做何感想呢?王顾左右而言他?不得而知。

二、文王之囿

齐宣王问曰:"文王之囿方七十里,有诸?"

孟子对曰:"于传有之。"

齐宣王问道:"周文王的园林方圆七十里,有这事吗?"
孟子答道:"文献上是这么记载的。"

齐宣王心里憋屈:"我的园林方圆才四十里,老百姓却因此骂我。周文王的园林方圆七十里,却被称为圣王。同样是诸侯君主,治下的老百姓差距怎么这么大呢?"看来,齐宣王对周文王的了解也有限。

周文王可是推演《易经》的至圣啊。《史记·周本纪》记载,治岐期间,周文王采取"怀保小民"的治国方略,倡导"笃仁,敬老,慈少,礼下贤者"的社会风尚,采用"九一而助"的政策,让农民助耕公田,纳九分之一的税。周文王施行商人往来不收关税、罪犯的妻子不连坐等政策,实行裕民政治。同时周文王生活勤俭,穿普通人衣服,还到田间劳动,兢兢业业治理周国。

孟子已经感觉到齐宣王是怎么想的了。

曰:"若是其大乎?"
曰:"民犹以为小也。"
曰:"寡人之囿方四十里,民犹以为大,何也?"

齐宣王问:"真的有这么大吗?"
孟子说:"百姓还觉得小了呢。"
齐宣王说:"我的园林才四十里见方,百姓还觉得它大了,这是为什么呢?"

齐宣王还在疑惑,周文王怎么没被人骂呢?
孟子看透了齐宣王的心思。齐宣王和梁惠王也是差不多,就是不得其要呀,反应似乎也慢过孟子好几拍。孟子心想,循循善诱太费劲,直接给他说好了。

曰:"文王之囿方七十里,刍荛者往焉,雉兔者往焉,与民同之。民以为小,不亦宜乎?臣始至于境,问国之大禁,然后敢入。臣闻郊关之内有囿方四十里,杀其麋鹿者如杀人之罪。则是方四十里为阱于国中。民以为大,不亦宜乎?"

孟子说:"周文王的园林方圆七十里,割草砍柴的可以去,捕雉猎兔的可以去,这个园子是与老百姓共同享用的。老百姓认为太小,不也是很自然的吗?我刚到齐国边境时,打听了齐国有哪些重要的禁令,然后才敢入境。我听说国都郊区有个四十里见方的园林,谁射杀了园中的麋鹿就如同犯了杀人罪一样。这个方圆四十里的园林,就像是在国内设下的一个陷阱。百姓认为它太大,不也是很正常的吗?"

不管什么问题,孟子都能给你绕到仁政上来,还绕得合情合理、理直气壮,一点都不违和。齐宣王又做何感想?

战国时期,淄博一带不仅有麋鹿,还有犀牛、大象、老虎什么的。

三、事大事小

齐宣王问曰:"交邻国有道乎?"

齐宣王问道:"和邻国交往有什么讲究吗?"

齐宣王是一位好探究问题的人,但并不好智也不好仁,对孟子却是礼遇有加。

孟子对曰:"有。惟仁者为能以大事小,是故汤事葛,文王事昆夷。惟智者为能以小事大,故大王事獯鬻(xūn yù),勾践事吴。以大事小者，乐天者也；以小事大者，畏天者也。乐天者保天下，畏天者保其国。诗云：'畏天之威，于时保之。'"

孟子回答说："有的。只有仁者才能够以大国的身份侍奉小国，所以商汤侍奉过葛伯，周文王侍奉过昆夷。只有智者才能够以小国的身份侍奉大国，所以周太王侍奉过獯鬻，越王勾践侍奉过吴王夫差。以大国身份侍奉小国的，是乐天知命的人；以小国身份侍奉大国的，是敬畏天命的人。乐天知命的人能够保有天下，敬畏天命的人能够保有自己的国家。《诗经》上说：'敬畏上天的威严，因此国家才能够安定。'"

孟子是认真研习过《书经》《诗经》等儒家经典的，知道天命不可违的真谛。乐天知命保天下是圣人，畏天知命保国家是君子。孔子说："不知命，无以为君子。"

史载葛国君主葛伯放纵无道。葛伯不祭祀祖先，商汤便派人去问，葛伯回答说没有牛羊做牺牲。商汤派人送去牛羊，葛伯却将牛羊宰杀食之。商汤再派人去问，葛伯回答说没有粮食做祭品。商汤又派人去帮助他耕种粮食。葛伯却叫人袭击给耕者送饭的人，抢夺酒饭，甚至残杀儿童，激起了商族民愤。商汤因此灭葛国，继而揭开了灭夏战争的序幕。昆夷，亦作混夷，周朝初年的西戎国名。獯鬻即猃狁（xiǎn yǔn），北方的游牧民族，非常强悍，常常犯边闹事。周太王古公亶父为了老百姓的生命安全，采取退让态度，以免扩大战争。

"畏天之威，于时保之"出自《诗经·周颂》，原为周武王出兵伐纣前祭祀文王的祷词。

四、匹夫之勇

王曰："大哉言矣！寡人有疾，寡人好勇。"

齐宣王说:"先生说得太好了!不过我有个毛病,就是逞强好勇。"

齐宣王称赞孟子说得好,但却不理这个茬。这不,话头一转,齐宣王就说自己好勇了。

齐宣王肯定没有读过《论语》。《论语》里孔子说"勇而无礼则乱""好勇不好学,其蔽也乱"等,这都是说的好小勇,匹夫之勇而已。

孟子不与齐宣王一般见识,心里苦笑了一下,顺着齐宣王的话,开始说勇。

对曰:"王请无好小勇。夫抚剑疾视,曰:'彼恶敢当我哉!'此匹夫之勇,敌一人者也。王请大之!《诗》云:'王赫斯怒,爰整其旅,以遏徂莒,以笃周祜,以对于天下。'此文王之勇也。文王一怒而安天下之民。《书》曰:'天降下民,作之君,作之师,惟曰其助上帝宠之。四方有罪无罪惟我在,天下曷敢有越厥志?'一人衡行于天下,武王耻之。此武王之勇也,而武王亦一怒而安天下之民。今王亦一怒而安天下之民,民惟恐王之不好勇也。"

孟子说:"那就请大王不要好小勇。有的人动辄按剑瞪眼说:'看谁敢阻挡我!'这是匹夫之勇,只能与个人较量。请大王好大勇!《诗经》上说:'文王义愤填膺,发令遣将调兵,抗击侵莒敌军,以保周人福祉,不负天下百姓。'这是周文王之勇。周文王一怒使天下百姓都得到了安宁。《书经》说:'上天降下了子民,又替他们降下了君王,降下了师尊,这些君王和师尊是辅助上天来爱护老百姓的。有罪的和无罪的,都由我来负责,普天之下有谁敢违背上天的意志呢?'如果有一个人在天下横行霸道,周武王便认为是自己的耻辱,这是周武王之勇,而且周武王也是一怒就让天下老百姓都得到了安宁。如今大王如果也做到一怒而使天下老百姓都得到安宁，那老百姓唯恐大王不好勇了啊。"

周文王周武王乃是至圣君王，大智大勇，上承天命，下顺民心，替天行道，敬天保民，颇有大舜遗风："朕躬有罪，无以万方。万方有罪，罪在朕躬。"

"知、仁、勇三者，天下之达德也。""知耻近乎勇。"孟子说："可是，大王您都勇了些什么呢？"齐宣王在孟子面前，似乎只有被虐的份，但齐宣王不以为然。

五、流连往返

齐宣王见孟子于雪宫。王曰："贤者亦有此乐乎？"

齐宣王在雪宫接见了孟子。齐宣王说："贤者也有这种享乐吗？"

雪宫是齐国的宫外之宫，因处齐城雪门外而得名，系齐王会见宾客、游乐欢宴之处。齐宣王好奢侈玩乐，曾扩大雪宫规模，筑馆阁，浚池沼，植树木，蓄鱼鸟，辟为囿苑，方圆四十里，亦成狩猎之所，而布衣平民不得入内。

齐宣王在雪宫接见了孟子，又开始显摆了。他觉得自己比一些历史上的贤者强多了，他们没有福分享受雪宫之乐，就故意问孟子。孟子不吃他这一套。孟子最大的本事就是不管你说什么、问什么，他都能够给你不着痕迹地绕到仁政上来。孟子形成了一种思维范式，无论起点动机如何，他的思维，必然指向仁政。

孟子对曰："有。人不得，则非其上矣。不得而非其上者，非也；为民上而不与民同乐者，亦非也。乐民之乐者，民亦乐其乐；忧民之忧者，民亦忧其忧。乐以天下，忧以天下，然而不王者，未之有也。

孟子回答说："有的。人们要是得不到这种享乐，就会埋怨他们的君王。得不到这种享乐就埋怨君王，是不对的；作为老百姓的君王不与民同乐，也是不对的。君王以老百姓的快乐为快乐，老百姓也会以君王的快乐为快乐；君王以老百姓的忧愁为忧愁，老百姓也会以君王的忧愁为忧愁。以天下人的快乐为快乐，以天下人的忧愁为忧愁，这样还不能够王天下的，还从来没有过。

孟子不否认贤者也会有享乐，但马上说民众也都想得到这种享乐，没毛病吧？接着，孟子调转矛头，将矛头一下子指向君王，民众如果得不到这种享乐就会埋怨他们的君王。估计齐宣王又是一惊。当然，他们这样做不对；但君王不与民同乐，也不对。民众与君王的情感诉求是一样的。可是圣贤君王，更应该是"先天下之忧而忧，后天下之乐而乐"的呀。下面，孟子用古代贤者是怎么做的，继续诱导齐宣王。

"昔者齐景公问于晏子曰：'吾欲观于转附、朝儛，遵海而南，放于琅邪，吾何修而可以比于先王观也？'晏子对曰：'善哉问也！天子适诸侯曰巡狩。巡狩者，巡所守也。诸侯朝于天子曰述职。述职者，述所职也。无非事者。春省耕而补不足，秋省敛而助不给。夏谚曰：'吾王不游，吾何以休？吾王不豫，吾何以助？一游一豫，为诸侯度。'今也不然，师行而粮食，饥者弗食，劳者弗息。睊睊胥谗，民乃作慝。方命虐民，饮食若流。流连荒亡，为诸侯忧。从流下而忘反谓之流，从流上而忘反谓之连,从兽无厌谓之荒,乐酒无厌谓之亡。先王无流连之乐,荒亡之行。惟君所行也。'景公说,大戒于国,出舍于郊。于是始兴发补不足。召大师曰:'为我作君臣相说之乐!'盖《徵招》《角招》是也。其诗曰:'畜君何尤?'畜君者,好君也。"

"从前齐景公问晏子说:'我想到转附、朝舞两座山去游览一下,然后沿着海岸向南行,一直到琅邪。我该怎样做才能够和先王的巡游相比呢?'晏子回答说:'问得好呀!天子到诸侯国去叫作巡狩。巡狩就是巡视各诸侯所守疆土。诸侯去朝见天子叫述职。述职就是报告他履行职责的情况。这些活动都是结合着政事进行的。春天巡视耕种情况,对粮食不够吃的给予补助;秋天巡视收获情况,对歉收的给予补助。夏朝的谚语说:"我王不巡游,我怎能休息?我王不巡视,我怎得救助?巡游加巡视,是为诸侯考虑。'现在不同了,君王出游兴师动众去索取粮食,饥饿的人没有饭吃,劳苦的人得不到休息。大家侧目而视怨声载道,违法乱纪的事情也就冒出来了。这是放弃先王教导虐害百姓,大吃大喝如流水。这种流连荒亡,诸侯也为之担忧。从上游向下游游玩,乐而忘返叫作流;从下游向上游游玩,乐而忘返叫作连;打猎不知厌倦叫作荒;嗜酒不加节制叫作亡。先王既无流连的享乐,也无荒亡的行为。至于大王您的行为,只有您自已选择了。'齐景公听了晏子的话非常高兴,先在都城内做了充分的准备,然后驻扎在郊外,打开仓库赈济贫困的人。又召集乐官说:'给我创作一些君臣同乐的乐曲!'这就是《徵招》《角招》。其中的歌词说:'制止君主有什么不对呢?'制止君主,正是爱护君主呀。"

齐国从西周到春秋战国共经历了吕齐32位君主和田齐8位君主。齐景公是田齐第26位君主，齐宣王是田齐第5位君主。齐景公身边有一批治国能臣，也有一批乐身佞臣，两种人他使用得都得心应手。齐景公在位58年，国内治安相对稳定。晏子属于治国能臣，历齐灵公、庄公、景公三朝，辅政长达50余年。他以有政治远见、外交才能和作风朴素闻名诸侯，聪颖机智，能言善辩。对内，他内辅国政，屡谏齐国君主；对外，他既富有灵活性，又坚持原则性，出使不受辱，捍卫了齐国的国格和国威。孟子借晏子之口，给齐宣王讲述君臣同乐、与民同乐的道理。至于齐宣王什么反应，就不得而知了。

这里出现了天子巡狩（巡视）和诸侯述职的描述，很有意思。

六、寡人有疾

齐宣王问曰："人皆谓我毁明堂，毁诸？已乎？"

孟子对曰："夫明堂者，王者之堂也。王欲行王政，则勿毁之矣。"王曰："王政可得闻与？"

齐宣王问道："他人都建议我拆毁明堂，是拆好呢，还是不拆好呢？"

孟子回答说："明堂是施行王政的殿堂。大王如果想施行王政，就不要拆毁它吧。"齐宣王说："王政可以说给我听听吗？"

作为君王，关于仁政齐宣王总是不得其要。孟子苦口婆心地教导，感觉他听进去了吧，又好像没听进去；感觉他没听进去吧，又好像听进去了。孟子只好又举周文王的例子，告诉齐宣王什么是王政。

对曰："昔者文王之治岐也，耕者九一，仕者世禄，关市讥而不征，泽梁无禁，罪人不孥。老而无妻曰鳏（guān），老而无夫曰寡，老而无子曰独，幼而无父曰孤。此四者，天下之穷民而无告者。文王发政施仁，必先斯四者。诗云：'哿（gě）矣富人，哀此茕独。'"王曰："善哉言乎！"

孟子回答说："从前周文王治理岐山的时候，对耕田的人只抽九分之一的税，做官的人世代承袭俸禄，关卡和市场仅稽查而不征税，在湖泊里捕鱼没有禁令，对犯罪者处罚不牵连妻儿。年老没有妻子的人叫鳏，年老没有丈夫的人叫寡，年老没有儿女的人叫独，年幼失去父亲的人叫孤。这四种人，是天下最穷苦无靠的人。文王实行仁政，一定优先考虑到他们。《诗经》上说：'富有的人过得不错，最可怜的是那些无依无靠的孤人。'"齐宣王说："说得好呀！"

齐宣王总是在问，总是在听，就是不去做。

藏富于民搞活经济，关爱鳏寡独孤就是仁政。"仁者爱人""富之，教之"，齐宣王一样也没做到。

曰："王如善之，则何为不行？"王曰："寡人有疾，寡人好货。"

孟子说："大王如果认为说得好，那为什么不这样施行呢？"齐宣王说："我有个毛病，我喜爱钱财。"

齐宣王有绝招，一是王顾左右而言他，二是承认自己有毛病。尊贤尚能，姑且听之，然后自以为是，该干嘛干嘛。孟子试图从齐宣王的癖好毛病中找出一条有利的线索来，努力想把齐宣王引上正道。好货如好勇一样，以仁义为之，没什么不好。于是，他又举公刘的例子引导宣王。

对曰："昔者公刘好货，《诗》云：'乃积乃仓，乃裹糇粮，于橐（tuó）于囊，思戢用光。弓矢斯张，干戈戚扬，爰方启行。'故居者有积仓，行者有裹粮也，然后可以爰方启行。王如好货，与百姓同之，于王何有？"王曰："寡人有疾，寡人好色。"

孟子说："从前公刘也喜爱钱财，《诗经》上说：'收割粮食装满仓，备好充足的干粮，装进大大小小的口袋，紧密团结争荣光。张弓带箭齐武装，盾戈斧铆拿手上，开始动身向前方。'因此，要做到留守的人仓里有积谷，出征的人口袋里有干粮，这样军队才可以出发。大王如果喜爱钱财，能想到老百姓也喜爱钱财，这对施行仁政有什么影响呢？"齐宣王说："我还有个毛病，我喜爱女色。"

《史记·周本纪》载，"公刘虽在戎狄之间，复修后稷之业，务耕种，行地宜。自漆沮渡渭，取材用。行者有资，居者有蓄积。民赖其庆，百姓怀之，多徙而保归焉。周道之兴自此始，故诗人歌乐思其德。"据传，周礼始自公刘，公刘是开挖窑洞和豢养家猪的始祖。

孟子的话说得够明白了，大王好货，想着老百姓也好货，这对实行仁政没什么不好。齐宣王不是不明白，就是不想干罢了，于是用起绝招，王顾左右而言他："寡人有疾，寡人好色。"孟子真是够有耐心的，这叫诲人不倦。"好吧，你好色是吧，我再给你说说什么样的人才是真好色。"

对曰："昔者大王好色，爱厥妃。《诗》云：'古公亶父，来朝走马，率西水浒，至于岐下，爰及姜女，聿来胥宇。'当是时也，内无怨女，外无旷夫。王如好色，与百姓同之，于王何有？"

孟子回答说："从前周太王也好色，非常宠爱他的妃子。《诗经》上说：'周太王古公亶父，一大早驱驰快马，沿着西边的河岸，一直走到岐山下。带着妻子姜氏女，勘察地址建新居。'那个时候，没有找不到丈夫的女子，也没有找不到妻子的光棍。大王如果好色，也能满足老百姓的需求，这对施行王政有什么影响呢？"

孟子的意思是："如果你的政治能让适龄女子都嫁得好夫婿，让适龄男子都娶上好媳妇，这才是真好色，你做到了吗？"齐宣王真的是信任孟子，什么话也给他说。也许齐宣王真的有疾，喜欢暴露自己的毛病，并且不以为耻，反以为荣。

齐宣王和叶公有一拼。叶公好龙，把自己屋子画满龙，等真龙来了，他却吓跑了。齐宣王好勇、好货、好色，却是好匹夫之勇，好匹夫之财，好匹夫之色。有言"有事钟无艳，无事夏迎春"，钟无艳和夏迎春都是齐宣王身边的女人，前者奇丑无比却很有才，后者奇美无比却很无能。于是，齐宣王有事，就跑去找钟无艳帮忙；事情一过，则去找夏迎春寻欢作乐。

七、王顾左右而言他

孟子谓齐宣王曰："王之臣有托其妻子于其友而之楚游者，比其反也，则冻馁其妻子，则如之何？"王曰："弃之。"

孟子对齐宣王说："大王您的一个臣子将妻子儿女托付给他的朋友照顾，自己出游楚国去了。等他回来的时候，他的妻子儿女却在挨饿受冻，对这样的朋友该怎么办呢？"齐宣王说："跟他绝交！"

前面多是齐宣王问，孟子答。这一次，孟子也给齐宣王挖个坑，看看他如何往下跳、如何说、如何自圆其说。第一问，齐宣王回答得好：

朋友无信，绝交。接着第二问。

曰："士师不能治士，则如之何？"王曰："已之。"

孟子说："您的监狱官不能管理好他的下属，那应该怎么办呢？"齐宣王说："撤他的职！"

回答得好：在其位不谋其政，撤职。第三问来了。

曰："四境之内不治，则如之何？"王顾左右而言他。

孟子又说："一个国家治理得不好，那又该怎么办呢？"齐宣王左右张望，把话题扯到其他事情上去了。

看来，只要不说到他自己，齐宣公还是明白事理的。一说到他自己，哈哈，绝招使出来，就"王顾左右而言他"了。齐宣王不愧叫"宣"王，揣着明白装糊涂，心照不宣罢了。

历史上齐宣王的故事不少。除了上面提到的"有事钟无艳，无事夏迎春""滥竽充数""君子远庖厨""明察秋毫""缘木求鱼""流连往返""寡人有疾"和"王顾左右而言他"外，还有"宣王独少一爱""安步当车"，等等。

八、用人必察

孟子见齐宣王，曰："所谓故国者，非谓有乔木之谓也，有世臣之谓也。王无亲臣矣，昔者所进，今日不知其亡也。"王曰："吾何以识其不才而舍之？"

孟子见齐宣王，说："所谓历史悠久的国家，并不是说这个国家有多少古树名木，而是说这个国家有多少世臣。大王您没有亲近的能臣了，过去所用的那些人，现在都不知道哪里去了。"齐宣王说："我怎样才能识别出无能之人并且不用他呢？"

这可能是发生在齐宣王晚年时候的事。孟子是哪壶不开提哪壶，弄得齐宣王下不来台，估计齐宣王老脸又要红了，但这也确实戳到了齐宣王的痛处，怎么会没有亲近的能臣了呢？这次，齐宣王不再"王顾左右而言他"了。

曰："国君进贤，如不得已，将使卑逾尊，疏逾戚，可不慎与？左右皆曰贤，未可也；诸大夫皆曰贤，未可也。国人皆曰贤，然后察之。见贤焉，然后用之。左右皆曰不可，勿听；诸大夫皆曰不可，勿听。国人皆曰不可，然后察之；见不可焉，然后去之。左右皆曰可杀，勿听；诸大夫皆曰可杀，勿听。国人皆曰可杀，然后察之，见可杀焉，然后杀之。故曰，国人杀之也。如此，然后可以为民父母。"

孟子回答说："国君选贤任能，在不得已的情况下，会把原本地位低的提拔到地位高的人之上，把原本关系疏远的提拔到关系亲近的人之上，这种事能不慎重吗？左右的人都说他贤能，不可轻信；众大夫都说他贤能，不可轻信。国人都说他贤能，然后去考察他，发现他是真的贤能，再任用他。左右的人都说他不行，不可轻信；众大夫都说他不行，不可轻信。国人都说他不行，然后去考察他，发现他真不行，再罢免他。左右的人都说他该杀，不可轻信；众大夫都说他该杀，不可轻信。国人都说他该杀，然后去考察他，发现他真该杀，再杀掉他。因此说，这是国人杀的他。这样做了，然后才可以做老百姓的父母官。"

《论语》里子贡问曰："乡人皆好之，何如？"子曰："未可也。""乡人皆恶之，何如？"子曰："未可也。不如乡人之善者好之，其不善者恶之。"孔子又言："众恶之，必察焉。众好之，必察焉。"孟子得到孔子真传，并阐发之。杀人要慎之又慎，确实天人公愤的人才可杀。父母官，父母官，爱民如子，怎能轻易杀掉自己的孩子呢？

孟子认为，一个国家的长治久安，不仅要有贤明的君主，更需要有功勋的旧臣前后相继，国家的政策才会有连续性，国运才会长盛不衰。

九、独夫贼子

齐宣王问曰："汤放桀，武王伐纣，有诸？"

孟子对曰："于传有之。"

齐宣王问道："商汤流放了夏桀，武王讨伐商纣，有这回事吗？"

孟子回答道："有这样的文献记载。"

上则孟子拜见齐宣王说："王无亲臣矣，昔者所进，今日不知其亡也。"大王您没有亲近的能臣了，过去所用的那些人，现在都不知道哪里去了，这或许引起了齐宣王的警觉。身边没有能臣辅佐，江山就危险了。他祖上放逐齐康公的事，他不可能不知道。又听说上古有"汤放桀，武王伐纣"的事，想想自己的所作所为，齐宣王就感到心惊肉跳，故向孟子求证。孟子说文献上有记载。

公元前391年，齐康公被田和放逐于临海的海岛上，田和自立为国君。公元前386年，田和被周安王册封为诸侯，姜姓齐国为田氏取代，田和正式称侯，仍沿用齐国名号，世称"田齐"以别于姜姓齐国。公元前379年，齐康公死，田氏并其食邑，姜太公至此绝祀。

曰："臣弑其君，可乎？"

曰："贼仁者谓之贼，贼义者谓之残，残贼之人谓之一夫。闻诛一夫纣矣，未闻弑君也。"

齐宣王问："臣子杀掉他的君主，可以吗？"

孟子说："败坏仁德的人叫贼，败坏仁义的人叫残，既残且贼这样的人叫独夫。我只听说周武王杀了独夫商纣，没听说他杀过君主。"

孟子确实厉害，已经形成的严密的思维范式和推理逻辑，已经让他遇到任何问题都能归仁服义。虽说杀父弑君天理不容，但夏桀商纣伤天害理，荒淫残暴，乃独夫贼子，非人君也，人人可得而诛之！

齐宣王闻之，估计不是脸红的问题，而是飕飕冒冷汗的问题了，没有心思再"王顾左右而言他"了。

十、教匠琢玉

孟子见齐宣王，曰："为巨室，则必使工师求大木。工师得大木，则王喜，以为能胜其任也。匠人斫（zhuó）而小之，则王怒，以为不胜其任矣。夫人幼而学之，壮而欲行之，王曰'姑舍女所学而从我'，则何如？今有璞玉于此，虽万镒，必使玉人雕琢之。至于治国家，则曰'姑舍女所学而从我'，则何以异于教玉人雕琢玉哉？"

孟子见齐宣王，说："建造大房子，就必定让工匠去寻找大木料。工匠找到大木料，大王就高兴，认为工匠很称职。木匠砍削木料把木料砍小了，大王就发怒，认为木匠是不称职。一个人小时候学到了一项本领，长大了想运用它，大王却说'姑且放弃你所学的本领，按照我说的话去做'，那会怎么样呢？

现在有块璞玉放在这里，虽然价值万金，也必定叫玉人去雕琢加工。至于治理国家，也说'姑且放弃你所学的本领，按照我说的话去做'，那和去教玉匠雕琢玉石，又有什么两样呢？"

这段话很精彩，也很对，但为什么孟子会主动给齐宣王说这些话呢？或许是孟子有感而发吧，有些话憋在心里很久了，实在憋不住了，但说出来时还是很委婉的。你为什么不采用我的政治主张呢？我说的话你到底是听了还是没听呢，你为什么就是听不进去呢？国家是需要能臣治理的，你却刚愎自用，自己瞎指挥，身边没有亲近的能臣了，却还是不启用我！

孟子在战国时期的遭遇，与孔子在春秋时期的遭遇差不多。但齐宣王只是把孟子当作一位德高望重的学者来尊重，而不想推行他的仁政主张。孟子最终也看清楚了这一点。

十一、齐人伐燕

齐人伐燕，胜之。宣王问曰："或谓寡人勿取，或谓寡人取之。以万乘之国伐万乘之国，五旬而举之，人力不至于此。不取，必有天殃。取之，何如？"

齐国人攻打燕国，大获全胜。齐宣王问道："有人劝我不要占领燕国，有人劝我占领燕国。以一个拥有万乘兵车的大国去攻打另一个同样拥有万乘兵车的大国，五十天就打下来了，仅凭人力是做不到的。如果不占领它，一定会遭到老天的惩罚。占领它，如何？"

这是发生在公元前314年的事。一说燕王哙效法上古圣贤尧舜，让国给了燕相子之，引起燕国内乱。齐宣王乘机发兵，只用了50天的时间就攻占了燕国都城蓟。古时，如有诸侯国君忤逆天命，按旧制其他诸侯国可以替天子讨伐他，但前提是周天子发出了征讨令才合规制。齐宣王的意思是 50 天就打下来了，虽然没得到周天子的征讨令，但是顺应了天命民意。

孟子对曰："取之而燕民悦，则取之。古之人有行之者，武王是也。取之而燕民不悦，则勿取。古之人有行之者，文王是也。以万乘之国伐万乘之国，箪食壶浆以迎王师，岂有他哉？避水火也。如水益深，如火益热，亦运而已矣。"

孟子回答说："如果燕国的老百姓高兴，那就占领它。古人就有这样做的，周武王便是。如果燕国的老百姓不高兴，那就不要占领它。古人也有这样做的，周文王便是。以一个拥有万乘兵车的大国去攻打同样拥有万乘兵车的大国，燕国的老百姓用饭筐装着饭、用酒壶盛着酒来欢迎大王的军队，难道还会有别的用意吗？不过是不想再过水深火热的日子罢了。如果他们的生活因此过得更加痛苦，那他们也会转而去求其他生路的。"

对孟子来说，以人为本、实施仁政是思考所有问题的出发点和归宿。孟子没有纠结是否有周天子的征讨令，时也势也，周天子已衰微至只剩下象征意义了。只要是为了人民的幸福，则可。孟子也有无奈的时候。

据载，齐人伐燕，为齐国的衰落埋下伏笔。30 年后，燕昭王为报此仇，在乐毅的指挥下统帅燕国及赵、秦、韩和魏五国联军攻打齐国，连下七十余城，使齐国只剩下即墨、莒这两座孤城。尽管最后依靠田单以火牛阵破敌复国，但齐国却从此衰落下去。

十二、望之云霓

齐人伐燕，取之。诸侯将谋救燕。宣王曰："诸侯多谋伐寡人者，何以待之？"

孟子对曰："臣闻七十里为政于天下者，汤是也。未闻以千里畏人者也。《书》曰：'汤一征，自葛始。'天下信之。东面而征，西夷怨；南面而征，北狄怨，曰：'奚为后我？'民望之，若大旱之望云霓也。归市者不止，耕者不变，诛其君而吊其民，若时雨降，民大悦。《书》曰：'徯我后，后来其苏。'

齐国人攻打燕国，占领了它。其他诸侯国在谋划着救助燕国。齐宣王说："众多诸侯都在谋划着要来攻打我，该怎么办呢？"

孟子回答说："我听说凭借方圆七十里的国土就能统一天下的，商汤王就是。却没有听过拥有千里疆土的国家害怕别国的。《书》上说：'商汤征伐，自葛国开始。'天下人都相信。'向东面的国家征伐，西面国家的老百姓就抱怨。向南面的国家征伐，北面国家的老百姓就抱怨。说：'为什么把我们放到后面呢？'老百姓盼望他，就像久旱时盼望云霓一样。做生意的照常做生意，种地的照常种地，他诛杀了那儿的暴君，安抚那儿的老百姓，就像及时雨从天而降，老百姓非常高兴。《书》上说：'等待我们的王，王来了我们也就得救了！'

齐国占领了燕国，其他诸侯国"固畏齐之强也，今又倍地而不行仁政，是动天下之兵也。"齐宣王开始担心了，就向孟子求教。

孟子以商汤王为例，告诉齐宣王，只要你推行仁政，得到老百姓的拥护，就没有什么可怕的。商国原是夏朝的一个小诸侯国，国君商汤在伊尹、仲虺等人的辅助下，陆续灭掉葛国、韦国等，成为当时的强国。面对夏桀暴政，商汤发布《汤誓》，大战夏桀于鸣条，最终灭亡夏朝。商汤被推荐成为天子，定都于亳邑。夏桀残暴，实为贱夫贼子，商汤替天行道，是仁义之师。

"今燕虐其民，王往而征之，民以为将拯己于水火之中也，箪食壶浆以迎王师。若杀其父兄，系累其子弟，毁其宗庙，迁其重器，如之何其可也？天下固畏齐之强也，今又倍地而不行仁政，是动天下之兵也。王速出令，反其旄倪（mào ní），止其重器，谋于燕众，置君而后去之，则犹可及止也。"

如今燕国的国君虐待老百姓，大王前去讨伐，老百姓以为将从水深火热中拯救出来，所以用饭筐装着饭，用酒壶盛着酒来欢迎大王的军队。如果杀死他们的父兄，抓走他们的子弟，毁坏他们的宗庙，抢走他们宝器，怎么能够使他们容忍呢？天下的诸侯本来就畏惧齐国的强大，现在土地又扩大了一倍却不去施行仁政，这就必然会激起天下各国兴兵。大王赶快发布命令，释放燕国老老小小的俘虏，停止运走燕国的宝器，再和燕国的各界人士商议，为他们选立一位国君，然后撤出军队，那还来得及阻止各国的兴兵。"

古时，不仅有诸侯国可以讨伐暴君的旧制，还有继灭国、续绝世的传统。《论语》载，孔子沐浴而朝，告于哀公曰："陈恒弑其君，请讨之。""兴灭国，继绝世，举逸民，天下之民归心焉。"帮助灭亡了的国家复国，接续已经断绝了家族，提拔被遗落的人才，天下百姓就会真心归服了。西周初期，周公旦辅佐周成王，平定三监之乱，遵循"兴灭继绝"的传统，封商纣王的兄长微子启于商朝的旧都商丘，建立宋国，特准其用天子礼乐奉商朝宗祀，与周为客。孟子深得其要。

"大王占领了燕国,你都做了些啥呢。"

十三、出尔反尔

邹与鲁哄。穆公问曰:"吾有司死者三十三人,而民莫之死也。诛之,则不可胜诛。不诛,则疾视其长上之死而不救,如之何则可也?"

邹国与鲁国发生斗乱。邹穆公问道:"我的官吏死了三十三个,百姓却没有为他们而牺牲的。杀了他们吧,人太多杀不完。不杀吧,他们眼睁睁地看着长官被杀而不去营救,实在可恨,到底怎么办才好呢?"

当官的被杀,老百姓看热闹,邹穆公不明就里,迁怒于老百姓。

孟子对曰:"凶年饥岁,君之民老弱转乎沟壑,壮者散而之四方者,几千人矣。而君之仓廪实,府库充,有司莫以告,是上慢而残下也。曾子曰:'戒之戒之!出乎尔者,反乎尔者也。'夫民今而后得反之也。君无尤焉。君行仁政,斯民亲其上,死其长矣。"

孟子回答说:"闹灾荒的年月,您的老百姓年老体弱的弃尸于山沟,年轻力壮的四处逃荒,差不多有上千人吧。而您的粮仓里堆满粮食,货库里装满财宝,官吏们却从来不报告百姓的情况,这是慢待并且残害老百姓的表现。曾子说:'要警惕啊,要警惕啊!你怎样对待别人,别人也会怎样对待你。'现在就是老百姓报复他们的时候了。君王就不要责怪他们了吧。君王施行仁政,老百姓就会亲近他们的长官,肯为他们的长官卖命了。"

有载邹穆公是位爱民如子的明君,举国皆敬。穆公去世时,邹国百姓像失去了敬爱的父亲一样,痛哭三月,邹国邻国的百姓也都非常伤心。酒家不售酒,屠夫不卖肉,儿童不唱歌,国中听不到乐声,几个月后才开始恢复正常生活。

邹穆公爱民如子,却一度被官员蒙蔽,不知民间疾苦。孟子提醒邹穆公,君王施行仁政、选贤任能、监督吏治、通达民意一样都不能少。

有邹穆公不以粟食雁的故事传诵。邹穆公下令,饲养凫雁,一定要用秕作饲料,不可用粟米。粟米是上等的食粮,不可以拿它来喂凫雁。粮仓里供给公家喂凫雁的秕短缺了,便向民间去换取,二石粟换一石秕。邹穆公说:"作为一国之主,应是百姓生活的依靠。拿仓里的粟去换百姓的秕,难道就不是我们自己的粟了?只不过凫雁吃的是邹国的秕,没有糟蹋邹国的粟米。粟米贮存在粮仓里跟收藏在百姓家中,对我来说是一样的。"

十四、间于齐楚

滕文公问曰:"滕,小国也,间于齐、楚。事齐乎?事楚乎?"

滕文公问道:"腾国,是一个小国,处在齐国和楚国之间。是归服齐国好呢,还是归服楚国好呢?"

在合纵连横、以大欺小的战国时代,像滕国这样的小国,夹在大国齐、楚之间,生存是很难的。

孟子对曰:"是谋非吾所能及也。无已,则有一焉:凿斯池也,筑斯城也,与民守之,效死而民弗去,则是可为也。"

孟子回答说:"这种事情不是我所能思谋的。一定要谈谈的话,倒是有一个办法:挖深护城河,把城墙筑坚固,与老百姓一起坚守它，宁可献出生命老百姓也不愿离开。这样就可以有所作为了。"

孟子曾说，惟智者为能以小事大，故大王事獯鬻（xūn yù），勾践事吴。以小事大者，畏天者也。畏天者保其国。滕文公还算不上是一位智者，所以孟子告诉滕文公，先做好自己，实施仁政，与民守之。

滕文公是一位不错的君主。他以太子身份出使楚国途经宋国时，两次拜见孟子，向他请教治国方略。滕文公做了君主后，根据孟子的意见，在国内推行仁政、实行礼制、兴办学校、改革赋税制度等。滕文公名声大震，远近都称文公为贤君，自愿来滕国定居者络绎不绝。数年后，滕国人丁兴旺，国富、民强、君贤，善国之名远扬。"与民守之"的仁政充分体现了孟子以民为本的思想。

十五、齐人将筑薛

滕文公问曰："齐人将筑薛，吾甚恐。如之何则可？"

滕文公问道："齐国要修筑薛城，我非常担心。怎么办才好呢？"

或许滕文公没有明白孟子前述之深意。薛城距离滕国很近，看到齐国有行动，心里不免害怕。孟子继续点化开导他。

孟子对曰："昔者大王居邠（bīn），狄人侵之，去，之岐山之下居焉。非择而取之，不得已也。苟为善，后世子孙必有王者矣。君子创业垂统，为可继也。若夫成功，则天也。君如彼何哉？强为善而已矣。"

孟子回答道："从前太王居住在邠地，狄人来侵犯，他便离开迁到岐山下居住。这不是因为他愿意到那里居住，而是迫不得已。如果能施行善政，后代子孙中必定会有称王于天下的。君子创立基业传给后世，是为了可以世世代代继承下去。至于能否成功，那就由天决定了。您怎样对付齐国呢？只有努力推行仁政罢了。"

孟子拿太王离邠去岐的事教诲滕文公，潜在的意思是说，为君之要是推行仁政，其他的事不要放在心上，择时而动，迫不得已学太王。孟子知道天命不可违，形势比人强，历史的车轮滚滚向前，谁也挡不住，唯有仁者无敌。

十六、太王去邠

滕文公问曰："滕，小国也。竭力以事大国，则不得免焉。如之何则可？"

滕文公问道："滕国，是个小国。就算竭力去侍奉大国，也不能免除威胁。怎么办才好呢？"

以小事大者，畏天者也，畏天者保其国。可是免除不了亡国的威胁，滕文公还是不知如何是好。

孟子对曰："昔者大王居邠，狄人侵之。事之以皮币，不得免焉；事之以犬马，不得免焉；事之以珠玉，不得免焉。乃属其耆老而告之曰：'狄人之所欲者，吾土地也。吾闻之也：君子不以其所以养人者害人。二三子何患乎无君？我将去之。'去邠，逾梁山，邑于岐山之下居焉。邠人曰：'仁人也，不可失也。'从之者如归市。或曰：'世守也，非身之所能为也。效死勿去。'君请择于斯二者。"

孟子回答道："从前周太王居住在邠地，狄人来侵犯。周太王拿皮裘丝绸送给狄人，不能免遭侵犯；拿好狗良马送给狄人，不能免遭侵犯；拿珠宝玉器送给狄人，还是不能免去他们的侵扰。于是太王召集邠地的父老对他们说：'狄人想要的，是我们的土地。我听说过：君子不拿用来养活人的东西害人。你们何必担心没有君主呢？我要离开这里了。'于是离开邠地，越过梁山，在岐山下建城邑定居下来。邠地的人说：'这是位大德仁人，我们不能失去他啊。'追随太王迁居的人多得像赶集一般。也有人说：'土地是世世代代必须守护的基业，不是能自作主张处理的，哪怕牺牲性命也不能舍弃它。'您可以在这两个办法中选一个。"

这一段，孟子把话挑明了。小国受大国的威胁，是免不了的。土地是用来养人的，君子不以其所以养人者害人。只要做到心居善渊、仁政爱民，小国君王是死守故土还是另辟基业，都要自己选择。这充分体现了孟子"民为贵，社稷次之，君为轻"的民本思想。

周武王灭商之后，封其宗亲及功臣为诸侯。其弟叔绣（即周文王姬昌第十四子）被封于滕。公元前1046年，滕国立国。公元前414年，滕国被越王朱勾所灭，不久复国。战国初期，滕国灭于宋国。

十七、嬖人臧仓

鲁平公将出。嬖人臧仓者请曰："他日君出，则必命有司所之。今乘舆已驾矣，有司未知所之。敢请。"公曰："将见孟子。"

鲁平公要外出。宠臣臧仓请示说："以前君王外出，必定把所去的地方告知有司。现在车马都备好了，可是有司还不知道您要去哪里。我冒昧来请示一下。"鲁平公说："去见孟子。"

鲁平公在位时，鲁国国力衰弱。当时战国七雄是秦、楚、齐、燕、赵、魏、韩，鲁国苟延残喘于列强之中。孟子回到鲁国，乐正子向鲁平公引荐了孟子。鲁平公想去见见孟子，顺便请教一下治国方略。孟子呢，当然更想通过鲁平公实施自己的政治主张。不料这事被嬖人臧仓拦住了，还给出了鲁平公没法反驳的理由。

一说乐正子是孟子的弟子，亦或是孟子相熟的平辈或晚辈。"嬖人"，原指爱妾，即君夫比较疼爱的侧室；后与"嬖臣"通用，也指君主所宠的近臣。

曰："何哉？君所为轻身以先于匹夫者，以为贤乎？礼义由贤者出，而孟子之后丧逾前丧。君无见焉！"公曰："诺。"

臧仓说："这是为什么呢？您为什么要降低身份去见一个素人呢？是认为孟子贤能吗？礼义是由贤者制定的，而孟子为母亲操办的丧事，超过先前为父亲操办的丧事。君王还是不要见这样的人为好。"鲁平公说："好吧。"

本来说好的事，谁知半路出现了变故，鲁平王突然变卦了。这让好善的乐正子很是尴尬。

乐正子入见，曰："君奚为不见孟轲也？"曰："或告寡人曰'孟子之后丧逾前丧'，是以不往见也。"

乐正子入宫见鲁平公，问："君王为什么不去见孟轲了？"鲁平公说："有人告诉我说'孟子为母亲操办的丧事，超过为父亲操办的丧事'，所以我不去见他。"

乐正子称孟子孟轲，从这点看，他很可能是孟子相熟的亦师亦友的平辈。鲁平公实话实说，也没拿乐正子当外人。乐正子不着急，慢慢问，说事拉理颇有孟子之风。

曰："何哉？君所谓逾者？前以士，后以大夫；前以三鼎，而后以五鼎与？"曰："否。谓棺椁衣衾之美也。"曰："非所谓逾也，贫富不同也。"

乐正子说："君王所说的超过指的是什么？是说以前办父亲的丧事用士礼，后来办母亲的丧事用大夫礼；以前设三鼎的供品祭父，后来设五鼎的供品祭母吗？"鲁平公说："不是。我所说的是棺椁和寿衣的精美程度不同。"乐正子说："这不叫超过，前后贫富不同而已。"

原来这样呀，鲁平公是只知其然不知其所以然。

《中庸》载，子曰："父为大夫，子为士，葬以大夫，祭以士。父为士，子为大夫，葬以士，祭以大夫。期之丧，达乎大夫。"孟子的父亲过世时，他的身份是士，母亲过世时，他的身份是大夫。素富贵，行乎富贵；素贫贱，行乎贫贱。君子不以天下俭其亲。

乐正子见孟子，曰："克告于君，君为来见也。嬖人有臧仓者沮君，君是以不果来也。"

乐正子去见孟子，说："我说动了君王，君王要来见你。宠臣臧仓阻止了他，君王因此没有来。"

乐正子没说什么原因。此时，孟子可能想起了孔子的话。

曰："行，或使之；止，或尼之。行止，非人所能也。吾之不遇鲁侯，天也。臧氏之子焉能使予不遇哉？"

孟子说："道能行，或有某种力量促使它；道不能行，或有某种力量阻碍它。道行或者不行，不是仅凭个人之力能决定的。我不能与鲁君相见，这是天意。臧仓那个人又怎能阻挡得了我与鲁君相见呢？"

子曰："不怨天，不尤人，下学而上达。知我者，其天乎！""道之将行也与，命也。道之将废也与，命也。公伯寮其如命何？""天之未丧斯文也，匡人其如予何？""天生德于予，桓魋（tuí）其如予何？"天命不可违。

公孙丑章句上

一、如解倒悬

公孙丑问曰:"夫子当路于齐,管仲、晏子之功,可复许乎?"

公孙丑问道:"如果夫子在齐国当权,管仲和晏子的功业,可以再度兴起吗?"

公孙丑是孟子的弟子,齐国人。有载:"孟子未尝得政,丑设词以问之。"此时的公孙丑,对历史事件和历史人物的了解还不够深入,从这句问话看,甚至还没读懂《论语》。

《论语》载,子曰:"管仲之器小哉!"他有三处豪宅,不知俭。国君家里设置照壁酒台,他家也有,不知礼。"人也!夺伯氏骈邑三百,饭疏食,没齿无怨言。"管仲这个人很厉害,很有手腕,他夺取了一位齐国大夫的采邑,还能让这位大夫老得牙齿都掉光了也没有怨言。可谓褒中有贬。"桓公九合诸侯,不以兵车,管仲之力也。如其仁,如其仁!""管仲相桓公霸诸侯,一匡天下,民到于今受其赐。微管仲,吾其被发左衽矣。"这两句却是完全赞赏管仲,甚至专门是为管仲辩护的。晏子呢,历齐灵公、庄公、景公三朝,辅政长达50余年。孔子对晏婴的评价比较高。《论语》载:"晏平仲善与人交,久而敬之。"晏婴其貌不扬,又是个矮子,但他为人淳厚谦卑、清正廉洁、光明磊落、善于直谏,虽官拜宰相,仍朴实无华、礼贤下士。做人做事,对自己有原则，对别人有分寸，始终怀有一颗坦诚恭敬之心。所谓"人敬我一尺，我敬人一丈"，就是这个道理。孔子旅居齐国，齐景公有意任用他，晏婴以儒教未必适用齐国为由，婉言相劝齐景公放弃了这个想法。孔子没有埋怨他，仍然敬重他。

公孙丑对历史人物，特别是对管仲了解得不全面，所以才有孟子下面的说辞。

孟子曰："子诚齐人也，知管仲、晏子而已矣。或问乎曾西曰：'吾子与子路孰贤？'曾西蹴然曰：'吾先子之所畏也。'曰：'然则吾子与管仲孰贤？'曾西艴（fú）然不悦，曰：'尔何曾比予于管仲？管仲得君如彼其专也，行乎国政如彼其久也，功烈如彼其卑也。尔何曾比予于是？'"

孟子说："你真是个齐国人啊，只知道管仲晏子罢了。曾经有人问曾西：'您与子路谁更贤能？'曾西不安地说：'子路可是我先父所敬畏的人啊。'那人又问：'那么您与管仲谁更贤能呢？'曾西马上不高兴起来，说：'你怎么拿我和管仲相比呢？管仲得到国君的信赖是那样的专一，主持国政的时间又是那样的长久，可成就的功业却是那样的微不足道。你怎么拿我和他来相比呢？'"

曾西是曾参的孙子。曾参和父亲曾晳与子路同为孔门弟子，是同学。子路比曾晳还年长。有人问曾西，您与子路谁更贤能？曾西敢比吗？那是大不敬。至于和管仲比，不了解曾西的功业如何，但可以肯定的是，他对管仲的观点和看法，孟子是完全赞同的。

曰："管仲，曾西之所不为也，而子为我愿之乎？"

孟子说："管仲是曾西都不愿跟他相比的人，你以为我愿意跟他相比吗？"

公孙丑还是不明就里，但能感觉到，在孟子看来，管仲在道德学问和功业上似乎存在问题，继续问。

曰："管仲以其君霸，晏子以其君显。管仲、晏子犹不足为与？"
曰："以齐王，由反手也。"

公孙丑说："管仲辅佐齐桓公称霸天下，晏子辅佐齐景公名扬天下。难道管仲和晏子这样的人还不值得比吗？"

孟子说："以齐国的实力王天下，简直易如反掌。"

孟子认为，有强大的实力做后盾，只要有些手段，以力服人成就霸业并不难。儒家看不起管仲的原因，是因为他器量有限，又违礼，只能帮助齐桓公称霸，却不能帮助齐桓公王天下。儒家主张的是内圣外王。公孙丑不了解孟子的心思，但读过《书经》，了解周文武王的事迹，听此一说就更加迷惑了。

曰："若是，则弟子之惑滋甚。且以文王之德，百年而后崩，犹未洽于天下。武王、周公继之，然后大行。今言王若易然，则文王不足法与？"

公孙丑说："如果是这样，弟子我就更加疑惑不解了。以周文王那样的仁德，活了将近一百岁才去世，还没有做到统一天下。直到周武王和周公继承他的事业，然后才统一天下。现在您把实行王政说得这么容易，难道连周文王都不值得学习了吗？"

似乎也是呀，不愧为孟子弟子，逻辑清晰。看看孟子怎样说。

曰:"文王何可当也? 由汤至于武丁,贤圣之君六七作,天下归殷久矣,久则难变也。武丁朝诸侯,有天下,犹运之掌也。纣之去武丁未久也,其故家遗俗,流风善政,犹有存者。又有微子、微仲、王子比干、箕子、胶鬲皆贤人也,相与辅相之,故久而后失之也。尺地,莫非其有也;一民,莫非其臣也,然而文王犹方百里起,是以难也。

孟子说:"怎么可以与文王相比呢?从商汤到武丁,贤圣的君主有六七个。天下归服殷朝已经很久了,时间久了就难以变动。武丁统治天下让诸侯来朝,就像拨弄手掌中的玩物一样。纣王与武丁相隔没有多久,那些勋旧世家、传统习俗、良好作风、善政德教,当时还存留着。又有微子、微仲、王子比干、箕子和胶鬲等一批贤臣共同辅佐,所以能统治很久后才失去政权。那时候没有一尺土地不是他的疆土,没有一个百姓不是他的臣民,文王只能凭借方圆百里的国土起事,所以是非常困难的。

周文王和齐桓公面临的形势不一样,国力不一样,没法比。再说以小搏大,没有充要条件和历史机缘,是很难成事的。天命不可违,形势比人强。直到周武王时,时机成熟,各路诸侯终归一心,这才顺天应人,成就武王伐纣的功德。孟子继续给公孙丑上课。

齐人有言曰:'虽有智慧,不如乘势;虽有镃基,不如待时。'今时则易然也。夏后殷、周之盛,地未有过千里者也,而齐有其地矣。鸡鸣狗吠相闻,而达乎四境,而齐有其民矣。地不改辟矣,民不改聚矣,行仁政而王,莫之能御也。且王者之不作,未有疏于此时者也;民之憔悴于虐政,未有甚于此时者也。饥者易为食，渴者易为饮。孔子曰：'德之流行，速于置邮而传命。'当今之时，万乘之国行仁政，民之悦之，犹解倒悬也。故事半古之人，功必倍之，惟此时为然。"

"齐国人有句话说：'虽然有智慧，不如乘态势；虽然有锄头，不如待农时。'现在的时势就很利于用王道统一天下。夏朝之后商周兴盛之时，国土都没有超过方圆千里的，现在的齐国却超过了。鸡鸣狗吠的声音，从都城直到四方边境，处处可闻，处处是齐国的黎民百姓。国土不需要新开辟，老百姓不需要再增加，施行仁政王天下，没有谁能够阻挡。况且称王天下的贤君不出现，到现在已经很久了。民众被暴政摧残迫害，没有比现在更厉害的了。饥饿的人口不择食，口渴的人不择而饮。孔子说：'德政的推行，比驿站传递政令还要迅速。'现在这个时候，拥有一万辆兵车的大国施行仁政，老百姓的高兴，就像被吊着的人得到解救一样。所以，做古人一半的事，就可以成就古人双倍的功绩，只有现在这个时候才能做到。"

形势比人强，时也势也，命也。现在正是推行仁政而王天下的最好时候。齐国幅员辽阔，人口众多，却是民不聊生。如果齐国实行仁政，百姓的喜悦，就像解除了被倒挂着的痛苦一样爽快。如果齐王能够为政以德，实行仁政，由霸业至王业，指日可待，易如反掌。

二、四十不动心

公孙丑问曰："夫子加齐之卿相，得行道焉，虽由此霸王，不异矣。如此，则动心否乎？"

孟子曰："否。我四十不动心。"

公孙丑问道："先生您要是担任齐国的卿相，能实行自己的仁政，即使成就霸和王也不足为怪。如果这样，您会动心吗？"

孟子说："不会，我四十岁后就不动心了。"

孔子"四十而不惑"，尽管还有一些现象搞不清楚，比如两小儿辩日什么的，但内心做人处世的原则已经确立了，并且一以贯之，择善固执，牢不可破。孟子是"四十不动心"，已经没有什么事情可以引起他内心的波澜了，知道自己该做什么，以及为什么这样做，包括知其不可而为之。

曰："若是，则夫子过孟贲（bēn）远矣。"

曰："是不难，告子先我不动心。"

公孙丑说："若是这样，先生比孟贲要强多了。"

孟子说："做到这个并不难，告子不动心比我还要早。"

公孙丑还是猜不透孟子的内心世界，没往孔子那里想，却想到了孟贲。或许公孙丑认为，不动心与勇气有关吧。

《史记》载："成荆、孟贲、王庆忌、夏育之勇焉而死。"一说，孟贲水行不避蛟龙，陆行不避虎犀，能生拔牛角，发怒吐气，声响动天，尤为勇猛。秦武王年少骁勇，喜欢举鼎。九龙神鼎是世上瑰宝，秦武王看见它，兴致大发，便想借此机会与孟贲比试举鼎，以显示秦国在列强中的地位。这位年少好强的年轻人，抓住一只龙纹赤鼎猛地举了起来，殊不知此鼎重量过大，终因力气不支，累得双目出血，力尽鼎落，又砸断了膑骨，不治而死，丢了王位。无辜的孟贲也因此获罪，被诛杀九族。

孟子没搭理公孙丑提到的孟贲，却提到告子。告子何许人也？墨子传人？孟子学生？争议颇多，难以定论。告子是如何不动心的，后面再说。

公孙丑接着问。

曰:"不动心有道乎?"

曰:"有。北宫黝(yǒu)之养勇也,不肤挠,不目逃;思以一豪挫于人,若挞之于市朝;不受于褐宽博,亦不受于万乘之君;视刺万乘之君,若刺褐夫;无严诸侯,恶声至,必反之。

公孙丑问:"做到不动心有什么方法吗?"

孟子说:"有。北宫黝培养勇气的方法是,肌肤被刺不退缩,眼睛被刺不逃避;若是有一根毫毛被别人伤害,也觉得犹如在广庭大众下遭到鞭打一样;他既不愿意承受平民百姓的侮辱,也不愿意承受大国君王的侮辱;他把刺杀大国君王,看作刺杀普通平民一样;他不尊敬诸侯,受到辱骂,必定要骂回去。

北宫黝是齐国勇士,眼睛被刺不逃避,直面困难绝不退缩;同时受不得半点委屈,睚眦必报。上至君王下至百姓,他一视同仁,直道而行。

"孟施舍之所养勇也,曰:'视不胜犹胜也。量敌而后进,虑胜而后会,是畏三军者也。舍岂能为必胜哉?能无惧而已矣。'

"孟施舍培养勇气的方法,就像他说的:'把不能战胜看作能够战胜一样。估量敌得过然后前进,思虑能够战胜才交锋,这是畏惧三军的缘故。我会为了必胜才战斗吗?不过是无所畏惧罢了。'

孟施舍之勇,勇在气势,不为必胜,勇往直前。

"孟施舍似曾子，北宫黝似子夏。夫二子之勇，未知其孰贤，然而孟施舍守约也。昔者曾子谓子襄曰：'子好勇乎？吾尝闻大勇于夫子矣：自反而不缩，虽褐宽博，吾不惴焉；自反而缩，虽千万人，吾往矣。'孟施舍之守气，又不如曾子之守约也。"

"孟施舍像曾子，北宫黝像子夏。这两个人的勇气，我也不知道谁更好些，但孟施舍的方法较为简要。从前曾子告诉子襄说：'你崇尚勇敢吗？我曾经听夫子谈论过大勇：反躬自问觉得理亏，哪怕对方是平民，也不能去恐吓；反躬自问觉得理直气壮，即使面对千军万马，我也毫不退缩勇往直前。'孟施舍保持无所畏惧的勇气，又不如曾子来得简要。"

孟施舍似曾子，北宫黝似子夏之比，没有其他史料可考。北宫黝之勇，有点像武者"外练筋骨皮"的硬气。孟施舍之勇，有点像武者"内练一口气"的正气。曾子转述孔子之勇，却是充满了为国为民的侠气。其实，孔子的知耻而后勇，才是真正的大勇。人需要自省自讼，也就是自我批判，这是需要很大勇气的。找到了自己的不足，能够正视自己，勇于改正更是勇气可嘉。做到了刀刃向内刮骨疗伤，刀刃向外更不会是什么难事。"义之与比""内省不疚，夫何忧何惧？"理直气壮，自当无所畏惧，虽千万人吾往矣！

曰："敢问夫子之不动心，与告子之不动心，可得闻与？"

"告子曰：'不得于言，勿求于心；不得于心，勿求于气。'不得于心，勿求于气，可；不得于言，勿求于心，不可。夫志，气之帅也；气，体之充也。夫志至焉，气次焉。故曰：'持其志，无暴其气。'"

公孙丑说："请问先生的不动心，与告子的不动心，可以说给我听听吗？"

孟子说："告子说：'不懂得对方的言语，就无法理解对方的心思。不懂得对方的心思，就无法理解对方的意气。'不懂得对方的心思，就无法理解对方的意气，是可以理解的；不懂得对方的言语，就无法理解对方的心思，就不可以了。心志，是意气的主帅；意气，是充满人体内的精神力量。心志是最重要的，意气就稍差一点。所以说：'保持自己的心志，不要滥用自己的意气。'"

孟子"四十不动心"，犹如孔子"四十而不惑"，是说内心已经确立了安身立命、为人处世的原则，矢志不移。知道自己该做什么，以及为什么这样做，包括知其不可而为之，莫不如此。人知羞耻而后真诚向善，也就是尽心知命，知耻而后勇，择善固执，止于至善。君子之道，修身之道，处世之道，归结为天命之于仁道，盖莫如此。

《论语》载，子曰："始吾于人也，听其言而信其行。今吾于人也，听其言而观其行。""视其所以，观其所由，察其所安。人焉廋哉？人焉廋哉？"孔子认为，对人应当听其言而观其行，还要看他做事的心境，从他的动因、行动到他的目的追求，去全面了解观察一个人，那么这个人就没有什么可以隐瞒的了，同时又讲"不知言，无以知人也"。孟子认为不懂得对方的言语，还可以通过其他方式来了解他的心思。比如说"听其言也，观其眸子，人焉廋哉？"同时，他认同不懂得对方的心思，就无法理解对方的意气。比如说有位陌生人，忽然过来气势汹汹地吼你，并打了你一巴掌，你会不会发憷？你不知道他为什么打你。

告子说："不得于言，勿求于心。不得于心，勿求于气。"这句话与告子不动心是什么关系？告子的意思是，既然不懂得对方的言语，怎么能够理解对方的心思，你又走不进人家的心里，求也没有用。既然无法理解对方的心思，类似子非鱼安知鱼之乐，你就无法理解他的意气用事，求也没有用。所以对人间的是是非非，也就没必要费尽心思去搞明白，这就是告子的不动心——随它去。告子的不动心是方法论上的结论，与孟子的不动心根本不是一回事。

心志与意气的关系，如同原则或者信条与行为的关系。内心确立了仁道原则，就是心志不移，所以心志是意气的主帅，意气是充盈人体内的精神力量，依归于心志，可以提振人的仁义行动，也就是精气神。

公孙丑还是不太明白，打破砂锅问到底。

"既曰'志至焉，气次焉'，又曰'持其志，无暴其气'者，何也？"

曰："志壹则动气，气壹则动志也。今夫蹶者趋者，是气也，而反动其心。"

公孙丑说："您说'心志是最重要的，意气就稍差一点'，又说'保持自己的心志，不要滥用自己的意气'，这是什么意思呢？"

孟子说："心志专一则会驱动意气，意气专一又会反作用心志。看那些奔跑跌倒的人，正是因为意气用事，反过来影响了他们的心志。"

要做到不动心、心志专一，就要沉得住气，不能意气用事。一旦被现象所迷惑，被利益所驱使，意气用事反过来会动摇心志。太想跑得快了，结果跌倒了，可能就不想跑了。心志决定意气，意气对心志有反作用。故持其志，无暴其气，才能不动摇原则信条。

三、浩然之气

"敢问夫子恶乎长?"

曰:"我知言,我善养吾浩然之气。"

公孙丑说:"请问先生擅长什么呢?"

孟子说:"我能了解别人的言语,我善于养我浩然之气。"

遇到这样好提问的弟子,老师没点真功夫还真不行。

孟子说他擅长了解别人的言语,通过别人的言语就能分析了解一个人的心思,或者说孟子了解人性、会读心术、懂心理学,但最擅长的是养吾浩然之气。

"不动心""心志""意气""浩然之气",名词太多,逻辑有点复杂,公孙丑有点懵,继续问。

"敢问何谓浩然之气?"

曰:"难言也。其为气也,至大至刚,以直养而无害,则塞于天地之间。其为气也,配义与道;无是,馁也。是集义所生者,非义袭而取之也。行有不慊于心,则馁矣。我故曰,告子未尝知义,以其外之也。必有事焉而勿正,心勿忘,勿助长也。无若宋人然。宋人有闵其苗之不长而揠之者,芒芒然归,谓其人曰:'今日病矣,予助苗长矣。'其子趋而往视之,苗则槁矣。天下之不助苗长者寡矣。以为无益而舍之者,不耘苗者也;助之长者,揠苗者也。非徒无益,而又害之。"

公孙丑说:"请问什么叫浩然之气?"

孟子说:"很难说清楚。它作为一种气,是最伟大最刚强的,用正直去涵养不损害它,它就会充满于天地之间。这种气,要配上义行和仁道才行；如果不配，就会泄气。它是集聚义行在心中所产生的，不是凭借义行所能获取的。行为中有不满足于心的，就会泄气。所以我说，告子不一定知道义行的重要，因为他把义行看作是外在的东西。必然要发生的事情不要想当然去修正，心里面不要忘记它，也不要去助长它。千万不要像宋国人那样。宋国有个人担心他的禾苗长不快而把禾苗拔高，累了一天回家，告诉家里人说：'我今天累坏了，把禾苗拔高了。'他的儿子赶紧跑去一看，禾苗都枯萎了。天下不去拔苗助长的人太少了。以为没有什么益处而放弃的人，就是不锄草松土的懒汉。瞎琢磨帮助禾苗快长的人，就是拔苗助长的人。这样做不但没有什么好处，反而会伤害它的生长。"

孟子也觉得难以说清楚什么是浩然之气。

浩然之气必须配以仁道和义行，并用正直涵养它，它才能充盈。仁义是内生于心的，合乎天命自然生生不息。浩然之气，就是天地人间的正气，正大刚直。天行健，君子以自强不息；地势坤，君子以厚德载物。它真诚不欺，不急不躁，四时行焉，万物育焉，它便是仁者无敌、舍我其谁的磅礴正气！

四、何谓知言

"何谓知言？"

曰："诐辞知其所蔽，淫辞知其所陷，邪辞知其所离，遁辞知其所穷。生于其心，害于其政；发于其政，害于其事。圣人复起，必从吾言矣。"

公孙丑说："什么叫知言呢？"

孟子说："听到偏颇不正的言辞就知道有所隐蔽，听到放荡的言辞就知道有所沉溺，听到邪恶的言辞就知道有所偏离，听到搪塞的言辞就知道有所困穷。产生于内心，危害到政务；产生于政务，妨害到政事。如果再有圣人出现，一定会同意我这个见解的。"

孟子早已形成了一种思维范式，也早已笃定了自己的仁义信条。一切的言语都放到仁义道德的尺度上来衡量，那么，人焉廋哉？况且还可以观其眸。这是孟子对孔子学说的又一次发展和提升。孟子坚信，就是孔子重生，他也一定同意我的这个观点的。公孙丑似乎感悟到点什么，继续问。

五、圣人弗居

"宰我、子贡善为说辞，冉牛、闵子、颜渊善言德行。孔子兼之，曰：'我于辞命，则不能也。'然则夫子既圣矣乎？"

曰："恶！是何言也？昔者子贡问于孔子曰：'夫子圣矣乎？'孔子曰：'圣则吾不能，我学不厌而教不倦也。'子贡曰：'学不厌，智也；教不倦，仁也。仁且智，夫子既圣矣！'夫圣，孔子不居，是何言也？"

公孙丑说："宰我和子贡善于言辞，冉牛、闵子和颜渊善言德行。孔子则兼而有之，可他却说：'我于辞令是不擅长的。'那么夫子您已经是圣人了吗？"

孟子说："可恶！这是什么话？从前，子贡向孔子问道：'夫子是圣人吗？'孔子说：'圣人我是做不到的，我能做到的只是学而不厌，诲人不倦罢了。'子贡说：'学而不厌，是智慧；诲人不倦，是仁德。既有智慧又有仁德，先生就是圣人了。'圣人，孔子都不敢自居，你这是什么话？"

圣人都会同意你的说辞，您又言辞德行兼而有之，您不是在自比圣人乎？

不敢自居，并不是达不到。孔子一生追求君子之道，向圣者仁人学习，但他从没有以君子自居，更不会自称是仁者圣贤。但他总是以君子要求自己，向圣人看齐。不过他话里有话也带出来，并不否认自己是君子或是仁者。"君子居之，何陋之有！"孟子似乎也是这个意思。

公孙丑不问出个所以然来决不罢休。

"昔者窃闻之，子夏、子游、子张皆有圣人之一体，冉牛、闵子、颜渊则具体而微。敢问所安。"

曰："姑舍是。"

公孙丑说："从前我听说，子夏、子游和子张各有圣人一方面的长处，冉牛、闵子和颜渊则学得很具体，请问先生您属于哪一种？"

孟子说："暂时不谈这些吧。"

终于把孟子问住了。孟子的意思是：孔子明确说清楚的事情，咱就不谈了吧。好吧，那就换几个人，公孙丑继续问。

曰："伯夷、伊尹何如？"

曰："不同道。非其君不事，非其民不使，治则进，乱则退，伯夷也。何事非君，何使非民，治亦进，乱亦进，伊尹也。可以仕则仕，可以止则止，可以久则久，可以速则速，孔子也。皆古圣人也，吾未能有行焉。乃所愿，则学孔子也。"

公孙丑说："伯夷、伊尹怎么样？"

孟子说:"处世之道不同。不是他认可的君主不侍奉,不是他认可的民众不使唤,世道太平就出来做官,世道昏乱就退而隐居,这就是伯夷。任何君主都能侍奉,任何民众都去使唤,国家太平也做官,国家混乱也做官,这就是伊尹。应该出仕就出仕,应该退避就退避,应该久留就久留,应该速去就速去,这就是孔子。他们都是古代的圣人,我没能做到他们那样。至于我的愿望,则是向孔子学习。"

史载伯夷叔齐兄弟让国,逃至首阳山,叩马谏伐,不食周粟而饿死。伊尹历事商汤、外丙、仲壬、太甲、沃丁五代君主,辅政五十余年,为商朝兴盛立下汗马功劳。孔子曾任鲁国大司寇,摄相事,七日而诛少正卯,曝尸三日,鲁国大治。后与三桓矛盾加剧,孔子不得不离开父母之邦时,"迟迟吾行也",开始周游列国。孔子去齐,却是接淅而行,捞起米来就跑,一刻也不耽误。"乃所愿,则学孔子也。"孟子称孔子圣之时者也。由是,确立了孟子的儒家道统。公孙丑觉得,伯夷、伊尹与孔子并列不合适,就问。

"伯夷、伊尹于孔子,若是班乎?"
曰:"否。自有生民以来,未有孔子也。"

公孙丑说:"伯夷、伊尹能与孔子相提并论吗?"
孟子说:"不。自有人类以来,没有像孔子这样的人。"

颜回评价孔子:"仰之弥高,钻之弥坚。瞻之在前,忽焉在后。"子贡评价孔子:"他人之贤者,丘陵也,犹可逾也。仲尼,日月也,无得而逾焉。"后人评价孔子至圣先师,是没有土地没有子民的"素王"。孟子评价孔子:"自有生民以来,未有孔子也。"

曰："然则有同与？"

曰："有。得百里之地而君之，皆能以朝诸侯，有天下。行一不义，杀一不辜，而得天下，皆不为也。是则同。"

公孙丑说："那么他们之间有相同之处吗？"

孟子说："有。只要他们得到方圆百里的土地去统治，他们都能使诸侯来朝见而拥有天下。要他们做一件不合仁义的事、杀一个无辜的人来得到天下，他们都不会干。这就是他们的共同之处。"

什么叫圣人？孟子描述的就是，和天地之道德，乘日月之光明，已达到人类最高最完美境界的人就是圣人。"可欲之谓善，有诸己之谓信。充实之谓美，充实而有光辉之谓大，大而化之之谓圣，圣而不可知之谓神。"

曰："敢问其所以异？"

曰："宰我、子贡、有若智足以知圣人，污不至阿其所好。宰我曰：'以予观于夫子，贤于尧舜远矣。'子贡曰：'见其礼而知其政，闻其乐而知其德，由百世之后，等百世之王，莫之能违也。自生民以来，未有夫子也。'有若曰：'岂惟民哉？麒麟之于走兽，凤凰之于飞鸟，太山之于丘垤，河海之于行潦，类也。圣人之于民，亦类也。出于其类，拔乎其萃。自生民以来，未有盛于孔子也。'"

公孙丑说："请问孔子有何不同之处？"

孟子说："宰我、子贡和有若的聪明才智足以了解圣人，他们再卑劣也不至于阿谀奉承。宰我说：'依我对夫子的观察了解，其贤能远远超过尧舜。'子贡说：'见其礼就知道他政务如何，听其乐就知道他仁德如何。即使百世之后，出现了圣明君主，也违背不了这个道理。自有人类以来，就没有出现过孔子这样的人。'有若说：'难道只有民众有高下之分吗？麒麟之于走兽，凤凰之于飞鸟，泰山之于土堆，河海之于水塘，都是同类。圣人之于民众，也是同类。出于其类，拔乎其萃。自有人类以来，没有谁比孔子更具有大美圣德了。'"

孟子对孔子推崇备至，他是孔子思想衣钵的传承者、发展者。

这一大段问答，内容十分丰富，言辞十分精彩，阐述了不少孟子主要的思想学说，如"四十不动心""虽千万人吾往矣""我知言，我善养吾浩然之气""圣人复起必从吾言"等，也不乏对孔子的赞美，"出于其类，拔乎其萃，自生民以来，未有盛于孔子也"。

六、心悦诚服

孟子曰："以力假仁者霸，霸必有大国；以德行仁者王，王不待大。汤以七十里，文王以百里。以力服人者，非心服也，力不赡也；以德服人者，中心悦而诚服也，如七十子之服孔子也。《诗》云：'自西自东，自南自北，无思不服。'此之谓也。"

孟子说："凭借武力假借仁义者称霸，称霸一定有实力的大国作依靠；依靠美德推行仁政者称王，称王不一定凭借大国。商汤以方圆七十里国土，周文王以方圆百里的国土，就王天下了。倚仗武力服人的，并不能使人心服，是因为被统治者实力不够无法反抗；以德服人的，是打心里让人心悦诚服，比如七十个弟子归服孔子便是。《诗经》上说：'从西到东，从南到北，没有不心悦诚服的。'说的就是这个道理。"

以德服人者，才可以王天下久。商汤仁德，《诗经·商颂》称"昔有成汤，自彼氐羌，莫敢不来享，莫敢不来王"。周文王敬老慈少，礼贤下士，怀保小民，《论语·泰伯》称其"三分天下有其二，以服事殷"。孔子被尊为"素王"，是说孔子是没土地没子民的无冕之王，圣之时者也。"天不生仲尼，万古如长夜。"

以德服人，在于内圣外王，关键是修为大美仁德，仁者爱人，践行仁道。

七、自作孽不可活

孟子曰："仁则荣，不仁则辱。今恶辱而居不仁，是犹恶湿而居下也。

孟子说："仁则获得荣光，不仁则招来耻辱。现今的人既厌恶耻辱却又安心处于不仁的境地，就好像厌恶潮湿却又甘心居于低洼一样。

世风日下，甘居下流，不知羞耻，与禽兽相差无几。孟子看在眼里，很是伤悲。孔子是里仁为美，如今的人却是陷于沼泽、麻木不仁。

"如恶之，莫如贵德而尊士。贤者在位，能者在职。国家闲暇，及是时，明其政刑。虽大国，必畏之矣。《诗》云：'迨天之未阴雨，彻彼桑土，绸缪（chóu móu）牖（yǒu）户。今此下民，或敢侮予？'孔子曰：'为此诗者，其知道乎！能治其国家，谁敢侮之？'

"如果真的厌恶耻辱，最好莫过于崇尚仁德并尊重士人。让贤者治理国家，让能者担任官职。国家无内忧外患的时候，及时修明政教法典。这样即使是大国，也会畏惧你。《诗经》上说：'趁着天晴没阴雨，剥些桑树根上皮，修好窗棂和门户。看那下面这些人，有谁还敢欺侮我？'孔子说：'写这首诗的人，他是懂得道理的！能够治理好自己的国家，谁还敢欺侮他呢？'

孟子像孔子一样，心心念念的全是仁义道德、推行仁政。孟子曾说，现在正是推行仁政而王天下最好的时候。如果齐国实行仁政，百姓的喜悦，就像解除了被倒挂着的痛苦一样爽快。如果齐王能够为政以德，采取仁政主张，同时明其政刑，由霸业至王业，指日可待，易如反掌。

诗句出自《诗经·豳风·鸱鸮》。这是一首寓言诗，为周公所作。周武王病故后，周公旦按照武王的临终嘱托，让武王13岁的儿子姬诵继承王位，并辅佐之。此时谣言四起，谓周公欲夺取王位。为了制止谣言，周公离开了镐京，临走写了《鸱鸮》这首诗。大意是："猫头鹰你这恶鸟，已经夺走了我的雏子，再不能毁去我的窝巢。我趁着天晴没阴雨，把巢儿修复好，看谁还敢欺负我。我的巢儿垂危，正在风雨中飘摇。我岂能惊恐地哀号！"史评此乃周公救乱之作，告诫成王要有忧患意识，未雨绸缪。所以孔子说，为此诗者，其知道乎！

"今国家闲暇，及是时，般乐怠敖，是自求祸也。祸福无不自己求之者。《诗》云：'永言配命，自求多福。'《太甲》曰：'天作孽，犹可违；自作孽，不可活。'此之谓也。"

"现今国家局势稳定，却浪费大好机遇一味地追求享乐，怠慢国政，这是自取祸害。福祸都是自找的。《诗经》上说：'永言配命，自求多福。'《太甲》上说：'天作孽，犹可违；自作孽，不可活。'说的就是这个意思。"

畏天命，畏大人，畏圣人之言。祸福无不自求者也。

史载，继位第三年，太甲一味享乐，暴虐百姓，朝政昏乱，又坏汤制定律。伊尹百般规劝，他都听不进去。伊尹只好遵从天命和帝令，将他放逐到商汤墓地附近的桐宫，让他自我反省。伊尹摄政当国，史称"伊尹放太甲"。太甲在桐宫三年，悔过自责，伊尹将他迎回亳都，还政于他。

"永言配命，自求多福"出自《诗经·大雅·文王》，本篇歌颂的是周朝奠基者文王姬昌。周人追述文王之德，明国家所以受命而代殷者，皆由于此，以戒成王敬天法祖。原句是："无念尔祖，聿修厥德。永言配命，自求多福。殷之未丧师，克配上帝。宜鉴于殷，骏命不易！"

八、无敌于天下

孟子曰："尊贤使能，俊杰在位，则天下之士皆悦，而愿立于其朝矣。市廛而不征，法而不廛，则天下之商皆悦，而愿藏于其市矣。关讥而不征，则天下之旅皆悦，而愿出于其路矣。耕者助而不税，则天下之农皆悦，而愿耕于其野矣。廛无夫里之布，则天下之民皆悦，而愿为之氓矣。信能行此五者，则邻国之民仰之若父母矣。率其子弟，攻其父母，自生民以来，未有能济者也。如此，则无敌于天下。无敌于天下者，天吏也。然而不王者，未之有也。"

孟子说："尊重贤者任用有能力的人，让才能出众的人来治理国家，那么天下的士子们都会高兴，愿意在这样的朝廷中做官。市中的商铺不征税，公平合理对待店铺，那么天下的商人都会高兴，愿意到这里来做买卖。关卡也是仅查问而不征税，那么天下的商旅都会很高兴，愿意取道于这样的国家。农民只须助耕井田中的公田而不必另外交税，那么天下的农民都会很高兴，从而愿意耕种这样的土地。住地没有劳役税和额外的地税，那么天下百姓都会很高兴，都愿意来这里居住。相信能够做到这五点，那么邻国的百姓也会像对父母一样敬仰这样的国君。率领自己的子弟们去攻打自己的父母，自有人类以来，还没有谁能成事过。如此一来，就会无敌于天下。无敌于天下的人，是代表上天管理子民的官员。若是这样还不能王天下，那是没有的事。"

俊杰在位，不征商税，不征关税，不征农业税，不征房屋税，一尊贤、四不征是谓五仁政，爱民如子则无敌于天下。

九、心有四端

孟子曰："人皆有不忍人之心。先王有不忍人之心，斯有不忍人之政矣。以不忍人之心，行不忍人之政，治天下可运之掌上。所以谓人皆有不忍人之心者，今人乍见孺子将入于井，皆有怵惕恻隐之心。非所以内交于孺子之父母也，非所以要誉于乡党朋友也，非恶其声而然也。

孟子说："人人都有怜悯之心。先王有怜悯之心，这才有体恤百姓的仁政。用怜悯之心，去施行体恤百姓的仁政，治理天下就像操弄在手掌上一样容易。之所以说人人都有怜悯之心，是因为有人突然看见一个小孩将要掉进井里，都会有担忧恐惧的恻隐之心。这不是因为跟小孩的父母有交情，不是因为想在邻里朋友间博取好名声，也不是因为厌恶孩子的哭叫声才产生这种心理的。

"人皆有不忍人之心"，也就是怜悯之心，这是孟子的立论基础。为什么人皆有不忍人之心呢？孟子举了一个不证自明的例子："人皆有不忍人之心者,今人乍见孺子将入于井,皆有怵惕恻隐之心。"由此推开来,孟子认为人人皆有四心。

"由是观之,无恻隐之心,非人也。无羞恶之心,非人也。无辞让之心,非人也。无是非之心,非人也。恻隐之心,仁之端也。羞恶之心,义之端也。辞让之心,礼之端也。是非之心,智之端也。人之有是四端也,犹其有四体也。有是四端而自谓不能者,自贼者也。谓其君不能者,贼其君者也。凡有四端于我者,知皆扩而充之矣,若火之始然,泉之始达。苟能充之,足以保四海。苟不充之,不足以事父母。"

"由此看来,没有恻隐之心,就不是人。没有羞恶之心,就不是人。没有辞让之心,就不是人。没有是非之心,就不是人。恻隐之心,是仁的发端。羞恶之心,是义的发端。辞让之心,是礼的发端。是非之心,是智的发端。人人皆有这四种发端,就如同人人都有四肢一样。有了心之四端却自认为不能行仁义礼智的,是自损的人。认为他的君主不能行仁义礼智的,是损害其国君的人。凡是知道心有四端的人,要知道把它们都扩充开来,那就会像火刚开始点燃、泉水刚开始流出一样。如果能够扩充它们,便足以安定天下。如果不能够扩充它们,连赡养父母都成问题。"

孟子"心有四端"的观点,涉及人的本性问题。"夫子之言性与天道,不可得而闻也",子思述之。子思在《中庸》开篇,便开宗明义:"天命之谓性,率性之谓道,修道之谓教。"意思是,上天赋予的叫人性,顺着人性去做叫修道,修养道德叫教化。子思把天命与人性统一起来,把人性与仁道统一起来,把修养仁道与人文教化统一起来,这是子思对孔子思想的阐发。那么，人的本性就是先天的不可改变的禀性吗？不尽然。我的体悟是人的本性是由先天的禀性和后天的习性共同组成的。人的本质属性是文化的、社会的。人之所以为人，就是因为人是在先天禀性的基础上，人文化育而成的万物之灵。

或许有些高级动物也有恻隐之心。母爱之所以是最伟大的，是因为舐犊之情超越了人类的情感。但羞耻之心是人所独有的。马克·吐温说，人类是这个世界上唯一会脸红也该脸红的动物。为什么会脸红？因为人文教化使之知羞耻。为什么该脸红？是因为人会做出禽兽不如的事。因此人才彰显了恻隐之心、羞恶之心、辞让之心和是非之心。我把孔子人伦道德哲学的第一命题归为"人知羞耻而后真诚向善"，也是在以上体悟的基础上得来的。人之所以为人也，人知羞耻，其为人也，真诚向善。君子之道，就是人知羞耻而后真诚向善，止于至善。

孟子将人性阐述为心有四端，是在《中庸》的基础上，对孔子思想的又一次发展。子曰"行己有耻，知耻而后勇"，将"心有四端"再前推为"人知羞耻而后真诚向善"，并将之作为仁义道德哲学的第一命题，感觉更能立得住。

十、里仁为美

孟子曰："矢人岂不仁于函人哉？矢人唯恐不伤人，函人唯恐伤人。巫匠亦然，故术不可不慎也。孔子曰：'里仁为美。择不处仁，焉得智？'夫仁，天之尊爵也，人之安宅也。莫之御而不仁，是不智也。不仁不智、无礼无义，人役也。人役而耻为役，由弓人而耻为弓，矢人而耻为矢也。如耻之，莫如为仁。仁者如射，射者正己而后发。发而不中，不怨胜己者，反求诸己而已矣。"

孟子说:"造箭的人难道没有制甲的人仁慈吗?造箭的人唯恐自己造的箭不能够伤人,制甲的人唯恐自己造的甲让箭伤害到人。巫医和制棺者之间也是这样的,所以选择谋生的手段不可以不谨慎。孔子说:'里仁为美。择不处仁,焉得智?'仁,是上天尊贵的爵位,人间最安逸的住宅。没有阻碍却不选择仁,是不明智的。不仁不智、无礼无义的人,只能被别人驱使和奴役。被别人驱使而引以为耻,就像造弓的人以造弓为耻,造箭的人以造箭为耻一样。如果真正引以为耻,那就不如为仁。仁者就像射手,射手先端正自己的姿势然后才放箭。如果没有射中,不怪比自己射得好的人,而是反过来找自己的原因。"

人知羞耻而后真诚向善,止于至善。里仁为美,这是崇高的道德追求和社会理想。但也应该注意到,人性是复杂的,社会发展是有阶段性的。人的禀性中有好斗的成分还包含强烈的占有欲,人的习性中有近朱者赤、近墨者黑的规律。君王一旦沦为独夫贼子,就会祸国殃民,需要圣贤者替天行道、铲除祸端、伸张正义。造箭的想除暴安良,造盾的想保护伸张正义者,都怀有仁爱之心,也就都是仁义之举了。罪不在物,在人,在掌握生杀大权的人。由是,我们可以理解为什么圣人总是不厌其烦地拿君王说事了。

十一、与人为善

孟子曰:"子路,人告之以有过则喜。禹闻善言则拜。大舜有大焉,善与人同,舍己从人,乐取于人以为善。自耕稼、陶、渔以至为帝,无非取于人者。取诸人以为善,是与人为善者也。故君子莫大乎与人为善。"

孟子说:"子路,别人指出他的过失他就高兴。禹帝听到有教益的话就向人拜谢。大舜之所以称之为大舜是因为他更伟大，总是与别人一起做善事，舍弃自己学习别人的优点，喜欢吸取别人的长处以为善。他从种地、做陶器、捕鱼一直到成为帝王，没有哪一个优点不是从别人身上学习来的。吸取别人的优点来行善，也就是与别人一起来行善。所以，君子最重要的就是要与别人一起来行善。"

《论语》载，"子路有闻，未之能行，唯恐有闻。"子路听到了什么好的善言，如果还没有来得及去做，便唯恐又听到新的善言。闻过立改，闻善力行，不宿诺。

《书经·虞书·皋陶谟》载，皋陶曰："都！慎厥身，修思永。惇叙九族，庶明励翼，迩可远在兹。"禹拜昌言曰："俞！"皋陶说要谨慎其身，坚持不懈地努力，提升自身的修养。要使近亲宽厚顺从，使贤人勉力辅佐，由近及远，完全在于从当下做起。禹听了这番精当的言论，拜谢说："对呀！"

《史记·五帝本纪》载："舜耕历山，历山之人皆让畔。渔雷泽，雷泽上人皆让居。陶河滨,河滨器皆不苦窳。一年而所居成聚,二年成邑,三年成都。"舜在历山耕作，历山的人都能互相推让地界。在雷泽捕鱼，雷泽的人都能互相推让位置。在黄河岸边制作陶器，那里就完全没有次品了。一年的工夫，他住的地方就成为一个村落，二年就成为一个小镇，三年就变成大都市了。大舜为帝时，常问众大臣："这个职位由谁来担任好？"众臣议而荐之，舜就从而任之。

十二、逸民之不足

孟子曰："伯夷，非其君不事，非其友不友。不立于恶人之朝，不与恶人言。立于恶人之朝，与恶人言，如以朝衣朝冠坐于涂炭。

推恶恶之心，思与乡人立，其冠不正，望望然去之，若将浼焉。是故诸侯虽有善其辞命而至者，不受也。不受也者，是亦不屑就已。柳下惠，不羞污君，不卑小官。进不隐贤，必以其道。遗佚而不怨，厄穷而不悯。故曰：'尔为尔，我为我，虽袒裼裸裎（tǎn xī luǒ chéng）于我侧，尔焉能浼我哉？'故由由然与之偕而不自失焉，援而止之而止。援而止之而止者，是亦不屑去已。"

孟子曰："伯夷隘，柳下惠不恭。隘与不恭，君子不由也。"

孟子说："伯夷，不是他认可的君主就不侍奉，不是他认可的朋友就不交往。不在恶人的朝廷里做官，不与恶人说话。如果在恶人的朝廷里做官，和恶人交谈，就好像穿着礼服戴着礼帽坐在污泥和炭灰等污浊的东西上。推想他厌恶恶人的心理，想象他与乡下人站在一起，那人如果衣冠不整，他就会愤然离开，好像自己被玷污了一样。因此，诸侯中虽然有人用动听的言辞请他去做官，他也不接受。不接受的原因，是因为他瞧不起那些人。柳下惠，不觉得侍奉贪官污吏是耻辱，也不嫌弃官职小。他入朝做官不隐藏自己的才干，但一定要按自己的主张行事。就算被冷落遗忘也不怨恨，处于困窘之境也不忧愁。所以他说：'你是你，我是我，哪怕在我身边赤身露体，你又怎能玷污我呢？'因此，他怡然自得地与他人共处而不失常态，别人拉着他让他留下他也留下。留下的原因，是因为他也不在意离开不离开。"

孟子又说："伯夷这个人狭隘，柳下惠又不够恭敬。狭隘和不恭敬，都是君子不该遵从和仿效的。"

孟子以伯夷和柳下惠为例，阐述了虽然都是贤者逸民，但为人处世的态度也是可以迥异的。

　　伯夷和柳下惠都是孔子所推崇的人。《论语》载："逸民：伯夷、叔齐、虞仲、夷逸、朱张、柳下惠、少连。"意思是这七位是节行超逸的人。孔子评价说："不降其志，不辱其身，伯夷、叔齐与！"意思是："不降低自己的气节，不屈辱自己的身份，这是伯夷、叔齐吧。"孔子继续评价说："柳下惠、少连降志辱身矣，言中伦，行中虑，其斯而已矣。"意思是："柳下惠、少连降低自己的气节，屈辱自己的身份，但说话合乎伦理，行动事先谋虑，是这样吧。"孔子接着评价："虞仲、夷逸隐居放言，身中清，废中权。我则异于是，无可无不可。"意思是："虞仲和夷逸过着隐居的生活放言高论，洁身自爱，批判是非。我却同这些人不同，没有一定要这样做，也没有一定要那样做。"这也就是"君子不器""用之则行，舍之则藏""无可无不可"。

　　孟子直接点出了两人的不足：一个狭隘，一个不敬。按中庸之道、"发乎情，止乎礼"来看，这两人确实都有点偏倚，过犹不及了。孔子包容一些，孟子眼里容不得沙子。

公孙丑章句下

一、得道者多助，失道者寡助

孟子曰："天时不如地利，地利不如人和。三里之城，七里之郭，环而攻之而不胜。夫环而攻之，必有得天时者矣，然而不胜者，是天时不如地利也。城非不高也，池非不深也，兵革非不坚利也，米粟非不多也，委而去之，是地利不如人和也。故曰：域民不以封疆之界，固国不以山谿之险，威天下不以兵革之利。得道者多助，失道者寡助。寡助之至，亲戚畔之。多助之至，天下顺之。以天下之所顺，攻亲戚之所畔，故君子有不战，战必胜矣。"

孟子说："天时不如地利，地利不如人和。内城方圆三里，外城方圆七里，四面围攻都不能够攻破。既然四面围攻，总有遇到天时好的时候，但还是攻不破，这是因为天时不如地利。城墙不是不高，护城河不是不深，守城的武器装备不是不锐利，粮草也不是不充足，但是军民们还是弃城而逃了，这是因为地利不如人和。所以说：老百姓不是靠封锁边境就可以限制住的，国家不是靠险要的山川就可以保住的，扬威天下也不是靠锐利的武器装备做到的。得道者多助，失道者寡助。援助的人少到极点，连亲人也会叛离。援助的人多到极点，天下人都会顺从他。

以天下人都顺从的力量，去攻打连亲人都会叛离的力量，必然是君子不战则已，战无不胜了。"

天时不如地利，地利不如人和，这道理是对的。但孟子的这一番推理，看似成立却不太符合逻辑，由天时好攻城不破，推出天时不如地利，是推不出来的，根本上还是"得道者多助，失道者寡助"。这个道，便是天道、仁道。

二、不召之臣

孟子将朝王。王使人来曰："寡人如就见者也，有寒疾，不可以风。朝，将视朝，不识可使寡人得见乎？"

对曰："不幸而有疾，不能造朝。"

孟子准备去朝见大王。大王派人来传话说："我本应该见您，但是感冒了，不能吹风。明早，我将上朝处理政务，不知能否来朝廷上让我见您？"

孟子回答说："不幸得很，我也生病了，不能去上朝。"

孟子听了，有些不高兴了。大王的做法看似没什么毛病，孟子这边却似乎是故意的了。为什么呢？

明日，出吊于东郭氏。公孙丑曰："昔者辞以病，今日吊，或者不可乎？"

曰："昔者疾，今日愈，如之何不吊？"

第二天，孟子要到东郭大夫家里去吊丧。公孙丑说："昨天您托病谢绝了大王的召见，今天却又去吊丧，这是不是不太合适？"

孟子说:"昨天生病,今天病好了,为什么不可以去吊丧呢?"

公孙丑提醒孟子,你这样做也太明显了,太不拿大王当回事了。孟子的说辞也没毛病,即便有病还不允许病好呀。那边已经回绝了,这边该干什么就干什么。难道继续装病呀,装到哪一天算是个头呢?其实,大王对孟子还不错,听说孟子病了,就派人来了。

王使人问疾,医来。
孟仲子对曰:"昔者有王命,有采薪之忧,不能造朝。今病小愈,趋造于朝,我不识能至否乎?"

大王派人来问候孟子的病情,并且带来了大夫。
孟仲子应对说:"昨天大王召见的时候,他正生着病,不能去上朝。今天病稍微好一点了,已经上朝去了,但我不知道他到了没有。"

孟仲子,一说是孟子的儿子,一说是孟子的堂兄弟,一说是孟子的弟子。孟仲子的逻辑是,既然孟子能出门了,就是病至少好多了。出门干什么去了呢?首要的应该是去见大王呀,吊丧总不能比见大王重要吧。孟仲子一边应对来人,一边派人去找孟子。

使数人要于路,曰:"请必无归,而造于朝!"
不得已而之景丑氏宿焉。
景子曰:"内则父子,外则君臣,人之大伦也。父子主恩,君臣主敬。丑见王之敬子也,未见所以敬王也。"

孟仲子立即派了几个人到路上拦截孟子,转告孟子说:"请您无论如何不要回家,赶快上朝去吧!"

孟子不得已到景丑氏家里去借宿。

景子说:"家内有父子,家外有君臣,这是最重要的伦理关系。父子之间以慈恩为主,君臣之间以恭敬为主。我只看见大王尊敬您,却没看见您尊敬大王。"

孟子也不想把事闹大了,这可是欺君之罪。景子何许人也?或许是孟子的一位至交吧。景子听说了缘由后,有点看不下去了,就数落了孟子几句,意思是:"您失礼了。"却看孟子怎样辩解。

曰:"恶!是何言也!齐人无以仁义与王言者,岂以仁义为不美也?其心曰:'是何足与言仁义也'云尔,则不敬莫大乎是。我非尧舜之道,不敢以陈于王前,故齐人莫如我敬王也。"

孟子说:"可恶!这是什么话!齐国没有一个去跟大王讲仁义的人,难道真的认为仁义不好吗?他们心里说:'他哪里配得上谈论仁义呢'这些话,这才是对齐王最大的不敬。不是尧舜之道,我是不敢拿来向大王陈述的,所以齐国人没有谁比我对大王更尊敬了。"

景子心想,孟子你这是哪跟哪呀,怎么绕到齐人都不仁上去了?就算齐人都不仁,都不敬大王,和你不敬大王有关系吗?你不是讲尧舜之道吗?那好,我再问你。

景子曰:"否,非此之谓也。礼曰:'父召,无诺。君命召,不俟驾。'固将朝也,闻王命而遂不果,宜与夫礼若不相似然。"

景子说:"不,我说的不是这个。《礼》上说:'听到父亲召唤儿子不等应答'唯'就起身。听到君王召唤,臣子不等到车马备好就起身。'可您呢,本来就准备去朝见,听到大王的召见却反而不去了，这似乎与礼不和吧。"

景子很可能是孟子的至交，甚至比孟子还年长些，对儒家的道德学问也是了然于胸。当年孔子也是"君命召，不俟驾行矣"。孟子就是孟子，想让他承认失礼很难，关键是他以内心确立的仁义原则对人对事，并不觉得自己失礼，所以立即就来了一大段理直气壮的说辞。

曰："岂谓是与？曾子曰：'晋楚之富，不可及也。彼以其富，我以吾仁；彼以其爵，我以吾义。吾何慊（qiàn）乎哉？'夫岂不义而曾子言之？是或一道也。

孟子说："难道你说的是这个吗？曾子说：'晋国和楚国的财富，我们无法比。他有他的财富，我有我的仁道；他有他的爵位，我有我的仁义。我有什么不如他的呢？'曾子说这些话难道没有道理吗？应该是有道理的吧。

这些似乎与"君命召不俟驾"也没关系。关键一句是"我有什么不如他的呢"，潜台词是"我没有什么不如大王的"。且听孟子继续论述。

"天下有达尊三：爵一，齿一，德一。朝廷莫如爵，乡党莫如齿，辅世长民莫如德。恶得有其一以慢其二哉？

"天下有三样最尊贵的东西：一样是爵位，一样是年长，一样是德行。朝廷上最尊贵的是爵位，乡里最尊贵的是年长，辅助君王治理百姓最尊贵的是德行。他怎么能够凭借爵位尊贵就来怠慢年长和德行呢？

先下断语，爵位、年长和德行是天下最尊贵的东西，这也是孟子自己说的。齐王有爵位,我有年长和德行,我还比他多一样,他怎么能怠慢我呢?

"故将大有为之君,必有所不召之臣。欲有谋焉,则就之。其尊德乐道,不如是,不足与有为也。故汤之于伊尹,学焉而后臣之,故不劳而王。桓公之于管仲,学焉而后臣之,故不劳而霸。

"所以想要大有作为的君主,必定有他不能召唤的大臣。如果有什么事情需要出谋划策,君王就应该亲自去拜访他。这就叫尊重德行、喜爱仁道,不这样就不能够做到大有作为。因此商汤之于伊尹,先向伊尹学习然后才以他为臣,这才不费力气就统一了天下。齐桓公之于管仲,也是先向他学习然后才以他为臣,所以不费力气就称霸于诸侯。

自古以来,有作为的君主都有礼贤下士、尊德乐道的美德。商汤之于伊尹、齐桓公之于管仲便是。尽管孟子曾说孔子都不以圣人自居,我怎么配呢?这里孟子却开始把自己比作伊尹、管仲了。当然,孟子对管仲还是颇有微词的。

今天下地醜(chǒu)德齐,莫能相尚,无他,好臣其所教,而不好臣其所受教。汤之于伊尹,桓公之于管仲,则不敢召。管仲且犹不可召,而况不为管仲者乎?"

"现在天下各国的土地都差不多,君主们的德行都差不多,相互之间谁也不比谁高出一等,没有别的原因,就是因为君王们只喜欢用听话的人为臣,不喜欢用能够教导他们的人为臣。商汤之于伊尹,齐桓公之于管仲,都不敢召唤他们。管仲尚且不能召唤，更何况不屑做管仲那样人的人呢？"

孟子的意思是：现今的君主都差不多，德行上都不行。像商汤、齐桓公那样的贤德君王，尚且下驾请教有道贤者，大王为什么就不能呢？我就是不召之臣。

孟子曾说："管仲、曾西之所不为也，而子为我愿之乎？"意思是：管仲是曾西都不愿跟他相比的人，你以为我愿意跟他相比吗？我就是不屑做管仲那样的人。

这一大段讲下来，孟子是想说明什么问题呢？大王不是一位将大有作为的君主，尽管他比较尊敬孟子。贤德君主都有不召之臣，是需要君主有事去拜见他的。孟子觉得自己就是伊尹那样的不召之臣，大王更应该来见他而不是他去见大王。孟子觉得，他不去见大王无所谓不敬，如果大王是独夫贼子，他还想学周公灭了大王呢。在文化和人格上，孟子具有强烈的自信和平等意识，无怪乎他会认为"民为贵，社稷次之，君为轻"。不过，孟子说谎，孟仲子也跟着说谎。孔子是不肖如此的，虽然孔子也装过病。《论语》载，孺悲欲见孔子，孔子辞以疾。传话的人刚出门，孔子就取瑟弹唱起来，想让他知道其是故意不见。孔子这是实施不言之教于孺悲，或许能见效。而孟子想实施不言之教于大王，肯定不见效。此事一出，孟子对大王的意见就更大了。

三、陈臻归谬

陈臻问曰："前日于齐，王馈兼金一百而不受。于宋，馈七十镒而受。于薛，馈五十镒而受。前日之不受是，则今日之受非也。今日之受是，则前日之不受非也。夫子必居一于此矣。"

陈臻问道:"早前在齐国的时候,齐王送给您上等金一百镒您不接受。在宋国的时候,宋君赠给您七十镒金您却接受了。在薛地,薛君赠给您五十镒金您也接受了。如果早前的不接受是对的,那后来的接受便是错误的。如果后来的接受是对的,那早前的不接受便是错误的。您总有一个做法是错的。"

陈臻是孟子的学生,给孟子设了个自相矛盾的归谬题。其实,除非纯粹的理论,现实条件下,所谓的两难选择都是有条件的,找到原因也就不难破解了。

孟子曰:"皆是也。当在宋也,予将有远行,行者必以赆。辞曰:'馈赆。'予何为不受?当在薛也,予有戒心。辞曰:'闻戒,故为兵馈之。'予何为不受?若于齐,则未有处也。无处而馈之,是货之也。焉有君子而可以货取乎?"

孟子说:"都是对的。当时在宋国的时候,我准备远行,对远行的人理应送些盘缠。辞别时宋君说:'送上一些盘缠。'我怎么能不接受呢?当时在薛地的时候,我听说路上有危险需要戒备。辞别时薛君说:'听说您需要戒备,所以送上一点买兵器的钱。'我怎么能不接受呢?至于在齐国,没有说明用途。不说明用途却要送钱给我,这是想收买我。哪里有君子可以拿钱收买的呢?"

君子爱财,取之有道,接受馈赠,也是在符合礼制或迫不得已的情况下才可。谁会白白送钱给人呢?不义而富且贵,于我如浮云。《论语》里宰我的所谓设问"井中有仁"是给孔子挖坑,不怀好心。这里的陈臻归谬是逻辑思辩,乃好学好思也。

四、孔距心知罪

孟子之平陆。谓其大夫曰："子之持戟之士，一日而三失伍，则去之否乎？"曰："不待三。"

孟子到了平陆。对那里的地方官说："如果你的守卫士兵，一天内三次擅离职守，你会开除他吗？"长官说："不必等三次就开除他。"

孟子又开始采用设问法教育别人了。所谓设问法，就是预设一个让回答者必然肯定回答的问题，再由他的答案出发，步步推理，让回答者认识到自己犯了预设问题一样的错误。

"然则子之失伍也亦多矣。凶年饥岁，子之民，老羸转于沟壑，壮者散而之四方者，几千人矣。"曰："此非距心之所得为也。"

孟子说："可是你失职的地方也很多。闹灾荒的年月，你治下的老百姓们，老弱病残的辗转于沟壑而死亡，年轻力壮的则散走四方，有好几千人啊。"长官说："这不是我孔距心所能阻止了的事情啊。"

孔距心不承认自己失职，只承认自己力有不逮。好吧，继续。

曰："今有受人之牛羊而为之牧之者，则必为之求牧与刍矣。求牧与刍而不得，则反诸其人乎？抑亦立而视其死与？"曰："此则距心之罪也。"

孟子说："现在有人接受了替别人放牧牛羊的差事，那一定要设法找到牧场和草料。要是找不到牧场和草料，那么是应该把牛羊还给主人呢，还是站在一旁眼看着牛羊饿死呢？"长官说:"这是我孔距心的罪过了。"

如果力有不逮,把牛羊还给人家就好了。如果没有能力整饬灾荒,辞官好了。孔距心知罪了,孟子却还不罢休,又去找齐王。

他日,见于王曰:"王之为都者,臣知五人焉。知其罪者,惟孔距心。"为王诵之。王曰:"此则寡人之罪也。"

过了些日子,孟子见到大王说:"大王的地方长官,我结识了五个。其中能认识到自己失职罪过的,只有孔距心一人。"于是,孟子就为大王讲述了经过。大王说:"这也是我的罪过啊。"

孟子拿地方长官试刀,真正的目的是针对大王。一个士兵没有守好自己的职责,就要被开除,那么一个地方长官呢?一个国君呢?尽忠职守,才是仁政爱民。这次大王知罪了,没有"王顾左右而言他"。改不改,那就是另一回事了。

五、蚳鼃谏言

孟子谓蚳鼃(chí wā)曰:"子之辞灵丘而请士师,似也,为其可以言也。今既数月矣,未可以言与?"蚳鼃谏于王而不用,致为臣而去。齐人曰:"所以为蚳鼃,则善矣。所以自为,则吾不知也。"公都子以告。

孟子对蚳鼃说:"你辞掉灵丘的官职请求去做治狱官,似乎有道理,这样就可以向齐王进言了。现在已经过去好几个月了,还不可以向齐王进言吗?"蚳鼃进谏齐王未被采纳,便辞职离开了。齐国人说:"为蚳鼃的考虑,倒是不错。他怎么为自己打算的,咱就不知道了。"公都子把这些话告诉了孟子。

齐人似乎对孟子不太友好，背后经常议论他。齐人的意思是，你孟子多次为齐王谏言，他不是也不采纳吗？你怎么就不知好歹赶快离开呢？

曰："吾闻之也：有官守者，不得其职则去；有言责者，不得其言则去。我无官守，我无言责也，则吾进退，岂不绰绰然有余裕哉？"

孟子说："我听说过：有官职的人，不能尽职尽责就辞官不干；有谏言职责的人，进了言上边不采纳，就辞职不干。我既无官职，又无进言的责任，那我的进退去留，岂不是非常宽松自由吗？"

在其位谋其政，否则就抓紧时间辞职别干了。"孔距心知罪"和"蚳鼃谏言"说的是一回事，但指向不同。前者指向齐王，后者却指向了孟子。孟子的意思是：我无职无权，去留自由。我是怎样为自己打算的？你们这些齐人哪里懂得圣人之道。算了，不可以与下人语上也！

六、王驩辅行

孟子为卿于齐，出吊于滕。王使盖大夫王驩（huān）为辅行。王驩朝暮见，反齐滕之路，未尝与之言行事也。

公孙丑曰："齐卿之位，不为小矣。齐滕之路，不为近矣。反之而未尝与言行事，何也？"

曰："夫既或治之，予何言哉？"

孟子在齐国为卿，奉命出使滕国吊丧。齐王派盖地的长官王驩为副使。王驩早晚同孟子相见，但在往返于齐滕的路上，孟子却从未和他谈过公事。

公孙丑说:"齐卿的职位,不算小了。齐国到滕国的路程,也不算近了。但路途中您未曾与他谈过公事,这是为什么呢?"

孟子说:"他既然独断专行,我还说什么呢?"

王驩是齐王宠信的权臣,独断专行,不似君子。做事不能凭空猜测主观臆断,对事情不能绝对肯定,不能拘泥固执,更不要自以为是,"君子四绝"王驩一样也没做到。孟子连齐王都说不见就不见,何况一个大夫。王驩刚愎自用,眼里没人,关键是眼里没圣人。孟子不肖理他,避色避言好了。

七、君子不以天下俭其亲

孟子自齐葬于鲁,反于齐,止于嬴。充虞请曰:"前日不知虞之不肖,使虞敦匠事。严,虞不敢请。今愿窃有请也,木若以美然?"

曰:"古者棺椁无度,中古棺七寸,椁称之。自天子达于庶人,非直为观美也,然后尽于人心。不得,不可以为悦。无财,不可以为悦。得之为有财,古之人皆用之,吾何为独不然?且比化者无使土亲肤,于人心独无恔乎?吾闻之也,君子不以天下俭其亲。"

孟子从齐国到鲁国安葬母亲,返回齐国时,歇住在嬴地。充虞请教说:"前些日子承蒙您不嫌弃我,让我督办棺木。当时大家都很忙碌,我不敢来请教。现在我想请教老师,棺木似乎也太豪华了吧?"

孟子回答说:"上古对棺椁用木的尺寸没有规定,中古时规定棺木厚七寸,椁木与棺木相称为准。从天子到老百姓,讲究棺木的质量并非仅仅是为了美观,这样做是为尽了人子的孝心。得不到上等木料做棺椁,当然不能够称心。没有钱不能用上等木料做棺椁,也不能够称心。有财力买来上等木料做棺椁,古人就会去用好木料,我怎么就不可以呢?况且棺椁挨着去世的老人,让去世的老人不至于身体接触泥土,难道孝子之心就不可以有这样一点慰藉吗?我听说过,君子不能因为天下大事而在父母身上省钱。"

为了报答母亲的养育之恩,孟子55岁在齐国为卿时,回故里把母亲接到齐国颐养晚年。这时孟母大概74岁高龄了。孟子晨昏问安,母亲生病的时候他亲自侍候汤药。次年,孟母病逝于齐国,孟子抚柩归葬于老家(今邹城马鞍山北麓)。母亲去世后,孟子悲痛万分,恨不能以身殉母,自刻了一尊石像为母亲殉葬。因辅佐齐襄王施行王道,孟子在乡守墓一年后返齐。

君子不以天下俭其亲。孔子认为依归周朝礼制,富则富之,穷则穷之,尽力而为。这也是孟子所做的。林放问礼之本的时候,孔子说:"大哉问!礼,与其奢也,宁俭。丧,与其易也,宁戚。"礼仪与其隆重,不如节俭。丧事与其奢侈,不如悲戚。《中庸》有"事死如事生,事亡如事存,孝之至也"。两句话看似有相矛盾之处,到底怎么做才符合仁义礼制呢?孔子说丧事与其奢侈,不如悲戚,并没有否认富则富之,只是强化了悲戚是丧礼之至。孟子的丧母是合乎身份和礼制的。

父母老了的时候,尽可能不要改变父母的生活环境和生活习惯,这不是孝不孝的问题。人老了,没有能力适应新的环境了。尽孝要趁早。

充虞是孟子弟子,随孟子游齐,又随孟子归邹。这里是"木美之问",后面还有"不豫色之问"。

八、以燕伐燕

沈同以其私问曰:"燕可伐与?"

孟子曰:"可。子哙(kuài)不得与人燕,子之不得受燕于子哙。有仕于此,而子悦之,不告于王而私与之吾子之禄爵。夫士也,亦无王命而私受之于子,则可乎?何以异于是?"齐人伐燕。

或问曰:"劝齐伐燕,有诸?"

曰:"未也。沈同问'燕可伐与?'吾应之曰:'可。'彼然而伐之也。彼如曰:'孰可以伐之?'则将应之曰:'为天吏,则可以伐之。'今有杀人者,或问之曰:'人可杀与?'则将应之曰:'可。'彼如曰:'孰可以杀之?'则将应之曰:'为士师,则可以杀之。'今以燕伐燕,何为劝之哉?"

沈同以个人身份问孟子:"燕国可以讨伐吗?"

孟子说:"可以。子哙不可以让国给外人,子之不可以受国于子哙。有位求仕途的人在这里,你很喜欢他,不向君王报告就私下里把自己的俸禄和官爵让给他。而那个人呢,也没有得到国君的任命就从你手上接受了俸禄和官爵,这样可以吗?子哙与子之私下互相授受,与这个例子有什么不同吗?"齐国讨伐燕国。

有人问:"你劝说齐国去讨伐燕国,有这回事吗?"

孟子说:"没有。沈同问我:'燕国可以讨伐吗?'我回答说:'可以。'他们就这样去讨伐燕国了。如果他是问:'谁可以讨伐燕国?'我就会回答说:'德配天命者,才可以讨伐它。'比如有位杀人犯,有人问道:'这个人可以杀吗?'我将回答说:'可以。'如果他是问:'谁可以杀他呢?'我将回答说:'只有治狱官,才有权杀他。'现在和燕国同样无道的齐国去攻打燕国,我怎会劝说他们呢？"

沈同是齐国的大臣。

礼崩乐坏的时代，也是百家争鸣的时代。孟子和孔子一样，说齐国是无道之国，等同于说齐君是无道之君这样的话，没被君王杀头，也算万幸。对大德贤能，春秋战国的君王们还是尊崇和包容的。至于听不听他们的政治主张，那是另一回事。

燕王哙，姬姓，名哙。子之，燕国国相，位高权重，专断政事。燕王让国，是说燕王非常仰慕唐尧虞舜让国的圣贤大德，想通过自己的实践，建立君位让贤的制度，或者是想博得一个唐尧虞舜的美名。有载："子哙身死国亡，夺于子之，而天下笑之，此其何故也？不明乎所以任臣也。"

子哙"意固自我"，把自己当成上古圣人了。子之也是"意固自我"，不知自己是谁了。齐王更是"意固自我"，把自己当商汤、周武王了。真是天若欲其亡，必先令其狂。

孟子的回答没毛病。这个时代，这帮诸侯君主臣子，让孟子说他们什么好呢。尽管燕王让国，子之受之，有违古制该伐，但齐王不过是以暴制暴罢了。

九、惭于孟子

燕人畔。王曰："吾甚惭于孟子。"

陈贾曰："王无患焉。王自以为与周公孰仁且智？"王曰："恶！是何言也？"

燕国人起来反抗齐国的占领。齐王说："对孟子，我很愧。"

陈贾说："大王不要忧虑。您觉得您和周公相比，谁更爱民，谁更有智慧？"齐王说："哎呀，你这是什么话？"

因子哙让国，齐国攻占了燕国。诸侯将谋救燕。孟子告诉齐王："王速出令，反其旄倪，止其重器，谋于燕众，置君而后去之，则犹可及止也。"大王赶快发布命令，释放燕国老老小小的俘虏，停止运走燕国的宝器，再和燕国的各界人士商议，为他们选立一位国君然后撤出军队，那还来得及阻止各国的兴兵。齐王不听，又招致燕人反抗。齐王终于后悔说："吾甚惭于孟子。"这时有人为齐王出头了。这个人叫陈贾，是齐王的大臣。陈贾从齐王的立场出发，替齐王找台阶下。

曰："周公使管叔监殷，管叔以殷畔。知而使之，是不仁也；不知而使之，是不智也。仁智，周公未之尽也，而况于王乎？贾请见而解之。"

陈贾说："周公派他的哥哥管叔去监管殷商遗国，管叔却带领殷人起来反叛。周公知道他会这样还要派他去，就是不仁；不知道他会这样还要派他去，就是无智。仁和智，周公都没有完全做到，何况大王您呢？请让我去见孟子并向他解释。"

陈贾自以为是，自不量力，不但为齐王找了一个冠冕堂皇的理由，还想去找孟子理论理论，为齐王找回面子。尽管目的不同，《论语》里的宰我、前面的陈臻和现在的陈贾，有什么相似的地方？

见孟子，问曰："周公何人也？"
曰："古圣人也。"曰："使管叔监殷，管叔以殷畔也，有诸？"
曰："然。"

陈贾去见孟子，问道："周公是个什么样的人？"
孟子说："是古代的圣人。"陈贾说："他派管叔监管殷人，管叔却带领殷人叛乱,有这回事吗?"孟子说:"有的。"

孟子在等陈贾,看看他还有什么说辞。无论说什么,孟子都会归仁服义的,逃不出他的手掌。

曰:"周公知其将畔而使之与?"曰:"不知也。""然则圣人且有过与?"

陈贾说:"周公是知道管叔会带领殷人叛乱,还要派他去的吗?"孟子说:"他不知道。"陈贾说:"那么圣人也会犯错误?"

陈贾在孟子面前设问,有点关公面前耍大刀的意思。

曰:"周公,弟也。管叔,兄也。周公之过,不亦宜乎?且古之君子,过则改之。今之君子,过则顺之。古之君子,其过也,如日月之食,民皆见之。及其更也,民皆仰之。今之君子,岂徒顺之,又从为之辞。"

孟子说:"周公,是弟弟。管叔,是哥哥。周公的过错,不是合乎情理的吗?况且古时候的君子,有错就会改正。如今的君子,却是将错就错。古时候的君子,他的过错,就像日食月食一样,百姓都看得见。等到他改正过错了,百姓依然敬仰他。如今的君子,何止是将错就错,还会弄一套言辞来为自己辩解。"

《论语》载,子贡曰:"君子之过也,如日月之食焉。过也,人皆见之。更也,人皆仰之。"子曰:"过而不改,是谓过矣。"在孟子看来,今之所谓君子,不知悔改,文过饰非,不过是伪君子罢了。陈贾原本是信心满满来找面子的,不想被孟子给埋汰成伪君子了。

十、不敢请耳，固所愿也

孟子致为臣而归。王就见孟子，曰："前日愿见而不可得，得侍同朝，甚喜。今又弃寡人而归，不识可以继此而得见乎？"

对曰："不敢请耳，固所愿也。"

孟子辞去齐国的卿位，准备返回故乡。齐王专门去看孟子，说："从前希望见到您都不可能，后来终于与您同朝共事，我感到很高兴。现在您又将抛下我离开，不知道我们以后还能不能够再相见？"

孟子回答说："我不敢提出这样的要求罢了，这本是我希望的。"

孟子为什么辞去齐国的官职，准备返回故乡？孟子心寒了，看透了，齐王根本不想推行仁政。齐王虽然对孟子礼遇有加，只不过是为了博取礼贤下士的名声罢了。齐王的意思是：你看你吧，以前不愿意见我，但我依然给你官做，你怎么就不知足呢？孟子说"不敢请耳，固所愿也"确实是心里话：我一心想辅佐你推行仁政，可你总是王顾左右而言他啊。或许孟子想用辞官返乡做最后一试，也未可知。

他日，王谓时子曰："我欲中国而授孟子室，养弟子以万钟，使诸大夫国人皆有所矜式。子盍为我言之？"时子因陈子而以告孟子。陈子以时子之言告孟子。

过了几天，齐王对时子说："我想在城中拨一所房子给孟子，用万钟粟米供养他的弟子们，让官吏和国人有个效法的榜样。您何不替我去说说呢？"时子便托陈子把这话转告给孟子。陈子就把时子的话告诉了孟子。

齐王不想落下个容不下贤者的坏名声，得想办法让人知道他是如何尊重孟子的，就想把孟子和他的弟子们养起来。齐王或许心里想：我可以为所欲为，让我的臣民学些忠孝也是极好的。

时子是齐王的大臣，估计对孟子有所忌惮，就把话传给了陈子。一说陈子是孟子的学生。

孟子曰："然。夫时子恶知其不可也？如使予欲富，辞十万而受万，是为欲富乎？季孙曰：'异哉子叔疑！使己为政，不用，则亦已矣，又使其子弟为卿。人亦孰不欲富贵？而独于富贵之中有私龙断焉。'古之为市也，以其所有易其所无者，有司者治之耳。有贱丈夫焉，必求龙断而登之，以左右望而罔市利。人皆以为贱，故从而征之。征商，自此贱丈夫始矣。"

孟子说："知道了。时子怎么知道这种事情不能做呢？如果我是想发财，辞去十万钟俸禄却去接受一万钟的赏赐，这是想发财吗？季孙说过：'子叔疑真奇怪！自己要做官，没被任用，也就算了，却又让自己的子弟去做卿大夫。谁不想做官发财呢？可他却想在做官发财中搞垄断。'古代市场交易，以有换无，也有部门管理着。有这么一个卑鄙的汉子，一定要搞垄断，登上高地，左边望望，右边望望，恨不得把全市场的赚头都由他一人捞去。别人都觉得这人卑鄙，不得已向他缴税。向商人征税，就是从这个卑鄙低贱的汉子开始的。"

这一段话，孟子转得有点快。孟子知道，时子还是了解他的，孟子出仕绝不是为了当官发财。话题一转，他借季孙之口，间接地说齐王就像搞垄断的贱丈夫，国家都被他搞得像农贸市场了，强买强卖呀。最终，孟子还是心有不甘地走了。

十一、隐几而卧

孟子去齐，宿于昼。有欲为王留行者，坐而言。不应，隐几而卧。客不悦，曰："弟子齐宿而后敢言。夫子卧而不听，请勿复敢见矣。"

孟子离开齐国，在昼邑歇宿。有个想替齐王挽留孟子的人，端坐着与孟子谈话。孟子不理会他，靠着几案打盹。那人很不高兴地说："弟子先一天斋戒沐浴，才敢来跟您说话。夫子却睡卧不听，今后再也不敢见您了。"

这位"欲为王留行者"根本不懂孟子，性格上倒是有点像子路。那人看到孟子如此待他，表现出了愤愤决绝的态度，站起来要走。

曰："坐！我明语子。昔者鲁缪公无人乎子思之侧，则不能安子思。泄柳、申详无人乎缪公之侧，则不能安其身。子为长者虑，而不及子思。子绝长者乎？长者绝子乎？"

孟子说："坐下！我明白地告诉你。从前鲁缪公知道，要是没有人留在子思身边侍候，就不能够使子思安心。泄柳和申详知道，要是没有人留在鲁缪公身边侍奉，就不能使自己安身。你为年长者考虑，远远比不上鲁缪公对子思。是你拒绝长者呢，还是长者拒绝你？"

孟子的言外之意是：如果我们有交情，你应该去齐王那儿，或者劝说齐王向鲁缪公学习，派人来侍奉我；或者为我说话，说服齐王采纳我的主张推行仁政。你不去干正事，却在这里和我叨叨，有意思吗？怎么还不高兴了？要绝交是吧，到底是你想和我绝交，还是我这个长者想和你绝交？孟子实际上不想离齐，但是他又不能不离开。欲为王留行者来给孟子讲道理，想挽留孟子，实际上是找错人了，他应该去劝说齐王。孟子正郁闷着呢，"欲为王留行者"不明就里来劝说，结果挨了孟子一顿喷。

十二、三宿而后出

孟子去齐。尹士语人曰："不识王之不可以为汤武，则是不明也。识其不可，然且至，则是干泽也。千里而见王，不遇故去，三宿而后出昼，是何濡滞也。士则兹不悦。"高子以告。

孟子离开齐国。尹士对人说："认识不到齐王成不了商汤和周武王，就是不明智。认识到齐王成不了商汤和周武王，但是还要来，就是贪图荣华富贵。不远千里来见齐王，得不到赏识又走了，却在昼地住了三天才走，是何等地想留在齐国呀。我对这一点很不满意。"高子把这话告诉了孟子。

这位尹士也犯了"意必固我"的毛病。很多人都说孟子贤能，他觉得有点言过其实了：齐王的德性就那样，他永远成不了圣王，你孟子要是看不出来的话，就太笨了。要不然，明珠暗投你孟子图啥呢？孟子你贱不贱呀，齐王就算留你，也是留而不用，你怎么还恋恋不舍呢？

孟子陡生感慨。

曰："夫尹士恶知予哉？千里而见王，是予所欲也。不遇故去，岂予所欲哉？予不得已也。予三宿而出昼，于予心犹以为速，王庶几改之。王如改诸，则必反予。夫出昼而王不予追也，予然后浩然有归志。予虽然，岂舍王哉？王由足用为善。王如用予，则岂徒齐民安，天下之民举安。王庶几改之，予日望之。予岂若是小丈夫然哉？谏于其君而不受，则怒，悻悻然见于其面，去则穷日之力而后宿哉？"

孟子说："尹士哪里了解我呢？不远千里来见齐王，是我想做的。不得赏识而离开，难道是我想要的吗？我是迫不得已啊。我住了三天才离开昼地，在我心里还是觉得快了，就是希望齐王能改变态度。齐王如果改变了态度，就一定会来找我。而我离开昼地齐王没有来追我，我这才毅然下定了回乡的决心。我虽然这样做，难道愿意舍弃齐王吗？齐王还是有能力为善政的。齐王如果用我，何止是齐国百姓能够安居乐业，天下的百姓都能安居乐业。希望齐王能改变态度，我才每天盼望着。我难道是一个目光短浅的小人吗？向国君进谏不被接受，就发怒，怨恨失意的神色露在脸上，一旦离开就竭尽全力走上一天才肯投宿吗？"

孟子没有理会尹士说他不明智、贪图荣华富贵的言辞。其实也用不着理会，现世里的君主不是昏君就不错了，上哪里去找圣贤君主呢？孟子心里想的是：有个像齐王这样还有可能推行善政的，已经实属不易了，我是在等齐王幡然醒悟罢了。只要齐王来了，就说明齐王想推行仁政了。看来是没希望了。上天有好生之德，尽心知命吧。我所做的一切，心心念念舍不下的，就是为了天下苍生能够安居乐业啊。大志不得展，孟子何其难哉！

"夫出昼而王不予追也，予然后浩然有归志。"孟子在论述"浩然之气"的时候说"持其志，无暴其气"，保持自己的心志，不要滥用自己的意气。因为意气用事，反过来会影响心志。所以，孟子等了齐王三天，最终还是浩然有归志。看来，孟子终于是死了心、绝了意，不再对齐王抱有幻想，甚至连通过推行仁政让天下百姓安居乐业的理想抱负，也要放一放了。

尹士闻之曰："士诚小人也。"

尹士听了这番话后说:"我真是一个小人呀。"

他哪里能够理解圣贤的宏图大志呢?从前没有多少人理解孔子,如今也没有多少人理解孟子。圣人置于乱世,必也是伤其心智、劳其筋骨。

十三、舍我其谁

孟子去齐。充虞路问曰:"夫子若有不豫色然。前日虞闻诸夫子曰:'君子不怨天,不尤人。'"

孟子离开齐国。充虞在路上问道:"夫子好像有点不开心的样子。前天我曾听您讲过:'君子不怨天,不尤人。'"

先生您怎么言行不一致呢?孟子心下念叨:那是孔夫子说的,"莫我知也夫!"没有人了解我啊!"不怨天,不尤人。下学而上达,知我者其天乎!"我不埋怨天,也不责备人,下学礼乐而上达天命,理解我的只有天吧!于是,孟子感慨万千,又生出浩然正气来。

曰:"彼一时,此一时也。五百年必有王者兴,其间必有名世者。由周而来,七百有余岁矣。以其数,则过矣,以其时考之,则可矣。夫天,未欲平治天下也。如欲平治天下,当今之世,舍我其谁也?吾何为不豫哉?"

孟子说:"彼一时,此一时也。每隔五百年必定会有王者兴起,其间必定会有仁德闻名于世的贤能出现。自周朝以来,已经七百多年了。从年数上来看已经超了定数。从时势来考察也该有圣王和贤能出现了。上天,还不想使天下太平吧。如果想使天下太平,当今这个世界上,除了我还有谁呢?我为什么不开心呢？"

伊尹有商汤，周公有武王。仲尼有谁呢？我又有谁呢？如果我不再担负推行仁政和弘扬道德的历史使命，仁义道德可真的要亡了。想当年仲尼畏于匡，曰："文王既没，文不在兹乎？天之将丧斯文也，后死者不得与于斯文也。天之未丧斯文也，匡人其如予何？"周文王死了以后，周代的文化传统都集中在了仲尼身上。上天不想废弃这种文化，由仲尼传给了我子舆。可是只有我，没有他（圣贤君主）。孟子深刻体悟到，孔子为什么喊出"归与！归与！"的心境了。孟子去齐，心犹不甘。

当今之世，舍我其谁？气有浩然，何其壮哉！

天道之于天命，仁道之于使命，尽心知命吧。"归与！归与！"得天下英才而教育之，不也是人生一大快事吗？

十四、仕不受禄

孟子去齐，居休。公孙丑问曰："仕而不受禄，古之道乎？"

孟子离开齐国，住在休地。公孙丑问道："做官而不接受俸禄，这是古时候的礼制吗？"

公孙丑心想：尹士说你是为了荣华富贵而来，你不会就为这句话，不拿齐王的俸禄吧？不好直接问，公孙丑就换个角度问。

曰："非也。于崇，吾得见王。退而有去志。不欲变，故不受也。继而有师命，不可以请。久于齐，非我志也。"

孟子说："不是的。在崇地的时候，我得以见到大王。回来后我就有离开的念头了。我不想改变心志，所以就不接受俸禄。

后来齐国发生了战争，不可以请求离开。长期留在齐国，并不是我的意愿。"

齐王不是我想找的那个他。一旦接受俸禄，就得尽人事不好离开了。我多次给了齐王成就贤明君主的机会，可是人家就是不要啊。我并不是像尹士说的那样，看不出齐王非汤武之圣贤，但总得试试看吧。

孔子自卫返鲁，然后乐正，雅颂各得其所。孟子返邹，与万章等人整理《诗经》《书经》，阐发孔子的思想学说，成就《孟子》一书。

滕文公章句上

一、药不瞑眩

滕文公为世子,将之楚,过宋而见孟子。孟子道性善,言必称尧舜。

滕文公还是世子的时候,要到楚国去,路过宋国时拜见了孟子。孟子给他讲性善论,言必称尧舜。

公元前329年左右,宋公子偃自立为君的时候,孟子到了宋国。这是《孟子》里第一次提到性善。性善来自"人皆有不忍人之心",与"心有四端"之说相关联。

孟子希望世子将来效法尧舜,行王道仁政。

世子自楚反,复见孟子。孟子曰:"世子疑吾言乎?夫道一而已矣。成覸(jiàn)谓齐景公曰:'彼,丈夫也;我,丈夫也,吾何畏彼哉?'颜渊曰:'舜,何人也?予,何人也?有为者亦若是。'公明仪曰:'文王,我师也,周公岂欺我哉?'今滕,绝长补短,将五十里也,犹可以为善国。《书》曰:'若药不瞑眩,厥疾不瘳。'"

世子从楚国回来,又去拜见孟子。孟子说:"世子怀疑我的话吗?你看道理是一样的啊。成覸对齐景公说:'他是男子汉,我也是男子汉，我为什么要怕他？'颜渊说：'舜是什么样的人？我是什么样的人？有作为的人也是一样的。'公明仪说：'文王是我的老师，周公难道会骗我吗？'现在的滕国，截长补短，也有将近方圆五十里吧，还是能治理成一个好的国家的。《书》上说：'如果服了药之后，不能使人头晕眼花，其病是不会痊愈的。'"

从言谈举止中，孟子感觉到世子有学圣贤之心，但好像没有信心，就开始鼓励他，都是男子汉，没有什么好怕的。只要潜心求仁为仁，人人都可以成为尧舜。圣人是不会骗人的，你听我的好了。只要修仁德，行仁政，小国也会成就大气候的。商与周想当初都是小国，商汤王周文武王施行仁政，结果都能治国而使天下平。你现在可能还无法完全理解我的话，有点找不到北，没关系，只要你照我说的去做，在做中体悟，一旦顿悟了，就可以无敌于天下了。我给你开的药方虽然猛了点，但重病用猛药，才会好得快。

二、上有所好，下必甚焉

滕定公薨（hōng）。世子谓然友曰："昔者孟子尝与我言于宋，于心终不忘。今也不幸至于大故，吾欲使子问于孟子，然后行事。"然友之邹，问于孟子。

滕定公去世了。世子对然友说："上次在宋国的时候孟子和我谈了许多，我记在心里始终不能忘怀。现在不幸遭遇父王去世，我想请您去请教一下孟子，然后再办丧事。"然友便到邹国向孟子请教。

看来孟子说的话，世子是听进去了。世子有子路之风。

孟子曰："不亦善乎！亲丧固所自尽也。曾子曰：'生，事之以礼；死，葬之以礼，祭之以礼，可谓孝矣。'诸侯之礼，吾未之学也。虽然，吾尝闻之矣。三年之丧，齐疏之服，饘（zhān）粥之食，自天子达于庶人，三代共之。"然友反命，定为三年之丧。

孟子说："这也是善道啊！父母的丧事本来就应该尽心竭力去办的。曾子说：'父母在世时，依照礼制侍奉；父母去世后，依照礼制去安葬，去祭祀，可以说是尽孝了。'诸侯的礼制，我没有学过。虽然没学过，但也听说过。三年的丧期，穿着粗布做的孝服，喝稀粥，从天子一直到老百姓，夏商周三代都是这样的。"然友复命，世子决定实行三年的丧礼。

世子派太师然友来请教，孟子很满意。君子务本，孟子就引用曾子的话谈尽孝丧制之事。孟子说："诸侯之礼，吾未之学也。"看来孟子私淑诸子时，对《礼经》学得不全。《论语》里孔子对樊迟讲过"生，事之以礼"这句话。

父兄百官皆不欲，曰："吾宗国鲁先君莫之行，吾先君亦莫之行也，至于子之身而反之，不可。且《志》曰：'丧祭从先祖。'曰："吾有所受之也。"

滕国的父老官吏都不愿意，说："我们的宗主国鲁国的历代君主没有实行过这种丧礼，我们自己的历代祖先也没有实行过，到了您这一代便改变祖先的做法，这是不可以的。而且《志》上说：'丧礼祭祀依照祖先的规矩。'还说：'我们当应继承这些。'"

可见当时礼崩乐坏到了什么程度。春秋时代，应是知礼不从。过了不到一二百年，战国时代，损之过甚，已经是不知周礼了。

谓然友曰："吾他日未尝学问，好驰马试剑。今也父兄百官不我足也，恐其不能尽于大事。子为我问孟子。"然友复之邹问孟子。

世子对然友说：'我过去不曾讲求学问，只喜欢跑马弄剑。现在父老官吏们对我不满，恐怕这样不能尽心尽力地办好这件大事。请您替我再去问问孟子吧。"然友再次到邹国请教孟子。

战国时代，合纵连横，尚武尚谋，仁义道德仅仅成为伐战的理由。世子瞑眩，不知道丧礼怎么办好了，感觉好像都说得有道理，只好又派人去问孟子。然友为师为臣皆中节，为此事尽心尽力跑来跑去，合中庸之道。

孟子曰："然，不可以他求者也。孔子曰：'君薨，听于冢宰。歠粥，面深墨。即位而哭，百官有司，莫敢不哀，先之也。'上有好者，下必有甚焉者矣。'君子之德，风也。小人之德，草也。草上之风必偃。'是在世子。"然友反命。

孟子说："既然这样，不可以求助别人了。孔子说：'君王去世，太子把一切政务都交给冢宰。自己喝稀粥，脸色深黑。即孝子之位就哭泣，大小官吏，没有谁敢不悲哀的，这是因为太子带头的缘故。'上有所好，下必甚焉。'君子的德行，如风。百姓的德行，如草。草受风吹必然随风倒。'这件事完全取决于世子。"然友复命。

孟子深知，虽然形式是为内容服务的，但内容需要用形式来呈现。实施仁政的核心要义是孝忠。孝者忠也，忠者孝也，于是孟子搬出孔子的话。此话《论语》无载,但《论语》有关于"三年治丧,不问朝政"的语录。孟子引孔子的话说明,以上率下,不令则行。孟子也是想借机考察世子有没有做圣贤君主的天赋吧,天命不可违。然友回国报告了太子。

世子曰:"然。是诚在我。"五月居庐,未有命戒。百官族人可谓曰知。及至葬,四方来观之。颜色之戚,哭泣之哀,吊者大悦。

世子说:"是啊。这件事确实取决于我。"世子在丧庐中住了五个月,没有颁布任何命令和禁令。大小官吏和同族的人都认可世子明智知礼。等到下葬的那一天,四面八方的人都来观礼。世子面色悲伤,哭泣哀恸,前来吊丧的人都非常满意。

世子坦诚,像子路,确信了一个道理,马上就去做。他采取的丧礼是"五月居庐,未有命戒"。及至葬,"颜色之戚,哭泣之哀"。下一步怎么做的,文中没再提。

三、滕文公问为国

滕文公问为国。孟子曰:"民事不可缓也。《诗》云:'昼尔于茅,宵尔索绹。亟其乘屋,其始播百谷。'民之为道也,有恒产者有恒心,无恒产者无恒心。苟无恒心,放辟邪侈,无不为已。及陷乎罪,然后从而刑之,是罔民也。焉有仁人在位罔民而可为也?是故贤君必恭俭礼下,取于民有制。

滕文公问治理国家的事情。孟子说:"老百姓的事情不能拖。《诗经》上说:'白天赶紧割茅草,晚上搓绳到通宵。抓紧时间补漏房，开春就要播百谷。'老百姓的生存之道，在于有固定产业的人就会有恒心，没有固定产业的人就不会有恒心。如果没有恒心，就会放荡任性胡作非为，以满足私利。等到他们陷入罪责，然后才对他们施以刑罚，这等于设下罗网陷害百姓。哪里有爱民的国君，会干出陷害百姓的事呢？所以，贤明的君主必然谦恭俭朴、礼贤下士，按照一定的规制取之于民。

滕文公虽然"未尝学问，好驰马试剑"，但有为国之志、好学之心，非常尊重孟子。

《诗经》国风反映了老百姓的心声。老百姓有产业、有奔头，就会专心于自己的事，也就有了一定的道德观念和行为准则，从而心志专一、意气专一，不会胡作非为。否则，无恒产无恒心，老百姓就会意气用事，等犯了罪再被抓起来惩治，等于国君设下罗网陷害老百姓。那国君怎样做才好呢？"民事不可缓也"，孟子给出的良方是以民为本，"恭俭礼下，取于民有制"。

"阳虎曰：'为富不仁矣，为仁不富矣。'夏后氏五十而贡，殷人七十而助，周人百亩而彻，其实皆什一也。彻者，彻也。助者，藉也。龙子曰：'治地莫善于助，莫不善于贡。'贡者校数岁之中以为常。乐岁，粒米狼戾，多取之而不为虐，则寡取之。凶年，粪其田而不足，则必取盈焉。为民父母，使民盻盻（xì xì）然。将终岁勤动，不得以养其父母，又称贷而益之。使老稚转乎沟壑，恶在其为民父母也？夫世禄，滕固行之矣。《诗》云：'雨我公田，遂及我私。'惟助为有公田。由此观之，虽周亦助也。

"阳虎说：'求富贵的人不讲仁义，讲仁义的人不求富贵。'夏朝时每家授田五十亩实行贡法，商朝时每家授田七十亩实行助法，周朝时每家授田一百亩实行彻法，实际上征的税都是十取其一。彻法，就是抽取之意。助法，就是借助之意。龙子说：'治理农业以助法为最好，贡法是最不好的。所谓贡法就是参照几年中的收成取一个额定数。丰收年成，处处是谷物，多征收一些也不算苛暴，但却并不多收。灾年歉收，每家的收成甚至还不够第二年肥田的开销，却一定要征足额定数。作为百姓父母的国君，让子民敢怒不敢言。一年到头辛勤劳动，也不足以赡养自己的父母，还要靠借贷来凑足纳税的数目。致使老弱幼小在山沟荒野奄奄一息，哪里还算得上是百姓的父母呢？'世代承袭俸禄的制度，滕国早就施行了。《诗经》上说：'雨水浇灌我们的公田，同时也滋润我的私田。'只有实行助法才会有公田。由此看来，就是周朝也是实行助法的。

阳虎就是《论语》里那位家臣执国政的乱世英雄，孔子没少被他埋汰。孟子不因人废言，赞成并引用他的话。孟子告诉滕文公，贤明的君主遵道崇德，推行仁政，敬天保民。孟子详细介绍了夏朝贡法的弊端，说明实行贡法并不是仁政。他简要介绍了周朝助法井田制，并以《诗经》为证，说明助法公田制是最受老百姓欢迎的。或者说，实行助法井田制，就是行圣贤之道。

"设为庠序学校以教之。庠者，养也；校者，教也；序者，射也。夏曰校，殷曰序，周曰庠，学则三代共之，皆所以明人伦也。人伦明于上，小民亲于下。有王者起，必来取法，是为王者师也。《诗》云'周虽旧邦，其命维新'，文王之谓也。子力行之，亦以新子之国。"

"开办庠、序、学和校以教育子民。所谓庠，意思是教养；

所谓校，意思是教导；所谓序，意思是礼射。夏朝叫校，殷商叫序，周朝叫庠，学则是三代都有的，都是教育子民懂得人伦道德的。上层的人明晓了人伦常理，小民百姓就会一团和气了。有王者兴起，必然会来学习效法，因为这是王者所效法的。《诗经》上说'周虽旧邦，其命维新'，这是对周文王的赞美。你努力施行下去，也可以让你的国家焕然一新！"

贤明的君主要使民有恒产，尊贤使能，施行助法，举办教育。滕文公明白得差不多了，但对于"惟助为有公田"是怎么回事，还是不太明白，就派毕战继续向孟子请教。

使毕战问井地。孟子曰："子之君将行仁政，选择而使子，子必勉之！夫仁政，必自经界始。经界不正，井地不钧，谷禄不平。是故暴君污吏必慢其经界。经界既正，分田制禄可坐而定也。

滕文公派毕战来问井田制的事。孟子说："你的国君将要实行仁政，特意选派你来，你一定要努力！所谓仁政，必须要从划分和厘清田界开始。经纬之界不正，井田大小就不均衡，租税俸禄就不会公平。因此，那些暴君和污吏总是要千方百计把田界搞乱。经纬之界厘定后，怎样分配田地和俸禄就可以坐下来议定了。

实行井田制，也可以界分好官员与百姓的责任关系，百姓就会守望相助。下面孟子做了详细的分析说明。

"夫滕，壤地褊小，将为君子焉，将为野人焉。无君子，莫治野人；无野人，莫养君子。请野九一而助，国中什一使自赋。卿以下必有圭田，圭田五十亩。余夫二十五亩。死徙无出乡，乡田同井。出入相友，守望相助，疾病相扶持，则百姓亲睦。方里而井，井九百亩，其中为公田。八家皆私百亩，同养公田。公事毕，然后敢治私事，所以别野人也。此其大略也。若夫润泽之，则在君与子矣。"

"滕国虽然土地狭小，但一样有执政的官吏、耕田的农夫。没有官吏，就没有办法治理好农事；没有农夫，也就没有办法养活官吏。希望你们在田地上实行九分抽一的助法，在都城中实行十分抽一的税法且自行交纳。国卿以下的官员必须要有供祭祀用的圭田，圭田为五十亩。其他人给二十五亩。死葬和搬迁都不离开本乡范围，乡里的田地都要实行井田制。共一井田的各家出入劳作相互结伴，守望相助，有病有事互相照顾，这样百姓就友爱和睦了。一里见方为一个井田，一个田井为九百亩，中间的一块为公田。八家各以一百亩为私田，共同料理好公田。把公田的农事忙完了，然后再忙私田的事。这就是先公后私对待农民的办法。以上是井田制的大概情况。至于怎样做得更完善，那就得靠国君和你了。"

抓住农业就抓住了经济的命脉。助法井田制在商、周实行得好，但能否适应发展了的社会，就值得怀疑了。根据孟子的描述，感觉有点理想化。但治理国家，必靠制度。制度的制定，以民为本，这便是德政法治了。

四、劳心者治人

有为神农之言者许行，自楚之滕，踵门而告文公曰："远方之人闻君行仁政，愿受一廛而为氓。"文公与之处。其徒数十人，皆衣褐，捆屦织席以为食。

有位主张神农学说的人叫许行，从楚国到滕国，登门进见滕文公说："听说您施行仁政，我就从远方投奔来了，希望能得到一个住所成为您的百姓。"滕文公给了他住处。他的门徒有几十个人，都穿着粗麻衣服，靠打草鞋织席子谋生。

近者悦，远者来。许行听说滕文公贤明，推行仁政，就从楚国奔他而来。

春秋战国，诸子百家，九流十派，其中一派为农家。许行就是农家学派的一个代表人物。"农家者流，盖出农稷之官，播百谷，劝耕桑，以足衣食。"在农耕时代，重视农业生产是对的，但走向极端就不好了。儒家不是反对农稼，不食人间烟火，而是有更重要的事情要做。孟子对农家的批判远胜于孔子。

陈良之徒陈相与其弟辛，负耒耜而自宋之滕，曰："闻君行圣人之政，是亦圣人也，愿为圣人氓。"

陈良的门徒陈相和他弟弟陈辛，背着农具从宋国来到滕国，说："听说您施行圣人仁政，因此您也是圣人了，我们愿意做圣人的百姓。"

陈良是楚国人，来到中原学习周公和孔子的学说，道德学问很高，北方儒家弟子还没有人能够超过他。陈相兄弟跟随陈良学习了几十年，但陈良一死，就背叛了师门，开始学习许行的学说。或许在陈相之流看来，滕文公施行的是尧舜之道，不是孔子的道德仁义学说。岂不知，滕文公是向谁讨教的治国方略，治国方略又是谁的仁政主张；陈相不是个好学生，就是个混子。

陈相见许行而大悦，尽弃其学而学焉。陈相见孟子，道许行之言曰："滕君，则诚贤君也。虽然，未闻道也。贤者与民并耕而食，饔飧（yōng sūn）而治。今也滕有仓廪府库，则是厉民而以自养也，恶得贤？"

陈相见到许行后非常高兴，完全抛弃了自己以前所学的儒学，改学许行的学说。陈相拜访孟子，转述许行的话说："滕君，的确是个贤明的君主。不过，他还没有掌握真正的治国之道。贤者应该和老百姓一道耕种而食，自己边做饭边治理国家。现在滕国却有储藏粮食和财物的仓库，这是损害老百姓来奉养自己，怎么能算得上真正贤明呢？"

陈相正处在兴奋期，觉得许行的见识比陈良高，就转述许行的话给孟子，看看孟子什么态度，有点上门挑战的味道。许行的"贤者与民并耕而食"来源于周文王。史载，周文王姬昌生活勤俭，穿普通人的衣服，还到田间劳动，兢兢业业治理周国。滕君却不事农穑，还设有仓廪府库，在农家看来，特别是还了解点儒家学说皮毛的陈相看来，腾君算不上真正的治国贤王。孟子对陈相背师叛道本来就反感，见他还有脸来显摆，孟子决定好好教训教训他，让他自己打自己的脸。

孟子曰："许子必种粟而后食乎？"曰："然。""许子必织布而后衣乎？"曰："否。许子衣褐。""许子冠乎？"曰："冠。"曰："奚冠？"曰："冠素。"曰："自织之与？"曰："否。以粟易之。"曰："许子奚为不自织？"曰："害于耕。"曰："许子以釜甑爨（zèng cuàn），以铁耕乎？"曰："然。""自为之与？"曰："否。以粟易之。"

孟子说："许子一定要自己种庄稼才吃粮食吗？"陈相回答说："对。""许子一定要自己织布然后才穿衣吗？"回答说："不，许子只穿粗麻衣服。""许子戴帽子吗？"回答说："戴。"孟子问："戴什么帽子呢？"回答说："戴白绸帽子。"孟子问："是他自己织的吗？"回答说："不是，是用粮食换来的。"孟子问："许子为什么不自己织呢？"回答说："怕耽误农耕。"孟子问："许子是用锅和甑子做饭，用铁器耕种吗？"回答说："是的。""他自己做的吗？"回答说："不是，是用粮食换的。"

这一番设问应答，把套子都做好做实了，孟子开始收套。

"以粟易械器者，不为厉陶冶。陶冶亦以其械器易粟者，岂为厉农夫哉？且许子何不为陶冶，舍皆取诸其宫中而用之？何为纷纷然与百工交易？何许子之不惮烦？"曰："百工之事，固不可耕且为也。"

"用粮食换取锅和农具，不能说是损害了瓦匠铁匠。瓦匠和铁匠也用锅和农具换取粮食，难道说是损害了农夫吗？而且许子为什么不自己烧窑冶铁，样样东西都放在家里随时取用呢？为什么要一件一件地去和各种工匠交换呢？许子这样不怕麻烦？"陈相回答说："各种工匠的活，本来就不可能一边种地一边兼做的。"

好，这可是你自己说的，术业有专攻，百工不可兼做农事。

"然则治天下独可耕且为与？有大人之事，有小人之事。且一人之身，而百工之所为备。如必自为而后用之，是率天下而路也。故曰：或劳心，或劳力。劳心者治人，劳力者治于人；治于人者食人，治人者食于人。天下之通义也。

"那么治理天下就偏偏要一边耕作一边治理吗？官吏有官吏的事，百姓有百姓的事。况且一个人所需要的生活资料，都要靠各种工匠的劳动才能齐备。如果一定要自己亲手做成才能使用，那就是率领天下的人疲于奔命。所以说：有的人从事脑力劳动，有的人从事体力劳动。脑力劳动者统治人，体力劳动者被人统治；被统治者养活别人，统治者靠别人养活。这是天下通行的原则。

陈相不说话了，可能感觉被套住了。他虽然心里不服气，但说不出来，只好老老实实听孟子讲课，看看能不能找到机会反驳。孟子开始给陈相补课，拿《书经》《诗经》《论语》里圣贤的事迹教育他。从哪里讲起呢？就从唐尧开始吧。孟子也不想想，这些陈良没给他讲过吗？

"当尧之时，天下犹未平，洪水横流，泛滥于天下。草木畅茂，禽兽繁殖，五谷不登，禽兽偪人。兽蹄鸟迹之道，交于中国。尧独忧之，举舜而敷治焉。舜使益掌火，益烈山泽而焚之，禽兽逃匿。禹疏九河，瀹（yuè）济、漯，而注诸海；决汝、汉，排淮、泗，而注之江，然后中国可得而食也。当是时也，禹八年于外，三过其门而不入，虽欲耕，得乎？

"尧在位的时候，天下还不太平，洪水横流，四处泛滥。草木茂盛，禽兽大量繁殖，五谷没有多少收成，飞禽走兽危害人类。飞禽走兽四处乱窜，四海之内到处都是它们的踪迹。尧对此非常担忧，选拔舜出来全面治理。舜派益掌管烧荒，益便用烈火焚烧山野沼泽的草木，飞禽走兽于是四散躲避。派大禹疏通九条河道，治理济水、漯水，引流入海；挖掘汝水、汉水，疏通淮水、泗水，引流入江，这样中原地区的老百姓才可以耕种有饭吃。那个时候，禹在外八年，三过家门而不入，即便他想亲自种地，能做得到吗？

普及历史知识的出发点和落脚点，还是"贤者不必与民并耕而食"。贤者有更重要的事去做，虽欲耕，有时间吗？陈相继续憋着，孟子继续说事拉理。

"后稷教民稼穑，树艺五谷。五谷熟而民人育。人之有道也，饱食、暖衣、逸居而无教，则近于禽兽。圣人有忧之，使契为司徒，教以人伦。父子有亲，君臣有义，夫妇有别，长幼有序，朋友有信。放勋曰：'劳之来之，匡之直之，辅之翼之，使自得之，又从而振德之。'圣人之忧民如此，而暇耕乎？

"后稷教老百姓稼穑，种植五谷。谷物成熟了得以养育百姓。人之所以为人，如果仅仅是吃饱了、穿暖了、居住得舒服了而没有教化，那就和禽兽差不多。圣人为此忧虑，便派契做掌管教育的司徒，教导百姓懂得道德人伦。父子有亲，君臣有义，夫妇有别，长幼有序，朋友有信。尧说：'慰劳他们，安抚他们，开导他们，纠正他们，辅助他们，救济他们，使他们自求生活，又对他们施加恩惠。'圣人这样为百姓思虑担忧，还有空余时间耕作吗？

老百姓有地种、有饭吃，但还需要教化。没有人文教化，人与禽兽无异。贤者虽欲耕，有时间吗？陈相还是憋着。

"尧以不得舜为己忧，舜以不得禹、皋陶为己忧。夫以百亩之不易为己忧者，农夫也。分人以财谓之惠，教人以善谓之忠，为天下得人者谓之仁。是故以天下与人易，为天下得人难。孔子曰：'大哉尧之为君！惟天为大，惟尧则之，荡荡乎民无能名焉！君哉舜也！巍巍乎有天下而不与焉！'尧舜之治天下，岂无所用其心哉？亦不用于耕耳。

"尧把得不到舜作为自己的忧虑，舜把得不到禹和皋陶作为自己的忧虑。把耕种不好百亩田地作为自己忧虑的，是农夫。把钱财分给别人叫作惠，把善的道理教给别人叫作忠，为天下发现人才叫作仁。所以，把天下让给人容易，为天下发现人才却很难。孔子说：'尧做天子真是伟大！只有天最伟大，只有尧能够效法天，他的圣德无边无际，老百姓找不到恰当的词语来赞美他！舜也是了不得的天子！虽然有了广阔的天下，自己却并不占有它！'尧和舜治理天下，难道不用心思吗？也就是不用在农耕上罢了。

贤者思虑天下大事重要，还是与民并耕而食重要？下面再给他讲讲孔门的仁义礼智信吧，也顺便讲讲鸟往高处飞的道理。陈相心里不服气，但被说得快泄气了。

伟大的圣王一定选贤任能，把寻找培养优秀的接班人为头等大事。唐尧发现虞舜，如获至宝，把两个女儿嫁给他，把九个儿子都派去服侍他。舜找到了皋陶和禹，一位治安一位治水，得以天下平。虞舜、皋陶和大禹德行完美，普惠众生。

"吾闻用夏变夷者，未闻变于夷者也。陈良，楚产也，悦周公、仲尼之道，北学于中国。北方之学者，未能或之先也。彼所谓豪杰之士也。子之兄弟事之数十年，师死而遂倍之。昔者孔子没，三年之外，门人治任将归。入揖于子贡，相向而哭，皆失声，然后归。子贡反,筑室于场,独居三年,然后归。他日,子夏、子张、子游以有若似圣人,欲以所事孔子事之,强曾子。曾子曰:'不可。江汉以濯之,秋阳以暴之,皜皜乎不可尚已。'今也南蛮鴃(jué)舌之人,非先王之道,子倍子之师而学之,亦异于曾子矣。吾闻出于幽谷迁于乔木者,未闻下乔木而入于幽谷者。《鲁颂》曰:'戎狄是膺,荆舒是惩。'周公方且膺之,子是之学,亦为不善变矣。"

"我只听说过用中原的先进来改变落后偏远地区的,没有听说过用偏远地区的落后来改变先进的中原的。陈良,楚国人,喜好周公和孔子的学说,由南而北来到中原学习。北方学者的道德学问没有人能够超过他。他可以称得上是豪杰之士了。你们兄弟跟随他学习几十年,他一死你们就背叛了他。从前孔子去世的时候,门徒们为他守孝三年后,大家才收拾行李准备回家。临走时去向子贡行礼告别,相对而哭,泣不成声,然后才离开。子贡又回到孔子的墓地重新筑屋,独自守墓三年,然后才离开。后来,子夏、子张和子游都认为有若像孔子,就想用侍奉孔子的礼数来侍奉他,强使曾子同意。曾子说:'不可以。就像用江汉的水清洗过,又在秋天的太阳下曝晒过,夫子洁白无暇是不可替代的。'如今这个怪腔怪调的南方蛮子,诽谤先王的君子之道,你们却背叛自己的老师而向他学习,这和曾子的态度恰恰相反。我只听说过从幽暗的山沟飞出来迁往高大树木的,从没听说过从高大的树木飞下来迁往幽暗山沟的。《鲁颂》说:'攻击北方的戎狄,惩罚南方的荆舒。'周公尚且要攻击楚国这样的南蛮子,你们却去向他学习,这简直是越变越坏了啊。"

两个南蛮子,儒家南蛮子的徒弟背叛师门,拜农家南蛮子做师傅,还到儒家亚圣面前卖弄，可见当时儒家受到排挤是多么严重。孟子被齐王敬而不用，被齐人揶揄嘲笑，也就不足为怪了。

这些事情陈相没听说过吗？孟子苦口婆心讲孝悌，陈相不以为然，甚至连一句都听不进去。等孟子说够了，陈相又拿许子的观点狡辩。

"从许子之道，则市贾不贰，国中无伪。虽使五尺之童适市，莫之或欺。布帛长短同，则贾相若。麻缕丝絮轻重同，则贾相若。五谷多寡同，则贾相若。屦大小同，则贾相若。"

陈相说："遵从许子的学说，就可以使市场物价统一，人人没有欺诈。哪怕让一个小孩子去市场，也不会被欺骗。布匹丝绸的长短一样，价格也就一样。麻线丝绵的轻重一样，价格也就一样。各种谷物的多少一样，价格也就一样。鞋子的大小一样，价格也就一样。"

陈相确实一句也没听进去，你说你的，我说我的。在孟子看来，陈相的这些说辞真是幼稚。且看孟子如何应对。

曰："夫物之不齐，物之情也。或相倍蓰（xǐ），或相什百，或相千万。子比而同之，是乱天下也。巨屦小屦同贾，人岂为之哉？从许子之道，相率而为伪者也，恶能治国家？"

孟子说："各种东西的质量和价格不一样，这是很自然的。有的相差一倍五倍，有的相差十倍百倍，有的甚至相差千倍万倍。您强行让它们一样，只是搞乱天下罢了。一双好的鞋子和一双差的鞋子价钱一样，人们会同意吗？听从许子的学说，就是率领大家走向虚伪，怎么能治理好国家呢？"

陈相直接就跪了，简直没有任何还手之力。本来是批评滕文公不够贤能的，弄了半天，许子的学说不仅不能使"国中无伪"，结果自己却变成伪君子了！

五、隔空论战

墨者夷之，因徐辟而求见孟子。孟子曰："吾固愿见，今吾尚病。病愈，我且往见。夷子不来。"他日，又求见孟子。

墨家学说的信奉者夷之，想通过徐辟求见孟子。孟子说："我本来是想见他的，可是我现在正病着。等病好了，我就去见他。夷子就不用来了。"过了几天，夷子又求见孟子。

战完了农家战墨家。孟子真的是不想见墨者，道不同不相为谋。百家争鸣的时代，儒、墨一度并显，而今墨家猖狂，儒家式微，又一位挑战者打上门来了，孟子不想辩了。孟子是真病了，还是装病？这里看不出来。

孟子曰："吾今则可以见矣。不直，则道不见，我且直之。吾闻夷子墨者，墨之治丧也，以薄为其道也。夷子思以易天下，岂以为非是而不贵也？然而夷子葬其亲厚，则是以所贱事亲也。"徐子以告夷子。

孟子说："我现在可以和他见面。不直率点，道理就彰显不出来，我就直率地说吧。我听说夷子是信奉墨家学说的，墨家治丧事，以薄葬为其礼制之要。夷子想用这种主张改变天下礼俗，难道认为不这样就不足以显得尊贵吗？然而夷子又厚葬他的亲人，那就是用他认为低贱的方法来侍奉亲人。"徐辟把这些话告诉了夷子。

孟子是在批判墨家夷子们说一套做一套，言行不一，乃虚伪之人。

孟子和夷子开始隔空论战。

夷子曰:"儒者之道,古之人'若保赤子',此言何谓也?之则以为爱无差等,施由亲始。"徐子以告孟子。

夷子说:"按照儒家的说法,古代帝王'爱护百姓如同爱护婴儿一般',这话是什么意思?不就是说爱是没有差别等级的,只是施行的时候从亲人开始罢了。"徐辟把这些话告诉了孟子。

《书经·唐诰》云:"若保赤子,惟民其康。"圣贤要像保护孩子一样保护臣民,使他们健康安宁。徐辟转达了孟子的话把夷子噎住了,他自己做的事他自己知道。言行不一,没法自圆其说,夷子只好另找说辞,拿《书经》里的话反击。"若保赤子"不就是兼爱吗?不过是从身边的亲人开始实施罢了。

孟子曰:"夫夷子,信以为人之亲其兄之子为若亲其邻之赤子乎?彼有取尔也。赤子匍匐将入井,非赤子之罪也。且天之生物也,使之一本,而夷子二本故也。盖上世尝有不葬其亲者。其亲死,则举而委之于壑。他日过之,狐狸食之,蝇蚋(ruì)姑嘬(zuō)之。其颡(sǎng)有泚,睨而不视。夫泚也,非为人泚,中心达于面目。盖归反蘽(léi)梩而掩之。掩之诚是也,则孝子仁人之掩其亲,亦必有道矣。"徐子以告夷子。

夷子怃然为间曰:"命之矣。"

孟子说:"这个夷子,难道真的认为爱兄长的孩子和爱邻居家的孩子是一样的吗?那是有取舍的。婴儿在地上爬着将要跌进井里,这不是婴儿的罪过。况且天生万物,每个事物只有一个根本,而夷子却认为有两个根本。大概上古时候曾经有不安葬自己亲人先例的缘故吧。亲人死了,就把尸体扛起来丢到山沟里。后来路过那里，看见狐狸在撕食尸体，苍蝇蚊子也聚来叮咬。他的额头上就冒出了汗，斜着眼睛不敢正视。那人的流汗，不是流给别人看的，是内心真情表现在脸上的结果。于是这人就回去拿土筐铲子来掩埋尸体。掩埋尸体确实是对的，那么孝子仁人埋葬自己的亲人，也必然是有道理的。"徐辟把这些话告诉了夷子。

夷子茫然若有所失，过了片刻说："受教了。"

在兼爱问题上，孟子都懒得跟他辩，一个例子就说明问题了。爱兄长的孩子和别人家的孩子能一样吗？不一样。但婴儿在地上爬行，快要跌到井里去了，这时候，无论是谁的孩子，无论是谁看见了，都会去救的，这是人人皆有不忍人之心的缘故，是一样的。孟子的逻辑是人皆有不忍人之心，但爱有差别，先行孝悌，而后由亲亲之爱推己及人，泛爱众。

夷子的逻辑是爱无差别，只是施行的时候由亲人开始罢了。但行动起来又不能自圆其说，不符合人性，故遭到孟子严厉批评。隔空论战，夷子完败。

先秦时期的诸子百家，为了树立自己的学说，不免和其他门派发生争论和摩擦，论辩艺术显得尤为重要。儒学一派特别受到墨家、杨朱之流、纵横家和农家等的冲击。有人问孟子："您怎么这么好辩？"孟子说："你们以为我喜欢辩论吗？我是不得已而为之呀。"孟子中道而立，张弓搭箭，有些独战百家的壮烈。但他的辩论往往是欲擒故纵，反复设问诘难，迂回曲折地把对方引入自己预设的结论中，最终归仁服义。同时，孟子舍我其谁的浩然正气，能够在精神上压倒对方，"说大人，则藐之，勿视其巍巍然！"另外，孟子擅长使用排偶句、叠句等修辞手法，增强辩论的气势，气势磅礴，"若决江河，沛然莫之能御"。

滕文公章句下

一、枉尺直寻

陈代曰:"不见诸侯,宜若小然。今一见之,大则以王,小则以霸。且《志》曰'枉尺而直寻',宜若可为也。"

陈代说:"您不愿去见诸侯,好像太看重小节了。现在去见见,大则可以通过他们推行仁政王天下,小则可以通过他们推行仁政成就霸业。况且《志》上说'曲屈一尺短,展开八尺长',好像是值得去做的。"

陈代的意思是:大丈夫能屈能伸,您委屈一下自己,总是会成就一番伟业的,何必这样清高固执呢?前文孟子讲过,"故将大有为之君,必有所不召之臣"。自从和齐宣王闹别扭后,不做官的孟子就甘愿做不召之臣了。如果诸侯有事商量,就让诸侯来请教好了。苦苦寻求明君的孟子似乎已经看透,当世诸侯君王,没有一位能成大器可以王天下的。

孟子曰:"昔齐景公田,招虞人以旌,不至,将杀之。志士不忘在沟壑,勇士不忘丧其元。孔子奚取焉?取非其招不往也。如不待其招而往,何哉?且夫枉尺而直寻者,以利言也。如以利,则枉寻直尺而利,亦可为与?

孟子说:"从前齐景公田猎时,拿旌旗召唤管理猎场的小吏,小吏没有应召,齐景公就想杀掉他。志士不会忘记自己身处沟壑的困境,勇士不会害怕自己掉脑袋。孔子认为猎场小吏哪一点可取呢?就是取他非召其令而不遵的精神。如果不待其召就前往,那算什么呢?况且所谓的'屈曲一尺短,展开八尺长',那只是从利益出发说的。如果以利言事,那么屈曲八尺而伸展一尺有利,难道也能做吗?

小吏看见不是召唤他的皮冠,而是召唤大夫的旌旗,所以就不去。

小吏尚且如此,威武不屈,贫贱不移,不怕掉脑袋,何况四十而不动心的孟子呢?想说服他改变立场,几乎是不可能的。孟子继续举例子。

"昔者赵简子使王良与嬖奚乘,终日而不获一禽。嬖奚反命曰:'天下之贱工也。'或以告王良。良曰:'请复之。'强而后可,一朝而获十禽。嬖奚反命曰:'天下之良工也。'简子曰:'我使掌与女乘。'谓王良。良不可,曰:'吾为之范我驰驱,终日不获一。为之诡遇,一朝而获十。《诗》云:"不失其驰,舍矢如破。"我不贯与小人乘,请辞。'御者且羞与射者比,比而得禽兽,虽若丘陵,弗为也。如枉道而从彼,何也?且子过矣,枉己者,未有能直人者也。"

"从前赵简子派王良为他的宠臣奚驾车田猎,一整天也打不到一只鸟。宠臣奚回去汇报说:'王良是天底下最差的车手。'有人把这话告诉了王良。王良说:'请让我们再来一次。'奚勉强同意后又去田猎,一早上就捕获到十只鸟。宠臣奚回去汇报说:'王良是天底下最优秀的车手。'赵简子说:'我派他专门为你驾车。'便告诉了王良。王良不同意,说:'我按照规矩驾车,终日捕不到一只鸟。不按照规矩驾车,一早晨却捕获十只鸟。《诗经》上说:御者按规矩驾车,射者会一箭中的。我不习惯替小人驾车,请不要让我做这份差事。'驾车的人尚且羞于与嬖奚这样的射手合作,即便合作得到的鸟兽多得像山丘一样,也是不屑做的。如果改变自己的原则去顺从别人,那又算什么呢?并且你也弄错了,扭曲自己人,是不能矫正别人的。"

"不失其驰,舍矢如破"出自《诗·小雅·车攻》篇。该诗说御者不失其驰驱之法,则射者必中之。顺毛而入,顺毛而出,一发贯臧,应矢而死者如破矣,此君子之射也。王良的意思是嬖奚非君子之射。孟子的意思是:御者尚知羞耻此射者,不欲与比,你怎么能想让我枉正道而屈就那些骄慢的诸侯呢。不坚持自己的原则立场,就是扭曲自己。扭曲了自己的人,谈何矫正别人?孟子心志不移,正气浩然。

二、大丈夫

景春曰:"公孙衍、张仪岂不诚大丈夫哉?一怒而诸侯惧,安居而天下熄。"

景春说:"公孙衍和张仪难道不是真正的大丈夫吗?他们一发怒诸侯就害怕,安静下来天下就太平无事。"

景春是纵横家的信徒,公孙衍和张仪是纵横家的代表人物。这些人物孟子都不待见。纵横家讲究合纵连横,以卓越的口才说辞,使各诸侯国或战或和。六国联合起来对抗秦国叫"合纵",秦国与其他国家联盟叫"连横"。纵横家在儒家面前算什么,想当年"子贡一出,五国乱",存鲁、乱齐、破吴、强晋而霸越,那才叫挥斥方遒、纵横捭阖。关键是子贡运筹五国于股掌之上，秉持的是仁道善念，何其大智大勇哉！

孟子当面教训农家信徒陈相，与墨家信徒夷子隔空论战，现在又来了位纵横家的信徒景春，孟子对他也是毫不客气。

孟子曰："是焉得为大丈夫乎？子未学礼乎？丈夫之冠也，父命之。女子之嫁也，母命之，往送之门，戒之曰：'往之女家，必敬必戒，无违夫子！'以顺为正者，妾妇之道也。居天下之广居，立天下之正位，行天下之大道。得志，与民由之；不得志，独行其道。富贵不能淫，贫贱不能移，威武不能屈，此之谓大丈夫。"

孟子说："这怎么能算是大丈夫呢？你没有学过礼吗？男子成人行冠礼时，父亲训导他。女子出嫁时，母亲训导她，送她到门口，告诫她说：'到了婆家，必须恭敬必须谨慎，不要违背丈夫！'以顺从作为准则，这是为人妻妾之道。住在天下最广阔的住宅里，站在天下最中正的位置上，走在天下最正确的大道上。得志时与百姓一起去实现，不得志时独行其道。富贵不能淫，贫贱不能移，威武不能屈，这才叫大丈夫。"

孟子就差指着鼻子教训景春了：你父亲没有训导过你？子不教，父之过。不知命无以为君子，不知礼无以立，不知言无以知人。你是三不知呀。你说的那几个人就是大丈夫了？他们靠着三寸不烂之舌，曲意奉承诸侯的意图，没有仁义道德，唯恐天下不乱，他们算什么大丈夫！真正的大丈夫仁义行之，为天下苍生立功立德立言。大丈夫穷则独善其身，达则兼济天下。富贵不能使其骄奢淫逸，贫贱不能使其改变节操，威武不能使其屈服意志，这才叫真正的大丈夫！

三、钻穴之徒

周霄问曰:"古之君子仕乎?"

孟子曰:"仕。《传》曰:'孔子三月无君,则皇皇如也,出疆必载质。'公明仪曰:'古之人三月无君,则吊。'"

周霄问道:"古时候的君子做官吗?"

孟子说:"做官。《传》上说:'孔子三个月没有君主任用他,就惶惶不安的样子,他到另一个国家去,一定要携带给君主的见面礼。'公明仪曰:'古时候,三个月没有君主任用之士,就会有人去慰问。'"

看来周霄没读过几本书,也没听过多少历史故事,古之君子是"学而优则仕,仕而优则学"。《传》指的是《易传》,是孔子及其门人解读《易经》的著作,后归于《周易》中。孟子认为,孔子的执念是侍奉君王推行仁政的。君主不任用他,他怎能推行仁政呢?

古时君子不事稼穑百工,志于推行仁政,三个月断了俸禄,他怎么生活呢?

"三月无君则吊,不以急乎?"

曰:"士之失位也,犹诸侯之失国家也。《礼》曰:'诸侯耕助,以供粢盛(zī chéng)。夫人蚕缫(sāo),以为衣服。牺牲不成,粢盛不洁,衣服不备,不敢以祭。惟士无田,则亦不祭。'牲杀器皿衣服不备,不敢以祭,则不敢以宴,亦不足吊乎?"

周霄说:"三个月不被任用就会有人去慰问,是不是太着急了?"

孟子说:"士人如果失去了职位,犹如诸侯失去国家。《礼》

上说：'诸侯耕种藉田，以供给祭祀用品。夫人养蚕缫丝，以制作祭祀衣服。祭祀用的牲畜不肥壮，谷物不洁净，衣服不完备，就不敢用来祭祀。唯有士人没有田地，则可以不祭祀。'牲畜、器皿和衣服不完备，不敢用来祭祀，也就不能举行宴会，这难道还不该去安慰吗？"

"国之大事，在祀与戎。"国家有两件大事，一件是打仗，一件是祭祀。士人如果三个月没职位就没俸禄，连祭祀用的物品都置办不好，祭祀就做不成，所以该去慰问。

"诸侯耕助"是说，每年春分时节，诸侯会搞个耕田的仪式，以示重视农业。

"出疆必载质，何也？"

曰："士之仕也，犹农夫之耕也。农夫岂为出疆舍其耒耜（lěi sì）哉？"

周霄说："离开国境一定要携带给君主的见面礼，又是什么道理呢？

孟子说："士人出来做官，就像农夫种地。农夫会因为离开国境就抛下农具吗？"

孟子的这句话不好解读，特别是以农夫不舍耒耜作比士出疆必载质。或谓知识分子要当官，犹如农民要种地，天经地义。由是，把"见面礼"解释为"献给初次见面君主的敬礼，以示忠敬求职"，倒是说得过去。

一说士人以雉（野鸡）为质，老百姓则以鸭子为见面礼。

曰："晋国亦仕国也，未尝闻仕如此其急。仕如此其急也，君子之难仕，何也？"

曰："丈夫生而愿为之有室，女子生而愿为之有家。父母之心，人皆有之。不待父母之命、媒妁之言，钻穴隙相窥，逾墙相从，则父母国人皆贱之。古之人未尝不欲仕也，又恶不由其道。不由其道而往者，与钻穴隙之类也。"

周霄说："魏国也是出仕为官的国家，但没有听说过如此急迫的。找官位是如此急迫，君子难以出仕做官，这是为什么呢？"

孟子说："男孩生下来就希望为他找到妻室，女孩生下来就希望为她找到夫家。父母之心，人皆有之。但是不经过父母允许，没有媒人的介绍，钻洞偷看，爬墙幽会，那么父母和国人都会看不起他们。古时候的人不是不想出来做官，但又讨厌不通过正道做官。不通过正道而做官的，就跟男女钻洞、爬墙差不多了。"

做官不由其道而往者，或许孟子说的就是那些靠游说君王起家的纵横家们吧。孟子埋汰人也是绘声绘色的。

为了实现自己的抱负而想要做官，是很正常的一件事。可是很多人不喜欢通过正当的途径得到官职，而喜欢以钻洞、爬墙的方式得到官职，犹如不顾父母之命、媒妁之言而偷偷幽会的男女，属于让人看不起的一类。君子坚持仁义原则，心志固若磐石，气有浩然，绝不会为求官而丧失自己的气节。

四、通功易事

彭更问曰："后车数十乘，从者数百人，以传食于诸侯，不以泰乎？"

孟子曰："非其道，则一箪食不可受于人。如其道，则舜受尧之天下，不以为泰。子以为泰乎？"

彭更问道:"后面跟着数十辆车,随从几百人,在诸侯国辗转而接受款待,您不觉得这样很过分吗?"

孟子说:"不符合道义,就是一箪食也不可以接受。符合道义,就是舜接受尧的天下,也不算过分。你认为过分了吗?"

孟子周游列国,声势浩大,数十辆车子数百人,走到哪吃到哪,说话没人听,百工不会做,连弟子彭更都看不下去了。面对弟子彭更的质疑,孟子并没有生气,告诉他只要符合道义,当受则受。

曰:"否。士无事而食,不可也。"

彭更说:"不。士人不做事却有饭吃,是不可以的。"

彭更不明就里,还挺固执,觉得士人不劳而获,吃白食,这样不太好。他一定没听说过孟子的劳心劳力之说,可能还受到农家学说的影响。

曰:"子不通功易事,以羡补不足,则农有余粟,女有余布。子如通之,则梓匠轮舆皆得食于子。于此有人焉,入则孝,出则悌,守先王之道,以待后之学者,而不得食于子。子何尊梓匠轮舆而轻为仁义者哉?"

孟子说:"你不知道如何通功易事,以多余的补充不足的,不然农民家里就会积压多余的粮食,妇女手中就会积压多余的布帛。你如果知道如何通功易事,那么匠人车工们就会从你这里得到食物。现在有这样一个人,在家孝顺父母,在外遵从兄长,坚守先王之道,以此扶持后学者,却不能从你那里得到吃的。你为什么能尊重匠人车工们,却轻视为弘扬仁义道德而奔走的人呢?"

孟子继续循循善诱：你不知道术业有专攻，通功易事才能让各行各业各行其事、各得所需吗？从事教育传播仁道，难道不如匠人、车工？人之有道也，饱食、暖衣、逸居而无教，则近于禽兽。有理由相信，彭更可能被农家洗脑了，还是转不过弯来。

曰："梓匠轮舆，其志将以求食也。君子之为道也，其志亦将以求食与？"

彭更说："匠人车工，他们工作的动机就是为了吃饭。君子追求仁道，其动机也是为了解决吃饭问题吗？"

真是个好问题，可是不得其要。造箭的唯恐自己造的箭不够锋利，造盾的唯恐自己造的盾不够结实，其动机（目的）也仅仅是为了吃饭吗？"君子谋道不谋食。耕也，馁在其中矣；学也，禄在其中矣。君子忧道不忧贫。"这些道理还得想办法让彭更慢慢悟。

曰："子何以其志为哉？其有功于子，可食而食之矣。且子食志乎？食功乎？"曰："食志。"

孟子说："你何必管他的动机呢？他对你有功，能给他饭吃才给他饭吃。你是按动机给人饭吃，还是按对你有没有功给人饭吃呢？"彭更说："根据动机。"

彭更看来不是年轻就是鲁钝，不拿出归谬的绝招，他还真的明白不了。

曰："有人于此，毁瓦画墁，其志将以求食也，则子食之乎？"曰："否。"

曰："然则子非食志也，食功也。"

孟子说："有这样一个人，他打坏瓦片又乱涂墙壁，他的动机是为了求饭吃，你给他饭吃吗？"彭更说："不。"

孟子说："那么你就不是因人的动机而给他饭吃，而是按他对你有没有功才给他饭吃。"

估计彭更这下可算明白了。孟子将他的归谬法运用得得心应手，直接将对手推到自我否定的境地，使其不得不低下头反省自己。

与彭更之辩，其实是与农家之战。

五、如降时雨

万章问曰："宋，小国也，今将行王政。齐楚恶而伐之，则如之何？"

万章问道："宋国，是个小国，现在想推行王政。齐国和楚国因此讨厌宋国而攻打它，应该怎么办呢？"

万章，孟子的高足，一生追随孟子，为孟子所喜爱。万章出现了，《孟子》的故事就更精彩了。下面孟子讲商汤王和周武王的历史典故，是为了证明小国推行仁政也可以王天下的道理。

孟子曰："汤居亳（bó），与葛为邻，葛伯放而不祀。汤使人问之曰：'何为不祀？'曰：'无以供牺牲也。'汤使遗之牛羊。葛伯食之，又不以祀。汤又使人问之曰：'何为不祀？'曰：'无以供粢（zī）盛也。'汤使亳众往为之耕，老弱馈食。葛伯率其民，要其有酒食黍稻者夺之，不授者杀之。有童子以黍肉饷，杀而夺之。书曰：'葛伯仇饷。'此之谓也。为其杀是童子而征之，四海之内皆曰：'非富天下也，为匹夫匹妇复雠（chóu）也。''汤始征，自葛载'，十一征而无敌于天下。东面而征，西夷怨；

南面而征，北狄怨，曰：'奚为后我？'民之望之，若大旱之望雨也。归市者弗止，芸者不变，诛其君，吊其民，如时雨降。民大悦。

孟子说："商汤居住在亳地，与葛国相邻，葛伯放纵无道不祭祀先祖。商汤派人询问他：'为什么不祭祀？'葛伯说：'没有供祭祀用的好牲畜。'商汤派人送给他牛羊。葛伯把牛羊吃了，还是不祭祀。商汤又派人询问他：'为什么不祭祀？'葛伯说：'没有供祭祀用的好谷物。'商汤派亳地的民众去帮他种地，让老年人和小孩给种地的人送饭。葛伯带领着他的民众，拦住那些带着酒食米饭的人抢夺，不给就杀掉。有个小孩带着米饭和肉，他们抢走了食物还把小孩杀掉了。《书》上说：'葛伯仇视送饭的人。'就是指这件事。因为葛伯杀死了这个小孩子，商汤去征讨他，天下的老百姓都说：'不是贪图天下的财富，这是为平民百姓复仇。''商汤的征讨，从葛国开始'，征伐十一次而后无敌于天下。向东面征讨，西面的夷人就埋怨；向南面征讨，北面的狄人也埋怨，都说：'为什么把我们放在后面？'百姓盼望他，就像大旱时盼望下雨一样。赶集的不停止买卖，种田的不停止耕耘，讨伐暴君，慰问百姓，就像及时雨从天而降。老百姓非常高兴。

《孟子》里，商汤灭桀和周武王伐纣的故事，被孟子多次引用，以佐证仁者无敌。这里讲的是商汤伐葛伯的典故。

国家有两件大事，一件是祭祀，一件是打仗。仁慈的商汤看到葛伯不事祭祀，非常担心。国君如果不知敬畏，国必乱，民必遭其殃。商汤用心良苦。葛伯把送来的供祭祀的牛羊先杀了吃了，倒也罢了，为抢食把送饭的小孩子也杀了，实在是穷凶极恶，这叫"自作孽，不可活"。讨伐此独夫贼子，是替天行道，此等独夫贼子人人得而诛之。

"《书》曰：'徯我后，后来其无罚。''有攸（yōu）不惟臣，东征，绥厥士女，匪厥玄黄，绍我周王见休，惟臣附于大邑周。'其君子实玄黄于匪以迎其君子，其小人箪食壶浆以迎其小人，救民于水火之中，取其残而已矣。《太誓》曰：'我武惟扬，侵于之疆，则取于残，杀伐用张，于汤有光。'

"《书》上说：'等待我们的君王，君王来了我们就不用受罪了。'攸国不臣服，向东征讨。安抚那里的男女民众，他们用筐装着黑色和黄色的丝绸，以事奉周王为荣，最后他们臣服于大周国。'那儿的官吏用筐装着丝绸来迎接周王的官吏，那儿的老百姓用筐装着饭食、用壶盛着美酒来迎接周王的士兵，这次出征只是为了将老百姓从水深火热中解救出来、除掉暴君而已。《泰誓》上说：'扬我国威，攻入其疆，除掉暴君，正义申张，于汤有光。'

上面讲的是商汤伐葛伯的典故，这里讲的是武王伐纣的典故。公元前1045年，武王伐纣，在盟津大会诸侯。武王向诸侯誓师，作《泰誓》。

攸国，殷商诸侯方国。历史上对其后裔归处，有神奇的猜测。

"不行王政云尔。苟行王政，四海之内皆举首而望之，欲以为君。齐楚虽大，何畏焉？"

"只怕不推行王政。如果真能推行王政，普天之下的民众都会抬头盼望，想拥护这样的人来做君主。齐国楚国尽管强大，又有什么可怕的呢？"

只要切实推行王道仁政，人们就像大旱时盼望下雨一样，拥戴他为王。宋王虽有心，然而内生祸乱，终不成事，最后被齐、楚、魏三国所灭。

六、楚人学齐语

孟子谓戴不胜曰："子欲子之王之善与？我明告子。有楚大夫于此，欲其子之齐语也，则使齐人傅诸？使楚人傅诸？"

孟子对戴不胜说："你希望你们的君王向善吗？我明确地告诉你吧。譬如有位楚国的大夫，想让他的儿子学齐国话，是让齐国人来教他呢，还是让楚国人来教他？"

戴不胜是宋国的大臣，和孟子聊天，聊到了善，聊到了薛居州，聊到了君王，聊起了孟子说事拉理的兴致。战国时期的中国，就是"全世界"。齐、楚、燕、韩、赵、魏、秦七个大国相当于现在世界上的七个强国，大周像联合国。齐国和楚国隔得较远，语言不通。尽管有雅言，一般人也不会。楚国人学齐语，就是学外语。那时候齐国称霸，齐语相当于现在的英语。

曰："使齐人傅之。"

戴不胜说："让齐国人来教他。"

这不是明摆着的吗？老先生，以后明摆着的事，你就不要让我们来回答了好吧？你不回答，我怎么往下说呢？我的设问逻辑少不了你这一番。再说我都习惯这样了，不好改了。

曰："一齐人傅之，众楚人咻之，虽日挞而求其齐也，不可得矣。引而置之庄岳之间数年，虽日挞而求其楚，亦不可得矣。子谓薛居州，善士也，使之居于王所。在于王所者，长幼卑尊皆薛居州也，王谁与为不善？在王所者，长幼卑尊，皆非薛居州也，王谁与为善？一薛居州，独如宋王何？"

孟子说："一个齐国人教他，众多楚国人在旁喧哗，即使天天鞭挞并强逼他说齐国话，也是学不好的。要是把他送到齐国的街道上去住几年，即使天天鞭挞并强逼他说楚国话，那也是做不到的。你说薛居州，是个善人，要让他住在宫中。如果在大王身边的人，无论年纪大小、地位高低，都是薛居州那样的人，大王能同谁去做坏事呢？如果在大王身边的人，无论年纪大小、地位高低，都不是薛居州那样的人，大王能同谁去做善事呢？一个薛居州，自己能把宋王怎么样呢？"

环境是改变人的重要因素。你明白我的意思了吧？只要宋王身边的人绝大多数都向善，想要宋王做坏事，都是不可能的。我老人家是深有体会的。想当年，老母亲为了我学好，孤儿寡母的，从坟场边迁到市场边，又从市场边迁到了学校边。学区房很贵的。"近朱者赤，近墨者黑。""蓬生麻中，不扶而直。白沙在涅，与之俱黑。"

孟子看似讲学外语的事，其实只是一个引喻罢了，目的是讲环境易人。特别是人文环境，对一个人的影响太大了。

七、病于夏畦

公孙丑问曰："不见诸侯，何义？"

公孙丑问："您不见诸侯，是什么意思？"

公孙丑比陈代聪明。陈代直接质询孟子：您不愿去见诸侯，似乎太在乎小节了吧，引来孟子一大段说辞。公孙丑问原因，孟子的说辞就不一样了。

孟子曰："古者不为臣不见。段干木逾垣而辟之，泄柳闭门而不内，是皆已甚。迫，斯可以见矣。阳货欲见孔子而恶无礼，大夫有赐于士，不得受于其家，则往拜其门。阳货瞰（kàn）孔子之亡也，而馈孔子蒸豚。孔子亦瞰其亡也，而往拜之。当是时，阳货先，岂得不见？曾子曰：'胁肩谄笑，病于夏畦。'子路曰：'未同而言，观其色赧赧然，非由之所知也。'由是观之，则君子之所养可知已矣。"

孟子说："古时候不是臣子就不去谒见君王。段干木翻墙逃避魏文侯，泄柳关门不待鲁穆公，这样做都太过分了。迫不得已的话，也是可以见的。阳货想见孔子，又厌恶别人说他不知礼。当时大夫赠送财物给士人，士人如果不能在家里亲自接受，就应去大夫家拜谢。于是，阳货探知孔子不在家时，就去孔子家赠送蒸乳猪。孔子探知阳货不在家时，就前往拜谢。那时候，阳货先去拜访，孔子怎么会不见他呢？曾子说：'耸着肩膀对别人谄笑，这比夏天在菜地里干活还要痛苦。'子路说：'跟一个志不同道不合的人讲话，脸上还露出羞愧之色，这不是我所能理解的。'由此看来，君子的品行修养如何，是可以看出来的。"

段干木，战国初期人，子夏的弟子，曾做过魏文侯的老师。泄柳，鲁穆公时贤者。《论语》里有阳货欲见孔子的章句，说是孔子回拜时，路上遇到了阳货，孔子被阳货游说得无话可说，就去当官了。在这里，孟子把"不见诸侯"的礼制讲明白了。文中引用曾子和子路的话是想说明，君子就是想要出仕，也不会装出笑脸去巴结人。与诸侯志趣不相投，就不能为难自己而勉强出仕。子曰："巧言、令色、足恭，左丘明耻之，丘亦耻之。匿怨而友其人，左丘明耻之，丘亦耻之。"花言巧语，面貌伪善，过分恭敬，这种人是可耻的。把仇恨暗藏于心，表面上却同人要好,这种人也是可耻的。

史载"魏文侯尊师"的典故。说战国时期,魏国有个叫段干木的人,品德高尚,学识深湛,很有贤名。魏文侯想让他做官他不应诏。魏文侯亲自登门拜访,他翻墙逃走了。此后,魏文侯更加敬重他,每次乘车经过他家门口,总要站起来扶着车前的横木以表敬意。车夫问魏文侯为什么如此敬重段干木,他说:"段干木不趋炎附势,身居穷巷之中而名扬千里之外,我能对他不恭敬吗?他有德,我有势;他多文,我多财。势不如德贵,财不若文高。"后来,魏文侯终于将段干木请到宫中做自己的老师,听他谈治国的道理,站累了也不敢坐着休息一下。

八、偷鸡贼的逻辑

戴盈之曰:"什一,去关市之征,今兹未能。请轻之,以待来年,然后已,何如?"

戴盈之说:"田税十取一,取消关卡和市场的税收,现在还办不到。先减轻一些,等到明年再落实,怎么样?"

戴盈之是宋国的大夫,想采用渐进的方式积极稳妥地推进税收改革。孟子给他讲了个偷鸡贼的故事。

孟子曰:"今有人日攘其邻之鸡者,或告之曰:'是非君子之道。'曰:'请损之,月攘一鸡,以待来年,然后已。'如知其非义,斯速已矣,何待来年?"

孟子说:"现有一个人每天都偷他邻居家的鸡,有人告诫说:'这不是君子所为。'他却说:'请让我少偷一些,每月偷一只,等到明年,就再也不偷了。'如果知道这样做不符合道义,就应该马上改正，为什么要等到明年呢？"

明明知道不对，却不愿意马上改正，这是魔性难除的表现。知错能改，善莫大焉。偷鸡贼的心态和逻辑是：你让我慢慢戒掉偷鸡的毛病好不好？看似荒唐好笑，世人多五十步笑百步而已。

当然，偷鸡贼可以马上改正，从此不再偷鸡了，但心中的魔性想马上除掉，是难的，需要教化，得慢慢来。

九、予岂好辩哉

公都子曰："外人皆称夫子好辩，敢问何也？"

公都子说："别人都说您好辩，请问这是为什么呢？"

公都子是孟子的弟子。夫子像打了鸡血一样，不是跟这个辩，就是跟那个辩的，到底为什么呢？公都子不明白。且看孟子如何说。

孟子曰："予岂好辩哉？予不得已也。天下之生久矣，一治一乱。当尧之时，水逆行，泛滥于中国，蛇龙居之，民无所定。下者为巢，上者为营窟。《书》曰：'洚水警余。'洚水者，洪水也。使禹治之。禹掘地而注之海，驱蛇龙而放之菹，水由地中行，江、淮、河、汉是也。险阻既远，鸟兽之害人者消，然后人得平土而居之。

孟子说："我难道真的好辩吗？我是不得已啊。天下自有人类以来已经很久了，时而太平，时而动乱。在尧的时候，洪水逆行泛滥于中原地区，到处被龙蛇盘踞，百姓无处安身。住在低洼地区的人在树上搭巢，住在高岗山地的人在崖上造穴。《书》上说：'洚水警诫了我们。'所谓洚水，就是洪水。君王派禹治水。

禹挖通河道将洪水导入大海，又把龙蛇驱逐到草泽地，水沿着地上的沟道流动，这就是长江、淮水、黄河和汉水。水患既已解除，鸟兽不再危害人类，然后百姓们才得以回到平原上安居。

大禹治水，说的是天灾，接下来说人祸。

"尧舜既没，圣人之道衰，暴君代作，坏宫室以为污池，民无所安息。弃田以为园囿，使民不得衣食。邪说暴行又作，园囿污池沛泽多而禽兽至。及纣之身，天下又大乱。周公相武王诛纣、伐奄，三年讨其君，驱飞廉于海隅而戮之，灭国者五十，驱虎豹犀象而远之，天下大悦。《书》曰：'丕显哉，文王谟！丕承哉，武王烈！佑启我后人，咸以正无缺。'

"尧舜去世以后，圣人之道逐渐衰微，暴君接连出现，毁坏了房屋来做池沼，百姓无处安居。废弃了农田来造园林，使老百姓无法谋生。淫邪的学说和暴虐的行为随之兴起，园林池沼草泽增多并招来了飞禽走兽。到了殷纣之时，天下又发生大乱。周公辅佐武王，诛杀殷纣，讨伐奄国，与这些暴君打了三年，把飞廉追赶到海边处死，消灭殷商的五十个属国，将虎豹犀牛大象驱赶得远远的，天下百姓非常高兴。《书》上说：'伟大光明啊，文王的谋略！继承发扬光大啊，武王的功绩！护佑开导我们后代，都走正路别缺德。'

自有人文化育以来，古中国崇尚的便是圣人治世。然世道不古，暴君邪说接连出现，祸国殃民。春秋战国即是，夏桀商纣即是。此乃人祸。

"世衰道微，邪说暴行有作，臣弑其君者有之，子弑其父者

有之。孔子惧，作《春秋》。《春秋》，天子之事也，是故孔子曰：'知我者，其惟《春秋》乎！罪我者，其惟《春秋》乎！'

"社会混乱世道衰微，淫邪的学说和暴虐的行为随之兴起，有臣子杀死君主的，有儿子杀死父亲的。孔子为之忧惧，编写了《春秋》。《春秋》评价天子的作为，所以孔子说：'了解我的，恐怕只因《春秋》了！怪罪我的，恐怕也只因《春秋》了！'

孔子著《春秋》，乱臣贼子惧。孔子知其不可而为之，天命使命使然。

"圣王不作，诸侯放恣，处士横议，杨朱墨翟之言，盈天下。天下之言，不归杨则归墨。杨氏为我，是无君也；墨氏兼爱，是无父也。无父无君，是禽兽也。公明仪曰：'庖有肥肉，厩有肥马，民有饥色，野有饿莩（piǎo），此率兽而食人也。'杨墨之道不息，孔子之道不著，是邪说诬民，充塞仁义也。仁义充塞，则率兽食人，人将相食。吾为此惧。闲先圣之道，距杨墨，放淫辞。邪说者，不得作。作于其心，害于其事；作于其事，害于其政。圣人复起，不易吾言矣。

"圣王不出现，诸侯肆无忌惮，士人乱发议论，杨朱墨翟的言论，充斥天下。天下之言，不归杨则归墨。杨氏主张为己，这是无视君王；墨氏主张兼爱，这是不要父母。无父无君，就是禽兽。公明仪说：'厨房里有肥肉，马棚里有肥马，老百姓却面带饥色，饿死的人横野遍地，这无异于率领着野兽来吃人。'杨墨的学说不破除，孔子的学说不发扬，就是要用邪说欺骗百姓，阻止仁义的施行。仁义被阻止，就率兽去吃人，人们也将会互相残食。我为此感到恐惧。所以，要规范先圣之道，抵制杨墨的学说，批驳错误夸张的言论。歪理邪说，不能再流行了。邪说兴起在人们心中，就会危害人们所做所为；所做所为受了危害，就会危害政治。圣人如果重生，也不会改变我的观点。

歪理邪说兴起，犹残暴兴起，残害仁道，无异于率兽食人，其危害甚矣！细思极恐。无父无君，就是悖逆天命伦常，是禽兽也，实乃禽兽不如也！

"昔者禹抑洪水，而天下平。周公兼夷狄，驱猛兽，而百姓宁。孔子成《春秋》，而乱臣贼子惧。《诗》云：'戎狄是膺，荆舒是惩，则莫我敢承。'无父无君，是周公所膺也。我亦欲正人心，息邪说，距诐行，放淫辞，以承三圣者。岂好辩哉？予不得已也。能言距杨墨者，圣人之徒也。

"从前大禹治水，使天下太平。周公兼并夷族狄族，赶走猛兽使百姓得以安宁。孔子著成《春秋》，使乱臣贼子害怕。《诗经》上说：'戎族狄族的人服从了，荆地楚地被惩罚了，没有人敢抗拒我了。'无父无君，是周公所要打击的。我也想端正人心，破除邪说，抵制偏颇的行为，批驳错误夸张的言论，来继承大禹、周公和孔子三位圣人的仁道。我怎么是喜好辩论呢？我是不得已而为之。凡是能够敢于直言抵制杨墨学说的人，都是圣人的门徒。"

这一番下来，孟子引经据典，敞开心扉，倡言心志，正气浩然。孟子秉承先贤圣德，苦心孤诣，直道而立，做中流砥柱，何其大哉！以承三圣者，舍我其谁！仁者无敌。

予不得已也。孔子晚年也是不敢不告也。

十、蚯蚓之操

匡章曰："陈仲子岂不诚廉士哉？居於陵，三日不食，耳无闻，目无见也。井上有李，螬食实者过半矣，匍匐往将食之，三咽，然后耳有闻，目有见。"

匡章说："陈仲子难道不是真正的廉洁之士吗？他居住在於陵，三天不吃饭，饿得耳朵听不到，眼睛看不见。井边有李子，金龟子的幼虫已食大半，他摸索着爬过去取来吃，吞咽了三口，耳朵才听得到，眼睛才看得见。"

陈仲子本名陈定，字子终，是战国时期齐国著名的思想家、隐士。陈仲子因见其兄食禄万钟，以为不义，故避兄离母，又先后坚辞不受齐国大夫、楚国国相等职，先迁居於陵，后隐居长白山中，终日为人灌园，以示"不入污君之朝，不食乱世之食"，最终饥饿而死。陶渊明有诗赞曰："至矣於陵，养气浩然。蔑彼结驷，甘此灌园。"但孟子对此有自己的立场和看法。

孟子曰："于齐国之士，吾必以仲子为巨擘焉。虽然，仲子恶能廉？充仲子之操，则蚓而后可者也。夫蚓，上食槁壤，下饮黄泉。仲子所居之室，伯夷之所筑与？抑亦盗跖（zhí）之所筑与？所食之粟，伯夷之所树与？抑亦盗跖之所树与？是未可知也。"

孟子说："在齐国的士人中，我一定推崇仲子为首屈一指的大人物。即使这样，仲子称得上廉洁吗？如果要推广仲子的操守，只有变成蚯蚓才能做到。蚯蚓，吞食地面上的干土，饮用地底下的泉水。仲子所居住的房屋，是像伯夷那样廉洁的人建造的呢，还是像盗跖那样的强盗所建造的呢？他所吃的粮食，是像伯夷那样廉洁的人种植的呢，还是像盗跖那样的强盗所种植的呢？这些都不知道。"

如果陈仲子知道是强盗建的房屋、强盗种的粮食，他还住还吃吗？如果又住又吃，那不是沽名钓誉吗？他为了所谓的清廉，不爱惜自己的生命，忘记了弘扬道义之大节，实乃迂腐透顶、心智糊涂，逞匹夫之勇罢了。

曰："是何伤哉？彼身织屦，妻辟纑（lú），以易之也。"

匡章说："这有什么关系呢？他亲自编织草鞋，妻子纺织麻线，拿这些去交换来的。"

匡章是只知其一，不知其二。孟子剖析如下。

曰："仲子，齐之世家也。兄戴，盖禄万钟。以兄之禄为不义之禄而不食也，以兄之室为不义之室而不居也，辟兄离母，处于於陵。他日归，则有馈其兄生鹅者，己频颇（cù）曰：'恶用是鶂（yì）鶂者为哉？'他日，其母杀是鹅也，与之食之。其兄自外至，曰：'是鶂鶂之肉也。'出而哇之。以母则不食，以妻则食之。以兄之室则弗居，以於陵则居之。是尚为能充其类也乎？若仲子者，蚓而后充其操者也。"

孟子说："仲子，出生于齐国世家。他的兄长陈戴，食禄万钟。仲子认为兄长的俸禄是不义之禄而不吃，认为兄长的房子是不义之室而不住，避开兄长，离开母亲，住在於陵。有一天回来，正好碰上有人送给他兄长一只鹅，他皱着眉头说：'要这嘎嘎叫的东西干什么？'过了几天，他母亲杀了这只鹅，做给他吃。

这时他兄长从外面回来，说：'这便是那只嘎嘎叫的东西的肉。'仲子一听，便跑到外面把肉呕吐出来。母亲的东西不吃，妻子的食物却吃。兄长的房屋不住，於陵的房屋却住。这样能称得上是廉洁的典范吗？像陈仲子这样的人，恐怕只有把自己变成蚯蚓，才能推广他的廉洁节操。"

　　陈仲子的操守，就像那只鹅的脖子，被两只手攥着，一只手是丰满的理想（廉洁），一只手是骨感的现实（酸腐），两手反向用力，给活生生地拧巴了。有人评价陈仲子避兄离母，无亲戚君臣上下，是无人伦也。没有人伦的人，有廉洁吗？在孔孟思想里，见得思义就好，"非其道，则一箪食不可受于人。如其道，则舜受尧之天下，不以为泰"。廉洁就是清廉不贪污，不让自己清白的人品受到玷污就好。不能太过，当受不受也不好。他认为兄长的俸禄是不义之禄而不食其鹅，他兄长就没有赚一份良心钱吗？他不知道房子是不是强盗盖的，也分不清钱财的来路义与不义，一概拒绝，真是迂腐到家了。孟子承认陈仲子是齐国的巨擘，又把他比作蚯蚓，落差实在是太大。

离娄章句上

一、不以规矩，不成方圆

孟子曰："离娄之明，公输子之巧，不以规矩，不能成方圆。师旷之聪，不以六律，不能正五音。尧舜之道，不以仁政，不能平治天下。

孟子说："即使有离娄敏锐的视力、公输班精巧的手艺，如果不使用圆规和曲尺，也画不出方形和圆形。即使有师旷的听力，如果不根据六律，也不能校正五音。即使有尧舜的大德大道，如果不施行仁政，也不能使天下太平。

离娄，相传黄帝时人，能视百步之外，见秋毫之末。公输子即鲁班。师旷是春秋时著名乐师。尧舜之道大哉，通明天地人三界，如果不通过仁政来实施，就不能平治天下。如同有离娄的敏锐视力、公输子的精巧手艺，离开规矩也画不成方圆一样。如同师旷离开六律也不能校正五音一样。孟子在告诫君主，推行仁政，是圣贤君王的天命使命。

"今有仁心仁闻而民不被其泽，不可法于后世者，不行先王之道也。故曰，徒善不足以为政，徒法不能以自行。《诗》云：'不愆（qiān）不忘，率由旧章。'遵先王之法而过者，未之有也。

"而今虽有仁爱之心和仁爱之誉，但百姓却未能受到恩泽，不可能被后世效法的原因，就是不推行先王仁政的缘故。所以说，仅有善心不足以治理国家，仅有法度也不会自行实施。《诗经》上说：'无过失也无遗忘，一切都按旧规章。'遵循先王的法度会犯错，这是没有的事。

圣贤君王尚且以推行仁政为己任，后世君主仅仅有善心、有行善的愿望是不够的，关键是遵循先王的治国方略和典章制度、身体力行地推行仁政。力行近乎仁。

"圣人既竭目力焉，继之以规矩准绳，以为方员平直，不可胜用也。既竭耳力焉，继之以六律，正五音，不可胜用也。既竭心思焉，继之以不忍人之政，而仁覆天下矣。故曰，为高必因丘陵，为下必因川泽。为政不因先王之道，可谓智乎？是以惟仁者宜在高位。不仁而在高位，是播其恶于众也。

"圣人既竭尽了视力，再加以圆规曲尺水准墨线，画好方圆平直，是不可胜用的。既竭尽了听力，再加以六律以校正五音，也是不可胜用的。既竭尽了心思，再加以怜悯百姓的政策，就可以使仁爱覆盖天下。所以说，站得高必是因为站在丘陵上，站得低必是因为站在川泽旁。治理国政不依照先王之道，怎能说得上有智慧呢？所以，唯有仁者适宜处在高位。不仁而处在高位，就等于把他的恶行传播给大众。

圣王之道，体现在治国方略和典章制度上，取之不尽，用之不竭，没听说过采用先王之道会犯过错的。"为政不因先王之道，可谓智乎？"仁者智也。只有仁者君主，才能推行仁政。

"上无道揆（kuí）也，下无法守也，朝不信道，工不信度，君子犯义，小人犯刑，国之所存者幸也。故曰：城郭不完，兵甲不多，非国之灾也。田野不辟，货财不聚，非国之害也。上无礼，下无学，贼民兴，丧无日矣。

"上位者没有仁政可以推行，下位者没有法度可以遵守，朝廷之士不相信道德，百工不相信计量标准，当官的违反道义，老百姓违反刑律，国家能够生存下来实属万幸。所以说，城郭不完备，武器不充足，并不是国家的灾难。土地没有开垦，财物没有积聚，也不是国家的灾害。上位者厌恶礼制，下位者没有学问，坏人横行，国家也就快灭亡了。

不以仁政推行先王之道，从上到下没有礼乐规制，没有仁义廉耻，没有道德标准，没有社会尺度，离亡国也就不远了。

"《诗》曰：'天之方蹶，无然泄泄。'泄泄，犹沓沓也。事君无义，进退无礼，言则非先王之道者，犹沓沓也。故曰，责难于君谓之恭，陈善闭邪谓之敬，吾君不能谓之贼。"

"《诗经》上说：'天下正值战乱，不要啰唆胡言。'所谓啰唆胡言，就是懈怠涣散。侍奉君主不讲道义，进退之间不讲礼仪，言论不谈先王之道，就是懈怠涣散。所以说，用高标准责求君主破解难题就是恭，陈述善良抵制邪恶就是敬，君主做不到贤能就是贼。"

为人臣者，当恭敬尽忠、守礼弘道、谏言谏行，犹周公之为也，一沐三握发，一饭三吐哺，犹恐失天下之士事也，这便是为臣子的规矩。为君者当以上率下，如果"上无礼"，就会导致"下无学，贼民兴，丧无日矣"，终究会沦为独夫贼子。

二、殷鉴不远

孟子曰："规矩，方圆之至也。圣人，人伦之至也。欲为君，尽君道，欲为臣，尽臣道，二者皆法尧舜而已矣。不以舜之所以事尧事君，不敬其君者也。不以尧之所以治民，贼其民者也。孔子曰：'道二，仁与不仁而已矣。'暴其民甚，则身弑国亡。不甚，则身危国削。名之曰'幽厉'。虽孝子慈孙，百世不能改也。《诗》云'殷鉴不远，在夏后之世'，此之谓也。"

孟子说："规矩，是方与圆的准则。圣人，是人伦的楷模。想做君主就要尽君主之道，想做臣子就要尽臣子之道。这二者不过是效法尧舜罢了。不以舜侍奉尧的作为来侍奉君主，就是不尊敬自己的国君。不以尧治理百姓的作为来治理百姓，就是残害自己的百姓。孔子说：'道不外乎两种，仁与不仁而已。'残暴虐害老百姓太甚，就会招致杀身国亡。不甚，也会危及生命削弱国力。这就叫'幽厉'。即使有孝顺仁慈的子孙，历经百世也改变不了这个规律。《诗经》上说'殷鉴不远，在夏后之世'，说的正是这个道理。"

"幽厉"是昏君周幽王和周厉王的并称，昏暗乱常和暴虐嗜杀的代称。"殷鉴不远，在夏后之世"出自《诗经·大雅·荡》篇的最后一句："文王曰咨，咨女殷商。人亦有言：颠沛之揭，枝叶未有害，本实先拨。殷鉴不远，在夏后之世。"大意是：文王开口叹声长，叹你殷商末代王！古人有话不可忘：大树拔倒根出土，枝叶虽然暂不伤，树根已坏难久长。殷商镜子并不远，应知夏桀啥下场。《荡》诗是讽刺厉王之作。

本章句接上章句，告诫为君者，道二，仁与不仁只能选择其一。

选择仁，择善固执，真诚向善，勤政为民，当国运恒昌。如果选择不仁，会重蹈幽厉覆辙。殷鉴不远，在夏后之世。

三、恶醉而强酒

孟子曰："三代之得天下也以仁，其失天下也以不仁。国之所以废兴存亡者亦然。天子不仁，不保四海。诸侯不仁，不保社稷。卿大夫不仁，不保宗庙。士庶人不仁，不保四体。今恶死亡而乐不仁，是犹恶醉而强酒。"

孟子说："夏商周三代能够得到天下是因为仁，最后失去天下是因为不仁。国家的兴盛衰败和生死存亡的原因也是如此。天子不仁，就不能保住天下。诸侯不仁，就不能保住国家。公卿大夫不仁，就不能保住宗庙。士人和子民不仁，就不能保住自身。现在有些人厌恶死亡但乐于干坏事，这就像厌恶喝醉酒却强要去喝酒一样。"

"社稷"是土神和谷神的总称。"社"为土神，"稷"为谷神。古时诸侯君主都祭祀社稷，后来就用"社稷"代表国家。宗庙是祭祀祖先的场所。帝王的宗庙制是天子七庙，诸侯五庙，大夫三庙，士一庙。庶人不准设庙。

孟子认为，人皆有恻隐之心，无恻隐之心非人也。又说恻隐之心，仁之端也。因此，人皆有为仁的心志。孔子说道二，仁与不仁而已矣。在孟子看来，持其志无暴其气，保持自己的心志，不要滥用自己的意气，也就是为仁要择善固执，不能意气用事。强酒便是滥用自己的意气，反过来就会动摇为仁心志。心志动摇，浩然之气弥散，必亡。

四、反求诸己

孟子曰:"爱人不亲,反其仁;治人不治,反其智;礼人不答,反其敬;行有不得者,皆反求诸己。其身正,而天下归之。《诗》云:'永言配命,自求多福。'"

孟子说:"亲爱别人,别人却不亲近你,就应该反省自己的仁爱是否足够;治理人却不能使别人服从你,就应该反省自己的才智是否有问题;礼貌待人却得不到回应,就应反省自己是否礼貌到家。凡是行动得不到预期的效果,都应该从自身寻找原因。自身行为端正了,天下的人自然就会归服。《诗经》说:'常常思虑自己的言行是否合乎天命,以求自己得到更多的福气。'"

孔子说:"不患无位,患所以立;不患莫己知,求为可知也。"不怕没有位子,而是担心自己依靠什么安身立命;不怕人家不了解自己,应该追求努力作为的精神状态。孟子的"反求诸己"云云,就是阐发了孔子的这一思想。

"永言配命,自求多福"出自《诗经·大雅·文王》:"无念尔祖,聿修厥德。永言配命,自求多福。殷之未丧师,克配上帝。宜鉴于殷,骏命不易!"大意是:感念你祖先的意旨,修养自身的德行。长久地顺应天命,才能求得多种福分。商没有失去民心时,也能与天意相称。应该以殷为戒鉴,天命不是不会变更。

商纣王荒淫暴虐,伤天害理,不知敬畏。"呜呼!我生不有命在天,是何能为!"周公秉承文王精神,辅佐武王克商伐纣建立周朝后,吸取商纣王祭神求福却又妄蔑天意的教训,提出"民之所欲,天必从之"的敬天保民思想,敬畏上天好生之德,赋予祭祀人文精神,去鬼神自求多福,制礼作乐以教化万民,造就"郁郁乎文哉"大周人文之盛世。

抱诚守真，反求诸己。永言配命，自求多福。

五、修身为本

孟子曰："人有恒言，皆曰'天下国家'。天下之本在国，国之本在家，家之本在身。"

孟子说："人有恒言，都说：'天下国家'。天下的根本在于国，国的根本在于家，家的根本在于个人。"

这是阐发《大学》的思想。《大学》有云："身修而后家齐，家齐而后国治，国治而后天下平。""自天子以至于庶人，壹是皆以修身为本。其本乱而末治者，否矣。"

六、沛然德教

孟子曰："为政不难，不得罪于巨室。巨室之所慕，一国慕之。一国之所慕，天下慕之。故沛然德教，溢乎四海。"

孟子说："治理国家并不难，不得罪贤明的卿大夫家族就可以了。贤明的大族世家所仰慕的，一个国家的人都会仰慕。一个国家的人所仰慕的，天下的人都会仰慕。因此德治教化便会声势浩大，充溢于天下。"

这里阐述国之本在家。《大学》云："古之欲明明德于天下者，先治其国。欲治其国者，先齐其家。家齐而后国治，国治而后天下平。"贤明的大族世家，之所以贤明，必是家风仁厚有君子之德风，因此国人仰慕。君子之德风，小人之德草，草上之风必偃。

七、顺天者存，逆天者亡

孟子曰："天下有道，小德役大德，小贤役大贤。天下无道，小役大，弱役强。斯二者，天也。顺天者存，逆天者亡。齐景公曰：'既不能令，又不受命，是绝物也。'涕出而女于吴。

孟子说："天下有道，道德平庸的人被道德高尚的人役使，小贤能的人被大贤能的人役使。天下无道，力量小的就服从于力量大的，势力弱的就服从于势力强的。这两种情况都是天道。顺天者存，逆天者亡。齐景公说：'既不能命令别人，又不接受别人的命令，只能是死路一条。'于是，齐景公痛哭着把女儿嫁到吴国。

天道的意志就是天命，也就是天意。在古人的文化观念里，天道就是隐藏在自然背后的法则，天德就是世间万物的生态。道为德畜，德为道用。天道不易，独立而不改，周行而不殆。孟子"顺天者存，逆天者亡"就取此意。人道服从于天道。人之道德，即仁礼之谓。仁为本，礼为用。齐景公既有治国的壮怀激烈，又贪图享乐。他的身边既有一批治国能臣，又有一批乐身佞臣。齐景公在位58年，国内治安相对稳定，但国家实力并不是太强。他终于想明白了"既不能令，又不受命，是绝物也"的道理，只好忍痛流着眼泪嫁女于势力强大的吴国。

天命不可违，形势比人强。天下有道，德智胜势力。天下无道，势力胜德智。这也是天命。

"今也小国师大国而耻受命焉，是犹弟子而耻受命于先师也。如耻之，莫若师文王。师文王，大国五年，小国七年，必为政于天下矣。《诗》云：'商之孙子，其丽不亿。上帝既命，侯于周服。侯服于周，天命靡常。殷士肤敏，祼将于京。'孔子曰：'仁不可为众也。夫国君好仁，天下无敌。'今也欲无敌于天下而不以仁，是犹执热而不以濯也。《诗》云：'谁能执热，逝不以濯？'"

"而今小国效法大国但又耻于接受大国的指令，这就好比学生耻于听命于老师一样。如果真的以此为耻，就不如效法周文王，大国只需要五年，小国只需要七年，就一定能够掌权治理天下。《诗经》上说：'殷商的子孙后裔，成群结队地不安宁。上天既然已授命，何不侯服于周。殷民侯服于周，可见天命靡常。殷朝的士人壮美而敏捷，执行灌酒的礼节在周京助祭。'孔子说：'仁德不是用数量众多来衡量的。国君好仁德，便天下无敌。'如今想要无敌于天下但又不去实行仁政，就好比是忍受酷热而不肯用凉水洗澡一样。《诗经》上说：'谁能手执烫东西，不用凉水来冲洗？'"

天下无道，势力胜德智。只有行仁道，顺天应人，才可无敌于天下。子曰："当仁不让于师""国君好仁，天下无敌。"这是圣贤仁者的教诲。"谁能执热，逝不以濯？"这是老百姓的体悟。"天命靡常"这是上天的意志。不行仁道，必遭天谴。孟子心心念念的是天下黎民百姓能够安居乐业，不厌其烦，谆谆教诲，希望君主涵养道德，推行仁政，治国平天下。

八、自作孽不可活

孟子曰："不仁者可与言哉？安其危而利其菑，乐其所以亡者。不仁而可与言，则何亡国败家之有？有孺子歌曰：'沧浪之水清兮，可以濯我缨。沧浪之水浊兮，可以濯我足。'孔子曰：'小子听之！清斯濯缨，浊斯濯足矣，自取之也。'

夫人必自侮，然后人侮之；家必自毁，而后人毁之；国必自伐，而后人伐之。《太甲》曰：'天作孽，犹可违；自作孽，不可活。'此之谓也。"

孟子说："对不仁者说些啥好呢？他把危险的局面当成安全，把灾难的发生当成捞取利益的机会，把导致家破人亡的事当成乐趣。不仁者要是可以用言语劝说，那怎么会有亡国败家的事发生呢？有个小孩唱道：'清澈的沧浪水啊，可以洗我的帽缨。浑浊的沧浪水啊，可以洗我的双脚。'孔子说：'小子们听着！清澈的水用来洗帽缨，浑浊的水用来洗双脚，这是水自己招来的。'所以，人一定是自辱在先，然后别人才侮辱他；家庭必定是自己先毁，别人才来毁它；国家必定是先自伐，别人才来讨伐它。《太甲》上说：'天作孽，犹可违；自作孽，不可活。'说的就是这个道理。"

不仁者顽固不化，是听不进良言相劝的。子曰："忠告而善导之，不可则止，毋自辱焉。"这是子贡问友时孔子说的话。对顽固不化不仁不义的君王，就不是自取其辱的事了，弄不好是要被砍头的。非人臣子，没必要冒死谏言。历史上有"伊尹放太甲"的典故。说的是，太甲继位第三年，朝政昏乱，伊尹虽百般规劝，他都听不进去。伊尹只好将他放逐到商汤墓地附近的桐宫，让他自我反省。伊尹摄政当国。太甲在桐宫三年，悔过自责。伊尹又将他迎回亳都，还政于他。回来后太甲拜手稽首曰："予小子不明于德，自厎不类。欲败度，纵败礼，以速戾于厥躬。天作孽，犹可违；自作孽，不可活。既往背师保之训，弗克于厥初，尚赖匡救之德，图惟厥终。"太甲终于认识到，天降灾祸，还可以躲避；自己做坏事，就逃脱不了灭亡的结果。

九、得民心者得天下

孟子曰:"桀纣之失天下也,失其民也。失其民者,失其心也。得天下有道,得其民,斯得天下矣。得其民有道,得其心,斯得民矣。得其心有道,所欲与之聚之,所恶勿施尔也。

孟子说:"夏桀和商纣之所以失去天下,是因为失去了百姓的拥护。失去百姓的拥护,是因为失去了民心。得天下是有途径的,得到百姓的拥护,就能得到天下。得到百姓的拥护也是有途径的,得到百姓的心,就会得到百姓的拥护。得到百姓的心也是有途径的,百姓希望得到的就给他们聚积起来,他们所厌恶的就不要强加给他们。

上述认知,孟子阐发自周公"民所欲之,天必从之"的人文精神和敬天保民思想。"民惟邦本,本固邦宁。"自古得民心者得天下。

"民之归仁也,犹水之就下,兽之走圹也。故为渊驱鱼者,獭也;为丛驱爵者,鹯(zhān)也;为汤武驱民者,桀与纣也。今天下之君有好仁者,则诸侯皆为之驱矣。虽欲无王,不可得已。

"百姓归向仁德,就像水流向低处、野兽跑向旷野。所以,替深渊把鱼驱赶出来的,是水獭;替森林把鸟儿驱赶出来的,是鹯鹰;替商汤王和周武王把百姓驱赶走的,是夏桀和商纣。而今天下之君若有好仁德的,诸侯们就会为他把百姓赶过来。即使他不想称王天下,也不可能了。

人性向善,仁者无敌。现世没有施行仁政的仁德君王,各路诸侯们像水獭、鹯鹰,像夏桀、商纣,到处都是网子和陷阱,看不到一点生路,鱼儿、鸟儿、老百姓们跑无可跑呀。

"今之欲王者，犹七年之病求三年之艾也。苟为不畜，终身不得。苟不志于仁，终身忧辱，以陷于死亡。《诗》云'其何能淑，载胥及溺'，此之谓也。"

"当今想统治天下的人，就像生了七年的病企图用三年的陈艾来医治一样幼稚。如果不积蓄，一辈子也得不到。假如不立志于践行仁德，就会一辈子受尽忧患屈辱，直到陷入困境死亡。《诗经》上说'小人治国没好事，大家受溺遭灭亡'，说的就是这个道理。"

如果平时不积蓄陈艾，急用时抓瞎，这病也就治不好了。孟子的文采也确实了得，作比形象生动，栩栩如生、不仁之君主，顽冥不化，宁肯终身忧辱，也不为仁道。正是"天作孽，犹可违；自作孽，不可活"。孟子却是痴心不改。他是多么希望诸侯君王幡然醒悟，从此改过迁善、择善固执、践行仁道啊。

十、自暴自弃

孟子曰："自暴者，不可与有言也；自弃者，不可与有为也。言非礼义，谓之自暴也；吾身不能居仁由义，谓之自弃也。仁，人之安宅也；义，人之正路也。旷安宅而弗居，舍正路而不由，哀哉！"

孟子说："损害自己的人，没有什么和他可谈的；放弃自己的人，没有什么和他可做的。言谈的不是礼制和义行，叫作损害自己；自身不能处于仁的境地依义而行，叫作放弃自己。仁，是人之安宅；义，是人之正道。荒废安宅而不处仁，舍弃正道而行不由义，可悲呀！"

孟子把高深的道理讲得深入浅出、浅显易懂，可是为人君者就是甘愿自暴自弃，不求仁德，不行仁政，哀哉！

"仁，人之安宅也"阐发自孔子"里仁为美。择不处仁，焉得知？"这也是给"里仁为美"最好的注解。

十一、舍近求远

孟子曰："道在迩而求诸远，事在易而求之难。人人亲其亲、长其长，而天下平。"

孟子说："道就在近处，偏要向远处寻求，事情本来很简单，偏要向难处去做。每个人都亲近自己的亲人，敬重自己的长辈，天下就太平了。"

仁远乎哉？求仁得仁。天道远，人道迩。那就先从孝悌做起。孝顺父母，尊敬长者，能做到吧？好像也未必。人若知孝悌为本，也就不会禽兽不如了。这是对《论语》"弟子入则孝，出则弟，谨而信，泛爱众，而亲仁"的阐发，也是对《论语》"君子务本，本立而道生，孝弟也者，其为仁之本与"的阐发。

十二、诚者天之道也

孟子曰："居下位而不获于上，民不可得而治也。获于上有道，不信于友，弗获于上矣。信于友有道，事亲弗悦，弗信于友矣。悦亲有道，反身不诚，不悦于亲矣。诚身有道，不明乎善，不诚其身矣。是故诚者，天之道也。思诚者，人之道也。至诚而不动者，未之有也。不诚，未有能动者也。"

孟子说："居下位的人得不到上级的信任，百姓是不可能治理好的。获得上级的信任是有方法的，得不到朋友的信任，就不能获得上级的信任。取信于朋友是有方法的，不能博得父母的欢心，就不能得到朋友的信任。博得父母的欢心是有方法的，扪心自问没有做到真诚，就得不到父母的欢心。做到真诚是有方法的，不明白什么是善，也就不能做到真诚。因此，真诚是天之道。追求真诚，是人之道。至诚而不能使人感动，是没有过的事。没有真诚，要感动别人也是不可能的。"

关于诚，孟子阐发了《大学》和《中庸》的思想。《大学》是讲修身之道的，"格物致知，诚意正心"是修身的功课，修身必先诚意。《中庸》是讲处世之道的。《中庸》认为，"诚者，天之道也""诚之者，人之道也""诚者，不勉而中不思而得，从容中道，圣人也""诚之者，择善而固执之者也"。追求真诚就是要择善固执。"自诚明，谓之性。自明诚，谓之教。诚则明矣，明则诚矣。""唯天下至诚，为能尽其性。能尽其性，则能尽人之性。能尽人之性，则能尽物之性。能尽物之性，则可以赞天地之化育。可以赞天地之化育，则可以与天地参矣。""诚者，物之终始，不诚无物。是故君子诚之为贵。"真诚是事物的发端和归宿，没有真诚就没有了事物。因此，君子以真诚为贵。真诚并不是自我完善就够了，还要用来完善事物。自我完善是仁，完善事物是智，格物致知。《中庸》给出了一个逻辑。真诚是天道不欺的原则，也是人道不欺的原则。真诚才能知羞耻而后择善固执，行中庸之道，止于至善。人而不诚枉为人。人而不诚，什么仁义礼智信、温良恭俭让、修身齐家治国平天下，都玩完。

十三、西伯善养老

孟子曰："伯夷辟纣，居北海之滨，闻文王作，兴曰：'盍归乎来！吾闻西伯善养老者。'太公辟纣，居东海之滨，闻文王作，兴曰：'盍归乎来！吾闻西伯善养老者。'二老者，天下之大老也，而归之，是天下之父归之也。天下之父归之，其子焉往？诸侯有行文王之政者，七年之内，必为政于天下矣。"

孟子说："伯夷逃避商纣王，住到了北海之滨，听说周文王兴起，高兴地说：'为何不去投奔他呢！我听说文王善养老人。'姜太公逃避商纣王，住到了东海之滨，听说周文王兴起，高兴地说：'为何不去投奔他呢！我听说文王善养老人。'这两位是天下声望最高的老者，他们归向周文王，就等于天下的父老都归向周文王了。天下的父老都归向周文王，他们的子女还能到哪里去呢？诸侯中有施行周文王善养老政策的，七年之内，必能政令畅通于天下。"

周文王倡导"笃仁，敬老，慈少，礼下贤者"的仁爱精神，奉行德治，勤于政事，广罗人才，许多诸侯国以及从商纣王朝来投奔的贤士，他都以礼相待，予以任用。岐周在他的治理下，国力日渐强大。有学者认为，儒学"仁者爱人"的核心思想，源于周文王，兴于周公旦，大成于仲尼，广大于孟轲。

前面孟子讲，为政不难，不得罪于巨室，也就是贤明的大族世家。这里讲为政于天下不难，善养大老即可，也就是尊崇重用贤明的老者。即做到尊崇世家、善养贤老，那么为政治国平天下，不是难事。

十四、率土食人

孟子曰："求也为季氏宰，无能改于其德，而赋粟倍他日。孔子曰：'求非我徒也，小子鸣鼓而攻之可也。'由此观之，君不行仁政而富之，皆弃于孔子者也，况于为之强战？争地以战，杀人盈野；争城以战，杀人盈城。此所谓率土地而食人肉，罪不容于死。故善战者服上刑，连诸侯者次之，辟草莱、任土地者次之。"

孟子说："冉求做了季氏的家宰，没有能力影响季氏的德行，却把他的田赋增加了一倍。孔子说：'冉求不是我的弟子，小子们可以大张旗鼓地去攻击他。'由此看来，帮着不施行仁政的主人敛财致富的人，都是被孔子所厌弃的，更何况是还要为他卖命打仗的人呢？为争夺地盘而战，尸横遍野；为掠夺城池而战，杀人满城。这就是所谓的带领着土地来吃人肉，其罪死有余辜。所以，好战的人应受最重的刑罚，策划合纵连横的人应受次一等的刑罚，开垦荒地分土授田的人应受再次一等的刑罚。"

"善战者服上刑"，也就是重罪战争犯，这是孟子提出来的。面对诸侯混战、生灵涂炭的时局，主张仁政的孟子对以武争霸现象深恶痛绝，认为战争分子应受最重的刑罚！"连诸侯者"即所谓的纵横家，苏秦、张仪之流，死不足惜。"辟草莱任土地者"谓冉求之流？

《史记·周本纪》载，戎狄部族掠夺财物，古公亶父为避免死伤就主动送上。过了一阵，戎狄又来攻打，想要占领土地和民众。民众愤而欲战。古公亶父说："民众拥立君主，是想让他给大家谋利益。现在戎狄前来侵犯，目的是为了夺取我的土地和民众。民众跟着我或跟着他们，有什么区别呢？民众为了我的缘故去打仗，牺牲民众的父子兄弟，我实在不忍心这样做。"于是，古公亶父率领他的亲近左右离开了豳，涉漆沮二水，翻过梁山，定居在岐山脚下。而豳地的民众举国扶老携幼，追随古公亶父来到岐山。孟子"民为贵，社稷次之，君为轻"的思想发端于古公亶父。

率土食人与率兽食人一样残暴。

十五、听言观眸

孟子曰:"存乎人者,莫良于眸子。眸子不能掩其恶。胸中正,则眸子了焉;胸中不正,则眸子眊焉。听其言也,观其眸子,人焉廋哉?"

孟子说:"存于内而表现于外的,没有哪一处强过人的眼睛。眼睛是不能掩盖一个人内心丑恶的。内心正派,则眼睛明亮;心术不正,则眼睛无神。听一个人说话,观察他的眼睛,这样怎么能隐藏得了呢?"

这又是孟子对孔子思想完美的阐发。孔子曰:"始吾于人也,听其言而信其行。今吾于人也,听其言而观其行。于予与改是。"孔子实现了从"听其言而信其行"到"听其言而观其行"的转变。孔子又曰:"视其所以,观其所由,察其所安。人焉廋哉?人焉廋哉?"审视他言行的动机,观察他做事的过程,考察他心之所安,这样这个人怎样能隐藏得了呢?孔子又实现了一次知人的飞跃。孟子发现了一个更加直接好用的方法,"听其言也,观其眸子,人焉廋哉?"这是"眼睛是心灵的窗户"最早的版本吧。

在回答公孙丑之问(孟子的不动心与告子的不动心有何不同)的时候,孟子说"不得于言,勿求于心,不可"。不懂得对方的言语,就无法理解对方的心思,这样不行。这里给出了一个解释:听一个人说话,观察他的眼睛,这样怎么能隐藏得了呢?

十六、恭者不侮人,俭者不夺人

孟子曰:"恭者不侮人,俭者不夺人。侮夺人之君,惟恐不顺焉,恶得为恭俭?恭俭岂可以声音笑貌为哉?"

孟子说:"谦恭的人不会侮辱别人,节俭的人不会抢夺别人。侮辱人也掠夺人的诸侯,唯恐别人不顺从自己,又如何能做到谦恭节俭?谦恭和节俭难道是靠甜言蜜语和笑容可掬装出来的吗?"

这是孟子对"温良恭俭让"之"恭俭"的阐发。如果说温良恭俭让是偏重于内在修为的话,侮辱人、掠夺人就是内心不良的外在反映了。推而广之,说句好听的话陪个笑脸,是反映不出其内在修养是否谦恭节俭的。

十七、男女授受不亲

淳(chún)于髡(kūn)曰:"男女授受不亲,礼与?"
孟子曰:"礼也。"

淳于髡说:"男女授受不亲,这是礼制吗?"
孟子说:"是礼制。"

淳于髡,齐国黄县人,战国时期齐国政治家、思想家,齐之赘婿,齐威王拜其为政卿大夫。淳于髡出身卑微,身材矮小,其貌不扬,但他博学多才,滑稽多辩,是稷下学宫最具有影响力的学者之一,《史记·滑稽列传》第一人。看看他是如何给孟子设局的。

曰:"嫂溺,则援之以手乎?"

淳于髡说:"如果嫂嫂掉入水中,要伸手去救她吗?"

男女之间不能亲手传递接受东西,如果手拉手了,则何如?这又是一个两难选择:救,免不了身体接触,违礼;不救,见死不救,违仁。

曰:"嫂溺不援,是豺狼也。男女授受不亲,礼也。嫂溺,援之以手者,权也。"

孟子说:"嫂嫂掉入水中不伸手去救,是豺狼。男女授受不亲,是礼制。嫂嫂掉入水中伸手去救,是权宜之计。"

那好。既然你可以从权救嫂,为什么不从权救天下人呢?不救嫂子,是豺狼,不救天下人算什么?

曰:"今天下溺矣,夫子之不援,何也?"
曰:"天下溺,援之以道。嫂溺,援之以手。子欲手援天下乎?"

淳于髡说:"如今天下百姓都掉入水中,先生却不伸手去救援,这是为什么呢?"

孟子说:"天下百姓都掉入水中,需要用道去救援。嫂嫂掉入水中,要用手去救援。你想让我用手去救援天下百姓吗?"

这里涉及概念、逻辑推理等问题,属于什么性质的辩论技巧,合理不合理,咱就不去分析了。不过,孟子把任何问题都归仁服义,他心里有定数。但面对的问题性质不同、大小不同,解决问题的方法就不尽相同。要通权达变,坚持原则性和灵活性相统一,不能一根筋。

《论语》里,面对道听途说的"井有仁焉"的两难设问,子曰:"何为其然也?君子可逝也,不可陷也。可欺也,不可罔也。"为什么会这样呢?君子可以杀身成仁,却不可被人陷害。君子可以被人欺骗,但不可被人迷惑。孔子认为这是一个不善的问题,不予回答。"嫂溺则援之以手乎?"其目的在"今天下溺矣,夫子之不援,何也?"是小节与大义的问题，孟子给出了通权达变、归仁服义的解释。《万章上》也讲了一个故事，说是从前有人送条活鱼给郑国的子产，子产让校人养在池塘里，校人却偷偷给煮来吃了，却告诉子产说，把鱼放进池塘，它"噢"地一下不见了。子产说"得其所哉！得其所哉！"结论是"故君子可欺以其方，难罔以非其道"。所以，对于君子可以用合情合理的方法来欺骗他，却不能用违背道义的诡诈蒙骗他。道听途说的"井有仁焉"设问，既不合情也不合理，设问者心思很坏，不道德。

十八、易子而教

公孙丑曰："君子之不教子，何也？"

孟子曰："势不行也。教者必以正。以正不行，继之以怒。继之以怒，则反夷矣。'夫子教我以正，夫子未出于正也。'则是父子相夷也。父子相夷，则恶矣。古者易子而教之。父子之间不责善，责善则离，离则不祥莫大焉。"

公孙丑说："君子不会亲自教育儿子，这是为什么呢？"

孟子说："这在情势上是行不通的。教育必须要讲正理。用正理讲不通，跟着就要发怒。发怒反而会伤害了孩子。'您用正理教我，可是您的行为却不合乎正理。'这样父子间就互相伤害了感情。父子之间伤害了感情，关系就恶化了。古时候都是易子而教的。父子之间不以善与不善互相责备，以善与不善互相责备就会产生隔阂，产生隔阂就是最大的不祥。"

《论语》里孔子对孔鲤的关照，似乎只是偶尔问两句而已，孔鲤比几个师兄弟得到的关心还少。陈亢问伯鱼（孔鲤），你得到过夫子的特别教诲吗？伯鱼回答说没有。一次父亲独自站在庭院中，我快步跑过时，父亲问我学《诗》了吗？我回答说没有。父亲说不学《诗》

就不会讲话啊！我便退下来学《诗》。另一次，父亲又独立院中，我快步跑过时，父亲问我学《礼》了吗？我回答没有。父亲说不学《礼》就无法立足于社会啊！我便退下来学《礼》。我只听到过这两次教诲。

孟子提倡"易子而教"，比孔子对儿子的教育不管不问高明多了。今天看来，"易子而教"包含心理学、行为学、教育学等方面的科学道理。孟子没想这么多，他最担心的是，如果亲自教育自己的孩子，情势上会给父慈子孝的人伦关系带来严重的破坏，如果破坏了孝悌为本的根基，就得不偿失了。

"易子而教"是孟子对儒家教育思想的发展。

十九、事亲若曾子

孟子曰："事，孰为大？事亲为大。守，孰为大？守身为大。不失其身而能事其亲者，吾闻之矣。失其身而能事其亲者，吾未之闻也。孰不为事？事亲，事之本也。孰不为守？守身，守之本也。曾子养曾晳，必有酒肉。将彻，必请所与。问有余，必曰'有'。曾晳死，曾元养曾子，必有酒肉。将彻，不请所与。问有余，曰'亡矣'，将以复进也。此所谓养口体者也。若曾子，则可谓养志也。事亲若曾子者，可也。"

孟子说："侍奉谁为大？侍奉父母为大。守护什么最重要？守身最重要。保持自身的节操又能很好侍奉父母的人，我听说过。失掉自身的节操又能很好地侍奉父母亲的，我没有听说过。谁不侍奉人呢？但侍奉父母是根本。谁不有所守护呢？但守护自身的节操是根本。曾子奉养曾晳，每餐一定有酒有肉。撤走饭菜的时候，一定请示把剩下的饭菜送给谁。曾晳问还有没有剩余，曾子必然回答说'有'。曾晳去世以后，曾元奉养曾子，每餐也一定有酒有肉。撤走饭菜的时候，不请示把剩下的饭菜送给谁。曾子问还有没有剩余，曾元回答说'没有了'，曾元是准备将剩下的酒肉再给曾子吃。这就是人们所说的仅仅是供养父母的口体。像曾子那样，才可称为顺从父母心志之养。侍奉父母做到曾子那样，就可以了。"

《论语》云"君子务本，本立而道生。孝弟也者，其为仁之本与！"孝悌是为仁之本。"三军可夺帅也，匹夫不可夺志也。"守住节操是保持气节的根本。"今之孝者，是谓能养。至于犬马，皆能有养。不敬，何以别乎？"今天许多人把孝单纯的理解为赡养父母。狗和马不也有人养吗？如果不尊敬父母，与养狗养马有什么不同呢？孟子阐述孔子思想，以曾子和曾元如何赡养父母为例作比较，有比较才有鉴别，说明孝的核心是诚心实意、恭敬顺从父母的心意。

二十、格心之非

孟子曰："人不足与適也，政不足间也。惟大人为能格君心之非。君仁莫不仁，君义莫不义，君正莫不正。一正君而国定矣。"

孟子说："人事不值得去指责，政事也不值得去非议。只有大人能纠正君主思想上的错误。君主为仁便没有人不为仁，君主行义便没有人不行义，君主中正便没有人不中正。一旦中正了君主的思想，国家便安定了。"

思想是行动的先导。君主是国人的榜样。解决了君主的思想问题，人事政事的问题就迎刃而解了。"我先攻其邪心，心既正，而后天下之事可从而理也。"能够纠正君主思想认识上的偏差的，只有大人，比如孟子。君正莫不正。"其身正，不令而行；其身不正，虽令不从。"

二十一、不虞之誉，求全之毁

孟子曰："有不虞之誉，有求全之毁。"

孟子说："有意料不到的赞誉，也有过分苛求的诋毁。"

子曰："吾之于人也，谁毁谁誉？如有所誉者，其有所试矣。"意思是：我对于别人，毁谤了谁？赞誉了谁？如果有所赞誉的话，一定对他有所考察。孔子是以事实为依据，该赞美的赞美，至于毁谤，不为。批评倒是经常有的。这是孔子站在施与者的角度说的，不要对一个人轻易下结论。孟子从受与者的角度看，一个人可能会得到意料不到的赞誉或者过分苛求的诋毁，这都是人之常情，姑且听之，受与者不要太在意别人的看法。仁道而行，心有定数不动心，毁誉不论，千万不要被别人的看法左右了自己的头脑，改变了自己为人处事的原则。

二十二、易言无责

孟子曰："人之易其言也，无责耳矣。"

孟子说："说话太随便，是不必负责之故。"

人们之所以说话随随便便，主要原因就是没有责任心，也不需要负责任。那是一个百家争鸣的时代，言论比较自由，九流十派大行其道，妖言惑众的言论铺天盖地，没有诽谤罪也没有侮辱罪，所以"有不虞之誉，有求全之毁"也就不足为怪了。圣人之言、尧舜之道却出现了式微之象。孟子以一人之力扛起仁义道德的大旗，中道而行，要怼便怼，这也是没办法的事情。轻诺者必寡信，君子欲讷于言而敏于行，谨言慎行才是常道。

二十三、好为人师

孟子曰："人之忌，在好为人师。"

孟子说："人之大忌，在于喜欢充当别人的老师。"

孔子说："自行束脩以上，吾未尝无诲焉。""学而不厌，诲人不倦。"那是能为人师。好为人师者，关键在一个"好"字，就是特别喜欢教育别人。有没有那份学问，有没有道德底线，就不管了，误人子弟也是不管的。好为人师者与"好之者"的价值取向不同。不虞之誉，求全之毁，易言无责，好为人师，是失去是非观念、道德原则的真实的社会写照。

二十四、舍馆未定

乐正子从于子敖之齐。乐正子见孟子。孟子曰："子亦来见我乎？"

曰："先生何为出此言也？"

曰："子来几日矣？"曰："昔者。"

乐正子跟随王子敖到了齐国。乐正子去拜见孟子。孟子说："你也会来见我呀？"

乐正子说："先生何出此言呢？"

孟子说："你来了几天了？"乐正子说："昨天来的。"

乐正子，应该是孟子相熟的亦师亦友的晚辈。他兴冲冲地去看望尊敬的长者，结果发现孟子不太高兴，很疑惑。

曰："昔者，则我出此言也，不亦宜乎？"

曰："舍馆未定。"

曰："子闻之也，舍馆定，然后求见长者乎？"

曰："克有罪。"

孟子说："昨天来的，那么我这样说，不是正合适吗？"

乐正子说："住的客舍还没有找好。"

孟子说："你曾听说过，要等客舍找好后，才来拜见长辈的道理吗？"

乐正子说："是我的错。"

乐正子明白孟子为什么不高兴了，来晚了。他赶紧解释，但还不如不解释。算了，还是老老实实认错好。

孟子是不是太苛求了？从前，孟子听说乐正子在鲁国当官了，高兴得夜不能寐。听说乐正子来齐都了，你想孟子是什么心情？结果等了一天没等来。孟子借机敲打敲打乐正子。这也是好为人师，但境界不一样，道德学问在那儿摆着。

二十五、徒哺啜也

孟子谓乐正子曰："子之从于子敖来，徒哺啜（chuò）也。我不意子学古之道，而以哺啜也。"

孟子对乐正子说："你这次跟随王子敖来，只不过是吃喝而已。我没有想到，你学了圣贤之道，竟然只是为了吃喝罢了。"

听此一说，乐正子头上的冷汗可就冒出来了，原来孟子不高兴的真正原因在这里。王子敖，就是那个陪同孟子到滕国吊丧的齐王宠臣王驩，来回路上抬头不见低头见的，孟子就是不跟他说话，道不同不相为谋。你怎么跟只知道吃喝的人走到一块了？这么多年的书白念了？这叫爱之深，责之重。

二十六、不孝有三

孟子曰:"不孝有三,无后为大。舜不告而娶,为无后也。君子以为犹告也。"

孟子说:"不孝的情况有三种,没有后代是最大的不孝。舜没有禀告父母就娶妻,担心的是没有后代。君子做该做的事就如同禀告了父母一样。"

另外两个不孝是什么?《孟子》在后文中给出了"世俗所谓不孝者五",但没有"无后"这一条。《论语》里有不少问孝的内容。《为政》篇有连续四则。孟懿子问孝,子曰:"无违。""生,事之以礼。死,葬之以礼,祭之以礼。"这是说不违礼。孟武伯问孝,子曰:"父母唯其疾之忧"。这是说除了生病外不让父母担忧。子游问孝,子曰:"今之孝者,是谓能养。至于犬马,皆能有养。不敬,何以别乎?"这是说恭敬。子夏问孝,子曰:"色难。有事,弟子服其劳。有酒食,先生馔,曾是以为孝乎?"这是说和颜悦色。其他还有几则是说孝行的。由此四则看来,违礼、不恭敬、不能做到和颜悦色算一条,其实就是违礼。"除了生病让父母担忧"算一条,就是亲忧。另外,《论语》载,子曰:"始作俑者,其无后乎!"这算一条,无后。由此推解,仁者认为"不孝有三"指的是违礼、亲忧和无后。

舜不告而娶,担心的是他那狠毒的爹瞽瞍、嚣张跋扈的后母、傲慢无礼的弟象会从中作梗。与无后比起来,不告而娶算是小节了。

二十七、足之蹈之

孟子曰:"仁之实,事亲是也。义之实,从兄是也。智之实,知斯二者弗去是也。礼之实,节文斯二者是也。乐之实,乐斯二者,乐则生矣。生则恶可已也。恶可已，则不知足之蹈之、手之舞之。"

孟子说："仁的实质，就是侍奉父母。义的实质，就是顺从兄长。智的实质，就是明白这两者的道理而执着地坚持。礼的实质，就是调节修饰这两者。乐的实质，就是从这两者中得到快乐，快乐由此而生。快乐一产生就抑制不住。快乐不可抑制，就会情不自禁地手舞足蹈起来。"

这是孟子对仁义礼智乐的阐述和发展。《论语》云："君子务本，本立而道生。孝弟也者，其为仁之本与！"孟子由是阐发，孝悌是仁义之实，仁道就是仁义，礼乐就是仁德。孟子在前文中，强调仁和义都是内在的，与这里的论述是一致的。

手舞足蹈的快乐，是情不自禁的快乐，是善的律动，是仁义礼智和谐的华美乐章，是"风乎舞雩，咏而归"的快乐。写到这，我忽然想起一句歌词："狂笑一声，长叹一声，快活一生，悲哀一生，谁与我生死与共？"对孟子来说，那个"谁"终归没有出现。

二十八、瞽瞍厎豫

孟子曰："天下大悦而将归己，视天下悦而归己，犹草芥也，惟舜为然。不得乎亲，不可以为人。不顺乎亲，不可以为子。舜尽事亲之道而瞽瞍厎（dǐ）豫，瞽瞍厎豫而天下化，瞽瞍厎豫而天下之为父子者定，此之谓大孝。"

孟子说："天下的人都很高兴将要归顺自己，却把这一切看作草芥一般的，只有舜能够做的到。得不到父母的亲情，不可以做人。不顺从父母，不可以为儿子。舜竭尽全力孝顺父母而使父亲瞽瞍开心起来，瞽瞍开心而使天下人受到感化，瞽瞍高兴了而天下的父子伦常也就确定了，这才叫作大孝。"

孟子的意思是，大舜把孝顺父母看的比得到天下还重要。如果父亲不高兴，它可以把天下让给别人而去尽孝。反之，尽孝让父亲开心，父亲开心感化天下百姓，百姓悦服则天下归己。后面还有故事说，如果瞽瞍杀了人，按律当斩。如果大舜知道了，他会背起父亲就逃跑，视天下与不顾，跑到海边，再沿着海边跑，找个地方隐居下来，侍奉父亲安度晚年。大舜之大，在其纯真无暇、思无邪，他希望父母开心快乐，他希望天下人都开心快乐。

离娄章句下

一、其揆一也

孟子曰:"舜生于诸冯,迁于负夏,卒于鸣条,东夷之人也。文王生于岐周,卒于毕郢(yǐng),西夷之人也。地之相去也,千有余里;世之相后也,千有余岁。得志行乎中国,若合符节。先圣后圣,其揆一也。"

孟子说:"舜出生在诸冯,迁居到负夏,在鸣条去世,是东夷人。周文王出生在岐周,在毕郢去世,是西夷人。两地相距一千多里,时代相隔一千多年。他们都在中原大行其道,就像对上了符节一样。先圣和后圣,他们的准则是一样的。"

东夷、西夷相隔一千多里,从舜之后夏朝开始到岐周文王兴起,差不多一千多年,人同此心,心同此理,圣王之道,其揆一也。上遵天命,下接人伦,真诚向善,推行仁道。发乎情,止乎礼,尽心知命皆中节,致中和。人文教化,明明德而新民,止于至善也矣!先圣后圣,古今中外,法尔如是,盖莫如是。

二、乘舆济人

子产听郑国之政,以其乘舆济人于溱洧(zhēn wěi)。
孟子曰:"惠而不知为政。岁十一月徒杠成,十二月舆梁成,民未病涉也。君子平其政，行辟人可也，焉得人人而济之？故为政者，每人而悦之，日亦不足矣。"

子产主持郑国的政事，用自己乘坐的马车帮助行人渡过溱水和洧水。

孟子说："小恩小惠罢了，不懂得政治。十一月份搭好徒步行走的独木桥，十二月份建成可通行马车的大桥，百姓就不会忧虑徒步涉水了。君子能治理好政事，外出时让行人回避也可以，怎么能去帮助一个个行人渡河呢？治理国家政事的人，做到每个人都高兴，时间也不够用啊。"

子产，春秋时期郑国人，曾铸刑书于鼎，史称"铸刑书"，是法家的先驱者。在他执政期间，郑国小有中兴之势。

子产能够体恤百姓在天寒时蹚水过河的苦楚，因此派出自己的座驾去载百姓过河，这是爱民惠民的善举。孔子多次盛赞子产之惠。《论语》载，子谓子产："有君子之道四焉。其行己也恭，其事上也敬，其养民也惠，其使民也义。"或问子产，子曰："惠人也。"

孟子认为，治大政者为政以德，推行仁政，要在治国方略和大政方针上下功夫，才能普惠众生。抓大放小，不要陷入实施小恩小惠小善的道德绑架中，影响了大善举措的谋划和实施。孔子和孟子对子产的评价，一个是从为人行善角度讲的，一个是从执政为民角度讲的，视角不同，看法有异也是正常的。

三、谏行言听

孟子告齐宣王曰："君之视臣如手足，则臣视君如腹心。君之视臣如犬马，则臣视君如国人。君之视臣如土芥，则臣视君如寇仇（kòu chóu）。"

孟子告诉齐宣王说:"君视臣如手足,则臣视君如腹心。君视臣如犬马,则臣视君如常人。君视臣如土芥,则臣视君如寇仇。"

这是对孔子"君使臣以礼,臣事君以忠"的阐发。君主礼贤下士,若父慈。臣子忠敬君主,若子孝。人心换人心,别人怎么对待你,取决于你怎么对待别人。这位善于"王顾左右而言他"的齐宣王,听了孟子的话,心里不太舒服。联系孟子去齐时的种种遭遇和说辞,这段话,很可能是孟子去齐前说的。

王曰:"礼,为旧君有服。何如斯可为服矣?"

曰:"谏行言听,膏泽下于民。有故而去,则君使人导之出疆,又先于其所往。去三年不反,然后收其田里。此之谓三有礼焉。如此,则为之服矣。今也为臣,谏则不行,言则不听,膏泽不下于民。有故而去,则君搏执之,又极之于其所往。去之日,遂收其田里。此之谓寇仇。寇仇,何服之有?"

齐宣王说:"按礼制,离职的臣子要为旧君服丧。怎样做臣子才会为旧君服丧呢?"

孟子说:"臣子谏行就为之,有言则听之,然后施惠于民。臣子因故要离开,那么君主就派人引导他走出国境,并且已经提前安排好他的住所了。离开三年后不回来,才收回他的土地房产。这叫"三有礼"。这样做,臣子就会为他服丧。现在做臣子,苦谏君不行,话尽君不听,惠泽也就到不了老百姓。臣子因故离开,君主就派人拘捕他的亲族,并故意到他要去的地方为难他。离开的当天,就没收他的土地房产。这就叫作强盗仇敌。谁会为强盗仇敌服丧呢?"

孟子去齐的期盼，早就给齐宣王说过了，齐宣王一样也没做。

君王的葬礼，如果德者不闻、贤者不见、亲者不哀、远者不来、近者不吊，则其人德行功业，也就尽在其中了。念念叨叨、好色好勇好货、自以为是的齐宣王，有点担心自己的身后事，听了孟子的说辞，不知又做何想。

四、无罪杀士

孟子曰："无罪而杀士，则大夫可以去；无罪而戮民，则士可以徙。"

孟子说："无罪杀士人，大夫就可以离开；无罪杀百姓，士人就可以迁往别处。"

这是告诫君王，用刑要慎之又慎。这一观点来自周公提出的"敬天保民""明德慎罚"的思想。孟子曾告诫齐宣王："左右皆曰可杀，勿听；诸大夫皆曰可杀，勿听；国人皆曰可杀，然后察之；见可杀焉，然后杀之。故曰，国人杀之也。"

五、君行民从

孟子曰："君仁莫不仁，君义莫不义。"

孟子说："君主仁慈就没有人不仁慈，君主行道义就没有人不行道义。"

上行下效。《论语》上说："上有所好，下必甚焉。""其身正，不令而行；其身不正，虽令不从。"孟子进一步阐述了孔子为政以德的思想。

六、大人弗为

孟子曰:"非礼之礼,非义之义,大人弗为。"

孟子说:"似是而非的礼,似是而非的义,大人是不会做的。"

何谓大人?孟子在后文中给出了四种人设。其中"有大人者,正己而物正者也"。但有时候也指之于小孩的大人、之于下位者的大人等,要放在具体的语境中去看。这里的大人,主要指的是大德君王和德行完备的人。

《论语》载,有子曰:"信近于义,言可复也。恭近于礼,远耻辱也。因不失其亲,亦可宗也。"合乎道义的诚信之言,是可以反复践行的。合乎礼法的谦恭态度,是可以远离耻辱的。没有忘掉自己的亲人去施恩别人,其恩是有源头的。有子的意思是与人有约应该守信,但所约定的事必须合乎义,并且是可以反复实践的才行。比如为朋友出头结果把人家打残了,这叫非义之义,而且还违背了法律正义。孟子说"持其志,无暴其气",就是这个道理。要持守仁义心志,不要妄动意气,也就是不要意气用事。礼是义行的规范。虽然礼多人不怪,但见人就磕头,也是过了。

还有一层意思,大人不会让人做"非礼之礼,非义之义"的事。比如说"可以取,可以无取",大人不会叫人取,因为"取,伤廉"。

孟子还曾辨明了礼义的权变是非,发展了孔子思想。男女授受不亲是礼,将落水的女子救上来是义。君子不能拘泥于男女授受不亲的礼,眼看别人淹死不救那是不义。

七、贤与不肖

孟子曰:"中也养不中,才也养不才,故人乐有贤父兄也。

如中也弃不中，才也弃不才，则贤不肖之相去，其间不能以寸。"

孟子说："中正的人教养偏邪的人，有才能的人教养才能低下的人，所以人们都高兴有贤德善良的父兄。如果中正的人放弃偏邪的人，有才能的人放弃才能低下的人，那么贤能和不贤能之间的距离，就近得不能用分寸来计量了。"

除了上智，人的德才是依靠后天人文化育养成的。上智和下愚毕竟是极少数，所以有教无类，"自行束脩以上"愿意学，"吾未尝无诲焉"就愿意教，只有大多数人安身立命的道德素养和才能提高了，这个社会才会进步。厌恶放弃弱者是德行不高的表现。

八、有所为，有所不为

孟子曰："人有不为也，而后可以有为。"

孟子说："人有所不为，然后才可能有所作为。"

有所不为才能有所为。什么都想自己干，什么也都想干好，结果什么也干不好。

九、莫论人非

孟子曰："言人之不善，当如后患何？"

孟子说："说人家的不是，由此引起的后患该怎么办呢？"

静坐常思己过，闲谈莫论人非。即使了解情况，也不要随便议论别人。言人之不善必有后患。《论语》载，子贡曰："君子亦有恶乎？"子曰："有恶。恶称人之恶者，恶居下流而讪上者，恶勇而无礼者，恶果敢而窒者。"厌恶宣扬别人缺点的人，厌恶以下谤上的人，厌恶勇敢而无礼的人，厌恶固执而不通情理的人。《论语》载，子曰："吾之于人也，谁毁谁誉？如有所誉者，其有所试矣。"意思是：我对于别人，诋毁了谁？赞誉了谁？如果有所赞誉的话，一定对他有所考察。有理有据的批评不是言人之不善。孔子写《春秋》的目的是"是非二百四十二年之中，以为天下仪表，贬天子，退诸侯，讨大夫，以达王事而已矣"。但也说，"罪我者，其惟《春秋》乎！"

十、不为已甚

孟子曰："仲尼不为已甚者。"

孟子说："仲尼为人处世从来不做过分的事。"

孔子曰："攻乎异端，斯害也已！"攻击所谓异端邪说，有害无益。凡事皆有度，超过事物的度，就会引起质变。"中庸之为德也，其至矣乎！民鲜久矣。"中庸作为仁德，是最高的极致了，民众很少有能长期坚持的。夫子温良恭俭让，"成事不说，遂事不谏，既往不咎"。夫子鲜论中庸，但行中庸之道，不做过分的事。

十一、言不必信，行不必果

孟子曰："大人者，言不必信，行不必果，惟义所在。"

孟子说："贤德大人，言不必信，行不必果，只要合乎仁义就行了。"

孔子说："言必信，行必果，硁硁然小人哉！"言必信，行必果，那是自以为是、浅陋固执的小人的信条，孟子阐发为"大人者，言不必信，行不必果，惟义所在"。只要归仁服义，就可以权变，比如知道了错刀子是去杀人，答应借他了也不能借。

十二、赤子之心

孟子曰："大人者，不失其赤子之心者也。"

孟子说："贤德大人，不会失去纯真善良的童心。"

孔子和七岁的项橐论战，来来回回几个回合，如果没有赤子之心，是坚持不下来的。如果没有赤子之心，最后战败，孔子是不会拜项橐为师的。

贤德大人童心未泯，纯真善良，简单快乐，能够保持自然无伪的本色，永远以一颗童心的新奇和纯真面对这个世界。老子说："常德不离，复归于婴儿。""我独泊兮其未兆，如婴儿之未孩。"儒家和道家都保持一颗似婴若孩的初心，其实他们的不少观点也是相通的。当然，大人还有智慧和阅历，不会像无知的小孩，容易上当受骗。

十三、养生送死

孟子曰："养生者不足以当大事，惟送死可以当大事。"

孟子说："奉养父母还算不上大事，只有为他们送终才可以算作是大事。"

关于尽孝，《论语》和《孟子》都讲了不少。如何理解上面这句话呢？

孝道，一则能够赡养父母，让父母衣食无忧。二则对父母恭恭敬敬，让父母感受到温暖。三则顺从父母的意愿，让父母感到自己还有用。四则除了生病，其他的事不让父母担心。五则给父母至少生个孙子，续香火有祭祀。六则按礼制把父母的丧事办好，事死如事生。

从字面上看，此句是说置办好丧事才是尽孝最大的事，其实是在说，满足父母最大的愿望才是最大的孝。父母最大的愿望是什么呢？

就是临终的时候，能看着自己的儿女都健健康康地围绕在身边。因为"父母唯其疾之忧"，自己没让父母担忧。

十四、左右逢源

孟子曰："君子深造之以道，欲其自得之也。自得之，则居之安。居之安，则资之深。资之深，则取之左右逢其原。故君子欲其自得之也。"

孟子说："君子深入精微地钻研大道，是想自己能够领悟真知。自己领悟的真知，拥有它才会心安理得。拥有它心安理得，就会积蓄得深厚。积蓄得深厚，就会取之不尽左右逢源。所以，君子希望自己能够领悟真知。"

孔子曰："笃信好学，守死善道。"孔夫子心有所安，率性而为，达到了思而不居、里仁为美的境界。笃信好学，守死善道，欲其自得之也。"知之者不如好之者，好之者不如乐之者。""资之深，则取之左右逢其原"才可以达到乐之者的境界。

钻研道德学问，总是人云亦云，没有自己的真知灼见是成不了大德圣贤的，这是孟子的体悟。孟子私淑诸子得以真传孔子衣钵，皆自悟也。我们说孟子不仅阐述了孔子的思想并且发展了孔子的思想，这些发展就是指他的真知灼见。

十五、由博返约

孟子曰："博学而详说之，将以反说约也。"

孟子说："广博地学习并且详尽地阐述，目的是为了能做到简明扼要地说出要点。"

广博地学习，详细地分析，掌握知识的全貌，是为了融会贯通之后，能做到深入浅出，简要地说出内容的精义。孟子肯定是广博地学习，并研究比较了从孔子到周文王上至尧舜的道德学问的。阐述之，又深造自得之，所以才有了《孟子》。所谓继承怀疑、批判创新的科学精神，就是钻研深造的人文精神。

十六、以善养人

孟子曰："以善服人者，未有能服人者也。以善养人，然后能服天下。天下不心服而王者，未之有也。"

孟子说："想以善行让人归服自己的，没有人归服他。用善德来教养人，然后才能使天下人归服。还没有使天下人心服却能统一天下的，从来没有过。"

得人心者得天下，服人服心。通过做几件好事，就叫人心服口服，那是不可能的。叫人归服的是大仁大德。实施人文教化，用善德去感化人，用善行去教育人，为政以德，才能叫人心服口服。大舜"善与人同，舍己从人，乐取于人以为善"，也就是与人一同行善、以善养人了。另则通过言传身教，让人们理解善德继而化为他们的思想和行为，这便是教育教养之功业了。仁德满天下，社会即教育。

十七、不祥之实

孟子曰："言无实，不祥。不祥之实，蔽贤者当之。"

孟子说："言之无物，不吉利。不吉利的后果，由那些埋没贤者的人承担。"

不按事实说话，空洞无物，甚至谎话连篇，容易给国家带来祸端。

由此造成祸国殃民的严重后果，应该让推荐庸者的人或阻止讲真话的人来承担。这些人都是当权派，比如臧文仲之流，"知柳下惠之贤而不与立也"。比如嬖人臧仓，"孟子之后丧逾前丧。君无见焉！"这种现象，比比皆是。究其原因是德不配位，或者是嫉贤妒能，或者是刚愎自用，皆有之。

十八、声闻过情

徐子曰："仲尼亟（qì）称于水。曰：'水哉，水哉！'何取于水也？"

徐辟说："孔子屡次赞美水。说：'水啊，水啊！'水给人什么启示呢？"

徐辟是孟子的学生，曾引荐墨家学派的信奉者尹士见孟子，孟子不见。徐辟在孟子和尹士间传话，这就是著名的"儒墨隔空论战"，最终以尹士受教了结束。

《论语》里没有这句话，但有"子在川上曰：'逝者如斯夫，不舍昼夜'"。看孟子如何解释。

孟子曰："原泉混混，不舍昼夜。盈科而后进，放乎四海。有本者如是，是之取尔。苟为无本，七八月之闲雨集，沟浍（kuài）皆盈。其涸也，可立而待也。故声闻过情，君子耻之。"

孟子说："源泉之水滚滚涌出，日夜不停。注满了坑洼后继续向前，流入大海。有本源的都是这样，孔子取它这一点罢了。如果没有本源，七八月间雨水聚集，大沟小渠都满了。沟渠干涸，也是很快的。所以，名声超过实情，君子认为是可耻的。"

《论语》中有孔子关于闻和达的论述。子张认为，在诸侯国或卿大夫家做事，有一定名望叫通达。孔子说，这叫闻而不是达。所谓达，就是品质正直，遇事讲礼，善于揣摩别人的话语、观察别人的脸色，谦恭地对待他人。这样的人，在诸侯国做事必定会通达，在卿大夫家做事，也必定通达。至于闻，只是表面上追求仁德，而行为上却违背仁德，以仁人自居罢了。胸怀仁德若源泉，泉水混混则达。胸无仁德若闲雨集聚、声闻过情，其涸可立而待也。

孟子好像答非所问。徐辟问的是水德，孟子回答的是源泉之水德。其实都一样，有源之水才会不舍昼夜，有本者如是，是之取尔。孟子借喻胸怀仁德，才能名实相副。

十九、异于禽兽

孟子曰："人之所以异于禽兽者几希，庶民去之，君子存之。舜明于庶物，察于人伦，由仁义行，非行仁义也。"

孟子说："人区别于禽兽的地方只有很少的一点点，一般的老百姓抛弃了它，君子保存了它。大舜明了万物的道理，洞察人伦之常情，按仁义去做事，而不是通过做事去行仁义。"

孟子认为人之异于禽兽几希者，应是人有不忍人之心之谓也。心有四端，"无恻隐之心，非人也；无羞恶之心，非人也；无辞让之心，非人也；无是非之心，非人也"。一个人如果没有同情怜悯之心、羞耻憎恶之心、谦逊辞让之心、明辨是非之心，就不能算是人了。这是孟子对"人"之为人的界定。"恻隐之心，仁之端也；羞恶之心，义之端也；辞让之心，礼之端也；是非之心，智之端也。"同情之心是仁的萌芽，羞耻之心是义的起点，辞让之心是礼的开端，是非之心是智的初始。

"君子存之"好理解,"庶民去之"不就又成禽兽了吗?在《告子上》中,孟子做了牛山之比。说牛山本来郁郁葱葱,人们每天去砍伐,渐渐就变成了秃山。但一旦有机会,新芽还会生长出来。孟子主张性善论,认为真诚向善是内在的力量。"四心"由内而外,如牛山之木。

"由仁义行,非行仁义"是对《论语》"人能弘道,非道弘人"的发展。君子存有四心,由仁义行是自然而然的事情,这比人能弘道又大大进了一步。关于人的本质和人性善恶等,参考本书自序二。

二十、圣贤之道

孟子曰:"禹恶旨酒而好善言。汤执中,立贤无方。文王视民如伤,望道而未之见。武王不泄迩,不忘远。周公思兼三王,以施四事,其有不合者,仰而思之,夜以继日,幸而得之,坐以待旦。"

孟子说:"大禹厌恶美酒而喜欢有价值的言论。商汤秉持中正之道,选贤任能无定规。周文王怜悯百姓好像他们受了伤害一样,虽然已经接近了仁道,他却好像没有看到一样,仍然努力追求。武王不轻慢身边的臣子,不会忘记远方的臣子。周公思慕夏商周三代贤王,践行禹、汤、文、武的美德,如果有不符合实情的地方,就仰头思考,夜以继日地思考,幸而想通了,就坐着等待天亮好去执行。"

孟子"言必称尧舜",又经常赞美大禹、商汤、文王、武王、周公的大美圣德,在这里做了总结。孟子推崇的圣贤之道,好善言,执中正,慈悲为怀,善待臣子,思慕圣王,勤政为民。

孔子评价禹说,我对他没有意见了。他自己的饮食很差,却用丰盛的祭品孝敬神灵。他自己平时穿得不好,却把祭祀的服饰和冠冕做得华美。他自己居住的房屋很差,却把心思完全用在了沟渠水利上。史载商汤左右丞相的典故。仲虺是个奴隶主,伊尹是个奴隶。商汤因其贤能任用二人为左右丞相。在仲虺和伊尹的辅佐下,商汤鼓励百姓安心农耕、饲养牲畜,团结与商友善的诸侯和方国。一些诸侯陆续叛夏而归顺商,商汤的势力愈来愈大。周文王、周武王和周公的功德大家耳熟能详了,不赘。

二十一、诗亡然后春秋作

孟子曰:"王者之迹熄而《诗》亡,《诗》亡然后《春秋》作。晋之《乘》,楚之《梼杌》(táo wù),鲁之《春秋》,一也。其事则齐桓、晋文,其文则史。孔子曰:'其义则丘窃取之矣。'"

孟子说:"圣王的德行如灯渐渐熄灭,《诗》也就消亡了,《诗》消亡了以后才有《春秋》的出现。晋国的《乘》书,楚国的《梼杌》书,鲁国的《春秋》书,都是一样的。它们记载的不外是齐桓公和晋文公等人,体裁则属于史书。孔子说:'《诗》褒贬大义的原则,被我著《春秋》时借用了。'"

《诗经》是周王朝由盛而衰五百年间中国社会生活万象的生动记录,其中有先祖创业的颂歌、祭祀神灵的乐章,也有贵族间的宴饮交往和老百姓对劳逸不均的怨愤。更有反映老百姓劳动、打猎、战争、徭役以及大量恋爱、婚姻和社会习俗方面的动人篇章,甚至包括天象、地貌、动物、植物等方方面面的内容,是周代社会生活的一面镜子。《论语》子曰:"《诗》三百,一言以蔽之,曰:思无邪。""小子何莫学夫诗?诗,可以兴,可以观,可以群,可以怨。迩之事父,远之事君,多识于鸟兽草木之名。"

相传周代设有采诗官,每年春天,采诗官摇着木铎,深入基层收集民间歌谣，把能够反映人民欢乐疾苦的歌谣，整理后交给太师谱曲，演唱给周天子听，作为施政的参考。十五国风大多如此而来。周平王东迁以后，天子采集歌谣的做法废止，《诗经》再无续篇，时代进入春秋。诸侯国出现了各自的史书。孔子作《春秋》，乱臣贼子惧，所以有"其义则丘窃取之矣"之说。

二十二、私淑诸人

孟子曰："君子之泽五世而斩，小人之泽五世而斩。予未得为孔子徒也，予私淑诸人也。"

孟子说："君子的恩泽惠及五世后就断绝了，百姓的恩泽惠及五世后也断绝了。我没有能够做孔子的弟子，我是私下从别人那里学来孔子学问的。"

依此看来，孟子的孔子之学，应该并不是从一个人那里学来的，"私淑诸人也"。没有得到亲传而又敬仰他的学问并尊之为师的，称之为私淑弟子。孟子是求学于诸子，得到了孔子真学问，并发扬光大之。我看了好多学者的文章，他们纠结于孟子的学问传承，真叫人汗颜。

孟子认为，不论是君子还是小人，对后人的福荫皆不超过五代。《史记·孔子世家》说孟子"受业于子思之门人"。子思是孔子的孙子。孟子从学于子思的门人，即是子思的再传弟子。三十年为一世，父子相继为一世，师生相传也是一世。按此一说，从孔子到孟子，已经是第五世了？

二十三、可与不可

孟子曰："可以取，可以无取，取，伤廉。可以与，可以无与，与，伤惠。可以死，可以无死，死，伤勇。"

孟子说:"可以拿,也可以不拿,拿了就有损于廉洁。可以给,也可以不给,给了就是滥施恩惠。可以死,也可以不死,死了便是对勇德的亵渎。"

人生充满了选择。选择错了,就会伤害仁义道德。"譬如为山,未成一篑,止,吾止也。譬如平地,虽覆一篑,进,吾往也。"我选择我负责,"不义而富且贵,于我如浮云"。"君子之于天下也,无适也,无莫也。义之与比。"君子立身处世于天下,没有规定一定要怎样做,也没有规定一定不要怎样做,只是按照道义去做。

二十四、亦羿有罪

逢(páng)蒙学射于羿,尽羿之道,思天下惟羿为愈己,于是杀羿。

逢蒙跟后羿学习射箭,学会了后羿的本领后,想到天下人只有后羿比自己强,于是就把后羿给杀了。

逢蒙是位忘恩负义的小人。一说逢蒙既是后羿的徒弟,又是他的家将,后叛变助寒浞杀后羿。孟子认为后羿自己也是有责任的。

孟子曰:"是亦羿有罪焉"。公明仪曰:"宜若无罪焉"。曰:"薄乎云尔,恶得无罪?郑人使子濯孺子侵卫,卫使庾公之斯追之。子濯孺子曰:'今日我疾作,不可以执弓,吾死矣夫!'问其仆曰:'追我者谁也?'其仆曰:'庾公之斯也。'曰:'吾生矣。'其仆曰:'庾公之斯,卫之善射者也,夫子曰吾生,何谓也?'曰:'庾公之斯学射于尹公之他,尹公之他学射于我。夫尹公之他,端人也,其取友必端矣。'庾公之斯至,曰:'夫子何为不执弓?'曰:'今日我疾作,不可以执弓。'曰:'小人学射于尹公之他，尹公之他学射于夫子。我不忍以夫子之道反害夫子。虽然，今日之事，君事也，我不敢废。'抽矢，扣轮，去其金，发乘矢而后反。"

孟子说："这件事羿自己也有责任。"公明仪说："好像没有什么过错吧。"孟子说："过错不大就是了，怎么没有过错呢？郑国派子濯孺子去攻打卫国，卫国派庾公之斯去追击他。子濯孺子说：'我今天疾病发作，不能开弓放箭，我要死在此地了。'问仆人道：'追赶我们的是谁？'仆人说：'是庾公之斯。'子濯孺子说：'我可以活命了。'仆人说：'庾公之斯，是卫国的神箭手，先生却说可以活命了，这是为什么呢？'子濯孺子说：'庾公之斯是向尹公之他学习的射箭，尹公之他是向我学习的射箭。尹公之他这个人，是个正派的人，他所选择交往的朋友，必然也是正派的人。'庾公之斯追上来了，说：'夫子为什么不执弓？'子濯孺子说：'今天我疾病发作，不能开弓放箭。'庾公之斯说：'我学习射箭于尹公之他，尹公之他学习射箭于先生，我不忍心用先生的箭法反过来伤害先生。但是，今天的事，是奉君主之命，我不敢不做。'便取出箭在车轮上敲打几下，去掉箭头，射出四箭后掉头走了。"

当下有句话说，有德有才是正品，有德无才是次品，无才无德是废品，有才无德是毒品。逄蒙是有才无德的人，庾公之斯是有德有才的人。子濯孺子和尹公之他，比后羿会识人。孔子说："益者三友，损者三友。友直、友谅、友多闻，益矣。友便辟、友善柔、友便佞，损矣。"有益的朋友有三种，有害的朋友有三种。同正直的人交朋友，同诚信的人交朋友，同见多识广的人交朋友，这是有益的。同偏邪不正的人交友，同善于装腔作势的人交友，同惯于花言巧语的人交友，这是有害的。逢蒙偏邪不正，庾公之斯正直又讲诚信。

公明仪，战国时鲁南武城人。一说是曾子的学生，一说是子张的学生。孟子经常引用他的话，如"对牛谈琴"的典故，就是说的公明仪。

二十五、西子蒙不洁

孟子曰："西子蒙不洁，则人皆掩鼻而过之。虽有恶人，齐戒沐浴，则可以祀上帝。"

孟子说："美女西施身上沾上了污秽，路人走过也会捂鼻子。即使是一个长得丑陋的人，如果他斋戒沐浴，也可以祭祀上帝。"

西施天生丽质，倾国倾城，是美的化身。"恶人"有两解，一是指坏人，如《公孙丑上》"不立于恶人之朝，不与恶人言"。一是指面目丑陋的人，如《庄子》"卫有恶人焉，曰哀骀它"。这里感觉"恶人"译作"长得丑陋的人"比较好，与美女相对。西施之美，不仅是外在美，她也是内心有大德的人。为助越君勾践复国，她伴好色的吴王日事游乐而废朝政，使吴王亲佞幸而远贤良，终至国破身亡。一说勾践灭吴后，西施随范蠡泛五湖而去，不知所终。自古至今，以女色亡国者，世皆罪于女，唯西子例外，无人将其比之妺喜、妲己、褒姒之流，就是因为她有大德之故吧。既使有德佳人，身上蒙上污秽之物，路人也是不喜欢的。即使西施美艳光鲜，吴王身边的贤臣也是不喜欢的。一个长得丑陋的人，如果他斋戒沐浴、知敬畏、一心向善，当然可以祭祀天帝君王。

二十六、故者以利为本

孟子曰："天下之言性也，则故而已矣。故者以利为本。所恶于智者，为其凿也。如智者若禹之行水也，则无恶于智矣。

禹之行水也，行其所无事也。如智者亦行其所无事，则智亦大矣。天之高也，星辰之远也，苟求其故，千岁之日至，可坐而致也。"

孟子说："天下人说的性，其实就是事物发生发展变化的原由（动因）罢了。原由者以顺其自然为根本。之所以厌恶所谓的聪明人，是因为他总是言之凿凿的样子。如果聪明人像大禹治水一样因势利导，就不会厌恶他了。大禹治水，因势利导顺其自然罢了。如果聪明人也因势利导顺其自然，那就是大智慧了。天如此高，星辰如此远，只要弄清楚它们的原由，千年之后时日的样子，都可以坐着推算出来。"

有人把"天下之言性也，则故而已矣。故者以利为本"这句话解读得乱七八糟。参比《中庸》开篇"天命之谓性，率性之谓道，修道之谓教"去理解，会有不少的收获。所谓的智者言之凿凿，若不知物性使然，就是聪明反被聪明误了，非真正智者。懂得水往低处流，治水的道理就简单了，因势利导，顺其自然，导入大海罢了。知道星转斗移，天道有常，观天文治历法，千岁坐而可知时日，也就不难了。

二十七、孟子简驩

公行子有子之丧，右师往吊。入门，有进而与右师言者，有就右师之位而与右师言者。孟子不与右师言。右师不悦，曰："诸君子皆与驩言，孟子独不与驩言，是简驩也。"

公行子死了个儿子，右师前去吊唁。一进门，就有上前与他交谈的，也有到他座位旁跟他说话的。孟子不和他说话。右师不高兴地说："各位大人都与我打招呼，唯独孟子不和我说话，这是怠慢我。"

前去吊唁的诸人中，右师六卿之长王驩，官职最大，又是齐王的宠臣，所以他一进门，大家都争相趋附，以通殷勤。只有孟子坐着不动，也不和右师说话，右师很不开心。孟子对王驩有看法，而王在吊唁场合更是不知礼，故敬而远之。权势不能使道义屈服，而违背道义的权势终究也不会为贤者所尊重。

孟子闻之，曰："礼，朝廷不历位而相与言，不逾阶而相揖也。我欲行礼，子敖以我为简，不亦异乎？"

孟子听到这话，说："按照礼制，朝廷上不能越过自己的位子互相交谈，也不能越阶相互作揖。我想按规矩行丧制之礼，右师却认为我怠慢他，不是太奇怪了吗？"

孟子的意思是：在人家的葬礼上，与家属同悲，抚慰丧亲之痛，这才是丧礼之要义。如同在朝廷上，百官谨守自己的位置，不要交头接耳，更不可越过位次去跟别人作揖一样，这才是礼。我来参加葬礼，就是来行这礼。王驩却认为我对他无礼，这不是奇了怪了吗？

王驩是个弄臣，孟子讨厌他。前面有一章讲过，他俩奉命一起去滕国吊唁，来回路上孟子都不和他说一句话。

二十八、君子之忧患

孟子曰："君子所以异于人者，以其存心也。君子以仁存心，以礼存心。仁者爱人，有礼者敬人。爱人者，人恒爱之；敬人者，人恒敬之。

孟子说："君子之所以不同于普通人，就在于居心不同。君子把仁装在心里，把礼装在心里。仁者爱人，有礼者尊敬他人。爱人者别人总是爱他，敬人者别人总是敬他。

如同仁义一样，孟子认为礼也是内在的东西。存心即保有仁礼之心，友善待人。敬不仅是对他人的尊敬，也是自我人格尊严的体现。《论语》载："君子敬而无失，与人恭而有礼，四海之内，皆兄弟也。"内心的敬不丢失，待人恭而有礼，四海之内皆兄弟，这是君子的境界。孟子继承孔子的思想，认为君子与普通人的不同之处，在于内心秉持的理念不同，君子内心念念不忘的是仁与礼，所以他能爱人、敬人，别人也能爱他、敬他。

"有人于此，其待我以横逆，则君子必自反也，我必不仁也，必无礼也，此物奚宜至哉？其自反而仁矣，自反而有礼矣，其横逆由是也，君子必自反也，我必不忠。自反而忠矣，其横逆由是也，君子曰：'此亦妄人也已矣。如此，则与禽兽奚择哉？于禽兽又何难焉？'

"有这么一个人，他对我蛮横无礼，那君子定会反躬自问，我一定不够仁，一定不够有礼了，不然怎么会出现这种情况呢？反躬自问后仍然觉得自己做到了仁，仍然觉得做到了有礼，那人还是那样蛮横无礼，君子一定又反躬自问，我一定不够忠诚。反躬自问后仍然觉得自己做到了忠诚，那人蛮横如故，君子就会说：'这无非是个狂妄之徒罢了。这样的人与禽兽有什么区别？对禽兽又有什么可责备的呢？'

反躬自问，自我反省两次就行了，孟子谨遵孔子之言，"反求诸己"，"再，斯可矣"。《论语》载，若子曰："贤者辟世，其次辟地，其次辟色，其次辟言。"孟子按照若子的处世之道，避言避色好了。

"是故君子有终身之忧，无一朝之患也。乃若所忧则有之：舜，人也；我，亦人也。舜为法于天下，可传于后世，我由未免为乡人也，是则可忧也。忧之如何？如舜而已矣。

"所以君子有终身的忧虑，却没有一时的烦恼。至于要忧虑的则有：舜是人，我也是人。舜为天下做了榜样，可流芳百世，我仍然不免是个普通人，这才是值得忧虑的。有了忧虑怎么办呢？像舜那样做好了。

孔子说仁者不忧，那是不忧愁，思而不居罢了，忧思的是天下事，忧思的是仁义道德。

"若夫君子所患则亡矣。非仁无为也，非礼无行也。如有一朝之患，则君子不患矣。"

"倘若像舜那样去做，君子就没有一时的烦恼了。不合乎仁的事不做，不合乎礼的事不干。如有一时之烦恼，君子并不认为那是值得烦恼的。"

孔子厄于陈、蔡，畏于匡等，孔子从未担心自己的安危。这里孟子讲了君子心存仁礼、反思己过、忧思己不能，以及一朝之患等，把君子之忧思讲全了。孟子四十不动心，持其志无暴其气，不会拿小烦恼当回事的。

二十九、道自道，非其道

禹、稷当平世，三过其门而不入，孔子贤之。颜子当乱世，居于陋巷，一箪食，一瓢饮，人不堪其忧，颜子不改其乐，孔子贤之。

大禹和后稷生活在太平年代，三过家门而不入，孔子称赞他们贤明。颜渊生活在乱世，居住在陋巷，一箪食，一瓢饮，别人无法忍受这种困忧的生活，颜渊却不改变他乐观的心态，孔子也称赞他贤明。

禹和稷虽然处在太平年代，但急民之所苦而自苦自励，以拯救天下百姓为己任，践行仁道，因而孔子赞赏他们。颜回虽然处于乱世，箪食瓢饮，但安贫乐道而自得其乐，孔子认为他与禹和稷一样，择善固执，孔子也赞赏他。

孟子曰："禹、稷、颜回同道。禹思天下有溺者，由己溺之也；稷思天下有饥者，由己饥之也，是以如是其急也。禹、稷、颜子易地则皆然。今有同室之人斗者，救之，虽被发缨冠而救之，可也。乡邻有斗者，被发缨冠而往救之，则惑也，虽闭户可也。"

孟子说："禹、后稷和颜回是同道中人。大禹想到天下会有溺水的人，就像自己溺水了一样；后稷想到天下还有挨饿的人，就像自己挨饿一样，所以他们才那样急迫。大禹、后稷和颜渊互相交换一下处境，也都会同样做的。现在有同室的人打架斗殴，为救他们，即使披头散发帽带缠住了头发也不顾，是可以理解的。乡邻乡里有打架斗殴的，披头散发帽带缠住了头发也去阻止，那未免太糊涂了，关起门来不管不问也是可以理解的。"

这是什么逻辑？同道中人，互相换了处境，都会有同样的表现。别人换了处境打架，则不能同样对待了。君子为人处世，吾道一以贯之，但不会被别人牵着鼻子走。同室的人知根到底，打架斗殴，急死人。乡里互斗，是非不明，要懂得权衡变通，盘好发，戴好帽，理顺冠缨，想去则去也可。

三十、子父责善

公都子曰:"匡章,通国皆称不孝焉。夫子与之游,又从而礼貌之,敢问何也?"

公都子说:"匡章这个人,全国的人都说他不孝。先生却跟他交游,且对他礼貌有加,请问这是为什么呢?"

《论语》子曰:"众恶之,必察焉。众好之,必察焉。"在知人识人方面必须独立思考,一定要实事求是地进行考察,来决定自己的是非判断,不能人云亦云。再说了,众人之论未必出于公,公论也未必尽出于众人之口。通国皆称匡章不孝,他真的不孝吗?且看孟子如何说辞。

孟子曰:"世俗所谓不孝者五。惰其四支,不顾父母之养,一不孝也。博弈好饮酒,不顾父母之养,二不孝也。好货财,私妻子,不顾父母之养,三不孝也。从耳目之欲,以为父母戮,四不孝也。好勇斗狠,以危父母,五不孝也。章子有一于是乎?

孟子说:"社会上所说的不孝有五种。四体不勤,不顾念对父母的赡养,是第一种不孝。喜欢赌博酗酒,不顾念对父母的赡养,是第二种不孝。贪物贪财,偏爱妻子儿女,不顾念对父母的赡养,是第三种不孝。放纵声色欲望,使父母蒙羞,是第四种不孝。逞强好斗,连累父母安危,是第五种不孝。匡章有其中的哪一种呢?

世俗五种不孝,匡章一种也没有。

"夫章子,子父责善而不相遇也。责善,朋友之道也。父子责善，贼恩之大者。

"这个匡章，不过是因为父子之间以善相责，导致关系恶化罢了。以善相责，本是交友之道。父子间以善相责，当然是最容易伤害感情的。

善是古人的信条。父子之间不责善。责善则离，离则不祥。匡章父子之间以善相责，关系处理得不好，齐人就认为匡章不孝。不过孟子还是想走进心里去理解匡章的。

"夫章子，岂不欲有夫妻子母之属哉？为得罪于父，不得近。出妻，屏子，终身不养焉。其设心以为不若是，是则罪之大者，是则章子已矣。"

"这个匡章，难道不想有夫妻子母之间的感情吗？只因为得罪了父亲，被疏远而不能亲近亲人。抛弃妻子儿女，终身不得奉养。但他心里想，如果不这么做，则是更大的罪过，这就是章子罢了。"

匡章作为齐国大将，历经齐威王至齐闵王三世，是一位优秀的军事家。匡章打的仗不多，但都是改变战国格局的著名战役，有桑丘之战、灭燕之战、垂沙之战和函谷关之战，等等。有载，匡章的父亲田鲔教导他说："主卖官爵，臣卖智力，故自恃无恃人。"匡章会赞同吗？齐威王曾曰："章左之母启，得罪其父，其父杀之而埋马栈之下。"匡章的母亲得罪了匡章的父亲，被父亲杀了埋在马棚下。齐威王对匡章说，等你得胜还朝，就更葬你的母亲吧。匡章说："臣之父未教而死。夫不得父之教而更葬母，是欺死父也，故不敢。"意思是：我父亲去世了，他生前没有许我更葬母亲。我如果做了，就是欺辱去世的父亲，我不敢做。从这两则记述看，匡章的父亲不是善良之辈。但匡章终究是缺了点大舜的圣贤和智慧。

三十一、曾子居武城

曾子居武城，有越寇。或曰："寇至，盍去诸？"

曰："无寓人于我室，毁伤其薪木。"寇退，则曰："修我墙屋，我将反。"寇退，曾子反。

曾子住在武城时，有越国人侵犯。有人说："敌寇要来了，何不离开这里呢？"

曾子说："不要让人住我的房子，毁伤了树木。"敌寇退走了，曾子就说："修好我的房舍，我就要回来了。"敌寇退走了，曾子返回。

本章句先举三个例子，再看孟子是如何评价的。第一个例子是，寇至曾子离。

左右曰："待先生如此其忠且敬也。寇至，则先去以为民望；寇退，则反，殆于不可。"

沈犹行曰："是非汝所知也。昔沈犹有负刍之祸，从先生者七十人，未有与焉。"

身边的人说："武城的官员对待先生，是如此的忠诚和恭敬呀。敌寇来了就让先生先离开，给百姓做了离开的榜样；敌寇退了，就回来了，这恐怕不好。"

沈犹行说："这不是你们所能理解的。从前我曾遭遇负刍作乱，跟随先生的七十个人，也全都躲开了。"

这是第二个例子，遇到乱祸，曾子弟子全都躲开了。沈犹行，一说是曾子的弟子。

子思居于卫，有齐寇。或曰："寇至，盍去诸？"子思曰："如伋去，君谁与守？"

子思住在卫国，齐国人来进犯。有人说："敌寇来了，何不离开呢？"子思说："如果我走了，卫君跟谁一起守城呢？"

这是第三个例子，寇至，子思与君主一道守城。

孟子曰："曾子、子思同道。曾子，师也，父兄也。子思，臣也，微也。曾子、子思易地则皆然。"

孟子说："曾子和子思是同道中人。曾子，当时是老师，相当于父兄。子思，当时是卫君的臣，是小官。曾子和子思互换位置也会做彼此所做的事情。"

孟子的意思是先贤虽然行为不同，但所遵循的准则是一致的。曾子在武城时是宾客，曾子弟子在沈犹行处也是宾客，而子思在卫国任职是人之臣子。所以，遇到入侵者时，曾子可以离去，而子思必须留下尽职。

三十二、尧舜与人同耳

储子曰："王使人瞷夫子，果有以异于人乎？"
孟子曰："何以异于人哉？尧舜与人同耳。"

储子说："大王派人来窥探夫子，您果真有不同常人之处吗？"

孟子说:"我有什么不同于常人的呢?尧舜也与常人相同。"

储子,齐宣王时为相,曾派人送礼物想结交孟子。孟子认为他不懂礼仪,应该亲自来,故接受礼物却不回谢,因此可能引起了储子的不满。

储子说此话的潜台词是:你孟子有什么了不起,果真有异于常人之处吗?孟子说我就是个平常人,尧舜也是平常人。潜台词是:你燕雀安知鸿鹄之志哉!目无圣人,有眼无珠。

三十三、妻妾蒙羞

齐人有一妻一妾而处室者,其良人出,则必餍(yàn)酒肉而后反。其妻问所与饮食者,则尽富贵也。其妻告其妾曰:"良人出,则必餍酒肉而后反。问其与饮食者,尽富贵也,而未尝有显者来,吾将瞯良人之所之也。"

蚤起,施从良人之所之,遍国中无与立谈者。卒之东郭墦间,之祭者,乞其余。不足,又顾而之他,此其为餍足之道也。其妻归,告其妾曰:"良人者,所仰望而终身也。今若此。"与其妾讪其良人,而相泣于中庭。而良人未之知也,施施从外来,骄其妻妾。

由君子观之,则人之所以求富贵利达者,其妻妾不羞也,而不相泣者,几希矣。

有位齐国人,家中有一妻一妾,他每次外出,一定是酒足饭饱才回来。其妻问他跟谁在一起吃喝,他说都是些富贵之人。其妻告诉其妾说:"丈夫每次外出,都是酒足饭饱才回家。问他跟谁吃喝,他说都是些富贵之人,但家里从没有显赫的人来过,我要去窥探一下丈夫都是去了哪里。"

清早起床，妻子偷偷跟着丈夫走，遍城未见一个人停下来跟她丈夫交谈的。后来到了东郊的坟场，丈夫便走到祭扫坟墓者那里，乞讨残剩的祭品。不够饱，又四处张望转向别处乞讨，这就是他酒足饭饱的办法。其妻回来后，告诉其妾说："所谓的丈夫，是我们指望终身依靠的人。现在，他却是这个样子。"妻子与妾一起咒骂丈夫，在庭院中哭成一团。她们的丈夫还不知道，逶迤斜行着从外面回来，在妻妾面前夸耀。

在君子看来，用来追求富贵利禄的手段，能够不使妻妾引为羞耻的，实在是太少了。

孟子想表达的意思是什么呢？追求富贵利禄的手段，不过都是些不知廉耻不要脸的乞讨罢了。在外让妻妾蒙羞，在家还趾高气扬，不过是狗奴才罢了。反之，依靠道德学问，能够富贵利达，让妻妾引以为傲的正人君子，几希矣。

万章章句上

一、五十而慕

万章问曰:"舜往于田,号泣于旻(mín)天,何为其号泣也?"孟子曰:"怨慕也。"

万章问道:"大舜来到田野,望着苍天嚎啕大哭,他为什么嚎啕大哭呢?"孟子说:"对父母又怨恨又思念的缘故。"

舜是大孝子,但无论怎么孝顺,顽父、嚚母、傲弟都多次想害死他,幸亏舜抑亦先觉,得以逃命,事后痴心不改,孝敬有加。想想过去,舜能不觉得委屈吗?不管怎样,反求诸己,终究是养育过自己的父母,能不想吗?

万章前面出现的时候,他提问问题总是咄咄逼人,具有很强的挑战性,孟子的回答则循循善诱非常精彩。师徒二人相得益彰,给我们奉献了一幕幕生动而又深刻的研讨课。

万章曰:"'父母爱之,喜而不忘。父母恶之,劳而不怨。'然则舜怨乎?"

万章说:"'父母疼爱,喜而不忘。父母厌恶,劳而不怨。'那么,大舜怨恨父母吗?"

"父母爱之"四句引自曾子《礼记·祭义》。

《论语》载，子曰："事父母几谏。见志不从，又敬不违，劳而不怨。"如果父母有不对的地方，要委婉地劝说他们。如果父母听不进去，还是要恭恭敬敬并不违抗，替他们操劳而不怨恨。万章不明白，大舜真的会对父母产生怨恨吗？

曰："长息问于公明高曰：'舜往于田，则吾既得闻命矣。号泣于旻天，于父母，则吾不知也。'公明高曰：'是非尔所知也。'夫公明高以孝子之心，为不若是恝（jiá）。我竭力耕田，共为子职而已矣，父母之不我爱，于我何哉？帝使其子九男二女，百官牛羊仓廪备，以事舜于畎亩之中。天下之士多就之者，帝将胥天下而迁之焉。为不顺于父母，如穷人无所归。天下之士悦之，人之所欲也，而不足以解忧。好色，人之所欲，妻帝之二女，而不足以解忧。富，人之所欲，富有天下，而不足以解忧。贵，人之所欲，贵为天子，而不足以解忧。人悦之、好色、富贵，无足以解忧者，惟顺于父母，可以解忧。人少，则慕父母。知好色，则慕少艾。有妻子，则慕妻子。仕则慕君，不得于君则热中。大孝终身慕父母。五十而慕者，予于大舜见之矣。"

孟子说："长息问公明高：'舜往于田，我已经听你讲解过了。望着苍天嚎啕大哭是为了父母，那我就不懂了。'公明高说：'这不是你所能理解的。'公明高以孝子之心度之，认为不这样做就是无动于衷了。我竭力地耕田，恭敬地尽我做儿子的职责罢了，至于父母不爱我，我有什么办法呢？帝尧派他的九个儿子和两个女儿，还有百官，带着牛羊、粮食等，到农田里去侍奉大舜。天下众多的士人也去归附于他，帝尧把整个天下都让给他。大舜所为不被父母喜欢，就如同穷人找不到归宿一样。天下的士人喜欢他，是人之所欲使然，却不能解开舜之忧。喜欢美貌的女子，也是人之所欲使然，娶了帝尧的两个女儿，还是不能解开舜之忧。富有，是人之所欲使然，拥有了整个天下，还是不能解开舜之忧。尊贵，也是人之所欲使然，贵为天子，还是不能解开舜之忧。士人的喜爱、美丽的姑娘、富有尊贵，这些都不能解除舜之忧，唯有让父母顺心，才可以解忧。人在少年时，仰慕父母。知道情欲了，则思念年轻漂亮的女子。有了妻子，就会思念家室。入仕做官就会思念君主，得不到君主赏识就会内心焦躁。只有最孝顺的人终身思念父母。到了五十岁还思念父母的人，我在大舜身上看到了。"

为人孝悌是有层次的，只有至孝之人才能终身尽孝，劳而不怨。大孝终身慕父母，不会因为没有得到父母的关爱而不爱父母，不会因为有了家室、当了官就不孝了。孝悌是为仁之本。在孟子看来，孝是内在的仁心表现，无关乎外在。舜胸怀大德仁爱，直道而行而已。

二、不告而娶

万章问曰："《诗》云：'娶妻如之何？必告父母。'信斯言也，宜莫如舜。舜之不告而娶，何也？"

万章问道："《诗经》上说：'娶妻怎么办？必先禀父母。'相信这话的，该没人比得上舜的了。可是舜没有禀告父母就娶妻了，这是为什么呢？"

舜之不告而娶，前文说过是担心顽父、嚣母、傲弟阻婚而致无后。不孝有三，无后为大。所引诗句出自《诗经》，这是一首讽刺诗，是讽刺齐襄公、文姜和鲁桓公的。齐襄公和文姜是同父异母的兄妹，鲁桓公娶了文姜却又管不住她，放任她回娘家与齐襄公私通。父母之命、媒妁之言都被搁置践踏，鲁桓公显得庸弱无能，文姜却是无视礼法，齐襄公和文姜乱伦更是无耻。娶妻当有父母之命、媒妁之言才合礼制，舜之不告而娶不符合礼制。万章不懂大舜为什么会明知故犯。孟子给出了和自己以前说法不同的解释。

孟子曰："告则不得娶。男女居室，人之大伦也。如告，则废人之大伦，以怼父母，是以不告也。"

孟子说："禀告了父母就娶不到妻子了。男女结合成家，是人之重大伦常。如果禀告了父母，大舜娶不到妻子，等于废弃了这个伦常，结果不免会怨恨父母，所以就不先禀告父母了。"

舜之不告而娶，说的是舜娶娥皇和女英的事。大舜顽固不化的父亲瞽瞍，喜欢桀骜不驯的小儿子象，又言听计从嚣张跋扈后妻的话，他们三番五次想害死大舜，绝对是不会同意大舜娶妻的，所以舜才会不告而娶。这里，孟子为大舜找到了不告而娶的另一个理由，恪守常伦是大节，不告而娶是小节。"大德不逾闲，小德出入可也。"大节上不能超越界限，小节上有些出入是可以的。

万章曰："舜之不告而娶，则吾既得闻命矣。帝之妻舜而不告，何也？"

曰："帝亦知告焉则不得妻也。"

万章说："舜不先禀告父母便娶妻的道理，我已经聆听了您的教诲。帝尧嫁女儿给大舜而不告之舜的父母，这又是为什么呢？"

孟子说："帝尧也知道，如果告诉了舜的父母，女儿就嫁不成了。"

《书经·尧典》记载,帝尧让众臣推荐贤能,可以明察贵戚中的贤才,也可以推举地位低微的贤德之人。有人推荐了舜,并说"有鳏在下,曰虞舜"。尧帝说:"是的,我也听说过这个人,他的德行怎么样呢?"岳曰:"瞽子,父顽,母嚚,象傲。克谐以孝,烝烝乂,不格奸。"由此看来,帝尧是知道大舜当时的状况的。帝尧说:我考验考验他吧!把我的两个女儿嫁给舜吧。帝尧通过两个女儿考察他的德行。

万章曰:"父母使舜完廪,捐阶,瞽瞍焚廪。使浚井,出,从而揜之。象曰:'谟盖都君咸我绩。牛羊父母,仓廪父母,干戈朕,琴朕,弤(dǐ)朕,二嫂使治朕栖。'象往入舜宫,舜在床琴。象曰:'郁陶思君尔。'忸怩。舜曰:'惟兹臣庶,汝其于予治。'不识舜不知象之将杀己与?"

曰:"奚而不知也?象忧亦忧,象喜亦喜。"

万章说:"父母叫舜去整修谷仓仓顶,忽然撤掉了梯子,瞽瞍放火烧谷仓。让舜去挖井,瞽瞍从井里出来后,就盖死了井口。象说:'害死舜都是我的功绩。牛羊分给父母,粮仓分给父母,兵器归我,琴归我,弤弓归我,让二位嫂子伺候我睡觉。'象走进舜的屋子,发现舜安坐在床上弹琴。象说:'我想你想得好苦啊。'一副忐忑不安的样子。舜说:'我心里想的只有臣子和百姓,你就协助我管理他们吧。'不清楚舜难道不知道象打算害死自己吗?"

孟子说:"怎么会不知道呢?象忧他也忧,象高兴他也高兴。"

明知道他三番五次想害死你,你却随着他的忧喜而忧喜,这不是傻就是装。舜抑亦先觉,不傻,那就是装了?一般人会这么想。

曰:"然则舜伪喜者与?"

曰:"否。昔者有馈生鱼于郑子产,子产使校人畜之池。校人烹之,反命曰:'始舍之圉(yǔ)圉焉,少则洋洋焉,攸然而逝。'子产曰:'得其所哉!得其所哉!'校人出,曰:'孰谓子产智?予既烹而食之,曰,得其所哉,得其所哉。'故君子可欺以其方,难罔以非其道。彼以爱兄之道来,故诚信而喜之,奚伪焉?"

万章说:"那么舜是假装高兴吗?"

孟子说:"不。从前有人给郑国的子产送了条活鱼,子产叫管理池塘的校人把鱼放养在池塘里。校人把鱼煮了吃了,却向子产汇报说:'刚放尽池塘时,它死气沉沉的样子,过了一会就欢畅起来,很快就攸然不见了。'子产说:'它去了它该去的地方了!它去了它该去的地方了!'校人退出后,说:'谁说子产聪明?我已经把鱼煮了吃了,他还说它去了它该去的地方了,它去了它该去的地方了。'所以,可以用合情合理的方法来欺骗君子,却不能用违背原则的诡诈蒙骗他。象用敬重兄长的办法来欺骗舜,所以舜真心地相信而高兴起来,又假装什么呢?"

孟子实在是厉害,思辨精妙,归仁服义,透彻六窍。君子不仅远厨庖,更爱放其生,只要是向善之举,不管是有意的无意的还是弄反了,君子会给予真诚的赞赏和鼓励。《论语》载,子曰:"可欺也,不可罔也。"君子可以被人欺骗,但不可被人迷惑。子产难道不知道校人是在骗他吗?君子笃信好学,守死善道。"不逆诈,不亿不信,抑亦先觉者,是贤乎!"对芸芸众生的所作所为,至真至诚的圣人总是慈悲为怀,化育众生。

三、象封有庳

万章问曰："象日以杀舜为事。立为天子，则放之，何也？"
孟子曰："封之也，或曰放焉。"

万章问道："象每天思来想去的都是怎样杀害舜。舜被立为天子后，只是将他流放，这是为什么呢？"
孟子说："实际是封了他做诸侯，有人说是流放他。"

把这样一位不仁不义、傲慢无礼的人封作诸侯，不是助纣为虐吗？

万章曰："舜流共工于幽州，放驩兜于崇山，逐三苗于三危，殛鲧（jí gǔn）于羽山。四罪而天下咸服，诛不仁也。象至不仁，封之有庳。有庳之人奚罪焉？仁人固如是乎？在他人则诛之，在弟则封之？"

万章说："舜将共工流放到幽州，把兜流放驩到崇山，把三苗国君赶到了三危之地，诛杀鲧于羽山。惩处这四个罪犯而天下归服，是因为诛杀了不仁之人的缘故。象是个很不仁的人，却将他封在有庳。有庳的人又有什么罪过？仁人难道就这样为仁的吗？他人有罪就诛杀，弟弟有罪就封他做诸侯？"

万章此问非常犀利，有理有据，切中要害。且看亚圣如何解之。
共工、驩兜是尧舜时的大臣，鲧是禹的父亲，因治水失败而获罪。三苗是南方氏族部落。

曰："仁人之于弟也，不藏怒焉，不宿怨焉，亲爱之而已矣。亲之欲其贵也，爱之欲其富也。封之有庳，富贵之也。身为天子，弟为匹夫，可谓亲爱之乎？"

孟子说："仁人对于弟弟，不隐藏心中的愤怒，也不留下怨恨，只是亲他爱他而已。亲近他就想他能够尊贵，爱护他就想他能够富有。封他到有庳，正是给他尊贵和富有。本身是天子，弟弟却是匹夫，能够称之为亲近和爱护吗？"

仁人是最真诚的，对自己的弟弟不藏怒焉，不宿怨焉，亲爱之而已矣。万章觉得孟子这话似乎也没错，但却是在转移话题。他问的问题核心是"不仁至于他人，杀；至于弟，却是赏"，这是圣人之道吗？看着老师有意回避问题，万章也就放过去。孟子是在转移话题吗？未必，继续看。

"敢问或曰放者，何谓也？"

曰："象不得有为于其国，天子使吏治其国，而纳其贡税焉，故谓之放，岂得暴彼民哉？虽然，欲常常而见之，故源源而来。'不及贡，以政接于有庳'，此之谓也。"

万章说："请问有人说这是流放，怎么说呢？"

孟子说："象不能够直接管理国家，舜派官员管理国家，把收的税给象使用，所以称之为流放，怎么能让他残暴地对待老百姓呢？尽管如此，舜还是常常想见到他，所以让他不断来朝见。所谓'不一定要等到朝贡，因政务需要而加强与有庳的联系'，说的就是这件事。"

孝悌为仁之本。不去亲近爱护自己的亲人，就谈不上亲近爱护天下的老百姓，就算亲人犯了大错，亦如是。

四、以意逆志

咸丘蒙问曰："语云：'盛德之士，君不得而臣，父不得而子。'

舜南面而立，尧帅诸侯北面而朝之，瞽瞍亦北面而朝之。舜见瞽瞍，其容有蹙。孔子曰：'于斯时也，天下殆哉，岌岌乎！'不识此语诚然乎哉？"

咸丘蒙问道："古语说：'道德高尚的人，君主不能把他看作臣子，父亲不能把他看作儿子。'舜南面而立当了天子，尧带领诸侯向北面朝见他，瞽瞍也向北面朝见他。舜看到瞽瞍，神情局促不安。孔子说：'那个时候，天下真是岌岌可危啊！'不知道说这话的真实意思是什么？"

咸丘蒙是孟子的得意门生，不知道舜为什么局促不安，也不知道孔子说这话的意思。《论语》中没有此语。孔子是在什么情况下说的这句话，不得而知。看孟子如何回答。

孟子曰："否。此非君子之言，齐东野人之语也。尧老而舜摄也。《尧典》曰：'二十有八载，放勋乃徂落，百姓如丧考妣，三年，四海遏密八音。'孔子曰：'天无二日，民无二王。'舜既为天子矣，又帅天下诸侯以为尧三年丧，是二天子矣。"

孟子说："不。这不是君子说的话，是齐东的老百姓说的。尧上了岁数才让舜代理天子摄政事的。《尧典》上说：'舜代理了二十八年，尧才去世，老百姓就像死了父母一样，服丧三年，民间停止了一切娱乐活动。'孔子说：'天上没有两个太阳，百姓没有两个天子。'如果舜已做了天子，又率领天下诸侯为尧服丧三年，那就是有两个天子了。"

孟子的意思和孔子的意思一样，帝尧去世前，大舜只是替天子摄政事，并不是就了天子之位。齐东老百姓的话不能信。众人之论未必出于公，公论也未必尽出于众人之口。孔子"于斯时也，天下殆哉，岌岌乎！"也不是针对上面齐东野人之语说的。且往下看。

咸丘蒙曰："舜之不臣尧，则吾既得闻命矣。《诗》云：'普天之下，莫非王土。率土之滨，莫非王臣。'而舜既为天子矣，敢问瞽瞍之非臣，如何？"

咸丘蒙说："舜不以尧为臣，我已聆听了您的教诲。《诗经》上说：'普天之下，莫非王土。率土之滨，莫非王臣。'舜既然做了天子，请问瞽瞍却不是臣民，这该作何解释呢？"

这是对"父不得而子"的余问。

曰："是诗也，非是之谓也。劳于王事，而不得养父母也。曰：'此莫非王事，我独贤劳也。'故说诗者，不以文害辞，不以辞害志。以意逆志，是为得之。如以辞而已矣，《云汉》之诗曰：'周余黎民，靡有孑遗。'信斯言也，是周无遗民也。孝子之至，莫大乎尊亲。尊亲之至，莫大乎以天下养。为天子父，尊之至也。以天下养，养之至也。《诗》曰：'永言孝思，孝思维则。'此之谓也。《书》曰：'祗载见瞽瞍，夔（kuí）夔齐栗，瞽瞍亦允若。'是为父不得而子也。"

孟子说："这首诗，不是你所理解的那样。他是在感叹无休止的忙碌王事，没得时间奉养父母。《诗》说：'这些都是大王的事务，为什么只有我最劳苦。'因此而论，解说《诗》的人，不能以字面的意思去理解辞句的意思，也不能以辞句的意思去理解作者的主旨。要站在作者的立场体悟作者的心思，领会诗意，才能得到诗的真谛。如果只看辞句，《云汉》诗篇说：'周朝遗民，没有一个生存。'相信这个话，就等于说周朝没有后代了。孝子至上的品德，没有大过尊敬父母的。尊敬父母的最高境界，没有大过以天下来奉养父母的。作为天子的父亲，尊贵到了极至。以天下来奉养他，奉养就达到了极至。《诗经》上说：'永言孝思，孝思维则。'说的就是这个道理。《书》上说：'舜小心恭敬地来见瞽瞍，战战兢兢的样子，瞽瞍于是也就真的顺心如意了。'这就是说父亲不能只把他当作儿子看待的意思。"

上则诗云取自《诗经·小雅》："陟彼北山，言采其杞。偕偕士子，朝夕从事。王事靡盬（gǔ），忧我父母。溥天之下，莫非王土。率土之滨，莫非王臣。大夫不均，我从事独贤。"大意是：我一步步登上高高的北山，一颗颗采撷着红红的枸杞。像我这样身强力壮的士子，每天起早贪黑忙不停息。国君家的公事无尽又无休，最忧心的是无闲问候父母起居。你看那广袤无垠的天下，没有一处不是国君的封土。你看那封土的天边尽头，没有一人不是国君的奴仆。可恨大夫分配劳役不公，唯独让我为国事如此劳苦。

自古至今，引用别人的话语摆脱不了一个束缚，就是想引用句子本身的意思，却往往不是句子在原文中表达的意思。"故说诗者，不以文害辞，不以辞害志。以意逆志，是为得之。"这是孟子著名的论断。特别是在研读典籍的时候，一定要揣摩作者的主旨是什么，不然仅仅依文解意，可能不得其要。比如说读《论语》。《论语》一则，往往是掐头去尾孔子说的一句话，如果不懂孔子思想的核心要义，往往就理解错了。

"周余黎民，靡有孑遗"载于《云汉》："旱既大甚，则不可推。兢兢业业，如霆如雷。周余黎民，靡有孑遗。昊天上帝，则不我遗。胡不相畏？先祖于摧。"大意是：旱情已经非常严重，想要推开没有可能。整天小心战战兢兢，正如头上落下雷霆。周地余下那些百姓，现在几乎一无所剩。渺渺上天高高在上，竟然没有东西馈赠。怎不感到忧愁惶恐，人死失祭先祖受损。这是君王忧旱祈雨的诗篇，描写旱情太严重造成人口凋敝的后果。

"永言孝思，孝思维则"出自《诗经·大雅》，是赞美周武王、周成王等继承先王德业的诗篇。原句为："成王之孚，下土之式。永言孝思，孝思维则。"意思是：成王功业人佩服，是为人间好榜样。孝顺祖宗恩泽长，恩泽长久法先王。

"祗载见瞽瞍"这句出自《尚书·大禹谟》，讲的是大舜的典故。禹与苗作战，战事进行了30天，苗民仍然负隅顽抗。益就向禹建议道："只有道德的力量才能感动天地，再远的地方也能惠及。满招损，谦受益就是天道。帝舜早年受父母虐待，一个人在历山耕田，苦不堪言。他虽日日号哭涕泣，但总是诚心自责，把罪错全部承担，从不怨天怨父母。有事去见瞽瞍的时候，总是端端正正、战战兢兢。在这种情况下，连顽固的瞽瞍也能通情达理了。常言至诚感神，何况有苗？"禹连忙下拜，接受了这个好建议，立即停战，整队班师回朝，偃武修文，施以恩德。70天后，苗终于自动前来归附了。

感叹于圣贤的谆谆教诲，人文教化实在是太难了。做人难，做君子难，做大人圣贤，难上加难。然者，古之圣王，却是自然而然而已。

五、舜有天下

万章曰："尧以天下与舜，有诸？"

孟子曰："否。天子不能以天下与人。"

"然则舜有天下也，孰与之？"

曰："天与之。"

"天与之者，谆谆然命之乎？"

曰："否。天不言，以行与事示之而已矣。"

曰："以行与事示之者，如之何？"

曰："天子能荐人于天，不能使天与之天下。诸侯能荐人于天子，不能使天子与之诸侯。大夫能荐人于诸侯，不能使诸侯与之大夫。昔者，尧荐舜于天，而天受之，暴之于民，而民受之。故曰：天不言，以行与事示之而已矣。"

曰："敢问荐之于天，而天受之，暴之于民，而民受之，如何？"

曰："使之主祭而百神享之，是天受之。使之主事而事治，百姓安之，是民受之也。天与之，人与之，故曰：天子不能以天下与人。舜相尧二十有八载，非人之所能为也，天也。尧崩，三年之丧毕，舜避尧之子于南河之南。天下诸侯朝觐者，不之尧之子而之舜。讼狱者，不之尧之子而之舜。讴歌者，不讴歌尧之子而讴歌舜，故曰，天也。夫然后之中国，践天子位焉。而居尧之宫，逼尧之子，是篡也，非天与也。《泰誓》曰'天视自我民视，天听自我民听'，此之谓也。"

万章说："尧把天下交给舜，有这回事吗？"

孟子说："不。天子不能把天下交给别人。"

万章说："那么舜得到天下，是谁给他的呢？"

孟子说："是上天给他的。"

万章说："上天给他的，是上天谆谆教导命令他的吗？"

孟子说："不。上天不说话，是以行为事实来示意他罢了。"

万章说："用行为事实来示意，是怎么回事呢？"

孟子说："天子能够向上天推荐人，却不能让上天把天下交给别人。诸侯能向天子推荐人，却不能使天子让别人做诸侯。大夫能向诸侯推荐人，却不能使诸侯让别人做大夫。从前尧将舜推荐给上天后，上天接受了，又将他公开介绍给老百姓，老百姓也接受了。所以说，上天不说话，只是以行为事实来示意而已。"

万章说："请问，向上天推荐后上天接受了，介绍给老百姓后老百姓也接受了，这怎么说呢？"

孟子说："派他主持祭祀仪式神灵都来享用了，这是上天接受了。派他主持政事而政事治理得井井有条，百姓安居乐业，这就是民众接受了。是上天把天下交给舜，是百姓把天下交给舜，所以说天子不能把天下交给他人。舜辅佐尧二十八年，这不是单凭人力就能做到的，这是上天的力量。尧去世，三年服丧后，舜避开尧的儿子到了南河之南。天下诸侯去朝拜的不是尧的儿子而是舜。打官司的人，也不去找尧的儿子而去找舜。唱颂歌的人，不是歌颂尧的儿子而是歌颂舜，所以说这是天意。此后舜才回到中原，继承天子之位。如果住在尧的宫殿，逼迫尧的儿子，就是篡夺，不是上天给的了。《泰誓》上说'上天看见的来自于人民看见的，上天听见的来自于人民听见的'，说的就是这个意思。"

天不言，以行与事示之，此大势所趋之谓也。这一大段对话，回到了儒家思想的核心主旨。人道有其特殊性，但人道服从于天道。天道的意志就是天命。天命不可违。《泰誓》曰："天矜于民，人之所欲，天必从之。"上天怜悯子民，子民的愿望，上天一定会依从的。上天的看法出自人民的看法，上天的听闻出自人民的听闻。"永言配命，自求多福。"尽心知命，敬天保民是也。

人民的意志，就是上天的意志。天命即人命，人道即天道。天人合一，此之谓也。

六、天命不可违

万章问曰:"人有言,至于禹而德衰,不传于贤而传于子。有诸?"

孟子曰:"否,不然也。天与贤,则与贤。天与子,则与子。昔者,舜荐禹于天,十有七年,舜崩。三年之丧毕,禹避舜之子于阳城。天下之民从之,若尧崩之后,不从尧之子而从舜也。禹荐益于天,七年,禹崩。三年之丧毕,益避禹之子于箕山之阴。朝觐讼狱者不之益而之启,曰:'吾君之子也。'讴歌者不讴歌益而讴歌启,曰:'吾君之子也。'丹朱之不肖,舜之子亦不肖。舜之相尧、禹之相舜也,历年多,施泽于民久。启贤,能敬承继禹之道。益之相禹也,历年少,施泽于民未久。舜、禹、益相去久远,其子之贤不肖,皆天也,非人之所能为也。莫之为而为者,天也。莫之致而至者,命也。匹夫而有天下者,德必若舜禹,而又有天子荐之者,故仲尼不有天下。继世以有天下,天之所废,必若桀纣者也,故益、伊尹、周公不有天下,伊尹相汤以王于天下。汤崩,太丁未立,外丙二年,仲壬四年。太甲颠覆汤之典刑,伊尹放之于桐。三年,太甲悔过,自怨自艾,于桐处仁迁义。三年,以听伊尹之训己也,复归于亳。周公之不有天下,犹益之于夏、伊尹之于殷也。孔子曰:'唐虞禅,夏后殷周继,其义一也。'"

万章问道:"听人说,到禹的时代道德就衰微了,不传位给贤者却传位给儿子,有这回事吗?"

孟子说:"不对,不是这样的。上天想把天下交给贤人,就会交给贤人。上天想把天下交给儿子，就会交给儿子。从前舜将禹推荐给上天后，过了十七年，舜去世了。服丧三年后，禹避开舜的儿子到了阳城。天下的老百姓都跟随着他，就像尧去世后，不跟从尧的儿子而跟从舜一样。禹向上天推荐了益后，过了七年，禹去世了。服丧三年后，益避开禹的儿子到了箕山之阴。朝见打官司的人不去找益而去找启，他们说：'这是我们君主的儿子。'唱颂歌的人不歌颂益而歌颂启，他们说：'这是我们君主的儿子。'丹朱不贤能，舜的儿子也不贤能。舜辅佐尧，禹辅佐舜，历经了不少年岁，施恩与民时间也久。启贤明，能虔诚地继承禹的功德。益辅佐禹，经历的时间短，施恩与民时间不长。舜、禹和益之间相去久远，他们的儿子贤明或不肖，都是天意使然，不是人力所能左右的。无为而为的是天。人力不能使之来的却来了，就是命。作为平民而能拥有天下的，道德修为必然像舜和禹一样，而且还要有天子的推荐，所以孔子就没能拥有天下。继承祖先而拥有天下，上天所废弃的，必然是像夏桀、商纣一样的人，所以益、伊尹和周公这样的贤者也没能拥有天下，伊尹是辅佐商汤统一了天下。商汤去世，太丁也没有做天子，外丙继位两年，仲壬在位四年。太甲破坏了商汤的典章法律，伊尹就把他流放到桐邑。过了三年，太甲悔过认罪，自己埋怨自己，在桐邑修为仁道义行。三年中听从伊尹对自己的训导，于是又回到亳都当天子。周公之所以没能拥有天下，就像益之于夏、伊尹之于殷一样。孔子说：'唐尧虞舜以天下让贤，夏商周三代却传于子孙，道理是一样的。'"

这一大段论述，核心思想只有一个，无论是公天下还是私天下，无论是私贤还是私不贤，皆天命也，时也势也命也。历史如滚滚潮流，势不可挡。

"莫之为而为者，天也。莫之致而至者，命也。"无为而为的，是天。人力不能使之来的却来了，就是天命。天道的意志就是天命。

七、割烹要汤

万章问曰："人有言，伊尹以割烹要汤，有诸？"

万章问道："听人说，伊尹为了接近汤王就去做厨子，有这回事吗？"

万章的问题真是多，什么都问，不懂就问。在甲骨文中有"大乙（即商汤）和伊尹并祀"的记载。伊尹是中国第一个见之于甲骨文记载的为人臣亦为人师的人。"殷之伊尹、周之太公，可谓圣臣矣。"史上有"伊尹以割烹要汤"的典故，但孟子不这样认为。

孟子曰："否，不然。伊尹耕于有莘之野，而乐尧舜之道焉。非其义也，非其道也，禄之以天下，弗顾也。系马千驷，弗视也。非其义也，非其道也，一介不以与人，一介不以取诸人。汤使人以币聘之，嚣嚣然曰：'我何以汤之聘币为哉？我岂若处畎亩之中，由是以乐尧舜之道哉？'

孟子说："不，不是这样的。伊尹在莘国的郊野种地，沉迷于知行尧舜之道。不符合尧舜义行的，不符合尧舜仁道的，即使把天下给他作俸禄，他也不屑一顾。即使一千辆马车停在那儿，他也不看一眼。不符合尧舜义行的，不符合尧舜仁道的，他一点也不会拿给别人，也不会向别人要一点。商汤王派人拿钱财去聘请他，他很傲慢地说：'我要汤的钱财干什么呢？怎么能比得上我安于田野之中，乐此不疲尧舜之道呢？'

起初，伊尹耕于有莘之野，不为钱财所动，择善固执。"富与贵，是人之所欲也，不以其道得之，不处也。""不义而富且贵，于我如浮云。"

"汤三使往聘之，既而幡然改曰：'与我处畎亩之中，由是以乐尧舜之道，吾岂若使是君为尧舜之君哉？吾岂若使是民为尧舜之民哉？吾岂若于吾身亲见之哉？天之生此民也，使先知觉后知，使先觉觉后觉也。予，天民之先觉者也，予将以斯道觉斯民也。非予觉之，而谁也？''思天下之民匹夫匹妇有不被尧舜之泽者，若己推而内之沟中。'其自任以天下之重如此，故就汤而说之以伐夏救民。吾未闻枉己而正人者也，况辱己以正天下者乎？

"商汤王多次派人去请他，他才改变了态度说：'与其安居田野之中，自己乐此不疲尧舜之道，何不去辅佐当今的君主做尧舜那样的君主呢？何不去教导当下的民众做尧舜时代那样的民众呢？我为何不在有生之年亲眼看到这些呢？上天生育这些民众，是要让先知者来使后知者有所认知，让先觉者启发后觉者有所觉悟。我是天生民众中的先觉者，我要用尧舜之道来启发这些民众。不是我去启发他们觉醒，又有谁呢？''想想天下的民众男男女女中，有没有受到尧舜之道恩泽的，就好像是自己将他们推进水沟中一样。'伊尹就把匡服天下的重担挑在自己肩上，所以一到汤那儿，便说服商汤讨伐夏桀拯救民众。我没有听说过有自身扭曲而能矫正别人的人，更何况有自取其辱而能够匡正天下的人呢？

在商汤王的感召下，伊尹实现了从安贫乐道到"先知觉后知，先觉觉后觉"的巨大转变，推行尧舜之道，辅佐商汤革命，造就商汤盛世。

"圣人之行不同也，或远，或近，或去，或不去，归洁其身而已矣。吾闻其以尧舜之道要汤，未闻以割烹也。《伊训》曰：'天诛造攻自牧宫，朕载自亳。'"

"圣人的行为各有不同，或远，或近，或去，或不去，归根到底都是洁身自好而已。我听说伊尹以尧舜之道求取商汤王，没有听说过为了求取商汤王去做厨子。《伊训》上说：'上天的讨伐起于夏桀后宫，不过我是从亳都开始着手谋划的。'"

人能弘道，非道弘人。道之有道，洁身自好。孟子说了这么一大段话，为伊尹"辩护"，也够难为亚圣的了。伊尹觉悟了天降大任于自己，去承担以尧舜之道觉斯民的历史责任，此乃天命使然。天命不可违。

八、孔子主痈疽

万章问曰："或谓孔子于卫主痈疽（yōng jū），于齐主侍人瘠环，有诸乎？"

万章问道："有人说孔子在卫国时寄住在痈疽家里，在齐国时寄住在太监瘠环家里，有这回事吗？"

《论语》里没有此载。孔子于卫多年，倒是多次住在蘧伯玉家里。孔子对蘧伯玉评价很高。

孟子曰："否，不然也。好事者为之也。于卫主颜雠（chóu）由。弥子之妻与子路之妻，兄弟也。弥子谓子路曰：'孔子主我，卫卿可得也。'子路以告。孔子曰：'有命。'孔子进以礼，退以义，得之不得曰'有命'。而主痈疽与侍人瘠环，是无义无命也。孔子不悦于鲁卫,遭宋桓司马将要而杀之,微服而过宋。是时孔子当阨(è),主司城贞子,为陈侯周臣。吾闻观近臣,以其所为主。观远臣,以其所主。若孔子主痈疽与侍人瘠环,何以为孔子?"

孟子说:"不,不是这样的。这是好事之徒捏造出来的。孔子在卫国时寄住在颜雠由家。弥子的妻子和子路的妻子是姐妹。弥子告诉子路说:'孔子要是住在我家,便可以得到卫国的卿位。'子路将这话告诉孔子。孔子说:'皆由天命。'孔子进依礼,退由义,得到或得不到都说是'皆由天命'。如果他寄住在痈疽和太监瘠环家里,就是无视礼义和天命了。孔子在鲁国和卫国不顺心,又遇上宋国的司马桓魋想要在路上截杀他,于是就改变装束以便安全过宋。那个时候孔子正处在困境之中,便寄住在陈国司城贞子家里,做了陈侯周的臣子。我听说观察身边的臣子,主要看他的所作所为。观察远来的臣子,就要看他寄住之所的主人是谁。如果孔子寄住在痈疽和太监瘠环家里,那还是孔子吗?"

自古圣人多磨难,是非多。此时离孔子去世不过才150年左右的样子,就有好事之徒开始捏造孔子的言行了,可见道德人心衰微到什么样子。君子"行不由径,住得其所"。"里仁为美。择不处仁,焉得知?"孟子是真正懂得孔子的,并且"以意逆志,是为得之"来理解孔子的言行。君子自当仁义行之,至于生死富贵,皆由天命也。

一说痈疽是卫灵公的太监亲信,还是一名专治痈疽的医生。颜雠由,卫国卜的大夫。弥子,即弥子暇,曾是卫灵公的宠臣。

九、五羊之皮

万章问曰："或曰：'百里奚自鬻（yù）于秦养牲者五羊之皮，食牛，以要秦穆公。'信乎？"

孟子曰："否，不然。好事者为之也。百里奚，虞人也。晋人以垂棘之璧与屈产之乘，假道于虞以伐虢（guó）。宫之奇谏，百里奚不谏。知虞公之不可谏而去。之秦，年已七十矣，曾不知以食牛干秦穆公之为污也，可谓智乎？不可谏而不谏，可谓不智乎？知虞公之将亡而先去之，不可谓不智也。时举于秦，知穆公之可与有行也而相之，可谓不智乎？相秦而显其君于天下，可传于后世，不贤而能之乎？自鬻以成其君，乡党自好者不为，而谓贤者为之乎？"

万章问道："有人说：'百里奚将自己以五张羊皮的价格卖给秦国养牲畜的人，替人家饲养牛，以此来谋求接近秦穆公。'能信吗？"

孟子说："不，不是这样的。这是好事之徒捏造出来的。百里奚，虞国人。晋国人拿垂棘出产的美玉和屈地出产的良马，向虞国借道攻打虢国。宫之奇劝谏虞君，百里奚却没有劝阻。他知道虞君是劝阻不了的，于是就离开了。到秦国时，他已有70岁了，竟会不知道以养牛的方式去干求秦穆公是一种龌龊行为，能说是明智吗？知道不可劝阻便不去劝阻，能说是不明智吗？知道虞君将要灭亡而先离开，不能说是不明智了。当时他在秦国被举荐，知道秦穆公是个有作为的人而辅佐他，难道说不明智吗？辅佐秦国而使国君名扬天下，并可流芳后世，不贤明能做到吗？卖掉自己以成就君主，乡党中洁身自爱的人尚且不肯，反而说贤者愿意干？"

孟子以仁义与否为标准来判断是非，给我们纠正了很多历史误传。有载，晋献公假途伐虢后，灭了虞国，俘获百里奚。百里奚作为秦穆公夫人的陪嫁奴隶被送到秦国。百里奚逃离秦国跑到楚国，被楚国边境的人抓获。秦穆公听说百里奚贤明，想用高价赎回他，又怕楚人不许，就派人对楚国人说："吾媵臣百里奚在焉，请以五羖羊皮赎之。"楚国人同意将百里奚交还秦国。秦穆公授以国政，人称"五羖大夫"。百里奚谋无不当，举必有功，辅佐秦穆公倡导人文教化，实行重施于民的政策，内修国政，外图霸业，开地千里，称霸西戎，统一西北地区，促进了秦国的崛起。百里奚"三置晋国之君""救荆州之祸""发教封内，而巴人致贡。施德诸侯，而八戎来服"，使秦国成为春秋五霸之一，为秦统一六国奠定了牢固基础。

文末孟子反问："自鬻以成其君，乡党自好者不为，而谓贤者为之乎？"这涉及目的和手段的问题。如果达成的目的是好的，就可以不择手段？如果手段有问题，不仁不义，即使达成好的结果，就能说手段是正当的？只看结果，不论动机，不看手段，不看过程，非君子所为。君子择善固执，行不由径，直道而行。

前文，孟子论述过动机（目的）和功绩的问题。"有人于此，毁瓦画墁，其志将以求食也，则子食之乎？"大意是：这里有一个人，把屋瓦打碎，在墙壁上乱画，但他这样做的动机是为了弄到吃的，你给他吃的吗？同理，这里有一个人，为了传授道德学问，他聚众讲学，身无分文，你会让他饿死吗？

万章章句下

一、金声玉振

孟子曰："伯夷，目不视恶色，耳不听恶声。非其君不事，非其民不使。治则进，乱则退。横政之所出，横民之所止，不忍居也。思与乡人处，如以朝衣朝冠坐于涂炭也。当纣之时，居北海之滨，以待天下之清也。故闻伯夷之风者，顽夫廉，懦夫有立志。

孟子说："伯夷，眼睛不看丑恶的东西，耳朵不听丑恶的声音。不是他自己认可的君主不侍奉，不是他自己认可的民众不役使。国家政治清明就积极进取，国家政治混乱就退避隐居。横暴放纵的政事出现的地方，横暴放纵的民众居住的地方，他都不能忍受在那里居住。想象着和乡下人相处，就像穿戴着上朝的衣冠坐在污泥炭灰之中一样。在商纣之时，他住在北海之滨，等待着天下能够清明。所以，听到伯夷这种风范的人，贪婪的也会变得清廉，懦弱的也会树立志向。

孟子开始点评历史人物。伯夷是孔子心目中的七位逸民之首，节行超逸。"不降其志，不辱其身，伯夷、叔齐与！"

"伊尹曰：'何事非君？何使非民？'治亦进，乱亦进。曰：

'天之生斯民也，使先知觉后知，使先觉觉后觉。予，天民之先觉者也，予将以此道觉此民也。'思天下之民匹夫匹妇有不与被尧舜之泽者，若己推而内之沟中，其自任以天下之重也。

"伊尹说：'什么叫侍奉无道之君？什么叫役使无德之民？'国家清明积极进取，国家混乱也要积极进取。他又说：'上天生育这些民众，是要让先知者来使后知者有所认知，让先觉者启发后觉者有所觉悟。我是天生民众中的先觉者，我要用尧舜之道来启发这些民众。'想想天下的民众男男女女中，还有没有受到尧舜之道恩泽的，就好像是自己将他们推进水沟一样，伊尹就把匡扶天下的重担挑在自己肩上。

伊尹的处世态度和伯夷正相反，伊尹是治亦进、乱亦进，伯夷是治则进、乱则退。伊尹"五就汤，五就桀"，他多次侍奉过商汤，也多次侍奉过夏桀，他自喻为先知先觉者，自己的使命就是以尧舜之道觉后知、觉后觉。

"柳下惠不羞污君，不辞小官。进不隐贤，必以其道。遗佚而不怨，阨穷而不悯。与乡人处，由由然不忍去也。'尔为尔，我为我，虽袒裼裸裎于我侧，尔焉能浼我哉？'故闻柳下惠之风者，鄙夫宽，薄夫敦。

"柳下惠不觉得侍奉贪官污吏是耻辱，不会因官职小而觉得卑贱。到朝廷做官不隐瞒自己的才干，一定根据自己的原则办事。被冷落遗忘也不怨恨，处于困窘之境也不自我怜悯。与乡里的百姓相处，随随便便舍不得离开。'你是你，我是我，即使一丝不挂赤裸裸在我身边，又怎能迷惑沾染我呢？'所以，听说柳下惠风范的人，狭隘的人变得宽容，刻薄的人变得厚道。

柳下惠光风霁月，知止而后有定，定而后能静，静而后能安，随遇而安，必以其道，坐怀不乱，似乎又更进一层。伯夷偏右，伊尹偏左，柳下惠执中，行中庸之道。

"孔子之去齐，接淅而行。去鲁，曰：'迟迟吾行也'，去父母国之道也。可以速而速，可以久而久，可以处而处，可以仕而仕，孔子也。"

"孔子离开齐国时，捞起浸在水中的米就走。离开鲁国时，却说'我们慢慢走吧'，这是离开祖国的态度。该快就快，该慢就慢，该闲处就闲处，该做官就做官。这就是孔子。"

孔子里仁为美，该仕则仕，该隐则隐，无可无不可，而且还能明知不可而为之，皆中节，致中和。

孟子曰："伯夷，圣之清者也。伊尹，圣之任者也。柳下惠，圣之和者也。孔子，圣之时者也。孔子之谓集大成。集大成也者，金声而玉振之也。金声也者，始条理也。玉振之也者，终条理也。始条理者，智之事也。终条理者，圣之事也。智，譬则巧也。圣，譬则力也。由射于百步之外也，其至，尔力也。其中，非尔力也。"

孟子说："伯夷，圣之清者也。伊尹，圣之任者也。柳下惠，圣之和者也。孔子，圣之时者也。孔子可以说是集大成了。所谓集大成者，金声玉振。所谓金声，是节奏旋律的开始。所谓玉振，是节奏旋律的终结。所谓节奏旋律的开始，是智的体现。所谓节奏旋律的终结，是圣的体现。智，就好比技巧。圣，就好比力量。这就像射箭于百步之外，箭能到达，是你的力量所致。箭能射中，就不单靠力量了。"

伯夷之所以为圣人，在于他孝悌忠信，气节清高。伊尹之所以为圣人，在于他大德大能，自当大任。柳下惠之所以为圣人，在于他正道事人，礼乐和合，随遇而安。孔子之所以为圣人，在于他择善固执，因时而动，里仁为美。

"金声"原意是指乐器钟发出的声音，"玉振"原意是指乐器磬发出的声音。古代奏乐以击钟为始，击磬为终。金声玉振形容圆满完成一首华美的乐章，喻指孔子思想集古圣贤之大成，完美无缺，始终如一。孟子进一步展开，并以射于百步之外作比，赞美孔子既通达权变，又择善固执，是智者和圣者的完美统一。

二、周室班爵禄

北宫锜问曰："周室班爵禄也，如之何？"

孟子曰："其详不可得闻也。诸侯恶其害己也，而皆去其籍。然而轲也尝闻其略也。天子一位，公一位，侯一位，伯一位，子、男同一位，凡五等也。君一位，卿一位，大夫一位，上士一位，中士一位，下士一位，凡六等。天子之制，地方千里，公侯皆方百里，伯七十里，子、男五十里，凡四等。不能五十里，不达于天子，附于诸侯，曰附庸。天子之卿受地视侯，大夫受地视伯，元士受地视子、男。大国地方百里，君十卿禄，卿禄四大夫，大夫倍上士，上士倍中士，中士倍下士，下士与庶人在官者同禄，禄足以代其耕也。次国地方七十里，君十卿禄，卿禄三大夫，大夫倍上士，上士倍中士，中士倍下士，下士与庶人在官者同禄，禄足以代其耕也。小国地方五十里，君十卿禄，卿禄二大夫，大夫倍上士，上士倍中士，中士倍下士，下士与庶人在官者同禄，禄足以代其耕也。耕者之所获，一夫百亩。百亩之粪，上农夫食九人，上次食八人，中食七人，中次食六人，下食五人。庶人在官者，其禄以是为差。"

北宫锜问道："周王室颁布的爵位和俸禄，是什么样的呢？"

孟子说："详情已经不可能知道了。诸侯们厌恶它妨害了自己的利益，就把那些文献典籍销毁了。但我听说过大概的情况。天子是一级，公是一级，侯是一级，伯是一级，子、男同是一级，总共五个爵位等级。君是一级，卿是一级，大夫是一级，上士是一级，中士是一级，下士是一级，总共六个俸禄等级。天子直辖的地方，方圆千里，公爵和侯爵的封地方圆百里，伯爵的封地方圆七十里，子爵和男爵的封地方圆五十里，总共四个级别。不能达到方圆五十里的，不能与天子直接联系，只能附属于诸侯，叫作附庸。天子朝中的卿所受的封地视同为侯爵，大夫的封地视同为伯爵，元士的封地视同为子爵和男爵。大的诸侯国方圆百里，国君的俸禄十倍于卿，卿的俸禄四倍于大夫，大夫的俸禄一倍于上士，上士的俸禄一倍于中士，中士的俸禄一倍于下士，下士与在职当官的平民同样俸禄，俸禄足以达到他们耕种的收入。次一等的诸侯国方圆七十里，国君的俸禄十倍于卿，卿的俸禄三倍于大夫，大夫的俸禄一倍于上士，上士的俸禄一倍于中士，中士的俸禄一倍于下士，下士与在官府当差的平民同样俸禄，俸禄足以达到他们耕种的收入。小的诸侯国方圆五十里，国君的俸禄十倍于卿，卿的俸禄二倍于大夫，大夫的俸禄一倍于上士，上士的俸禄一倍于中士，中士的俸禄一倍于下士，下士与在官府当差的平民同样俸禄，俸禄足以达到他们耕种的收入。耕种者的收入来源是，一个农夫有百亩地。百亩地都施肥耕作，上等的农夫可供养九人，稍次一点的可供养八人，中等的可供养七人，稍次一点的可供养六人，下等的可供养五人。

平民在官府当差的，俸禄按这个来分等差。"

北宫锜，战国时期卫国人，50多岁时任卫国太宰。其上任后想对国家的制度进行一些调整和变革，但翻遍了古籍文献，也未查到周朝制定的官爵和俸禄的等级制度，只好来请教孟子。我们从孟子这里了解了一些周朝的爵位和俸禄等级划分情况。

三、万章问友

万章问曰："敢问友。"

万章问道："请问如何交友？"

《论语》里，关于交友的章句不少，我们先温习一下。子曰："有朋自远方来，不亦乐乎。"人是群居动物，不能没有朋友。"主忠信，毋友不如己者。"君子以忠信为原则，没有朋友不如自己的，交友就是要学朋友之所长。"朋友信之。"取得朋友的信任，是难能可贵的。"朋友切切偲偲，兄弟怡怡。"朋友之间互相切磋勉励，共同进步。"忠告而善道之，不可则止，毋自辱焉。"朋友之间要忠实地劝告，委婉地引导，如果不听也就罢了，不要自取其辱。"益者三友，损者三友。友直，友谅，友多闻，益矣。"要同正直的人、诚信的人、见多识广的人交朋友。曾子曰"与朋友交而不信乎"子夏曰"与朋友交,言而有信"，强调诚信是交友的原则。子游曰"朋友数，斯疏矣"，对朋友过于唠叨烦琐，就会被疏远了。下面我们看孟子怎么说。

孟子曰："不挟长、不挟贵、不挟兄弟而友。友也者，友其德也，不可以有挟也。孟献子，百乘之家也，有友五人焉：乐正裘、牧仲，其三人，则予忘之矣。献子之与此五人者友也，无献子之家者也。此五人者，亦有献子之家，则不与之友矣。

非惟百乘之家为然也，虽小国之君亦有之。费惠公曰：'吾于子思，则师之矣。吾于颜般，则友之矣。王顺、长息则事我者也。'非惟小国之君为然也，虽大国之君亦有之。晋平公之于亥唐也，入云则入，坐云则坐，食云则食。虽疏食菜羹，未尝不饱，盖不敢不饱也，然终于此而已矣。弗与共天位也，弗与治天职也，弗与食天禄也，士之尊贤者也，非王公之尊贤也。舜尚见帝，帝馆甥于贰室，亦飨舜，迭为宾主，是天子而友匹夫也。用下敬上，谓之贵贵；用上敬下，谓之尊贤。贵贵、尊贤，其义一也。"

孟子说："不要倚仗年纪大、地位高，也不倚仗兄弟去交友。所谓友，是与他的品德相交，决不可有所倚仗。孟献子，是拥有兵车百乘的世家，有五个朋友：乐正裘、牧仲，其他三个人的名字我忘记了。孟献子和这五个人交朋友，是不提献子世家的。这五个人，如果看重献子世家，就不会与他交朋友了。不仅是拥有兵车百乘的世家交友如此，即使小国的君主也如此。费惠公说：'我与子思，是师生关系。我与颜般，则是朋友关系。王顺和长息则是侍奉我的臣子。'不仅是小国的君主如此，即使是大国的君主也会如此。晋平公之于亥唐，亥唐叫他进去就进去，叫他坐下就坐下，叫他吃饭就吃饭。哪怕是粗茶淡饭，他从不会不吃饱，因为不敢不吃饱，晋平公也只能做到这一步了。又不与他共居官位，不与他共理政事，不与他共享俸禄，这只是以士人的身份对贤者尊敬的态度，不是以王公的身份对贤者尊敬的态度。舜去进见帝尧，帝尧让女婿住在备用的房间里，也宴请舜，互为宾主，这是天子跟普通人交友的方式。职位低的人尊敬职位高的人，称为尊重贵人。职位高的人尊敬职位低的人，称为尊敬贤人。尊重贵人，尊敬贤人，其道义都是一样的。"

孟子的确见多识广，而且博闻强记。在这里，孟子又发展了孔子的交友思想，交友不能有所依仗。交友是在人格和尊严平等的基础上，基于道德认同建立起来的互信和友谊。亥唐是晋国贤者，晋平公当政，亥唐不愿为官，隐居穷巷，晋平公以士人的身份与他交友，"致礼与相见面请事"，非常敬重亥唐。

四、万章问交际

万章问曰："敢问交际何心也？"

孟子曰："恭也。"

曰："却之却之为不恭，何哉？"

曰："尊者赐之，曰'其所取之者，义乎，不义乎'，而后受之，以是为不恭，故弗却也。"

万章问道："请问与人交际应持什么样的心态呢？"

孟子说："恭恭敬敬就行了。"

万章说："一次又一次地拒绝就是不恭敬，这是为什么？"

孟子说："尊者给与赏赐，还得自问'我收取这个东西，合乎道义吗？不合乎道义吗？'然后再接受，这是不恭敬的做法，所以尊者赐之不要拒绝。"

尊者赏赐的东西，恭恭敬敬地接受好了，不要多想，不能拒绝，否则是对尊者的不敬。

曰："请无以辞却之，以心却之，曰'其取诸民之不义也'，而以他辞无受，不可乎？"

曰："其交也以道，其接也以礼，斯孔子受之矣。"

万章说:"请问不在口头上拒绝,心里却是拒绝的,心想'这是取自于民的不义之物',再找其他借口不接受,不可以吗?"

孟子说:"他依规矩同我交往,依礼节同我接触,这样的话孔子也会接受礼物的。"

眼看着孟子好像被万章引着走。不过没关系,孟子不动心,以不变应万变。且看万章如何说。

万章曰:"今有御人于国门之外者,其交也以道,其馈也以礼,斯可受御与?"

曰:"不可。《康诰》曰:'杀越人于货,闵不畏死,凡民罔不譈(duì)。'是不待教而诛之者也。殷受夏,周受殷,所不辞也。于今为烈,如之何其受之?"

万章说:"现在有个御寇在国都郊外拦路抢劫杀人,他也依规矩同我交往,依礼节送我礼物,这样的馈赠是接受还是不接受呢?"

孟子说:"不可。《康诰》上说:'杀人越货,亡命之徒,老百姓没有不憎恨的。'这种人不必教导就可以诛杀他。殷朝从夏朝接受了这条法规,周朝又从殷朝接受了这条法规,都不愿意更改。如今杀人越货的现象愈演愈烈,如何能接受这种礼物呢?"

杀人越货,就是亡命之徒了,这种人是不待教而诛者也,犹如独夫贼子,人人可得而诛之。而且这条法规是从夏至殷而周传承下来的,自古对抢劫杀人者施以重型。怎可接受死刑犯的馈赠。

曰:"今之诸侯取之于民也,犹御也。苟善其礼际矣,斯君子受之，敢问何说也？"

曰："子以为有王者作，将比今之诸侯而诛之乎？其教之不改而后诛之乎？夫谓非其有而取之者盗也，充类至义之尽也。孔子之仕于鲁也，鲁人猎较，孔子亦猎较。猎较犹可，而况受其赐乎？"

万章说："如今诸侯从老百姓那里榨取财物，就像御寇拦路抢劫差不多。假如诸侯能够好好按礼节交际的话，君子也会接受他们的礼物的，请问这又如何评说呢？"

孟子说："你以为有圣王兴起，就会对现今的诸侯们一律诛杀吗？还是经过教导仍不悔改再去诛杀？所谓不属于自己的东西巧取豪夺的叫强盗，充其量对他们仁至义尽罢了。孔子在鲁国做官的时候，鲁国人玩争夺猎物的游戏，孔子也参加这种游戏。争夺猎物的游戏尚且可以玩，何况接受他们的赏赐呢？"

孟子的意思是，如今的诸侯们强取豪夺，他们就是换了身份杀人越货的强盗。但即使是圣王出现，也不好立即诛杀他们，这就是天命吧。强盗人人得而诛之，也是天命。孔子遵循礼制都可以玩猎较，接受诸侯的赏赐就更不会违背礼制了。只要在仁义道德允许的范畴内交际就可以，但与杀人越货的亡命之徒交际就不行了。

曰："然则孔子之仕也，非事道与？"
曰："事道也。"

万章说："那么孔子做官，不是为了推行仁道吗？"
孟子说："是推行仁道。"

万章认为猎较不是仁义之举。猎较者，田猎相较夺禽兽者也。

"事道奚猎较也？"

曰："孔子先簿正祭器，不以四方之食供簿正。"

曰："奚不去也？"

万章说："践行仁道为何去玩争夺猎物的游戏？"

孟子说："孔子先会根据文书籍册的记载，规正祭祀仪式上用的器物。不会根据四方献来的食物，去改变文书籍册记载祭祀仪式上用的器物。"

万章说："那么孔子为什么不离开呢？"

孟子的意思是，孔子从周，会严格按照文书籍册记载的要求去做，不会按照食物改换器物。猎较也是从前朝留下来的，所以遵从。意思是，就算不切合仁道，孔子也不会改变旧制，因为"礼乐自天子出"。万章不愧为孟子的高足，继续切问，既然如此，"奚不去也？"

曰："为之兆也。兆足以行矣。而不行，而后去，是以未尝有所终三年淹也。孔子有见行可之仕，有际可之仕，有公养之仕也。于季桓子，见行可之仕也；于卫灵公，际可之仕也；于卫孝公，公养之仕也。"

孟子说："他是为了鲁国的黎民百姓。鲁国的黎民百姓足以让他行仁道他就推行仁道。如果无法推行仁道，他就离开，这就是他没有滞留一个地方超过三年的原因。孔子或者看到有可能推行仁道而当官，或者看到君主对他以礼相待而当官，或者看到国家供养贤能而当官。对季桓子而言，孔子是看到可以推行仁道才当官；对卫灵公而言，孔子是看到君主对他以礼相待才当官；对卫孝公而言，孔子是看到国家供养贤能才当官。"

孟子评价孔子是圣之时者也,为了推行仁政,只要不超越道义的范畴,他是无可无不可。真正走进孔子心里、理解孔子并阐发其思想的人,非孟子莫属。

万章问交际,一共问了八个问题。这八个问题层层递进,环环相扣。孟子回答得滴水不漏,有理有据。交际的心态?毕恭毕敬。什么是却之不恭?拒绝尊者赏赐。委婉拒绝可否?中规中节者不可。御寇中规中节送的礼物呢?不可接受且可不教而诛之。诸侯犹御寇,中规中节送的礼物却可以接受,如何说呢?天命礼制使然。孔子当官为仁道?是。猎较仁道吗?按周朝礼制为之。孔子为什么不离开?为了百姓而寻求推行仁道的机会。不管什么问题,孟子均能给予归仁服义的回答。

五、位卑而言高

孟子曰:"仕非为贫也,而有时乎为贫;娶妻非为养也,而有时乎为养。为贫者,辞尊居卑,辞富居贫。辞尊居卑,辞富居贫,恶乎宜乎?抱关击柝(tuò)。孔子尝为委吏矣,曰'会计当而已矣'。尝为乘田矣,曰:'牛羊茁壮长而已矣'。位卑而言高,罪也;立乎人之本朝,而道不行,耻也。"

孟子说:"出来做官并不是因为贫穷,但有时也是因为贫穷。娶妻不是为了奉养双亲,但有时也是为了奉养双亲。因为贫穷做官的,不要做大官做个小吏就行了,不要求富有能够脱贫就行了。辞尊居卑,辞富居贫,具体怎样才合适呢?守门打更好了。孔子曾经做过管理仓库的小吏,说:'把账算好就行了。'他也曾做过管理畜牧的小吏,说:'牛羊能够茁壮成长就行了。'如果职位很低却去议论国事,是罪过。在朝廷做官,却不能推行仁道,是耻辱。"

在其位，谋其政；不在其位，不谋其政；否则，就是罪过、耻辱。为了养家糊口，就别老想着做大官。做了大官不推行仁政，就是伪君子。孟子"穷则独善其身，达则兼济天下"的主张是与孔子的思想一脉相承的。

六、尊贤之道

万章曰："士之不托诸侯，何也？"

孟子曰："不敢也。诸侯失国，而后托于诸侯，礼也。士之托于诸侯，非礼也。"

万章说："士人不能依附于诸侯，这是为什么呢？"

孟子说："是不敢。诸侯失去了自己的国家，去依附别的诸侯，这合礼。士人依附于诸侯，不合礼。"

士人，特别是读书人要有独立的人格，清高孤傲，担负弘扬仁义道德的使命，不可寄人篱下，不吃嗟来之食，这不仅是合不合礼的问题。春秋战国时期，一个诸侯国出现了政变，或者出现了内乱，国君被赶跑了，就会逃到别的国家去做寓公，好比去兄弟家逃难，这种事经常发生。

万章曰："君馈之粟，则受之乎？"

曰："受之。"

"受之何义也？"

曰："君之于氓也，固周之。"

曰："周之则受，赐之则不受，何也？"

曰："不敢也。"

曰："敢问其不敢何也？"

曰："抱关击柝者，皆有常职以食于上。无常职而赐于上者，以为不恭也。"

万章说："君上馈赠的粮食，那接不接受呢？"
孟子说："可以接受。"
万章说："接受馈赠是什么道理呢？"
孟子说："君上对于流动的外来百姓，也是要周济的。"
万章说："周济则接受，赏赐则不接受，这是为什么呢？"
孟子说："不敢呀。"
万章说："请问为什么不敢呢？"
孟子说："看门打更的人，都有正当职务并能从上面领取俸禄。没有正当职务接受君上的赏赐，这是一种不恭敬的行为。"

尊者赐之，却之不恭。君上馈赠，周济可以接受，但赏赐不敢接受，因为无功不受禄，受之不恭。

曰："君馈之，则受之，不识可常继乎？"
曰："缪公之于子思也，亟问，亟馈鼎肉。子思不悦。于卒也，摽使者出诸大门之外，北面稽首再拜而不受。曰：'今而后知君之犬马畜伋。'盖自是台无馈也。悦贤不能举，又不能养也，可谓悦贤乎？"

万章说："君上馈赠，就接受，不知道能经常这样吗？"
孟子说："鲁缪公之于子思，屡次派人去问候，并馈赠肉食。子思对此很不高兴。最终，他直接把使者赶出了大门，向北面叩头作揖而拒绝接受馈送。说：'至今才知道君主是把我孔伋当成狗马来畜养。'大概从此使者不再来送东西了。喜欢贤能却不举荐任用，又不能够适当供养贤能，这能说是喜欢贤能吗？"

馈赠周济可以接受,但长期馈赠周济就是饲养了。养而不用是为宠。

曰:"敢问国君欲养君子,如何斯可谓养矣?"

曰:"以君命将之,再拜稽首而受。其后廪人继粟,庖人继肉,不以君命将之。子思以为鼎肉,使己仆仆尔亟拜也,非养君子之道也。尧之于舜也,使其子九男事之,二女女焉,百官牛羊仓廪备,以养舜于畎亩之中,后举而加诸上位。故曰:'王公之尊贤者也。'"

万章说:"请问国君想供养君子,怎样做才能说是供养呢?"

孟子说:"用国君的名义馈赠,他先作揖后叩头接受了。以后管仓库的人不断送来粮食,管膳食的人不断送来肉食,就不再用国君的名义了。子思认为馈送肉食,使自己十分麻烦地一再作拜行礼,这不是供养君子的做法。尧之于舜,让自己的九个儿子侍奉他,又把两个女儿嫁给他,百官牛羊仓库等都齐备了,让舜在田野中接受供养,然后才提升他登上高位。因此说:'这才是王公尊贤的做法。'"

子思认为,虽然不再以国君的名义送食,但自己明白这是国君授意的,自己的礼数不能少,每次还得捣蒜似的屡屡打躬作揖表示谢意,并不可取。尧养舜于畎亩之中,可以说是王公之尊贤者的好做法,既表示尊重之意,又不能让他们为礼所累。

七、不见诸侯

万章曰:"敢问不见诸侯,何义也?"

孟子曰:"在国曰市井之臣,在野曰草莽之臣,皆谓庶人。庶人不传质为臣,不敢见于诸侯,礼也。"

万章问："请问您不去见诸侯，是什么道理呢？"

孟子说："住在城中的叫市井臣民，住在乡下的叫草野臣民，都称为老百姓。老百姓不送见面礼而取得臣属资格，不敢谒见诸侯，这是礼制。"

"传质"，拿礼物（称贽或质）求见，必先由守门者传达，也叫"传贽"。看来送觐见礼是老传统了。老百姓没送见面礼就成为臣子，按照礼制是不能谒见诸侯的。不做官的孟子，也是一介臣民老百姓而已。

万章曰："庶人，召之役，则往役；君欲见之，召之，则不往见之，何也？"

曰："往役，义也。往见，不义也。且君之欲见之也，何为也哉？"

万章说："作为老百姓，召他去服役，他就去服役。君主想见他，就召见他，而他却不去谒见，这是为什么呢？"

孟子说："去服役，合乎义。去谒见，不合乎义。况且君主之所以想见到这个人，为的是什么呢？"

因有齐王召见孟子而孟子不见的前例，所以万章有如此问。

曰："为其多闻也，为其贤也。"

曰："为其多闻也，则天子不召师，而况诸侯乎？为其贤也，则吾未闻欲见贤而召之也。缪公亟见于子思，曰：'古千乘之国以友士，何如？'子思不悦，曰：'古之人有言：曰事之云乎，岂曰友之云乎？'子思之不悦也，岂不曰：'以位，则子，君也；我，臣也，何敢与君友也？以德，则子事我者也。奚可以与我友？'千乘之君求与之友，而不可得也，而况可召与？齐景公田，招虞人以旌，不至，将杀之。志士不忘在沟壑，勇士不忘丧其元。孔子奚取焉？取非其招不往也。"

万章说："是因为这个人见多识广，是因为这个人贤能。"

孟子说："是因为见多识广而召见？那么天子都不能召见自己的老师，何况诸侯呢？是因为贤能而召见？那么我从来没有听说过想见贤能是召他来见的。鲁缪公屡次见子思，说：'古代以千乘之国的身份交友士子，怎么样？'子思很不高兴，说：'古人这样说过：侍奉就是侍奉，怎么能说是交友呢？'子思的不高兴，难道不是说：'以地位而言，你是君主，我是臣子，怎敢与君主交友？论德行，那是你求教于我，怎么可以和我交友呢？'有千辆兵车的国君想与人交友，都不可能，更何况是召见呢？齐景公田猎时，用旌旗召唤管理园林的小吏，召唤不来，就想杀掉他。志士不会忘记身处沟壑的处境，勇士不会忘记抛头颅洒热血的气节。孔子会取哪一种呢？不按召唤他的礼节召唤，他是不会去的。"

万章问友，孟子说"友也者，友其德也，不可以有挟也"。问交际，孟子给出了中规中节、遵天命和礼制的答案。孟子不见诸侯，是因为齐君见孟子，非交友非交际，是君主礼贤下士，需要按相应的礼节才对，否则孟子不待见他，孔子也会这样做的。

曰："敢问招虞人何以？"

曰："以皮冠。庶人以旃（zhān），士以旗，大夫以旌。以大夫之招招虞人，虞人死不敢往。以士之招招庶人，庶人岂敢往哉。况乎以不贤人之招招贤人乎？欲见贤人而不以其道，犹欲其入而闭之门也。夫义，路也；礼，门也。惟君子能由是路，出入是门也。《诗》云：'周道如砥，其直如矢。君子所履，小人所视。'"

万章说："请问召唤管理园林的小吏要用什么方式呢？"

孟子说："用皮帽子。召唤老百姓用赤色曲柄旗，召唤士人用绘交龙挂铃铛的旗，召唤大夫用牦牛尾或兼五采羽毛饰竿头的旗。用招唤大夫的方式招唤管理园林的小吏，小吏就是死了也是不敢去的。用招唤士人的方式招唤老百姓，老百姓怎么敢去呢，更何况用招唤不贤者的方式去招唤贤者呢？想要见贤者却不遵从见贤者的礼制，就好比邀请别人来却紧闭大门一样。所谓义行，就是道路。所谓礼制，就是大门。唯有君子能走这条路，能出入这扇门。《诗经》上说：'周朝所行的仁道像磨刀石一样平坦，像箭矢一样直。君子走在上面，小人只能仰视。'"

在礼崩乐坏、积重难返的战国时代，孟子念念不忘尊贤使能的上古礼制，仍然对御寇般的诸侯们抱有一丝希望，期待他们能够遵从周礼，像圣贤君王对待贤能一样礼遇与他，请他去辅佐，推行仁道治国平天下。孟子尊崇天命仁道，却不愿意承认大势不可违。孟子去世68年后，秦王统一天下，结束了春秋战国以来550多年的战乱局面，创建了中国历史上第一个中央集权的大帝国。秦朝废除分封制，实行郡县制，书同文，车同轨，统一度量衡。自秦以后，天子召唤平民百姓，哪有敢不应招的？违抗皇命，斩立决。

万章曰："孔子，君命召，不俟驾而行。然则孔子非与？"
曰："孔子当仕有官职，而以其官召之也。"

万章说："孔子，闻君主召唤，不等马车备好就先行出发了。那么孔子错了吗？"

孟子说:"孔子当时做官,有官职在身,国君是以他的职务召唤他的。"

身为臣子,君召立行。若只为贤能,不以召唤贤能的礼节去召见,弗去也。再不济,装病好了。孔子、孟子都装过病。装病者,是谓不屑与之也。古代贤者,为君子之道,气有浩然。

八、友之上贤

孟子谓万章曰:"一乡之善士,斯友一乡之善士。一国之善士,斯友一国之善士;天下之善士,斯友天下之善士。以友天下之善士为未足,又尚论古之人,颂其诗,读其书,不知其人,可乎?是以论其世也,是尚友也。"

孟子告诉万章说:"一个乡的善士,就与一个乡的善士交友。一个国的善士,就与一个国的善士交友。天下的善士,就与天下的善士交友。认为与天下的善士交友还不能满足,他又崇尚追论古代人物,吟诵古人的诗歌,研读古人的著作,如果不了解古人的为人,可以吗?所以要讨论古人所处那个时代,这就是和古人交友。"

了解古人,不能脱离他们所处的时代。置于他们所处的时代背景下去揣摩,才能比较准确地了解其言其行其人,这才是真正地与古人交友。比如读圣贤书《孟子》,和孟子交友,就要了解他所处的时代、他所传承的思想、他所面临的局面、他要做的事情,是什么让他好辩,让他"说大人,则藐之,勿视其巍巍然"的,等等。

九、齐宣王问卿

齐宣王问卿。

孟子曰:"王何卿之问也?"

齐宣王请教大臣公卿的事。

孟子说:"大王问的是什么样的卿呢?"

孟子是故意的。他不想回答齐宣王想了解的事,却想把齐宣王引导到自己想说的事情上来。

王曰:"卿不同乎?"

曰:"不同。有贵戚之卿,有异姓之卿。"

齐宣王说:"卿还有不同的吗?"

孟子说:"当然不同。有王亲贵族的公卿,也有异姓公卿。"

齐宣王乖乖地沿着孟子的导向走。

王曰:"请问贵戚之卿。"

曰:"君有大过则谏,反覆之而不听,则易位。"王勃然变乎色。

齐宣王说:"请问王室宗族的卿。"

孟子说:"国君有大的过错他们就劝谏,反复劝谏不听从,就另立国君。"齐宣王闻听勃然变色。

孟子是真敢说,说大人,则藐之,勿视其巍巍然。

曰:"王勿异也。王问臣,臣不敢不以正对。"王色定,然后请问异姓之卿。

曰:"君有过则谏。反覆之而不听,则去。"

孟子说:"大王不要见怪。大王问臣,臣不敢不不以正言相告。"齐宣王脸色平静下来,然后问非王族的公卿。

孟子说:"国君有过错就劝谏。反复劝谏不听,就会辞官离开。"

孔子曰,勿自取其辱焉,即非贵戚之卿,士人不降其志。

告子章句上

一、以杞柳为桮棬

告子曰："性，犹杞柳也；义，犹桮棬（bēi quān）也。以人性为仁义，犹以杞柳为桮棬。"

告子说："人性，好比是杞柳。仁义，好比是饮酒器。使人性做到仁义，就好比是用杞柳制成饮酒器。"

啥意思？告子认为，使人性做到仁义，是不可能的，就像用杞柳编制的器物盛酒一样，漏酒。杞柳，杨柳科柳属，也称红皮柳，丛生灌木。枝条可用来编织器物。桮棬，形状弯曲的木制饮酒器。告子说得对，再怎么编，杞柳编成的器物也不可能成为合格的饮酒器。但人性与仁义，用这个比喻，恰当吗？

孟子曰："子能顺杞柳之性而以为桮棬乎？将戕贼杞柳而后以为桮棬也？如将戕贼杞柳而以为桮棬，则亦将戕贼人以为仁义与？率天下之人而祸仁义者，必子之言夫！"

孟子说："你能顺着杞柳的本性来制作饮酒器吗？还是伤害它的本性来制作饮酒器呢？如果说是伤害杞柳的本性去制成饮酒器，那么你也会伤害人的本性使其做到仁义？带领天下人来祸害仁义的，一定是你这种言论！"

孟子和告子说拧巴了。告子的比喻，是说仁义不是靠人性所能做到的。孟子的反诘，是说伤害了人性就没有了仁义。这和杞柳、桮棬有什么关系？所以说，任何比喻，无论如何形象生动、如何能说明问题，深究，都有漏洞。

那人性和仁义到底是什么关系呢？看他们怎么说。

二、人性向善

告子曰："性犹湍水也，决诸东方则东流，决诸西方则西流。人性之无分于善不善也，犹水之无分于东西也。"

告子说："性就好比湍急的水流，东边冲开缺口就向东流，西边冲开缺口就向西流。人性没有善与不善之分，就好比水没有东流水还是西流水之分一样。"

告子谓人性无所谓善恶，因环境随势而善恶也。换言之，人的所谓善恶，是由环境形势所左右的。但告子的比喻漏洞太大，又被孟子抓住了。这里是告子的人"性无所谓善恶"与孟子的"人性向善"之辩。

孟子曰："水信无分于东西。无分于上下乎？人性之善也，犹水之就下也。人无有不善，水无有不下。今夫水，搏而跃之，可使过颡（sǎng）。激而行之，可使在山。是岂水之性哉？其势则然也。人之可使为不善，其性亦犹是也。"

孟子说："水确实没有东流西流之分，但是没有上流和下流之分吗？人性的善，好比水向低处流一样。人没有不向善的，水性没有不向低处流的。说到水呢，被击打就溅得老高，可以高过额头。水势受阻遏后腾涌，可以流上山岗。难道这是水的本性吗？这是环境形势使然罢了。人可以使水逆流，但水向低处流的本性没变。"

孟子认为，人的本性是向善的，就像水的本性是向低处流的一样。孟子没有否认形势可以使人变坏，就像水被激荡之后可以高过额头，可以流上山岗一样。孔子不言性与天道，他的徒子徒孙们开始直面审视之：子思论之，孟子辩之，告子思之。告子是不是孟子的学生，没有定论。就两人如此激烈辩论看，告子不像是孟子的学生，口气不对。

三、生之谓性

告子曰："生之谓性。"

告子说："与生俱来的就是本性。"

在告子看来，人的本性是天生的，这一想法与子思的天命之谓性，有点类似。

孟子曰："生之谓性也，犹白之谓白与？"曰："然。"

孟子说："与生俱来的就是本性，就像白之谓白吗？"告子说："是的。"

孟子开始设问了。告子认为天生的白都是白。

"白羽之白也，犹白雪之白。白雪之白，犹白玉之白与？"曰："然。""然则犬之性，犹牛之性。牛之性，犹人之性与？"

孟子说："白色羽毛的白，犹如白雪的白。白雪的白，犹如白玉的白吗？"告子说："是的。""那么狗的本性，犹如牛的本性。牛的本性，犹如人的本性吗？"

孟子先做了个铺垫：羽白，雪白，玉白，都类似？孟子得到肯定答复后引出：狗性，牛性，人性，都类似？这就没法回答了。孟子是想让告子明白，人性和牛性是有区别的。

这涉及概念的名与实的问题。概念的白内涵是一样的，白就是白。附之于物，羽白与雪白就不一样了。孟子好似有点狡辩。他应该说：白马是马，马是白马吗？告子应该告诉孟子，狗的本性是狗的，牛的本性是牛的，人的本性是人的。羽白、雪白、玉白都是白，但白不是雪白，不是羽白，也不是玉白。再恰当生动的比喻，也有瑕疵。生之谓性，辩到此，就不好往下继续了，有点拧巴。换个话题继续。

四、食色性也

告子曰："食色，性也。仁，内也，非外也。义，外也，非内也。"

孟子曰："何以谓仁内义外也？"

告子说："食色，是人的本性。仁，是内在的，不是外在的。义，是外在的，不是内在的。"

孟子说："有什么根据说仁是内在的而义是外在的呢？"

告子有"食色，性也"之说，《礼记》有"饮食男女，人之大欲存焉"之说等。告子大概是接上一句话说的，食色是狗、牛和人都有的本性，然后就提出另一个命题：仁是内在的，义是外在的。孟子的观点是仁义都是内在的，而且礼智也是内在的，心有四端即心内有仁、义、礼、智四善端。告子向孟子发起了挑战。孟子问根据，告子举例子，看两人如何辩。

曰："彼长而我长之，非有长于我也；犹彼白而我白之，从其白于外也。故谓之外也。"

告子说:"他年长我才尊敬他,不是预先就有尊敬他的念头;好比那东西是白的我才说它是白的,这是由于它的白显露在外的缘故。所以说它是外在的。"

告子打比方说,尊敬年长者是外在的,那是因为他年长的缘故;好比我说一样东西是白的,那是因为它的白显露在外的缘故。

曰:"异于白马之白也,无以异于白人之白也;不识长马之长也,无以异于长人之长与?且谓长者义乎?长之者义乎?"

孟子说:"不同于白马的白,和不同于白人的白也许没有什么不同。不知道对老马的尊敬,和对长者的尊敬也没有什么不同吗?而且,您是说长者义呢,还是说尊敬长者的人义呢?"

孟子的意思是,不管什么白吧,白的概念内涵是一样的,义的概念和内涵也是一样的。但对老马的尊敬和对长者的尊敬,内涵是一样的吗?再说,你说的到底是谁的义呢?

曰:"吾弟则爱之,秦人之弟则不爱也,是以我为悦者也,故谓之内。长楚人之长,亦长吾之长,是以长为悦者也,故谓之外也。"

告子说:"是我弟弟我就爱他,秦国人的弟弟我就不爱他了,这是因为我乐意如此,所以说爱人是内在的。尊敬楚国人中的长者,也尊敬我自己的长者,这是由于对方年长叫人尊敬所决定的,所以说敬人是外在的。"

告子只有亲亲之爱,没有泛爱众之心了。所谓尊尊,在他那里只剩下因年长而敬之而已，已经没有仁爱的实质意义了。

曰："耆（qí）秦人之炙，无以异于耆吾炙。夫物则亦有然者也，然则耆炙亦有外与？"

孟子说："爱吃秦人的烤肉，与爱吃本地的烤肉没有什么不同。事物也有类似的情形，然则爱吃烤肉难道也是外在的吗？"

如果爱吃烤肉是外在的，那与先前说的"食色，性也"的论点不是相矛盾了吗？孟子将归谬法运用得淋漓尽致。

孟子与告子论战，你举例子，我也举例子，都有自己的逻辑，但似乎缺少了理性。

五、冬汤夏水

孟季子问公都子曰："何以谓义内也？"
曰："行吾敬，故谓之内也。"

孟季子问公都子说："为什么说义是内在的呢？"
公都子说："它表达我的敬意，所以说是内在的。"

告子和孟子的辩论告一段落，围绕着仁义内外问题，孟季子开始和公都子辩。

公都子的意思是，义是内心敬意的表达。敬意是内在的，所以他的表达也是内在的。

"乡人长于伯兄一岁，则谁敬？"曰："敬兄。"
"酌则谁先？"曰："先酌乡人。"
"所敬在此，所长在彼，果在外，非由内也。"公都子不能答，以告孟子。

"有位乡里人比你兄长大一岁,该尊敬谁呢?"公都子说:"尊敬兄长。"

"同席饮酒,先给谁斟酒呢?"公都子说:"先给乡里人。"

"你内心尊敬的是兄长,却先给年长的乡人斟酒,可见义果真是外在的,不是发自内心的。"公都子不能应答,把这事告诉了孟子。

这是礼,不是义。礼是义的规范。公都子概念不清,被孟季子给绕进去了。公都子向孟子求教,孟子就给他出主意。

孟子曰:"敬叔父乎?敬弟乎?彼将曰:'敬叔父。'曰:'弟为尸,则谁敬?'彼将曰:'敬弟。'子曰:'恶在其敬叔父也?'彼将曰:'在位故也。'子亦曰:'在位故也。庸敬在兄,斯须之敬在乡人。'"

孟子说:"应该尊敬叔父呢,还是尊敬弟弟呢?他会说:'尊敬叔父。'你说:'弟弟若做了代受祭者,那该尊敬谁呢?'他会说:'尊敬弟弟。'你就说:'为什么刚才说尊敬叔父呢?'他会说:'这是由于弟弟在尊位的缘故。'你就说:'那也是由于乡里长者在尊位的缘故。平常尊敬兄长,但在酒场上需要礼敬年长的人。'"

古代祭祀不用牌位或者神主,也无画像,而用儿童为受祭代理人,叫作"尸"。弟弟是祭祀时代表死者受祭的人,人们礼敬的是死者,不是弟弟。其实,只讲社交礼节就够了。

季子闻之曰:"敬叔父则敬,敬弟则敬,果在外,非由内也。"公都子曰:"冬日则饮汤,夏日则饮水,然则饮食亦在外也?"

孟季子听了这些话后说:"此时尊敬叔父,彼时尊敬弟弟,果然是外在的,不是由内心发出的。"公都子说:"冬天喝热汤,夏天喝凉水,那么饮食也是由外在的吗?"

他们这样争论,谁都很难说服谁,根本上是没有厘清孔子仁、义、礼的概念和它们之间的关系。也难怪,《论语》里孔子从来没有给它们下定义。只是说仁的表现是什么、什么样的表现是仁,等等。天道之于人道,就是仁。义是仁的社会行动,礼是仁的社会规范。义行和礼制都是仁的社会表达。按孟子的四心之说,仁义礼智都是内在的。"恻隐之心,仁之端也。羞恶之心,义之端也。辞让之心,礼之端也。是非之心,智之端也。"或者说,人内心有向善的种子。

不过公都子的冬汤夏水之喻,孟季子就很难反驳了。二比零,孟子胜。

六、人性向善

公都子曰:"告子曰:'性无善无不善也。'或曰:'性可以为善,可以为不善。是故文、武兴,则民好善;幽、厉兴,则民好暴。'或曰:'有性善,有性不善。是故以尧为君而有象,以瞽瞍为父而有舜。以纣为兄之子且以为君,而有微子启、王子比干。'今曰'性善',然则彼皆非与?"

公都子说:"告子说:'人性没有善与不善之分。'有人说:'人性可以为善,也可以为不善。所以文王武王兴起,民众就喜好善行。幽王厉王作浪,民众就喜好暴戾。'还有人说:'有的人性善,有的人性不善。所以当圣尧做君王的时候就有傲象,有瞽瞍这样的顽父就有舜这样的孝子。有纣这样残暴的侄子做了君主,就有微子启、王子比干这样的仁人。'如今说'人性本善',

那么他们说得都不对吗？"

真是好问题，而且都有例子为证。听听谁说得都有道理，但又似乎都欠缺了一些。公都子想不明白，那就请教孟子吧。

孟子曰："乃若其情，则可以为善矣，乃所谓善也。若夫为不善，非才之罪也。恻隐之心，人皆有之；羞恶之心，人皆有之；恭敬之心，人皆有之；是非之心，人皆有之。恻隐之心，仁也；羞恶之心，义也；恭敬之心，礼也；是非之心，智也。仁义礼智，非由外铄我也，我固有之也，弗思耳矣。故曰：'求则得之，舍则失之。'或相倍蓰而无算者，不能尽其才者也。《诗》曰：'天生烝民，有物有则。民之秉彝，好是懿德。'孔子曰：'为此诗者，其知道乎！故有物必有则，民之秉彝也，故好是懿德。'"

孟子说："要说人本来的性情，则是可以为善的，这就是我所说的性善。至于有的人行为不善，不是人天生资质的过错。恻隐之心，人皆有之；羞耻之心，人皆有之；恭敬之心，人皆有之；是非之心，人皆有之。恻隐之心，就是仁；羞耻之心，就是义；恭敬之心，就是礼；是非之心，就是智；仁义礼智，不是由外渗入我内心的，是我内心本来就有的，只是未曾思考罢了。所以说：'追求就可以获得，放弃就会失去。'人与人相差一倍、五倍乃至无数倍，差的就是人没有发挥出天生资质的缘故。《诗经》上说：'上天生育了众多的子民，有万物就会有准则。民众掌握了这些准则，遵循它敬畏它就是美德。'孔子说：'作这首诗的人，已经知晓万物之道了，所以他说有万物必然有其准则。民众掌握了这些准则，所以才遵循它、敬畏它、成就美德。'"

"乃若其情，则可以为善矣，乃所谓善也。"大家注意，这是理解孟子所谓"性善论"最重要的一句话：人性可以为善。

我们还是回到根本上去。人有先天的禀性和后天的习性，二者共同构成了人性。人类是这个世界上唯一会脸红也该脸红的动物。人知羞耻才会脸红。人知羞耻是后天人文教化的结果。人文教化形成了人伦道德是非善恶观，从而引发人的心理和生理反应，因是非善恶而羞耻，因羞耻而脸红。所以，人的本质是社会人、文化人。孔子是罕言性与天，但他说过"性相近也，习相远也"。孟子的论述中，仁义礼智信缺了诚信这一部分。令人高兴的是，《中庸》重点论述了真诚。通过孟子、曾子和子思等人的努力，儒家思想系统的仁义礼智信伦理道德哲学体系终于构建起来。窃以为，其哲学第一命题是人知羞耻而后真诚向善，止于至善，也就是人性是向善的。

七、同类相似

孟子曰："富岁，子弟多赖。凶岁，子弟多暴。非天之降才尔殊也，其所以陷溺其心者然也。

孟子说："丰收之年，年轻人大多变得懒惰。灾害之年，年轻人大多变得暴躁。不是天生的资质不同，而是由于不同环境的影响才使他们的心思变坏了。

孟子提到了人与环境的关系——环境易人。

"今夫䴾（móu）麦，播种而耰（yōu）之，其地同，树之时又同，浡然而生，至于日至之时，皆熟矣。虽有不同，则地有肥硗（qiāo）、雨露之养、人事之不齐也。故凡同类者，举相似也，何独至于人而疑之？圣人与我同类者。故龙子曰：'不知足而为屦，我知其不为蒉也。'屦之相似，天下之足同也。

"以大麦论，播下种子把地耙平，土地相同，栽种的时节也相同，大麦蓬勃生长，到了夏至之时，都会成熟。虽然有所不同，那是因为土地有肥有瘠、雨露的滋养、人们操心下力的程度不同造成的。所以凡是同类的，大体都相似，为什么单单对人要有怀疑呢？圣人与我也是同类。所以龙子说：'不知道脚的形状大小编草鞋，我知道决不会编成筐子。'草鞋式样都相似，是因为天下人的脚都是一个样子。

同类相似。我与圣人也相似。人文化育，人性向善。人知羞耻，而后改过迁善，真诚向善，止于至善。

"口之于味，有同耆也。易牙先得我口之所耆者也。如使口之于味也，其性与人殊，若犬马之与我不同类也，则天下何耆皆从易牙之于味也？至于味，天下期于易牙，是天下之口相似也。惟耳亦然。至于声，天下期于师旷，是天下之耳相似也。惟目亦然。至于子都，天下莫不知其姣也。不知子都之姣者，无目者也。故曰：口之于味也，有同耆焉；耳之于声也，有同听焉；目之于色也，有同美焉。至于心，独无所同然乎？心之所同然者何也？谓理也，义也。圣人先得我心之所同然耳。故理义之悦我心，犹刍豢之悦我口。"

"口之于味觉，有相同的嗜好。易牙早就掌握了我们口味上的这一嗜好。假如口之于味觉，人与人不同，就像狗呀马呀的与我们不同一样，那么天下人的嗜好为什么还要推崇易牙的口味呢？说到味觉，天下人都期望尝到易牙的菜，是因为天下人的口味都是相似的。耳朵也是如此。说到声音，天下人都渴望听到师旷的演奏，是因为天下人的听觉都是相似的。眼睛也是如此。说到子都,天下人没有不知道他长相俊美的。不知道子都长相俊美的人,就是没长眼睛的人。所以说:口之于味觉,有相同的嗜好;耳朵之于声音,有相同的喜好;眼睛之于容貌,有相同的美感。讲到内心,就单单没有相同的地方吗?内心的相同之处是什么呢?是道理,是仁义。圣人不过是先得知了我们内心相同的道理和仁义罢了。所以道理和仁义使我们内心得到满足,就好比猪狗牛羊肉使我们的口福得到满足一样。"

这一番类比,都是在力图说明,人性是差不多的。孟子首次提出"理"这一概念。

易牙是第一个运用调和之事,操作烹饪的庖厨。好调味,很善于做菜,烹饪技艺高超,又是第一个开私人饭馆的人,所以他被厨师们称作祖师。师旷,春秋时期著名音乐大师,人称为乐圣。公孙子都,春秋时期郑国人,郑桓公之孙,春秋第一美男,且武艺高超,深得郑庄公宠爱。

八、牛山之木

孟子曰:"牛山之木尝美矣。以其郊于大国也,斧斤伐之,可以为美乎?是其日夜之所息,雨露之所润,非无萌蘖(niè)之生焉,牛羊又从而牧之,是以若彼濯濯也。人见其濯濯也,以为未尝有材焉,此岂山之性也哉?

孟子说:"牛山上的树木曾经长得很茂盛。因为坐落在都城郊外的缘故,经过人们刀砍斧伐的,还能保持茂盛吗?就是它日夜不停生长,有雨露滋润,也有新枝嫩芽生发出来,但紧接着又是放牛又是放羊的,牛山就变得光秃秃的了。人们见到它光秃秃的样子,就以为它不曾生长过树木,这难道是山的本性吗?

孟子借牛山之喻，强调外部恶劣的环境对大山本身的影响是巨大的。如果外部环境改善了，山的本性就会勃发，依然生长出满目的葱茏来。破坏环境，自古有之，战国还不是最早的。尧舜时期，人们就开始烧荒了，当然那是不得已而为之，是为了驱赶野兽。人与自然和谐共生，也是自古有之，商汤网开三面，就是人文情怀的体现。

"虽存乎人者，岂无仁义之心哉？其所以放其良心者，亦犹斧斤之于木也，旦旦而伐之，可以为美乎？其日夜之所息，平旦之气，其好恶与人相近也者几希，则其旦昼之所为，有梏亡之矣。梏之反覆，则其夜气不足以存。夜气不足以存，则其违禽兽不远矣。人见其禽兽也，而以为未尝有才焉者，是岂人之情也哉？

"原本在人身上也是如此，谁没有仁义之心呢？一个人之所以放任善心失去，也像刀斧之于树木一样，天天砍伐它，还能保持茂盛吗？经过黄昏夜间的生息，天刚亮时有了清明之气，他的好恶与大家有了一点点相近，可在白天的所作所为，又将它压制消灭了。反复受到压制，他在夜间滋生的气息就无法保存。夜间滋生的气息无法保存，那他就距离禽兽不远了。人们看见他近似禽兽的行为，以为他根本未曾有过人的资质，这难道是人本来的真性情吗？

如同看不到山上有树就以为山上不长树一样，因为看不到善举，就以为人没有仁义之心。犹如山的本性长树，人的本性向善，不长树不向善，都是外部环境抑制了内在本性的阐发。孟子提到了气。长期被虐，得不到休养生息，气就养不成了。

"故苟得其养，无物不长；苟失其养，无物不消。孔子曰：'操则存，舍则亡。出入无时，莫知其乡。'惟心之谓与？"

"因此，如果得到滋养，无物不长；如果失去滋养，无物不消。孔子说：'把握住就能存留，舍弃就会消亡。进出没有一定时规，就不知道哪儿是故乡了。'这就是针对人心而言的吧？"

人心之善，如牛山之性。牛山受到反复砍伐，得不到滋养，就聚不拢树木葱茏之气。人心梏之反覆，得不到滋养，就聚不拢仁义浩然之气。

九、一暴十寒

孟子曰："无或乎王之不智也，虽有天下易生之物也，一日暴之，十日寒之，未有能生者也。吾见亦罕矣，吾退而寒之者至矣。吾如有萌焉何哉！今夫弈之为数，小数也，不专心致志，则不得也。弈秋，通国之善弈者也。使弈秋诲二人弈，其一人专心致志，惟弈秋之为听。一人虽听之，一心以为有鸿鹄将至，思援弓缴而射之。虽与之俱学，弗若之矣。为是其智弗若与？曰：非然也。"

孟子说："不要对君王的不明智感到奇怪，即使有天下最容易生长的植物，曝晒一天，冰冻十天，也没有能够活命的。我呢很少见到君王，并且我一旦离开，泼冷水的人马上就到了。我即使萌发了齐王的善心又能怎样呢！如今下棋是一种技艺，只是小技艺而已，不专心致志，也是学不好的。弈秋，是全国下棋的高手。让弈秋教两个人下棋，其中一人专心致志，认真听弈秋讲解。另外一人虽然在听，但一心想的是天鹅就要飞来，思考着如何拿起弓箭去射杀它。虽然跟人家一起学习，技艺却不如人家。是因为智力不如人家吗？回答说：当然不是。"

这是在批评齐王，也是在分析齐王不智的原因。身边的佞臣小人太不是东西，想修仁道常被他们一曝十寒；自己呢也总是顾左右而言他，做不到真诚向善。如此一来，内外因叠加，癞蛤蟆想吃天鹅肉，只能是痴心妄想了。

十、舍生取义

孟子曰："鱼，我所欲也；熊掌，亦我所欲也。二者不可得兼，舍鱼而取熊掌者也。生，亦我所欲也；义，亦我所欲也。二者不可得兼，舍生而取义者也。生亦我所欲，所欲有甚于生者，故不为苟得也。死亦我所恶，所恶有甚于死者，故患有所不辟也。如使人之所欲莫甚于生，则凡可以得生者，何不用也？使人之所恶莫甚于死者，则凡可以辟患者，何不为也？由是则生而有不用也，由是则可以辟患而有不为也。是故所欲有甚于生者，所恶有甚于死者，非独贤者有是心也，人皆有之，贤者能勿丧耳。

孟子说："鱼，是我想要的；熊掌，也是我所想要的。如果这两种东西不能同时都得到的话，那么我只好放弃鱼而选取熊掌了。生命，也是我想要的；道义，也是我想要的。如果这两种东西不能同时都得到的话，那么我只好牺牲生命而选取道义了。生命是我所想要的，还有比生命更重要的去求，为此我不会苟且偷生。死亡是我所厌恶的，还有比死亡更令人厌恶的去面对，为此我会直面灾祸。如果人们想欲求的没有比生命更重要的了，那么凡是能够求得生存的手段，为何不用呢？如果人们所厌恶的没有超过死亡的，那么凡是可以躲避祸患的办法，为何不用呢？采用某种手段就能够活命可是却不肯采用，采用某种做法就可以避免祸患可是不肯去做。由此可见，欲求有比生命更宝贵的，厌恶有比死亡更严重的，不仅仅贤者有这种心志，人人都有，只不过贤者能不丧失心志罢了。

这里的鱼与熊掌之谓，是作者行文采取的兴的写作方法，我们不能认为作者把鱼比作生、把熊掌比作义。仅仅是议论舍生取义的话，这里的鱼与熊掌之谓都可以去掉。孟子写的是杂文或者称之为散文，不是纯粹的议论文。孔子说："志士仁人，无求生以害仁，有杀身以成仁。"真正的志士仁人，都不会因为贪生怕死而损害仁义，为了成全仁德，可以不顾自己的生命。此谓舍生取义也。

"一箪食，一豆羹，得之则生，弗得则死。呼尔而与之，行道之人弗受；蹴尔而与之，乞人不屑也。万钟则不辨礼义而受之。万钟于我何加焉？为宫室之美、妻妾之奉、所识穷乏者得我与？乡为身死而不受，今为宫室之美为之；乡为身死而不受，今为妻妾之奉为之；乡为身死而不受，今为所识穷乏者得我而为之。是亦不可以已乎？此之谓失其本心。"

"一箪食，一豆羹，得到就能活，得不到就饿死。吆喝着施舍，路上的饿汉也不愿接受；用脚踢着施舍，乞丐也不屑一顾。高官厚禄，有人不管是否合乎礼义就接受了它。高官厚禄对我有什么好处呢？是为了住宅的华丽、妻妾的侍奉、认识的穷人感激我吗？从前有人宁肯死也不愿接受，现在却有人为了住宅的华丽接受了它；从前有人宁肯死也不愿接受，现在却有人为了妻妾的侍奉接受了它；从前有人宁肯死也不愿接受，现在却有人为了认识的穷人感激自己接受了它。这种行为难道不可以停止吗？这就叫作丧失了人的本心。"

君子不吃嗟来之食，君子不受不义之财，生与义二者不可兼得，舍生而取义者也。为了利丢掉了仁义礼智四心，也就丧失了人性。

十一、求其放心

孟子曰："仁，人心也；义，人路也。舍其路而弗由，放其心而不知求，哀哉！人有鸡犬放，则知求之；有放心，而不知求。学问之道无他，求其放心而已矣。"

孟子说："仁，就是人心；义，就是人道。舍弃人道而不走，放弃仁心而不知求回，可悲啊！人们丢失了鸡犬，尚且知道找回来；可是丢失了仁心，却不知道找回来。学问之道没有别的，只是求回丢弃的仁心罢了。"

在孟子看来，仁心是人本性中固有的，但是在礼崩乐坏的年代，仁心被人丢失了。学问之道，君子之道，就是把丢失的仁心找回来。

十二、指不若人

孟子曰："今有无名之指，屈而不信，非疾痛害事也，如有能信之者，则不远秦、楚之路，为指之不若人也。指不若人，则知恶之；心不若人，则不知恶，此之谓不知类也。"

孟子说："有个人的无名指，弯曲不能伸直，既不疼痛也不妨碍做事，如果有人能替他矫正，哪怕是到秦国、楚国他也不会觉得远，这是因为他的手指比不上别人的手指。手指比不上别人，就知道厌恶；仁心比不上别人，却不知道厌恶，这就叫不知轻重。"

真是人心不古。仁心，也就是良心、善心，被狗吃了也不管，却因爱慕虚荣不远万里去修指。内在修养无所谓，外在美容才重要。所谓"金玉其外，败絮其中"是也。

十三、爱身不若桐梓

孟子曰："拱把之桐梓，人苟欲生之，皆知所以养之者。至于身，而不知所以养之者，岂爱身不若桐梓哉？弗思甚也。"

孟子说："一只手就能握住的桐树和梓树苗，如果想要它长大，都知道如何去栽培它。之于自身，却不知道怎样去修养，难道爱自身还赶不上爱桐树、梓树吗？真是太不爱动脑筋了。"

孟子开始讲修身了。《大学》是讲修身的："自天子以至于庶人，壹是皆以修身为本。""物格而后知至，知至而后意诚，意诚而后心正，心正而后身修，身修而后家齐，家齐而后国治，国治而后天下平。"看孟子是如何阐述修身之道的。

十四、舍其梧槚

孟子曰："人之于身也，兼所爱。兼所爱，则兼所养也。无尺寸之肤不爱焉，则无尺寸之肤不养也。所以考其善不善者，岂有他哉？于己取之而已矣。体有贵贱，有小大。无以小害大，无以贱害贵。养其小者为小人，养其大者为大人。今有场师，舍其梧槚（jiǎ），养其樲棘（èr jí），则为贱场师焉。养其一指而失其肩背，而不知也，则为狼疾人也。饮食之人，则人贱之矣，为其养小以失大也。饮食之人无有失也，则口腹岂适为尺寸之肤哉？"

孟子说:"人至于自身,每一部分都是爱惜的。爱惜每一部分,就会保养每一部分。没有哪一寸皮肤不爱惜,就没有哪一寸皮肤不保养。所以看他善不善于保养身体,难道有别的办法吗?只看他注重身体的哪一部分就好了。人的身体有重要和次要之分,有小和大之别。不要因为小的去损害大的,也不要因为次要的而去损害重要的。着重保养小的是德行平庸的小人,着重保养大的是德行完备的大人。有一位园艺师,不去爱护梧桐树和梓树,而去爱护保养酸枣树和荆棘,那是个蹩脚的园艺师。着重保养一根指头却忽视掉了肩背,却还觉不到有什么不妥,这就是一个糊涂蛋。只讲究吃喝的人,人们都鄙贱他,因为他因小失大。只讲究吃喝的人如果没有失掉什么,那么口腹的满足仅仅是为了一尺一寸的肌肤吗?"

身体都需要保养,但也有重要和次要之分,小和大之别,在兼所爱兼所养的基础上,突出重点。看似是在说善于不善于保养身体的问题,实际上是说,人还有比吃喝更重要的事。"君子忧道不忧贫",保养心志才是最重要的事情。人的吃喝不是仅仅为了肚皮,更是为了去保养心志,养我浩然之气。

十五、立乎其大

公都子问曰:"钧是人也,或为大人,或为小人,何也?"

公都子问道:"同样是人,有的人成为德行完备的大人,有的人成为德行平庸的老百姓,这是为什么呢?"

孟子说过,"故凡同类者,举相似也,何独至于人而疑之?圣人与我同类者"。凡是同类的,大体都相似,为什么单单对人要有怀疑呢?

圣人与我们也是同类。公都子还是不明白，为什么有人能成为大人，有人却成为小人。孟子前面也讲过，是环境对人的影响、个人内在追求的差异等原因造成的，公都子不是听不到，就是听不明白。孟子开始循循善诱。

孟子曰："从其大体为大人，从其小体为小人。"

孟子说："顺从大体的就能成为德行完备的大人，顺从小体的只能成为德行平庸的老百姓。"

就像人保养身体一样，"养其小者为小人，养其大者为大人"。着重保养小的是德行平庸的小人，着重保养大的是德行完备的大人。人的吃喝仅仅为了肚皮的只能成为小人，而为了去保养心志、养我浩然之气的就能成为大人。

曰："钧是人也，或从其大体，或从其小体，何也？"
曰："耳目之官不思，而蔽于物。物交物，则引之而已矣。心之官则思，思则得之，不思则不得也。此天之所与我者。先立乎其大者，则其小者弗能夺也。此为大人而已矣。"

公都子说："同样是人，有的顺从大体，有的顺从小体，这是为什么呢？"

孟子说："人的耳朵、眼睛等器官不会思考，就会被外物蒙蔽。一旦接触外物，就只能被外物所吸引。心这个器官则会思考，思考就会有答案，不去思考就得不到答案。这是上天给我们人类的天赋。首先确立人生的大事，那么小的事情就不能占据人的心。这就是大人所做的。"

人生大事，"自天子以至于庶人，壹是皆以修身为本"。修身为本，就是思考人生、保养心志，真诚向善，养我浩然之气。

十六、惑之甚者

孟子曰："有天爵者，有人爵者。仁义忠信，乐善不倦，此天爵也；公卿大夫，此人爵也。古之人修其天爵，而人爵从之。今之人修其天爵，以要人爵。既得人爵，而弃其天爵，则惑之甚者也，终亦必亡而已矣。"

孟子说："有上天赐予的爵位，有君主赐予的爵位。仁义忠信，乐善不倦，这是天命的爵位；公卿大夫，这是君命的爵位。古代的人着重修养仁义忠信，且乐善不倦，君命的爵位也就随之而来了。如今的人修养仁义忠信，且乐善不倦，目的是为了获得君命的爵位。一旦取得了君命的爵位，就抛弃了仁义忠信，不再乐善不倦，真是糊涂透顶了，结果必然把一切都葬送掉。"

人道服从天道，人爵尊崇天爵。孟子认为古之人修其天爵，是一个通过自己的不断努力而逐渐形成完美人格的过程。人爵不过是副产品罢了。天爵是本，人爵是末。一旦舍本逐末，皮之不存，毛安附焉？

修身修的是仁义忠信，乐善不倦。

十七、饱乎仁义

孟子曰："欲贵者，人之同心也。人人有贵于己者，弗思耳。人之所贵者，非良贵也。赵孟之所贵，赵孟能贱之。《诗》云：'既醉以酒，既饱以德。'言饱乎仁义也，所以不愿人之膏粱之味也；令闻广誉施于身，所以不愿人之文绣也。"

孟子说："想要尊贵，是人的共同心理。每个人都有自己尊贵的东西，没想过罢了。人之所尊贵的，并不一定是值得尊贵的。赵孟所尊贵的，赵孟也能鄙视它。《诗经》上说：'君王赐美酒喝得酩酊大醉，君王赐美食我们饱受恩惠。'说的是仁义道德很充实，也就不会羡慕别人的肥肉细粮了；人所共知的好名声集我一身，也就不羡慕别人的花团锦簇了。"

"既醉以酒，既饱以德"出自《诗经·大雅》。这首诗是周王祭祀完毕而宴大臣后，祝官代表神明对主祭者周王的祝辞。神明已感受到主祭者周王的一片诚心，享受了主祭者献上的丰盛的美酒佳肴，因此，神明愿意赐给献祭人各种福分，群臣也享其福。周王敬天保民，仁义道德很充盈。我自有仁义在心，不会羡慕在乎别人。仁义道德充盈于心，才是最宝贵的，是谁也夺不走的。

一说赵孟是赵盾。一说赵孟是春秋时期人们对晋国赵氏历代宗主的尊称，非特定单指一个人。孟，长也，故赵孟之意为赵氏大宗的宗主。这里孟子也可能是假借指有权势的人。

十八、杯水车薪

孟子曰："仁之胜不仁也，犹水胜火。今之为仁者，犹以一杯水，救一车薪之火也。不熄，则谓之水不胜火，此又与于不仁之甚者也。亦终必亡而已矣。"

孟子说："仁胜过不仁，就像水能灭火一样。现今为仁者，就好像拿一杯水，去救一车熊熊燃烧的柴禾。火扑不灭，就说是水不能胜过火，这又给不仁者助力，最终必定连仅剩的一点仁德都会丧失掉。"

本来是仁远胜过不仁，可是现今的为仁者的德行功业，远远不如不仁者的恶行厉害。仁得不到弘扬，不仁就会猖狂，最终那一杯仁之水就会在不仁的车薪之火中化为蒸气，消失得无踪无影。

十九、五谷之美

孟子曰："五谷者，种之美者也。苟为不熟，不如荑稗（tí bài）。夫仁，亦在乎熟之而已矣。"

孟子说："五谷，是粮食中的好品种。但如果不成熟，还不如荑草和稗草。仁，也在于使它成熟才行。"

这句话不长，但包含了孟子丰富的思想。仁的养成，就像五谷的种植一样，需要精心呵护，直到成熟才算成功。五谷一说稻、黍、稷、麦、菽，需要农夫播种、施肥、浇水、护理，直到成熟收获。人心有四端，恻隐、羞恶、辞让和是非之心，犹如五谷的种子，需要人们像勤劳的农夫种植五谷一样，将四端深深根植在心宅，呵护它，滋养它，直到早日结出仁义礼智的丰硕果实。这是因为"恻隐之心，仁之端也；羞恶之心，义之端也；辞让之心，礼之端也；是非之心，智之端也"。

这也是修身之道吧。如果孟子找出信之端就好了，正好稻、黍、稷、麦、菽对上仁、义、礼、智、信。信的发端是什么之心呢？《中庸》较为深入地论述了真诚。

二十、羿教人射

孟子曰："羿之教人射，必志于彀（gòu）。学者亦必志于彀。大匠诲人，必以规矩。学者亦必以规矩。"

孟子说："羿教人射箭，必致力于让学射箭的人把弓拉满。学射箭的人也一定致力于拉满弓。高明的工匠教人技艺，必定讲求规矩。学习技艺的人也必定依照规矩。"

《离娄上》说"离娄之明，公输子之巧，不以规矩，不能成方圆。师旷之聪，不以六律，不能正五音"。没有规矩，不成方圆。没有规矩，教不能教，学无法学。小至于手工技巧，大至于定国安邦、治理天下，凡事当有法可依、有据可循。如果悖逆而行，就会出现"上无道揆也，下无法守也，朝不信道，工不信度，君子犯义，小人犯刑，国之所存者幸也"，天下必乱。教者与学者之于规矩的笃定，就像羿之教人射，必志于彀，学者亦必志于彀。

告子章句下

一、任人问屋庐子

任人有问屋庐子曰:"礼与食孰重?"曰:"礼重。""色与礼孰重?"曰:"礼重。"

任国人问屋庐子说:"礼与食哪个重要?"屋庐子说:"礼重要。"任国人又问:"色与礼哪个重要?"屋庐子说:"礼重要。"

屋庐子是孟子的弟子,有人说他说话咕噜咕噜的。这个任国人有点欺负屋庐子的味道,设问挖坑让他跳。

曰:"以礼食,则饥而死;不以礼食,则得食,必以礼乎?亲迎,则不得妻;不亲迎,则得妻,必亲迎乎?"屋庐子不能对,明日之邹以告孟子。

任国人说:"要是按照礼去求食,就会饿死;不以礼去求食,就能得到食物,一定按照礼去求食吗?按照礼来迎亲,就会得不到妻子;不按照礼来迎亲,就能得到妻子,必须按照礼来迎亲吗?"屋庐子回答不了这个问题,第二天便到邹国告诉了孟子。

任国和邹国虽然不远,但步行也得走一天。估计屋庐子跟着孟子不是初学乍练,就是人比较木讷,不会辩术,更不会以不变应万变。

孟子曰："于答是也何有？不揣其本而齐其末，方寸之木可使高于岑楼。金重于羽者，岂谓一钩金与一舆羽之谓哉？取食之重者，与礼之轻者而比之，奚翅（xī chì）食重？取色之重者，与礼之轻者而比之，奚翅色重？往应之曰：'紾兄之臂而夺之食，则得食；不紾，则不得食，则将紾之乎？逾东家墙而搂其处子，则得妻；不搂，则不得妻，则将搂之乎？'"

孟子说："回答这个问题有什么难的？不揣摩根本的东西只去比较末端，方寸之木也可以让它高过高楼。金属重于羽毛，难道说一钩金比一车羽毛还重？拿求取食物重要性的一面，与礼中轻微的一方面来比较，何止是食物重要？拿色的重要性的一面，与礼中轻微的一面来比较，何止是色重要？你去对他说：'扭住兄长的胳膊夺取他的食物，就能够得到食物；不扭住兄长的胳膊，就不能够得到食物，那么你扭吗？翻过东边邻居家的墙去拉拽人家的姑娘，就可以得到妻子；不拉拽就得不到妻子，那你会去拉拽她吗？'"

辨识问题，必须首先抓住根本，然后分析其异类相比的缺陷，以及问题的要害，回答这个问题就不难了。再说，任国人之问，犹宰我"井中有仁"之设问，本身就藏着祸心，是个不仁不义的问题，可以以其人之道还治其人之身。有智者做老师，真好。

二、九尺四寸

曹交问曰："人皆可以为尧舜，有诸？"孟子曰："然。""交闻文王十尺，汤九尺，今交九尺四寸以长，食粟而已，如何则可？"

曹交问道："人皆可以为尧舜，有这样的说法吗？"孟子说：

"是的。""我听说周文王身高十尺，成汤王身高九尺，如今我曹交身高九尺四寸，光知道吃饭了，怎样才能成为尧舜呢？"

从曹交的问话看，他是个有地位的人。尽管孟子时代曹国已亡，但感觉他是曹君的弟弟等直系亲属的可能性较大。曹交的问题不得其要，避实就虚，有点调侃的味道，但也隐含着狡辩。曹交的意思是说，既然人人皆可为尧舜，都是吃饭长大的，我身高在周文王和商汤王之间，您说我是该长高呢，还是该长矮呢？我成为其中的一个，就成不了另一个，所以人人都可以成为尧舜，是不可能的。

曰："奚有于是？亦为之而已矣。有人于此，力不能胜一匹雏，则为无力人矣；今曰举百钧，则为有力人矣。然则举乌获之任，是亦为乌获而已矣。夫人岂以不胜为患哉？弗为耳。徐行后长者谓之弟，疾行先长者谓之不弟。夫徐行者，岂人所不能哉？所不为也。尧舜之道，孝弟而已矣。子服尧之服，诵尧之言，行尧之行，是尧而已矣；子服桀之服，诵桀之言，行桀之行，是桀而已矣。"

孟子说："这和身高有什么关系呢？只要去做就是了。有这样一个人，力气连一只小鸡都提不起来，那就是毫无气力的人；如今说可以举起三千斤，那他就是个有力气的人。既然这样，举得起乌获能举起的重量，他也就是乌获那样的人了。人难道以不能胜任作为借口吗？只是不去做罢了。缓慢地走在长者后面叫作悌，快步走到长者前面叫不悌。缓慢地行走，难道办不到吗？只是不做罢了。尧舜之道，就是践行孝悌。你穿尧的衣服，诵读尧说的话，行为尧的行为，就是尧了；你穿桀的衣服，诵读桀说的话，行为桀的行为，那你就是桀了。"

孟子不上他的当，管他身高几尺还是一丈，直接归仁服义，回到尧舜之道上去。何为其然也？求仁得仁，只要去做就是了，这和身高有什么关系呢？

乌获，一说是战国时秦国的大力士，与任鄙、孟贲齐名，"乌获"后用作力士的泛称。

曰："交得见于邹君，可以假馆，愿留而受业于门。"

曹交说："我要去拜见邹君，可以借到住所，愿意留下来在您门下学习。"

曹交自以为聪明，弄了个设问想难住孟子，不想三言两语就被孟子驳得五体投地，于是想拜孟子为师。

曰："夫道，若大路然，岂难知哉？人病不求耳。子归而求之，有余师。"

孟子说："道，就像大路一样，难道很难求吗？只怕是不去寻求罢了。你回去自己寻求吧，老师多得很呢。"

贤者，抑亦先觉。其心不善，孟子不摆他。

三、小弁与凯风

公孙丑问曰："高子曰：'《小弁（biàn）》，小人之诗也。'"
孟子曰："何以言之？"曰："怨。"

公孙丑问道："高子说：'《小弁》，是小人写的诗。'"
孟子说："为什么这么说呢？"公孙丑说："诗中多怨情。"

高子是齐国的大夫世族，"齐国二守"之一。"齐国二守"是指周天子封姜姓国氏、高氏于齐国，辅佐吕氏齐侯。国、高二氏世代为齐国上卿，轮流执政，由周天子直接任命。凡齐之政务，皆由二卿与吕氏共裁决。从此问看，公孙丑和高子对《诗经》的理解都不够深。

曰："固哉，高叟之为《诗》也。有人于此，越人关弓而射之，则己谈笑而道之。无他，疏之也。其兄关弓而射之，则己垂涕泣而道之。无他，戚之也。《小弁》之怨，亲亲也。亲亲，仁也。固矣夫，高叟之为《诗》也！"

孟子说："太鄙陋了，高老先生这样解《诗》的话。有人在此，越国人要弯弓搭箭射他，事后他可以谈笑风生地说这件事。没有别的原因，自己跟越国人关系疏远罢了。若是自己的兄长弯弓搭箭射他，事后他会流着眼泪说这件事。没有别的原因，兄长是自己的亲人的缘故。《小弁》诗中的忧怨，正是亲近亲人。亲近亲人，就是仁。太鄙陋了，高老先生这样解《诗》！"

"诗可以兴，可以观，可以群，可以怨。"《诗经》是礼乐教化的依归。《小弁》出自《诗经·小雅》，通篇看应该是因父王听信谗言而自己被放逐之人所作。有人评述这首诗赋、比、兴交互使用，对自己被逐后的悲痛心情反复倾吐，进行了多角度、多层次的表述和揭示，感情沉重，言词恳切，致使忧怨哀伤之情充满纸上。估计高子说这是小人写的诗，原因在于此吧。

曰："《凯风》何以不怨？"

曰："《凯风》，亲之过小者也；《小弁》，亲之过大者也。亲之过大而不怨，是愈疏也；亲之过小而怨，是不可矶也。愈疏，不孝也；不可矶，亦不孝也。孔子曰：'舜其至孝矣，五十而慕。'"

公孙丑说："《凯风》这首诗为什么不忧怨呢？"

孟子说："《凯风》这首诗，是因为父亲过错较小；《小弁》这首诗，是因为父亲过错较大。亲人过错大，却不抱怨，是更疏远亲人的表现；亲人过错小，却要抱怨，像湍水冲石会激化矛盾。越来越疏远父母是不孝；对父母动辄发怒也是不孝。孔子说：'舜是最孝顺的人，五十岁了还思慕父母。'"

《凯风》出自《诗经·邶风》，是一首名为慰母、实为谏父的诗，所以不忧怨。孟子认为该抱怨的时候一定抱怨，该忍着就忍着，发乎情，止乎礼，皆中节就好。这便是中庸之道了。

四、何必言利

宋牼（kēng）将之楚，孟子遇于石丘，曰："先生将何之？"

曰："吾闻秦楚构兵，我将见楚王说而罢之。楚王不悦，我将见秦王说而罢之。二王我将有所遇焉。"

宋牼准备到楚国去，孟子在石丘遇见了他，问道："先生要到哪里去？"

宋牼说："我听说秦楚两国要交战，我准备去劝说楚王罢兵休战。如果楚王不高兴，我就去见秦王劝说他罢兵休战。在两位王中我定会有所收获的。"

宋牼，又称宋子、宋钘等，宋国人。战国时期著名哲学家，宋尹学派创始人。宋牼和尹文曾一起在稷下学宫学习，属道家学派。他们反对战争，认为战争必然带来无穷的后患。

说点题外话。宋牼和尹文讨论天人合一的观点很有意思。天不坠，地不沉，应该是有个什么东西在支撑着它们的吧！何况人呢？人也是应该有某种力量在支配着他。凡是自己不能推动的，就会有种力量推动它。这种存在的力量是什么呢？那就是天道自然的力量了。

曰："轲也请无问其详，愿闻其指。说之将何如？"

孟子说："我不想问你详细的计划，我只想听听您的主旨。您打算怎么劝说呢？"

孟子自称轲，下面孟子称他先生，宋牼应该比孟子年长些。

曰："我将言其不利也。"

曰："先生之志则大矣，先生之号则不可。先生以利说秦楚之王，秦楚之王悦于利，以罢三军之师，是三军之士乐罢而悦于利也。为人臣者怀利以事其君，为人子者怀利以事其父，为人弟者怀利以事其兄，是君臣、父子、兄弟终去仁义，怀利以相接。然而不亡者，未之有也。先生以仁义说秦楚之王，秦楚之王悦于仁义，而罢三军之师，是三军之士乐罢而悦于仁义也。为人臣者怀仁义以事其君，为人子者怀仁义以事其父，为人弟者怀仁义以事其兄，是君臣、父子、兄弟去利，怀仁义以相接也。然而不王者，未之有也。何必曰利？"

宋牼说："我将给他们讲讲战争的危害。"

孟子说："先生的志向很大，但先生的提法却不行。先生以利害关系劝说秦楚二王，秦楚二王因对利感兴趣而罢兵，这就使三军官兵乐于罢兵并喜欢利。当臣子的怀着取利之心侍奉国君，当儿女的怀着取利之心侍奉父母，当弟弟的怀着取利之心侍奉兄长，就会使君臣、父子、兄弟之间舍弃仁义，心怀逐利的目的来交往。这样的交往，国家最后不消亡的，是没有的事。

如果先生以仁义来劝说秦楚二王，秦楚二王就会因对仁义感兴趣，而停止三军的军事行动，如此可使三军官兵们乐于罢兵并喜欢仁义。当臣子的心怀仁义侍奉国君，当儿女的心怀仁义侍奉父母，当弟弟的心怀仁义侍奉兄长，就会使君臣、父子、兄弟之间抛弃利害关系，心怀仁义相交往。这样交往还不能统治天下的，是没有的事。何必言利呢？"

孟子心里装着仁义，任何事都会归仁服义，万变不离其宗。仁者无敌，故辩无不胜。《孟子》开篇就讲何必言利，孟子认为讲求利益，对国家、君臣、父子和兄弟均害其义、噬其心，不是好兆头。

五、仪不及物

孟子居邹，季任为任处守，以币交，受之而不报。处于平陆，储子为相，以币交，受之而不报。他日由邹之任，见季子。由平陆之齐，不见储子。屋庐子喜曰："连得间矣。"

孟子住在邹国，季任代理任国国政，送厚礼想结交孟子，孟子收了礼却不回谢。孟子住在平陆城，储子担任齐国的卿相，送厚礼想结交孟子，孟子也是收了礼却不回谢。后来孟子从邹国到任国去的时候，拜见了季子。从平陆到齐国去的时候，孟子却不去拜见储子。屋庐子高兴地说："我明白其中的区别了。"

屋庐子自以为琢磨出孟子区别对待两人的原因了，心里很是高兴，就去向孟子求证。

问曰："夫子之任见季子，之齐不见储子，为其为相与？"
曰："非也。《书》曰：'享多仪，仪不及物曰不享，惟不役志于享。'为其不成享也。"

屋庐子悦。或问之，屋庐子曰："季子不得之邹，储子得之平陆。"

屋庐子问道："夫子到任国去时拜见了季子，到齐国时却不去拜见储子，就是因为他是卿相对吗？"

孟子说："不是的。《书》上说：'进献以礼节为贵，礼节不对礼物再多也不叫进献，这是因为进献者没有把心放在进献上。'储子对进献并不怎么放在心上。"

屋庐子心悦诚服。有人问这件事，屋庐子说："季子不能擅自到邹国，储子可以随时到平陆去。"

季任和储子都派人送礼物给孟子，借以沟通交际。而孟子到任国时拜见了季任回礼，到齐国时却不去拜见储子回礼。屋庐子认为这是因为储子是卿相的缘故。孟子借用《书经》上的话告诉屋庐子，享献是以礼节为重，而不是以礼物为主。季任镇守一方，有保民守土之责，不能随便到什么地方去，因此他派人送礼是可以的。而储子是臣，可以因为国事而去任何地方，但储子不亲自来，不仅失礼了而且缺乏交往的诚意，因此也就没有必要回礼于他了。这就是孟子以礼制为标准而选择的行为方式。屋庐子从喜到悦，终于明白了其中的道理。

六、淳于髡之问

淳（chún）于髡（kūn）曰："先名实者，为人也。后名实者，自为也。夫子在三卿之中，名实未加于上下而去之。仁者固如此乎？"

淳于髡说："看重名望功业的，是为别人着想。轻视名望功业的，是为自己着想。夫子贵为齐国三卿之一，名望功业上不能匡正君主，下不能拯救百姓，就辞职不干了。仁者就是这样做官的吗？"

淳于髡，就是前面提到的那位身长不满七尺、滑稽多辩，数度出使诸侯未尝屈辱的齐之赘婿，齐威王拜其为政卿大夫。仁者就是为自己着想吗？他对孟子的质问不可谓不严厉。这一章句淳于髡采取攻势，孟子处于守势。一攻一守，相得益彰，精彩纷呈。

孟子曰："居下位，不以贤事不肖者，伯夷也；五就汤，五就桀者，伊尹也；不恶污君，不辞小官者，柳下惠也。三子者不同道，其趋一也。一者何也？曰：仁也。君子亦仁而已矣，何必同？"

孟子说："身居下位，不以贤能侍奉不肖之人的，是伯夷；五次为商汤做事，五次为夏桀做事的，是伊尹；不厌恶昏庸的君主，不推辞小官之位的，是柳下惠。三个人的处世态度虽不相同，但趋向是一致的。这一致的是什么呢？就是仁。君子只要求仁就行了，何必要相同的处世态度呢？"

孟子不说自己，直接拿前贤圣人的做法堵住淳于髡的嘴，也是间接地说，齐王近乎不肖之人了。但自己不是伯夷，不是伊尹，也不是柳下惠。"君子和而不同"，在这里有了另一种解释：和于仁道，不同于入世的态度和路径。淳于髡不甘心，继续拿别的例子怼孟子。

曰："鲁缪公之时，公仪子为政，子柳、子思为臣，鲁之削也滋甚。若是乎，贤者之无益于国也！"

淳于髡说："鲁缪公的时候，公仪子主持国家政务，子柳和子思做大臣，鲁国国力削减得更加严重。如此来看，贤能对国家也没啥用处。"

淳于髡的潜台词是：对国家没有益处的人，包括你孟子，都算不得仁者。

曰："虞不用百里奚而亡，秦穆公用之而霸。不用贤则亡，削何可得与？"

孟子说："虞国不用百里奚而亡国，秦穆公重用百里奚成就霸业。不用贤能就亡国，割地求和就能保住政权吗？"

"五羖大夫"百里奚，前面介绍过。孟子和淳于髡继续举例论战。

曰："昔者王豹处于淇，而河西善讴；绵驹处于高唐，而齐右善歌；华周、杞梁之妻善哭其夫，而变国俗。有诸内，必形诸外。为其事而无其功者，髡未尝睹之也。是故无贤者也，有则髡必识之。"

淳于髡说："从前王豹住在淇水，河西的人因此都善于唱歌；绵驹住在高唐，齐国西部的人因此都善于唱歌；华周和杞梁的妻子为丈夫的死哭得异常伤心，因此改变了国家的习俗。内在有什么内容，一定会在外面表现出来。做一件事情却看不到效果，我未尝见过。所以说没有贤能的人了，如果有我必然认识他。"

淳于髡这是当面讽刺孟子——别老是以贤者自居。

王豹和绵驹都是善歌者。华周和杞梁是齐国大夫，在齐国攻打莒国时战死，传说他们的妻子闻讯后，对着城墙痛哭，把城墙哭塌了，齐国人受到感染，导致善哭成风。

有诸内必形诸外，为其事必有其功。淳于髡用事例直接推出，现今已经没有贤能的人了，如果有，他必然认识。看孟子如何应之。

曰："孔子为鲁司寇，不用，从而祭，燔肉不至，不税冕而行。不知者以为为肉也，其知者以为为无礼也。乃孔子则欲以微罪行，不欲为苟去。君子之所为，众人固不识也。"

孟子说："孔子担任鲁国的司寇，不被重用，跟随国君去祭祀，祭祀的肉没有送来，于是就戴着祭祀时的礼帽离开了。不了解孔子的人以为他是为了那点祭祀的肉，了解孔子的人认为他是因为鲁君的失礼。至于孔子，却是想担点儿小罪名离开，不想随便弃官而去。君子所做的事，一般人本来就是无法理解的。"

这一段，《论语》里有载。孟子先不理淳于髡的茬，用孔子得不到重用"不税冕而行"的事例应对他，暗指淳于髡：你也是位一般的人，是无法理解君子的良苦用心的。谁能理解君子的良苦用心呢，谁能理解孔子呢，幸好有孟子。

七、三王之罪人

孟子曰："五霸者，三王之罪人也；今之诸侯，五霸之罪人也；今之大夫，今之诸侯之罪人也。

孟子说："五霸，是三王的罪人；当下的诸侯，是五霸的罪人；而如今的大夫，又是当下诸侯的罪人。

春秋五霸指的是齐桓公、宋襄公、晋文公、秦穆公和楚庄王。三王，一说指夏禹、商汤王和周文武王。为何如此说呢？孟子做如下论述。

"天子适诸侯曰巡狩，诸侯朝于天子曰述职。春省耕而补不足，秋省敛而助不给。入其疆，土地辟，田野治，养老尊贤，俊杰在位，则有庆，庆以地。入其疆，土地荒芜，遗老失贤，掊克在位，则有让。一不朝，则贬其爵；再不朝，则削其地；三不朝，则六师移之。

"天子去诸侯国视察叫巡狩，诸侯去朝见天子称为述职。春天视察春耕，补助耕播困难的人，秋季视察秋收，帮助歉收成的人。来到诸侯国封地，看到土地被开垦，农事井井有条，老人得到赡养，贤人受到尊敬，杰出人才出任官职，就有奖赏，赏给土地。来到诸侯国封地，看到土地荒芜，老人被遗弃，贤人闲散在野，搜刮民财者任官职，就给予责罚。一次不朝觐，就贬损其爵位；两次不朝觐，就削减其土地；三次不朝觐，就派六师去征讨他。

这里介绍了宗主国与诸侯国之间的重大国事活动安排，以及奖惩措施。关于巡狩，现在叫视察，已经不是原来巡狩的意思了。"述职"一词沿用至今。

"是故天子讨而不伐，诸侯伐而不讨。五霸者，搂诸侯以伐诸侯者也，故曰：五霸者，三王之罪人也。五霸，桓公为盛。葵丘之会，诸侯束牲载书而不歃（shà）血。初命曰：'诛不孝，无易树子，无以妾为妻。'再命曰：'尊贤育才，以彰有德。'三命曰：'敬老慈幼，无忘宾旅。'四命曰：'士无世官，官事无摄，取士必得，无专杀大夫。'五命曰：'无曲防，无遏籴，无有封而不告。'曰：'凡我同盟之人，既盟之后，言归于好。'今之诸侯，皆犯此五禁。故曰：今之诸侯，五霸之罪人也。长君之恶其罪小，逢君之恶其罪大。今之大夫，皆逢君之恶，故曰：

今之大夫，今之诸侯之罪人也。"

"由是天子只声讨而不亲自征伐，诸侯只奉命征伐而不声讨。所谓的五霸，是拉拢一部分诸侯去征伐另一部分诸侯。所以说：五霸是三王的罪人。五霸中齐桓公势力最大。在葵丘盟会诸侯时，捆束牲畜，记下文字却不歃血为盟。第一次盟会，共同宣誓：'诛杀不孝，不废立太子，不立妾为妻。'第二次盟会，共同宣誓：'尊敬贤能，培育贤才，表彰有道德的人。'第三次盟会，共同宣誓：'尊敬老人，慈爱儿童，不轻慢宾客旅人。'第四次盟会，共同宣誓：'士人的官职不能世代相传，公家职务不能兼任，录用士子要取贤人，不能独断专行杀戮大夫。'第五次盟会，共同宣誓：'不随意修筑堤防，不制止互购粮食，不能有封爵而不报告。'还宣誓：'凡是一起参加盟誓的，签盟之后，言归于好。'现在的诸侯，都违反了这五条盟誓。所以说：当下的诸侯，都是五霸的罪人。助长国君的恶行其罪还小，迎合国君的恶行罪就大了。如今的大夫，都是在迎合国君的恶行。所以说：如今的大夫，都是当下诸侯的罪人。"

歃血为盟是指古代会盟时，把牲畜的血涂在嘴唇上，表示诚意。会盟为什么捆束牲口而不歃血？就是不想背上忤逆圣王礼制的罪名罢了。尽管五霸事实上违背圣王礼制了，但还是尽量延续了天子声讨诸侯的做法。时代确实变了，春秋战国时期，天子已经失去了周王朝的统治力，要不叫礼崩乐坏呢。

"长君之恶其罪小，逢君之恶其罪大。"明明知道诸侯是在做坏事，还说他做得好，不仁不义不忠，逢迎拍马，不知羞耻，祸国殃民，其罪可诛。

八、禽滑釐不悦

鲁欲使慎子为将军。

孟子曰:"不教民而用之,谓之殃民。殃民者,不容于尧舜之世。一战胜齐,遂有南阳,然且不可。"

鲁君想让慎子做将军。

孟子说:"未教导训练百姓就让他们去打仗,这叫作祸害老百姓。祸害老百姓的人,在尧舜时代是容不下他的。即使一仗能打败齐国,占领齐国的南阳,这仍然是不可以的。"

《论语》载,子曰:"以不教民战,是谓弃之。"用未经训练的民众去作战,就等于让他们去送死。这在尧舜时代,是会被替天行道的。鲁君想让禽滑釐带着未经过训练的老百姓去攻打齐国,于是孟子说了这番话。

慎子勃然不悦曰:"此则滑釐所不识也。"

慎子脸色一变不高兴地说:"这话我没有听明白。"

慎子对孟子所言十分不悦,就跟孟子呛上了。

慎子即禽滑釐,生卒年不详,宋国人。禽滑釐曾是儒门弟子,学于子夏,自转投墨子后,便一直潜心墨学,传说是墨子的首席弟子。也有人认为,此慎子既非禽滑釐也不是慎到。

曰:"吾明告子。天子之地方千里,不千里,不足以待诸侯。诸侯之地方百里,不百里,不足以守宗庙之典籍。周公之封于鲁,为方百里也。地非不足,而俭于百里。太公之封于齐也,亦为方百里也。地非不足也,而俭于百里。今鲁方百里者五,子以为有王者作，则鲁在所损乎？在所益乎？徒取诸彼以与此，然且仁者不为，况于杀人以求之乎？君子之事君也，务引其君以当道，志于仁而已。"

孟子说："我明明白白告诉你。天子的土地方圆千里，不到一千里，就不能够统领诸侯。诸侯的土地方圆百里，不到一百里，就不能够侏守宗庙的礼制。周公被封在鲁地，方圆百里。土地不是不够多，但还是控制在百里以内。太公被封在齐地，也是方圆百里。土地不是不够多，也是控制在百里之内。如今鲁国已经有五个方圆百里了，你认为如果有王者兴起，会使鲁国的封地有所减损呢，还是有所增加呢？白白地把彼国的土地拿给此国，仁者尚且不干，何况是用战争屠杀去取得呢？君子侍奉君主，就是要努力把君主引向正道，立志为仁而已。"

孟子显然也是不高兴了，但他不动心，可以明明白白告诉禽滑釐，你这是助纣为虐，率土食人也，实乃诸侯之贼。

九、良臣与民贼

孟子曰："今之事君者曰：'我能为君辟土地，充府库。'今之所谓良臣，古之所谓民贼也。君不乡道，不志于仁，而求富之，是富桀也。'我能为君约与国，战必克。'今之所谓良臣，古之所谓民贼也。君不乡道，不志于仁，而求为之强战，是辅桀也。由今之道，无变今之俗，虽与之天下，不能一朝居也。"

孟子说："如今侍奉君主的人说：'我能替君主开拓疆土，充实府库。'如今所谓的这些良臣，就是古时候所谓的民贼。君主不求仁道，不志于仁义，却谋求使他富足，这就是让夏桀富足。'我能替君主缔约盟国，战必胜。'如今所谓的这些良臣，就是古时候的民贼。君主不求道，不志于仁道，却谋求替他恃强作战，这等于是辅助夏桀。按照如今的方法门道，改变不了当今的劣俗，就是把整个天下给他，他连一天都坐不安稳。"

孟子认为，如今像禽滑釐这些所谓的良臣，其实就是民贼。战国时代，诸侯致力于合纵连横，杀伐谋略，战乱不断。

十、小貉大桀

白圭曰："吾欲二十而取一，何如？"

孟子曰："子之道，貉（mò）道也。万室之国，一人陶，则可乎？"

白圭说："我想二十抽一来收税，怎么样？"

孟子说："你的办法，是貉国的办法。有万家人口的国家，只有一个人制作陶器，可以吗？"

白圭，名丹，魏惠王大臣，善于修筑堤坝，兴修水利。一说他还是经营贸易、发展生产的理论鼻祖，被誉为"商祖"。他想按二十抽一的比例来收税，愿望是好的，但能支撑起一个国家的正常运转吗？孟子举例反问之。

貉国是古代东北地区少数民族建立的国家。

曰："不可，器不足用也。"

曰："夫貉，五谷不生，惟黍生之。无城郭、宫室、宗庙、祭祀之礼，无诸侯币帛饔飧（yōng sūn），无百官有司，故二十取一而足也。今居中国，去人伦，无君子，如之何其可也？

陶以寡，且不可以为国，况无君子乎？欲轻之于尧舜之道者，大貊小貊也；欲重之于尧舜之道者，大桀小桀也。"

白圭说："不可以，那样器皿不够用了。"

孟子说："貊国，不出产五谷，只生长黍。没有城墙、房舍、祖庙及祭祀礼制，没有诸侯之间的相互来往、互送礼物和宴饮，没有各级官吏和机构，所以税收二十取一就够了。如今立足于中原之国，去掉社会伦常，取消各级官吏，那怎么能行呢？制作陶器的人太少，都不能治理好一个国家，更何况没有官吏呢？想使税率比尧舜的标准更低的，无非是大貊、小貊那样的国家。想使税率比尧舜的标准更高的，则是大桀、小桀那样的暴君了。"

黍，与稻类相似，俗称黄米。孟子在《滕文公上》详细介绍了夏商周的贡法、助法和彻法以及井田制。周朝的农业税大概是十而取一的样子。白圭的出发点是好的，但孟子认为二十取一不足以维持社会的正常秩序，不切实际。

十一、以邻为壑

白圭曰："丹之治水也愈于禹。"

孟子曰："子过矣。禹之治水，水之道也，是故禹以四海为壑。今吾子以邻国为壑。水逆行，谓之洚水。洚水者，洪水也，仁人之所恶也。吾子过矣。"

白圭说："我治理水患的能力超过禹。"

孟子说："你错了。大禹治水，是遵循水性加以疏导，所以大禹治水以四海为壑。如今你却把邻国当作蓄水的沟渠。水逆向而行,称之为洚水。所谓洚水,就是洪水,是仁者所厌恶的。你错了。"

白圭真是自大,自以为治水能力超过大禹。大禹治水,因势利导,注入大海。白圭治水,高筑堤防,以邻为壑,非仁道也。"己所不欲,无施于人",不要把水患强加到别人头上。白圭的做法不仁道。

十二、君子不亮

孟子曰:"君子不亮,恶乎执?"

孟子说:"君子不讲诚信,如何保持操守?"

关于信,孔子和孟子看似都有自相矛盾的说法,其实不然。《论语》载,子曰:"人而无信,不知其可也。"又说:"言必信,行必果,硁硁然小人哉!"孟子说:"君子不亮,恶乎执?"又说:"大人者,言不必信,行不必果,惟义所在。"在孔子和孟子看来,信是君子立身处世的原则,同时又不能拘泥于小节小信,应该以义来进行调节变通。二者是原则性与灵活性的辩证统一。孔子在《论语》里也说过"君子贞而不谅"。贞是大信,谅是小信。要在原则问题上讲信用,不要拘泥固守于小节上的一成不变。

孟子在这里是说,讲诚信是坚持操守的必然。孟子前面讲了仁义礼智的发端,关于信的依归或发端,还是没讲。

十三、喜而不寐

鲁欲使乐正子为政。

孟子曰:"吾闻之,喜而不寐。"

公孙丑曰:"乐正子强乎?"曰:"否。"

"有知虑乎？"曰："否。"

"多闻识乎？"曰："否。"

"然则奚为喜而不寐？"曰："其为人也好善。"

鲁君想让乐正子为政。

孟子说："我听到这个消息，高兴得睡不着觉。"

公孙丑问："乐正子能力很强吗？"孟子说："不。"

"他能深谋远虑吗？"孟子说："不。"

"他见多识广吗？"孟子说："不。"

"那么您为什么高兴得一晚上都睡不着呢？"孟子说："他为人好善。"

乐正子能力不强，又不能深谋远虑，见不多识不广，就因为为人好善就能做官？公孙丑不解，继续问。

"好善足乎？"

曰："好善优于天下，而况鲁国乎？夫苟好善，则四海之内，皆将轻千里而来告之以善。夫苟不好善，则人将曰：'訑（yí）訑，予既已知之矣。'訑訑之声音颜色，距人于千里之外。士止于千里之外，则谗谄面谀之人至矣。与谗谄面谀之人居，国欲治，可得乎？"

公孙丑问："好善就足够了吗？"

孟子说："只要好善就比天下人优秀了，何况是在鲁国呢？如果一个人好善，那么四海之内的人，都会不远千里赶来把善告诉他。如果一个人不好善，那么人们就会说：'瞧他那洋洋得意的样子，我早就知道这种人了。'洋洋得意的声音和样子，会拒人于千里之外。士人都止步于千里之外，那么谗媚奉迎的人就会前来。与谗媚奉迎的人一起相处，国家想要治理好，可能吗？"

实在也是没办法呀，当今世上，有位心地纯厚善良的人，已经委实难得了，总比谗媚奉迎、自以为是的人当政强多了。从文意上看，这里所说的好善，主要是指喜欢听取善言。但善言不一定好听。真正好善的人雍容大度，对于不那么中听的话，也照样能够听取。禹闻善言则拜，子路闻过则喜，乐正子闻善言则取，都具有了不起的品德，比那些拒人千里之外刚愎自用的人，强了何止万倍。孟子认为乐正子是一位真正好善的人，对他寄予厚望。但乐正子做官后，跟随王子敖来到齐国，却被孟子批评了。毕竟，好善比乐善还差一个等级。

十四、何如则仕

陈子曰："古之君子何如则仕？"

孟子曰："所就三，所去三。迎之致敬以有礼，言将行其言也，则就之；礼貌未衰，言弗行也，则去之。其次，虽未行其言也，迎之致敬以有礼，则就之；礼貌衰，则去之。其下，朝不食，夕不食，饥饿不能出门户。君闻之曰：'吾大者不能行其道，又不能从其言也，使饥饿于我土地，吾耻之。'周之，亦可受也，免死而已矣。"

陈子问："古时候的君子要怎么样才出来做官呢？"

孟子说："做官有三种情况，辞官有三种情况。迎接他时恭敬有礼貌并且符合礼度，表示将要实行他的主张，就可以去就职；礼貌、礼度没有减少，但他的进言没有实行，那就辞去。其次，虽然没有采纳他的主张，但迎接时恭敬而且有礼貌合礼度，就可以去就职；如果他的礼貌、礼度减退了，那就辞去。

最坏的情况是，早晚两顿饭都没有了，饿得出不了门。君主知道了却说：'我大的方面不能推行他的主张，又不能听从他的进言，却让他在我的国土上挨饿，我觉得是耻辱。'于是周济他，周济也是可以接受的，不过是免于饿死罢了。"

免死而已矣。虽然君子谋道不谋食，但为了活着，接受周济还是可以的。但君主不能推行他的主张，又不能听从他的进言，在他的国土上挨饿，还说是感到了羞耻，这就有点尴尬了，那就赶紧离开吧。孔子之于季桓子，是道可行才当官。之于卫灵公，是可以交际才当官。之于卫孝公，是因为养贤才当官。否则，赶紧离开。邦无道则隐，贤者避世，其次避地，其次避色，其次避言。

十五、生于忧患，死于安乐

孟子曰："舜发于畎亩之中，傅说举于版筑之间，胶鬲举于鱼盐之中，管夷吾举于士，孙叔敖举于海，百里奚举于市。故天将降大任于是人也，必先苦其心志，劳其筋骨，饿其体肤，空乏其身，行拂乱其所为，所以动心忍性，曾益其所不能。人恒过，然后能改；困于心，衡于虑，而后作；征于色，发于声，而后喻。入则无法家拂士，出则无敌国外患者，国恒亡。然后知生于忧患而死于安乐也。"

孟子说："舜兴起于田野之中，傅说被举荐于筑墙之间，胶鬲被举荐于鱼盐商贩之中，管夷吾从狱官手下被提拔，孙叔敖在海边隐居时被提拔，百里奚在集市的交易场被提拔。所以上天要把重任降临在某个人的身上，必定要先使他内心痛苦，使他筋骨劳累，使他经受饥饿之苦，让他身无长物一贫如洗，总是干扰他使他事事不如意。用这些来磨砺他的心性，锻炼他的意志，增强他的能力。人常有过，然后能够改正；心灵被困，思虑被塞，而后才有所作为。表现在脸面上，体现在倾诉中，而后才能让人理解。一个国家，内无法度的大臣和足以辅弼的士人，外无与之抗衡的国家外患，常常容易衰败灭亡。由是让人明白，生于忧患，死于安乐。"

"生于忧患，死于安乐"，这是孟子最著名的一段论述，大家耳熟能详。

舜耕历山，教化一方蛮民，至圣美德誉满天下，得到四岳推荐，经过重重考验，得到唐尧的认可与禅位。傅说是商王武丁梦见的圣人，当时正在受刑筑墙，后来成为宰相，商朝大治。胶鬲在商纣时因遭世乱，曾隐遁为商，一说被周文王发掘。管仲跟随公子纠失败，在鲁国入狱，后由鲍叔牙举荐，成为公子纠对头齐桓公的宰相。孙叔敖原在海边隐居，曾任楚国令尹。百里奚被称为"五羖大夫"。

十六、不言之教

孟子曰："教亦多术矣，予不屑之教诲也者，是亦教诲之而已矣。"

孟子说："教育也有很多种方法，我不屑于给予教诲，这也是一种教育的方法。"

我不屑于教育你，就是在教育你。为什么？自己反思去吧。

《论语》载："孺悲欲见孔子，孔子辞以疾。将命者出户，取瑟而歌，使之闻之。"有个叫孺悲的人想见孔子，孔子不肯见，就推说自己病了。可是，传话的人刚出门，孔子就又奏瑟又唱歌，故意让人家听见。意思是：我其实没病，就是不想见你。为什么？自己反思去吧。

孔子评价宰我:"朽木不可雕也,粪土之墙不可圬也。于予与何诛?"对于宰予这样的人,还有什么好责备的呢?孔子说他没有什么好责备的,其实正是最严厉的责备。不屑之教的奥妙在于,之所以不屑教诲他,就是想让他羞愧反省,从反面激发他的自尊心,从而奋发向上。

人知羞耻,才会改过迁善。

尽心章句上

一、尽心知命

孟子曰："尽其心者，知其性也。知其性，则知天矣。存其心，养其性，所以事天也。夭寿不贰，修身以俟之，所以立命也。"

孟子说："尽自己的善心，就觉悟到了自己的本性。觉悟到了自己的本性，就是懂得天命了。保存自己的善心，修养自己的本性，就是侍奉上天的方法。短命或长寿，没有其他选择，修养自身等待善终罢了，这就是安身立命的方法。"

此乃孟子最重要的观点。孟子认为"人皆有不忍人之心"。不忍人之心，便是善心。心有四端，恻隐、羞恶、辞让和是非之心，分别是仁、义、礼和智的发端。人无四心，非人也。所以说，尽自己的善心，就觉悟到了自己的本性。

《中庸》云："天命谓之性，率性谓之道，修道谓之教。"上天赋予的叫本性，按照本性去做叫道，修养仁义道德叫教化。因此，觉悟到了自己的本性，就是懂得了天命了。天道的意志就是天命，天命不可违，由是保存自己的善心，修养自己的本性，这才是侍奉上天的根本方法。

《大学》云："自天子以至于庶人，壹是皆以修身为本。其本乱而末治者，否矣。其所厚者薄，而其所薄者厚，未之有也。此谓知本，此谓知之至也。"格物致知，诚意正心是修身的前章，齐家治国平天下是修身的后续。前者是在学习中领悟，后者是在实践中锻造。这一过程，便是安身立命的过程，择善固执、真诚向善的过程。

人性向善是对的，但孟子的性本善还是存在着缺憾，他把人的本性归为人的先天禀性，忽视了人的本质是文化人、社会人。人文教化后天养成的习性，加上先天的禀性，才是人的本性。

二、不立乎岩墙之下

孟子曰："莫非命也，顺受其正。是故知命者不立乎岩墙之下。尽其道而死者，正命也；桎梏死者，非正命也。"

孟子说："一切事物无不有自己的天命，顺应天命就是正道。所以知天命的人，不会站在危墙之下。固守正道行事而死的人，就是顺应了天命。犯罪而死的人，就是没有顺应天命。"

命，一曰天命，生在帝王贵胄之家，还是生在荒郊野外寒窟之中，谁也改变不了。二曰命运，命运是可以改变的，要饭的可以当皇上，皇太子也可以沦为阶下囚。我们在理解古文的时候，要注意把握，什么时候才可以把"命"译作"天命"或"命运"，什么时候二者是合为一体的。

天道的意志就是天命，人道的意志就是使命，人道服从与天道。天命不可违，顺之者昌，逆之者亡。知天命的人知敬畏，尽心知命，正道而行，不会无妄而死。不知天命的人不知敬畏，胆大妄为，不走正道，触犯天律人条，会桎梏而亡。

三、求在我者

孟子曰："求则得之，舍则失之，是求有益于得也，求在我者也。求之有道，得之有命，是求无益于得也，求在外者也。"

孟子说："追求才能得到，放弃便会失去，这是说追求有益于得到的，所求的东西在我自身。求之有方法，能否得到听由天命的，这种追求无益于得到，所求的东西是身外之物。"

求在我者的是自身内在的不忍人之心，是善，是通过修身可以不断阐发的道德学问。求在外者的是外在的身外之物，包括金钱财富。求之有道，苟求无益，得之在命。

四、反身而诚

孟子曰："万物皆备于我矣。反身而诚，乐莫大焉。强恕而行，求仁莫近焉。"

孟子说："万物皆备于我矣。反躬自问真诚无欺，便是最大的快乐。强力按照恕道为人处世，便是求仁最近的道路了。"

四时行焉，百物生焉。天道轮回，诚不欺也。真诚是上天的禀性。人道遵循天道。诚之者是人的禀性。

孟子是上承天命，下接人伦，一以贯之，天地万物皆备于我心。其为人也，真诚向善，既不自欺也不欺人，所以非常快乐。里仁为美，这是一种认知的快乐，追求真理的快乐。真诚坦荡，光明磊落，仰不愧于天，俯不怍于人，君子之道也。

"有一言而可以终身行之者乎？"子曰："其恕乎！己所不欲，勿施于人。""己欲立而立于人，己欲施而施于人。""穷则独善其身，达则兼济天下。"这是一种实践的快乐，成己达人。恕道即仁道。强力而行，求仁得仁，"我欲仁，斯仁至矣"。

五、众人昏昏

孟子曰："行之而不著焉，习矣而不察焉，终身由之而不知其道者，众也。"

孟子说："做了却不明白为何要这样做，习以为常却不知个所以然，一辈子就这么稀里糊涂走过来了，却不知道是为什么，这就是众生的状态。"

老子说："俗人昭昭，我独昏昏。俗人察察，我独闷闷。"意思是：众人光辉自炫，唯独我迷迷糊糊。众人都严厉苛刻，唯独我淳朴宽厚。孟子对世人的观察看似与老子相反，其实道一也。老子是装糊涂，心里跟明镜似的。世人是假明白，其实就是稀里糊涂过一生。

"认识你自己！"古希腊智者曾这样断喝过世人。

六、人不可以无耻

孟子曰："人不可以无耻。无耻之耻，无耻矣。"

孟子说："人不可以没有羞耻之心。没有羞耻之心所带来的羞耻，是真无耻。"

孟子伦理道德哲学的基础是人皆有不忍人之心。不忍之心分为恻隐、羞恶、辞让和是非四心，分别是仁、义、礼、智之端。羞恶之心，义之端也。在孟子看来，无耻，就是丢掉羞恶之心的行为，也就是不仁不义的行为。这也是对孔子"行己有耻"的阐发。

七、耻之于人大矣

孟子曰："耻之于人大矣。为机变之巧者，无所用耻焉。不耻不若人，何若人有？"

孟子说："羞耻对人至关重要。善于权变巧言令色的人，就无所谓羞耻了。不以赶不上别人为羞耻，怎样能赶上别人呢？"

相对于西方的罪感文化，中国是耻感文化。人知羞耻而后真诚向善、改过迁善、止于至善，是"人之所以为人，其为人也"的道德追求。行己有耻，是成人的基础条件。知耻而后勇，是真正的大勇。

八、好善而忘势

孟子曰："古之贤王好善而忘势，古之贤士何独不然？乐其道而忘人之势。故王公不致敬尽礼，则不得亟见之。见且由不得亟，而况得而臣之乎？"

孟子说："古之贤王因为好善而不把自己的权势放在心上，古之贤士又何尝不是这样呢？执着于仁道而不把别人的权势放在心上。所以，王侯将相不对他们恭敬尽礼，则不能想见就见。见面尚且不能多得，何况是让他们做臣子呢？"

这就是贤士的傲骨吧。上古之风承载着"富贵不能淫，贫贱不能移，威武不能屈"的大丈夫精神。君子道者三：仁者不忧，知者不惑，勇者不惧。"说大人，则藐之，勿视其巍巍然！"孟子有点自解的味道在里面。真正的贤王，一定有不召之臣，必须移樽就教。

九、尊德乐义

孟子谓宋句践曰："子好游乎？吾语子游。人知之，亦嚣嚣；人不知，亦嚣嚣。"

孟子告诉宋句践说："你喜欢游说吗？我告诉你怎样游说吧。人家理解，无欲自得的样子；人家不理解，也无欲自得的样子。"

宋句践，身世不详，看来是一位喜欢游说的人。为什么"亦嚣嚣"呢？

曰："何如斯可以嚣嚣矣？"

曰："尊德乐义，则可以嚣嚣矣。故士穷不失义，达不离道。穷不失义，故士得己焉；达不离道，故民不失望焉。古之人，得志，泽加于民；不得志，修身见于世。穷则独善其身，达则兼善天下。"

宋句践说："怎么样才能做到无欲自得呢？"

孟子说："崇尚道德，爱好仁义，就可以表现出无欲自得的样子。是故士人穷困时不失掉仁义，得志时不离经叛道。穷困时不失掉仁义，士人就能保持自己的操守；得志时不离经叛道，民众就不会失望。古人得志时，施给民众恩泽；不得志时，自己修身立世。穷则独善其身，达则兼善天下。"

尊德乐义，则可以嚣嚣矣。像孔子和孟子，经历了多少事，见识了多少人，明了了多少历史兴替，读了多少千古文章，终于参透了天地人三界，方能四十而不惑，不动心，知其不可而为之，还有什么"求在外者"的吗？尊德乐义，心有所安，率性而为，思而不居，真诚向善，里仁为美，故可以嚣嚣矣。畏天命，畏大人，畏圣人之言。为人处世，遇到困惑，听听圣人是怎么说的、怎么做的，无论什么事也就解开了。孟子的"穷则独善其身，达则兼善天下"和孔子的"用之则行，舍之则藏"意思相通。

十、豪杰犹兴

孟子曰："待文王而后兴者，凡民也。若夫豪杰之士，虽无文王犹兴。"

孟子说："等待周文王那样的圣王出现后才行仁义的，是普通的民众。至于豪杰之士，即使没有周文王那样的圣王出现，自己也能够奋发有为。"

孟子曾感叹："五百年必有王者兴，其间必有名世者。由周而来，七百有余岁矣。以其数则过矣，以其时考之则可矣。夫天，未欲平治天下也，如欲平治天下，当今之世，舍我其谁也？吾何为不豫哉？"

当今之世，舍我其谁！按历史规律，应该有圣王出现了，可是他在哪儿呢？孟子毫不避讳自己是"名世者"。看来圣王是等不来了，造就一个也是极不成功的，造无可造啊。但是真正的英雄豪杰，自当铁肩担道义，直道而行，奋发有为。

十一、自视欿然

孟子曰："附之以韩魏之家，如其自视欿（kǎn）然，则过人远矣。"

孟子说："把韩魏两家的财富都拿来给他，如果他仍然谦虚随和不自满，那他就远远超过常人了。"

春秋末年，韩、赵、魏三家分晋，富甲天下。致力于追求仁义道德的贤达，对财富的态度是，不义而富且贵，于我如浮云；穷则独善其身，达则兼善天下。舜拥有天下而不自与，区区韩魏两家的财富，全部用来兼善天下也不多，没有什么好自满的。这就是贤达远远超过常人的原因。安贫乐道、追求仁道才是君子贤达的人生态度。

十二、虽劳不怨

孟子曰："以佚道使民，虽劳不怨。以生道杀民，虽死不怨杀者。"

孟子说："为了民众能够过上安逸的生活去差使他们，民众虽劳苦也不会怨恨。为了民众能够继续生存下去处杀罪民，就是死了也怨不得杀死他的人。"

安居乐业是老百姓最大期盼。君主们的所作所为，只要真正是为了让老百姓生活得安逸，让老百姓明白了其中的道理，劳苦点算什么。让罪犯明白了其中的道理，死也就死了，他怎会怨恨杀死他的人呢？

期待明君的出现已经不可能了，孟子希望现世的诸侯们明白，国家长治久安的基础是让人民过上幸福的生活。不忘初心，推行仁政，老百姓是理解君主的所作所为的。

十三、民日迁善

孟子曰："霸者之民，驩虞如也。王者之民，皞（hào）皞如也。杀之而不怨，利之而不庸，民日迁善而不知为之者。夫君子所过者化，所存者神，上下与天地同流，岂曰小补之哉？"

孟子说："诸侯霸主的老百姓，欢快愉悦的样子。称王天下的老百姓，悠然自得的样子。被处死的也不怨恨谁，得到利益的也不用想着酬谢谁，民众日益迁善却不知道是谁使他们这样的。君子所到之处老百姓受到感化，他的心思神秘莫测，上下与天地和合，怎么能说是小小的补益呢？"

谁不愿意过上安逸舒适的生活呢？为此，民众当然是劳而不怨。但仅仅是物质上的欢娱吗？当然不是，沉迷于吃喝玩乐，长不了，关键是德被教化，"民日迁善而不知为之者"，才是长久之计。这是对"君子之德风，小人之德草。草上之风必偃"的阐发。道德教化，改过迁善，人文如新。道德君子的追求，在明明德，在亲民，在止于至善。

十四、善教得民心

孟子曰："仁言不如仁声之入人深也，善政不如善教之得民也。善政民畏之，善教民爱之。善政得民财，善教得民心。"

孟子说："仁言不如仁声那么深入人心，善政不如善教更能赢得民众。善政百姓敬畏它，善教百姓爱慕它。善政能取财于民众，善教能得到民众的心。"

如何才能使"民日迁善而不知为之者"呢？动人的乐曲可以移风易俗，歌词可能忘了，优美的旋律会一直会萦绕在耳边。再好的政治也是治人治世的，敬畏政治亲近教育是人的天性，天命之谓性，率性之谓道，修道之谓教。善的教育可以充盈人的心灵，善的教育是最好的政治，可以得到民心。得民心者得天下。

十五、良能与良知

孟子曰："人之所不学而能者，其良能也；所不虑而知者，其良知也。孩提之童，无不知爱其亲者；及其长也，无不知敬其兄也。亲亲，仁也；敬长，义也。无他，达之天下也。"

孟子说:"人不经过学习就会的,是人的良能;不经过考虑就知道的,是人的良知。年幼的小孩子,没有不知道亲爱父母的;等到长大,没有不知道尊敬兄长的。亲爱父母是仁;尊敬兄长是义。没有其他原因,通达于天下的是仁义。"

良能就是天赋的义行能力,良知就是天赋的道德观念。孟子认为亲亲尊尊就是良知良能,换句话说,孟子认为人性是善的。人具有不经过学习就会做善事的能力,具有不经过思考就知道是非善恶的本领。孟子的这一观点,需要用习性来完善禀性,人性向善。

十六、舜居深山

孟子曰:"舜之居深山之中,与木石居,与鹿豕游,其所以异于深山之野人者几希。及其闻一善言,见一善行,若决江河,沛然莫之能御也。"

孟子说:"大舜居住在深山之中,与树木石头作伴,与野鹿山猪相处,他和深山老林里的山民区别很小。但凡听到一句善言,看到一种善行,大舜身体力行的意愿就像江河决堤,澎湃之势没有谁能阻挡。"

《书经》有载,帝尧为考验虞舜,"纳于大麓,烈风雷雨弗迷"。舜担任守山林的职责,在暴风雷雨的恶劣天气下也不会迷路,意指大舜从善如流的决绝。

虞舜与深山老林里的山民区别很小,这点小的区别却决定了野蛮与崇高,决定了圣人之所以成为圣人。真诚向善,从善如流,止于至善。虞舜为人处世、治国理政,皆以德为先导,以和谐为依归,一生追求和合、和平、和谐。《史记》云:"天下明德,皆自虞舜始。"

十七、如此而已

孟子曰："无为其所不为，无欲其所不欲，如此而已矣。"

孟子说："不做自己不想做的事，不要自己不想要的东西，做到这些就可以了。"

"鱼，我所欲也；熊掌，亦我所欲也。二者不可得兼，舍鱼而取熊掌者也。"都想要的，该舍弃的也毫不犹豫地舍弃，舍生而取义者也。何况不想做、不想要的呢？

从不该到不屑，再到不想做和不想要，也是一个渐次提高的修为过程。"君子素其位而行，不愿乎其外。"君子安于现在所处的地位，去做应该做的事，不对地位以外的名利存非分之想，这叫知止而后有定，定而后能安，归于安然自得的化境了。"素富贵，行乎富贵。素贫贱，行乎贫贱。素夷狄，行乎夷狄。素患难，行乎患难。"孔子四十而不惑，孟子四十不动心，关键是心志已经确立，坚如磐石，坚不可摧。君子无入而不自得焉。

十八、孤臣孽子

孟子曰："人之有德慧术知者，恒存乎疢（chèn）疾。独孤臣孽子，其操心也危，其虑患也深，故达。"

孟子说："有德行、智慧、谋略和见识的人，他们常常生活在忧患之中。唯独孤立之臣和庶孽之子，才会更加保持警惧不安之心，深深忧虑着祸患降临，故能通达事理。"

不管是孤立无助的守疆之臣还是庶出之子，都有强烈的忧患意识，如果他们又有德慧术知的话，每每临危而惧，常常自问"如之何？如之何？"加以提前谋划，时刻警惕，往往能够转危为安，走向坦途修成大业。相比生于忧患，便是死于安乐了。

十九、四种人设

孟子曰："有事君人者，事是君则为容悦者也；有安社稷臣者，以安社稷为悦者也；有天民者，达可行于天下而后行之者也；有大人者，正己而物正者也。"

孟子说："有些侍奉君主的人，是以讨君主欢心为乐的人；有些安邦定国的臣子，是以安邦定国为乐的人；有些天民，是自己的主张能够通达于天下时便去实行的人；有些大人，是端正了自己从而万事万物也随之端正了的人。"

第一种人，就是佞人嬖臣。第二种人，也就是君子忠臣。第三种人，便是仁者贤达。第四种人，当是德行完备的人了，比如圣王，能够风动草偃、化民成俗。

二十、君子有三乐

孟子曰："君子有三乐，而王天下不与存焉。父母俱存，兄弟无故，一乐也。仰不愧于天，俯不怍于人，二乐也。得天下英才而教育之，三乐也。君子有三乐，而王天下不与存焉。"

孟子说："君子有三乐，但称王天下的不包括在内。父母都在，兄弟平安，这是第一种快乐。仰不愧于天，俯不怍于人，这是第二种快乐。得天下英才而教育之，这是第三种快乐。君子有三种快乐，但称王天下的不包括在内。"

孔子没有第一种快乐。他3岁时，父亲去世了，他17岁时，母亲又去世了。但孔子有位哥哥孟皮，腿脚不好，找女婿嫁女儿也是孔子做的主。孟子也没有第一种快乐。孟子没有兄弟，孟子小的时候，父亲也去世了，孟母独自把孟子抚养成人，欣慰的是孟母活到76岁。

孟子对快乐似乎很容易满足。当阅尽岁月的风霜之后，我们才发现这些朴素的快乐看似寻常，却实属难得。多少人子欲养而亲不待，多少人平日做了亏心事活得心惊胆战，多少人满腹经纶却得不到传承和发扬光大，这样的人生有快乐可言吗？

君子有三乐，一乐，可尽孝悌也。二乐，尽心知命，正气浩然，真诚向善。三乐，修道谓之教，成人也。这是对《论语》阐述君子的补充。《论语》中君子有三戒："少之时，血气未定，戒之在色。及其壮也，血气方刚，戒之在斗。及其老也，血气既衰，戒之在得。"君子有三畏："畏天命，畏大人，畏圣人之言。小人不知天命而不畏也，狎大人，侮圣人之言。"君子有三变："望之俨然，即之也温，听其言也厉。"君子有九思："视思明，听思聪，色思温，貌思恭，言思忠，事思敬，疑思问，忿思难，见得思义。"有君子之道四："其行己也恭，其事上也敬，其养民也惠，其使民也义。"君子道者三："仁者不忧，知者不惑，勇者不惧。"

为何说"君子有三乐，而王天下不与存焉"呢？

二十一、不言而喻

孟子曰："广土众民，君子欲之，所乐不存焉。中天下而立，定四海之民，君子乐之，所性不存焉。君子所性，虽大行不加焉，虽穷居不损焉，分定故也。君子所性，仁义礼智根于心。其生色也，睟（suì）然，见于面，盎（àng）于背，施于四体。四体不言而喻。"

孟子说:"广大的土地和众多的子民,君子想拥有它,那么他的快乐也就不存在了。居于天下的中央,安抚天下的百姓,君子以此为乐,那么他的心性也就丢失掉了。君子的心性,即使他的主张通行于天下也并不因此而增加,即使穷苦困顿也不会因此而减损,因为他的心性早已确定。君子的心性,仁义礼智已经根植于内心。君子内在的道德光彩,自然流露在脸面上,反映在肩背上,延伸到手足四肢。手足四肢虽不说话,所表达的意思也能使人明了。"

在孟子看来,君子所乐,根本上是阐发内心的仁义礼智。孝悌如是,正气如是,教育如是。其他都是阐发仁义礼智带来的附加品罢了。如果把附加品作为快乐的依归,比如以王天下为乐,那么作为仁义礼智的源泉,四心也就枯竭了。心都死了,何乐之有?君子所性,仁义礼智根于心,道德光彩发散于外,四体不言而喻。

二十二、西伯善养老

孟子曰:"伯夷辟纣,居北海之滨,闻文王作兴,曰:'盍归乎来?吾闻西伯善养老者。'太公辟纣,居东海之滨,闻文王作兴,曰:'盍归乎来?吾闻西伯善养老者。'天下有善养老,则仁人以为己归矣。五亩之宅,树墙下以桑,匹妇蚕之,则老者足以衣帛矣。五母鸡,二母彘,无失其时,老者足以无失肉矣。百亩之田,匹夫耕之,八口之家足以无饥矣。所谓西伯善养老者,制其田里,教之树畜,导其妻子,使养其老。五十非帛不暖,七十非肉不饱。不暖不饱,谓之冻馁。文王之民,无冻馁之老者,此之谓也。"

孟子说:"伯夷逃避纣王,跑到北海之滨居住,听闻周文王兴起，说：'何不去归依他啊？我听说西伯善养老人。'姜太公逃避纣王，居住在东海之滨，听闻周文王兴起，说：'何不去归依他啊？我听说西伯善养老人。'天下有善养老人的人，那么仁者便把他当作自己的依归了。有五亩地的宅子，在墙下种植桑树，妇女养蚕，那么老人就可以穿丝织衣服了。养五只母鸡，二只母猪，不耽误生养时令，老人就不会没有肉吃了。有百亩田地的人家，男子耕种，八口之家就不会饿肚子了。所谓西伯善养老人，就是他制定了田地制度，教导人们种植桑树和畜养家禽，教诲百姓的妻子儿女赡养老人。五十岁的老人不穿丝帛就不暖和，七十岁的老人不吃肉就不饱。吃不饱，穿不暖，叫作受冻挨饿。文王的子民中没有受冻挨饿的老人，说的就是这个意思。"

周文王倡导"笃仁，敬老，慈少，礼下贤者"的道德风尚，广罗人才，其他部落以及从商纣王朝来投奔的贤士，他都以礼相待，予以任用。如太颠、闳夭、散宜生、鬻子、辛甲等人，都先后归附姬昌。

西伯善养老，彰显了文王的大美大德，孝悌为本，泛爱众，而亲仁，就是慈悲为怀、博爱众生。天下归仁焉。

二十三、菽粟如水火

孟子曰："易其田畴，薄其税敛，民可使富也。食之以时，用之以礼，财不可胜用也。民非水火不生活，昏暮叩人之门户求水火，无弗与者，至足矣。圣人治天下，使有菽粟（shū sù）如水火。菽粟如水火，而民焉有不仁者乎？"

孟子说："整饬耕地，减少税收，就可以使老百姓富足。饮食按时令，依礼消费，财物就用不完。老百姓离开水和火就不能生活，黄昏时去敲别人家的门，去求借水和火，没有不给的，因为相当充足。圣人治理天下，会让储藏的豆类和谷类像水和火一样充足。豆类和谷类像水和火一样充足，老百姓哪会有不仁的呢？"

衣食足然后知荣辱。治理天下，让人民安居乐业，首先是物质的富足，然后才能让老百姓精神富足。这与孔子的观点是一致的。《论语》载，子适卫，冉有仆。子曰："庶矣哉！"冉有曰："既庶矣，又何加焉？"曰："富之。"曰："既富矣，又何加焉？"曰："教之。"

为什么孟子拿水火与菽粟作比呢？《论语》载，有子曰："民之于仁也，甚于水火。水火，吾见蹈而死者矣，未见蹈仁而死者也。"意思是：老百姓需要仁，比需要水和火更迫切。我见过有人跳入水火而死的，却没有见过行仁而死的。

二十四、登泰山而小天下

孟子曰："孔子登东山而小鲁，登泰山而小天下。故观于海者难为水，游于圣人之门者难为言。观水有术，必观其澜。日月有明，容光必照焉。流水之为物也，不盈科不行；君子之志于道也，不成章不达。"

孟子说："孔子登东山而小鲁，登泰山而小天下。所以看过大海的人就难以被其他水势所吸引了，在圣人门下学习过的人就难以被其他言论所吸引了。观水有方法，一定要看它壮阔的波澜。日月有光辉，再小的间隙也能照射进去。流水的物性，不充满坑洼就不会前行。君子立志于道，不到一定程度就不能通达。"

孔子登上东山觉得鲁国变小了,登上泰山觉得整个天下都变小了。东山,春秋时属鲁,因位于鲁东,又名东蒙、东山。《书经·禹贡》:"淮沂其乂,蒙羽其艺,大野既猪,东原厎平。"淮河、沂水治理好以后,蒙山、羽山一带已经可以种植了,大野泽已经汇聚着深水,东原地方也获得治理。《诗经·鲁颂》:"泰山岩岩,鲁邦所詹。奄有龟蒙,遂荒大东。"大意是:您就像那巍峨的东岳泰山,鲁国百姓唯您马首是瞻。我们鲁国拥有龟山和蒙山,并把版图扩到极远的东边。

这一章句的意思是说,立志要高远,胸襟要开阔,更要循序渐进、逐步通达。由是不断超越自我,如登泰山之于东山,观沧海之于微澜,读圣贤之于他言,用超然物外的心境来观看世间的变幻纷扰,如日月照进罅隙、流水注满坑洼,才能够通达仁义道德之大美的境界。

二十五、鸡鸣而起

孟子曰:"鸡鸣而起,孳孳为善者,舜之徒也;鸡鸣而起,孳孳为利者,跖之徒也。欲知舜与跖之分,无他,利与善之间也。"

孟子说:"鸡鸣而起,孜孜不倦行善的,是大舜一类的人;鸡鸣而起,孜孜不倦求利的,是盗跖一类的人。要想知道大舜和盗跖的区别,没有别的,只要在行善与逐利之间去分辨就行了。"

小人无利不起早,唯利是图而已。君子真诚向善,夙夜在公,是为了天下黎民的幸福安康。区别一个人卑鄙还是崇高,无他,利与善之间也。利与善之间,既要看动机和目的,更要看行动和功绩。

盗跖,一说春秋末鲁国人,又作蹠、雄,在先秦古籍中被称为"盗跖"和"桀跖",民间传说他是一位率领盗匪数千人的大盗。

二十六、杨子为我

孟子曰："杨子取为我，拔一毛而利天下，不为也。墨子兼爱，摩顶放踵利天下，为之。子莫执中，执中为近之，执中无权，犹执一也。所恶执一者，为其贼道也，举一而废百也。"

孟子说："杨子主张为我，就算是拔掉自己的一根毫毛利于天下，他也不愿意做。墨子主张兼爱，哪怕是磨秃头顶磨破脚跟只要对天下有利，他也愿意去做。子莫采取中间态度，中间态度比较接近正道了，但是折中却不知变通，又像固执一个极端了。厌恶固执一端的做法，是因为它损害正道，只抓住一端而废弃了其余所有的部分。"

杨子即杨朱，主张"贵己""重生""人人不损一毫"的观点，是战国初期思想家、哲学家，道家杨朱学派的创始人。子莫是一个人，还是"你不要"的意思，不损害原文的主旨，无咎。在孟子看来，持中如果不知变通，他觉得像杨朱和墨子固执一个极端一样，也是不好的。孔子有时候是无可无不可，唯义所在。《中庸》讲的是发乎情，止乎礼，合乎时宜，皆中节，致中和。合乎时宜就是变通。

二十七、饥者甘食

孟子曰："饥者甘食，渴者甘饮，是未得饮食之正也，饥渴害之也。岂惟口腹有饥渴之害？人心亦皆有害。人能无以饥渴之害为心害，则不及人不为忧矣。"

孟子说："饥饿的人吃什么饭都是香的，口渴的人喝什么水都是甜的，这样是不能体味到水和食物的真正滋味的，因为饥渴损害了他的味觉。难道仅仅是口腹有饥渴之害吗？人心也会有其害的。如果人们能够不让饥渴之害化为心害，那就不会因为比不上别人而忧愁了。"

饥者甘食，渴者甘饮，极端状况下的这种感受是不正常的，不仅损害味觉，关键是还会损害人的心智。如果能够抵御住感官的错觉，不动心，那就是"一箪食，一瓢饮，在陋巷，人不堪其忧，回也不改其乐"了。比什么比呢，仁者不忧，君子谋道不谋食，真诚向善才是最大的快乐。

二十八、不易其介

孟子曰："柳下惠不以三公易其介。"

孟子说："柳下惠不会因为身居三公高位而改变自己的操守。"

《论语》载，柳下惠为士师，三黜。人曰："子未可以去乎？"曰："直道而事人，焉往而不三黜？枉道而事人，何必去父母之邦？"柳下惠掌管刑罚狱讼之事，多次被罢免。有人问："您就不想离开鲁国吗？"他说："用直道来事人，去哪里不会被多次罢免呢？不用直道事人，为什么一定要离开故国家园呢？"君子内存道义，不会因为外部环境的改变而改变自身的操守。"介"有两层含义，一是特立独行，二是耿直有志。柳下惠和中有介，具有和而不同但绝不同流合污的品质，故孟子称之为和圣。能上能下、能屈能伸，光明磊落，直道而行。贵贱无所萦怀。和哉！柳下惠。

二十九、掘井九仞

孟子曰："有为者辟若掘井，掘井九仞而不及泉，犹为弃井也。"

孟子说:"有所作为的人就如同掘井一样,掘井九仞还没有挖出泉水,也还是一口废井。"

行百里者半九十。五谷不熟,不如荑稗。有为者掘不到泉水,决不罢休。孟子强调的是为仁需要锲而不舍的斗志和精神。孔子最赞赏的弟子是颜渊:"惜乎!吾见其进也,未见其止也。"笃志好学,守死善道的人,是不会半途而废的。

换个角度看,只要践行在求仁的正途上,每每掘进一尺,也会有所收获。子曰:"仁远乎哉?我欲仁,斯仁至矣。"求仁得仁,关键是不能停下来。不要找客观理由,进退都在自己。孔子说:"譬如为山,未成一篑,止,吾止也;譬如平地,虽覆一篑,进,吾往也。"

三十、久假不归

孟子曰:"尧舜,性之也;汤武,身之也;五霸,假之也。久假而不归,恶知其非有也?"

孟子说:"为仁,尧舜是出于本性;商汤王和周武王是通过修身;五霸是借来用的。久借不还,又怎么知道他们不是真的拥有呢?"

孔子说"唯上智与下愚不移"。"生而知之者上也,学而知之者次也,困而学之又其次也。困而不学,民斯为下矣。"在孔子思想里,生而知之者是存在的,比如尧舜,上承天道下接人伦,通达天地人三界,是至诚圣人。商汤王和周武王学而知之,践行仁道,是仁者君王。春秋五霸困而学之,"葵丘之会诸侯,束牲载书而不歃血"。想借周天子之名匡正诸侯,结盟却又不敢歃血,因为没有得到天子的声讨令,是谓假之也。尽管五霸事实上违背了圣王礼制，但还是尽量延续了天子声讨诸侯的做法。五次盟会的宣誓，均行仁义之道，所以孟子说"久假而不归，恶知其非有也"。

孟子还是充满善意的，只要实行仁道，尽管方法不同、境界不同，但都是好的。"尧舜之道，孝弟而已矣。子服尧之服，诵尧之言，行尧之行，是尧而已矣。"如果一辈子假之，不做坏事，也是好的。

三十一、伊尹之志

公孙丑曰："伊尹曰：'予不狎（xiá）于不顺。'放太甲于桐，民大悦。太甲贤，又反之，民大悦。贤者之为人臣也，其君不贤，则固可放与？"

公孙丑说："伊尹说'我不亲近违背祖先法制的人。'于是将太甲放逐到桐邑，民众非常高兴。太甲知耻而后勇变得贤明了，伊尹就让他回来执政，百姓也很高兴。贤者为人臣子，他的国君不贤明，就可以把他放逐吗？"

历史上有"伊尹放太甲"的典故，前面介绍过。公孙丑不明白，君王可以被放逐？孟子曾说："不得于心，勿求于气，可。"不理解对方的心思，就无法理解对方的意气。公孙丑之问，可以理解。

孟子曰："有伊尹之志，则可；无伊尹之志，则篡也。"

孟子说："有伊尹之志，就可以这样做；没有伊尹之志，那就叫篡权了。"

何谓伊尹之志呢？伊尹辅佐商汤灭夏建商，商汤死后，又辅佐他的儿子孙子，眼看其孙太甲暴虐乱德，伊尹就把他放逐到桐宫，亲自摄政。伊尹宅心仁厚而又谋定乾坤，为造就一位贤王，用心良苦。忠贞不二可昭日月，这便是伊尹之志。相比于造就一位贤明的君主，放逐太甲就是小节小体罢了。

对公孙丑来说，圣人之神思，不可揣度。孔子也曾"不税冕而行"，"君子之所为，众人固不识也"。

三十二、不耕而食

公孙丑曰："《诗》曰：'不素餐兮'。君子之不耕而食，何也？"

孟子曰："君子居是国也，其君用之，则安富尊荣；其子弟从之，则孝弟忠信。'不素餐兮'，孰大于是？"

公孙丑说："《诗经》上说：'不能白吃饭啊。'君子不种地也可以有饭吃，这是为什么呢？"

孟子说："君子在这个国家居住，国君任用他，那么这个国家就安定富足、尊贵显荣。该国的少年弟子跟他学习，那么这个国家就会信奉孝悌忠信。治国教化之功比'不白吃饭啊'，哪种功劳更大呢？"

类似的问题陈相质疑过。《孟子》在局部章句上的逻辑性，看似比《论语》强些，但前后也有重复，应该是弟子们参与了创作不假。

劳心者治人，劳力者治于人。社会分工不同罢了。自古圣贤养士。君子谋道不谋食，尽心知命，推行仁道，化育万民，善莫大焉。

"不素餐兮"出自《诗经·伐檀》篇，"坎坎伐檀兮，置之河之干兮。""彼君子兮，不素餐兮！"一群伐木者砍树造车时，联想到统治者不种庄稼不打猎，却占有劳动果实，非常愤怒，于是你一言我一语开始责问。

三十三、士宜何为

王子垫（diàn）问曰："士何事？"孟子曰："尚志。"曰："何谓尚志？"

王子垫问："士人做什么呢？"孟子说："高尚其志。"王子垫又问："什么叫高尚其志？"

君子之不耕而食，士子该做什么呢？孟子说尚志。

曰："仁义而已矣。杀一无罪，非仁也；非其有而取之，非义也。居恶在？仁是也；路恶在？义是也。居仁由义，大人之事备矣。"

孟子说："仁义罢了。杀一个无罪的人，是不仁。不是他的东西却拿走，是不义。住在哪里？里仁为美。路在何方？义行是也。能够居仁由义，做大人的条件也就具备了。"

《论语》载，子曰："里仁为美。择不处仁，焉得知？"孟子说"仁，人之安宅也。义，人之正路也。""居恶在？仁是也。"这是儒学一脉相承的思想。尚志，就是崇尚仁义，笃信好学，守死善道。何谓大人？尊德乐义的人就是大人。大人里仁为美，居仁由义。

三十四、小信与大节

孟子曰："仲子，不义与之齐国而弗受，人皆信之。是舍箪食豆羹之义也。人莫大焉亡亲戚、君臣、上下。以其小者信其大者，奚可哉？"

孟子说："陈仲子，不合道义送给他齐国他都不会要，人们都相信这一点。不过这只是舍弃一筐饭一碗汤的小义罢了。人们最大的过错莫过于丢掉了亲戚、君臣和上下尊卑的关系。因为他有小义，便相信他有大义，怎么可以呢？"

这里的仲子，根据文意应该是陈仲子。有载其本名陈定，字子终，是战国时期齐国的思想家和隐士。陈仲子因见其兄食禄万锺，以为不义，故避兄离母，又先后坚辞不受齐国大夫和楚国国相等职。先迁居于陵，后隐居长白山（今山东省邹平市与章丘区交界），终日为人灌园，以示不入污君之朝，不食乱世之食，最终因饥饿而死。

君子务本，孝悌为本。陈仲子不奉养母亲，不恭敬兄长，骨肉之情断绝了。不食君禄，君臣之义也断绝了。如此则大节失矣。在孟子看来，陈仲子拒绝做齐王也不过是拒绝一筐饭、一碗粥那样的小义罢了。人们因其小义而信其有大节，也是糊涂。与孝悌相比，其他都是小节。为了说明孝悌才是大义，孟子假借了瞽瞍杀人以解之。

三十五、瞽瞍杀人

桃应问曰："舜为天子，皋陶（gāo yáo）为士。瞽瞍杀人，则如之何？"

孟子曰："执之而已矣。""然则舜不禁与？"

曰："夫舜恶得而禁之？夫有所受之也。"

桃应问道："舜为天子，皋陶为士。如果瞽瞍杀了人，该怎么办？"

孟子说："逮捕他就是了。""那么舜不会制止吗？"

孟子说："舜怎么能阻止皋陶执法呢？皋陶抓人，是大舜依法赋予他的权力。"

桃应，一说是孟子的弟子，《孟子》里只出现了一次，提了一个问题，这个问题还是假设。就是这个假设，确立了他的历史地位。

皋陶是舜的司法官。天子的老子犯了罪怎么办？孟子回答说，皋陶不会因为瞽瞍是天子的老子就饶了他，一定会抓人治罪的。桃应的问题是，舜是有名的大孝子，他能眼看着自己的父亲被抓而不管吗？孟子说，舜不会干涉皋陶的执法，他是天子，不可逆天道而行。言意杀了人被治罪，这是人之法天之理，舜怎么能干涉皋陶的执法呢。桃应并没有就此罢休，继续问道，舜总不能眼睁睁看着自己的父亲被砍头吧？

"然则舜如之何？"

曰："舜视弃天下，犹弃敝蹝（bì xǐ）也。窃负而逃，遵海滨而处，终身䜣然，乐而忘天下。"

桃应说："那么舜该怎么办呢？"

孟子说："舜把抛弃天下看作像扔掉破鞋一样。他会偷偷背着父亲逃跑，沿海边住下，终生高高兴兴地侍奉父亲，快乐地忘记曾经拥有过天下。"

孟子的回答看似出人意料，实则是基于孝悌为本的必然之答。舜会像扔掉破鞋一样把天子那顶官帽扔掉，然后背起父亲，跑到海边，沿着海边继续跑，跑到一个谁也找不到的地方住下来，侍奉父亲颐养天年。

"君子务本，本立而道生。孝弟也者，其为仁之本与！"儒家从孝悌为本出发，阐发仁者爱人的思想，孝悌廉耻，仁义礼智，齐家治国平天下，必然推出"窃负而逃"的终极结论。

《论语》载，叶公语孔子曰："吾党有直躬者，其父攘羊，而子证之。"孔子曰:"吾党之直者异于是,父为子隐,子为父隐,直在其中矣。"见父盗羊而不检举,有违公义;而若检举,则悖人情。遇此情况,该如何做?"子苟有过,父为隐之,则慈也。父苟有过,子为隐之,则孝也。孝慈则忠,忠则直也,故曰:直在其中矣。"

公义有大有小,私情也有亲有疏。攘人之羊,属于轻罪,社会危害程度较低,告发他的公义层级也较低。为了较小的公义,而损害至大的父子亲情,属不宜之举。瞽瞍杀人,属于重罪,所以舜不会干涉皋陶的执法,但回到根本上来,父子之情为人伦至情,在私情中属最高等级。舜不能眼看着父亲被杀头而不管,两者相较,回到基点,孝悌为本,只好"窃负而逃",而视天下于不顾。

三十六、环境易人

孟子自范之齐,望见齐王之子。喟然叹曰:"居移气,养移体,大哉居乎!夫非尽人之子与?"

孟子从范邑到齐国的国都,远远看见齐王的儿子。长叹一声说:"居住环境能够改变人的气质,饮食条件能够改变人的体质,环境对人太重要了!他难道不是人之子吗?"

孟子看看身边的弟子们,说同样是人家的儿子,为什么他的形体气质显得那么特别?是环境改变人啊。孟子从牛山之木开始,意识到外在环境可以影响人的成长。

孟子曰:"王子宫室、车马、衣服多与人同,而王子若彼者,其居使之然也,况居天下之广居者乎?鲁君之宋,呼于垤(dié)泽之门。守者曰:'此非吾君也,何其声之似我君也?'此无他,居相似也。"

孟子说:"王子所住的宫殿、所乘的车马、所穿的衣服大多是与别人相同的,而王子在气质上显得与众不同,正是居处环境使他变成那样的,更何况住在天下最宽广居所中的人呢?鲁国国君到宋国,在垤泽之门大声呼喊。守门人说:'这并不是我们宋国的国君,为什么他的声调那么像我们的国君呢?'没有别的原因,居处环境相似罢了。"

齐王之子与众不同,鲁、宋国君声调相似,说明所处的环境对一个人的气质会产生很大的影响。关键是"况居天下之广居者乎?"天下之广居,仁宅也。孔子曰:"里仁为美。择不处仁,焉得智?"夫仁,天之尊爵,人之安宅也。仁,是上天最尊贵的爵位,是人安身立命的家园。他有他的大房子,我有我的大房子,我们处在仁这个天下最广居的环境里,当有怎样的与众不同的气质和格局才和它相称呢?"居天下广居,立天下之正位,行天下之大道"才是呀。

三十七、爱而不敬

孟子曰:"食而弗爱,豕(shǐ)交之也;爱而不敬,兽畜之也。恭敬者,币之未将者也。恭敬而无实,君子不可虚拘。"

孟子说:"养他却不爱惜他,等于养头肥猪;爱惜他却不恭敬他,等于饲养牲口。所谓恭敬,是在礼物送来之前就有的谦恭。只有恭敬的样子没有恭敬的实质,君子不能被这种虚情假意所拘束。"

《论语》载:"今之孝者,是谓能养。至于犬马,皆能有养。不敬,何以别乎?"如今许多所谓的尽孝,单纯理解为赡养父母了。狗和马,不也有人养吗?不恭敬父母,与养狗养马有什么区别呢?这是说的对父母。对社交呢？孟子认为也是一样的。"人而不仁，如礼何？"没有内心的虔诚恭敬，币礼之敬，势利之取罢了。爱而不敬、恭敬而无实都是缺少真诚的表现。

三十八、圣人践形

孟子曰："形色，天性也。惟圣人然后可以践形。"

孟子说："身体容貌，天性使然。只有圣人才能身体力行彰显出内在的大美仁德。"

外在气象是内在充盈的阐发。天生的身体容貌，千人千面，千姿百态，气象万千，却没有多少光彩。只有圣人，才能使自己内在的大美仁德容光焕发，光被大地，惠泽众生。践形，就是尽性，让天性通过身体及其各种外在的举动得到最大程度的发挥。

三十九、齐宣王欲短丧

齐宣王欲短丧。
公孙丑曰："为期之丧，犹愈于已乎？"

齐宣王想缩短丧期。
公孙丑说："服丧一年，还是比不服丧要好吧？"

《论语》载，宰我认为，父母死了要守丧三年的古制太长了，守丧一年就够了。孔子说，宰我这小子一点良心都没有。小孩子三岁才离开父母的怀抱。三年之丧，是对父母怀抱三年养育之恩的回报。这不是走过场。如果连父母怀抱三年养育的恩情都不想回报，那么他对活着的其他人的恩情，是否回报也就可想而知了。公孙丑之问的背景，或许是齐人连服丧一年都嫌长了。

孟子曰："是犹或紾其兄之臂，子谓之姑徐徐云尔，亦教之孝弟而已矣。"

孟子说："这就好像有人扭他哥哥的胳膊，你却劝他慢一点、轻一点一样，应该教他孝悌大义。"

服丧一年总比不服丧好，可见礼崩乐坏到什么程度。针对公孙丑的想法，孟子的观点是，透过现象看本质。别看弟弟扭自己哥哥的胳膊是小事，其实他是不知孝悌廉耻。君子务本，孝悌是为仁之本。劝他"你慢一点，轻一点"与"服丧一年，还是比不服丧要好"一样，只看到了现象小节，没有抓住孝悌这个根本。

王子有其母死者，其傅为之请数月之丧。

公孙丑曰："若此者，何如也？"

曰："是欲终之而不可得也。虽加一日愈于已，谓夫莫之禁而不为者也。"

王子中有人死了母亲，他的老师为他请求服丧几个月。

公孙丑说："像这种情况应该怎么办呢？"

孟子说："这是想服丧三年，但客观条件不允许，才这样做的。即使多服丧一天也比不服丧好，我这是对有条件服丧但不肯服丧的那种人说的。"

一是从权，未成年的王子不必为母服丧三年，就是想做也做不到。再者，按照古代丧礼规定，王子母亲死后，因父亲尚在，不能为母服丧三年，甚至无服。二是从礼，有条件的多服丧一天也是好的。

四十、君子五教

孟子曰:"君子之所以教者五:有如时雨化之者,有成德者,有达财者,有答问者,有私淑艾者。此五者,君子之所以教也。"

孟子说:"君子针对不同的情况实施教育的方法有五种:有像及时雨那样滋润的,有重点培养其德行的,有着重培养其才能的,有解疑答惑的,有以道德学问影响那些不能登门受业的。这五种,是君子用以教育人的方式方法。"

孟子的教育凡此五种,分别是因材施教(含成德、达才两种),及时点化,有问必答,不言之教。孟子的"如时雨化之",犹如孔子的"不愤不启,不悱不发"。"有答问者"犹如循循善诱,"叩其两端而竭焉"。"私淑艾者"是行不言之教。之于孟子,则是"予未得为孔子徒也,于私淑诸人也"。

同一个问题,不同场景,不同弟子提问,孔子会综合当时情况给出不同的回答。孔子将教育分为德行、政事、文学和言语四科,根据弟子的资质和兴趣以及社会需求分类培养。

四十一、中道而立

公孙丑曰:"道则高矣,美矣,宜若登天然,似不可及也。何不使彼为可几及而日孳孳也?"

公孙丑说:"道确是很崇高,很完美,可好像登天一样,似乎是不可企及的。为何不能让道变成有可能达到的高度,从而让人们每天都努力追求有所接近呢?"

老子说:"道可道,非常道。"能说出来的道,不是永恒的大道,如是对弟子来说,的确像登天一样难以企及。但孔子说:"仁远乎哉?

我欲仁，斯仁至矣。"公孙丑不提远近，讲高低。公孙丑如此问惑，看孟子如何回答。

孟子曰："大匠不为拙工改废绳墨，羿不为拙射变其彀率。君子引而不发，跃如也。中道而立，能者从之。"

孟子说："高明的木匠不会为手艺拙劣的木工改变或废弃规矩，羿不会为技艺拙劣的射手改变他拉弓的标准。君子教导别人如高明的射手引而不发，做出跃跃欲射的样子。他站在中正的位置上，有能力的人就会追随他。"

孟子没有直接回答公孙丑的问惑，循循善诱而已。君子教导别人，正如射手拉满弓但却不把箭射出去一样，中道而立，做榜样而已。天道仁道是崇高大德，"我欲仁，斯仁至矣"。登高也罢，致远也罢，求仁得仁，都得一步一步来。为人师者，不降低要求，能者从之。学者切勿故步自封，当求自会有收获。"求则得之，舍则失之，是求有益于得也，求在我者也。"

四十二、以道殉身

孟子曰："天下有道，以道殉身；天下无道，以身殉道。未闻以道殉乎人者也。"

孟子说："天下有道，就推行仁道来实现人生的价值；天下无道，就献出生命来换取仁道的畅行。没听说过有牺牲道而屈从于人的。"

人能弘道，非道弘人。"天下有道，以道殉身"，就是孔子的"天下有道则见"。"邦有道则仕"，也就是孟子的"达则兼善天下"。"天下无道，以身殉道"比孔子的"无道则隐""邦无道，则可卷而怀之"

和孟子的"穷则独善其身"来得要壮烈一些。孟子的思想也是不断发展着的,有点"志士仁人,无求生以害仁,有杀身以成仁"的意思了。

仁道就在那儿,邪门歪道奈何不了它。巧言令色、曲意逢迎的嬖臣佞人,道之所弃也。

四十三、挟贵而问

公都子曰:"滕更之在门也,若在所礼。而不答,何也?"

孟子曰:"挟贵而问,挟贤而问,挟长而问,挟有勋劳而问,挟故而问,皆所不答也。滕更有二焉。"

公都子说:"滕更在您门下的时候,好像是属于以礼待人的那种人。可是您却不回答他的询问,这是为什么呢?"

孟子说:"倚仗着自己是所谓的贵族,自己是所谓的贤能,自己年长些,自己是有功之人,自己是老交情,有挟以上倚仗来问问题的,我一概不予回答。滕更占了其中两条。"

一说滕更是滕国国君的弟弟。至于滕更到底倚仗的是哪两条,孟子点到为止没有说明,但其一必是贵族。孟子在论交友时说:"友也者,友其德也,不可以有挟也。"即"不挟长,不挟贵,不挟兄弟而友",更何况求教于门下的人呢。孔子"敏而好学,不耻下问"之谓,当然也就更不应该有什么倚仗存于心了,违礼。

四十四、不可已者

孟子曰:"于不可已而已者,无所不已。于所厚者薄,无所不薄也。其进锐者,其退速。"

孟子说:"在不该停的地方(时候)停下来的人,在任何地方(时候)都会可能停下来。在应该下大力气的地方(时候)不下力气的人,在任何地方(时候)都有可能不会下大力气。他前进得快,后退得也会很快。"

不该停止的却停止了,不该薄待的却薄待了,这是不能尽心知命。一些事情做过了头,后退的速度也会非常快,这也是不能尽心知命。掘井九轫而不及泉,犹为弃井也。五谷不熟,不如荑稗。贵在循序渐进,持之以恒。

四十五、亲亲而仁民

孟子曰:"君子之于物也,爱之而弗仁;于民也,仁之而弗亲。亲亲而仁民,仁民而爱物。"

孟子说:"君子对于万物,爱惜它但谈不上仁爱;对于老百姓,仁爱但谈不上亲爱。亲爱亲人而仁爱百姓,仁爱百姓而爱惜万物。"

《论语》载,子曰:"弟子入则孝,出则弟,谨而信,泛爱众,而亲仁。"弟子们回到家里要孝顺父母,出门在外要顺从兄长,言行谨慎诚实守信,关爱众生并亲近有仁德的人。在儒家思想里,亲亲是第一位的,亲亲而泛爱众是仁道的普遍法则,也就是"亲亲而仁民,仁民而爱物"。对父母、兄弟要讲亲亲,此为孝悌慈爱。推至君臣、朋友、长幼之间,亦当讲亲亲,此为恭友忠敬。至于天地之间虽然是民胞物与,但爱有差等,有亲爱、仁爱和爱惜之别。

与之相应,则是尊尊的原则。尊卑有别且"畏天命,畏大人,畏圣人之言。"亲亲尊尊是社会最基本的礼仪法度和道德原则。

四十六、当务之急

孟子曰:"知者无不知也,当务之为急;仁者无不爱也,急亲贤之为务。尧舜之知而不遍物,急先务也;尧舜之仁不遍爱人,急亲贤也。不能三年之丧,而缌小功之察;放饭流歠(chuò),而问无齿决,是之谓不知务。"

孟子说:"智者无所不知,以当前最急需办的事为先;仁者无所不爱,以亲近贤者为要务。尧和舜知晓万物但不遍及万物,因为他们总是急于当前的重要事情;尧和舜的仁爱不会遍及所有的人,因为他们总是急于亲近贤者。不去服三年之丧,却对于三个月、五个月丧期的礼节很讲究的人;大吃大喝不顾胃的感受,却考究不要损伤牙齿的人,就是不知道什么是当务之急。"

孟子在此以圣王的例子说明,尽心知命,关爱众生,也要讲究轻重缓急,要以急需解决的事务为先。之于天下万物和芸芸众生,急亲贤为要务。之于缌麻礼节,服三年之丧大节为要务。之于牙齿小体的保养,保养胃这个大体为要务。天道远,仁道迩,君子务本。

古代丧服依亲疏分为斩衰、齐衰、大功、小功、缌麻五种,称为五服。其中斩衰是子为父所服,服期三年,是五服中最重的。小功较轻,服期五个月。缌麻为五服中最轻的,服期三个月。

尽心章句下

一、以其所不爱及其所爱

孟子曰:"不仁哉,梁惠王也!仁者以其所爱及其所不爱,不仁者以其所不爱及其所爱。"公孙丑曰:"何谓也?"

孟子说:"梁惠王,真是不仁啊!仁者会把他所喜爱的推及到所不喜爱的人和事物上面,不仁者会把他所不喜爱的推及到所喜爱的人和事物上面。"公孙丑说:"这是什么意思?"

《孟子》开篇就是孟子与梁惠王的对话。梁惠王说:"叟!不远千里而来,亦将有以利吾国乎?"梁惠王以利为先,缺少仁爱之心。孟子对曰:"王何必曰利?亦有仁义而已矣。"

"梁惠王以土地之故,糜烂其民而战之,大败,将复之,恐不能胜,故驱其所爱子弟以殉之,是之谓以其所不爱及其所爱也。"

"梁惠王为了扩张土地,不惜让自己的百姓上战场流血牺牲,打了败仗,又想报复继续打仗,担心不能获胜,因此驱使自己所喜爱的子弟去献身,这就是把其所不喜爱的推及到所喜爱的人和事物上面。"

梁惠王四端之心皆失,更谈不上仁义礼智了。对内横征暴敛,对外穷兵黩武，就是最大的不仁。孟子推己及人，"老吾老，以及人之老；幼吾幼，以及人之幼。"真正的仁爱，是先把仁爱给予自己的亲人，然后把仁爱推及到其他人和事物上面。哪里有反过来的道理呢？

二、春秋无义战

孟子曰："春秋无义战。彼善于此，则有之矣。征者，上伐下也，敌国不相征也。"

孟子说："春秋没有正义战争。一个国家比另一个国家做得好点，倒是有的。征讨是以上伐下，敌对国之间是不能相互征讨的。"

《论语》载，子曰："天下有道，则礼乐征伐自天子出；天下无道，则礼乐征伐自诸侯出。"哪个诸侯国出了问题，按照旧制天子发出讨伐令后，其他诸侯国才可以去讨伐它。春秋时期，周天子权力已名存实亡，礼崩乐坏，各路诸侯置周天子于不顾，逐鹿中原，故有春秋无义战一说。当然，衡量正义战争和非正义战争的标准，主要是看发动战争的动机和目的是什么，而不是看什么人来发动战争。彼善于此，则有之矣，比如说齐桓公的召陵之师就比楚国的军队好一点。

三、尽信书，不如无书

孟子曰："尽信《书》，则不如无《书》。吾于《武成》，取二三策而已矣。仁人无敌于天下。以至仁伐至不仁，而何其血之流杵也？"

孟子说："一味地相信《书》，还不如没有《书》。我对于《武成》，只取其中的二三处罢了。仁人无敌于天下。最有仁德的武王去讨伐最无仁德的商纣，怎么会血流成河，把舂米的木棒都漂起来了呢？"

《武成》是《书经》篇名，早已亡佚。东汉王充《论衡·艺增》上说："夫《武成》之篇，言武王伐纣，血流浮杵。助战者多，故至血流如此。"

尽信书，则不如无书，是说读者要善于独立思考问题，要有批判精神，不能人云亦云。孟子是不相信以至仁伐至不仁会血流成河的。且看下则。

四、仁者无敌

孟子曰："有人曰：'我善为陈，我善为战。'大罪也。国君好仁，天下无敌焉。南面而征，北狄怨；东面而征，西夷怨。曰：'奚为后我？'武王之伐殷也，革车三百两，虎贲三千人。王曰：'无畏！宁尔也，非敌百姓也。'若崩厥角稽首。征之为言正也，各欲正己也，焉用战？"

孟子说："有人说：'我善于陈兵，我善于作战。'这都是大罪。国君好仁，天下就没有敌人了。商汤向南征北边的狄族便埋怨他；向东征西边的夷族便埋怨他。说：'为什么把我们放在后边呢？'周武王征伐殷商，只出动兵车三百辆，勇士三千人。周武王说：'不用害怕！我是来安定你们的，不是来与百姓为敌的。'百姓叩头声如山崩。征的意思就是正，都想匡正自己的国家的话，何必用战争呢？"

民之所欲，天必从之。君仁莫不仁，君义莫不义。国君好仁，天下无敌，得民心者得天下。民心所向，众望所归，归仁服义，国泰民安。

"南面而征"的典故在《梁惠王下》里说过。

五、与人规矩

孟子曰："梓匠轮舆能与人规矩，不能使人巧。"

孟子说："制造车轮车厢的能工巧匠，只能传授给人制作的方法和规格，却不能使人技艺精湛。"

任何事情都一样，掌握了基本的规矩法则，仅仅是入门的功夫。所谓"师傅领进门，修行在个人"，能不能做出精品来，得看自己的修为了。至少熟才能生巧。还有一点，知人易，知己难，了解自己适合干什么然后去干什么，持之以恒，锲而不舍，才能做到技艺精湛。千万不要和自己闹别扭，他能行我为什么不能行呢？寸有所长，尺有所短而已矣。

六、若固有之

孟子曰："舜之饭糗茹草也，若将终身焉。及其为天子也，被袗衣，鼓琴，二女果，若固有之。"

孟子说："舜啃干粮吃野菜的时候，好像要终身如此了。等到他成为天子，穿华贵的衣服，弹着琴，尧的两个女儿侍候着，又好像本来就是如此的样子。"

"夫仁，天之尊爵也，人之安宅也。"内心仁德丰盈，元气满满，贫穷也罢，富贵也罢，外在的东西不过如此。舜宅心仁厚，尽心知命，荣辱不惊。"巍巍乎，舜禹之有天下也，而不与焉。"舜和禹拥有天下，不是为了自己享受，而是为了百姓的安康。"无为而治者其舜也与？夫何为哉？恭己正南面而已矣。""为政以德，譬如北辰，居其所而众星共之。"这就是大舜。

七、今而后知

孟子曰:"吾今而后知杀人亲之重也。杀人之父,人亦杀其父;杀人之兄,人亦杀其兄。然则非自杀之也,一间耳。"

孟子说:"我从今往后意识到杀死别人亲人的严重性了。杀死别人的父亲,别人也会杀死他的父亲;杀死别人的兄长,别人也会杀死他的兄长。那么亲人即使不是自己杀的,也相去不远。"

什么事件让孟子意识到,杀死别人亲人的严重性的?或许是宗族之间的仇杀吧。杀来杀去,无异于自杀。怨怨相报何时了。

以直报怨不是以怨报怨。别人打了你的儿子,你也去打别人的儿子,这叫以怨抱怨。别人打了你的儿子,你却去给人家赔礼道歉,还拿东西去看人家,这叫以德报怨。别人打了你的儿子,你把他告到法院,该判几年就判几年,这叫以直报怨。

《论语》云:"有一言而可以终身行之者乎?"子曰:"其恕乎!己所不欲,勿施于人。"恕,是远祸之道。暴,实为招灾之因。

八、设关为暴

孟子曰:"古之为关也,将以御暴;今之为关也,将以为暴。"

孟子说:"古代设置关卡,是准备抵抗残暴的;如今设置关卡,却是用来推行暴政的。"

春秋战国,诸侯纷争,以强凌弱的战乱天天都在上演。同时诸侯国内部，对百姓的盘剥和压迫越发严重。苛政猛于虎。设立关卡，征收重税，对百姓的疾苦视而不见、听而不闻。

九、身体力行

孟子曰："身不行道，不行于妻子；使人不以道，不能行于妻子。"

孟子说："不按照正道行事，在妻儿面前都行不通；不按正道遣使别人，连自己的妻儿都指挥不动。"

《论语》载，子曰："道之以政，齐之以刑，民免而无耻。道之以德，齐之以礼，有耻且格。""其身正，不令而行；其身不正，虽令不从。"如果自己做事没有原则，没有章法，不能道之以德，齐之以礼，那么就很难起到表率作用。以身作则，率先垂范，中道而立，方有能者从之。所谓家风和学风，也都是家长和老师带出来的，身教胜于言教。

十、周于利者

孟子曰："周于利者，凶年不能杀；周于德者，邪世不能乱。"

孟子说："对利害考虑周全的人，荒年不会丧生；把心思用在道德修养上的人，乱世也不会迷失心智。"

尽心知命，思虑周全不是坏事。积之厚，则用有余。这个利包括利益、财富等，思虑周全了，凶年的时候不会让人杀富济贫，更不会饿死自己和家人。执着于道德修行的人，择善固执，真诚向善。知止而后有定，定而后能静，静而后能安，安而后能虑，虑而后能得，不为世间的烦扰左右自己的心智。孔子四十而不惑，孟子四十不动心。

十一、好名之人

孟子曰:"好名之人,能让千乘之国。苟非其人,箪食豆羹见于色。"

孟子说:"珍惜名誉的人,能把兵车千辆的国家让给他人。但倘若不是他认可的人,即使要他一碗饭、一碗汤,他不高兴的神情也会显露在脸上。"

本则有几种歧义解。"好名之人",字面上可解作"珍惜名誉的人""沽名的钓誉的人","非其人"可解作与之相反的人,或"不是他认可的人",理解不同,意思就全变了。

十二、不信仁贤

孟子曰:"不信仁贤,则国空虚;无礼义,则上下乱;无政事,则财用不足。"

孟子说:"不信任仁者贤能,国家就会空虚;没有礼义,上下关系就会混乱;政事荒废,国家财力就会不够用。"

不信任仁者贤能,表面上看是仁者贤能得不到重用,本质上是国君不讲仁义道德,君子们会纷纷远离而去,小人们就熙熙攘攘而来。人才流失,道德沦丧,礼崩乐坏,政事荒废,接下来就是亡国了。

十三、不仁而得国

孟子曰:"不仁而得国者,有之矣;不仁而得天下,未之有也。"

孟子说:"没有仁德却能做一国君主,是有的;没有仁德却能得到天下的人，从来没有过。"

政权可以武力夺取，可以继位，但民心是用武力夺不来的，也是继承不来的。没有仁爱之心，就行不了仁爱之政。得不了民心就坐不稳天下，比如夏桀、商纣。

十四、民为贵，社稷次之，君为轻

孟子曰："民为贵，社稷次之，君为轻。是故得乎丘民而为天子，得乎天子为诸侯，得乎诸侯为大夫。诸侯危社稷，则变置。牺牲既成，粢盛（zī chéng）既洁，祭祀以时，然而旱干水溢，则变置社稷。"

孟子说："民为贵，社稷次之，君为轻。因此得到老百姓信任的人做了天子，得到天子信任的人成为诸侯，得到诸侯信任的人成为大夫。诸侯危害社稷，天子就另立他人。用作祭祀的牲畜已经准备好了，用作祭祀的粮食已经清洁干净，按时祭祀社稷，如果仍发生旱灾水灾，那么就另立社稷。"

人民最为宝贵，社稷次之，君主为轻。这是孟子最重要的民本思想。国君和社稷都可以改立更换，只有老百姓是不可更换的。"民惟邦本，本固邦宁。"

古时诸侯君王祭祀社稷和宗庙，只有天子可以祭天。社稷是土神和谷神的合称，代表地。宗庙是天子诸侯祭祀祖宗的场所。《书经·太甲上》上说："社稷宗庙，罔不祇肃。"祭祀社稷宗庙，是非常庄重虔诚的事，丝毫马虎不得。

武王伐纣建立周朝后，吸收商纣王祭神求福而又妄蔑天意的教训，提出"民之所欲，天必从之"的敬天保民思想，敬畏上天好生之德，赋予祭祀人文精神，制礼作乐以教化万民。他还把商纣王时期的诸多怪力乱神都赶下了祭坛，逐渐发展成以祭拜天地君亲师为主的祭祀活动。到了孔子，敬鬼神而远之。到了孟子，直接就把代表地的谷神和土神，以及君主不当回事了。诸侯危害社稷，把君主换掉！祭祀不管用，把土神谷神换掉！换成哪尊神明，孟子没有说，也没法说。

十五、百世之师

孟子曰："圣人，百世之师也，伯夷、柳下惠是也。故闻伯夷之风者，顽夫廉，懦夫有立志；闻柳下惠之风者，薄夫敦，鄙夫宽。奋乎百世之上，百世之下，闻者莫不兴起也。非圣人而能若是乎？而况于亲炙之者乎？"

孟子说："圣人，历经百世仍为人师，伯夷、柳下惠就是这样的圣人。因此听到伯夷高风亮节的人，贪婪者都会变得廉洁，懦弱的人也会长志气；听到柳下惠高风亮节的人，刻薄的人也会变得敦厚，卑陋的人也会变得襟怀宽大。百世以前他们奋发进取，百世以后，听说他们功德的人没有不感到振奋的。如果不是圣人谁能够有如此影响呢？何况那些亲自受到圣人熏陶的人呢？"

伯夷兄弟让国，叩马谏伐，饿死首阳山不食周粟。柳下惠不羞污君，不辞小官，以直道事人，士师三黜，坐怀不乱。孟子曾说："伯夷，圣之清者也；伊尹，圣之任者也；柳下惠，圣之和者也；孔子，圣之时者也。"孟子对伯夷、柳下惠的道德品行，给予高度赞扬，他们是孟子崇拜的偶像。但孟子深感遗憾的是，没能够亲自聆听他们的教诲，就连儒学他也是私淑诸人而受的。

十六、仁也人之道也

孟子曰："仁也者，人也。合而言之，道也。"

孟子说："仁的意思，就是人。二者合起来，就是道。"

人之所以为人，知羞耻而后真诚向善。其为人也，改过迁善，止于至善。这便是成人之道，君子之道，仁道。从人到成人，就是修身处世立命为仁的过程。知耻而后勇，真诚改过迁善，慢慢内心丰盈，充满了仁德的时候，也就接近真善美的崇高境界了。

十七、接淅而行

孟子曰："孔子之去鲁，曰：'迟迟吾行也。'去父母国之道也。去齐，接淅而行，去他国之道也。"

孟子说："孔子离开鲁国时，说：'我们慢慢走吧。'这是离开祖国的态度。离开齐国时，捞起米来就走，这是离开他国的态度。"

这两件事，孔子去齐在前。一说齐国的大夫想加害孔子，孔子闻之后向齐景公求救。齐景公说自己老了，不能用他了，孔子只好仓皇逃回鲁国。孔子任鲁国大司寇时，摄相事，七日而诛少正卯，曝尸三日，鲁国大治。他采取了堕三都的措施，要拆毁三桓所建城堡，孔子与三桓的矛盾也随之加深。后来，季桓子接受了齐国女乐，君臣迷恋歌舞。孔子在不得已的情况下离开鲁国，开始了周游列国的旅程。

鲁国是父母之邦，寄托了孔子深厚的情感。当鲁国受到齐国威胁的时候，他派子贡出马游说四国，乱齐、破吴、强晋、霸越而存鲁，改变了鲁国的命运，使鲁国转危为安。

十八、厄于陈蔡

孟子曰:"君子之厄于陈蔡之间,无上下之交也。"

孟子说:"孔子受困于陈国、蔡国之间,与没有跟两国的君臣交际有关系。"

《论语》载,卫灵公问陈于孔子。孔子对曰:"俎豆之事,则尝闻之矣。军旅之事,未之学也。"明日遂行。在陈绝粮,从者病,莫能兴。有考证,此时陈蔡之间有战乱,孔子与陈蔡两国亦无交际,从而陷于困境。孔子厄于陈蔡是被如何解救的?一说孔子派子贡到楚国去求救,楚昭王发兵迎接孔子,才使孔子免了这次灾祸。

人在江湖,需要多交朋友。

十九、愠于群小

貉稽(mò jī)曰:"稽大不理于口。"

貉稽说:"我很不理解众人的议论。"

一说貉稽是齐国人,人品很好,官也做得很好,只是攻讦他的人太多了。

孟子曰:"无伤也。士憎兹多口。《诗》云:'忧心悄悄,愠于群小。'孔子也。'肆不殄(tiǎn)厥愠,亦不陨厥问。'文王也。"

孟子说:"没关系。士人都讨厌这种多嘴多舌的人。《诗经》上说:'忧愁重重难排除,小人恨我真可恶。'孔子的遭遇就是如此。《诗经》上又说:'未能绝其愠怒,也不损其声誉。'周文王就是这样的。"

士人在社会上立足，没有不被批评的，不要怕人批评。谁人背后无人说，哪个人后不说人。古之圣人的遭遇都如此，何况我们呢。或者姑且听之，有则改之，无则加勉。或者就当耳旁风，吹过去就完了，中道而立，不动心。

"忧心悄悄，愠于群小"出自《诗经·邶风·柏舟》，这是一首充满忧怨的诗篇。"肆不殄厥愠，亦不陨厥问"出自《诗经·大雅·绵》，这是一首周王朝贵族歌颂古公亶父开疆创业事迹的诗篇。

二十、以其昏昏，使人昭昭

孟子曰："贤者以其昭昭，使人昭昭；今以其昏昏，使人昭昭。"

孟子说："贤者以自己的透彻明白，使人明白透彻；今人却是以自己的糊里糊涂，想使人明白透彻。"

自己都没有搞清楚，还妄想叫人明白，好为人师其实是在误导他人，混淆视听，越教越糊涂。贤明的人先使自己明白，然后才去使别人明白。老子却是"俗人昭昭，我独昏昏；俗人察察，我独闷闷"。大意是：众人光辉自炫，唯独我迷迷糊糊；众人严厉苛刻，唯独我淳厚宽宏。孟子这是在批评谁呢？

二十一、犹茅塞心

孟子谓高子曰："山径之蹊间，介然用之而成路。为间不用，则茅塞之矣。今茅塞子之心矣。"

孟子对高子说："山径是断断续续踩踏出来的，经常走就成了路。一段时间没人走就会被茅草堵塞。现在茅草把你的心路堵塞了。"

遍察"山径之蹊间介然用之而成路"之断句及译文的论述,觉得如上就挺好,说得通。高子是齐国人,孟子的学生,学未成半道而去。尝以《诗·小雅·小弁》为小人之诗问孟子,孟子谓其曲解诗意。这里孟子告诫高子,求道的心路也是一样的,必须坚定不移地走下去。如果不能持之以恒,犹茅塞心,终不能明道。至于能不能茅塞顿开,那就看造化了。

二十二、城门之轨

高子曰:"禹之声,尚文王之声。"
孟子曰:"何以言之?"

高子说:"大禹的声乐超过周文王的声乐。"
孟子说:"为什么这样说呢?"

高子曾认为《诗·小雅·小弁》为小人之诗,被孟子批评了一通。这里又说"禹之声,尚文王之声",看似别出心裁,实则有点拧巴,怪不得孟子说他"今茅塞子之心矣"。

曰:"以追蠡(lí)。"
曰:"是奚足哉?城门之轨,两马之力与?"

高子说:"因为禹传下来的乐钟钟钮都快断了。"
孟子说:"这能说明什么呢?城门下的车辙,难道是两匹马的力量留下来的吗?"

小子,城门之轨那是由于车马天常日久碾轧的缘故。禹的钟钮要断了，也是由于久磨将断的缘故罢了，这怎么能证明禹的声乐超过了周文王的声乐呢？今茅塞子之心矣。

二十三、再作冯妇

齐饥。陈臻曰："国人皆以夫子将复为发棠，殆不可复。"

齐国闹饥荒。陈臻说："国人都以为夫子还会去请求齐王，打开棠仓，放粮赈灾，你大概不会再这样做了吧。"

人有时候很无奈，圣贤也是。陈臻是懂得孟子的，按说孟子应该去劝说齐王开仓赈灾，他为什么不去呢？齐王经常是你说你的、我做我的，有时候还"王顾左右而言他"。前面发生了一些事，孟子断定齐王不会听他的了，再去劝说就是自取其辱了。

孟子曰："是为冯妇也。晋人有冯妇者，善搏虎，卒为善士。则之野，有众逐虎。虎负嵎，莫之敢撄。望见冯妇，趋而迎之。冯妇攘臂下车。众皆悦之，其为士者笑之。"

孟子说："这样做我就成冯妇了。晋国有个叫冯妇的人，善长打虎，后来成了善人。一次他到郊外，众人正在追逐一只老虎。老虎在山上负隅顽抗，没有人敢去撩斗。众人看见冯妇来了，便跑上去迎接。冯妇捋起袖子伸出胳膊下车。大家都很喜欢他，可是他却被士人讥笑。"

冯妇是江山易改、本性难移，虽立志成为善人，不再打虎，但受不了众人怂恿，又重操故技而为士者所耻笑。孟子说这段话时，是处在一种矛盾的心理状态中。齐王面对灾荒，如果不去赈济灾民，犹如老虎食人。孟子再次去劝说吧，明知他不会听，而且必然还会受到齐王身边一批人的讥笑："这人真是不知好歹。"孟子之所以说出这个典故，也是表明了他对自己行为审时度势的掌控。赵歧注《孟子》："可为则从，不可则凶。言善见用，得其时也非时逆指，犹若冯妇。暴虎无已，必有害也。"这是对孟子心态的深刻理解。

二十四、口之于味

孟子曰："口之于味也，目之于色也，耳之于声也，鼻之于臭也，四肢之于安佚也，性也。有命焉，君子不谓性也。仁之于父子也，义之于君臣也，礼之于宾主也，智之于贤者也，圣人之于天道也，命也。有性焉，君子不谓命也。"

孟子说："口舌之于味道，眼睛之于色彩，耳朵之于声音，鼻子之于气味，四肢之于安逸，都是出于人性的诉求。但有多大的享受，还受天命因素左右，所以君子不只谈性。仁对于父子，义对于君臣，礼对于宾主，智对于贤者，圣人对于天道，都是出于天命的要求。但有多大的作为，还受人性因素影响，所以君子不只谈命。"

上文有孟子曰："君子之厄于陈蔡之间，无上下之交也。"君子指的是孔子。这里的君子也是指的孔子。《论语》载，子贡曰："夫子之文章，可得而闻也；夫子之言性与天道，不可得而闻也。""子罕言利，与命与仁"，本章句是孟子对夫子不言性与天命、罕言利与命与仁的阐发。

性和命的关系，有时候真难说得清。口舌之于味道，谁都想有那个口福，这是人性使然，但北京城全福德烤鸭的味道，有人想吃吃不到，有人送到嘴边也不吃，这便是命。仁之于父子，父慈子孝，这是天命使然，但瞽瞍三番五次想害死儿子舜，舜却依旧孝顺父亲，从未生怨言，这便是人性。君子尽心知命好了。

二十五、善信美，大圣神

浩生不害问曰："乐正子，何人也？"

孟子曰："善人也，信人也。""何谓善？何谓信？"

浩生不害问道："乐正子，是个什么样的人？"

孟子说："是个善良的人，是个诚信的人。""什么是善？什么是信呢？"

浩生不害是齐国人。可以肯定的是，乐正子与孟子有点亦师亦友的关系，孟子对他期望很高。孟子闻"鲁欲使乐正子为政"，乃"喜而不寐"，言"其为人也好善"，但他跟随王子敖来齐的时候，被孟子批评得不轻。

曰："可欲之谓善，有诸己之谓信，充实之谓美，充实而有光辉之谓大，大而化之之谓圣，圣而不可知之之谓神。乐正子，二之中，四之下也。"

孟子说："可引起人好的念想的叫善，有自己内心主张不自欺欺人的叫信，内心丰盈充实叫美，内心丰盈充实而又散发出光辉的就称为大，大美大德进入化境，普惠万民的就叫圣，至圣高深莫测的就称为神。乐正子这个人，有其中的两项，在第四种之下。"

或者说，值得追求的言行叫作善，自己真诚向善叫作真，善充盈全身叫作美，充盈并且能发出光辉叫作大，光大并且能使天下人感化叫作圣，圣之高深莫测叫作神。前三者是善、真、美，后三者是大、圣、神。

乐正子具有善、真两种品德，距离美还是有些差距。乐正子保持了善良的本性，而成为善人，成为诚信的真人。但仅仅是善良和有诚信还不够，关键是内心充实，这就要看修为了。所谓的内心充实，就是要知晓懂得最根本的东西，真善美的和合，天地人三界的贯通，以及"人之所以为人，其为人也"的道义担当等。

真、善、美、大、圣、神，是人生修为的六重境界。

二十六、如追放豚

孟子曰："逃墨必归于杨，逃杨必归于儒。归，斯受之而已矣。今之与杨墨辩者，如追放豚，既入其苙，又从而招之。"

孟子说："逃离墨子一派的，一定归向杨朱一派。逃离杨朱一派的，一定归向儒家。只要他回归，接受他就完了。今天同杨墨两家辩论的人，好像追逐走失的猪一般，猪已经送回猪圈了，还要把它的脚给捆住。"

各家学派的核心价值区别在于，儒家学派讲求利己利人，亲亲尊尊而泛爱众，天下大同；墨家学派讲求舍己利人，兼爱众生强力而行，摩顶放踵以利天下；杨朱学派讲求利己不损人，拔一毛而利天下，不为也，全性保真。墨家和杨朱学派取其两端，儒家学派中道而行。孟子对两派进行过激烈的批判："杨朱、墨翟之言盈天下，天下之言，不归杨则归墨。""杨氏为我，是无君也；墨氏兼爱，是无父也。无父无君，是禽兽也。"

有道是道理不辩不明。问题是立论基础不同，互相又驳不倒，善恶就难以分清。善辩者未必有善，不善辩者未必无善。对于恶的学说弃恶者必然会逃离，对于善的学说从善者必然会归来。孟子有强烈的文化自信。儒家"中道而立，能者从之"，已有幡然醒悟归来者，已经很说明问题了。

思想路线斗争，自古就是激烈而又残酷的。从某种意义上看，孟子凭一己之力，挽救了儒家学派，挽救了中华道统。

二十七、苛政猛于虎

孟子曰："有布缕之征，粟米之征，力役之征。君子用其一，缓其二。用其二而民有殍，用其三而父子离。"

孟子说："有布帛税，粮食税，劳役税。君主只征收其中的一种税，另外两种暂时就不要征收了。同时征收两种税，百姓就会有饿死的，同时征收三种税，百姓就会父离子散。"

苛政猛于虎。苛政不仅会使父离子散，也会叫人家破人亡。重徭役，厚税赋，非仁者所为。"为富不仁，为仁不富"，孟子最懂得民间疾苦，具有深沉的社会良知。

二十八、殃必及身

孟子曰："诸侯之宝三：土地，人民，政事。宝珠玉者，殃必及身。"

孟子说："诸侯有三样宝：土地、人民和政事。以珠玉为宝的人，灾祸一定会降临到他身上。"

这句话说得好，一般人玩物丧志，当政者玩物丧权，诸侯玩物丧国，天子玩物便丧失天下了。历史上最典型的是假途伐虢的故事，虞国国君贪人美玉，忘了唇亡齿寒，结果被晋国反手抄灭。人之三宝是什么呢？亲情、健康和工作。

先秦古籍里，"人""民"很少组词出现，因为古时候，人是人，贵人；民是民，贱民。民指的是老百姓。

二十九、盆成括仕齐

盆成括仕于齐。

孟子曰："死矣，盆成括！"盆成括见杀。

盆成括到齐国做官。

孟子说："盆成括死定了！"盆成括果然被杀。

盆成括，复姓盆成，名括，一说是孟子的学生。《论语》里孔子经常骂子路，一次弟子侍坐，"闵子侍侧，訚訚如也。子路，行行如也。冉有、子贡，侃侃如也。子乐。'若由也，不得其死然'"。某天，孔子很高兴，看着身边这几位弟子，眼里满满的都是爱意。看闵子骞，和颜悦色的样子；看子路，坚毅刚强的样子；再看冉有、子贡，胸有成竹、侃侃而谈的样子。孔子一高兴，子路就遭殃。看着子路这副天不怕地不怕的神态，孔子脱口而出："唉，像子路这副模样，只怕怎么死的都不知道。"谁知一语成谶，后来子路果然未得好死，在卫国被砍成了肉酱。《孟子》里也来了这么一出。亚圣也是抑亦先觉。

门人问曰："夫子何以知其将见杀？"

曰："其为人也小有才，未闻君子之大道也，则足以杀其躯而已矣。"

门人就问："夫子怎么知道他会被杀呢？"

孟子说："他为人小有才气，但是还不懂君子之大道，这样就足以招来杀身之祸。"

孟子认为他虽小有才气，但还不懂得为人处世谨言慎行的道理，好显摆，无意间会得罪权贵，自寻死路，甚至死了都不知道自己是怎么死的。后来，盆成括果然被杀。这与子路的死不是一个套路。一个死于聪明反被聪明误，一个死于勇毅果决不留后路。

三十、上宫失屦

孟子之滕，馆于上宫。有业屦（jù）于牖（yǒu）上，馆人求之弗得。

孟子到了滕国，住在上宫。有一双没有织完的草鞋放在窗台上，馆人去取时却找不见了。

孟子到滕国的时间，大概是在公元前329年之后，离开滕国的时间，大概在公元前320年，孟子50岁左右的样子。此时，滕文公执政，对孟子礼遇有加，安排孟子及其随从弟子住在最好的馆驿。有不少人慕名而来向孟子求学，今天来两个，明天走两个，也是很正常的事。那么，问题就来了。上宫里一双未织完的草鞋不见了，是谁拿走了呢？

或问之曰："若是乎从者之廋也？"
曰："子以是为窃屦来与？"

有人问孟子说："是不是您的追随者藏起来了呢？"
孟子说："你以为他们是为偷鞋子而来的吗？"

这个"或"不一定是丢草鞋的馆人，也可能是个小头目，听到下人说草鞋不见了，就自以为是、自作聪明、自告奋勇地去找孟子问问，是不是您的随从开玩笑藏起来了呢？尽管没说偷，孟子还是不高兴了，有辱斯文，就反问了一句。

曰:"殆非也。夫子之设科也,往者不追,来者不拒。苟以是心至,斯受之而已矣。"

那人说:"绝对不是的。可是先生您设科收徒,走了就走了也不问,来了就来了也不管。只要他们有心向您求学,您也只管教就是了。"

这个"或"心里说,难免良莠不齐呢,保不齐就是让他们偷走了。对孟子门生怀有这种心理,多亏此人只当个小头目,若是官当大了,也会不得好死。草鞋被谁拿走了?写到这儿,戛然而止,不得而知。

可以肯定的是,有双未织完的草鞋不见了,馆人和"或"认定这双鞋是孟子门人拿走了。如果"或"是个刁钻的看不上孟子的隐士呢?他给孟子设了个局呢?如果孟子说门人没拿,那就只剩下孟子你了,是你孟子拿了。如果你也不肯定你门人没拿,那么你门人中有贼。两个推论都把孟子推向不仁不义的境地。很可惜,看不到他们后面的辩论。

《孟子》里好像没出现过隐士。

孔子是"自行束脩以上,吾未尝无诲焉",有教无类。孟子更开放,谁来听都行,也没听说他收拜师礼,更没听说他收学费,是真正的一个人的开放性大学。但是结果带来了住旅馆的尴尬。

三十一、人皆有所不忍

孟子曰:"人皆有所不忍,达之于其所忍,仁也;人皆有所不为,达之于其所为,义也。人能充无欲害人之心,而仁不可胜用也;人能充无穿逾之心,而义不可胜用也;人能充无受尔汝之实,无所往而不为义也。士未可以言而言,是以言餂之也;可以言而不言,是以不言餂之也,是皆穿逾之类也。"

孟子说:"人人都有不忍之心,把不忍之心推及到他所忍心做的事上,就是仁;人人都有不愿意做的事,把这种不愿意推及到他所愿意做的事上,就是义。人人能够扩充不想害人的心,那么仁就会用之不竭了;人人能够扩充不挖洞跳墙的心,那么义就会用之不竭了;人人能够扩充不受鄙视的言行举止,那么无论走到什么地方行为就都会符合义了。士人不可以和他交谈却去交谈,这是用言语试探来诱取他;可以和他交谈却不谈,这是用沉默试探来诱取他,这些都是挖洞跳墙之类的行径。"

孟子的这段章句,来自于他的立论基础,人皆有不忍人之心。"所以谓人皆有不忍人之心者,今人乍见孺子将入于井,皆有怵惕恻隐之心。非所以内交于孺子之父母也,非所以要誉于乡党朋友也,非恶其声而然也。"人皆有不忍人之心是不证自明的第一命题。没有恻隐、羞恶、辞让、是非四心就不是人。四心分别是仁、义、礼、智的发端。在孟子看来,似乎怵惕恻隐之心是先天的,而羞恶、辞让和是非之心是后天养成的。如此理解孟子,或许豁然开朗。

人人皆有不忍人之心,世事以恻隐之心度之,便是仁,仁者爱人。世事以羞恶之心度之,便是义,仁义行之。害人之心不可有,恕也,己所不欲,勿施于人。仁义者,己欲立而立于人,己欲施而施于人。挖洞跳墙之行径,人人羞恶之,非君子所为。

三十二、善言善道

孟子曰:"言近而指远者,善言也;守约而施博者,善道也。君子之言也,不下带而道存焉;君子之守,修其身而天下平。人病舍其田而芸人之田,所求于人者重,而所以自任者轻。"

孟子说:"言语浅近而含意深远的,是善言;所守简约而所施广博的，是善道。君子之言，虽然说的是眼前近事却隐含着人生大道理；君子的操守，就是修身而致天下平。人的毛病是舍了自己的田而去耕别人家的地，要求别人承担的很重，而要求自己承担的却很轻。"

家常话蕴含着大智慧，身边事承载着大道理。古人注视人，目光不可低于对方的腰带，这是礼道。君子的操守追求，在修身齐家治国平天下。亲亲而泛爱众，近取诸譬，正人先正己。君子任重而道远，成己才能达人。可是人犹病诸，自己的事还没做好，却去叨叨别人家的闲事，那是小人的行径。在这里孟子继续阐发了孔子、曾子等人的思想。

三十三、以俟天命

孟子曰："尧舜，性者也；汤武，反之也。动容周旋中礼者，盛德之至也。哭死而哀，非为生者也；经德不回，非以干禄也；言语必信，非以正行也。君子行法，以俟命而已矣。"

孟子说："尧和舜，是出于本性作为；商汤王和周武王，则是返回本性作为。行动和态度完全合乎礼的要求，是最高的美德了。为逝者悲伤痛哭，不是哭给活人看的；按道德行事而不违背礼，不是为了谋求官位；言语必诚信，并不是为了端正行为。君子依照法度去做，只是等待天命而已。"

尧舜所行的仁德是出于本性，尧舜乃神圣者也。商汤王和周武王是经过亲身实践而向这一本性靠拢，然后再力行仁政，商汤王和周武王是圣人者也。行动态度完全合乎礼的要求，是美德的化身，大德之人者也。喜怒哀乐发乎情，止乎礼，皆中节，至中和，言行忠信恭敬皆出于心,乃真善美之外显也。君子之道,从善真美而达大圣神,仁义行也。遵天命而追求道义,坚守道义,是君子内在动能的阐发。天命不可违,尽心知命而已矣。

三十四、说大人则藐之

孟子曰:"说大人,则藐之,勿视其巍巍然。堂高数仞,榱(cuī)题数尺,我得志,弗为也;食前方丈,侍妾数百人,我得志,弗为也;般乐饮酒,驱骋田猎,后车千乘,我得志,弗为也。在彼者,皆我所不为也;在我者,皆古之制也,吾何畏彼哉?"

孟子说:"向显贵进言,就要藐视他,不要把他高高在上的样子放在眼里。殿堂好几丈高,屋檐好几尺宽,如果我得志了,也不屑这样做;佳肴满桌,侍奉的姬妾好几百人,如果我得志了,也不屑这样做;饮酒作乐,跑马打猎,随从的车子上千辆,如果我得志了,也不屑这样做。凡他所做的,都是我所不屑做的;我所做的,都是古代的仁义道德和礼乐制度,我为什么怕他呢?"

勿视其巍巍然!不要把他的显赫地位和权势放在眼里。所谓荣华富贵,吾不屑也!子曰:"不义而富且贵,于我如浮云。"孟子曰:"富贵不能淫,贫贱不能移,威武不能屈。"舍我其谁,仁者无敌!孟子大气磅礴,气象恢宏,为中国知识分子做出了榜样。

我一直觉得,要想完整准确地理解先秦儒家思想,必须通读"四书"和《孔子家语》。儒家的君子之道,是由《论语》的成人之道、《大学》的修身之道、《中庸》的处世之道和《孟子》的立命之道组成的。《孔子家语》算不算齐家之道,再论。儒家思想体现在孔子身上怀柔,体现在孟子身上显刚。孔子和孟子一阴一阳、一柔一刚统一起来，才真正展现出儒家的治世精神。

三十五、养心莫善于寡欲

孟子曰："养心莫善于寡欲。其为人也寡欲，虽有不存焉者，寡矣；其为人也多欲，虽有存焉者，寡矣。"

孟子说："养心没有比减少欲望更好的了。平素欲望少的人，虽然会丢失点什么，但丢的也很少。为人处世欲望多的人，虽然会留下点什么，但留下的也不多。"

为人处世欲望少的人，或许有些失落吧。欲望太多的人，往往利令智昏，做了欲望的奴隶，一不小心，会坠入万劫不复的深渊。求利的欲望少，那么即使善心有些丧失，也是很少的。求利的欲望多，那么即使善心有所保存，也一定是不多的。孟子"养心莫善于寡欲"与老子"见素抱朴，少私寡欲"是相通的。仔细想想，老子道家思想和孔子儒家思想是异流同源，均源自周文王自然思辨哲学和周公旦敬天保民思想，一个强调人与自然和谐，一个强调人与社会和谐罢了，但都是尊崇天道天命的。

三十六、曾皙嗜羊枣

曾皙嗜羊枣，而曾子不忍食羊枣。

曾皙爱吃羊枣，曾子就不忍心吃羊枣。

春秋时有父子两人，他们同为孔门弟子。父亲曾皙爱吃羊枣，一种野生果子，俗名叫牛奶柿。儿子曾参是个孝子，父亲死后，竟不忍心吃羊枣，此事被儒家子弟广为传颂。另有一说，因为父亲曾皙有爱吃羊枣的嗜好，作为儿子的曾子就不忍心吃羊枣了。因为吃了羊枣，羊枣就少了，父亲不够吃，就是夺了父亲的嗜好，这是一种极大的不孝。当然，现下社会富有了，羊枣有的是，随便吃。那时候不行，自己吃一个，父亲就少吃一个。我们小的时候，因为家里穷，一般都是父母爱啃骨头却不喜欢吃肉的。

公孙丑问曰："脍炙与羊枣孰美？"
孟子曰："脍炙哉！"

公孙丑问道："烤肉和羊枣哪个更好吃？"
孟子说："当然是烤肉。"

公孙丑听了曾皙嗜羊枣的典故，不太懂。或者是典故没讲清楚，所以才问孟子的。

公孙丑曰："然则曾子何为食脍炙而不食羊枣？"
曰："脍炙所同也，羊枣所独也。讳名不讳姓，姓所同也，名所独也。"

公孙丑说："那么曾子为什么吃烤肉而不吃羊枣呢？"
孟子说："烤肉是人人都爱吃的，羊枣却是个别人才爱吃的。正像避讳时只讳名不讳姓一样，姓是很多人共有的，而名是一个人独有的。"

孟子解释说，父亲有爱吃羊枣的嗜好，就像人的名字一样，都是特有的。如果儿子名字中含有父亲大人名字的字，那不是犯上吗？如果曾子忍心吃羊枣，那不是有意和父亲夺食吗？曾子的孝，是真孝。

三十七、万章问狂

万章问曰:"孔子在陈,曰:'盍归乎来?吾党之士狂简,进取,不忘其初。'孔子在陈,何思鲁之狂士?"

万章问道:"孔子在陈国时说:'为什么不回鲁国去呢?我家乡的弟子们有狂放的也有狷介的,他们奋发进取,不忘初心。'孔子在陈国,怎么会思念鲁国的那些狂士呢?"

看来,万章对孔子的经历和思想,了解不多或者不够深入,才有此一问,但也是抓住了一个要点。

孟子曰:"孔子'不得中道而与之,必也狂狷(juàn)乎!狂者进取,狷者有所不为也'。孔子岂不欲中道哉?不可必得,故思其次也。"

孟子说:"孔子说过'找不到中道之士来交往,就一定要找狂者和狷者!狂者奋发进取,狷者有所不为。'孔子难道不想找中道之士交往吗?因为不可能一定找到,所以只好退而求其次了。"

孟子是了解孔子和春秋的,并且能够走进孔子的心里了解他。尽管未得耳提面授,但私淑诸子得其真传,还能发扬光大之。

"敢问何如斯可谓狂矣?"
曰:"如琴张、曾皙、牧皮者,孔子之所谓狂矣。"

万章又问:"请问什么样的人才称为狂呢?"
孟子说:"比如琴张、曾皙、牧皮这一类的人,孔子就称他们为狂者。"

琴张和牧皮的事迹未见记载。史载曾皙的事迹也很少。《孔子家语》载，曾皙让曾参去瓜地锄草，曾参不小心将一棵瓜苗锄掉了。曾皙认为曾参用心不专，便用棍子责打曾参。曾皙出手太重，将曾参打昏。《论语》载，曾皙"鼓瑟希，铿尔，舍瑟而作"，说自己的志向是"莫春者，春服既成，冠者五六人，童子六七人，浴乎沂，风乎舞雩，咏而归"。夫子喟然叹曰："吾与点也！"曾皙就是打儿子出手重了，未见他太狂的一面，倒是有点温文尔雅。但世传他豪放不羁，并有"鲁之狂士"之称。

"何以谓之狂也？"

曰："其志嘐（jiāo）嘐然，曰：'古之人！古之人！'夷考其行，而不掩焉者也。狂者又不可得，欲得不屑不洁之士而与之，是狷也，是又其次也。

"为什么说他们狂放不羁呢？"

孟子说："他们志向远大口气也大，动不动就说'古人哪！古人哪！'考察他们的行为，发现他们尽管有点夸大其词但也不藏着掖着。倘若这种狂放的人还是难得交往，便去结交不屑于做坏事的人，这就是狷者，是又次一等的人了。

狂者有点夸大其词，但也是真性情，只是有点不合时宜，未能皆中节而已。再次一等，狷者不屑同流合污，洁身自好，进取之心差点，但也是善者自为也矣，比乡愿强多了。

"孔子曰：'过我门而不入我室，我不憾焉者，其惟乡原乎！乡原，德之贼也。'"

"孔子说：'走过我的家门而不入我室，我不感到遗憾的，只有乡愿吧！乡愿，就是败坏道德的贼人。'"

孔子最讨厌的是乡愿，千万不要踏入他的家门，连骂他的心都懒得有了。

乡愿是指那些老好人、墙头草。这种人谁都不得罪，看上去似乎是与人为善，其实是伪善，没有原则，其所作所为是在抹黑真正的道义，所以孔子要骂乡愿是败坏道德的贼人。看孟子如何说。

曰："何如斯可谓之乡原矣？"

曰："何以是嘐嘐也？言不顾行，行不顾言，则曰：'古之人！古之人！行何为踽（jǔ）踽凉凉？生斯世也，为斯世也，善斯可矣。'阉（yān）然媚于世也者，是乡原也。"

万章说："什么样的人称为乡愿呢？"

孟子说："为什么要志向远大？言谈不顾及行为，行为不顾及言谈，动不动就说：'古人哪！古人哪！为什么如此孤独冷漠呢？生在这个世上，就迎合这个世道吧，好好地活着就可以了。'曲意逢迎献媚于世俗的人，就是乡愿。"

乡愿没有原则立场，苟活于人世，游走于江湖，只为满足一介私欲，对仁义道德弃之如敝履，只剩下食色皮囊，实为肉蛆。

万章曰："一乡皆称原人焉，无所往而不为原人，孔子以为德之贼，何哉？"

万章说："全乡的人都称赞他是好人，他到哪儿都被视为好人，孔子却认为他们是败坏道德的贼人，这是为什么呢？"

小人嚣嚣，人畜无害的样子，上面喜欢，下面喜欢，人心不古，世风日下。

曰："非之无举也，刺之无刺也；同乎流俗，合乎污世；居之似忠信，行之似廉洁，众皆悦之，自以为是，而不可与入尧舜之道，故曰德之贼也。孔子曰：'恶似而非者：恶莠，恐其乱苗也；恶佞，恐其乱义也；恶利口，恐其乱信也；恶郑声，恐其乱乐也；恶紫，恐其乱朱也；恶乡原，恐其乱德也。'君子反经而已矣。经正，则庶民兴；庶民兴，斯无邪慝矣。"

孟子说："指责他却列举不出缺点，责骂他却找不到由头；他们附庸时世，同流合污；平时看似忠厚老实，处事看似方正廉洁，众人都喜欢他。他们自以为是，却与尧舜之道格格不入，所以称他们是败坏道德的贼子。孔子说：'厌恶似是而非的东西；厌恶莠草，担心它混淆了秧苗；厌恶巧言谄媚，担心它混淆了义行；厌恶灵牙利口，担心它混淆了信实；厌恶郑国的乐曲，担心它混淆了雅乐；厌恶紫色，担心它混淆了正红色；厌恶乡愿，担心它混淆了道德。'君子只是让一切都回归正道罢了。路子对了，百姓才会奋发振作；百姓奋发振作了，也就没有了邪恶。"

狂者奋发进取，虽然言过其实，但还算真诚，不好找。狷者有所不为，不屑于做坏事，也算善良，也少。他们狂简进取，不忘其初，也算难得。乡愿四面讨好，八面玲珑，曲意逢迎，献媚世俗，以活得滋润为目的，成为社会的主流。这是什么世道！茫然四顾，君子呢？仁义道德呢？

三十八、中道而立

孟子曰："由尧舜至于汤，五百有余岁，若禹、皋陶，则见而知之；若汤，则闻而知之。由汤至于文王，五百有余岁。若伊尹、莱朱则见而知之；若文王，则闻而知之。由文王至于孔子，五百有余岁，若太公望、散宜生，则见而知之；若孔子，则闻而知之。由孔子而来，至于今，百有余岁，去圣人之世，若此其未远也；近圣人之居，若此其甚也。然而无有乎尔，则亦无有乎尔。"

孟子说："从尧舜到商汤，经历了五百多年，像大禹和皋陶等人，是亲历而知晓尧舜之道的；像成汤，则是通过听闻而了解尧舜之道的。从商汤到周文王，又经历了五百多年，像伊尹和莱朱等人，是亲历而知晓商汤之道的；像周文王，则是通过听闻而了解商汤之道的。从周文王到孔子，又经历了五百多年，像太公望和散宜生等人，是亲历而知晓文王之道的；像孔子等人，则是通过听闻而了解文王之道的。孔子已降，至今又经历了一百多年，距离圣人的时代，至今并不远；距离圣人的家乡，又是如此接近。可是没有出现那个你呀，也就没有了后来的那个他。"

莱朱，成汤时的贤臣。散宜生，周文王时的四臣之一，因有文德而做了文王的宰相。

孟子回顾历史，展望未来，感慨万千。社会由乱到治，由治到乱有一个五百年的循环周期。五百年出一位圣王，必有君子贤者辅佐之，以王道治国平天下。其仁政道德，必流传于后世。可是现在呢？面对民不聊生、战乱不断的社会局面，孟子急切地盼望圣王的出现，也好施展自己的抱负。无奈生不逢时，天命不可违，形势比人强，那个圣王就是没有出现。孟子只好高举仁义道德的大旗，虽心犹不甘，但尽心知命，中道而立，惶惶乎两千余岁，化作一尊伟岸的雕像：舍我其谁！

周公没，圣人之道不行。孟轲死，圣人之学不传。

修身齐家——《家语》学思录

前　言

　　《孔子家语》又名《孔氏家语》，亦称《家语》，是一部记录孔子及孔门弟子思想言行的儒家早期经典。今传本《家语》共10卷44篇，历代前人多认为是伪书，传其为三国时期魏国王肃作。1973年河北定县八角廊西汉墓出土的竹简《儒家者言》，内容与今本《家语》相近；1977年安徽阜阳双古堆西汉墓出土的篇题与《儒家者言》相对应的简牍，内容同样和《家语》有关。这些考古发现说明，今本《家语》并非伪书。近代，随着相关简帛文献的出土，《家语》的真实性与文献价值越来越为学术界所重视。《家语》留存有一大批比较原始的、较为完整的文献资料，因而具有重要的版本校勘价值。

　　我在研习学思的过程中发现，《家语》可以让我们更容易走进孔子的内心世界，为我们呈现比《论语》中更加生动的孔子形象。《论语》篇幅短小精炼，章句言简意赅，如果没有一定的历史知识背景，一般人理解起来都有困难，更难以窥视孔子等人思想言行的全貌。《论语》不足一万六千字，而《家语》却多达五万七千余字，且有更多记录孔子言行的生动情节，显然更能展现孔子的人格和思想。《论语》中一些未涉及的问题，比如对庸人、士人、君子、贤人和圣人的定义，在《家语·五仪解》中都给出了明确的概念，解开了我们对特别重视正名的孔子为什么不给这五种人正名的疑惑。又像《大学》谈修身，《中庸》谈处世一样，《家语》的每一篇，都似有意在为《论语》作归纳总结或解释，这是一个很有意思的现象，也为我们理解《论语》提供了更为直接的参考。

《论语》体现的是孔子"仁者爱人"的忠恕之道，以及"知其不可为而为之"的治世精神，因此有人认为孔子在政治上强调为政以德，重视德政礼治，排斥依法治国。然而我们从《家语》里可以了解到，孔子的治国方略实为德政法治，即德政礼治与法治刑罚相结合。从孔子在《家语》里的言行可以看出，孔子在仁者爱人、亲亲尊尊的思想之上，还有圣人则天、大爱无私的更高层次的认知，以及至礼不让、至赏不费、至乐无声的终极追求。这与《论语》体现出来的孔子中道而行的形象很不一样。比较《论语》和《家语》会发现，孔子不是不知道人道遵循天道，天道无私而人道有情的规律，只是在礼崩乐坏的时代，他不得不扛起仁义礼智信的大旗，重塑文化道统罢了。另外，夫子一点也不迂腐，他在夹谷会盟上的杀伐果决，更让我们见识了其仁者无敌的英雄气概。还有，我认为孟子一定是研读过《家语》的，甚至可以说，他在《孟子》一书中对孔子学说的创新发展思想，也是发端于《家语》所述之孔子言行的。

孔子不是不重视法治，他"制为养生送死之节"，还是法学家。孔子不是不重视农业，他认为"治政有理矣，而农为本""置本不固，无务农桑"。孔子更不是五谷不分，他"别五土之性，而物各得其所生之宜"，还是农学家。

关于《论语》和《家语》的成书，我推论应该形成于弟子守庐期间。《论语》是精选孔子和其弟子言论，分主题由其不同弟子牵头编撰而成的语录；孔子和其弟子的其他思想言行资料则由其弟子按主题梳理编撰成了《家语》。我在学思的过程中，注重以《论语》《诗经》《尚书》来解《家语》，并参考了《史记》与《礼记》的有关内容。正论解及曲礼三篇，有学者认为或许是《家语》附录，故只取部分解读之，特此说明。

相鲁第一

孔子初仕，为中都宰。制为养生送死之节，长幼异食，强弱异任，男女别涂，路无拾遗，器不雕伪。为四寸之棺，五寸之椁，因丘陵为坟，不封不树。行之一年，而西方之诸侯则焉。

孔子刚做官时，担任中都宰。他制定了养生送死的礼节，包括根据年龄长幼享有不同的食物，根据能力强弱承担不同的任务，男女各走一边，不能捡取遗失在路上的东西，器物上不能雕刻浮华的纹饰。棺木四寸厚，椁木五寸厚，依傍丘陵修坟，不堆土植树为界。养生送死的礼节施行一年之后，西方的诸侯国开始效仿这种礼节。

孔子年轻时曾经做过仓库保管员等，多能鄙事；51岁任中都宰，第二年由中都宰升小司空，后升大司寇，摄相事。相鲁一篇主要记录的是孔子在鲁国从政，特别是摄相事期间的言行。任中都宰即鲁邑长官时，孔子制定了养生送死的礼节，这是其孝悌思想的体现，同时也能看出他提倡节俭实用，不喜欢华而不实。关于节俭实用，《论语》载："礼，与其奢也，宁俭。丧，与其易也，宁戚。"关于男女别涂和路无拾遗，《孟子》云"男女授受不亲""可以取，可以无取，取伤廉"。关于西方之诸侯，应该指的是曹国或宋国。

定公谓孔子曰："学子此法以治鲁国，何如？"孔子对曰："虽天下可乎，何但鲁国而已哉！"于是二年，定公以为司空。乃别五土之性，而物各得其所生之宜，咸得厥所。

鲁定公对孔子说："学习您的施政方法来治理鲁国，怎么样？"孔子回答说："就算是天下也能治理好，何况只是治理鲁国呢！"这样实施了两年，鲁定公任命孔子做了司空。孔子根据土性把土地分为五类，种植各自适宜生长的农作物，农作物都获得了各自适宜生长的土壤。

从《论语》和《孟子》看，儒家好像看不起稼穑。樊迟请学稼，子曰："吾不如老农。"请学为圃。曰："吾不如老圃。"樊迟出。子曰："小人哉，樊须也！上好礼，则民莫敢不敬。上好义，则民莫敢不服。上好信，则民莫敢不用情。夫如是，则四方之民襁负其子而至矣，焉用稼？"孔子认为："君子谋道不谋食。耕也，馁在其中矣。学也，禄在其中矣。君子忧道不忧贫。"孟子认为："劳心者治人，劳力者治于人。治于人者食人，治人者食于人。天下之通义也。"从本段来看，孔子是十分了解"物各得其所生之宜"的，儒家也并不是不重视农业的，只是在礼崩乐坏的年代，他们认为对君子来说有比稼穑更重要的事要做而已。孔子不仅重视农业，而且还是农业科学家。此时不禁恍然大悟，如果孔子真的五谷不分，樊迟还向他请示稼，那樊迟不是傻吗？

孔子是农学家、法学家、社会活动家，更是教育家、思想家、政治家、伦理学家、心理学家、哲学家，甚至还是音乐家、军事家、文学家、历史学家。

《论语》里阳虎劝孔子出仕，大概是在孔子四十八九岁的时候。阳虎曰："怀其宝而迷其邦，可谓仁乎？"曰："不可。""好从事而亟失时，可谓知乎？"曰："不可。""日月逝矣，岁不我与。"孔子曰："诺，吾将仕矣。"孔子认为他出仕的时机到了。

鲁定公，是鲁国第二十五任君主。他是鲁昭公的庶弟，承袭鲁昭公担任鲁国君主，在位15年，继任者为鲁哀公。

先时，季氏葬昭公于墓道之南，孔子沟而合诸墓焉。谓季桓子曰："贬君以彰己罪，非礼也。今合之，所以掩夫子之不臣。"

早先时，季氏把鲁昭公葬在鲁国先王陵寝的墓道南面，孔子做司空后将鲁昭王的陵墓与先王的陵墓圈连到一起。孔子对季桓子说："贬损国君却也彰显了自己的罪行，这不合乎礼制。现在把陵墓合到一起，可以掩盖令尊不守臣道的行为。"

鲁昭公在位期间，季平子执政专权。鲁昭公想摆脱三桓凌驾公室之上的现状，遂讨伐季平子。作为三桓专政的另外两氏，叔孙氏和孟孙氏发兵援救季氏，击败了鲁昭公的军队。鲁昭公无奈逃到齐国。齐国伐鲁，但完全把逃难的鲁昭公当成大夫看待。鲁昭公于是前往晋国求助。季平子却早有一招，重金贿赂了当时的晋国六卿，结果晋国让鲁昭公暂居乾侯。鲁昭公在乾侯病死，季平子把鲁昭公葬在鲁国先王陵寝的墓道南面，降格对待。

孔子是很懂得人情世故的，为季桓子消除了不好的影响。后来孔子任大司寇并摄相事，采取了隳三都的措施，拆毁了三桓所建城邑，与三桓的矛盾随之加深并公开化。鲁定公十三年（前497年）春天，齐国送80名美女到鲁国，季桓子接受了女乐，君臣迷恋歌舞，多日不理朝政。不久鲁国举行郊祭，祭祀后按惯例送祭肉给大夫们，但是并没有送给孔子。这些事情表明孔子的政治主张在鲁国已无法实现，且季氏也不想再任用他了，于是孔子在不得已的情况下离开鲁国，开始了周游列国的旅程。

由司空为鲁大司寇，设法而不用，无奸民。

孔子由司空升为鲁国的大司寇，他虽然修订了法令，却无须使用，社会上没有奸民。

鲁定公十一年（前499年），孔子升为鲁国大司寇，摄相事，七日而诛少正卯，曝尸三日，鲁国大治。少正卯时为鲁国的大夫，孔子为何诛杀他呢？《史记》记载，少正卯是身兼"五恶"的"小人"，具有惑众造反的能力，不可不杀。这"五恶"分别是：分得清事理但内心险恶，很有辩才但说话虚伪，意志坚定但行为邪僻，知识广博但志向愚陋，表面好施恩泽但行为不正。

司寇是中国古代最高司法官，周有大司寇、小司寇之分，大司寇掌管刑狱和纠察。《周礼·秋官》云："大司寇掌建邦三典，以佐王刑邦国诘四方。"孔子所设之法应为司法和刑罚。从后文中我们可以了解到，孔子的政治观是德政礼制与法治刑罚相结合，但强调为政以德，刑罚辅之。孔子设置刑罚的目的是让民众知道社会的底线在哪儿，不要去触犯。

《史记·孔子世家》载，定公十年春，及齐平。夏，齐大夫黎鉏言于景公曰："鲁用孔丘，其势危齐。"乃使使告鲁为好会，会于夹谷。

定公与齐侯会于夹谷，孔子摄相事，曰："臣闻有文事者必有武备，有武事者必有文备。古者诸侯出疆，必具官以从，请具左右司马。"定公从之。

鲁定公和齐侯在夹谷会盟，孔子担任相礼。孔子说："臣听说有文事者必有武备，有武事者必有文备。古时候诸侯离开自己的疆土，必须配备应有的文武官员随从。请您带上左右司马。"鲁定公听从了孔子的建议。

"有文事者必有武备，有武事者必有文备。"换句话说就是，文治武功缺一不可，追求和平发展需要强大的国防做后盾，于今何尝不是？春秋时期，齐国和鲁国经常大动干戈，齐国夺取了鲁国的一些土地，但自己也损失惨重。鲁国任用孔子，齐国十分警惕，认为鲁国继续发展下去会危及齐国安全，于是就阴谋削弱鲁国。鲁定公十年（前500年），齐景公写信给鲁定公，表示愿与鲁国修好，鲁国也有意媾和，相约两国国君举行乘车好会，并把会盟地点选择在齐鲁交界处夹谷。齐景公想利用会盟的机会要挟鲁国，孔子抑亦先觉，提醒鲁定公做好战斗准备。

在道义上，孔子不好战，也不愿战。孔子曾经说过，在兵、粮、信三者之中，信最为重要，如果只去掉一项的话，那就去掉兵。但在国事上，他又时刻准备作战。他说："善人教民七年，亦可以即戎矣。"又说："以不教民战，是谓弃之。"晚年他又主动要求发起战争讨伐奸佞——"陈成子弑齐简公，孔子告于鲁哀公，请讨之"。这就是孔子的仁智勇。

至会所，为坛位，土阶三等。以遇礼相见，揖让而登。献酢（cù）既毕，齐使莱人以兵鼓噪，劫定公。孔子历阶而进，以公退，曰："士，以兵之！吾两君为好，裔夷（yì yí）之俘，敢以兵乱之，非齐君所以命诸侯也！裔不谋夏，夷不乱华，俘不干盟，兵不逼好，于神为不祥，于德为愆义，于人为失礼，君必不然。"齐侯心怍，麾而避之。

到举行盟会的地方，筑好盟会的高台，并且设置了多个台阶通往高台。双方以简略的会遇之礼相见，谦让着登上高台。互相敬酒后，齐国一方让莱人手持兵器，喧闹着蜂拥而上，威逼鲁定公。孔子快步登上台阶，保护鲁定公退避，说："鲁国士兵，拿起武器准备战斗！我们两国国君在这里友好会盟，远方夷狄俘虏竟敢手持武器行暴，这绝不是齐君和天下诸侯邦交之道！

远方异国不得谋我华夏，夷狄不得乱我中国，俘虏不可扰乱会盟，武力不能威逼友好。这是对神明的不敬，从道德上讲是不义，从为人上讲是失礼。君子一定不会这样做。"齐侯内心感到愧疚，挥手让莱人撤了下去。

古时，中国的传统文化以华夏文化即中原文化为正统，将东夷、南蛮、西戎、北狄贬称为"四夷"，认为他们不入华夏正统。莱国，又称莱子国，商代始封，西周时期成为诸侯大国。春秋初，莱国疆域西起今临朐，东至胶东半岛，北至渤海，南至今诸城、胶州，后被齐灭。莱人，一说为齐国俘虏的莱国士兵。

面对齐国的伎俩，孔子临危不惧，大义凛然，以一番义正辞严的话平息了一场精心策划的骚乱。

有顷，齐奏宫中之乐，俳（pái）优侏儒戏于前。孔子趋进，历阶而上，不尽一等，曰："匹夫荧侮诸侯者，罪应诛。请右司马速加刑焉！"于是斩侏儒，手足异处。齐侯惧，有惭色。

过了一会儿，齐国演奏宫廷舞乐，艺人和侏儒在国君面前表演滑稽和杂耍。孔子快步登上台阶，站在上面第二个台阶上说："匹夫敢戏弄诸侯国君，罪当斩。请右司马立即对他们用刑。"于是鲁国的刑法官员斩杀了侏儒小丑，剁掉了他们的手脚。齐侯心中惧怕，脸上有愧疚之色。

按照周礼，两国国君相会，有专门的礼乐规制。一则宫中之乐不能在荒野演奏，二则俳优侏儒戏于前更是大不敬。齐国人不在乎，反以为乐。恪守周礼的孔子认为这是大逆不道，抓住机会给齐人来了个下马威。史料上只记载过孔子两次杀人，一次是上任七日诛杀少正卯，一次是立斩俳优侏儒，都是干净利落，眼都不眨一下。唐朝胡曾有诗云：

"夹山莺啼三月天，野花芳草整相鲜。来时不见侏儒死，空笑齐人失措年。"

将盟，齐人加载书曰："齐师出境，而不以兵车三百乘从我者，有如此盟。"孔子使兹无还对曰："而不返我汶阳之田，吾以供命者，亦如之。"

将要盟誓时，齐人在盟书上加了一段话说："齐国出兵远征时，鲁国如果不派三百辆兵车从征，齐国就要按照盟书中的条款加以制裁。"孔子让鲁大夫兹无还回应道："如果齐国不归还我汶阳之田，而要让鲁国派兵跟从的话，齐国也要按照盟书的条款接受惩罚。"

齐人本来计划得好好的，想利用会盟挟制鲁国，结果被孔子连教训带砍杀的，弄得很没面子，于是不死心就想找回来。没承想这一次亏得更大了，还归还了汶阳之田。汶阳之田，是汶河以北的土地，原属鲁国，历史上翻来覆去在鲁国和齐国手里倒腾了好几回。

齐侯将设享礼，孔子谓梁丘据曰："齐鲁之故，吾子何不闻焉？事既成矣，而又享之，是勤执事。且牺象不出门，嘉乐不野合。享而既具，是弃礼；若其不具，是用秕稗也。用秕稗，君辱；弃礼，名恶。子盍图之？夫享，所以昭德也。不昭，不如其已。"乃不果享。

齐侯准备设宴款待鲁定公，孔子对梁丘据说："齐鲁两国的传统礼节，阁下难道没听说过吗？会盟既然已经完成，却又要款待我们君主，这是徒然烦扰执事。而且牺尊象尊等酒器不能拿出宫门，宫廷之乐也不能在荒野中演奏。假如宴席上配备了这些酒器，就是背弃礼仪；假如宴席不用这些酒器，就如同舍用五谷而用秕稗一样。用秕稗，有辱齐君；背弃礼法，就会臭名昭著。您图什么呢？宴客，本是为了彰显美德，不能彰显美德，倒不如干脆作罢。"最终齐国取消了这次宴会。

一方面，说得句句在理，处处为对方着想；另一方面，避免了节外生枝。孔子，圣之时者也。

齐侯归，责其群臣曰："鲁以君子道辅其君，而子独以夷狄道教寡人，使得罪。"于是乃归所侵鲁之四邑及汶阳之田。

齐侯回到都城，责备群臣说："鲁国用君子之道辅佐他们的国君，而你们却偏偏用夷狄之道来教唆我，招来这些羞辱。"于是归还了侵占鲁国的四座城邑和汶阳之田。

夹谷会盟，由于孔子据理力争、杀伐果决，鲁国在外交上取得了胜利，不但挫败了齐人的图谋，还促使齐景公归还了以前侵占鲁国的汶阳等三处土地。

孔子言于定公曰："家不藏甲，邑无百雉之城，古之制也。今三家过制，请皆损之。"乃使季氏宰仲由隳三都。叔孙辄不得意于季氏，因费宰公山弗扰率费人以袭鲁。孔子以公与季孙、叔孙、孟孙入于费氏之宫，登武子之台。费人攻之，及台侧，孔子命申句须、乐颀勒士众下伐之，费人北。遂隳三都之城。强公室，弱私家，尊君卑臣，政化大行。

孔子对鲁定公说："卿大夫的家中不能私藏兵器铠甲，封地内不能建筑一百雉规模的都城，这是古制。现今三家大夫的城邑都逾越了古制，请您削减他们的势力。"于是派季氏家臣仲由拆除三家大夫的城池。叔孙辄得不到季氏的器重，联合费城的长官公山弗扰率领费人袭击鲁国。孔子保护着鲁定公和季孙氏、叔孙氏、孟孙氏三大夫躲入季氏的住宅，登上武子台。费人进攻武子台，攻到台的一侧，孔子命令申句须、乐颀统领士卒前去抵挡，将费人击退。接着去销毁三座都邑的城池。这一行动使鲁国国君的权力得到加强，大夫的势力被削减，君尊臣卑，政治教化措施得到执行。

三家指的是三桓，即鲁国卿大夫孟孙氏、叔孙氏和季孙氏。鲁国的三桓起于鲁庄公时代。鲁庄公父亲鲁桓公有四子：嫡长子鲁庄公继承鲁国国君；庶长子庆父、庶次子叔牙、嫡次子季友皆被鲁庄公封官为卿，后代皆形成了大家族，由于三家都出自鲁桓公之后，所以被人们称为"三桓"。

季孙氏的城邑是费（今山东费县）、叔孙氏的城邑是郈（今山东东平）、孟孙氏的城邑是成（今山东宁阳）。叔孙辄是叔孙氏的庶子。当时，孔子的弟子仲由，也就是子路，为季氏家宰。

《史记·孔子世家》载，当三桓明白隳三都是为了"削三桓，强君权"后，隳三都半途而废，孔子与三桓的矛盾彻底暴露出来，孔子在鲁国无法立足，便开始了长达14年的周游列国的旅程。

孔子出仕，主要做了六件事：一是"制为养生送死之节"，规范礼制礼仪；二是"设法而不用"，规范法治刑罚；三是"七日诛杀少正卯"，惩治邪恶；四是"隳三都"，削三桓，强君权；五是提出"有文事者必有武备，有武事者必有文备"的战略主张，取得夹谷会盟外交重大胜利；六是收复失地，充分彰显仁者无敌的政治智慧。

下一篇专说孔子的法治主张。

始诛第二

孔子为鲁司寇，摄行相事，有喜色。仲由问曰："由闻君子祸至不惧，福至不喜，今夫子得位而喜，何也？"孔子曰："然，有是言也。不曰'乐以贵下人'乎？"于是朝政七日而诛乱政大夫少正卯，戮之于两观之下，尸于朝三日。

孔子担任鲁国的大司寇，代理相位之职，表现出喜悦的神色。仲由问道："我听说君子祸患来临不恐惧，福禄降临不欢喜。现在夫子得到高位而流露出欢喜的神色，这是为什么呢？"孔子说："对，确实有这样的说法。但不是也有'乐以贵下人'的说法吗？"于是孔子执掌朝政七天就诛杀了扰乱朝政的大夫少正卯，杀少正卯于宫殿门外的两座高台上，并在朝廷曝其尸三日。

世人多把"乐以贵下人"译作"显贵了仍以谦恭待人为乐事"，或者"乐在身居高位而礼贤下士"，笔者感觉这样译有点浅了。接下来，孔子不动声色，果敢决绝，七日而诛少正卯，曝尸三日。孔子开心高兴的是，终于可以名正言顺地为民除害，诛杀祸国殃民的贼子了，终于可以辅佐鲁君推行仁道了。

子贡进曰："夫少正卯，鲁之闻人。今夫子为政而始诛之，或者为失乎？"孔子曰："居，吾语汝以其故。天下有大恶者五，而窃盗不与焉。一曰心逆而险，二曰行僻而坚，三曰言伪而辩，四曰记丑而博，五曰顺非而泽。此五者，有一于人，则不免君子之诛，而少正卯皆兼有之。其居处足以撮徒成党，其谈说足以饰褒莹众，其强御足以反是独立。此乃人之奸雄，有不可以不除。夫殷汤诛尹谐，文王诛潘正，周公诛管蔡，太公诛华士，管仲诛付乙，子产诛史何，凡此七子皆异世而同诛者，以七子异世而同恶，故不可赦也。《诗》云：'忧心悄悄，愠于群小。'小人成群，斯足忧矣。"

子贡进言道："少正卯，是鲁国的显赫人物，现在夫子您刚执掌朝政便首先杀掉他，或许做得不妥吧？"孔子说："坐下，我告诉你杀他的原因。天下称得上大恶的有五种，连盗窃的行为都不包括在内。一是通达事理却又心存险恶，二是行为邪僻而固执成见，三是言语虚伪却又能言善辩，四是志向愚陋却又知识广博，五是同流合污还要广施恩惠。这五种大恶，人只要有其中之一，就免不了受正人君子的诛杀，而少正卯却是样样都具备。他身居权位足以聚集起自己的势力结党营私，他的言论足以迷惑众人伪饰自己而得到声望，他积蓄的强大力量足以叛逆礼制成为异端。这就是人中的奸雄啊！不可以不除掉。历史上殷汤杀掉的尹谐，文王杀掉的潘正，周公杀掉的管叔、蔡叔，姜太公杀掉的华士，管仲杀掉的付乙，子产杀掉的史何，算上我杀掉的少正卯，这七个人生于不同时代但都被诛杀了，原因是七个人尽管所处时代不同，但具有的恶行是一样的，所以对他们不能放过。《诗经》上说：'忧愁重重难排除，小人恨我真可恶。'如果小人成群，那就足以令人担忧了。"

诛杀少正卯，看来是孔子深思熟虑之后所为。

少正卯（？—前496），春秋时期鲁国大夫，少正是官职，卯是人名。

一说少正卯也开办私学，大放法家之言，多次把孔子的学生吸引过去听讲，只有颜回没有去。《史记·孔子世家》所载内容大致与《家语》相同。诛杀少正卯后，"与闻国政三月，粥羔豚者弗饰贾，男女行者别于涂，涂不拾遗，四方之客至乎邑者不求有司，皆予之以归"。孔子为政三个月，贩卖猪、羊的商人就不敢漫天要价了，男女行人都分开走路了，掉在路上的东西也没人捡走了，各地的旅客来到鲁国的城邑，用不着向官员们求情送礼，都能得到满意的照顾，好像回到了家中一样。

周武王死后，文王庶子管叔、蔡叔联合商纣之子武庚叛乱，被周公击败，管叔、武庚被杀，蔡叔被流放。周公完成了辅助成王平叛定国的大业。

"忧心悄悄，愠于群小"出自《国风·邶风·柏舟》。该诗文笔优美，凝重而委婉，激亢而幽抑，侃侃申诉，娓娓动听，在《诗经》中别具一格。

有学者说孔子诛杀少正卯有其私心，其言小哉。孔子曾说，"攻乎异端，斯害也已"，"君子不以言举人，不以人废言"。孔子诛杀的是祸国殃民的"五大恶"。

孔子为鲁大司寇，有父子讼者，夫子同狴执之，三月不别。其父请止，夫子赦之焉。

孔子做鲁国的大司寇，有一对父子来打官司，孔子把他们羁押在同一间牢房里，过了三个月也不判决。后来父亲请求撤回诉讼，孔子就把父子二人都放了。

孔子实在是高明。法外莫过人情，人情莫过亲情。父子讼者，父不慈、子不孝之故也。刑罚是道德的底线。子曰："听讼，吾犹人也。必也使无讼乎！"审理诉讼，我和别人差不多，但我更愿意世间再也没有诉讼。"夫子同狴执之，三月不别"唤起了父子之间的亲情。《论语》载，叶公语孔子曰："吾党有直躬者，其父攘羊而子证之。"孔子曰："吾党之直者异于是，父为子隐，子为父隐，直在其中矣。"说的也是同一个道理。

季孙闻之不悦，曰："司寇欺余。曩（nǎng）告余曰：'国家必先以孝'，余今戮一不孝以教民孝，不亦可乎？而又赦，何哉？"

季孙氏听到这件事很不高兴，说："司寇欺骗我。从前他对我说：'治理国家一定要以提倡孝道为先。'现在我要杀掉一个不孝的人来教导百姓遵守孝道，不可以吗？司寇却又赦免了他们，这是为什么呢？"

季孙氏认识不到位，也是可以理解的。孔子不但讲过孝悌为本，而且还讲过"不教而杀谓之虐"。事先不进行教育，犯了错就杀，这叫虐。"道之以政，齐之以刑，民免而无耻。道之以德，齐之以礼，有耻且格。"德治礼教是根本，法治惩处是末节。用孟子的动机和方式观看，季孙氏的动机是向善的，但方式还不是大善。至于孔子所论述的什么样的人才可以杀，季孙氏更是不得其要了。

冉有以告孔子，子喟然叹曰："呜呼！上失其道而杀其下，非理也。不教以孝而听其狱，是杀不辜。三军大败，不可斩也；狱犴（àn）不治，不可刑也。何者？上教之不行，罪不在民故也。夫慢令谨诛，贼也；征敛无时，暴也；不试责成，虐也。政无此三者，然后刑可即也。《书》云：'义刑义杀，勿庸以即汝心，惟曰未有慎事。'言必教而后刑也。既陈道德以先服之，而犹不可，尚贤以劝之；又不可，即废之；又不可，而后以威惮之。若是三年，而百姓正矣。其有邪民不从化者，然后待之以刑，则民咸知罪矣。《诗》云：'天子是毗，俾民不迷。'是以威厉而不试，刑错而不用。今世则不然，乱其教，繁其刑，使民迷惑而陷焉。又从而制之，故刑弥繁而盗不胜也。夫三尺之限，空车不能登者，何哉？峻故也。百仞之山，重载陟焉，何哉？陵迟故也。今世俗之陵迟久矣，虽有刑法，民能勿逾乎？"

冉有把季孙氏的话告诉了孔子，孔子长叹一声说："唉！身居上位不守其道，却要杀掉有过失的百姓，不讲理呀。不用孝道来教化而审判他的案件，这是滥杀无辜。三军打了败仗，不能斩杀士卒；刑事案件不断发生，不可以采用严酷的刑罚。为什么呢？统治者的教化没有起到作用，罪责不在百姓的缘故。怠慢政令而刑杀严酷，是民贼；随意横征暴敛，是暴政；不加以教化而苛求百姓遵守礼法，是残害。施政中没有这三种弊害，才能使用刑罚。《书》上说：'刑罚要以义为本，不可随心所欲，切记要慎之又慎。'说的是先施教化后用刑罚。先陈说道理使百姓明白敬服，如果还不行，就以尊崇贤人的方法勉励他们；还不行，才放弃种种说教；还不行，才可以用威势震慑他们。这样做三年，百姓就会走上正道了。其中有些不从教化的顽劣之徒，可以用刑罚来惩治他们，这样一来百姓都知道什么是犯罪了。《诗经》上说：'尽力辅佐天子，使百姓不迷惑。'这样无须威势弹压，也无须施加刑罚。当今之世却不是这样，教化紊乱，刑法繁多，使民众迷惑从而陷入牢狱。官吏又用各种刑律来控制约束，造成刑罚越繁盗贼越多。三尺高的门槛，即使空车也不能越过，为什么呢？是门槛陡直的缘故。一座百仞高的山，负载极重的车子也能登上去，为什么呢？是山势由低到高缓缓升上去的缘故。当今社会风气已经败坏很久了，即使有严刑苛法，百姓又怎会不违反呢？"

有父子讼者，孔子采取的办法是把他们关在同一间牢房里，不管不问不判决；过了三个月，父亲请求撤回诉讼，孔子就把父子二人都放了。正是"居家戒争讼，讼则终凶"。夫子若真的杀了其子，为父的难道不难过吗？年老丧子，也是人生一大悲哀。老无所养，老无所依，如何享其天伦之乐？三个月的自我反省，冷静以后良知自显，终归是父子亲情大于一切。法治社会也是以道德人伦为基础的，如果没有亲亲，哪来的尊尊？所以，仁者爱人，是和谐社会的基础；惩恶扬善，是和谐社会的保障；人文教化，是和谐社会的根本。上行下效，为政以德，自身正不令则行，富之，教之，仁政惠民，才会社会和谐，国泰民安。

王言解第三

孔子闲居，曾参侍。孔子曰："参乎，今之君子，唯士与大夫之言可闻也。至于君子之言者，希也。於乎！吾以王言之，其不出户牖而化天下。"

孔子闲居在家，曾参在身边陪侍。孔子说："曾参啊！如今的国君，只能听到士和大夫的言论。至于那些道德高尚的君子的言论，国君就很少听到了。唉，我若把成就王业的道理告诉国君，他们足不出户就可以治理好天下了。"

本篇通过孔子之口讲明王之道。

西周时期，天子设有采诗官。采诗官每年春天都到民间采风，把俚俗民谣采集上来，由乐官谱曲，然后演唱给天子听，以让天子了解民间疾苦和老百姓的所思所想。到了东周，该传统废止，君主就听不到老百姓的心声了，也很少听到道德君子的言论了。孔子心下戚戚，我的政治主张，都是圣王实践过的，上承天命下接人伦，可是君主不给我机会讲给他听呀。再说了，如今的士和大夫，有几个是正人君子呢？

曾子起，下席而对曰："敢问何谓王者言？"孔子不应。曾子曰："侍夫子之闲也难，是以敢问。"孔子又不应。曾子肃然而惧，抠衣而退，负席而立。

曾参站起来，走下坐席拜问孔子道："请问什么是王者之言？"孔子不回答。曾参又说："赶上夫子有空闲的时候很难，所以冒昧向您请教。"孔子又不回答。曾参紧张害怕起来，提起衣襟退了下去，站在座位旁边。

或许孔子正在沉思：时也，势也，命也，圣王之道还有机会推行吗？从尧舜至商汤，从商汤至周文王，五百年出一位圣人，且必有贤者辅佐。从周文王至今已经五百余年了，圣王在哪呢？夫子温而厉，曾参看到夫子没反应，有点紧张害怕了。

有顷，孔子叹息，顾谓曾子曰："参，汝可语明王之道与？"曾子曰："非敢以为足也，请因所闻而学焉。"

过了一会儿，孔子叹息了一声，回头对曾参说："曾参啊，可以给你说说明王之道了吧？"曾参回答说："我不敢认为自己有了足够的悟性能听懂您讲的道理，只是想通过听您的教诲来学习。"

曾子在儒学发展史上占有重要的地位，著《大学》等，被后世尊为"宗圣"，成为配享孔庙的四配之一。孔子认为，不具备一定德行的人，明王之道是不可能随便给他谈的。孔子晚年把孙子子思托付给曾参，可见其对曾参是寄予厚望的。

子曰："居，吾语汝。夫道者，所以明德也；德者，所以尊道也。是以非德道不尊，非道德不明。虽有国之良马，不以其道服乘之，不可以取道里；虽有博地众民，不以其道治之，不可以致霸王。是故，昔者明王内修七教，外行三至。七教修，然后可以守；三至行，然后可以征。明王之道，其守也，则必折冲千里之外；其征也，则必还师衽席之上。故曰内修七教而上不劳，外行三至而财不费。此之谓明王之道也。"

孔子说:"你坐下吧,我讲给你听。所谓道,是用来彰明德行的;所谓德,是用来尊崇道义的。所以没有德行,道义就不能被尊崇。没有道义,德行也无法发扬光大。即使有国内最好的马,不按照正确的方法来驾驭它,就不可能在道路上奔跑;即使有广阔的土地和众多的百姓,不用正确的方法来治理,也不可能成就霸主王业。因此,古代圣明君王在内修行'七教',对外实行'三至'。'七教'修成,就可以守卫国家;'三至'实行,就可以征伐外敌。圣明君王的治国之道,守卫国家,一定能击败千里之外的敌人;对外征伐,也一定能得胜还朝。因此说在内修行'七教',君王就不会因政事而烦劳,对外实行'三至',就不至于劳民伤财。这就是所说的古代圣明君王的治国之道。"

在这里,我们看到了孔子对道与德关系的论述:道为德本,德为道用,尊道明德,才是王道。

曾子曰:"不劳不费之谓明王,可得闻乎?"

孔子曰:"昔者帝舜左禹而右皋陶(gāo yáo),不下席而天下治。夫如此,何上之劳乎?政之不中,君之患也;令之不行,臣之罪也。若乃十一而税,用民之力岁不过三日,入山泽以其时而无征,关讥市廛(chán)皆不收赋,此则生财之路,而明王节之,何财之费乎?"

曾参说:"不为政事烦劳、不劳民伤财的叫作明王,您能给我讲讲其中的道理吗?"

孔子说:"从前帝舜以禹和皋陶为左膀右臂,他不用走下坐席天下就治理好了。像这样,国君还有什么烦劳呢?国家政局不安,是国君最大的忧患;政令不能推行,是臣子的罪责。像实行十取一的税率,民众服劳役每年不超过三天,让百姓按季节进入山林湖泊伐木渔猎而不征税,交易场所也不收赋税,这些都是生财之路,而圣明君主节制田税和使用民力,怎么还会浪费财力呢?"

曾子就是曾子,直接问最根本的东西,而不是按照"七教""三至"的顺序问策略。

君王不为政事烦劳,是因为他选贤任能,有贤臣辅佐;不劳民伤财,是因为他实行惠民政策,藏富于民。有载皋陶长期担任掌管刑法的士师一职,以正直闻名天下。相传皋陶构建了中国最早的司法制度体系,强调"法治"与"德政"的结合,促进了社会和谐。

《论语》言大舜有能臣五人而天下治,五人分别是禹、稷、契、皋陶和伯益。周武王有能臣十人而天下治,十人是包括周公旦在内的九位君子和武王之妻邑姜。

曾子曰:"敢问何谓七教?"

孔子曰:"上敬老则下益孝,上尊齿则下益悌,上乐施则下益宽,上亲贤则下择友,上好德则下不隐,上恶贪则下耻争,上廉让则下耻节,此之谓七教。七教者,治民之本也。政教定,则本正也。凡上者,民之表也,表正则何物不正?是故,人君先立仁于己,然后大夫忠而士信,民敦而俗朴,男悫(què)而女贞。六者,教之致也,布诸天下四方而不怨,纳诸寻常之室而不塞。等之以礼,立之以义,行之以顺,则民之弃恶如汤之灌雪焉。"

曾参说:"请问什么是七教呢?"

孔子说:"居上位的尊敬老人,居下位的就会更加践行孝道。居上位的尊敬长者,居下位的就会更加敬爱兄长。居上位的乐善好施,居下位的就会更加宽厚。居上位的亲近贤人,居下位的就会择良友而交。居上位的注重道德修养,居下位的就不会隐瞒自己的观点。居上位的憎恶贪婪的行为,居下位的就会以争利为耻。居上位的讲求廉洁谦让,居下位的就会以不讲德操气节为耻。这就是所说的七种教化。七种教化,是治理民众的根本。政治教化的原则确定了,那治理民众的根本就立起来了。凡是身居上位的人,都是民众的表率,表率正还有什么不正的呢?因此,国君首先能做到仁,然后大夫也就会做到忠于国君,而士也就能做到讲信义,继而民心敦厚民风淳朴,男人诚实谨慎女子忠贞不二。这六个方面,是教化导致的结果,布施于天下四方而不会产生怨恨情绪,用来治理普通家庭也不会遭到拒绝。用礼来区分人的等级尊卑,以道义立身处世,遵照礼法来行事,那么民众放弃恶行就如同用热水浇灌积雪一样了。"

昔者圣明君王内修七教,是谓内政也。七种教化,分别是上敬下孝,上尊下悌,上善下宽,上亲贤下益友,上好德下直言,上恶贪下耻争,上廉让下耻节。教化的关键是以上率下,言传身教,关键在于君主是否做到尊仁崇德。君主尊仁崇德,推行仁政,修行七种教化,必然会化育臣忠、士信、民厚、风朴、男诚、女贞的社会风尚。孝悌忠信、仁义廉耻是社会和谐有序、国泰民安的根本。

曾子曰:"道则至矣,弟子不足以明之。"

孔子曰:"参以为姑止乎?又有焉。昔者明王之治民也,法必裂地以封之,分属以理之。然后贤民无所隐,暴民无所伏。

使有司日省而时考之，进用贤良，退贬不肖，则贤者悦而不肖者惧。哀鳏寡（guān guǎ），养孤独，恤贫穷，诱孝悌，选才能。此七者修，则四海之内无刑民矣。上之亲下也，如手足之于腹心矣；下之亲上也，如幼子之于慈母矣。上下相亲如此，故令则从，施则行，民怀其德，近者悦服，远者来附，政之致也。夫布指知寸，布手知尺，舒肘知寻，斯不远之则也。周制，三百步为里，千步而井，三井而埒（liè），埒三而矩，五十里而都，封百里而有国，乃为福积资求焉，恤行者之有亡。是以蛮夷诸夏，虽衣冠不同，言语不合，莫不来宾。故曰无市而民不乏，无刑而民不乱。田猎罩弋，非以盈宫室也；征敛百姓，非以盈府库也。懆怛以补不足，礼节以损有余。多信而寡貌，其礼可守，其言可復，其迹可履。如饥而食，如渴而饮。民之信之，如寒暑之必验。故视远若迩，非道迩也，见明德也。是故兵革不动而威，用利不施而亲，万民怀其惠。此之谓明王之守，折冲千里之外者也。"

曾参说："您讲的治国之道太高深，我不能深刻地理解它。"

孔子说："你以为仅此而已吗？还有呢。古代圣明君主治理民众，遵照礼法将土地分封，分别派官吏来治理。这样贤民不会被埋没，暴民也无处隐藏。派主管官吏经常视察、定期考核，选用贤良的人，罢免贬斥才能品德差的官员，这样贤良的人就会高兴，而才能品德差的官员就会害怕。怜悯老而无妻或无夫的人，抚养幼而无父和老而无子的人，同情穷苦贫困的人，诱导民众孝敬父母尊重兄长，选拔有才能的人，做到这七个方面，那么四海之内就没有犯罪的人了。身居上位的人亲爱下位的人，如同手足爱护腹心一样；下位的人爱戴上位的人，如同幼儿对待慈母一样。上下能如此相亲相爱，就会有令即从，有措施马上执行。民众感怀他的仁德，身边的人心悦诚服，远方的人主动来归附，这便是实施仁政所达到的效果。伸开手指可以知道寸的长短，伸开手掌可以知道尺的长短，展开肘臂可以知道寻有多长，这是近在身边就可以知道的准则。周代的制度以三百步为一里，一千步见方为一井，三井合为一埒，三埒成为一矩，五十里的疆域可以建都邑，分封百里的土地可以建国家，以此积聚物资和财富，体恤和帮助出行在外的人。这样，偏远地方的少数民族，虽然服装不同，言语不通，没有不来归附的。因此说没有市场交易百姓也不缺乏生活用品，没有严刑峻法民众也不会乱来。捕猎野兽鱼鳖不是为了充盈宫室，征敛赋税也不是为了充实国库，这样忧劳是为了补救灾年的不足，用礼节来防范淫逸奢靡。多一些诚信少一些文饰，礼法就会得到遵守，国君的话民众就会听信，国君的行为就会成为民众的表率。就像饿了要吃饭，渴了要喝水一样，民众信任国君就像相信寒来暑往的规律一样。因此，国君离民众虽远，可觉得就像在身边一样，这不是距离近，而是四海之内都可看到圣明德政的缘故。因此不动用武力就有威慑之力，不必赏赐财物自然亲附，天下万民都感受到国君的恩惠。这就是所说的圣明国君守御国家的方法，也是能打败千里之外敌人的方略。"

在礼崩乐坏、战乱不断的年代，孔子讲"七教"修成就可以守卫国家，这可能吗？道德化育真能抵得上坚兵利器？对此，曾参理解不透。

尽管曾参对"七教"还是理解不透，孔子却告诉他，不止这些。上面的"七教"是理论，下面先讲七项具体的做法，分别是分封土地、日省时考、哀鳏寡、养孤独、恤贫穷、诱孝悌、选才能，做到这七项就能实现社会安宁；再讲君民一家亲，仁者爱人，也就是施仁政的最佳效果：德誉四海、不重自威、天下亲附、君民同心，将无敌于天下。

曾子曰："敢问何谓三至？"

孔子曰："至礼不让而天下治，至赏不费而天下士悦，至乐无声而天下民和。明王笃行三至，故天下之君可得而知，天下之士可得而臣，天下之民可得而用。"

曾参说："请问什么是三至？"

孔子说："最高境界的礼节无须讲求谦让，天下便会大治。最高境界的奖赏不用耗费财物，天下之士便会开心愉悦。最高境界的音乐没有声音，天下黎民百姓也会唱和。圣明君主笃行这三种极致，天下之君便会闻达敬佩，天下之士便会归附称臣，天下的黎民百姓便会为己所用。"

圣明君王能够选贤任能，实行惠民政策，实施人文教化，采取七项措施，做到守望相助、诚信守礼，使社会安宁、家国无忧。曾子或许明白了一些，接着问"三至"。孔子的回答是"至礼不让，至赏不费，至乐无声"。

圣明君主至少是贤人（后面孔子作"人有五仪"之论，"五仪"分别是庸人、士人、君子、贤人和圣人），如果达到"三至"那就是圣王了，像大舜，"为政以德，譬如北辰，居其所而众星共之""无为而治者其舜也与！夫何为哉？恭己正南面而已矣"。孔子的"至礼不让，至赏不费，至乐无声"与老子的"大方无隅，大器免成，大音希声，大象无形"相合，只是老子侧重于讲人与自然之间的关系，孔子侧重于讲人与社会之间的关系，二者易流同源，文王道统是也。

曾子曰："敢问此义何谓？"

孔子曰:"古者明王必尽知天下良士之名,既知其名,又知其实,又知其数及其所在焉。然后因天下之爵以尊之,此之谓至礼不让而天下治。因天下之禄以富天下之士,此之谓至赏不费而天下之士悦。如此,则天下之明名誉兴焉,此之谓至乐无声而天下之民和。故曰:'所谓天下之至仁者,能合天下之至亲也。所谓天下之至知者,能用天下之至和者也。所谓天下之至明者,能举天下之至贤者也。'此三者咸通,然后可以征。是故仁者莫大乎爱人,智者莫大乎知贤,贤政者莫大乎官能。有土之君修此三者,则四海之内供命而已矣。夫明王之所征,必道之所废者也。是故诛其君而改其政,吊其民而不夺其财。故明王之政,犹时雨之降,降至则民悦矣。是故行施弥博,得亲弥众,此之谓还师衽席之上。"

曾参说:"请问此中要义如何理解呢?"

孔子说:"古代圣明君王必定知道天下良士的名字,不但知道他们的名字,还知道他们的德行、他们的才能以及他们所住的地方。然后把天下的爵位赐给他们以示尊崇,这就叫至礼不让而天下治。用天下的禄位使天下的士人得到富贵,这就叫至赏不费而天下之士悦。如此一来,天下的民众就会重视名誉,这就叫至乐无声而天之民和。所以说:'所谓天下最仁德的人,能亲和天下最至亲的人。所谓天下最贤明的人,能任用天下最讲和谐的人。所谓天下最英明的人,能任用天下最贤良的人。'这三方面都做到了融通,然后可以向外征伐。因此仁者莫过于爱人,智者莫过于知贤,善政者莫过于选贤任能。拥有疆土的君主能做到这三点,那么天下的人都可以与他同呼吸共命运了。圣明君王征伐的国家,必定是仁道废弛的国家。所以要杀掉这个国家的君主改变这个国家的政治，抚慰这个国家的百姓而不掠夺他们的财物。因此圣明君王的政治，就像及时雨从天而降，降下来老百姓就欢欣愉悦。所以他的教化施行的范围越广博，得到亲附的民众就越多，这就是军队出征能得胜还朝的原因。"

孔子是圣人。"明竝（bìng）日月，化行若神，下民不知其德，覩（dǔ）者不识其邻，此谓圣人也。"如日月那样光明，如神明那样化行天下。黎民不知道他的德行有多崇高，即便见到也不知道就在身旁。这便是圣人。圣人的思想如果都好理解，就不是圣人了。

"仁者莫大乎爱人，智者莫大乎知贤，贤政者莫大乎官能。"仁者爱人，智者知贤，贤政者选贤任能。明王之政，犹时雨之降，降至则民悦矣。

大婚解第四

孔子侍坐于哀公，公曰："敢问人道孰为大？"

孔子愀（qiǎo）然作色而对曰："君及此言也，百姓之惠也，固臣敢无辞而对。人道政为大。夫政者，正也。君为正，则百姓从而正矣。君之所为，百姓之所从。君不为正，百姓何所从乎？"

孔子在鲁哀公身旁陪侍，哀公说："请问人道谁为大？"

孔子的神色马上严肃起来，回答道："您能谈到这个问题，是百姓的福气，为臣必须不加推辞地回答这个问题。人道政为大。所谓政，就是正。君主做得正，那么百姓就跟着做得正了。君主的所作所为，就是百姓所效法的。君主做得不正，百姓跟君主效法什么呢？"

鲁哀公能够问如此重要的问题，孔子似乎没想到，所以才愀然作色而对。

《论语》中，季康子问政于孔子的时候，孔子对曰："政者，正也。子帅以正，孰敢不正？"又说："君子之德风，小人之德草。草上之风必偃。"君子德行如风，小人德行如草。风一吹，草就倒下了。

为政者要为政以德，道之以德。走正道，行仁德，率先垂范，百姓就会跟着学，社会就会太平。社会太平，百姓安宁，这才是君子成人之美。如果道之以政，齐之以刑，为了免于处罚，老百姓会做出无耻的事情来，那就是成人之恶了。法治是德治的底线。

公曰:"敢问为政如之何?"

孔子对曰:"夫妇别,男女亲,君臣信。三者正,则庶物从之。"

公曰:"寡人虽无能也,愿知所以行三者之道,可得闻乎?"

孔子对曰:"古之政,爱人为大;所以治爱人,礼为大;所以治礼,敬为大;敬之至矣,大婚为大。大婚至矣,冕而亲迎者,敬之也。是故君子兴敬为亲,舍敬则是遗亲也。弗亲弗敬,弗尊也。爱与敬,其政之本与?"

鲁哀公说:"请问如何为政呢?"

孔子回答说:"夫妇有别,男女相亲,君臣相信。三者行正道,那么万物效法。"

鲁哀公说:"我虽然没有多少才能,但还是希望知道实行这三件事的方法,可以说给我听听吗?"

孔子回答说:"古人治理政事,爱人最为重要;要做到爱人,礼仪最重要;要施行礼仪,恭敬最为重要。最恭敬的事莫过于大婚。大婚的时候,要穿上冕服亲自去迎接。亲自迎接,是表示敬慕。所以君子要用敬慕的态度和她相亲。如果没有敬意,就是遗弃了相爱的感情。不亲不敬,就是不尊重。爱与敬,就是治国的根本吧!"

既然人道政为大,那么如何为政呢?孔子倒推给出了答案,爱与敬是治国的根本。最能体现爱与敬的是婚姻,而婚礼是最能体现爱与敬的表达方式。这是切入大婚解主题。

公曰:"寡人愿有言也。然冕而亲迎,不已重乎?"

孔子愀然作色而对曰:"合二姓之好,以继先圣之后,以为天下宗庙社稷之主,君何谓已重乎?"

鲁哀公说:"我还有问题想要问您。穿冕服亲自去迎亲,礼节会不会太隆重了?"

孔子脸色更加严肃地回答说:"婚姻是两个不同姓氏的结合,可以延续先圣的后嗣,使之成为天下宗庙和社稷祭祀的主人。您为何说太隆重了呢?"

婚姻是人伦的开始,婚礼则是礼义的发端。婚姻承载着两个姓氏家族的希望、传宗接代的寄托、祭祀天地先祖的重任。重要的内容需要重要的形式来表达,这叫"承其重"。所以,结婚礼仪是人生最隆重、最重要的仪式,也是彰显恭敬爱人的表达方式。

公曰:"寡人实固,不固安得闻此言乎!寡人欲问,不能为辞,请少进。"

孔子曰:"天地不合,万物不生。大婚,万世之嗣也,君何谓已重焉?"孔子遂言曰:"内以治宗庙之礼,足以配天地之神。出以治直言之礼,足以立上下之敬。物耻则足以振之,国耻足以兴之。故为政先乎礼,礼其政之本与!"孔子遂言曰:"昔三代明王,必敬妻子也,盖有道焉。妻也者,亲之主也。子也者,亲之后也。敢不敬与?是故,君子无不敬。敬也者,敬身为大。身也者,亲之枝也,敢不敬与?不敬其身,是伤其亲。伤其亲,是伤其本也。伤其本,则枝从之而亡。三者,百姓之象也。身以及身,子以及子,妃以及妃,君以修此三者,则大化忾乎天下矣,昔太王之道也。如此,国家顺矣。"

鲁哀公说:"我这个人很浅陋,如果不浅陋,怎能听到您这番话呢?我想问,又找不到合适的言辞,请慢慢给我讲一讲吧。"

孔子说:"天地阴阳不交合,万物就不会生长。天子诸侯的大婚，是关乎社稷延续万代的大事，怎么能说太隆重了呢？"孔子接着又说："夫妇对内主持宗庙祭祀的礼仪，足以与天地之神相配；对外掌管发布政教号令的礼仪，足以确立君臣上下之间相敬关系。事情不合礼可以改变，国家有丧乱可以振兴。所以治理政事先要有礼，礼就是执政的根本！"孔子继续说："从前夏商周三代圣明的君王，必定敬重他们的妻与子，这是有道理的。妻子是祭祀宗祧的主体，儿子是传宗接代的人，能不敬重吗？所以君子没有不敬重的。敬这件事，敬重自身最为重要。自身，是亲人的后代，能够不敬重吗？不敬重自身，就是伤害了亲人；伤害了亲人，就是伤害了根本；伤害了根本，支属就要随之灭绝。自身、妻子、儿女这三者，百姓也像国君一样都是有的。由自身想到百姓之身，由自己的儿子想到百姓的儿子，由自己的妻子想到百姓的妻子，国君能做到这三方面的敬重，那么教化就通行天下了，这就是从前太王实行的治国之道。能够这样做，国家就昌顺了。"

天地阴阳交合滋生万物，夫妻阴阳交合繁衍后代。婚礼昭示着繁盛，是夫妻恩爱互敬的发端，是家国礼制的表率。夏商周三代圣明的君王治理政事，没有不敬重他们的妻子的。爱自己，爱妻子，爱儿女，由是推己及人，亲亲尊尊，敬爱天下百姓，礼敬蔚然成风，则天下大治。

在这里，孔子同时提出了"敬也者，敬身为大"的观点，一个连自身都不敬重的人，谈何敬重别人呢？

公曰："敢问何谓敬身？"

孔子对曰："君子过言则民作辞，过行则民作则。言不过辞，动不过则，百姓恭敬以从命。若是，则可谓能敬其身，敬其身则能成其亲矣。"

鲁哀公说:"请问什么是敬重自身?"

孔子回答说:"君主言语失当百姓就会效仿,行为失当百姓也会跟从。君主的言行举止得当,百姓便能恭敬地服从君主的命令。如果能做到言行举止得当,便可称为敬重自身。敬重自身,就能成就他的家族。"

敬重自身就是自重,自重就要注重自己的言行举止。言不过辞,动不过则,"君子之德风,小人之德草,草上之风必偃"呼应开篇"君为正,则百姓从而正矣。君之所为,百姓之所从。君不为正,百姓何所从乎"。

公曰:"何谓成其亲?"

孔子对曰:"君子者,乃人之成名也。百姓与名,谓之君子,则是成其亲为君而为其子也。"孔子遂言曰:"爱政而不能爱人,则不能成其身。不能成其身,则不能安其土。不能安其土,则不能乐天。不能乐天,则不能成身。"

鲁哀公说:"什么叫成就他的家族?"

孔子回答道:"君子,是一个崇高的名称。百姓送给他一个称谓,称作君子,这样就成就了他的父亲为君,而他是君之子。"孔子接着说:"只注重政治而不能爱护民众,就不能成就自身。不能成就自身,就不能使自己的国家安定。不能使自己的国家安定,就不能无忧无虑。不能无忧无虑,就不能成就自身。"

敬身成就君子,君子是家族的榜样。一人荣一家荣,一族荣一国荣。君敬身则爱民,君爱民则民爱君,则国家安定,则君无忧无虑,而君无忧无虑则又成就自身,这是君子修身以齐家治国平天下的过程与目标。

公曰:"敢问何能成其身?"

孔子对曰:"夫其行己不过乎物,谓之成身。不过乎,合天道也。"

鲁哀公说:"请问怎么做才能成就自身?"

孔子回答说:"自己的言行举止不超出万物的法则,就可以成就自身。不超出万物的法则,就会与天道相合。"

格物致知,正心诚意,言不过辞,动不过则,遵道守礼,修身以不过乎物,则成就自身。

公曰:"君子何贵乎天道也?"

孔子曰:"贵其不已也。如日月东西相从而不已也,是天道也。不闭而能久,是天道也。无为而物成,是天道也。已成而明之,是天道也。"

鲁哀公问:"君子为何尊崇天道呢?"

孔子回答说:"尊崇它永不停息。就像太阳月亮每天东升西落,永不停止循环运行一样,这就是天道。运行无阻而能长久,这就是天道。不见有所作为而万物发育成长,这就是天道。成就了自己,功业也得到显扬,这就是天道。"

"独立而不改,周行而不殆","四时行焉,百物育焉"。天道长久,无为而无不为。人道遵循天道,儒道两家在天道观上是相近的。

公曰:"寡人且愚冥,幸烦子之于心。"

孔子蹴然避席而对曰:"仁人不过乎物,孝子不过乎亲。是故,仁人之事亲也如事天,事天如事亲,此谓孝子成身。"

公曰:"寡人既闻如此言也,无如后罪何?"

孔子对曰："君之及此言，是臣之福也。"

鲁哀公说："我实在愚昧，幸亏您耐心地将这些道理讲给我听。"

孔子恭敬地离开坐席回答说："仁德之人不能逾越事物的自然法则，孝顺的人不能超越亲情的规范。因此，仁德的人侍奉父母就如同侍奉天一样，侍奉天就如同侍奉父母一样。这就是所说的孝子成就自身。"

鲁哀公说："我既然听到了这些道理，将来如果行为还有过错怎么办呢？"

孔子说："您能说出这样的话，这是臣的福分啊！"

"仁人不过乎物，孝子不过乎亲。"奉天侍亲，孝悌为本。敬天保民，以民为本。永言配命，自求多福。

大婚解是孔子和鲁哀公讨论婚礼意义的对话，其中涉及许多孔子的政治思想。对话先从人道谈起，人道中政治又是第一位的。如何为政？要做到夫妇别、男女亲、君臣信。对话然后提出"爱与敬"是"政之本"，而婚礼正是爱与敬的体现。做到"成亲""成身"，方能"成仁"。

儒行解第五

孔子在卫。冉求言于季孙曰:"国有圣人而不能用,欲以求治,是犹却步而欲求及前人,不可得已。今孔子在卫,卫将用之。己有才而以资邻国,难以言智也,请以重币求之。"季孙以告哀公,公从之。

孔子在卫国。冉求对季孙氏说:"国家有圣人却不能任用,想治理好国家,就像倒着走却想追上前面的人一样,是不可能的。现在孔子在卫国,卫国将要任用他。自己国家的人才不用却送给邻国,很难说是明智之举,请用厚礼把他迎回来吧。"季孙氏把冉求的建议禀告了鲁哀公,鲁哀公听从了这一建议。

此事发生在鲁哀公十一年(前484年),当时孔子68岁。冉求,孔门七十二贤之一,以政事见称,多才多艺,尤擅长理财,这时候正担任三桓之首季孙氏宰臣。是年,齐师伐鲁,冉求率左师抵抗入侵的齐军,并身先士卒,以步兵执长矛的突击战术获胜,又趁机说服季康子迎孔子归鲁。孔子周游列国14年,至此结束。

孔子先后四次到卫国。第一次发生在鲁定公十三年(前497年),孔子55岁。齐国送80名美女到鲁国,季桓子接受了女乐,君臣迷恋歌舞,多日不理朝政。孔子与季氏出现不和,孔子离开鲁国到了卫国,开启了周游列国的历程。是年,孔子受谗言之害,离开卫国前往陈国;路经匡地,被围困;后经蒲地,遇公叔氏叛卫,又被围困;后又返回卫都。次年，孔子在卫国接受了卫灵公夫人南子的召见，子路对孔子见南子极有意见。鲁定公十五年（前495年），孔子离卫居鲁。鲁哀公二年（前493年），孔子又由鲁至卫。因卫灵公问陈于孔子，遂行去卫。鲁哀公六年（前489年），孔子与弟子在陈蔡之间被困绝粮，许多弟子因困饿而病，后被楚人相救，由楚返卫。鲁哀公十一年（前484年），季康子迎孔子归鲁。

本篇记载了孔子归鲁后回答鲁哀公"敢问儒行"的语录。

孔子既至，舍哀公馆焉。公自阼（zuò）阶，孔子宾阶，升堂立侍。

鲁哀公问于孔子曰："夫子之服，其儒服与？"

孔子对曰："丘少居鲁，衣逢掖之衣。长居宋，冠章甫之冠。丘闻之，君子之学也博，其服以乡，丘不知儒服。"

哀公曰："敢问儒行。"

孔子对曰："略言之，则不能终其物；悉数之，则留更仆未可以对。"

孔子回到鲁国，被安排到鲁哀公的公馆入住。鲁哀公站在主位东阶，孔子站在宾阶觐见哀公，然后到大堂，孔子站着陪鲁哀公说话。

鲁哀公问孔子道："夫子穿的衣服就是儒服吗？"

孔子回答说："我小时候生活在鲁国，穿的是宽袖的衣服。长大后住在宋国时，戴的是缁布做的礼冠。我听说君子学问要广博，穿衣服要入乡随俗。我不知道何为儒服。"

鲁哀公问："请问儒者的行为是什么样的呢？"

孔子回答说："粗略地讲，讲不透；详细地讲，数不胜数，讲不完。"

此时，鲁哀公已经在位11年了，孔子也已周游列国14年。鲁哀公同意季孙氏迎孔子归，也不是真想启用孔子，从本篇末问看，他甚至还有点戏谑儒者的意思。当然孔子归鲁也不是想辅佐哀公。《论语》载：子在陈，曰："归与！归与！吾党之小子狂简，斐然成章，不知所以裁之。"《孟子》载：孔子在陈，曰："盍归乎来！吾党之小子狂简，进取，不忘其初。"孔子是幡然有归志，想回故土继续整理上贤古籍，教书育人了。由是，孔子回答鲁哀公之问，有理有节，不卑不亢，以诚相待，有什么就说什么。

哀公命席。

孔子侍曰："儒有席上之珍以待聘，夙夜强学以待问，怀忠信以待举，力行以待取，其自立有如此者。

鲁哀公让人设席。

孔子坐在旁侧陪侍说："儒者身怀道德学问犹如席上的珍品佳肴，修为以待聘。日夜不停笃志好学，修为以待问。胸怀忠敬信实，修为以待举。笃行不殆，修为以待取。儒者的自强自立就是这样的。

儒有席上之珍是什么呢？当然是仁义礼智信了，即儒者有仁义礼智信五种美德，同时还具有强学、忠信和力行的执着个性。虽然胸怀治国安邦的抱负和一身的道德学问，可惜无人赏识。孔子曾说："如有用我者，吾其为东周乎！"百年之后有自称其私淑弟子者无奈地说："君子行法，以俟命而已矣。"孔子五十知天命，唯发愤忘食也矣。

"儒有衣冠中，动作顺。其大让如慢，小让如伪，大则如威，小则如愧。其难进而易退也，粥粥若无能也。其容貌有如此者。"

"儒者衣冠周正，动作和顺。他退让时好像有点迟缓的样子，谦让时好像有点故意的样子，做大事就呈现出很有气魄威严的样子，做小事则表现出谦卑羞涩的样子。他艰难进取而容易退让，柔弱谦恭像是无能的样子。儒者的容貌形象就是这样的。"

谦谦君子，温润如玉，儒者具有温良恭俭让的优秀品质。

"儒有居处齐难，其起坐恭敬，言必诚信，行必忠正，道涂不争险易之利，冬夏不争阴阳之和，爱其死以有待也，养其身以有为也。其备预有如此者。"

"儒者起居庄重，他坐立行走都是恭恭敬敬的样子，诚信而言，忠实正道而行，不与行人争夺平坦之路，不与别人争夺冬暖夏凉之适地，爱惜生命以待杀身成仁，修身养性以待有所作为。儒者就是这样为未来做准备的。"

文质彬彬，然后君子。儒者真诚向善，修为而已，做足了格物致知、正心诚意修身齐家的功课，以待能够治国平天下。

"儒有不宝金玉，而忠信以为宝。不祈土地，而仁义以为土地。不求多积，而多文以为富。难得而易禄也，易禄而难畜也。非时不见，不亦难得乎？非义不合，不亦难畜乎？先劳而后禄，不亦易禄乎？其近人情有如此者。"

"儒者不以金玉为宝，而以忠信为宝。对土地没有多少祈求，把仁义作为安身立命的根本。对积蓄财富没有多少祈求，把广博的学问作为人生最大的财富。儒者难以得到却容易供养，容易供养却难以留住。时机不到不会出现，不是很难得吗？不义之举不会合作，不是很难留吗？先效力而后才要俸禄，不是很容易供养吗？儒者的为人处世就是这样的。"

在儒者的心目中，最宝贵的不是金玉而是忠信。"主忠信""为人谋而不忠乎？与朋友交而不信乎？""居之无倦，行之以忠。""言忠信，行笃敬，虽蛮貊之邦，行矣。言不忠信，行不笃敬，虽州里，行乎哉？""主忠信，徙义，崇德也。"儒者不祈求土地，仁义就是他们安身立命的根本。"信近于义，言可复也。""饭疏食，饮水，曲肱而枕之，乐亦在其中矣！不义而富且贵，于我如浮云。""见利思义，见危授命。""君子义以为质，礼以行之，孙以出之，信以成之。"儒者不祈求多有积蓄，掌握学问就是财富。"君子尊德性而道问学"。请他们出来做官很困难，抱负得不到施展就是请出来也难长期留住。不是可以有所作为的时候，他们就隐居不仕；即使出来做官，如果君王不尊重他们的正确意见，他们就会辞职。"笃信好学，守死善道。危邦不入，乱邦不居。天下有道则见，无道则隐。邦有道，贫且贱焉，耻也。邦无道，富且贵焉，耻也。"

"儒有委之以货财，淹之以乐好，见利不亏其义。劫之以众，沮（jǔ）之以兵，见死不更其守。鸷（zhì）虫攫（jué）搏不程勇者，引重鼎不程其力。往者不悔，来者不豫，过言不再，流言不极，不断其威，不习其谋。其特立有如此者。"

"就是送给他财物，投其所好将他包围，儒者也不会见利忘义。用众人相威胁，用武力相恐吓也没用，儒者至死也不会改变他的操守。遇到猛禽猛兽的攻击就去搏斗，不去衡量自己是不是勇士；推举重鼎尽力而为，不去考虑自己是不是有那份力气。对过往的事情不追悔，对未来的事情不预见，过错的话不会说第二次，对流言蜚语不追根问底，不丧失自己的威严，不讲求成功的谋略。儒者的特立独行就是这样的。"

儒者特立独行，"见利思义，见危授命""见死不更其守"。儒者看到利益就想到道义，"不义而富且贵，于我如浮云"。儒者遇到危难能够挺身而出，决不退缩，士可杀不可辱。儒者关键时候赴汤蹈火，杀身成仁，在所不惜。"见义不为，无勇也。"儒者"成事不说，遂事不谏，既往不咎"，"往者不悔，来者不豫，过言不再，流言不极，不断其威，不习其谋"。儒者光明磊落，守死善道。

一言以蔽之，儒者不为外在的羁绊所牵制，笃志按自己的选择去行动，中道而立，"无适也，无莫也，义之与比"，潇洒而无畏。

"儒有可亲而不可劫也，可近而不可迫也，可杀而不可辱也。其居处不过，其饮食不溽。其过失可微辩而不可面数也。其刚毅有如此者。"

"儒者可以亲近但不可以胁迫，可以接近但不可以逼迫，可以杀头但不可以羞辱。他起居有节制，饮食不丰厚。对于他的过失，可以委婉地指出但不可以当面数落。儒者的刚强坚毅就是这样的。

儒者提倡亲亲尊尊，泛爱众，而近仁。"望之俨然，即之也温，听其言也厉。"看起来庄重严肃，接近他温和可亲，听其言严厉不苟。对儒者，动之以情可以，胡搅蛮缠、要挟威迫却行不通，他宁可去死，也不愿受侮。"富贵不能淫，贫贱不能移，威武不能屈。"在起居饮食方面，儒者没有什么祈求，颜回是"一箪食，一瓢饮，在陋巷，人不堪其忧，回也不改其乐。"孔子是"饭疏食，饮水，曲肱而枕之，乐亦在其中矣""士致于道而耻恶衣恶食者，未足与议也"。儒者"大德不逾闲，小德出入可也"。对于儒者来说，大的道德节操上不能逾越界限，在小节上有些出入是可以的，不能求全责备。儒者刚直不阿，大多把自己的名誉和尊严看得比较重。

"儒有忠信以为甲胄，礼义以为干橹，戴仁而行，抱德而处，虽有暴政，不更其所。其自立有如此者。"

"儒者把忠信当作甲盔，把礼义当作盾牌，尊崇仁德直道而行，胸怀仁义安之若素，即使遇到暴政，也不改变操守。儒者的自立自强就是这样的。"

儒者以天下为己任，"富贵不能淫，贫贱不能移，威武不能屈"。儒者以仁义为本，"主忠信，徙义，崇德也"。儒者以忠信为原则，言行合乎道义，崇尚仁德。"非礼勿视，非礼勿听，非礼勿言，非礼勿动。"看、听、言、行都要按礼的要求去做。对儒者来说，天下无道，大不了避世归隐，也绝不改变自己的气节。儒者以忠信练就刚强之身，以礼义为器为人处世，笃志好学，守死善道，上乘天命，下接人伦，浩然立于天地之间。

"儒有一亩之宫，环堵之室，筚（bì）门圭窬（yú），蓬户瓮牖（yǒu）。易衣而出，并日而食。上答之不敢以疑，上不答不敢以谄。其仕有如此者。"

"儒者有一亩地的宅院，住一丈见方的陋室，柴门小户，草房瓦窗。外出时才换件遮体的衣服，两三天也吃不上一顿饱饭。君上回复他的不敢怀疑，没有回复他的也不去谄上以求。儒者的做官原则就是这样的。"

儒者学而优则仕，做官是为了推行仁道，谋道不谋食，忧道不忧贫。儒者两袖清风，谨言慎行。"侍于君子有三愆：言未及之而言谓之躁，言及之而不言谓之隐,未见颜色而言谓之瞽。"儒者虽然居住条件很差,但不降其志,不辱其身,安贫乐道,固守本分。

"儒有今人以居,古人以稽(jī)。今世行之,后世以为楷。若不逢世,上所不受,下所不推,谗谄之民有比党而危之,身可危也,其志不可夺也。虽危起居,竟身其志,乃不忘百姓之病也。其忧思有如此者。"

"儒者与世人一起居住,却以古人的道德标准要求自己。他今世的行为,可以作为后世的楷模。像生不逢时,上面没人援引,下面没人推荐,进谗谄媚的人又合伙来算计他,这些也只能危害他的身体,而不会剥夺他的志向。虽然处境险恶,他们还想着施展自己的抱负,念念不忘老百姓的痛苦。儒者的忧思就是这样的。"

孔子是祖述尧舜,宪章文武。"周监于二代,郁郁乎文哉!吾从周。""文王既没,文不在兹乎?天之将丧斯文也,后死者不得与于斯文也;天之未丧斯文也,匡人其如予何?""天生德于予,桓魋其如予何?"儒者述而不作,以弘扬尧舜之道、践行仁义道德为己任,在礼崩乐坏的年代,尽管备受讥讽,礼而不用,仍然矢志不渝,念念不忘百姓疾苦,担当起敬天保民的历史使命。

"儒有博学而不穷,笃行而不倦,幽居而不淫,上通而不困。礼之以和为贵,忠信之美,优游之法,举贤而容众,毁方而瓦合。其宽裕有如此者。"

"儒者学问广博仍然学习不止,笃行而不倦怠,独处而不放纵,通达于上但不背离道义。遵循以和为贵、忠信之美、优游之法的礼制精神，能推举贤能出仕又能包容凡夫俗子，坚持原则性与有灵活性的有机统一。儒者的宽容大度就是这样的。"

儒者"笃信好学，守死善道""学而不厌，诲人不倦"。儒者坚忍不拔，具有松柏之精神，"岁寒，然后知松柏之后凋也"。儒者又能"博学之，慎思之，明辨之，笃行之"，明确提出："道也者不可须臾离也，可离非道也。是故君子戒慎乎其所不睹，恐惧乎其所不闻。莫见乎隐，莫显乎微，故君子慎其独也。""礼之用，和为贵。先王之道，斯为美。小大由之，有所不行。知和而和，不以礼街之，亦不可行也。""子四绝：毋意，毋必，毋固，毋我。"儒者不臆测，不武断，不固执，不主观，"人不知而不愠，不亦君子乎？"便是对其宽容大度的注解吧。

"儒有内称不避亲，外举不避怨，程功积事，推贤而进达之，不望其报。君得其志，苟利国家，不求富贵。其举贤援能有如此者。"

"儒者举荐人才，内举不避亲，外举不避仇怨，以事实为依据考量被荐者的功绩与德行，推荐贤能令其进达于上，不祈望他们的报答。只要君王能得遂其志，只要能为国家造福，儒者不贪求个人的富贵。儒者的举贤荐能就是这样的。"

学而优则仕，仕而优则学。孔子因材施教，教书育人，并设德行、言语、政事和文学四科。不少弟子的出仕都是孔子举荐的。比如季康子问："仲由可使从政也与？"子曰："由也果，于从政乎何有？"曰："赐也可使从政也与？"曰："财也达，于从政乎何有？"曰："求也可使从政也与？"曰："求也艺，于从政乎何有？"儒者举贤荐能的原则是，苟利国家富强以，岂因亲仇避趋之。

"儒有闻善以相告也，见善以相示也。爵位相先也，患难相死也。久相待也，远相致也。其任举有如此者。"

"儒者听到善言就告诉他，见到善行就指示给他；有爵位空缺先考虑他，患难之时先考虑自己献身；久不得志就陪着他等待时机，身处远方就把他招来共同做事。儒者引荐保举贤能就是这样的。"

举贤荐能是一种方式，引荐保举又是另一种方式。前者实事求是举荐就好了，后者可是要担责任的，因为是保举，需要终身负责。

"儒有澡身而浴德，陈言而伏。静而正之，上弗知也。默而翘之，又不急为也。不临深而为高，不加少而为多。世治不轻，世乱不沮。同弗与，异弗非也。其特立独行有如此者。"

"儒者沐浴身心、涵养德性，伏身陈己言、听君命。儒者恪守臣道、沉着付出，君上不了解他的所作所为他也不以为意。如果君上对他的善言未加重视他就默默等待，不急于去做。儒者不在地位较低的人面前显示自己高明，不把少的功劳夸大为多。身处盛世不自轻，身处乱世不沮丧。不吹捧同道，不非议异己。儒者的特立独行就是这样的。"

儒者注重修身养性，不急不躁，谦虚谨慎，不断完善自己。无论天下有道与否，他们都固守为臣之操守，痴心不改。儒者深谙中庸之圣德，真诚向善。他们以道义为准则，言行相顾，动静相宜，高下相较，同异相互，进退有度，特立独行。

"儒有上不臣天子，下不事诸侯。慎静而尚宽。强毅以与人，博学以知服。近文章砥厉廉隅。虽分国如锱铢，不臣不仕。其规为有如此者。"

"如违背原则,儒者可上不做天子臣下,下不事奉诸侯君王。自己处静慎独但崇尚宽厚包容。以坚强刚毅的性格面对世人,以渊博深厚的学问令他人服膺。浸淫圣贤文章砥砺自己的品行气节。即使把国家分给他,他也看作是锱铢小事,不会因此出来称臣做官。儒者的自我规范就是这样的。"

儒者上承天命,下接人伦,以弘扬仁义道德为己任,"富贵不能淫,贫贱不能移,威武不能屈",特立独行于天地之间。儒者自信而自尊,自苦且自励,自我要求极高。"天下有道,以道殉身。天下无道,以身殉道。"

"儒有合志同方,营道同术。并立则乐,相下不厌。久不相见,闻流言不信。其行本方立义,同而进,不同而退。其交友有如此者。"

"儒者与志同道合的人交朋友,做人的原则一样,为仁的方式方法也一样。彼此成就皆大欢喜,有所差距也不嫌弃。彼此久不相见,如果听到有关对方的流言蜚语,也绝不相信。他们行为端正遵守道义,相同就共进,不同就退出。儒者的交友态度就是这样的。"

《论语》论交友:"有朋自远方来,不亦乐乎。""朋友切切偲偲,兄弟怡怡。""与朋友交,言而有信。""愿车马衣轻裘,与朋友共,敝之而无憾。""四海之内皆兄弟也。""不挟长,不挟贵,不挟兄弟而友。友也者,友其德也,不可以有挟也。"

"温良者,仁之本也。敬慎者,仁之地也。宽裕者,仁之作也。逊接者，仁之能也。礼节者，仁之貌也。言谈者，仁之文也。歌乐者，仁之和也。分散者，仁之施也。儒皆兼此而有之，犹且不敢言仁也。其尊让有如此者。"

"温和善良是仁的根本，恭敬谨慎是仁的基础，宽宏大量是仁的阐发，谦逊待人是仁的能力，礼节是仁的外表，言谈是仁的表达，歌乐是仁的和谐，布施是仁的行动。儒者兼备了上述种种美德，还不敢说自己已经合乎仁了。儒者的尊崇谦让就是这样的。"

孔子列举了儒者兼备的十种美德，但儒者仍然很谦虚地认为自己的所作所为还不能说是合乎仁道了。礼让精神是儒家思想的重要组成部分，是恕道的体现。孔子十分推崇礼让治国，他说："能以礼让为国乎？何有？不能以礼让治国，如礼何？"

"儒有不陨获于贫贱，不充诎（qū）于富贵，不溷（hùn）君王，不累长上，不闵有司，故曰儒。今人之名儒也妄，常以儒相诟疾。"

儒者不因贫贱而丧失志气，不因富贵而得意忘形，不玷辱君王，不拖累长上，不给有关官吏带来困扰，所以才叫作儒。现在很多人说的儒是虚妄不真实的，常常成为相互讥讽的对象，不是真正的儒者。

孔子借着回答儒行，在为儒者正名。儒者不会因为贫贱或者富贵而丧失气节，不会让君王蒙羞，也不会给官吏添麻烦，处处谦让，处处为别人着想，却被人误以为迂腐穷酸清高懦弱。儒者仁义礼智，自立自强，坚韧刚毅，特立独行，忧国忧民，温良恭俭，谦虚忍让，举贤任能，等等，忠恕而已矣，怎么在世人眼里就成了穷酸迂腐了呢？

哀公既得闻此言也，言加信，行加敬："终没吾世，弗敢复以儒为戏矣。"

听了孔子的一席话，鲁哀公言行之间陡然增添了几分真诚和严肃，说："我这一辈子，再不敢拿儒者开玩笑了。"

儒者，就是尊崇圣贤、研习五经、践行仁道、尽心知命、温文儒雅、谦恭礼让的人。

儒行解一篇，孔子通过回答鲁哀公之问，系统总结了"儒行"是什么样的，尽管有所重复，但让我们从孔子的口中，全面了解了儒者的为人之道和处世之道。同时，从孔子的陈述中，我们也隐隐感受到了孔子对诸侯君王不满情绪的流露，以及对儒者郁郁不得志的情感表达。正人君子不能为国家效力，这个社会将会走向何处去呢？

问礼第六

哀公问于孔子曰:"大礼何如?子之言礼,何其尊也?"
孔子对曰:"丘也鄙人,不足以知大礼也。"
公曰:"吾子言焉!"

鲁哀公问孔子道:"大礼是什么样的?您说到礼时,为什么总是将它看得那么重要呢?"
孔子回答说:"我是个鄙陋的人,不足以了解大礼。"
鲁哀公说:"还是请您为我讲讲吧!"

最初的礼,多是指宗教祭祀中的规矩。据传商纣王时期,一年365天,天天有祭祀,所以一年又叫祀年。周公辅佐武王克商伐纣建立周朝后,吸收商纣王祭神求福却又妄蔑天意的教训,提出"民之所欲,天必从之"的敬天保民思想,敬畏上天好生之德,赋予祭祀人文精神,制礼作乐以教化万民,将诸多神灵赶下神坛,祭祀的主要对象只保留了天地君亲师等。子曰:"克己复礼,天下归仁焉。"此礼即为周礼,当然包括祭祀。大礼也指的是周礼。

孔子曰:"丘闻之,民之所以生者,礼为大。非礼则无以节事天地之神焉,非礼则无以辨君臣上下长幼之位焉,非礼则无以别男女父子兄弟婚姻亲族疏数之交焉。是故君子此为之尊敬,然后以其所能教顺百姓所能,不废其会节。既有成事,而后治其文章黼黻（fǔ fú），以别尊卑上下之等。其顺之也，而后言其丧祭之纪，宗庙之序。品其牺牲，设其豕腊，修其岁时，以敬祭祀，别其亲疏，序其昭穆。而后宗族会宴，即安其居，以缀恩义。卑其宫室，节其服御，车不雕玑，器不雕镂，食不二味，心不淫志，以与民同利。古之明王行礼也如此。"

孔子说："我听说，在黎民百姓的生活中，礼是最重要的。没有礼就无法有节制地侍奉天地神明，没有礼就无法辨别君臣、上下、长幼的位次关系，没有礼就无法区分男女、父子、兄弟的亲情关系以及婚姻亲族交往的远近亲疏。所以君子认识到这些后尊崇敬畏礼，以其所能来教化引导百姓，懂得礼的重要性和礼的界限。等到礼的教化卓有成效之后，才用文饰器物和礼服来区别尊卑上下。百姓顺应礼的教化后，再告诉他们丧葬祭祀的规则、宗庙祭祀的礼节。安排好祭祀用的牺牲，布置好祭祀用的干肉，每年按时举行祭礼，以表达对神明和先祖的敬畏，区别亲疏关系，排定昭穆的次序。祭祀过后宗族成员一起会宴，依序坐在应坐的位置上，以联结彼此的亲情。住低矮简陋的居室，穿俭朴无华的衣服，车辆不加雕饰，器具不刻镂花纹，饮食不讲究滋味，内心没有过分的欲望，和百姓同心同德。古时候贤明君王就是这样讲究礼仪的。"

周公制礼，把礼原初的事神致福之意淡化，众多神灵被赶下了祭坛，只留下天地君亲师为主的祭祀敬仰；还根据血缘关系和等级身份，分别制定尊卑之间、长幼之间、亲疏之间各自的不同行为规范，满足安排祭祀秩序的需要，等等。这些详细而周密的安排，使周礼最终成为宗法等级制度的依据和标准。

《论语》载，孔子是敬鬼神而远之，不语怪力乱神。季路问事鬼神，子曰:"未能事人,焉能事鬼。"从这些言辞看,孔子对鬼神之说是不太感冒的,可这里为什么又有"非礼则无以节事天地之神焉",孔子为什么又提到"天地之神"呢?我们需要从《易经》的思想看看"天地之神"的内涵是什么,孔子是深谙《易经》之奥妙的。

《易经》认为易有三易:变易是指世间万物时时刻刻都处在变化之中;简易是指一阴一阳囊括了世间万物的内在机理;不易是指隐藏在事物背后的法则是不变的。人道遵循天道,天道不易。天道的意志就是天命。或许,在孔子心里面,"天地之神"指的就是天道,也就是天地神妙莫测的自然力量;人不可能逆天改命,顺天道者昌,逆天道者亡。这体现了孔子对自然力量的敬畏。

周礼由祭祀敬畏天地,敬畏先帝师,敬畏祖先,进而形成一套别贵贱、尊卑、长幼、亲疏的社会秩序和等级制度,即君君、臣臣、父父、子子各依规矩行事的制度,并将其附之于礼乐,带来了社会的和谐有序。

孔子主张,祭祀要怀有敬畏之心,要虔诚严肃,要采用最好的祀器、献上最好的祭品、穿着最好的祭服,这样才能表达对神明的崇拜之情;但会宴之后,生活当回归平常,君主应与老百姓一起过简朴的生活。

公曰:"今之君子胡莫之行也?"

孔子对曰:"今之君子,好利无厌,淫行不倦,荒怠慢游。固民是尽,以遂其心,以怨其政,以忤其众,以伐有道。求得当欲不以其所,虐杀刑诛不以其治。夫昔之用民者由前,今之用民者由后。是即今之君子莫能为礼也。"

鲁哀公说:"如今的君主为什么不这样做了呢?"

孔子回答说:"如今的君主贪得无厌,荒淫无度,放荡懒散,傲慢好闲,民脂民膏搜刮殆尽,以遂其贪欲之心,从而招来百姓的怨恨;又违背众人的意愿,以无道伐有道。他们为了满足个人的欲望而不择手段，残暴肆意地诛杀民众而罔顾国家治理。古时的君主统治民众是用前面说的办法，现在的君主统治民众是用后面说的办法。这说明现在的君主不能修明礼教。"

"今之君子莫能为礼也。"礼崩乐坏，江河日下，孔子这一番对君主的讨伐，尽管语气平和，却也相当犀利。鲁哀公恬不知耻，夫子也没有给他留一点面子。按照孔子的说辞，现在的君主离独夫贼子、夏桀商纣也差不多了。换个角度，君主不能修明礼教，也就远离了仁道。远离了仁道，也就是背离了天道。逆天改命，不知敬畏，距离消亡也就不远了。

此时的孔子，已经超脱了知其不可而为之的执着，随心所欲，超然物外，但守礼尊上，不逾矩。

五仪解第七

哀公问于孔子曰:"寡人欲论鲁国之士,与之为治,敢问如何取之?"

孔子对曰:"生今之世,志古之道。居今之俗,服古之服。舍此而为非者,不亦鲜乎?"

曰:"然则章甫绚(qú)履,绅带缙笏(jìn hù)者,贤人也。"

孔子曰:"不必然也。丘之所言,非此之谓也。夫端衣玄裳,冕而乘轩者,则志不在于食荤。斩衰菅(jiān)菲,杖而歠(chuò)粥者,则志不在于酒肉。生今之世,志古之道。居今之俗,服古之服,谓此类也。"

鲁哀公向孔子问道:"我想选拔鲁国的士人,让他们一起来治理国家,请问先生该如何选拔呢?"

孔子回答说:"生活在当世,倾慕古时之道。遵循当下习俗,穿古时的衣服。这样的人,不是很独特吗?"

鲁哀公说:"那么戴着殷代的帽子,穿着有装饰的鞋子,腰上系着大带子,并把笏板插在带子里的人,就是贤人了。"

孔子说:"那倒不一定。我刚才说的话,并不是想要表达这样的意思。那些穿着礼服,戴着礼帽,乘着车子去行祭祀礼的人,他们的志向不在于食荤。穿着用粗麻布做的丧服,穿着草鞋,拄着丧杖喝粥来行丧礼的人,他们的志向不在于酒肉。生活在当今的时代，却倾慕古代的道德礼仪；依照现代的习俗生活，却穿着古代的衣服，我说的是这一类人。"

什么样的人是治国良才？如何把他们选拔出来呢？鲁哀公向孔子请教。孔子说，生活在当下世俗世界，却喜欢穿古时候的服装，羡慕古时候的生活，这样的人不多，很有个性，您可以看一看。哀公有点不以为然，忽视了孔子"志古之道"的说辞，只关注"服古之服"就是贤人的说辞。孔子马上说，那倒不一定。为了吃一顿酒肉荤菜而来行祭祀礼的人，来吊丧的人，就是穿着古服，他们也不是贤人。贤人不仅喜欢穿古服，更倾慕古代的道德礼仪，这才是关键。贤士的标准出来了。

关于古代的道德礼仪，《周礼》已经失传；《论语》乡党篇对孔子在乡党、在朝廷，在斋戒祭祀时、在日常生活中的言谈举止、待人接物等方面有精彩翔实的描述；汉代成书的《礼记》有所记载。

公曰："善哉！尽此而已乎？"

孔子曰："人有五仪：有庸人，有士人，有君子，有贤人，有圣人。审此五者，则治道毕矣。"

鲁哀公说："你说得好呀！就只有这些吗？"

孔子说："人有五仪：有庸人，有士人，有君子，有贤人，有圣人。能区分这五种人，就可通晓治国之道了。"

《论语》里出现过很多种人，包括仁者、贤者、圣人、君子、小人、大人、至圣、士、隐者、善人，还有不善者，等等，但从没有给这些人下定义。看看这里孔子是怎样界定这五种人的。

公曰："敢问何如斯可谓之庸人？"

孔子曰："所谓庸人者，心不存慎终之规，口不吐训格之言，不择贤以托其身，不力行以自定。见小暗大，不知所务。从物如流，不知其所执。此则庸人也。"

鲁哀公说："请问什么样的人称之为庸人？"

孔子说："所谓庸人，他们心中不存在做事考虑后果的想法，口中说不出有意义的教诲之言，不知道选择贤能作为自己的托付，不会努力做事让自己得到安定的生活。小事明白大事糊涂，不知自己在忙些什么。凡事随大流，不知自己所追求的是什么。这样的人就是庸人。"

现在汉语对庸人的解释是：平常的人，见识浅陋、没有作为的人。

公曰："何谓士人？"

孔子曰："所谓士人者，心有所定，计有所守，虽不能尽道术之本，必有率也。虽不能备百善之美，必有处也。是故智不务多，必审其所知。言不务多，必审其所谓。行不务多，必审其所由。智既知之，言既道之，行既由之，则若性命之于形骸不可易也。富贵不足以益，贫贱不足以损，此则士人也。"

鲁哀公说："什么样的人称之为士人？"

孔子说："所谓士人，心中有确定的原则，主意有明确的坚守，虽然不能尽了仁道治国之根本，但一定有自己的遵循。虽然不能集百善于一身，但一定有自己的操守。因此他们知识不求多，但一定审视自己所具有的知识是否正确。说话不求多，但一定审视自己所说出的话是否恰当。做事不求多，但一定审视自己所做的事是否符合仁义。知识是正确的，话语是恰当的，做事是符合道义的，就像性命对于形骸一样是不可改变的。富贵不足以对他有所补益，贫贱不足以对他有所损害，这样的人就是士人。"

现代汉语对士人的解释是：士人古时指读书人，亦是中国古代文人知识分子的统称。他们学习知识，传播文化，政治上尊王，学术上循道，周旋于道与王之间。他们是国家政治的参与者，又是中国传统文化的创造者、传承者。士人是古代中国才有的一种特殊身份，是中华文明所独有的一个精英社会群体。此解释不确切。

公曰："何谓君子？"

孔子曰："所谓君子者，言必忠信，而心不怨。仁义在身，而色无伐。思虑通明，而辞不专。笃行信道，自强不息，油然若将可越，而终不可及者，君子也。"

鲁哀公说："什么样的人称之为君子呢？"

孔子说："所谓君子，言必忠信，心中无怨。身怀仁义，神色平和。思虑通明，话语委婉。笃行信道，自强不息。他那从容不迫的样子好像很容易超越，可是终究不可及，这就是君子。"

现代汉语对君子的解释，一是在位者或君王，二是才德出众的人，三是妻子对丈夫的称呼。此解释太随意且不符合概念定义的要求，不赘。

古时候士以上的人，有时候皆可称君子。

公曰："何谓贤人？"

孔子曰："所谓贤人者，德不逾闲，行中规绳，言足以法于天下，而不伤于身。道足以化于百姓，而不伤于本。富则天下无宛财，施则天下不病贫，此贤者也。"

鲁哀公说："什么样的人称之为贤人呢？"

孔子说："所谓贤人，德操上不出格，行为合乎法度，言论足以成为天下表率，却不会伤及自身。道德足以感化百姓，却不会伤及根本。他富有则天下便没有了怨恨之财，他布施则天下便不必担忧贫困。这就是贤人。"

而今所谓的贤人，就是有才有德的人，所爱好、厌恶的情感与人民完全相同，想要选择与舍弃的事物与人民完全一致。行事完全顺应天道、地道、人道客观规律，处理问题能够标本兼治，尤其注意从根本上解决。所说的话能够作为天下人的行为准则，按照他说的话去做就能成功。身为平民时有志向、有抱负，希望能够身居高位为人民造福，成为王侯将相时也不积攒财物。这样的人，被人们称作贤人。这个解释比较符合古意。

公曰："何谓圣人？"

孔子曰："所谓圣人者，德合于天地，变通无方，穷万事之终始，协庶品之自然，敷其大道而遂成情性。明并日月，化行若神。下民不知其德，睹者不识其邻，此谓圣人也。"

鲁哀公说："什么样的人称之为圣人呢？"

孔子说："所谓圣人，德性与天地之道相合，变通自如，探究世事变化规律，顺应万物自然本性，广施大道以成就万物性情。如日月那样光明，如神明那样化行天下。黎民百姓不了解他的大美大德，见到他的人也不知道他的邻居是谁。这就是圣人。"

而今的圣人定义是：德高望重，有大智，已达到人类最高最完美境界的人。在中国传统文化里，圣人指知行完备、至善之人，是有限世界中的无限存在。总的来说，才德全尽谓之圣人。这一解释中规中矩。

公曰:"善哉！非子之贤，则寡人不得闻此言也。虽然，寡人生于深宫之内，长于妇人之手，未尝知哀，未尝知忧，未尝知劳，未尝知惧，未尝知危，恐不足以行五仪之教，若何？"

孔子对曰:"如君之言，已知之矣，则丘亦无所闻焉。"

鲁哀公说:"太好了！如果不是先生贤明，我就不会听到这些话。即便如此，我自幼生活在深宫之中，被妇人抚养长大，不知道何是哀，何是忧，何是劳，何是惧，何是危，恐怕还不能推行五仪之教化，这该怎么办呢？"

孔子回答说:"从您的话中可以听出，您已经明白这些道理了，我也就不需要再说什么了。"

鲁哀公此番话，说的也是实情，诚恳知味。孔子对其给予了充分的鼓励和肯定。

公曰:"非吾子，寡人无以启其心。吾子言也。"

孔子曰:"君入庙如右，登自阼阶，仰视榱（cuī）桷，俯察几筵，其器皆存，而不睹其人，君以此思哀，则哀可知矣。昧爽夙兴，正其衣冠，平旦视朝，虑其危难，一物失理，乱亡之端，君以此思忧，则忧可知矣。日出听政，至于中冥，诸侯子孙，往来为宾，行礼揖让，慎其威仪，君以此思劳，则劳亦可知矣。缅然长思，出于四门，周章远望，睹亡国之墟，必将有数焉，君以此思惧，则惧可知矣。夫君者舟也，庶人者水也，水所以载舟，亦所以覆舟，君以此思危，则危可知矣。君既明此五者，又少留意于五仪之事，则于政治何有失矣！"

鲁哀公说:"如果不是您，我的心智就得不到启发。您还是再给我讲讲吧！"

孔子说："您从右门进入宗庙，从东阶走上去，抬头看到屋椽，低头看到筵席，亲人使用的器物都在，却看不到他们的身影，您因此感到哀伤，这样什么是哀就知道了。黎明时分起床，衣帽穿戴整齐，清晨到朝堂听政，担忧国家危难，一件事处理不当，会成为国家动乱灭亡的开端，您如此思忧国事，那么什么是忧也就知道了。太阳出来就处理国家大事，直至午后，接待诸侯子孙，往来宾客，行礼揖让，谨慎地维持自己的威严仪态，您以此思考辛劳，那么什么是劳也就知道了。缅然长思，走出都门，仓惶远眺，看到那些亡国的废墟，心中必将数点其多，您因此感到惧怕，那什么是惧也就知道了。国君是舟，百姓就是水，水可以载舟，也可以覆舟，您由此想到危险，那么什么是危也就知道了。您已经明白了这五个方面，又稍稍留意五种人，那么治理国家还会有什么过失呢？"

此时的鲁哀公坦诚求教，孔子也就坦诚相告。结合鲁哀公的实际情况，孔子告诉他如何思哀、思忧、思劳、思惧、思危。人无远虑，必有近忧。慎终追远才能来日方长，居安思危才会未雨绸缪，国是无小事，当知千里之堤毁于蚁穴，礼敬勤勉才能成就礼仪之邦。为君者，知敬畏任贤能，才能成就千秋功业。

哀公问于孔子曰："请问取人之法。"

孔子对曰："事任于官，无取捷捷，无取钳钳，无取啍啍。捷捷贪也，钳钳乱也，啍啍诞也。故弓调而后求劲焉，马服而后求良焉，士必悫（què）而后求智能者焉。不悫而多能，譬之豺狼不可迩。"

鲁哀公问孔子道："请问选拔官吏的方法。"

孔子回答说:"考察他的为人处事再任用他,不要选取'捷捷'之人,'钳钳'之人和'哼哼'之人。'捷捷'是贪婪的表现,'钳钳'是放荡的表现,'哼哼'是欺诈的表现。弓弦调好后射出去才有力,马被驯服后才知道是不是良马,士必须做到谨慎诚实而后他的聪明才智才可用。做不到谨慎诚实却精明多才,这样的人就如豺狼一样不可接近。"

当官先做事,做事先做人。德才兼备,以德为先,是选人用人的标准,古今道一也。贪婪、放荡、欺诈之人品德有问题,不可用。

哀公问于孔子曰:"寡人欲吾国小而能守,大则攻,其道如何?"

孔子对曰:"使君朝廷有礼,上下相亲,天下百姓皆君之民,将谁攻之?苟违此道,民畔如归,皆君之仇也,将与谁其守?"

公曰:"善哉!"于是废泽梁之禁,弛关市之税,以惠百姓。

鲁哀公问孔子道:"我想让我国做到弱小时能够守得住,强大时可以攻得出,怎样才能做到呢?"

孔子回答说:"让您的朝廷恪守礼制,君臣上下相亲相敬,天下老百姓就都是您的子民了,您将攻打谁呢?假如违背此道,百姓背叛您就像回家一样迫切,他们都会成为您的仇敌,您将与谁一起守御呢?"

鲁哀公说:"您说得好呀!"于是他废除了上山打猎下河捕鱼的禁令,减轻关卡和集市的税收,施惠于民。

鲁哀公没经历过什么世面,不知道江湖险恶,显得有点幼稚,但听进的话能够去做,这一点还是不错的,不像《孟子》里的齐宣王那般无动于衷。

哀公问于孔子曰:"吾闻君子不博,有之乎?"孔子曰:"有之。"公曰:"何为?"对曰:"为其二乘。"公曰:"有二乘则何为不博?"子曰:"为其兼行恶道也。"哀公惧焉。

有间,复问曰:"若是乎,君子之恶恶道至甚也。"

孔子曰:"君子之恶恶道不甚,则好善道亦不甚。好善道不甚,则百姓之亲上亦不甚。《诗》云:'未见君子,忧心惙(chuò)惙,亦既见止,亦既觏(gòu)止,我心则悦。'《诗》之好善道甚也如此。"

公曰:"美哉!夫君子成人之善,不成人之恶,微吾子言焉,吾弗之闻也!"

鲁哀公问孔子道:"我听说君子并不博学,有这回事吗?"孔子说:"有的。"鲁哀公说:"为什么呢?"孔子回答说:"因为知识也有两面性。"鲁哀公说:"有两面性为什么就不能博通呢?"孔子说:"因为知识也可以用来作恶啊!"鲁哀公有些惊悚。

过了一会儿,鲁哀公又问:"如果是这样,君子对恶行的厌恶是很深的。"

孔子说:"如果君子不是十分厌恶恶行,那么他也就不会非常喜好善行。不十分喜好善行,那么百姓也就不会倾心亲附君子了。《诗》云:'未见君子,忧心惙惙,亦既见止,亦既觏止,我心则悦。'《诗经》也是如此喜好善行。"

鲁哀公说:"说得太好了!君子成人之善,不成人之恶。要不是您说了这些话,我怎能听到这些道理呢?"

"君子不博""为其兼行恶道也",这是孔子的观点。而老子认为,"智者不博,博者不智"。在这里,智者孔子已经意识到,知识也罢,才能也罢,就像一把刀,看谁拿来用。知识才能掌握在有德君子手里,才会成人之善，不成人之恶。谁说鲁哀公笨，从这里看，他有很强的理解力。

《论语》中孔子说："唯仁者能好人，能恶人。""君子之恶恶道不甚，则好善道亦不甚。"此观点可以与《家语》相互佐证，只是君子不等同于仁者而已。

"没有见到那君子，我心忧思真凄切。如果我已见着他，如果我已偎着他，我的心中多喜悦。"本诗句引自《诗经·召南·草虫》，描写的是丈夫远行在外时，妻子的忧念及丈夫归来时的喜悦。

哀公问于孔子曰："夫国家之存亡祸福，信有天命，非唯人也？"

孔子对曰："存亡祸福，皆己而已。天灾地妖，不能加也。"

公曰："善！吾子之言，岂有其事乎？"

孔子曰："昔者殷王帝辛之世，有雀生大鸟于城隅焉。占之者曰：'凡以小生大，则国家必王而名必昌。'于是帝辛介雀之德，不修国政，亢暴无极，朝臣莫救，外寇乃至，殷国以亡。此即以己逆天时，诡福反为祸者也。又其先世殷王太戊之时，道缺法圮，以致妖蘖（niè）、桑穀生于朝，七日大拱。占之者曰：'桑穀野木而不合生朝，意者国亡乎？'太戊恐骇，侧身修行，思先王之政，明养民之道。三年之后，远方慕义，重译至者，十有六国。此即以己逆天时，得祸为福者也。故天灾地妖所以儆人主者也，寤梦征怪所以儆人臣者也。灾妖不胜善政，寤梦不胜善行。能知此者，至治之极。唯明王达此。"

公曰："寡人不鄙固此，亦不得闻君子之教也。"

鲁哀公问孔子道："国家的存亡祸福，信有天命，不单是由人力所能左右的吧？"

孔子回答说："国家的存亡祸福，都是由人自己决定的。天灾地妖，并不能改变国家的命运。"

鲁哀公说："好！那您说说，可有什么事实根据吗？"

孔子说："从前殷王帝辛时代，有一只小鸟在国都的城墙角落孵出一只大鸟。占卜者说：'凡是以小生大，国家必将称王并且声名必将大振。'于是帝辛凭借小鸟生大鸟的好兆头，不好好治理国家，残暴至极，朝中大臣也无法挽救，于是外敌攻入，殷国因此灭亡。这就是以自己的肆意妄为违背天时，奇异的福兆反而变成灾祸的事例。帝辛的先祖殷王太戊统治的时候，社会道德败坏，国家法纪紊乱，以致出现反常的树芽，朝堂上长出桑和谷，七天就长得两手合抱之粗。占卜者说：'桑谷野木不应共生在朝堂上，难道国家要灭亡吗？'太戊非常恐惧，小心地修养自己的德行，学习先王的治国之策，探究养民之道。三年之后，远方的国家羡慕殷国的道义，使者经过多重翻译来朝见的，有十六国之多。这就是以自己的谨身修治改变天时，祸兆反变为福的事例。所以说天灾地妖是上天用来警告国君的，梦见怪异是上天来警告臣子的。灾妖胜不过良好的政治，梦兆也胜不过善良的行为。能明白这个道理，就是治国的最高境界。只有贤明的国君才能做到。"

鲁哀公说："我如果不是这样浅陋，也就不能听到您的教诲了。"

儒家的天道人道、福祸关系，孔子在这里说得比较清楚了。儒家论福祸关系，"存亡祸福，皆己而已"。其"诡福反为祸""祸反为福"与道家的"祸兮福所倚，福兮祸所伏"相通。

人类是大自然的一部分，人道遵循天道。在儒家看来，人道遵循天道，就是行仁道，尽心知命，仁者爱人，不欺不妄，真诚向善，止于至善。人欲仁则仁至矣。如果亢暴无极，人祸必带来天灾。这叫顺之者昌，逆之者亡。

孔子有言："灾妖不胜善政，寤梦不胜善行。"老子也有言："天道无亲，常与善人。"天道无关人情，功是功，过是过，赏罚分明，不会将功补过。所以孔子说，存亡祸福，皆己而已。

"永言配命，自求多福。""命自我作，福自我求。""行有不得，皆反求诸己。"善哉。

致思第八

孔子北游于农山，子路、子贡、颜渊侍侧。

孔子四望，喟然而叹曰："于斯致思，无所不至矣！二三子各言尔志，吾将择焉。"

子路进曰："由愿得白羽若月，赤羽若日，钟鼓之音，上震于天，旍旗缤纷，下蟠于地。由当一队而敌之，必也攘地千里，搴（qiān）旗执馘（guó）。唯由能之，使二子者从我焉！"

夫子曰："勇哉！"

子贡复进曰："赐愿使齐楚，合战于漭瀁（mǎng yǎng）之野，两垒相望，尘埃相接，挺刃交兵。赐着缟衣白冠，陈说其间，推论利害，释二国之患。唯赐能之，使二子者从我焉！"

夫子曰："辩哉！"

颜回退而不对。孔子曰："回！来，汝奚独无愿乎？"颜回对曰："文武之事，则二子者既言之矣，回何云焉？"

孔子曰："虽然，各言尔志也，小子言之。"

对曰："回闻薰莸（xūn yóu）不同器而藏，尧桀不共国而治，以其类异也。回愿得明王圣主辅相之，敷其五教，导之以礼乐，使民城郭不修，沟池不越，铸剑戟以为农器，放牛马于原薮，室家无离旷之思，千岁无战斗之患，则由无所施其勇，而赐无所用其辩矣。"

夫子凛然而对曰："美哉，德也！"

子路抗手而问曰:"夫子何选焉?"

孔子曰:"不伤财,不害民,不繁词,则颜氏之子有矣。"

孔子北游登上农山,子路、子贡和颜渊陪侍在身边。

孔子环望四周,喟然而叹道:"站在这里想想呀,可以想到任何事情。你们可以谈谈自己的志向,我会从其中作出选择。"

子路走上前说:"我愿执掌像月亮一样白色的指挥旗,像太阳一样红色的战旗,让钟鼓之声响彻云霄,让旌旗缤纷蜿蜒大地。我率领一队人马与敌军作战,一定能夺取千里之地,拔下敌人的旗帜,割下敌人的左耳。这只有我能够做得到,您就让他们两个做我的随从吧。"

孔子说:"真是勇敢啊!"

子贡接着走上前说:"我愿出使齐楚。两国在广阔的原野上交战,两军对垒,尘土飞扬,兵戎相交。我穿白服戴白帽,在两国之间陈述道理,分析利害,解除两国的战患。这只有我能做得到,您就让他们做我的随从吧。"

孔子说:"真是能言善辩啊!"

颜回退在后面不说话。孔子说:"颜回,过来!唯独你没有志向吗?"颜回回答说:"文武两方面的事,他们两人已经都说了,我还能说些什么呢?"

孔子说:"即便这样,每个人说说自己的志向,你也说说吧。"

颜回回答说:"我听说,薰草和莸草不能在同一个容器中收藏,尧和桀不可共同治理一个国家,因为他们不属于同一类。我愿辅佐明王圣主,敷施五教,导之礼乐,使民不修筑城墙,不越过护城河,将刀枪剑戟熔铸为农具,放牧于平原湖畔。百姓没有怨女旷夫的忧思,国家没有战争的灾难,这样子路就不能施展他的勇敢，子贡也就不能发挥他的雄辩了。"

孔子神情严肃地说道："美哉！这是大德呀！"

子路举手问道："夫子您怎么选呢？"

孔子说："不耗费财物，不危害百姓，不用浪费口舌，只有颜回有这样的贤能了。"

所谓致思，是指集中心思于某一方面，用心思考的意思。

《论语》里子路、曾皙、冉有和公西华侍坐一则，异彩纷呈。这里子路、子贡和颜渊侍侧，也是相当精彩。同样是问志向，同样是子路率先回答，子路谈论的同样是带兵打仗，在《论语》里夫子"哂之"，在这里夫子夸子路"勇哉"！

子贡的说辞就更有意思了，他想当一名说客，说服齐楚两国停止交战，并永绝战患。子贡却不是自夸，他确实有这样的才具。据《史记·仲尼列传》记载，田常欲作乱于齐，并欲攻打鲁国立威。子贡请之去乱，孔子许之。于是子贡先后去齐、吴、越和晋等四国说辞利害。结果"故子贡一出，存鲁，乱齐，破吴，强晋而霸越。子贡一使，使势相破，十年之中，五国各有变"。苏秦、张仪合纵连横，在子贡面前也不过是后学。子贡不仅善于雄辩，而且有经世之才，办事通达，还善于经商，是孔门弟子中的首富。孔子晚年生活多得子贡照顾。

子贡和子路一文一武，都是乱世英雄。弱不禁风的颜回退而不对，看似这回没什么胜算了，其实，人家是不屑和两人过招。这不一出手，就把两人灭了。仁者无敌，直接让两人无用武之地。颜回愿以仁德辅佐圣王，以礼乐治国，变兵器为农器，永离战火硝烟，希望百姓们安居乐业。这也正是夫子之志，即希望世界大同，百姓生活在和平安宁的社会里。

子路尚勇，子贡尚智，颜渊尚仁。

孔子之楚，而有渔者献鱼焉，孔子不受。

渔者曰："天暑市远，无所鬻（yù）也。思虑弃之粪壤，不如献之君子，故敢以进焉。"

于是夫子再拜受之，使弟子扫地，将以享祭。

门人曰："彼将弃之，而夫子以祭之，何也？"

孔子曰："吾闻诸惜其腐馂，而欲以务施者，仁人之偶也。恶有仁人之馈而无祭者乎？"

孔子到了楚国，一位渔夫想要送给他一些鱼，孔子不接受。

渔夫说："天气炎热，市场又远，鱼没有地方卖了。考虑到如果把鱼扔掉，不如送给君子，所以才胆敢将这些鱼送来。"

于是孔子再次拜谢接受了这些鱼，让弟子把地打扫干净，准备用鱼来祭祀。

弟子说："渔夫本来打算扔掉这些鱼，而您却要用它们祭祀，为什么？"

孔子说："我听说那些珍惜自己的劳动，而将劳动成果馈赠与人的人，和仁人同属一类。哪有接受了仁人的馈赠，却不举行祭祀的道理呢？"

关于馈赠、周济和赏赐等，对没有官职的人来说，是否可以接受，孟子有比较详细的界定。

孔子第一次不受，第二次听了渔夫的解释后接受，都好理解。关键是还拿人家要丢弃的东西来祭祀，不是有辱神明和先祖吗？孔子的解释何其大哉："诸惜其务，而欲以务施者，仁人之偶也。"爱惜自己的劳动果实并把它馈赠与人的渔夫是仁人，接受仁人的馈赠无上光荣，必祭。可见在孔子心中，仁者无所谓贵人贱民，都是值得尊崇的大德大善大美之人。此致思以为仁。

子路为蒲宰，为水备，与民修沟渎。以民之劳烦苦也，人与之一箪食、一壶浆。

孔子闻之，使子贡止之。子路忿然不说，往见孔子曰："由也以暴雨将至，恐有水灾，故与民修沟洫以备之。而民多匮饿者，是以箪食壶浆而与之。夫子使赐止之，是夫子止由之行仁也。夫子以仁教，而禁其行，由不受也！"

孔子曰："汝以民为饿也，何不白于君，发仓廪以赈之？而私以尔食馈之，是汝明君之无惠，而见己之德美矣。汝速已则可，不则汝之见罪必矣。"

子路担任蒲地的地方官，为防备水患，率领百姓修建沟渠。由于百姓的劳作繁重且辛苦，子路发给每人一篮食物、一壶水。

孔子听说后，让子贡去阻止子路。子路感到十分不高兴，就去拜见孔子说："我担忧暴雨很快到来，恐怕会有水灾，所以和老百姓一起修筑沟渠来防范。可是很多人缺干粮忍饥挨饿，因此我发给每人一篮食物和一壶水。您却派子贡阻止我，这是夫子在阻止我践行仁道。您用仁道教导我们，却阻止我们践行仁道，我不能接受您这样的做法！"

孔子说："你认为百姓们受饥挨饿，为何不直接禀明君王，打开粮仓去赈济他们呢？你却私自用自己的粮食赠送百姓，是你在表明国君没有恩惠，从而显示自己德行高尚。你立刻停止这种做法还来得及，否则你必将被治罪。"

《论语》里，子路经常顶撞孔子，甚至质问孔子，但都没有这一次激烈。子路是"忿然不说"，"夫子止由之行仁也"，"由不受也！"。

乍一看，子路看到老百姓饿肚子，非常不忍，于是拿出自己的粮食来赈济百姓，常人并不觉得有什么不妥，甚至感觉子路为人厚道，能够体恤百姓疾苦。夫子却告诉子路，见百姓受饥挨饿，可禀明君王开仓赈灾，这才是为民着想的好方法。子路如此施惠，老百姓感恩子路的同时也会埋怨国君不恤民情。并且子路之举只能缓解一时之困，对长远及大局没有帮助。夫子的气度格局，确实不是子路所能窥见的。

另则，看到子路马上会招来祸端，夫子立即让子贡前去制止，可见夫子护徒心切。

此致思无以小仁伤大仁。

孔子适齐，中路闻哭者之声，其音甚哀。

孔子谓其仆曰："此哭哀则哀矣，然非丧者之哀也。驱而前！"

少进，见有异人焉，拥镰带素，哭者不衰。

孔子下车，追而问曰："子何人也？"对曰："吾丘吾子也。"曰："子今非丧之所，奚哭之悲也？"丘吾子曰："吾有三失，晚而自觉，悔之何及！"曰："三失可得闻乎？愿子告吾，无隐也。"

丘吾子曰："吾少时好学，周遍天下，后还，丧吾亲，是一失也。长事齐君，君骄奢失士，臣节不遂，是二失也。吾平生厚交，而今皆离绝，是三失也。夫树欲静而风不停，子欲养而亲不待。往而不来者年也，不可再见者亲也，请从此辞。"遂投水而死。

孔子曰："小子识之！斯足为戒矣。"自是弟子辞归养亲者十有三。

孔子到齐国去，半路上听到哭声，声音极其哀伤。

孔子对随从的弟子说："这种哭声哀伤倒是哀伤，但不是失去亲人的哀伤。快过去看看！"

没走多远，看到一个怪人，他拿着镰刀，穿着素衣，哭得并不沮丧。

孔子便走下车，追上那个人问道："您是何人呀？"那人回答说："我是丘吾子。"孔子说："您并非有丧事在身，为何哭得这么悲切？"丘吾子回答说："我有三件过失，直到晚年才发觉，后悔已经来不及了！"孔子说："您可以说说这三件过失吗？希望您告诉我，不要隐瞒。"

丘吾子说："我少时好学，游历四方，等到回去之后，父母已经去世，这是第一件过失。年长后侍奉齐君，君主骄奢荒淫，失去士人的爱戴，我没有保全自己的节操，这是第二件过失。我平生喜欢广交朋友，但如今朋友都纷纷离去，这是第三件过失。树欲静而风不止，子欲养而亲不待。逝去后不再返回的是岁月，不能再见到的是至亲。我将从此诀别于世。"说完跳水自尽。

孔子说："小子们要牢记呀！这足以为戒。"自此之后，有十分之三的弟子辞别孔子回乡侍奉父母。

父母不养，节操不保，交友不慎，这是丘吾子自己意识到的人生三失。父母不养是不孝，节操不保是不忠，交友不慎是不义。老了老了，想明白了，后悔莫及也晚了。其实丘吾子还是没想明白，虽然"朝闻道，夕死可矣！"，可你真去死呀？"爱其死以有待也，养其身以有为也。"你已经幡然悔悟，有生之年改过迁善不好吗？孔子应该是没来得及拦住。此致思以为孝忠义。

孔子谓伯鱼曰："鲤乎！吾闻可以与人终日不倦者，其唯学焉。其容体不足观也，其勇力不足惮也，其先祖不足称也，其族姓不足道也。终而有大名，以显闻四方，流声后裔者，岂非学之效也？故君子不可以不学，其容不可以不饬。不饬无类，无类失亲，失亲不忠，不忠失礼，失礼不立。夫远而有光者饬也，近而愈明者学也。譬之污池，水潦注焉，萑苇生焉，虽或以观之，孰知其源乎？"

孔子对伯鱼说："鲤呀！我听说能让人整天沉浸其中不知疲倦的，唯有学习。一个人的容貌身材不值得向人炫耀，一个人的勇猛健壮不足以让人惧怕，一个人的先祖不值得让人称赞，一个人的同姓家族不足以让人称道。最终大名鼎鼎，名扬四海，流芳后世的，难道不是学习的成就吗？所以君子不可以不学习，容貌不可以不整理。不整理就入不了种群，入不了种群就会失去亲情，失去亲情就是不忠敬，不忠敬则失礼，失礼就会难以立足。从远处看人光鲜亮丽是整理过容貌的原因，从近处看人更加耀眼聪慧是学问渊博的原因。这就好像一个污水池一样，雨水注入其中，苇草生于其中，即便有人来观看，谁知道水的源头在哪里呢？"

唯有学习，可以长久。唯有学习，可以自立。唯有学习，是自己能把握的。此致思以为学。这是难得一见的孔子教诲儿子的话。《论语》里有一则，陈亢问伯鱼："你得到过夫子的特别教诲吗？"伯鱼回答说："没有。一次父亲独自站在庭院中，我快步跑过时，父亲问学《诗》了吗？我回答说没有。父亲说不学《诗》就不会讲话啊！我便退下来学《诗》。另一次父亲又独立院中，我快步跑过时，父亲问学《礼》了吗？我回答没有。父亲说不学《礼》就无法立足于社会啊！我便退下来学《礼》。只听到过这两次教诲。"

子贡问于孔子曰："死者有知乎？将无知乎？"

子曰："吾欲言死之有知，将恐孝子顺孙妨生以送死。吾欲言死之无知，将恐不孝之子弃其亲而不葬。赐不欲知死者有知与无知，非今之急，后自知之。"

子贡问孔子道："死者有知觉呢？还是没有知觉呢？"

孔子说:"如果我说死者有知觉,恐怕孝顺的子孙为了死者会损害自己的性命。如果我说死者没有知觉,恐怕不孝的子孙会遗弃亲人而不埋葬。赐啊,不要想弄明白死者有没有知觉,这不是现今急着要解决的事,以后你自然会明白。"

《论语》里,孔子是敬鬼神而远之,不语怪力乱神。季路问事鬼神,子曰:"未能事人,焉能事鬼?"曰:"敢问死。"曰:"未知生,焉知死?"那么,在孔子心中,到底有没有鬼神呢?在这里还是找不到答案。但有一点是可以肯定的,在这里孔子的观点是"知死者有知与无知,非今之急"。那么当今之急是什么?是推行仁义道德,明了孝悌廉耻,让民众知道,孝悌是为人之本,生前尽孝比什么都好。

子贡问治民于孔子。

子曰:"懔懔焉!若持腐索之扞马。"

子贡曰:"何其畏也?"

孔子曰:"夫通达御之皆人也。以道导之,则吾畜也。不以道导之,则吾仇也。如之何其无畏也?"

子贡向孔子请教如何治理民众。

孔子说:"要心存谨慎敬畏之心!就像牵着腐朽的马缰驾驭凶猛的马那样。"

子贡说:"为何要如此畏惧呢?"

孔子说:"治民像在通畅宽阔的道路上驰骋,会遇到很多人。用正确的方法引导它,它就像自己驯养的马一样温顺。用错误的方法引导它,它就像自己的仇敌一样凶狠。这哪能不让人心生畏惧呢?"

《论语》载,曾子有疾,召门弟子曰,看看我的脚!看看我的手!

《诗经》上说:"战战兢兢,如临深渊,如履薄冰。"从今以后,我才知道自己可以免于祸害刑戮了!从做人而言,乱世之中,终生进德修身,推行仁道,能够保全自己实在是不容易。从出仕为官而言,要记得水能载舟亦能覆舟的道理,对民众要心存敬畏之心,勤政为民,谨慎布策,要记得民众如马,政策如缰绳,大意不得。此致思以为惧。

三恕第九

孔子曰:"君子有三恕。有君不能事,有臣而求其使,非恕也。有亲不能孝,有子而求其报,非恕也。有兄不能敬,有弟而求其顺,非恕也。士能明于三恕之本,则可谓端身矣。"

孔子说:"君子有三恕。有国君不能侍奉,却去役使臣子,这不是恕。有父母不能孝敬,却向孩子要回报,这不是恕。有兄长不能尊敬,却要求弟弟顺从,这不是恕。士人能明了这三恕的根本,就可以说是端正自身了。"

《论语》里,子贡问曰:"有一言而可以终身行之者乎?"子曰:"其恕乎!己所不欲,勿施于人。"由是后人把孔子的仁道,又称之为恕道。

这里把"恕"分为三种,采用正话反说的方式展开。我们以"有亲不能孝,有子而求其报,非恕也"为例,作一下分析。"有亲不孝,有子求报",非恕。那么"有亲不孝,有子不求报","有亲能孝,有子不求报","有亲能孝,有子求报"哪是恕,哪是非恕呢? 从"己所不欲,勿施于人"对恕的解释看,除了"有亲不孝,有子求报"确实非恕外,从个人选择的角度讲其他三条多少都含有恕的成分,只是哪一条算真正的"恕"呢?

《论语》里还有,子贡曰:"如有博施于民而能济众,何如? 可谓仁乎?"子曰:"何事于仁,必也圣乎! 尧、舜其犹病诸! 夫仁者,己欲立而立人,己欲达而达人。能近取譬,可谓仁之方也已。"按孔子的意思，真正的恕道、仁道，是"己所不欲，勿施于人"和"己欲立而立人，己欲达而达人"的统一，在于推己及人，其最高境界是付出而不求回报。"有亲能孝，有子不求报"此为大矣！

"三恕"的根本，就是为仁的根本。"孝悌也者，其为仁之本与！"

孔子曰："君子有三思，不可不察也。少而不学，长无能也。老而不教，死莫之思也。有而不施，穷莫之救也。故君子少思其长则务学，老思其死则务教，有思其穷则务施。"

孔子说："君子有三思，不可不察。年少时不爱学习，长大后就没有才能。年老时不教子孙，去世后就没人怀念。富有时不愿施舍，穷困时就没人救助。所以君子年少时想到长大后的事才会努力学习，年老了想到去世后的事才会担起教化的责任。富有时想到穷困才会致力于施舍。"

孔子的思想也有一个变化发展的过程，虽然"吾道一以贯之"，但是在不同时期、不同境遇中，他对同一个问题也会有不同角度的思考，但其义一也。《论语》里，子曰："君子有九思：视思明，听思聪，色思温，貌思恭，言思忠，事思敬，疑思问，忿思难，见得思义。"这"九思"只是从普遍意义上的思考，而这里的"三思"却更有针对性，分别切入"少长，老死，富贫"，谈的是功与业的因果关系，希望君子"知止而后有定，定而后能静，静而后能安，安而后能虑，虑而后能得"。

君子不仅有三思、九思，还有三戒、三畏，即少时戒色、壮时戒斗、老时戒得，畏天命、畏大人、畏圣人之言；后面还有三患、五耻。

孔子观于鲁桓公之庙，有欹（qī）器焉。夫子问于守庙者曰："此谓何器？"对曰："此盖为宥（yòu）坐之器。"

孔子曰："吾闻宥坐之器，虚则欹，中则正，满则覆。明君以为至诚，故常置之于坐侧。"顾谓弟子曰："试注水焉！"乃注之。水中则正，满则覆。夫子喟然叹曰："呜呼！夫物恶有满而不覆哉？"

子路进曰："敢问持满有道乎？"

子曰："聪明睿智，守之以愚。功被天下，守之以让。勇力振世，守之以怯。富有四海，守之以谦。此所谓损之又损之之道也。"

孔子到鲁桓公祭祀的庙里去观瞻，看到一件倾斜不正的器物。夫子问守庙的人说："这是什么器物呀？"守庙人回答说："这是国君放在座位右边以示警戒的宥器。"

孔子说："我听说宥坐之器，内空无水时就倾斜不正，水不多不少时就端正，水满时就倒下。贤明的君主把它作为最高警戒，所以常常把它放在座位边。"他回头对弟子说："灌水试试。"弟子把水灌进宥器。水不多不少时宥器就端正，水满时就倒下。孔子感叹道："唉！哪有东西盈满了不倒的呢！"

子路走上前去说："请问有保持盈满不覆的方法吗？"

孔子说："聪明睿智，用愚笨的方法持守。功绩遍及天下，用谦让的方法持守。勇武威震于世，用怯懦的方法持守。财富遍及四海，用谦和的方法持守。这便是尽力贬损自己来保持盈满的方法。"

《尚书·虞书·大禹谟》言："满招损，谦受益，时乃天道。"老子亦有言："持而盈之，不如其已。"孔子"损之又损之"之谓，意相通也。

《易经》中有一卦：地在上，山在下，地山谦，是谓谦卦，六爻皆吉。

孔子观于东流之水。

子贡问曰:"君子所见大水必观焉,何也?"

孔子对曰:"以其不息,且遍与诸生而不为也,夫水似乎德。其流也,则卑下倨拘必循其理,此似义。浩浩乎无屈尽之期,此似道。流行赴百仞之嵚而不惧,此似勇。至量必平之,此似法。盛而不求概,此似正。绰约微达,此似察。发源必东,此似志。以出以入,万物就以化絜,此似善化也。水之德有若此,是故君子见必观焉。"

孔子观于东流之水。

子贡问道:"君子每次见到大水都要观看,为什么呢?"

孔子回答说:"因为它奔流不息,且惠及众生而无所为之,水似乎有德。其奔流之势,遵从地理弯弯曲曲流向低洼,此似义。浩浩荡荡无穷无尽,此似道。流淌在百仞山涧峡谷中无所畏惧,此似勇。水量达到一定的程度必然处于平缓,此似法。注满之后不用抹而自平,此似正。以柔弱之形却能达到细微之处,此似察。源头之水终究必向东流,此似志。流入流出之间,万物变得清洁干净,此似善的教化。水具有这么多的美德,所以君子见到大水后必然观看。"

子在川上曰:"逝者如斯夫,不舍昼夜。"孔子在这里总结了水具有的九种美德,分别是德、义、道、勇、法、正、察、志和善化,水就像君子一样,夫子怎能不去欣赏呢。老子说:"上善若水。水善利万物而不争,处众人之所恶,故几于道。居善地,心善渊,与善仁,言善信,正善治,事善能,动善时。夫唯不争,故无尤。"孔子说:"智者乐水,仁者乐山。智者动,仁者静。智者乐,仁者寿。"两位先哲不约而同地赞美水,可见水在中国传统文化里的地位和象征意义是不可替代的。

但水能载舟，亦能覆舟。子曰："君者，舟也。庶人者，水也。水则载舟，水则覆舟，君以此思危，则危将焉而不至矣？""为其有二乘"焉。

子路见于孔子。孔子曰："智者若何？仁者若何？"子路对曰："智者使人知己，仁者使人爱己。"子曰："可谓士矣。"

子路出，子贡入，问亦如之。子贡对曰："智者知人，仁者爱人。"子曰："可谓士矣。"

子贡出，颜回入，问亦如之。对曰："智者自知，仁者自爱。"子曰："可谓士君子矣。"

子路拜见孔子。孔子说："智者若何？仁者若何？"子路回答说："智者能让别人了解自己，仁者能让别人爱自己。"孔子说："你可以算得上士人了。"

子路出去，子贡进来，孔子问了他同样的问题。子贡回答说："智者能了解别人，仁者能爱别人。"孔子说："你可以算得上士人了。"

子贡出去，颜回进来，孔子问了他同样的问题。颜回回答说："智者具有自知之明，仁者懂得爱惜自己。"孔子说："你可以算得上士君子了。"

智者和仁者分别是什么样的人？不同境界的人有不同的认识。俗话说，人贵有自知之明。看来，有自知之明的人不是一般人，一般人也做不到这一点。《论语》有"古之学者为己，今之学者为人"之说，初看不好理解，至此我们懂得，仁者爱人，先从爱自己开始，连自己都不爱的人会爱谁呢？《大婚解》里讲"敬也者，敬身为大"，道理是一样的。

在孔子看来，子路和子贡的认识，可以算得上是士人的水平了。颜回也才是士君子的水平，也就是超过士，还没有达到君子的境界。不说智者，仁者若何呢？子曰："夫仁者，己欲立而立人，己欲达而达人。能近取譬，可谓仁之方也已。"

《家语》里，子路、子贡和颜渊一起出现的时候，都很精彩。

好生第十

鲁哀公问于孔子曰:"昔者舜冠何冠乎?"孔子不对。公曰:"寡人有问于子,而子无言,何也?"对曰:"以君之问不先其大者,故方思所以为对。"公曰:"其大何乎?"

孔子曰:"舜之为君也,其政好生而恶杀,其任授贤而替不肖。德若天地而静虚,化若四时而变物。是以四海承风,畅于异类,凤翔麟至,鸟兽驯德。无他,好生故也。君舍此道而冠冕是问,是以缓对。"

鲁哀公问孔子道:"从前舜戴什么样的帽子啊?"孔子不回答。鲁哀公说:"我向您请教,您却不说话,为什么呢?"孔子回答说:"您问问题不先问重要的,所以我正在想怎样回答您。"鲁哀公说:"什么样的问题是重要的呢?"

孔子说:"舜作为一国之君,他为政爱惜生灵、厌恶杀戮,他选贤任能、罢免不肖之人。他的德行犹如天地般广阔且清净无欲,教化万民犹如四季更替有序又使万物并育。因此四海承蒙君子之德风,畅达于异类生灵,凤凰翔集,麒麟纷至,鸟兽被其大德驯服。没有别的,好生之德使然。君舍治国之道而问圣王戴什么帽子,所以我就缓对了。"

古人也八卦。鲁哀公"何冠"之问,弄得孔子措手不及。还好,鲁哀公及时止损回归正道。本篇讲好生之德。

有人对"凤翔麟至,鸟兽驯德"表示怀疑。怀疑不得,只是修为不到,化境未开,所以体会不到。万物皆有灵,能觉察到你善还是不善。你对它好它便会与你亲近,这样的例子比比皆是。

虞芮二国争田而讼,连年不决,乃相谓曰:"西伯,仁人也,盍往质之?"

入其境,则耕者让畔,行者让路。入其邑,男女异路,斑白不提挈。入其朝,士让为大夫,大夫让为卿。虞芮之君曰:"嘻!吾侪小人也,不可以履君子之庭。"遂自相与而退,咸以所争之田为闲田矣。

孔子曰:"以此观之,文王之道,其不可加焉。不令而从,不教而听,至矣哉!"

虞国和芮国为了争夺田地打官司,连续打了好几年也没结果,两国国君就相互说:"西伯是一位仁人,为什么不让他给评评理呢?"

进入西伯侯的领地,看到耕田的人推让地界,走路的人相互让道。进入城邑,看到男女分道而行,老年人没有提东西的。进入朝廷,看到士人相让做大夫,大夫相让做卿。虞国和芮国的国君说:"唉!我辈真是小人,不可以进入君子之朝。"于是就相互退让,都把所要争夺的田地作为闲田了。

孔子说:"从这件事来看,文王的治国之道,已经到了无以复加的程度了。不令而从,不教而听,这是最高的境界啊!"

此处由二国争田而讼引起,借他人之口为我们描述了孔子理想中的社会生态和圣王之治,即上天有好生之德,亲亲尊尊,礼让治国。

《史记·周本纪》记载,诸侯国虞国、芮国发生纠纷,闹得不可开交,没办法想请姬昌仲裁。二位国君到了周地,看到周国人相互谦让、长幼有礼,觉得非常惭愧,说道:"吾所争,周人所耻,何往为,只取辱耳。"于是二位国君相互礼让而去。诸侯们听闻了这件事之后,凡是有矛盾纠纷都来找姬昌评判。此时姬昌也还是一介诸侯,却已成为天下诸侯们的道德楷模。西伯姬昌断虞、芮之讼,也成为一个标志性事件,周人将这一年称为西伯昌受命元年。诸侯纷纷拥戴,于是西伯昌称王,史称周文王。

孔子曰:"君子有三患:未之闻,患不得闻。既闻之,患弗得学。既得学之,患弗能行。君子有五耻:有其德而无其言,君子耻之。有其言而以无其行,君子耻之。既得之而又失之,君子耻之。地有余而民不足,君子耻之。众寡均而人功倍己焉,君子耻之。"

孔子说:"君子有三患:没有听到时,担心听不到。听到以后,担心学不到。学了以后,担心做不到。君子有五耻:有其德无其言,君子耻之。有其言无其行,君子耻之。得而复失,君子耻之。地多人少,君子耻之。众寡均而人功倍己,君子耻之。"

《论语》载:"子路有闻,未之能行,唯恐有闻。"由君子三患看,子路可谓士君子矣。

关于君子有耻,孔子总结了上面五条,在《论语》里,还有如下具体表现:"古者言之不出,耻躬之不逮也。""巧言令色足恭,左丘明耻之,丘亦耻之。匿怨而友其人,左丘明耻之,丘亦耻之。""邦无道,谷,耻也。""邦有道,贫且贱焉,耻也。邦无道,富且贵焉,耻也。"君子行己有耻,才能改过迁善,止于至善。关键是敏而好学,不耻下问。

鲁人有独处室者,邻之釐(lí)妇亦独处一室。夜,暴风雨至,鳏妇室坏，趋而托焉。鲁人闭户而不纳。鳏妇自牖（yǒu）与之言："子何不仁而不纳我乎？"鲁人曰："吾闻男女不六十不同居，今子幼，吾亦幼，是以不敢纳尔也。"妇人曰："子何不如柳下惠然？妪不逮门之女，国人不称其乱。"鲁人曰："柳下惠则可，吾固不可。吾将以吾之不可，学柳下惠之可。"

孔子闻之曰："善哉！欲学柳下惠者，未有似于此者。期于至善而不袭其为，可谓智乎！"

有一位鲁国人独居在家，邻居有一位寡妇也是独居。一天夜里，下起了暴风雨，寡妇家的房子坏了，她便跑到鲁国人门口，希望进去躲一躲。鲁人闭门不让她进去。寡妇从窗外对鲁人说："你为什么这样忍心不让我进去呢？"鲁人说："我听说男女不到六十岁不能同处一室。现在你年龄不大，我年龄也不大，因此不敢让你进来。"寡妇说："你为何不能像柳下惠那样呢？以体相温一个无家可归的女子，国人不认为他是淫乱的。"鲁人说："柳下惠那样做可以，我却固然不可。我将以我的不可，学柳下惠之可。"

孔子听说了这件事说："好啊！想学柳下惠的人，没有像他这样做的。求乎至善而又不沿袭别人，可称得上是智了。"

这个故事就有点意思了。为什么"柳下惠则可，吾固不可"呢？为什么又说"吾将以吾之不可，学柳下惠之可"呢？

柳下惠以正道立身处世，是位正人君子，早已成名，他坐怀不乱，有足以让世人相信的道德基础和社会认同。而独处的那位鲁人，或许是位光棍，又没有什么社会地位和名望，如果说自己坐怀不乱，谁会相信他呢？

鲁人坚决闭门不纳，还因为心中有"男女不六十不同居"的人伦礼法。"吾将以吾之不可,学柳下惠之可",所学的正是正人君子高尚的礼法自觉和道德修为。

智者自知,仁者自爱。鲁人有自知之明,所以孔子称赞他"可谓智乎"。

《论语》载:"闻柳下惠之风者,薄夫敦,鄙夫宽。""降志辱身矣,言中伦、行中虑,其斯而已矣。"

观周第十一

孔子谓南宫敬叔曰："吾闻老聃（dān）博古知今，通礼乐之原，明道德之归，则吾师也。今将往矣。"对曰："谨受命。"遂言于鲁君曰："臣受先臣之命云：'孔子，圣人之后也，灭于宋。其祖弗父何，始有国而授厉公。及正考父，佐戴武宣，三命兹益恭。'故其鼎铭曰：'一命而偻，再命而伛，三命而俯。'循墙而走，亦莫余敢侮。饘（zhān）于是，粥于是，以餬其口。其恭俭也若此。臧孙纥（hé）有言：'圣人之后，若不当世，则必有明德而达者焉。孔子少而好礼，其将在矣。'属臣：'汝必师之。'今孔子将适周，观先王之遗制，考礼乐之所极，斯大业也。君盍以乘资之？臣请与往。"公曰："诺。"与孔子车一乘、马二匹，竖子侍御。敬叔与俱至周。问礼于老聃，访乐于苌弘，历郊社之所，考明堂之则，察庙朝之度。于是喟然曰："吾乃今知周公之圣，与周之所以王也。"及去周，老子送之曰："吾闻富贵者送人以财，仁者送人以言。吾虽不能富贵，而窃仁者之号，请送子以言乎！凡当今之士，聪明深察而近于死者，好讥议人者也。博辩闳达而危其身，好发人之恶者也。无以有己为人子者，无以恶己为人臣者。"孔子曰："敬奉教。"自周反鲁，道弥尊矣。远方弟子之进，盖三千焉。

孔子对南宫敬叔说："我听说老子博古知今，通晓礼乐之源，明了道德之归，那么他就是我的老师。现在我要到他那里去。"南宫敬叔回答说："谨遵师命。"于是对鲁君说："臣受教父亲的嘱咐说：'孔子是圣人的后代，他的先祖在宋国消亡了。他的祖先弗父何，最初拥有宋国而后传给了弟弟厉公。到了正考父时，辅佐戴公、武公和宣公三个国君，三次任命，他一次比一次恭敬。'因此他家鼎上的铭文说：'一命而偻，再命而伛，三命而俯。'就是循着墙根走，也没有人敢欺侮他。在这个鼎里煮稠粥，煮稀粥，用来糊口。他的恭敬节俭到了这种地步。臧孙纥曾说过这样的话：'圣人的后代，如果不能执掌天下，那么必定有明德而贤达的人。孔子从小就喜好礼仪，他大概就是这个人吧。'我父亲还嘱咐我说：'你一定要拜他为师。'现在孔子要去周，瞻观先王遗留的制度，考察礼乐所达到的高度，这是大事啊！您何不提供车乘资助他呢？我请求和他一起去。"鲁君说："好。"送给孔子一辆车、两匹马，派了人侍候他给他驾车。南宫敬叔和孔子一起至周。孔子向老子问礼，向苌弘问乐，走遍郊社之所，考察明堂的规则，察看宗庙朝堂的制度。然后孔子感叹说："我现在才知道周公的圣明，以及周称王天下的原因。"离开周时，老子去送他说："我听说富贵者送人以财，仁者送人以言。我虽然不能富贵，但私下借用一下仁者的称号，请让我送你几句话吧！凡当今之士，因聪明深察而危及生命的，都是喜欢讥讽议论别人的人。因知识广博喜好辩论而危及生命的，都是喜好揭发别人隐私的人。作为人子不要只想着自己，作为人臣要尽职尽责。"孔子说："我一定遵循您的教诲。"从周返回鲁国，孔子之道更加受人尊崇了。从远方来向他学习的弟子，大约有三千人。

南宫敬叔，是三桓之一孟僖子的儿子，孟懿子的弟弟。孟僖子去世前告诉两个儿子,去拜师孔子。南宫敬叔搞了一大堆说辞,借用父亲孟僖子的话,介绍孔子高贵的血统和恭敬谦卑的品德,又用臧孙纥的话堵住鲁君的嘴,希望鲁君资助孔子适周,并请求陪同孔子一起去。接下来介绍孔子适周的主要活动,"问礼于老聃,访乐于苌弘,历郊社之所,考明堂之则,察庙朝之度",收获颇多。老子临别赠言更是关键所在:不要讥讽议论别人,不要揭发别人的隐私,"无以有己为人子者,无以恶己为人臣者"。孔子受益匪浅,自周反鲁,"道弥尊矣"。

这一年老子54岁,孔子34岁。下面介绍孔子观周主要看到了什么,有什么感悟。

孔子观乎明堂,睹四门墉有尧舜与桀纣之象,而各有善恶之状兴废之诫焉。又有周公相成王,抱之负斧扆(yǐ)南面以朝诸侯之图焉。孔子俳徊而望之,谓从者曰:"此周公所以盛也。夫明镜所以察形,往古者所以知今。人主不务袭迹于其所以安存,而忽怠所以危亡,是犹未有以异于却走而欲求及前人也,岂不惑哉!"

孔子观瞻明堂,看到四门的墙上有尧舜和桀纣的画像,画出了每个人善恶的形象和有关于国家兴亡告诫的话。还有周公辅佐成王,抱着成王背对着屏风面朝南,接受诸侯朝见的画像。孔子走来走去观看,对随从说:"这就是周朝兴盛的原因啊。明亮的镜子可以照出形貌,古代的事情可以用来了解剖析现在。君主不努力沿着前人趟出的使国家安定存续的正道走,却匆忙走在使国家奔向危亡的邪路上,这和倒着跑却想追赶上前面的人一样,难道不是糊涂吗!"

《孟子》:"夫明堂者,王者之堂也。""明堂者,明政教之堂。"(《考工记·匠人》）"明堂者，天子大庙，所以祭祀。夏后氏世室，殷人重屋，周人明堂，飨功、养老、教学、选士皆在其中。故言取正室之貌则曰大庙，取其正室则曰大室，取其堂则曰明堂，取其四时之学则曰大学，取其圆水则曰辟雍，虽名别而实同。"（蔡邕《明堂月令章句》）明堂在周初，最重要的用途是用于诸侯朝见天子。有载，当诸侯方国朝见周公时，周公以天子身份，背负斧纹屏风，面朝南而立，诸侯贵族按其公、侯、伯、子和男五等爵位高低，依次站在周公对面的中阶之上、东西阶和门东西。夷、蛮、戎和狄分站在东南西北四门之外。较远的九采站在南面的应门之外，极远的四塞每世一来朝，告新君即位而已，不安排固定的站位。这般一丝不苟、精心安排的诸侯朝觐天子的礼仪，无疑能十分明确天子诸侯之间尊卑上下的等级，使各安其位以维护统治秩序，这就是周公制礼的目标所在。

《礼记·明堂位》载："六年，朝诸侯于明堂，制礼作乐，颁度量，而天下大服。"

孔子观瞻明堂，看到明堂四壁有圣王尧舜的画像，也有独夫桀纣的画像，画像形态容貌善恶分明。看到关于国家兴亡告诫的话，看到周公相成王朝诸侯的场景，其敬畏尊崇之情油然而生。以史为鉴，可以知兴替。以人为镜，可以明得失。想到当下社会礼崩乐坏，战乱不断，民不聊生，孔子不禁喟然长叹。

孔子观周，遂入太祖后稷之庙。庙堂右阶之前，有金人焉。三缄其口，而铭其背曰："古之慎言人也，戒之哉！无多言，多言多败。无多事，多事多患。安乐必戒，无所行悔。勿谓何伤，其祸将长。勿谓何害，其祸将大。勿谓不闻，神将伺人。焰焰不灭，炎炎若何？涓涓不壅，终为江河。绵绵不绝，或成网罗。毫末不札，将寻斧柯。诚能慎之，福之根也。口是何伤，祸之门也。强梁者不得其死，好胜者必遇其敌。盗憎主人，民怨其上。君子知天下之不可上也，故下之。知众人之不可先也，故后之。温恭慎德，使人慕之。执雌持下，人莫逾之。人皆趋彼，我独守此。人皆或之，我独不徙。内藏我智，不示人技。我虽尊高，人弗我害。谁能于此？江海虽左，长于百川，以其卑也。天道无亲，而能下人。戒之哉！"

孔子既读斯文也，顾谓弟子曰："小人识之！此言实而中，情而信。《诗》云：'战战兢兢，如临深渊，如履薄冰。'行身如此，岂以口过患哉！"

孔子在周观瞻，于是进入周太祖后稷庙。庙堂右边台阶前有铜铸人像。人像嘴被封了三层，且背后刻着铭文："这是古代说话谨慎的人，小心啊！不要多言，多言多败。不要多事，多事多患。安乐必戒，不要做后悔的事。不要以为没有什么损伤，多言多事带来的祸端是长远的。不要以为没有什么危害，多言多事带来的祸患将是很大的。不要认为别人听不到，神灵在监视着你。小小火苗不扑灭，变成熊熊大火怎么办？涓涓细流不堵塞，终将汇集成江河。长长的线不断，就有可能结成网。细小的枝条不剪掉，将来就要用斧砍。真诚谨慎对待，是福的根源。口能造成什么伤害？它是祸的大门。强横的人不得好死，好胜的人必遇其敌。盗贼憎恨物主，民众怨恨长官。君子知道天下的事不可争上，所以宁愿居下。知道天下众人不可行其前，所以宁愿在后。温和谦恭，谨慎修德，会使人仰慕。守住柔弱，保持卑下，没人能够超越。人人都奔向那里，我独自守在这里。人人都在变动，我独自不移。智慧藏在心里，不向别人炫耀技艺。我虽然位高尊贵，人们也不会害我。谁能做到这样呢？江海虽然处于下游，却能容纳百川，因为它地势低下。天道不会亲近人，却能使人处在它的下面。要以此为戒啊！"

孔子读完这篇铭文，回头对弟子说："你们要记住啊！这些话实在而中肯，合情而可信。《诗经》说：'战战兢兢，如临深渊，如履薄冰。'立身处世能够这样，哪还会祸从口出呢！"

祸从口出，害随事来。三缄其口，无为最妙。持雄守雌，损之又损。温恭慎德，使人慕之。金人三缄其口，儒道二家同源。

《老子》云："知其雄，守其雌，为天下溪。为天下溪，常德不离，复归于婴儿。知其白，守其黑，为天下式。为天下式，常德不忒，复归于无极。知其荣，守其辱，为天下谷。为天下谷，常德乃足，复归于朴。"其道一也。

孔子见老聃而问焉，曰："甚矣！道之于今难行也，吾比执道，而今委质以求当世之君，而弗受也。道于今难行也！"老子曰："夫说者流于辩，听者乱于辞。知（如）此二者，则道不可以忘也。"

孔子见到老子向他请教，说："太难了啊！仁道在今天太难推行了。我坚守仁道，行大礼以求当世君主采纳，但他们不接受。仁道在今天实在太难推行了！"老子说："说者的言辞过于注重辩服，听者就会受到言辞的扰乱。了解了这两点弊害，那么道就不会流于言辞被忘掉了。"

孔子向老子诉苦，道于今难行也！老子说，说者流于辩，听者乱于辞。其实说、听两者都偏离了常道。对于说者，忘了"无多言，多言多败"；对于听者，忘了"良药苦口，忠言逆耳"。再说，善者不辩，辩者不善，大辩若讷，多言数穷，不如守中啊。说多了没用，大道至简。孔子后期的思想总结也如是，如至礼不让、至赏不费、至乐无声，等等。

弟子行第十二

卫将军文子问于子贡曰："吾闻孔子之施教也，先之以《诗》《书》，导之以孝悌，说之以仁义，观之以礼乐，然后成之以文德。盖入室升堂者，七十有余人，其孰为贤？"子贡对以不知。

文子曰："以吾子常与学，贤者也，何为不知？"

子贡对曰："贤人无妄，知贤即难。故君子之言曰，智莫难于知人，是以难对也。"

文子曰："若夫知贤，莫不难。今吾子亲游焉，是以敢问。"

子贡曰："夫子之门人，盖有三千就焉，赐有逮及焉，未逮及焉，故不得遍知以告也。"

文子曰："吾子所及者，请问其行。"

卫国将军文子问子贡说："我听说孔子教育弟子，先教他们读《诗经》和《尚书》，继而教他们孝悌之道，讲的是仁义，看的是礼乐，然后用文德来成就他们。大概有七十多人学有所成，他们中谁更贤明呢？"子贡回答说不知道。

文子说："你经常和他们一起学习，也是贤者，怎么会不知道呢？"

子贡回答说："贤人真实无妄，知贤是难的。所以君子有言说，没有比了解人更困难的智慧了，因此难以回答。"

文子说："了解贤人，都很难。您本人亲身在孔子门下求学，所以才敢冒昧问您。"

子贡说："夫子的门人,大概有三千人就学。有些我是接触过的,有些没有接触过,所以不能都了解,也就无法告诉您。"

文子说："请就您所接触到的谈谈,我想了解他们的德行。"

孔文子是卫国大夫,姓孔,名圉(yǔ),"文"是谥号。《论语》中,子贡问曰:"孔文子何以谓之'文'也?"子曰:"敏而好学,不耻下问,是以谓之'文'也。"

从《论语》所载看,孔文子闻孔子施教的顺序,是不准确的。孔子施教的顺序是:"入则孝,出则悌,谨而信,泛爱众,而近仁。行有余力,则以学文。"

孔文子想从子贡那里了解孔子七十二贤者弟子的德行,多番请求下,子贡只好向他介绍了自己接触了解的几位师兄弟的情况,故本篇谓弟子行。

子贡对曰:"夫能夙兴夜寐,讽诵崇礼,行不贰过,称言不苟,是颜回之行也。孔子说之以《诗》曰:'媚兹一人,应侯慎德。''永言孝思,孝思惟则。'若逢有德之君,世受显命,不失厥名。以御于天子,则王者之相也。"

子贡回答说:"能够起早贪黑,背诵经书崇尚礼义,不会第二次犯同样的过错,说话引经据典一丝不苟,这是颜渊的德行。孔子用《诗经》的话来形容他说:'媚兹一人,应侯慎德。''永言孝思,孝思惟则。'如果颜渊遇到有德之君,就会世代享受帝王的恩泽,不会失去他的美名。他被天子任用,就会成为君王的辅相。"

颜回,字子渊,春秋末期鲁国人。他是孔子最得意的弟子,七十二贤之首，以德行著称。孔子评价颜渊谦逊好学，不迁怒，不贰过。子贡更是称赞他德才配为天子辅相，如遇有德君王，可流芳千古。

孔子形容颜回的两句诗均出自《诗经·大雅·下武》。《下武》是赞美周武王、周成王等能继承先王德业的诗篇。两句诗的意思是，爱戴这样一个人，能将美德来承应。永远恭敬尽孝道，孝道足以法先王。

"在贫如客，使其臣如借。不迁怒，不深怨，不录旧罪，是冉雍之行也。孔子论其材曰：'有土之君子也，有众使也，有刑用也，然后称怒焉。匹夫之怒，唯以亡其身。'孔子告之以《诗》曰：'靡不有初，鲜克有终。'"

"身处贫困能矜持庄重，遣使臣仆如同借用般客气。不会把怒气转移到别人身上，不会把怨恨深藏在心里，不会记着别人过去的罪责，这是冉雍的德行。孔子评论他的才能说：'拥有土地的君子，有民众可以遣使，有刑罚可以使用，然后才会说些发怒的话。匹夫之怒，只会伤害自己的身体。'孔子用《诗经》的话告诉他说：'靡不有初，鲜克有终。'"

冉雍，字仲弓，春秋末期鲁国人，在孔门弟子中以德行著称，孔子对其有"雍也，可使南面"之誉。孔子曰："犁牛之子骍且角，虽欲勿用，山川其舍诸？"他称赞冉雍像耕牛生下的俊美小牛，终会有用武之地。子贡对冉雍的评价也算中肯，但子贡又引用孔子对冉雍才能的评价，似乎是在说，冉雍若成了"有土之君子"，有了权势之后，会控制不住怒气。于是子贡又以孔子用《诗经》告诫冉雍的话规劝冉雍："万事都有个开端，善始善终却是难。"该诗句出自《诗经·大雅·荡》，该诗是讽刺告诫周厉王之作。

冉雍曾做过季氏私邑的长官，他为政居敬行简，主张以德化民。

但是在季氏"仕三月,是待以礼貌,而谏不能尽行,言不能尽听"的情况下,冉雍"遂辞去,复从孔子。居则以处,行则以游,师文终身"。

"不畏强御,不侮矜(guān)寡,其言循性,其都以富,材任治戎,是仲由之行也。孔子和之以文,说之以《诗》曰:'受小共大共,而为下国骏厖,荷天子之龙。不戁(rán)不竦,敷奏其勇。'强乎武哉,文不胜其质。"

"不畏强暴,不辱鳏寡,说话遵循本性,相貌堂堂端正,才能足以打仗带兵,这是子路的德行。孔子用文辞来赞美他,用《诗经》中的话来称赞他说:'接受大法和小法,庇护下面诸侯国,接受天子的荣宠。不胆怯不惶恐,施神威奏战功。'刚强勇武啊!文采胜不过他的质朴。"

仲由,字子路,又字季路,春秋末期鲁国人,孔门十哲、七十二贤之一。子路性情刚直,好勇尚武,信守承诺,忠于职守,敢于批评孔子迂腐,勇于改正自己的错误,深得孔子器重,是孔门弟子中性格特别鲜明的一位弟子。由于为人伉直鲁莽,子路常遭师之痛责,孔子说他"好勇过我,无所取材","不得其死",等等。鲁哀公十五年(前480年),卫国内乱,子路临危不惧,冒死冲进卫国国都救援孔悝,混战中被蒯聩击杀。临死前,子路道:"君子死,冠不免。"他在系好帽缨的过程中被人砍成肉酱。

孔子赞子路之诗句引自《诗经·商颂·长发》,与原诗有出入。《长发》是一首记述殷商发迹史,特别是歌颂商汤功德的长篇颂诗。本句意为:得授小珙大珙之璧,做天下诸侯领头骏马。多多承蒙上天恩宠,他奋马扬鞭上阵冲杀。不为强敌震慑吓倒,他既不怯懦也不惧怕,无尽福禄身上叠加。孔子说子路刚强勇武,文不胜质,也是中肯

"质胜文则野，文胜质则史，文质彬彬，然后君子。"子路是质胜文，距离文质彬彬君子，还是稍差点，故称其士君子。

"恭老恤幼，不忘宾旅，好学博艺，省物而勤也，是冉求之行也。孔子因而语之曰：'好学则智，恤孤则惠，恭则近礼，勤则有继。尧舜笃恭以王天下。'其称之也，曰：'宜为国老。'"

"尊敬长辈，怜悯幼小，不忘客卿，喜好学习，博学多才，体察万物且勤劳，这是冉求的德行。孔子因此对他说：'好学就会有智，体恤孤寡就是仁爱，恭敬就接近礼，勤劳就有收获。尧舜忠实谦恭所以能称王天下。'孔子称赞他，说：'适合做国老。'"

冉求，字子有，春秋末年鲁国人，孔门七十二贤之一。其以政事见称，多才多艺，尤擅长理财，曾担任季氏宰臣。鲁哀公十一年（前484年），冉求率左师抵抗入侵的齐军，并身先士卒，以步兵执长矛的突击战术取得胜利，又趁机说服季康子迎回了在外周游14年的孔子。他帮助季氏进行田赋改革，聚敛财富，受到孔子的严厉批评。"非吾徒也。小子鸣鼓而攻之可也"说的就是冉求。

孔子肯定了冉求的好学勤勉和尊老爱幼，对他说"尧舜笃恭以王天下"，是在提醒冉求要加强"笃恭"方面的修为吧。

"齐庄而能肃，志通而好礼，傧相两君之事，笃雅有节，是公西赤之行也。子曰：'礼经三百，可勉能也。威仪三千，则难也。'公西赤问曰：'何谓也？'子曰：'貌以傧礼，礼以傧辞，是谓难焉。众人闻之，以为成也。'孔子语人曰：'当宾客之事，则达矣。'谓门人曰：'二三子之欲学宾客之礼者，其于赤也。'"

"整齐庄重而又严肃，志向通达而又好礼，作为两国君主的傧相，待客忠诚雅正而有节制，这是公西赤的德行。孔子说：'礼经三百篇，可以通过勤勉学习来了解。威仪三千项，却难以全面掌握。'公西赤问道：'为什么这样说呢？'孔子说：'作为傧相，接待宾客要有庄重的容貌，要根据不同的礼节来致辞，所以说很难。众人听到傧相的致辞，认为仪式就完成了。'孔子对人说：'接待宾客这件事，他已经做到了。'孔子对弟子说：'你们当中想学习接待宾客礼仪的，就向公西赤学习吧。'"

公西赤，字子华，又称公西华，孔门七十二贤之一。其长于祭祀之礼、宾客之礼，且善于交际，外交才能出众。孟武伯向孔子问起公西赤时，孔子回答说："赤也，束带立于朝，可与宾客言也。不知其仁也。"公西赤曾乘肥马、衣轻裘出使齐国，冉子为其母请粟，这引起孔子不满，孔子说："君子周急不继富。"

"满而不盈，实而如虚，过之如不及，先王难之。博无不学。其貌恭，其德敦。其言于人也，无所不信。其骄大人也，常以浩浩，是以眉寿，是曾参之行也。孔子曰：'孝，德之始也。悌，德之序也。信，德之厚也。忠，德之正也。参中夫四德者也。'以此称之。"

"满而不溢，充实却如同虚空，过之如同不及，古代的君王也难以做到。知识广博无所不学。他外表恭敬，德行敦厚。他对任何人说话，没有不诚实的。他志向高明远大，胸襟开阔坦荡，因此他长寿，这是曾参的德行。孔子说：'孝是道德的起始，悌是道德的接序，信是道德的加深，忠是道德的准则。曾参集中了这四种美德。'孔子以此来称赞他。"

曾子，名参，字子舆，春秋末期鲁国人，孔门七十二贤之一。曾参16岁时拜孔子为师。其父曾点，字晳，与曾参同师孔子。孔子晚年托孤（其孙子思）于曾参。曾参撰写《大学》等作品，享年 71 岁。孔子以孝悌信忠称赞他。读罢儒家早期经典会发现，孔子表扬最多的是颜回，似乎最欣赏的是子贡，最信任的是曾参，骂得最多的当然是子路，最恨的就是宰我了。

《论语》载曾子著名言论多则，如："吾日三省吾身。为人谋而不忠乎？与朋友交而不信乎？传不习乎？""士不可以不弘毅，任重而道远。仁以为己任，不亦重乎？死而后已，不亦远乎？""慎终追远，民德归厚矣。""夫子之道，忠恕而已矣。"

"美功不伐，贵位不善，不侮不佚，不傲无告，是颛（zhuān）孙师之行也。孔子言之曰：'其不伐，则犹可能也。其不弊百姓，则仁也。'《诗》云：'岂悌君子，民之父母。'夫子以其仁为大。"

"有大功不夸耀，处高位不欣喜，不贪功不慕势，不傲慢疾苦无告者，这是颛孙师的德行。孔子这样评价他：'他的不夸耀，别人还可能做到。他不欺骗老百姓，则是仁德的表现。'《诗经》上说：'平易近人的君子，是百姓的父母。'夫子认为他的仁德是崇高的，别人难以企及。"

颛孙师，名师，字子张，春秋战国时期陈国人，孔门十二哲之一。其为人勇武，清流不媚俗，但孔子认为他"性情偏激"。子张喜欢广交朋友，主张"士见危致命，见得思义，祭思敬，丧思哀"，重视自己的德行修养。子张善问，《论语》中有子张问政、问崇德辨惑、问行、问善人之道、问明、问达、问五美、问四恶等。

子贡评价子张之诗句出自《诗经·大雅·泂酌》。这是歌颂统治者得民心的诗。

"学之深，送迎必敬，上交下接若截焉，是卜商之行也。孔子说之以《诗》曰：'式夷式已，无小人殆。'若商也，其可谓不险矣。"

"能够深入钻研学问，送迎宾客必定恭敬，与上下级交往界限分明，这是卜商的德行。孔子用《诗经》的话评价他说：'能够用平和公正的态度待人处事，就不会受到小人的危害。'像卜商这样，可以说不至于有危险了。"

卜商，字子夏，名商，春秋时晋国人，孔门十哲之一，七十二贤之一。他少时家贫，苦学而入仕，曾做过鲁国太宰。子夏才思敏捷，以文学著称，因常有独到见解而得到孔子的赞许。《论语》里子夏问曰："'巧笑倩兮，美目盼兮，素以为绚兮'，何谓也？"子曰："绘事后素。"曰："礼后乎？"子曰："起予者商也！始可以言《诗》已矣。"但孔子认为子夏在遵循仁和礼的方面有所不及，曾告诫子夏曰："女为君子儒，无为小人儒。"《论语》中载有子夏许多著名的格言，如："博学而笃志，切问而近思，仁在其中矣。""百工居其肆以成其言，君子学以致其道。""日知其所亡，月无忘其所能，可谓好学也已矣。""虽小道，必有可观者焉。""仕而优则学，学而优则仕。"子贡称赞他"学之深"，不虚。

孔子评价子夏之诗句引自《诗经·小雅·节南山》。该诗是讽刺幽王及其权臣的作品，诗句的原意是：你就该静心执政莫再发昏，不要再委政小人危及国运！

"贵之不喜，贱之不怒。苟利于民矣，廉于行己。其事上也，以佑其下，是澹（tán）台灭明之行也。孔子曰：'独贵独富，君子耻之，夫也中之矣。'"

"富贵不欢喜，贫贱不恼怒。只要对民有利，宁愿清廉度日。他侍奉君王，是为了帮助百姓，这是澹台灭明的德行。孔子说：'独自一个人富贵，君子认为是可耻的，澹台灭明就是这样的君子。'"

澹台灭明，名灭明，字子羽，战国时期鲁国人，孔门七十二贤之一。澹台灭明拜孔子为师时，孔子见他长相丑陋，并未怎么待见他。子游做武城宰时，孔子问道："汝得人焉尔乎？"曰："有澹台灭明者，行不由径，非公事未尝至于偃之室也。"子曰："吾以言取人，失之宰予。以貌取人，失之子羽。"

"先成其虑，及事而用之，故动则不妄，是言偃之行也。孔子曰：'欲能则学，欲知则问，欲善则详，欲给则豫。当是而行，偃也得之矣。'"

"先考虑好方案，事情来临时按计划进行，这样行动就不会出错，这是言偃的德行。孔子说：'想要有才能就要学习，想要获得知识就要虚心好问，想要把事情做好就要考虑周详，想要富足就要预先有储备。按照这个原则行事，言偃是做到了。'"

言偃，字子游，又称叔氏，春秋时期吴地常熟人，孔门七十二贤中唯一南方弟子。子游擅文学，阐扬孔子学说，用礼乐教育士民，为孔子称赞。《论语》载：子游既已受业，为武城宰。孔子过，闻弦歌之声。孔子莞尔而笑曰："割鸡焉用牛刀？"子游曰："昔者偃闻诸夫子曰：'君子学道则爱人，小人学道则易使。'"孔子曰："二三子，偃之言是也。前言戏之耳。"孔子有时候也开玩笑，但子游践行夫子之道是认真的。

"独居思仁，公言言义，其于《诗》也，则一日三覆'白圭之玷'，是宫绦之行也。孔子信其能仁，以为异士。"

"独居时思仁,做官时讲义,他对《诗经》的喜好,是每天多次吟诵'白圭之玷',这是宫绦的德行。孔子相信他能行仁义,认为他是与众不同的人。"

南宫适,字子容,亦称南容,又称南宫绦,省称为"宫绦"。《论语》载,子谓南容:"邦有道,不废。邦无道,免于刑戮。"孔子以其兄之子妻之。孔子为什么把哥哥的女儿嫁给他?除了本则外,《论语》还给出了另外两个具体的理由:一是南容反复吟唱《诗经》里的《白圭之玷》,感动了孔子,孔子觉得南容体悟到这首诗的真谛了;二是南容说话谨慎,懂得讷言,不会得罪或冒犯别人,可以长保平安。南容问孔子:羿善于射箭,奡善于水战,最后都不得好死;禹和稷都亲自种植庄稼,却得到了天下。孔子没有回答。南容出去后,孔子说:"君子哉若人!尚德哉若人!"南容尚德不尚武,不会困于战争,所以能够免于刑戮,不会死于非命。

《白圭之玷》出自《诗经·大雅·抑》。诗句赞美的是像白璧无瑕一样的美德:"白圭之玷,尚可磨也。斯言不玷,不可为也。"白玉上的污点可以磨掉,言论上有毛病就无法挽回了。这是告诫人们要言语谨慎。

"自见孔子,出入于户,未尝越礼。往来过之,足不履影。启蛰不杀,方长不折。执亲之丧,未尝见齿。是高柴之行也。孔子曰:'柴于亲丧,则难能也。启蛰不杀,则顺人道。方长不折,则恕仁也。成汤恭而以恕,是以日隮(jī)。'

"凡此诸子,赐之所亲睹者也。吾子有命而讯赐,赐固不足以知贤。"

"自从见到孔子,出门入户,从没有违反礼节。行来过往,脚不会踩到别人的影子。春天不杀生，不折正在生长的草木。为亲人守丧，没有言笑。这是高柴的德行。孔子说：'高柴为亲人守丧的诚心，是一般人难以做到的。启蛰不杀，是遵从仁道。不折正在生长的树木，是遵从推己及物的恕道。成汤谦恭而又以恕道推己及人，因此威望天天升高。'

"以上诸子，是我亲眼目睹过的。您向我询问，要求我回答，我虽讲了些，但我固陋，是不足以知贤的。"

高柴，字子羔，春秋时期齐国人，一说是孔门弟子中从政当官次数最多、最长久、最公正廉明、最得民心的；一说是孔门中最长寿、最大智若愚的贤孝之才，享年128岁。孔子评价他"柴也愚"。

文子有问，子贡不好不回答，只好讲了十二位他所熟悉的师兄弟的德行。背后向别人讲同门的德行为人，子贡似乎也感觉不妥，心里忐忑，因此说自己"固不足以知贤"。

文子曰："吾闻之也，国有道则贤人兴焉，中人用焉，乃百姓归之。若吾子之论，既富茂矣，壹诸侯之相也。抑世未有明君，所以不遇也。"

文子说："我听说，国有道贤人兴，正直的人就会被任用，百姓也会归附。按照您刚才的评述，内容已经很丰富了，他们都可以做诸侯的辅佐啊。大概世上没有明君，所以怀才不遇吧。"

文子敏而好学，不耻下问，也是真诚。子贡的评论源自亲睹，也算中肯。但孔子听说后，似乎不太高兴。

子贡既与卫将军文子言，适鲁见孔子曰："卫将军文子问二三子之于赐，不壹而三焉，赐也辞不获命，以所见者对矣。

未知中否，请以告。"

子贡和卫将军文子讲过这些话之后，立即到鲁国去见孔子说："卫将军文子向我问同门的情况，再三地问，我推辞不掉，就把我所见到的告诉了他。不知道是否合适，请让我告诉您吧。"

与文子讲完后，子贡越想越觉得不安，觉得自己做得不妥却又说不出个所以然来，于是赶紧从齐国跑到鲁国向孔子汇报。

孔子曰："言之乎。"子贡以其辞状告孔子。子闻而笑曰："赐，汝次焉人矣。"子贡对曰："赐也何敢知人，此以赐之所睹也。"孔子曰："然。吾亦语汝耳之所未闻，目之所未见者。岂思之所不至，智之所未及哉？"子贡曰："赐愿得闻之。"

孔子说："说说吧。"子贡就把和文子对话的情况告诉了孔子。孔子听后笑着说："赐啊，你能给人排座次了。"子贡回答说："我怎敢说知人，这是我亲眼看见的啊。"孔子说："是的。我也告诉你一些你耳所未闻、目所未见的。这些事难道是头脑想不到、智力达不到的吗？"子贡说："我愿听您教诲。"

"岂思之所不至，智之所未及哉？"孔子这句话就暗含责训子贡的意思了。

孔子曰："不克不忌，不念旧怨，盖伯夷叔齐之行也。"

孔子说："不苛刻不忌妒，不念旧怨，这是伯夷、叔齐的德行。"

《论语》载，子曰："伯夷、叔齐不念旧恶，怨是用希。"意思与此处差不多。伯夷、叔齐是孤竹君的两位王子，伯夷为长子，叔齐是老三。孤竹君年老了，欲立三子叔齐继承王位。孤竹君去世后，叔齐让位于伯夷，伯夷不受，叔齐亦不肯立，两人均逃到了周文王的领地。这样只好由仲子继承了王位。武王灭商时，兄弟俩曾扣马而谏。后来二人不愿食周粟，采薇而食，饿死于首阳山。伯夷、叔齐两人有不念旧恶的美德，并且因兄弟让国、扣马谏伐、耻食周粟、饿死首阳山而树立了诚信礼让、抱节守志、清正廉明的典范。孔子对他们的这种行为非常赞赏，说"求仁而得仁，又何怨"，并评价伯夷、叔齐不降其志，不辱其身。孟子评价伯夷、叔齐为圣之清者。

"思天而敬人，服义而行信，孝于父母，恭于兄弟，从善而教不道，盖赵文子之行也。"

"思慕上天而尊敬人，尊仁服义而诚实做事，孝敬父母，友爱兄弟，从善如流而教化不善者，这是赵文子的德行。"

赵文子（？—前541年），名武，谥献文，又称赵文子、赵孟，春秋时期晋国大夫，晋悼公之相。赵文子以有知人之明闻于世，他在世时，通过外交活动增强了晋国在诸侯间的地位。

"其事君也，不敢爱其死，然亦不敢忘其身。谋其身不遗其友，君陈则进而用之，不陈则行而退。盖随武子之行也。"

"他侍奉君主，拼命工作，但也不敢不爱惜自己的身体。谋求自己的发展也不忘记朋友。君王任用时他就努力去做，不用则离开而退隐。这是随武子的德行。"

随武子（约前660年—前583年），姓士，名会，字季，曾食邑于随故称随会，又食邑于范故称范会，也称范武子。他是春秋早期的一个显赫人物，活跃于晋国政治舞台上长达半个世纪。

"其为人之渊源也，多闻而难诞，内植足以没其世。国家有道，其言足以治。无道，其默足以生。盖铜鞮（dī）伯华之行也。"

"他为人思虑深邃，见闻广博难以被欺骗，内心修养足以终身受用。国家有道，他的言论足以用来治国。国家无道，他的沉默足以用来保存自己。这是铜鞮伯华的德行。"

羊舌赤，复姓羊舌，名赤，字伯华，采邑于铜鞮，也称铜鞮伯华。他是春秋时期晋国大夫，羊舌职长子，羊舌四族之一。

"外宽而内正，自极于隐括之中，直己而不直人，汲汲于仁，以善自终。盖蘧（qú）伯玉之行也。"

"外表宽容而内心正直，能自己矫正自己的行为，自己正直而不要求别人，努力地追求仁义，终身行善。这是蘧伯玉的德行。"

蘧伯玉（约前585年—前484年以后），姬姓蘧氏，名瑗，字伯玉，谥号为成，春秋时期卫国大臣。他一生侍奉卫献公、卫殇公、卫灵公三代国君，主张以德治国，执政者要以自己的模范行为去感化、教育、影响人民，体恤民生。

蘧伯玉是孔子一生的挚友。在周游列国的14年中，孔子有10年在卫国，一说其中两次住在蘧伯玉家，前后达9年。蘧伯玉的政治主张、言行、情操对儒家学说的形成产生了重大影响。他的言行合乎儒家学说的基本观点，为以后儒家学派的最终确立奠定了坚实基础。

"孝恭慈仁，允德图义，约货去怨，轻财不匮。盖柳下惠之行也。"

"孝敬谦恭慈善仁爱，涵养德行谋求仁义，少积财富消除怨恨，轻视财物又不匮乏。这是柳下惠的德行。"

柳下惠（前720年—前621年），名获，字子禽，又号柳下季，是春秋时期鲁国人，与臧文仲同时被孔子称为"逸民"，以其德行被儒家视为心目中的圣贤。他坚持以直道事人，被多次撤职，但表现出雌雄如一、随遇而安、与世无争的人生态度。《孟子》载他"不羞污君，不卑小官"。不以侍奉污君为可耻，不以自己官职小为卑下。他"遗佚而不怨，厄穷而不悯"。自己被遗弃，也不怨恨。自己穷困，也不忧愁。他认为去处行止都不必认真计较，"援而止之而止。援而止之而止者，是亦不屑去已"。牵住他，叫他留住，他就留住，因为他感到并没有必要离开某个地方。柳下惠在各诸侯国有相当大的影响。昔者秦攻齐，中间要经过鲁国。秦军下令切实保护好柳下惠的墓地，并规定在柳下惠墓地五十步以内砍柴的人要处以死刑。作为遵守中国传统道德的典范，柳下惠坐怀不乱的故事流传至今。孟子尊之为圣之和者，故世称"和圣"。

"其言曰：'君虽不量于其身，臣不可以不忠于其君。是故君择臣而任之，臣亦择君而事之。有道顺命，无道衡命。'盖晏平仲之行也。"

"他说：'君主虽然不能度量臣子的能力，臣子不可以不忠于君主。因此君主选择臣子而任用，臣子也选择君主来侍奉。有道就听从他的命令，无道就隐居不仕。'这是晏平仲的德行。"

晏平仲（前578年—前500年），又称晏子，名婴，字仲，谥平，春秋时期著名政治家、思想家、外交家。他历任齐灵公、齐庄公、齐景公三朝，辅政长达50余年，以政治远见、外交才能、朴素作风和谦恭下士闻名诸侯。晏婴聪颖机智，能言善辩。他内辅国政，屡谏齐王；

对外富有灵活性，又坚持原则性，出使不受辱，捍卫了齐国的尊严和国威。

《论语》载，子曰："晏平仲善与人交，久而敬之。"晏平仲善于和人交朋友，相识久了，别人就会尊敬他。《孟子》载，孔子旅居齐国，齐景公有意任用他，晏婴以儒教未必适用齐国为由，婉言相劝齐景公放弃了任用孔子的想法。但孔子没有埋怨他，仍然敬重他。

"蹈忠而行信，终日言不在尤之内。国无道，处贱不闷，贫而能乐。盖老莱子之行也。"

"践行忠义诚信，即使整天说话也不会出错。国家无道，身处低位也不愁闷，生活贫困却能保持快乐。这是老莱子的德行。"

老莱子（约前599年—约前479年），春秋末年楚国隐士。《史记》载："或曰：老莱子亦楚人也，著书十五篇，言道家之用，与孔子同时云。"一说鲁哀公六年（前489年），孔子受困于陈蔡，楚昭王迎孔子来楚国。孔子见老莱子，向老莱子请教怎样辅助国君。老莱子告诉孔子，与其赞誉唐尧而非议夏桀，不如收起那些褒贬，对人做事从容随物，故常成功。他要孔子改变那种志在经营四海、以贤能自负的态度，从中也流露出他戒除骄矜、淡泊名利、忘却好恶、顺乎自然的思想主张。

"易行以俟天命，居下不援其上。其亲观于四方也，不忘其亲，不尽其乐。以不能则学，不为己终身之忧。盖介子山之行也。"

"改变自己的行为等待时机，身处低位却不攀附高枝。到四处游观时不忘记父母，想到父母虽然意犹未尽也赶快归来。因为才能不足就去学习，不会因为不修为自己造成终身的遗憾。

这是介子山的德行。"

介子山就是介子推。介子推（？—前636年），又名介之推、介推，后人尊为介子，春秋时期晋国人，因割股奉君、隐居不言禄之壮举，深得世人怀念。死后葬于介休绵山。晋文公重耳深为愧疚，遂改绵山为介山，并立庙祭祀，由此产生了"寒食节"。介子推忠君赴义、鄙弃功名利禄的气节，流芳百世，感人至深。

子贡曰："敢问夫子之所知者，盖尽于此而已乎？"

孔子曰："何谓其然？亦略举耳目之所及而已。昔晋平公问祁奚曰：'羊舌大夫，晋之良大夫也，其行如何？'祁奚辞以不知。公曰：'吾闻子少长乎其所，今子掩之，何也？'祁奚对曰：'其少也恭而顺，心有耻而不使其过宿。其为大夫，悉善而谦其端。其为舆尉也，信而好直其功。至于其为容也，温良而好礼，博闻而时出其志。'公曰：'曩（nǎng）者问子，子奚曰不知也？'祁奚曰：'每位改变，未知所止，是以不敢得知也。'此又羊舌大夫之行也。"

子贡跪曰："请退而记之。"

子贡说："请问夫子您所知道的，就到此为止了吗？"

孔子说："怎么能这样说呢？我只是大略举出耳目之所及的罢了。从前晋平公问祁奚：'羊舌大夫，是晋国的良大夫，他的德行是什么样的呢？'祁奚推辞说不知道。晋平公说：'我听说你从小在他家长大，你现在掩盖着不愿说，这是为什么呢？'祁奚回答说：'他小时候谦恭而和顺，心里觉得有过错不会留到第二天来改正。他作为大夫，凡事皆出于善心而又谦虚正直。他做舆尉时，诚实而不隐瞒功绩。至于他的外表，温和善良而彬彬有礼，广泛地听取意见而适时拿出自己的主见。'晋平公说：'刚才我问你，你怎么说不知道呢？'祁奚说：'他的职位经常改变，不知他现在做什么官，所以不敢说知道。'这又是羊舌大夫的德行。"

子贡跪下说："请让我回去记下您的话。"

孔子讲了十一位圣贤君子的德行。最后一则借祁奚之口讲羊舌大夫的德行。随着年龄的增长和职位的改变，羊舌大夫的德行也在改变，这就是羊舌大夫的德行，无法确切地品论。过去的可以说说，现在怎么样没法说，人死之后才可盖棺定论。祁奚不去评判当仕者的德行，这是一种高贵的品质。孔子讲的也都是前贤。

孔子的潜台词是，子贡呀，你好好想想吧，你怎么能够给你的师兄弟盖棺定论呢？戒之哉！无多言，多言多败。

《论语》载，子贡方人，子曰："赐也贤乎哉，夫我则不暇。"

子贡何其聪明，听完孔子的话，就直接跪下了。

贤君第十三

哀公问于孔子曰："当今之君，孰为最贤？"

孔子对曰："丘未之见也，抑有卫灵公乎？"

公曰："吾闻其闺门之内无别，而子次之贤，何也？"

孔子曰："臣语其朝廷行事，不论其私家之际也。"

公曰："其事何如？"

孔子对曰："灵公之弟，曰公子渠牟，其智足以治千乘，其信足以守之，灵公爱而任之。又有士曰林国者，见贤必进之，而退与分其禄，是以灵公无游放之士，灵公贤而尊之。又有士曰庆足者，卫国有大事，则必起而治之。国无事，则退而容贤，灵公悦而敬之。又有大夫史鰌，以道去卫，而灵公郊舍三日，琴瑟不御，必待史鰌之入而后敢入。臣以此取之，虽次之贤，不亦可乎？"

鲁哀公问孔子道："当今之君主，谁最贤明啊？"

孔子回答说："我还没有看到贤明的，或许卫灵公算一位吧？"

鲁哀公说："我听说他闺门之内无别，而您勉强把他算一位，为什么呢？"

孔子说："我说的是他在朝廷上所做的事，不涉及他家庭内部的事情。"

鲁哀公问："他朝廷的事什么样呢？"

孔子回答说:"卫灵公的弟弟,叫公子渠牟,他的智慧足以治理千乘之国,他的诚信足以守卫这个国家,卫灵公喜欢任用他。又有个叫林国的士人,发现贤能的人必定推荐,如果那人被罢了官,林国还要把自己的俸禄分给他,因此卫灵公没有无事游荡的士人,卫灵公认为林国很贤明因而很尊敬他。又有个叫庆足的士人,卫国有大事,就必定出来帮助治理。国家无大事,就辞去官职空出位来招纳贤人,卫灵公很高兴因而尊敬他。还有个大夫叫史鳅,因为道不能实行离开了卫国,卫灵公在郊外住了三天,不弹琴不奏瑟,一定要等到史鳅回国后他才敢回去。我凭他这些事来选他,虽然只能勉强算一位贤者,还不可以吗?"

在孔子看来,如果卫灵公能够处理好其家事,那么在当今的君主里面,就算是贤明的了。他能够敬贤纳士,举贤不避亲,并且知人善用,用当其时,已属难能可贵。《论语》载,子言卫灵公之无道也,康子曰:"夫如是,奚而不丧?"孔子曰:"仲叔圉(yǔ)治宾客,祝鮀(tuó)治宗庙,王孙贾治军旅,夫如是,奚其丧?"卫灵公有仲叔圉负责外交,祝鮀管理宗庙,王孙贾统率军队。用人如此,怎么会败亡呢?孔子周游列国14年,在卫国待了9年之久,就是感觉卫灵公还算是可造就之君主,结果最后还是失望了。冉有曰:"夫子为卫君乎?"子贡曰:"诺,吾将问之。"入曰:"伯夷叔齐,何人也?"曰:"古之贤人也。"曰:"怨乎?"曰:"求仁而得仁,又何怨?"出曰:"夫子不为也。"

卫灵公"其闺门之内无别"是啥情况?除了他纵容南子私通外,还载他不近女色,等等。

子贡问于孔子曰:"今之人臣孰为贤?"

子曰:"吾未识也。往者齐有鲍叔,郑有子皮,则贤者矣。"

子贡曰:"齐无管仲?郑无子产?"

子曰:"赐!汝徒知其一,未知其二也。汝闻用力为贤乎?进贤为贤乎?"

子贡曰:"进贤贤哉。"

子曰:"然。吾闻鲍叔达管仲,子皮达子产,未闻二子之达贤己之才者也。"

子贡问孔子道:"当今大臣中,谁是贤能的?"

孔子说:"我不知道。从前齐国有鲍叔,郑国有子皮,他们算得上是贤能的人。"

子贡说:"齐国没有管仲?郑国没有子产?"

孔子说:"赐,你只知其一,不知其二。你听说自己努力成为贤者的人贤能呢,还是能举荐贤者的人贤能呢?"

子贡说:"能举荐贤者的人贤能。"

孔子说:"这就对了。我听说鲍叔牙使管仲显达,子皮使子产显达,但从来没有听说管仲和子产让比他们更贤能的人显达的。"

子贡问今之人臣孰为贤,看来还是没有真正明白夫子的深意。孔子只好再来一次,今人吾未识也,还是谈谈往者吧。

鲍叔荐管仲,子皮举子产,进贤贤哉!夫子之道,仁义礼智信,温良恭俭让,忠恕而已。本篇立意的主题是"贤君"。

哀公问于孔子曰:"寡人闻忘之甚者,徙(xǐ)而忘其妻,有诸?"

孔子对曰:"此犹未甚者也,甚者乃忘其身。"

公曰:"可得而闻乎?"

孔子曰:"昔者夏桀贵为天子,富有四海,忘其圣祖之道,坏其典法，废其世祀，荒于淫乐，耽湎（dān miǎn）于酒。佞臣谄谀，窥导其心。忠士折口，逃罪不言。天下诛桀而有其国。此谓忘其身之甚矣。"

鲁哀公问孔子道："我听说忘性大的人，搬了家就会忘记了自己的妻子，真的有这种人吗？"

孔子回答说："这还不是忘性最大的，忘性最大的是连自己是谁都忘了。"

鲁哀公说："可以说给我听听吗？"

孔子说："从前夏桀贵为天子，富有天下，却忘记了他圣明先祖的治国之道，破坏了先祖设立的典章制度，废除了世袭的祭祀活动，放纵于淫逸享乐，沉溺于酒色。奸臣阿谀奉承，揣摩迎合他的心意。忠臣闭口不敢说话，逃避罪责不敢建言。天下人杀了夏桀且占有了他的国家。这才是忘记了自己是谁的典型啊！"

鲁哀公又开始八卦了，这可不是贤君应该关心的事，孔子由此引出忘了自己是谁的夏桀，警示鲁哀公。搬了家忘了自己的妻子，一定是有意为之。夏桀忘了自己是谁，忘了自己从哪里来、到哪里去，却是自作孽了。夏桀听信谗言，诛杀忠臣，荒淫暴虐，伤天害理，不知敬畏，妄蔑天意，叫嚣"我生不有命在天，是何能为！"，最终自取灭亡。

颜渊将西游于宋，问于孔子曰："何以为身？"

子曰："恭、敬、忠、信而已矣。恭则远于患，敬则人爱之，忠则和于众，信则人任之。勤斯四者，可以政国，岂特一身者哉！故夫不比于数而比于疏，不亦远乎？不修其中而修外者，不亦反乎？虑不先定，临事而谋，不亦晚乎？"

颜渊要到西边的宋国去游历，向孔子问道："靠什么立身呢？"

孔子说："做到谦恭、敬慎、忠诚、信实就可以了。谦恭就能远离祸患，敬慎人们就会爱你，忠诚能使大家和睦相处，信实别人就会任用你。努力做到这四点，就可以处理国家政事，岂止是能够立身呢？所以那些不亲近身边的人却去亲近疏远的人的人，不是远离正道了吗？不修为内心而去修饰外表的人，不是做反了吗？不事先做好准备，事到临头才去考虑，不是太晚了吗？"

颜渊向孔子问学，问者和答者都是实打实。孔子告诉颜渊，立身即为政，靠的是谦恭、敬慎、忠诚和信实。立身即修身，修身即为政，"入则孝，出则弟，谨而信，泛爱众，而亲仁"就是修身齐家、立身为政之道。凡事豫则立，不豫则废。

孔子读《诗》，于《正月》六章，惕然如惧。曰："彼不达之君子，岂不殆哉！从上依世则道废，违上离俗则身危。时不兴善，己独由之，则曰非妖即妄也。故贤也既不遇天，恐不终其命焉。桀杀龙逢，纣杀比干，皆是类也。《诗》曰：'谓天盖高，不敢不局。谓地盖厚，不敢不蹐（jí）。'此言上下畏罪，无所自容也。"

孔子读《诗经》，读到第六章《正月》，实然警惕惧悼起来，说："那些不得志的君子，岂不太危险了吗？顺从君主附和世俗就得废弃道，违背君主远离世俗自身就有危险。如果当时不提倡善，自己偏要追求善，有人就会说你非妖即妄。所以贤者如果不能适逢天时，恐怕不能终享天年。夏桀杀害龙逢，商纣杀害比干，都是这一类的事。《诗经》上说:'谁说天很高,走路不敢不弯腰。谁说地很厚,走路不敢不蹑脚。'这是说上下都怕得罪人,没有自己的容身之地。"

想想也是悲壮,圣人惕然如惧,替别人也是为自己担心起来。

孔子所引之诗句出自《诗经·小雅·正月》。这是一首政治怨刺诗,作于西周将亡之时,怨刺对象当是周幽王。诗的主人公具有政治远见,也有抱负能力,当权者开始极力需要他,但得到之后又不重用。他担忧国家的前途,同情广大人民的苦难遭遇,反而遭到小人的排挤和中伤。他是一位忧国忧民而又不见容于世的孤独的士大夫。面对霜降异时、谣言四起的现实,诗的主人公想到国家危在旦夕,百姓无辜受害,而自己又无力回天,一方面哀叹生不逢时,一方面对于那些反复无常、扰乱天下的当权者表示了极大的愤慨。他最终身心交瘁,积郁成疾。诗人对广大人民寄予了深切的同情。

面对处世之两难,最好的办法是什么?子曰:"笃信好学,守死善道。危邦不入,乱邦不居。天下有道则见,无道则隐。"

子路问于孔子曰:"贤君治国,所先者何?"

孔子曰:"在于尊贤而贱不肖。"

子路曰:"由闻晋中行氏尊贤而贱不肖矣,其亡何也?"

孔子曰:"中行氏尊贤而不能用,贱不肖而不能去。贤者知其不用而怨之,不肖者知其必己贱而仇之。怨仇并存于国,邻敌构兵于郊,中行氏虽欲无亡,岂可得乎?"

子路问孔子说:"贤明的君主治理国家,首先要做什么呢?"

孔子说:"在于尊重贤人而蔑视不肖之人。"

子路说:"我听说晋国中行氏尊重贤人而蔑视不肖之人,他为什么灭亡了呢？"

孔子说："中行氏尊重贤人却不任用他们，蔑视不肖之人却不能撤换他们。贤人知道自己不会被任用而怨恨，不肖的人知道自己被看不起而仇恨。怨恨和仇恨的人同时存在于国内，邻近敌国的军队又集聚于郊外，中行氏即使不想灭亡，能够做得到吗？"

治国者最悲催的是什么？明知治国最重要的是尊贤而贱不肖，可就是没有办法用贤去不肖。贤者怨不肖者仇，导致冤仇围绕在身边，又加以敌军集聚于郊外，中行氏何其悲哉！

子路和其他一些弟子，似乎都有一个明显的缺点，就是看问题只看到利害因果的一面，不能全面系统辩证地看待问题、分析问题。

孔子闲处，喟然而叹曰："向使铜鞮（dī）伯华无死，则天下其有定矣！"

子路曰："由愿闻其人也。"

子曰："其幼也，敏而好学。其壮也，有勇而不屈。其老也，有道而能下人。有此三者，以定天下也，何难乎哉？"

子路曰："幼而好学，壮而有勇，则可也。若夫有道下人，又谁下哉？"

子曰："由！不知。吾闻以众攻寡，无不克也。以贵下贱，无不得也。昔者周公居冢宰之尊，制天下之政，而犹下白屋之士，日见百七十人，斯岂以无道也？欲得士之用也，恶有有道而无下天下君子哉？"

孔子闲处时，喟然而叹说："倘若铜鞮伯华没有死，天下可能就安定了。"

子路说："我想听听他是啥人。"

孔子说："他小时候，聪敏而好学。壮年时，勇敢而不屈。年老后，有了道业却能屈居人下。有了这三层历练和德行，用以安定天下，有什么难的呢？"

子路说："幼而好学，壮而有勇，可以理解。有了道业屈居人下，谁又能做得到呢？"

孔子说："仲由呀，你不知。我听说以多攻少，没有攻不克的。以尊贵之身谦恭于地位低的人，没有什么得不到的。从前周公居于宰相的高位，掌握着天下的政权，还要向普通的读书人咨询，每天接见百七十人，这难道是因为他无道吗？他是想发现有用之士啊，哪有有道的人却不礼贤天下君子的呢？"

铜鞮伯华少年时聪敏好学，壮年时英勇不屈，老年时有道能下人，三者修为而成的仁智勇，足以安定天下。可惜具有这样历练和德行的人死了。

铜鞮伯华，就是羊舌赤，春秋时期晋国大夫。前文孔子评价他的德行时说，他为人思虑深邃，见闻广博难以被欺骗，内心修养足以终身受用。国家有道，他的言论足以用来治国。国家无道，他的沉默足以用来保存自己。

齐景公来适鲁，舍于公馆，使晏婴迎孔子。孔子至，景公问政焉。孔子答曰："政在节财。"公悦。又问曰："秦穆公国小处僻而霸，何也？"孔子曰："其国虽小，其志大。处虽僻，而其政中。其举也果，其谋也和，法无私而令不偷。首拔五羖，爵之大夫，与语三日而授之以政。此取之，虽王可，其霸少矣。"景公曰："善哉！"

齐景公来到鲁国，下榻鲁公馆，派晏婴去迎接孔子。孔子到了公馆，齐景公向他问政。孔子回答说："政在节财。"齐景公很高兴。又问道:"秦穆公的国家很小,处于偏僻之地却能称霸,这是为什么呢?"孔子说:"他的国家虽然很小,他的志向却很大。虽处于偏僻之地,国家治理却恰到好处。他举措果断,谋略适当,执法没有偏私,政令能够通行。首先提拔百里奚,授给他大夫的爵位,和他谈了三天就把政事交给他处理。采取这些办法,即使称王也是可以的,称霸不算什么。"齐景公说:"说得好啊!"

孔子总结秦穆公能够称霸的原因是:志大、政中,举果、谋和,法无私而令不愉,任用贤能。能够做到这些,便是贤君了。

哀公问政于孔子,孔子对曰:"政之急者,莫大乎使民富且寿也。"公曰:"为之奈何?"孔子曰:"省力役,薄赋敛,则民富矣。敦礼教,远罪疾,则民寿矣。"公曰:"寡人欲行夫子之言,恐吾国贫矣。"孔子曰:"《诗》云:'恺悌君子,民之父母。'未有子富而父母贫者也。"

鲁哀公问政于孔子,孔子回答说:"治理国家最急迫的事,没有超过让民众富裕和长寿的了。"鲁哀公说:"怎么能做到呢?"孔子说:"减少劳役,减轻赋税,民众就会富裕。敦促礼制教化,远离罪恶疾病,民众就会长寿。"鲁哀公说:"我想按您的话去做,又担心国家会因此变穷啊。"孔子说:"《诗经》上说:'平易近人君子,是民众的父母。'没有儿女富裕而父母却贫穷的道理。"

民富国强,人寿年丰。"省力役,薄赋敛"好办,"敦礼教,远罪疾"却是久久为功的事。

卫灵公问于孔子曰:"有语寡人:'有国家者,计之于庙堂之上，则政治矣。'何如？"孔子曰："其可也。爱人者，则人爱之。恶人者，则人恶之。知得之己者，则知得之人。所谓不出环堵之室而知天下者，知反己之谓也。"

卫灵公问孔子说："有人告诉我说：'国家君主，在朝堂上策划好国家大事，国家就会得到治理。'您认为怎么样？"孔子说："大概可以吧。爱别人的人，别人也会爱他。厌恶别人的人，别人也会厌恶他。了解了自己想得到什么的人，也就了解了有同样心思的人。所谓足不出户而能够了解天下大事，说的就是推己及人的道理。"

知得之己者，则知得之人。在庙堂之上谋划国家大事，其可者，是掌握忠恕之道的君主。己所不欲，勿施于人。己所立而立于人，己所施而施于人。推己及人，仁者爱人。

孔子见宋君。

君问孔子曰："吾欲使长有国而列都得之，吾欲使民无惑，吾欲使士竭力，吾欲使日月当时，吾欲使圣人自来，吾欲使官府治理，为之奈何？"

孔子对曰："千乘之君，问丘者多矣，而未有若主君之问问之悉也，然主君所欲者尽可得也。丘闻之，邻国相亲，则长有国。君惠臣忠，则列都得之。不杀无辜，无释罪人，则民不惑。士益之禄，则皆竭力。尊天敬鬼，则日月当时。崇道贵德，则圣人自来。任能黜否，则官府治理。"

宋君曰："善哉！岂不然乎？寡人不佞，不足以致之也。"

孔子曰："此事非难，唯欲行之云耳。"

孔子拜见宋国国君。

宋国国君问孔子说:"我想使国运长久而且各城邑都能治理好,我想使民众不困惑,我想使士人尽心竭力,我想使日月应时而动,我想使圣人自己前来,我想使官府得到治理,该怎么做呢?"

孔子回答说:"千乘之国的国君,问我问题的很多,但都没有像主君问得这样详细的,当然主君想要得到的都可以得到。我听说,和邻国和睦相处,就能国运长久。国君仁爱臣子尽忠,各城邑就都能治理好。不杀害无辜的人,不释放有罪的人,民众就不会困惑。增加士人的俸禄,他们就会尽心竭力。尊奉天道敬事鬼神,日月就会应时而动。崇道尊德,圣人就会自己前来。任用贤能罢黜无能之辈,官府就能得到治理。"

宋国国君说:"说得好啊,难道不就是这样吗?寡人没有才能,不足以达到这样的境界呀。"

孔子说:"此事并不难,只要想做就可以达到。"

每次都说得好好的,每次都答应得好好的,知道得可清楚了,就是做不到呀,你让孔子说啥好呢?培养已经当政了的君主成为明君,太难了。大舜、大禹都是经过多年的考察培养才成为圣明君王的,可见建国君民,教学为先不假。

礼崩乐坏的时代,私欲膨胀,人心不那么真诚了。诚者自成,我欲仁斯仁至矣。天道不易,人在做,天在看。永言配命,自求多福吧。

此处孔子言敬鬼,只此一说而已矣,还是敬鬼神而远之。

辩政第十四

　　子贡问于孔子曰："昔者齐君问政于夫子，夫子曰政在节财。鲁君问政于夫子，夫子曰政在谕臣。叶公问政于夫子，夫子曰政在悦近而来远。三者之问一也，而夫子应之不同，然政在异端乎？"孔子曰："各因其事也。齐君为国，奢乎台榭，淫于苑囿，五官伎乐不解于时，一旦而赐人以千乘之家者三，故曰：政在节财。鲁君有臣三人，内比周以愚其君，外距诸侯之宾以蔽其明，故曰：政在谕臣。夫荆之地广而都狭，民有离心，莫安其居，故曰：政在悦近而来远。此三者所以为政殊矣。《诗》云：'丧乱蔑资，曾不惠我师。'此伤奢侈不节以为乱者也。又曰：'匪其止共，惟王之邛。'此伤奸臣蔽主以为乱者也。又曰：'乱离瘼矣，奚其适归。'此伤离散以为乱者也。察此三者，政之所欲，岂同乎哉？"

　　子贡问孔子说："从前齐君问政于夫子，您说政在节财。鲁君问政于夫子，您说政在谕臣。叶公问政于夫子，您说政在悦近而来远。三个人的问题是一样的，而夫子的回答却不同，那么治理国家取自不同的方法吗？"孔子说："按照各国不同的情况来治理。齐君治理国家，奢靡于亭台楼榭，放纵于园林猎场，无时无刻不声色享乐，有时一天就赏赐三个家族各车马千辆，所以说为政在于节财。鲁君有三个大臣，在朝廷内相互勾结愚弄国君，在朝廷外排斥诸侯宾客遮人耳目，所以说为政在于了解大臣。荆地国土广阔而都城狭小，民众想离开，不安心在那里居住，所以说为政在于让近者悦远者来。这三个方面的不同导致了施政方针的不同。《诗经》上说：'国家混乱国库空，从不救济我百姓。'这是哀叹奢侈浪费不节约资财而导致国家动乱。又说：'臣子玩忽职守，使国君担忧。'这是哀叹奸臣蒙蔽国君而导致国家动乱。又说：'兵荒马乱心忧苦，何处才是我归宿。'这是哀叹民众四处离散而导致国家动乱。考察这三种情况，政治需要的方法策略难道能相同吗？"

孔子对待君主问政，就像对待学生问学，也是因材施教。国君在圣人面前，也不过是位学生罢了。"丧乱蔑资，曾不惠我师"引自《诗经·大雅·板》，这是讽刺周厉王的诗篇。"匪其止共，惟王之邛"引自《诗经·小雅·巧言》，此诗是一个受到谗言伤害、抑郁不得志的官吏，为讽刺周幽王听信谗言导致国家混乱而作。"乱离瘼矣，奚其适归"引自《诗经·小雅·四月》，这是一首迁谪诗，作者是一位被周朝放逐的臣子，他在去南方的流放途中，有家不能归，心中满怀冤屈，写下这首哀怨之诗。

孔子曰："忠臣之谏君，有五义焉。一曰谲（jué）谏，二曰戆（zhuàng）谏，三曰降谏，四曰直谏，五曰讽谏。唯度主而行之，吾从其讽谏乎。"

孔子说："忠臣规劝君主，有五种方法。一是委婉地规劝，二是刚直地规劝，三是低声下气地规劝，四是直截了当地规劝，五是用婉言隐语来规劝。这些方法需要揣度君主的心意来采用，我愿意采用婉言隐语的方法来规劝啊。"

忠臣谏君时采用什么方法，一般由其性格秉性所决定，往往做不到度主而行之。至于劝谏起到起不到应有的效果，还得看君主是不是明君，若是昏君，甚至会引来杀身之祸。孔子行乎中庸，采用讽谏，效果如何，得靠君王的悟性和自觉了。

子曰："夫道不可不贵也。中行文子倍道失义以亡其国，而能礼贤以活其身。圣人转祸为福，此谓是与。"

孔子说："道不可以不重视。中行文子背道失义致使国家灭亡，后来他能礼待贤人才保住了自己的性命。圣人能把祸转变为福，说的就是这种情况吧。"

中行文子尊重贤人却不任用他们，看不起不贤的人却不撤换他们。贤人知道自己不会被任用而怨恨，不贤的人知道自己被看不起而仇恨。中行文子背道失义致使国家灭亡，终究因礼待贤人才保住了自己的性命。孔子以此来说明儒家"存亡祸福，皆己而已"的关系，与道家的"祸兮福所倚，福兮祸所伏"相通。圣人抑亦先觉，总是能转危为安。

楚王将游荆台，司马子祺谏，王怒之。令尹子西贺于殿下，谏曰："今荆台之乐，不可失也。"王喜，抚子西之背曰："与子共乐之矣。"子西步马十里，引辔（pèi）而止曰："臣愿言有道，王肯听之乎？"王曰："子其言之。"子西曰："臣闻为人臣而忠其君者，爵禄不足以赏也。谀其君者，刑罚不足以诛也。夫子祺者忠臣也，而臣者谀臣也，愿主赏忠而诛谀焉。"王曰："今我听司马之谏，是独能禁我耳，若后世游之何也？"子西曰："禁后世易耳。大王万岁之后，起山陵于荆台之上，则子孙必不忍游于父祖之墓以为欢乐也。"王曰："善。"乃还。孔子闻之，曰："至哉！子西之谏也，入之于十里之上，抑之于百世之后者也。"

楚王要游荆台，司马子祺来劝谏，楚王大怒。令尹子西在殿下恭贺，进谏说："今天到荆台游览观光，不能错过啊。"楚王听了很高兴，抚摸着子西的背说："和你一起去游玩吧。"子西骑着马走了十里，拉往缰绳停下来说："我想和您说说治国用人之道，大王肯听听吗？"楚王说："你说吧。"子西说："我听说为人臣子忠于其君的，用官爵不足以奖赏他。阿谀奉承其君的，用刑罚也不足以治罪他。子祺这个人是忠臣，而我是个阿谀奉承的人。希望大王奖赏忠臣，治罪阿谀奉承之臣。"楚王说："今天我听从了司马子祺的劝谏，只能禁止我一个人游玩罢了。如果后世的人要去游玩，怎么办呢？"子西说："禁止后世的人游玩很容易。大王万岁之后，将陵墓修建在荆台上，那么子孙必然不忍心在父祖的墓地游览作乐。"楚王说："好。"于是就回来了。孔子听到此事，说："太高明了！子西如此劝谏，在进入十里的地方劝谏，却抑制了百世之后的人前来游览观光。"

楚昭王欲之荆台游，司马子祺进谏的理由是什么呢？他说："荆台左边有洞庭湖，右边有彭蠡湖，南边可以望到猎山，台下挨着方淮。这种游玩的乐趣让人忽略年华老去并且忘记死亡，游玩的君王因此会葬送了自己的国家，希望大王不要去那里游玩。"原来荆台的风水宜修陵墓，不利游玩。

司马子祺用的是戆谏，刚直地规劝。而令尹子西用的是谲谏，委婉地规劝。两者效果大不相同。

子贡问于孔子曰："夫子之于子产、晏子，可为至矣。敢问二大夫之所为，且夫子之所以与之者。"孔子曰："夫子产于民为惠主，于学为博物。晏子于君为忠臣，于行为恭敏。故吾皆以兄事之，而加爱敬。"

子贡问孔子说:"夫子对子产和晏子,可以说推崇到极至了。请问两位大夫的所作所为,夫子赞赏他们哪些方面。"孔子说:"子产对于民众来说是仁爱之主,在学问方面是博物之人。晏子对于国君来说是位忠臣,在德行方面是谦恭敏捷。所以我把二人当作兄长来侍奉,而且愈来愈喜爱和尊敬。"

《论语》中孔子评价子产:"有君子之道四焉:其行己也恭,其事上也敬,其养民也惠,其使民也义。"孔子评价晏子:"晏平仲善与人交,久而敬之。"

齐有一足之鸟,飞集于公朝,下止于殿前,舒翅而跳。齐侯大怪之,使使聘鲁问孔子。孔子曰:"此鸟名曰商羊,水祥也。昔童儿有屈其一脚,振讯两眉而跳且谣曰:'天将大雨,商羊鼓儛。'今齐有之,其应至矣。急告民趋治沟渠,修堤防,将有大水为灾。"顷之,大霖雨,水溢泛诸国,伤害民人,唯齐有备不败。景公曰:"圣人之言,信而有征矣!"

齐国有种只有一只脚的鸟,飞来落到朝堂上,又飞下来落在宫殿的前面,舒展着翅膀跳跃。齐侯感到非常奇怪,派使者到鲁国去请教孔子。孔子说:"此鸟名叫商羊,水祥吉兆。从前有孩童屈其一脚,抖动两眉一边跳一边唱着歌谣:'天将下大雨,商羊跳起舞。'现在齐国有这种鸟,预言要应验了。赶快告诉民众挖通沟渠,修好堤防,将会有大水灾。"不久,大雨倾盆而下,洪水淹没了诸多国家,民众伤害严重,只有齐国因做了准备没有遭受灾害。齐景公说:"圣人的话,确实可信且应验了!"

祥瑞出现,必有异端,比如地震前鸡飞狗跳蛙鸣等,这不是迷信,也不是怪力乱神,是自然规律。周朝之时,人们已经发现,每当暴雨来临之前，有一种鸟会聚集在一起，屈着一只脚展翅跳舞，后来就演化成神鸟商羊。民间也出现了一种舞蹈，叫商羊舞，每当天旱久不下雨时，人们就自扮商羊鸟，戴面具，拿响板，结彩铃，模仿商羊鸟的动作，蹦跳舞蹈。孔子讲的孩童游戏叫"碰拐"，两儿童各将一腿抱起，用膝盖相互撞击，这种游戏也来源于商羊舞。

孔子谓宓(mì)子贱曰："子治单父，众悦，子何施而得之也？子语丘所以为之者。"对曰："不齐之治也，父恤其子，其子恤诸孤，而哀丧纪。"孔子曰："善！小节也，小民附矣，犹未足也。"曰："不齐所父事者三人，所兄事者五人，所友事者十一人。"孔子曰："父事三人，可谓教孝矣。兄事五人，可以教悌矣。友事十一人，可以举善矣。中节也，中人附矣，犹未足也。"曰："此地民有贤于不齐者五人，不齐事之而禀度焉，皆教不齐之道。"孔子叹曰："其大者乃于此乎有矣！昔尧舜听天下，务求贤以自辅。夫贤者，百福之宗也，神明之主也，惜乎不齐之所以治者小也。"

孔子对宓子贱说："你治理单父，民众很高兴，你是采用什么方法做到的呢？你告诉我都采取了什么方法。"宓子贱回答说："我治理的方法是，像对待自己的父亲那样体恤老百姓的父亲，像对待自己的儿子那样对待百姓的儿子，体恤所有的孤儿而且以哀痛的心情办理丧事。"孔子说："好！这只是小节，小民就依附了，恐怕还不只这些吧。"宓子贱说："我像侍奉父亲那样侍奉的有三人，像侍奉兄长那样侍奉的有五人，像朋友那样交往的有十一人。"孔子说："像父亲那样侍奉三个人，可以教民众孝道。像兄长那样侍奉五个人，可以教民众敬爱兄长。像朋友那样交往十一个人，可以提倡友善。这只是中等的礼节，中等的人就会依附了，恐怕还不只这些吧。"宓子贱说："这个地方比我贤能的有五个人，我都尊敬地侍奉他们并向他们请教，他们都教我治理之道。"孔子感叹说："大道理就在这里了！从前尧舜治理天下，一定要访求贤者来辅助自己。贤者，是百福的来源，是神明的主宰，可惜不齐治理的地方太小了。"

宓子贱（前522或502年—前445年），名不齐，字子贱，春秋末年鲁国人，孔门七十二贤之一。他注重修养，有君子之德，孔子称赞他"君子哉若人"，"鲁无君子，斯焉取斯"？他为政重视民心、士气和社会风气，关键是虔诚请教贤者，得到贤者的指教和帮助，这才是最重要的。没有单打独斗的圣人，也没有能成大事的孤家寡人。"务求贤以自辅"，此为政之要也。

子贡为信阳宰，将行，辞于孔子。孔子曰："勤之慎之，奉天子之时，无夺无伐，无暴无盗。"子贡曰："赐也，少而事君子，岂以盗为累哉？"孔子曰："汝未之详也。夫以贤代贤，是谓之夺。以不肖代贤，是谓之伐。缓令急诛，是谓之暴。取善自与，是谓之盗。盗非窃财之谓也。吾闻之，知为吏者，奉法以利民。不知为吏者，枉法以侵民，此怨之所由也。治官莫若平，临财莫如廉。廉平之守，不可改也。匿人之善，斯谓蔽贤。扬人之恶，斯为小人。内不相训，而外相谤，非亲睦也。言人之善，若己有之。言人之恶，若己受之。故君子无所不慎焉。"

子贡要去当信阳宰，临行前，向孔子辞别。孔子说："要勤勉谨慎，顺应天时，不要争夺侵伐，不要残暴偷盗。"子贡说："我从年轻时就侍奉君子，难道还会盗窃吗？"孔子说："你没弄清我的意思。以贤人代替贤人，这叫作夺。以不肖者代替贤人，这叫作伐。法令下达缓慢惩罚却很急迫，这叫作暴。把好处都归于自己，这叫作盗。盗不是窃取财物的意思。我听说，懂得为官之道的人，依法行事来为民造福。不懂为官之道的人，歪曲法律来侵害人民，这就是百姓怨恨官吏的原因。管理官吏最重要的是公平，面对财物最重要的是廉洁。廉洁公平之操守，是不能改变的。隐匿别人的优点，这叫蔽贤。宣扬别人的缺点，这是小人。内部有意见不说，到外面来诽谤人家，这不是亲睦的行为。谈到别人的优点，如同自己有这些优点一样。谈到别人的缺点，如同自己有这些缺点一样。所以君子处处都要小心谨慎。"

子贡上任前，孔子提醒他做官要"勤之慎之，奉天子之时，无夺无伐，无暴无盗。"子贡对其他方面欣然接受，但对告诫他不要盗窃，感觉很受伤，很是不满。您把我看成什么人了，老师！我跟您多少年了，您还不了解我吗？夫子当然了解弟子的品行特点，因材施教，对症下药，这可是夫子的专长。从《论语》看，子贡之于孔子最放心不下的，是子贡方人，就是毁谤别人，这意味着抬高自己，此"非亲睦也"。所以孔子告诫子贡："言人之善，若己有之。言人之恶，若己受之。故君子无所不慎焉。"

纠正一个人的缺点，需要花费很大的心思，需要掌握时间火候，打蛇打七寸。前面子贡评论师兄的德行，孔子不是很高兴，反问他说："岂思之所不至，智之所未及哉？"难道是头脑想不到的，智力达不到的吗？仕者，言多必失，怎么老是记不住呢。这里夫子仍是针对子贡的不足在点拨他，点到但不说破，子贡是聪明人，能够想明白的。

子路治蒲（pú）三年。孔子过之，入其境曰："善哉由也！恭敬以信矣。"入其邑曰："善哉由也！忠信而宽矣。"至庭曰："善哉由也！明察以断矣。"子贡执辔（pèi）而问曰："夫子未见由之政,而三称其善,其善可得闻乎?"孔子曰:"吾见其政矣。入其境,田畴尽易,草莱甚辟,沟洫深治,此其恭敬以信,故其民尽力也。入其邑,墙屋完固,树木甚茂,此其忠信以宽,故其民不偷也。至其庭,庭甚清闲,诸下用命,此其言明察以断,故其政不扰也。以此观之,虽三称其善,庸尽其美矣。"

子路治理蒲地三年。孔子经过蒲地,进入其境内说:"子路做得好啊!以恭敬来取得信用。"进入城里说:"子路做得好啊!忠实诚信而宽容。"进入官衙说:"子路做得好啊!通过明察来作出判断。"子贡拉着马辔问道:"夫子还没有看见子路处理政事,却三次称赞他做得好,他是如何善政的,可以说给我听听吗?"孔子说:"我看见他的善政了。进入蒲地境内,田地都整治过了,杂草都清除了,沟渠都挖深了,说明他以恭敬取得了信用,因此老百姓很尽力。进入城里,看到墙壁房屋都很坚固,树木生长茂盛,这说明他忠实诚信而宽容,因此老百姓不会磨工偷懒。进入官衙厅堂,厅堂中清净闲适,下面的人很努力地做事,这说明他能明察并作出判断,因此政事有条不紊不受纷扰。以此看来,我虽然三次称赞他做得好,哪能说尽他的好呢?"

《论语》里每次子路出现,不是在挨训就是准备挨训或者走在去挨训的路上。子路"片言折狱""好勇过我""无所取材""暴虎冯河",等等,但他果烈刚直,事亲至孝,忠义仁勇,信守承诺,忠于职守,闻过则喜,闻善则行,见义必为,见危必拯,其德行如日月在天、江河行地。子路一生追随孔子,保护孔子,努力实践孔子的思想学说,深得孔子信任。"虽三称其善,庸尽其美矣",这是典籍上能看到的孔子对子路极高的评价,估计子路听到后会喜极而泣的。

子曰:"视其所以,观其所由,察其所安,人焉廋哉?人焉廋哉?"

通过这次未打招呼的实地考察，结合几十年对子路的了解，孔子终于释怀，子路终于成人。以前都是听夫子表扬别人，埋汰自己，这次终于轮到子路扬眉吐气，让师兄弟们羡慕去吧。

子路性情刚直，好勇尚武，曾凌暴过孔子，后在孔子设礼以教、启发诱导下走上为仁之道。从"不知为知"，"何必读书然后为学"，到"子路有闻，未之能行，唯恐有闻"；到"由也升堂矣，未入于室也"；到子见南子，子路不说；到遇荷蓧丈人，曰："君子之仕也，行其义也。道之不行已知之矣"；到治蒲三年，做到"恭敬以信"，"忠信而宽"，"明察以断"；到"君子死，冠不免"结缨遇难，终归杀身成仁。大哉子路！真君子也。

六本第十五

孔子曰："行己有六本焉，然后为君子也。立身有义矣，而孝为本。丧纪有礼矣，而哀为本。战阵有列矣，而勇为本。治政有理矣，而农为本。居国有道矣，而嗣为本。生财有时矣，而力为本。置本不固，无务农桑。亲戚不悦，无务外交。事不终始，无务多业。记闻而言，无务多说。比近不安，无务求远。是故反本修迩，君子之道也。"

孔子说："立身处世有六个根本，然后才能成为君子。立身有仁义，孝道是根本。丧纪有礼节，哀痛是根本。战阵有队列，勇敢是根本。治政有条理，农业是根本。掌管天下有原则，选定继位人是根本。生财有时机，肯下力气是根本。根本不巩固，就无法致力于农桑生产。亲戚不高兴，就无法顺利地进行人际交往。办事无始终，就无法经营多种产业。道听途说的话，无须多说。无法使比邻安定，就不要去想安定远方的事。因此返回到事物的根本一步一步做起，才是立身处世的君子之道。"

君子务本，本立而道生。立身孝为本，治丧哀为本，作战勇为本，治政农为本，居国嗣为本，生财力为本。反本修迩，君子之道也。

治国农为本，置本不固，无务农桑。孔子非常重视农业，并非四体不勤，五谷不分，他还是农学家，能"别五土之性，而物各得其所生之宜"。

孔子曰："良药苦于口而利于病，忠言逆于耳而利于行。汤武以谔（è）谔而昌，桀纣以唯唯而亡。君无争臣，父无争子，兄无争弟，士无争友，无其过者，未之有也。故曰君失之，臣得之。父失之，子得之。兄失之，弟得之。己失之，友得之。是以国无危亡之兆，家无悖乱之恶，父子兄弟无失，而交友无绝也。"

孔子说："良药苦口利于病，忠言逆耳利于行。商汤和周武王能够听得进正言批评而使国家昌盛，夏桀和商纣只听得进随声附和的话而国破身亡。君主没有直言强谏的诤臣，父亲没有直言敢劝的儿子，兄长没有直言规劝的弟弟，士人没有直言相劝的诤友，要想不犯错误，还从来没有过。因此说君主有失误，臣子来补救。父亲有失误，儿子来补救。兄长有失误，弟弟来补救。自己有失误，朋友来补救。这样的话国家就没有灭亡的危险，家庭就没有悖逆的坏事，父子兄弟之间不会失和，朋友也不会断绝来往。"

以人为镜，可以知荣辱；以史为鉴，可以知兴替。一个人当面没人骂了，不是老了，就是没人理了。请珍惜身边能够对你直言相劝的人，良药苦口利于病，忠言逆耳利于行，危难之中见真情。

孔子在齐，舍于外馆，景公造焉。宾主之辞既接，而左右白曰："周使适至，言先王庙灾。"景公复问："灾何王之庙也？"孔子曰："此必厘王之庙。"公曰："何以知之？"孔子曰："《诗》云：'皇皇上天，其命不忒（tè），天之以善，必报其德。'祸亦如之。夫厘王变文武之制，而作玄黄华丽之饰，宫室崇峻，舆马奢侈，而弗可振也。故天殃所宜加其庙焉。以是占之为然。"公曰："天何不殃其身，而加罚其庙也？"孔子曰："盖以文武故也。若殃其身，则文武之嗣无乃殄乎？故当殃其庙以彰其过。"俄顷，左右报曰："所灾者厘王庙也。"景公惊起，再拜曰："善哉！圣人之智，过人远矣！"

孔子在齐国，住在城外的旅馆里，齐景公前来造访。宾主互致问候末了，齐景公身边的人就报告说："周的使者刚到，说先王的宗庙遭了火灾。"景公追问："哪位先王的宗庙被烧了？"孔子说："这一定是厘王的宗庙。"景公问："何以见得？"孔子说："《诗经》上说：'伟大的上天啊，它所给予的不会有差错。上天降下的善意，一定回报给有美德的人。'灾祸也是如此。厘王改变了文王和武王的制度，而且制作色彩华丽的装饰，宫室高耸，车马奢侈，无可救药了。所以上天把灾祸降在他的宗庙上。我以此作了这样的推测。"景公说："上天为什么不降祸到他的身上，而要惩罚他的宗庙呢？"孔子说："大概是因为文王和武王的缘故吧。如果降到他身上，文王和武王的后代不就灭绝了吗？所以降灾到他的宗庙上来彰显他的过错。"过了不久，身边的人禀告说："遭火灾的是厘王的宗庙。"齐景公吃惊地站起来，再次向孔子行礼说："善哉！圣人的智慧，世人无所企及！"

齐国是周天子的诸侯国，故齐景公称去世的周天子为先王。周厘王在位时期，变革周文王和周武王所制定的政治制度，制作颜色华丽的服饰，建造高大奢侈的宫室，因此孔子认为周厘王悖逆天道宗制，必遭天谴。此处孔子所引诗句已佚，今本《诗经》无。

"以是占之为然。"推测也罢，占卜也罢，孔子都是根据事实逻辑推导出来的。周厘王醉心于奢华享乐，必然荒于宗庙的管理，容易遭受天灾人祸。

子夏三年之丧毕，见于孔子。子曰："与之琴，使之弦。"侃侃而乐，作而曰："先王制礼，不敢不及。"子曰："君子也！"闵子三年之丧毕，见于孔子。子曰："与之琴，使之弦。"切切而悲，作而曰："先王制礼，弗敢过也。"子曰："君子也！"子贡曰："闵子哀未尽，夫子曰君子也。子夏哀已尽，又曰君子也。二者殊情，而俱曰君子。赐也惑，敢问之。"孔子曰："闵子哀未忘，能断之以礼。子夏哀已尽，能引之及礼。虽均之君子，不亦可乎？"

子夏守丧三年结束，来见孔子。孔子说："给他琴，让他弹奏。"子夏不慌不忙地弹奏起来。乐毕，子夏站起来说："先王制定的礼乐，不敢不及。"孔子说："君子也！"闵子守丧三年结束，来见孔子。孔子说："给他琴，让他弹奏。"琴声悲切。乐毕，闵子站起来说："先王制定的礼乐，不敢过也。"孔子说："君子也！"子贡说："闵子还在悲伤，您说他是君子。子夏不再悲伤，您也说他是君子。两个人的感情不同，您都说他们是君子。我都糊涂了，请问这是为什么。"孔子说："闵子没有忘记哀伤，却能够用礼仪来断绝。子夏已不再悲伤，却能够按礼仪行事。将他们都称为君子，有什么不可以吗？"

按照礼制，守丧三年之后，该干什么干什么。子夏和闵子三年丧期结束后，子夏已经从悲伤中走了出来，闵子却没有。但弹琴的时候，他们都能够遵从礼乐规制演奏，无过无不及，不逾矩，所以孔子称赞两人都有君子之风。

发乎情，止乎礼，皆中节，致中和，乃中庸之道。

孔子曰："无体之礼敬也，无服之丧哀也，无声之乐欢也。不言而信，不动而威，不施而仁。志夫钟之音，怒而击之则武，忧而击之则悲。其志变者，声亦随之，故至诚感之，通于金石，而况人乎？"

孔子说："没有仪式的礼仪要体现出敬意来，不穿孝服的丧礼要透出悲情来，没有声音的音乐要表现出欢乐来。不说话就能得到别人信任，不行动就能显现威严，不施舍就能体现仁爱。情感心志透过钟的声音会表达出来，愤怒时敲击就发出刚健的声音，忧愁时敲击就发出悲哀的声音。一个人思想感情发生了变化，他敲击的声音也会随之发生变化，所以至诚的情感，能传达到金石制作的乐器上，何况是人呢？"

人的情感能够通过乐器表现出来，是谓"至诚感之，通于金石"，何况人呢。一则，透过言谈举止，凡人均能感受到至诚之人的内心情感；二则，人内心至诚的情感，是会通过外物表达出来的。

《中庸》把诚推向极致，言曰："诚者，天之道也。诚之者，人之道也。""自诚明，谓之性。自明诚，谓之教。""唯天下至诚，为能尽其性。能尽其性，则能尽人之性。能尽人之性，则能尽物之性。能尽物之性，则可以赞天地之化育。可以赞天地之化育，则可以与天地参矣。"

孔子见罗雀者，所得皆黄口小雀。夫子问之曰："大雀独不得，何也？"罗者曰："大雀善惊而难得，黄口贪食而易得。黄口从大雀，则不得。大雀从黄口，亦不得。"孔子顾谓弟子曰："善惊以远害，利食而忘患，自其心矣，而独以所从为祸福。故君子慎其所从。以长者之虑，则有全身之阶。随小者之戆（gàng），而有危亡之败也。"

孔子看到张网捕鸟的人，捕到的全是黄嘴小雀。夫子问捕鸟人说:"一只大雀也没有,怎么回事?"捕鸟人说:"大雀容易警觉所以不容易捉到。黄口小雀贪吃所以容易捉到。小雀跟着大雀就捉不到,大雀跟着小雀也捉不到。"孔子回过头对弟子说:"容易警觉就能远离祸害,贪吃就会忘记灾患,这都是来自心里的想法,而仅仅是因为跟从对象不同,就会带来福祸相异的结果。所以君子要慎重选择跟从的人。听从长者的意见,就有保全自己的途径。听从年轻人愚蠢鲁莽的意见,就有危亡的灾祸。"

不管是主动的,还是被动的,只要和大雀在一起,小雀就不容易被捉到。"君子慎其所从",明面上是说鸟说人,内理说的是道。道之所从,善恶二分,福祸相异,慎之哉!

孔子读《易》,至于《损》《益》,喟然而叹。子夏避席问曰:"夫子何叹焉?"孔子曰:"夫自损者必有益之,自益者必有决之,吾是以叹也。"子夏曰:"然则学者不可以益乎?"子曰:"非道益之谓也,道弥益而身弥损。夫学者损其自多,以虚受人,故能成其满博也。天道成而必变,凡持满而能久者,未尝有也。故曰自贤者,天下之善言不得闻于耳矣。昔尧治天下之位,犹允恭以持之,克让以接下,是以千岁而益盛,迄今而逾彰。夏桀昆吾自满而无极,亢意而不节,斩刈黎民如草芥焉。天下讨之如诛匹夫,是以千载而恶著,迄今而不灭。满也。如在舆遇三人则下之,遇二人则式之,调其盈虚,不令自满,所以能久也。"子夏曰:"商请志之,而终身奉行焉。"

孔子读《易经》,读到《损》《益》二卦时,喟然而叹。子夏离开座位问道:"夫子为何叹息?"孔子说:"自己减少的必定会有增加,自己增加的必定会有所减少,我因此叹息啊!"子夏说："那么学习的人就不可以增加学问了？"孔子说："这不是道增长的说辞，道愈增长而自身自觉减少的就越多。学习的人减损自己本来就多的东西，用虚心的态度接受别人的指教，所以才能成就完满和广博。按照规律事成后必定发生变化，凡保持盈满而能长久的，未曾有过。所以说自认为贤能的人，天下那些善言善语他是听不到的。从前尧处在治理天下的位置上，尚且以诚信恭敬的态度处理政事，以谦让的态度和下面的人交往，因此经过千年名声愈来愈盛，到今天更加彰显。夏桀和昆吾自满妄为无所不用其极，恣意而不加节制，杀百姓如割草一般。天下人讨伐他们如同杀一介匹夫，所以他们经过千年恶名愈来愈昭著，至今也没有磨灭。这便是自满招来的。如同坐在车上遇到三个人就要下车，遇到两个人就要扶着车前横木致敬一样，调节盈满和虚空，不让自己自满，这样才能够长久。"子夏说："请让我把这些话记下来，终身奉行。"

损卦是第四十一卦，下兑上艮，山泽损。上山下泽，山下有水，山上的树木一定茂盛，各种飞禽走兽都可以滋养发展。山泽损，是用下面的泽来帮助上面的山，损下而益上。泽以减损自己来表示诚信，具有损己利人之美德，犹如损民利君，上缴国税。上卦山艮是停止，下卦泽兑是喜悦，老百姓给高高在上、威严不动的君王交税，也是真诚开心的。

益卦是第四十二卦，下震上巽，风雷益。上风下雷，雷上有风，风下电闪雷鸣，沛然而雨下。风雷益，是用上面的风来帮助下面的雷，损上而益下。风以减损自己而增益下方，具有舍己为人的美德。犹如损君利民，开仓放粮。上卦风巽是顺利，下卦震雷是行动，君王牺牲自己照顾百姓，百姓哪有不好好劳作的。

下泽减损自己成就上山，上风减损自己成就下雷，沛然而雨下，又丰盈沼泽，如是损益，循环往复，生生不息。

谦受益，满招损。《尚书·大禹谟》："惟德动天，无远弗届。满招损，谦受益，时乃天道。"只有道德的力量才能感动天地，再远的地方也能达到。《老子》："持而盈之，不如其已。揣而锐之，不可长保。""曲则全，枉则直，洼则盈，敝则新，少则得，多则惑。是以圣人抱一为天下式。"儒道一也。

子路问于孔子曰："请释古之道而行由之意，可乎？"子曰："不可。昔东夷之子，慕诸夏之礼。有女而寡，为内私婿（xù），终身不嫁。嫁则不嫁矣，亦非贞节之义也。苍梧娆娶妻而美，让与其兄。让则让矣，然非礼之让也。不慎其初，而悔其后，何嗟及矣。今汝欲舍古之道，行子之意，庸知子意不以是为非，以非为是乎？后虽欲悔，难哉！"

子路问孔子说："我请求放弃古代的治理之道而施行我自己的主张，可以吗？"孔子说："不可以。从前东夷有一个人，羡慕华夏的礼仪。他有个女儿死了丈夫，他为女儿找了个上门女婿，这样女儿就可以终身不改嫁了。可以改嫁而不改嫁，这样做并非表现忠贞不二的节操。苍梧娆娶了个妻子很美，让给了他的兄长。让是让了，然而这并不是符合礼制的谦让。最初不谨慎，事后又后悔，叹息懊恼也来不及了。现在你要舍弃古代的治理之道，来施行你自己的主张，怎知道你的主张不是以是为非、以非为是呢？事后想要悔改，难啊！"

不改嫁却招上门女婿，不是忠贞不二。把漂亮媳妇让给哥哥，不是礼制谦让。有所损益可以，颠覆古制不可。这个子路，老师要恢复周礼，你却要放弃古道，你让夫子我情何以堪！刚表扬了你几句，你就不知道自己是谁了。

曾子耘瓜，误斩其根。曾皙怒，建大杖以击其背，曾子仆地而不知人久之。有顷乃苏，欣然而起，进于曾皙曰："向也参得罪于大人，大人用力教参，得无疾乎？"退而就房，援琴而歌，欲令曾皙而闻之，知其体康也。孔子闻之而怒，告门弟子曰："参来，勿内。"曾参自以为无罪，使人请于孔子。子曰："汝不闻乎？昔瞽瞍（gǔ sǒu）有子曰舜，舜之事瞽瞍，欲使之，未尝不在于侧。索而杀之，未尝可得。小棰则待过，大杖则逃走。故瞽瞍不犯不父之罪，而舜不失烝烝之孝。今参事父，委身以待暴怒，殪（yì）而不避，既身死而陷父于不义，其不孝孰大焉！汝非天子之民也？杀天子之民，其罪奚若？"曾参闻之曰："参罪大矣！"遂造孔子而谢过。

曾参在瓜地锄草，错把瓜苗的根锄断了。曾皙大怒，抡起棍子打在他的背上，曾参倒地好长时间不省人事。曾参苏醒后，高兴地爬起来，走上前对父亲说："刚才我得罪了父亲大人，大人用力教训我，没有受伤吧？"曾参说完回到屋里，弹着琴唱起了歌，意在让父亲听到，他身体没有问题。孔子听说这件事后发怒了，告诉弟子说："曾参来了，不要让他进来。"曾参认为自己没错，让人告诉孔子他要来拜见。孔子说："你没有听说过吗？从前瞽瞍有个儿子叫舜，舜侍奉瞽瞍，瞽瞍想使唤他，舜没有不在身边的时候。瞽瞍找舜想杀舜时，却怎么也找不到舜。瞽瞍用小棍子打舜就挨着，瞽瞍用大棍子打舜就逃走。所以瞽瞍没有犯下不遵行父道的罪，而舜也没有失去尽心尽孝的机会。现在曾参侍奉父亲，委身等待父亲的暴怒，打死也不躲避，真被打死了还要陷父亲于不义，不孝还有比这更大的吗？你不是天子的子民吗？杀了天子的子民，那罪过怎么样？"曾参听到这些话后说："我的罪过大了！"于是造拜孔子去谢过。

《论语》里关于如何尽孝的语录，主要有"能竭其力""无违""色难""父母唯其疾之忧""今之孝者，是谓能养。至于犬马，皆能有养。不敬，何以别乎？""事父母几谏。见志不从，又敬不违，劳而不怨""父母在不远游，游必有方""父母之年，不可不知也，一则以喜，一则以惧""生，事之以礼。死，葬之以礼，祭之以礼"等。本则孔子之所以大怒，是因为曾参父子二人都犯错了，深究起来还都是大错。曾晳错在"建大杖以击其背"，差点把天子的子民打死，如果真打死了曾参，就犯了杀人罪，不仁不义。曾参错在挨大杖责罚不知道跑，不智。真被打死了就失去孝顺的机会了，不仁，还把父亲陷入不义的境地，大不孝。曾参差点被父亲打死，还差点犯了不仁不孝的大错。曾参真是受教了。

荆公子行年十五而摄荆相事。孔子闻之，使人往观其为政焉。使者反，曰："视其朝清净而少事。其堂上有五老焉，其廊下有二十壮士焉。"孔子曰："合二十五人之智以治天下，其固免矣，况荆乎？"

荆公子15岁时代理荆国的相事。孔子听说后，派人前去看他是如何处理政事的。使者回来后，对孔子说："看他的朝堂清净少事，堂上有五位老人，廊下有二十位壮士。"孔子说："聚合二十五人的智慧来治理天下，固然可以免于祸端了，何况是治理荆国呢？"

孔子这番话还是强调选贤任能的问题。荆公子治理政事，与宓子贱治单父类似。"不齐所父事者三人，所兄事者五人，所友事者十一人。"

另"有贤于不齐者五人",犹似"其堂上有五老焉,其廊下有二十壮士焉"。用五老可以治世,有二十壮士可以防身。

子夏问于孔子曰:"颜回之为人奚若?"子曰:"回之信贤于丘。"曰:"子贡之为人奚若?"子曰:"赐之敏贤于丘。"曰:"子路之为人奚若?"子曰:"由之勇贤于丘。"曰:"子张之为人奚若?"子曰:"师之庄贤于丘。"子夏避席而问曰:"然则四子何为事先生?"子曰:"居!吾语汝。夫回能信而不能反,赐能敏而不能诎,由能勇而不能怯,师能庄而不能同。兼四子者之有以易吾,弗与也。此其所以事吾而弗贰也。"

子夏问孔子说:"颜回的为人怎么样?"孔子说:"颜回比我诚实。"子夏说:"子贡的为人怎么样?"孔子说:"子贡比我聪敏。"子夏说:"子路的为人怎么样?"孔子说:"子路比我勇敢。"子夏说:"子张的为人怎么样?"孔子说:"子张比我庄重。"子夏离开座位问道:"那么他们四个人为什么要侍奉先生您呢?"孔子说:"坐下!我告诉你。颜回讲诚实但不够灵活,子贡很聪敏却受不得委屈,子路很勇敢但不会示弱,子张庄重却不够随和。把四个人的长处加起来和我交换,我也不愿意。这就是他们侍奉我并忠诚不贰的原因。"

子夏犯了以点概全、自以为是的毛病,孔子听了有点不高兴,但还是循循善诱,教导子夏不要耍弄小聪明,"女为君子儒,毋为小人儒"。

孔子游于泰山,见荣启期行乎郕(chéng)之野,鹿裘带索,鼓琴而歌。孔子问曰:"先生所以为乐者何也?"期对曰:"吾乐甚多,而至者三。天生万物,唯人为贵,吾既得为人,是一乐也。男女之别,男尊女卑,故人以男为贵,吾既得为男,是二乐也。

人生有不见日月，不免襁褓者，吾既以行年九十五矣，是三乐也。贫者士之常，死者人之终。处常得终，当何忧哉！"孔子曰："善哉！能自宽者也。"

孔子游历泰山，看到荣启期走在郕国郊外，穿着鹿皮破衣，粗绳系腰，弹着琴唱着歌。孔子问道："先生如此高兴，所为何事啊？"荣启期回答说："我的快乐很多，最快乐的事情有三件。天生万物，唯人最贵，我既然生而为人，是第一件快乐的事。男女有别，男尊女卑，所以人以男为尊贵，我既然生为男人，是第二件快乐的事。人有没出生就胎死母腹的，还有刚出生就死亡的，我既然能活到九十五岁，是第三件快乐的事。贫穷是士人的常态，死亡是人的归宿。处于常态终享天年，还有什么可忧愁的呢！"孔子说："好啊！您是能够自我宽慰的人。"

孔子见荣启期身穿粗衣，弹琴而歌，问他为什么如此高兴。荣启期说，我得以生而为人，且人而为男，又长寿，这就是三乐了。贫穷是士人的本色，死亡是生命的终点，安贫居常，达观处世，有什么可忧愁的呢？这叫知足常乐。

荣启期，字昌伯，春秋时期郕国人。西周初期，周武王克殷之后，分封其弟姬武于郕，建立郕国，位于卫、齐、鲁几个大国之间，徂徕山之南。郕都故城在今山东省济宁市汶上县古城村。有诗赞荣启期曰："九十行带索，饥寒况当年。不赖固穷节，百世当谁传？""荣期信知止，带索无所求。外物非我尚，琴歌自优游。三乐通至道，一言醉孔丘。居常以待终，啸傲夫何忧。"荣启期当是位隐士。

孔子曰："回有君子之道四焉。强于行义，弱于受谏，怵于待禄，慎于治身。史䲡（qiū）有君子之道三焉。不仕而敬上，不祀而敬鬼，直己而曲于人。"曾子侍，曰："参昔常闻夫子三言，而未之能行也。夫子见人之一善，而忘其百非，是夫子之易事也。见人之有善，若己有之，是夫子之不争也。闻善必躬行之，然后导之，是夫子之能劳也。学夫子之三言，而未能行，以自知终不及二子者也。"

孔子说："颜回具有君子的四种美德。努力推行仁义，虚心接受劝告，害怕接受俸禄，谨慎修养身心。史鰌具有君子的三种美德。不做官而能尊敬官长，不祭祀而能尊敬鬼神，自己正直而能宽容别人。"曾子在旁边陪侍，说："我从前经常听夫子说三句话，但我没能够身体力行。夫子看见别人的一个优点，就忘记他所有的不善，这是夫子容易侍奉。夫子看见别人的善行，就如同自己具有一样，这是夫子不争名利。夫子听到善言一定要亲身去做，然后引导别人去做，这是夫子不怕辛劳。学习夫子的三句话却不能够身体力行，所以我自知最终不如颜回和史鰌。"

史鰌，名佗，字子鱼，也称史鰍，春秋时期卫国大臣。《论语》载，子曰："直哉史鱼！邦有道如矢，邦无道如矢。"正直啊，史鱼！国家有道言行像箭一样直，国家无道言行也像箭一样直。史鱼临死前叮嘱家人不要治丧正室，以劝戒卫灵公进贤（蘧伯玉）去佞（弥子瑕），史称尸谏。史鱼是君子中的勇者义士，这种人现在也不少，喜欢一条道走到黑，不撞南墙不回头，回过头来继续撞，撞不破决不罢休，往往撞得头破血流，一辈子遭遇种种痛苦。这种人遇到明君，是可以当谏官的。

孔子说颜回具有君子的四种美德，史鰌具有君子的三种美德。曾子侍侧，说夫子常说三句话，应该是见善去非，见善行去名利，闻善躬行。曾子说出来，就成了孔子三大德了，自谓未之能行，一转言又说自知终不及二子者也，因为二人都具有问善力行的品德。在别人的美德面前，自愧弗如，行己有耻，当知耻而后勇也矣，这便是曾子了。

孔子曰:"吾死之后,则商也日益,赐也日损。"曾子曰:"何谓也?"子曰:"商也好与贤己者处,赐也好说不若己者。不知其子,视其父。不知其人,视其友。不知其君,视其所使。不知其地,视其草木。故曰:与善人居,如入芝兰之室,久而不闻其香,即与之化矣。与不善人居,如入鲍鱼之肆,久而不闻其臭,亦与之化矣。丹之所藏者赤,漆之所藏者黑。是以君子必慎其所与处者焉。"

孔子说:"我死之后,子夏会一天比一天进步,子贡会一天比一天退步。"曾子问:"为什么这样说呢?"孔子说:"子夏喜欢与比自己贤能的人相处,子贡喜欢讥评不如自己的人。不了解他的儿子,就看看他的父亲。不了解他本人的为人,就看看他的朋友。不了解君主,就看看他任命的大臣。不了解土地,就看看地上生长的草木。所以说:与善人相处,就像进入有香草的屋子,时间长了就闻不到香味了,人已经被香气同化了。与不善的人相处,就如同进入鱼市,时间长了就闻不到臭味了,这也是被臭味同化了。装朱砂的容器会变成红色,装黑漆的容器会变成黑色,因此君子要谨慎地选择与自己相处的人。"

孔子对弟子的品行和才具了如指掌,一则利于因材施教,一则利于导其所为。子贡的毛病就是"好说不若己者"。从《论语》和《家语》看,孔子多次委婉地点拨子贡方人,比如对子贡说"赐也贤乎哉?夫我则不暇""赐!汝徒知其一,未知其二也""君子无所不慎焉",等等。孔子对子贡的教育和引导也是够耐心,不像对子路那样直接说"好勇过我","不得其死然"。

孔子死后,子夏到魏国"西河设教",授徒三百。他在全面继承孔子教育思想的基础上,又发展了孔子的教育思想。子贡服丧庐墓六年后，除了他为孔子辩护的言辞外，后事不详。

本则以预言弟子道德功业进退开头，引出"君子必慎其所与处者"的警句，文采也是极其漂亮。"与善人居，如入芝兰之室，久而不闻其香，即与之化矣。"环境易人，这与"里仁为美。择不处仁，焉得知？"有异曲同工之妙。

曾子从孔子之齐。齐景公以下卿之礼聘曾子，曾子固辞。将行，晏子送之，曰："吾闻之，君子遗人以财，不若善言。今夫兰本三年，湛之以鹿醢（hǎi），既成啖之，则易之匹马。非兰之本性也，所以湛者美矣。愿子详其所湛者。夫君子居必择处，游必择方，仕必择君。择君所以求仕，择方所以修道。迁风移俗，嗜欲移性，可不慎乎？"孔子闻之，曰："晏子之言，君子哉！依贤者固不困，依富者固不穷。马蚿（xián）斩足而复行，何也？以其辅之者众。"

曾子跟随孔子去了齐国。齐景公用下卿之礼聘请他，曾子坚决拒绝了。将要离开齐国时，晏子为他送行，说："我听说，君子赠人钱财，不如赠人善言。现在有生长三年的兰草根，和着鹿肉酿制成酱，酿成就可以吃了，用它能换一匹马。这并非兰草的本性，而是酿制浸泡的味美，希望你能弄清其中的道理。君子居必择处，游必择方，仕必择君。选择国君是为了做官，选择方向是为了修养道德。易风移俗，嗜欲移性，能不谨慎吗？"孔子听到这些话后，说："晏子的话，君子之言！跟随贤人就不会困惑，跟随富人就不会困穷，马蚿被斩断了足还可以行走，为什么呢？因为辅助它走路的足很多。"

环境易人，所以里仁为美，处善渊则就道。得道多助，所以潜心修为，依贤者固不困，君子慎其所从。迁风移俗，嗜欲移性，可不慎乎？

孔子曰："以富贵而下人，何人不尊？以富贵而爱人，何人不亲？发言不逆，可谓知言矣。言而众向之，可谓知时矣。是故以富而能富人者，欲贫不可得也。以贵而能贵人者，欲贱不可得也。以达而能达人者，欲穷不可得也。"

孔子说："身处富贵而谦恭待人，谁会不尊敬你呢？身处富贵而友爱他人，谁会不亲近你呢？说出的话没人反对，可以说懂得该说什么话。说出的话众人都拥护，可以说知道说话的时机。所以凭借富有能使别人富裕的人，想贫穷都不可能。凭借尊贵能使别人尊贵的人，想低贱都不可能。凭借通达能使别人通达的人，想困穷都不可能。"

富贵之人如何做人处事？谦恭待人，友爱他人，择机慎言。己欲立而立于人，己欲达而达于人，仁者爱人，皆中节，致中和，故无咎。

孔子曰："中人之情也，有余则侈，不足则俭，无禁则淫，无度则逸，从欲则败。是故鞭朴之子，不从父之教。刑戮之民，不从君之令。此言疾之难忍，急之难行也。故君子不急断，不急制。使饮食有量，衣食有节，宫室有度，畜积有数，车器有限，所以防乱之原也。夫度量不可明，是中人所由之令。"

孔子说："普通人的心思情理，有余就会奢侈，不足则会节省，没有禁令就会放荡，没有限度就会好逸恶劳，随心所欲就会失败。所以被过分鞭打的儿子，不会听从父亲的教诲。遭受极度刑罚的百姓，不会听从君王的命令。这说明过分责难就容易出错，操之过急什么事都办不好。所以君子不急于决断，不急于制止。使饮食有定额，衣服有节制，住房有限度，积蓄有定数，车辆器具有限量，这是防止祸乱的根本方法。法规限度不明确，是造成普通人所作所为的直接原因。"

普通人的心理状态，有自我调节平衡的一面，比如不足则会节余。也有不加管制就会为所欲为的一面，比如无禁则淫。还有过犹不及的一面，比如鞭朴之子，不从父之教。君子立身处世，当择时而动，依礼而行，凡事有度，也便是行乎中庸了，发乎情，止乎礼，合乎时宜，皆中节才好。

孔子曰："巧而好度必攻，勇而好问必胜，智而好谋必成，以愚者反之。是以非其人，告之弗听。非其地，树之弗生。得其人，如聚砂而雨之。非其人，如会聋而鼓之。夫处重擅宠，专事妒贤，愚者之情也。位高则危，任重则崩，可立而待。"

孔子说："灵敏而又好思度的人一定攻取，勇敢而又好问的人必定胜利，聪明而又好谋划的人必定成功，愚蠢的人则相反。因此不是那个对的人，告诉他也不会听。不是那块合适的土地，种上植物也不会生长。得到对的人，如雨水洒落到沙土里。得不到对的人，如同对着聋子敲鼓。身处高位善于侍宠，专门嫉妒贤人，这是愚蠢人的心思情理。地位高了就会处于危险的境地，责任过重就会面临崩溃，这些都是随时可能发生的。"

得其法度，必定成功。知人善任，事半功倍。不堪其重，必受其辱。

孔子曰："舟非水不行，水入舟则没。君非民不治，民犯上则倾。是故君子不可不严也，小人不可不整一也。"

孔子说："舟无水则不行，水入舟则舟没。国君离开民众无法治理，民众犯上国家就会灭亡。因此君子不可以不严谨，老百姓不可以不整肃划一。"

水能载舟，亦能覆舟。为君要严于律己，不能有一点漏洞，与民以德以法；老百姓要有纲纪，不能乱来。

齐高庭问于孔子曰："庭不旷山，不直地，衣穰（ráng）而提贽（zhì），精气以问事君子之道，愿夫子告之。"孔子曰："贞以干之，敬以辅之，施仁无倦。见君子则举之，见小人则退之，去汝恶心而忠与之。效其行，修其礼，千里之外，亲如兄弟。行不效，礼不修，则对门不汝通矣。夫终日言不遗己之忧，终日行不遗己之患，唯智者能之。故自修者必恐惧以除患，恭敬以避难者也。终身为善，一言则败之，可不慎乎？"

齐国人高庭向孔子请教说："我越过高山，一刻不停地来到这里，穿着草衣提着礼物，真诚地向您请教侍奉君子的方法，恳请夫子能告诉我。"孔子说："坚定地帮助他，恭敬地辅佐他，不厌倦地施行仁道。见到君子就举荐，发现小人就斥退，去除心中的邪念而忠心支持他。效法他的行为，学习他的礼仪，远隔千里也亲如兄弟。不效法他的行为，不学习他的礼仪，那么住在对门也不会和你往来。终日言传不给自己留下忧虑，终日行动不给自己留下后患，只有智者才能做到。所以自我打磨修为的人，一定时刻警惕以消除祸患，时刻注意恭敬谦逊以避免灾难。即使终身为善，一句话没说好就能招致失败，不谨慎能行吗？"

侍奉有道君子的方法，就是忠贞不二，推行仁道，效其行，修其礼，同时注重自身修为，谨言慎行。常常想想三缄其口的小金人，就会远离祸端。

辩物第十六

季桓子穿井，获如土缶（fǒu），其中有羊焉。使使问于孔子曰："吾穿井于费，而于井中得一狗，何也？"孔子曰："丘之所闻者，羊也。丘闻之，木石之怪夔（kuí）魍魉（wǎng liǎng），水之怪龙罔象，土之怪羵（fén）羊也。"

季桓子打井，得到一个土缶，里面有个像羊的东西。季桓子派人去问孔子说："我在费地打井，在井中得到一只狗，这是怎么回事呢？"孔子说："就我知道的而言，应该是一只羊。我听说，山林之怪有夔魍魉，水中之怪有龙罔象，土中之怪是羵羊。"

土缶，古代一种大肚子小口的盛酒瓦器。魍魉，传说中山川的精怪。罔象，又称罔像、魍象，传说中的一种水怪。羵羊，传说为土中所生的精怪。

季桓子有点考校孔子或者给孔子下套的意思。夫子不是知识渊博、无所不知吗？告诉他缶中有狗，看他如何回答。孔子不语怪力乱神，敬鬼神而远之，但基于历史传说，孔子认为，如果有的话，只可能是羊，绝不会是狗。

吴伐越，隳（huī）会稽，获巨骨一节，专车焉。吴子使来聘于鲁，且问之孔子，命使者曰："无以吾命也。"宾既将事，乃发币于大夫，及孔子，孔子爵之。既彻俎而燕，客执骨而问曰：

"敢问骨何如为大？"孔子曰："丘闻之，昔禹致群臣于会稽之山，防风后至，禹杀而戮之，其骨专车焉。此为大矣。"客曰："敢问谁守为神？"孔子曰："山川之灵，足以纪纲天下者，其守为神。社稷之守为公侯，山川之祀者为诸侯，皆属于王。"客曰："防风何守？"孔子曰："汪芒氏之君，守封嵎山者，为漆姓。在虞夏商为汪芒氏，于周为长翟氏，今曰大人。"有客曰："人长之极几何？"孔子曰："僬侥氏长三尺，短之至也。长者不过十，数之极也。"

吴国攻打越国，毁坏了会稽山，获得一节巨大的骨头，要用一整辆车来转运。吴国国君派使者问候鲁君，并且向孔子请教骨头的事，吴君对使者说："不要说是我的命令。"使者问候完鲁君，就分发礼物给鲁国大夫，发到孔子时，孔子给他倒了一杯酒。撤去祭器举行宴饮时，使者拿出一块骨头问道："请问什么样的骨头算是大的？"孔子说："我听说，从前大禹召集群臣到会稽山，防风迟到，大禹杀了他，他的骨头装了一整车，防风的骨头算是大的了。"使者说："请问谁是守护山川的神？"孔子说："山川之灵，足以法度天下者，其守护者就是神。守护社稷的为会侯，祭祀山川的为诸侯，他们都隶属于君王。"使者说："防风氏守在何处呢？"孔子说："他是汪芒国的国君，守护封嵎山，姓漆。在虞夏商时代为汪芒氏，到周朝为长翟氏，现今称作大人。"有客人说："人的身体最长的能有多长？"孔子说："僬侥氏身长三尺，是最短的了。最长的不超过十尺，这个数已达到极限了。"

孔子知识渊博，好像无所不知，不仅知自然，还知其然。一节大骨头，引出了孔子多少历史知识。子曰："我非生而知之者，好古，敏以求之者也。"本篇为辩物。

据换算，周朝一尺等于现在 0.1991 米。身高三尺约等于 0.6 米，身高十尺接近 2 米。《史记·孔子世家》载，孔子长九尺有六寸，相当于现今 1.91 米。孔子的父亲叔梁纥身高十尺。

孔子在陈，陈惠公宾之于上馆。时有隼（sǔn）集于陈侯之庭而死，楛（hù）矢贯之，石砮，其长尺有咫。惠公使人持隼如孔子馆而问焉。孔子曰："隼之来远矣，此肃慎氏之矢。昔武王克商，通道于九夷百蛮，使各以其方贿来贡，而无忘职业。于是肃慎氏贡楛矢石砮，其长尺有咫。先王欲昭其令德之致远物也，以示后人使永鉴焉，故铭其楛曰'肃慎氏贡楛矢楛'，以分大姬，配胡公，而封诸陈。古者分同姓以珍玉，所以展亲亲也。分异姓以远方之职贡，所以无忘服也，故分陈以肃慎氏贡焉。君若使有司求诸故府，其可得也。"公使人求，得之金椟，如之。

孔子在陈国，陈惠公请他住在上馆。当时有一只死隼陈列在陈惠公的厅堂上，射穿它的箭的箭杆是楛木做的，箭头是石头做的，长度有一尺八寸。陈惠公让人拿着隼鸟到孔子住的馆舍请教。孔子说："隼鸟是从很远的地方来的，这是肃慎氏的箭。从前周武王克商，打通了通向九夷百蛮的道路，让他们带着各自的特产来进贡，并要求按职业进贡物品。于是肃慎氏进贡了用楛木做箭杆、石头做箭头的箭，长有一尺八寸。武王欲彰明他远方来贡的功德，以昭示后人永远借鉴，就在箭杆的末端刻上'肃慎氏贡楛矢楛'几个字，并把它赏给女儿大姬，女儿嫁给胡公，封在陈地。古人把珍玉分给同姓，是为了表示亲属的亲密关系。把远方按职业送来的贡物分给异姓，是为了让他们不忘记臣服，所以把肃慎氏的贡物分给陈国。您如果派官员到从前的府库中去找，就可以找到。"陈惠公派人去找，在一个金属做的柜子里找到了，果然和孔子说的一样。

上节是一节大骨头引起的一番历史宏论；这节是一只死隼引起的一番历史宏论，涉及箭的来历、武王克商、九夷百蛮进什么贡、进贡物品按什么礼制分给亲属和诸侯等，关键是按孔子的说辞，还找到了武王的历史记录，怎能不让人佩服孔子知识渊博。

隼，亦称鹘。翅膀窄而尖，上嘴呈钩曲状，背青黑色，尾尖白色，腹部黄色。饲养驯熟后，可以帮助打猎。

郯子朝鲁，鲁人问曰："少昊氏以鸟名官，何也？"对曰："吾祖也，我知之。昔黄帝以云纪官，故为云师而云名。炎帝以火，共工以水，太昊以龙，其义一也。我高祖少昊挚之立也，凤鸟适至，是以纪之于鸟，故为鸟师而鸟名。自颛顼（zhuān xū）氏以来，不能纪远，乃纪于近，为民师而命以民事，则不能故也。"孔子闻之，遂见郯子而学焉。既而告人曰："吾闻之，天子失官，学在四夷，犹信。"

郯子朝拜鲁君，鲁国人问道："少昊氏用鸟名来命名官职，为什么呢？"郯子回答说："少昊氏是我的祖先，我知道这件事。从前黄帝用云来命名官职，所以百官之长都以云为名。炎帝用火命名官职，共工用水命名官职，太昊氏用龙命名官职，想法都是一样的。我的高祖少昊继位时，凤鸟正好飞来，因此用鸟来命名，由是百官之长都以鸟为名。自颛顼氏以来，不能用远来的事物命名，就用身边的事物来命名，设立长官就用民众所做的事来命名，那就不能像原来那样做了。"孔子听说了这些，就去拜见郯子向他学习。接着告诉别人说:"我听说,天子的官学失传,可以向四周的小国学习,这话是真实可信的。"

三人行必有我师焉,何况了解祖先历史的呢。孔子知识渊博,在于夫子笃志好学。《论语》中卫公孙朝问于子贡曰:"仲尼焉学?"子贡说:"文武之道并没有失传,关键在人。贤者掌握了其中重要部分,不贤者只了解它的末节。哪里都有文武之道,夫子何处不学,又何必要有固定的老师呢?"

《论语》载,子曰:"夏礼吾能言之,杞不足征也。殷礼吾能言之,宋不足征也。文献不足故也。足则吾能征之矣。"如果文献充足,我就能够求证我讲的是不是符合历史事实了。由此可知,孔子是遍览史书和文化典籍的。"天子失官,学在四夷",孔子从诸侯那里又学到了旧知识、新东西。

邾(zhū)隐公朝于鲁,子贡观焉。邾子执玉高,其容仰。定公受玉卑,其容俯。子贡曰:"以礼观之,二君者将有死亡焉。夫礼生死存亡之体,将左右周旋,进退俯仰,于是乎取之。朝祀丧戎,于是乎观之。今正月相朝,而皆不度,心以亡矣。嘉事不体,何以能久?高仰骄也,卑俯替也。骄近乱,替近疾。君为主,其先亡乎?"夏五月,公薨(hōng)。又邾子出奔。孔子曰:"赐不幸而言中,是赐多言。"

邾隐公朝拜鲁君,子贡观礼。邾子高高地拿着玉,脸是仰着的。定公低身接受玉,头是低着的。子贡说:"从礼节上看,两位君主将面临亡命之灾。礼是生死存亡的主体,或左或右,进退俯仰,都要从礼节中来。朝会、祭祀、死丧和征战,都要观乎礼。现今在正月里朝见,却都不遵守礼节法度,二君心中都是没有礼数了。大事不合体，怎么能够活得长久？高和仰是骄纵，卑和俯是衰废。骄纵接近动乱，衰废接近疾病。鲁君是主人，恐怕会先亡吧？"夏天五月，鲁定公死了，后来邾子出逃了。孔子说："子贡不幸言中，子贡多言了。"

礼，是人道的秩序，如同"四时行焉、百物生焉"是天道的秩序一样。四时紊乱，必有天灾。礼道失数，必有人祸。

已经发生的灾祸，孔子可以推出发生在谁身上，比如厘王宗庙之火。他对弟子们的未来却也是有善意的提醒和担忧，如言子路不知其死然。对子夏和子贡，子曰："吾死之后，则商也日益，赐也日损。"子贡厉害，直接推论预言君王生死，不幸言中。孔子怪他多言了："无多言，多言多败。无多事，多事多患。"有些事，心里明白就行了，没必要说出来。有些事，在家里说说就行了，没必要说出去。小金人三缄其口，什么不明白？

孔子在陈，陈侯就之燕游焉。行路之人云："鲁司铎灾及宗庙。"以告孔子。子曰："所及者其桓僖之庙。"陈侯曰："何以知之？"子曰："礼，祖有功而宗有德，故不毁其庙焉。今桓僖之亲尽矣，又功德不足以存其庙，而鲁不毁，是以天灾加之。"三日，鲁使至。问焉，则桓僖也。陈侯谓子贡曰："吾乃今知圣人之可贵。"对曰："君之知之，可矣，未若专其道而行其化之善也。"

孔子在陈国，陈侯陪他一起宴饮游玩。路上的行人说："鲁国的司铎宫发生火灾殃及宗庙了。"有人把这话告诉了孔子。孔子说："殃及的大概是鲁桓公和鲁僖公的宗庙吧。"陈侯问："您是怎么知道的呢？"孔子说："按照礼，祖先有功宗族有德，就不会毁坏他们的宗庙。如今桓公和僖公的亲属已经没有了，再加上功德又不足以保存他们的宗庙，鲁国没有毁掉它们，所以天灾就来了。"三天后，鲁国使者来。一问，果然是桓公和僖公的宗庙遭了灾。陈侯对子贡说："我如今才知道圣人的可贵。"子贡回答说："您知道这点，还不错，但不如专心推行他的仁道、实行他的教化更好。"

德不配位，必有灾殃。君主选贤任能，推行仁政，当国泰民安，子孙绵延，福寿永昌。

"商羊鼓儛，天将大雨。"下面，夫子开始抑亦先觉了。

阳虎既奔齐，自齐奔晋，适赵氏。孔子闻之，谓子路曰："赵氏其世有乱乎！"子路曰："权不在焉，岂能为乱？"孔子曰："非汝所知。夫阳虎亲富而不亲仁，有宠于季孙，又将杀之，不克而奔，求容于齐。齐人囚之，乃亡归晋。是齐鲁二国已去其疾。赵简子好利而多信，必溺其说而从其谋，祸败所终，非一世可知也。"

阳虎逃到齐国后，又从齐国跑到晋国，投奔了赵简子。孔子听说了这件事，对子路说："赵氏的后代恐怕要有乱子！"子路说："权不在阳虎手里，怎能为乱呢？"孔子说："这不是你能知道的。阳虎亲近富人而不亲近仁人，受宠于季恒子，却要杀害他，未得逞又逃走，请求齐国接纳他。齐人囚禁了他，就又逃到晋国。这样齐鲁两国都去掉了祸根。赵简子贪图利益而又轻信，必定会相信阳虎的话并听从他的谋划，祸患引起的最终后果，不是这一代能够知道的。"

祸根插进适合的土壤里，早晚会结出恶果。

阳虎曾言，为仁不富，为富不仁。他是一个懂得权谋，只讲利害，不怎么讲道义的人。有这样的人在身边，大道不行，早晚祸患必至矣。

季康子问于孔子曰:"今周十二月,夏之十月,而犹有螽(zhōng),何也?"孔子对曰:"丘闻之,火伏而后蛰者毕,今火犹西流,司历过也。"季康子曰:"所失者几月也?"孔子曰:"于夏十月,火既没矣。今火见,再失闰也。"

季康子问孔子说:"现在是周历十二月,夏历十月,却还有蝗虫,为什么呢?"孔子回答说:"我听说,火星伏落以后昆虫潜伏完毕。现今火星还经过西方,这是司历官造成的错误。"季康子说:"错误在哪个月呢?"孔子说:"夏历十月,火星伏落。现今火星还可见,错在闰月。"

孔子对天文地理历法也是相当熟悉的。利用自己掌握的天文历法知识,孔子向季康子解释了夏历十月却还有蝗虫的原因,前面少个闰月呀。商羊舞雨,火伏蛰毕,这都是经过历史检验了的自然规律。

吴王夫差将与哀公见晋侯。子服景伯对使者曰:"王合诸侯,则伯率侯牧以见于王。伯合诸侯,则侯率子男以见于伯。今诸侯会,而君与寡君见晋君,则晋成为伯矣。且执事以伯召诸侯,而以侯终之,何利之有焉?"吴人乃止。既而悔之,遂囚景伯。伯谓太宰嚭(pǐ)曰:"鲁将以十月上辛,有事于上帝先王,季辛而毕,何也世有职焉,自襄已来,未之改也。若其不会,祝宗将曰:'吴实然。'"嚭言于夫差,归之。子贡闻之,见于孔子曰:"子服氏之子拙于说矣,以实获囚,以诈得免。"孔子曰:"吴子为夷德,可欺而不可以实。是听者之蔽,非说者之拙也。"

吴王夫差将要和鲁哀公去见晋侯。子服景伯对使者说:"君王会合诸侯,那么伯爵就应该率侯牧等官去进见君王。伯爵会合诸侯,那么侯爵就应该率领子爵男爵进见伯爵。现今诸侯会合，而你们吴国国君与我们鲁国国君去见晋君，那么晋国就成伯爵了。况且你们以伯爵的身份召集诸侯，而以侯爵的身份结束，又有什么好处呢？"吴人听了子服景伯的话，停止了此事。既而又后悔了，于是囚禁了子服景伯。子服景伯对太宰嚭说："鲁国将在十月上辛这天，祭祀上帝先王，季辛这天结束。我家世代都在祭祀中担任职务，自鲁襄公以来，从未改变。如果我不参加祭祀，祝宗将会说：'这是吴国造成的。'"太宰嚭把此话告诉了夫差，夫差把子服景伯放回了鲁国。子贡听说此事，去见孔子说："子服氏之子太不会说话了，因为说实话受到囚禁，又因为说假话而被释放。"孔子说："吴王信奉边境少数部族的道德，对他们可以欺骗而不可以讲实话。这是听话人的毛病，不是说话人拙劣。"

子服景伯，即子服何，春秋时期鲁国的大夫。

关于爵位的设置，《孟子》里给出了序列等级，不赘。

在"可欺而不可以实"的现实生存环境里，"以实获囚，以诈得免"也就讲得通了。不得已的情况下做事要从权，说假话可以活命，那就说假话也无妨，只要不害人就好。

叔孙氏之车士，曰子鉏（chú）商，采薪于大野，获麟焉。折其前左足，载以归。叔孙以为不祥，弃之于郭外，使人告孔子曰："有麇（jūn）而角者何也？"孔子往观之，曰："麟也。胡为来哉？胡为来哉？"反袂拭面，涕泣沾衿。叔孙闻之，然后取之。子贡问曰："夫子何泣尔？"孔子曰："麟之至，为明王也。出非其时而见害，吾是以伤焉。"

叔孙氏的车夫，叫子鉏商，在大野打柴的时候，抓到一只麒麟。他折断了麒麟的左前足，用车子载了回来。叔孙氏认为不吉利，把麒麟抛弃在城外，并派人告诉孔子说："有一只像獐子的动物却长着角，这是什么呢？"孔子前往查看，说："这是麒麟啊。是从哪里来的呢？是从哪里来的呢？"他把袖子翻过来擦着脸，眼泪把衣服都弄湿了。叔孙氏听了孔子的话，就把麒麟取回来了。子贡问道："夫子为什么哭呢？"孔子曰："麒麟出现，是圣明君王出现的征兆。但出现的不是时候而被害，我是因此伤心啊！"

鲁哀公十四年（前481年）春，有猎人捕获一只麒麟。麒麟出现，本是圣明君王出现的征兆，但麒麟死了。孔子知道后就大哭起来："吾道穷矣！"说完，便在他所著《春秋》一书中，写下最后一句："鲁哀公十四年春，西狩获麟。"从此搁笔，不再继续写《春秋》。后人因孔子绝笔于获麟，所以又称《春秋》为《麟史》或《麟经》。

孔子抚琴悲歌："唐虞世兮麟凤游，今非其时兮来何求。麟兮麟兮我心忧！"

孟子曰："由尧舜至于汤，五百有余岁，若禹、皋陶，则见而知之。若汤，则闻而知之。由汤至于文王，五百有余岁，若伊尹、莱朱则见而知之。若文王，则闻而知之。由文王至于孔子，五百有余岁，若太公望、散宜生，则见而知之。若孔子，则闻而知之。由孔子而来至于今，百有余岁，去圣人之世，若此其未远也。近圣人之居，若此其甚也。然而无有乎尔，则亦无有乎尔。"从尧舜开始，每五百年出一位圣人，同时必有圣贤辅佐。从周文王到孔子经历了五百多年，孔子已降至今又经历了一百多年，共计六百余年。可是没有出现那个你呀，也就没有了后来的那个他。

哀公问政第十七

哀公问政于孔子。

孔子对曰："文武之政，布在方策。其人存，则其政举。其人亡，则其政息。天道敏生，人道敏政，地道敏树。夫政者，犹蒲卢也，待化以成。故为政在于得人。取人以身，修道以仁。仁者人也，亲亲为大。义者宜也，尊贤为大。亲亲之杀，尊贤之等，礼所以生也。礼者政之本也，是以君子不可以不修身。思修身，不可以不事亲。思事亲，不可以不知人。思知人，不可以不知天。天下之达道有五，其所以行之者三。曰：君臣也，父子也，夫妇也，昆弟也，朋友也，五者天下之达道。智仁勇三者，天下之达德也。所以行之者一也。或生而知之，或学而知之，或困而知之，及其知之一也。或安而行之，或利而行之，或勉强而行之，及其成功一也。"

公曰："子之言美矣，至矣！寡人实固，不足以成之也。"

鲁哀公问政于孔子。

孔子回答说："周文王、周武王的治国方略，记录在简册上。他们在世的时候，政令畅通。他们去世以后，政令就不能实行了。天之道就是勤勉地化生万物，人之道就是勤勉地处理政事，地之道就是勤勉地让植物生长。政治，就像蒲卢一样，等待化育迅速成长。所以治理国家在于得到人才。选取人才看道德修为，修为道德要以仁为本。仁就是人，爱亲人是最大的仁。义就是宜，尊重贤者是最大的义。爱亲人要分亲疏，尊重贤者要有等级，这就是礼产生的原因。礼是政治的根本，因此君子不可以不修身。想要修身，不能不侍奉父母。想要侍奉父母，不能不了解人。想要了解人，不可以不知天。天下通行不变的人伦大道有五条，用来实行这五条人伦大道的大德有三种。君臣之道、父子之道、夫妇之道、兄弟之道、朋友之道，这五条是天下通行不变的大道。智、仁、勇三者，是通行不变的大德。践行这些的目标都是一致的。有的人生而知之，有的人学而知之，有的人困而知之，知道了就都是一样的。有的人心安理得地去做，有的人为了名利去做，有的人被迫勉强去做，最终成功了就都是一样的。"

鲁哀公说："您说得太好了，达到极致了！但我实在鄙陋，不足以成就这些。"

孔子通过论述文武之政、布在方策，人存政举、人亡政息，推出为政在于得人；然后通过一系列因果关系推出为政在于践行"五达道三达德"。"五达道三达德"在儒家思想体系里，是非常重要的实践论。本段在《中庸》中有相似的引用。

《孟子》里齐宣王的口头语是"寡人有疾"，《家语》里鲁哀公的口头语是"寡人实固"，不足以成就这些。换句话说，就是经是好经我念不来，也做不到。夫子告诉他怎么做。

孔子曰："好学近乎智，力行近乎仁，知耻近乎勇。知斯三者，则知所以修身。知所以修身，则知所以治人。知所以治人，则能成天下国家者矣。"

公曰："政其尽此而已乎？"

孔子说："好学近乎智，力行近乎仁，知耻近乎勇。知道了这三者，就知道如何修身。知道了如何修身，就知道如何治人。知道了如何治人，就能完成治理国家的政事了。"

鲁哀公问："治理国家这样做就行了吗？"

"好学近乎智，力行近乎仁，知耻近乎勇。"亲近儒家先圣，一定要牢记这句话，学思践悟，可以受用一辈子。

唯上智与下愚不移。普通人无法和上智相比，上智可以生而知之，但下愚也不是无可救药。困而知之有些晚，学而知之才是正道。知之者不如好之者，好之者不如乐之者。此夫子"笃志好学，守死善道"之谓也。智者必定好学，好学是智者的特点，故好学近乎智。

仁远乎哉？我欲仁，斯仁至矣。君子讷于言而敏于行。夫仁者，己欲立而立人，己欲达而达人。故力行近乎仁。

行己有耻，君子耻其言而过其行。自省易，自讼难，"吾未见能见其过而内自讼者也"。能够内心自我审视的人，何其勇也！知耻而后勇，此乃大勇。

子曰："知者不惑，仁者不忧，勇者不惧。"

哀公似乎没有听懂，或者没有听进去，继续问。

孔子曰："凡为天下国家有九经，曰：修身也，尊贤也，亲亲也，敬大臣也，体群臣也，重庶民也，来百工也，柔远人也，怀诸侯也。夫修身则道立，尊贤则不惑，亲亲则诸父兄弟不怨，敬大臣则不眩，体群臣则士之报礼重，重庶民则百姓劝，来百工则财用足，柔远人则四方归之，怀诸侯则天下畏之。"

公曰："为之奈何？"

孔子说："凡是治理天下国家有九条原则，即修身、尊贤、亲亲、敬大臣、体群臣、重庶民、来工匠、柔远人、怀诸侯。修身就能确立正道，尊贤就不会困惑，亲亲就能使族人叔伯兄弟不生怨恨，敬大臣遇事就不会盲目，体群臣士人回报就会更加厚重，重庶民就会使百姓更加努力工作，来百工财物就会充足，柔远人就会使四方归顺，怀诸侯天下人就会敬畏。"

鲁哀公说："怎么做呢？"

《中庸》有此内容。凡天下九经，修身、尊贤、亲亲是修为君子的基础，后者六经就是君王之道了。《大学》讲君子修身，也是如此。格物致知、正心诚意、修身齐家是基础，治国平天下就是君王之道了。《论语》里子路问君子，孔子回答了君子修为的三重境界，分别是修己以敬、修己以安人、修己以安天下，一层比一层高，体现了儒家内圣外王的思想。

孔子曰："斋洁盛服，非礼不动，所以修身也。去谗远色，贱利而贵德，所以尊贤也。爵其能重其禄，同其好恶，所以笃亲亲也。官盛任使，所以敬大臣也。忠信重禄，所以劝士也。时使薄敛，所以劝百姓也。日省月试，饩廪（xì lǐn）称事，所以来百工也。送往迎来，嘉善而矜不能，所以绥远人也。继绝世，举废邦，治乱持危，朝聘以时，厚往而薄来，所以怀诸侯也。治天下国家有九经，其所以行之者一也。凡事豫则立，不豫则废。言前定则不跲，事前定则不困。行前定则不疚，道前定则不穷。在下位不获于上，民弗可得而治矣。获于上有道，不信于友，不获于上矣。信于友有道，不顺于亲，不信于友矣。顺于亲有道，反诸身不诚，不顺于亲矣。诚身有道，不明于善，不诚于身矣。诚者，天之道也。诚之者，人之道也。夫诚弗勉而中，不思而得，从容中道，圣人之所以定体也。诚之者，择善而固执之者也。"

公曰："子之教寡人备矣，敢问行之所始。"

孔子说："像斋戒那样穿着庄重的服装，不符合礼仪的事坚决不做，这就是修养自身的方法。驱除小人而疏远女色，看轻财物而重视德行，这就是尊重贤人的方法。依据才能给他们加官晋爵和提供丰厚的俸禄，与他们爱憎一致，这就是亲爱亲人的方法。官员众多足供任使，这就是敬重大臣的方法。真心诚意地任用并给以丰厚的俸禄，这就是体恤士人的方法。劳役不误农时、减少赋税，这就是爱民如子的方法。每天省察、每月考核，付给的工钱粮米与工作业绩相称，这就是招来百工的方法。来时欢迎、去时欢送，嘉奖有善行的人而怜惜能力差的人，这就是优待远客的方法。延续绝嗣的家族，复兴废亡的小国，治理祸乱、扶持危弱，按时接受诸侯朝见聘问，赠送丰厚而纳贡不多，这就是安抚诸侯的方法。治理天下国家有九条原则，实行这些原则的方法只有一个。凡事豫则立，不豫则废。说话先有准备言语就会顺畅，做事先有准备就不会出现困窘。行动先有准备就不会内疚，道路预先选定就不会穷尽。在下位的人得不到在上位的人信任，就不可能治理好民众。得到上位的人信任是有规律的，得不到朋友的信任，就得不到上位的人信任。得到朋友的信任是有规律的，不能让父母顺心，就得不到朋友的信任。让父母顺心是有规律的，反省自己不真诚，就不能让父母顺心。使自己真诚是有规律的，不明白什么是善，就不能使自己真诚。真诚，是上天的原则。真诚向善，是做人的原则。如果有诚心，不用勉强就能做到，不用思考就能拥有，从从容容就能符合中庸之道，这是圣人表现出来的固定不变的样子。真诚的人，就是选择好善的目标执著追求的人。"

鲁哀公说:"您教给我的方法已经很完备了,请问从何做起呢?"

从哀公问政至此,《中庸》都有相似的内容,也是连排的。不过就本段前半部分而言,《中庸》多用的是"劝",即劝勉、劝贤、劝亲亲、劝大臣、劝士、劝百姓、劝百工等。这里用的是尊贤、笃亲亲、敬大臣、重百姓、来百工。修身、劝士、绥(柔)远人、怀诸侯相同。尽管九经的内容相同,但《中庸》重在告诉君主如何推行九经,这里重在告诉君主如何具体做。从"治天下国家有九经,其所以行之者一也"开始,内容和意思就一样了。据此推断,《中庸》的内容应该引自《家语》,《中庸》"诚"的论述也应该阐发于此。

这儿有两句话比较重要,一是"凡事豫则立,不豫则废",二是"诚者,天之道也。诚之者,人之道也"。事前没有做好规划设计,就不可能有事后好的预期结果。事中出现的中断、受困、后悔、走投无路等都是因为"不豫"带来的。君子为人处世,仅靠行乎中庸还不够,还需要提前谋划,谋定而后动,不打无准备之仗。《论语》中子曰:"暴虎冯河,死而无悔者,吾不与也。必也临事而惧,好谋而成者也。"《易传》中子曰:"隼者,禽也。弓矢者,器也。射之者,人也。君子藏器于身,待时而动,何不利之有?动而不括,是以出而有获,语成器而动者也。"君子身上藏着武器,等待时机采取行动,会有什么不利的呢?行动时从容不迫,因此一出手就有收获,这就是说事前训练有素,然后才可采取行动。孔子尽管不赞成季文子三思而后行,但也强调事前要考虑两次,问问自己"如之何?如之何?"。否则,对事前不思考的这种人,就真的不知道怎么办了。为什么孔子强调"再斯可矣"呢?或许正是思谋上下,求乎中庸吧。

作者推演了为人处世能成事的必要条件。前者是后者的必要条件。

知善才能够做到真诚,真诚才能够做到实心实意地孝顺父母,实心实意地孝顺父母才能取得朋友的信任,取得朋友的信任才能取得上级的信任,取得上级的信任才能够治理好民众。推演的基础和关键词是诚与善。人知羞耻,而后真诚向善。抱诚守真至性,方可发乎情止乎礼,皆中节,致中和。抱诚守真至性,方可追寻大学之道,在明明德,在亲民,在止于至善。抱诚守真至性,方可行乎君子,"好学近乎知,力行近乎仁,知耻近乎勇",继而达到"仁者不忧、知者不惑、勇者不惧"的崇高境界,止于至仁至圣,至善至美。天道真诚,不弃不妄不欺,独立而不改,周行而不殆。天地位焉,四时行焉,万物育焉。人道遵从天道。如果做人不追求真诚,就是违背了天命。真诚,是中庸的基调和品质。择善固执,是中庸的指向和目标。

鲁哀公又不知道从何做起了。

孔子曰:"立爱自亲始,教民睦也。立敬自长始,教民顺也。教之慈睦,而民贵有亲。教以敬,而民贵用命。民既孝于亲,又顺以听命,措诸天下,无所不可。"

公曰:"寡人既得闻此言也,惧不能果行而获罪咎。"

孔子说:"树立仁爱观从爱父母开始,教化民众和睦相处。树立仁敬观从尊敬长辈开始,教化民众顺从长者。教人慈爱和睦,民众就会以亲人为贵。教人谦恭敬重,民众就会以服从为贵。民众既能孝顺父母,又能听从命令,让他们做天下的任何事情,无所不可。"

鲁哀公说:"我既已听到了这些话,很担心不能果断地实行的话会遭罪责。"

鲁哀公犹似冉求:"非不说夫子之道,力不足也。"子曰:"力不足者,中道而废，今女画。"千万不要缩头缩脑迈不开步呀，行己有耻，真诚向善，改过迁善就好。立爱自亲始，立敬自长始，为政自齐家，齐家自修身，如果不知道如何治理国家，就从孝顺父母、尊敬长辈开始吧。

宰我问于孔子曰："吾闻鬼神之名，而不知所谓，敢问焉。"

孔子曰："人生有气有魂。气者神之盛也。众生必死，死必归土，此谓鬼。魂气归天，此谓神。合鬼与神而享之，教之至也。骨肉毙于下，化为野土。其气发扬于上，此神之著也。圣人因物之精，制为之极，明命鬼神，以为民之则，而犹以是为未足也。故筑为宫室，设为宗祧，春秋祭祀，以别亲疏，教民反古复始，不敢忘其所由生也。众之服自此，故听且速焉。教以二端，二端既立，报以二礼。建设朝事，燔燎（fán liáo）膻芗（shān xiāng），所以报气也。荐黍稷，羞肺肝，加以郁鬯（chàng），所以报魄也。此教民修本反始崇爱，上下用情，礼之至也。君子反古复始，不忘其所由生。是以致其敬，发其情，竭力从事，不敢不尽也，此之谓大教。昔者，文王之祭也，事死如事生，思死而不欲生，忌日则必哀，称讳则如见亲，祀之忠也。思之深，如见亲之所爱。祭欲见亲颜色者，其唯文王与！《诗》云：'明发不寐，有怀二人。'则文王之谓与。祭之明日，明发不寐，有怀二人，敬而致之，又从而思之。祭之日，乐与哀半，飨之必乐，已至必哀，孝子之情也。文王为能得之矣。"

宰我问孔子说："我听闻鬼神之名，却不知何谓，冒昧地请教一下。"

孔子说："人生来就有气有魄。气是指人旺盛的精神生命力。众生有生必有死，死后骨肉必定会回归到土里，这就是鬼。精气神升到天上，这就是神。把鬼和神合起来祭祀，这是教化的极致了。人死骨肉埋于地下，化为野土。精气神向上发扬，就是神的显现。圣人根据物之精华，裁定了最高标准，明确地命名为鬼神，作为民众的法度，但认为还不够。因此又修筑了宫室，建立了宗庙，春秋都来祭祀，用以区别亲疏远近，教育民众不忘记远古和初始，不忘记自己是从哪里来的。民众从此服从教化，所以能听从命令迅速行动。又教给他们如何看待生和死这两件事，生死的问题解决之后，报恩采用两种祭礼。设置朝事礼，敬献刚宰杀的牲肉和牲血，烧烤牺牲的脂肪，发出膻味香味，这是用来报答祖先的气即神的。再献上米饭，进上煮熟的肺肝，还献上用香草汁和黍米酿制的香酒，这是用来报答祖先的魄即鬼的。以上都是教导民众不忘祖先，崇尚仁爱，上下互爱沟通感情，此乃礼的极致。君子反思远古和初始，不忘记自己生命的由来，所以要对祖先表示尊敬，表达对祖先的亲情，竭尽全力做事，不敢有丝毫懈怠，这叫作大教化。从前文王祭祀时，侍奉死者如同侍奉生者，思念死者而痛不欲生，忌日必定哀伤，说起亲人的名字如同看到他们一样，这就是祭祀的忠心。思念之深切，如同看见亲人对自己的爱。祭祀时想看见亲人模样的，恐怕只有文王吧！《诗经》上说：'天亮还睡不着，又想起我的父母。'说的就是文王。祭祀的第二天，天亮了还睡不着，想起了父母，尊敬地把他们请来，接着又思念他们。祭祀那天，快乐和哀伤各半，向他们敬献贡品必然快乐，敬献完毕又很哀伤。这就是孝子的感情。文王是能够做到这一点的啊。"

孔子先简要介绍了鬼神之名的由来和内在含义，话头一转，详细地介绍祭祀教民"反古复始""不忘其所由生"的目的和礼制精神，即教民修本反始崇爱，上下用情，礼之至也。又介绍昔者文王之祭，事死如事生的典故。

孔子敬鬼神而远之，但对鬼神的由来很清楚。在孔子看来，神为人精气所化，鬼为人骨肉所归，明命鬼神，目的是教民反古复始，不敢忘其所由生也。根本上是教化民众，人之所以为人，其为人也，仁者爱人。所以对祖先的缅怀，至性至情是真挚而强烈的。上升为精神信仰的归一，不忘其所生，必不忘其所归。

孔子引用之诗句出自《诗经·小雅·小宛》。这是一首父母离世后劝告兄弟小心避祸的诗歌。

颜回第十八

鲁定公问于颜回曰:"子亦闻东野毕之善御乎?"对曰:"善则善矣。虽然,其马将必佚(yì)。"定公色不悦,谓左右曰:"君子固有诬人也。"颜回退。后三日,牧来诉之曰:"东野毕之马佚,两骖(cān)曳,两服入于厩。"公闻之,越席而起,促驾召颜回。回至,公曰:"前日寡人问吾子以东野毕之御,而子曰:'善则善矣,其马将佚。'不识吾子奚以知之?"颜回对曰:"以政知之。昔者,帝舜巧于使民,造父巧于使马。舜不穷其民力,造父不穷其马力,是以舜无佚民,造父无佚马。今东野毕之御也,升马执辔(pèi),衔体正矣,步骤驰骋,朝礼毕矣,历险致远,马力尽矣,然而犹乃求马不已。臣以此知之。"公曰:"善,诚若吾子之言也。吾子之言,其义大矣。愿少进乎。"颜回曰:"臣闻之,鸟穷则啄,兽穷则攫(jué),人穷则诈,马穷则佚。自古及今,未有穷其下而能无危者也。"公悦。遂以告孔子,孔子对曰:"夫其所以为颜回者,此之类也。岂足多哉?"

鲁定公问颜回说:"你也听说过东野毕善于驾车吗?"颜回回答说:"他确实善于驾车。尽管如此,他的马一定会逃走。"鲁定公听了很不高兴,对身边的人说:"君子中竟然有骗人的人。"颜回退下。过了三天,养马的人来告诉他说:"东野毕的马逃走了,两匹骖马跑了,只有两匹服马进了马棚。"鲁定公听了,越席而起,立刻让人驾车去接颜回。颜回来了,鲁定公说:"前天我问你东野毕驾车的事,而你说:'他确实善于驾车,但他的马一定会逃走。'我不明白您是怎样知道的?"颜回说:"我是根据为政的道理知道的。从前舜帝善于治理百姓,造父善于驾御马。舜帝不用尽民力,造父不用尽马力,因此舜帝时代没有流民,造父没有逃走的马。现在东野毕驾车,升马执辔,正体端坐,先让马时而慢跑,时而快跑,调理完毕后,开始涉危履险长途奔跑,马力耗尽了,仍然驱使马不停地奔跑。我因此知道马会逃走。"鲁定公说:"说得好,的确如您说的那样。你的这些话,大有深意,希望能再讲一讲。"颜回说:"我听说,鸟急了会啄人,兽急了会抓人,人走投无路就会诈骗,马筋疲力尽就会逃走。从古至今,没有使手下人陷入困穷而他自己没有危险的。"鲁哀公听了很高兴,于是把此事告诉了孔子。孔子回答说:"他之所以是颜回,就是因为常有这一类的表现,不足以过分地称赞他啊!"

在两旁驾车的马匹称骖马,在中间驾车辕的马称服马。朝礼,犹调理。

尽管孔子对颜回的评价极高,但《论语》里记载颜回的话并不多,有也是只言片语,从中无法窥视颜回的思想深度。《家语》单独拿出一篇写颜回,让我们能够较为深入地了解颜回,理解颜回。

颜回有超常的世事洞察力,颇得夫子真传。他的洞察力来源于对历史事实的准确把握和严密的逻辑推理,根本上是来自真诚的善。"舜不穷其民力,造父不穷其马力,是以舜无佚民,造父无佚马。"换言之,如果为政者穷民力必佚其民,穷马力必佚其马,因为"鸟穷则啄,兽穷则攫,人穷则诈,马穷则佚",这是客观规律。至诚至善的人,总会抑亦先觉。

东野毕佚马的预言很快得以应验，但这不是颜回的目的，他的目的是谏言。这一点，颜回也颇得夫子真传。子曰："忠臣之谏君，有五义焉。一曰谲谏，二曰戆（zhuàng）谏，三曰降谏，四曰直谏，五曰讽谏。唯度主而行之，吾从其讽谏乎。"何为讽谏？下对上不直指其事，而用委婉曲折的言语规劝，使其改正错误。通篇颜回没有说鲁定公一个不字，只一句结论"自古及今，未有穷其下而能无危者也"，就让鲁定公受益了。

孔子在卫，昧旦晨兴。颜回侍侧，闻哭者之声甚哀。子曰："回，汝知此何所哭乎？"对曰："回以此哭声非但为死者而已，又有生离别者也。"子曰："何以知之？"对曰："回闻桓山之鸟，生四子焉。羽翼既成，将分于四海，其母悲鸣而送之。哀声有似于此，谓其往而不返也。回窃以音类知之。"孔子使人问哭者，果曰："父死家贫，卖子以葬，与之长决。"子曰："回也，善于识音矣！"

孔子在卫国，天不亮就起床。颜回在旁边侍候，听到有人在悲哀地哭泣。孔子说："颜回，你知道他为什么哭泣吗？"颜回回答说："我认为这哭声不只是为了死者，还有与亲人生生离别的伤情在里面。"孔子说："你是怎么知道的呢？"颜回回答说："我听说桓山有只鸟生了四只小鸟。小鸟羽翼丰满后，将要飞向四面八方，母鸟悲伤地鸣叫着送小鸟远行，悲伤的叫声和这哭声相似，因为它们飞走再也不回来了。我是根据这种相似的声音知道的。"孔子让人去问哭者，哭者果然说："我父亲死了，家里贫困，只好卖掉儿子来葬父亲，现在要与儿子诀别。"孔子说："回啊，确实善于识音呀！"

上一段颜回深谙人畜同理之道，得出东野毕佚马的预言。这一段颜回以音类知，得出悲有别情的判断，可见颜回还深谙人鸟同情之道。往大里说，这就是上达天道、下接人理之智也。

羽翼既成，将分于四海，其母悲鸣而送之。恻隐之心，人皆有之。鸟兽亦有之。

颜回问于孔子曰："成人之行若何？"子曰："达于情性之理，通于物类之变，知幽明之故，睹游气之原，若此可谓成人矣。既能成人，而又加之以仁义礼乐，成人之行也。若乃穷神知化，德之盛也。"

颜回问孔子说："成人的德行是什么样的呢？"孔子说："通达情性之内理，通晓万物之变化，了解变化之缘故，洞察云气之根源，这样就可以称作成人了。既达到了成人的高度，而又以仁义礼乐来加持，这就是成人的德行。如果能够探究事物精微的道理、明了了造化，那就达到了德行的极致了。"

所谓幽明，是指有形和无形的、看得见的和看不见的现象。结合本段文意，以变化代之。

孔子分三个层次回答颜回之问。先解释达到什么水平才能叫成人，接着说明成人修为什么才能成就德行，最后讲德行的更高境界是什么。

《论语》里子路问成人。子曰："若臧武仲之知，公绰之不欲，卞庄子之勇，冉求之艺，文之以礼乐，亦可以为成人矣。"曰："今之成人者何必然？见利思义，见危授命，久要不忘平生之言，亦可以为成人矣。"概括起来，具有特定品格的智慧、寡欲、勇敢、才艺，加以礼乐规范，就算一个成人了。退而求其次，能够做到见利思义，面临危难时能不惜牺牲个人生命，不忘记平日的诺言，这样也就可以算是一个成人了。

本则孔子对成人德行的描述，其标准又提高了不少，这该是完人的标准，可以参天地之化育了。如果说回答子路关于成人的疑问是从人道说的，回答颜回关于成人的疑问就是从天道说的了。

颜回问于孔子曰："臧文仲、武仲孰贤？"孔子曰："武仲贤哉。"颜回曰："武仲世称圣人，而身不免于罪，是智不足称也。好言兵讨，而挫锐于邾，是智不足名也。夫文仲，其身虽殁（mò），而言不朽，恶有未贤？"孔子曰："身殁言立，所以为文仲也。然犹有不仁者三，不智者三，是则不及武仲也。"回曰："可得闻乎？"孔子曰："下展禽，置六关，妾织蒲，三不仁。设虚器，纵逆祀，祠海鸟，三不智。武仲在齐，齐将有祸，不受其田，以避其难，是智之难也。夫臧武仲之智，而不容于鲁，抑有由焉。作而不顺，施而不恕也夫。《夏书》曰：'念兹在兹，顺事恕施。'"

颜回问孔子说："臧文仲和臧武仲，谁更贤能呢？"孔子说："还是武仲贤能些呀。"颜回说："武仲被世人称为圣人，而他自身难免于罪责，这说明他的智慧还不足以与圣人相称。他喜好用兵讨伐，与邾国打仗却失败了，这说明他的智慧和名声不相合。臧文仲，人虽然死了，但立言不朽，怎能说他不如武仲贤能呢？"孔子说："文仲身死而言立，所以被称为文仲。然而他仍然做了不仁的事三件，不智的事三件，为此他不如武仲。"颜回说："可以说给我听听吗？"孔子说："他让展禽处于下位，设置六关来收税，让妾织草席赚钱，这是三不仁。他非法拥有天子才能拥有的器物，纵容不合顺序的祭祀，祭祀海鸟，这是三不智。武仲呢，他在齐国时，齐国将有灾祸，武仲不接受齐庄公封给他的田地，以此躲避了灾难，这是智者也难以做到的。

臧武仲这样有智慧，却不被鲁国宽容，也是有原因的吧。因为他所做的事有的不顺于事理，所为的事有的也不合乎仁道，《夏书》说：'念兹在兹，顺于事理还要合乎仁道。'"

臧文仲（?-前617年），姬姓，臧氏，名辰，春秋时鲁国大夫。世袭司寇，执礼维护公室，博闻强识，不拘常理。曾事鲁庄公、鲁闵公、鲁僖公、鲁文公四位国君。鲁文公十年（前617年）去世，谥号为文，世称臧文仲。

臧武仲，即臧孙纥（hé），又称臧孙、臧纥，臧文仲之孙，臧宣叔之子，鲁国大夫。矮小多智，谥号为武。

孔子认为文仲"有不仁者三，不智者三，是则不及武仲也。"另《论语》载，子曰："臧文仲居蔡，山节藻棁，何如其知也？"臧文仲养着一个大龟，用祖庙的装饰规格建房来供奉它，这怎么能叫智呢？

颜回问君子。

孔子曰："爱近仁，度近智，为己不重，为人不轻，君子也夫！"

回曰："敢问其次。"

子曰："弗学而行，弗思而得。小子勉之！"

颜回问君子。

孔子说："能够爱人就接近于仁了，度事而行就接近智了，对自己不要太看重，对别人不要看不起，这样的人就可以说是君子了。"

颜回说："请问差一点的呢。"

孔子说："不学习就能去做，不思考就能获得。你要努力啊。"

《论语》里关于怎么做是君子、君子怎么做的章句很多，向孔子问君子的只有两位。一是司马牛问君子,子曰:"君子不忧不惧。"曰:"不忧不惧,斯谓之君子已乎?"子曰:"内省不疚,夫何忧何惧?"针对司马牛多言而躁的毛病,孔子告诉他,君子问心无愧,所以不忧烦、不惧怕。二是子路问君子,子曰:"修己以敬。"曰:"如斯而已乎?"曰:"修己以安人。"曰:"如斯而已乎?"曰:"修己以安百姓。修己以安百姓,尧、舜其犹病诸。"针对子路不太愿意学文的毛病,孔子告诉他,君子贵在修己,修养自己以严肃恭敬的态度对待一切,使周围的人能够安心,使百姓都能够安顿。不过修养自己使百姓都能够安顿,尧舜也难以做到。

颜回问君子,孔子的回答就高级多了,涉及儒学四个关键词,仁、智、谦、恭。颜回可能觉得要求太高了,眼下恐怕做不到,就问其次。孔子告诉他,有些人不学习也能做成事,不思考也有所获。比如子路,就是不好修己。你可别像他那样,你要努力成为真正的君子呀。

在五仪解第七篇中,孔子给出的君子定义是:"所谓君子者,言必忠信,而心不怨。仁义在身,而色无伐。思虑通明,而辞不专。笃行信道,自强不息,油然若将可越,而终不可及者,君子也。"他从容不迫好像很容易被超越,可是终究无人能及,这就是君子。

仲孙何忌问于颜回曰:"仁者一言而必有益于仁智,可得闻乎?"回曰:"一言而有益于智,莫如豫。一言而有益于仁,莫如恕。夫知其所不可由,斯知所由矣。"

仲孙何忌问颜回说:"仁者一言,一定会有益于仁智,可以说来听听吗?"颜回说:"一言有益于智,没有比得上'预'字的。一言而有益于仁,没有比得上'恕'字的。只有知道什么是不该做的,才能知道什么是应该做的。"

《论语》中,子贡问曰:"有一言而可以终身行之者乎?"子曰:"其

'恕'乎！己所不欲，勿施于人。"夫子之道，是为仁道。颜回认为，一言而有益于仁，莫如恕。

豫者，预谋之谓也。事先做好计划和准备，才能成功。一言而有益于智，莫如豫。"凡事豫则立，不豫则废"是智者的行动教条，否则何以为智？仁者知恕，则不怒。智者知豫，则不荸。

颜回问小人。

孔子曰："毁人之善以为辩，狡讦（jié）怀诈以为智，幸人之有过，耻学而羞不能，小人也。"

颜回问小人。

孔子说："把诋毁别人的善当作能言善辩的人，把阴险狡诈地揭发别人的隐私、诡计多端地攻击别人的短处当成聪明睿智的人，别人有过错就开心，耻于向别人学习又看不起没有才能的人，这样的人就是小人。"

《论语》中关于小人的章句很多，且大多数是和君子并举的。比如"君子周而不比，小人比而不周""君子怀德，小人怀土。君子怀刑，小人怀惠""君子喻于义，小人喻于利""君子坦荡荡，小人长戚戚""君子成人之美，不成人之恶，小人反是""君子和而不同，小人同而不和""君子泰而不骄，小人骄而不泰""君子上达，小人下达""君子求诸己，小人求诸人"等。在五仪解中，孔子给出了庸人、士人、君子、贤人和圣人的定义，这儿给出了什么是小人的总结，但此总结仍不是小人的概念。

颜回问子路曰："力猛于德，而得其死者，鲜矣。盍慎诸焉？"孔子谓颜回曰："人莫不知此道之美，而莫之御也，莫之为也，何居？为闻者，盍曰思也夫。"

颜回问子路说:"一个人力气胜过他的德行,而能死得其所的,很少。为什么不谨慎地对待这件事呢?"孔子对颜回说:"人呀都知道这个道理的正确,却不去防御也不去改变,想啥呢?听到这个道理的人,为什么不每天都好好想一想呢?"

《论语》里孔子说子路"暴虎冯河,死而无悔""若由也,不得其死然"。颜回好心提醒子路,或许子路不以为意,告诉了孔子。孔子语重心长而又无可奈何地对颜回说了上面的话。

颜回问于孔子曰:"小人之言,有同乎君子者,不可不察也。"孔子曰:"君子以行言,小人以舌言。故君子于为义之上,相疾也退而相爱。小人于为乱之上,相爱也退而相恶。"

颜回问孔子说:"小人说的话,有时候和君子说的话相同,不可不仔细分辨啊。"孔子说:"君子以自己的行动说话,小人以自己的舌头说话。所以君子以践行仁义为上,处事相互劝勉,私下里互相关爱。小人以制造祸乱为上,处事看似相互关爱,但私下里互相诋毁。"

同样一句话,从不同的人嘴里说出来,意义可能大相径庭。孔子骂子路不得其死然,那是爱之深、责之切。陈子禽当面称赞子贡"仲尼其贤于子乎?"那是小人行径,包含祸心。"君子和而不同,小人同而不和。""君子喻于义,小人喻于利。""君子之于天下也,无适也,无莫也,义之与比。"君子之间是诤友,小人之间是损友。

颜回问:"朋友之际如何?"孔子曰:"君子之于朋友也,心必有非焉,而弗能谓'吾不知',其仁人也。不忘久德,不思久怨,仁矣夫。"

颜回问:"朋友之间的关系如何处理呢?"孔子说:"君子对待朋友,心中一定有认为朋友不对的地方,而不能说'我不知道',他才称得上仁人。不忘记故有的恩德,不记着以往的怨恨,这才是仁呀。"

关于"心必有非焉而弗能谓吾不知其仁人也"的断句,有"心必有非焉而弗能,谓吾不知其仁人也",有"心必有非焉,而弗能谓,吾不知其仁人也"等。这一句断句差异比较大,存在的问题比较突出,拿出来说一下。

孔子给出了处理朋友关系的方法。关键是,既然是朋友就不能说你不知道他的缺点、毛病和做事存在不足的地方。如果不知道,你对他如此不了解,还算朋友吗?如果知道却说不知道,那就成伪君子了。当然,知道但可以不说出来,这又是另一回事了。君子对朋友不会忘恩,更不会记仇。了解彼此的优缺点,相互劝勉,互相关爱,这才是真朋友。

叔孙武叔见未仕于颜回。回曰:"宾之。"武叔多称人之过而己评论之。颜回曰:"固子之来辱也,宜有得于回焉?吾闻诸孔子曰:'言人之恶,非所以美己。言人之枉,非所以正己。'故君子攻其恶,无攻人之恶。'"

叔孙武叔去见不愿出仕的颜回。颜回说:"以客人相待。"武叔这个人经常数落别人的缺点,还喜欢妄加评论。颜回说:"您本是屈尊来访,应该是想从我这儿得到点什么吧?我曾经听夫子说:'说他人的不足,并不能用来美化自己。说他人的过错,并不能用来端正自己。'所以君子应该修正自己的不足,不要指责他人的不足。"

叔孙武叔,姬姓,叔孙氏第八代宗主,名州仇,谥武。东周时期鲁国司马，三桓之一，又被称为叔孙州仇。《论语》载，"叔孙武叔语大夫于朝曰：'子贡贤于仲尼。'""叔孙武叔毁仲尼"等，可见其是孔子的反对派。

"宾之"，"固子之来辱也，宜有得于回焉？"，颜回对叔孙武叔的态度是以礼相待，以言相劝，不卑不亢，泰然处之。

静坐常思己过，闲谈莫论人非。君子修己，恕道待人。攻乎异端，斯害也已！

颜回谓子贡曰："吾闻诸夫子，身不用礼而望礼于人，身不用德而望德于人，乱也。夫子之言，不可不思也。"

颜回对子贡说："听夫子说，自身不讲究礼仪而希望别人对自己有礼貌，自身不实行仁德而希望别人对自己行仁德，这就乱套了。夫子的话，不可不深思呀。"

《论语》里，子路经常扮演被虐的角色，谁曾想在《家语》里，子贡经常扮演被虐的角色，但并不损子路、子贡之形象。

颜回似乎也是在善意地提醒子贡，己所不欲，勿施于人。

子路初见第十九

子路见孔子,子曰:"汝何好乐?"对曰:"好长剑。"孔子曰:"吾非此之问也,徒谓以子之所能,而加之以学问,岂可及哉?"子路曰:"学岂益哉也?"孔子曰:"夫人君而无谏臣则失正,士而无教友则失听。御狂马不释策,操弓不反檠(qíng)。木受绳则直,人受谏则圣。受学重问,孰不顺哉。毁仁恶士,必近于刑。君子不可不学。"子路曰:"南山有竹,不揉自直,斩而用之,达于犀革。以此言之,何学之有?"孔子曰:"括而羽之,镞而砺之,其入之不亦深乎。"子路再拜曰:"敬而受教。"

子路拜见孔子,孔子说:"你喜欢做什么?"子路回答说:"我喜欢舞剑。"孔子说:"我不是问你这个。我是说以你所能,再以道德学问加持,谁能赶得上你呢?"子路说:"学习真的有用吗?"孔子说:"国君没有直谏的臣子就会犯错误,士人没有给以教诲的朋友就听不到善意的批评。驾驭狂奔之马不能放下马鞭,已经拉开的弓就不能用檠来矫正。木料用墨绳来规正就能笔直,人接受劝谏就会变得圣明。接受教育、重视学问,哪有不顺利成功的呢?诋毁仁者厌恶士人,必定会触犯刑律。君子不可不学习。"子路说:"南山有竹子,不矫正自然就是直的,砍下来用作箭杆,可以射穿犀牛皮。以此说来,学习有什么必要呢?"孔子说:"做好箭栝还要装上羽毛,做好箭头还要打磨锋利，这样射得不是更深吗？"子路再次拜谢说："受教了。"

《史记》载，仲由字子路，少孔子9岁。性情粗朴，喜欢逞勇斗力，志气刚强，性格直爽，头戴雄鸡式的帽子，佩戴着公猪皮装饰的宝剑，曾经欺凌孔子。孔子用礼乐慢慢地诱导他。不知经过了怎样的武斗文攻，子路终于归附孔子门下。这不，子路穿着儒服，带着拜师礼，来拜见孔子了。不过，子路心里还是有些不服气。两人这次文斗，也是相当精彩。

孔子先是诱导子路："以你所能，再加以道德学问，谁能赶得上你呢！"引起子路兴趣，孔子开始给子路讲道理。孔子的逻辑是，通过学习求得学问，可以纠正偏邪，若木受绳则直，从而走上正途，取得成功。子路的逻辑是竹子不矫自直，作箭亦可射穿牛皮。接下来就是孔子的厉害之处了。竹箭经过加工后可以射得更深。孔子从子路的例子中找到他的弱点，让他无可辩驳，至于是不是心服口服，那就不一定了。

子路将行，辞于孔子。子曰："赠汝以车乎？赠汝以言乎？"子路曰："请以言。"孔子曰："不强不达，不劳无功，不忠无亲，不信无复，不恭失礼，慎此五者而已。"子路曰："由请终身奉之。敢问亲交取亲若何？言寡可行若何？长为善士而无犯若何？"孔子曰："汝所问苞在五者中矣。亲交取亲，其忠也。言寡可行，其信乎。长为善士而无犯，其礼也。"

子路将出行，向孔子辞别。孔子说："我送给你车呢，还是送给你一些忠告呢？"子路说："请给我一些忠告吧。"孔子说："不坚持努力就达不到目的，不辛勤劳动就没有收获，不忠实就没有亲人，不讲诚信就不再获得信任，不恭敬就会失礼，谨慎地处理好这五个方面就好了。"子路说："仲由将终生尊奉您的教诲。请问如何取得新交朋友的信任？如何做到少说话事情又能行得通？如何才能一心做善士又不被冒犯？"孔子说："你所问的问题都包括在我讲的五个方面里头了。取得新交朋友的信任，那就讲忠实。说话少事情又行得通，那就讲信用。一心做善士而不受别人侵犯，那就遵行礼仪。"

子路这次是真心请教，但真正关心的是自己早就想好了的要问的三个问题，没把孔子"慎此五者"的教诲听到心里去，就急忙抛出自己所关心的问题来，结果孔子说包含在所说内容里面了。"五慎"即执着、辛劳、忠实、诚信、恭敬。

孔子为鲁司寇，见季康子，康子不悦。孔子又见之。宰予进曰："昔予也常闻诸夫子曰，王公不我聘则弗动，今夫子之于司寇也日少，屈节数矣，不可以已乎？"孔子曰："然，鲁国以众相陵，以兵相暴之日久矣，而有司不治，则将乱也。其聘我者，孰大于是哉。"鲁人闻之曰："圣人将治，何不先自远刑罚。"自此之后，国无争者。孔子谓宰予曰："违山十里，蟪蛄（huì gū）之声，犹在于耳，故政事莫如应之。"

孔子在鲁国担任司寇时，去拜见季康子，康子很不高兴。孔子又去拜见他。宰予劝孔子说："从前我也经常听夫子讲，'王公诸侯不以礼聘我是不会主动去找他们的'。现在您担任司寇的时间不长，但已经屈节拜见季孙多次了，不可以不去吗？"孔子说："是这样的，鲁国以多欺少，以兵相见的情况已经很久了，可是官吏不予治理，那将会出大乱子。这与聘我与否比起来，哪件事情更重要？"鲁国人听到这些话说："圣人将要来整治鲁国，我们何不先自行远离刑罚呢。"自此以后，鲁国不再发生争斗的事情。孔子对宰予说："离山十里，蟪蛄的叫声仍然在耳。所以处理政事没有比谨慎听之，然后积极应对更重要的了。"

非礼勿动固然重要，但在国家安危面前，个人的尊严和面子又算得了什么呢？君子之于天下也，无适也，无莫也，义之与比。礼之大者，为国为民。据说季康子不见孔子，孔子退而望鲁，为此还作了一首《龟山操》："予欲望鲁兮，龟山蔽之。手无斧柯，奈龟山何！"

孔子兄子有孔篾（miè）者，与宓子贱偕仕。孔子往过孔篾，而问之曰："自汝之仕，何得何亡？"对曰："未有所得，而所亡者三。王事若龙，学焉得习，是学不得明也。俸禄少，饘粥不及亲戚，是骨肉益疏也。公事多急，不得吊死问疾，是朋友之道阙也。其所亡者三，即谓此也。"孔子不悦。往过子贱，问如孔篾。对曰："自来仕者无所亡，其有所得者三，始诵之，今得而行之，是学益明也。俸禄所供，被及亲戚，是骨肉益亲也。虽有公事，而兼以吊死问疾，是朋友笃也。"孔子喟然，谓子贱曰："君子哉若人。鲁无君子者，则子贱焉取此。"

孔子的兄长有个儿子叫孔篾，与宓子贱一起做官。孔子路过孔篾那里的时候，问他说："自从你当官以来，有何得失？"孔篾回答说："没得到什么，所失有三。政事一件接一件，学过的知识没有时间去练习，因此就无法理解透彻。给的俸禄太少，喝粥都照顾不到亲戚，因此骨肉之情日加疏远。公务繁多又紧迫，没有时间去吊唁死者探望病者，因此朋友之情愈加缺失。我所说的三个所失，指的就是这些。"孔子听了很不高兴。又到子贱那里去，问了他同样的问题。宓子贱回答道："自从出仕以来没有所失,却有三个所得。以前记诵学到的知识,现在有机会得以实践,因此所学知识更加明白了。把所得到的俸禄,分享给亲戚,因此骨肉之情愈加亲密了。即使公务再繁忙,也要兼顾到吊唁死者探望病者,因此朋友之情愈加深厚了。"孔子十分感慨,评价宓子贱说:"真是君子啊!如果鲁国没有君子,那么宓子贱又是从哪儿学到这些的呢?"

关于学而时习之的"习",是翻译成温习、复习还是实践、学以致用呢?这里有了答案。庸士理解为温习、复习,士君子理解为实践、学以致用。

《论语》里也有一则,孔子称赞宓子贱"君子哉若人"。

孔子侍坐于哀公,赐之桃与黍焉。哀公曰:"请食。"孔子先食黍而后食桃,左右皆掩口而笑。公曰:"黍者所以雪桃,非为食之也。"孔子对曰:"丘知之矣。然夫黍者,五谷之长,郊礼宗庙以为上盛。果属有六,而桃为下,祭祀不用,不登郊庙。丘闻之君子以贱雪贵,不闻以贵雪贱。今以五谷之长,雪六果之下者,是从上雪下,臣以为妨于教,害于义,故不敢。"公曰:"善哉。"

孔子侍坐鲁哀公,鲁哀公赏赐他桃和黍。哀公说:"请吃吧。"孔子先吃黍而后才吃桃,左右陪侍都捂着嘴笑。鲁哀公说:"黍是用来擦拭桃子的,不是吃的。"孔子回答说:"我知道。但黍是五谷中最好的东西,在祭祀天地祖先时作为上等供品。果品有六种,而桃子是最差的一种,祭祀不用,不能摆到供桌上。我听说君子用低贱的东西拭珍贵的东西,没听说过用珍贵的东西来擦拭低贱的东西。现在要用五谷中最好的黍,去擦拭果品中最下等的桃,是用上等的擦拭下等的,我认为这样有害于教化,又有害于仁义,所以不敢这样做。"哀公说:"说得好啊。"

礼崩乐坏,江河日下。如果没有后面的说辞,圣人便若小丑般被人耻笑了。有害于教化和仁义的事,夫子是万万不会妥协的。

子贡曰:"陈灵公宣淫于朝,泄冶正谏而杀之,是与比干谏而死同,可谓仁乎?"子曰:"比干于纣,亲则诸父,官则少师,忠报之心在于宗庙而已,固必以死争之,冀身死之后,纣将悔寤其本志,情在于仁者也。泄冶之于灵公,位在大夫,无骨肉之亲,怀宠不去,仕于乱朝,以区区之一身,欲正一国之淫昏,死而无益,可谓捐矣。《诗》云:'民之多辟,无自立辟。'其泄冶之谓乎。"

子贡说:"陈灵公在朝中公开淫乱,泄冶直言劝谏而遭到杀害,这和比干劝谏殷纣王而遭杀害是相同的,可以称得上仁义之举吗?"孔子说:"比干对于纣王而言,论亲情是叔父,论官职是少师,报国的忠心在于维护宗庙而已,所以必定以死相劝,希望自己死后,纣王能反悔醒悟专心国是,他的心意和情感都落在一个仁上。泄冶对于陈灵公而言,官位是一个大夫,又没有亲缘关系,受宠不愿离去,在这样一个混乱的朝廷里做官,用区区一人之躯,想要匡正一个国家的淫乱昏暗,死了对国家也没有益处,这就是所说的过度耿直。《诗经》上说:'今之人多邪僻,勿自立法以害己。'这大概就是说的泄冶吧。"

陈灵公,妫姓,陈氏,名平国,陈共公之子,陈成公之父,春秋时期陈国第十九任国君。有载,陈灵公为人荒淫无道,竟和大夫孔宁、仪行父三人同与司马夏徵舒之母夏姬通奸,三人甚至在朝堂上穿着夏姬的汗衫炫耀嬉戏。大夫泄冶劝谏，陈灵公不听，并纵容孔宁、仪行父杀害泄冶。鲁宣公十年（前599年），陈灵公与孔宁、仪行父在夏徵舒家喝酒，酒兴正浓时，陈灵公跟仪行父开玩笑，互说夏徵舒长得像对方，因此激怒夏徵舒，夏徵舒便设伏兵射杀陈灵公。

孔子引用之诗句出自《诗经·大雅·板》。

孔子相鲁，齐人患其将霸，欲败其政，乃选好女子八十人，衣以文饰而舞容玑，及文马四十驷，以遗鲁君。陈女乐，列文马于鲁城南高门外。季桓子微服往观之再三，将受焉，告鲁君为周道游观。观之终日，怠于政事。子路言于孔子曰："夫子可以行矣。"孔子曰："鲁今且郊，若致膰（fán）于大夫，是则未废其常，吾犹可以止也。"桓子既受女乐，君臣淫荒，三日不听国政，郊又不致膰俎，孔子遂行，宿于郭屯。师己送曰："夫子非罪也。"孔子曰："吾歌可乎？歌曰：'彼妇人之口，可以出走。彼妇人之请，可以死败。优哉游哉，聊以卒岁。'"

孔子任鲁国辅相，齐国人担心鲁国将会兴起称霸，打算破坏其政事，于是选了八十名美女，让她们穿上华丽的衣服，教她们跳舞，又选了带有纹饰的四驾马车四十辆，准备一起送给鲁国国君。齐国人让这些女子在鲁国城外跳舞，将那些有纹饰的马也排列在那里。季桓子穿着老百姓的衣服偷偷地看了好几次，打算接受这些礼物。他报告了鲁君并带他到大道上观看。这样整日观看，荒废了朝政。子路对孔子说："您可以离开鲁国了。"孔子说："鲁国马上就要举行郊祭，如果国君还能馈送大夫祭祀用的肉，就不算失礼，我还可以留在这儿阻止他们。"季桓子接受了齐国赠送的舞女后，君臣沉溺于声色之中，三天不理朝政，郊祭也没有分享祭肉给孔子。孔子于是离开了鲁国，在城外的村庄住宿。乐师师已去送他说:"您没有错。"孔子说:"我唱首歌可以吗?"于是唱道:"那些妇人之口,可以使人出走。那些妇人之请,可以使人死败。悠闲自得,聊度余生。"

据说这首《去鲁歌》,为孔子所作。

孔子相鲁,七日诛杀少正卯。为重新确立鲁公室的权威,孔子策划实施了"隳三都"的政治军事行动,希望能够削减三桓的实力,最终功败垂成。加以鲁国君臣沉淫女乐,不理朝政,郊祭失礼等,孔子与鲁公、季桓子等在道德与政见上的分歧难以弥合,孔子去鲁适卫,周游列国达14年之久。

澹台子羽有君子之容,而行不胜其貌。宰我有文雅之辞,而智不充其辩。孔子曰:"里语云:'相马以舆,相士以居。'弗可废矣。以容取人,则失之子羽。以辞取人,则失之宰予。"孔子曰:"君子以其所不能畏人,小人以其所不能不信人。故君子长人之才,小人抑人而取胜焉。"

澹台子羽有君子那样的容貌,而他的品行却比不上他的容貌。宰我谈吐文雅,而他的智慧却不如他的言辞。孔子说:"俗话说:'看马的好坏要看它拉车的情况,看人的高下要看他平时的表现。'这个道理不能丢弃啊。以容取人,则失之子羽。以辞取人,则失之宰予。"孔子说:"君子因有不足而畏惧别人,小人因有不足而不相信别人。所以君子推崇别人的才干,小人则以压制别人的才干来取胜。"

《论语》载,子游为武城宰,子曰:"女得人焉尔乎?"曰:"有澹台灭明者,行不由径,非公事,未尝至于偃之室也。"

《史记·仲尼弟子列传》载,澹台灭明,武城人,字子羽。少孔子39岁，状貌甚恶。欲事孔子，孔子以为材薄。既已受业，退而修行，行不由径，非公事不见卿大夫。南游至江，从弟子三百人，设取予去就，名施乎诸侯。孔子闻之，曰："吾以言取人，失之宰予。以貌取人，失之子羽。"

"澹台子羽有君子之容，而行不胜其貌"，这句话不好理解。他的品行比不上他君子那样的容貌丑陋？也就是说他品行高尚，相貌丑陋？在儒家话语体系里，有时候君子特指某一个人，澹台子羽有某位君子的容貌，很丑，但他的德行比不上他的容貌丑，也就是说他的德行比他的容貌美得多了去了。由是可知，澹台子羽虽然相貌丑但德行美。或者，两者有一个是误传，值得考证。

孔篾问行己之道。子曰："知而弗为，莫如勿知。亲而弗信，莫如勿亲。乐之方至，乐而勿骄。患之将至，思而勿忧。"孔篾曰："行己乎？"子曰："攻其所不能，补其所不备。毋以其所不能疑人，毋以其所能骄人。终日言无遗己忧，终日行不遗己患，唯智者有之。"

孔篾问修身处世之道。孔子说："知道了不去做，不如不知道。亲近他又不信任他，不如不亲近。快乐的事到来时，要乐而不骄。灾难将要到来时，要有所准备而不是犯愁。"孔篾说："这就是修身处世之道吗？"孔子说："攻克自己不会做的事情，弥补自己不具备的才能。不要因为自己不能做就怀疑别人，不要因为自己有点才干就向别人炫耀。终日说话不给自己留下忧虑，终日做事不给自己留下祸患，只有智者才能做到。"

前文孔篾言自己为官"三失"：失学，当官后没时间复习了；失亲，俸禄少骨肉之情疏远了；失友，没时间朋友之情缺失了。孔子听了很不高兴。当孔蔑问行己之道的时候,根据孔蔑的实际情况,孔子告诉他学的东西不去实践,不如不知道。对亲人不信实不如不亲,要乐而不骄,遇事不慌,凡事豫则立不豫则废。关键是要弥补自己的不足,行己有耻才能逐渐完善自己。也不要求全责备,改过迁善,真诚向善就好。

孔子对自己的儿子孔鲤,《论语》里只关心地问了两句——学《诗》乎?学《礼》乎?对自己的侄子,却没少叮咛。

在厄第二十

楚昭王聘孔子，孔子往拜礼焉，路出于陈蔡。陈蔡大夫相与谋曰："孔子圣贤，其所刺讥皆中诸侯之病，若用于楚，则陈蔡危矣。"遂使徒兵距孔子。

楚昭王聘请孔子，孔子去拜见楚昭王，途中经过陈国和蔡国。陈国和蔡国的大夫一起谋划说："孔子是位圣贤，他所讥讽批评的都切中诸侯的要害，如果被楚国聘用，那我们陈国、蔡国就危险了。"于是派兵阻拦孔子。

结合孔子的遭遇看，诸侯大夫们都知道孔子厉害，但谁也不想用他，也不想让别人用他。倒是他的死对头阳虎逼他出来做官，真是造化弄人。

《史记》载，孔子迁于蔡三岁，吴伐陈。楚救陈，军于城父。闻孔子在陈蔡之间，楚使人聘孔子。孔子将往拜礼……于是使子贡至楚。楚昭王兴师迎孔子，然后得免。

下面记述了其中发生的事。

孔子不得行，绝粮七日，外无所通，藜羹不充，从者皆病。孔子愈慷慨讲诵，弦歌不衰，乃召子路而问焉，曰："《诗》云：'匪兕（sì）匪虎，率彼旷野。'吾道非乎，奚为至于此？"

孔子不能前行，绝粮七天，也无法和外界取得联系，连粗劣的羹汤也吃不上，随从都病倒了。这时孔子愈加慷慨地讲授学问，用琴瑟伴奏不停地唱歌,还找来子路问话,问道:"《诗经》上说:'不是野牛不是虎,却都来到荒野上。'吾道难道有什么不对吗?为什么到了这个地步啊?"

此时的圣贤似乎也感到希望渺茫,行为有点超常,但却找来子路问话。为什么呢?子路忠实率真,敢于说实话。

孔子引用之诗句出自《诗经·小雅·何草不黄》。该诗描写行役在外的征夫生活艰险辛劳,既有对毫无希望、无从改变现状的痛苦泣诉,又有对遭受非人待遇的抗议。

且看子路怎么说。

子路愠,作色而对曰:"君子无所困,意者夫子未仁与,人之弗吾信也。意者夫子未智与,人之弗吾行也。且由也昔者闻诸夫子,'为善者天报之以福,为不善者天报之以祸。'今夫子积德怀义,行之久矣,奚居之穷也。"

子路一脸怨气,神情严肃地回答说:"君子怎么能够被困住呢?想来夫子的仁德还不够吧,人们还是不信任我们。想来夫子的智慧还不够吧,人们不愿意让我们前行。而且我从前也听夫子讲过,'做善事的人上天会降福于他,做坏事的人上天会降祸于他。'如今夫子您积德怀义,推行您的仁道已经很长时间了,怎么处境如此穷困呢?"

子路就是子路,什么话都敢说,直接指责夫子仁德不够人不信,智慧不够让人阻,拿好话诱人我不服,这不还是困穷潦倒了不是?

子曰:"由未之识也,吾语汝。汝以仁者为必信也,则伯夷叔齐不饿死首阳。汝以智者为必用也,则王子比干不见剖心。

汝以忠者为必报也，则关龙逢不见刑。汝以谏者为必听也，则伍子胥不见杀。夫遇不遇者，时也。贤不肖者，才也。君子博学深谋而不遇时者，众矣，何独丘哉。且芝兰生于深林，不以无人而不芳。君子修道立德，不为穷困而败节。为之者人也，生死者命也。是以晋重耳之有霸心，生于曹卫。越王勾践之有霸心，生于会稽。故居下而无忧者，则思不远。处身而常逸者，则志不广，庸知其终始乎？"

孔子说："由啊，你还是不懂啊，我来告诉你。你以为仁者就一定能被人相信？那么伯夷、叔齐就不会饿死在首阳山。你以为智者就一定会被任用？那么王子比干就不会被人剖心。你以为忠心的人必定会有好报？那么关龙逢就不会被杀了。你以为忠言劝谏一定会被采纳？那么伍子胥就不会被迫自杀。遇不遇到贤明的君主，是时运的事。贤还是不贤，是才能的事。君子博学多识深谋远虑而时运不济的，多了去了，何止是我呢。况且芝兰生长在深林之中，不会因为无人欣赏而不芬芳。君子修养身心涵养道德，不会因为穷困而改变节操。如何做在于自身，是生是死在于命。因而晋国重耳的称霸之心，产生于他逃亡曹、卫二国的时候。越王勾践的称霸之心，产生于他被围困会稽的时候。所以说居于下位而无所挂心的人，则思虑不远。处身立世总想安逸的人，则志向不大。怎能知道他的终始呢？"

孔子于困顿之中不忘传经布道，点拨弟子。孔子的意思是天下无道，仁德会被误解，智慧会被弃用，忠心会被屠杀，劝谏会被无视，这不很正常吗？遇不到明君，是时运不济，如果我像周公那样能遇到周武文王……修道立德是自己能左右的事，生与死自己能左右吗？不要灰心丧气，再说世事还未了呢，接下来不定会发生什么。

子路出，召子贡，告如子路。子贡曰："夫子之道至大，故天下莫能容夫子，夫子盍少贬焉？"子曰："赐，良农能稼，不必能穑，良工能巧，不能为顺。君子能修其道，纲而纪之，不必其能容。今不修其道，而求其容，赐，尔志不广矣，思不远矣。"

子路退了出去，孔子叫来子贡，又问了同样的问题。子贡说："夫子之道博大精深，因此天下容不下夫子，夫子何不把您的道降低一些呢？"孔子说："赐啊，良农会种庄稼，不一定会有收获。良工能做精巧的东西，不一定能顺遂每个人的意愿。君子能修养他的道德学问，抓住关键创立政治主张，不必考虑它能否被人接受。现在不修养自己的道德学问，只求被人接受，赐啊，这说明你的志向不够广大，思谋不够深远啊。"

子贡的认识比子路高了不止一个层次，但圣贤的心思也不是子贡完全能理解的。仁者中道而立，能者从之。不能因为天太热，要求太阳降低温度吧。

夫子去世后，遭到很多人的诋毁。子贡极力维护孔子，曰："他人之贤者，丘陵也，犹可逾也。仲尼，日月也，无得而逾焉。人虽欲自绝，其何伤于日月乎？"

子贡出，颜回入，问亦如之。颜回曰："夫子之道至大，天下莫能容。虽然，夫子推而行之，世不我用，有国者之丑也，夫子何病焉？不容，然后见君子。"

孔子欣然叹曰："有是哉，颜氏之子，吾亦使尔多财，吾为尔宰。"

子贡退出去以后，颜回进来了，孔子又问了他同样的问题。颜回说："夫子之道博大精深，天下也容不下。虽然如此，夫子还是竭力推行，世人不用，那是当权者的耻辱，夫子何必担忧呢？

不被接受仍推行不怠，这样才显出了君子本色。"

孔子欣慰地感叹说："你说得对呀，颜家的儿子！我也能使你富贵多财好了，那我就来给你当管家。"

颜回的话说到夫子心坎上了。还是颜回能够真正懂我呀，如果有君若汝，那该多好。

《家语》多是子路、子贡和颜回一起出现。子路代表勇，子贡代表智，颜回代表仁。

子路问于孔子曰："君子亦有忧乎？"子曰："无也。君子之修行也，其未得之，则乐其意。既得之，又乐其治。是以有终身之乐，无一日之忧。小人则不然，其未得也，患弗得之。既得之，又恐失之。是以有终身之忧，无一日之乐也。"

子路问孔子说："君子也有忧愁吗？"孔子说："没有。君子修行道德，在没有收获之前，为他的想法而快乐。有了收获之后，又为他的作为而快乐。这样终身都是快乐的，没有一天是忧愁的。小人则不是这样，在他没有得到的时候，发愁得不到。得到以后，又恐怕会失去。所以终身都是忧愁的，没有一天是快乐的。"

夫子无忧，是没有忧愁，所以快乐。夫子有忧，是忧思天下，所以伤感。君子有时伤感，但会快乐地面对生活。小人患得患失，一生都处在忧患之中。真正的快乐和伤感，均来自内心的真情实感，是善的表达。

曾子弊衣而耕于鲁，鲁君闻之而致邑焉，曾子固辞不受。或曰："非子之求，君自致之，奚固辞也？"曾子曰："吾闻受人施者常畏人，与人者常骄人。纵君有赐，不我骄也，吾岂能勿畏乎？"

孔子闻之曰："参之言足以全其节也。"

曾子穿着破旧的衣服在鲁国种地，鲁君听说后要送给他食邑，曾子坚持不接受。有人说："这不是你主动要的，是国君主动给你的，为什么非要推辞呢？"曾子说："我听说接受了别人的施舍就会畏惧人家，施舍者也会以此对人炫耀。纵然国君赏赐给我，也不向人炫耀，我难道不畏惧吗？"孔子听后说："曾参的话足以保全他的名节了。"

"古之学者为己，今之学者为人。"道德学问的修为，归根到底是自我的完善和自我的表达。敬身才能敬人，亲亲尊尊，为己为人，为天下苍生。如果自我的信仰支柱被腐蚀了，被绑架了，那就立不住了，"我欲立而立于人，我欲施而施与人"就没法实现了。儒家仁爱思想，是自我的又是利他的，是由内而外的至诚阐发。

孔子厄于陈蔡，从者七日不食。子贡以所赍货，窃犯围而出，告籴（dí）于野人，得米一石焉。颜回仲由炊之于坏屋之下，有埃墨堕饭中，颜回取而食之。子贡自井望见之，不悦，以为窃食也。入问孔子曰："仁人廉士，穷改节乎？"孔子曰："改节即何称于仁廉哉？"子贡曰："若回也，其不改节乎？"子曰："然。"子贡以所饭告孔子。子曰："吾信回之为仁久矣，虽汝有云，弗以疑也，其或者必有故乎？汝止，吾将问之。"召颜回曰："畴昔予梦见先人，岂或启佑我哉？子炊而进饭，吾将进焉。"对曰："向有埃墨堕饭中，欲置之则不洁，欲弃之则可惜，回即食之，不可祭也。"孔子曰："然乎，吾亦食之。"颜回出，孔子顾谓二三子曰："吾之信回也，非待今日也。"二三子由此乃服之。

孔子受困于陈蔡之地，随从已经七天吃不上饭了。子贡怀揣着携带的财货，偷偷跑出包围，向村夫请求买粮，换回一石米。颜回和仲由在土屋下煮饭，有块熏黑的灰土掉入饭中，颜回把弄脏的饭取出来吃了。子贡在天井里看见了，很不高兴，以为颜回在偷吃。他进屋问孔子说："仁人廉士，困穷时也会改变节操吗？"孔子说："改变节操还称得上仁人廉士吗？"子贡问："像颜回这样的人，他不会改变节操吧？"孔子说："是的。"子贡把看见的事告诉了孔子。孔子说："我相信颜回是仁德之人已经很久了，虽然你这样说，我还是不怀疑他，他那样做或许一定有别的原因吧？你待在这里，我去问问他。"孔子把颜回叫进来说："前几天我梦见了先人，难道是先人在启发我们、保佑我们吗？你做好饭赶快端上来，我要进献给先人。"颜回说："刚才有灰土掉进饭中，留在饭中则不干净，想扔掉又觉得可惜，我就把带有灰土的饭吃掉了，这饭不能用来祭祖了。"孔子说："这样的话，我也会吃掉。"颜回出去后，孔子看着弟子们说："我相信颜回，不是从今天才开始的。"弟子们由此叹服颜回。

　　越是在困顿中越是考验一个人的品德。

　　仁者，至情至性，真诚向善，任何时候都能够坦然面对天地人，行不由径，不欺暗室，表里如一。

入官第二十一

子张问入官于孔子。

孔子曰:"安身取誉为难。"子张曰:"为之如何?"

孔子曰:"己有善勿专,教不能勿怠,已过勿发,失言勿矫,不善勿遂,行事勿留。君子入官,有此六者,则身安誉至而政从矣。

"且夫忿数者,官狱所由生也。拒谏者,虑之所以塞也。慢易者,礼之所以失也。怠惰者,时之所以后也。奢侈者,财之所以不足也。专独者,事之所以不成也。君子入官,除此六者,则身安誉至而政从矣。

"故君子南面临官,大域之中而公治之,精智而略行之。合是忠信,考是大伦,存是美恶,进是利而除是害,无求其报焉,而民之情可得也。夫临之无抗民之恶,胜之无犯民之言,量之无佼民之辞,养之无扰于其时,爱之无宽于刑法。若此,则身安誉至而民得也"。

子张向孔子询问做官的事。

孔子说:"能够安身又能获得声誉很难。"子张说:"怎样才能做到呢?"

孔子说:"自己有善举不要独自占用,教化民众不要懈怠,已出现的过错不要再次发生,说错了话不要为之辩护,不好的事不要继续做下去,正在做的事不要拖延。君子做官,能做到这六点，就能够安身又能获得声誉，从而政事也会顺利。

"怨恨速增，牢狱之灾就会发生。拒绝劝谏，思虑就会受到阻塞。傲慢轻视，就会失礼。懈怠懒惰，就会丧失时机。奢侈浪费，财物就不足。专断独权，事情就办不成。君子做官，去掉这六种毛病，就能够安身又能获得声誉，从而政事也会顺利。

"因此君子做了官，大局上需要以公心来治理，精心地思考政令而简要地推行。和合的是忠实诚信，考察的是纲常人伦，省察的是美善恶丑，推广有利的除去有害的，不追求别人的回报，这样就可以了解到民情了。面对百姓不要有逆天虐民的恶行，克制百姓不要有冒犯的言语，揣度百姓不要有欺诈的言辞，利养百姓不要干扰农事，爱护百姓不要宽于刑法。如果做到这些，那么就能够安身又能获得声誉，进而得到百姓的拥护。"

子张（前504年-？），复姓颛孙，名师，字子张，春秋战国时陈国人，孔门十二哲之一。子张为人勇武，清流不媚俗而被孔子评为性情偏激，喜欢广交朋友。《论语》载子张学干禄、问政、问仁、问行、问达、问明、问崇德辩惑、问善人之道等。子张学干禄，子曰："多闻阙疑，慎言其余，则寡尤。多见阙殆，慎行其余，则寡悔。言寡尤，行寡悔，禄在其中矣。"说话少过失，做事少后悔，官职俸禄就在其中了。子张问政，子曰："居之无倦，行之以忠。"

子张问入官，孔子告诉他做官能够安身又能获得声誉是难的，并由此展开论述。首先要做到"六勿六除"，长处不独占，教民不懈怠，过错不再犯，错话不辩护，坏事不继续，做事不拖延。除去忿数、拒谏、慢易、怠惰、奢侈等毛病。接着讲如何知民情得民心。充分考虑忠信、人伦、善恶、利害，不求回报，就可以知民情。对待老百姓，无恶行，无冒犯，无欺诈，不干扰农时，不松驰刑法，就可以得民心。下面继续。

"君子以临官，所见则迩，故明不可蔽也。所求于迩，故不劳而得也。所以治者约，故不用众而誉立。凡法象在内，故法不远而源泉不竭。是以天下积而本不寡，短长得其量，人志治而不乱政。德贯乎心，藏乎志，形乎色，发乎声。若此，而身安誉至，民咸自治矣。

"是故临官不治则乱，乱生则争之者至，争之至，又于乱，明君必宽裕以容其民，慈爱优柔之，而民自得矣。行者，政之始也。说者，情之导也。善政行易，则民不怨。言调说和，则民不变。法在身，则民象之；明在己，则民显之。若乃供己而不节，则财利之生者微矣。贪以不得，则善政必简矣。苟以乱之，则善言必不听也；详以纳之，则规谏日至。言之善者，在所日闻；行之善者，在所能为。故君上者民之仪也，有司执政者民之表也，迩臣便僻者群仆之伦也。故仪不正，则民失。表不端，则百姓乱。迩臣便僻，则群臣污矣。是以人主不可不敬乎三伦"。

"君子做官，先从近处观察，就会心明眼亮不受蒙蔽。先从近处寻求，就会不费力气可以得到。所以治理者方法简约，不用兴师动众就可以树立好声誉。凡内心装有法度礼仪的，那么法度就离自己不远，而且像源泉一样不会枯竭。这样天下事物积聚而本源不会减少，事物优劣长短也都能得以度量各得其用，官员们励精图治就不会乱政。将德性贯穿于心中，蕴藏于志向里，呈现在表情上，生发在言语中。如果能做到这些，那么身安官场声誉自至，老百姓也都能自我治理了。

"因此做官不加整治就会发生混乱，混乱发生了争夺随之而来，争夺来了，又会陷入混乱。所以贤明的君主一定会用宽宏大度的胸怀来容纳他的百姓，用慈爱之心宽舒从容地去安抚他们，那么百姓就会自得其乐。力行是为政的开始，言谈是感情的先导。善政容易执行而且百姓不会抱怨。言适于事、语和于民，老百姓就不会生变。自身遵守法度，百姓就能效法；自身办事清明，百姓就会发扬。如果自己的用度不加节俭，那么生财之道就会衰微。贪婪地追求却没有获得，那么善政一定会被忽略而得不到贯彻。如果胡乱对待，那么善言一定不会被听从；仔细听取认真采纳，那么规劝进谏的人就会天天来。能说出善的语言，在于每天能听取别人的意见；能有善的行为，在于能亲身去做。所以说君主是百姓的准则，各级官吏是百姓的表率，侍御之臣是众臣的纲纪。所以说准则不端正，民众就失去了方向。表率不端正，百姓就会生乱。侍御之臣不端正，群臣就会变坏。因此君主不可以不敬重这三个方面的人伦道德。"

君子做官需法象在内，也就是心中确立道德礼仪规范，树立起所效法的圣人的气度仪象，并且将仁道一以贯之于心志色声，自上而下做榜样、做表率。

"君子修身反道，察里言而服之，则身安誉至，终始在焉。故夫女子必自择丝麻，良工必自择完材，贤君必自择左右。劳于取人，佚于治事。君子欲誉，则必谨其左右。为上者，譬如缘木焉，务高而畏下滋甚。六马之乖离，必于四达之交衢。万民之叛道，必于君上之失政。上者尊严而危，民者卑贱而神。爱之则存，恶之则亡。长民者必明此之要。故南面临官，贵而不骄，富而能供。有本而能图末，修事而能建业，久居而不滞，情近而畅乎远。察一物而贯乎多，治一物而万物不能乱者，以身本者也。"

"君子遵循道来修身,仔细辨别民间俗语所表达的合理诉求来行事,就能够安身,声誉也随之而来,并且终生受用无穷。所以女子织布一定要亲自挑选丝麻,优秀的工匠一定要亲自挑选木材,贤明的君主一定要亲自挑选身边的大臣。选拔人才辛苦一些,治理政事时就轻松一些。君子要想得到声誉,就必须谨慎地择取身边的人。在上位的人,就像爬树一样,爬得越高越害怕掉下来。拉车的六匹马分散乱跑,一定是在四通八达的交叉路口。百姓造反,必定是因为君主失政。居于高位的人尊贵威严却是危险的,民众虽然卑贱却是有神力的。热爱民众就能存在,厌恶民众就要灭亡。治理民众的人必须要明了这个道理的重要性。因此在上为官,尊贵不能骄傲,富有而能恭谨。既能把握事物的根本又能谋划事情的末节,既能修治成事又能建功立业。长期居于上位却不懈怠停滞,用情于当下而又能畅达于久远。明察一个事物就能融会贯通许多事理,治理一件事情就能够治理万事万物而不乱。能做到这些的人,以修身自立为根本。"

孔子本来是给子张讲为官之道的,讲着讲着就讲成了君主的为政之道了。其义一也。也好,取法其上,得乎其中。

君子遵道修身,依道而行。民间俚语话粗理不粗,最能反映老百姓的智慧和心声。比如女子纺布自择麻,木匠做工先选材,爬得越高摔得越重,谨防身边的小人,等等。"上者尊严而危,民者卑贱而神。爱之则存,恶之则亡。长民者必明此之要。"

"君子莅民,不可以不知民之性,而达诸民之情。既知其性,又习其情,然后民乃从命矣。故世举则民亲之,政均则民无怨。故君子莅民,不临以高,不导以远。不责民之所不为,不强民之所不能。以明王之功，不因其情，则民严而不迎。笃之以累年之业，不因其力，则民引而不从。若责民所不为，强民所不能，则民疾，疾则僻矣。古者圣主冕而前旒，所以蔽明也。紘纩充耳，所以掩聪也。水至清即无鱼，人至察则无徒。枉而直之，使自得之。优而柔之，使自求之。揆而度之，使自索之。民有小过，必求其善，以赦其过。民有大罪，必原其故，以仁辅化。如有死罪，其使之生，则善也。是以上下亲而不离，道化流而不蕴。故德者，政之始也。"

"君子治理民众，不可以不了解民众的本性，进而通晓民众的实情。既已知道了民性，又熟悉了民情，然后民众才能服从你的管理。因此国家安定礼乐并举，民众就会爱戴国君；政策公平合理，民众就无怨言。所以君子治理民众，不能只是高高在上，要求做遥不可及的事情。不责备民众做不愿做的事，不强求民众做不能完成的事。用圣明君主的功业来诱导他们，如果不根据民情，那么老百姓即便敬畏却不会迎合。用多年的功业来坚定他们的信心，如果不根据他们的实际能力，那么无论如何引导他们也不会听从。如果强迫民众做他们不愿做的事，强迫他们做不能完成的事，民众就会痛恨，痛恨就会做出不当的事。古代的圣明君主戴着前面悬垂着玉的冠冕，是用来遮蔽视力的。垂于冠冕两边悬挂的带子挡住耳朵，是用来遮蔽听觉的。水至清则无鱼，人至察则无徒。民众做错了事去改正他们，要让民众自己有所转变。宽厚柔和地对待民众，要让民众自己去完善自己。度量民众的情况来教育他们，让他们自己明白是对是错。民众犯了小罪，一定要找出他们的长处，赦免他们的过错。民众犯了大罪，一定要找出犯罪的原因，用仁爱思想教化他们改过迁善。如果犯了死罪，惩治后使他们得到新生，那就更好了。

这样上下亲和而不离心离德，仁道化育滋润而不郁结。所以说德行，是为政的开始。"

《诗经·商颂·玄鸟》上说："邦畿千里，维民所止。"夫子告诫子张并君王，君子治理国家，唯民所向，以德为先。了解百姓所思所想，顺应民意，不要强求，不要求全责备，不要道德绑架，不要用遥不可及的事情忽悠他们，要懂得换位思考。《论语》载，子曰："民可，使由之。不可，使知之。""导之以政，齐之以刑，民免而无耻。导之以德，齐之以礼，有耻且格。"

"政不和，则民不从其教矣。不从教，则民不习。不习，则不可得而使也。君子欲言之见信也，莫善乎先虚其内。欲政之速行也，莫善乎以身先之。欲民之速服也，莫善乎以道御之。故虽服必强，自非忠信，则无可以取亲于百姓者矣。内外不相应，则无可以取信于庶民者矣。此治民之至道矣，入官之大统矣。"

子张既闻孔子斯言，遂退而记之。

"政令不切合实际，那么民众就不会顺从教化。不顺从教化，民众就不去学习执行。民众不去学习执行，就得不到民众的拥戴和服从指使。君子要想使自己的话被别人相信，最好的办法是虚心听取意见。要想政治措施迅速推行，最好的办法是率先垂范。要想使民众迅速服从，最好的办法是以仁道使民。不以仁道使民，民众即使服从也是勉强的。不依靠忠信，就不可能取得老百姓的亲近和信任。朝廷内外不能相互呼应，就不可能从普通老百姓那儿取得信任。这是治理民众最为重要的道理，是入仕为官最为重要的原则。"

子张听了孔子这些话，随即退下并记录了下来。

入官一篇，夫子从"安身取誉为难"入题，给子张上了一堂君子为官之道的课，而且是满堂灌。只有做到"六勿六除"才能够安身又能获得声誉，接着讲如何知民情得民心，才能得百姓。君子抓住为政以德，方法简约，老百姓就会自治。君子要敬乎三伦，以身作则率先垂范。君子要遵道修身，善取民意，修身为本。政通人和，取信于民，是治民之至道，入官之大统。以上表述可谓提纲挈领，内涵丰富，几乎包括了孔子治国理政的主要思想。

遗憾的是，据载子张好像并未出仕，未尝从政。孔子死后，他离开鲁国，独立招收弟子，宣扬儒家学说，是"子张之儒"的创始人。"子张之儒"列儒家八派之首。

困誓第二十二

子贡问于孔子曰:"赐倦于学,困于道矣,愿息而事君,可乎?"孔子曰:"《诗》云:'温恭朝夕,执事有恪。'事君之难也,焉可息哉?"曰:"然则赐愿息而事亲。"孔子曰:"《诗》云:'孝子不匮,永锡尔类。'事亲之难也。焉可以息哉?"曰:"然则赐请愿息于妻子。"孔子曰:"《诗》云:'刑于寡妻,至于兄弟,以御于家邦。'妻子之难也。焉可以息哉?"曰:"然则赐愿息于朋友。"孔子曰:"《诗》云:'朋友攸摄,摄以威仪。'朋友之难也。焉可以息哉?"曰:"然则赐愿息于耕矣。"孔子曰:"《诗》云:'昼尔于茅,宵尔索绹,亟其乘屋,其始播百谷。'耕之难也。焉可以息哉?"曰:"然则赐将无所息者也?"孔子曰:"有焉。自望其广,则睪如也。视其高,则填如也。察其从,则隔如也。此其所以息也矣。"子贡曰:"大哉乎死也!君子息焉!小人休焉!大哉乎死也!"

子贡向孔子问道:"我对学习已经厌倦了,对道又感到困惑不解,想停下来去侍奉君主,可以吗?"孔子说:"《诗经》里说:'早晚温文又恭敬,祭神祈福见笃诚。'侍奉君主是很难的事情,怎么可以停下来呢?"子贡说:"那么我想停下来去侍奉父母。"孔子说:"《诗经》里说:'孝子贤孙永相继,家族永受天赐予。'侍奉父母也是很难的事,怎么可以停下来呢?"子贡说:"那么我想停下来和妻子儿女在一起。"孔子说："《诗经》上说：'示范嫡妻作典型，示范兄弟也相同，治理家国都亨通。'与妻子儿女相处也是很难的事，怎么可以停下来呢？"子贡说："那么我想停下来和朋友在一起。"孔子说："《诗经》里说：'朋友互帮助，举止共威仪。'和朋友相处也是很难的，怎么可以停下来呢？"子贡说："那么我就停下来去种地吧。"孔子说："《诗经》里说：'白天割茅草，晚上把绳搓，赶快修屋子，准备去播谷。'种庄稼也是很难的事，怎么可以停下来呢？"子贡说："那么我将没有停下来的去处了吗？"孔子说："有的。你遥望远处的坟墓，高高的样子。看它有多高，像谷堆的样子。从侧面看，又像鬲的样子。这就是将来停下来的地方了。"子贡说："大哉乎死也！君子停下来了！小人停下来了！大哉乎死也！"

孔子研究《诗经》，推崇《诗经》，对《诗经》的句子了然于胸，理解和熟悉程度令人叹为观止。他说不学诗，不知言，无以立。诗可以兴，可以观，可以群，可以怨。迩之事父，远之事君，多识于鸟兽草木之名。温柔敦厚，诗教也。只是因为弟子厌学了，他便连续引用了五句诗，给子贡讲道理。遇到这样的老师，再委屈也得服气，归仁服义。

"温恭"诗句出自《诗经·商颂·那》，该诗是殷商后代祭祀先祖的颂歌。"孝子"诗句出自《诗经·大雅·既醉》，该诗通篇都是祝福辞。"刑于"诗句出自《诗经·大雅·思齐》，该诗是称颂周文王完美道德的诗篇。"朋友"诗句出自《诗经·大雅·既醉》。"昼尔"诗句出自《诗经·豳风·七月》，该诗描写了公刘时代周之先民豳地部落一年四季的劳动生活，涉及衣食住行各个方面。

子贡一度对学习产生了厌倦情绪，对君子之道又感到困惑不解。他认为求道为学，精神疲惫，想停下来不学了，去干别的，侍奉君主也行,侍奉父母也行,陪伴妻子儿女也行,陪伴朋友也行,再不济我去务农行吧? 孔子说都不行,这些都不容易。唯一的可以停下来的地方,是哪儿——坟墓(死)。

从此以后,子贡励精图治,奋发有为,弘扬儒家道统的同时,经商致富,终成儒商鼻祖,流芳千古。

《易经》乾卦象曰: 天行健,君子以自强不息。刚健中正,奋进不已!

孔子自卫将入晋,至河,闻赵简子杀窦犨(chōu)鸣犊及舜华,乃临河而叹曰:"美哉水,洋洋乎! 丘之不济此,命也夫!"子贡趋而进曰:"敢问何谓也?"孔子曰:"窦犨鸣犊及舜华,晋之贤大夫也。赵简子未得志之时,须此二人而后从政。及其已得志也,而杀之。丘闻之,刳胎杀夭,则麒麟不至其郊。竭泽而渔,则蛟龙不处其渊。覆巢破卵,则凤凰不翔其邑。何则? 君子违伤其类者也。鸟兽之于不义尚知避之,况于人乎!"遂还,息于邹,作《槃操》以哀之。

孔子从卫国将要进入晋国,到了黄河边,听到赵简子杀了窦犨鸣犊和舜华的消息,就面对黄河叹息道:"壮美啊黄河之水! 浩浩汤汤奔腾不息。我不能渡河而去,这是天命啊!"子贡快步走向前说:"请问您这话是什么意思啊?"孔子说:"窦犨鸣犊和舜华,都是晋国的贤大夫,赵简子未得志的时候,依仗他们二人才得以从政。等到他得志了,却把他们杀了。我听说,剖腹取胎残害幼小的生命,麒麟就不会去该国国都的郊外。竭泽而渔赶尽杀绝,蛟龙就不会在该国的深潭居住。捅破了鸟巢打破了鸟卵,凤凰就不会在该国城邑上空飞翔。为什么呢? 君子会远离伤害其类的不义之举。鸟兽对于不仁义的事尚且知道躲避,何况是人呢!"于是退回到邹地,作了琴曲《槃操》来哀悼窦犨鸣犊和舜华。

孔子从窦犨鸣犊及舜华的遭遇看出，赵简子变成了独夫贼子，自己到了晋国，很可能招来杀身之祸。危邦不入，乱邦不居，时也，命也，还是回邹地吧。

《槃操》为四言诗，有载诗文曰："干泽而渔，蛟龙不游。覆巢毁卵，凤不翔留。惨予心悲，还原息陬。"

子路问于孔子曰："有人于此，夙兴夜寐，耕芸树艺。手足胼胝（pián zhī），以养其亲。然而名不称孝，何也？"孔子曰："意者身不敬与？辞不顺与？色不悦与？古之人有言曰：'人与己与不汝欺。'今尽力养亲，而无三者之阙，何谓无孝之名乎？"孔子曰："由！汝志之，吾语汝。虽有国士之力，而不能自举其身。非力之少，势不可矣。夫内行不修，身之罪也。行修而名不彰，友之罪也。行修而名自立。故君子入则笃行，出则交贤，何为无孝名乎？"

子路问孔子说："有人于此，早起晚睡，耕种庄稼。手掌和脚底都磨出了茧子，以此来赡养父母。然而却没有得到孝子的名声，这是为什么呢？"孔子说："想来举止不够恭敬吧？言辞不够和顺吧？脸色不够和悦吧？古人有句话说：'别人的心与你自己的心是一样的，是不会欺骗你的。'现在这个人尽力赡养父母，如果没有上面讲的三种过错，怎么会得不到孝子的名声呢？"孔子又说："仲由啊，你记住，我告诉你。即使有国家勇士的力气，也不能把自己举起来。这不是力量不够，而是情势上做不到。不注重内在品德的修养，是自己的过错。注重了内在品德的修养，名声没有得以彰显，那是朋友的过错。品德修养到了名声自然会树立起来。所以君子居家要踏实做事，在外面要结交贤者，怎么会得不到孝子的名声呢？"

《论语》载，子游问孝，子曰："今之孝者，是谓能养。至于犬马，皆能有养。不敬，何以别乎？"子夏问孝，子曰："色难。有事，弟子服其劳。有酒食，先生馔，曾是以为孝乎？"子曰："事父母几谏。见志不从，又敬不违，劳而不怨。"孟懿子问孝，子曰："无违。"子路说的这个人，努力干活以养父母，却得不到孝子的名声，孔子指出的造成这种现象的三个缘由，和《论语》论孝一致。孝不是能养就够了，关键是恭敬、孝顺、和悦、劳而不怨。

孔子遭厄于陈、蔡之间，绝粮七日，弟子馁病，孔子弦歌。子路入见曰："夫子之歌，礼乎？"孔子弗应，曲终而曰："由来！吾语汝。君子好乐，为无骄也。小人好乐，为无慑也。其谁之子，不我知而从我者乎？"子路悦，援戚而舞，三终而出。明日，免于厄，子贡执辔（pèi），曰："二三子从夫子而遭此难也，其弗忘矣！"孔子曰："善！恶何也？夫陈蔡之间，丘之幸也。二三子从丘者，皆幸也。吾闻之，君不困不成王，烈士不困行不彰，庸知其非激愤厉志之始，于是乎在。"

孔子被困在陈国和蔡国之间，断粮七天了，弟子因饥饿而病倒，但孔子仍在弹琴唱歌。子路去见孔子说："夫子还在歌唱，这符合礼吗？"孔子没有回应，一曲终了才说："仲由，来！我告诉你。君子好乐，为的是不骄傲放纵。小人好乐，为的是消除畏惧。你是谁的儿子啊，这样不了解我，还追随着我干啥呢？"子路心悦诚服，拿起兵器舞起来，跳了几曲这才出去。第二天，危难过去了，子贡拉着缰绳说："我们追随夫子遭受了这次危难，将终生铭记！"孔子说："说得好！为什么这么说呢？陈蔡之间遭受的危难，是我的幸运。你们追随着我，也是你们的幸运。我听说，君王不遭受困厄就不能成就王业，仁人志士不遭受困厄，他们的壮举就不会彰显。否则，怎么会知道不是在困厄之时，他们才开始奋发励志的呢。"

此事发生在鲁哀公六年（前489年），孔子63岁。

孟子的话很好地诠释了夫子的这番言论："故天将降大任于是人也，必先苦其心志，劳其筋骨，饿其体肤，空乏其身，行拂乱其所为，所以动心忍性，曾益其所不能。"

子路是需要告诉他怎么做才好，子贡只要点给他怎么做就行，颜回是闻而知之，且闻一知十。《论语》载："赐也何敢望回？回也闻一以知十，赐也闻一以知二。""子路有闻，未之能行，唯恐有闻。"

孔子之宋，匡人简子以甲士围之。子路怒，奋戟将与战。孔子止之，曰："恶有修仁义而不免俗者乎？夫《诗》《书》之不讲，礼乐之不习，是丘之过也。若以述先王，好古法而为咎者，则非丘之罪也，命夫！歌，予和汝。"子路弹琴而歌，孔子和之，曲三终，匡人解甲而罢。

孔子到宋国去，匡地人简子命令身穿铠甲的士兵围住了他们。子路大怒，奋力抢戟准备与之交战。孔子制止了子路，说："哪有修为仁义而不原谅俗人过错的呢？不讲习《诗经》《书经》，不讲习礼乐，这是我的过错。如果因为承袭先王，喜好古代仁义礼乐而遭殃，那就不是我的错了，是命啊！子路，你来歌唱，我来和。"子路弹琴而歌，孔子和之。唱完三首之后，匡人解除了武装离去。

一群儒者面对一群兵，即使子路勇武，打是打不过的。趁着士兵尚未动手，孔子审时度势，决定打一场心理战，以歌声击溃敌兵。孔子明面上的说辞大义凛然，心里估计也有这方面的考量。在仁者那里，仁智勇是一体的。

夫子处变不惊，稳如泰山，还能时时保持内省，坚持以礼教人，以德化人，其胸怀堪比日月。

"若以述先王，好古法而为咎者，则非丘之罪也，命夫！""不怨天，不尤人，下学而上达，知我者其天乎！"即便是明知不可而为之，也要真诚向善，上天是懂我的。做好自己，其他的一切的一切就交给上天吧。

孔子曰："不观高崖，何以知巅坠之患。不临深泉，何以知没溺之患。不观巨海，何以知风波之患。失之者，其不在此乎？士慎此三者，则无累于身矣。"

孔子说："不仰观高耸的悬崖，怎能知道有坠落山崖的祸患。不俯察深渊，怎能知道有沉水溺死的灾难。不观看辽阔的大海，怎能知道有波涛汹涌的灾祸。失去生命，不就在这些方面吗？士人慎重地对待这三种情形，就不会伤害到自己了。"

只有经历过大灾大难，才能够处变不惊。见识就是学问。《论语》载，子曰："危邦不入，乱邦不居。"此谓也。

子贡问于孔子曰："赐既为人下矣，而未知为人下之道，敢问之。"子曰："为人下者，其犹土乎，汩之深则出泉，树其壤则百谷滋焉，草木植焉，禽兽育焉。生则出焉，死则入焉。多其功而不意，恢其志而无不容。为人下者以此也。"

子贡问孔子说:"我既已做到为人谦下了,但不知道为人谦下的道理,想向您请教。"孔子说:"为人谦下,就好像土地一样,挖掘得深就会冒出泉水,种植其壤就会长出百谷。草木在土地上生长,禽兽在土地上繁衍。生时在土地上生,死后在土地里埋。功德无量自己却不在意,胸怀广阔而无所不容。为人谦下,就应该像土地一样。"

《易经》坤卦象曰:地势坤,君子以厚德载物。君子要如同大地一样,承载万物,德行广厚,包容一切。谦德君子万事亨通,有始有终。

孔子适郑,与弟子相失,独立东郭门外。或人谓子贡曰:"东门外有一人焉,其长九尺有六寸,河目隆颡(sǎng),其头似尧,其颈似皋繇(gāo yáo),其肩似子产,然自腰以下,不及禹者三寸,累然如丧家之狗。"子贡以告。孔子欣然而叹曰:"形状未也,如丧家之狗,然乎哉!然乎哉!"

孔子到郑国去,与弟子走散了,一人站在东城门外。有人对子贡说:"东门外有一个人,身高有九尺六寸,眼睛平正而长,额头突出,他的头像尧,脖子像皋陶,肩膀像子产,但是从腰以下比禹短了三寸,狼狈不堪如条丧家狗。"子贡把此话告诉了孔子,孔子欣然感叹说:"体形容貌未必像他说的那样,但说如丧家之犬,那倒是真像啊!那倒是真像啊!"

此事发生在鲁哀公三年(前492年),是年孔子60岁,正是"六十而耳顺"的时候,遭人调侃,不以为然。

孔子适卫,路出于蒲,会公叔氏以蒲叛卫,而止之。孔子弟子有公良儒者,为人贤长,有勇力,以私车五乘,从夫子行,喟然曰："昔吾从夫子遇难于匡,又伐树于宋。今遇困于此,命也夫!与其见夫子仍遇于难,宁我斗死。"挺剑而合众,将与之战。蒲人惧曰:"苟无适卫,吾则出子。"乃盟孔子,而出之东门。孔子遂适卫。子贡曰:"盟可负乎?"孔子曰:"要我以盟,非义也。"卫侯闻孔子之来,喜而于郊迎之,问伐蒲,对曰:"可哉!"公曰:"吾大夫以为蒲者,卫之所以恃晋楚也,伐之无乃不可乎?"孔子曰:"其男子有死之志,吾之所伐者,不过四五人矣。"公曰:"善。"卒不果伐。他日,灵公又与夫子语,见飞雁过而仰视之,色不悦。孔子乃逝。

孔子到卫国去,路过蒲地,正巧遇到公叔氏占据蒲地背叛卫国,只好停止行进。孔子弟子中有个叫公良儒的人,为人贤能厚道,勇武有加,他带着自己的五辆私车,跟随孔子出行,这时叹息道:"从前我跟从夫子在匡地遭到围困,后来在宋国又遭伐树之难。现在又受困于此,这是命啊!与其眼看着夫子再次遭到灾难,不如让我拼死一搏。"说完拔出剑来集合众人,将要与蒲人决一死战。蒲人害怕了说:"如果你们不到卫国去,我就放你们走。"于是和孔子立了盟誓,放他们从东门出去。孔子随后就到了卫国。子贡问:"盟誓可以违背吗?"孔子说:"他们要挟我盟誓,是不符合道义的。"卫灵公听说孔子来到卫国,高兴地到郊外迎接,询问讨伐蒲地的事,孔子回答说:"可以讨伐。"卫灵公说:"我的大夫认为,蒲地是卫国用来抵御晋国、楚国的屏障,讨伐它恐怕不合适吧?"孔子说:"蒲地男子有宁死不愿叛乱之志,我们所要讨伐的,不过四五个人而已。"卫灵公说:"好吧。"但最终还是没有讨伐蒲地。他日,卫灵公又与孔子谈话,看到大雁飞过就仰头观看,面上有不悦之色。于是孔子就离开了卫国。

　　陈蔡之困，夫子弦歌，泰然处之。匡人之畏，夫子以歌解难，化险为夷。伐树之困，子曰"天生德于予，桓魋其如予何！"，凛然以对。蒲地之困，孔子签盟去之。同样是困厄，孔子根据情势，采用不同的策略应对，表现出了仁者智勇双全的一面。至于卫灵公，孔子是彻底失望了。至于孔子不守盟誓，你和小人守什么盟誓呀，子曰："言必信，行必果，硁硁然小人哉！"

　　卫蘧（qú）伯玉贤，而灵公不用。弥（mí）子瑕不肖，反任之。史鱼骤谏而不从。史鱼病将卒，命其子曰："吾在卫朝，不能进蘧伯玉退弥子瑕，是吾为臣不能正君也。生而不能正君，则死无以成礼。我死，汝置尸牖（yǒu）下，于我毕矣。"其子从之。灵公吊焉，怪而问焉。其子以其父言告公。公愕然失容，曰："是寡人之过也！"于是命之殡于客位，进蘧伯玉而用之，退弥子瑕而远之。孔子闻之，曰："古之列谏之者，死则已矣，未有若史鱼死而尸谏，忠感其君者也。可不谓直乎？"

　　卫国的蘧伯玉是位贤者，卫灵公却不任用他。弥子瑕不肖，反而得到重用。史鱼屡次进谏，卫灵公就是不听。史鱼病危，嘱咐其子说："我在朝为官，不能让蘧伯玉受到任用，也不能使弥子瑕被罢免，这是我作为臣子不能匡正君主的过失。我活着的时候不能匡正君主，死后就不能依礼治丧。我死以后，你把我的尸首放在窗下，让我完成我的心愿。"其子听从了父亲的嘱托。卫灵公前来吊唁，感到奇怪，就询问怎么回事。其子把父亲的话告诉了卫灵公。卫灵公愕然而惊，脸色突变，说："这是我的过错啊！"于是下令将史鱼的灵柩停放到正堂，招进蘧伯玉而任用他，斥退弥子瑕而疏远他。孔子听到这件事后，说："古代敢于进谏的人，到死的时候也就停止了，没有像史鱼这样死了以后还要以尸体劝谏的。他的忠诚感动了君主，这样的人能说是不正直吗？"

《论语》中，子曰："直哉史鱼！邦有道如矢，邦无道如矢。君子哉蘧伯玉！邦有道则仕，邦无道则可卷而怀之。"

史鱼，春秋时卫国大夫，名佗，字子鱼，也称史䲡。他多次向卫灵公举荐蘧伯玉，临死前叮嘱家人不要治丧正室，以劝戒卫灵公进贤（蘧伯玉）去佞（弥子瑕），史称尸谏。

如果说蘧伯玉是君子中的贤者大隐，史鱼就是君子中的勇者义士。孔子欣赏蘧伯玉收放自如的处世之道，也赞赏史鱼直道而行、勇者不惧的高尚人格。

五帝德第二十三

宰我问于孔子曰:"昔者吾闻诸荣伊曰:'黄帝三百年。'请问黄帝者,人也?抑非人也?何以能至三百年乎?"孔子曰:"禹汤文武周公,不可胜以观也,而上世黄帝之问,将谓先生难言之故乎?"宰我曰:"上世之传,隐微之说,卒采之辩,暗忽之意,非君子之道者,则予之问也固矣。"孔子曰:"可也,吾略闻其说。黄帝者,少典之子,曰轩辕。生而神灵,弱而能言。幼齐睿庄,敦敏诚信。长聪明,治五气,设五量,抚万民,度四方,服牛乘马,扰驯猛兽,以与炎帝战于阪泉之野,三战而后克之。始垂衣裳,作为黼黻(fǔ fú)。治民以顺天地之纪,知幽明之故,达死生存亡之说。播时百谷,尝味草木,仁厚及于鸟兽昆虫。考日月星辰,劳耳目,勤心力,用水火财物以生民。民赖其利,百年而死;民畏其神,百年而亡;民用其教,百年而移。故曰:黄帝三百年。"

宰我问孔子说:"以前我听荣伊说过'黄帝三百年'。请问黄帝是人抑或不是人?怎么能至三百年呢?"孔子说:"大禹、商汤、周文王、周武王和周公,尚且不可能完全考证清楚,而你关于上古黄帝之问,就是问老前辈也难以说清楚吧?"宰我说:"上古世代的传说,隐约细微的说法,事过境迁的争辩,久远不明的含义,不是君子应该探究的,那么是我的问题固陋了。"

孔子说："可以问，我大略知道一些这些传说。黄帝，是少昊的儿子，名叫轩辕。出生时就非常神奇，很小就能说话。自幼端庄通达、敦厚聪敏、直诚信实，长大后更加聪明睿智。他研究五行之气，设置五种量器，安抚天下百姓，考察四方实情。他驾驭驯化的牛马，驱赶驯服的野兽，与炎帝在阪泉之野大战，历经多次战斗打败了炎帝。在他的教化下人们开始穿衣裳，还制作绣有华美花纹的礼服。他遵循天地的纲纪统治着子民，既明白昼夜阴阳之道，又通晓生死存亡之理。他按时播种百谷，鉴别良草佳木，他的仁心厚德惠及鸟兽昆虫。他考证日月星辰变化规律，费尽心力倾听观察，用水火财物养育子民。他生前子民受惠百年，死后子民敬畏百年，又延续教化百年。所以说'黄帝三百年'。"

黄帝，名叫轩辕，古华夏部落联盟首领，中国远古时代华夏民族的共主，五帝之首，被尊为中华"人文初祖"。史载轩辕有土德之瑞，故号黄帝。黄帝以统一华夏部落与征服东夷、九黎族的丰功伟绩载入史册。黄帝在位期间，播百谷草木，大力发展生产，始制衣冠、建舟车、制音律、创医学等。

孔子是从哪里了解黄帝的？上古书籍？口口相传？抑或都有。《尚书》却是从尧帝开始的。我们可以从《史记》《五帝本纪》了解五帝的事迹，从《夏本纪》《殷本纪》和《周本纪》中了解三王的事迹。

为什么是宰我问？宰我思想活跃，好学深思，善于提问，富有批判精神，是孔门弟子中少有的曾正面对孔子学说提出异议的人。宰我或许意识到了问题的严重性：孔子"祖述尧舜，宪章文武，述而不作"。如果尧舜这些上古圣贤不是人，或者根本不存在，孔子的学说就不成立了。但他没有意识到，生生不息的民族，其文化必然是代代相传的，后世尽管有所损益,但文化精神之根永存。本篇意在讲述五帝之德。

宰我曰:"请问帝颛顼(zhuān xū)。"孔子曰:"五帝用说,三王有度。汝欲一日遍闻远古之说,躁哉予也!"宰我曰:"昔予也闻诸夫子曰:'小子毋或宿。'故敢问。"孔子曰:"颛顼,黄帝之孙,昌意之子,曰高阳。洪渊而有谋,疏通以知远,养财以任地,履时以象天,依鬼神而制义,治气性以教众,洁诚以祭祀,巡四海以宁民。北至幽陵,南暨交趾,西抵流沙,东极蟠木。动静之类,小大之物,日月所照,莫不砥属。"

宰我说:"请讲一讲颛顼帝。"孔子说:"五帝太久远,是传说,三王还留有法度。你想要在一天的时间内把远古的事都听完,太性急了吧,宰予!"宰我说:"我曾经也听夫子说过:'小子们有问题别过宿',所以才请教的。"孔子说:"颛顼,是黄帝的孙子,昌意的儿子,叫高阳。他的思想深邃而富有谋略,博古通今而富有远见,因地制宜创造财富,取法天道顺应时令,依顺鬼神裁定适宜与否,陶冶性情以教化民众,以纯洁虔诚之心去祭祀,巡查四方来安定子民。往北到过幽陵,往南到过交趾,往西到过流沙,往东到过蟠木。动的静的生灵,大的小的事物,日月所能照射到的地方,无不平定而归属于他。"

颛顼,号高阳氏,人文始祖之一。

少昊死后,共工与颛顼争夺帝位,颛顼打败共工,成为天下共主。"所居玄宫为北方之宫,北方色黑,五行属水",因此古人说他是以水德为帝,又称"玄帝"。颛顼以帝丘为都城,以句芒为木正、祝融为火正、句龙为土正。他即位后严格遵循轩辕黄帝的政策行事,社会安定太平。

西周王朝以前的华夏历史被称为"上古史"。古代学者通常把它分为三个阶段，即"三皇"时期、"五帝"时期和"三王"时期。按照一般意义上的说法，燧人氏、伏羲氏、神农氏被称为"三皇"，黄帝、颛顼、帝喾、唐尧、虞舜被称为"五帝"，而"三王"则指夏禹、商汤和周武王。

宰我曰："请问帝喾（kù）。"孔子曰："玄枵（xiāo）之孙，乔极之子，曰高辛。生而神异，自言其名。博施厚利，不于其身。聪以知远，明以察微。仁而威，惠而信，以顺天地之义。知民所急，修身而天下服。取地之财而节用之，抚教万民而诲利之，历日月之生朔而迎送之，明鬼神而敬事之。其色也和，其德也重，其动也时，其服也衷。春夏秋冬，育护天下。日月所照，风雨所至，莫不从化。"

宰我说："请讲一讲帝喾。"孔子说："他是玄枵的孙子，乔极的儿子，叫高辛。他生下来就很神异，能说出自己的名字。他广泛地施利于民，从来不考虑自己的利益。他聪慧而有远见，明智而能体察入微。仁慈有威望，恩惠有诚信，以顺应天地之法则。他知道民众急需什么，修养自身而令天下人信服。他从土地中获取财物而节俭使用，安抚教化民众而让他们受益。观察日月的出没在生日和朔日进行迎送祭祀，昌明鬼神而且诚敬地侍奉他们。他神情和悦，德性厚重，举动合乎天时，服丧尽心哀思。春夏秋冬，呵护养育天下万物。日月所照之地，风雨所到之处，没有不被化育的。"

颛顼是黄帝次子之子，而帝喾是黄帝长子之孙。

帝喾，五帝之一。颛顼死后，他继承帝位，成为天下共主。他以亳（bó）为都城，以木德为帝，号高辛氏，当年改元为帝喾元年，深受百姓爱戴。

他死后葬于故地高辛，有帝喾陵。帝喾前承炎黄，后启尧舜，奠定华夏根基，是华夏民族的人文始祖之一。

宰我曰："请问帝尧。"孔子曰："高辛氏之子，曰陶唐。其仁如天，其智如神。就之如日，望之如云。富而不骄，贵而能降。伯夷典礼，龙夔（kuí）典乐，舜时而仕，趋视四时，务先民始之。流四凶而天下服。其言不忒，其德不回，四海之内，舟舆所及，莫不夷说。"

宰我说："请讲一讲帝尧。"孔子说："他是高辛氏的儿子，叫陶唐。他仁慈如天，智慧如神。靠近他如太阳般温暖，望着他如云彩般柔和。他富而不骄，贵而能谦。他让伯夷主管礼仪，让龙夔执掌舞乐。他适时推举舜来做官，到各地巡视四季作物生长情况，把民众的事放在首位。他惩治流放了四个凶恶的人而赢得天下人的归服。他说话从不出错，他的德行从不违背道义。四海之内，车船所到之处，人们没有不喜爱他的。"

帝尧是帝喾的第四子，有圣德，深受人们的爱戴。传说他曾设官掌管天地时令，观测天象，制定历法，敬授民时，谘询四岳，征伐苗民，推行公平的刑法。尧实行上述措施，使得万邦和睦共处，友好交往，共同组成了中原部落大联盟，出现了国家雏形。尧选择舜为其继任人，死后由舜继位。这就是战国时期儒家学派推崇的禅让。

我们从《书经》中可以了解帝尧、帝舜和三王的历史及治国方略。《书经》分为《虞书》《夏书》《商书》和《周书》。"四凶"指的是共工、驩兜（huān dōu）、三苗和鲧。

宰我曰："请问帝舜。"孔子曰："乔牛之孙，瞽瞍（gǔ sǒu）之子也，曰有虞舜。孝友闻于四方，陶渔事亲。宽裕而温良，敦敏而知时，畏天而爱民，恤远而亲近。承受大命，依于二女。睿明智通，为天下帝。命二十二臣，率尧旧职，恭己而已。天平地成，巡狩四海，五载一始。三十年在位，嗣帝五十载。陟方岳，死于苍梧之野而葬焉。"

宰我说："请讲一讲帝舜。"孔子说："他是乔牛的孙子，瞽瞍的儿子，叫有虞舜。他因孝顺父母善待兄弟而闻名四方，通过制陶和捕鱼来奉养双亲。他宽恕豁达而且温和善良，敦厚聪敏而且懂得时序节令，敬畏上天爱护民众，体恤远方而且亲近身边的人。他承受天命，得到两位妻子的协助。他聪慧睿智通达明理，成为天下帝王。他任命二十二位大臣，遵循履行尧帝旧制和职责，自己只是身体力行而已。他在位时，天下太平，大地丰收，巡狩四海，五年一次。他三十岁被任用，接续帝位五十年。他巡狩四岳，死在苍梧之野并安葬在那里。"

舜，有虞氏，名重华，史称虞舜。舜是颛顼长子穷蝉的六代玄孙，父系氏族社会后期部落联盟领袖。舜与尧一样，同是先秦时期儒墨两家推崇的古昔圣王。舜对于儒家有特别的意义。儒家的学说重视孝道，舜传说也是以孝著称，所以他的人格形象正好成为儒家伦理学说的典范。

宰我曰："请问禹。"孔子曰："高阳之孙，鲧之子也，曰夏后。敏给克齐，其德不爽，其仁可亲，其言可信。声为律，身为度。亹亹（wěi wěi）穆穆，为纪为纲。其功为百神主，其惠为民父母。左准绳，右规矩，履四时，据四海。任皋繇、伯益以赞其治，兴六师以征不序。四极之民，莫敢不服。"

孔子曰："予！大者如天，小者如言，民悦至矣。予也非其人也。"

宰我曰:"予也不足以戒。敬承矣。"

宰我说:"请讲一讲夏禹。"孔子说:"他是高阳的孙子,鲧的儿子,叫夏后。他聪敏,能成就事业,德行没有差失,仁慈可亲,言语可信。严于律己,以身作责。他勤勉不倦而又庄恭严谨,成为典范和楷模。他的功业使他成为百神之主,他的恩惠使他成为百姓的父母。他时时遵循标准,处处严守规则,严格按照四时更替的规律行事,安定了四海。他任命皋繇、伯益帮助他治理天下,率领军队征讨不服从秩序的人。四方的民众,没有不服从的。"

孔子说:"宰予啊,帝王的功德大的像天一样,小的就像一句话,民众和悦达到了最佳状态。我还不足以明白五帝之德。"宰我说:"我尚没有足够的能力以五帝之德来诫勉自己,只能诚敬地继承。"

禹,姒(sì)姓夏后氏,名文命,字高密,号禹,后世尊称大禹,夏后氏首领,夏朝开国君王,传说为帝颛顼的曾孙、黄帝轩辕氏第六代玄孙。夏禹的重大功绩不仅在于治理洪水,发展国家生产,使人民安居乐业,更重要的是创造了"国家"这一新型的社会政治形态。

他日,宰我以语子贡,子贡以复孔子。子曰:"吾欲以颜状取人也,则于灭明改之矣。吾欲以言辞取人也,则于宰我改之矣。吾欲以容貌取人也,则于子张改之矣。"宰我闻之惧,弗敢见焉。

过了几天,宰我将古代帝王的事情告诉了子贡,子贡又将这些告诉了孔子。孔子说:"我想用外表来取舍一个人,是因澹台灭明让我改变了这种想法。我想用言辞来取舍一个人,是因宰我让我改变了这种想法。我想用容貌来取舍一个人,是因子张让我改变了这种想法。"宰我听了这话,非常害怕,不敢去见孔子。

《史记》载,澹台灭明,状貌甚恶,孔子以为材薄。孔子后来说:"吾以言取人,失之宰予。以貌取人,失之子羽。"该记载可能来自孔子的上述言论。关于澹台灭明长得英俊还是丑陋,从各种记载的文意看,犹待辨识。

《论语》载,宰予昼寝。子曰:"朽木不可雕也,粪土之墙不可杇也!于予与何诛?""始吾于人也,听其言而信其行。今吾于人也,听其言而观其行。于予与改是。"宰我问曰:"仁者,虽告之曰:'井有仁焉。'其从之也?"子曰:"何为其然也?君子可逝也,不可陷也。可欺也,不可罔也。"孔子说,为什么会这样呢?君子可以杀身成仁,却不可以被诬陷。君子可以被人欺骗,但不可以被人迷惑。意思是你这本身就是一个不仁不义的问题,迷惑不了我,也陷害不了我。宰我擅长辞辩,但求于辞辩,有时候看似抓住了要害,实则丢掉了本质,有言过其行之嫌。所以孔子说"以言取人,失之宰予"。

为什么说以貌取人,改自子张呢?在孔门弟子中,子张是忠信的楷模,后人称之有"亚圣之德"。但他生活上不拘小节,不讲究外观礼仪,不追求衣冠整洁美观,随和从俗,所以孔子才有此一说。

《论语》载,子曰:"视其所以,观其所由,察其所安,人焉廋哉?人焉廋哉?"分析其动机,观察其行动,了解其目的,人是藏不住的。

五帝第二十四

季康子问于孔子曰:"旧闻五帝之名,而不知其实,请问何谓五帝?"

孔子曰:"昔丘也闻诸老聃曰,'天有五行,木、火、金、水、土,分时化育,以成万物,其神谓之五帝。'古之王者,易代而改号,取法五行,五行更王,终始相生,亦象其义。故其为明王者,而死配五行。是以太皞(hào)配木,炎帝配火,黄帝配土,少皞配金,颛顼(zhuān xū)配水。"

季康子问孔子道:"以前听说过五帝之名,但不知道真实情况什么样,请问何谓五帝?"

孔子说:"从前我听老聃说,'天有五行,木、火、金、水、土,按不同时节滋生化育,形成了万物,这五行之神就是五帝。'古代的帝王,改朝换代就要变更名号,并以五行更替的法则更替大王的名号。周而复始,终始相生,也遵循五行的顺序。因此那些贤明的君王,死后也以五行相配。所以太皞配木,炎帝配火,黄帝配土,少皞配金,颛顼配水。"

本篇所指五帝,太皞、炎帝、黄帝、少皞和颛顼五位,与上篇《五帝德》中五帝系不同,孔子是听老子讲的。太皞即伏羲氏,以木德王天下,死后祀于东方,为木德之帝。炎帝即烈山氏,又号神农氏,以火德王天下,死后祀于南方,为火德之帝。黄帝即轩辕氏,以土德王天下,死后托祀为中央之帝。少皞又作少昊，名挚，号金天氏，德配金，死后祀于西方，为西方金德之帝。颛顼，黄帝之孙，号高阳氏，以水德王天下，死后祀于北方，为水德之帝。

康子曰："太皞氏其始之木何如？"

孔子曰："五行用事，先起于木。木，东方，万物之初皆出焉。是故王者则之，而首以木德王天下。其次则以所生之行，转相承也。"

季康子问："太皞氏是从木开始的，这是为什么呢？"

孔子回答说："五行主事，从木起始。木属东方，万物生发之初都出自东方。因此帝王以此为准则，首先以木德称王于天下。然后按照五行相生的运行次第，周转相承。"

五行是上古时期，先哲用来阐释宇宙万物的形成及其运动形式、转化关系的哲学系统。该系统认为构成万物的基本元素是水、火、木、金、土，五者相生相克，推动宇宙万物运行变化，形成各种现象。相生关系是木生火，火生土，土生金，金生水，水生木，如此循环往复。相克关系是木克土、土克水、水克火、火克金、金克木，循环往复。

康子曰："吾闻勾芒为木正，祝融为火正，蓐（rù）收为金正，玄冥为水正，后土为土正，此则五行之主而不乱。称曰帝者何也？"

孔子曰："凡五正者，五行之官名。五行佐成上帝，而称五帝。太皞之属配焉，亦云帝，从其号。昔少皞氏之子有四叔，曰重，曰该，曰修，曰熙。实能金木及水，使重为勾芒，该为蓐收，修及熙为玄冥。颛顼氏之子曰黎，为祝融。共工氏之子曰勾龙，为后土。此五者各以其所能业为官职，生为上公，死为贵神，别称五祀，不得同帝。"

季康子说："我听说勾芒是木之主，祝融是火之主，蓐收是金之主，玄冥是水之主，后土是土之主，这些掌管五行的主事官没有乱，都被称为帝，为什么呢？"

孔子说："这五正是五行的官长名。五行辅佐他们成就上帝，因而也称作五帝。太皞他们五位德配上帝，也叫作帝，并随五行的称号。从前少皞氏之子有四叔，分别叫重、该、修和熙。他们善于管理金、木、水，让重做勾芒（木官），该做蓐收（金官），修和熙做玄冥（水官）。颛顼氏的儿子叫黎，做祝融（火官），共工氏的儿子叫勾龙，做后土（土官），他们五者各自以自己擅长的方面作为官职，生前都是上公，死后尊称为神，特别享称五祀，但不能等同于帝。"

勾芒、祝融、蓐收、玄冥和后土分别是掌管五行之一属的木神、火神、金神、水神和土神，德配上帝，所以可称为帝。

太皞、炎帝、黄帝、少皞和颛顼五王，以五行为法则。五行木为首，木属东方，万物生发之初都出自东方，故五行主事从木起始，太皞以木德称王于天下，然后按照五行相生的运行次第，周转相乘。五王德配上帝，所以可以叫作帝。而重、该、修（熙）、黎和勾龙，虽然可以做五行之一属之官职，死后可以成神，但功业不敌五王，德尚不足以配上帝，故不得享有同帝一样的称号。

上帝，天帝，古时指上天主宰一切的神明。

帝，天子在位称皇，死后称帝，如父皇，先帝。后来天子统称皇帝。

康子曰："如此之言，帝王改号，于五行之德，各有所统。则其所以相变者，皆主何事？"

孔子曰："所尚则各从其所王之德次焉。夏后氏以金德王，色尚黑，大事敛用昏，戎事乘骊，牲用玄。殷人以水德王，色尚白，大事敛用日中，戎事乘翰，牲用白。周人以木德王，色尚赤，大事敛用日出，戎事乘骝（yuán），牲用骍（xīng）。此三代之所以不同。"

康子曰："唐、虞二帝，其所尚者何色？"

孔子曰："尧以火德王，色尚黄。舜以土德王，色尚青。"

季康子说："如此说来，帝王更改年号，都用五行的德性相配，五行各有各的统属。那么这样相继变化，都主什么事呢？"

孔子说："他们所崇尚的与他们各自称王所依据的五行之德有关。夏后氏以金德称王，崇尚黑色，丧事定在黄昏时刻，战事乘驾黑马，祭祀用黑毛的牺牲。殷人以水德称王，崇尚白色，丧事定在正午时刻，战事乘驾白马，祭祀用白毛的牺牲。周人以木德称王，崇尚红色，丧事定在日出时刻，战事乘驾红马，祭祀用红毛的牺牲。这就是夏商周三代主事不相同的地方。"

季康子说："唐尧虞舜二帝，他们崇尚的是什么颜色？"

孔子说："尧以火德称王，崇尚黄色。舜以土德称王，崇尚青色。"

《论语》载，"君子不以绀緅（gàn zōu）饰，红紫不以为亵（xiè）服"。君子不用黑里透红的布做衣服的镶边，不用红色或紫色的布做平常在家穿的衣服。为什么？周人崇尚红色，红色是主事正色，不是能随便穿的。

尧尚黄，舜尚青，夏尚黑，殷尚白，周尚红。

康子曰："陶唐有虞夏后殷周，独不得配五帝，意者德不及上古耶？将有限乎？"

孔子曰:"古之平治水土及播殖百谷者众矣,唯勾龙氏兼食于社,而弃为稷神,易代奉之,无敢益者,明不可与等。故自太皞以降,逮于颛顼,其应五行而王,数非徒五,而配五帝,是其德不可以多也。"

季康子说:"陶唐、有虞、夏后、殷、周,独不得与五帝相配,是否意味着他们的德行比不上上古的帝王呢?还是有什么限制呢?"

孔子说:"上古治理水土和播种百谷的人很多,只有勾龙死后配食于社庙,弃为五谷之神,迭代供奉,不敢有增加的,表明他们不可与帝等列。因此从太皞以来,直到颛顼,顺应五行之德称王天下的人,其数目不只五位,而只有他们与五帝之德相配,是因为他们的德行的确到了无可复加的地步。"

德配上帝,也叫作帝,并随五行称号的,只有太皞、炎帝、黄帝、少皞和颛顼。唐尧、虞舜、夏禹、殷汤与周文王、周武王他们的德行功业,还达不到号称五行、德配上帝的要求,甚至称神尚有欠缺。《论语》载,子曰:"巍巍乎,唯天为大,唯尧则之。"多么崇高呀,只有尧能够效法最伟大的天。只有尧能则天,已经是名垂千古,后无来者了。

执辔第二十五

闵子骞为费宰，问政于孔子。

子曰："以德以法。夫德法者，御民之具，犹御马之有衔勒也。君者，人也。吏者，辔（pèi）也。刑者，策也。夫人君之政，执其辔策而已。"

闵子骞任费地长官，问政于孔子。

孔子说："用德政和法治。德政和法治，是治理百姓的工具，就像驾驭马车用马勒口和缰绳一样。国君，好比驾马的人。官吏，好比缰绳。刑罚，好比马鞭。君王之政，只要掌握好缰绳和马鞭就可以了。"

政治，就是德政和法治，这是本篇的总纲，也是孔子提倡的国家治理的大政方针。

给人的印象好像是，孔子重视为政以德，不太重视为政以法。《论语》里有两则"子曰"，有明显这样的倾向。子曰："为政以德，譬如北辰，居其所而众星共之。""道之以政，齐之以刑，民免而无耻。道之以德，齐之以礼，有耻且格。"从这篇的论述看，有些误解孔子了。孔子重视以德治国，也重视以法治国。不过从君子之道看，孔子只是强化了道德在修身处世方面的重要性罢了。下面，围绕着马辔和马鞭，德政与法治，孔子展开了详细的论述。

子骞曰:"敢问古之为政?"

孔子曰:"古者天子以内史为左右手,以德法为衔勒,以百官为辔(pèi),以刑罚为策,以万民为马,故御天下数百年而不失。善御马者,正衔勒,齐辔策,均马力,和马心。故口无声而马应辔,策不举而极千里。善御民者,壹其德法,正其百官,以均齐民力,和安民心。故令不再而民顺从,刑不用而天下治。是以天地德之,而兆民怀之。夫天地之所德,兆民之所怀,其政美,其民而众称之。今人言五帝三王者,其盛无偶,威察若存,其故何也?其法盛,其德厚,故思其德,必称其人,朝夕祝之。升闻于天,上帝俱歆,用永厥世,而丰其年。

闵子骞说:"请问古时候是如何为政的?"

孔子说:"古代的天子把内史作为自己执政的左右手,把德政和法治当作衔勒(马嚼口和马络头),把百官当作缰绳,把刑罚当作马鞭,把万民当作马,所以统治天下数百年来没有失误。善于驾驭马的人,就要安正衔勒,备齐缰绳和马鞭,均衡使用马力,让马齐心合力。这样不用吆喝马就应和缰绳的松紧前进,不用扬鞭马就可以跑上千里之路。善于统治民众的君主,就得统一德政和法治,端正百官,均衡地使用民力,使民心安定和谐。所以法令不用强调民众就会服从,刑罚不用施行天下就会大治。这样天地也认为他有德,万民也乐于服从。天地认为他有德,万民乐于服从,各种政令美好,民众交口称赞。现在人说起五帝三王,他们的盛德无与伦比,他们的声威和清誉好像至今还在,这是什么缘故呢?他们的礼法完备,德政宽厚,所以想起他们的仁德,必然会称赞他们,朝夕为他们祝祷。这些声音上达于天,上帝都很高兴,让他们国运长久,年年都有好收成。

御马与御人，道理是相通的。善于治理天下的君王，犹如善于驾驭马（万民）的驭者（君王）一样，双手（内史）牵着缰绳（百官），缰绳系在由马嚼头（德政）和马络头（法治）组成的衔勒（德法）上，用马鞭（刑罚）鞭策之，驾着马车（国家）前进。

"不能御民者，弃其德法，专用刑辟（pì）。譬犹御马，弃其衔勒，而专用棰（chuí）策，其不制也，可必矣。夫无衔勒而用棰策，马必伤，车必败。无德法而用刑，民必流，国必亡。治国而无德法，则民无修。民无修，则迷惑失道。如此，上帝必以其为乱天道也。苟乱天道，则刑罚暴，上下相谀，莫知念患，俱无道故也。今人言恶者，必比之于桀纣，其故何也？其法不听，其德不厚。故民恶其残虐，莫不吁嗟，朝夕祝之。升闻于天，上帝不蠲（juān），降之以祸罚，灾害并生，用殄厥世。故曰德法者御民之本。

"不擅长治理百姓的人，他们丢弃了德政和法治，专用刑罚。好比驾驭马，丢弃了衔勒，而专用棍棒和马鞭，事情做不好，是必然的。没有衔勒和缰绳，只用棍棒和马鞭，马必然会受伤，马车必然会毁坏。没有德政和法治，只用刑罚，民众必然会流亡，国家必然会灭亡。治理国家没有德政和法治，民众就无法修行。民众无法修行，就会迷惑不走正道。如此，上帝必然认为这是扰乱了天道。如果乱了天道，就会残暴地使用刑罚，上下相互奉承讨好，没人再忧国忧民，这都是没有遵循道的缘故。现在人们说到恶人，必定会把他比作夏桀商纣，这是什么原因呢？他们制定的法令没人听，他们的德政不厚道。所以民众厌恶他们的残暴，没有不叹息的，会朝夕诅咒他们。这些声音上达于天，上帝不会免除他们的罪过，会降下祸患来惩罚他们，灾难祸害一起发生，足以灭绝他们的朝代。所以说德政和法治是治理民众的根本。

德法者御民之本。只有德政和法治相结合，相得益彰，才会政治昌明，政通人和，国泰民安。

天道和人道是相通的。民之所欲，天必从之。民心所向，政之所行。政之所兴，在顺民意。政之所废，在逆民心。

"其法不听，其德不厚"，则天地不容，人神共愤，必遭天谴。

"古之御天下者，以六官总治焉。冢宰（zhǒng zǎi）之官以成道，司徒之官以成德，宗伯之官以成仁，司马之官以成圣，司寇之官以成义，司空之官以成礼。六官在手以为辔，司会均仁以为纳。故曰御四马者执六辔，御天下者正六官。是故善御马者，正身以总辔，均马力，齐马心，回旋曲折，唯其所之。故可以取长道，可赴急疾。此圣人所以御天地与人事之法则也。天子以内史为左右手，以六官为辔，已而与三公为执六官，均五教，齐五法。故亦唯其所引，无不如志。以之道则国治，以之德则国安，以之仁则国和，以之圣则国平，以之礼则国定，以之义则国义，此御政之术。

"古代统治天下的帝王，用六官来总理国家。冢宰之官用以成就政道，司徒之官用以成就德行，宗伯之官用以成就仁爱，司马之官用以成就圣业，司寇之官用以成就仁义，司空之官用以成就礼仪。六官控制在手就如同握住了缰绳，司会以仁义为纲来纵览全局。因此说，驾驭四马的人要掌控好六条缰绳，治理天下的人要端正好六种官职。因此说，善于驾驭马的人，端正身体揽好缰绳，使马齐心协力，即使走在曲折蜿蜒的路上，也能随心所欲，可以走长途，可以赴急难。这是圣人用来统治天下和治理民众的法则。天子以内史为左右手，以六官为缰绳，然后和三公一起来控制六官，均齐五教，齐备五法。只要有所指引，没有不如愿的。用仁道引导，国家就会得以治理。用德行引导，国家就会得以安宁。用仁爱引导，国家就会得以和谐。用圣明引导，国家就会得以太平。用礼仪引导，国家就会得以稳定。用道义引导，国家就会得以正义。这就是施政的方法。

冢宰为太宰，六卿之首。司徒为教官，掌理教化。宗伯为祀官，掌管礼仪祭祀。司马为治官，掌管军政和军赋。司寇为刑官，掌理刑狱。司空为事官，掌管水土营建之事。分别对应成就道、德、仁、圣、礼、义。司会为财官，主管财政经济及对群官政绩的考察。

五教，指父义、母慈、兄友、弟恭、子孝五种伦理道德的教化。五法即五刑，以五刑纠万民。一曰野刑，上功纠力；二曰军刑，上命纠守；三曰乡刑，上德纠孝；四曰官刑，上能纠职；五曰国刑，上愿纠暴。

"过失，人之情，莫不有焉。过而改之，是为不过。故官属不理，分职不明，法政不一，百事失纪，曰乱。乱则饬（chì）冢宰。地而不殖，财物不蕃，万民饥寒，教训不行，风俗淫僻，人民流散，曰危。危则饬司徒。父子不亲，长幼失序，君臣上下乖离异志，曰不和。不和则饬宗伯。贤能而失官爵，功劳而失赏禄，士卒疾怨，兵弱不用，曰不平。不平则饬司马。刑罚暴乱，奸邪不胜，曰不义。不义则饬司寇。度量不审，举事失理，都鄙不修，财物失所，曰贫。贫则饬司空。故御者同是车马，或以取千里，或不及数百里，其所谓进退缓急异也。夫治者同是官法，或以致平，或以致乱者，亦其所以为进退缓急异也。

"过失，是人之常情，人不可能没有。有了过失改正了，就不是过失了。因此官吏体系不理清，职责不分明，法令政教不统一，各种事情失去纲纪，就叫作乱。乱就整饬冢宰。田地不去耕作，财物没有生息，百姓饥寒交迫，教令不行，风俗淫邪，人民流离失所，这叫作危。危就整饬司徒。父子不亲，长幼失序，君臣上下离心离德各怀其志，这叫作不和。不和就整饬宗伯。贤能的人失去官爵，有功劳的人得不到奖赏利禄，士卒心怀怨恨，兵力虚弱不堪一用，这叫作不平。不平就整饬司马。刑罚暴乱，奸邪不能被制止，这叫作不义。不义就整饬司寇。度量不审查，做事失去条理章法，城邑不整修，财物流散失所，这叫作穷。穷就整饬司空。所以驾驭者驾驭的同样是车马，有的人可以行至千里，有的人走不到百里，这就是所谓处理进退缓急的方法不同。治理者执行的同样是法规，有的人治理得很好，有的人却导致混乱，这也是因为处理进退缓急的方法不同造成的。

有错不改，是为过。有错即改，改过迁善，善莫大焉。六官能够担当作为，各负其责，严格执纪，及时纠错，社会才会昌明太平。治国先治吏。

"古者天子常以季冬考德正法，以观治乱。德盛者治也，德薄者乱也。故天子考德，则天下之治乱可坐庙堂之上而知之。夫德盛则法修，德不盛则饬，法与政咸德而不衰。故曰王者又以孟春论吏之德及功能，能德法者为有德，能行德法者为有行，能成德法者为有功，能治德法者为有智。故天子论吏，而德法行，事治而功成。夫季冬正法，孟春论吏，治国之要。"

"古时候天子常在岁末考校德政，端正礼法，以了解天下治理情况。德政兴盛，世道就安定。德政不兴，世道就混乱。所以天子通过考校德政，天下治理的情况坐在朝堂之上就可以知道了。德政兴盛礼法就会得到修治，德政不兴就要整饬，法治和政教都合乎仁德就不会衰败。所以说天子又在年初考评官吏的德行、功劳及才能。能够推行德政和法治的为有德品，能够施行德政和法治的为有德行，能够成就德政和法治的为有功劳，能够修治德政和法治来管理政事的为有智慧。因此天子考评官吏，就是为了德政和法治得到实施，政事得到治理而治国之业大功告成。冬末调整礼法，初春考评官吏，这是治国的关键。"

治国的关键是"季冬正法，孟春论吏"。季冬正法就是根据一年来德政法治的实施情况，对政策进行校偏修正，使礼法更加昌明。孟春论吏就是论功行赏，鼓励先进激励后进，为当官的指明前进的方向。

子夏问于孔子曰："商闻易之生人及万物，鸟兽昆虫，各有奇耦，气分不同，而凡人莫知其情，唯达道德者能原其本焉。天一，地二，人三，三三如九。九九八十一，一主日，日数十，故人十月而生。八九七十二，偶以从奇，奇主辰，辰为月，月主马，故马十二月而生。七九六十三，三主斗，斗主狗，故狗三月而生。六九五十四，四主时，时主豕，故豕四月而生。五九四十五，五主音，音主猿，故猿五月而生。四九三十六，六为律，律主鹿，故鹿六月而生。三九二十七，七主星，星主虎，故虎七月而生。二九一十八，八主风，风为虫，故虫八月而生。其余各从其类矣。鸟鱼生阴而属于阳，故皆卵生。鱼游于水，鸟游于云，故立冬则燕雀入海化为蛤（gé）。蚕食而不饮，蝉饮而不食，蜉蝣不饮不食，万物之所以不同。介鳞夏食而冬蛰，龁吞者八窍而卵生，齟嚼者九窍而胎生，四足者无羽翼，戴角者无上齿。无角无前齿者膏，有角无后齿者脂。昼生者类父，夜生者似母，是以至阴主牝，至阳主牡。敢问其然乎？"

孔子曰："然，吾昔闻老聃亦如汝之言。"

子夏问孔子说："我听说《易》讲人和万物以及鸟兽昆虫的出生，各有单数双数和元气分限不同。而普通人不知其中的奥秘，只有达德者才能够探究其中的本原。天为一，地为二，人为三，三三得九。九九八十一，一主天干，天干数是十，因此人怀胎十个月而生。八九七十二，偶数相从奇数，奇数主象地支，地支主象月份，月份主象马，所以马怀胎十二个月后出生。七九六十三，三主象北斗，北斗主象狗，所以狗怀胎三个月后出生。六九五十四，四主象四时，四时主象猪，所以猪怀胎四个月后出生。五九四十五，五主象五音，五音主象猿，所以猿怀胎五个月后出生。四九三十六，六主象六律，六律主象鹿，所以鹿怀胎六个月后出生。三九二十七，七主象星宿，星宿主象虎，所以虎怀胎七个月后出生。二九一十八，八主象八风，八风主象虫，所以虫经过八个月衍化而生。其余各从其类。鸟和鱼生于阴处而飞游于阳处，因此都是卵生。鱼游于水中，鸟翔于云中，因此立冬季节燕雀入海化为蛤蛎。蚕吃食而不饮水，蝉饮水而不吃食，蜉蝣不饮不食，万物各有不同。长有鳞甲的动物夏天进食而冬天蛰伏。不用咀嚼而吞食的动物长有八窍而卵生，嚼碎食物的动物长有九窍而胎生，四足动物没有羽翼，长角动物没有上面的牙齿。没有角没有前齿的动物身上有膏状油脂，有角无后齿的动物有脂状油脂。白天出生的像父亲，夜里出生的像母亲，因此阴的极点代表雌性，阳的极点代表雄性。请问是这样吗？"

孔子说:"是这样。我从前听老聃也像你这样说过。"

子夏,姓卜,名商,字子夏,孔门十哲之一。他少孔子44岁,才思敏捷,才气过人,以文学著称,因常有独到见解而得到孔子的赞许。他曾问孔子《诗经》中"巧笑倩兮,美目盼兮,素以为绚兮"一句,孔子答以"绘事后素",他立即得出"礼后乎",即《诗经》是礼乐的依归。孔子赞曰:"起予者,商也!始可以言《诗》已矣。"但孔子也曾告诫子夏"女为君子儒,无为小人儒"。

从本篇看,子夏不仅才气过人,而且见多识广;老子不仅是道德家,还是博物学家。这里利用《易经》的阴阳变化、数理关系对动物的生息给出了详细的解析。

子夏曰:"商闻山书曰:'地东西为纬,南北为经。山为积德,川为积刑。高者为生,下者为死。丘陵为牡,溪谷为牝。蚌蛤龟珠,与日月而盛虚。'是故坚土之人刚,弱土之人柔。墟土之人大,沙土之人细。息土之人美,秏土之人丑。食水者善游而耐寒,食土者无心而不息。食木者多力而不治,食草者善走而愚。食桑者有绪而蛾,食肉者勇毅而捍。食气者神明而寿,食谷者智惠而巧。不食者不死而神。故曰羽虫三百有六十,而凤为之长。毛虫三百有六十,而麟为之长。甲虫三百有六十,而龟为之长。鳞虫三百有六十,而龙为之长。裸虫三百有六十而人为之长。此乾坤之美也,殊形异类之数。王者动必以道,静必顺理,以奉天地之性,而不害其所主,谓之仁圣焉。"

子夏言终而出,子贡进曰:"商之论也何如?"孔子曰:"汝谓何也?"对曰:"微则微矣,然则非治世之待也。"孔子曰:"然,各其所能。"

子夏说:"我听说《山书》上写道:'大地东西为纬,南北为经。山是积德而成,川是积刑而成。居高者为生,处下者为死。丘陵象征着雄性,溪谷象征着雌性。蚌蛤龟珠,随日月的变化而有时丰满,有时虚空。'因此生长在坚硬土地上的人刚强,生长在松软土地上的人柔弱。丘陵之地上长大的人高大,沙质土地上长大的人瘦小。生长在肥沃土地上的人漂亮,生长在贫瘠土地上的人丑陋。食水的动物善于游泳而且耐寒,食土的动物没有心脏而且不需要呼吸。以树木为食的动物力气大而且不容易驯服,以草为食的动物善于奔跑而且愚笨。食桑叶的动物会吐丝并能变成飞蛾,食肉的动物勇敢果毅而且强悍。食气的动物充满灵气而且长寿,吃五谷的动物有智慧而且灵巧。不吃东西的长生不老能成为神。所以说,长有羽翼的动物三百六十种,而凤凰为其首。长有皮毛的动物三百六十种,而麒麟为其首。长有甲壳的动物三百六十种,而龟为其首。长有鳞片的动物三百六十种,而龙为其首。不长羽毛鳞甲的动物三百六十种,而人为其首。这就是天地的精妙所在,殊形异类各有其数。王天下者动必定循道而动,静必定循道而静,这样便可以顺从天理奉行天地的本性,而不伤害其所主象的事物,这叫作仁圣。"

子夏说完就出去了,子贡上前问道:"卜商之论怎么样?"孔子说:"你觉得如何?"子贡回答:"精妙倒是精妙,但却不是治世所需。"孔子说:"是呀,还是各自发挥自己的才能吧。"

在子贡看来,子夏的这些知识对于德政法治来说没有多大用处,算不得大德学问。孔子对此持包容态度,谓之曰"各其所能"。用曾子的话说,大学之道,在明明德,在亲民,在止于至善。孔子用命在仁,对这些自然现象不是不知道,而是不去过于关注探究,但对于人之性命、生死和发育规律却是明了在心。且看本命解。

本命解第二十六

鲁哀公问于孔子曰："人之命与性何谓也？"

孔子对曰："分于道，谓之命。形于一，谓之性。化于阴阳，象形而发，谓之生。化穷数尽，谓之死。故命者，性之始也。死者，生之终也。有始则必有终矣。人始生而有不具者五焉，目无见，不能食，不能行，不能言，不能化。及生三月而微煦，然后有见。八月生齿，然后能食。三年囟合，然后能言。十有六而精通，然后能化。阴穷反阳，故阴以阳变。阳穷反阴，故阳以阴化。是以男子八月生齿，八岁而龀。女子七月生齿，七岁而龀，十有四而化。一阳一阴，奇偶相配，然后道合化成。性命之端，形于此也。"

鲁哀公问孔子说："人的命和性各指什么呢？"

孔子回答说："天道赋予人的，称作命。归于人的，称作性。化于阴阳，有了形体而后产发出来，谓之生。阴阳殆尽而后化于无形，谓之死。所以命是性的开始，死是生的终结，有开始就会有结束。人刚出生时有五种能力不具备，眼睛看不见，不能吃食物，不能行走，不能说话，不能生育。出生三个月以后眼珠慢慢开始转动，然后才能看得见。八个月长出牙，然后才能吃东西。三年腮骨长合，然后才能成言。十六岁精气畅通，然后才能生育。阴穷尽了就返阳，所以阴因阳而变化。阳穷尽了就返阴，所以阳因阴而变化。因此男子八个月长牙，八岁换牙。女子七个月长牙，七岁换牙，十四岁能够生育。一阳一阴，奇偶相配，然后天地之道阴阳和合，化育自然成功。性命的开端，形成于此。"

《论语》载，子贡曰："夫子之文章，可得而闻也。夫子之言性与天道，不可得而闻也。"这里，孔子对命、性和生死有了定性的阐述和比较深刻的认识，并从天道人伦、阴阳变化的角度，结合人的生长发育，对上述概念给出了详实的解读。

公曰："男子十六精通，女子十四而化，是则可以生民矣。而礼男必三十而有室，女必二十而有夫也，岂不晚哉？"

孔子曰："夫礼言其极不是过也。男子二十而冠，有为人父之端。女子十五许嫁，有适人之道。于此而往，则自婚矣。群生闭藏乎阴，而为化育之始。故圣人因时以合偶，穷天数也。霜降而妇功成，嫁娶者行焉。冰泮（pàn）而农桑起，婚礼而杀于此。男子者，任天道而长万物者也，知可为，知不可为；知可言，知不可言；知可行，知不可行者也。是故审其伦而明其别，谓之知，所以效匹夫之德也。女子者，顺男子之教而长其理者也。是故无专制之义，而有三从之道。幼从父兄，既嫁从夫，夫死从子，言无再醮（jiào）之端。教令不出于闺门，事在供酒食而已。无阃外之非义也，不越境而奔丧。事无擅为，行无独成。参知而后动，可验而后言。昼不游庭，夜行以火。所以效匹妇之德也。"

鲁哀公说："男子十六岁精气通畅，女子十四岁而能生育，这时就可以生育后代了。而礼制要求男子三十岁必须娶妻，女子二十岁必须嫁人，不是有点晚吗？"

孔子说："礼说的是最大年龄，不能超过这个年龄。男子二十岁举行加冠礼，表明可以做父亲了。女子十五岁被允许出嫁，表明可以做母亲了。从这个年龄往后，就可以决定何时结婚了。各种生物在冬天潜藏，这是孕育生命的开始。所以圣人依据时节让男女成婚，是为了用足孕育的天数。霜降时妇女该做的家务都完成了，就开始操办男婚女嫁的事情了。冰雪融化后农耕养蚕就开始了，举办婚嫁之事到此停止。男子，是乘天命而利万物生长的人，知道什么事情应该做，什么事情不应该做；什么事情应该说，什么事情不该说；什么事情可行，什么事情不可行。因此详察人伦而明白其中的区别，叫明智，也是一般男人应效法的品德。女子，是顺从男子的教导并且使教导之理有所增益的人。因此女子没有自主专行的权力，而有三从的责任。年幼时服从父兄，出嫁后服从丈夫，丈夫死后服从儿子。这是说没有改嫁的理由。教令不从闺门发出，她们的事情只是供应饮食酒菜而已。门外没有非议，不超过界线去奔丧。不擅自做主，不独自出行。事情参验明白后再行动，得以验证后才说出来。白天不在庭院中游逛，夜里走路要举着灯火。这是一般妇女应效法的品德。"

这里讲的是男女结婚后各自的责任和义务，尊天道，和阴阳，守礼仪，也就是普通人的品德要求。有载，古时30岁男未婚，20岁女未嫁，是要强行嫁娶的。

世人诟病儒家思想的男尊女卑，但仅从阴阳易理上看，这是必然推出来的结论罢了。

孔子遂言曰："女有五不取：逆家子者，乱家子者，世有刑人子者，有恶疾子者，丧父长子者。妇有七出三不去。七出者：

不顺父母者，无子者，淫僻者，嫉妒者，恶疾者，多口舌者，窃盗者。三不去者：谓有所取而无所归一也，与共更三年之丧二也，先贫贱后富贵者三也。凡此圣人所以顺男女之际，重婚姻之始也。"

孔子又接着说道："有五种女子不能娶：违逆家德的女子，在家淫乱的女子，家里人受过刑罚的女子，有不治之病的女子，丧父无人做主家庭的长女。妇人有七种情况可以被休掉，三种情况不可被抛弃。可以被休掉的七种情况是：不孝顺父母的，没有儿子的，淫乱邪僻的，爱嫉妒的，有难以治愈的疾病的，多口多舌的，偷窃的。不可被抛弃的三种情况是：娶时有家，休掉后无家可归是第一种；为公婆服过三年丧的是第二种；夫家先贫贱后富贵的是第三种。所有这些都是圣人为和顺男女关系、重视婚姻乃人伦之始而规定的礼制。"

女子"五不娶""七出三不去"，共十五条，按古代伦理道德标准看，大都能从逻辑上推得出来。按现在的伦理道德看，多数有道理。比如说"五不娶"前两条，"七出"一三七条，"三不去"三条等。

孔子曰："礼之所以象五行也，其义四时也，故丧礼有举焉，有恩有义，有节有权。其恩厚者其服重，故为父母斩衰三年，以恩制者也。门内之治恩掩义，门外之治义掩恩，资于事父以事君而敬同，贵贵尊尊，义之大也，故为君亦服衰三年，以义制者也。三日而食，三月而沐，期而练，毁不灭性，不以死伤生。丧不过三年，齐衰不补，坟墓不修。除服之日，鼓素琴，示民有终也，凡此以节制者也。资于事父以事母而爱同。天无二日，国无二君，家无二尊，以一治之，故父在为母齐衰期者，见无二尊也。百官备，百物具，不言而事行者，扶而起。言而后事行者，杖而起。身自执事行者，面垢而已，此以权制者也。亲始死三日不怠，三月不懈，期悲号，三年忧，哀之杀也，圣人因杀以制节也。"

孔子说："礼制之所以依据天地五行制定，其义理取法于四季变换，所以举行丧礼，有恩情有道义，有节制有权变。因此对恩情厚重的人丧礼就会隆重，所以父母之丧要服斩衰三年，这是由恩情规制决定的。家庭内部恩情重于道义，家庭以外道义重于恩情，以对待父亲的态度来对待国君，尊敬的程度是相同的。尊敬高贵者，尊崇位尊者，这是最大的道义，所以为国君治丧也服衰三年，这是由道义规制所决定的。三天后才吃饭，三个月后才沐浴，满一周年举行练祀礼，心情十分悲痛但不能伤害身体，不能因为死者而伤害活着的人。丧期不超过三年，齐衰之服不能缝补，坟墓也不能修葺，三年之丧期满这一天，除掉丧服并弹素琴，向人表示服丧结束。以上种种都是由礼节规制所决定的。用对待父亲的礼仪来对待母亲，敬爱之心是相同的。天上没有两个太阳，国家没有两个君主，家里没有两个主人，都是按照一位尊长来齐家的。如果父亲健在，为母亲服齐衰的人要体现出没有两个尊长的礼节。百官在场，百物齐备，不用说话事情就能办、哭丧还有人扶起的是天子诸侯。只要动口事情就能办、凭借丧杖起身的是卿大夫士。亲自执掌丧事、蓬头垢面、哭丧悲哀的是老百姓，这是由权变规制所决定的。至亲刚去世三日不怠慢，三个月不懈怠，一年都悲痛号哭，三年都忧愁不乐，然后哀痛才结束。圣人就是按照哀情逐渐减弱来制定礼节规制的。"

这一部分，孔子详细介绍了"五服"和"四节"丧制的来历及做法。

斩衰是"五服"中最重的丧服；用最粗的生麻布制作，断处外露不缉边，表示毫不修饰以尽哀痛；服期三年。齐衰是"五服"中列位二等的丧服；其服以粗疏的麻布制成，衣裳分制，缘边部分缝缉整齐。练是在亲丧一周年祭礼练祀时穿戴的练冠和练衣，用白色的布帛制成；其中，练冠是厚缯或粗布之冠，练衣是用经过煮练加工的布所制之衣。

论礼第二十七

孔子闲居，子张、子贡、言游侍，论及于礼。

孔子曰："居，汝三人者。吾语汝以礼，周流无不遍也。"

子贡越席而对曰："敢问如何？"

子曰："敬而不中礼，谓之野。恭而不中礼，谓之给。勇而不中礼，谓之逆。"子曰："给夺慈仁。"

子贡曰："敢问将何以为中礼者？"

子曰："礼乎，夫礼所以制中也。"子贡退。

言游进曰："敢闻礼也，领恶而全好者与？"子曰："然。"子贡问："何也？"

子曰："郊社之礼，所以仁鬼神也。禘尝之礼，所以仁昭穆也。馈奠之礼，所以仁死丧也。射飨之礼，所以仁乡党也。食飨之礼，所以仁宾客也。明乎郊社之义，禘尝之礼，治国其如指诸掌而已。是故居家有礼，故长幼辨。以之闺门有礼，故三族和。以之朝廷有礼，故官爵序。以之田猎有礼，故戎事闲。以之军旅有礼，故武功成。是以宫室得其度，鼎俎得其象；物得其时，乐得其节；车得其轼，鬼神得其享；丧纪得其哀，辩说得其党；百官得其体，政事得其施。加于身而措于前，凡众之动，得其宜也。"言游退。

孔子闲居在家，子张、子贡和子游陪侍，说到了礼。

孔子说："坐下，你们三个。我给你们讲讲礼吧，礼无处不在。"

子贡离席回话说:"请问为什么这么说呢?"

孔子说:"虔敬而不合乎礼,叫粗野。谦恭而不合乎礼,叫谄媚。勇敢而不合乎礼,叫乱逆。"又说:"谄媚会丧失慈爱和仁义。"

子贡说:"请问怎么做才能合乎礼呢?"

孔子说:"礼啊,就是用来规范和节制行为使之适中的。"子贡退下去。

子游上前说:"请问所谓礼,是不是为了治理恶习而保全良好品行的呢?"孔子说:"是的。"子贡问:"为什么呢?"

孔子说:"祭天祭地之礼,是用以致仁爱于鬼神的。秋尝夏禘之礼,是用以致仁爱于祖先的。馈食祭奠之礼,是用以致仁爱于死者的。举行乡射礼和饮酒礼,是用以致仁爱于乡亲邻里的。宴会饮酒的礼仪,是用以致仁爱于宾客的。明白了祭天祭地的道义、秋尝夏禘的礼义,治理国家就像看自己的手掌一样容易。因此依据这些礼义居家处事有礼,长幼就分辨清楚了。家族内部有礼,祖孙三代就和睦了。在朝廷上有礼,官职爵位就井然有序了。田猎时有礼,军事就熟练了。军队里有礼,就能建立战功了。因为有了礼,宫室得以有了规制,鼎俎等祭器有了样式;万物生长就会适合一定时令,音乐就会符合节拍;车辆就会有了定式,鬼神就会得到该有的祭享;丧葬时悲哀就会表达适度,辩论时就会得到拥护者;百官就会得以恪守其职分,政事就会得以顺利施行。每个人将礼施加于自身并以礼为先,人们的种种行为举动就能够适宜得当了。"子游退下。

"礼所以制中也"。周公上乘天道下接人伦,制礼作乐以教化万民,明确礼乐规制道德秩序，以达到"加于身而措于前，凡众之动，得其宜也"的社会治理目标。《论语》载，有子曰："礼之用，和为贵。先王之道，斯为美，小大由之。有所不行，知和而和，不以礼节之，亦不可行也。"礼的功用，以遇事做得恰当和顺为可贵。以前的圣明君主治理国家，最可贵的地方就在这里。他们做事，无论事大事小，都按这个原则去做。如遇到行不通的，仍一味地追求和顺，却并不用礼法去节制它，也是行不通的。《论语》载，子曰："克己复礼为仁。""人而不仁，如何礼？人而不礼，如何乐？""兴于诗，立于礼，成于乐。""不知礼，无以立也。"《中庸》云："发乎情，止乎礼，皆中节致中和。"也即"礼所以制中也"。

郊社之礼是祭祀天地的礼仪。周代在冬至这一天，祭天于南郊，称为郊；在夏至这一天，祭地于北郊，称为社，合称郊社。禘尝之礼泛指天子诸侯每年的祭祖大典，是禘礼与尝礼的合称。《礼记·王制》："天子诸侯宗庙之祭，春曰礿（yuè），夏曰禘（dì），秋曰尝，冬曰烝。"馈奠之礼是人死后到下葬期间的馈食之礼。射飨之礼是乡射礼和乡饮酒礼的合称。飨古通享，用酒食款待人，也泛指对人提供某些东西。

子张进曰："敢问礼何谓也？"

子曰："礼者，即事之治也。君子有其事，必有其治。治国而无礼，譬犹瞽之无相，伥伥乎何所之。譬犹终夜有求于幽室之中，非烛何以见？故无礼则手足无所措，耳目无所加，进退揖让无所制。是以其居处长幼失其别，闺门三族失其和，朝廷官爵失其序，田猎戎事失其策，军旅失其势，宫室失其度，鼎俎失其象，物失其时，乐失其节，车失其轼，鬼神失其享，丧纪失其哀，辩说失其党，百官失其体，政事失其施。加于身而措于前，凡众之动失其宜。如此，则无以祖洽四海。"

子张上前问道："请问礼是什么呢？"

孔子说："所谓礼，就是治理事情的法度。君子处事，一定有自己相应的法度。治理国家假如没有礼，就好像盲人没有人扶助，茫然不知该往哪里走。又如整夜在暗室里寻求，没有烛光怎么能看得见呢？因此没有礼就会手足无措，耳目也不知该听什么看什么，进退揖让都失去了章法。所以没有礼居家处事就会长幼不分，家族内祖孙三辈就会失去和睦，朝廷上官爵就会失去秩序，田猎练武就会失去策略，军队攻守就会失去控制，宫室建造就会失去规制，鼎俎等祭器就会失去式样，万物生长就会错失合适的时令，音乐就会失去节奏，车辆就会失去定式，鬼神就会失去祭享，丧事时悲伤就会失去节制，辩论就会失去支持者，百官就会处事不得体，政事就会行不通。不能将礼施加于自身并以礼为先，种种行为举动都会不合时宜。这样一来，就无法聚合天下民众了。"

人之礼如同天之时，天道混乱了四季时令，则天地无序；人道没有了礼，就会造成伦理失常，做事也会失去章法规制，就会造成社会无序、则天下混乱。

子曰："慎听之，汝三人者。吾语汝，礼犹有九焉，大飨有四焉。苟知此矣，虽在畎亩之中，事之，圣人矣。两君相见，揖让而入，入门而悬兴。揖让而升堂，升堂而乐阕。下管《象》舞，《夏》籥（yuè）序兴。陈其荐俎，序其礼乐，备其百官。如此而后君子知仁焉。行中规，旋中矩，鸾和中《采荠》。客出以《雍》，彻以《振羽》。是故君子无物而不在于礼焉。入门而金作，示情也。

升歌《清庙》，示德也。下管《象》舞，示事也。古之君子，不必亲相与言也，以礼乐相示而已。夫礼者，理也。乐者，节也。无理不动，无节不作。不能《诗》，于礼谬。不能乐，于礼素。于薄德，于礼虚。"

孔子说："仔细听着，你们三人。我告诉你们，礼还有九项，其中大飨礼有四项。如果知道了这些，哪怕是个种田人，依礼而行，他也是圣人了。两位国君相见，互相作揖谦让进入大门，进门时悬挂的钟、磬等乐器开始演奏。互相作揖谦让后登上大堂，登上大堂乐声就停止了。这时堂下奏起管、跳起《象》乐伴奏的武舞，接下来奏起籥、又跳起《夏》乐伴奏的文舞。摆设笾豆与牲俎，礼乐按序推进，官员准备就绪。这样一来，君子就能在这里体悟到仁爱。宾主走动都符合规矩，周旋都合乎规矩，车子的铃声也合着《采荠》乐曲的节拍响起。客人离开时，堂下奏起《雍》乐。撤去宴席时，奏起《振羽》。所以君子没有什么事情不在礼节之中的。客人进门时钟声响起，是表示欢迎之情。登堂时演奏《清庙》诗章，表示赞美其功德。堂下吹奏《象》乐舞曲，表示崇敬祖先的功业。所以古代的君子相见，不必亲自交谈，只凭礼乐就可以传达情意了。礼，就是理。乐，就是节。没有道理的事不做，没有节制的事不为。不懂得以《诗》言志，礼节上就会出差错。不能用乐曲来配合，礼节就显得单调枯燥。德行浅薄，礼就会显得虚伪。"

这是描述两国国君朝廷会见时的礼节规制，继而阐发礼乐的精神实质以及诗和乐的功用。《象》是配乐武舞，《夏》是配乐文舞。

子贡作而问曰:"然则夔(kuí)其穷与?"

子曰:"古之人与?上古之人也,达于礼而不达于乐,谓之素。达于乐而不达于礼,谓之偏。夫夔达于乐而不达于礼,是以传于此名也。古之人也,凡制度在礼,文为在礼,行之其在人乎?"

三子者,既得闻此论于夫子也,焕若发蒙焉。

子贡站起来问孔子说:"可是,夔对礼精通吗?"

孔子说:"夔不是古代的人吗?上古时代的人,精通礼而不精通乐,叫作质朴。精通乐而不精通礼,叫作偏颇。夔大概只精通乐而不精通礼,所以传下精通音乐的名声。不过古代的人,各项制度都存在于礼中,文采所为也都存在于礼中,实行起来还是靠人吧?"

三个弟子听了孔子这番论述,眼前豁然开朗,好像拨开了迷一般雾。

《论语》载,子曰:"人能弘道,非道弘人。"人能够把道发扬光大,不是道把人发扬光大。圣人敬天保民,制礼作乐,教化万民,以成就人文道德之大成,"不知礼,无以立也","克己复礼为仁",为仁由己。仁为礼畜,礼为仁用,事在人为,义行也。

"恭而无礼则劳,慎而无礼则葸,勇而无礼则乱,直而无礼则绞。""道之以德,齐之以礼,有耻且格。""君子三年不为礼,礼必坏。三年不为乐,乐必崩。"君子当"非礼勿视,非礼勿听,非礼勿言,非礼勿动",所以说"凡制度在礼,文为在礼,行之其在人乎"。

其实,仁义礼智信是五位一体的,以仁为统帅而已。

子夏侍坐于孔子曰:"敢问《诗》云'恺悌(kǎi tì)君子,民之父母',何如斯可谓民之父母?"

孔子曰："夫民之父母，必达于礼乐之源，以致五至而行三无，以横于天下，四方有败，必先知之，此之谓民之父母。"

子夏陪侍在孔子身边说："请问《诗经》上说：'和悦可亲的君子，好比民众的父母'，怎么做才能称得上民众的父母呢？"

孔子说："作为民之父母，必须通达礼乐的本源，达到'五至'实行'三无'，以此施行于天下。四方出现祸患，必定预先知道，这样就可以称得上民之父母了。"

子夏引用之诗句出自《诗经·大雅·泂酌》。这是一首歌颂品德高尚的君主的诗。

礼乐之源是什么？当然是仁爱之心了。

子夏曰："敢问何谓五至？"

孔子曰："志之所至，《诗》亦至焉。《诗》之所至，礼亦至焉。礼之所至，乐亦至焉。乐之所至，哀亦至焉。《诗》礼相成，哀乐相生。是以正明目而视之，不可得而见，倾耳而听之，不可得而闻。志气塞于天地，行之充于四海，此之谓五至矣。"

子夏说："请问什么是五至？"

孔子说："志趣所到之处，《诗经》中的诗句随之而来。诗句所到之处，礼节随之而来。《诗》礼节所到之处，乐舞随之而来。乐舞所到之处，哀伤随之而来。《诗》礼相成，哀乐相生。礼乐精神达到如此境界，即使擦亮眼睛也看不见礼，即使侧着耳朵也听不见乐。这种精气神充满于天地之间，流行于四海八荒，这就叫作五至。"

民之父母，慈爱天下众生，心中时刻存有忧民之情，才能做到言行时刻体现忧民之意。在心为志，在言为诗，既有忧民之心存于内，则必有忧民之言形于外。绘事后素，《诗经》是礼乐精神的依归。言行时刻都体现着忧民之意，才能做到言行时刻符合礼仪要求。言行时刻符合礼仪要求，才能做到内心保持和悦。做到内心保持和悦，才能做到真诚伤悲。忧民之情与礼仪要求相辅相成，和悦与伤悲互生节制。内存于心，外化于形，影随形至，自然而然，礼乐大成矣。

子夏曰："敢问何谓三无？"

孔子曰："无声之乐，无体之礼，无服之丧，此之谓三无。"

子夏曰："敢问三无何《诗》近之？"

孔子曰："'夙夜基命宥（yòu）密'，无声之乐也。'威仪逮逮，不可选也'，无体之礼也。'凡民有丧，扶伏救之'，无服之丧也。"

子夏说："请问什么是三无呢？"

孔子说："无声的音乐，无仪式的礼节，不穿丧服的丧礼，这叫作三无。"

子夏说："请问《诗经》中什么诗句接近三无的意思呢？"

孔子说："'日夜谋划治国以安民'，接近无声的音乐。'仪容庄严和易，让人无可挑剔'，接近无仪式的礼节。'凡是民众有急难，全力救助不迟缓'，接近不穿丧服而哀的丧礼。"

做到"五至"，则有"三无"。

子夏问的这个问题也够狠的，没有深厚的《诗经》功底还真接不住。

子夏少孔子44岁，是孔子后期学生中的佼佼者，才思敏捷，常因有独到见解而得到孔子的赞许。如：子夏问《诗经》中"巧笑倩兮，美目盼兮，素以为绚兮"何意，孔子答以"绘事后素"，子夏立即得出"礼后乎"的结论,孔子赞曰:"起予者,商也!始可以言《诗》已矣。"

为什么说实行"三无"可以达到礼乐之源呢?"三个接近"不就是仁道吗?民之父母仪表端庄,日夜操劳,急民所急,就是人间无声的壮美华章,仁者爱人,仁道是礼乐之源。

"夙夜基命宥密"出自《诗经·周颂·昊天有成命》。全诗为"昊天有成命,二后受之。成王不敢康,夙夜基命宥密。於缉熙!单厥心,肆其靖之。"昭昭上天有指令,文王武王受天命。成王不敢享安康,日夜安民细经营。多么光明多辉煌!竭虑殚精保天命,国家太平民安宁。

"威仪逮逮,不可选也"出自《诗经·邶风·柏舟》。该诗似是一首女子自伤遭遇不偶而又苦于无可诉说的怨诗。诗句的原意是:雍容娴雅有威仪,不能荏弱被欺瞒。"凡民有丧,扶伏救之"出自《诗经·邶风·谷风》。该诗是遭到丈夫遗弃的女子写的诉苦诗。诗句的原意是:左邻右舍有灾难,奔走救助不迟延。

子夏曰:"言则美矣,大矣,言尽于此而已乎?"

孔子曰:"何谓其然?吾语汝,其义犹有五起焉。"

子夏曰:"何如?"

孔子曰:"无声之乐,气志不违;无体之礼,威仪迟迟;无服之丧,内恕孔悲。无声之乐,气志既得;无体之礼,威仪翼翼;无服之丧,施及四国。无声之乐,气志既从;无体之礼,上下和同;无服之丧,以畜万邦。无声之乐,日闻四方;无体之礼,日就月将;无服之丧,纯德孔明。无声之乐,气志既起;无体之礼,施及四海;无服之丧,施于孙子。既然而又奉之以三无私,而劳天下,此之谓五起。"

子夏说:"夫子的话太美了,太伟大了,话说到这里就到尽头了吧?"

孔子说:"怎么这样说呢?我告诉你,其中的含义还要从五个方面来说明。"

子夏说:"都哪些呢?"

孔子说:"无声的音乐,心志盎然;无仪式的礼节,不卑不亢;不穿丧服的丧礼,悲悯凄凉。无声的音乐,心志充盈;无仪式的礼节,威仪萦绕;不穿丧服的丧礼,恩德遍布天下。无声的音乐,心想事成;无仪式的礼节,上下和同;不穿丧服的丧礼,德行布施万邦。无声的音乐,听闻四方;无仪式的礼节,日月为常;不穿丧服的丧礼,道德日益光明。无声的音乐,心志勃发;无仪式的礼节,惠及四海;不穿丧服的丧礼,德被后世子孙。这样再加上奉行'三无私'的精神来治理天下,这就叫作'五起'。"

礼乐精神,从内化于心,到见之于行,再到外化于无形,如日月般无声无息,普照大地,令万物萌发,众生和合,欣欣向荣,这又提高了一个层次。

子夏曰:"何谓三无私?"

孔子曰:"天无私覆,地无私载,日月无私照。其在《诗》曰:'帝命不违,至于汤齐。汤降不迟,圣敬日跻。昭假迟迟,上帝是祗。帝命式于九围。'是汤之德也。"

子夏蹶然而起,负墙而立,曰:"弟子敢不志之!"

子夏说:"请问什么叫三无私呢?"

孔子说:"上天无私覆盖众生,大地无私承载万物,日月无私普照天下。这种精神在《诗经》中是这样说的:'上帝命令不违背,天下齐一汤登位。汤王降世正适时,盛德敬慎日积累。

虔诚祈祷久不息，无限崇敬事上帝。上帝命他治理九州。'这就是商汤的美德。"

子夏蹴然起身，立在墙边，说："弟子岂敢不牢记这番教诲！"

孔子引用之诗句出自《诗经·商颂·长发》。该诗是殷商后王祭祀成汤及其列祖并以伊尹从祀的乐歌，是一首记述殷商发展史，特别是歌颂商汤功德的长篇颂诗。

至圣则天，比如商汤。他的大美大德如天地日月般无私无欲，将天之大道至德、人之仁义礼乐精神发挥得淋漓尽致。仁爱由己，大德无私，此为崇高。

子夏蹴然而起，负墙而立。犹如醍醐灌顶，悟得真谛。

观乡射第二十八

孔子观于乡射,喟然叹曰:"射之以礼乐也,何以射?何以听?循声而发,不失正鹄(hú)者,其唯贤者乎!若夫不肖之人,则将安能以求饮?《诗》云:'发彼有的,以祈尔爵。'祈,求也,求所中以辞爵。酒者,所以养老,所以养病也。求中以辞爵,辞其养也。是故士使之射而弗能,则辞以病,悬弧之义。"于是退而与门人习射于瞿(jué)相之圃,盖观者如墙堵焉。试射至于司马,使子路执弓矢,出列,延谓射之者曰:"奔军之将,亡国之大夫,与为人后者,不得入。其余皆入。"盖去者半。又使公罔之裘序点扬觯(zhì)而语曰:"幼壮孝悌,耆(qí)老好礼,不从流俗,修身以俟死者,在此位。"盖去者半。序点又扬觯而语曰:"好学不倦,好礼不变,耄(mào)期称道而不乱者,在此位。"盖仅有存焉。射既阕,子路进曰:"由与二三子者之为司马,何如?"孔子曰:"能用命矣。"

孔子观看乡射礼,长叹一声说:"射箭要配礼乐,怎么射?怎么听?合着音乐的节奏把箭射出,能射中靶心的,恐怕只有贤者了吧!如果是不肖之人,他怎么能射中而罚别人喝酒呢?《诗经》上说:'发射你的箭射中目标,祈求你免受罚酒。'祈,就是求,祈求射中而免受罚酒。酒是用来养老和养病的。祈求射中而辞谢罚酒,就是推辞别人的奉养。所以如果让士人射箭他又不会,就应当以有病来辞谢,因为他本来应该会射箭的,这就是在家门口悬挂弓的意义。"于是孔子回来后就和弟子们在矍相的园圃中练习射箭,观看的人像一堵墙那样多。当射礼行至司马时,孔子让子路手执弓箭出列,邀请比射的人,说:"败军之将,亡国的大夫,想做别人后嗣的人,一律不准入场。其余的人都可以进来。"人走了一半。孔子又让公罔之裘和序点举起酒杯说:"幼年壮年时能够孝敬父母、尊敬兄长,到老年还爱好礼仪、不随流俗、修身以待终老的人,请留在这里。"人又走掉一半。序点又举杯说:"好学不倦,好礼不变,耄耋之年还称述圣道,且言行不悖的人,请留下来。"只有几个人留下没走。射箭结束后,子路走上前说:"我和序点这几个人做司马,如何?"孔子回答说:"可以胜任了。"

《论语》载,子曰:"君子无所争,必也射乎?揖让而升,下而饮。其争也君子。"君子没有什么可与别人争的。如果一定要有的话,那就比射箭吧。相互作揖谦让后上场,赛后一起下来喝酒聊天。比赛射箭体现的是君子之风。

乡射礼,核心不在射,而在礼。射箭只不过是体现礼乐精神的由头罢了。而礼的实质在仁。孔子和弟子们组织乡射,以礼的标准邀请人比射,这一试不要紧,能够做到仁义廉耻、孝悌忠信的没剩几个。

孔子曰:"吾观于乡,而知王道之易易也。主人亲速宾及介,而众宾从之。至于正门之外,主人拜宾及介,而众宾自入,贵贱之义别矣。三揖至于阶,三让以宾升,拜至,献酬辞让之节繁。及介升,则省矣。至于众宾,升而受爵坐祭立饮,不酢〔zuò〕而降,隆杀之义辨矣。工入,升歌三终,主人献宾。笙入三终,主人又献之。间歌三终,合乐三阕,工告乐备而遂出。一人扬觯（zhì），乃立司正焉，知其能和乐而不流也。宾酬主人，主人酬介，介酬众宾，少长以齿，终于沃洗者焉，知其能弟长而无遗矣。降，脱屦升座，修爵无算。饮酒之节，旰不废朝，暮不废夕。宾出，主人拜送，节文终遂焉，知其能安燕而不乱也。贵贱既明，降杀既辨，和乐而不流，弟长而无遗，安燕而不乱。此五者，足以正身安国矣。彼国安而天下安矣。故曰：吾观于乡，而知王道之易易也。"

孔子说："我看了乡饮酒礼，知道推行王道是很容易的事。主人亲自前去邀请主宾和副宾，其他宾客就会跟随而来。到了主人家的正门之外，主人拜迎主宾和副宾，其他宾客自行进入，这样尊贵和一般的客人就区别开了。三次揖让后走到堂阶前，又三次谦让，主人引导主宾来到厅堂，然后拜谢主宾的到来，斟酒献给主宾，主宾又回敬主人，酬谢辞让的礼节繁多。等到副宾来到厅堂，礼节就减少了许多。至于其他宾客，到了厅堂接受献酒，坐着祭酒，站立饮酒，不回敬主人就可以下阶，礼节的隆重与简单就很清楚了。乐正领着乐工进来，在堂上演唱了三首歌，主人给主宾献酒。吹笙的乐工进来演奏三首乐曲，主人又献酒给主宾。唱歌和吹笙的乐工相互交替地一吹一唱各演奏三阕，又一起演奏三阕，演奏礼毕乐工就退下。这时一人扬起酒杯，大家便推举一人为司正监礼，他能够使大家和乐而不至于失礼放肆。主宾给主人祝酒，主人给副宾敬酒，副宾给宾客敬酒，宾客各按年龄大小依次敬酒，最后轮到侍奉宾客的人敬酒，这样就可以使年龄大小的人都不会遗漏。之后众人走下堂来，脱掉鞋子，然后再登堂就坐，彼此敬酒，不计杯数。饮酒的节制，以早上不耽误早朝，晚上不耽误晚朝为度。宾客离去，主人拜送，至此礼仪就全部结束。这样的乡饮酒礼能够使大家安乐而不失礼。综上所述，尊卑贵贱地位分明，礼节隆重简单区别清楚，和谐欢乐而不失礼，年长年少的都不会遗漏，快乐地宴饮而不混乱，达到这五种效果，就足以正身安国了。国家安定那么天下就安定了。所以说：我观看乡饮酒礼，就知道推行王道是很容易的事。"

王肃注《孔子家语》：升堂三歌为《鹿鸣》《四牡》和《皇皇者华》。吹笙三曲为《南陔》《白华》和《华黍》。间歌三曲为歌《鱼丽》、笙《由庚》，歌《南有嘉鱼》、笙《崇丘》，歌《南山有台》、笙《由仪》。合乐三阕为《周南》《召南》中的三首乐曲。

看乡饮酒礼，请客、迎客、敬酒、修爵、送客各有礼乐规制，井然有序。倘若礼乐治国也像乡饮酒礼一样，各个环节既符合礼制要求，又能达到"贵贱既明，降杀既辨，和乐而不流，弟长而无遗，安燕而不乱"，那么推行王道就是很容易的事了。

现在看来，乡饮酒礼确实够麻烦的，但孔子并不反对有所损益。天子可以制礼作乐，简化程序，但礼节不能少，礼乐精神不能丢。

子贡观于蜡。孔子曰："赐也乐乎？"对曰："一国之人皆若狂，赐未知其为乐也。"孔子曰："百日之劳，一日之乐，一日之泽，非尔所知也。张而不弛，文武弗能。弛而不张，文武弗为。一张一弛，文武之道也。"

子贡看了年终蜡祭。孔子说："赐也感到快乐了吗？"子贡回答说："一国的人都像疯了似的，我不知这有什么可乐的。"孔子说："辛苦劳累了一年，才得以享受一天的快乐，这一天快乐的福泽，不是你所能理解的。总是紧张而不松弛，文王武王都做不到。总是松弛而不紧张，文王武王不会这样做。一张一弛，劳逸结合，这才是文王武王治理天下的方略。"

《礼记·郊特牲》载："天子大蜡八。伊耆氏始为蜡，蜡也者，索也。岁十二月，合聚万物而索飨之也。"意思是：天子的蜡祭，主要祭八种神。从伊耆氏开始才有蜡祭。蜡字的含义，就是索的意思。在周历的十二月，农事终了后，把一切和农作物有关的神都找来祭祀一番。

祭祀时，天子身着素服参加蜡祭。之所以穿素服，是因为有助于农事的万物都衰老了，这就等于为其送终。身穿黄衣、头戴草笠来参加蜡祭的人，都是终年劳碌难得空闲的农夫。农夫头戴黄冠、身穿黄衣，是因为季秋草木黄落，服象其色的缘故。如果四方风不调、雨不顺、年不成，就不举行八蜡之祭，这样还可以让百姓少花一笔钱。东南西北四方，哪一方风调雨顺年成好，哪一方才举行蜡祭，老百姓也好借此机会痛饮一番，松弛一下一年的紧张劳动。蜡祭之后，就把谷物收藏起来，让农民休养生息。所以蜡祭以后，天子就不再大兴土木征召民众。

了解了蜡祭的内容、形式和目的，我们才能理解孔子的话。仁德天子与劳苦大众心是相通的。感谢上苍，感谢百神保佑每年都有一个好收成。辛勤劳作一年，放松痛快一天，天子与百姓同乐。休养生息过后，以待来年春耕。蜡祭，是老百姓一年最大的祭祀盛典，也是最重要的民俗节日，是礼乐精神的主要归宿之一。

郊问第二十九

定公问于孔子曰:"古之帝王必郊祀其祖以配天,何也?"

孔子对曰:"万物本于天,人本乎祖。郊之祭也,大报本反始也,故以配上帝。天垂象,圣人则之,郊所以明天道也。"

公曰:"寡人闻郊而莫同,何也?"

孔子曰:"郊之祭也,迎长日之至也。大报天而主日,配以月。故周之始郊,其月以日至,其日用上辛。至于启蛰之月,则又祈谷于上帝。此二者天子之礼也。鲁无冬至大郊之事,降杀于天子,是以不同也。"

鲁定公问孔子说:"古代帝王在郊外祭祖时,一定要他们配享上天,这是为什么呢?"

孔子回答说:"万物的本源是天,人的本源是祖先。郊祭,是高规格、大规模地报答祖先、追思根源的祭祀活动,所以祭祖时要用祖先配享上帝。上天垂象显示征兆,圣人就取法这些征兆,举行郊祭就是为了彰明天道。"

鲁定公说:"我听说郊祭的形式不相同,为什么呢?"

孔子回答说:"郊祭,是为了迎接长时日的到来。这场盛大的报答上天恩赐的祭祀活动,受祭的主神是太阳,月亮为配享。所以自周代开始,郊祭选择在冬至日所在月份的初八这一天。到了惊蛰日所在月份,还要祭祀上帝以祈求五谷丰登。这两种郊祭，是天子专享的祭祀活动。鲁国没有冬至日大型郊祭上天的活动，是因为作为诸侯国，要比照天子减低祭祀的等级。所以郊外祭天之礼的形式不都是相同的。"

本篇讲的是郊祭之礼。

公曰："其言郊，何也？"
孔子曰："兆正于南，所以就阳位也，于郊，故谓之郊焉。"
曰："其牲器何如？"
孔子曰："上帝之牛角茧栗，必在涤三月。后稷之牛唯具，所以别事天神与人鬼也。牲用骍，尚赤也。用犊，贵诚也。扫地而祭，贵其质也。器用陶匏（páo），以象天地之性也。万物无可称之者，故因其自然之体也。"

鲁定公说："称它为郊祭，这是为什么？"
孔子说："在天子都城南面界定区域设坛，这是为了使祭坛就坐于阳位，又是在郊外，所以称之为郊祭。"
鲁定公说："祭祀用的牺牲和器具又是怎样的呢？"
孔子说："祭上帝要选用牛角如茧似栗的小牛，必须在清洁的地方专门饲养三个月。祭祀后稷的牛牲是一头整牛就可以了，这是区分祭祀天神与人鬼的不同。祭牲用红色的牛，是因为周人崇尚红色。用小牛犊，是珍视它的纯洁诚实。扫地而祭，贵在质朴。祭器用陶器或葫芦制品，是为了符合天地淳朴自然的本性。万物没有比这些更合适的，因为因循的都是质朴的自然本性。"

人道遵循天道。敬畏自然，返璞归真。《五帝第二十四》记载，古之王者，易代而改号，取法五行。周人以木德称王，崇尚红色，战事车乘用红色的马，祭祀的牲畜也用红色的，这是夏商周三代不同的地方。

公曰："天子之郊，其礼仪可得闻乎？"

孔子对曰："臣闻天子卜郊，则受命于祖庙，而作龟于祢（mí）宫，尊祖亲考之义也。卜之日，王亲立于泽宫，以听誓命，受教谏之义也。既卜，献命库门之内，所以诫百官也。将郊，则供天子皮弁以听报，示民严上也。郊之日，丧者不敢哭，凶服者不敢入国门，氾扫清路，行者毕止。弗命而民听，敬之至也。天子大裘以黼（fǔ）之，被衮（gǔn）象天。乘素车，贵其质也。旂十有二旒（liú），龙章而设以日月，所以法天也。既至泰坛，王脱裘矣，服衮以临燔柴，戴冕，藻十有二旒，则天数也。臣闻之诵《诗》三百，不足以一献。一献之礼，不足以大飨。大飨之礼，不足以大旅。大旅具矣，不足以飨帝。是以君子无敢轻议于礼者也。"

鲁定公说："天子郊祭，其礼仪可以说给我听听吗？"

孔子回答说："我听说天子郊祭前要先占卜，卜人先在祖庙接受命令，然后到父庙中占卜，表示尊重祖先亲近先父的意思。占卜这一天，天子亲自站立在泽宫，听取告诫之辞，这是接受教导和劝谏的意思。占卜之后，天子在库门之内颁布将要郊祭的命令，这是为了告诫百官。将郊祭时，天子身穿白色的皮弁（biàn）朝服听取祭祀准备情况的报告，表示民众要听从天子的命令。郊祭的日子，有丧事的人家不能哭，穿丧服的人不能入国门，把沿途沟渠和道路打扫干净，禁止行人通行。这样不用下命令民众就会听从，是恭敬已达到极至之故。天子穿着黑白花纹的大裘，披着龙袍仿效上天之象。乘着没有彩绘的素车，这是珍视此车的质朴。打着悬垂着十二条飘带的旗帜，上面绘有龙形和日月的图案，表示效法上天。到了祭天泰坛，天子脱去大裘，穿着龙袍来到坛前主持燔柴仪式，戴的冕冠垂着十二流苏，仿效天时有十二个月之数。我听说，如果没有学过礼，即使能够诵读《诗》三百首，不足以承担一献的小祀。仅学了一般的祭祀之礼，不足以承担大飨之礼。学习了大飨之礼，不足以承担大旅之礼。学习了大旅之礼，不足以承担祭祀上帝之礼。所以君子不敢轻议礼制的长短。"

祭祀之礼博大精深，等级森严，规制繁多详实。万物本于天，人本乎祖，人不能忘本。敬天敬祖，一点都马虎不得。

皮弁，古代贵族戴的一种华丽的帽子，以白鹿皮制成。天子的朝服叫皮弁服，包括白鹿皮制成的帽子和白色的丝质衣裳。燔柴，古代祭天仪式之一，将玉帛、牺牲等置于积柴上焚之以祭天。一献，祭群小祀。大飨，合祀先王的祭礼或遍祭五方天帝。大旅，诸侯祭祀山川，又"大旅，祭五帝也"。飨帝，祭天，祭祀上帝。一献、大飨、大旅、飨帝，祭祀的级别逐次提高。

五刑解第三十

冉有问于孔子曰:"古者三皇五帝不用五刑,信乎?"

孔子曰:"圣人之设防,贵其不犯也。制五刑而不用,所以为至治也。凡民之为奸邪窃盗靡法妄行者,生于不足。不足生于无度,无度则小者偷惰,大者侈靡,各不知节。是以上有制度,则民知所止。民知所止,则不犯。故虽有奸邪贼盗靡法妄行之狱,而无陷刑之民。"

冉有问孔子说:"古代的三皇五帝不用五刑,可信吗?"

孔子说:"圣人设法防范,看重的是让人不去触犯法令。制定了五类刑罚而未曾使用,这是达到了天下治理的极致。大凡民众中有奸诈邪恶、抢劫盗窃、违法妄行的人,是由于贪心不足造成的。贪心不足是由于生活无度造成的。生活无度轻则小偷小摸,重则铺张奢侈,都是不知节制。因此君王制订了制度,民众就知道了行有所止,知道了行有所止就不会犯法。因此虽然制定了奸邪贼盗靡法妄行的罪状,却没有陷入刑罚的民众。"

圣人之设防,贵其不犯也。制定五刑的目的,不是为了惩罚民众,而是让民众知道行为的边界在哪里,从而约束内心的贪欲,节制自己的行为,不去触碰这些边界,免去牢狱之灾。

五刑是古代官府对犯罪者所使用的五种主要刑罚的统称。先秦以前的五刑是指墨、劓(yì)、刖(fèi)、宫和大辟。墨,在额头刺字后染黑。劓，割鼻子。剕，也称刖，斩削犯人的脚。宫，男子割势，妇人幽闭。大辟，处死。冉有问的五刑应该指的是这些。孔子所说的五刑，应指下文对应的五类触法行为。五类触法行为消除了，也就不会触犯五刑之罪了。

"不孝者生于不仁，不仁者生于丧祭之礼不明。丧祭之礼，所以教仁爱也。能致仁爱，则服丧思慕，祭祀不懈人子馈养之道。丧祭之礼明，则民孝矣。故虽有不孝之狱，而无陷刑之民。"

"不孝敬父母是由于缺乏仁爱之心，缺乏仁爱之心是由于不明丧祭之礼。规定丧祭之礼，是为了教化民众有仁爱之心。能教人懂得仁爱，那么为父母服丧就会思慕二老的恩情，举行祭礼就会牢记为人子要不懈地尽赡养之道。丧祭之礼彰明了，民众就会遵守孝道了。所以虽然制定了不孝的罪状，也没有陷入刑罚的民众。"

"民可使，由之。不可使，知之。"民众不知道怎么做是善的时候，就教给他们怎么做。"慎终追远，民德归厚矣。"谨慎地对待父母的丧事，恭敬地祭祀远代祖先，就能使民心归向淳厚了。对父母能够做到侍死如侍生，也就没有忤逆之子了。

"杀上者生于不义，义所以别贵贱，明尊卑也。贵贱有别，尊卑有序，则民莫不尊上而敬长。朝聘之礼者，所以明义也。义必明则民不犯，故虽有杀上之狱，而无陷刑之民。"

以下犯上是由于缺乏道义之心，道义是用来区别贵贱、明确尊卑的。贵贱有别，尊卑有序，那么民众就没有不尊敬上级和长辈的。诸侯定期朝见天子的朝聘之礼，是用来彰明道义的。

通晓了道义民众就不会犯上，所以虽然制订了弑上的罪状，也没有陷入刑罚的民众。"

《论语》载，有子曰："其为人也孝弟而好犯上者，鲜矣。不好犯上而好作乱者，未之有也。君子务本，本立而道生。孝弟也者，其为仁之本与！"孝悌是为人之本，本立而道生，道生而义举，义举则民不犯。

"斗变者生于相陵，相陵者生于长幼无序而遗敬让。乡饮酒之礼者，所以明长幼之序而崇敬让也。长幼必序，民怀敬让。故虽有斗变之狱，而无陷刑之民。"

"争斗生变是由于相互欺侮造成的，相互欺侮是由于长幼失序，忘记了礼敬谦让造成的。乡饮酒礼，就是用来区分明确长幼顺序，推崇礼敬和谦让的。长幼上下次序井然，民众就会心怀礼敬谦让。所以虽然制定了争斗变乱的罪状，也没有陷入刑罚的民众。"

在《观乡射》一篇中，对乡饮酒礼有详细的描述。《大学》云："一家仁，一国兴仁。一家让，一国兴让。一人贪戾，一国作乱。"此言极是。

"淫乱者生于男女无别，男女无别则夫妇失义。婚礼聘享者，所以别男女、明夫妇之义也。男女既别，夫妇既明。故虽有淫乱之狱，而无陷刑之民。此五者，刑罚之所从生，各有源焉。不豫塞其源，而辄绳之以刑，是谓为民设阱而陷之。"

"淫乱是由于男女无别造成的，男女无别夫妇间就会失去情义。婚聘宴享的礼仪，就是用来区别男女和明确夫妇情义的。男女既已有别，夫妇情义就会明确。所以虽然制定了有关淫乱的罪状，也没有陷入刑罚的民众。这五种情况，是刑罚产生的原因，各有各的根源。不预先塞住其根源，而动辄绳之以刑，这叫作给民众设下陷阱来陷害他们。

人伦不饬，百姓淫乱。"不豫塞其源，而辄绳之以刑，是谓为民设阱而陷之。"孔子的思想是多么的深刻。治标不治本，犹如杯水车薪。《孟子·万章上》："男女居室，人之大伦也。"婚礼聘享之礼，乃正明夫妇之道义人伦也。

《论语》子曰："道之以政，齐之以刑，民免而无耻。道之以德，齐之以礼，有耻且格。"德政法治，刑罚不过是一根鞭子罢了，根本上还是"道之以德，齐之以礼"。

"刑罚之源，生于嗜欲不节。夫礼度者，所以御民之嗜欲，而明好恶。顺天之道，礼度既陈，五教毕修，而民犹或未化，尚必明其法典以申固之。其犯奸邪靡法妄行之狱者，则饬制量之度。有犯不孝之狱者，则饬丧祭之礼。有犯杀上之狱者，则饬朝觐之礼。有犯斗变之狱者，则饬乡饮酒之礼。有犯淫乱之狱者，则饬婚聘之礼。三皇五帝之所化民者如此，虽有五刑之用，不亦可乎？"

"刑罚产生的根源，在于人们不能节制自己的嗜好和欲望。礼制和法度，就是用来控制民众的嗜好和欲望，并明确好恶的。顺乎天道，礼制和法度已经颁布，五教已经修治完毕，可是还有顽固不化的民众，这就需要用清清楚楚的法律条例来说明巩固。有犯奸作科违法妄行之罪的，就按照法令量刑来整饬。有犯不孝之罪的，就用丧祭之礼来整饬。有犯杀上之罪的，就用朝觐之礼来整饬。有犯争斗扰乱之罪的，就用乡饮酒礼来整饬。有犯淫乱之罪的，就用婚聘之礼来整饬。三皇五帝教化民众就是这样做的，虽然有使用五刑的情况，不也是可以的吗？"

刑罚惩治必须对症下药，不能将犯奸作科违法妄行之罪一判了之。对犯不孝之罪的、犯杀上之罪的、犯争斗扰乱之罪的、犯淫乱之罪的，要用对应的五种礼法来整饬。以上五种罪还不是大罪。

孔子曰："大罪有五，而杀人为下。逆天地者罪及五世，诬文武者罪及四世，逆人伦者罪及三世，谋鬼神者罪及二世，手杀人者罪止其身，故曰大罪有五，而杀人为下矣。"

孔子说："大罪有五等，杀人为最低一等。悖逆天地的要惩罚五代，诬蔑文王武王的要惩罚四代，悖逆人伦的要惩罚三代，图谋玩弄鬼神的要惩罚二代，杀人的只判他本人的罪。所以说大罪有五种，而杀人罪是最低一等。"

为何要罪及多世？大罪五等，前四等系家教祖法不严之故。刑及家族，威严恐惧，使人战栗而不敢违法也。"夏后氏以松，殷人以柏，周人以栗，曰使民战栗。"

冉有问于孔子曰："先王制法，使刑不上于大夫，礼不下于庶人。然则大夫犯罪，不可以加刑，庶人之行事，不可以治于礼乎？"

孔子曰："不然，凡治君子以礼御其心，所以属之以廉耻之节也，故古之大夫，其有坐不廉污秽而退放之者，不谓之不廉污秽而退放，则曰'簠簋（fǔ guǐ）不饬'。有坐淫乱男女无别者，不谓之淫乱男女无别，则曰'帷幕不修'也。有坐罔上不忠者，不谓之罔上不忠，则曰'臣节未著'。有坐罢软不胜任者，不谓之罢软不胜任，则曰'下官不职'。有坐干国之纪者，不谓之干国之纪，则曰'行事不请'。此五者，大夫既自定有罪名矣，而犹不忍斥，然正以呼之也。既而为之讳，所以愧耻之。是故大夫之罪，其在五刑之域者，闻而谴发，则白冠厘缨，盘水加剑，造乎阙而自请罪。君不使有司执缚牵掣而加之也。其有大罪者，闻命则北面再拜，跪而自裁，君不使人捽引而刑杀之也。曰：'子大夫自取之耳，吾遇子有礼矣。'以刑不上大夫而大夫亦不失其罪者，教使然也。所谓礼不下庶人者，以庶人遽其事而不能充礼，故不责之以备礼也。"

冉有跪然免席曰："言则美矣，求未之闻，退而记之。"

冉有问孔子说："先王制定法令，规定刑不上大夫，礼不下庶人。那么大夫犯了罪，就不可以处以刑罚；平民处事，就不可以用礼来约束了吗？"

孔子说："不是这样的。凡治理君子，要用礼来约束他的思想，因此把他们归属于懂得礼义廉耻节操的人，所以古代的大夫，犯有不清正廉洁、行为污秽之罪，而被斥退放逐的，不说他们因不清正廉洁、行为污秽而被斥退放逐，而叫作'簠簋不饬'。犯有淫乱男女无别之罪的，不说他淫乱男女无别，而叫作'帷幕不修'。犯有欺骗君上、心存不忠之罪的，不说他欺骗君上、心存不忠，而叫作'臣节未著'。犯有犯软弱无能、不胜其职之罪的，不说他软弱无能、不胜其职，而叫作'下官不职'。犯有违反国家纲纪之罪的，不说他违反国家纲纪，而叫作'行事不请'。这五种情况，既然大夫给自己裁定了相应的罪名了，仍不忍心斥责，然后还是正面称呼他们。接着还要为他们隐讳，这是为了让他们自己感到羞愧。因此大夫犯了罪，罪行在这五刑范围之内的，听闻自己要被谴责问罪，就会戴上用兽毛作缨的白色帽子，手托水盘，里面放一把剑，亲自前往宫阙请罪。

君主也不会命令刑官捆绑揪拽以凌辱他们。犯有重大罪行的，接到君命就面向北面君位再拜，然后跪下自尽，君王不会派人按着他身体用刑，只是说：'这是大夫你咎由自取，我对你也算是有礼了。'即使是刑不上大夫，而大夫犯罪也不能逃避处罚，这是教化的结果。所谓礼不下庶民，是因平民忙于劳作做不到充分行礼，所以不能要求他们在礼仪方面做得面面俱到。"

冉有跪行离开了席位说："您说得太好了，我还从未听说过，回去后要记下来。"

"簠簋不饬"即簠和簋不整齐，是对做官不廉正者的一种委婉表达，后世弹劾贪吏常用此语。簠和簋是古代食器，后来主要用作两种礼器，盛黍、稷、稻和粱等。"帷幕不修"即帷幕没有修葺之谓也，喻指淫乱男女无别。"臣节未著"即臣节不彰之谓也，指欺骗君上心存不忠。"下官不职"和"行事不请"好理解。

"刑不上于大夫"不是不治罪，是给所谓君子大臣留有面子，让他们自行了断好了。这些人死要面子活受罪，即使犯了罪，面子比命还重要。另则，君臣如父子，不能出现"其父攘羊，而子证之"之类的事。

五刑解一篇，其核心要旨是"圣人之设防，贵其不犯也"。圣人制五刑的目的，不是为了严惩罪犯，而是为了"民知所止"，让人不触犯五刑。而五刑之所以生，各有源焉。如果治标不治本，动辄使用刑罚，这叫作给民设下陷阱来陷害他们。刑罚的根源，起于人们不能节制自己的嗜好和欲望。所以要通过明确严格执礼，包括制量之度、丧葬之礼、朝觐之礼、乡饮酒之礼、婚聘之礼来教化民众，从而"御民之嗜欲"，控制民众的嗜好和欲望，通过明确什么是好的什么是恶的，让民众知晓后，民众就不会越过善恶之边界。如此以来，虽然制定了五刑之罪，也没有百姓陷入刑罚。即使有其罪责，首先也要通过相对应的礼法来整饬，大罪当罚，小罪当戒，惩前毖后，治病救人。若是大夫，是要给他们留面子的。

德政法治，教化之功，以德政为根本，以礼治为先，以刑罚为后。这便是儒家的德政法治精神。自古如是，只有明确的有边界的法律刑罚，才能给人指明方向，不越界，不践法。

下面邢政一篇，孔子有更明确的阐述。

刑政第三十一

仲弓问于孔子曰:"雍闻至刑无所用政,至政无所用刑。至刑无所用政,桀纣之世是也。至政无所用刑,成康之世是也。信乎?"

孔子曰:"圣人之治化也,必刑政相参焉。太上以德教民,而以礼齐之,其次以政言。导民,以刑禁之。刑,不刑也。化之弗变,导之弗从,伤义以败俗,于是乎用刑矣。制五刑必即天伦,行刑罚则轻无赦。刑,侀也。侀,成也。壹成而不可更,故君子尽心焉。"

仲弓问孔子说:"我听说有严酷的刑罚就不需要用政令了,有完善的政令就不需要用刑罚了。有严酷的刑罚不用政令,夏桀商纣时代就是这样的。有完善的政令不用刑罚,周成王、周康王时代就是这样的。可信吗?"

孔子说:"圣人的治理教化,必须是刑罚和政令相互配合使用。最好的办法是用道德来教化民众,并用礼来统一思想,其次是用政令。用政令来教导民众,用刑罚来禁止他们,目的是为了不用刑罚。对经过教化还不改变,经过教导还不听从,损害道义又伤风败俗的人,只好用刑罚来惩处。用五刑来治理民众也必须符合天道伦常,但执行刑罚则必须从严,即使轻罪也不能赦免。刑,就是侀。侀,就是成型。一旦定刑就不可改变,所以官员要尽心地审理案件。"

成康之世，又称成康之治，指西周初周成王、周康王统治期间出现的盛世。有载，"成康之际，天下安宁，刑错四十余年不用"。

前面孔子讲过德政与法治的关系，这里专门讲刑政。在孔子看来，"圣人之治化也，必刑政相参焉"，如何"刑政相参"呢？首先是"以德教民，以礼齐之"，用道德来教化民众，用礼来统一思想。其次是用政令来治理。最后才是"以刑禁之"。最终目的是不用刑，但实在没办法了，该杀的还得杀，而且要从严执法。关键不要忘了，"制五刑必即天伦"，用五刑来治理民众也要符合天道伦常。法外不过人情。

仲弓曰："古之听讼，尤罚丽于事，不以其心，可得闻乎？"

孔子曰："凡听五刑之讼，必原父子之情，立君臣之义以权之。意论轻重之序，慎测浅深之量以别之。悉其聪明，致其忠爱以尽之。大司寇正刑明辟以察狱，狱必三讯焉。有指无简，则不听也。附从轻，赦从重。疑狱则泛与众共之，疑则赦之。皆以小大之比成之。是故爵人必于朝，与众共之也。刑人必于市，与众弃之也。古者公家不畜刑人，大夫弗养也。其士遇之涂，弗与之言。屏诸四方，唯其所之，弗及与政，弗欲生之也。"

仲弓说："古代审理案件，处罚根据事实，不依据内心动机，可以讲给我听听吗？"

孔子说："凡是审理五种罪行的案子，必须要推究其父子之情，站在君臣之义的立场来权衡。分析论证犯罪情节的轻重，谨慎衡量罪过的大小以便区别对待。了解他的资质高低，考定他的忠君爱民情况，来穷究彻查案情。大司寇的职责是正定刑律、明辨罪责和审察案件，审案时必须遵照'三讯'制度。只有动机没有犯罪事实的，就不治罪。量刑依照从轻原则，赦免依照从重原则。疑案则要广泛地向大众征求意见共同审理，疑罪从无。一切案件一定要根据罪行大小比照法律条文来定案。因此赐人爵位一定要在朝廷上，让众人共同见证。行刑一定要在闹市上，让众人唾弃他。古时侯公侯之家不收容受过刑罚的人，大夫也不供养他们。士人在路上遇见他们，也不和他们搭话。弃之四方，任凭他到什么地方，也不让他参与政事，表示不想让他活在世上。"

孔子讲了治五刑的几个要点。一要顾及父子之情、君臣之义。二要根据犯罪情节及法律条文慎重量刑。三要必须遵照"三讯"制度。王肃注："一曰讯群臣，二曰讯群吏，三曰讯万民也。"四要坚持疑罪从无，量刑从轻，赦免从重。

仲弓曰："听狱，狱之成，成何官？"

孔子曰："成狱成于吏，吏以狱成告于正。正既听之，乃告大司寇。大司寇听之，乃奉于王。王命三公卿士参听棘木之下，然后乃以狱之成告于王。王三宥之以听命，而制刑焉。所以重之也。"

仲弓问："审理案件时，定案的事，是由哪些官来完成的？"

孔子说："案件首先由狱官来审理，然后狱官把审理情况报告给狱官之长。狱官之长审核之后，再报告大司寇。大司寇审核之后，再报告君王。君王又命三公和卿士在酸枣树下的审理处会审，然后把审理结果回呈给君王。君王根据三种可以宽宥的情况决定是否减免刑罚，最后根据审判结果来定刑。审定的程序是很慎重的。"

古时的审判定罪过程还是很严谨的。为什么"三公卿士参听棘木之下"？王肃注："外朝法，左九棘，孤卿大夫位焉。右九棘，公侯伯子男位焉，面三槐，三公位。"外朝左（东）边种有九棵棘树，是孤卿大夫之位。右（西）边种有九棵棘树，是公侯伯子男之位。南面种有三棵槐树，是三公之位。因外朝主要以棘树标位，故有此说。

仲弓曰："其禁何禁？"

孔子曰："巧言破律，遁名改作，执左道以乱政者，杀。作淫声，造异服，设奇伎奇器以荡上心者，杀。行伪而坚，言诈而辩，学非而博，顺非而泽，以惑众者，杀。假于鬼神，时日卜筮，以疑众者，杀。此四诛者不以听。"

仲弓说："法律禁令禁止的是什么？"

孔子说："凡是巧言曲解法律，擅自改名而另搞一套，利用邪道干扰国政者，杀。凡是制作靡靡之音，制作奇装异服，设计奇巧怪异器物来扰乱君心的，杀。凡是行为诡诈又顽固，言辞虚伪又能诡辩，学非正学又广博多知，顺从坏事又曲加粉饰，用以蛊惑民众者，杀。凡是假托鬼神，凭借时日、依靠卜筮，用以惑乱民众者，杀。犯此四类该杀罪行的都不需要审核。"

凡搞邪门歪道，干乱国政、扰乱君心、蛊惑民众者，斩立决，杀无赦。孔子为什么诛杀少正卯？一说其罪当属第三类。

仲弓曰："其禁尽于此而已？"

孔子曰："此其急者。其余禁者十有四焉。命服命车不粥于市，圭璋璧琮不粥于市，宗庙之器不粥于市，兵军旍（jīng）旗不粥于市，牺牲秬鬯（jù chàng）不粥于市，戎器兵甲不粥于市，用器不中度不粥于市，布帛精粗不中数、广狭不中量不粥于市，奸色乱正色不粥于市，文锦珠玉之器雕饰靡丽不粥于市，衣服饮食不粥于市，果实不时不粥于市，五木不中伐不粥于市，鸟兽鱼鳖不中杀不粥于市。凡执此禁以齐众者，不赦过也。"

仲弓说："法令禁止的就这些吗？"

孔子说："这是其中最紧要的。其余应禁的还有十四项。天子赐予的衣服、车子不准在集市上出售，圭璋璧琮等礼玉不准在集市上出售，宗庙祭祀用的礼器不准在集市上出售，兵车旌旗不准在集市上出售，祭祀用的牺牲和酒不准在集市上出售，作战用的兵器铠甲不准在集市上出售，家用器具不合规格的不准在集市上出售，麻布丝绸精粗不足数、宽窄不足量的不准在集市上出售，染色不正的不准在集市上出售，锦缎珠玉等器物雕刻巧饰过分奢华的不准在集市上出售，衣服饮食不准在集市上出售，果实还未成熟的不准在集市上出售，树木不成材的不准在集市上出售，幼小的鸟兽鱼鳖不准在集市上出售。凡违背这些禁令来欺压民众的，一律不赦过。"

这些不准到集市出售的东西分五类：一是涉及天子、祭祀、军事的物品不准出售；二是质量不过关的不准出售；三是过分奢侈豪华的物品不准出售；四是衣服饮食不准出售；五是幼鸟、青果、不成材的树木不准出售。特别是幼鸟、青果、不成材的树木不准出售，反映出古人可贵的生态意识和推爱及物的自然观。

礼运第三十二

孔子为鲁司寇，与于蜡。既宾事毕，乃出游于观之上，喟然而叹。

言偃侍，曰："夫子何叹也？"

孔子曰："昔大道之行，与三代之英，吾未之逮也，而有记焉。

"大道之行，天下为公，选贤与能，讲信修睦。故人不独亲其亲，不独子其子。老有所终，壮有所用，矜寡孤疾皆有所养。货恶其弃于地，不必藏于己。力恶其不出于身，不必为人。是以奸谋闭而弗兴，盗窃乱贼不作。故外户而不闭，谓之大同。

"今大道既隐，天下为家，各亲其亲，各子其子。货则为己，力则为人。大人世及以为常，城郭沟池以为固。禹汤文武，成王周公，由此而选，未有不谨于礼。礼之所兴，与天地并。如有不由礼而在位者，则以为殃。"

孔子担任鲁国司寇，参与蜡祭。相礼结束后，他出来到楼台上观览，不禁喟然而叹。

言偃在孔子身边陪侍，说："夫子为何叹气？"

孔子说："从前大道通行，及夏商周三代精英当政的时代，我都没有赶上，但留下了一些文字记载。

"大道通行的时代，天下为公，选拔推举贤能的人为政，讲求诚信追求和睦。所以人们不只敬爱自己的双亲，不只疼爱自己的子女。老年人都能安享晚年,壮年人都能发挥才干,鳏夫、寡妇、孤儿和残疾人都能得到供养。人们厌恶财物浪费随地乱放,但不必要收藏到自己家里,据为己有。人们厌恶做事不出力,但也不必为别人卖命。因此奸诈阴谋不得施展,盗窃财物扰乱社会的事情不会发生。所以外出不用关门闭户,这就叫作'大同'。

"现在大道已经衰弱,天下为家,人们各自敬爱自己的双亲,各自疼爱自己的子女。财物想据为己有,出力也是为了讨好别人。天子诸侯把财物和权位世代相传已成常事,把城郭沟池作为固防屏障。夏禹商汤文王武王,成王周公,就是这个时代产生的,他们之中没有一人是不依礼行事的。礼治的兴起,与天地并存。如有不遵循礼制而当权在位的,民众把他视为祸殃。"

孔子感叹,社会发展变革从天下为公到天下为家,从大同世界到追求自家安逸,是进步还是退步了呢?他有些怅然若失。但孔子坚信礼之所兴与天地并,遵礼守法是常道。

言偃复问曰:"如此乎,礼其急也。"

孔子曰:"夫礼,先王所以承天之道,以治人之情。列其鬼神,达于丧、祭、乡射、冠、婚、朝聘。故圣人以礼示之,则天下国家可得以礼正矣。"

言偃又问道:"这样的话,礼就是很急迫的事了。"

孔子说:"礼,是先代圣王用以顺承上天之道,来治理人情社会的。它参验于鬼神,体现在丧葬、祭祀、乡射、加冠、婚事和朝聘等礼仪上。因此圣人就用礼来昭示天道人伦,那么天下国家通过礼治教化就能得以匡正而太平。"

礼治的精神是"承天之道,以治人之情"。礼是天道之于人情的社会规范，核心是为政以德，载体是各种礼的规制，目标是建立亲亲尊尊、井然有序的社会秩序。

言偃曰："今之在位，莫知由礼，何也？"

孔子曰："呜呼哀哉！我观周道，幽厉伤也。吾舍鲁何适？夫鲁之郊及禘皆非礼，周公其已衰矣。杞之郊也禹，宋之郊也契，是天子之事守也。天子以杞、宋二王之后。周公摄政致太平，而与天子同是礼也。诸侯祭社稷宗庙，上下皆奉其典，而祝嘏（gǔ）莫敢易其常法，是谓大嘉。"

言偃说："当今在位的君主，都不知道治理国家是需要遵从礼制的，为什么呢？"

孔子说："可悲呀！我考察周代的制度，从幽王厉王起就开始败坏了。我舍弃鲁国又能到哪里去呢？可是鲁国的郊祭和禘祀都不合乎周礼，周公之礼已经衰微了。杞人郊祭是祭大禹，宋人郊祭是祭商契，这本是天子的享祭。是天子封禹契二王之后于杞宋的。周公代理执政实现了天下太平，所以享有和天子同样的郊祭之礼。至于诸侯只可祭祀社稷和祖先，上下都奉守同样的典章礼制，即使主持祭祀的祝嘏也不敢更改定下的规矩，这叫作大嘉。"

礼治社会礼崩乐坏，源自幽王和厉王，享礼乱了章法，"承天之道，以治人之情"的礼治精神也就丢了。"言失于礼而亡其义"，何况行呢。

"今使祝嘏辞说，徒藏于宗祝巫史，非礼也，是谓幽国。醆斝（zhǎn jiǎ）及尸君，非礼也，是谓僭君。冕弁兵革，藏于私家，非礼也，是谓胁君。大夫具官，祭器不假，声乐皆具，非礼也，是为乱国。故仕于公曰臣，仕于家曰仆。三年之丧，与新有婚者，期不使也。以衰裳入朝，与家仆杂居齐齿，非礼也，是谓臣与君共国。天子有田，以处其子孙，诸侯有国，以处其子孙，大夫有采，以处其子孙，是谓制度。天子适诸侯，必舍其宗庙，而不以礼籍入，是谓天子坏法乱纪。诸侯非问疾吊丧，而入诸臣之家，是谓君臣为谑。"

"像如今将祝祷和祈福的言辞，只收藏在宗祝巫史私人手里，是不合乎礼制的，这叫幽暗使国。先王祭祀御用的酒杯，被诸侯用来向尸君献酒，是不合礼制的，这叫僭越君王。冕弁和兵车，私藏于大夫家中，是不合礼制的，这叫胁迫君王。大夫家中设立各种官职，祭器自备，声乐俱全，是不合礼制的，这叫扰乱国政。侍奉国君的叫臣，侍奉大夫的叫仆。为父母守丧三年的和新婚者，一年期内不派遣公差。穿丧服入朝，与家仆不分上下尊卑的杂处，是不合礼制的，这叫君臣共国。天子有田，来安置自己的子孙，诸侯有国，来安置自己的子孙，大夫有封地，来安置自己的子孙，这叫制度。天子到诸侯国去，一定要住在诸侯的祖庙里，如果不按照礼籍规定而进住，这叫作天子坏乱法纪。诸侯不是为了探病或吊丧，随便进入大臣家中，这叫作君臣相互戏谑。"

醆为盏的异体字，酒杯。斝是古代先民用于温酒的酒器，也被用作礼器，通常用青铜铸造，三足，一鋬（耳），两柱，圆口呈喇叭形。商汤王打败夏桀之后，将醆定为御用的酒杯，诸侯则用角。尸，古代祭祀时，代替死者受祭的人。尸君，代替先世的君王受祭的人。冕和弁为古代帝王、诸侯、卿或大夫所戴的礼帽。

"故夫礼者,君之柄,所以别嫌明微,傧鬼神,考制度,列仁义,立政教，安君臣上下也。故政不正则君位危，君位危则大臣倍，小臣窃。刑肃而俗弊则法无常，法无常则礼无别，礼无别则士不事，民不归，是谓疵国。"

"所谓礼制，乃国君手里的权柄，是用来辨别是非、洞察隐微、敬事鬼神、考正制度、施行仁义、建立政教、安定君臣上下的。所以政治不正君位就会不稳，君位不稳大臣就会背叛，小臣就会窃权。严刑峻法而风气败坏，法令就会变化无常，法令无常礼制就会紊乱，礼制紊乱士人就无法尽心政事，民众就不会归顺，这就叫病国。"

故夫礼者，君之柄也。礼是君王用来治理国家的权杖。如果权杖乱舞，没有章法，这个国家就被霍霍成病态了。

"是故夫政者，君之所以藏身也。必本之天，殽以降命，命降于社之谓殽地。降于祖庙之谓仁义，降于山川之谓兴作，降于五祀之谓制度，此圣人所以藏身固也。圣人参于天地，并于鬼神以治政也。处其所存，礼之序也。翫（wán）其所乐，民之治也。天生时，地生财，人其父生而师教之，四者君以政用之，所以立于无过之地。"

"所谓德政，是国君用以托身立命的。德政必须以天道为本，效法天理来颁布政令，颁布到神社的叫效法大地。颁布到祖庙的叫仁义，实施于山川的叫兴作，实施于五祀的叫制度，这就是圣人托身立命的稳固保障。圣人效法天地法则，参照鬼神意志来治理政教，设身处地地考虑当下现实，就能够确立礼制秩序；亲身体验到民众的欢乐，就知道民众如何治理。天生四时，地生财货，人是父母生养的，也是老师教化的。把四者加以正确利用，就能够立于无过之境地。"

政治者，德政法治之谓也。德政者，礼治教化之谓也。道为德畜，德为道用。人道遵循天道。

"君者，人所则，非则人者也。人所养，非养人者也。人所事，非事人者也。夫君者，明人则有过，养人则不足，事人则失位，故百姓则君以自治，养君以自安，事君以自显，是以礼达而分定。人皆爱其死，而患其生。是故用人之智去其诈，用人之勇去其怒，用人之仁去其贪。国有患，君死社稷谓之义，大夫死宗庙谓之变。凡圣人能以天下为一家，以中国为一人，非意之，必知其情，从于其义，明于其利，达于其患，然后能为之。"

"国君，是人民所尊崇效法的，而不是尊崇效法人民的；是人民所供养的，而不是供养人民的；是人民所侍奉的，而不是侍奉人民的。如果国君效法人民就会产生过错，供养人民就会财力不足，侍奉人民就会失掉尊位。所以百姓要效法国君来实现自我治理，供养国君来安定自己的生活，侍奉国君来显示自己的能力，以此使礼制得到贯彻，上下名分得以确定。人人都珍惜自己的生命，会患得患失。因此国君要用智慧去掉他的狡诈，用勇敢去掉他的暴怒，用仁爱去掉他的贪欲。国家有危难，国君为社稷而死叫作大义，大夫为宗庙而死叫作哗变。圣人能够视天下为一家，视中国为一人，这不是主观臆想出来的，必定是由于圣人了解人情，通晓人义，明白人利，懂得人患，然后才去做的。"

礼达而分定。君王和人民依礼定位，知道自己是谁、该做什么不该做什么、该担当什么该丢弃什么，才能各司其职，礼运亨通，天下昌明。

"何谓人情？喜怒哀惧爱恶欲，七者弗学而能。何谓人义？父慈子孝，兄良弟悌，夫义妇听，长惠幼顺，君仁臣忠，十者谓之人义。讲信修睦，谓之人利。争夺相杀，谓之人患。圣人之所以治人七情，修十义，讲信修睦，尚辞让，去争夺，舍礼何以治之？饮食男女，人之大欲存焉。死亡贫苦，人之大恶存焉。欲恶者，人之大端。人藏其心，不可测度。美恶皆在其心，不见其色。欲一以穷之，舍礼何以哉？"

"什么是人情？喜、怒、哀、惧、爱、恶和欲，这七种情感不学就会。什么是人义？父亲慈爱，儿子孝敬，兄长和悦，弟弟友爱，丈夫守义，妻子听从，长者仁惠，孩子顺从，君主仁慈，臣子忠诚，这十种叫人义。讲信修睦，叫作人利。争夺相杀，叫作人患。圣人之所以能够治理人的七情，修十义，讲信修睦，崇尚辞让，摒弃争夺，是因为如果舍弃礼还能用什么来治理呢？饮食男女，人之大欲存焉。死亡贫苦，人之大恶存焉。欲望和憎恶是人们心中的两大情结，人们把它藏在心中，别人无法揣度。美与恶都藏在心中，不表现在脸色上。想要真正了解人们内心的想法，除了礼还能用什么呢？"

人有七情十义，还有饮食男女之大欲存焉，死亡贫苦之大恶存焉。人情与人义，大欲与大恶，美与恶，只有在礼的尺度上才能衡量出来。

《中庸》思想发端于此并阐发如下："喜怒哀乐之未发，谓之中，发而皆中节，谓之和。中也者，天下之大本也；和也者，天下之达道也。致中和，天地位焉，万物育焉。"

"故人者，天地之德，阴阳之交，鬼神之会，五行之秀。天秉（bǐng）阳，垂日星。地秉阴，载山川。播五行于四时，和四气而后月生。是以三五而盈，三五而缺。五行之动，共相竭也。五行四气十二月，还相为本。五声六律十二管，还相为宫。五味六和十二食，还相为质。五色六章十二衣，还相为主。故人者，天地之心，而五行之端，食味别声被色而生者也。"

"所以说人是天地化育的功德，阴阳交合的结果，鬼神灵气的荟萃，五行克生的精华。天秉阳，悬垂日星。地秉阴，负载山川。播撒五行于四时，调和四气而月生。由此十五天日趋盈满，十五天日趋缺亏。五行的运转，互为更始。五行四气十二月，周而复始。五声六律十二管，交替定调。五味六和十二食，轮换主味。五色六章十二衣，依次主色。所以人是天地之心，五行之首，是能够品尝五味、辨别五声、穿着五彩衣裳而生活在世上的生灵。"

人是天地造化、阴阳和合、五行化育的万物之灵。

阴阳代表一切事物最基本的对立统一关系。五行金木水火土相生相克。四时春夏秋冬，四气温热冷寒。五声宫商角徵羽。十二律分阴阳两类，处于奇数位的六律叫阳律，处于偶数位的六律叫六吕，合称律吕。十二管指十二律管。五味即酸甜苦辣咸。六和为酸苦辛咸加之以滑和甘六种调味。十二食即十二月之食。五色即青赤黄白黑，六章者兼天玄也。十二衣即十二个月里所穿的不同衣服。以上自《礼记》注疏。

"圣人作则，必以天地为本，以阴阳为端，以四时为柄，日星为纪，以月为量，鬼神以为徒，五行以为质，礼义以为器，人情以为田，四灵以为畜。以天地为本，故物可举。以阴阳为端，故人情可睹。以四时为柄，故事可劝。以日星为纪，故业可别。以月为量，故功有艺。鬼神以为徒，故事有守。五行以为质，故事可复也。礼义以为器，故事行有考。人情以为田，故人以为奥也。四灵以为畜，故饮食有由。"

"圣人制定法则，必定以天地为根本，以阴阳为开端，以四时为执掌，以日星为纲纪，以月为度量，以鬼神为同类，以五行为本性，以礼义为器具，以人情为田地，以四灵为家畜。以天地为根本，万物就可以生生不息。以阴阳交合为开端，就可以洞察人情。以四时更替为执掌，事情就可以劝勉。以日星运行为纲纪，事业就可以分别。以月份为度量，事功就有标准。以鬼神为同类，做事就可以忠于职守。以五行克生为本性，事物就可更替轮回。以礼义为器具，事情就能有成效。以人情为田地，人就可以感到温暖。以四灵为家畜，饮食就有了来源。"

圣人作则，参天地日月，阴阳五行，四季轮回，人情礼义，鬼神牲畜，故国可治，事可成。圣人则天。

"何谓四灵？麟凤龟龙谓之四灵。故龙以为畜，而鱼鲔不淰。凤以为畜，而鸟不獝（xī）。麟以为畜，而兽不狘（xuè）。龟以为畜，而人情不失。先王秉蓍（shī）龟，列祭祀，瘗缯（yì zēng），宣祝嘏（gǔ）辞说，设制度，故国有礼，官有御，事有职，礼有序。"

"什么是四灵？麟、凤、龟和龙称作四灵。以龙作为家畜之灵，鱼类就不会潜藏水底。以凤为家畜之灵，鸟类就不会飞走。以麟为家畜之灵，兽类就不会逃走。以龟为家畜之灵，人情就不会走失。先王秉持蓍草与龟甲占卜，安排祭祀，埋缯祭地，宣读祝辞，设立制度。所以国有礼制，官有治理，事有职守，礼有秩序。"

有人把"龙以为畜"等译作以龙作为家畜，不妥。如果那时真有麟凤龙，也不是我们现在理解的神话中的麟凤龙。

"先王患礼之不达于下，故禘帝于郊，所以定天位也。祀社于国，所以列地利也。禘祖庙，所以本仁也。旅山川，所以傧鬼神也。祭五祀，所以本事也。故宗祝在庙，三公在朝，三老在学，王前巫而后史，卜筮（shī）瞽侑（yòu），皆在左右，王中心无违也，以守至正。是以礼行于郊，而百神受职，礼行于社，而百货可极。礼行于祖庙，而孝慈服焉。礼行于五祀，而正法则焉。故郊社宗庙山川五祀，义之修而礼之藏。"

"先王忧虑礼制不能通达于天下，所以献祭上帝于南郊，用来确定天帝的至尊地位。祭祀社神于国都，用以序列大地孕育万物的功德。祭祀祖庙，用来体现以仁爱为本。旅祀山川，用以表达对鬼神的礼敬。祭祀五官，用以展示对五行克生的尊崇。因此宗祝在祖庙，三公在朝廷，三老在太学；君王前面有巫，后面有史官，掌管卜筮、礼乐、劝谏的官员都在左右。君王居中心无杂念，保持最纯正的心境。这样在南郊举行郊祭礼，众神都得到享祭而各司其职。在社中举行社祭礼，大地物产用之不竭。在祖庙举行祭祖礼，子孝父慈的教化就会信服天下。举行祭祀五祀之礼，各种政教法则就会得以端正。所以举行祭郊、祭社、祭宗庙、祭山川、祭祀五祀之礼，道义得到修治而礼也就蕴藏其中了。"

天道以时，人道以礼。不知礼，无以立也。

"夫礼必本于太一。分而为天地，转而为阴阳，变而为四时，列而为鬼神，其降曰命，其官于天也，协于分艺。其居于人也，曰养。所以讲信修睦，而固人之肌肤之会，筋骸之束也。所以养生送死，事鬼神之大端。所以达天道，顺人情之大窦。

"唯圣人为知礼之不可以已也，故破国丧家亡人，必先去其礼。礼之于人，犹酒之有糵（niè）也。君子以厚，小人以薄。圣王修义之柄，礼之序，以治人情。"

"礼的本源必定是太一。太一分而为天地，转而为阴阳，变而为四时，列而为鬼神。太一降临叫命，它效法于天，协调各方面关系。落实到人身上的，叫养。养是用来讲信修睦，使人自身的肌肤会聚、筋骨连结成一体的。因此礼是养生送死、祭祀鬼神的最基本的原则，是通达天道、顺应人情的最基本的渠道。

"只有圣人知道礼是不可以废止的，所以要使一个国家破灭，一个家庭衰落，一个人消亡，必先破坏它的礼制。礼对于人来说，就好像酿酒要有酒曲一样。君子因为遵循礼制，品德会更加淳厚。小人因为违背礼制，品德会更加浅薄。圣王修持义、礼两件法宝，用来治理人情。"

礼的本源是太一元气。元气是天地、阴阳、四时、鬼神的精气神。元气降临就叫命，落实到人身上的叫养，涵养身体和精气神。去礼即散气，散气则破国丧家亡人。太一是宇宙万物的本原、本体。《吕氏春秋》云："道也者，至精也，不可为形，不可为名，强为之名，谓之太一。"《老子》云："有物混成，先天地生。寂兮寥兮，独立而不改，周行而不殆，可以为天下母。吾不知其名，字之曰道，强为之名曰大。"

"人情者，圣王之田也，修礼以耕之，陈义以种之，讲学以耨之。本仁以聚之，播乐以安之。故礼者，义之实也，协诸义而协则礼，虽先王未有可以义起焉。义者艺之分，仁之节，协诸艺，讲于仁，得之者强，失之者丧。仁者义之本，顺之体，得之者尊。故治国不以礼，犹无耜（sì）而耕。为礼而不本于义，犹耕而不种。为义而不讲于学，犹种而不耨。讲之以学，而不合以仁，犹耨而不获。合之以仁，而不安之以乐，犹获而弗食。安之以乐，而不达于顺，犹食而不肥。"

"人情，就好比是圣王的田地。修敕礼制来耕田，陈说仁义来种地，讲学教化来锄草。以仁爱为本聚集人心，传播礼乐来安抚人民。所以说礼，是义的果实，协调诸义从而本身协调才是礼。即使先王时期还没有成熟的礼制，但凭借义的原理可以兴起。义是法则的分别、仁爱的节度。协调于法则，讲求于仁爱，守住义就能强盛，失去义就衰亡。仁爱是义的根本、和顺的本体，守住仁爱就会尊贵。所以治国不用礼，就好比没有耒耜而要耕地。推行礼制而不是以义为本，就犹如耕了地而不播种。为义却不重视讲学教化，犹如播了种而不锄草。重视讲学教化却不合乎于仁爱，就犹如锄了草却不收获。合乎于仁爱却不能安之以乐，就犹如收获了而不食用。安之以乐却达不到和顺的局面，就犹如吃了饭却并不健壮。"

《中庸》认为，喜怒哀乐的情感没有发生，可以称之为中。喜怒哀乐的情感发生了，但都能适中且有节度，可以称之为和。中是天下最为根本的基础，和是天下共同尊崇的秩序。达到了中和，天地就会各安其位，万物便生长发育了。

喜怒哀乐是最基本的人情，礼是用来梳理规范人情发生的，人情发生要按照义理的要求去发展，达到适中且有节度，这便是礼成——

和谐之果实了。《大学》中"弟子入则孝，出则弟，谨而信，泛爱众，而亲仁"是"耕田—种田—礼成"的过程，"行有余力，则以学文"则是讲学教化来"锄田"的过程。治理国家犹如耕种田地。犁地，播种，除草，收割，食用，而后体格健壮。

"四体既正，肤革充盈，人之肥也。父子笃，兄弟睦，夫妇和，家之肥也。大臣法，小臣廉，官职相序，君臣相正，国之肥也。天子以德为车，以乐为御，诸侯以礼相与，大夫以法相序，士以信相考，百姓以睦相守，天下之肥也。是谓大顺。大顺者，所以养生送死，事鬼神之常也。故事大积焉而不苑，并行而不谬，细行而不失，深而通，茂而不间，连而不相及，动而不相害，此顺之至也。明于顺，然后乃能守危。"

"四肢健全，肌体丰腴，这是身体健壮的表现。父子情深，兄弟和睦，夫妇和顺，这是家庭兴旺的表现。大臣守法，小臣廉洁，各级官员等级有序，君臣相互匡正，这是国家强盛的表现。天子以德为车，以乐为御，诸侯以礼相交，大夫以法相处，士人以诚信相考较，百姓以和睦相守，这是天下昌盛的表现。这就叫作大顺。顺，就是养生送死、侍奉鬼神的社会常道。因此即使事务堆积也不会滞阻，同时进行也不会发生错乱，细微之处也不会遗漏，深奥之处也能通晓，繁杂却能有条不紊，相互联系却不冲突，行动起来而不相害，这就是顺的最高境界了。明白了什么是顺，然后才能做到居安思危。"

国体犹人体。身体强壮，家庭兴旺，国家强盛，天下大顺，均乃礼治之功。"明于顺，然后乃能守危。"

"夫礼之不同不丰不杀，所以持情而合危也。山者不使居川，渚（zhǔ）者不使居原。用水火金木，饮食必时。冬合男女，春颁爵位，必当年德，皆所谓顺也。用民必顺，故无水旱昆虫之灾，民无凶饥妖孽之疾。天不爱其道，地不爱其宝，人不爱其情，是以天降甘露，地出醴（lǐ）泉，山出器车，河出马图，凤凰麒麟，皆在近郊，龟龙在宫沼，其余鸟兽及卵胎，皆可俯而窥也。则是无故，先王能循礼以达义，体信以达顺，此顺之实也。"

"礼制所体现的等级不同，既不能加丰，也不能降等，这是借以维系人情进而做到居安思危、保持警惕的做法。不要迫使住在山区的居民迁居到河边，也不迫使住在岛上的居民迁居到平原。使用水、火、金、木以及调节饮食，都要顺应时节。冬季男婚女嫁，春季颁授爵位，必须年龄相当，德行相配，这都是为了顺应天时和人心。遣使民众必须顺应天时，这样就不会发生水旱昆虫等自然灾害，民众就没有凶年以及反常的疾苦。天不吝惜其天理，地不吝惜其宝藏，人不吝惜其真情，于是天降甘露，地出醴泉，山出器车，河出马图。凤凰麒麟，皆在郊野，龟龙在宫沼，其余的鸟兽以及卵生胎生的动物随处可见。呈现如此景象没有别的原因，只是先王能做到遵循礼制以达到义，体认诚信以达到顺而已，这就是顺的实际内容。"

礼制配天，顺天而为，和令而行，当会政通人和，风调雨顺，欣欣向荣，天下昌平。

冠颂第三十三

邾隐公既即位，将冠，使大夫因孟懿子问礼于孔子。

子曰："其礼如世子之冠。冠于阼（zuò）者，以著代也。醮（jiào）于客位，加其有成。三加弥尊，导喻其志。冠而字之，敬其名也。虽天子之元子，犹士也，其礼无变，天下无生而贵者，故也行冠事必于祖庙。以裸享之礼以将之，以金石之乐节之，所以自卑而尊先祖，示不敢擅。"

邾隐公即位后，准备举行冠礼，派大夫通过孟懿子向孔子咨询举行冠礼的事情。

孔子说："这种礼如世子的冠礼。世子加冠时要站在大堂前东面主位台阶上，以表示他要代父成为家长。然后站在西面客位台阶上接受位尊者敬酒，嘉勉其有所成就。三次加冠，一次比一次尊贵，教导他要有远大志向。加冠之后要取字，以表示尊重他的名。即使是天子的长子，也与士一样，加冠礼是相同的，天下没有生下来就高贵的，故而加冠礼一定要在祖庙里举行。用裸享的礼节来进行，用钟磬之乐加以节制，这样可以使加冠者感到自己的卑微而更加尊敬自己的祖先，以示自己不敢擅越祖先的礼制。"

冠礼，古代男子的成人礼。士二十而冠，表示身心已经成熟，可以承担家庭、社会的责任。天子、诸侯、大夫及其子的冠礼，均早于士。

懿子曰："天子未冠即位，长亦冠也？"

孔子曰："古者王世子虽幼，其即位则尊为人君。人君治成人之事者，何冠之有。"

懿子曰："然则诸侯之冠，异天子与？"

孔子曰："君薨（hōng）而世子主丧，是亦冠也已，人君无所殊也。"

懿子曰："今邾君之冠，非礼也。"

孔子曰："诸侯之有冠礼也，夏之末造也，有自来矣，今无讥焉。天子冠者，武王崩，成王年十有三而嗣立，周公居冢（zhǒng）宰，摄政以治天下。明年夏六月，既葬，冠成王而朝于祖，以见诸侯，亦有君也。周公命祝雍作颂曰：'祝王达而未幼。'祝雍辞曰：'使王近于民，远于年，啬于时，惠于财，亲贤而任能。'其颂曰：'令月吉日，王始加元服，去王幼志，服衮职，钦若昊天，六合是式，率尔祖考，永永无极。'此周公之制也。"

懿子说："天子因年幼未举行冠礼便即位，长大以后还要举行冠礼吗？"

孔子说："古代君王的世子年纪虽幼，一旦即位就尊为人君。人君做的是成人所做的事，哪里还要举行冠礼呢。"

懿子说："那么诸侯的冠礼和天子有什么不同吗？"

孔子说："天子去世由世子主持丧事，这就意味着他也就加冠成人了。诸侯也是人君，与天子没什么不同。"

懿子说："现今邾隐公的冠礼，不符合礼制。"

孔子说："诸侯举行冠礼，是从夏朝末年开始的。这是有其渊源的，现今没有必要讥讽他。天子举行冠礼，始于周成王。武王驾崩，成王十三岁便即位，周公担任冢宰，辅助成王治理天下。第二年夏六月，安葬了武王，为成王举行冠礼并朝拜先祖，接见诸侯，也表示诸侯有了新的君王。周公命令祝雍作颂辞说：'祝贺我王一切顺利并快快长大。'祝雍作祝辞说：'祝愿我王深得民心，健康长寿，使民有时，惠人以财，亲贤而任能。'祝雍又作颂说：'良辰吉日，王举行冠礼。去掉稚气，履行帝王职责。敬顺天命，效法天地四方。祖宗先人，永享祭祀。'这是周公制定的礼制。"

孟懿子的推论是，既然人君治成人之事，那么邾隐公既即位，即使他"虽幼，其即位则尊为人君"，再行冠礼，就不符合礼制了。孔子说："有自来矣，今无讥焉。"这是有来历的，现今没有必要讥讽他。周公对成王的做法是，先嗣立，再冠礼，后称王。

懿子曰："诸侯之冠，其所以为宾主，何也？"

孔子曰："公冠则以卿为宾，无介公自为主，迎宾揖升自阼，立于席北。其醴（lǐ）也则如士，飨之以三献之礼。既醴，降自阼阶。诸侯非公而自为主者，其所以异，皆降自西阶，玄端与皮弁（biàn），异朝服素毕，公冠四，加玄冕祭，其酬币于宾，则束帛乘马，王太子庶子之冠拟焉，皆天子自为主，其礼与士无变，飨食宾也，皆同。"

懿子说："诸侯的冠礼，之所以分为宾主，为什么呢？"

孔子说："公举行冠礼则以卿为宾，不需要中间人，公亲自作为主人，迎接宾客、揖让行礼，自己从东阶而上，站在坐席的北边。敬甜酒礼节同士人加冠礼节一样，以三献之礼招待宾客。完毕，则回到东边的台阶上。不是公爵的诸侯自为主人的，它的差异之处，就在于都从宾位西阶而下，穿着黑色衣服，戴着白鹿皮的帽子，不同于朝服和平时所穿的素服。公要四次加冠，头戴玄冠，身穿祭服，要酬赠宾客一束帛和四匹马。王太子和庶子的加冠与此相同，都是天子自己作为主人，其加冠礼的礼节和士一样，招待宾客的形式也都相同。"

孔子回答的是如何为宾客。

古代爵位从高到低分别为王爵、公爵、候爵、伯爵、子爵、男爵等，各朝代略有不同。西周所封的公、侯等爵，对周天子称臣，在封国内就是君主，官爵合一。

懿子曰："始冠必加缁布之冠，何也？"

孔子曰："示不忘古，太古冠布斋则缁之，其緌也吾未之闻，今则冠而币之，可也。"

懿子曰："三王之冠，其异何也？"

孔子曰："周弁（biàn），殷哻（hān），夏收，一也。三王共皮弁素緌。委貌，周道也。章甫，殷道也。毋追，夏后氏之道也。"

懿子说："开始加冠必须戴黑布冠，为什么呢？"

孔子说："这是表示不忘古代的礼制，远古时人头戴白色麻布做的冠，行斋戒礼时才戴黑布冠；至于帽子有下垂的带子，我没有听说过。现今举行冠礼直接带上黑布冠，再用布帛酬赠宾客，是可以的。"

懿子说："古代三王的帽子，有什么不同呢？"

孔子说："周代叫弁，商代叫哻，夏代叫收，其实都是一种冠。三王戴的都是皮弁白带。委貌，是周王日常冠名的叫法。章甫，是商王日常冠名的叫法。毋追，是夏后氏日常冠名的叫法。"

"示不忘古"，乃礼制承乘之谓也。

庙制第三十四

卫将军文子将立先君之庙于其家，使子羔访于孔子。

子曰："公庙设于私家，非古礼之所及，吾弗知。"

子羔曰："敢问尊卑上下立庙之制，可得而闻乎？"

孔子曰："天下有王，分地建国，设祖宗，乃为亲疏贵贱多少之数。是故天子立七庙，三昭三穆，与太祖之庙而七。太祖近庙，皆月祭之，远庙为祧（tiāo），有二祧焉，享尝乃止。诸侯立五庙，二昭二穆，与太祖之庙而五，曰祖考庙，享尝乃止。大夫立三庙，一昭一穆，与太祖之庙而三，享尝乃止。士立一庙，曰考庙，王考无庙，合而享尝乃止。庶人无庙，四时祭于寝。此自有虞以至于周之所不变也。凡四代帝王之所谓郊者，皆以配天。其所谓禘者，皆五年大祭之所及也。应为太祖者，则其庙不毁。不及太祖，虽在禘郊，其庙则毁矣。古者，祖有功而宗有德，诸之祖宗者，其庙皆不毁。"

卫国将军文子想在自己的封地为先君设立祭庙，就此事派子羔向孔子请教。

孔子说："将公庙建在私人的封地上，这是古代礼制所没有的，我不知道。"

子羔说："请问尊卑上下设立宗庙的有关礼制，可以说给我听听吗？"

孔子说："天下有了君王，分封土地建立国家，设立祖宗的祭庙，是为了区分亲疏和贵贱，以及规范祭庙数。此规制是：天子设立祭庙七座，其中昭庙三座、穆庙三座，加上太祖庙共七座。太祖庙为近亲的庙，每个月都要祭祀一次。远祖的庙叫祧，有二祧，每季祭祀一次。诸侯设立五座祭庙，昭庙两座、穆庙两座，加上太祖的祭庙共五座，叫作祖考庙，每季祭祀一次。大夫设立三座祭庙，昭庙一座、穆庙一座，加上太祖的祭庙共三座，叫作皇考庙，每季祭祀一次。士设立一座祭庙，叫作考庙，没有祖庙，父祖合祭，每季祭祀一次。平民百姓则不立庙，四季就在家中寝室祭祀。这种制度自有虞氏到周代一承不变。凡是四代帝王称作郊祭的，都是配享上天的。所说的禘祭之礼，都是五年举行一次的大祭。尊之为太祖的，他的祭庙是不能毁掉的。功德不及太祖的，即使在禘祭郊祭的范围内，他的祭庙也可以毁掉。古时把祖有功而宗有德的叫作祖宗，他们的庙都不能被毁掉。"

公庙是国家的祭庙，即诸侯国君的祖庙。古代帝王世系中，始祖称为祖，继祖者为宗。昭穆是古代宗法制度、宗庙次序：始祖庙居中，以下父子递为昭穆，父居左为昭，子居右为穆。二祧指的是高祖及父母祖之庙。祖考庙也称太祖庙，皇考庙即曾祖庙，考庙即父庙。

子羔问曰："祭典云：'昔有虞氏祖颛顼而宗尧，夏后氏亦祖颛顼而宗禹，殷人祖契而宗汤，周人祖文王而宗武王。'此四祖四宗，或乃异代，或其考祖之有功德，其庙可也。若有虞宗尧，夏祖颛顼，皆异代之有功德者也。亦可以存其庙乎？"

孔子曰："善，如汝所问也。如殷周之祖宗，其庙可以不毁。其他祖宗者，功德不殊，虽在殊代，亦可以无疑矣。《诗》云：'蔽蔽甘棠，勿翦（jiǎn）勿伐，召伯所憩。'周人之于召公也，爱其人，犹敬其所舍之树。况祖宗其功德而可以不尊奉其庙焉？"

子羔问道："祭典上说：'从前有虞氏的庙以颛顼为祖而以尧为宗，夏后氏的庙以颛顼为祖而以禹为宗，殷人以契为祖而以汤为宗，周人以文王为祖而以武王为宗。'这四祖四宗，或者是时代不同，或者是父祖都有功德，他们的庙可以永远供奉不毁。像有虞氏以尧为宗，夏代以颛顼为祖，都是不同时代有功德的，他们的庙也可以永存不毁吗？"

孔子回答说："是的，正如你所问的那样。如殷人周人的祖宗，其庙可以不毁。其他为祖宗的，功德和他们祖先相同，虽在不同的时代，无疑也是不可毁的。《诗经》说：'棠梨树郁郁葱葱，不剪不毁细细养护，曾是召伯休息处。'周人对于召公，因为热爱这个人，进而敬重他曾经在其下休息过的甘棠树，何况祖宗有功德，怎可以不尊奉他的庙呢？"

孔子引用之诗句出自《诗经·召南·甘棠》。该诗是一首赞美和怀念召公的短诗。

本篇较为详细地介绍了古时候设立祭庙的制度，以及什么样的祭庙不可毁等，并给出了理由。

辩乐解第三十五

孔子学琴于师襄子。

襄子曰:"吾虽以击磬为官,然能于琴。今子于琴已习,可以益矣。"孔子曰:"丘未得其数也。"有间,曰:"已习其数,可以益矣。"孔子曰:"丘未得其志也。"有间,曰:"已习其志,可以益矣。"孔子曰:"丘未得其为人也。"有间,孔子有所缪(miù)然思焉,有所睪(gāo)然高望而远眺,曰:"丘迨得其为人矣。黯(dǎn)而黑,颀然长,旷如望羊,掩有四方,非文王其孰能为此?"师襄子避席叶拱而对曰:"君子圣人也!其传曰《文王操》。"

孔子向师襄子学习弹琴。

师襄子说:"我虽然因为磬击得好做了官,但我最擅长的是弹琴。现在你的琴已经弹得不错了,可以学新东西了。"孔子说:"我还没有掌握好节奏。"过了段时间,师襄子说:"节奏已经掌握得不错了,可以学新东西了。"孔子说:"我还没有领悟到琴曲的思想。"又过了段时间,师襄子说:"你已经领悟到琴曲的思想了,可以学新东西了。"孔子说:"我还没有理解到曲作者是怎样的一个人。"又过了段时间,孔子表现出庄重深思的样子,他眺望着远处的高地,说道:"我已经体悟到作者是什么样的人了。他肤色黝黑,身材颀长,志向广远,德被天下,除了周文王有谁能创作出这样的乐曲呢？"师襄子急忙离开坐席，拱手向孔子行礼说道："您真是君子圣人啊！这曲子就是传说中的《文王操》。"

语言的尽头是诗，诗的尽头是音乐。诗可以兴，可以观，可以群，可以怨。当用任何语言都无法表达自己的思想情感的时候，就寄托于音乐吧。周文王得圣人真传，取中得道，化育人文，推演八卦，惊哭鬼神。一曲《文王操》，倾注家国情怀，古今忧思。夫子沉淫其中不能自拔，惶惶乎一团精气神化作文王之象，扑面而来。夫子大成矣！

子路鼓琴。孔子闻之，谓冉有曰："甚矣，由之不才也！夫先王之制音也，奏中声以为节，入于南，不归于北。夫南者生育之乡，北者杀伐之城。故君子之音，温柔居中，以养生育之气，忧愁之感，不加于心也。暴厉之动，不在于体也。夫然者乃所谓治安之风也。小人之音则不然，亢丽微末，以象杀伐之气。中和之感，不载于心。温和之动，不存于体。夫然者乃所以为乱之风。昔者舜弹五弦之琴，造《南风》之诗，其诗曰：'南风之薰兮，可以解吾民之愠兮。南风之时兮，可以阜吾民之财兮。'唯修此化，故其兴也勃焉。德如泉流，至于今王公大人述而弗忘。殷纣好为北鄙之声，其废也忽焉，至于今王公大人举以为诫。夫舜起布衣，积德含和，而终以帝。纣为天子，荒淫暴乱，而终以亡。非各所修之致乎？由，今也匹夫之徒，曾无意于先王之制，而习亡国之声，岂能保其六七尺之体哉？"冉有以告子路。子路惧而自悔，静思不食，以至骨立。夫子曰："过而能改，其进矣乎！"

子路弹琴。孔子闻之，对冉有说："太不像话了，子路太笨了！古代贤王制作音乐，节奏中正无邪，有南方之雅风，却无北方之戾气。南方是生育万物的地方，北方是征战厮杀的地方。所以君子的音乐温柔适中，用来涵养生育之气，能够让忧愁之情从心中消除，把暴戾躁动之感从体内赶走。这样的音乐就是所说的太平祥和之风。小人的音乐则不同，高亢激烈又卑微低贱，充斥着征战杀伐之气。中正平和之感不存于心，温顺和气的举动不存于体。这样的音乐就是乱世萧瑟之风。从前舜弹奏五弦琴，制作了《南风》之诗，诗中说：'多么温和的南风啊，可以解除我百姓心中的忧愁。多么及时的南风啊，可以增加我百姓的财富。'只有修行了这样的教化，他的兴起才能非常地快。舜的德政像清泉一样流淌，直到今天王公大人们代代相传不敢忘记。殷纣王喜好北方杀伐征战之音，所以他的灭亡就非常迅速，直到今天王公大人们常以此来训诫后人。舜本来是个普通百姓，不断积累德行，涵养平和之气，终于成为帝王。殷纣王本为天子，但荒淫残暴，终于国灭身亡。这难道不是由各自的修为所导致的吗？由啊，现今你一介匹夫，无视先王之制，而弹奏出亡国之声，怎能保全你六七尺的身躯呢？"冉有把孔子的话告诉了子路。子路听后既害怕又后悔，静坐思考不吃不喝，以致瘦骨嶙峋。孔子说："知错能改，子路又进步了！"

用来调和社会关系，抚慰人的心灵的，叫雅乐，乃太平祥和之风。用来体现社会动乱，抒发暴戾之气的，叫邪乐，乃乱世萧瑟之风。还有一种靡靡之音，消弭人的斗志，沉沦人的情操，叫淫乐，听起来让人神魂颠倒失去正念。《论语》载，子曰："恶郑声之乱雅乐也。"郑声就是淫乐。这里孔子由子路鼓琴切入，谈了音乐的功用。

关于子路与音乐，《论语》里也有涉及。子曰："由之瑟，奚为于丘之门?"子路乱弹琴,怎么好意思说是我孔门弟子呢?子路一介武夫,性情刚勇,要不是孔子要求四科都要学习,他才不会去学习弹琴丢人现眼呢。他弹琴音调刚猛,不够平和,也是自然的事。但孔子看重的是音乐对心性的磨练和涵养,非常担心子路太过刚猛,不懂转圜,容易伤着自己,因此说:"习亡国之声,岂能保其六七尺之体哉?"

但子路不宿诺。"子路有闻,未之能行,唯恐有闻",知善立行,知错必改。孔子三番五次地点拨他、教育他。他意识到问题的严重性后,自当反思改过。

周宾牟贾侍坐于孔子。孔子与之言,及乐,曰:"夫《武》之备诫之以久,何也?"对曰:"病不得其众。""咏叹之,淫液之,何也?"对曰:"恐不逮事。""发扬蹈厉之已蚤,何也?"对曰:"及时事。""《武》坐,致右而轩左,何也?"对曰:"非《武》坐。""声淫及商,何也?"对曰:"非《武》音也。"孔子曰:"若非《武》音,则何音也?"对曰:"有司失其传也。"孔子曰:"唯,丘闻诸苌弘,亦若吾子之言是也。若非有司失其传,则武王之志荒矣。"

周宾牟贾侍坐于孔子。孔子和他谈话,谈到乐舞,孔子说:"《武》乐开演前长时间的击鼓警戒,这是为什么呢?"宾牟贾回答说:"担心讨伐殷商得不到众将士的拥护。""声音拉得长长的,连绵不绝,这是为什么呢?"宾牟贾回答说:"担心完不成军事行动。""乐舞一开场就激烈地手舞足蹈,这是为什么呢?"宾牟贾回答说:"表明在寻找战机。""《武》舞中的坐姿,只跪右腿而支起左腿,这是为什么呢?"宾牟贾回答说:"这不是《武》舞应有的坐法。""乐声过分地采用商调表现杀气,这是为什么呢?"宾牟贾回答说:"这不是《武》乐应有的音调。"

孔子又问："如果不是《武》乐应有的音调，那又是什么音调呢？"宾牟贾回答说："乐官们传承有误。"孔子说："是。我听苌弘说过这些，也和你说的一样。如果不是乐官们传承有误，那岂不是武王的志向迷乱了。"

《论语》中载有孔子对《韶》乐和《武》乐的评价。子谓《韶》："尽美矣，又尽善也！"谓《武》："尽美矣，未尽善也！"孔子认为《韶》乐与《武》乐，声调旋律都很优美，但内容有很大差别。《韶》乐歌颂的是虞舜天下为公，而《武》乐歌颂的是武王伐纣。以征伐取，尽管铲除了暴虐无道的商纣王，老百姓也能安居乐业，但不能说尽善。

经过四百多年的传承，《武》乐已经不是原来的《武》乐了。不用说先秦的乐曲了，宋词牌原来也是有固定配乐的，我们现在也都听不到了。

宾牟贾起，免席而请曰："夫《武》之备诫之以久，则既闻命矣。敢问迟矣而又久立于缀，何也？"子曰："居，吾语尔。夫乐者，象成者也。总干而山立，武王之事。发扬蹈厉，太公之志也。《武》乱皆坐，周、召之治。且夫《武》，始成而北出，再成而灭商，三成而南反，四成而南国是疆，五成而分陕，周公左，召公右，六成而复缀，以崇其天子焉。众夹振之而四伐，所以盛威于中国。分夹而进，所以事蚤济。久立于缀，所以待诸侯之至也。"

宾牟贾起身，离开坐席向孔子请教说："《武》乐开始长时间击鼓警戒的原因，您已经提问过了。请问舞者长久地站立在舞位上等待，这是为什么呢？"孔子说："坐下，我来告诉你。《武》乐呈现的是已经成功的事业。手持盾牌如山般屹立，象征武王的事业。激烈地手舞足蹈，表现的是姜太公的雄心壮志。《武》

舞的末章全体整齐跪坐，表现的是周公和召公共同辅政。再说《武》乐的章节：第一章表现武王出师北上；第二章表现武王灭商；第三章表现武王领兵向南；第四章表现开拓南方疆土；第五章表现以陕为界，周公治理东方，召公治理西方；第六章都回到原位，表示诸侯会聚，尊崇天子。表演中，众将士随着铎声有节奏地用矛戈刺向四方，是来显示武王的军队强盛，威震中国。继而又分列前进，表示战事已经成功。舞者长久立于原处歌舞，表示武王等待各路诸侯前来会师。"

　　孔子对《武》乐的结构形式和呈现内容进行了详细的解读。

　　"今汝独未闻牧野之语乎？武王克殷而反商之政，未及下车，则封黄帝之后于蓟（jì），封帝尧之后于祝，封帝舜之后于陈。下车，又封夏后氏之后于杞，封殷之后于宋，封王子比干之墓，释箕子之囚，使人行商容之旧，以复其位。庶民弛政庶士倍禄。既济河西，马散之华山之阳而弗复乘，牛散之桃林之野而弗复服，车甲则衅之而藏诸府库以示弗复用，倒载干戈而包之以虎皮，将率之士使为诸侯，命之曰建櫜（tuó），然后天下知武王之不复用兵也。散军而修郊射，左射以《狸首》，右射以《驺虞（zōu yú）》，而贯革之射息也。裨冕搢笏（jìn hù），而虎贲（bēn）之士脱剑。郊配后稷，而民知尊父焉。配明堂，而民知孝焉。朝觐，然后诸侯知所以臣。耕籍，然后民知所以敬亲。六者天下之大教也。食三老五更于太学，天子袒而割牲，执酱而馈，执爵而酳（yìn），冕而总干，所以教诸侯之弟也。如此，则周道四达，礼乐交通。夫《武》之迟久，不亦宜乎？"

　　"难道你至今没有听说过牧野之战的传说吗？武王攻克殷都

之后又把政权还给殷商的后人，还没等下车，就分封黄帝的后裔到蓟地，封帝尧的后裔到祝地，封帝舜的后裔到陈地。下车以后，又封夏后氏的后裔到杞地，封殷商的后裔到宋地，命令修建王子比干的墓，释放被囚禁的箕子，派人查访贤臣商容，并恢复了他的官位。免除百姓的苛捐杂税，给官吏增加一倍俸禄。接着渡河西行，把战马散放到华山的南面不再骑乘，将拉辎重的牛都散放到桃林的原野不再驱使，将战车铠甲涂上牲血藏入府库表示不再使用，将盾牌和矛戈倒放用虎皮包起来，将带兵的将帅封为诸侯，总称之为"鞬櫜"，这样天下的人就知道武王不再用兵了。解散了军队让他们学习郊射之礼，在东郊习射时奏《狸首》乐章，在西郊习射时奏《驺虞》乐章，并停止了贯穿铠甲的射击。身穿礼服，头戴礼帽，腰插笏板，让勇猛的战士解除了佩剑。在郊外祭祀配享后稷，从而让民众知道尊敬父亲。在明堂祭祀祖先，从而让民众知道孝道。让诸侯定期朝见天子，然后让诸侯知道为臣的道理。亲自参加耕藉之礼，然后百姓就知道如何尊敬父母。以上六件事，是天下最重要的政教措施。在太学宴请三老五更，天子袒露左臂，亲自切割牲肉，端着肉酱向他们献食，亲自端着酒爵请他们漱口，带上冠冕，手持盾牌，跳起舞蹈，向他们表示慰问，这样做是为了教导诸侯敬重兄长。如此一来，周朝的政教畅达于四方，礼乐周流通行。因此《武》乐的表演持续很长时间，不也是理所应当的吗？"

尽管《武》乐"尽美矣，未尽善也"，一部《武》乐也难以呈现周武王的千秋功业，但周武王的大美仁德广被日月，惠及众生，流传千古。

商纣王荒淫暴虐，伤天害理，不知敬畏。周公辅佐武王克商伐纣建立周朝后，吸收商纣王祭神求福却又妄蔑天意的教训，提出"民之所欲，天必从之"的敬天保民思想，敬畏上天好生之德，赋予祭祀人文精神，制礼作乐以教化万民，德政礼治，刀枪入库，马放南山，敬孝祭祖，成就"郁郁乎文哉"的大周盛世。

　　牧野之战指的是周武王联军与商朝军队在牧野进行的决战。商军倒戈，纣王自杀，殷商灭亡。

　　《论语·尧曰》载："兴灭国，继绝世，举逸民，天下之民归心焉。"帮助灭亡的国家复国，接续已经断绝了的家族，提拔被遗落的人才，天下百姓就真心归服了。周武王做到了。

问玉第三十六

子贡问于孔子曰:"敢问君子贵玉而贱珉(mín),何也?为玉之寡而珉之多欤?"

孔子曰:"非为玉之寡故贵之,珉之多故贱之,夫昔者君子比德于玉。温润而泽,仁也。缜密以栗,智也。廉而不刿(guì),义也。垂之如坠,礼也。叩之,其声清越而长,其终则诎然,乐矣。瑕不掩瑜,瑜不掩瑕,忠也。孚尹旁达,信也。气如白虹,天也。精神见于山川,地也。珪璋特达,德也。天下莫不贵者,道也。《诗》云:'言念君子,温其如玉。'故君子贵之也。"

子贡问孔子说:"请问君子以玉为贵而以珉为贱,这是为什么呢?是因为玉少而珉多吗?"

孔子说:"并不是因为玉少就认为它贵重,也不是因为珉多而轻贱它。从前君子将美德比作玉。玉温润而有光泽,像仁。细密而又坚实,像智。有棱角而不伤人,像义。悬垂就下坠,像礼。敲击它,声音清脆而悠长,最后戛然而止,像乐。玉上的瑕疵掩盖不住它的美好,玉的美好也掩盖不了它的瑕疵,像忠。玉色晶莹发亮,光彩四溢,像信。玉的光气如白色长虹,像天。玉的精气神显现于山川之间,像地。玉制的圭璋可以单独与主君通达情意,像德。天下人没有不珍视玉的,像尊重道。《诗经》上说:'想起那位君子,他温和柔润,如同美玉。'所以君子以玉为贵。"

言念君子，温其如玉。谦谦君子，温润如玉。玉的品质就像君子的德行，玉君子是也。仁智义礼乐忠信，天地道德。温缜廉谦清贞达，阴阳精神。孔子以形象的比喻与抽象的思辨完美结合，对君子比德于玉的解读，相当精彩，令人惊叹。珉，洁白如玉的石头。

孔子曰："入其国，其教可知也。其为人也，温柔敦厚，《诗》教也；疏通知远，《书》教也；广博易良，《乐》教也；洁静精微，《易》教也；恭俭庄敬，《礼》教也；属辞比事，《春秋》教也。故《诗》之失愚，《书》之失诬，《乐》之失奢，《易》之失贼，《礼》之失烦，《春秋》之失乱。其为人也，温柔敦厚而不愚，则深于《诗》者矣；疏通知远而不诬，则深于《书》者矣；广博易良而不奢，则深于《乐》者矣；洁静精微而不贼，则深于《易》者矣；恭俭庄敬而不烦，则深于《礼》者矣；属辞比事而不乱，则深于《春秋》者矣。"

孔子说："入其国，就可以知道该国教化的情况了。其为人也，语气温柔，性情忠厚，那是《诗》教化的结果；通透明达，富有远见，那是《书》教化的结果；心胸宽广，平易善良，那是《乐》教化的结果；祥和安静，推测精微，那是《易》教化的结果；谦恭俭朴，庄重诚敬，那是《礼》教化的结果；善于属辞，是非分明，那是《春秋》教化的结果。由是《诗》教不足在于使人愚钝，《书》教不足在于使人不实，《乐》教不足在于使人奢靡，《易》教不足在于使人狡猾，《礼》教不足在于使人烦琐，《春秋》教不足在于使人迷乱。其为人也，温柔敦厚而不愚钝，那就说明深刻理解《诗》了；疏通知远而不失实，那就说明深刻理解《书》了；广博易良而不奢靡，那就说明深刻理解《乐》了；洁静精微而不狡猾，那就说明深刻理解《易》了；恭俭庄敬而不烦琐，那就说明深刻理解《礼》了；属辞比事而不迷乱，那就说明深刻理解《春秋》了。"

政治，德政法治之谓也。德政，礼治之谓也。礼治，教化之功也。教化，《诗》《书》《乐》《易》《礼》《春秋》六教之人文化育也。教而化之，人文日盛。化而流之，滋生流弊，此谓六教之失也。《论语》子曰："知之者不如好之者，好之者不如乐之者。"知之者，学而不思则殆，思而不学则罔，易失其咎。好之者，学而时习之，化民成俗。乐之者，温故而知新，如见商汤，如见文王，人文日新，破茧成蝶，此谓六教之得也。

"天有四时者，春夏秋冬，风雨霜露，无非教也。地载神气，吐纳雷霆，流形庶物，无非教也。清明在躬，气志如神，有物将至，其兆必先。是故天地之教，与圣人相参。其在《诗》曰：'嵩高惟岳，峻极于天。惟岳降神，生甫及申。惟申及甫，惟周之翰。四国于蕃，四方于宣。'此文武之德。'驰其文德，协此四国'，此太王之德也。凡三代之王，必先其令问。《诗》云：'明明天子，令问不已。'三代之德也。"

"天有四时，乃春夏秋冬，风雨霜露，无不是教化。大地承载神灵之气，吐纳风火雷电，滋养万物生长发育，无不是教化。圣人清明之德在身，气志如神，有事情将要发生，必有征兆在先。因此，天地的教化与圣人的教化相互参证。正如《诗经》所言：'高大山峰是四岳，巍峨高耸接云天。是那四岳降神灵，生下甫申两贤人。是那申侯和甫侯，才是周朝的中坚。诸侯以他为屏障，四方以他为垣墙。'这是文王武王之德。'广施德政于万民，协和四方天下安'，这是太王之德。凡是三代的君王，称王之前必定是先有美誉。《诗经》上说：'昌明圣德的天子，美誉永流传。'说的就是三代之德。"

"嵩高惟岳"诗句出自《诗经·大雅·嵩高》，此诗是赞美还是讥刺宣王的，尚无定论。"矢其文德""明明天子"二诗句出自《诗经·大雅·江汉》，此诗是颂扬宣王之德的诗篇。有载，甫侯相穆王，制详刑；申伯佐宣王，成德教。

天地之教，与圣人相参。

子张问圣人之所以教。孔子曰："师乎！吾语汝。圣人明于礼乐，举而措之而已。"子张又问。孔子曰："师，尔以为必布几筵，揖让升降，酌献酬酢（chóu zuò），然后谓之礼乎？尔以为必行缀兆，执羽龠（yuè），作钟鼓，然后谓之乐乎？言而可履，礼也。行而可乐，乐也。圣人力此二者，以躬己南面。是故天下太平，万民顺伏，百官承事，上下有礼也。夫礼之所以兴，众之所以治也。礼之所以废，众之所以乱也。目巧之室，则有奥阼（ào zuò）。席则有上下，车则有左右，行则并（bìng）随，立则有列序，古之义也。室而无奥阼，则乱于堂室矣。席而无上下，则乱于席次矣。车而无左右，则乱于车上矣。行而无并随，则乱于阶涂矣。列而无次序，则乱于著矣。昔者明王圣人，辩贵贱长幼，正男女内外，序亲疏远近，而莫敢相逾越者，皆由此涂出也。"

子张请教圣人是如何施行教化的。孔子说："师啊，我告诉你。圣人通晓礼乐，只是身体力行，乐此不疲而已。"子张不明白又问。

孔子说："师，你以为一定要摆好案几筵席，揖让行礼，升阶降阶，斟酒献酒敬酒回敬，然后就叫礼了？你以为一定要列好队伍，手持舞具和乐器，击钟打鼓，这就叫作乐了？说出的话能履行，就是礼。做起事来感到快乐，就是乐。圣人就是致力于这两个方面，恭敬南面而已。如此天下太平，万民顺服，百官尽责，上下有礼。礼制能够兴盛的地方，民众就能够得到治理。礼制被废弃的地方，民众就会大乱。用目测巧思建造的房屋，就会有堂和阶。席位有上下，车位有左右，行走有并行和随行，站队有行列，这是自古的道理。房屋没有堂和阶，堂和室就分不清了。坐席没有上和下，座次就混乱了。车位没有左和右，车上就没法坐了。走路没有并和随，台阶和道路上就乱套了。站队没有行列，位置就乱了。从前的明王圣人，区分贵贱长幼，端正男女内外，亲疏远近关系，没有敢逾越的，都是根据这些道理制定出来的。"

礼乐的最高境界是言而可履，行而可乐。故圣人身体力行，乐而不疲。

屈节解第三十七

子路问于孔子曰："由闻丈夫居世,富贵不能有益于物,处贫贱之地,而不能屈节以求伸,则不足以论乎人之域矣。"孔子曰:"君子之行己,期于必达于己。可以屈则屈,可以伸则伸。故屈节者,所以有待。求伸者,所以及时。是以虽受屈而不毁其节,志达而不犯于义。"

子路问孔子说:"我听说大丈夫处世,富贵时不能有益于万物,处于贫贱之地,又不能委屈气节求得发展,那就不足以算个人了。"孔子说:"君子立身处世,期望自己的目标一定要达到。该委屈的时候就委屈,该伸展的时候就伸展。委屈气节,是因为有所期待。寻求伸展,是因为时机已到。所以即使受到委屈也不能丧失气节,目标实现时也不能背弃道义。"

《论语》有两则记载,一是"公山弗扰以费畔,召,子欲往",二是"佛肸召,子欲往"。子路知道了很不高兴,两人作乱以下犯上,您去帮他?孔子说:"如有用我者,吾其为东周乎!""不曰坚乎,磨而不磷。不曰白乎,涅而不缁。吾岂匏瓜也哉?焉能系而不食?"联系这里孔子"虽受屈而不毁其节,志达而不犯于义",我们应该更理解孔子了,"君子之行己,期于必达于己",可以屈则屈,可以伸则伸。

孔子在卫,闻齐国田常将欲为乱,而惮鲍晏,因欲移其兵以伐鲁。孔子会诸弟子而告之曰："鲁父母之国，不可不救。不忍视其受敌，今吾欲屈节于田常以救鲁，二三子谁为使？"于是子路曰："请往齐。"孔子弗许。子张请往，又弗许。子石请往，又弗许。三子退谓子贡曰："今夫子欲屈节以救父母之国，吾三人请使而不获往，此则吾子用辩之时也，吾子盍请行焉？"子贡请使，夫子许之。遂如齐，说田常曰："今子欲收功于鲁实难，不若移兵于吴则易。"田常不悦。子贡曰："夫忧在内者攻强，忧在外者攻弱。吾闻子三封而三不成，是则大臣不听。今战胜以骄主，破国以尊臣，而子之功不与焉，则交日疏于主，而与大臣争，如此则子之位危矣。"田常曰："善，然兵业已加鲁矣，不可更，如何？"子贡曰："缓师。吾请救于吴，令救鲁而伐齐，子因以兵迎之。"田常许诺。

孔子在卫国，听说齐国的田常想发动叛乱，但忌惮鲍氏、晏氏等人从中作梗，所以想调兵去攻打鲁国。孔子召集并告诉弟子们说："鲁国是父母之邦，不能不救。我不忍心看到她被侵犯，现在我想屈节到田常那里去拯救鲁国。你们几个谁愿意当使者？"于是子路说："请让我到齐国去。"孔子没有允许。子张请求去，也没有允许。子石请求去，又没有允许。他们三人退下后对子贡说："现在夫子要屈节去救父母之国，我们三人请求担当使者都没有得到允许，这正是你施展辩才的时候了，你何不请求前往呢？"子贡请求出使，孔子允许了。于是子贡到了齐国，劝田常说："现在你想攻打鲁国取得成功很难，不如移兵攻打吴国更容易取得成功。"田常听了很不高兴。子贡说："忧患在内部就去攻打强国，忧患在外部就去攻打弱国。我听说你多次受封都没有成功，这是大臣不听君王的命令，从中作梗。

如果你打了胜仗会使君主更加骄纵，攻破鲁国会让别的大臣更加尊贵，而你的功劳却不被看重，这样你和君主的关系就一天天疏远，却要与大臣们争斗，如此你的位置就危险了。"田常说："你说得很好。可是军队已经开赴鲁国，不能更改了，怎么办呢？"子贡说："暂缓用兵。我去请求吴国，让他们为救援鲁国而攻打齐国，您可以因此出兵去迎击吴军。"田常同意了。

"忧在内者攻强，忧在外者攻弱"，这是子贡著名的战略思想。子贡接下来的举动，堪称苏秦和张仪祖师爷级的操作，但符合道义吗？且看。

子贡遂南说吴王曰："王者不灭国，霸者无强敌。千钧之重，加铢两而移。今以齐国而私千乘之鲁，与吴争强，甚为王患之。且夫救鲁以显名，以抚泗上诸侯，诛暴齐以服晋，利莫大焉。名存亡鲁，实困强齐，智者不疑。"吴王曰："善，然吴常困越，越王今苦身养士，有报吴之心。子待我先伐越，然后乃可。"子贡曰："越之劲不过鲁，吴之强不过齐。而王置齐而伐越，则齐以私鲁矣。王方以存亡继绝之名，弃强齐而伐小越，非勇也。勇而不计难，仁者不穷约，智者不失时，义者不绝世。今存越示天下以仁，救鲁伐齐，威加晋国，诸侯必相率而朝，霸业盛矣。且王必恶越，臣请见越君，令出兵以从，此则实害越而名从诸侯以伐齐。"吴王悦，乃遣子贡之越。

子贡于是到南方游说吴王说："王者不灭诸侯，霸者不容强敌。千钧的重量，即使再加一铢一两，重量也会发生倾斜。现在齐国要侵吞拥有千乘战车的鲁国，与吴国争强，我非常为您担忧。况且救下鲁国还可以显扬名声，安抚泗水北岸的各国诸侯，讨伐强暴的齐国也会震慑晋国，没有比这利益更大的了。名义上是拯救了危亡的鲁国，实际上遏制了强大的齐国，智者是不会疑惑的。"吴王说："好，可是吴国曾经困败越国，现在越王正苦身养士，有报复吴国之心。您等我打败了越国，然后再按您的话去做。"子贡说："越国的实力不如鲁国，吴国的强大超不过齐国。大王如果搁置齐国而攻打越国，那么齐国必定早已把鲁国吞并了。大王正打着"兴灭国，继绝世"的旗号，却放弃强大的齐国而去攻打弱小的越国，这不是大勇。勇者不逃避困难，仁者不抛弃困顿，智者不会失去时机，义者不会断人香火。现在保存越国能向天下显示仁德，援救鲁国讨伐齐国，威震晋国，其他诸侯国必定会相继来吴国朝见，您的霸业就完成了。如果大王顾忌越国，我请求去见越王，让他跟随大王出兵，这样名义上追随诸候讨伐齐国，实际对越国有害。"吴王听了很高兴，就派子贡到越国去。

"王者不灭国，霸者无强敌"，这又是子贡著名的一个论断。有王者之风的大国不会灭掉其他国家，有霸者之心的大国不会允许强敌出现。子贡从这一命题出发，环环相扣，步步推理，说服了吴王，也实现了"君子之行己，期于必达于己"的目的。

"勇而不计难，仁者不穷约，智者不失时，义者不绝世"，此乃上古遗风。

越王郊迎，而自为子贡御，曰："此蛮夷之国，大夫何足俨然辱而临之？"子贡曰："今者吾说吴王以救鲁伐齐，其志欲之，而心畏越，曰：'待我伐越乃可。'则破越必矣。且无报人之志，而令人疑之，拙矣。有报人之意，而使人知之，殆矣。事未发而先闻者，危矣。三者举事之患矣。"勾践顿首曰："孤尝不料力，而兴吴难，受困会稽。痛于骨髓，日夜焦唇干舌，徒欲与吴王接踵而死，孤之愿也，今大夫幸告以利害。"子贡曰："吴王为人猛暴，群臣不堪。国家疲弊，百姓怨上，大臣内变。申胥以谏死，大宰嚭（pǐ）用事，此则报吴之时也。王诚能发卒佐之，以邀射其志，而重宝以悦其心，卑辞以尊其礼，则其伐齐必矣。此圣人所谓屈节求其达者也。彼战不胜王之福。若胜则必以兵临晋，臣还北请见晋君共攻之，其弱吴必矣。锐兵尽于齐，重甲困于晋，而王制其弊焉。"越王顿首，许诺。

  越王到郊外迎接子贡，并亲自为子贡驾车。越王说："我们是个蛮夷之国，怎能值得屈尊您大驾光临呢？"子贡说："现今我说服吴王为救鲁国去攻打齐国，他有意为之，但忌惮你们越国，说：'等我攻下越国之后再伐齐国吧。'这样的话攻破越国是一定的了。况且没有报复别人的想法而引起人家怀疑，是笨拙的。有报复别人的想法却让人家知道了，是危险的。事情还没有开始做而别人预先就知道了，这就更危险了。这三种情况都是兴举大事的祸患啊！"勾践叩首行礼说："我曾经自不量力去攻打吴国，反而被困于会稽。现在想起来真是痛入骨髓，日夜焦虑唇干舌燥，只想和吴王拼个你死我活，这是我的愿望。今天幸亏您告诉我其中的利害。"子贡说："吴王为人凶猛残暴，大臣们难以忍受。现在国家也疲惫衰败，百姓怨声载道，大臣蓄谋发动内乱。伍子胥因直谏而死，太宰伯嚭又执掌政事，这正是您向吴国报仇的好机会啊。大王您如果能发兵辅佐吴王，正投合他的心意，再用重金宝物贿赂以讨他欢心，用谦卑的言辞表示尊敬，那么他一定会去攻打齐国。这就是圣人所说的屈节以求伸啊。如果吴王不能战胜齐国，这是大王您的福分。如果胜了吴王一定又会去攻打晋国，我到北方去请求晋君共同攻打吴国，必定会削弱吴王的势力。吴国精锐的部队被齐国消灭殆尽，重兵又被晋国牵制，大王您就可以趁他疲惫不堪时制服他了。"越王叩首再拜，答应了。

"仁者不穷约，义者不绝世"，齐国、吴国均有侵吞别国之心，是不仁不义，这也就别怪子贡了。再说"勇者不计难，智者不失时，屈节以求伸"，越王你就大胆去做吧。

子贡返五日，越使大夫文种，顿首言于吴王曰："越悉境内之士三千人以事吴。"吴王告子贡曰："越王欲身从寡人，可乎？"子贡曰："悉人之众，又从其君，非义也。"吴王乃受越王卒，谢留勾践。遂自发国内之兵以伐齐，败之。子贡遂北见晋君，令承其弊，吴晋遂遇于黄池。越王袭吴之国，吴王归与越战，灭焉。孔子曰："夫其乱齐存鲁，吾之始愿，若能强晋以敝吴，使吴亡而越霸者，赐之说也。美言伤信，慎言哉。"

子贡返回吴国五天后，越国的使者文种到了，叩首拜见吴王说："我国国君要率领境内所有的三千士卒来听命于吴王。"吴王告诉子贡说："越王要亲自跟随我去，可以吗？"子贡说："调动了人家所有的士兵，又让人家的国君跟着出征，这是不合道义的。"于是吴王接受了越王派来的士卒，辞谢了越王勾践，让他留下来。接着吴王就亲自带领国内的军队去讨伐齐国，结果打了败仗。子贡随后北上去见晋国国君，让晋国趁吴国疲弊去攻打吴国，吴国与晋国大战于黄池。越王趁此良机袭击吴国国都，吴王返回来又与越国作战，结果吴王身死国灭。孔子说："让齐国发生内乱而保全鲁国，这是我当初的愿望。做到让强大的晋国削弱吴国，又使吴国灭亡而让越国称霸天下，这是子贡游说的功劳。好听的话对诚信有害，要慎言啊。"

《史记》云："故子贡一出，存鲁，乱齐，破吴，彊晋而霸越。子贡一使，使势相破，十年之中，五国各有变。"

齐国不仁使其乱，孔子也。吴国不仁使其灭，子贡也。皆屈节以成事，大德也。然孔子犹曰"美言伤信，慎言哉"，圣人之至也。《诗》之失愚，《书》之失诬，《乐》之失奢，《易》之失贼，《礼》之失烦，《春秋》之失乱。六经均有所失，伤中庸之道也，慎之哉。

孔子弟子有宓子贱者，仕于鲁为单父宰，恐鲁君听谗言，使己不得行其政，于是辞行，故请君之近史二人与之俱至官。宓子戒其邑吏，令二史书，方书辄掣（chè）其肘，书不善，则从而怒之，二史患之，辞请归鲁。宓子曰："子之书甚不善，子勉而归矣。"二史归报于君曰："宓子使臣书而掣臣肘，书恶而又怒臣，邑吏皆笑之，此臣所以去之而来也。"鲁君以问孔子，子曰："宓不齐，君子也。其才任霸王之佐，屈节治单父，将以自试也，意者以此为谏乎？"公寤，太息而叹曰："此寡人之不肖，寡人乱宓子之政，而责其善者，数矣，微二史，寡人无以知其过，微夫子，寡人无以自寤。"遽发所爱之使告宓子曰："自今已往，单父非吾有也，从子之制，有便于民者，子决为之，五年一言其要。"宓子蹙奉诏，遂得行其政，于是单父治焉。躬敦厚，明亲亲，尚笃敬，施至仁，加恳诚，致忠信，百姓化之。

孔子弟子中有个叫宓子贱的，在鲁国做官，任单父宰。他担心鲁君听信谗言，使他难以推行自己的施政主张，于是在向鲁君辞行时，请求鲁君亲近的二位史官和他一起赴任。宓子贱暗自交代单父的地方官吏，二位史官书写文书时，就拉拽他们的胳膊肘，写不好，宓子贱就责备他们。二史很厌烦，请求回到鲁君身边去。宓子贱说："你们的字写得太差了，回去好好努力吧。"二史回去后对鲁君说："宓子贱让我们书写文书，却让人拉拽我们的胳膊肘，字写得不好又责怪我们，当地的官吏也都嘲笑我们，所以我们就回来了。"鲁君就此事问孔子，孔子说："宓不齐这个人，是位君子。他的才能足以担当霸王的辅佐，现在委屈自己去治理单父，只不过是想试试自己的能力罢了。他是不是想以此向您进谏？"鲁君醒悟了，深深叹息说："这是我的不好，我扰乱宓子贱推行政令，还责备他的善政，这是不应该的！假如没有这两位佐史，我无从知道自己的过失。假如没有先生，我也无法醒悟。"于是派他所宠爱的官吏出使单父，告诉宓子贱说："从今以后，单父的治理我不再过问，完全依你的制度执行。只要是有利于百姓的事情，由你自我决断，五年向我汇报一下大概情况就可以了。"宓子贱恭敬地接受了鲁君的诏命，他的政教措施得以顺利推行，于是单父之邑得以很好地治理。他以身作则，树立淳朴敦厚的风气，阐明尊卑亲疏的道理，推崇诚笃恭敬的品行，施行至仁至义的政策，教导人们勤恳诚实，以求忠诚守信，百姓都得到了教化。

宓子贱屈节治单父，委屈自己，造福百姓，德政礼治，教化一方。

齐人攻鲁，道由单父，单父之老请曰："麦已熟矣，今齐寇至，不及人人自收其麦，请放民出，皆获傅郭之麦，可以益粮，且不资于寇。"三请而宓子不听。俄而齐寇逮于麦，季孙闻之怒，使人以让宓子曰："民寒耕热耘，曾不得食，岂不哀哉？不知犹可，以告者而子不听，非所以为民也。"宓子蹙然曰："今兹无麦，明年可树。若使不耕者获，是使民乐有寇。且得单父一岁之麦，于鲁不加强，丧之不加弱。若使民有自取之心，其创必数世不息。"季孙闻之，赧然而愧曰："地若可入，吾岂忍见宓子哉。"

齐国人攻打鲁国，取道单父，单父一些德高望重的老人请求说："麦子已经熟了，现今齐寇入侵，人们来不及收自己家的麦子，请放民众出城，将靠近外城附近的麦子全部抢收回来，趁此增加一些粮食，也不至于资助敌寇。"再三请求，宓子贱就是不听。不久齐国军队收割了麦子，季孙氏听到这事大怒，派人责备宓子贱说："老百姓寒天耕地暑天锄草，却没有得到粮食，岂不让人痛心吗？你如果不知道这件事还可原谅，单父老人告诉你而你却不听，这不是为民之道。"宓子贱听到这话，恭敬而又诚恳地说："今年没有麦子，明年还可以种。如果让不种地的人获得粮食，就会让城里的民众喜欢有敌寇入侵。况且得到单父一年的麦子，对于鲁国来说不会更加强大；失去这一年的麦子，鲁国也不会因此而衰弱。如果让民众有了不劳而获的念头，由此而造成的创伤几代人也难以愈合。"季孙氏听说后，惭愧不安地说："如果有个地缝可以钻进去就好了，我哪里还有脸见宓子贱呢！"

"若使民有自取之心，其创必数世不息。"宁肯粮食为寇所获，也不能使民滋生不劳而获的念头，这才是真正的大仁大智大勇。

三年，孔子使巫马期往观政焉。巫马期阴免衣，衣弊裘，入单父界，见夜渔者得鱼辄舍之。巫马期问焉，曰："凡渔者为得，何以得鱼即舍之？"渔者曰："鱼之大者名为䲟，吾大夫爱之。其小者名鱦，吾大夫欲长之。是以得二者，辄舍之。"巫马期返，以告孔子曰："宓子之德，至使民暗行，若有严刑于旁。敢问宓子何行而得于。"孔子曰："吾尝与之言曰：'诚于此者刑乎彼。'宓子行此术于单父也。"

过了三年，孔子让巫马期到单父暗地考察宓子贱执政情况。巫马期偷偷地用布缠头，换上破衣烂裳，进入单父地界，看到夜里打鱼的人打到鱼后又放回去。巫马期上前问道："凡是打鱼的人都是为了得到鱼，你为什么把捕到的鱼又放了呢？"打鱼的人说："那些大的鱼名叫鲟，我们大夫喜爱它。那些小的鱼名叫鱦，我们大夫想让它长大。因此捕到这两种鱼，就放回去。"巫马期回来，把这件事告诉了孔子，说："宓子贱的德政，致使民众在夜间劳作，也好像有严刑在旁边监视一样。请问宓子贱是如何做才达到这种效果的呢？"孔子说："我曾经和他说过：'如果在这件事上真诚，就会在另一件事上体现出来。'宓子贱就是用这个办法治理单父的。"

"诚于此者刑乎彼"，宓子贱深得其道，"躬敦厚，明亲亲，尚笃敬，施至仁，加恳诚，致忠信，百姓化之"。《中庸》继承并阐发之："诚者，天之道也。诚之者，人之道也。诚者，不勉而中不思而得，从容中道，圣人也。诚之者，择善而固执之者也。"真诚，是上天的原则。真诚向善，是做人的原则。真诚的人，不用勉强就能做到，不用思考就能得到，从从容容就符合上天原则的，是圣人。真诚向善，是择善固执的人。"诚者，物之终始，不诚无物。是故君子诚之为贵。"真诚是事物的发端和归宿，没有真诚就没有事物。因此君子以真诚为贵。"唯天下至诚，方能经纶天下之大经，立天下之大本，知天地之化育。夫焉有所倚？肫（zhūn）肫其仁，渊渊其渊，浩浩其天。"只有天下最崇高的至诚之人，才能治理天下人伦纲常，建立天下根本基业，知晓天地化育之道。

孔子之旧曰原壤，其母死，夫子将助之以木椁。子路曰："由也，昔者闻诸夫子曰：'无友不如己者，过则勿惮改。'夫子惮矣，姑已若何？"孔子曰："凡民有丧，匍匐救之，况故旧乎？非友也，吾其往。"及为椁，原壤登木曰："久矣，予之不托于音也。"遂歌曰："狸首之斑然，执女手之卷然。"子路曰："夫子屈节而极于此，失其与矣，岂未可以已乎？"孔子曰："吾闻之亲者不失其为亲也，故者不失其为故也。"

孔子的故交名叫原壤，原壤的母亲死了，孔子要去帮助他整修棺木。子路说："我从前听夫子说过：'没有朋友不如自己的，有了过错不要怕改正。'看来夫子已经怕改错了，姑且停止帮他好吗？"孔子说："凡百姓有丧事，都要尽力帮助，何况是故交呢？即使不是朋友我也会去帮他。"等收拾好棺椁，原壤敲着棺木说："有很长时间了，我没有用歌声寄托我的感情了。"于是就唱道："斑斓的狸猫之首，握住你柔软的手。"子路说："夫子降低身份委屈自己到这种地步，已经失去与他交往的必要了，难道还不和他断绝来往吗？"孔子说："我听说，是亲人就不会失掉亲人的情分，是老朋友就不会失掉老朋友的友谊。"

《论语》载，原壤夷俟，子曰："幼而不孙弟，长而无述焉，老而不死，是为贼！"以杖叩其胫。原壤叉开两条腿坐着等孔子。孔子说："你小时候不恭敬兄长，长大了没有什么值得称道的，老了老了还不死，真是个害人的家伙！"说完，用手杖敲击他的小腿。从《论语》和《家语》看，原壤这一故交，很可能是孔子的发小，为人放浪形骸，不守礼法。

亲者不失其为亲也，故者不失其为故也。孔子屈节就原壤丧母，不失亲不失故，是把自己看作原壤的亲故。从文中看，孔子应该比原壤年长些。孝悌之道，悌者，兄爱弟顺之谓也。内心深处，孔子觉得原壤放浪形骸，不守礼法，自己是有责任的。

七十二弟子解第三十八

颜回，鲁人，字子渊，少孔子三十岁。年二十九而发白，三十一早死。孔子曰："自吾有回，门人日益亲。"回以德行著名，孔子称其仁焉。

颜回，鲁国人，字子渊，比孔子小三十岁。二十九岁时头发就白了，三十一岁早逝。孔子说："自从我有了颜回，弟子们的关系就日益亲密了。"颜回以德行著称，孔子称赞他仁。

孔子门人三千，贤者七十二人。《史记·仲尼弟子列传》文首载，孔子曰"受业身通者七十有七人"，皆异能之士也。德行方面出色的有颜渊，闵子骞，冉伯牛，仲弓。政事方面出色的有冉有，季路。言语方面出色的有宰我，子贡。文学方面出色的有子游，子夏。师也辟，参也鲁，柴也愚，由也喭，回也屡空。赐不受命而货殖焉，亿则屡中。文末载，太史公说，后世学者多称述孔子门下七十位门徒，誉者或过其实，毁者或过其真，谁都没有看到他们的真实相貌而议论品评，孔门弟子的生平事迹还是孔氏古文接近真相，关于孔子门下弟子们的名字、姓氏、言行等情况，我全部取自弟子问答，编次成篇，有疑问的地方就空缺着。

《家语》本篇共解弟子十七位，《史记·仲尼弟子列传》中有言行记录的弟子二十九位，其中十三位在本篇中出现，分别是颜回、冉求、子路、宰我、端木赐、卜商、曾参、澹台明灭、宓不齐、南宫适、曾皙、高柴和漆雕开。

宰予，字子我，鲁人，有口才，以言语著名。仕齐为临淄大夫，与田常为乱，夷其三族。孔子耻之，曰："不在利病，其在宰予。"

宰予，字子我，鲁国人，有口才，以能言善辩著称。他在齐国做官时为临淄大夫，因与田常一起犯上作乱，被夷灭了三族。孔子以此为耻，说："这样的结果不在于有什么利弊，而在于宰予参与了这件事。"

宰我利口辩辞，经常给孔子挖坑，比如提出"井中有仁"这样本身就不仁的假设命题，觉得守孝一年就能心安理得。孔子说他不仁，"朽木不可雕也，粪土之墙不可圬也"，以言取人，失之宰我。宰我富有批判精神，但缺少仁德，又心怀叵测，自以为是，结果祸及三族。

端木赐，字子贡，卫人。少孔子三十一岁。有口才著名。孔子每诎（qū）其辩。家富累钱千金，常结驷连骑，以造原宪。宪居蒿庐蓬户之中，与之言先王之义。原宪衣弊衣冠，并日蔬食，衎然有自得之志。子贡曰："甚矣，子如何之病也。"原宪曰："吾闻无财者谓之贫，学道不能行者谓之病。吾贫也，非病也。"子贡惭，终身耻其言之过。子贡行贩，与时转货。历相鲁卫而终齐。

端木赐，字子贡，卫国人。比孔子小31岁，因有口才而著名。孔子经常阻止他辩论。他家非常富有，经常高车骏马连成队浩浩荡荡地去造访原宪。原宪居住在茅草屋中，与子贡谈论古代先王的德行义举。原宪穿着破旧的衣服，两天才吃一天的粗粮，但仍志向满满，怡然自得。子贡说："太过分了，你怎么会病成这样？"原宪说："我听说没有钱财叫作贫，学道而不能身体力行叫作病。我是贫，不是病。"子贡感到很惭愧，终身都为说过这样的话而感到羞耻。子贡贩卖货物，能及时转手获利。曾担任鲁国、卫国的宰相，终老在齐国。

《史记》载："故子贡一出，存鲁，乱齐，破吴，彊晋而霸越。子贡一使，使势相破，十年之中，五国各有变。""子贡好废举，与时转货赀。喜扬人之美，不能匿人之过。常相鲁卫，家累千金，卒终于齐。"

孔子评价子贡是琏瑚，可登大雅之堂。孔子去世后，子贡是维护和传承孔子思想的第一人，又是儒商鼻祖，"端木遗风"为后世儒商所敬仰。子贡也是《家语》出现次数最多的弟子之一。

冉求，字子有，仲弓之宗族。少孔子二十九岁。有才艺，以政事著名。仕为季氏宰，进则理其官职，退则受教圣师。为性多谦退，故子曰："求也退，故进之。"

冉求，字子有，和冉雍是同族。比孔子小29岁。有才艺，以擅长处理政事著称。曾为季孙氏的家臣。做官时兢兢业业处理政务，不做官时认认真真接受孔子教诲。为人性情多谦逊退让，所以孔子说："冉求做事退缩，所以我要鼓励他。"

《论语》载，子路问成人的时候，子曰："若臧武仲之知，公绰之不欲，卞庄子之勇，冉求之艺，文之以礼乐，亦可以为成人矣。"冉求的才能和技艺，是成人应具备的智慧、寡欲、勇敢和才艺四种德行之一。

仲由，卞人，字子路，一字季路，少孔子九岁。有勇力才艺，以政事著名。为人果烈而刚直，性鄙而不达于变通。仕卫为大夫，蒯（kuǎi）聩与其子辄争国，子路遂死辄难。孔子痛之，曰："自吾有由，而恶言不入于耳。"

仲由，卞地人，字子路，一字季路，比孔子小九岁。有勇力才艺，以政事著称。为人果烈而刚直，性格朴实粗俗而不善于变通。当官做过卫国的大夫，蒯聩与他的儿子蒯辄争夺国位之时，子路为保护蒯辄而死。孔子非常悲痛，说："自从我有了子路，那些恶意中伤的话再也传不到我耳朵里了。"

《史记》载："子路性鄙，好勇力，志伉直，冠雄鸡，佩猳豚，陵暴孔子。孔子设礼稍诱子路，子路后儒服委质，因门人请为弟子。"

子路是孔子又爱又恨的弟子，质胜文的典型代表，忠诚不二，不宿诺。"子路有闻，未之能行，唯恐有闻。"子路粗野中带着直率和天真，曾多次因不懂孔子的言行而质问孔子，而不是请教孔子。如子见南子，子路不说。子路曾认为："有民人焉，有社稷焉，何必读书然后为学。""有是哉，子之迂也！奚其正？"在陈绝粮，从者病莫能兴。子路愠见曰："君子亦有穷乎？"因此，子路没少挨孔子的骂，诸如无所取材，不得其死然，等等。

卜商，卫人，字子夏。少孔子四十四岁。习于《诗》，能通其义，以文学著名。为人性不弘，好论精微，时人无以尚之。尝返卫，见读史志者云："晋师伐秦，三豕（shǐ）渡河。"子夏曰："非也，己亥耳。"读史志曰："问诸晋史，果曰己亥。"于是卫以子夏为圣。孔子卒后，教于西河之上，魏文侯师事之，而谘（zī）国政焉。

卜商，卫国人，字子夏。比孔子小四十四岁。他学习《诗经》，能理解其意，以文学著称。为人胸襟不够宏大，好论及精微之处，当时没有人能超过他。他曾经返回卫国，见一个读史书的人说："晋师伐秦，三豕渡河。"子夏说："不对，不是三豕，是己亥。"

读史书的人说："请教晋国的史官，果然是己亥。"于是卫国的人把子夏当作圣人。孔子去世以后，子夏在魏国西河讲学，魏文侯以他为师，向他咨询如何治国理政。

《论语》载，子夏问："'巧笑倩兮，美目盼兮，素以为绚兮'，何谓也？"子曰："绘事后素。"曰："礼后乎？"孔子曰："起予者商也，始可与言《诗》已矣。"子夏问素以为绚，孔子回答绘事后素，子夏马上明白，礼的背后是不是有更重要的东西呢？当然有了，诗是礼乐的依归，现在可以同你讨论《诗》了。孔子又说："汝为君子儒，无为小人儒。"人呀，不能做小了。"师也过，商也不及。"子夏居西河讲学的时候，其子死，哭之失明。

曾参，南武城人，字子舆，少孔子四十六岁。志存孝道，故孔子因之以作《孝经》。齐尝聘，欲以为卿，而不就，曰："吾父母老，食人之禄则忧人之事，故吾不忍远亲而为人役。"参后母遇之无恩，而供养不衰。及其妻以藜烝不熟，因出之。人曰："非七出也。"参曰："藜蒸小物耳，吾欲使熟，而不用吾命，况大事乎？"遂出之，终身不取妻。其子元请焉，告其子曰："高宗以后妻杀孝己，尹吉甫以后妻放伯奇。吾上不及高宗，中不比吉甫，庸知其得免于非乎？"

曾参，南武城人，字子舆，比孔子小46岁。以践行孝道为志向，所以孔子因他而作《孝经》。齐国曾聘请他，想让他为卿，他不去，说："我父母已年老，食人家的俸禄就要替人家操心，所以我不忍心远离父母而受别人差遣。"他的后母对他很不好，但他仍供养孝敬她。他的妻子因藜羹没有蒸熟，曾参为此要休她。有人说："七条休妻条款她哪一条也没违背呀。"曾参说："蒸藜羹是小事，我让她蒸熟她却不听我的话，何况是大事呢？"

于是就休了妻子,终身也不再娶。他的儿子曾元劝他再娶,他对儿子说:"殷高宗武丁因为后妻杀了儿子孝己,尹吉甫因为后妻而放逐了儿子伯奇。我上不及高宗贤能,中不比尹吉甫能干,哪能知道娶了后妻就能避免做错事呢?"

关于曾参孝道的故事,前文讲过,由于过分顾及父亲曾晳的感受而强颜欢笑,快被打死也装作没事一样,这样做可致父亲不慈不义,由此还被孔子批评过。孔子去世前,将孙子子思托付给曾参,可见孔子对曾参的孝道和道德学问是十分肯定的。孔子是"述而不作",除了《春秋》编年纪事外,孔子作《孝经》存疑。

澹(tán)台灭明,武城人,字子羽。少孔子49岁。有君子之姿。孔子尝以容貌望其才,其才不充孔子之望。然其为人,公正无私,以取与去就,以诺为名。仕鲁为大夫也。

澹台灭明,武城人,字子羽。比孔子小四十九岁。他有君子的样子。孔子曾以他的容貌而看他的才能,他的才能没能达到孔子的期望。但他为人公正无私,获取与给予,离去或归从,都能遵守诺言,并因此而闻名。在鲁国做官,官为大夫。

《论语》载,子游为武城宰。子曰:"女得人焉尔乎?"曰:"有澹台灭明者,行不由径。非公事,未尝至于偃之室也。"子游说,有一个叫澹台灭明的人,从来不走邪路,没有公事,从不到我屋子里来。又《论语》《史记》等均载,子曰:"吾以言取人,失之宰予。以貌取人,失之子羽。"《史记》又言其状貌甚恶等,此处说他有君子之姿,这里的"姿"译作"样子""姿势"为宜,说他尽管长得丑,但有君子的气质。

高柴，齐人，高氏之别族，字子羔。少孔子四十岁。长不过六尺，状貌甚恶。为人笃孝而有法正。少居鲁，见知名于孔子之门。仕为武城宰。

高柴，齐国人，属高氏家族的别支，字子羔。比孔子小40岁。他身高不到六尺，相貌很丑。为人特别注重孝道而又讲究礼仪法度。小时候居住在鲁国，在孔子的弟子中非常有名。做官当过武城宰。

《论语》载，柴也愚，参也鲁，师也辟，由也喭。看来子羔不是很聪明，但遵礼守法，很用功。传说他高寿。

宓不齐，鲁人，字子贱。少孔子四十岁。仕为单父宰，有才智，仁爱，百姓不忍欺。孔子美之。

宓不齐，鲁国人，字子贱。比孔子小40岁。做官当过单父宰，有才智，有仁爱，连百姓都不忍欺骗他。孔子很赞美他。

《论语》载，子谓子贱："君子哉若人。鲁无君子者，斯焉取斯？"《史记》载，子贱为单父宰，反命于孔子，曰："此国有贤不齐者五人，教不齐所以治者。"孔子曰："惜哉！不齐所治者小，所治者大则庶几矣。"屈节解第三十七，专门讲了宓不齐屈节为单父宰的事迹。

南宫韬，鲁人，字子容。以智自将，世清不废，世浊不污。孔子以兄子妻之。

南宫韬，鲁国人，字子容。能以自己的聪明才智保全自己，世道清平会有所作为，世道污浊也不会同流合污。孔子把自己哥哥的女儿嫁给了他。

《论语》载，子谓南容："邦有道，不废。邦无道，免于刑戮。"南容三复白圭，孔子以其兄之子妻之。南宫适问于孔子曰："羿善射，奡荡舟，俱不得其死然。禹、稷躬稼而有天下。"夫子不答，南宫适出。子曰："君子哉若人！尚德哉若人！"子容尚德不尚武，老成持重，谨言慎行，可保平安，值得信任。

公析哀，齐人，字季沉。鄙天下多仕于大夫家者，是故未尝屈节人臣。孔子特叹贵之。

公析哀，齐国人，字季沉。鄙视天下很多人到大夫家去做家臣，因此他没有屈节去做别人的家臣。孔子特别赞赏他。

《史记》载，公晳哀字季次。孔子曰："天下无行，多为家臣，仕于都，唯季次未尝仕。"应该说的是同一个人。

曾点，曾参父，字子皙。疾时礼教不行，欲修之，孔子善焉。《论语》所谓"浴乎沂，风乎舞雩"之下。

曾点，曾参的父亲，字子皙。他痛心于当时礼教不能施行，想改变这种情况，孔子很赞同他的想法，《论语》中他自谓的志向是"在沂水中沐浴，在舞雩台下乘凉"。

《论语》载，孔子弟子谈志向，曾皙鼓瑟希，铿尔，舍瑟而作，曰："暮春者，春服既成，冠者五六人，童子六七人，浴乎沂，风乎舞雩，咏而归。"夫子喟然叹曰："吾与点也。"暮春三月，已经穿上了春天的衣服，我和五六位大人，六七个小孩，去沂河里洗洗澡，在舞雩台上吹吹风，然后唱着歌回家。孔子长叹一声说："我和点的想法一样啊！"曾皙恬淡宁静，高雅清华，憧憬完美诗意的人生，但在家教方面特别严。曾子耘瓜，误斩其根，曾皙怒，建大杖以击其背，曾子仆地不知人久之。

漆雕开，蔡人，字子若，少孔子十一岁。习《尚书》，不乐仕。孔子曰："子之齿可以仕矣，时将过。"子若报其书曰："吾斯之未能信。"孔子悦焉。

漆雕开，蔡国人，字子若，比孔子小11岁。他研习《尚书》，不愿做官。孔子说："按你的年龄可以做官了，不然就错过时机了。"子若给孔子回信说："我对做官还没有信心。"孔子很高兴。

《论语》载，子使漆雕开仕。对曰："吾斯之未能信。"子说。漆雕开是真正践行孔子教诲的弟子："不患无位，患所以立。"

颜亥，鲁人，字子骄，少孔子五十岁。孔子适卫，子骄为仆。卫灵公与夫人南子同车出，而令宦者雍渠参乘，使孔子为次乘。游过市，孔子耻之。颜亥曰："夫子何耻之？"孔子曰："《诗》云：'觏（gòu）尔新婚，以慰我心。'"乃叹曰："吾未见好德如好色者也。"

颜亥，鲁国人，字子骄，比孔子小50岁。孔子到卫国去的时候，子骄为仆从。卫灵公和夫人南子同车出宫，让宦官雍渠陪乘，而让孔子的车跟从。游经闹市，孔子感到耻辱。颜亥说："先生为何感到耻辱呢？"孔子说："《诗经》上说：'与你新婚，以慰我心。'"又叹息说："我怎么没有见到好德如同好色一样的人啊！"

颜亥，即颜高，颜产。《论语》未载其言行，但载有"吾未见好德如好色者也"这句话。诗句出自《诗经·小雅·车辖》。孔子引此句的意思正相反，投奔于你，推行仁政，你卫灵公不该这样羞辱我。

梁鳣(zhān)，齐人，字叔鱼，少孔子三十九岁。年三十未有子，欲出其妻。商瞿谓曰："子未也。昔吾年三十八无子，吾母为吾更取室。夫子使吾之齐，母欲请留吾。夫子曰：'无忧也，瞿过四十，当有五丈夫。'今果然。吾恐子自晚生耳，未必妻之过。"从之，二年而有子。

梁鳣，齐国人，字叔鱼，比孔子小39岁。到了30岁还没有儿子，想要休了他的妻子。商瞿对他说："你不要这样做。从前我38岁还没有儿子，我母亲为我又娶了一房妻室。夫子派我到齐国去，母亲请求让我留下来。夫子说：'不要担忧，商瞿过了40岁，会有五个儿子。'现在果然如此。我怀疑你自当晚生，未必是你妻子的过错。"梁鳣听从了商瞿的话，过了两年就有了儿子。

《论语》未载叔鱼言行。

琴牢，卫人，字子开，又字张。与宗鲁友，闻宗鲁死，欲往吊焉。孔子弗许，曰："非义也。"

琴牢，卫国人，字子开，又字张。和宗鲁是好朋友，听到宗鲁死了，想前往吊唁。孔子不让他去，说："这不合乎义。"

《论语》未载琴牢言行。

除以上17位弟子外，显有年名及受业见于书传的有19位，如下。

闵损，鲁人，字子骞。少孔子15岁。

冉耕字伯牛。孔子以为有德行。

冉雍字仲弓。

言偃，吴人，字子游。少孔子45岁。

颛孙师，陈人，字子张。少孔子48岁。

原宪字子思。

公治长，齐人，字子长。

颜无繇字路。路者，颜回父，父子尝各异时事孔子。

商瞿，鲁人，字子木。少孔子29岁。

司马耕字子牛。

樊须字子迟。少孔子36岁。

有若少孔子43岁。

公西赤子华。少孔子42岁。

巫马施字子旗。少孔子30岁。

颜幸字子柳。少孔子46岁。

冉孺字子鲁。少孔子50岁。

曹恤字子循。少孔子50岁。

伯虔字子析，少孔子50岁。

公孙龙字子石。少孔子53岁。

除以上36位弟子外，无年纪不见书传者41位，略。

本姓解第三十九

　　孔子之先，宋之后也。微子启，帝乙之元子，纣之庶兄，以圻内诸侯，入为王卿士。微，国名，子，爵。初，武王克殷，封纣之子武庚于朝歌，使奉汤祀。武王崩，而与管蔡霍三叔作难，周公相成王东征之。二年，罪人斯得，乃命微子于殷后，作《微子之命》申之。与国于宋，徙殷之子孙，唯微子先往仕周，故封之贤。其弟曰仲思，名衍，或名泄，嗣微子后，故号微仲。生宋公稽，胄子虽迁爵易位，而班级不及其故者，得以故官为称。故二微虽为宋公，而犹以微之号自终。至于稽乃称公焉。

　　孔子的祖先，是宋国的后裔。微子启，是帝乙的长子，商纣王的同父异母哥哥，他以天子直辖地诸侯的身份，入朝做了纣王的卿士。微，是诸侯国名，子，是爵位。当初，武王灭掉了殷商，封纣的儿子武庚于朝歌，让他供奉商汤的祭祀。武王去世后，武庚与管叔、蔡叔和霍叔共同谋反，周公辅佐成王东征讨伐他们。第二年，擒获了罪人，于是命令微子代替武庚为殷的后裔，作《微子之命》说明此事。封微子于宋国，迁徙殷人的子孙到此地，唯有微子先到周朝去做官，被周朝封为贤人。微子的弟弟仲思，名衍，或名泄，继承了微子的爵位，因此又称微仲。微仲生宋公稽，后代虽然爵位变迁，但等级都没有祖辈高，仍然以旧的爵位来称呼。所以微子和微仲虽然是宋公，但始终都用微子称号。到了稽即位,才开始称公。

本篇笔者不做解读,只在篇末得一感慨记之。

宋公生丁公申,申生缗(mín)公共及炀(yáng)公熙,熙生弗父何及厉公方祀。方祀以下,世为宋卿。弗父何生宋父周,周生世子胜,胜生正考甫,考甫生孔父嘉。五世亲尽,别为公族,故后以孔为氏焉。

宋公稽生丁公申,申公生缗公共和襄公熙,熙公生弗父何及厉公方祀。方祀以下,世世代代为宋卿。弗父何生宋父周,宋父周生世子胜,世子胜生正考甫,正考甫生孔父嘉。传至五代以后,已出五服,别立公族,此后以孔为氏。

一曰孔父者,生时所赐号也,是以子孙遂以氏族。孔父生子木金父,金父生睪夷,睪夷生防叔,避华氏之祸而奔鲁。防叔生伯夏,伯夏生叔梁纥(hé)。纥虽有九女而无子。其妾生孟皮,孟皮一字伯尼,有足病,于是乃求婚于颜氏。颜氏有三女,其小曰征在。颜父问三女曰:"陬(zōu)大夫虽父祖为士,然其先圣王之裔。今其人身长十尺,武力绝伦,吾甚贪之。虽年长性严,不足为疑。三子孰能为之妻?"二女莫对。征在进曰:"从父所制,将何问焉?"父曰:"即尔能矣。"遂以妻之。征在既往,庙见。以夫之年大,惧不时有男,而私祷尼丘之山以祈焉。生孔子,故名丘而字仲尼。

一说孔父,是孔父嘉生时所赐予的名号,因此世代子孙就以此作为姓氏。孔父生子木金父,金父生睪夷,睪夷生防叔,为了躲避华氏之祸防叔逃奔到了鲁国。防叔生伯夏,伯夏生叔梁纥。

叔梁纥虽有九个女儿却没有儿子。叔梁纥的妾生了孟皮，孟皮一字伯尼，脚不方便，于是叔梁纥向颜氏求婚。颜氏有三个女儿，小女儿叫征在。颜父问三个女儿说："陬大夫叔梁纥，他的父辈和祖辈虽是士，但是他的祖先却是圣王的后裔。叔梁纥身高十尺，武功非凡，我很看好他。他的年龄虽然有点大而且性子也急，但是你们不用担心。你们当中谁愿意做他的妻子啊？"大女儿二女儿都不说话。征在走上前说："一切听从父亲做主，还问什么呢？"颜父说："你可以做他的妻子。"于是就将他的小女儿征在嫁给了叔梁纥做妻子。征在已经嫁到叔梁纥家，行庙见之礼。由于丈夫的年龄比较大，担心不能够尽快生个儿子，于是就私自到尼丘山去祈祷。后来生下孔子，故名丘字仲尼。

孔子三岁而叔梁纥卒，葬于防。至十九，娶于宋之上官氏，生伯鱼。鱼之生也，鲁昭公以鲤鱼赐孔子。荣君之贶（kuàng），故因以名曰鲤，而字伯鱼。鱼年五十，先孔子卒。

孔子三岁时叔梁纥去世，葬在防山。孔子十九岁，娶了宋国上官氏的女儿为妻，生下伯鱼。伯鱼出生时，鲁昭公送给孔子一条鲤鱼。孔子得到国君的赏赐感到很荣耀，所以给儿子取名鲤，字伯鱼。伯鱼活到五十岁，先孔子去世。

齐太史子与适鲁，见孔子，孔子与之言道。子与悦，曰："吾鄙人也，闻子之名，不睹子之形久矣，而未知宝贵也。乃今而后知泰山之为高，渊海之为大。惜乎夫子之不逢明王，道德不加于民，而将垂宝以贻后世。"

齐国太史子与来到鲁国，见到孔子，孔子和他谈论道。子与很高兴，说："我是浅陋无知的人，久闻您的大名，却无缘一睹您的尊颜，很长时间也不知您的宝贵。从今以后我知道了泰山的高峻，深海的广阔。只可惜夫子没有遇到圣明的君王，道德教化不能在百姓中施行，只能把这些宝贵的东西留给后世了。"

遂退而谓南宫敬叔曰："今孔子先圣之嗣，自弗父何以来，世有德让，天所祚（zuò）也。成汤以武德王天下，其配在文。殷宗以下，未始有也。孔子生于衰周，先王典籍，错乱无纪，而乃论百家之遗记，考正其义，祖述尧舜，宪章文武，删《诗》述《书》，定《礼》理《乐》，制作《春秋》，赞明《易》道，垂训后嗣，以为法式，其文德著矣。然凡所教诲，束脩已上三千余人，或者天将欲与素王之乎？夫何其盛也！"

子与辞别孔子后对南宫敬叔说："现今的孔子是先圣的后代，从弗父何以来，后代世世有德谦让，这是上天所赐的福分。成汤以武德称王天下，配以文德得治天下。殷商以下，就没有出现这样的人了。孔子生在周朝衰败时期，先王的典籍，错乱无序，孔子就整理论述百家遗留的记录，考证其正确的含义，师法陈说尧舜的盛德，效法周文武王的德政礼治，删定《诗》整理《书》，确定《礼》整理《乐》，著作《春秋》，阐明《易》道，给后世留下训诫，以此为法则制式，孔子的文德是何等显著啊！他所教诲的弟子，正式的就有三千多人，或许是上天要他成为无冕的素王吧？不然为什么如此兴盛呢！"

敬叔曰："殆如吾子之言，夫物莫能两大。吾闻圣人之后，而非继世之统，其必有兴者焉。今夫子之道至矣，乃将施乎无穷，虽欲辞天之祚，故未得耳。"

南宫敬叔说："大概像你说的那样，事物不会两全其美。我听说圣人的后代，如果不是继承王位大统，也必定会有兴盛起来的人。现在孔子之道已经非常完美，并将长久地施行于后世，即使想推辞上天的赐福，也不可能。"

子贡闻之，以二子之言告孔子。子曰："岂若是哉？乱而治之，滞而起之，自吾志，天何与焉？"

子贡听了这些话，把他二人的话告诉了孔子。孔子说："哪是这样的呢？乱了就要治理，停滞就要兴起，这是我的志向，上天赐给了我什么呢？"

天道无私，人道无私。历史兴衰，朝代更替自有天道。天何言哉？四时行焉，百物育焉，天何言哉？乱而治之，滞而起之，明知不可而为之，是吾志也！

终记解第四十

孔子蚤晨作，负手曳杖，逍遥于门而歌曰："泰山其颓乎！梁木其坏乎！哲人其萎乎！"既歌而入，当户而坐。子贡闻之，曰："泰山其颓，则吾将安仰？梁木其坏，则吾将安杖？哲人其萎，吾将安放？夫子殆将病也。"遂趋而入。夫子叹而言曰："赐！汝来何迟。予畴昔梦坐奠于两楹之间。夏后氏殡于东阶之上，则犹在阼。殷人殡于两楹之间，则与宾主夹之。周人殡于西阶之上，则犹宾之，而丘也即殷人。夫明王不兴，则天下其孰能宗余？余殆将死。"遂寝病，七日而终。时年七十二矣。

孔子早晨起来，背着手拖着杖，在门口踱步并吟唱道："泰山要崩塌了吧！梁木要毁坏了吧！哲人要困顿了吧！"唱完回到屋内，对着门坐着。子贡听见了，说："泰山要是崩塌了，我仰望什么呢？梁木要是毁坏了，我依靠什么呢？哲人要是困顿了，我去效法谁呢？夫子大概要生病了。"于是快步走了进去。夫子叹了一口气说："赐！你怎么现在才来。我昨夜梦见自己坐在两楹之间祭奠。夏后氏的灵柩停放在东阶上，那才是主位。殷人将灵柩停放在两楹之间，那是处在宾位和主位之间。周人将灵柩停在西阶上，那就处在宾位上，而我孔丘也是殷人。现今没有明王兴起，天下谁能尊崇我的学说呢？我大概快要死了。"随后卧病在床，七天就去世了，享年七十二岁。

本篇笔者不做解读。

哀公诔（lěi）曰："旻天不吊，不慭遗一老，俾屏余一人以在位，茕茕余在疚。于乎哀哉！尼父，无自律。"子贡曰："公其不没于鲁乎？夫子有言曰：'礼失则昏，名失则愆（qiān）。'失志为昏，失所为愆。生不能用，死而诔之，非礼也。称一人，非名。君两失之也。"

鲁哀公哀悼孔子说："上天不怜悯我，不愿留下这一位老人，让他抛下我一个人在君位上，孤孤单单忧愁痛苦。呜呼哀哉！尼父失去您，我就没有榜样来自律了。"子贡说："鲁公不想在鲁国善终吗？夫子曾说过：'丧失礼就会昏庸无道，名不正就会造成过错。'失去志向是昏暗，失去身份是过错。夫子活着时不重用，死后才致哀悼，这不合礼仪。自称一人，这不符合名分。国君把礼和名都丧失了。"

既卒，门人疑所以服夫子者。子贡曰："昔夫子丧颜回也，若丧其子而无服。丧子路亦然。今请丧夫子若丧父而无服。"于是弟子皆吊服而加麻。出有所之，则由绖（dié）。子夏曰："入宜绖可也，出则不绖。"子游曰："吾闻诸夫子，丧朋友，居则绖，出则否。丧所尊，虽绖而出，可也。"

孔子去世后，弟子们犹豫不定，不知该穿什么丧服。子贡说："以前夫子对待颜回的丧事，如同对待儿子去世一样但没穿丧服。对待子路的丧事也是一样。现在请大家为夫子服丧就如同为父亲服丧一样，但不用穿丧服。"于是弟子们都穿上吊丧的服装系上麻带。出门的时候系着麻带。子夏说："在家里系上麻带就可以了，外出就不必系了。"子游说："我听夫子说过，对待朋友的丧事，在家时系麻带，出去则不系。自己的尊辈去世了，即使系着麻带出去，也是可以的。"

孔子之丧，公西掌殡葬焉。啥以疏米三具，袭衣十有一称，加朝服一，冠章甫之冠，佩象环，径五寸而綦组绶。桐棺四寸，柏棺五寸。饬棺墙，置翣（shà）设披，周也。设崇，殷也。绸练设旐（zhào），夏也。兼用三王礼，所以尊师，且备古也。葬于鲁城北泗水上，藏入地不及泉。而封为偃斧之形，高四尺，树松柏为志焉。弟子皆家于墓，行心丧之礼。

孔子的丧事，由公西赤主持。孔子口含三勺粳米，穿上十一套衣服，外加朝服一套，戴甫帽，佩戴象牙环佩，环佩直径五寸，用青白色的丝带系着。桐木内棺厚四寸，柏木外棺厚五寸。停放灵柩的房间装饰了遮挡棺柩的帷帐，设置了遮棺的翣扇以及披具，这是按照周朝的礼制。设置有齿形边饰的旗子，这是按照殷代的礼制。用绸练做成的魂幡，这是按照夏朝的礼制。兼用夏商周三代君王的礼制，是为了尊师，且尽古礼。安葬在鲁城北面的泗水北岸，埋入地下但碰不到地下水。上面的封土为仰斧形，高四尺，周围以松柏为标志。弟子们都把家建在坟墓的四周，不穿孝服，行心丧之礼。

既葬，有自燕来观者，舍于子夏氏。子夏谓之曰："吾亦人之葬圣人，非圣人之葬人。子奚观焉？昔夫子言曰：'吾见封若夏屋者，见若斧矣。从若斧者也，马鬣（liè）封之谓也。'今徒一日三斩板而以封，尚行夫子之志而已。何观乎哉？"

安葬完毕，有人从燕国来观礼的，住在子夏家里。子夏对他说："这是我们普通人安葬圣人，不是圣人安葬普通人，有什么好看的？从前夫子说过：'我见过坟墓像夏朝房屋的，也见过像斧形的。我赞成斧形的，斧形的坟俗称马鬣封。'现今我们一天之内三次换板夯土就筑成了，只不过是实现了夫子的生前愿望。有什么好看的？"

二三子三年丧毕，或留或去，惟子贡庐于墓六年。自后群弟子及鲁人处墓如家者，百有余家，因名其居曰孔里焉。

弟子守丧三年以后，有的留在了当地，有的离开了，只有子贡筑屋于墓旁守了六年。从此以后，弟子和鲁国人在墓边建家而住的，有一百多家，因此将此地命名为"孔里"。

正论解第四十一

孔子在齐，齐侯出田，招虞人以弓。不进，公使执之。对曰："昔先君之田也，旃（zhān）以招大夫，弓以招士，皮冠以招虞人。臣不见皮冠，故不敢进。"乃舍之。孔子闻之，曰："善哉！守道不如守官，君子韪（wěi）之。"

孔子在齐国时，齐侯外出打猎，用旌旗招见管理山泽的官吏虞人。虞人没有应召晋见，齐侯派人把他抓了起来。虞人说："从前先君打猎时，用旌旗来招见大夫，用弓来招见士，用皮帽来招见虞人。我没看见皮帽，所以不敢晋见。"齐侯听后就放了他。孔子听到这件事，说："好啊！遵守恭敬之道不如遵守为官规制，君子都认为他做得对。"

正论之正含二层意思，一是正者，政也，政治之谓；二是正者，正名也，合乎礼制之谓。

遵从大道理先从遵守规矩做起。规矩即礼制，从道先守礼。齐侯没有按照既定的规矩招呼虞人，是齐侯先破坏了礼制也就违背了仁道。虞人严格遵守规矩礼数不去晋见，就是遵从了仁道。

齐国书伐鲁，季康子使冉求率左师御之，樊迟为右。师不逾沟，樊迟曰："非不能也，不信子。请三刻而逾之。"如之，众从之。师入齐军，齐军遁。冉有用戈，故能入焉。孔子闻之，曰："义也。"

既战，季孙谓冉有曰："子之于战，学之乎？性达之乎？"对曰："学之。"季孙曰："从事孔子，恶乎学？"冉有曰："即学之孔子也。夫孔子者大圣，无不该，文武并用兼通。求也适闻其战法，犹未之详也。"季孙悦。樊迟以告孔子，孔子曰："季孙于是乎可谓悦人之有能矣。"

齐国的国书率领军队攻打鲁国，季康子派冉求率领左军去抵抗，樊迟率领右军协同作战。鲁军不愿越沟迎战，樊迟说："鲁军不是没有抵抗能力，而是因为不相信季康子，不愿往前冲。请您和大家约好擂鼓三刻一起出击。"主帅带头，士兵跟随。将士一起冲入齐军阵营，齐军溃逃。冉求用的是戈，身先士卒所以能冲入敌阵。孔子听说了这件事，说："这是合乎道义的。"仗打完后，季孙对冉求说："你是学会打仗的呢？还是天生就会打仗的呢？"冉求回答说："我是学会的。"季孙说："你师从孔子，怎能学会打仗呢？"冉求说："就是从孔子那里学的。孔子是圣人，他学问渊博无所不包，文武兼修神通广大。我也是不久才从他那里学了一点战法，还没完全弄明白呢。"季孙听了很高兴。樊迟把这事告诉了孔子，孔子说："季孙通过这件事，可谓是真的喜欢别人的才能了。"

战争是政治的延续。形式不一样，方法不一样，但道理是一以贯之的。《论语》载，季康子问政于孔子。孔子对曰："政者，正也。子率以正，孰敢不正？"长远看，战争打的就是一个民心所向。仁者无敌。

南容说、仲孙何忌既除丧，而昭公在外，未之命也。定公即位，乃命之。辞曰："先臣有遗命焉，曰：'夫礼人之干也，非礼则无以立。'嘱家老，使命二臣必事孔子而学礼，以定其位。"

公许之。二子学于孔子,孔子曰:"能补过者,君子也。《诗》云:'君子是则是效。'孟僖子可则效矣。惩己所病,以诲其嗣。《大雅》所谓'贻厥(yí jué)孙谋,以燕翼子。'是类也夫!"

南宫敬叔与孟懿子为父亲服丧完毕,当时鲁昭公在外,没有诏命兄弟俩为卿大夫。鲁定公即位后,就任命他们。二人推辞说:"先父留有遗命,说:'礼如人的躯干,没有礼则无以自立。'嘱托家里的老人,告诫我们必须侍奉孔子去学礼,好确定自己的地位。"鲁定公允许了。二人向孔子学礼,孔子说:"能够弥补过错的人,是正人君子。《诗经》上说:'君子是学习的榜样。'孟僖子就是学习的榜样,改正自己过去的缺点,以此来教诲后代。正如《大雅》所说'遗赠后代好谋略,以保子孙永平安',说的正是孟僖子这样的人啊!"

"君子是则是效"出自《诗经·小雅·鹿鸣》。该诗是周王宴会群臣宾客时所作的一首乐歌,起首句为"呦呦鹿鸣,食野之苹",大家耳熟能详。

"诒厥孙谋,以燕翼子"出自《诗经·大雅·文王有声》。该诗所言皆追述周文王、武王先后迁丰、迁镐京之事,末章说:"丰水有芑,武王岂不仕?诒厥孙谋,以燕翼子。"意思是丰水边上杞柳壮,武王任重岂不忙?留下治国好策略,庇荫子孙把福享。

《论语》最后一句,子曰:"不知命,无以为君子也。不知礼,无以立也。不知言,无以知人也。"不懂得宗法礼制,就不知道如何立身处世,己欲立才能立于人。孔子崇尚德政法治,以德为先者,礼治也。君子是道德礼制的践行者,故学习君子好榜样。圣人则天,君子则圣人,我们则君子。

孟僖子曾因不能以礼处理外交事务而深以为耻,不仅自己发奋学习周礼，还留下遗言要求两个儿子向孔子学礼。

卫孙文子得罪于献公，居戚。公卒，未葬，文子击钟焉。延陵季子适晋，过戚，闻之，曰："异哉！夫子之在此，犹燕子巢于幕也，惧犹未也，又何乐焉？君又在殡，可乎？"文子于是终身不听琴瑟。孔子闻之，曰："季子能以义正人，文子能克己服义，可谓善改矣。"

卫国孙文子得罪了卫献公，住在戚地。卫献公去世了，还没有安葬，孙文子就敲钟娱乐。延陵季子去晋国，路过戚地，知道了这件事，对文子说："奇怪啊！您居住在这里，就好比燕子将窝筑到帷幕上一样危险，害怕还来不及呢，您有什么可以高兴的呢？国君的灵柩还没殡葬，您这样好吗？"孙文子从此以后再也没有听过琴瑟。孔子听说后，说："季子能够用道义来纠正别人的错误，文子能够克制自己服从道义，可以说都是善于改正错误啊。"

孙文子，卫国公子，名弥牟，曾任卫国的将军，在卫悼公时担任国相，主张刑法与礼教并用。

得罪君主是君臣之间的私事，为君主服丧却是礼制上的国之大事。卫献公去世，孙文子敲钟，有庆其死的意思，但却犯了礼义之大忌。季子及时提醒，孙文子马上止损，并以终身不听琴瑟惩罚自己的僭越之嫌。人在江湖，战战兢兢，如履薄冰，切记谨言慎行。否则只顾一时痛快，忘了所处境地"犹燕子巢于幕"一样危险。倾巢之下，焉有完卵。

孔子览《晋志》，晋赵穿杀灵公，赵盾亡，未及山而还。史书："赵盾弑君。"盾曰："不然。"史曰："子为正卿，亡不出境，返不讨贼，非子而谁？"盾曰："呜呼！'我之怀矣，自诒伊戚'，其我之谓乎？"孔子叹曰："董狐，古之良史也，书法不隐。赵宣子，古之良大夫也。为法受恶。惜也，越境乃免。"

孔子读《晋志》，晋国的赵穿杀死了晋灵公，当时赵盾正在逃亡途中，听说此事后他还没到国境的大山就返回来了。史书记载："赵盾弑君。"赵盾说："不是这样的。"史官说："你是正卿，逃走了却没有逃出国境，返回来了又不讨伐凶手，弑君的不是你又是谁呢？"赵盾说："唉！'由于我的怀恋，自己招来祸患'，这不就是说的我吗？"孔子感叹说："董狐，真是古代的好史官啊，书写史实不隐讳。赵宣子，真是古代的好大夫啊，因为法度而蒙受恶名。可惜啊！如果越过国境了就免去这个罪名了。"

赵穿，赵盾堂弟（一说堂侄），晋襄公之女婿，曾封于邯郸，称邯郸君。赵盾，即赵宣子，时人尊称其赵孟或宣孟，春秋中前期晋国卿大夫，杰出的政治家、战略指挥家，一生侍奉三朝，维护了晋文公开创的霸业。董狐，春秋晋国太史，亦称史狐，实开我国史学秉笔直书的先河。

诗句出自《诗经·小雅·小明》，亦作"心之忧矣，自诒伊戚"。该诗是一位长期奔波在外的官吏自诉情怀的诗篇。

晋灵公欲杀赵盾，赵盾逃走。赵盾如果越过国境真正逃亡了，也就和晋灵公没有了君臣之义了，就可以免去所谓弑君的罪名了。赵盾回都城后，迎立公子黑臀为君。

郑伐陈，入之，使子产献捷于晋。晋人问陈之罪焉，子产对曰："陈亡周之大德，介恃楚众，冯陵敝邑，是以有往年之告。未获命，则又有东门之役。当陈隧者，井堙（yīn）木刊，敝邑大惧。天诱其衷，启敝邑心。陈知其罪，授首于我，用敢献功。"晋人曰："何故侵小？"对曰："先王之命，惟罪所在，各致其辟。且昔天子一圻，列国一同，自是以衰，周之制也。今大国多数圻矣。若无侵小，何以至焉？"晋人曰："其辞顺。"孔子闻之，谓子贡曰："志有之，言以足志，文以足言。不言谁知其志？言之无文，行之不远。晋为伯，郑入陈，非文辞不为功。慎辞哉！"

郑国讨伐陈国，攻陷了陈国，派子产向晋国奉献战利品。晋人问他陈国有什么罪，子产回答说："陈国忘记了周朝对他的大德，依仗人多势众，进逼我国，因此我们去年呈递了请求攻打陈国的报告。没有得到贵国的允许，反倒有了陈国进攻我国东门的那次战役。陈军经过的地方，水井被填，树木被砍，我国人民非常害怕。上天诱导他们从善，启发了我国攻打陈国的念头。陈国知道自己的罪过，就向我们投降，因此敢于奉献战利品。"晋国人又问："为什么侵犯小国？"子产回答说："根据先王的命令，只要有罪过，就要按轻重分别予以惩罚。而且从前天子的土地方圆一千里，诸侯的土地方圆一百里，以此递减，这也是周朝的礼制。现在大国的土地多到方圆数千里，如果没有侵占小国，怎么能达到这种程度呢？"晋国人说："这话顺理成章。"孔子听说这件事后，对子贡说："古书上说，言语用来表达志向，文采用来完备言语。不说话，谁知道你的志向是什么呢？语言没有文采，就不能流传久远。晋国成为霸主，郑国攻入陈国，不善于辞令就不能成功。你们要谨慎地使用辞令啊。"

前548年，子产与子展率军攻入陈国国都。得胜的郑军不扰陈哀公的宫室，归还土地和百姓后班师凯旋。随后，子产前往晋国奉献战利品。晋国的士文伯质问子产，子产一一化解，得到晋国赵武的赞赏。

子产还说了些什么呢？子产还说，从前虞父做周朝的陶正，服事我们先王。我们先王嘉奖他能制作器物，于人有利，并且他又是虞舜的后代，就把大女儿太姬婚配给遏父之子妫（guī）满，封他在陈地，以表示对黄帝、唐尧和虞舜后代的诚敬。所以陈国是我周朝的后代，到今天还依靠着周朝。陈桓公死后发生动乱，蔡国人想要立他们的后代，我们先君庄公奉事五父而立了他，蔡国人杀死了五父。我们又和蔡国人奉事厉公，至于庄公、宣公，都是我们所立的。夏氏的祸乱杀死了灵公，成公流离失所，又是我们让他回国的，这是君王知道的。陈国侵犯我国就是不仁不义，忘恩负义之举，不伐不足以彰显先王圣恩。

言以足志，文以足言。言之无文，行之不远。非文辞不为功。做事讲道理，道理讲明白，有理有据，有情有节，才能让人心服口服。

叔孙穆子避难奔齐，宿于庚宗之邑。庚宗寡妇通焉，而生牛。穆子反鲁，以牛为内竖，相家。牛谗叔孙二子，杀之。叔孙有病，牛不通其馈，不食而死。牛遂辅叔孙庶子昭而立之。昭子既立，朝其家众曰："竖牛祸叔孙氏，使乱大从，杀嫡立庶，又披其邑，以求舍罪。罪莫大焉！必速杀之。"遂杀竖牛。孔子曰："叔孙昭子之不劳，不可能也。周任有言曰'为政者不赏私劳，不罚私怨。'《诗》云：'有觉德行，四国顺之。'昭子有焉！"

叔孙穆子为避难逃奔齐国，路上在庚宗之邑住宿。他与当地的一个寡妇私通，生了一个儿子叫牛。叔孙穆子返回鲁国后，让牛当了贴身的小官，还让他管理家族事务。牛挑拨离间，让叔孙穆子杀了两位嫡子。叔孙穆子生了病，牛不让人给他送食物，最后被饿死。牛于是拥立叔孙穆子庶出的儿子昭子并辅助他。昭子当政后，召集他的臣仆说："竖牛祸害叔孙氏，导致祸乱不断，杀害嫡子拥立庶子，分割封邑用来行贿，以此逃避罪责，没有比他的罪过大的了,必须尽快把他杀掉。"于是杀了竖牛。孔子说:"叔孙昭子不认为竖牛拥立自己有功劳,是不可能的。周任有这样的话:'为政者不奖赏只对自己有功劳的人,不惩罚只对自己有私怨的人。'《诗经》说:'君子德行正直,四方诸侯顺从。'昭子就是这样的人。"

由于其兄叔孙侨如在鲁国淫乱,叔孙穆子为避祸而出奔齐国,结果自己在路上和寡妇淫乱,生出孽障牛。本节的重点是昌明为政者不赏私劳,不罚私怨。即使牛帮着叔孙昭子上位,叔孙昭子仍然基于牛的恶行而杀了他。孔子以诗赞他"有觉德行"。诗句引自《诗经·大雅·抑》,该诗是讽刺周平王之作。

曲礼子贡问第四十二

子贡问于孔子曰:"晋文公实召天子而使诸侯朝焉。夫子作《春秋》,云:'天王狩于河阳。'何也?"孔子曰:"以臣召君,不可以训,亦书其率诸侯事天子而已。"

孔子在宋,见桓魋(tuí)自为石椁,三年而不成,工匠皆病。夫子愀然曰:"若是其靡也,死不如速朽之愈。"冉子仆曰:"礼,凶事不豫,此何谓也?"夫子曰:"既死而议谥,谥定而卜葬,既葬而立庙,皆臣子之事,非所豫属也,况自为之哉?"

南宫敬叔以富得罪于定公,奔卫。卫侯请复之,载其宝以朝。夫子闻之曰:"若是其货也,丧不若速贫之愈。"子游侍曰:"敢问何谓如此?"孔子曰:"富而不好礼,殃也。敬叔以富丧矣,而又弗改,吾惧其将有后患也。"敬叔闻之,骤如孔氏,而后循礼施散焉。

孔子在齐,齐大旱,春饥。景公问于孔子曰:"如之何?"孔子曰:"凶年则乘驽马,力役不兴,驰道不修,祈以币玉,祭祀不悬,祀以下牲。此贤君自贬以救民之礼也。"

子贡问孔子说:"实际上是晋文公召请周天子来,并让诸侯朝见的。夫子作《春秋》却写道'天王在河阳打猎',这是为什么呢?"孔子说:"以臣下的身份召请君王,不可以效法,所以我要写成晋文公率诸侯来朝见天子。"

孔子在宋国，看见桓魋为自己制做石椁，三年还没有完工，工匠都为此感到忧虑。孔子神色严肃地说："像这样奢靡，死了还不如快点腐朽的好。"正在驾车的冉有说："根据礼制，丧事不能预先准备，这是什么意思呢？"孔子说："人死了以后再议定谥号，谥号定了以后再占卜下葬日期，安葬完毕再设立祭庙，这些都是臣子要做的事，并非是预先就操办好的，更何况是自己为自己操办呢？"

南公敬叔因富有而得罪了鲁定公，逃到了卫国。卫侯请求鲁定公恢复敬叔的官位，敬叔就带着他的宝物朝见鲁定公。孔子听到这件事后说："像这样使用财货进行贿赂，丢了官位还不如快点贫穷的好。"子游正陪侍着说："请问为什么这么说呢？"孔子说："富而不好礼，必定会招致灾祸。南宫敬叔因富有而丧失官位，却仍不知悔改，我担心他将来还会有祸患的。"南宫敬叔听到孔子的话，马上去见孔子，从此以后，他遵循礼节把自己的财产施舍给百姓。

孔子在齐国的时候，齐国大旱，春季出现了饥荒。齐景公问孔子说："这怎么办呢？"孔子说："遇到灾荒年景，出门乘坐要用劣马，不兴劳役，不修驰道，只用币玉祈祷，祭祀不奏乐，牺牲也用次等的。这是贤明君主自己降低等级以拯救民众的礼节。"

所谓曲礼，就是委曲婉转地说吉、凶、宾、军和嘉五礼之事。第一节解释孔子作春秋时，为什么不实写晋文公召请周天子，而以"天王狩于河阳"替之的原因。以臣下的身份召请君王于礼不可。第二节解释"凶事不豫"的缘由。后事是臣子去操办完成的，不可能生前就完成，比如身后不可能预测谥号的拟定，等等。第三节解释"若是其货也，丧不若速贫之愈"的缘由。因为富而不好礼，叫为富不仁，必遭其殃。第四节解释大旱之年君主厉行节约的原因，降格以救万民也是礼制要求。

孔子适季氏，康子昼居内寝。孔子问其所疾，康子出见之。言终，孔子退，子贡问曰："季孙不疾而问诸疾，礼与？"孔子曰："夫礼，君子不有大故，则不宿于外。非致齐也，非疾也，则不昼处于内，是故夜居外，虽吊之，可也。昼居于内，虽问其疾，可也。"

孔子到季康子家去，康子白天在内室睡觉。孔子探问他的病情，康子出来接见孔子。说完话，孔子就退了出来，子贡问孔子说："季康子没有病而您却探问他的病情，这合乎礼吗？"孔子说："根据礼制，君子没有遇到大的变故，则不睡在外室。如果不是祭祀、不是有病，白天也不在内室睡觉，因此夜里睡在外室，即使去吊唁，也是可以的。白天在内室睡觉，即使探问他的病情，也是可以的。"

季孙明明没病，你却问人家病情如何，这不是诅咒人家吗？这属于哪门子礼呢？孔子给子贡解释原因，如果他睡的地方不合礼数，睡在不该睡的地方，给他吊丧都可以，何况是说他病了呢。

孔子为大司寇，国厩（jiù）焚，子退朝而之火所，乡人有自为火来者，则拜之，士一，大夫再。子贡曰："敢问何也？"孔子曰："其来者亦相吊之道也。吾为有司，故拜之。"

孔子担任大司寇的时候，国家的马厩失火，孔子退朝后来到着火的地方，见乡人有自发为失火赶来的，孔子都对他们拜谢，对士拜谢一次，对大夫拜谢两次。子贡问道："为什么这么做呢？"孔子说："他们来这里，也是遵行吊问的礼节。我是主管官员，所以要拜谢。"

马厩失火，做为主管应拜谢自发前来行吊问之礼的人，此礼制也。

吴延陵季子聘于上国，适齐，于其返也，其长子死于嬴博之间。孔子闻之曰："延陵季子，吴之习于礼者也，往而观其葬焉。"其敛，以时服而已，其圹掩坎，深不至于泉，其葬无明器之赠。既葬，其封广轮掩坎，其高可肘隐也。既封，则季子乃左袒右还其封，且号者三，曰："骨肉归于土，命也，若魂气则无所不之，无所不之！"而遂行。孔子曰："延陵季子之于礼，其合矣。"

吴国的延陵季子到中原各国访问，到了齐国，在返回的途中，他的大儿子死在齐国的嬴博两地之间。孔子听到此事说："延陵季子是吴国精通礼仪的人，去看看他是如何主持葬礼的。"入殓时，穿着平时的衣服，墓穴正好放下棺材，墓坑深不及泉，没有陪葬的明器。下葬之后，坟头的长宽正好封住墓穴，高度比胳膊肘高点。封好坟头后，延陵季子袒露左臂，从右向左绕着坟头走，并且哭喊了三次，说："骨肉归于土，这是命呀！你的魂魄无所不往，无所不往！"说完就走了。孔子说："延陵季子实行的葬礼，是合乎礼制的。"

依礼而行，心才可以安。

子游问丧之具。孔子曰："称家之有亡焉。"子游曰："有亡恶乎齐？"孔子曰："有也，则无过礼。苟亡矣，则敛手足形，还葬悬棺而封，人岂有非之者哉。故夫丧礼，与其哀不足而礼有余，不若礼不足而哀有余也。祭礼，与其敬不足而礼有余，不若礼不足而敬有余也。"

子游问丧事操办的器物。孔子说："与家庭情况相称就可以了。"子游说："贫和富的限度又该如何掌握呢？"孔子说："家庭富裕，也不要超过礼的规定。如果不富裕，只要衣物能遮住身体，用绳子悬吊着棺木下葬封土，又有谁会责备他呢。所以举办丧事，与其哀痛不足而礼仪有余，不如礼仪不足而哀痛有余。举行祭祀，与其恭敬不足而礼仪有余，不如礼仪不足而恭敬有余。"

丧事也好，祭祀也好，虽然都是大礼，但最重要的是表达哀痛之情和恭敬之心。《论语》林放问礼之本，子曰："大哉问！礼，与其奢也，宁俭。丧，与其易也，宁戚。"

曲礼子夏问第四十三

子夏问于孔子曰："居父母之仇如之何？"孔子曰："寝苫（shān）枕干，不仕弗与共天下也。遇于朝市，不返兵而斗。"曰："请问居昆弟之仇如之何？"孔子曰："仕弗与同国，衔君命而使，虽遇之不斗。"曰："请问从父昆弟之仇如之何？"曰："不为魁，主人能报之，则执兵而陪其后。"

子夏问孔子说："如何对待杀害父母的仇人？"孔子说："睡在草垫上枕着盾牌，不去做官，与他不共戴天。不论在集市在官府，只要遇见立即拿出随身带的兵器和他决斗。"子夏又问："请问如何对待杀害亲兄弟的仇人？"孔子说："不和他在同一个国家做官，如奉君命出使，即使相遇也不和他决斗。"子夏又问："请问如何对待杀害叔伯兄弟的仇人？"孔子说："自己不要带头动手，如果死者主人为他报仇，就拿着兵器跟在后面。"

对待杀害父母的仇人，怎么做才符合礼义呢？见了就打。杀害亲兄弟的仇人呢？避而远之。杀害叔伯兄弟的仇人呢？跟着就上。

孔子适卫，遇旧馆人之丧，入而哭之哀。出使子贡脱骖（cān）以赠之。子贡曰："所于识之丧，不能有所赠。赠于旧馆，不已多乎？"孔子曰："吾向入哭之，遇一哀而出涕，吾恶夫涕而无以将之，小子行焉。"

孔子到卫国去，遇到自己曾经住过的馆舍的主人死了，孔子进去吊丧哭得很伤心。出来后让子贡解下一匹骖马送给丧家。子贡说："对于仅仅相识之人的丧事，不用赠送什么礼物。把马赠给旧馆，这礼物是不是太重了？"孔子说："我刚才进去哭他，正好一悲痛就落下泪来，我不愿只是哭而没有表示，你就按我说的办吧。"

吊唁不可以只悲痛而没有表示。只悲痛没有表示，算不得诚心尊重。

季平子卒，将以君之玙璠（yú fán）敛，赠以珠玉。孔子初为中都宰，闻之历级而救焉，曰："送而以宝玉，是犹曝尸于中原也，其示民以奸利之端，而有害于死者，安用之？且孝子不顺情以危亲，忠臣不兆奸以陷君。"乃止。

季平子去世了，将要用国君用的美玉玙璠来殉葬，同时还要陪葬很多的珠宝玉石。这时孔子刚刚当上中都宰，听说后登上台阶赶去制止，说："送葬时用宝玉殉葬，这如同把尸体暴露在野外一样，这样做会引起民众获取奸利的念头，对死者是有害的，怎能用呢？况且孝子不因顾及自己的感情而危害亲人，忠臣不能给邪恶的人留下机会来陷害国君。"于是停止了用玙璠珠玉陪葬。

孔子对待丧事的态度是，依据礼制，结合家庭条件办理，"礼，与其奢也，宁俭。丧，与其易也，守戚"。孔子反对用贵重物品陪葬。用贵重物品陪葬，这是在诱惑盗贼盗墓而害亲人，孝子忠臣不能给坏人留下伤害亲人国君的机会。

子路与子羔仕于卫，卫有蒯（kuǎi）聩之难。孔子在鲁，闻之曰："柴也其来，由也死矣。"既而卫使至，曰："子路死焉。"夫子哭之于中庭。有人吊者，而夫子拜之。已哭，进使者而问故，使者曰："醢（hǎi）之矣。"遂令左右皆覆醢，曰："吾何忍食此。"

子路和子羔在卫国做官，卫国的蒯聩发动了叛乱。孔子在鲁国，听到这件事说："高柴会回来，仲由会死在那里。"不久卫国的使者来了，说："子路死了。"孔子在中厅哭起来。有人来吊唁，孔子拜谢。哭过之后，让使者进来，询问子路死的情况。使者说："已经被砍成肉酱了。"孔子让身边的人把肉酱都倒掉，说："我怎忍心吃这种东西呢？"

鲁哀公十五年，卫国内乱，子路冒死冲进国都救授孔悝，混战中被击杀。子路曰："君子死，冠不免。"他在系好帽缨的过程中被人砍成肉泥。子路忠义成仁，死得有尊严。孔子睹物思人，不食肉糜。

孔子之弟子琴张与宗鲁友。卫齐豹见宗鲁于公子孟絷（zhí），孟絷以为参乘焉。及齐豹将杀孟絷，告宗鲁，使行。宗鲁曰："吾由子而事之，今闻难而逃，是僭（jiàn）子也。子行事乎，吾将死以事周子，而归死于公孟可也。"齐氏用戈击公孟，宗鲁以背蔽之，断肱，中公孟，宗鲁皆死。琴张闻宗鲁死，将往吊之。孔子曰："齐豹之盗，孟絷之贼也，汝何吊焉？君不食奸，不受乱，不为利病于回，不以回事人，不盖非义，不犯非礼，汝何吊焉？"琴张乃止。

孔子的弟子琴张和宗鲁是朋友。卫国的齐豹把宗鲁推荐给公子孟絷，孟絷让他做了参乘。等到齐豹打算杀掉孟絷时，告诉了宗鲁，让宗鲁赶紧离开。宗鲁说："由于您的推荐我才侍奉了孟絷，现在听到他有难就逃走，这是让您失信啊。做你的事吧，我打算以死来成全您，我回去和公孟一起死好了。"齐氏用戈猛击公孟，宗鲁用背部来遮挡，折断了胳膊，戈击中公孟，公孟和宗鲁都死了。琴张听到宗鲁死了，打算前去吊唁。孔子说："齐豹是强盗，孟絷是奸贼，你为什么还去吊唁他呢？君子不食奸人的俸禄，不接受动乱，不为利益而堕于邪恶，不用邪恶的方法待人，不掩盖不义的事，不做出非礼的行为。你为什么还要去吊唁他呢？"琴张就没去。

　　齐豹之所以作乱，孟絷之所以被杀，都与作为朋友或臣下的宗鲁脱不了干系。宗鲁就是一位不知礼的不仁不义的伪君子。

曲礼公西赤问第四十四

孔子之母既丧,将合葬焉,曰:"古者不祔葬,为不忍先死者之复见也。《诗》云:'死则同穴。'自周公已来祔葬矣。故卫人之祔也,离之,有以闻焉。鲁人之祔也,合之。美夫,吾从鲁。"遂合葬于防。

孔子的母亲去世了,准备与孔子父亲合葬在一起。孔子说:"古代不合葬,是不忍心再看到先去世的亲人。《诗经》上说:'死则同穴。'自周公以来开始实行合葬了。卫国人合葬,夫妇棺椁下葬在两个墓穴里,这样的葬式我听说过。鲁国人合葬,夫妇棺椁葬在同一个墓穴里。鲁国人的方式好,我从鲁国人的合葬方式。"于是把父母合葬在防山。

周公以前不合葬,周公开始合葬。"周监于二代,郁郁乎文哉!吾从周。"鲁卫同源兄弟之邦,采用不同的合葬方式,孔子觉得鲁国的好,于是将父母合葬在同一个墓穴。

孔子曰:"吾闻之:古者墓而不坟。今丘也,东西南北之人,不可以弗识也。吾见封之若堂者矣,又见若坊者矣,又见若覆夏屋者矣,又见若斧形者矣。吾从斧者焉。"于是封之,崇四尺。孔子先反虞,门人后。雨甚,至墓崩,修之而归。孔子问焉,曰:"尔来何迟?"对曰:"防墓崩。"孔子不应。三云,孔子泫而流涕,曰:

"吾闻之，古不修墓。"及二十五月而大祥，五日而弹琴不成声，十日过禫（dàn）而成笙歌。"

孔子说："我听说古代墓穴是不做坟头的。现今我孔丘，是个居无定所的人，不可以不在墓穴上做些标记。我见过把坟头筑成像堂屋的，又见过下宽上窄像堤防的，又见过两边有漫坡像夏代屋顶的，又见过像斧头形的。我按斧头形的那种去做坟头。"于是筑成斧头形坟头，高四尺。孔子先返回举行虞祭，门人留在墓地处理善后事宜。这时下了一场大雨，以致墓塌了，门人修好墓才回来。孔子问他们，说："你们为什么回来这么晚啊？"门人回答说："坟墓塌了。"孔子没应声。门人说了三次，孔子难过得流下泪来，说："我听说，古代不修墓。"到第二十五月服丧已满期，举行了大祥祭，又过五天才弹琴却不成调，十天以后吹笙才吹出调。

为什么给父母墓穴上做坟头？我是个走南闯北、居无定所的人，不做坟头担心回来找不到父母了。为什么做成斧头形的？只是个寻亲的标记而已，没必要高大。为什么门人说了三次墓塌了才回声？因为古不修墓却修了。为什么大祥祭之后，才可以弹琴吹箫以表达追思之情？因为为父母守丧三个年头后，才可以过正常人的生活，这是礼制。

孔子有母之丧，既练，阳虎吊焉，私于孔子曰："今季氏将大飨境内之士，子闻诸？"孔子答曰："丘弗闻也。若闻之，虽在衰绖亦欲与往。"阳虎曰："子谓不然乎？季氏飨士，不及子也。"阳虎出，曾参问曰："语之何谓也？"孔子曰："己则衰服，犹应其言，示所以不非也。"

孔子有母丧在身，练祭之后，阳虎来吊唁，私下对孔子说："季氏准备邀请并款待国内士人，您听说了吗？"孔子回答说："我没有听说。如果听说了，虽然还在服丧期，我也想前去参加。"阳虎说："您认为我说的不是事实吧？季氏款待士人，没有邀请您。"阳虎出去后，曾参问道："您的话是什么意思？"孔子说："我正在服丧，还应答他的话，表示我没有责怪他的无理之言。"

孔子还在服丧期，阳虎却对他说季氏请客名单里没有孔子，阳虎这是大不敬，无礼也。但阳虎来吊唁，礼也。与礼必敬之，故不怪他。

原思言于曾子曰："夏后氏之送葬也，用明器，示民无知也。殷人用祭器，示民有知也。周人兼而用之，示民疑也。"曾子曰："其不然矣。夫以明器，鬼器也。祭器，人器也。古之人胡为而死其亲也？"子游问于孔子。曰："之死而致死乎，不仁，不可为也。之死而致生乎，不智，不可为也。凡为明器者，知丧道也。备物而不可用也，是故竹不成用，而瓦不成膝，琴瑟张而不平，笙竽备而不和，有钟磬而无簨虡（sǔn jù）。其曰明器，神明之也。哀哉！死者而用生者之器，不殆而用殉也。"

原思对曾子说："夏后氏送葬时，殉葬用的是明器，是让人知道死者是无知觉的。殷人殉葬用的是祭器，是让人知道死者是有知觉的。周人两者兼而用之，是表示他们对死者有知觉无知觉是疑惑的。"曾子说："恐怕不是这样。明器是鬼用的，祭器是人用的。古人怎么知道死去的亲人没有知觉呢？"子游向孔子请教这个问题。孔子说："为死者送葬就认为死者没有知觉了，这是不仁，不可以这样做。为死者送葬认为死者还是有知觉的，这是不智，也不可以这样做。凡是殉葬用明器的，是懂得丧葬礼仪的人。准备了很多器物而不能实用，所以竹器不加边，瓦器不上漆，琴瑟张着弦不可弹，笙竽徒有外形而不可吹，有钟而无悬挂的架子。这些陪葬的器物叫作明器，意思是将死者奉若神明。可悲呀，让死者用生者所用的器具来殉葬，这不就近于用真人来殉葬了吗？"

孔子在回答宰我问鬼神的时候，说祭祀"以别亲疏，教民反古复始，不敢忘其所由生也"，"此教民修本反始崇爱，上下用情，礼之至也"。祭祀之礼所体现的是人文精神，亲疏有别，培养根本，回复本原，崇尚仁爱，不敢忘记自己是从哪里来的。又说"君子反古复始，不忘其所由生，是以致其敬，发其情，竭力从事，不敢不自尽也，此之谓大教"。从而君子不敢不尽心竭力去做事，此乃人文之大教化也。对死者以明器殉葬，无他，奉死者若神明也，这才是真正重情相亲的礼制精神。否则，是害其亲也。

后 记

　　《儒家经典导读》中的经典(以下简称"经典"),指的是《论语》《大学》《中庸》《孟子》(即"四书")和《孔子家语》(亦称《家语》)。自孔子到孟子,这些经典是除了《春秋》外儒家学说的元典。孔子祖述尧舜、宪章文武,《诗经》《书经》《礼经》《易经》和《乐经》乃儒家思想的源流,是解读经典的依据。可惜《乐经》失传,《礼经》有所损益(此《礼经》非《礼记》),唯《诗经》《书经》和《易经》可依归。在古代中国,自秦汉以降,至少从董仲舒开始,先秦儒家思想在某种程度上已经被改造成了统治阶级禁锢人民思想的工具。"罢黜百家、独尊儒术"尊崇的是儒术,而不是正统的先秦儒家思想。因此,后世儒家著作可作为解读和辨析经典的参考,而不能作为论据,更不能以后学解前贤。

　　这似乎是多此一举的解释。但实际的情况不得不让笔者做这一交代。大儒朱熹在《四书章句集注》中尚且有不少错误的认识,何况如今一些所谓的文化学者呢。一个很重要的原因是,经过2000多年的文化流变,文字的字词义都发生了不少的变化,如果仅从当下所掌握的白话文的意思上去理解经典文字的话,解读历史文化典籍不可避免地就真成了"我的经典""我的历史"和"我的文化"了。

研读经典，是需要好好学习汉语大词典的。一个字一个词，在先秦前是什么意思？现在是什么意思？只有掌握了先秦前字词的意思，才能较为准确地解读经典的内涵。有时候还要通过斟酌字形的演变，来理解字词里隐含的先哲们的思想。当然更需要从历史逻辑中去接近、去认知、去理解、去敬畏先哲，才能懂得先哲。因为历史都是人写的，历史的真实和真实的历史不会画等号。

在研学经典的过程中，笔者努力加持，但还是感觉力有不逮，实在是留下了太多的遗憾，可能又弄成"我的经典"了，未免心下戚戚焉。

2023 年 5 月